磨憨国门

气候条件和浓郁的民族风情，为勐腊赢得了“绿色家园”、“黄金口岸”、“普洱茶源”、“和谐边疆”的众多美誉。全县有保存完好的热带、亚热带原始森林880.8万亩，其中国家级自然保护区220万亩，森林覆盖率达86.24%，是地球上同一纬度地区的唯一一片绿洲。茫茫的热带雨林中，生长着4000多种高等植物，栖息着亚洲象、印支虎、鼷鹿等众多珍稀动物，是实至名归的“植物王国”、“动物王国”。

神秘的热带雨林构成了多层次、多类型、多功能、大容量的特色景区。中科院西双版纳热带植物园、望天树景区，以及勐远仙境共同组成了勐腊清新的绿色世界、奇丽的自然风光。目前，勐仑旅游小镇、西双版纳热带雨林国家公园曼旦景区、孔明山景区等生态旅游基地建设正在全面推进。

繁忙的关累码头

黄金口岸　无限商机

勐腊是名副其实的“黄金口岸”。昆曼国际大通道从这里出境，泛亚铁路中线即将穿境而过。境内有磨憨国家级口岸和澜沧江上第一港——关累港，以及勐满岔河、曼庄、新民三个重要通道，有5条公路通抵老挝、缅甸，其中3条柏油路直通老挝北部三省。从关累码头顺江而下，可直抵老、缅、泰、柬、越等东南亚五国。

勐腊县将利用优越的地理位置、良好的连通条件、广阔的国内外市场，全面提升对外开放水平，进一步加强与周边国家在经贸、旅游、文化、教育等方面的合作与交流，全力打造中老泰缅“边境贸易圈”。

磨憨国家级口岸大道

昆曼大通道

西双版纳年鉴

XISHUANGBANNA NIANJIAN

2012

(总第 12 期)

西双版纳傣族自治州人民政府　主办
《西双版纳年鉴》编辑委员会　编

云南出版集团公司
云南科技出版社
·昆明·

图书在版编目（CIP）数据

西双版纳年鉴.2012/《西双版纳年鉴》编辑委员会编.—昆明：云南科技出版社，2013.3
ISBN 978-7-5416-6957-6

Ⅰ.①西… Ⅱ.①西… Ⅲ.①西双版纳傣族自治州—2012—年鉴 Ⅳ.①Z527.42

中国版本图书馆CIP数据核字（2013）第043907号

书　　名：西双版纳年鉴（2012）
作　　者：《西双版纳年鉴》编辑委员会　编

出版·发行	云南科技出版社	责任编辑	吴　涯　龙　飞
社　　址	昆明市环城西路609号云南新闻出版大楼	责任校对	叶水金
邮　　编	650034	责任印制	翟　苑
电话、传真	0871-64190978　64120740	印　　刷	云南涵威档案科技印务工贸有限公司
网　　址	www.ynkjph.com	版　　次	2013年4月第1版
开　　本	889mm×1194mm　1/16	印　　次	2013年4月第1次
印　　张	41.5	印　　数	1~1000册
字　　数	1250千	定　　价	380.00元
书　　号	ISBN 978-7-5416-6957-6		

4月15~18日，州委书记江普生（左二）陪同省委副书记李纪恒（中）到州三县市调研　　蕊安胜摄

3月31日至4月1日，州长刀林荫(右一)陪同副省长孔垂柱(右二)就农、林、水及其产业发展情况进行调研
刘运军　摄

5 月 15 日，省委书记白恩培(右二)　、州长刀林荫(左二)陪同国土资源部党组书记、部长、国家土地总督察徐绍史(中)调研　　慈安胜　摄

10 月 11 日晚，副省长顾朝曦率省政府、省公安厅、省外办、省海事局有关部门人员看望慰问湄公河金三角水域两艘商船遇难者家属　　陈瑾　摄

8 月 23 日，州委第七次代表大会召开　　州委办提供

州委书记江普生在全州党代会上讲话　　州委办提供

2 月 20 日，州第十一届人民代表大会第六次会议在西双版纳国际会展中心开幕　　许云华　摄

州人大常委会主任杨建明在十一届人民代表大会第六次会议上讲话　　州人大　提供

州长刀林荫在人代会上作政府工作报告　　许云华　摄

1月12日，十一届州人民政府第七次全体会议在景洪召开。州政府领导刀林荫、罗红江、杨沙、唐家华、李江虹，州政府秘书长李萍出席会议　　刘大江　摄

2010年11月5日，中共西双版纳州委政协工作会议召开　　施永进　摄

2月16日，州纪委六届六次全会召开 赵 勇 摄

4月14日，中老建交50周年青年友好交流活动在景洪开幕，共青团中央书记处书记贺军科(右)，老挝人民革命党中央委员、老挝人民革命青年团中央书记坎潘·希提当帕(左)，云南省委副书记李纪恒(中)共同触摸玻璃彩球 慈安胜 摄

州人大常委会主任杨建明向刀林荫颁发州长当选证书 柳新兰 摄

6 月 17~24 日，以州长刀林荫为团长的西双版纳州政府代表团对老挝万象和北部五省进行工作访问

慈安胜　摄

11 月 10 日，常务副州长罗红江率团参加越南首届国际茶文化节

刘大江　摄

12 月 9 日，云南公安边防总队水上支队在州成立并举行湄公河联合巡逻执法誓师大会。孟苏铁、郭铁男等省、公安部边防局领导，江普生、赵毅、马维纲等州党政领导出席誓师大会　　　刘 庆 摄

州纪委常委、副局长郭光庆荣获“全国纪检监察系统先进工作者”载誉归来，州纪委书记李庆元（左三）及全体州纪委领导班子成员到机场迎接

赵　勇　摄

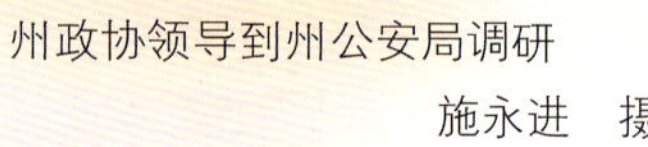

州政协领导到州公安局调研

施永进　摄

州政府秘书长李萍（左一）、州档案局局长何志伟（右一）视察勐海县档案馆新馆建设工地

勐海县档案局　提供

州党政领导参加2011西双版纳第三届房地产展示交易会并参观展示楼盘。 岩温香 摄

美丽的景洪城中心 州委宣传部提供

日新月异的黎明城 刘云川 摄

新建成的西双版纳国际机场候机楼
州委宣传部　提供

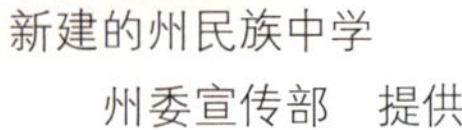

新建的州民族中学
州委宣传部　提供

新建的勐海国威大酒店
刀亚江　摄

勐海新广场　　刀亚江　摄

绿化美化国道 214 线过境公路　　佐连江　摄

热带雨林环抱下的勐腊新城　　勐腊县委宣传部　提供

勐腊南腊小镇建设　　勐腊县委宣传部　提供

第 14 届滇中南民族艺术节西双版纳展演节目　　周建武　摄

大型傣族舞剧《水　水　水》剧照
周建武　摄

中央电视台新闻直播间报道大型傣族舞剧《水　水　水》在京演出盛况　　周建武　摄

大型傣族舞剧《水　水　水》剧照　　周建武　摄

世界吉尼斯纪录之傣族万人手势舞　周建武　摄

澜沧江湄公河流域国家文化艺术节　周建武　摄

国际泼水节傣族园现场　赵　勇　摄

全民体育健身运动　周建武　摄

哈尼族长桌宴　王学迎　摄

南糯山古茶园
佐连江　摄

西双版纳首届国际乡村音乐节
周建武　摄

西双版纳报举行改版创新暨手机传媒开通仪式
州报社　提供

走进村寨新民声户外直播活动现场
赵　勇　摄

稻花香里说丰年　　勐海县农业局　提供

翠竹林中的金塔　　王学迎　摄

百花园　　勐腊县委宣传部　提供

夕照吊桥　　勐腊县委宣传部　提供

澜沧江之夜　　州委宣传部　提供

勐腊县住房和城乡建设局

团结奋进的领导班子

勐腊县住房和城乡建设局是勐腊县建设规划行政管理部门，局机关在编人员21人，其中：行政编制19人，工勤人员编制2人，内设6股、2站、1所、1大队，分别是秘书股、城乡规划管理股、城乡建设管理股、城建法规监察股、建筑业管理股、保障性住房和房地产管理股、环卫站、质监站、园林绿化管理所、城建监察大队。近年来，勐腊县住房和城乡建设局被评为“勐腊县人民代表建议办理工作先进单位”、“勐腊县政协委员提案办理工作先进单位”、“勐腊县建设工作先进单位”“勐腊县园林单位”、“西双版纳州廉政文化进机关示范点”等光荣称号。

勐腊县住房和城乡建设局在中共勐腊县委、县人民政府的坚强领导下，在西双版纳州住房和城乡建设局的大力支持下，深入贯彻落实科学发展观，紧紧围绕“两强一堡”和“城镇上山”战略的实施，以打造绿色、开放、富裕、和谐勐腊为目标，通过创建省级园林县城，加强城市绿化建设，加快城镇化进程，改善城市生态环境，全面提升勐腊城市综合竞争力，促进全县经济社会的全面协调可持续发展。建成区面积由4平方公里扩大到5.5平方公里，城市功能进一步完善。一是高起点修编城市规划。委托云南省城乡规划设计研究院及北京水木方圆旅游规划设计院等规划设计公司对勐腊县总体规划、县城绿地系统规划、风景名胜区控制性详细规划、南腊河

南腊新城

行政中心会堂

办公大楼

（县城段）滨水景观设计、城市设计、勐仑和易武特色小镇规划、村庄规划等进行了修编（编制）。二是高标准建设城市路网。城市道路总里程15余公里，市政道路面积472407平方米，人均拥有道路面积达到9平方米以上，在原有路网基础上对老城区的正街、南路、北路、曼它拉路等市政道路进行了扩建和功能提升，现老城区主干道宽为32米。新建了新城雨林大道、相思路、南腊路、山榕路、平安路、中心路等6条道路，构成了新城路网骨架。实施了北路、曼庄和新城3个高速路入城口改造建设。三是高品位建设城市绿化亮化美化工程。近年来，新增街道绿化面积达85236平方米，绿地率达到30.56%，绿化覆盖率达到40%，新安装路灯1014杆，县城区主干道绿化带面积占道路总用地面积的22.1%。新建了县城生活垃圾处理场和污水处理厂。四是高品质发展房地产业。开发建设了河畔之梦、南腊小镇、辉煌广场、南腊新城、尚品名居等一批高档住宅小区，2011年房地产开发项目共建设316239.9平方米，其中：住房259878.9平方米，商铺56361平方米。

南腊小镇建设

辉煌广场

勐腊景兰大酒店

建设中的高档住宅小区

新城主干道绿化美化

西双版纳州妇女联合会

西双版纳州妇女联合会是全州各族各界妇女在中共西双版纳州委领导下，为争取进一步解放而联合起来的社会群众团体，是党和政府联系妇女群众的桥梁和纽带。1964 年 2 月 20 日，西双版纳州妇女联合会正式成立。至 2012 年初，全州共有各级妇女组织 2778 个，其中农村基层妇代会、社区妇联和社区（居委会）妇代会 2490 个，机关事业单位妇委会 65 个、非公经济妇女组织 35 个、团体会员 181 个。全州现有专兼职妇联干部 2597 人，形成了“覆盖面广，配合紧密，工作活跃，纵横交错”的组织网络。

州妇联领导班子

近年来，州妇联在州委的领导和省妇联的指导下，始终坚持服务大局、服务妇女、服务基层的工作宗旨，把握党政所需、妇女所急、妇联所能的工作定位，落实“一手抓发展、一手抓维权”的工作方针，通过实施“456 工程”（即：以提高妇女的发展、参与、自我维权和拒毒防艾“四种能力”为重点；开展送信息服务、科技项目、法律帮助、教育健康、关爱援助“五送”行动为主要内容；掀起一场学用科技和传播环保知识的宣传热潮、实施一批脱贫致富项目、巩固建设一批功能完备的妇女之家、培养发展一批女科技致富带头人、支持组建一批家庭联谊会、培育树立一批妇女先进典型“六个一”为抓手的服务妇女增收致富工程），努力开创全州妇女工作新局面。

2012 年女干部创新社会管理能力建设培训班

景洪市嘎洒镇曼掌宰村委会曼丢村荣获“全国巾帼示范村”

州妇联帮教团赴省第一、二、三女子监狱对西双版纳籍女服刑人员开展帮教活动

州公安局和州妇联领导为全国“巾帼文明岗”授牌

党群共建创新争优交流会

州妇联领导调研“贷免扶补”工作情况

“百万干部群众学法律，保障妇女权益促和谐”现场知识竞赛

州妇联主席玉香伦看望慰问孤寡老人

州直女领导干部第五届联谊会

巾帼志愿服务活动启动仪式

西双版纳州归国华侨联合会

联合会主席陈卫东（右）出访意大利，并拜会罗马奇维塔韦基亚市长

联合会主席陈卫东（右一）出访西班牙，并向华人商会赠送纪念品

州侨联四届常委会班子

2011年，西双版纳州归国华侨联合会在州委、州政府的正确领导下，省侨联的指导下，全面落实党的十七大和十七届三中、四中、五中、六中全会精神，中国侨联八届三次全会和省侨联九届二次全会精神，州委第七次党代会精神，围绕州委工作中心大局，按照国内海外工作并重、老侨新侨工作并重的总体思路，全面推进招商引资、招贤引智、文化交流、海外联谊、维护侨益工作，充分调动全州广大归侨侨眷和海外侨胞的积极性，为实现全面建设小康社会做出新的贡献。围绕全州经济社会跨越发展“六大战略”及“两个率先”、“两个为主”、“两个定位”目标，按照“做到国内、海外工作并重，老侨、新侨工作并重”的工作方法，巩固老朋友，结交新朋友，拓展海外侨务工作新领域，进一步做好侨务资源的增量工作。

开展侨法宣传

与广西南宁市侨联互赠纪念品

向江苏启东市侨联赠送纪念品

深入华侨村调研

联谊活动

召开归侨侨眷座谈会

看望华侨村百岁老人

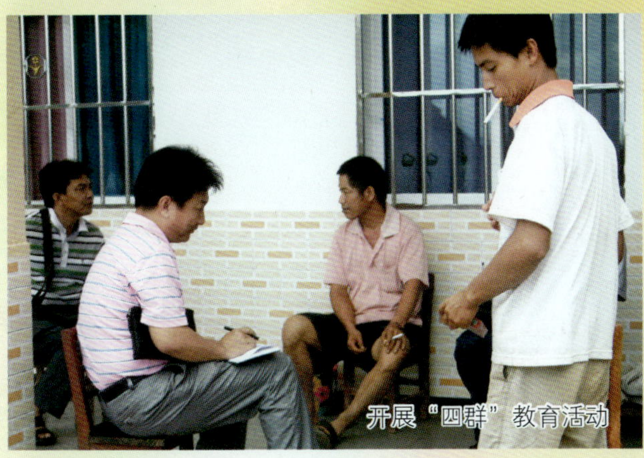
开展“四群”教育活动

看望老归侨

中共西双版纳州委西双版纳州人民政府农村工作委员会办公室

特色乡村　段其儒　摄

幸福乡村　邱开培　摄

州委州政府农村工作委员会办公室原与州委州政府政策研究室合署办公，2010 年单设。州农委办为州委工作部门，是州委州政府农村工作委员会的常设办事机构和全州农业农村工作的综合职能部门。

2011 年，我州坚持和发展“三级联动”、“三个依靠”、“六大工程”长效工作机制，着力抓好新农村建设“五件大事”，加快整乡整村（整场整队）推进新农村（新农场）建设步伐，农业农村发展实现“十二五”良好开局。全州农业总产值 96.47 亿元、同比增长 7.9%，农民人均纯收入 5327 元、继续位列全省第三位，农场承包户人均纯收入 1.05 万元、比上年增长 42.7%。我州“三农”工作被评为全省第三名，农垦改革工作被评为先进州（市）一等奖，中低产田地改造工作连续两年被评为二等奖。

一年来，州农委办坚决贯彻落实州委、州政府关于“三农”工作的一系列决策部署，聚精会神做好州农委日常工作，凝心聚力推动农业增效、农民增收、农村增色；积极稳妥推进农垦改革发展工作，基本实现了“体制融入地方、管理融入社会、经济融入市场”和“属地管理、产权

美丽乡村　薛　云　摄

到场、承包到户”，特别是垦区普遍就业、普遍增收和社会稳定，赢得了绝大多数干部职工群众的拥护；竭尽全力推动新农村（新农场）建设，全面完成新农村建设省级重点建设村、州级“百村试点”和山区综合开发工作；集中力量推进中低产田地改造，圆满完成了省下达的工作任务；尽心尽力抓好新农村建设工作队及指导员工作，第5批县市总队长带领乡镇工作队长及广大指导员，认真履行“六大员”职责，积极帮助群众排忧解难；扎实深入开展“千名干部大走访”活动，全州3个走访团43支工作队309个工作组，深入农业农村第一线，开展以形势政策宣传教育和农村集体经济调研为主题的千名干部大走访农业农村活动；恪尽职守着力加强自身建设，深入开展创先争优“授旗评星”、机关干部与贫困农户“一对一”结对帮扶、在职干部与离退休老干部“一对一”联系服务等活动，努力在推动工作、服务群众中创先争优。

文化乡村　张国华　摄

勤劳乡村　刘云川　摄

和谐乡村　邱开培　摄

生态乡村　邱开培　摄

州政务服务管理局

根据《云南省人民政府关于公共资源交易中心建设的指导意见》，全省要建成运行州级公共资源交易中心。州委、州政府高度重视，成立了以州长刀林荫为组长的西双版纳州公共资源交易中心建设领导小组，由副州长唐家华兼任指挥长的州公共资源交易中心建设指挥部和常务副州长罗红江任主任的州公共资源交易监督管理委员会。在州委、州政府领导和相关部门大力支持下，经过 7 个月紧张而有序的筹建，州公共资源交易中心于 2011 年 12 月 6 日正式建成运行。州公共资源交易中心是以国家相关法律法规和政策为依据，按照"政府引导市场、市场公开交易、交易规范运作、运作统一管理"的基本思路，实行"统一进场、管办分离、规则主导、全程监管"的运行机制，将目前由各部门各自监督、分散开展的政府采购、工程建设等公共资源全部纳入公共资源交易中心进行交易和管理，形成统一的公共资源交易有形市场，营造公开、公平、公正的市场交易环境。州公共资源交易中心建成后，对于更好地发挥市场配置资源的基础性作用，促进权力运行的公开、公平、公正，加快我州市场体系建设具有十分重要的意义。

2011 年 12 月 6 日，省招标采购局副局长、省公共资源交易中心主任崔岗，州长刀林荫、常务副州长罗红江、副州长唐家华等主要领导参观电子监控室

2011 年 9 月 16 日，副州长陈启忠到政务服务中心检查创建文明城市工作

西双版纳政务服务中心窗口工作人员及局机关干部参加庆祝中国共产党成立 90 周年纪念活动

2011 年 3 月 31 日，省监察厅副厅长赵志彬到西双版纳政务服务中心检查工作

2011 年 5 月 17 日，省政府巡视员吴曙到西双版纳政务服务中心检查工作

州公共资源交易中心工程建设开标现场

全州政务服务工作现场推进会与会人员参观勐罕镇曼搭村委会为民服务站

西双版纳政务服务中心第七届职工运动会上绑腿接力比赛

政务服务中心窗口工作人员为少数民族群众填写审批表格

西双版纳政务服务中心窗口工作人员及局机关干部参加庆祝中国共产党成立 90 周年纪念活动

2011 年 12 月 6 日，副州长唐家华为州政务服务管理局揭牌

年轻、富有朝气的团队

2011 年 12 月 6 日，省招标采购局副局长、省公共资源交易中心主任崔岗在州公共资源交易中心揭牌暨运行启动仪式上致辞

2011 年 12 月 6 日，州长刀林荫在州公共资源交易中心揭牌暨运行启动仪式上讲话

西双版纳州发展生物产业办公室

副省长孔垂柱（中）在州委书记江普生（右三）、州长刀林荫（左一）、州生物产业办主任李庆友（右二）陪同下，调研勐养保健品园区。

西双版纳州是中国生物资源最富集的地区之一，生物产业是全州经济社会发展不可或缺的重要组成部分。

西双版纳州委、州政府高度重视生物产业发展工作，2010年在实施《西双版纳生物富州战略行动方案》的进程中，成立了西双版纳州发展生物产业办公室，2012年组建了生物产业党组班子，健全了全州生物产业机构，使全州生物产业得到了健康有序发展。2012年在生物产业巩固粮、胶、糖、茶四大传统支柱产业的基础上，生物产业规模基础进一步扩大夯实，生物经济总量取得新成绩；产业结构调整和转型升级实质性推进，生物产业强化布局，超前谋划（建设中国首个保健品园区）有了新思维；依靠科技，内引外联，优势整合，生物产业综合素质取得新提升；实施“桥头堡”战略，“走出去”发展和区域合作力度进一步加大，建设外向型特色优势生物产业基地取得新进展；传统产业转型发展与战略性汉麻、傣药南药（石斛）、星油藤、竹产业、罗非鱼、果蔬等新兴生物产业培植同步推进，对支持新农村建设，增加农民收入，推进生态立州战略实施作出新贡献。

副州长陈启忠（左二）调研勐仑植物园

年内，在雅戈尔集团、上海光明食品集团、上海增靓生物、云南白药、七彩云南、勐海茶业、云锰集团、云南高深橡胶、金星啤酒、云南省林投等一批国际国内知名的企业集团的投入推动下，已形成了生态食品、生态用品、生物医药、生物农业、生物工业等产业门类全面发展的格局，培育出了大益普洱茶、云象和东风天然胶、彩珍白砂糖、雨林血竭等20多个省级国级著名品牌产品，其中天然橡胶企业3个、茶业14个、药业1个、糖业1个。东风、云象、金凤天然生胶等成为国家免检产品，大益普洱茶

刘仲华教授、蔡军、张宝三等考察古茶山

环境友好型胶园建设签字仪式

光明石斛饮料生产线

品牌认定为中国驰名商标。“大益”、“七彩云南”荣膺“中国十大著名茶企业”称号，西双版纳州被授予“最具中国茶文化魅力地区”称号。

2012 年，全州生物产业总产值达到 135 亿元，完成年计划数的 103%，同比增长 19%,增加值预计达到 68.6 亿元，同比增长 13%，其中：生物农业总产值预计完成 108 亿元，同比增长 19%；生物农业增加值预计完成 55.3 亿元，同比增长 12%；生物工业总产值预计完成 27.7 亿元，同比增长 21%；生物工业增加值预计完成 13.3 亿元，同比增长 19%。销售额预计实现 139.3 亿元，同比增长 20%。培育年产值 10 亿元以上的企业 2 家，产值亿元以上的企业 5 家，超额完成了《西双版纳生物富州战略行动方案》工作目标。

硕果累累星油藤

傣药南药基地

生态食品基地

生态用品基地

生物产业企业

天然橡胶基地

野生古茶园

西双版纳州移民开发局

州移民开发局党组书记、局长 杨杰

西双版纳州移民开发局是州人民政府主管移民开发事务的职能部门之一，加挂西双版纳州人民政府移民搬迁办公室牌子，2011年1月正式分设成立，内设办公室、规划安置科、后期扶持科3个科室，人员编制10人。一年来，在州委、州政府的正确领导下，州移民开发局党组建机构、强班子、带队伍，加强组织机构建设，转变机关工作作风，积极推进业务工作，狠抓各项任务落实，确保了全年各项工作目标的顺利完成，促进了全州经济社会又好又快地发展。主要职责如下：

（一）贯彻执行国家、省有关移民开发工作的法律法规和方针政策，研究拟订全州移民开发工作政策措施，并组织实施。

（二）负责组织、协调和管理辖区内大中型水利水电工程的移民安置和开发工作；负责分解落实移民安置任务及补偿投资协议和移民后期扶持规划规定的各项任务；指导、监督检查移民安置实施规划和计划的执行，以及移民安置工作的验收。

（三）协调县级人民政府配合项目法人单位和规划设计单位开展移民安置规划设计预可行性研究报告、可行性研究报告的编制；参与编制经国家批准的水利水电工程移民安置实施规划设计报告。

（四）负责按照移民资金管理的有关规定，核拨、使用和管

省移民局局长韩梅一行到州移民局看望干部职工

省移民局局长韩梅在曼贺回移民村与移民群众座谈

调研移民后期扶持项目建设情况

调研水库工程建设情况

2011年10月8~10日，在州委党校举办全州移民业务知识培训

理移民资金，会同上级移民开发主管部门和项目法人单位对移民资金使用情况进行监督检查；负责移民开发的计划统计工作。

（五）负责协调项目法人单位与县级人民政府的移民安置工作关系；协助配合当地政府处理移民来信来访，配合有关部门做好库区和移民安置区的社会稳定工作。

（六）负责全州移民开发的业务、技术培训工作。

（七）协助上级移民开发主管部门开展移民综合监理工作；组织有关部门实施移民安置专项工程的检查验收，并编制验收报告。

（八）负责对州级立项的水利水电开发项目的移民安置规划设计可行性研究报告、实施规划报告和移民后期扶持规划设计报告的专项审查。

（九）指导县（市）移民开发工作；审查指导州级立项的水利水电工程移民安置规划、计划的编制和执行工作；负责移民安置工程项目的检查验收。

（十）承办州委、州政府交办的其他事项。

局党组书记、局长：杨杰

地址：景洪新大桥旁景洪港内

电话：0691—2153253

在大渡岗盘江公司移民安置点与移民群众座谈

在孔雀湖畔开展移民政策法规宣传活动

西双版纳州民族宗教局

中央政治局常委李长春(中)看望基诺族群众

2011年，州民宗局在州委、州政府的正确领导和省民委、省宗教局的关心指导下，坚持以邓小平理论和“三个代表”重要思想为指导，深入贯彻落实科学发展观，紧紧围绕“共同团结奋斗，共同繁荣发展”的民族工作主题和“依法管理，确保稳定”的宗教工作主线，认真贯彻落实党的民族宗教政策和国家法律法规，全力做好各项工作，保持了全州

省委副书记李纪恒参加泼水节

省委组织部部长辛桂梓参加拉祜扩节

国家民委党组书记杨传堂(后排左五)到基诺山调研

副省长刘平(中)到州调研扶持人口较少民族发展工作

民族宗教和谐稳定的良好局面。全年共向省民委争取落实民族专项资金5028.23万元，为历年最高。其中预拨2012年兴边富民项目资金1200万元；2011年度民族专项资金3828.23万元，比2010年增加788.8万元，增长25.95%。2011年，州民宗局获得全省实施民族团结目标管理责任制一等奖，获得全省实施宗教工作目标管理责任制二等奖，获得全省民族信息工作先进单位称号。

州长刀林荫(前排右一)看望慰问原州长召存信

布朗山乡整乡推进启动仪式

全州民族宗教工作会议

全省扶持人口较少民族发展工作会议在景洪召开

《西双版纳州扶持人口较少民族发展工作纪实》出版

傣汉双语中专班毕业典礼

全省扶持人口较少民族发展工作会议在景洪召开

西双版纳州司法局

2011年，西双版纳州司法局认真落实省州政法工作会议和司法行政工作会议精神，以服务发展为第一要务，维稳工作为第一责任，实践科学发展观，忠实履行司法行政职能，发挥法律服务保障作用；继续深化“服务型、创新型、管理型、发展型”司法行政系统建设；以服务发展、服务稳定、服务民生为重点，发挥职能优势，大胆创新，强化管理，加强基层司法队伍建设和基础建设，大大提高了全州司法行政工作科学发展能力，为全州经济社会更好更快发展提供良好的法律保障。

吴爱英部长到景洪市局视察工作

全州农场普法工作培训班

州司法局2011年各项工作均取得显着的成绩：“五五普法”工作有声有色；法律服务行业规范有序；法律援助深入人心；劳教工作成果丰富；在全州32个乡镇（街道办）、241个村（居）委会和企事业单位，人民团体设人民调解委员会329个；在开展各种民间社会矛盾纠纷大排查大调解行动中，受理各种矛盾纠纷14261件，成功调处13966件，成功率达97.9%以上；在“法律七进”活动中，向社会发放法律援助联系卡、调解宣传挂历4000份；配合有关部门培训、开展人民调解法知识讲座2期，参训人数250人次；举办全省国家公务员和省属企事业单位管理人员法律知识考试人数达9683人次；散发宣传单（手册）61900份，悬挂宣传标语15条，展示宣传展板50余块，解答法律咨询482人次，出动宣传车1辆，共有22家州直单位和40名学生参加宣传活动。州司法局连续6年实现了“四无”目标，多次受到省司法厅，州委、州政府的表彰。

局长：孔树华

吴爱英部长到我州视察工作

司法部吴爱英部长与全州基层司法所长合影

西双版纳州民政局

民政部纪检组长曲淑辉（中）到州看望受灾群众

西双版纳傣族自治州民政局是州人民政府主管社会行政事务的重要职能部门之一，负责组织和指导全州开展救灾救济、城乡困难群众生活定期和临时救济、城乡居民最低生活保障、拥军优属和优待抚恤、退役士兵安置、军队离退休干部安置服务、基层民主政治建设、社会组织登记管理、行政区划边界管理、福利事业公益金募集、孤儿收养、婚姻登记管理、流浪乞讨人员救助、殡葬改革等社会福利和专项社会事务管理工作、老龄工作。内设办公室、救灾科、社会福利和社会事务科、优抚安置科（州拥军优属拥政爱民领导小组办公室）、社会救助科、基层政权和社区建设科、民间组织管理科、区划地名科共8个科室，有工作人员28名；下设州老龄工作委员会办公室、州社会福利院、州军队离退休干部休养所、州福利彩票销售管理中心、州救助管理站和州殡仪馆6个事业单位，工作人员46人。2011年，西双版纳州民政局在州委、州政府的正确领导下，紧紧围绕中心工作，以科学发展观为统领，以创先争优为动力，坚持抓班子、带队伍、促工作，充分发挥民政在构建和谐社会中的基础性作用，促进了全州民政事业又好又快发展。

由于工作成绩突出，西双版纳州民政局被云南省人力资源和社会保障厅、云南省民政厅授予云南省民政工作先进集体的荣誉称号。

党组书记、局长：刘云坤
电话（传真）0691-2122751
邮政编码：666100
地址：景洪市么龙路9号

州长刀林荫（中）参加州社会福利院开业庆典

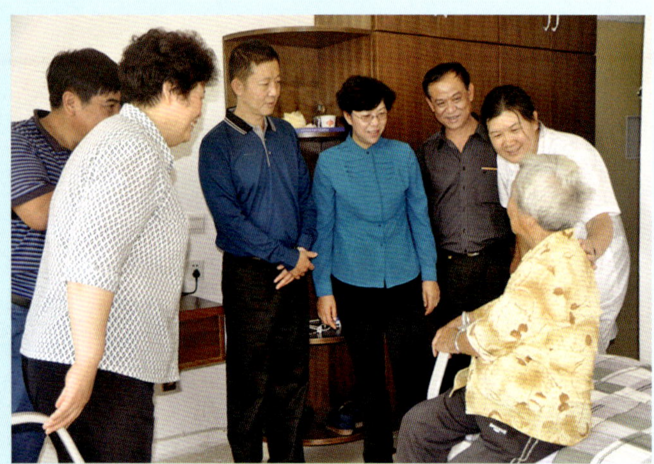
云南省民政厅厅长王树芬（中）到州社会福利院看望老人

副州长杨沙亲临州社会福利院建设工地听取建设进展情况汇报

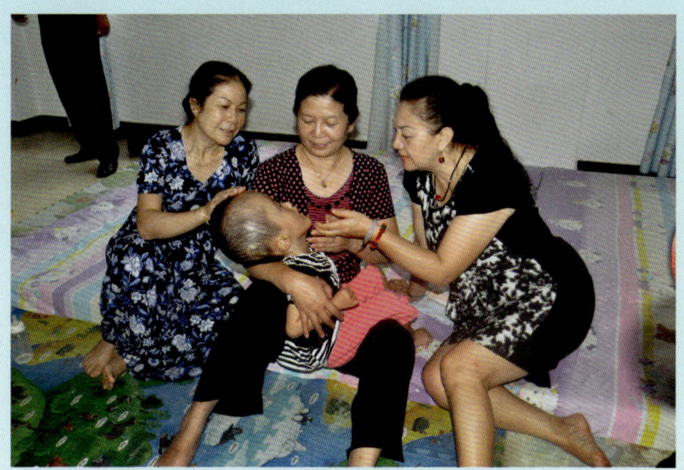
州长刀林荫（中）、州人大副主任张美兰（右）、州政协副主席玉甩（左）等领导看望残疾儿童

双拥共建绿化荒山

局党组成员

看望慰问建国前老党员

重阳节开展宣传服务活动

州长刀林荫（前排左二）、副州长杨沙（前排右二）看望慰问百岁老人

西双版纳州地方税务局

国家税务总局局长肖捷（左）、州长刀林荫（右）在州国税局局长梁正勇（中）陪同下看望州国税局干部职工

近年来，在州委、州政府的正确领导下，在省地税局的支持下，西双版纳州地方税务局以“小地州也要有大作为”的豪情，唱响了打好版纳地税形象“翻身战”的昂扬之歌。

唱响组织收入大跨越的“奋进之歌”。牢记“为国聚财、为民收税”的神圣使命，围绕“服务科学发展、共建和谐税收”的工作主题，落实依法行政，强化税收分析，创新税源管理，年年超额完成组织收入任务，2011年，累计组织入库各项税费收入268568.3万元，比上年同期增收91706.4万元，增长51.9%，为推动西双版纳科学发展和谐发展跨越发展做出了积极的贡献。

参加歌咏比赛

唱响优化服务大提升的“和谐之歌”。引入“纳税人至上”的理念，在扎实开展“蹲企服务”活动的同时，创新开展“双语服务”、“老庚服务”、“清爽服务”等具有西双版纳地域特色、地税行业特点的纳税服务措施，受到了纳税人的热烈欢迎。

唱响文化建设大和谐的“蓬勃之歌”。

开展“双语服务”

开展学习活动

开展"蹲企服务"活动

重温入党誓词

拔河比赛

积极倡导"开心工作，快乐生活"理念，在福利待遇、办公设备、教育培训等方面向基层倾斜，积极开展各类文娱活动，干部的凝聚力、向心力大大加强。

唱响反腐倡廉大建设的"廉政之歌"。主动将党风廉政建设工作列为首家接受省地税局和当地纪委"双重考核"、"双重监督"的单位，向社会各界展示了版纳地税反腐倡廉的决心与行动。

参与健身健步走活动

到企业检查

税法宣传

西双版纳州招商合作局

州党政领导参加全州加快发展重点招商项目推介会

上海市合作交流办领导(中)在州招商局局长刀华新(左)陪同下到我州光明石斛基地考察

为适应国家西部大开发战略的要求，进一步加强全州招商引资工作，州人民政府于 2001 年 5 月正式成立招商办公室。现更名为西双版纳州招商合作局，为正处级事业单位。州招商合作局核定编制 12 名。主要承担外来投资的统筹协调、招商引资服务、咨询服务、信息服务等职能。局长为刀华新。

上海市浦东合作交流办领导到勐海贺开古茶园考察

州招商合作局内设 4 个职能科，即办公室：主要负责机关日常事务的综合协调和督办；负责起草年度工作计划、总结等综合性文稿；负责文秘、会务、机要、档案、保密、信访、接待、安全保卫、车辆等行政事务和后勤保障工作等。招商合作科：主要负责组织、承办州内举办的各种交易会和参加国际国内重大投资洽谈会、招商活动；负责项目的推介、协作洽谈、签约；组织策划、包装引资项目，编制全州招商引资项目册等。企业服务科：主要负责外来投资企业的联系、协调和跟踪服务；负责外来投资企业基本情况年报统计工作，会同有关部门受理外来投资企业的投诉；负责与异地商会的联络和服务工作等。项目开发科：主要负责全州招商项目的组织指导、包装、策划、筛选、论证和汇总整理工作；负责招商引资有关政策信息、资料的收集和整理工作；负责州招商网的建设、管理与维护工作；负责西双版纳州与上海（浦东新区）合作办公室日常事务等。

2011 年全州共组织实施国内经济社会合作项目 86 项，项目协议总投资 537.6 亿元，完成州外到位资金 68.9 亿元；圆满完成了省、州下达的各项目标任务。

勐腊县 7.5 万吨橡胶深加工项目开工

州招商局局长刀华新在全省桥头堡建设大会上发言

西双版纳州水利局

局领导班子研究水利工作

西双版纳州水利局是负责全州水利建设、水资源管理、防汛抗旱等工作的重要职能部门。内设办公室、水政水资源科、农村水利科、建设管理科、水土保持科、防汛抗旱科、规划计划科七个职能科(室)，下设水利水电勘测设计队、水利水电工程质量监督站、水土保持生态环境监测站和澜沧江景洪堤防管理所四个直属事业单位。建州以来，在历届州委、州政府的领导下，全州水利干部职工共同努力，兴修了大批水利工程，特别是党的十一届三中全会后，全州水利事业进入了全面快速发展时期。水利部门紧紧抓住国家实施西部大开发战略、中央扩大内需投资、滇西南农业综合开发、云南省面向西南开放重要桥头堡建设、中央关于加快水利改革发展的一号文件和云南省实施“兴水强滇”战略机遇，加快水利改革发展步伐，截至2011年，全州已建成各类大小水利工程4147件，水利工程现状年总供水能力7.48亿立方米,总灌溉面积达72.45万亩，解决农村饮水不安全人口51.68万人，水资源开发利用率9.47%，水利化程度达48%。全州水利基础不断夯实，防灾减灾体系逐步完善，水利保障能力大幅提升，群众受益程度明显提高，为全面建设小康社会，建设富裕民主文明和谐西双版纳奠定了较坚实的水利基础。

勐海灌区工程及即将丰收的农田

州长刀林荫（右一）、常务副州长陈启忠（右三）在局长杨群（右二）和总工程师杨明德（右4）陪同下视察曼满水库加固扩建工程

建设完工后的勐海县打洛界河治理工程（2010年3月5日）

农村人饮安全工程解决了山区村寨用水难

西双版纳旅游度假区

西双版纳旅游度假区是1993年9月经云南省人民政府批准成立的首批六个省级旅游度假区之一。位于景洪市南郊，北至景洪城市建设区、南抵规划中的绕城高速公路、东到澜沧江边、西接景洪市嘎洒镇，总面积61.1平方公里。下辖1个村委会、1个南联山农场，总人口1.8万余人。辖区内南联山农场东西绵延，澜沧江、流沙河、南凹河景色秀丽。具有“没有冬天的乐土”、“天然大氧吧”、“植物王国”等自然环境优势和“民族博物馆”文化特色，发展避寒度假条件优越。

西双版纳旅游度假区一期占地面积1平方公里，于1993年3月启动建设，1997年基本建成。建成星级宾馆酒店15家，其中4星级2家、3星级11家，共有客房2015间，年接待游客能力达100余万人次。二期规划面积60.1平方公里，是西双版纳旅游二次创业的主战场。截至2011年12月，二期基础设施建设累计完成投资4亿元，建成道路网15.6公里；有签约项目21个，协议投资127亿元，共有在建项目22个，其中旅游项目8个、公益项目4个、被征地农民产业项目2个；在建项目中计划投资1亿元以上的重大项目有12个，计划总投资53.77亿元，已累计完成投资23.58亿元。

西双版纳旅游度假区将以现代旅游理念强力培育壮大旅游战略支柱产业，建设现代化、国际化、生态化、民族化的山水城市和山水旅游度假区。

2012年6月28日度假区庆祝建党91周年大会

2011 年 12 月 5 日州委书记江普生到度假区曼贡综合市场检查指导

东风日产版纳三佳专营店新店在度假区开业

磨憨经济开发区

跨境经济合作区签约仪式

磨憨经济开发区管委会在州委、州政府的正确领导下，积极主动应对各种困难和挑战，深入贯彻落实科学发展观，以履行职责为着力点，增强实效检验，科学合理地构建党政一体化目标绩效管理体系，围绕州委六届提出的“四个基地”建设，努力把握发展机遇，创新发展方式，破解发展难题，积极推进基础设施、招商引资、项目建设、产业发展、社会事业，全区经济社会呈现出又好又快发展的良好局面。

2012 年 1~9 月，磨憨经济开发区在建项目 25 个，完成固定资产投资 2.67 亿元，完成目标任务的 72%。磨憨商贸步行街、磨憨原矿交易中心、磨憨锦苑花卉酒店、磨憨中劲物流仓储商贸中心、曲靖大丰商贸城、磨憨南北水果交易中心、磨憨中设“南国春天”等招商引资项目有序建设，项目推动投资，发展成效明显。

磨憨经济开发区实现财政总收入 7692 万元，比去年同期增长 46%，其中一般预算收入 1398 万元；财政总支出 6897 万元，比去年同期 5308 万元增长 30%。

磨憨口岸进出口货物完成 675887 吨，同比增长 35.6%，其中进口完成 428453 吨，同比增长 23.5%；出口完成 247433 吨，同比增长 63.5%。贸易额完成 70758 万美元，同比增长 82.8%，其中进

4 月 13 日省委书记秦光荣视察磨憨

老挝总理宋沙瓦会见区党委书记杨辉

开发区管委会办公大楼新貌

两区签约

各级领导视察磨憨缩影

口完成 17158 万美元，同比增长 58.1%；出口完成 53599 万美元，同比增长 92.4%。

磨憨口岸出入境人员总数 580687 人次，同比上升 27.5%，其中出境人员 291647 人次，同比上升 27.8%；入境人员 289040 人次，同比上升 27.6%；第三国人员 43264 人次，同比下降 12.4%。出入境车辆总数 188008 辆次，同比增长 43.7%，其中出境车辆 93868 辆次，同比增长 42.3%；入境车辆 94140 辆次，同比增长 45.1%。

进口货物主要有新鲜水果，如鲜山竹、鲜龙眼、香蕉等，还有甘蔗、玉米以及木材、烟胶片等，出口货物主要有机电产品（包括货车、内燃机、摩托车等）、各种通讯设备、蔬菜、钢材、活动房屋等。

联检大楼

第三国人员出入境

至 2011 年磨憨经济开发区工业基础设施仍然薄弱，工业发展较为缓慢，还需加大投入，不断开拓创新。至 1~9 月引进招商项目 3 个，项目协议资金 41.2 亿元。目前，共有入园企业 49 户，从业人员 668 人，完成工业投资 7530 万元，完成工业总产值 2310 万元，比去年同期增长 21%，实现工业增加值 780 万元，比去年同期增长 40%。

坚持把投资作为拉动经济增长的重要力量，把“项目落地”作为今年工作的重要举措，全力服务、支持项目建设，努力督促一批重点项目尽快开工，促进投资增长。1-9 月份，磨憨新民口岸联络线市政道路、勐腊县税务局磨憨分局综合办公用房、保障性住房等 14 个（其中：新开工项目 3 个）在建基础设施项目加快推进，累计完成投资 4296.52 万元。

始终坚持保护与开发并举，正确处理生态环境与经济发展的关系，严格土地管理，规范用地报批程序，加大土地储备力度，加强项目用地预审，积极办理用地报件，严格征地程序，认真搞好征地、安置、补偿工作。1~9 月份，全区挂牌出让土地 6 宗，面积为 16.6225 公顷，土地出让金 3733.23 万元；核发国有土地使用权证 44 宗，他项权证 10 本。

西双版纳大为商贸有限责任公司货场

工程器材运输出境

铁路奠基仪式

易武乡

乡长陶树强

易武是普洱茶的故乡、贡茶之乡、古六大茶山之名山、滇藏茶马古道的起点，有着厚重悠久的茶叶文化历史；是西双版纳的革命老区，同时也是中原文化在边疆少数民族地区传承、融合，具有鲜明的地域文化特征的地方。2011 年被确定为云南省历史文化名镇、旅游小镇和第三批生态乡镇。2011 年，州委、州政府提出：把易武乡打造成为“中国普洱贡茶第一镇”的战略思路。

易武位于勐腊县北部，东与老挝交界，边境线长 100 余公里，是连接中、老两国的纽带和桥梁，是通向东南亚国家的一条重要的通道，是茶马古道极为重要的一个古镇，南、西、北三面与瑶区、勐仑、象明及普洱市江城县整董镇 4 个乡镇毗邻，距县城勐腊 90 公里，距州府景洪 109 公里，冬无严寒夏无酷暑，植物四季常青，鲜花月月可见，具有独特的区位优势和资源优势。全乡土地面积 878.2 平方公里，辖易武、纳么田、麻黑、曼腊、曼乃、倮德 6 个村委会，共 73 个村民小组。

团结务实，开拓创新的领导班子

易武的特产有茶叶、卤腐、豆豉、酱油等。每年的斗茶比赛吸引不少中外游客前来旅游观光。

文艺表演

斗茶比赛

古茶庄

易武乡博物馆

古茶树

风吹豆鼓

易武古镇

中国移动通信集团云南

中国移动通信集团云南有限公司西双版纳分公司（以下简称“西双版纳分公司”）于1999年8月从邮电系统分营成立（属外商投资企业分支机构），内设工会、党群部、综合部、人力资源部、财务部、市场经营部、集团客户中心、贵宾客户中心、网络部、工程建设中心、景洪市分公司、勐海县分公司、勐腊县分公司等13个机构，共有在职员工492人，平均年龄28岁，其中大专本科以上学历占28%；专科学历占46%。西双版纳分公司领导班子成员分别为：总经理武发虎，副总经理高卫红、韩庆华。

分公司总经理、党委书记武发虎

西双版纳分公司秉承“正德厚生，臻于至善”的企业核心价值观，定位于“移动信息专家”，将“成为卓越品质的提供者”作为企业愿景，充分发挥品牌、人才、技术和服务等优势，实现了用户跨越百万的目标。截止2011年底，全州基站总数已经达到1000多个，全州31个乡镇、1个街道办事处，219个行政村的移动信号已达到100%的覆盖，300人以上自然村的覆盖率达到99%以上，主要干道、风景区道路的覆盖率达95%以上，实现了城区深度覆盖、乡村广度覆盖、交通干线连续覆盖、热点地区重点覆盖的目标。西双版纳分公司在全州31个乡镇成立了乡镇客户服务中心，在西双版纳职业技术学院设立“动感地带MM就业创业基地”，积极开展中高端积分兑换电影票、航空意外伤害保险、全球通机场VIP绿色通道俱乐部、高尔夫VIP俱乐部等各类延伸服务项目，在营业厅组织了以“我服务，我快乐”为主题的服务明星/明星厅（班组）评选、演讲比赛、服务巡讲等活动，开展“天天315、时时好服务”总经理接待日活动，组织“纪连海?说康熙”全球通VIP凤凰大讲坛活动，开展用

“天天315 时时好服务”总经理服务日

我服务我快乐演讲比赛

有限公司西双版纳分公司

户超百万群星演唱会等。与州市公安局合作开发建设了集团手机快讯业务、警务手机对讲系统等公安信息化项目；与勐海县教育局合作，为勐海县下属 9 所单位安装了校园视频监控系统、互联网专线接入，以及校讯通等信息化业务；积极推进教育专网、数字云青平台、全省电子政务网、云南道路物流公共信息平台、12366 地税信息平台、云南省应急救援指挥通信光缆网、移动战旗 TD 卡、96166 云南省公安交通管理综合信息服务平台、老龄服务等信息化项目落地实施；大力发展物联网，推进车辆 GPS 定位监控、电力远程数据采集、气象数据采集、动物溯源、无线 POS 刷卡应用等业务。2011 年 11 月，促成西双版纳州人民政府与中国移动通信集团云南有限公司签署了《无线城市建设战略合作协议》，为推进西双版纳州无线城市建设创造了良好的条件。

同时，公司积极履行优秀企业公民责任，热心公益，回报社会，体现企业社会责任。积极建造“移动爱心水窖”解决边远山区群众饮水的难题；为彝良地震灾区募集捐款 2 万余元，支持灾区重建家园；组织“跨越?起航?共赢”合作伙伴答谢会，带动社会渠道共同进步，提升发展活力；到勐养中心敬老院慰问孤寡老人，为他们带去温暖与关心；积极参与“政风行风热线”，聆听用户的宝贵意见和建议，促进分公司提供更优质的服务。

站在“十二五”这个新的历史起点上，西双版纳分公司在以武发虎总经理为核心的年轻领导班子的带领下，将以锐意进取的改革精神和求真务实的科学态度，与时俱进、整合创新，实现公司新的创新和跨越式发展，为全面建设小康社会和构建社会主义和谐社会提供更加优质的信息通信服务。

庆大寿 送祝福 存续事务和谐发展

抗旱救灾 爱心水窖

分公司领导班子

政风行风热线

“动感地带 MM”创业就业基地成立

通信保障 网络护航

向昭通地震灾区爱心捐款

西双版纳州傣医医院

傣族传统医药是我国四大民族医药之一，具有2500多年的悠久历史，是傣族贝叶文化和祖国传统医药的重要组成部分，傣族传统医药是以“四塔”、“五蕴”为理论核心，具有自己独特的诊疗方法、方药的传统医药。在党和国家的高度重视下，于1977年成立西双版纳州民族医药调研办公室；1979年成立西双版纳州民族医药研究所；1988年4月建立西双版纳州傣医医院，占地19亩，建筑面积4000m²，床位100张。2007年，经云南省教育厅、省卫生厅批准为非直属云南中医学院附属傣医医院。2007年12月，国家中医药管理局批准为国家重点建设的10家民族医院之一。2011年12月30日医院新搬迁至曼弄枫开发新区。是傣医临床、科研、教学为一体的综合性民族医院。

西双版纳州傣医医院门诊楼

州傣医医院院长段立刚

2011年州傣医医院职能科室设有：院办公室、财务科、医务科、农合办、信息网络办、护理部、防保科；临床科室有：急诊科、内科、风湿病科、外科、骨伤科、妇产科、药剂科、麻醉科、医技科、肛肠科、口腔科、五官科、中医科、针灸科、推拿科、皮肤科、科研科和傣药制剂室。国家重点专科有：传统特色治疗专科、骨伤科、风湿病科。

西双版纳州傣医医院新院庆典

西双版纳州傣医医院新院庆典

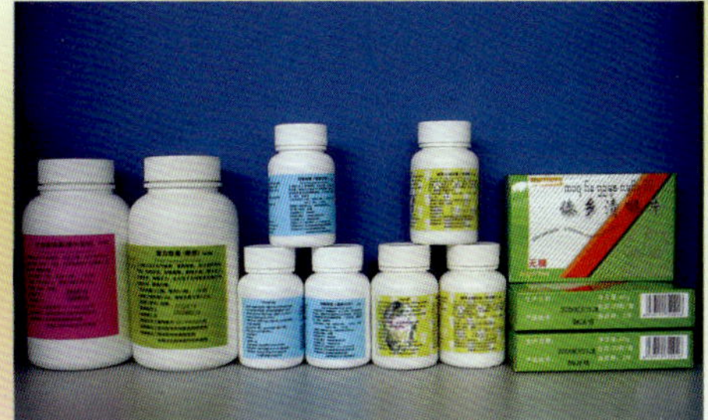

傣药制剂

泰国学生结业合照

采集傣药鲜品

医院编制 150 人，2011 年 10 月州编办重新核定事业编制 255 人。至 2011 年，全院现有在职职工 136 人，本科 48 人，大专 67 人，中专 12 人。其中卫生技术人员 113 人，占职工总数的 83%，卫生技术人员中有高级专业技术职称 14 人，正高 3 人，副高 11 人；中级职称 49 人。

与泰国清莱皇家大学签订合作协议

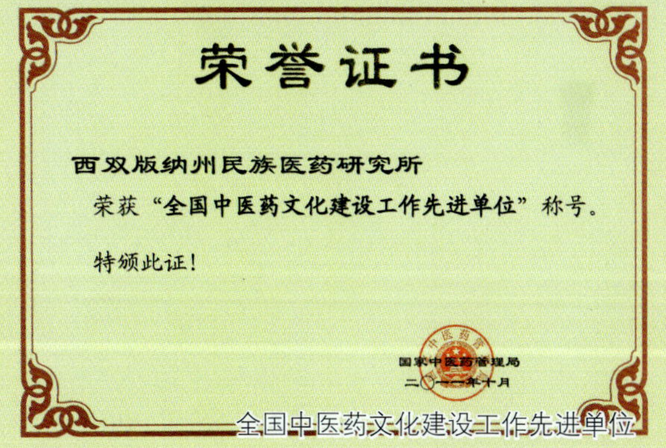

荣誉证书

西双版纳州民族医药研究所

荣获“全国中医药文化建设工作先进单位”称号。

特颁此证！

国家中医药管理局

全国中医药文化建设工作先进单位

傣医传统特色疗法——睡药

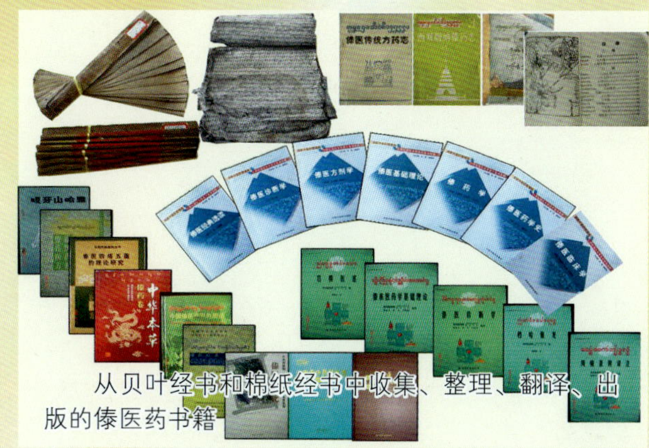

从贝叶经书和棉纸经书中收集、整理、翻译、出版的傣医药书籍

景洪市人民医院健康体检中心

体检中心主任 王玫

院长段世泽（左）与周生来教授合影

景洪市人民医院健康体检中心是西双版纳州首家健康体检中心，是西双版纳唯一的一家"一站式"体检中心，是一个富有专业、创新、激情的团队；他们热衷于与每一个关注健康的人真诚合作，善于学习、富有创意、勇于挑战，他们拥有关爱、诚实、负责任的品格和远大志向，为改善人们健康、提升人们的生活品质而共同致力于推动整体健康事业的发展！该中心以医院这个大的团队为依托，以医院的"团结、敬业、创新、奉献"的团队精神为宗旨，共同创造健康福祉，共同分享健康成果，共同为创造智慧与美丽的生命奇迹而不断努力进步！重视呵护生命的全过程！勤于思，敏于行——关注你、我、他；关注每个人的健康！

近些年来，随着我国人民生活水平的不断提高，工作节奏的不断加速、工作压力越来越增大，人们的身体健康也越来越受到威胁，心脑血管病、高血压病、糖尿病、肿瘤、肥胖症等各种慢性非传染性疾病的患病率在逐年增高，亚健康人群已占人群总数的60%～70%，各行业的精英人士发生猝死的案例屡见不鲜。由此催生了一个新兴行业--健康管理，即由专业机构及专业人员对相应的个体及群体提供健康体检、健康咨询与指导、全程健康跟踪服务等，实现其最佳的健康维护和健康促进的愿望。

景洪市人民医院健康管理中心由从事医疗、保健、科普教育、信息系统管理等方面的资深专业人

士组成，是本着提升公众健康素质、提高健康生活质量、传播健康理念，而投身奉献服务社会的健康专业团队。中心设有健康营销、健康体检、健康教育、心理健康以及健康咨询和健康讲座等健康管理服务。引进先进的健康信息管理系统，结合我市实际建立起来的行之有效的公共和商业健康保健体系；采用科学的管理模式，为社会各界人士提供集体检、保健、养身、心理咨询、预防、康复等为一体的健康管理服务。同时，面向社会深入研究和大力推广健康知识科普，不断提高西双版纳健康管理在实际应用中的专业水平；为人们的身心健康而不断努力及探索，为自己的信念及理想而不断奋进！

中心欢迎全州人群到景洪市人民医院体检中心进行健康体检。

保健知识讲座

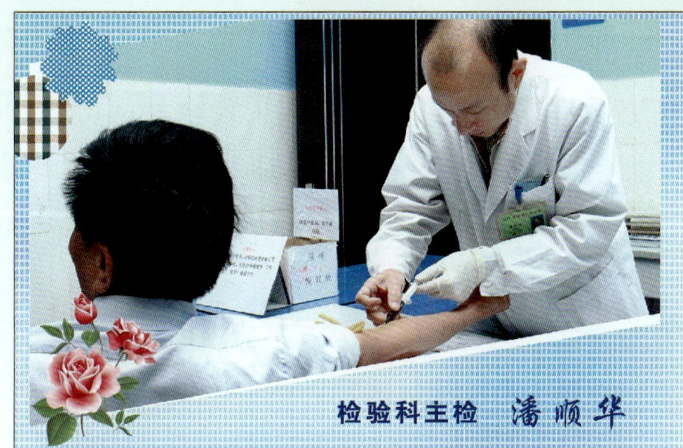
检验科主检　潘顺华

体检大厅

富滇银行西双版纳分行

曹方副省长一行莅临富滇银行西双版纳分行检查指导工作

富滇银行股份有限公司西双版纳分行在于2009年11月18日上午在景洪市勐海路西双十二城隆重的庆典仪式中挂牌成立。经营存款、贷款，办理国内外结算、银行卡业务以及其他金融业务富滇银行股份有限公司西双版纳分行是西双版纳州历史上的百年传承，也是西双版纳州第一家省级地方性股份制商业银行。

富滇银行西双版纳分行现共有正式员工38名，劳务派遣员工5人，其中女员工22人，男员工20人，党员12人。分行现设有行长一人（彭义伟）、风险总监一人（罗荣）、副行长两人（周兴、郑春华），分行下设六个部门，即：综合管理部、公司业务部、个人业务部、风险管理部、财务会计部、营业部。2012年12月3日富滇银行西双版纳勐泐支行开业，同时挂牌设立“小微企业金融服务专业机构”。

富滇银行西双版纳分行积极支持地方经济建设，已对西双版纳州重大民生项目建设累计发放贷款30500万元，其中发放2500万元支持西双版纳州廉租住房建设，支持西双版纳州乡镇公路“村村通”项目建设贷款15000万元，支持西双版纳州教育系统“排除农村中小学危房、集中办学”教安工程项目贷款13000万元。

7月30日，西双版纳分行成功发放了首笔以林权抵押的私营企业主贷款，拉开了西双版纳分行办理林权抵押贷款的序幕。近三年来，分行结合自身业务发展以及人民银行西双版纳州中心支行、西双版纳银监分局的监管安排，积极开展征信知识宣传周、反假币、银行业公众教育日活动、防范和打击非法集资等一系列宣传教育活动，为创造西双版纳州良好金融环境贡献力量。

富滇银行西双版纳分行重视党、工、团工作及企业文化建设，积极开展党支部、工会、团支部活动。以党建带工建、团建深入开展“创先争优”活动，组织学习杨善洲同志先进事迹。召开“五四运动”青年座谈会，与青年员工总结工作经验与收获，畅谈对未来的规划。建立了“职工之家”、“职工书屋”。工会组织登山运动、郊游等户外活动，组织员工与政府、企业、人民银行进行篮球、足球友谊赛。通过这些活动，增进与政府相关企业、单位的联系和沟通。为丰富分行职工的业余文化生活，推动分行建立“学习型企业”、“学习型团队”、“学习型员工”的工作进程，组织开展以“做一个懂得感恩员工”、“没有任何借口”为主题的演讲比赛”。

签署银企合作协议

该行积极主动参与公益事业，关心受灾、受困的弱势群体，奉献爱心，承担社会责任。全行在青海玉树地震灾害中捐款人民币0.401万元，在全省遭遇百年干旱灾害中捐款人民币0.315万元，在全州保护热带雨林活动中捐款人民币0.5万元。对贫困学生捐款2100元。向景洪市见义勇为奖励基金会捐款2万元。分行工会到缉毒英雄柯占军家慰问家属，了解柯占军的家庭情况和面临的困难，并送上爱心捐款3800元。

富滇银行西双版纳分行开业揭牌

学校领导班子

校长　李志宏

象明中学

象明中学位于西双版纳州唯一的一个彝族乡——茶马古道起源地勐腊县象明彝族乡。坐落在秀丽的孔明山下，大河边旁，是一所初级中学，始建于1970年，原校址在茶马古城倚邦县（现在的古六大茶山之一：倚邦街）72年随区政府搬迁到大河边（现在的校址）。

学校占地面积32亩，校舍面积5636.34平方米，绿化、美化面积900多平米，拥有教学楼两幢；学生宿舍楼、厕所各两幢；综合楼、食堂各一幢。校舍面积约5636.34平方米。学校现有8个教学班，在校学生368人，住校生310人。2012年西双版纳州初中学业水平考试中喜获勐腊县乡镇中学排名第二的好成绩。学校最高荣誉是：云南省中小学民族团结教育“先进集体”；　教师最高荣誉是：全国教育科学“十一五”规划教育部重点课题——“有效推进区域教师专业化发展”研究与实验工作“先进个人”。

学校坚持“面向全体、全面发展”的办学理念，以人为本、以德育为核心，在多年的办学中，我校克服贫困山区初级中学特有的基础设施差、师资力量薄弱等等困难。提倡“为彝乡孩子的成长呕心沥血，为象明中学的崛起发奋工作”的敬业精神。涌现出教育界有影响的高级教师，全国和省、州、县、乡先进工作者，优秀教师，为教育事业做出了很大的贡献，在社会上享有很高的声誉，被誉为“孔明山下的凤凰巢”。

运动场

教职工宿舍

新建教学楼

西双版纳州统计局

——60 年风雨兼程　60 年服务奉献　60 年光辉历程回顾与展望

国家统计局局长李强在省统计局副局长徐力，马维纲副州长，州统计局长杨文武陪同下，到基诺山乡调研统计工作

州委常委、常务副州长陈启忠到州统计局调研

州统计局科级以上领导与县统计局班子座谈会

州统计局班子研究工作

伴随着西双版纳傣族自治州建州 60 年的步伐，西双版纳州统计事业也经历了 60 年从小到大、由弱到强的发展历程，见证了自治州 60 年取得的辉煌成就。60 年来，全州广大统计人攻坚克难，创新奋进，以求真务实的作风、科学严谨的态度、无私奉献的精神，开拓创新，辛勤工作，始终坚持服务经济社会发展。

1953 年 1 月 23 日，西双版纳傣族自治区正式成立，当年 7 月，在自治区人民政府内设统计科，1973 年 8 月，西双版纳州与思茅地区分设，开始行使自治州职权，在新成立的州计委内设统计科，统计人员共有 5 人。1983 年 11 月，统计机构从州计委分离出来，成立西双版纳州统计局，为州人民政府工作部门，正处级。2011 年，在新一轮机构改革中，局机关设 6 个内设机构（办公室、综合统计与核算科、一产业统计科、二产业统计科、三产业统计科和能源统计科），正科级，下辖一个参公管理的事业单位普查中心。共有人员编制 24 名。现实有人员 23 名，其中具有本科以上学历 18 人，专科学历 4 人，具有中级以上职称 11 人。通过坚持不懈的努力，统计队伍不断壮大，人员素质不断提升，专业技术水平明显提高，统计改革发展，事业不断进步。

自治州成立以来，特别是改革开放以来，全州经济持续高速发展，社会全面进步，人民生活不断改善。在这一伟大进程中，统计数据日益成为各级党委、政府的重要战略资源，政府统计在促进经济社会发展中的作用日益彰显。60 年来，以统计部门为牵头单位，成功组织实施了人口普查、农业普查和经济、工业普查等 16 次重大普查，建立起涵盖经济、社会、人口、科技、资源、环境等方面的常规统计调查制度，已初步形成以周期性普查为基础，以经常性抽样调查为主体，综合运用全面报表、重点调查、行政记录的统计调查方法体系，构建起服务于党和政府科学决策与管理的统计保障机制，在及时提供统计信息的同时，向党政领导提供月度、季度和年度国民经济运行情况报告，提供经济社会运行监测报告和专题研究分析报告，定期汇报国民经济运行情况。通过收集、整理、提供大量翔实的统计数据，客观完整地反映全州发展状况，记录经济社会变迁，展示现代化建设的伟大成就，用数字和图表抒写着西双版纳州 60 年的发展足迹。

西双版纳统计的 60 年，是艰苦创业、努力探索的 60 年，是求真务实、开拓创新的 60 年，是不断经受磨砺、发展壮大的 60 年。在这一伟大实践中，我们深刻体会到：坚持求真务实是统计事业发展的核心基石，坚持改革创新是统计事业发展的不竭动力，坚持规范统一是统计事业发展的有力保障，坚持服务于党、国家和人民是统计事业发展的永恒主题。

当前，我州正处在全面建设小康社会、加快推进社会主义现代化的关键时期，统计事业站在了一个新的历史起点上。我们将以实现统计能力、统计数据质量和政府统计公信力“三个提高”为己任，大力弘扬实事求是、创新奉献的统计精神，恪守不出假数、真实可信的职业操守。深入开展统计分析，及时向各级党委和政府提供大量反映全州社会经济发展情况的统计数据以及观点鲜明、具有重要参考价值的统计资料和咨询建议，努力为西双版纳科学发展、和谐发展、跨越发展做出新的更大的贡献！

发展中的西双版纳傣族自治州妇幼保健院

——献给西双版纳傣族自治州建州60周年

中国女医师协会名誉会长林佳楣女士、会长何界生、副州长黄姗到保健院调研

西双版纳傣族自治州妇幼保健院于1956年9月9日自治州建立后3年建立，开启了西双版纳边疆少数民族地区妇幼卫生保健事业、填补了无妇幼卫生保健的空白。57年来，在各级党委、政府和卫生行政部门的领导下，经几代妇幼人员的共同努力，从无到有，不断发展壮大，从初期的妇幼保健所发展成为集医疗、教学、科研、急救、康复、保健、预防为一体的具有妇幼专科特色的二级乙等妇幼保健医院，院内设基层保健指导科、妇产科、儿科、信息统计科、健康教育科、检验科、功能科、护理部、后勤科、院办公室、医务科等11个科室，业务用房6350.18平方米、57张病床、40张门诊观察床，万元以上医疗设备、设施36种48件。成为全州妇女儿童医疗保健中心，肩负全州70余万妇女、儿童的保健、预防重任和对全州35个乡镇卫生院的妇幼保健业务技术指导、国家级“降消”项目监督指导及预防艾滋病母婴传播阻断工作，是公共卫

原妇幼保健院旧址。原名称：西双版纳傣族自治州妇幼保健所

生的重要组成部分，《中华人民共和国母婴保健法》赋予保健院促进和保障妇女儿童健康“以保健为中心，以保障生殖健康为目的，实行保健与临床相结合，面向群体、面向基层、预防为主”的妇幼卫生工作方针，并作为办院方向，坚持以保健为中心，从边疆各民族群众日益增长的医疗卫生保健需求着手，开展多样化的保健服务及特需服务：婚前保健、孕前保健、孕产期保健、产后保健、围绝经期保健、儿童系统管理、早期教育等人性化服务；认真落实《中国妇女发展纲要》、《中国儿童发展纲要》，以为边疆各族妇女儿童健康服务为宗旨，提高住院分娩率、降低孕产妇死亡率及婴幼儿死亡率为目标，认真实施“降消”项目和开展预防艾滋病母婴传播工作，坚持改革发展、与时俱进、科学发展，把社会效益和维护群众利益放首位，坚持一个中心，认真执行“一法两纲”，正确处理好国家、医院和人民群众的利益，科学设计、科学管理，取得了良好的社会效益和经济效益。同时，围绕“一法两纲”的执行，以指导基层为重点、降低孕产妇和婴幼儿死亡率为目标，促进了基层妇幼卫生工作的发展，各项妇幼卫生服务指标逐年提高，妇女儿童健康指标明显稳中有降，孕产妇死亡率由2000年的146/10万下降至2012年的34/10

万，婴幼儿死亡率由2000年的52.14‰下降至2012年的6.06‰，住院分娩率由2000年的40.27%增加至2012年的96.37%，各项指标均达到或超过“两纲”要求，集体和个人获各级多种奖励。1991年7月，云南省卫生厅授予州院“妇女‘两病’查治工作先进单位”；1994年4月27日，州人民政府授予“1987至1993年度计划生育工作先进集体”；1997年9月，中华人民共和国卫生部、联合国儿童基金会、世界卫生组织授予州院“爱婴医院”称号；1997年3月8日，州妇联授予“三八红旗集体”称号；2009年11月，中共西双版纳州委、西双版纳州人民政府授予“三八红旗集体”称号；2012年4月，云南省卫生厅授予“省妇幼卫生工作先进单位”称号。此外，还获各类个人奖多次。

王嵘：1988年12月22日，获国家卫生部科学技术进步三等奖（课题研究成果：全国二十一省、市、自治区地区性孕产妇死亡率及死因分析研究）；1992年3月3日，获景洪县总工会女职工委员会1991年“学先进，比奉献，为实现‘八五’计划建功立业”先进女职工干部。1992年获云南省“巾帼建功”先进个人。1993年获州人民政府“劳动模范”。1994年8月7日，获云南省“巾帼建功”活动领导小组“云岭巾帼医卫十杰”。1995年1月，获中华人民共和国卫生部、国家中医药管理局、国家人事部“全国卫生系统先进工作者”；1995年4月27日，获省优生优育妇幼保健协会第三届学术会议优秀论文一等奖（《捕捉发展机遇、增强妇幼卫生工作活力》）；1995年3月17日在昆明“妇女生殖道感染国际研讨会”上大会交流论文（317例女职工妇女病普查结果分析）。1995年12月，庄萍、王嵘获省妇联、省家庭教育研究会论文三等奖（《511例傣族儿童早期教育调查分析》）；2001年11月，王嵘获云南省卫生厅思想政治工作先进个人。

徐惠芳：1990年12月19日，徐惠芳、庄萍、高林芬、王艳、唐爱云获州人民政府

1989 年科技进步三等奖。1992 年 10 月，徐惠芳、李秋莲获云南省优生优育协会、省妇幼保健协会第二次学术会论文 3 等奖（西双版纳州 643 名新生儿体重调查）；同年 3 月，获省妇幼保健知识大奖赛电视赛一等奖；1995 年 4 月 27 日，获省优生优育协会、省妇幼保健协会会员代表大会第三届协会工作先进个人和优秀论文表扬奖（西双版纳地区儿童乳齿龋病调查分析）。2001 年 3 月 22 日获州计划生育协会“1996 年至 2001 年计划生育协会工作先进个人”；2000 年 11 月 20 日，徐惠芳、王嵘、罗庭

乡村医生培训

珠、黄桂芳获州 2000 年科技进步三等奖（州 663 名老年人综合健康调查）；2003 年 12 月 31 日，王嵘、谢敏、浦剑、陈玉音、杨志明、朱秀枝、陈祝英、刘平英、周迎春获州 2003 年科技进步三等奖（西双版纳 3~6 岁傣族儿童血压心率身高体重调查）。

王南屏：1990 年 12 月，获省人民政府“1990 年科学技术进步三等奖”（云南省十地区六种民族 0 至 7 岁儿童生长发育调查研究）；1992 年 10 月 28 日，获省优生优育协会、省妇幼保健协会第二次学术会议鼓励奖（子宫脱垂查治调查）；1992 年 10 月 28 日，获该协会“协会工作先进个人奖”；1997 年 4 月 25 日，获该协会第四次学术会议论文二等奖（3533 名已婚女胶工生殖道疾病调查分析）；1999 年 12 月 30 日，获州人民政府“1999 年州科技进步三等奖”（州 1995–1998 年孕产妇死亡监测动态分析）；2000 年 11 月 21 日，获州委、州人民政府“科技工作先进个人”。

玉为：1997 年 10 月，获州委、州人民政府“先进科技工作者”称号。

罗云支：1998 年 12 月 30 日，获西双版纳州 1998 年科技进步三等奖（小剂量米索前列醇在计划分

娩中的应用）；1999 年 11 月 29 日，获“省医德医风先进个人奖”（云南省教育卫生科研工会委员会）；2005 年 7 月 1 日，获州直机关工委表彰 2003~2004 年度“优秀共产党员”；2005 年，获州委、州人民政府表彰“民族团结进步先进个人”称号（州第三次民族团结进步表彰会）；2005 年 11 月 28 日，罗云支、蔡骊获“州 2005 年科技进步三等奖”（州实施“综合妇幼卫生”项目报告）；2006 年 9 月，获云南省妇联“三八”红旗手称号；2007 年 11 月，获州计划生育协会“先进工作者”称号；2010 年 11 月，获州委、州人民政府“科技工作先进个人”称号。2011 年 3 月 10 日，获“州 2010 年科技进步三等奖”（州傣、布朗、基诺族 7 岁以下儿童地中海贫血和 G6PD 缺乏症调查研究），2011 年 10 月 27 日，获云南省政府特殊津贴（在云南医疗卫生事业贡献突出）；2012 年 4 月，获云南省卫生厅“先进个人”（落实《中国妇女儿童发展纲要》、《云南妇女儿童发展规划》、妇幼卫生工作贡献突出）。

刀红英：1992 年 3 月，获省妇幼保健知识大奖赛电视赛一等奖；2011 年 6 月 24 日，获州直机关工委表彰创先争优“优秀共产党员”称号。

蔡骊：1988 年 12 月 21 日，获国家卫生部科技进步三等奖（全国 21 省、市、自治区、地区性孕产妇死亡率及死因分析研究）；2008 年 6 月，获云南省防治艾滋病人民战争 2005-2007 年度先进个人（省委、省人民政府）；2009 年 1 月 19 日，蔡骊、罗云支、马丽获州 2008 年科技进步三等奖（西双版纳州艾滋病母婴传播阻断分析）；2009 年 5 月，获勐腊县人民政府“2008 年度科技进步三等奖”（勐腊县 2003 年 -2007 年 5 岁以下儿童死亡监测结果分析）。

马丽：2011 年 4 月，获省委、省人民政府 2008-2010 年云南省防治艾滋病人民战争“先进个人”；2012 年 11 月，获云南省防治艾滋病工作委员会“心连心，点亮反歧视之光”主题演讲比赛优秀奖（作品《觉醒·理解·责任》）

谢敏：摄影作品入选国家卫生部《中国卫生画刊 40 周年》评选（“傣家接生员玉儿喃”

等)；1990 年 4 月 12 日，获滇南卫生美术摄影、书法展鼓励奖(“原来如此”)；2003 年 12 月 31 日，谢敏、徐惠芳、王嵘、浦剑、陈玉音、杨忠明、朱秀枝、陈祝英、刘平英、周迎春获州 2003 年科技进步三等奖（3–6 岁傣族儿童血压、心率、身高、体重调查)。

刀霞、张静怡：1992 年 3 月，获省妇幼保健知识大奖赛电视赛一等奖。

卢祖玉：2002 年 3 月，获“2001 年省卫生系统行业作风建设先进工作者”。

马源雪：2006 年 8 月 3 日，获云南省卫生厅第二期艾滋病临床治疗培训班“优秀学员”。

杨坚：2012 年 5 月，获州药品不良反应与药物滥用监测中心“州药械安全性监测优秀工作者二等奖”；2012 年 7 月，获州直机关工委“2010–2012 年州直机关创先争优优秀共产党员称号”。

在建院 57 年、建州 60 周年之际，州妇幼保健院将继续以提高全州妇幼健康保健水平为目标，不断完善妇幼卫生临床监测体系建设，突出幼妇保健服务、系统服务、追踪服务和人性化服务，构建与边疆民族地区现代社会发展水平相一致的边疆民族妇幼保健服务网络，为广大妇女儿童提供高质量、全方位的妇幼保健服务，最大限度地满足妇女、儿童医疗保健需求，为西双版纳州妇女儿童健康做出更大的贡献。

《西双版纳年鉴(2012)》编辑委员会

顾　　问　陈玉侯　中共州委书记
　　　　　杨建明　州人大常委会主任
　　　　　胡志寿　州政协主席
主任委员　刀林荫　州委副书记、州人民政府州长
副主任委员　杨　涛　州委常委、州委秘书长
　　　　　杨　沙　州人民政府副州长
　　　　　李　萍　州人民政府秘书长
委　　员　周为民　州人大常委会副秘书长
　　　　　李金秀　州委宣传部副部长
　　　　　陈喜民　州农垦局局长
　　　　　刘海军　西双版纳军分区副政委
　　　　　洪国正　州财政局局长
　　　　　何志伟　州档案局局长、州志办主任
　　　　　杨洪雯　州文化体育局局长
　　　　　罕文荣　州科学技术局局长
　　　　　段怡敏　州档案局副局长、州志办副主任

《西双版纳年鉴(2012)》编辑人员

总　编　辑 李　萍

常务副总编辑 何志伟

副 总 编 辑 段怡敏　李国云　杨福清

责 任 编 辑

段怡敏(执编军警、法制、开发区建设)

李国云(负责编纂方案和框架篇目设计,执编傣乡影像、政区、人物、辅文)

杨福清(负责编辑部日常事务,执编科技、教育、卫生、文化)

李　跃(执编经济管理、财政税务、金融、农林水电、城建环保、口岸管理)

谌莉芳(执编党政机关、群团党派、宣传彩页)

管　霏(执编商贸旅游、工交邮政、信息产业、社会生活宣传彩页)

周琼华(执编大事记、人大、政协、附录)

《西双版纳年鉴(2012)》主撰名单

(按文章顺序排列)

周琼华	李国云	罗焕仙	白秀英	王永明	罗海笙	王远海	马　媛
田晓平	李　强	王晓静	李娟娟	唐辉生	李晋红	董思华	肖湘云
李晓坤	谌莉芳	管　霏	王继能	李元芳	邓红艳	李怡江	姜培军
李梅雪	肖　玉	李　东	庞春红	刘　豪	刀　锋	字建波	杨　尧
王军江	李　畅	曹燕玲	康蓝蓥	刀　晶	车智玫	贾荣林	肖大翔
徐家福	严　飞	杨　武	程　林	罗　雨	康　文	刘明芳	王广萍
李燕晔	王忠明	姚　飞	张庆行	赵　潞	徐　迹	罗庆鸿	刘　怡
何建华	徐　虹	杨家勇	唐丽莉	岩坎糯	张　林	田茂海	高建军
徐淑兰	曾和平	龙　静	钱季林	王开文	杨　南	周润康	张仁民
陈兆贤	雷锦华	王　泳	刘海英	向筱璇	麦　蓉	李建幸	李蔚兰
张国英	何彩周	薛才文	宁　旭	杨家祥	窦微静	曾建林	达英姿
杨　骞	陈虹希	邓韦祎	马　坚	张克敏	高丽红	黄加元	唐红荣
于静娟	李　慧	陈　勇	黄启胜	李仕豪	自学能	李文郁	朱元芬
连　燕	彭孟菊	陈庆安	聂晓华	唐保成	岩罕叫	吴　华	段立刚
王得雄	马　丽	李志兴	施雪梅	赵云惠	郎晓凡	张林生	罗　睿
普荣明	罕秋云	俞新科	朱家保	王忠明	鲁　怀	李海华	张　燕
苏金贵							

编辑说明

一、《西双版纳年鉴》是西双版纳傣族自治州人民政府主办，州档案局、州地方志编委会办公室承编的地方综合年鉴，它全面系统地反映西双版纳政治、经济、文化、社会等各个方面的基本情况和重要事件，具有公报性、实用性和连续性。

二、《西双版纳年鉴》创办于1997年，因多方面原因，编辑出版工作时断时续，未能做到一年一鉴。《西双版纳年鉴(2012)》为总第十二期。

三、《西双版纳年鉴(2012)》主要反映西双版纳2011年的情况，稿件由州直各部委办局、各人民团体、各企事业单位、县市史志工作机构、中央及省驻州各单位撰写提供。

四、《西双版纳年鉴(2012)》采用分类编排法编排。文体形式主要有文章体、编年体、条目体等。正文内容分设类目、栏目、条目三个层次。类目为大单元、一级目，类目标题以页首居中黑体二号字挂网表示；栏目为二级目，栏目之下设有文章或条目，栏目标题以栏首居中黑体三号字表示；条目为三级目，是最小结构单元，条目标题以黑体四号字加方括号表示。

五、《西双版纳年鉴(2012)》总体框架由傣乡影像、大事记、政区概况、党政机关、人民团体和民主党派、军警、法制、经济管理、财政税务、金融、农林水利、工业交通邮政、信息产业、城建环保、商贸旅游、口岸管理、科技、教育、卫生、文化、社会生活、开发区建设、人物、附录等25个部分组成。

六、《西双版纳年鉴》与中国知网签订网络出版合作协议，在中国知网设立《西双版纳年鉴》专题网页，可供读者在线阅读和订购。

目 录

彩 页

大 事 记

政区概况

党政机关

农村工作

党史工作

州委党校

州直机关工委

保密工作

群团党派

军　　警

法　　制

经济管理

财政税务

金融保险

农林水利

工业 交通

工业和信息化

交通事业

公路养护

澜沧江航运

民用航空

邮电通信

邮 政

城建环保

商贸旅游

口岸管理

科　技

教　育

卫　生

州妇幼保健院

文化体育

文化体育和新闻出版

群众文艺

公共图书

文物博物

社会生活

劳动和社会保障

人民生活

人口与计划生育

民政事务

老龄工作

开发区建设

人　　物

附　　录

大事记

责任编辑：周琼华

1月

1日，中国科学院西双版纳热带植物园新科研中心正式投入使用。州委书记江普生，州委副书记、州长刀林荫，副州长唐家华出席启用仪式。

2日，西双版纳州景洪市哈尼族学会分会成立并举行挂牌仪式。省政协副主席、省哈尼族学会会长白成亮，省民委副主任曹孟良，州人大常委会副主任张美兰，副州长杨沙，州政协副主席、州哈尼族学会会长李永义出席成立大会。

3日，景洪市在泼水广场举行2011年哈尼族“嘎汤帕”节庆祝活动。省政协副主席、省哈尼族学会会长白成亮，州委副书记、州长刀林荫，省民委副主任曹孟良，州委常委、景洪市委书记陈学刚，州委常委、州委秘书长李记臣，州人大常委会副主任张美兰，副州长杨沙，州政协副主席、州哈尼族学会会长李永义等，参加庆祝活动。

4~5日，省民委考评组对州2010年民族团结目标管理责任制进行考评。州委副书记胡志寿，州人大常委会副主任召亚平，副州长王方荣，州政协副主席依甩以及州委民族宗教工作领导小组成员单位和三市县民宗局相关负责人参加汇报会。

5日，西双版纳供电局举办2011年新春答谢会，以进一步加强供电企业与广大用电客户的友谊与合作。副州长杨沙参加答谢会并致辞。

同日，早晨8时开工修复，小勐养——磨憨公路隧道漏水修复工程已进入藤蔑山隧道整治阶段。预计到19日零时完工。

同日，云南省科技厅、版纳州政府科技会商会在昆明举行。双方就版纳州滇南小耳猪产业化、西双版纳罗非鱼产业化项目建议将傣药南药纳入全省“十二五”科技规划等项目进行了会商。

6~7日，省国土资源厅调研组一行赴州，就矿产资源开发整合工作情况进行调研。

7日，州委、州政府举行座谈会，听取原州老领导代表对州委六届十一次全会报告（征求意见稿）和“十二五”规划纲要（草案）的意见和建议。州委书记江普生，州委副书记、州长刀林荫，州委副书记胡志寿，州委常委、常务副州长罗红江参加座谈会。

同日，景洪市举行国际生态旅游名城建设高层研讨会。州委常委、景洪市委书记陈学刚参加研讨会。来自清华大学旅游管理高级研修班、中国森林风景资源评价专家委员会、上海同济大学、中国建筑科学院光学研究室、云南省住房和城乡建设厅的专家学者参加此次研讨会。

10日，州委六届十一次全体会议在景洪召开。州委常委会主持会议。江普生、刀林荫、胡志寿、罗红江、陈启忠、陈学刚、李庆元、李记臣、赵刚出席会议。受州委常委会委托，州委书记江普生向全会作工作报告。

同日，景洪市人大代表视察组一行14人到东风农场，就有关农垦改革的政策宣传及工作执行情况、改革推进情况进行了视察和调研。

12日，十一届州人民政府第七次全体会议在景洪召开。州政府领导刀林荫、罗红江、杨沙、唐家华、李江虹，州政府秘书长李萍出席会议。州委副书记、州长刀林荫代表州人民政府向全会作报告。州委常委、常务副州长罗红江主持会议。

同日，为加强州庆、春节期间食品安全监管，规范市场秩序，保障节日期间食品（药品）安全，副州长李江虹带领州直相关单位负责人，在景洪城区开展了州庆、春节前食品安全联合检查。

同日上午，由团州委组织的“青春温暖献傣乡真情助团进万家”——西双版纳州服务青少年系列活动启动。

11~13日，以省民政厅党组成员、省老龄委专职副主任王建新为团长的省委、省政府2011年春节慰问团到州，深入西双版纳边防支队、勐腊县驻军某部、尚勇武警边防检查站、武警勐腊县中队慰问演出。向驻守在祖国边防线上的子弟兵致以亲切慰问,向长期关心支持国防和军队建设的州各级党委、政府和各族人民群众、部队家属致以衷心的感谢。

13 日,副州长杨沙率州委组织部、州人力资源和社会保障局、州农委办、州科技局等单位负责人,代表州委、州政府前往新闻宣传、科教文化、卫生、农林等单位,慰问州直28 位享受国务院、省政府特殊津贴以及省级有突出贡献的专家学者。

同日,州委副书记、州长刀林荫会见公安部消防局副局长王沁林少将一行。

12~14 日,由省煤监局副局长蒋建忠率领的省检查组一行抵达版纳州,考核州安全生产情况,并与相关责任单位负责人座谈。

13~14 日,公安部消防局副局长王沁林一行,到版纳州对“五大”活动暨春节期间消防安全工作进行专项督察。

14 日,中国东盟农资商会第一届理事会第三次全体会议在景洪举行。

14~17 日,副州长李江虹率团前往泰国清莱府参加 2011 年泰国 GMS 商品贸易交易会暨文化艺术节。

14~18 日,州委书记江普生率团前往老挝琅勃拉邦参加中老泰边境地区六方合作第二次会议,并顺访泰国清迈府。

15 日,景洪市举办第一次全国水利普查培训班,标志着该市水利普查工作即将进入实施阶段。来自景洪市各乡镇村委会的 180 余名学员将参加为期 7 天的学习培训。

中旬,中老泰边境地区六方合作第二次会议在老挝琅勃拉邦举行,应老挝琅勃拉邦省委书记、省长坝平赛宋平的邀请,中共西双版纳州委书记、西双版纳州人民对外友好协会会长江善生率西双版纳州代表团出席会议。

17 日,景洪市首家农机走进合作社——普文城子诚信农机专业合作社挂牌成立。

18 日,全州道路交通安全暨春运工作视频会议召开。会议通报了 2010 年全州道路交通管理工作情况,研究部署 2011 年全州春运交通安全管理工作。副州长、州公安局局长王方荣参加会议。

同日,主题为“共建文明社区、构建和谐傣乡”的州直机关工委和允景洪街道工委共驻共建活动启动。州委常委、州委组织部部长赵刚出席启动仪式并讲话。

同日,景洪市将按照国际生态雨林名城的目标,以建设“跨境经济合作区”“无障碍跨境旅游区”和“滇西南次级中心城市”的定位,科学合理调整、优化城市规划。

同日,勐腊县中医院挂版成立。按照云南农垦改革有关精神,决定将原勐腊农场职工医院更名“勐腊县医院”,属于国家“二级乙等”综合性医院,是州、县医疗保险、商业保险、新农舍、城镇医保定点医院。

19 日,全州森林防火和资源林政管理工作会议召开。

同日,全州农产品质量安全工作座谈会召开。州农业局、州工商局、州质监局等相关单位与州主要农药经营企业负责人,就州新农药试验示范及推广、高毒农药替代、农药管理等方面深入展开讨论,交换意见。

18~20 日,州委、州政府春节慰问团分赴景洪市、勐海县、勐腊县慰问,把党和政府的关怀送到驻州军警部队中,送到受灾群众、生活困难群众、五保对象和离退休干部家中。

20 日,州举行食品安全监管职能职责移交签字仪式。副州长李江虹参加移交会并对相关工作提出要求。

同日,经过广大干部广泛讨论和反复征求意见,东风农场、橄榄坝农场、景洪农场、勐腊农场、扎实稳妥推进农工家庭承包经营实施方案。

同日,中老警方联合铲除了隐藏在老挝丰沙里省奔怒县南勇村的 30 余亩罂粟。

21 日,为确保春运道路交通安全、畅通、有序,杨沙副州长率相关部门负责人一行,分别到西双版纳客运站、客运南站视察春运各项安全工作。

同日,州公安消防支队召开党委扩大会议暨表彰大会,表彰 2010 年全州消防部队先进单位及个人,分析当前消防工作面临的形势,安排部署今年的工作任务。副州长、州公安局局长王方荣参加会议。

23 日,州公安局交通警察支队小磨高速(高等级)公路交巡警大队联合勐腊磨憨经济开发区城管中队,对老挝籍驾驶员开展交通安全宣传。

21~24 日,肯尼亚橙色民族运动副主席、政府环境和矿产资源部副部长拉玛丹·赛义夫率考察团一行 8 人访问西双版纳州,州委常委、州经委书记李庆元会见宴请考察团一行。

24 日,前来云南省出席中国—东盟外长会的东盟各国外长、高官代表及东盟秘书长素林抵达版纳州国家级磨憨口岸,乘车考察昆曼公路中国境内磨憨至景洪段后,从景洪乘飞机前往昆明出席中国—东盟外长会议。

同日,东盟各国外长、东盟秘书长一行从磨憨口岸入境前往昆明出席中国 - 东盟外长会议,外交部部长助理胡正跃、省外办副主任施明辉、副州长李江虹前往口岸迎接，州委副书记胡志寿宴请代表团一行。

25～27日，国务院侨办副主任马儒沛一行在省侨办党组书记盛云富、副主任胡明学的陪同下，前来版纳州慰问贫困归侨侨眷，并检查版纳州“侨爱工程－万侨助万村活动开展情况”。副州长李江虹陪同活动。

27～29日，州委书记江普生率州、县(市)和有关部门负责人，到黎明农场、大渡岗农场、勐养农场、勐腊农场和勐醒农场，看望慰问垦区困难职工群众，调研农垦改革发展情况。州党政领导胡志寿、罗红江、陈学刚、杨沙分别参加垦区走访慰问和调研活动。

28～29日，州委副书记、州长刀林荫率相关部门负责人深入西双版纳建筑安装有限责任公司和景洪市普文镇，分别看望慰问企业困难职工、家属和困难群众，为他们送去党和政府的深切关怀及新春祝福。

29日，州政府召开会议，安排部署旅游市场整治工作和2011年春节黄金周假日旅游工作。州委常委、副州长陈启忠参加会议，并对相关工作提出要求。

同日，州安委会副主任、副州长王方荣率州公安局、州安监局、州工商局、州质监局等职能部门负责人，对烟花爆竹和危险化学品进行安全检查。

同日，州委副书记、州长刀林荫就景洪市政建设项目进行调研。州委常委、副州长陈启忠，州委常委、景洪市委书记陈学刚参加调研。

同日，州委常委、常务副州长罗红江到勐海县勐满镇慰问边境沿线深度贫困村民，送去州委、州政府的关心问候和新年的美好祝愿。

30日，州委、州政府举行2011年春节团拜会。州委书记江普生，州委副书记、州长刀林荫，州委副书记胡志寿，州人大常委会主任杨建明，州政协主席杨志祥代表州委、州人大、州政府和州政协向全州各族各界拜年。

2月

1日开始，景洪城区的勐泐大道、宣慰大道部分路段将设置摩托车专用道，途径上述路段的摩托车(含电动车、燃油助力车)必须在专用道内行驶。

3～13日，由州商务局主办，州餐饮与美食行业协会承办，景洪市城市投资开发有限公司独家冠名赞助的“首届西双版纳湄公河国际烧烤节”，将在傣江南江边赶摆场举行。

8日上午，西双版纳职业技术学院与云南山林文化发展有限公司签订西双版纳州国际舞蹈学校框架性合作协议，旨在立足云南和西双版纳，面向全国和东南亚国家地区，共同培养优秀的舞蹈人才。

11日，昆明地区离退休人员协会黎明分会老年艺术团在景洪剧院举行汇报演出。州委副书记、州长刀林荫，州委常委、副州长陈启忠观看演出。

12日，西双版纳州第二次全国地名普查试点工作视频会议在景洪召开。动员并部署全州第二次地名普查工作。杨沙副州长及有关单位负责人参加会议。

15日，全省第四批新农村建设工作队及指导员工作总结表彰暨欢送第五批指导员视频会议召开。会议总结了2010年新农村建设工作队及指导员工作，表彰先进，安排部署2011年的工作。州委副书记胡志寿，州委常委、州委组织部部长赵刚，州委常委、常务副州长罗红江，州人大常委会副主任兰昌华，州政协副主席玉香伦在我州分会场参加会议。

16日，中共西双版纳州纪委六届六次全会在景洪召开。州委书记江普生作重要讲话。州委副书记、州长刀林荫主持会议。州委常委、州纪委书记李庆元代表州纪委常委会作工作报告。出席会议的领导还有胡志寿、杨建明、杨志祥、罗红江、刘功华、陈学刚、李记臣、赵刚、张美兰、召亚平、袁发先、刀金芬、刀琼平、杨沙、唐家华、李江虹、王方荣、马维纲、依甩、李永义、玉香伦、权继能、线东明、胡跃和省纪委三室副主任王雅梅等。

同日，景洪市农业机械推广站在勐罕镇大沙坝召开2BJ－2型玉米播种机和EY－2追播种机技术推广现场会。

同日，州司法局举办全州法律援助信息管理系统培训班，各县市法律援助中心工作人员及各基层法律援助工作站负责信息网络工作的专业人员参加了培训。

17日，全州第四批新农村建设工作队及指导员工作总结表彰暨欢送第五批新农村建设指导员大会在景洪召开。州委副书记、州新农村建设工作队领导小组组长胡志寿，州委常委、常务副州长、州新农村建设工作队领导小组副组长罗红江、州人大常委会副主任袁发先、州政协副主席玉香伦参加会议。

17日，景洪市基诺山乡首个农贸市场挂牌，改变了多年来基诺族群众在公路边摆摊设点的状况。

17～18 日，州纪委监察局组成督查组，以校安工程资金安排拨付建设编制规划、工程地展情况、工程监督和管理等四个方面为重点，开展专项督查。

18 日，中国人民政治协商会议西双版纳傣族自治州第十届委员会第五次会议，在西双版纳国际会议展览中心隆重开幕。州党政军领导江普生、刀林荫、胡志寿、杨建明、罗红江、刘功华、陈启忠、陈学刚、李庆元、李记臣、赵刚、张美兰、兰昌华、召亚平、袁发先、刀金芬、刀琼平、杨沙、唐家华、李江虹、王方荣、马维纲、刘鸿章，州法院院长线东明、州检察院检察长胡跃，原州老领导召存信、苏恒等在主席台就座。大会执行主席依甩主持开幕式。受州政协第十届委员会常务委员会的委托，州政协主席杨志祥在会上作常务委员会工作报告。

20 日，州第十一届人民代表大会第六次会议在西双版纳国际会展中心隆重开幕。开幕大会由会议主席团常务主席、会议执行主席杨建明主持。主席团常务主席、大会执行主席江普生、张美兰、兰昌华、召亚平、袁发先、刀金芬、刀琼平、郑维兴在主席台前排就座。

州党政领导刀林荫、胡志寿、杨志祥、罗红江、刘功华、陈启忠、陈学刚、李庆元、李记臣、赵刚、杨沙、唐家华、李江虹、王方荣、马维纲、依甩、祜巴龙庄勐、李永义、玉香伦、权继能和大会主席团成员召存信、李勇等在主席台就座，在主席台就座的还有：州老领导苏恒、任舜年、王贵生，州法院院长线东明、州检察院检察长胡跃。州长刀林荫代表州人民政府向大会报告政府工作。

同日，州委副书记、州长刀林荫与出席州十一届人大六次会议的勐腊代表团代表一起审议《政府工作报告》时强调，要把思想和行动统一到科学发展观的要求上来，把智慧和力量凝聚到推动科学发展和跨越发展上来，再铸“十二五”发展新辉煌。州党政领导杨建明、罗红江、杨沙、唐家华、李江虹、马维纲等一同参加审议。

同日，景洪市数字城管服务系统开始试运行，如有违反城市规划、市政工程、公用事业、园林绿化、市容环境卫生等城市管理法律法规的违法违章行为，市民可通过 3 种方式进行咨询或投诉。

同日，由西双版纳报社和潍坊北大青鸟华光照排有限公司合作开发的四项傣文数字化研发软件，成功获得由中华人民共和国国家版权局颁发的计算机软件著作权登记证书。这是版纳州在傣文软件著作权保护方面的新突破，标志着傣文在信息化、网络化方面跨上了一个新的台阶。

21 日，州政协十届五次会议召开《政府工作报告》协商讨论会。州党政领导刀林荫、胡志寿、杨志祥、罗红江、赵刚、李江虹、王方荣、依甩、祜巴龙庄勐、玉香伦、权继能及州政协秘书长张云洪和州政府各有关部门负责人，到会听取意见和建议。

同日，州委副书记、州长刀林荫与出席州十一届人大六次会议的景洪代表团代表一起审议《政府工作报告》，审查“十二五”规划纲要（草案）和计划、财政等报告时强调，景洪市作为全州经济政治文化中心，要充分发挥领头作用，以更加昂扬的斗志、奋发有为的精神、更加扎实的工作，领跑全州经济，全力推进版纳州“十二五”科学发展和跨越发展。罗红江、召亚平、袁发先、刀琼平、杨沙、李江虹、马维纲等州党政领导一同参加审议。州委常委、景洪市委书记陈学刚主持会议。

21～26 日，由州文化馆组织举办的第二期国家级非物质文化遗产名录“贝叶经制作技艺”传承人培训班在西双版纳傣族园开班。

22 日，泰国农业与合作社部代表团一行 16 人抵达磨憨口岸进行考察。

23 日，省移民局调研组一行就 2010 年移民资金计划完成情况和资金管理情况到我州调研。

同日，全省民政工作电视电话会议召开。杨沙副州长在州分会场参加会议。

同日，州公安局交通警察支队小磨高速（高等级）公路交巡警大队联合勐腊磨憨经济开发区城管中队，对老挝籍驾驶员开展交通安全宣传。

24 日，全州 2010 年度全省检查考评工作动员暨测评会在景洪召开。副省长、省检查考评工作实地检查考评组组长顾朝曦作动员讲话。州委书记江普生汇报了州 2010 年度主要工作情况。州委副书记、州长刀林荫主持会议，并就贯彻落实会议精神提出了要求。

同日，省政府中低产林改造工作督查组到勐海县督查 2010 年中低产林改造工作。

同日，州委依法治州领导小组召开汇报会、州委常委、州委政法委书记、州委依法治州领导小组组长刘功华向云南省依法治省工作检查考评组汇报版纳州贯彻落实《云南省 2006—2010 年依法治省规划》情况。

25 日，州第十一届人民代表大会第六次会议圆满完成各项议程，在西双版纳国际会议展览中心胜利闭幕。闭幕大会由主席团常务主席、会议执行主席杨建明主持。大会执行主席江普生、杨建明、张美兰、兰昌华、召亚平、袁发先、刀金芬、刀琼平、郑维新在主席台前排就座。刀林荫、杨志祥、陈启忠、赵刚、依甩、李永义、玉香伦、权继能等州党政领导和州法院院长线东明、州检察院检察长胡跃,以及州老领导召存信、苏恒、李勇、任舜年、王贵生等在主席台就座。

会议表决通过了关于西双版纳州政府工作报告的决议、关于西双版纳州国民经济和社会发展第十二个五年规划纲要的决议、关于西双版纳州2010年国民经济和社会发展计划执行情况与2011年国民经济和社会发展计划的决议、关于西双版纳州2010年地方财政预算执行情况和2011年地方财政预算的决议、关于西双版纳州人大常委会工作报告的决议、关于西双版纳州中级人民法院工作报告的决议、关于西双版纳州人民检察院工作报告的决议。会议还表决通过了《云南省西双版纳傣族自治州古茶树保护条例(草案)》、《云南省西双版纳傣族自治州天然橡胶管理条例(修订草案)》。

同日,勐腊县检察院喜获全国检察机关"文明接待室"荣誉称号。

26日,文化部直属院团中国东方演艺集团来到版纳州,开展全国文化、科技、卫生"三下乡"慰问演出。州委常委、副州长陈启忠,州委常委、景洪市委书记陈学刚,州人大常委会副主任刀金芬等观看演出。

26~27日,西双版纳供电局首次成功实施了10kV配网带电作业,进一步提升配网管理水平及提高供电可靠性。

27日,州民族语言指导委员会和西双版纳报社共同组织召开西双版纳傣文计算机专用术语审定会,来自全州的50多名傣文专家学者参加了审定会。

同日,云南省反对家庭暴力司法人员研讨班在景洪开班。省妇联副主席郑露、州政协副主席玉香伦参加研讨班开班典礼。

28日,由州政府主办,州中低产田改造办公室、州国土资源局、景洪市政府承办的州"兴地睦边"农田整治重大工程示范项目在景洪市勐旺乡启动。省国土资源厅副厅长康建荣和州党政领导刀林荫、杨志祥、罗红江、陈启忠、兰昌华、袁发先以及有关部门负责人参加启动仪式。康建荣、罗红江分别在启动仪式上讲话。

同日,全州交通运输工作会议在景洪召开。会议回顾总结"十一五"全州交通运输工作,研究部署"十二五"交通运输工作。州人大常委会副主任刀琼平,副州长杨沙,州政协副主席依甩参加会议。

近日,由省人社厅农保处、省社保局组成的检查组,就州景洪市、勐腊县新型农村社会养老保险工作进行调研。

同日,全州政府系统廉政工作会议在景洪召开。会议要求,要按照州委六届十一次全会的部署和州纪委六届六次全会的要求,自觉践行以人为本、执政为民的理念,深入推进政府廉政建设和反腐败工作。州委副书记、州长刀林荫讲话,州委常委、常务副州长罗红江主持会议。州委常委、副州长陈启忠,州委常委、州纪委书记李庆元,副州长杨沙、唐家华、李江虹、王方荣、马维纲,州政府秘书长李萍、州检察院检察长胡跃参加会议。

同日,十一届州人民政府召开第八次全体会议,强调各级各部门要及时贯彻落实州"两会"精神,把握新形势,抢抓新机遇,紧盯目标抓落实,凝心聚力创佳绩,努力实现"十二五"的良好开局。州委副书记、州长刀林荫讲话,州委常委、常务副州长罗红江主持会议。州委常委、副州长陈启忠,副州长杨沙、唐家华、李江虹、王方荣、马维纲,州政府秘书长李萍及州政府组成部门主要负责人出席会议。

同日,省卫生厅厅长陈觉民一行,在州、景洪市政府、州卫生局领导的陪同下,到云南省农垦总局第一职工医院调研。

3月

1日,州委理论学习中心组就景洪城市规划建设管理工作进行集体调研。州委书记江普生强调,要总结经验,找准差距,再接再厉,争创一流,锲而不舍地把西双版纳建设成为"中国一流、世界知名"的国际生态旅游州。

同日,州妇联八届2次执委(扩大)会议在景洪召开。会议总结去年工作,布置全年工作任务,通报2010年目标责任考核情况。

同日,为期4天的"云南省自然资源培训项目环境教育培训班"在景洪开班。全省22个国家级自然保护区52名宣传员参加培训。

1~3日,州生物产业办公室组织州财政局、州农业局、州科技局、州供销社、州气象局、州农垦局和省热作所负责人及部分技术人员,到景洪市勐罕镇、景哈乡、勐龙镇、勐腊县勐腊镇、勐捧镇、景累镇,以及景洪、橄榄坝、勐腊、勐捧、勐满、东风橡胶公司,实地查看橡胶白粉病情况,听取所到乡镇、橡胶公司的防治工作情况汇报,督促指导并及早布置防治工作,力争将白粉病危害程度控制在最低限度,保证版纳州橡胶树及时开割、正常投产。

2日,由州政府主办、州人力资源和社会保障局承办的2011年春风行动大型招聘会在勐泐文化广场举行。州内140多家用工单位进场招聘人员，提供3800多个就业岗位，大中专毕业生、下岗工人、城镇失业人员以及农民工近6000多人进场求职。州人大常委会副主任刀金芬、副州长杨沙巡视招聘会。

2～3日，全省气象服务工作会议在景洪召开。省气象局党组书记、局长丁凤育，省气象局党组成员、副局长杨明，省气象局党组成员、副局长方虹，州委常委、常务副州长罗红江到会并讲话。

3日，全州财税、审计工作会议在景洪召开。会议总结了去年和“十一五”以来的财税、审计工作，部署今年的任务。州政协主席杨志祥、州人大常委会副主任刀金芬、副州长唐家华参加会议。

同日，州委书记江普生州委常委、景洪市委书记陈学刚的部同下，到景洪市基诺到乡调研。江普生强调，要紧扣科学发展主题，围绕中心工作，深入开展创先争优活动。

4日，全州教育、科技工作会议在景洪召开。会议回顾了“十一五”期间州教育、科技工作取得的成绩和经验，分析当前形势，安排部署2011年各项工作任务。州人大常委会副主任刀金芬、副州长唐家华、州政协副主席李永义参加会议。

同日，全州举办“兴地睦边”农田整治重大工程项目实施业务培训班。市县国土资源局耕保用地股、土地开发整理中心全体人员、财务人员及项目区所在地乡镇国土资源所所长参加培训。

4～5日，全州第二届民营橡胶割胶技能大赛在景洪举行，27个植胶乡镇的50名农民割胶工参加大赛。

5日，全国女子垒球冬训赛在景洪市勐罕镇楠景新城棒垒球基地进行。来自北京、江苏、辽宁、天津等地的7支参赛球队参加冬训赛，赛事将持续到14日。

同日，国际粮农组织亚太地区香蕉种植专家菲莉普博士一行，到景洪市进行技术交流。

7日，全州召开质量兴州工作会议，贯彻落实省政府关于质量兴省工作部署，全面安排质量兴州工作任务。省质监局巡视员崔守昌、副州长李江虹参加会议。

同日，由国土资源部人事司司长张陟率领的调研组到版纳州，就在合理利用土地资源中如何“破两难促转变”工作开展情况进行调研。州委常委、副州长陈启忠，省国土资源厅副厅长陈刚陪同调研并参加情况汇报会。陈启忠向调研组汇报了近年来州国土部门开展的各项工作。

同日下午，“讲文明树新风”志愿服务活动视讯会议在北京召开。会议总结开展“讲文明树新风”志愿服务活动情况，研究部署今年志愿服务活动工作任务。州委常委、副州长、州委宣传部部长陈启忠在版纳州分会场收着收听视话会议。

同日，州人民法院召开颁奖大会，表彰景洪市法院民事审判一庭副庭长王燕获得全国法院办案标兵，州委常委、政法委书记刘功华为王燕颁发荣誉证书并作讲话。

8日，由州妇联、州总工会、州妇女儿童工作委员会主办，州文化体育和新闻出版局协办的景洪城区庆祝“三八”国际劳动妇女节101周年文艺晚会，在勐泐文化广场举行。州委常委、州委秘书长李记臣，州人大常委会副主任、州总工会主席刀金芬，副州长唐家华、李江虹，州政协副主席玉香伦观看演出。

同日，州看守所开展“大走访开门评警”活动，看守所负责人、管号民警向来访人员介绍看守所生产生活、管理等情况，同时听取意见和建议。进一步完善看守所管理，提供优质服务打牢基础，构建和谐警民关系。

7～9日，副省长刘平率省民委副主任张慧星、省住房和城乡建设厅副厅长周鸿、省交通运输厅副厅长杨延、省扶贫办副主任欧志明等省级有关部门负责人到版纳州，就扶持人口较少民族发展工作进行调研。调研组一行在州党政领导江普生、罗红江、陈学刚以及相关职能部门负责人的陪同下，先后察看了景洪市基诺山乡洛特村、巴坡村基诺族发展情况，察看了勐海县打洛镇曼芽村、巴哈村和布朗山乡吉良村布朗族发展情况。州党政领导陈启忠、兰昌华、唐家华、李江虹、王方荣、马维纲、依甩及州、市县有关部门负责人参加了调研座谈会。

9日，版纳州口岸联席会第三次全体会议在景洪召开。州委常委、州委秘书长李记臣，副州长李江虹、马维纲参加会议。

10日，全州卫生、计生和食品药品监管工作会议召开。会议总结了“十一五”期间卫生、计生和食品药品监管工作取得的成绩，安排部署今年的各项工作。州人大常委会副主任刀金芬、副州长李江虹和州政协副主席玉香伦参加会议。

11日，州委书记江普生率州和景洪市相关部门负责人到景洪市勐罕镇楠景新城，看望慰问前来版纳州参加全国女子垒球系列比赛的运动员、教练员和裁判员。副州长马维纲参加慰问活动。

同日，省农业厅厅长张玉明率调研组一行，在副州长唐家华等领导的陪同下到勐腊县，就农业农村工作进行调研。

同日，全州政府系统秘书长、办公室主任会议在景洪召开。会议要求，要积极探索加强和改进办公室工作的有效途径，确保政府工作高效有序运转和各项工作任务落到实处，为全面完成今年各项目标任务、努力实现"十二五"良好开局提供优质高效的服务。

同日，州委、州政府分别在景洪市嘎洒镇和勐罕镇召开旅游小镇开发建设推进会。州委书记江普生强调，要着力推进传统旅游局现代旅游转变，着力推进以文化旅游产业为支撑的城镇化，锲而不舍地与巴西双版纳建设成为"中国一流、世界知名"的国际生态旅游州。

13日上午，由云南电视台少儿频道在省内推出的唯一电视综艺新栏目《摩尔农庄乐园——家有聪明宝贝》在景洪勐泐文化广场进行节目录制。来自景洪舞之韵舞蹈培训中心和景洪市青少年校外活动中心的100多名少儿参与现场拍摄。

14日，州教育改革与发展工作领导小组会议听取教育工作汇报，讨论研究今年工作任务。州委书记江普生主持会议。

同日，省调研组一行就我州关于调整完善城乡建设发展思路、加强耕地保护工作进行调研。州委常委、副州长陈启忠及州住房和城乡建设局、州国土资源局、州统计局等单位负责人参加汇报会。

11～15日，在香港举办的"武德杯"第九届香港国际武术节散打拳王争霸赛上，版纳州18岁的选手唐圣林力挫群雄，夺得成年男子散打48公斤级冠军。

14～15日，为纪念我国著名植物学家蔡希陶先生诞辰100周年，中科院西双版纳热带植物园举办为期2天的植物资源可持续利用暨蔡希陶学术思想研讨会，以学术研讨这一特殊的形式，缅怀蔡希陶，继承和发扬蔡希陶"扎根边疆、献身科学"的奉献精神。中科院西双版纳热带植物园主任陈进、云南省科学技术学会副主席牟双江、副州长马维纲等出席研讨会。

15日，全州统计工作会议在景洪召开。会议总结去年工作，安排部署今年工作任务。州委常委、常务副州长罗红江，州人大常委会副主任刀琼平参加会议。

同日，全州国土资源、住房和城乡建设、人民防空、地震、移民开发工作会议在景洪召开。州委常委、副州长陈启忠，州人大常委会副主任兰昌华，州政协副主席玉香伦等参加会议。

同日，版纳州省园林单位、园林小区授牌仪式在景洪举行。13家单位、5个小区分别获"云南省园林单位"、"云南省园林小区"称号。

16日，全州安全生产和消防工作会议在景洪召开。州人大常委会副主任袁发先，副州长王方荣，州政协副主席权继能参加会议。

17日，全州商务、外事侨务、政务中心、招商、供销工作会议在景洪召开，总结并研究部署工作。州人大常委会副主任张美兰、副州长李江虹、州政协副主席依甩等参加会议。

同日，西双版纳景阳橡胶有限责任公司召开生产经营暨制胶工作会议，立足当前农垦改革的实际，明确过渡时期景阳公司与垦区国有制胶厂的工作和目标任务，22家农垦制胶厂42位管理人员参加会议。

18日，州政府党组扩大会议在景洪召开，传达学习全国"两会"精神，部署全州贯彻意见。州委副书记、州政府党组书记、州长刀林荫讲话，州委常委、常务副州长罗红江主持会议。州委常委、副州长陈启忠，副州长杨沙、唐家华、王方荣、马维纲，州长助理刘鸿章、州政府秘书长李萍等党组成员出席会议。

同日，州民政、人力资源和社会保障、残疾人工作会议在景洪召开。会议回顾总结了"十一五"期间3部门的工作，安排部署今年的各项任务。副州长杨沙、州政协副主席依甩参加会议。

同日，全州发展改革暨固定资产投资工作会议在景洪召开。会议回顾总结去年全州发展改革工作，安排部署今年发展改革和投资工作。州委常委、常务副州长罗红江参加会议。

同日，全国女子垒球冠军杯赛在版纳州棒垒球竞训基地开赛。在为期5天半的赛期里，来自辽宁、北京、江苏、上海等9支队伍，通过单循环赛和同名次赛的方式角逐冠亚军。

同日，由州公安局举办的全州公安机关践行人民警察核心价值观事迹报告会在景洪启动。州委常委、州委政法委书记刘功华，州人大常委会副主任袁发先，副州长、州公安局局长王方荣，州政协副主席权继能等出席报告会。

同日，国家级非物质文化遗产保护名录"贝叶经制作技艺"第四期传承人培训班在傣族园并班，来自勐腊县的35名僧人参加培训。

17～19日，省级文明行业考评组到州进行文明创建工作复查考评。

20日，由云南农垦集团有限责任公司与州政府联合，将国有农垦制胶厂授权西双版纳景阳橡胶有限责任公司管理，同时出台了《西双版纳州人民政府办公室关于加强垦区国有橡胶原料和干胶产品管理的指导意见》。

21日,2010年全州检查考评工作会议在景洪召开。会议对全州检查考评工作进行全面动员,并作了具体安排部署,要求检查考评工作要切实转变工作作风,提高行政效率,加强协调配合,确保集中检查考评工作取得实效。州党政领导胡志寿、刘功华、李庆元、李记臣、赵刚、杨沙、唐家华参加会议。

同日,州委副书记、州长刀林荫到勐海县调研禁毒和打击非法彩票赌博工作,强调全州各级各部门必须全力以赴,密切配合,积极行动,攻坚克难,继续保持禁毒、打击非法彩票赌博工作的高压态势,严厉打击毒品犯罪活动和非法彩票赌博活动。副州长、州公安局局长王方荣,州政府研究室、州边防支队等部门负责人参加调研。

同日,州综治维稳委、州见义勇为基金会局社会发出倡议,号召全州各族人民向刀有新、杨国华、唐忠华等见义勇为英雄学习。

同日,由州计划生育委员会、州计划生育协会联合开展的"生育关怀行动"系列大型公益巡诊活动,在勐海县格朗和哈尼族乡正式启动。

同日,西双版纳公路总段与路政支队召开第一次工作联席会议,双方就路产路权的维护事宜进行了研讨并达成共识。

20~22日,宁夏回族自治区外办副主任刘锦旗一行前来版纳州考察。

22日,州司法行政工作会暨全州司法行政系统反腐倡廉建设会在景洪召开,副州长、州公安局局长王方荣参加会议。

同日,全州老干部工作会议在景洪召开,总结去年州老干部工作,研究部署今年工作任务。州委副书记胡志寿,州委常委、州委组织部部长赵刚,州人大常委会副主任张美兰,副州长杨沙,州政协副主席依甩等参加会议。

同日,勐腊县银行业金融机构林权抵押贷款服务点挂牌。

同日,景洪浩宇房地产开发有限公司与西双版纳浩宇豪廷大酒店、六大荣山商业别墅、浩宇大城三大项目的四家施工单位进行集中签约。

同日,景洪市大渡岗乡在大荒田村委会正式启动"兴地睦边"农田整治项目。

23日,州首次农垦家庭承包经营合同书发放仪式在勐海县勐满镇举行。州委副书记胡志寿为勐海县黎明农场办事处一队的周荣华等93名职工发放了《西双版纳州国有农场土地及地面长期经济作物承包合同书》。

24日,州人民银行会计核算中心荣获2011年"全国巾帼文明岗"荣誉称号。

同日,磨憨口岸国际道路运输管理站站房落成启用。

24日至4月24日,2011年全国第二届"魅力宝贝"评选大赛景洪赛区比赛在景洪举行。

25日,州委副书记、州长刀林荫就"3·24"缅甸7.2级地震,到州抗震救灾办公室指导全州抗震救灾工作。刀林荫听取了省、州地震专家以及州应急办、抗震救灾办有关情况汇报,对各级各部门快速行动、积极应对灾情表示肯定,对相关工作提出要求。

同日,州委常委、副州长陈启忠会同省地震局副局长陈勤一行,前往勐海县勐满镇看望慰问受灾群众,鼓励群众积极开展生产自救,努力使损失降到最低程度,并对受灾情况进行调查。

同日,副州长杨沙到勐腊县检查地震受灾情况,看望慰问受灾群众。省地震局灾害评估组专家以及我州民政、国土、地震局等相关部门负责人同时前往,对地震受灾地区进行慰问调查。

26日,"保护母亲河——中日青年云南省西双版纳傣族自治州生态绿化示范林"首期工程启动仪式,在勐海县勐遮镇南愣村举行。中日双方代表共同为示范林揭碑,并种下了纪念树。

28日,省民政厅分别到勐海县勐满镇、勐混镇、布朗山乡等地,检查地震受灾情况,看望慰问受灾群众。

同日19时32分,"3·24"缅甸地震共造成全州勐海县、景洪市、勐腊县11个乡镇64个行政村(居委会)受灾;造成12人受伤、9691户50340人受灾,损坏房屋15332间,共紧急转移安置9496人,造成直接经济损失约4.7亿余元,造成饮水困难人口2033人。

同日,景洪市中心勐泐大道"版纳大厦转盘"在不取消的情况下,安装交通红绿灯疏导交通,开始运行,这一做法在云南尚属首次。

28~29日,全省外办主任会议在昆明召开,州外办副主任艾真参会。

30日,州委副书记、州长刀林荫率州县民政局、住房和城乡建设局、地震局、建筑质量监督站等单位负责人,分别到勐海县布朗山乡、勐混镇、勐遮镇,实地查看"3·24"缅甸地震造成的灾情,慰问受灾群众,排查安全隐患。

同日,景洪市公安局率先在黎明派出所、嘎洒派出所成立禁毒中队。

31日,由50名团代表参加的共青团西双版纳旅游度假区第一次代表大会顺利召开。

4月

3月31日至4月1日，副省长孔垂柱到版纳州就版纳州农、林、水及其产业发展情况进行调研。要进一步加强农业基础设施建设、加快农业农村发展，努力改善农村生态环境，做大做强优势特色产业，促进农民增收。州委副书记、州长刀林荫，州委常委、常务副州长罗红江，州委常委、景洪市委书记陈学刚及相关部门负责人陪同调研。

3月31日至4月2日，省纪委常委、省监察厅副厅长赵志彬率省纪委第六调研组到版纳调研。

1日晚，2011年“楠景新城杯”中国国际慢投垒球邀请赛和海峡两岸女子垒球赛新闻发布会在景洪市勐罕镇召开。州委常委、副州长陈启忠，州委常委、景洪市委书记陈学刚出席发布会，并与国家体育总局手曲棒垒中心、中国垒球协会、云南省体育局等负责人一起回答了记者提问。

2日晚，版纳州在景洪市勐罕镇棒垒球基地举行“楠景新城杯”中国国际慢投垒球邀请赛颁奖晚会暨海峡两岸女子垒球赛迎宾晚宴，欢迎前来参加比赛的16支中外垒球队的运动员、裁判员及教练员。州委书记江普生、副州长马维纲出席晚宴，并为获奖球队及运动员、裁判员、教练员颁奖。

同日，州科技局、州教育局、州监察局、州财政局、州审计局、州国税局、州地税局以及西双版纳职业技术学院学习杨善洲同志先进事迹座谈会召开，各单位领导班子成员交流了学习杨善洲同志先进事迹心得体会。副州长唐家华参加会议。

4日，受云南省农业厅的委托，州农业局与老挝乌多姆赛省农业厅续签了10年的示范项目合作协议。

6日，上海第六人民医院、上海交通大学附属第六人民医院对口支援景洪市医院第三批医疗队一行9人抵达景洪。

8日，中国与澳大利亚公共服务与少数民族文化保护学术研讨会在景洪举行。国家民委政策法规司副司长张若璞、澳大利亚人权委员会国际项目部副主管娜塔莎、省民委副主任马春、副州长王方荣出席会议并致辞，国务院、外交部、中央民族大学、中国民族博物馆及上海、重庆、内蒙古、黑龙江、福建、湖北、广西、四川、贵州、宁夏、新疆、云南等省区市政府官员及专家参加会议。

同日，州委召开农村工作一揽子会议，要求认真学习贯彻省委农村工作会议和州委六届十一次全会精神，以科学发展观为指导，解放思想、拼搏创新，全面推进社会主义新农村建设，加快提高农业现代化水平。州委副书记胡志寿，州委常委、常务副州长罗红江，州人大常委会副主任兰昌华，州政协副主席玉香伦等出席会议。

8～9日，中老联检第一次小组会晤及联合技术培训在勐腊举行，中老双方联检组30人参加培训，省外办副主任王伟看望了双方培训人员。

9日，以云南大叶种优质良种茶和高端普洱茶老班章茶为主要研究对象的跨地区、跨行业的非营利性社团组织——西双版纳老班章茶研究会在勐海县成立。省老领导、云南省普洱茶协会会长张宝三，中国茶叶流通协会常务副会长、全国茶叶标准化技术委员会副主任王庆，州委常委、常务副州长罗红江等出席成立大会并致辞。

同日，全州召开会议，部署打击非法彩票赌博活动工作。副州长、州打击非法彩票赌博活动领导小组组长唐家华，副州长、州打击非法彩票赌博活动领导小组副组长王方荣，以及州打击非法彩票赌博活动领导小组成员单位负责人参加会议。

10日，西双版纳新闻网开通10周年座谈会暨傣族文化网络传习馆开通仪式在景洪举行。州政协副主席依用参加仪式。

同日晚，“动感傣乡·靓丽版纳”中国移动傣乡演唱会在州民族体育馆激情上演，知名歌星张靓颖，动力火车、潘辰。

11日，州委副书记、州长刀林荫对今年“一节一会”的主要活动场地以及景洪市部分重点项目建设情况进行实地检查。州委常委、副州长陈启忠及州、景洪市各有关部门负责人随同检查。

同日，望天树景区正式挂牌晋升为国家4A级旅游景区。州委副书记、州长刀林荫和省旅游局巡视员、省旅游协会会长袁光翰为望天树景区“国家AAAA级旅游景区”揭牌。全州已有17个国家A级景点(区)，其中国家4A级景点(区)8个。州委常委、副州长陈启忠致词。

同日，由中央民族大学民族服饰研究所、中国服饰人才研究会和西双版纳歌舞倾城投资有限公司共同设计开发的“水韵·娑罗——歌舞倾城傣族服装”品牌展示活动在勐泐文化广场举行。州委副书记、州长刀林荫，州委常委、副州长陈启忠，州人大常委会副主任刀金芬，州政协副主席玉香伦等观看了服装秀。

同日，中外散文诗学会2011年西双版纳景洪国际泼水节笔会开幕式暨西双版纳勐岭山创作基地挂牌仪式在景洪市景讷乡勐岭山村举行。中外散文诗学会主席、《散文诗世界》杂志社社长兼总编辑海梦，景洪市相关部门负责人以及来自菲律宾、北京、广东、福建、山西、四川、湖南、新疆等的34名作家参加仪式。

同日，中组部创先争优活动领导小组、国家信访局，全国信访系统“创先争优、能力建设活动”现场观摩和命名会在河北省邯郸市召开，勐海县信访局作为全国信访系统26个示范单位中唯一一个县级示范单位，勐海县信访局被列为全国示范单位。

同日，磨憨边防检查站与州有出入境旅游业务的5家旅行社共同签订了《旅游业务联系指导常态化机制备忘录》，进一步规范团队出入境申请渠道和方式，建立健全边检常态化联系机制。

同日，中老联检界碑揭幕仪式在磨憨－磨丁口岸举行，外交部部长助理刘振民，老挝副外长谢姆·蓬玛占，云南省人大副主任江巴吉才，中国驻老挝大使布建国，老挝驻华大使宋迪·本库，省政府副秘书长崔质涛，省外办主任周红，版纳州委常委、常务副州长罗红江，副州长李江虹，以及两国外交、国防、公安等部门和边境地方政府代表100余人出席仪式。江巴吉才代表云南省致辞。

12日，州委、州政府举行迎宾晚宴，宴请参加庆祝傣历1373年新年节及暨第十四届西双版纳边境贸易旅游交易会的国内外嘉宾。参加迎宾晚宴的外国嘉宾有老挝国家旅游局副局长索卡孙·杜荷盛，老挝驻华特命全权大使送迪·邦空，泰国碧差汶府府尹功叶·维拉·鲁吉瓦塔蓬，越南驻昆明总领事馆副总领事武氏银芳以及缅甸商务部有关部门官员等。

中国文联副主席、中国作家协会副主席丹增，省人大常委会副主任江巴吉才，中国驻老挝大使馆大使布建国，省老领导刀国栋、刀世勋，州委书记江普生，州委副书记、州长刀林荫，州人大常委会主任杨建明，州政协主席杨志祥，州老领导召存信、苏恒，州委、州人大常委会、州政府、州政协领导班子成员、部分副州级以上离退休老领导及中央、省属部门、企事业单位负责同志和各界代表出席晚宴。

同日，中国书画院西双版纳分院在景洪成立。州委书记江普生、州政协副主席李永义出席成立仪式并剪彩。

同日，光明食品集团云南宏晟生物制品有限公司投资建设的铁皮石斛现代组培工厂、GMP标准厂投产运行，成为目前全国最大的铁皮石斛基地。州党政领导江普生、杨建明、杨志祥、罗红江、赵刚，上海市人大常委会秘书长姚明宝等出席投产典礼。

13日，傣历1373年新年节庆祝大会在澜沧江畔隆重举行。老挝国家旅游局副局长索卡孙·杜荷盛，缅甸商务部边境贸易厅处长吴貌貌吞，泰国碧差汶府府尹功叶·维拉·鲁吉瓦塔蓬，越南驻昆明总领事馆副总领事武氏银芳，韩国韩中文化经济友好协会会长金英爱，中国文联副主席、中国作家协会副主席丹增，省人大常委会副主任江巴吉才，中国驻老挝大使馆大使布建国，版纳州党政领导江普生、刀林荫、胡志寿、杨建明、杨志祥，原省州老领导刀国栋、刀世勋、召存信、苏恒，以及州委、州人大常委会、州政府、州政协领导班子成员，省厅局有关领导，省内外友好州市党政代表团，曾经在我州工作过的老领导及中外嘉宾、各界人士代表出席庆祝大会。州委副书记、州长刀林荫在庆祝大会上致辞。

同日，由省商务厅、省旅游局和州人民政府共同主办的第十四届西双版纳边境贸易旅游交易会，在西双版纳国际会展中心开幕。省人大常委会副主任江巴吉才宣布交易会开幕。

老挝国家旅游局副局长索卡孙·杜荷盛，缅甸商务部边境贸易厅处长吴貌貌吞，泰国碧差汶府府尹功叶·维拉·鲁吉瓦塔蓬，越南驻昆明总领事馆副总领事武氏银芳，韩国韩中文化经济友好协会会长金英爱，中国驻老挝大使馆大使布建国，省商务厅、省旅游局等国内外嘉宾，以及版纳州党政军领导江普生、刀林荫、胡志寿、杨志祥、陈启忠、陈学刚、李记臣、徐德清、刀金芬、李江虹、马维刚、权继能出席开幕式。州委副书记、州长刀林荫在开幕式上致辞。

同日，“云南省西双版纳2011年澜沧江·湄公河渔业资源增殖放流活动”在澜沧江畔举行，12万尾叉尾鲶、丝尾鳠、云南华鲮鱼苗和部分成鱼，被放游澜沧江。

参加增殖放流活动的外宾有老挝驻华特命全权大使宋迪·邦空，缅甸领事吴丁温，泰国清莱府地方管理委员会主席拉达娜·宗素塔南玛尼、泰国交通部部长顾问旺猜·宗素塔南玛尼，越南驻昆明总领事馆副总领事武氏银芳。副州长杨沙，州政协副主席权继能，省、州相关部门领导，华能景洪电站等企业代表和群众，部分参加傣历新年节的老、缅、泰、越等国外宾参加了增殖放流活动。杨沙在增殖放流仪式上致辞。

同日，州委书记江普生，州人大常委会主任杨建明，州委常委、常务副州长罗红江，在景洪与中化国际（控股）股份有限公司董事长潘正义等一行进行座谈。上海市人大常委会秘书长姚明宝，州各有关部门负责人参加座谈会。

同日，龙舟广场举行启用典礼暨文艺晚会。

州党政领导江普生、刀林荫、杨建明、罗红江、陈学刚、赵刚、召亚平,景洪市党政领导等参加启动仪式,并为仪式剪彩。

同日,第十四届西双版纳边境贸易旅游交易会项目签约仪式暨项目推介座谈会在西双版纳国际会展中心举行。版纳州与云南日报报业集团战略合作协议、西双版纳佛文化旅游产业集聚区建设项目等22个项目成功签约,签约总投资金额达上百亿元。州党政领导刀林荫、杨志祥、陈启忠、陈学刚、杨沙、李江虹,以及中外各地知名实力企业家代表参加次项目签约及推介会。

13日,第十四届西双版纳边境贸易旅游交易会开幕式在西双版纳国际会展中心举行,省人大副主任江巴吉才、中国驻老挝大使布建国、老挝驻华大使宋迪・本库、省外办主任周红、州委书记江普生、州长刀林荫出席开幕式。

同日,州委副书记、州长刀林荫会见来州参加傣历1373年新年节暨第十四届西双版纳边境贸易旅游交易会的老、缅、泰、越、韩代表团。州人大常委会副主任刀琼平,副州长李江虹,州政协副主席玉香伦,景洪市、勐海县、勐腊县政府领导及相关单位负责人会见时在座。

同日,万人集体舞在泼水广场盛大上演。老挝国家旅游局副局长索卡孙・杜荷盛及老挝代表团一行,缅甸商务部边境贸易厅处长吴貌貌吞,泰国碧差汶府府尹功叶・维拉・鲁吉瓦塔蓬,越南驻昆明总领事馆副领事武氏银芳,省委副书记李纪恒,中国驻老挝大使馆大使布建国,版纳州党政军领导江普生、胡志寿、杨志祥、陈学刚、李记臣、赵刚、徐德清,省州老领导刀国栋、刀世勋、召存信、苏恒;以及州委、州人大常委会、州政府、州政协领导班子成员,与各族群众一起共舞,共同庆祝傣历1373年新年节。

同日,2011年全国当代散文家创作年会和滇东八州市文学(散文)创作年会在景洪召开,来自甘肃、陕西、黑龙江、贵州、新疆等全国各地的著名作家以及滇东8州市文联负责人,深入傣乡进行了为期5天的实地采风。中国文联副主席、中国作协副主席丹增,省委常委、省委宣传部部长张田欣,云南作家协会主席黄尧,《散文世界》杂志社副社长、执行主编苏伟,州委副书记、州长刀林荫,州委常委、副州长陈启忠,州人大常委会副主任刀琼平,州政协副主席权继能等参加年会。

同日,州委副书记、州长刀林荫与韩国韩中文化经济友好协会会长金英爱签约,就双方实现友好合作关系的持续发展达成协议。州人大常委会副主任刀琼平、副州长李江虹、州政协副主席玉香伦参加签约仪式。

同日,以老挝人民革命党中央委员、老挝人民革命青年团中央书记坎潘・希提当帕为团长的老挝青年代表团一行170人,前来参加在我州举行的庆祝中老建交50周年青年友好交流活动启动仪式,对版纳州进行了参观交流活动。副州长唐家华陪同参观。

同日,州长刀林荫会见应邀出席"泼水节"、"边交会"的老挝、缅甸、泰国、越南、韩国代表,州人大副主任刀琼平、副州长李江虹、州政协副主席玉香伦参加会见。

同日,庆祝中老建交50周年青年友好交流活动启动仪式在景洪市举行。中国共青团中央书记处书记贺军科,老挝人民革命党中央委员、老挝人民革命青年团中央书记坎潘・希提当帕,云南省委副书记李纪恒,中国驻老挝大使布建国,老挝驻华大使宋迪・本库,省外办主任周红,州委书记江普生,州长刀林荫及中老青年代表参加启动仪式。

14日晚,中国共青团中央书记处书记贺军科,老挝人民革命党中央委员、老挝人民革命青年团中央书记坎潘・希提当帕,中共云南省委副书记李纪恒共同触摸闪着银光的玻璃彩球,中国老挝建交50周年青年友好交流活动正式在景洪拉开序幕。中国驻老挝大使布建国、老挝驻中国大使宋迪・邦空,州委书记江普生,州委副书记、州长刀林荫等参加启动仪式。

15日,西双版纳傣历新年节泼水活动在景洪举行,数万名州各族群众和中外来宾走上街头,尽情泼洒幸福吉祥水,尽情抒发心中的喜悦。上海市人大常委会主任刘云耕,省委副书记李纪恒,州党政领导江普生、刀林荫、胡志寿、杨建明、杨志祥、罗红江、陈学刚、李记臣、赵刚、召亚平、袁发先、王方荣、马维纲、祜巴龙庄勐等参加开泼仪式。

同日,州举行隆重而庄严的仪式,向曼听公园周恩来总理纪念塑像献花环,纪念周总理参加西双版纳泼水节50周年。省委副书记李纪恒,共青团中央书记处书记贺军科,省委宣传部常务副部长、省文明办主任尹欣,共青团云南省委书记饶南湖,州委书记江普生,州委副书记、州长刀林荫,我州老领导召存信,州委、州人大常委会、州政府、州政协领导班子成员、州级各部委办局负责人和景洪市领导班子主要成员,以及当年见证人、军警、医生、教师、少先队员、团员青年、企业、附近村民代表参加纪念仪式。

州委常委、副州长陈启忠主持纪念仪式。刀林荫致辞。李纪恒、贺军科、江普生、刀林荫、召存信一家以及少先队员代表,依次向周恩来总理纪念塑像献花环。周总理纪念塑像设计者席剑向西双版纳民族博物馆赠送纪念塑像相关设计原始稿件。

同日，版纳州与上海电影（集团）有限公司战略合作协议签约仪式在西双版纳国际会展中心举行。上海市人大常委会主任刘云耕，中共云南省委副书记李纪恒，中国文联副主席、中国作协副主席丹增，中共云南省委常委、省委宣传部部长张田欣，上海市人大常委会秘书长姚明宝，中共云南省委副秘书长林金宏，中共云南省委宣传部常务副部长、省文产办主任尹欣，云南省广电局局长张德文，上海文化广播影视集团副总裁、上海电影（集团）有限公司党委书记、总裁任仲伦，州党政领导江普生、刀林荫、胡志寿、杨建明、罗红江、陈启忠、李记臣、赵刚等出席签约仪式。

8～16日，德国电视一台驻京记者处前来版纳州拍摄纪录片。

16日，由州政府与中国国际广播电台国际在线俄文网、乌文网、白俄文网共同举办，《俄罗斯报》、乌克兰嘎乐媒体以及白俄罗斯《人民报》等境外媒体协办的《我要去西双版纳》才艺大赛颁奖典礼在景洪举行。州委常委、副州长陈启忠，州政协副主席李永义，中国国际广播电台副总编辑尹力等出席颁奖典礼并为来自俄罗斯、乌克兰和白俄罗斯的3名特等奖受众颁发了证书和奖品。白俄罗斯《人民报》副主编佩列瑟普金娜女士和《俄罗斯报》北京分社社长索罗维约夫参加颁奖典礼。

18日，第六届“恒源祥文学之星”。中国中学生作文大赛在南京落下帷幕。版纳州一中两名学生分别荣获高中、初中组一等奖。

15～18日，省委副书记李纪恒深入到勐海县、勐腊县、景洪市调研，给各族干部群众送上傣历新年节的祝福。要认真贯彻落实党的十七届五中全会和省委八届十次全委会精神，深入开展创先争优活动，以边疆党的建设新成效推动“十二五”经济社会发展良好开局。州党政领导江普生、胡志寿、陈启忠、陈学刚、李记臣、赵刚、杨沙陪同调研。

15～20日，西版纳州赴西安、武汉旅游推介会中，版纳州旅游与陕西省西安市旅游局、湖北省武汉市旅游局，西双版纳海外国际旅行社与陕西中国旅行社、武汉一嘉旅行社分别签订合作协议。

18～19日，以驻希腊大使罗林泉为团长的驻外使节团一行56人访问版纳州，州长刀林荫会见宴请使节团一行，省外办副主任何明生、副州长李江虹、州外侨办副主任艾真陪同考察。

19日上午，中国广播电视协会城市广播电视台委员会2011年城市电视台电视剧、电视栏目西双版纳洽购会在景洪举行。

20日上午，云南电网公司副总经理吴宝英来西双版纳供电局，就落实2011年南云电网、云南电网公司工作会议精神宣贯情况、电网规划建设工作等进行了调研。

19～20日，大湄公河次区域核心环境规划与生物多样性保护走廊计划项目一期中方成果推介会在景洪召开。中国环保部对外合作中心副主任肖学智、亚行农业环境与自然资源处贾维德·密尔、省环保厅副厅长肖唐付、副州长杨沙，以及来自亚行、老挝水资源与环境局、柬埔寨环境部、泰国国家公园局、越南自然资源与环境部、广西环境保护科学研究院、云南省环境科学院等的有关专家出席会议。

21日，省政协副主席曾华率省政协调研组到州调研边境旅游工作。副州长王方荣、州政协副主席依甩参加调研座谈会。

22日，以“健康云茶，世界共享”为主题的2011年第六届中国云南普洱茶国际博览交易会在昆明开幕。开馆当天，州展馆共接待客人2200人次，签约项目6个，签约金额达2亿多元。州委常委、常务副州长罗红江，省普洱茶协会会长张宝三等为版纳州展馆开馆剪彩。

同日，由州司法局主办的云南省司法行政系统第二届“公正执法、一心为民”演讲比赛西双版纳赛区预赛在景洪举办。

22～26日，美国议员助手团一行访问版纳州，州人大副主任召亚平与代表团一行座谈。

22～26日，省政协原副主席、云南中国西部研究发展促进会常务副会长和占钧，率云南中国西部研究发展促进会专家到版纳州，就版纳州在新一轮西部大开发中面临的难点和重点问题及应对措施进行调研。州政协副主席权继能陪同调研并参加座谈会。

23日，版纳州建设的国家橡胶中心通过国家质检总局专家组的验收。这是省第一个获得批准筹建的国家橡胶及乳胶制品质量监督检验中心，中心的建成将对州强化质量兴州意识、实施质量兴州战略、推动橡胶产业发展产生积极重要的作用。州委副书记、州长刀林荫出席验收工作会并讲话。

24日，第7届天然橡胶高峰论坛在景洪举行。论坛对天然橡胶周期市场、价格策略等议题进行探讨。来自国内和日本的70余户企业160余名代表参加论坛。

25日，州人大常委会副主任召亚平在景洪会见来访的美国国会参议院高级助手代表团一行。

同日，中老建交50周年座谈会在昆明举行，副州长李江虹、州外侨办副主任艾真应邀出席座谈会。

26日，“法治与责任——全国检察机关惩治和预防渎职侵权犯罪展览·云南西双版纳”巡展在西双版纳民族博物馆拉开序幕。州委常委、州委秘书长李记臣，州人大常委会副主任袁发先，副州长王方荣，省检察院副巡视员赵双怡，州法院院长线东明等参加开幕式。

同日，景洪市委干部考核组对农垦医院领导班子及成员进行述职述廉考核。

同日，西双版纳职业技术学院与州人民医院签订了教学医院合作协议书，着力搭建教学医院合作平台，共享医学科研资源。

27日，州政府召开全州行政监察工作会议，专题研究部署行政监察工作。州委常委、州纪委书记李庆元，副州长唐家华出席会议并讲话。

同日，全州县市党委换届工作座谈会在景洪召开，会议对即将开展的县市党委换届工作做了安排部署。州委常委、州委组织部部长赵刚出席会议。

同日，2011年全州基层人口计生干部培训班在州委党校开班。

26～27日，中央纪委调研组在省纪委常委王薇薇的陪同下到版纳州调研。

26～27日，西双版纳职业技术学院排球队与来自泰国清莱府的女子排球队，分别进行了两场友谊赛。

28日，州级政法部门举行“践行人民警察核心价值观”事迹报告会。州委常委、州委政法委书记刘功华，副州长王方荣出席报告会。

同日，在勐腊县相关部门以及老挝乌德县马口八边防检查站，当地驻军的配合下，易武乡团委组织全乡6个村委会的团干部、中老边境沿线双方村寨的部分村干部、村民、举行“庆中老建交五十周年、建两国人民和平友谊”庆祝活动。

29日，从5月1日起，全州的房地产开发企业和中介服务机构在取得预售许可和销售现房时，对新建商品房销售价格实行明码标价，商品房销售明码标价实行一套一标。

27～30日，泰国国家港务局副局长拉宛·安吉洛率国家港务局考察团访问西双版纳。

28～29日，外交部副部长、纪委书记宋涛一行考察西双版纳，州委常委、常务副州长罗红江会见宴请宋涛副部长一行，省外办主任周红、副州长李江虹、州外侨办副主任艾真陪同考察。

30日，版纳州赴昆明参加云南省第二十届劳动模范和先进工作者表彰会的陈志华、杜琼芝、李丽莎、王明亮、先资、玉的么载誉归来。州委副书记、州长刀林荫，州人大常委会副主任刀金芬，前往机场迎接6名劳动模范和先进工作者。

同日，由州总工会主办，景洪市总工会承办的《劳动者之歌》庆“五一”国际劳动节职工文艺晚会在景洪剧院举行。州人大常委会副主任刀金芬，副州长唐家华等观看文艺演出。

5月

3日，州委副书记、州长刀林荫，副州长杨沙检查州社会福利院建设项目。在听取工作情况汇报后，刀林荫、杨沙对抓好工程项目建设工作提出要求。

4日，景洪市勐龙镇贺南东村委会举行“残疾人之家”挂牌仪式。

4～5日，州委副书记、州长刀林荫在景洪市嘎洒镇、勐龙镇，勐海县勐遮镇、西定乡检查禁毒、禁赌、打黑除恶工作时强调，要坚决、有力地打击毒、赌、黑恶势力，全面遏制贩毒吸毒、非法彩票违法犯罪势头。副州长王方荣以及州、景洪市、勐海县各相关部门领导陪同检查。

5日，全州召开学习型党组织建设工作推进会，强调要充分认识建设学习型党组织的重大意义，深入推进全州学习型党组织建设，努力提高推动科学发展、促进社会和谐的能力。州委副书记胡志寿讲话，州委常委、副州长陈启忠主持会议。

同日，全州召开工业和信息化、环境保护工作会议。会议总结了“十一五”期间全州工业和信息化、环境保护工作，明确了“十二五”工作目标，安排部署今年的工作任务。州人大常委会副主任兰昌华、副州长杨沙、州政协副主席玉香伦出席会议。

5～6日，州政协主席杨志祥、副主席权继能率州政协调研组，到景洪市小黑江、勐腊县象明乡，就山区乡生态环境保护、经济社会发展等问题进行调研。

6日，全州民族宗教工作会议召开。会议总结近年来我州的民族宗教工作，安排部署今后一段时期的任务。会议强调，要牢牢把握“共同团结奋斗、共同繁荣发展”的民族工作主题，全力开创全州民族宗教工作新局面。州委副书记胡志寿讲话，副州长王方荣主持会议，州人大常委会副主任召亚平、州政协副主席依甩出席会议。

同日，召开的全州丘北经验推广工作暨“县乡平安出行”创建活动会议，就创建工作提出要求。副州长王方荣及州直各有关部门负责人参加会议。

同日，全州保障性安居工程工作会议召开，贯彻落实国家、省保障性安居工程工作会议精神，总结去年全州保障性安居工程工作，部署今年工作。州委副书记、州长刀林荫出席会议并讲话，州委常委、常务副州长罗红江，州委常委、副州长陈启忠，州人大常委会副主任兰昌华，州政协副主席依甩出席会议。

同日，西双版纳公路管理总段举办资产管理信息培训，邀请北京久其软件股份有限公司专业讲师授课。

同日，景洪港边防检查站创建“爱民固边模范船企”揭牌启动仪式在景洪港举行。

7日，景洪市就业服务中心深入景纳乡农村，开展“农民工橡胶职业技能培训”活动。

同日，版纳州人民政府外事侨务办公室－老挝北部五省外事厅工作机制第二次会议在老挝波乔省举行，州外侨办副主任率州外事代表团参会。

同日，州商务局在景洪举行“中华老字号”授牌仪式，李江虹副州长为荣获国家商务部“中华老字号”的勐海茶厂大益牌商标授牌。

同日，勐腊县人民医院重症医学科（ICU）正式投入使用，总投入为300万元。

8～9日，泰国驻昆明总领事陈维钦一行3人访问西双版纳州，实地考察景洪电站、关累码头何磨憨口岸。

10日，西双版纳州非税收入管理局成立大会在景洪举行。省财政厅副厅长、省非税收入管理局局长计毅彪，州人大常委会副主任张美兰、副州长杨沙、州政协副主席权继能等出席大会，并为管理局揭牌。

11日，省委常委、昆明市委书记仇和，昆明市委副书记、市长张祖林率领昆明市党政代表团赴州考察，并与州签署《共同推进昆明市—版纳州国际大通道建设合作框架协议》，以战略通道、合作平台、产业基地、交流窗口建设为突破口，加快构筑昆明—西双版纳昆曼经济带。

省级有关部门负责人，李邑飞、杨远翔、田云翔等昆明市党政领导出席签字仪式，版纳州党政领导江普生、刀林荫、胡志寿、杨建明、杨志祥、罗红江、李庆元、李记臣、赵刚、李江虹等陪同考察和出席签字仪式。仇和、江普生分别在签字仪式上致辞。

同日，副州长李江虹代表州人民政府与中国航油集团石油有限公司总经理田晓耕签订了战略合作框架协议，旨在整合双方优势，共同推进桥头堡战略实施，实现央企与地方经济共同发展、互利共赢的目标。

同日，勐腊县举办第二次全国地名普查试点工作培训会，县级相关部门及10个乡镇、4个农场共47名普查员参加培训会。

12日，澜沧江中下游装机容量最大的糯扎度水电站目前正加紧建设进水口“分层取水”叠梁门。此项工程开创了全国水电环保设计的先河。

同日，由云南电网公司市场部主持召开的“西双版纳供电局用电现场服务与管理系统”验收会在景洪举行。

12～13日，省司法厅副厅长吉志勇率调研组赴州，就贯彻落实全省司法行政工作会议精神、人民调解、社区矫正、安置帮教等工作进行调研。

14日，国家建设部规划司在版纳州举办第五期《城市、镇控制性详细规划编制审批办法》培训班，来自全国各省地州建设规划部门的有关人员参加培训。

15日，国土资源部党组书记、部长、国家土地总督察徐绍史，在省委书记、省人大常委会主任白恩培，副省长刘平等有关领导陪同下到版纳州调研。国土资源部副部长、党组成员、中国地质调查局局长汪民，国家土地督察成都局局长常嘉兴，国土资源部财务司司长赖文生，省国土资源厅厅长和自兴，州委书记江普生，州委副书记、州长刀林荫，州委常委、副州长陈启忠，州委常委、州委秘书长杨涛陪同调研。

同日，全州3县（市）选举产生了新一届党委和纪委班子，县（市）党委换届工作圆满完成。

中旬，版纳州公安局与老挝北部南塔省、乌多姆赛省、丰沙里省、波乔省警方，在景洪就反恐怖、边境治安管理、打击跨国犯罪等问题举行警务合作会谈。副州长·州森毒委副主任、州公安局局长王方荣和老挝北部四省公安厅厅长相关职能部门负责人参加会谈。

16日，州委副书记、州长刀林荫主持召开州文化产业发展领导小组第一次会议，贯彻落实中央、省委、省政府关于文化体制改革和文化产业发展精神，研究当前全州文化体制改革和文化产业发展重大问题。

同日，以省统计局副局长徐力为组长的省政府妇女儿童发展规划终期评估检查组，到州就妇女儿童发展规划情况进行检查调研。副州长马维刚向检查组汇报情况，州政协副主席依甩参加汇报会。

同日,全州退耕还林工程通过国家林业局退耕还林核查验收组的阶段验收。

17 日,州人大常委会选举联络工作委员会召开州十一届人大代表建议办理工作座谈会,就进一步规范代表建议办理程序,提高办理质量、增强办事效率进行座谈。州人大常委会副主任刀琼平参加座谈会。

同日,版纳州首家乡镇环境保护管理所在勐腊县关累镇挂牌。这标志着州环境保护管理体系、环保行政执法已建城市局乡村延伸。

18 日,中科院西双版纳热带植物园召开橡胶林固碳增汇技术实验示范研讨会,标志着橡胶林固碳增汇技术实验示范项目正式启动。

17~19 日,省委宣传部办公室副主任、省委学建办综合组副组长陈宗媛一行 4 人,对版纳州两个省级学习型党组织建设工作示范点景洪市景哈乡和州科技局推进学习型党组织建设工作进行了检查。

17~30 日,州委常委、常务副州长罗红江率团前往巴西、秘鲁访问考察。19 日,州政府召开会议,听取省政府检查组反馈对我州实施妇女儿童发展规划终期评估检查情况意见。副州长马维刚参加会议。

同日,景洪市人武部到西双版纳职业技术学院宣传 2011 年大学毕业生预征政策。

20 日,云南省社会科学院西双版纳科研与社会服务基地落户州委党校。省委委员、省人大常委会委员、民族事务委副主任、云南省社科院原院长纳麒,州人大常委会主任杨建明,州委常委、副州长陈启忠,州委常委、州委秘书长杨涛,州人大常委会副主任张美兰、召亚平、袁发先、刀琼平,州政协副主席李永义、玉香伦等出席成立仪式。

21 日,西双版纳安厦房地产有限公司举行雨林·圣堤亚纳项目开盘仪式。

21~22 日,全国人大常委会副委员长司马义·铁力瓦尔地率全国人大常委会促进民族地区经济社会发展专题调研组到版纳州,对民族地区经济社会发展情况进行专题调研。全国人大常委会委员、全国人大民族委员会主任委员马启智,全国人大常委会委员、全国人大民族委员会委员、贵州省人大常委会副主任唐世礼等随同调研。省人大常委会副主任程映萱,州人大常委会主任杨建明,全国人大常委会委员、全国人大民族委员会委员、州人大常委会副主任张美兰等陪同调研。

23 日,州人民政府副秘书长肖华会见来访的英国驻重庆总领事馆领事石剑豪。

23~25 日,最高人民检察院姜建初副检察长一行到版纳州检察机关调研指导工作。

23~27 日,州涉农部门组成督导检查组,对一市两县的春耕生产进行督导检查。

25 日,为期 3 天的全省生态县(市)创建暨生物多样性保护工作培训班在版纳州开班,来自全省 10 余个州市的 270 名人员参加培训。副州长杨沙在开班仪式上致辞。

同日,《云南省州市以上机关公开选调公务员试行办法》和州委办、州政府办文件规定,从今年开始,州在州级机关推行公开选调公务员制度,除了涉及国家安全和重要机密特殊职位以及政策性、指令性安置的人员,可以采取直接考核的办法选调,停止办理直接从县级以下机关调动公务员的人员调配方式。

同日,景洪市住房和城乡建设局举行景洪市 2011 年新建住房价格控制目标听证会,对景洪市政府发布的《景洪市 2011 年新建住房价格控制目标》是否适当,听取社会各方面的意见和建议。

同日,泰国前总理、皇室枢密院大臣素拉育·朱拉暖一行从西双版纳机场入境,对州进行考察。

25~26 日,以省民政厅副厅长姚国华为组长的省委调研督查组到版纳州,对贯彻落实党的十七届四中全会精神、省委八届七次全委会精神等情况进行调研督查。

26 日,州 2009 年和 2010 年造林绿化及“十一五”造林绿化目标责任通过省级考核检查。

同日,景洪市水利局把《云南省农村小型水利工程》产权证书发放到勐养镇 7 个村委会负责人手中,标志着全市农村小型水利工程管理体制改革试点工作进入到实质性阶段。

25~27 日,省环保厅调研组一行到版纳州,就天然橡胶加工废水治理情况进行调研。副州长杨沙参加调研。

27 日,《西双版纳州农业和农村经济发展第十二个五年规划》听证会举行。版纳州相关职能部门的 14 名听证代表参加听证会;州农业局派出 6 名农业专家和业务骨干作为听证人,对所听证内容作决策发言。

同日,州委常委、副州长陈启忠到勐腊县检查指导保障性住房建设工作。

同日,全州首届傣语文课堂教学竞赛在景洪举行,来自全州各县市的学前及中、小学校的 15 位傣汉双语文教师参加竞赛。

30 日,州委干部教育委员会、团州委、州教育局联合举办关爱青少年心理健康讲座。

同日,全州召开气象行业标准《橡胶寒害等级》初稿讨论会。来自省、州、市气象部门的 20 名专家对标准初稿进行了认真审阅，对完善《橡胶寒害等级》气象行业标准提出了修改意见和建议。

31 日，景洪市召开创建国家环境保护模范城市规划评审会。州委常委、景洪市委书记陈学刚，副州长杨沙参加评审会。

同日，版纳州 2011 年农药市场监管年活动在景洪市嘎洒镇启动。

6月

5 月 29 日 ~6 月 2 日，美国奥斯汀市姐妹城市委员会主席陈胜亭一行访问版纳州，副州长李江虹与代表团会谈。

5 月 31 日 ~6 月 1 日，山西省外办副主任张少军一行前来版纳州考察

1 日，在“六一”儿童节到来之际，全州各小学、幼儿园举行丰富多彩的庆祝活动。州人大常委会副主任召亚平、副州长唐家华先后到各校园参加庆祝活动。

同日，司法部部长吴爱英在副省长高峰，以及司法部有关厅局负责人的陪同下，到版纳州调研。州委书记江普生，州委常委、州委政法委书记赵毅，副州长王方荣陪同调研。

同日，副州长李江虹会见美国德克萨斯州奥斯汀市议员威廉・斯派曼先生，以及奥斯汀・西双版纳姊妹城市委员会主席陈胜亭先生。双方就教育、投资、贸易和旅游等方面的问题进行了广泛交流。

同日，勐海县全面启动基层医疗卫生机构实施国家基本药物制度，全县 11 个乡镇卫生院、101 个村卫生室百分之百使用基本用药，一律实行零差率销售。

2 日，全州召开打击涉烟违法犯罪工作会议，总结 2010 年工作经验，部署 2011 年工作任务，并对 2010 年度侦办网络案件有功单位景洪市公安局和一线办案有功人员罗云洪等进行表彰奖励。副州长李江虹参加会议并对相关工作提出要求。

同日，全国政协委员、教科文卫体委员会副主任于永湛，率调研组到版纳州就“推进基本公共服务均等化”建设情况进行调研。副州长唐家华作汇报，州政协副主席李永义主持汇报会。

同日，美国奥斯汀市及西双版纳城市委员会代表一行 3 人与州教育局，就双方教育合作事宜进行交流商讨。

3 日，全州实施生态立州战略领导小组工作会议在景洪召开。州委常委、州纪委书记、州实施生态立州战略领导小组组长李庆元，州人大常委会副主任兰昌华，副州长杨沙，州政协副主席玉香伦参加会议。

3 ~5 日，老挝政府常务副总理宋沙瓦・凌沙瓦一行到我州，就生物产业和旅游业发展情况进行考察。副州长李江虹陪同考察。

4 ~5 日，由国家民委党组书记、副主任杨传堂，求是杂志社政治部主任常光民，中央统战部二局处长武强等组成的中央三部委“云南经验”联合调研组到版纳州调研。副州长王方荣，州委宣传部、州委统战部、州民宗局等单位部门负责人陪同调研。

4 ~6 日，州外侨办副主任马成玲前往昆明参加“第九届东盟华商投资西南项目推介会暨亚太华商论坛”。

6 日，第 19 届中国昆明进出口商品交易会及第 4 届南亚国家商品展在昆明市国际会展中心正式开馆。副州长李江虹率西双版纳代表团出席开馆仪式。本届昆交会版纳州有展位 15 个，参展企业 10 家。

7 日，副州长唐家华在州、景洪市相关部门负责人陪同下，先后到景洪城区的版纳州一中、景洪市一中两个高考考点巡视，了解考试情况。今年我州参加高考的人数为 3184 人，较去年增加 218 人。

同日，勐海县人民检察院与打洛海关举行预防职务犯罪 MOU（谅解备忘录）签字仪式。

同日，老挝常务副总理宋沙瓦・凌沙瓦参加“昆交会”后，自昆明经版纳州从磨憨口岸出境回国，州长刀林荫前往迎送。

9 日，西双版纳热线工作推进会议在景洪召开。州委常委、州纪委书记李庆元，副州长唐家华及相关单位负责人参加推进会。会议的召开标志着“政风行风热线”正式更名为“西双版纳热线”。

10 日，全州严厉打击食品非法添加和滥用食品添加剂专项工作暨食品安全委员会成员单位会议在景洪召开。副州长李江虹出席会议。

同日，为期 5 天的第 19 届中国昆明进出口商品交易会暨第 4 届南亚国家商品展落下帷幕。会展期间，版纳州交易团贸易成交额达 627 万元人民币；签约 13 项，签约项目总金额达 438.1 亿元人民币。版纳州交易团荣获本届昆交会组委会颁发的优秀布展奖。

同日，上海市黄浦区外滩街道办事处与允景洪街道办事处在上海举行签字仪式，正式建立友好街道关系。

10 ~12 日，广东电视台前来版纳州拍摄中国 –东盟 20 周年系列片。

11日，州人民医院直属西双版纳州120急救指挥中心新配备的、具有国内领先水平的急救指挥调度系统安装调试完毕，并正式投入使用。

12日，州疾病预防控制中心，勐腊疾病预防控制中心，在勐仑镇曼俄村联合开展地震灾害防控演练。

13日，省督导组就中石油云南成品油销售网络建设到州进行专项督导检查。州发改委、商务局、住建局、国土资源局以及中石油西双版纳分公司等单位负责人参加汇报。

同日，勐海县政府与云南六大茶山茶业股份有限公司签订贺开古茶山资源保护开发框架协议。根据协议，云南六大茶山茶业股份有限公司将投资9亿元保护开发贺开古茶山资源。

同日，副州长李江虹会见来访的老挝琅勃拉邦省副省长赛沙蒙。

14日，在第八个"世界献血者日"来临之际，我州无偿献血志愿者服务队成立仪式在景洪举行。州人大常委会副主任刀金芬及相关部门负责人和60位无偿献血志愿者服务队队员参加成立大会。

13~15日，省政协常务副主席管国忠率调研组到州，就加强生态建设和保护工作进行调研。州委副书记、州长刀林荫，州政协主席杨志祥，州委常委、常务副州长罗红江，州委常委、景洪市委书记陈学刚，副州长唐家华等陪同调研。

15日，在国道214线勐海—打洛方向9公里处，开展营建版纳州"杨善洲纪念林"暨义务植树活动。州委常委、副州长陈启忠和州委常委、州委组织部部长赵刚出席活动启动仪式，并为版纳州"杨善洲纪念林"揭牌、种下示范树。

同日，州医院增配引进了美国GE公司生产的64排螺旋CT和德国西门子公司生产的1.5T高场核磁共振仪，完成安装并投入使用。

同日，州、县市区、乡镇(街道、农场)三级领导干部联动大接访；州、县市区、乡镇(街道、农场)、行政村(社区、生产队)四级领导干部集中大下访活动在全州正式拉开序幕。

同日，州人大常委会召开《云南省西双版纳傣族自治州城镇市容和环境卫生管理条例》执法检查动员会。

16日，云南省广播电视局党组成员、纪检组组长周云峰率调研组一行到勐腊，就广播电视工作情况进行调研。

16~25日，副州长李江虹随省政府打私办出访澳大利亚、新西兰。

17日，景洪市召开争创"中国人居环境奖"工作动员大会，全面动员部署创建申报工作。州委常委、副州长陈启忠，州委常委、景洪市委书记陈学刚出席会议。

同日，全省促进就业工作电视电话会议召开。会议总结"十一五"云南省就业工作取得的成绩，交流经验，分析就业形势，安排部署当前和今后一个时期云南省"贷免扶补"、高校毕业生就业以及职业培训等工作。州人大常委会副主任张美兰、副州长杨沙在州分会场参加会议。

同日，由西双版纳国家级自然保护区曼稿子保护区负责的生物防火隔离带通过州发改委、州财政局、州林业局、州自然保护局等单位专家的验收。这是全州第一个在自然保护区建成的生物防火隔离带，也是我省自然保护区生物防火隔离带的首次探索与尝试。

17~24日，州长刀林荫率西双版纳州政府代表团访问老挝万象及琅勃拉邦、乌多姆赛、南塔、波乔、丰沙里等北部五省。

18日，由上海市超声医学培训中心、上海交通大学附属第六人民医院主办，景洪市人民医院协办的国家级医学继续教育项目——现代超声诊疗技术进展及基础学习班在景洪市人民医院举行，来自全州46家医疗单位的140名学员参加培训。

19日，由州文产办、州委外宣办、傣族国有限公司、新知图书城主办的《守望竹楼》赠书仪式，在西双版纳职业技术学院举行。

17~19日，全国人大常委会副委员长路甬祥到版纳州视察。省人大常委会副主任杨保建，州委书记江普生，州委常委、常务副州长罗红江，州委常委、州委秘书长杨涛，州人大常委会副主任张美兰陪同视察。

20日，西双版纳州森林生态系统服务功能价值评估评审会在景洪召开。州人大常委会、州政协、州发改委、州财政局、州环保局等单位参加会议。

同日，版纳州教育专网开通暨教育信息化应用平台启动仪式在景洪举行，标志着州教育事业向前迈出了坚实的一步。

21日，由省人大常委会民族委员会和省宗教局组成的调研组到州，就宗教工作情况进行调研。州人大常委会副主任召亚平，州政协副主席、州佛教协会会长祜巴龙庄勐陪同调研，副州长马维纲作工作汇报。

同日，州政法系统庆祝建党90周年"党在我心中"歌咏比赛在景洪举行，州委常委、州委政法委书记赵毅，州人大常委会副主任袁发先，副州长王方荣观看歌咏比赛。

同日，副州长唐家华率检查组到勐腊县检查中小学校舍安全工程建设进展情况。

22日，“傣乡先锋创先争优——重大先进典型”事迹巡回报告会在景洪剧院举行。报告会由州委常委、州委组织部部长赵刚主持。州党政领导江普生、杨志祥、罗红江、陈学刚、赵毅、杨涛、召亚平、袁发先、刀金芬、王方荣、李永义、玉香伦出席报告会。

同日，州直机关纪念建党90周年歌咏比赛在景洪剧院举行。12支代表队参加比赛。州委常委、州委组织部部长赵刚，州人大常委会副主任刀金芬，副州长王方荣等观看比赛。

同日，省人大常委会民族委员会调研组在州开展立法工作调研，听取州执行《云南省西双版纳傣族自治州澜沧江保护条例》情况汇报。

23日，西双版纳供电局修试所高压试验班QC成果“研制避雷器监测器校验装置”在2011年全国电力行业QC成果发布会上获“全国优秀QC成果”称号。

7～24日，应老中合作委员会的邀请，以州委副书记、州长刀林荫为团长的西双版纳州政府代表团，对老挝万象和北部五省进行工作访问。双方进行了广泛交流，并就进一步加强经贸、农业、科技、文化、旅游、教育、卫生等领域的交流与合作达成广泛共识。

24日，全州妇联系统第三轮禁毒防艾宣传教育活动启动仪式在景洪市景哈乡举行。副州长、州公安局局长、州禁毒委副主任王方荣，州政协副主席、州妇联主席玉香伦出席启动仪式。

同日，州直机关工委召开纪念中国共产党成立90周年暨创先争优活动表彰大会。会议对23个先进基层党组织、103名优秀共产党员、32名优秀党务工作者进行了表彰。

22～25日，州组团赴山西举办旅游推介会，设立西双版纳(山西)旅游形象店，并举行系列旅游宣传推介活动。

24～25日，全国人大常委会副委员长兼秘书长李建国，率全国人大常委会执法检查组到我州，就贯彻实施《中华人民共和国老年人权益保障法》情况进行执法检查。州党政领导胡志寿、杨涛、张美兰、召亚平、杨沙出席汇报会。

27日，州委常委、常务副州长罗红江率州农委、农业、水利、扶贫等部门负责人到景洪市部分乡镇，就农业、水利工作进行调研。

29日，西双版纳报社举行西双版纳傣文计算机操作系统研制成功并正式启用仪式，向党的90岁生日献礼。州政协副主席祜巴龙庄勐，州委宣传部、州科技局、州民宗局、州教育局、西双版纳傣学会等相关单位和部门负责人参加启用仪式。

30日，西双版纳州庆祝中国共产党成立90周年大会在景洪剧院隆重举行。州委书记江普生作重要讲话，州委副书记、州长刀林荫主持庆祝大会。50个先进基层党组织、100名优秀共产党员和50名优秀党务工作者受表彰，州委常委、州人大常委会、州政府、州政协领导班子成员，担任过副州级以上领导职务的离退休党员领导干部出席会议。

同日，全州召开全州优秀共产党员、优秀党务工作者代表庆祝中国共产党成立90周年座谈会，州党政领导胡志寿、陈启忠、李庆元参加会议。

7月

2日，州石斛产业协会在勐海县成立。

3日，野象谷景区南门索道下一棵老树倒地砸到从北门至南门运行的索道上，导致索道产生强大反弹，掀翻缆车，造成游客1死3伤。事件发生后，州政府、景洪市相关部门负责人和工作人员第一时间赶到现场，开展伤亡人员的善后和事件的调查工作，使伤者得到及时救治，死者遗体得到妥善处理，有效控制了局面。

4日，随着景洪、勐海、勐腊3县市“千名干部大走访”活动动员大会的召开，州以形势政策宣传教育和农村集体经济调研为主题的“千名干部大走访”农业农村活动全面启动。

6日，召开的国家5A级旅游景区颁牌仪式上，中科院西双版纳热带植物园有关负责人接受国家旅游局颁发的“AAAAA国家级旅游景区”牌匾。

同日，景洪市新城区手拉手艺术团举行揭牌仪式。

7日，全州召开州村级组织活动场所和农村党员干部现代远程教育网络管理会议，进一步加强社区党建工作进行部署。

11日，全州党外干部培训班在州委党校开班，70余名学员参加培训。

11～12日，全州乡镇党委书记、农场领导干部培训班在州委党校举行，各县市农垦局局长，农场党委书记、管委会主任和管委会常务副主任参加培训。州委副书记胡志寿出席开班仪式并讲话，州委常委、州委组织部部长赵刚主持会议。

11～12日，由省委、省政府委派的省林业厅、省农业厅及有关部门专家组成的有害生物防治检疫联合调查组一行，到勐腊县开展椰心叶甲疫情调查工作。

12日，中科院西双版纳热带植物园举行荣膺国家5A级旅游景区揭牌仪式。州委书记江普生，中科院昆明分院院长王庆礼，州委常委、副州长、州委宣传部部长陈启忠，中科院西双版纳热带植物园园长陈进，共同为植物园景区揭牌。陈启忠代表州委、州政府向中科院西双版纳热带植物园表示祝贺。

同日，州召开第三轮禁毒和防治艾滋病人民战争会议，要求进一步汇集全州各族人民的力量，构筑广泛深厚的打赢根基，奋力夺取第三轮禁毒防艾人民战争的全面胜利。州委副书记、州长刀林荫，州委常委、州委政法委书记赵毅，州人大常委会副主任袁发先，副州长李江虹、王方荣，州政协副主席权继能参加会议。

同日，由州老干局和州委老干部党校联合主办的2011年度州直单位老干部读书班，在州老干部活动中心开班。

同日，全州金融联席会议在景洪召开。会议要求，要深入探索新形势下银政合作的新途径，着力构建银政合作的新平台，为全面完成“十二五”规划、促进全州经济社会又好又快发展和跨越发展提供有力的金融保障。州委副书记、州长刀林荫出席会议并讲话。州委常委、常务副州长罗红江主持会议。

同日，由省委第四巡视组组长、正厅级巡视专员费建平率领的省委巡视组，到勐腊县调研新农村建设、农村扶贫项目及农村文化广场建设项目等情况。

同日，2011年全州人大常委会换届业务培训班在州委党校开班。州人大常委会主任杨建明、副主任刀琼平出席开班仪式。

同日晚，由西双版纳人民广播电台主办、昆明妙高文化传播有限公司承办的西双版纳人民广播电台专业地产栏目——《家天下》，在勐泐文化广场举办开播一周年庆祝活动。

同日，泰国传统丝绸制作传人、新拉瓦卡第服装公司董事长助理无忧和泰国著名皇家设计师苏湄一行6人抵达版纳州。

13日，全州召开“五五”普法总结表彰暨“六五”普法动员大会。州委副书记、州长刀林荫出席会议并讲话，州委常委、州委政法委书记赵毅主持会议。州人大常委会副主任袁发先，副州长王方荣，州政协副主席权继能，州法院代理院长董国权，州检察院检察长胡跃及各县市党委和政府、各区党委和管委会负责人等参加动员大会。

14日，由省委第四巡视组组长、正厅级巡视专员费建平率领的省委巡视组，对州财政工作情况及农业综合开发工作情况进行调研，并听取情况汇报。州委副书记、州长刀林荫，副州长唐家华出席汇报会。

14～15日，省扶贫办主任王智一行到州调研扶贫开发工作。州委副书记、州长刀林荫，州委常委、常务副州长罗红江，州人大常委会副主任刀琼平等一同参加调研。

15日，2011年度交通运输新闻发布会在景洪召开，州交通运输局相关负责人向到会媒体通报了今年上半年全州道路交通情况。

同日，2011年全州移民工作座谈会在景洪召开。

同日，州召开大中型水库移民后期扶持规划(2011—2015年)审查会，分别对3县市编制的大中型水库移民后期扶持规划(2011—2015年)进行审查。

同日，勐海县布朗山乡整乡推进扶贫开发试点项目正式启动。省扶贫办主任王智，州委副书记、州长刀林荫，州政协主席杨志祥，州人大常委会副主任刀琼平出席启动仪式。王智在启动仪式上宣布布朗山布朗族乡整乡推进扶贫开发试点项目正式启动。刀林荫在启动仪式上致辞。

18日，由泰康人寿保险公司捐赠的“泰康图书室”在景洪市嘎洒镇曼典村委会曼典村建成，这是版纳州第一家、云南省第八家“泰康图书室”。

19～20日，全州政协换届业务培训班开班，特邀专家讲授《政协章程》《选举法》和统战理论相关知识及选举工作法律法规。

20日，州委副书记、州长刀林荫深入到勐海县黎明农场第六办事处二队二组，走进生产队和群众家中，与群众促膝交谈，倾听群众呼声，为群众排忧解难。州委常委、副州长、州委宣传部部长陈启忠一同参加调研。

同日，州委副书记、州长刀林荫到西双版纳华坤生物科技有限公司调研时强调，要做强扶优产业，促进农民增收、企业增收、财政增效。副州长杨沙，州政府办、州政府研究室、州工信委、州农业局、景洪工业园区管委会等部门负责人一同参加调研。

同日，西双版纳木南景新城投资开发有限公司举行首届海峡两岸捧球对抗赛媒体见面会。对抗赛将于8月3～9日在景洪勐罕镇楠景新线竞训基地开赛。

同日，磨憨边检站应邀前往老挝南塔省，与老挝磨丁公安检查站举行第二季度边防业务会谈。

同日，西双版纳国家级自然保护区管理局《双团棘胸蛙及近缘地理学研究》等项科研成果通过州级鉴定。

同日，勐腊农场管委会召开专题会议，围绕农垦改革目前正在进行的资源量清查、资源费收取、合同书签订、割胶技术抽查等方面情况进行专题汇报。

19～21日，以省政府督学、省政府教育督导团办公室主任何开喜为组长的省政府教育督导评估组一行7人深入勐海县，采取"听、看、查、访、议"等方式，对勐海县教育工作进行全面检查评估。副州长唐家华在反馈会上对一下工作提出要求。

21日，以中科院动物研究所研究员宋延龄为组长的国家七部委国家级自然保护区评估组一行6人抵达版纳州，对西双版纳国家级自然保护区和纳板河流域国家级自然保护区管理进行为期3天评估。

21～22日，第五届"王选新闻科学技术奖"颁奖大会在成都召开，中国新闻技术工作者联合会第五次理事会暨2011年学术年会同时举行。西双版纳傣文新闻网站系统研发项目荣获"王选新闻科学技术奖"二等奖，这是继《基于ISO10646傣文电子出版系统研发》项目荣获2007年第三届"王选新闻科学技术奖"一等奖后再次荣获的"王选奖"殊荣。

24日，州召开座谈会，向省政协"云南特有民族历史文化保护和利用"调研组汇报州特有民族历史文化的保护和利用情况，重点介绍了傣族、布朗族、基诺族3个特有民族的历史文化。省政协副主席罗黎辉、州政协主席杨志祥、州人大常委会副主任袁发先、副州长王方荣、州政协副主席依甩等参加座谈会。

25日，由州老干部局主办的全州老干部工作业务培训班在州老干部活动中心开班。

同日，州、景洪市政府召开景洪城区肉食品安全暨生猪屠宰监管工作会议，对专项整治私屠滥宰工作进行再动员、再部署。副州长李江虹参加会议并讲话。

同日，全州召开医疗保险制度改革10周年座谈会。总结过去10年的工作，安排部署今后一段时期的工作任务。

同日，由州水利局主办、州水利水电工程质量监管站承办的全州水利水电工程质量与安全管理培训会在景洪举行。

同日，经云南边防总队审核批准，中国磨憨—老挝磨丁边检国际直通电话正式开通。

同日，中国西双版纳国家级自然保护区和老挝楠木哈保护区组成联合巡护监测小组，在老挝的楠木哈保护区开展第二次联合监测巡护。

同日，州人大常委会召开座谈会，就即将于8月1日颁布实施的《云南西双版纳傣族自治州天然橡胶管理条例(修订)》《云南省西双版纳傣族自治州古茶树保护条例》进行座谈。

26～28日，全国人大农业与农村委员会调研组到版纳州，对社会主义新农村建设、完善农村土地管理制度等情况进行调研，并就修改《农业技术推广法》听取意见和建议。州党政领导江普生、刀林荫、罗红江、张美兰、兰昌华、袁发先陪同调研。27日，州委副书记、州长刀林荫，州委常委、常务副州长罗红江向调研组分别汇报了州相关情况。

27～29日，"2011海外藏胞云南行"代表团由省侨办主任杨光明陪同到版纳州访问，州委常委、州委秘书长杨涛会见宴请代表团一行，副州长李江虹陪同访问。

28日，州委副书记、州长刀林荫到勐海县走边境、进军营、入村寨，看望驻地军警官兵，入户了解边境群众生产生活情况。

同日，州委常委、常务副州长罗红江在州边防支队、州林业局、州交通局等部门负责人陪同下，深入勐腊边防一线，开展"走边关"活动。

同日，西双版纳机场改扩建工程领导小组召开第五次工程项目推进会议，研究部署下一步工作推进计划，并提出具体要求。副州长杨沙参加会议，并实地察看了机场改扩建工程建设进展情况。

同日，全州召开2011年上半年财税分析会，安排部署下半年财税工作。副州长唐家华出席会议。

29日，州党政军警领导及州双拥工作领导小组成员单位负责人欢聚一堂，同叙鱼水深情，共商双拥大计，庆祝中国人民解放军建军84周年。州党政军领导江普生、刀林荫、胡志寿、杨志祥、樊焕祥、罗红江、赵毅、杨涛、召亚平、杨沙、王方荣等参加座谈会。

同日，州委议军会议暨州国动委第七次会议在景洪召开。州委书记、军分区党委第一书记、州国动委第一主任江普生出席会议并讲话。州委副书记、州长、州国动委主任刀林荫主持会议。州党政军领导胡志寿、杨志祥、罗红江、赵毅、杨涛、召亚平、杨沙、王方荣、樊焕祥等出席会议。

同日，全州森林公安正规化建设现场会在勐腊召开，部署森林公安正规化建设工作。州委常委、常务副州长罗红江，州人大常委会副主任兰昌华，州政协副主席玉香伦，云南省森林公安局副局长尹宏刚及三县市委政法委书记、主管林业的副县市长、基层派出所民警、林业企业负责人参加会议。

30日，景洪至勐龙镇、国道214线景洪至勐海（勐混）段二级公路顺利通过竣工验收。经实地全线检测，景混、景大二级公路建设项目竣工验收工程质量鉴定等级评为优良。副州长杨沙、省交通运输厅及州相关部门负责人参加竣工验收会。

同日，中国音乐学院附属艺术幼儿园西双版纳园举行招生新闻发布会暨文艺演出，宣布在版纳州正式开班招生。州委书记江普生，州人大常委会副主任刀金芬，州政协副主席、西双版纳职业技术学院院长李永义等出席发布会，并观看了中国音乐学院附属艺术幼儿园2011届毕业班的汇报演出。

8月

7月1日~8月20日，“争创文明景洪城　争做文明景洪人”网络摄影征文大赛开赛。

1日，州首家农作物病虫害防治专业合作社——景洪市和聚农作物病虫害防治专业合作社在勐罕镇曼嘎俭村委会成立。

同日，勐海县工商局核准首家从彰显民族文化特色为经营范围的农民专业合作社。

2日，由云南省金融办及各大金融保险公司相关负责人组成的省金融调研组，在副州长唐家华及相关部门负责人陪同下，前往磨憨经济开发区调研。

同日，扩大国家免疫规划和疫苗管理工作检查组，在省卫生厅副厅长杜克琳、副州长李江虹的陪同下，到勐海县检查工作。

4日，省委宣讲团在景洪举行胡锦涛总书记“七一”重要讲话精神宣讲报告会。州党政领导江普生、刀林荫、杨建明、罗红江、陈启忠、赵毅、李庆元、赵刚、杨涛、兰昌华、唐家华、李江虹、王方荣、依甩到会听取报告。

4~5日，全州桥头堡建设项目专题会议在景洪召开。会上，州委副书记、州长刀林荫强调，要进一步把思想和行动统一到州委的决策部署上来，把智慧和力量凝聚到掀起桥头堡建设的高潮上来，把握机遇，乘势而上，敢为人先，先行先试，全面推进西双版纳大开发、大开放、大发展。州委常委、常务副州长罗红江，州委常委、副州长陈启忠，副州长唐家华、李江虹、王方荣、马维纲出席会议并对相关工作进行部署。

6日，州长刀林荫会见宴请由省外办主任周红为团长的云南－泰北工作组会议云南省代表团一行。

7~13日，副州长李江虹、州外侨办副主任艾真前往泰国参加云南－泰北工作组第四次会议。

8日，州委副书记、州长刀林荫到西双版纳云丰木业有限公司、西双版纳星鑫农业科技有限公司调研生物产业发展情况时强调，各级各有关部门要依托我州的资源优势，做强生物产业，以生物产业的发展带动经济发展，助农增收。州委常委、副州长陈启忠，副州长唐家华一同参加调研。

同日，“盛璟新城杯”2011海峡两岸棒球对抗赛在景洪市勐罕镇楠景新城圆满结束。州委副书记、州长刀林荫，州委常委、副州长陈启忠参加闭幕式。刀林荫为获得一等奖的台湾合作金库代表队颁奖。

9日，磨憨口岸海关查验货场正式开通。

同日，全州正式启动国家保安资格考试发证工作，227人参加首批考试。

同日，景洪市召开嘎洒高端休闲养生旅游度假项目概念性规划会议。

同日，2011年老挝北部华文教师培训班在西双版纳职业技术学院举行开班仪式，州政协副主席、西双版纳职业技术学院院长李永义、省州侨办及相关部门负责人出席，老北5省华校36名教师参加培训。

10日，州委副书记、州长刀林荫会见以老挝南塔省省委书记、省长批玛双·勒坎玛为团长的代表团一行。州委常委、州委秘书长杨涛，州政府办、州政府政研室、州外事侨务办等相关单位部门负责人会见时在座。

同日，为期3天的2011年国防爱护动物行动同教师培训班在景洪开班。来自省内的40多名中小学校校长和老师参加培训。

同日，州长刀林荫会见来访的老挝南塔省省委书记、省长平玛双·棱坎玛一行。

12日，州聘任第四届州人民政府督学，副州长唐家华出席仪式，并为新任督学颁发聘任书。

13日，省政府治超工作领导小组第五考核组对我州治超工作进行检查考核。副州长杨沙等陪同检查。

14~21日，州外事侨务办副主任马成玲率相关人员赴老挝调研华文教育情况。

15日，国家质检总局动植司回函老挝农林部种植司，书面函件草签《中老关于老挝玉米输华的植物检疫议定书》，同意老挝玉米按照议定书要求可以试行从磨憨口岸输往中国，同时希望尽快促成两国部长级官员正式签署议定书。这标志着从即日起,老挝玉米可以出口到中国。

12~15日,第三届中国四川国际峨眉武术节在峨眉山举行,景洪市少林文武学校代表版纳州组队参赛,取得3金3银4铜的优异成绩。

16日,省委贫困村党组织建设第一调研组到我州,就当前贫困村基层党组织建设工作进行调研,并与州州直相关部门座谈。州委常委、州委组织部部长赵刚参加座谈会。

16~17日,以省国土资源厅副厅长陈刚为组长的省政府检查组,到州检查2006年至2010年耕地保护目标责任制落实情况。州委常委、副州长陈启忠向检查组汇报州2006年至2010年耕地保护目标责任制落实情况。副州长唐家华陪同检查组实地走访查看了勐海县勐混镇曼国村小组的基本农田补划项目和贺开村委会的补充耕地项目。

16~18日,云南省高级人民法院信息化应用检查组到版纳州各级人民法院,检查指导信息化应用及队伍建设情况。

18日,普洱市组织考察团,对版纳州新农村建设情况进行考察和调研。

19~20日,由云南省医院协会医务管理专业委员会主办,西双版纳州人民医院协办的云南省首届"医务管理暨医疗质量与安全持续改进"研讨会在州召开。研讨会上,副州长李江虹介绍了州卫生事业发展情况及面临的问题。

22日,全州保障性安居工程建设工作推进会召开。会议传达了全省城镇保障性安居工程建设现场会议精神,总结了州上半年保障性安居工程建设和管理工作,部署了下一阶段推进工作。

同日,州第二届农民专业合作社理事长培训班开班,来自全州各专业合作社理事长50多人参加了培训。

23日,为期4天的中国共产党西双版纳傣族自治州第七次代表大会在景洪开幕。刀林荫同志主持大会,江普生同志代表中国共产党西双版纳傣族自治州第六届委员会向大会作题为《承前启后 继往开来 为夺取全面建设小康社会新胜利而奋斗》的报告。

同日,"云南旅游电子护照"项目在州正式启动,实现了一卡支付西双版纳旅游的电子化营销模式,并以深度折扣优惠为特色,为游客提供经济、便捷、安全的旅游服务。

同日,为期5天的第四届昆明泛亚国际民族民间工艺品博览会在昆明圆满落幕,版纳州喜摘"最佳展位奖和优秀组织奖"两个奖项。

23~24日,勐海县遭通连续强降雨,造成城区部分街道积水深达1米左右。

27日,中国天然橡胶协会会长朱秀岩、副会长龚菊芳到景洪农场考察橡胶生产。

28日,由省妇联副主席、省妇联创先争优活动领导小组副组长李毅带队的省委深入开展党群共建创先争优活动调研组,到版纳州调研。

28~29日,中国驻英国大使刘晓明一行考察版纳州,副州长马维纲会见宴请大使一行。

29日,筹建景洪民生村镇银行发起人会议在景洪召开。

同日,勐腊县高源农夫养殖专业合作社举行了一期竹鼠养殖技术推广培训会,60多名合作社员参加培训。

30日,由国务院新闻办公室主管,云南省人民政府新闻办公室、云南省对外文化交流协会主办的柬文《高棉》杂志创刊号首发式在景洪举行。中央外宣办、国务院新闻办副主任王仲伟,中共云南省委常委、省委宣传部部长张田欣出席首发式并为柬文《高棉》杂志揭幕。版纳州委书记江普生,州委副书记、州长刀林荫出席首发式。

同日,全州中小学校舍安全工程推进视频会在景洪召开。州校安工程领导小组成员单位负责人参加会议;三县市同时设立分会场参加会议。

同日,"第四届全国中餐技能创新大赛云南特别赛区西双版纳预选赛"在景洪龙舟广场举行。

30~31日,省林业厅督查组检查指导版纳州中低产林改造工作,并抽查了景洪市勐养农场,查看了树种果新情况,核实了地块和面积。

9月

1日,版纳州与全国、全省各级食药监管部门同时同步举行"全国安全用药月"启动仪式。从今年开始,每年的9月被定为"全国安全用药月",今年的活动主题为"谨防网络欺诈销售假药"。

同日,全州农村综合改革领导小组办公室主任会议召开,全面总结州3年来"一事一议"财政奖补试点工作取得的主要成绩,研究并提出进一步加强和完善下一步工作的政策措施,安排部署下一步州农村综合改革工作。

2日,第二届"大家乐"群众文化广场舞大赛在勐泐文化广场举行总决赛。州政协副主席玉香伦观看比赛,并为获奖代表队颁奖。

同日,州政协副主席依甩率州政协民宗委、文史委部分委员,对景洪城区道路建设与管理情况进行调研,为解决景洪城交通拥堵献计献策。景洪市政府分管领导、州、市交通局、住建局和州交警支队运政部门负责人一同参加调研。

3日，由日本亚洲桥基金会捐资建设的勐海县布朗山乡曼囡小学教学楼正式落成。

5日，为期5天的2011第七届昆明泛亚国际农业博览会在昆明国际会展中心开幕。版纳州有16家企业参展。

6日，全州召开第三季度消防联席会议暨消防安全专项整治工作视频会，通报全州今年的火灾情况、“五大”活动及高层建筑消防安全专项整治情况，对下一步消防安全责任制的落实进行安排部署。副州长王方荣出席会议。

同日，光明食品集团云南石斛生物科技开发有限公司在景洪举行新产品推介会，介绍石斛产品。

7日，全省公安系统“发扬传统、坚定信念、坚持执法为民、树立良好警风”主题教育巡回宣讲活动在州公安局举行。

同日，省七届老运会暨“湄公河杯”健身球操比赛在景洪开幕，来自全省18个单位的19支代表队220名老年运动员参加比赛。副州长杨沙出席开幕式并致辞。

7日，5座高达29米的避雷塔在勐腊县谣区乡新山村建成，成为西双版纳目前最高的避雷塔。同时，也是勐腊首次建成以农民生产和生活为保护对象的防雷工程。

9日，全州教育工作会议召开。会议全面总结我州“十一五”教育工作，对中长期教育改革发展的目标任务作出安排部署。州党政军领导胡志寿、罗红江、陈启忠、赵毅、李庆元、徐德清、杨涛、马力勇、刀琼平、唐家华、李永义出席会议。州委常委、常务副州长罗红江在会上作全州教育工作报告。副州长唐家华主持会议。

同日，版纳州首个集装箱甩挂公铁联运营业部落户磨憨。此次集装箱甩挂公铁联运由中铁国际多式联运昆明分公司、云南交通运输集团和金孔雀交通运输集团3家公司共同合作。

同日，湖北大学艺术学院采风实习基地挂牌仪在国家4A级风景区西双版纳傣族园举行。

10～13日，老挝常务副总理宋沙瓦·凌沙瓦访问州，副省长顾朝曦会见宴请宋沙瓦副总理一行，州长刀林荫、副州长罗红江、陈启忠分别陪同、会谈或宴请。

11～12日，云南－老北合作会议在老挝南塔省召开，副州长李江虹及相关部门副主任前往参会。

13日，云南省著名商标“勐巴娜西”授牌仪式在傣族园举行，景洪市相关部门负责人为傣族园颁发了“勐巴娜西”著名商标牌匾和荣誉证书。这是“勐巴娜西”第二次被评为省著名商标。

同日，州公安局出入境管理处被中华全国妇女联合会、全国妇女“巾帼建功”活动领导小组授予“全国巾帼文明岗”荣誉称号。副州长王方荣，州政协副主席玉香伦出席授牌仪式，并为该处授牌。

13～17日，西双版纳职业技术学院在勐海县举办民间工艺手绣工培训，来自各乡镇的222名哈尼族妇女参加刺绣培训。

14日，老挝琅勃拉邦省教育厅副厅长西江·本阿通与和平中学校长宋通·叫沙童将第二批28名老挝学生送到景洪市职业高级中学进行为期两年的汉语学习和培养。

15日上午10点至11点，由州纪律、州委宣传部、州监察局、州政府纠风办、州广播电视局联合主办的“西双版纳热线·走进村寨听民声”户外直播活动，将在勐海县勐遮镇曼恩村委会曼杭混小组举行。

同日，由省科技厅主办、省茶叶协会承办的云南省茶叶行业自主创新及品牌建设培训班在景洪市大渡岗乡举办。

同日，由州农业局、州种子管理站、州农科所、景洪市农业局、景洪市种子管理站组成的西双版纳印奇果（南美油藤）中试基地种植情况检查组，副基诺山乡检查南美油藤种植情况。

16日，州委常委、副州长陈启忠，对景洪市创建云南省文明城市工作情况进行检查，并对相关工作提出要求。

同日，海南省农业厅副厅长王宏良及农业专家一行，到景洪市考察蔬菜产业发展状况。

同日，中国国际贸易促进委员会云南省分会西双版纳支会在景洪挂牌成立。州人大常委会副主任张美兰、副州长李江虹、州政协副主席李永义出席挂牌仪式。

19日，州级机关科级干部培训班在州委党校开班。来自州级各相关部门单位的200多名科级干部参加培训。

同日上午，景洪市创建省级文明城市誓师大会在勐泐文化广场举行。

同日，国家住房和城乡建设部检查组一行，到勐海县检查保障性安居工程建设情况。

20日，云南日报社西双版纳分社揭牌暨云南省政务信息岛版纳州终端开通仪式在景洪隆重举行。州委书记江普生，云南日报报业集团党委书记、社长罗杰分别致辞并为云南日报社西双版纳分社成立揭牌；云南日报报业集团副社长、总编辑徐体义宣读省委办公厅关于成立云南日报社州市分社文件；州委副书记、州长刀林荫与徐体义为云南省政务信息岛版纳州终端揭幕；州委常委、副州长陈启忠主持揭牌暨开通仪式。

同日，景洪市勐养镇为60周岁以上城镇居民发放养老金。据悉，凡在2011年6月30日前年满60周岁以上，未享受职工基本养老保险待遇，以及国家规定的其他养老待遇的城镇居民，均可按月领取每人可月55元的城镇居民养老金。时间从2011年7月开始计发。

同日，州外侨办副主任艾真会见泰国反洗钱委员会副秘书长阿诺普·利克提塔一行。

19~21日，省政府食品安全专项督查组一行到州，对州食品安全工作进行专项检查。副州长李江虹代表州政府向督查组汇报了州食品安全工作情况。

21日，州水利局举行新闻发布，相关负责人向到会媒体通报了今年上半年全州水利建设情况。

同日，全州大中型水库库区和移民安置区基础设施建设和经济发展规划(2011年-2015年)审查会召开。

22日，全州召开保障性住房建设工作推进会，贯彻落实全省林区垦区煤矿棚户区改造工作推进会议精神，总结全州保障性住房工程建设和管理工作，研究部署下一步具体措施，要求确保完成2011年全州保障性住房工作目标。州委常委、副州长陈启忠参加会议并对相关工作提出要求。

23日，景洪市创建云南省文明城市测评汇报会召开。州委常委、副州长陈启忠，州委常委、景洪市委书记马力勇，省文明城市考评组专家参加会议。

同日，由深圳潮青委员会、团州委和州残疾人联合会共同主办的“深圳潮青爱心光明行(西双版纳)”启动仪式在景洪市医院举行。副州长马维纲及深圳潮青委员会、团州委、州残联等相关单位负责人参加启动仪式。

同日，位于西双版纳旅游度假区的曼弄枫国际家居城举行开业庆典。州委副书记、州长刀林荫，州人大常委会主任杨建明，州政协主席杨志祥，州委常委、副州长陈启忠，州委常委、州委秘书长杨涛出席庆典活动。

24~25日，省政协委员年度重点视察组一行到州视察，听取州转变经济发展方式、调整产业结构推进情况汇报。州政协主席杨志祥参加视察并主持汇报会。

26日，副州长杨沙率州民政、景洪市政府等部门和单位负责人，先后到景洪市勐龙镇敬老院、曼兵村委会曼嘎村、景龙村委会景乃村、曼南坎村委会曼董村、东风农场二分场机建队等地，慰问特困老人、五保老人和百岁老人。

同日，全州村(社区)党总支书记加强社会管理培训班在州委党校开班。200多名村(社区)党总支书记参加培训。

27日，全州召开旅游市场整治工作会议，全面总结今年1至8月旅游市场整治工作情况，对“十一”黄金周期间旅游接待工作进行部署，确保实现“十一”黄金周旅游“安全、质量、秩序、效益”四统一目标。州委常委、副州长陈启忠参加会议。

同日，州举行西双版纳印奇果(星油藤)产业培训工作会，组织参会人员考察云南省林业投资有限公司普文苗圃基地和原料种植基地，详细了解印奇果种植管理知识。

同日，全州基层网络党建工作暨现场培训会在景洪举办，来自省基层网络党建办公室的2位专家讲授予相关知识。

28日，全州召开中小学校安工程月推进会暨特殊教育工作现场办公会，加强全州校安工程和特殊学校建设工作，提升教育水平。副州长唐家华参加会议并对相关工作提出要求。

29日，由州老龄委主办，州民政局、州老龄委办公室承办的版纳州2011年重阳节文艺晚会在景洪剧院举行。州委常委、州委组织部部长赵刚，州人大常委会副主任刀金芬，副州长、州老龄工作委员会主任杨沙，州政协副主席依甩以及部分退休老领导观看了表演。

29日至10月3日，十届全国政协副主席张怀西，在省政协副主席罗黎辉和州政协主席杨志祥的陪同下，考察州景区景点建设情况。

30日，州委副书记、州长刀林荫，副州长、州老龄委主任杨沙，在相关部门负责人的陪同下，看望慰问了景洪市的部分百岁、五保、残疾老人和优抚对象，向他们送去节日的祝福。

同日，州政府副秘书长肖华会见泰国外交部东亚司三处处长阿仑珑·鹏童乐一行。

10月

5日上午，两艘搭载中国船员的货轮“华平号”、“玉兴8号”，在湄公河金三角水域遭不明身份武装人员劫持和袭击，船上13名中国船员全部遇难。

9日，全州移民工作培训会在景洪召开。来

自全州移民开发、财政系统及乡镇、村委会的干部职工参加为期2天的培训。

同日，由州文化体育局和新闻出版局联合主办的全州乡镇文化馆（站）业务知识培训班在州图书馆开班，来自11个乡镇文化馆（站）的40多名业务骨干参加了培训学习。

同日，州首届高职高专傣医药教材编写组第一次会议在西双版纳职业技术学院召开，标志着傣医药教材编写工作启动。

9～10日，省政府督查室副厅级督察专员李石松一行到版纳州，对全州节能减排工作进行专项检查。在听取副州长杨沙作的全州节能减排工作情况汇报后，督查组认为，州委、州政府对节能减排工作高度重视，不断强化政府在推进节能减排工作中的主导作用，层层分解责任，积极推进节能减排示范项目建设和清洁生产，全州节能减排工作取得明显成效。

10日，州人大常委会与州政府召开联席会议，互通工作进展情况，共商发展良策，以确保按时完成今年各项目标任务。联席会上，州委副书记、州长刀林荫向州人大常委会通报了今年1至9月州人大代表建议办理情况、国民经济主要统计指标、1至8月全州20个重大建设项目和20项重要工作进展情况。州人大常委会主任杨建明通报了今年来州人大常委会的工作情况和下一阶段的工作安排。州委常委、常务副州长罗红江，州委常委、副州长陈启忠，州人大常委会副主任张美兰、兰昌华、召亚平、袁发先、刀金芬、刀琼平，副州长杨沙、李江虹，州长助理刘鸿章，州人大常委会秘书长郑维兴等参加会议。

10～12日，亚非司"中阿合作论坛"中方秘书处组织20位阿拉伯国家驻华使节到版纳州考察，外交部副部长翟隽以及"中阿合作论坛"中方秘书长、亚非司司长陈晓东，州委副书记、州长刀林荫及州相关领导陪同考察。

10～12日，16个阿拉伯国家及阿盟驻华使节一行24人访问版纳州，外交部副部长翟隽、省外办副主任柴文一行陪同来访，州长刀林荫、州政府秘书长李萍全程陪同考察。

11日晚，副省长顾朝曦率省政府、省公安厅、省外办、省海事局一行7人，赴版纳看望慰问湄公河金三角水域两艘商船遇难者家属。

同日，中老跨境合作艾滋病防治项目年度总结会在勐腊县召开，中老双方对中老跨境合作艾滋病防治项目执行情况进行总结。

12日，全州县处级后备干部培训班在州委党校开班，98名干部将参加为期1个月的学习培训。

同日，磨憨口岸新建的查验货场通过省联合验收组的功能验收，正式投入使用。

13日，州召开文化建设工作专题会。州委副书记、州长刀林荫就抓好相关工作提出要求。州委常委、副州长陈启忠参加会议。

14日晚，受省委省政府、州委州政府委托，副州长李江虹带领磨憨管委会、武警磨憨边防检查站、磨憨口岸联检部门负责人等，迎接湄公河金三角水域遭袭货船遇难船员家属回国，代表省委省政府向他们表达最真挚的关心和慰问。

15日，由外交部、公安部、交通运输部组成的联合工作组抵达景洪。当日下午，工作组组长、外交部领事司副司长邱学军在副州长李江虹陪同下，率领工作组看望并慰问在湄公河遭袭身亡的中国船员家属。

17日，全州召开"兴地睦边"农田整治重大工程项目建设推进会，要求全州各级各部门要进一步提高对做好"兴地睦边"农田整治重大工程项目建设的认识，切实加强组织领导，分析研究解决存在问题的对策和方法，采取有力措施，确保项目建设顺利推进。州委常委、副州长陈启忠参加会议。

同日，上海宋庆龄基金会、中国福利会出版社捐赠"宋庆龄爱心书库"仪式在允景洪小学启动。中国福利会出版社、儿童时代出版社社长顾琳敏，省关工委常务副主任莫泰尧，副州长唐家华，州政协副主席依甩等参加启动仪式。

同日上午，中国科学院昆明动物研究所热带特色生物资源研究开发中心项目签字仪式在版纳州举行。

17～23日，泰国优秀华裔青少年夏令营活动在景洪市职中举行，泰北华校学生40人参加。

18日，云南网省级外宣平台共建基地——勐海网正式开通，标志着勐海县的新闻发布平台向网络化、信息化、规范化迈出了坚实的一步，使勐海的对外宣传实现由县级至省级平台的跃升，对推动当地经济社会发展具有积极作用。

同日，州商务局组织州部分餐饮与美食协会会员企业赴昆明，观摩第21届中国厨师节暨滇池泛亚国际美食节。

18～19日，云南省8个民族自治州政协文史工作第五次联系会议在州召开。

19日，全州新农村建设指导员暨新农村省级重点建设村工作会议在景洪召开。州党政领导胡志寿、罗红江、赵刚、袁发先出席会议。州委常委、常务副州长罗红江主持会议，并就认真学习贯彻落实会议精神、圆满完成今年"三农"各项工作任务提出了具体要求。

同日，云南省体育局与版纳州在昆明签订推进体育事业发展合作框架协议。州委常委、副州长陈启忠出席签字仪式。

20日，景洪市普文镇在普文河畔举行“2011年景洪市普文镇渔业资源增殖放流”活动，共投放鲤鱼、华鲮40万尾。

同日，由中国青旅集团和西双版纳昊缘旅游发展有限公司，共同投资、开发、建设与运营的西双版纳佛文化旅游产业聚集区建设项目签约。项目拟占地5500亩，预计投资70亿元。州党政领导杨志祥、陈启忠、张美兰，中青旅集团负责人孙永权、卢丹，西双版纳昊缘旅游发展有限公司负责人张平等参加签约仪式。

21日，州召开云南省第二届“大家乐”群众文化广场舞蹈大赛决赛和全国部分城市第二十二届“闽商杯”中老年篮球赛赛事筹备工作汇报会。会议要求，当好东道主，把两项赛事办出特色，打造知名文化品牌，以进一步贯彻落实十七届六中全会精神。

同日，2011西双版纳第三届房地产展示交易会在西双版纳泼水广场开幕。州委副书记、州长刀林荫，州人大常委会主任杨建明，州政协主席杨志祥，州委常委、副州长陈启忠，云南日报报业集团副总经理、云南报业传媒集团公司总经理张光旭等参加开幕式并参观展示楼盘。

同日，以全国人大常委会委员、全国人大民族委员会副主任委员雷鸣球为组长的全国人大民族委员会专题调研组一行8人，到版纳州调研边境一线兴边富民行动规划实施情况和扶贫开发工作。州委常委、常务副州长罗红江，州人大常委会副主任张美兰、召亚平参加汇报会。罗红江向调研组汇报了州兴边富民行动规划和扶贫开发工作情况。

21～23日，“2011国际茶业大会暨茶产品交易会”在杭州举行，西双版纳州大益茶业集团和七彩云南庆沣祥茶业股份公司两大普洱茶制茶企业，荣获中国国际十大著名茶企称号。

24日，全国民族自治州统计联合会第二十次年会在版纳州召开。国家统计局中国统计学会常务副秘书长刘亦平，云南省统计局党组副书记、副局长、云南省统计学会副会长徐力，副州长马维纲出席会议。马维纲代表州委、州政府致欢迎词。来自吉林、甘肃、青海、新疆、湖南、湖北、贵州、四川、云南9个省23个民族自治州的代表200余人参加会议。

同日，为期5天的全州新录用公务员初任培训班在州委党校开班，279名今年新录用的公务员参加培训。

同日，西双版纳海事局被交通运输部授予“全国海事系统依法行政先进单位”。

25日，州委常委、副州长罗红江调研景洪市秋季农业生产和发展情况。

同日，全州宣传文化系统学习贯彻十七届六中全会精神会议召开。会议传达省宣传文化系统学习贯彻十七届六中全会会议精神，安排部署州宣传文化系统学习贯彻全会精神相关工作。州委常委、副州长陈启忠参加会议。

26日，云南省第二届“大家乐”群众文化广场舞蹈大赛决赛开幕式在景洪市勐泐文化广场举行。本次大赛决赛由省文化厅、西双版纳州委州政府主办，省文化馆、州文化体育和新闻出版局承办，云南电视台娱乐频道协办。省文化厅党组书记、厅长黄竣，省文化厅党组成员、副厅长黄玲，省民委副主任李国林，州委常委、州委秘书长杨涛，州人大常委会副主任刀金芬，副州长唐家华出席开幕式并启动云南省第二届“大家乐”群众文化广场舞蹈大赛触摸球。

同日，云南省“零障碍双语教育”第一届国际学术研讨会在州召开。副州长唐家华，省教育厅副厅长罗嘉福，文山州、曲靖市等州市教育系统负责人，世界少数民族语文研究院的代表参加研讨会。

同日，景洪市城市投资开发有限公司与西双版纳傣族国有限公司签订股份转让协议。景洪城投以51%的股份成为傣族园最大的股东。

同日，由中国版协年鉴工作委员会主办、景洪市地方志办公室承办的第六次全国地方专业（行业）年鉴暨第十二次全国地州区县年鉴研讨会在景洪召开。

同日，景洪市农垦局召开改革推进工作会。东风、景洪、橄榄坝、勐养大渡岗农场管委会汇报近期农场改革工作情况。

27日，版纳州与老挝正式启动边境生态保护长廊和野生动物国际廊道建设。这是版纳州在中老边境生物多样性绿色长廊建设和边境生态安全跨境联合保护方面探索出的一条新路径。

同日，由国家旅游局、云南省人民政府和中国民用航空局共同主办的2011中国国际旅游交易会，在昆明国际会展中心开幕。州委常委、副州长陈启忠率我州代表团参加开幕式。

27～29日，外交部优秀青年干部团一行29人前来版纳州访问考察，副州长杨沙会见宴请考察团一行。

28日，省公路运输管理局在州举办全省道路物流共同信息平台培训班。来自全州运政系统执法、管理人员和货运信息配载物流信息公司、企业相关人员约70人参加培训。

同日，老挝汉语翻译人员培训班在西双版纳职业技术学院开班。40多名老挝汉语翻译人员参加学习。

同日，老挝汉语翻译人员培训班开班仪式在西双版纳职业技术学院举行，州政协副主席、西双版纳职业技术学院院长李永义，州外侨办副主任艾真出席仪式。老北5省有关部门人员共44人参加为期一年的培训。

30日，国家旅游局和云南省政府组织参会的日本、印度旅行社代表61人，对版纳州旅游资源和服务进行实地参观考察。副州长唐家华陪同考察。

31日，2011年“闽商杯”全国部分城市第22届中老年篮球赛在景洪开幕，并举行了文艺汇演助兴。原云南省人民政府参事室主任邓国强，全国部分城市中老年篮球联谊会会长段福荣出席开幕式。州委常委、州委秘书长杨涛宣布大赛开幕，副州长杨沙致欢迎词。

11月

4日，州关心保护未成年人工作委员会召开专题会议，研究部署州“十二五”关心保护未成年人工作规划修改工作。

同日，全州水利工作推进会在景洪召开。会议通报了今年全州水利目标责任工作完成情况，研究了完成今年目标责任工作的措施，安排部署当前及明年的重点水利工作。

6日，为期6天的第22届“闽商杯”全国部分城市中老年篮球赛在景洪落下帷幕。版纳顺康源和版纳天城国旅两支代表队，分别获得男子50岁A组、女子45岁A组的冠军。原省人民政府参事室主任邓国强，全国部分城市中老年篮球联谊会会长段福荣，湖北省咸宁市市委常委、副市长夏亚灵，州人大常委会副主任召亚平，副州长马维纲参加闭幕式。

7日，省委组织部部务委员、副巡视员、机关党委书记杜敏生率省人才工作调研组到州调研。州委常委、州委组织部部长赵刚汇报了我州人才工作情况。副州长杨沙主持会议。

8日，中央组织部研究室（政策法规局）副巡视员李京峄一行到州，调研“党政领导干部经历及成长规律问题”，并与州党政领导干部进行座谈。州委书记江普生，州委常委、州委组织部部长赵刚，州委常委、景洪市委书记马力勇，副州长马维纲参加专题调研座谈会。

9日，以“全民消防 生命至上”为主题的全州第十九个“119消防日”宣传活动，在州消防支队举行。

同日，州公安局邀请中央、省、州等多家媒体记者，就谢家乔先进事迹召开媒体见面会。副州长王方荣出席会议。

同日，老挝北部四省警察指挥部边检业务第一期培训班毕业暨第2期培训班开训典礼，在磨憨边防检查站举行。

9~20日，老挝琅勃拉邦省男女篮球队一行30人前来版纳州集训。

10日，云南省文化厅有关负责人到景洪市勐养镇文化站，对文化信息资源共享工程农民素质教育网络培训学校建设情况进行考察调研。

10~15日，应越南方面的邀请，根据中国驻越南大使馆以及省外办的安排，版纳州组成以州委常委、常务副州长罗红江为团长的中国代表团，赴越南太原省参加越南首届国际茶文化节，展示推介西双版纳普洱茶产业以及代表性茶产品，搭建西双版纳与越南太原省相互交流与合作的平台。

11日，省委宣讲团党的十七届六中全会精神报告会在州举行。州党政领导江普生、胡志寿、杨建明、马立勇、张美兰、兰昌华、刀金芬、唐家华、李江虹、马维纲、依甩、玉香伦等出席报告会。

同日，西双版纳·景洪国际“越冬节”项目可行性研究报告评审会在景洪召开。会上，项目组评审专家认真评审了项目可行性研究报告，认为“越冬节”品牌对外宣传西双版纳、实现州旅游产业的大发展、推动文化大发展大繁荣具有积极作用，同意通过评审。

同日，亚行西双版纳生物多样性保护廊道建设示范一期增资项目总结工作会议在景洪召开，来自州环保局、州自然保护局、纳板河·曼稿廊道项目组等单位的负责人在会上作了交流发言。

同日，副州长李江虹会见印尼三林集团中国区总裁程光一行。

12日，云南省扶持人口较少民族发展工作会议在景洪市召开，全面总结2005年以来我省扶持人口较少民族发展工作，研究部署“十二五”扶持人口较少民族发展工作。省委副书记、代省长李纪恒发表书面讲话。国家民委党组成员、驻委纪检组组长李小满出席会议并讲话。省委常委、省委统战部部长黄毅主持会议。副省长刘平部署我省"十二五"扶持人口较少民族发展工作。国家民委经济发展司副司长彭泽昌，省民委主任王承才，人口较少民族聚居的10个州、市人民政府分管领导，省、州、市相关职能部门负责人参加会议。我州党政领导江普生、刀林荫、胡志寿、杨涛、马立勇、唐家华、王方荣陪同考察并参加会议。

13日，州举办"三农通"涉农信息服务联络站业务培训。

14日，景洪市2012年"兴地睦边"农田整治重大工程项目通过专家组的评审。

同日，云南省老科技工作者协会茶业分会西双版纳南糯山古茶树保护究会正式成立。

15日，全州召开安全生产专题工作会议，对全州安全生产工作进行再动员、再部署。州委副书记、州长刀林荫主持会议，并对安全生产工作作出具体部署。

16～17日，老挝琅勃拉邦省副省长赛沙蒙访问版纳州。

17日，州国土资源局和州政府新闻办联合召开新闻发布会，就州土地利用总体规划（2006—2020）调整完善阶段性工作情况进行通报。

同日，全省知识产权进校园工作经验交流会在景洪召开。省知识产权局局长高颂山、各州市知识产权局负责人和学校代表参加交流会。副州长唐家华出席交流会并致辞。

同日，国家级自然保护区生物多样性保护及可持续发展培训班在版纳州开班。来自内蒙古、黑龙江、山东等10省区30个国家级自然保护区管理人员及业务主管部门负责人参加为期6天的培训。

17～19日，中老联检组第二次正式会晤在老挝乌多姆赛省举行，省联检办副主任任伟、州外侨办副主任艾真及中方联检组一行31人参加会晤。

18日，州委宣讲团党的十七届六中全会精神报告会在勐腊县行政中心报告厅举行。

同日，由州商务局、农业局和供销社联合主办的2011年首届"农超对接"会在景洪举行。

19日，省委常委、省委组织部部长刘维佳到州调研。州委书记江普生，州委常委、州委组织部部长赵刚，州委常委、景洪市委书记马力勇陪同调研。

同日，"卫星资料在西双版纳橡胶寒害监测中的应用"项目正式启动。

20日上午，西双版纳州看守所在押人员安全、顺序地转移至16公里外的新看守所。

同日，中老联检工作座谈会在勐腊县举行，省外办副主任王伟，省联检办副主任、省外办边界处处长朱文忠，州外侨办副主任艾真出席会议。

21日，州召开电视电话会议，对继续深入开展边境地区社会治安集中整治行动进行再动员和再部署。州委常委、州委政法委书记赵毅，副州长王方荣参加会议。

同日，州召开公务用车专项治理工作推进会，州委常委、州纪委书记李庆元出席会议并讲话。

21～22日，州委副书记、州长刀林荫对全州保障性住房建设、"3+1"规划编制情况、村庄编制规划情况进行专题调研。州委常委、副州长陈启忠陪同调研，州委常委、景洪市委书记马力勇参加了汇报会。

22日，2011年度新任处级领导干部廉政谈话暨党风廉政建设培训班在州委党校开班。学员们参观了州警示教育基地。州委常委、州纪委书记李庆元在开班仪式上作动员讲话。

同日，2011年高校毕业生人才招聘会在国际会议展览中心举行。

△同日，全国著名演讲家、全省"三生教育"公益演讲志愿者蔡朝东赴版纳州演讲，他与州一中和景洪市一中2000多名学生共同探讨当代青年走向成功之路。

同日，全州学校及周边综合治理视频会议召开，对学校及周边环境的综合治理作出了安排部署。副州长唐家华参加会议。

同日，州文化体育和新闻出版局组织召开《西双版纳州营业性演出管理办法（试行）》听证会。

23日，参加省第九次党代会的党代表们在西双版纳机场登机，前往昆明参加会议。参加省第九次党代会的党代表有州委书记江普生，州委副书记、州长刀林荫，州委副书记胡志寿，州委常委、州纪委书记李庆元，州委常委、州委组织部部长赵刚，州委常委、景洪市委书记马力勇等14人。州人大常委会副主任张美兰列席会议。州委常委、常务副州长罗红江，州委常委、州委政法委书记赵毅，州委常委、州委秘书长杨涛，州人大常委会副主任袁发先、刀琼平到机场欢送。

同日，省扶贫办、老促会调研组一行，到勐腊县易武乡调研革命老区开发建设工作情况。

同日，州旅游局牵头召开西双版纳驻外营销网络工作座谈会，来自州、景洪市旅游局，国内外19家旅游形象店的负责人参加座谈会。

同日，州召开首届澜沧江·湄公河流域国家文化艺术节工作进展情况汇报会。州委常委、副州长陈启忠出席会议。

同日，州直机关工委召开"五五"普法总结表彰暨"六五"普法动员部署大会，表彰10个先进集体、55名先进个人。

24日，西双版纳浙江商会举行成立三周年庆典大会。州人大常委会主任杨建明、副州长马维纲出席庆典大会。

同日，州召开汇报会，向省教育厅考核组汇报我州贯彻落实全省教育工作会议和《云南省中长期教育改革和发展规划纲要》情况，以及“三生教育”工作和中小学校校园安全措施落实情况。副州长唐家华参加汇报会并发言。

同日，副州长李江虹在新傣园酒店会见缅甸外交部副部长吴貌敏，双方进行了亲切友好会谈。

同日，全州冬季农业开发和冬春农田水利基本建设工作会议在景洪召开。州委常委、常务副州长罗红江参加会议并对相关工作提出要求。

同日，全州乡镇干部职工与教师住房建设工作推进会在景洪召开。州委常委、副州长陈启忠，州委常委、州委秘书长杨涛出席会议。

24～25日，缅甸联邦共和国外交部副部长吴貌敏访问版纳州，副州长李江虹会见吴貌敏副外长一行。

25日，由国家农业部、州农业局举办的老挝农业科技及管理人员培训班在景洪开班。来自老挝乌多姆赛、丰沙里、琅勃拉邦、南塔、波乔、沙耶武里6省的32名农业管理人员及科技人员，接受为期5天的农业技术培训。

26日，省商务厅与版纳州在昆明正式签署了《云南省商务厅与西双版纳州人民政府共同实施“桥头堡”战略合作协议》。省商务厅厅长熊清华，州委副书记、州长刀林荫出席签字仪式并致辞。省商务厅副厅长李极明主持签字仪式。州委常委、州纪委书记李庆元，州委常委、景洪市委书记马力勇，州人大常委会副主任张美兰等出席签字仪式。

28日，总投资1.4亿余元的黄草岭水库工程正式截流。州委常委、常务副州长罗红江参加了截流仪式。

28～29日，来自保加利亚、克罗地亚、黑山等7个中东欧国家的驻华大使及夫人一行8人，到版纳州进行考察访问。副州长李江虹会见了使节团成员。

28～29日，保加利亚、克罗地亚、黑山、斯洛文尼亚、捷克、斯洛伐克和罗马尼亚驻华使节一行8人访问考察版纳州，省外办副主任施明辉，州政府副州长李江虹陪同考察。

29日，全州口岸联席会议第四次全体会议在景洪召开。州委常委、州委秘书长杨涛，副州长李江虹参加会议。

同日，版纳州边境口岸汇率监测工作会议暨汇率监测点授牌仪举行。州有了人民币兑换老挝基普、缅甸缅币、泰国泰铢的汇率监测点。

11月下旬，景洪警方在教育部门的配合下，在全市启动校车整治行动，确保校车安全营送。

12月

1日，州委召开全州领导干部大会，认真传达学习贯彻省第九次党代会精神。州委书记江普生传达省第九次党代会精神并作重要讲话，州委副书记、州长刀林荫主持会议并对贯彻落实会议精神提出了具体要求。州级领导胡志寿、杨建明、杨志祥、罗红江、陈启忠、赵毅、李庆元、赵刚、杨涛、马力勇、张美兰、兰昌华、召亚平、刀琼平、杨沙、唐家华、李江虹、王方荣、马维纲、依甩、李永义、权继能、胡跃；州级老领导苏恒、任舜年、王贵生、李鹤、玉捧、征鹏、曹祖培、刀正良等参加会议。

同日，由州政府主办的全州第二届新农村篮球运动会在景洪市勐泐文化广场开幕，来自全州13支代表队的253名运动员参加比赛。州人大常委会副主任召亚平、副州长马维刚出席开幕式。

同日，成都、西双版纳直飞航线正式开通。

2日，版纳州石斛产业协会在景洪宣告成立。州委书记江普生，州委副书记、州长刀林荫，州政协主席杨志祥、州人大常委会副主任刀琼平出席协会成立仪式并剪彩。副州长唐家华代表州委、州政府致辞。

同日，省集邮公司和州邮政局在景洪联合举办2012新春生肖集邮文化品鉴会。

1～2日，全州关心保护未成年人工作培训班在州委党校开班。来自全州教育、司法、公安、妇联等相关部门的人员参加了培训。副州长唐家华在培训班上作动员讲话。

3日，云南省石斛产业技术创新战略联盟扩大会议在景洪召开。会议进行了组织机构增选事项，广泛邀请石斛界企业和科研院所专家加入联盟。副州长唐家华出席会议。

5日，勐海县与上海汉德食品有限公司签订“傣药谷”开发项目投资框架协议，预计总投资为3亿元。

5～7日，州人大常委会组织西双版纳选区的部分省、州人大代表，并邀请驻州全国人大代表、分景洪、勐海和勐腊3个组，视察全州城镇市容和环境卫生管理工作。

6日，州公共资源交易中心举行揭牌暨运行启动仪式。州委副书记、州长刀林荫，州委常委、常务副州长罗红江，州委常委、州纪委书记李庆元，州委常委、州委秘书长杨涛，州人大常委会副主任张美兰，副州长唐家华和省公共资源交易中心主任崔岗等参加启动仪式。刀林荫、崔岗、李庆元、杨涛、张美兰、唐家华为中心建成运行剪彩；刀林荫、崔岗为中心揭牌；罗红江主持揭牌暨运行启动仪式。

同日，召开澜沧江·湄公河流域国家文化艺术节筹备工作进展会议，各工作组汇报了前期筹备工作情况。州委常委、副州长陈启忠对抓好相关工作提出要求。

6～7日，全国农村综合服务社建设推进会暨《农村综合服务社规范》贯标培训会在版纳州举行。全国供销总社合作指导部部长戎军，省供销合作社主任和润培，州政协主席杨志祥，州人大常委会副主任刀金芬，副州长李江虹出席会议。

7日，州长刀林荫会见宴请来访的韩国驻成都总领事郑永万一行。

8日，为期一周的"魅力勐海2011年全国藤球锦标赛"在景洪落下帷幕。本次锦标赛由国家体育总局小球运动中心、中国藤球协会、西双版纳州人民政府主办，勐海县人民政府承办，来自天津、浙江、内蒙古等12个地区的19支代表队参加比赛。

同日，全州"农转城"和"农民农"工作会议召开。会议明确了当前和今后一个时期的目标任务，研究完善政策措施，安排部署工作，推动州"农转城"和"农民农"工作深入开展。州委副书记胡志寿，州委常委、景洪市委书记马力勇，州人大常委会副主任兰昌华，州政协副主席玉香伦参加会议。州委常委、常务副州长罗红江主持会议。

同日，省侨务办公室与州政府在景洪举行战略合作协议签约仪式。国务院侨务办公室副主任任启亮，省侨办党组书记盛云富，州委副书记、州长刀林荫，国务院侨务办公室经科司司长庄荣文，重庆市外侨办副主任刘光术，成都市侨办副巡视员陈正法，省侨办副巡视员李荣，以及全国11个省（区市）侨办和省发改委、省商务厅、省招商合作局等负责人出席签约仪式。省侨办副主任张新明与副州长李江虹签署《关于发挥侨务资源优势支持西双版纳桥头堡主阵地建设战略合作协议》。

同日，由云南省公安厅交警总队主办、州公安局交警支队承办的"西南六省区市道路交通肇事逃逸案件侦破协作机制总结暨清网行动经验交流会"在景洪召开。

同日，第十届东盟华商投资西南项目推介会暨亚太华商论坛筹备会在版纳州举行，国务院侨办副主任任启亮及全国13个省（市、区）侨办负责人约50人出席会议。会后，李江虹副州长与省侨办副主任张新明签署了《发挥侨务资源支持西双版纳州桥头堡建设战略合作协议》。9日，2011年度实施"生态立州"战略领导小组第二次会议召开，分析工作中存在的困难和问题，安排部署生态州建设推进工作，表彰奖励景洪市政府、勐腊县政府等13个生态创建工作先进单位。州委常委、州纪委书记李庆元，州人大常委会副主任兰昌华，副州长杨沙出席会议。

同日，中国、老挝、缅甸、泰国湄公河联合巡逻执法联合指挥部在景洪港关累码头揭牌。中国公安部副部长孟宏伟在揭牌仪式上代表中国公安部对四国联合巡逻执法联合指挥部的成立表示祝贺，省委常委、省委政法委书记、省公安厅厅长孟苏铁，公安部边防局局长郭铁男，州委书记江普生，州委常委、州委政法委书记赵毅，副州长马维纲出席成立仪式。

同日，云南公安边防总队水上支队在版纳州成立，水上支队官兵在景洪港关累码头举行湄公河联合巡逻执法誓师大会。公安部副部长孟宏伟在誓师大会上讲话。省委常委、省委政法委书记、省公安厅厅长孟苏铁，公安部边防局局长郭铁男，州委书记江普生，州委常委、州委政法委书记赵毅，副州长马维纲出席誓师大会。

同日，全州工程建设领域项目信息公开和诚信体系建设工作推进会在景洪召开。

同日，享有百家讲坛"十大名嘴"之一的纪连海来到版纳州，为各族群众奉献上了一堂生动精彩的"康熙故事"。

10日，中国、老挝、缅甸、泰国湄公河联合巡逻执法首航仪式在景洪港关累码头举行。中国公安部副部长孟宏伟、老挝人民军副总参谋长波相、缅甸内政部副部长兼警察总监觉觉吞、泰国国家安全委员会秘书长威谦出席启动仪式并讲话。交通运输部副部长徐祖远，省委常委、省委政法委书记、省公安厅厅长孟苏铁，州党政领导刀林荫、赵毅、李江虹、马维纲，以及老挝、缅甸、泰国执法安全部门官员出席仪式。

10日，西双版纳傣学会网站正式开通。

同日，云南省茶叶产业办公室检查组一行到景洪市，就农业部景洪市茶叶标准园创建工作进行检查验收。

11日，中国、老挝边境地区疟疾和登革热联防联控研讨会在勐腊召开。省卫生厅副厅长杜克琳，国家、省、州卫生部门代表，老挝北部五省卫生部门有关负责人及代表参加了研讨会。

12日，勐海县勐海镇曼贺九义学校举行"共心下一代教育示范基地"挂牌仪式。

13日，在云南省公安厅、腾讯网、云南信息报主办的"首届云南公安警务微博建设高峰论坛"

上,“西双版纳警方”官方微博荣获2011年度“最具影响力云南警务微博”称号。

13～15日,应老挝琅勃拉邦省邀请,州长刀林荫率团前往琅勃拉邦省出席老挝第九届全国运动会开幕式。

14日,州检查公路安全生产情况的省检查组,听取州2011年度2条二级公路建设安全生产工作情况汇报。副州长杨沙参加汇报会。

同日,省“平安林区”创建活动考评组到西双版纳国家级自然保护区管理局,检查指导“平安林区”创建工作。

15日,副州长李江虹一行前往农垦医院,就医院医疗改革、入市管理等方面工作进行专题调研。

同日,云南省农业厅畜牧处、云南省家畜改良工作站等,对景洪市养殖业产业发展情况进行调研。

16日,2011年全省军转工作总结会在景洪召开。来自省军转办、部队转业(移交)办、我省各州市的相关负责人参加会议。副州长杨沙在会上介绍了我州的军转安置工作。

同日,州党政代表团赴上海,与上海浦东新区签订了上海市浦东新区·云南省西双版纳傣族自治州合作框架协议。出席签字仪式的上海市和上海市浦东新区领导有:上海市人大常委会主任刘云耕,上海市委常委、浦东新区区委书记徐麟,上海市政协副主席、浦东新区区委副书记、浦东新区区长姜樑,上海市人大常委会秘书长姚明宝,浦东新区人大常委会主任李梅,浦东新区政协党组书记张俭等;出席签字仪式的州党政代表团领导有:代表团团长、州委书记江普生,代表团副团长、州委副书记、州长刀林荫,代表团副团长、州委副书记胡志寿,代表团副团长、州人大常委会主任杨建明,代表团副团长、云南省招商合作局副局长程永流,代表团副团长、州委常委、州委秘书长杨涛,代表团副团长、州政协副主席玉甩。

同日,省环保厅到勐海县调研勐海镇曼尾村民小组环境连片综合整治项目实施情况。

同日,勐海县与台湾一国两制研究协会签订佛海古镇项目投资意向协议,这标志着勐海县对外开放和招商引资取得新进展。

17日,省森林公安局副局长赵春一行5人到州森林公安局调研指导工作。

19日,景洪市第一期少数民族传统文化抢救与保护项目傣族武术培训班在勐罕镇开班。来自嘎洒镇、勐罕镇、勐龙镇、景哈乡、普文镇等乡镇的50多名学员,参加了傣族武术的动作要领、招式打法等内容的培训。

同日,州人大常委会副主任兰昌华、副州长杨沙率州、景洪市环保局相关负责人,到景洪市基诺山乡调研生态乡镇、生态村创建推进情况。

同日,副州长李江虹会见“上海侨商云南行”代表团,并主持召开了西双版纳州项目推介会。

20日,黎明农场齐飞农业专业合作社,在勐海县勐遮镇黎明农场糖业分公司一队二组成立。

同日,全州举行境外非政府组织活动管理培训会,省外办有关处室领导前来授课。

21日,“中国十大边疆重镇”高峰论坛暨颁奖盛典在景洪召开。州委书记江普生作题为“为了人与自然更加和谐”的主题演讲,州委副书记、州长刀林荫致欢迎辞。高峰论坛由环球时报、新浪网、西双版纳州共同主办。版纳州荣膺“最具旅游吸引力的边疆名城”称号。州委常委、副州长陈启忠,“中国十大边疆重镇”代表,来自全国各地的专家评审团委员,及外交部边界与海洋司等有关单位领导出席论坛。

22日,国务院农民工工作联席会议办公室主任、人力资源和社会保障部副部长杨志明一行,到版纳州调研农民工权益保障工作。副州长杨沙陪同调研。

同日,西双版纳旅游度假区管委会召开启动“四群教育”活动动员会,实行干部直接联系群众制度。

21～23日,省委宣讲团成员、云南财经大学副校长、研究生部主任、公共政策研究中心执行主任伏润民教授,分别在景洪市、勐海县、勐腊县为我州党员干部宣讲省第九次党代会精神。州党政领导杨建明、罗红江、陈启忠、赵毅、赵刚、杨涛、兰昌华、袁发先、刀金芬、玉香伦、权继能,以及3县市、事业单位、人民团体的干部群众聆听了报告。

23日,州治理非法超限超载车辆工作会议在景洪召开。副州长杨沙参加会议并讲话。

26日晚,以“歌颂共同的母亲河”为主题,由省委宣传部、省文化厅和州委、州政府共同承办的澜沧江·湄公河流域国家文化艺术节在景洪隆重开幕。省政协副主席顾伯平宣布艺术节开幕。

参加开幕式的中外领导和嘉宾有:老挝乌多姆赛省副省长宋理·素潘通,老挝丰沙里省委常委、副省长安福·阿里,老挝波乔省委常委、纪委书记宋令·西帕万,老挝南塔省委副书记、副省长西蒙·吞普万,老挝琅勃拉邦省委常委、副省长赛沙蒙·空塔威,老挝驻昆总领馆驻景洪办事处主任宋迪·万坎,缅甸驻昆明总领事馆领事丁艾康,泰国帕夭府府尹迈迪·因图苏及夫人,前泰国移民总局副局长、西双版纳州—泰国移民总局联络工作组泰方组长索通·瓦尼沙田,越南驻昆明总领事馆总领事阮正胜;省委副秘书长宁赋魁,中国舞蹈家协会副主席、分党组书记冯双白,省委宣传部常务副部长尹欣,省文化厅党组书记、局长黄峻,省旅游局副局长文淑琼,省民委副主任曹孟良,省文化投资公司党委副主任柳彬,省财经大学校长熊术新,普洱市副市长童书玮,大理州委常委、宣传部长王以志,德宏州副州长高铁英;州党政领导江普生、杨建明、杨志祥等。州委副书记、州长刀林荫在开幕式上致辞。

同日,州委副书记、州长刀林荫会见前来参加澜沧江·湄公河流域国家文化艺术节的泰国帕夭府府尹迈迪·因图苏一行。副州长李江虹,州商务局、州外办、州工商联和州生物产业办的负责人会见时在座。

同日,省政府移民工作专项考核组到州,考核我州2011年度移民开发工作。州委常委、副州长陈启忠参加汇报会。

同日,老挝代表团前来版纳州参加云南省与老挝交流合作旅游官员及企业高管培训班培训。

同日,州长刀林荫会见泰国帕夭府府尹迈迪·因图苏一行,副州长李江虹参加会见。

26~30日,2011年澜沧江·湄公河流域国家文化艺术节在版纳州举行,来自老挝、缅甸、泰国、柬埔寨、越南地方政府代表团、驻昆总领事馆代表、艺术团出席开幕式。

27日,澜沧江·湄公河流域中外摄影家邀请展在景洪市龙舟广场开展。州委常委、副州长陈启忠在开展仪式上致辞。摄影家安哥、云南国际文化交流中心主任谢维纯,在开展仪式上向西双版纳民族博物馆赠送了摄影作品。老挝、缅甸、泰国、柬埔寨、越南五国驻昆总领事和省、州有关领导为摄影展开展剪彩。州政协副主席依甩出席开展仪式。省委宣传部、省文化厅,州有关部门和单位,以及中外嘉宾、记者参加了开展仪式。

同日,澜沧江·湄公河流域国家文化艺术节系列活动之一的“红木一条街开街”仪式在景洪市民航路举行。州委常委、州委政法委书记赵毅,州委常委、景洪市委书记马力勇,副州长李江虹,州政协副主席李永义出席开街仪式。

同日晚,澜沧江·湄公河流域国家文化艺术节系列活动之一——“水韵霓裳·娑罗万象”东南亚少数民族服装秀在勐泐文化广场精彩亮相。观看服装秀的领导和嘉宾有:老挝乌多姆赛省副省长、老挝代表团团长宋理·素潘通,老挝丰沙里省委常委、副省长安福·阿里,老挝波乔省省委常委、纪委书记宋令·西帕万,老挝南塔省省委副书记、副省长西蒙·吞普万,老挝琅勃拉邦省委常委、副省长赛沙蒙·空塔威,老挝驻昆总领馆驻景洪办事处主任宋迪·万坎,缅甸驻昆明总领事馆领事丁艾康,泰国帕夭府府尹迈迪·因图苏,越南驻昆明总领事馆领事阮正胜、副理事范明进;省委宣传部常务副部长尹欣,省政协常委、云南省艺术学院教授、著名画家孙建东,云南省歌舞剧院院长陶春,省财经大学校长熊术新;州党政领导刀林荫、杨建明、罗红江、陈启忠、刀金芬、玉香伦等。

同日,州召开见义勇为工作会议。州委常委、州委政法委书记赵毅,副州长王方荣出席会议并讲话。

28日,景洪市科学技术局与省科学技术发展研究院合作,成立国家技术转移示范机构云南省科学技术发展研究院景洪中心。

同日,全州法治县(市、区)创建推进会在景洪召开。州委常委、州委政法委书记、州委依法治州领导小组组长赵毅,州人大常委会副主任袁发先,副州长王方荣出席会议。

同日,澜沧江·湄公河流域国家文化艺术节系列活动之一的“鸾粘芭”选美大赛决赛在勐泐文化广场举行。州委常委、副州长陈启忠,州人大常委会副主任刀金芬,州政协副主席玉香伦,以及来自老挝、缅甸、泰国、越南等国的嘉宾观看了选美大赛。

同日,版纳州第一条由华新红塔水泥(景洪)有限公司投资建设的新型干法水泥熟料生产线正式投产。副州长杨沙、州政协副主席依甩出席生产线竣工投产仪式。

29日,为期4天的澜沧江·湄公河流域国家文化艺术节落下帷幕。州党政领导刀林荫、胡志寿、杨志祥、罗红江、陈启忠、李庆元、袁发先等出席闭幕式。州委常委、副州长陈启忠宣布澜沧江·湄公河流域国家文化艺术节闭幕。

同日,全州农民工工作联席会议在景洪召开。会议要求,确保农民工工资按时足额发放。

30日,州公安机关召开2012年春运安全保卫工作会议,部署全州春运安全保卫工作。

同日,州傣医医院新院庆典仪式举行,标志着州傣医医院新院正式营运。副州长李江虹、州政协副主席祜巴龙庄勐、国家中医药管理局科技司副司长李昱、省卫生厅副厅长郑进出席当天的新院庆典仪式,并为新院落成剪彩和揭牌。

31日,副州长唐家华率州政府金融办、州财政局等部门负责人,亲切看望并慰问了金融财税系统干部职工,感谢他们对全州经济社会发展作出的贡献。

(周琼华、普荣明 辑)

政区概况

责任编辑:李国云

西双版纳傣族自治州

〔行政区划　人口〕　西双版纳傣族自治州位于云南省南部,州境西和西南与缅甸接壤,东和东南与老挝交界,国境线长966.3千米。全州土地总面积19124.5平方千米。2011年,全州辖一市两县三区,即景洪市、勐海县、勐腊县、西双版纳旅游度假区、景洪工业园区、磨憨边境贸易区,共31个乡镇,1个街道办事处,218个村民委员会。州府驻地景洪市距省会昆明540千米。2011年末,全州常住人口114.2万人,比上年末增加0.73万人。全年人口出生率11.85‰,死亡率5.53‰,自然增长率6.32‰。年末全州户籍人口95.18万人,其中,农业人口66.75万人,占总户籍人口的70.1%;少数民族人口73.87万人,占总户籍人口的77.6%。人口自然增长率为6.3‰。主要少数民族人口数:傣族32.03万人,哈尼族19.28万人,拉祜族5.76万人,彝族5.03万人,布朗族4.69万人,基诺族2.32万人,瑶族2.05万人。全年城镇居民人均可支配收入14815元,比上年增长10.7%;人均消费支出13030元,增长19.6%。城镇居民家庭恩格尔系数为40.9%,人均住房面积为32.1平方米,每百户拥有摩托车、洗衣机、电冰箱、电视机、移动电话、空调、家用汽车分别为69.3辆、86.9台、90.6台、125.1台、286.7部、30.7台、12.4辆。全年农村居民人均纯收入5327元,比上年增长22.4%;人均生活消费支出4821元,增长28.5%。农村居民家庭恩格尔系数为49.3%,人均居住面积为31.9平方米,每百户拥有摩托车、电冰箱、电视机、生活用汽车、洗衣机、移动电话数分别为145.8辆、72.7台、101.5台、10.3辆、43.4台、249.5部。全年单位在岗职工人均工资26860元,比上年增长22.9%。年末全州参加城镇失业保险人数7.1万人,比上年末增长0.5%。参加城镇基本养老保险人数12.78万人,增长152.3%,其中,参保的职工人数9.02万人,增长110.3%。参加城镇职工基本医疗保险人数15.64万人,增长2.1%,其中,参保的职工人数10.69万人,增长0.2%。参加城镇居民基本医疗保险人数10.35万人。参加新型农村合作医疗人数63.12万人,参合率97.82%。全年享受城市最低生活保障居民人数2.63万人,低保资金支出5482万元,增长5.3%;享受农村最低生活保障居民人数9.3万人,低保资金支出9259万元,增长32.3%。全年全州单位生产总值(GDP)能耗比上年下降4.2%,规模以上工业单位增加值能耗下降5.1%。工业废水排放达标率为89.3%,工业固体废物综合利用率为67.5%。

主要旅游景区景点有植物园、傣族园、原始森林公园、野象谷、花卉园、曼听公园、勐泐大佛寺、勐景莱、茶马古道公园、勐远溶洞和望天树景区等。州境矿产资源丰富、矿种较多,已发现的有黑色金属、有盐金属、贵金属、稀有金属及各种非金属矿产,矿种有铁、铜、银、金等19种,矿产地及矿化线索181处,其中大型矿床14处。优势矿种有石盐、铁和稀土,储量分别为255亿吨,2627万吨和2.2万吨。大河沟煤矿和新山铁矿是州内两大采矿企业。优质稻米、橡胶、蔗糖、茶叶是西双版纳传统优势产品,血竭、砂仁、白豆蔻等珍贵南药已发展种植多年,香蕉、芒果、龙眼、荔枝、西番莲等热带水果种植面积因茶影响而减少。西双版纳是“全国第二大天然橡胶基地”和“普洱茶原产地”。橡胶和茶叶已成为西双版纳的大宗地方产品。

〔经济综述〕　2011年,西双版纳州委、州政府带领全州各族人民,坚持以科学发展为主题、以加快转变经济发展方式为主线,全面贯彻落实中央、省加强和改善宏观调控的各项政策措施,全州经济保持平稳较快发展,各项社会事业取得新的进步,实现了“十二五”良好开局。全年全州生产总值1976842万元，比上年增长13.6%。分产业看，第一产业增加值569527万元，增长7.5%；第二产业增加值598050万元，增长20.5%；第三产业增加值809265万元，增长12.7%。第一产业增加值占全州生产总值的比重为28.8%，比上年上升1.5个百分点；第二产业增加值比重为30.3%，上升0.5个百分点；第三产业增加值比重为40.9%，下降2个百分点。全年非公有制经济增加值719188万元，比上年增长22.2%，占全州生产总值的比重为36.4%，提高1.9个百分点。年末全社会从业人员61.5万人，比上年末增长0.5%。城镇登记失业率为2.2%，下降0.8个百分点。年末人口城镇化率为40%，比上年末提高1个百分点。过去的5年中，生产总值从91.5亿元增加到197.7亿元，年均增长12.3 %；财政总收入从7.2亿元增加到28.3亿元，年均增长31.6%；财政一般预算收入从4.8亿元增加到17.6亿元，年均增长29.6%；财政一般预算支出从16.6亿元增加到67.1亿元，年均增长32.3%；固定资产投资从63.4亿元增加到138.5亿元，年均增长17%；农民人均纯收入从2412元增加到5327元，年均增长17.2%；社会消费品零售总额从24.9亿元增加到60.7亿元，年均增长19.5%；对外经济贸易总额从3.2亿美元增加到11.6亿美元，年均增长29.3%；接待国内外游客从359.7万人次增加到1012.7万人次，年均增长23%；旅游综合收入从27.3亿元增加到100亿元，年均增长28%；规模以上工业增加值从13.3亿元增加到32亿元，年均增长18.4%。城镇居民人均可支配收入保持较快增长，从8425元增加到14815元，年均增长12%。人口自然增长率控制在6.3‰以内，城镇登记失业率控制在3%以内，单位生产总值能耗下降21%。

经济结构战略性调整取得突破。新型工业化加快推进。3个工业园区建设取得重大进展，启动实施了128个非电工业项目，总投资达到31.8亿元。非公有制经济增加值达到72亿元，在生产总值中的比重由31%提高到36.4%，实现了三分天下有其一的目标。以旅游业为龙头的第三产业加快发展。旅游二次创业成效显著，植物园成功创建国家5A级景区，4A级景区达到7个，三星级以上酒店达到20个。西双版纳至老挝琅勃拉邦旅游环线得到国家旅游局批准，滨江果园避寒度假山庄等一批旅游重大基础设施项目建成投入使用，西双版纳国际旅游度假区等一批重大项目加快推进。勐罕镇、嘎洒镇曼景法村分别被评为全国特色景观旅游名镇和名村，全省旅游产业发展大会在州内召开。城乡消费市场活跃，移动电话用户达到102万户，互联网用户达到13万户，新建、改扩建8个物流配送中心、14个城乡农集贸市场、754个农家店和便民店。三次产业结构由2006年的34.3:25.9:39.8调整为2011年的28.8:30.3:40.9。推动大项目带动大发展，发展基础得到新提升。重点项目建设强力推进，每年扎实抓好20个重大建设项目，保持了重点领域投资较快增长。累计完成交通建设投资24亿元，年均增长17.3%。小磨、景大、佛打、勐海至惠民高等级公路建成通车，西双版纳机场改扩建加快推进，澜沧江码头建设全面提速，新建农村柏油路506公里，县(市)、口岸公路实现高等级化，乡(镇)公路实现油路化，行政村道路全部完成晴雨通车改造。累计完成水利建设投资14亿元，年均增长33 %。大沙坝、勐宋水库等一批骨干水源工程相继建成，曼飞龙、曼岭等14座病险水库除险加固全面完成，黄草岭、曼满、勐仑水库等一批重大水利项目启动实施，新建防渗沟渠360公里，新增水库库容8900万立方米，水利化程度达到47 %。累计完成能源建设投资90亿元，景洪电站、流沙河梯级电站等投产发电，景洪至墨江等一批骨干电网工程建成投入使用，小黑江流域水电资源综合开发加快推进。累计完成城镇基础设施建设投资28亿元，年均增长15%。城乡规划实现全覆盖，《西双版纳风景名胜区规划》修编得到国务院批准；推进澜沧江景洪段沿江开发，沧江新区建设初见成效，启动引水入城、沙河新区等一批重大城市建设项目，景洪中心城市的地位进一步提升；勐海、勐腊县城建设成效显著，西双版纳旅游度假区、磨憨经济开发区建设步伐加快；“热、傣、水、边”的城镇民族特色和地域特色进一步彰显，城镇化率达到40%。建设资金来源多渠道，累计争取中央、省各项补助140亿元，年均增长32.6%；金融为地方经济发展作出了积极贡献，5年累计新增贷款112.5亿元。

西双版纳州仍然是一个欠发达的边疆少数民族自治州，改革发展的任务依然十分繁重和艰巨，在科学发展、和谐发展、跨越发展的新征程中，还面临许多困难和挑战。一是发展不充分、发展不平衡、发展速度不够快仍然是最大的问题，自主创新能力不强和经济结构单一、发展基础脆弱、增长方式粗放等问题尚未根本改变。二是城乡之间、山区与坝区之间、人口较少民族特困民族与其他民族之间发展不平衡的情况还很突出，农村与农场基础设施建设滞后，尤其是水利化程度和山区自然村公路通达率偏低，扶贫攻坚和山区开发任务艰巨。三是以改善民生为重点的社会事业发展滞后,社会保障制度不够完善,公共卫生服务体系建设亟待加强,教育的质量和水平相对较低,人均受教育年限低于全国全省平均水平,人才匮乏,劳动者素质偏低。维护社会稳定和边境安宁、禁毒和防艾任务依然繁重。四是干部队伍的素质与推动科学发展、和谐发展、跨越发展还有一定差距,在思想观念、工作作风以及体制机制等方面还存在不适应、不符合科学发展观要求的问题。从经济层面看,存在影响经济发展不稳定不确定因素多,企业融资难、项目落地慢、劳动用工短缺、物价涨幅大等问题;从社会发展层面看,以改善民生为重点的社会事业发展滞后,教育发展水平低,幼儿“入园难”,公共医疗卫生发展慢,社会保障制度不完善,城乡居民住宿条件需进一步改善,因农垦改革、土地征用、山林土地纠纷等引发的矛盾增多,对社会管理提出新的要求。

〔农业〕 2011 年,全年农、林、牧、渔业总产值 964696 万元,比上年增长 7.9%。其中,农业总产值 339144 万元,增长 9.1%;林业总产值 526418 万元,增长 9.3%;畜牧业总产值 69103 万元,增长 4.4%。全年粮食种植面积 136.96 万亩,比上年增长 2.6%,其中稻谷面积 64.17 万亩,下降 4.2%;油料种植面积 2.67 万亩,下降 7%;蔬菜种植面积 19.34 万亩,增长 2.6%;甘蔗种植面积 19.92 万亩,下降 0.6%。年末茶叶面积 75.54 万亩,比上年末增长 3.3%;水果面积 34.19 万亩,增长 43.5%。年内,三农工作稳步发展,农业水利化建设加快,完成 3 座小(一)型和开工建设 24 座小(二)型病险水库出险加固。景洪市黄草岭水库、勐海县曼满水库、勐腊县勐仑水库、勐海大型灌区续建工程进展顺利。解决农村饮水安全人口 6 万人,完成中低产田地改造 11 万亩,治理水土流失面积 40 平方公里,建成沼气池 2009 口,节柴改灶 1100 户,完成行政村道路硬化 170 公里。投入扶贫资金 1.1 亿元,实施 57 个自然村整村推进、异地搬迁 1365 人,解决 1.4 万农村深度贫困人口温饱问题。主要农产品中,粮食、甘蔗、茶叶、水果、蔬菜产量保持增长。在过去的 5 年中,全面落实强农惠农富农政策,兑现各类涉农补贴 19.8 亿元,农林水事务支出 28 亿元,年均增长 37.5%。大规模培训胶农、茶农和特色种养殖能手,培训农村劳动力 12 万人次,转移农村劳动力 9.5 万人。加快推进农业产业化,粮食生产保持稳定,冬季农业开发达到 48 万亩,发展农业产业化经营组织 568 个、农业产业化龙头企业 70 个、农民专业合作社 134 个,培育中国名牌产品 3 个、云南名牌农产品 6 个、云南著名商标 23 个。“大益”商标被认定为中国驰名商标,勐海茶厂被列为国家农业产业化重点龙头企业,农业产业化龙头企业销售收入突破 40 亿元。橡胶、茶叶、蔗糖等传统产业进一步巩固提升,汉麻、石斛等新兴产业加快发展,生物产业总产值达到 113 亿元,年均增长 18%。推进 500 个新农村示范村建设,实施 9 个乡(镇)的山区综合开发。完成农村电网改造 8.6 万户,改造中低产田地 28 万亩、中低产林 41 万亩,解决了 30 万农村人口饮水困难和饮水安全问题。5 年投入农村基础设施建设资金 13.4 亿元。“兴边富民”工程和边疆解“五难”惠民工程成效显著。建设农村科技活动室 233 个、村卫生室 115 个,新建和改扩建 34 个乡(镇)级卫生院、23 个计生服务站和乡(镇)计生服务所。累计投入扶贫资金 6 亿元,解决 4.56 万贫困人口的温饱问题,“兴边富民”工程让边境沿线各民族村寨的 47.8 万群众受益。实施贫困村整村推进,加大山区综合开发,大力扶持人口较少民族和库区移民发展,克木人整体达到当地中等以上生活水平,38 个人口较少民族行政村全部实现“四通五有三达到”目标,投入库区移民扶持发展资金 7800 万元,库区移民生产生活条件大幅改善。

2011 年主要农产品产量

产品名称	单位	产量	比上年增长%
粮食产量	万吨	39.38	6.1
其中:稻谷	万吨	24.41	2.0
甘蔗产量	万吨	97.18	7.9
茶叶产量	吨	29 984	7.7
水果产量	万吨	55.17	28.7
油料产量	万吨	0.23	6.7
蔬菜产量	万吨	12.62	2.8

〔工 业〕 2011 年,改造提升传统产业,积极培育壮大新兴支柱产业,加快工业园区建设步伐,支持非公经济、中小企业和困难企业发展,工业经济保持良好发展态势。全年全部工业总产值 672314 万元,比上年增长 25.6%。其中,轻工业总产值 282935 万元,增长 43.2%;重工业总产值 389379 万元,增长 15.9%。全年规模以上工业总产值 527884 万元,比上年增长 18.4%。规模以上工业增加值 322543 万元,增长 18.8%。其中,铁矿采选业增加值 40772 万元,下降 21.1%;精制茶加工业增加值 52921 万元,增长 21.3%;制糖业增

加值37401万元,增长49.1%;电力生产业增加值106183万元,增长12.2%;电力供应业增加值45096万元,增长59.8%。全年规模以上工业主营业务收入533259万元,比上年增长18.6%。实现利税182393万元,增长31.5%。实现利润126080万元,增长45.3%。主要工业产品中,发电量、糖、啤酒、水泥、黄金产量保持增长。全年全社会建筑业增加值200081万元,比上年增长20.2%。全州具有资质等级的总承包和专业承包建筑企业实现利润2475万元,增长18%。全年全社会固定资产投资1384737万元,比上年增长24.6%。分城乡看,城镇投资(含房地产开发)1210173万元,增长26.6%;农村投资174564万元,增长12.2%。工业园区入园企业达17户,完成投资17.8亿元,实现工业增加值2.6亿元。

2011年主要工业产品产量

产品名称	单位	产量	比上年增长%
粮食产量	万吨	39.38	6.1
其中:稻谷	万吨	24.41	2.0
甘蔗产量	万吨	97.18	7.9
茶叶产量	吨	29 984	7.7
水果产量	万吨	55.17	28.7
油料产量	万吨	0.23	6.7
蔬菜产量	万吨	12.62	2.8

〔**商贸 物价**〕 2011年,全年社会消费品零售总额607030万元,比上年增长20%。分城乡看,城镇消费品零售额437349万元,增长21%;农村消费品零售额169681万元,增长17.4%。分经济类型看,公有制经济零售额119473万元,增长26.7%;非公经济零售额487557万元,增长18.4%。分行业看,批发和零售业零售额525303万元,增长21%;住宿和餐饮业零售额81727万元,增长13.9%。在限额以上批发零售业零售额中,粮油食品饮料烟酒类增长39.7%,石油及制品类增长34.9%,家用电器和音像器材类增长9.3%,汽车类零售额比上年增长8.9%。全年接待国内外游客1012.65万人次,比上年增长18.7%。其中,海外游客29.44万人次,增长35.9%;国内旅客935.98万人次,增长17.6%;口岸入境一日游游客47.23万人次,增长31.7%。全年旅游综合总收入100.24亿元,增长24.8%。其中,旅游外汇收入12551万美元,增长45.7%;国内旅游收入92.08亿元,增长23.6%。全年对外经济贸易总额116019万美元,比上年增长12.2%。其中,进出口贸易97960万美元,增长5.9%。全年实施招商引资项目80项,实际利用州外资金68.88亿元,比上年增长34.6%。全年实际利用外商直接投资543万美元,增长55.1%。全年居民消费价格比上年上涨4.8%,商品零售价格上涨4.8%,农业生产资料价格上涨2.5%。

〔**文化 教育**〕 2011年,全年高等教育(含大专)招生992人,在校生3016人,毕业生934人。普通中等专业教育招生1048人,在校生3055人,毕业生813人。职业初、高中招生1436人,在校生8091人,毕业生1366人。普通高中招生4146人,在校生11161人,毕业生2708人。普通初中招生14319人,在校生41686人,毕业生13508人。普通小学招生15345人,在校生87733人,毕业生14979人。幼儿园在园儿童数2.67万人。小学学龄儿童入学率达99.9%,初中阶段入学率达80.93%。年内,"两基"通过国家检查验收,启动15所乡镇幼儿园建设,排除中小学危房6.7万平方米,新建校舍18.3平方米,职业技术学院新校区建设有序推进。全年州本级财政投入科技经费550万元,其中,科技三项费150万元,科学普及经费60万元,科技专项经费90万元。全年专利申请数66件,其中发明专利申请数29件;授权专利数42件,其中发明专利授权数13件。本年西双版纳州科技进步奖奖励项目33项,其中:一等奖5项,二等奖11项,三等奖17项。年末全州共有各类文化事业机构45个,其中,艺术表演团体4个,公共图书馆4个,文化馆4个,乡镇文化站31个。艺术团体全年组织国内演出592场,观众69.9万人次。公共图书馆总藏书量25.46万册,借阅者41.46万人次。年内,新建和扩建15家文化室、5家文化站,建成244个农家书屋,开通傣文网站。年末广播人口综合覆盖率为99%,电视人口综合覆盖率为99%。年末全州共有卫生机构760个,其中,医院29个,卫生院34个,诊所、卫生所、医务室391个,村卫生室269个,疾病预防控制中心4个,妇幼保健院(所、站)4个。卫生技术人员6436人,其中,执业医师和执业助理医师2087人,注册护士1803人。各类卫生机构共有床位5340张。全年传染病发病率266.87/10万。年内基层卫生体系建设逐步完善,完成3个乡镇卫生院建设和12个村卫生室标准化配置,傣医院迁建工程完工投入使用。全年西双版纳州参加云南省各项体育竞赛获得金牌11枚、银牌26枚、铜牌37枚。参加云南省青少年各项体育竞赛获得第一名24项、第二名13项、第三名6项。

〔西双版纳州领导干部〕

中共州委书记　江普生
　　副书记　刀林荫(女,傣族)
　　　　　　胡志寿(拉祜族)
州人大常委会主任　杨建明(傣族)
　　副主任　张美兰(女,哈尼族)
　　　　　　兰昌华(傣族)
　　　　　　召亚平(傣族)
　　　　　　袁发先(基诺族)
　　　　　　刀金芬(女,傣族)
　　　　　　刀琼平(布朗族)
州人民政府州长　刀林荫(女,傣族)
　　副州长　罗红江(傣族)
　　　　　　陈启忠(彝族)
　　　　　　杨　沙(哈尼族)
　　　　　　唐家华
　　　　　　李江虹(女)
　　　　　　王方荣
　　　　　　马维刚
州政协主席　杨志祥(拉祜族)
　　副主席　依　甩(女,傣族)
　　　　　　祜巴龙庄(傣族)
　　　　　　李永义(哈尼族)
　　　　　　玉香伦(女,傣族)
　　　　　　权继能(瑶族)
州纪委书记　李庆元

领导视察

司马义·铁力瓦尔地　2011年5月21~22日,全国人大常委会副委员长司马义·铁力瓦尔地率领全国人大常委会促进民族地区经济社会发展专题调研组到西双版纳调研。全国人大民族委员会主任马启智、贵州省人大常委会副主任唐世礼随同调研。

路永祥　2011年6月17~19日,全国人大常委会副委员长路永祥到西双版纳视察。

李建国　2011年6月24~25日,全国人大常委会副委员长兼秘书长李建国率领全国人大常委会执法检查组到西双版纳就老年人权益保障法执行情况进行执法检查。

张怀西　2011年9月29日至10月3日全国政协副主席张怀西,在省政协副主席罗黎辉和州政协主席杨志祥陪同下,考察西双版纳州景区景点建设情况。

领导调研

白成亮　2011年1月2日,省政协副主席、省哈尼族学会会长白成亮出席景洪市哈尼族学会成立大会,并参加了3日哈尼族"嘎汤帕"节庆祝活动。

马儒沛　2011年1月27日,国务院侨办副主任马儒沛国侨办慰问组到西双版纳州慰问贫困归侨侨眷,并检查西双版纳州"侨爱工程—万侨助万村活动"开展情况。

刘　平　2011年3月7~9日,副省长刘平率领有关部门负责人到西双版纳州就扶持人口较少民族发展工作进行调研。

孔垂柱　2011年3月31日至4月1日,副省长孔垂柱到西双版纳州就农林水及其产业发展情况进行调研。

江巴吉才　2011年4月11日,省人大副主任江巴吉才出席在中国磨憨—老挝磨丁举行的中国老挝第一次联合检查界碑揭幕仪式。外交部部长助理刘振民和老挝外交部副部长谢姆·蓬玛占出席仪式。

李纪恒　2011年4月15~18日,省委副书记李纪恒到西双版纳三县市调研。

徐绍史　2011年5月14日,国土资源部党组书记、部长、国家土地总督察徐绍史,在云南省委书记、省人大常委会主任白恩培,副省长刘平等有关领导陪同下到西双版纳调研,国土资源部副部长、党组成员、中国地质调查局局长汪民,国家土地督察成都局局长常嘉兴随同调研。

马启智　2011年5月21~22日,全国人大民族委员会主任马启智随同全国人大常委会副委员长司马义·铁力瓦尔地到西双版纳调研。

唐世礼　2011年5月21~22日,贵州省人大常委会副主任唐世礼随同全国人大常委会副委员长司马义·铁力瓦尔地到西双版纳调研。

吴爱英　2011年6月1日,司法部部长吴爱英在副省长高峰,以及司法部有关厅局负责人陪同下到西双版纳州调研。

于永湛　2011年6月2日,全国政协教科文卫体委员会副主任于永湛率调研组到西双版纳州就"推进基本公共服务均等化建设情况进行调研"。

杨传堂　2011年6月4~5日,由国家民委党组书记、副主任杨传堂,求是杂志社政治部主任常光民，中央统战部二局处长武强等组成的中央三部委“云南经验”联合调研组到西双版纳州调研。

顾朝曦 2011年10月11日，副省长顾朝曦率领省政府、省公安厅、省外办、省海事局一行7人，到西双版纳慰问湄公河金三角水域商船遇难者家属。

顾伯平 2011年12月26日，省政协副主席顾伯平到景洪出席澜沧江·湄公河流域国家文化艺术节开幕仪式。

（撰稿：李国云）

景 洪 市

〔**自然环境**〕 景洪市地处祖国西南边陲，是北回归线上的一片绿洲。位于云南省南部、西双版纳傣族自治州中部，距省会昆明560千米，是全州的政治、经济、文化中心。地处东经100°25′～101°31′，北纬21°27′～22°36′之间，东邻江城哈尼族自治县和勐腊县，西接澜沧县和勐海县，北接普洱市思茅区，南与缅甸接壤，邻老挝、泰国，国境线长112.39千米。景洪城位于澜沧江和流沙河汇合处，澜沧江由北向南穿城而过，昆洛公路从东往西越境而出。东西横距98千米，南北纵距112千米。景洪是全国第二大黑土区，矿产资源丰富，有铜、煤、铁等21个种类。土地面积6959平方千米，其中山区6610.1平方千米，占95%；坝区348.9平方千米，占5%，地形北高南低，境内山脉走向多由西北至东南。有动物1861种，其中：国家一级保护动物11种，脊椎动物600多种，鸟类400种，兽类60种，有全国最大的灵长类中心和蝴蝶养殖场。有高等植物3890种，珍贵树种340种。有195万亩国家级自然保护区，市级保护区面积4.41万公顷，森林覆盖率84.46%；最高点在西南部的路南山主峰南勒角梅，海拔2196.6米，最低海拔485米，城区海拔552.7米。境内河网密布，沟壑纵横，共有71条江河，皆属澜沧江水系，澜沧江从境内东南方向流出境外，市内流程158千米，澜沧江流径景洪段，史称“九龙江”，境外段则称湄公河。全市水资源拥有量为33.1亿立方米。主要河流水能理论蕴藏量191.1万千瓦。景洪市民族文化有傣族的“贝叶文化”，哈尼（爱伲）族的“无文字文化”和基诺族“热带丛林文化”，以及佛事文化、民居文化、节日文化、服饰文化、饮食文化和民族医药文化。景洪市是全国少有的湿热地带，属北亚带季风气候，常年高温多雨，静风少寒，基本无霜。一年分干、湿两季，当年11月至翌年4月为干季，5～10月为湿季。最冷月为1月，平均气温12.6℃～28℃。极端最高气温41.1℃，极端最低温度－7℃，历年最大温差28.6℃，年降雨量1200～1700毫米，年平均日照1800～2300小时，风向多为西南和东南风，年平均风速0.5～1.5米/秒。

〔**行政区划**〕 2011年，全市辖5镇、5乡1个街道办事处、5个农场管理委员会，即：勐龙镇、嘎洒镇、勐罕镇、普文镇、勐养镇、勐旺乡、基诺山基诺族乡、景讷乡、景哈哈尼族乡、大渡岗乡、允景洪街道办事处、景洪农场管委会、东风农场管委会、勐养农场管委会、橄榄坝农场管委会和大渡岗茶场管委会，共99个村（居）委会（不含农场部分），772个村民小组。辖区有国家级口岸澜沧江景洪港、嘎洒国际机场、省级旅游度假区——西双版纳旅游度假区和“240”边境贸易区、景洪工业园区。市境内驻有景洪农场、东风农场、大渡岗茶场、橄榄坝农场、勐养农场等5个县级国营农场和中国实验动物云南灵长类中心、中国医学院药用植物资源开发研究所云南分所、云南热带作物科学研究所、云南林科院普文林场4个中央、省属科研单位。主导产业以农业和旅游业为主，是典型的山区农业市。

〔**人口民族**〕 景洪市是一个多民族的聚居地方，有傣族、哈尼族、拉祜族、布朗族、彝族、基诺族、瑶族、壮族、回族、苗族、景颇族、佤族、汉族等13个世居民族和20多个外来民族。2011年末有122943户，总人口（户籍）403538人，非农业人口163400人，占总人口40.49%；女性202458人，占总人口50.17%；少数民族人口283594人，占总人口70.28%。其中：傣族139799人，占总人口34.68%；哈尼族71495人，占总人口17.72%；布朗族8364人，占总人口2.07%；基诺族22043人，占总人5.46%，为人口较少民族。人口自然增长率为4.1‰，比上年下降0.02个千分点。

〔**经济和社会发展综述**〕 2011年，全市生产总值105.27亿元，比上年增长14%，人均生产总值（按常住人口）20160元，比上年增长9.4%；按户籍人口计算的人均生产总值为26225元，比上年增长13%。全年实现农业总产值44.16亿元，比上年增长7.8%。其中：农业100294万元，增长7.0%；林业303118万元，增长8.4%；牧业22198万元，比上年增长2.7%；渔业10423万元，比上年增长18.6%。农林牧渔服务业5575万元，增长3.3%。全市农作物播种面积49249亩，比上年下降6.0%，粮食播种面积417887亩，比上年下降4.3%，粮食总产量125580吨，比上年下降0.9%；种植甘蔗789亩，总产量1332吨，比上年增长77.6%；橡胶种植面积1945991亩，开割面积达1134496亩，产干胶140296吨，比上年增长8.61%；水果种植面积153527亩，产量1828271吨，比上年增长30.0%；茶叶种植面积253325亩，采茶面积达225913亩，产量13251吨，比上年下降0.3%；水产品养殖面积28255亩，产量11980吨，比上年增长18.58%；肉类总产量12523吨，比上年增长5.2%；砂仁25998亩，产量148吨，比上年下降12.43%；咖啡59537亩，产量6212.7吨；比上年增长89.24%；澳洲坚果7238亩，产量1318.7吨，比上年增长118.7%。家禽年末存栏1563044羽，比上年增长16.5%；生猪年末存栏185208头，比上年增长1.6%；大牲畜年末存栏21352头，比上年下降12.9%。全年完成对外经济贸易总额13552万美元，比上年下降21.0%，其中边境小额贸易9794万元(出口1827)，边民互市867万美元，经济技术合作1904万美元。

全年完成工业总产值25.64亿元，比上年增长(按现价计算)16.4%。其中规模以上工业总产值21.80元，比上年增长12.1%。轻工业总值1.13亿元，比上年增长30.3%；重工业总产值20.67万元，比上年增长11.3%。主要工业产品产量发电481736万千瓦时，比上年增长8.6%；铁矿石原矿37.96万吨，比上年减少16.5%；精制茶叶1475吨，比上年增长89.8%；水泥26.00万吨，比上年增长11.4%。产自来水2062万立方米，比上年增长11.3%。中成药133.29吨，比上年下降34.7%；铁合金3633吨，比上年下降51.6%；果汁及果汁饮料2644吨，比上年增长311.8%；啤酒18462千升，比上年增长27.8%。乡镇企业营业收入282524万元，比上年增长13.8万元。

年末公路里程3338千米，客运周转量140626万人千米，比上年下降5.0%；客运量1819万人，比上年下降5.0%；货运量812万吨，比上年增长4.0%；货运周转量77952万吨千米，比上年增长1.8%；全年社会消费品零售总额377198元，比上年增长20.6%；邮电业务总量58110万元，比上年增长4.7%；年末固定电话机数116191部，比上年增长1.1%；移动电话户数504974户，比上年增长1.6%；固定电话普及率28.9%，比上年上升0.1个百分点；互联网用户75645户，比上年增长44.9%；报刊期数5.24万份，比上年下降1.1%。函件279万件。

全年累计接待国内外游客700.26万人次，比上年增长18.8%，旅游外汇收入6939.6万美元，增长39.7%；接待国内游客659.81万人次，增长18.3%，旅游总收入776747万元，增长44.7%。航班架次(起降)17658架次，下降0.5%，接送旅客191.78万人次，比上年增长1.6%。

全社会固定资产投资完成1027278万元，比上年增长28.9%，其中：城镇投资680180万元，增长24.9%；农村投资95415万元，增长10.9%；房地产开发投资251683万元，增长35.8%。三次产业之比由上年25.0:32.3:42.7调整为24:33:43，产业结构，经济结构进一步优化。生产总值105.27亿元，增长14.0%，其中，第一产业增加值25.61亿元，增长7.7%(可比价)；第二产业增加值34.67亿元，增长17.5%；第三产业增加值34.67亿元，增长17.5%。财政总收入156641万元，比上年增长19.9%，地方财政收入完成18.28亿元，增长52.4%，地方财政支出37.65亿元，增长68.6%。金融机构银行存款余款204.96亿元，比上增长22.7%；金融机构银行贷款余额125.44亿元，比上年增长15.1%；全市社会消费品零售总额完成37.72亿元，比上年增长20.6%；全年价格总水平小幅上涨：居民消费价格指数104.7%，比上年增长4.7%；商品零售价格104.8%，比上年增长4.8%；农业生产资料价格指数100.9%，比上年减少0.9%。

城镇居民可支配收入16532元，比上年增长12.3%；农民人均总收入11989元，比上年增长27.0%；农民人均纯收入6397元，比上年增长27.9%；在职职工平均劳动报酬32031元，增长35.0%；城镇居民人均消费性支出15546元，实际增长9.9%。

2011年，景洪市辖区共有各级各类学校115所、11个教学点。其中：教师进修学校1所，职业高级中学1所，经济管理学校(职高)1所，普通中学18所(其中：完全中学8所、初级中学8所、十二年一贯制学校2所)；小学68所(完小)、11个教学点；幼儿园25所；特殊学校1所。与上年同期相比：撤并初级中学2所，小学校13个；幼儿园增加3所；特殊教育学校增加1所。在校学生83640名，其中：幼儿15656名，小学生38745名，初中生18249名，普通高中生7201名，职高学生3762名，特殊教育学生27人；少数民族学生52356人，占在校生总数的62.63%；傣族学生为19698人，占少数民族学生数的37.62%。广播、电视覆盖率96%。景洪市卫生和人口计划生育局有下属单位48个，其中市直医疗卫生单位5个，乡镇卫生院13个，计生服务站1个，农垦医疗机构29个（医院6个，分场卫生所23个）。有社区卫生服务中心4个，社区卫生服务站10个。有病床数2184张（乡级454张、农垦医疗机构1379张），每千人口拥有病床数4.2张。有在职人员1778人（乡级272人、计生服务站15人、农垦医疗机构1162人），其中卫生专业技术人员1525人，每千人口拥有卫技人员数2.94人。在卫技人员中，正高职称13人（农垦医疗机构8人），副高职称47人（农垦医疗机构28人），中级职称484人，初级职称981人。临时聘用人员942人。有85个村委会，设村卫生室89个，乡村医生243人。民营医院8家、个体诊所188家。

大事提要

△2011年，《景洪年鉴》（2010卷）在中国出版工作者协会年鉴工作委员会主办的第五届全国年鉴编校质量检查评比中，荣获一等奖。

△ 2011年9月22日，景洪市新农村建设网站开通仪式在景洪市举行，标志着景洪市新农村建设工作又迈上一个新台阶。

△2011年5月24日，在上海市第六人民医院第三批对口支援医疗队外科副主任医师戚大川的指导下，景洪市人民医院为乳腺癌患者玉某，实施第一例乳腺癌保乳手术并取得成功，标志着景洪市人民医院乳腺癌手术治疗技术又迈进了一步。

△2011年5月30日，由云南省教育厅委派的9名专家组成的评估验收组。经过两天的评估验收后，景洪市幼儿园被评定为“云南省一级一等示范幼儿园”。

△2011年5月26日，景洪市入选“全国义务教育均衡发展标准研究课题”试点，成为中央教科所研究课题试点单位之一。

△第六次全国地方专业（行业）年鉴暨第十二次地州区县年鉴研讨会在景洪开。2011年10月25～28日，由中国版协年鉴工作委员会主办，景洪年鉴编纂委员会承办的第六次全国地方专业（行业）年鉴暨第十二次全国地州区县年鉴研讨会在云南省西双版纳州府景洪市召开。参加会议的有来自全国27个省、自治区、直辖市180余名年鉴界、方志界的领导、专家、学者。中国版协年鉴工作委员会会长许家康，云南省地方志办公室主任李一是，景洪市人民政府市长、景洪年鉴编纂委员会主任岩温才，中国版协年鉴工作委员会副会长朱敏彦、黄丽、谭惠全，《咬文嚼字》主编郝铭鉴，中国版协年鉴工委地方专业年鉴工作部主任李仁贵，上海市奉贤区人民政府地方志办公室副调研员蒋新甜等出席了会议开幕式，朱敏彦主持会议开幕式。指出：本次研讨会主题是提高年鉴的编校质量，提升年鉴编辑的整体水平。为此，会议除由会长许家康作主报告之外，特别邀请上海《咬文嚼字》主编郝铭鉴作主题讲座。此外，此次会议之所以安排在景洪市举办，其中一个重要原因是《景洪年鉴》在编校质量上的标杆作用。《景洪年鉴》创办时间并不长，但起点高，质量好，有特色，2010卷获第五届全国年鉴编校质量评比一等奖。为此，全国年鉴研讨会议交由景洪年鉴编纂委员会承办。岩温才代表景洪市政府和景洪市地方志编纂委员会致辞，欢迎全国各地的与会代表莅临景洪并介绍景洪市及《景洪年鉴》的情况。李一是代表云南省政府办公厅和云南省地方志办公室对大会的召开表示祝贺，向与会代表介绍云南省的志书年鉴编纂工作情况，对景洪市地方志办公室多年来所取得的工作成绩给予高度肯定。许家康代表中国版协年鉴工委向中共景洪市委、市人民政府赠送了锦旗，岩温才市长接旗，中国版协年鉴工委感谢景洪市委、市政府为中国年鉴事业繁荣作出的贡献。研讨会上，许家康就“部分市、县（区）年鉴编纂中常见的突出问题——从两广出版的30种市、县（区）年鉴说起”为题作主报告，就数十种地方综合年鉴出现的编校质量中的共性问题，围绕如何提高年鉴的编校质量作深入的分析研究，提出解决问题的有效办法。上海《咬文嚼字》主编郝铭鉴作题为如何建立编辑的语言优势的学术报告。会议期间，与会人员参观了年鉴成果展。

△2011年11月11日，西双版纳·景洪国际“越冬节”项目可行性研究报告评审会在景洪召开。项目组评审专家认真评审项目可行性研究报告，认为“越冬节”品牌对外宣传西双版纳、实现西双版纳州旅游产业的大发展、推动文化大发展大繁荣具有积极作用，同意通过评审。

△2011年12月28日，景洪市科学技术局与省科学技术发展研究院合作，成立国家技术转移示范机构云南省科学技术发展研究院景洪中心。该中心的建立，将有利于景洪市承接国内外科学技术的转移，对建立面向东南亚国际科技合作基地，提升科技支撑经济社会发展能力方面将发挥积极作用。

△景洪市文明单位、文明行业、文明村镇创建工作取得新成就。有国家级先进文明单位1家，国家级先进文明村1个；省级文明单位19家，省

级文明村10个,省级文明小城镇1个,省级文明社区3个,省级爱国主义教育基地3家;州级文明单位36家,州级文明村14个,州级社区3个;市级文明单位80家,市级文明村97个,市级文明小城镇1个,市级文明绿色社区3个。

领导干部:领导干部

中共市委书记:陈学刚(~2011.6)

马力勇(傣族,2011.8~)

市　　长　岩温才(傣族)

政协主席　张　淳(彝族)

市纪委书记　段　春(彝族)

乡镇概况

〔**允景洪街道办事处**〕 允景洪街道办事处于2002年7月正式挂牌成立(下称街道办事处),是中共景洪市委、景洪市人民政府的派出机构。地跨澜沧江两岸,东接勐罕镇、勐养镇,西南临嘎洒镇,北临勐养镇。辖区面积约246平方千米,其中,坝区17平方千米,占7%;山区229平方千米,占93%。

允景洪街道办事处共划分为沧江、曼各、曼斗、嘎兰、黎明、曼景兰、曼听公园、风情园、新城、孔雀湖、白象湖、花卉园、三叶、嘎栋、曼外、曼戈龙等16个社区居(村)委会。其中,曼景兰、嘎兰、曼各是由原景洪镇城中村改制的社区居委会,即"村改居"。嘎栋社区是乡镇撤并划入街道后新增成立的1个社区。曼外、曼戈龙是乡镇撤并划归的山区村委会。实行村居并存,统一管理。辖区内共驻有中央、省、州、市属机关、企事业单位、科研院所、部队、学校、国营农场、各类宾馆酒店、村(居)民小组等635个单位。

2011年,允景洪街道工委内设群团办、社会治安综合治理办公室、武装办、党政综合办公室(含组织办、宣传办、财务室)。街道办事处内设社区服务中心、社会事业办、民政办和党政综合办公室。街道机关及16个社区居(村)委会共有在职干部职工214人。其中,街道行政编制31人、事业编制47人、社区招聘工作人95名、村委会干部6人、大学生村官6名、新农村指导员2名、公益岗人员21名、不叙职人员1名、外来安置岗位5名。街道共有退休职工27人。

2011年,辖区总户数62469户,总人口162740人,其中:常住户数35616户、常住人口98854人;暂住户数26853户、暂住人口63886人。有傣、汉、哈尼(爱尼)、基诺、布朗等7个世居民族和其他民族。

2011年,允景洪街道纳入管理的常住人口总数为76106人,年出生人口620人,死亡168人,死亡率2.27‰,人口自然增长为5.9‰;2011年,隶属于街道工委的有15个党总支、70个党支部,共有党员1112人。其中,街道机关党支部共有党员36人、社区干部在职党员64人、街道老年党支部共有党员12人、社区社会化管理的党员有1000人。

2011年,街道办实现乡镇企业生产总产值32784万元,比上年增长27.3%。其中,农业总产值22570万元,比上年增长36.6%;工业总产值237万元,比上年减少28.1%;建筑业产值1544万元,比上年增长1.01%;旅游和其他服务业产值8433万元,比上年增长12.3%。农民人均纯收入5963元,比上年增长16.5%。

2011年,街道办粮豆播种面积8388亩,总产量1528吨。橡胶产业持续增长,胶园面积82550.5亩,开割面积27741.2亩,干胶产量2581.4吨。采茶面积21.5亩。家禽存笼数2.49万羽,出笼1.33万羽;生猪存栏数2958头,出栏2318头;肉类总产量84.99吨。

领导干部:委书记:刀琼英(女,傣族)主任:杨德军(基诺族)

〔**勐龙镇**〕 位于景洪市西南端,辖区总面积1216平方千米,森林覆盖率79.5%,属热带和亚热带湿润季风气候,最高海拔"南勒各梅"2196米,最低海拔"南阿河"河口485米,年平均气温21.6℃。北面与嘎洒镇毗邻,西南面与勐海县布朗山乡相连,与老挝、泰国相邻,东南面与缅甸国土接壤,国境线长64.4千米,有11条车道、17条便道通往缅甸邻国,"240"口岸是中国通往中南半岛最近的陆路通道。

全镇辖勐宋、曼伞、陆拉、曼兵、曼栋、贺管、曼景列、景龙、曼南坎、邦飘、曼龙扣、曼戈龙、曼康湾、嘎囡、曼别、贺南东、坝卡、南盆、曼宛洼、南嗨、金河、国贺22个村民委员会(其中山区7个,半山区6个,坝区9个),共163个村民小组和38个镇属及驻镇单位。辖区内驻有小街、勐龙两个边防派出所,勐龙公安派出所和曼栋、勐宋两个边防工作站,中国人民解放军1个营和2个连。

2011年,全镇辖区总人口96742人,其中:地方总户数16506户,人口73560人;农场总场及其下属6个分场,总户数8767户,人口23182人;农业户数15211户,农业人口70210人,占地方总人口95.4%。有傣、哈尼(爱尼)、布朗、拉祜等10

余种少数民族。其中傣族 42538 人，占全镇人口 44%；哈尼族 21344 人，占 22%；布朗族 2507 人，占 3%；拉祜族 4815 人，占 5%；其他占 2%。

2011 年，勐龙镇农村经济总收入实现 5.7 亿元，比上年增加 7438 万元，增长 15%，其中：一、二、三产业分别完成 4.05 亿元、0.68 亿元、0.97 亿元，比上年分别增长 19%、12%、17%，三次产业结构比重为 71∶12∶17；农民人均纯收入 7048 元，比上年增长 29.6%；两税收入 2641.6 万元，占计划数 105.66%，其中地税完成入库 1261.2 万元，比上年减少 393.7 万元，下降 23.8%；社会消费品零售总额累计 6257 万元，全镇固定资产累计投资 6.54 亿元。

全镇粮食播种面积 87018 亩，比上年减少 16740 亩，产量 27073.6 吨，比上年减产 7587.9 吨。橡胶种植面积 29.79 万亩，开割面积 13.04 万亩，产量 12529 吨；蔬菜种植面积 9533 亩，比上年减少 2050 亩，下降 17.6%；产量 9353.24 吨，比上年增加 1821.24 吨，增长 24.2%。果用瓜面积 3800 亩，比上年减少 1180 亩，下降 23.7%；产量 10308984 吨。其中：西瓜 3326 亩，比上年减少 1025 亩，下降 23.6%，产量 9569984 吨；甜瓜 474 亩，比上年减少 156 亩，产量 739000 吨，比上年增加 738271 吨，增长 1012.7%。水果年末面积 34083 亩，比上年增加 17396 亩，增长 104.2%；产量 7271.31 吨，其中：香蕉年末面积 33959 亩，占水果面积的 99.6%，香蕉产量 72584,7 吨，占水果产量的 99.8%。茶园面积 26532 亩，比上年增加 3019 亩，增长 11.4%；采茶面积 12734 亩，干毛茶总产量 364.2 吨，比上年增加 58400 千克，增长 19.1%。

年末大牲畜存栏 5586 头，比上年减少 2446 头，下降 34.5%；大牲畜出栏 4261 头，比上年减少 938 头，下降 18%。生猪存栏 54392 头，比上年减少 8699 头，下降 19%；出栏 40622 头，比上年减少 210 头，下降 5%。山羊存栏 1566 只，比上年增加 403 只，增长 34.7%；出栏 284 只，比上年减少 133 只，下降 31.9%。黄牛存栏 4153 头，比上年减少 1252 头，下降 23.2%；水牛存栏 1433 头，比上年减少 1188 头。家禽存栏 168371 只，比上年减少 2897 只；出栏 205274 只，比上年增加 57344 只。水产品养殖面积 2431 亩，比上年增加 203 亩，增长 9.1%，产量 1580 吨，比上年增加 634 吨，增长 65.8%。

全镇有 3 所中学和 2 所小学，在校生 12245 人，其中小学生 8533 人、初中生 3345 人、高中生 367 人，全镇共有教职工 820 人。2011 年，为表彰先进，树立榜样，镇党委政府在财力困难的情况下拿出 9 万余元对教育先进集体、优秀毕业生及家长进行奖励。

全镇有 2 所卫生院，医疗卫生点 23 个，在岗职工 48 人，聘用 70 人，住院病床 90 张；疾病预防控制工作取得显著成绩。

领导干部：

书记：李文武(2011.4～)

镇长：岩温班(傣族，2011.4～)

〔普文镇〕 普文镇位于景洪市北部，距景洪市 89 千米，东接勐旺乡，南连大渡岗乡，西靠景讷乡，北临普洱市南屏镇，是内地进入西双版纳的门户，素有版纳“北大门”之称。全镇总面积 554 平方千米，辖称杆河、城子、曼飞龙、坡脚 4 个村民委员会，39 个村民小组，35 个企事业单位，46 家大小企业。全镇有党支部 47 个，党员 780 名。2011 年末，全镇总户数为 4469 户，其中：农村农业户数 2226 户；总人口 14788 人，其中：农村农业人口 8919 人。居住着傣族、哈尼族、彝族、基诺族等 13 种少数民族，其中，傣族 4513 人，占的 30.5%；哈尼族 1728 人，占的 11.7%；基诺族 937 人，占 6.3%；人口自然增长率 5.1‰。

2011 年末，全镇生产总值 1.36 亿元，比上年增加 1795 万元，增长 15.2%。其中：第一产业 7110 万元，比上年增加 672 万元，增长 10.4%；第二产业 1063 万元，比上年增加 157 万元，增长 17.3%；第三产业 5433 万元，比上年增加 966 万元，增长 21.6%。全镇农村经济总收入 7680 万元，比上年增加 1438 万元，增长 23%；农村生产性固定资产 1.01 亿元，比上年增加 1465 万元，增长 16.9%；农民人均纯收入 5342 元，比上年增加 675 元，增长 14.5%。

全镇有耕地面积 23095 亩，其中：水田 18954 亩。粮豆播种面积 19893 亩，平均单产 316 千克，总产量 628.5 万千克，比上年增加 217 吨，增长 3.5%；农民人均占有粮 704 千克。主要经济作物：全镇咖啡种植面积 32062 亩，比上年增加 1961 亩，增长 6.5%，产咖啡鲜果 3282.8 吨，比上年增加 292 吨，增长 9.7%；橡胶种植面积 25188 亩，比上年增加 1906 亩，增长 8.1%，产干胶 547 吨，比上年增加 42 吨，增长 8.3%；茶叶种植面积 38380 亩，比上年减少 1943 亩，减少 4.8%，产干毛茶 1559.1 吨，比上年减少 267 吨，减少 14.6%。新建 500 亩蔬菜示范基地，发展冬早蔬菜种植 6000 亩、瓜类种植 750 亩、甜脆玉米种植 2676 亩、特色糯玉米种植 350 亩。生猪存栏 6573 头，出栏 6678

头;大牲畜存栏613头,出栏283头;家禽存笼46953羽,出笼30507羽;渔业养殖面积1511亩。

全镇39个村民小组已通水、电、公路39个,通电话39个、拥有电话2105部、手机(含小灵通)3917部。有中学1所,教职工71人,在校生1115人,毛入学率115%,毕业率98%,辍学率0.3%;中心小学1所,4所完小点,教职工169人,在校生2717人,入学率100%,毕业率100%。卫生院1所,卫生技术人员52人,病床53张。个体工商户821户,私营企业103户。

领导干部:

书记:岩香宝(傣族)

镇长:杨春岗

〔**嘎洒镇**〕 嘎洒镇位于市境西南部,距市政府驻地7千米,东接勐罕镇和景哈哈尼族乡,南连勐龙镇,西接勐海县格朗和哈尼族乡,北与允景洪街道毗邻。全镇总面积为730平方千米,最高海拔路南山2143.3米,最低海拔澜沧江边525米,平均海拔1334米。年平均气温21.7℃,年降雨量为1209.3毫米。2011年全镇辖曼掌宰、曼达、曼勉、曼播、南联山、南帕、沙药、曼景罕、曼迈、曼典、纳板、曼戈播12个村民委员会,124个村民小组,1个种植场12个种植队,5个镇属单位,17个中央、省、州、市属单位,15个农垦单位。全镇共有9836户,同比增加34户,增长0.3%;总人口41374人,同比增加123人,增长0.3%;其中:农村人口37933人,占全镇总人口的91.7%。居住着傣、哈尼、拉祜、汉、布朗(克木人)等民族,其中:傣族22535人,占54.4%;哈尼族10608人,占25.6%;拉祜族3490人,占8.4%;汉族3034人,占7.3%;布朗1068人,占2.6%;其他民族639人,占1.7%。人口自然增长率3.2‰。人口密度每平方千米98人。全镇有机关党支部15个,村党总支13个,村党支部94个,党员1460名。

2011年,全镇有耕地面积36770亩,其中:水田25853亩,比上年减少2187亩;旱地10917亩,比上年减少1430亩;粮豆播种面积54979亩,比上年增加2325亩,增长4.4%;总产量17217吨,比上年增加213吨,增长1.2%;农民人均占有粮436千克。嘎洒镇是景洪市橡胶、花卉、蔬菜等生产基地之一,有橡胶面积170931亩,比上年增5102亩(林改面积),增长3.1%,其中:开割114846亩。干胶产量13849吨,比上年增加1849吨,增长6.4%。蔬菜5746亩,比上年下降953亩,下降14.2%;产量9067吨,比上年下降641吨,下降6.6%。水果10694亩,比上年增加1968亩,增长22.5%;产量24915吨。西瓜1338亩,产量2865吨;茶叶面积5528亩,产量27.6吨;花卉面积651亩,鲜切花45万支。大牲畜存栏1231头,比上年减少153头,下降11%。大牲畜出栏797头,增长51.6%。生猪存栏20050头,比上年减少240头,下降1.2%;生猪出栏19052头,比上年减少616头,下降3.1%。家禽存栏242503只,家禽出栏315943只;年末肉类产量1828吨,禽蛋产量41吨;水产品养殖2237亩,产量1606吨。

2011年,嘎洒镇坚持科学发展,着力转变经济发展方式,产业结构不断优化。全镇实现生产总值5.1亿元,同比增长14.6%,其中:一、二、三产业分别完成2.6亿元、0.75亿元、1.75亿元,同比分别增长18.2%、36.3%、2.9%。三次产业结构比重由50.3:18.8:30.9调整为51:14.7:34.3。人均生产总值12200元,比上年增长13.1%。乡镇企业经济快速发展,全镇实现乡镇企业总收入7.3亿元,比上年增长10.6%。农村经济健康发展,全镇实现农村经济总收入4.01亿元,农民人均纯收入7000元,比上年分别增长27.9%、22.8%。财政金融平稳增长,全年财政收入2135万元,地方财政支出2135万元,比上年分别增长33.4%、33.4%;年末各项存款余额6.2亿元,贷款余额0.68亿元。

全镇134个村民小组(含种植队),通公路136个,通电136个,通自来水132个,通电话129个;有1所中学,教师140人,在校学生1718人,入学率100%,毕业率100%,辍学率0.2%。有小学18所,教师401人,在校学生5640人,入学率100 %,毕业率100%,巩固率98%。

有卫生医疗机构2个,床位95张,卫生技术人员34人。有农业综合服务中心1个,农科技术人员18人;有文化站1个,广播电视覆盖率达100%以上;设有邮政支局1个,电信支局1个;农村信用合作社1个,农行1个。

领导干部:

书记:刀建康(傣族)

镇长:玉娜嫩(女,傣族,~2011.1)

刀志鑫(傣族,2011.3~)

〔**勐罕镇**〕 勐罕镇位于景洪市境东南部,距景洪市政府所在地27千米。东接勐腊县勐仑镇,南与景哈哈尼族乡隔江相望,西与允景洪街道办事处相连,北邻基诺山基诺族乡。境内有版纳州最大的天然湖——龙德湖。全镇自然条件优越,地势平坦,区位优势明显。全年气候温暖,年平均气温22.7℃;空气湿度大,雨量充沛,年降雨量

1067.9毫米；日照充足，年平均日照2615.3小时。土壤自然肥力高，适宜发展水稻、橡胶、甘蔗、水果、蔬菜、瓜果等热带、亚热带经济作物。森林覆盖率达78%，耕地面积45649亩。水、陆路畅通，水路可通达景洪、老挝、泰国，陆路除专门有车站外，可运输物资通景洪、勐仑、勐腊等地。2011年，全镇总面积321.91平方千米，其中：坝区面积57平方千米(8.497万亩)，占17.8%，是西双版纳傣族自治州的第四大坝子；山区面积264平方千米，占82.2%。辖区内驻有1个国营农场，全镇辖景匡、曼听、曼法、曼嘎俭、曼景、曼么、勐波、曼搭、曼累讷9个村委会84个村。全镇总人口28205人，其中：农业人口26320人，占全镇人口的93.32%，居住着傣族、哈尼族、汉族等民族，其中：傣族人口21185人，占全镇人口的75.11%；哈尼族5887人，占全镇人口的20.87%。人口自然增长率控制在4.7‰以内。人口密度87人/平方千米。勐罕镇有基层党组织92个，其中党委1个，党总支9个，党支部82(其中农村党支部66个)；共有党员993名(农村党员685名)，其中预备党员132名(农村预备党员122名)；妇女党员216名，占21.75%；35周岁及以下党员248名，占24.97%；大专及以上学历党员172名，占17.32%。

2011年，勐罕镇坚定不移调机构，脚踏实地促转变，产业机构调整得到进一步优化，三次产业比重由上年的65.3∶7∶27.7调优为56.7∶12.3∶31，按照"养好鱼、种好菜、管好果、建好镇、做好旅"的思路，以巩固提升"粮、胶、水果"三大传统产业，优化培植"香蕉、渔业、畜牧"三大新兴产业为中心，进一步加快、优化农业产业结构调整。加强扶持农村专业合作经济组织发展，全镇有专业合作社14家，全面提升农业产业化水平，现代农业发展初现成效。2011年全镇橡胶种植面积17.66万亩，开割16.0万亩，干胶产量16106吨，总产值49697万元；香蕉良种推广45733亩，产量85833.4吨，产值2.4亿元；水面养殖面积7082亩，产量3387吨，产值2949万元。畜牧产业中，生猪出栏1.48万头，同比下降10.3%；大牲畜出栏0.36万头，同比下降7.69%；家禽出笼30.39万羽，同比下降6.4%。第三产业繁荣发展。旅游"二次创业"步伐加快，傣族园景区、曼迈桑康旅游重点项目建设稳步推进，傣族园景区二期工程大门修缮工作已全面竣工投入使用。基础设施不断完善，接待国内外旅游者达48.3万人，比上年增长10%，实现旅游总收入240余万元。

2011年，全镇实现生产总值60453万元，增长42.81%，人均生产总值21433元。全社会固定资产投资完成84600万元，增长719.48%，一举扭转固定资产投资低速徘徊的局面。财政总收入1319.2万元，增长32.19%，财政拨款支出1234.2万元，增长12.18%。城镇居民人均可支配收入16578元，增长21.6%。农民人均纯收入达7012元，增长27.5%。城镇登记失业率控制在2.3%。单位生产总值能耗下降21%。自然村广播电视覆盖率达100%。

勐罕镇有中学1所，中心小学1所，下辖7所完小，在校学生4559人，其中，中学在校学生1234人；小学在校学生3325人；有教职工305人。小学入学率达111.6%，辍学率为0.2%；中学入学率达105%，辍学率为1.7%。中考600分以上有31名，同比增长90%，创历史新高。

勐罕镇医疗卫生机构9个(卫生院1个，农村卫生所8个，计划生育服务所1所)，有48名医务人员、23名农村卫生员、55张病床，新型农村合作医疗参合率达95.3%。

领导干部：

书记：刀世明(傣族，~2011.6)

镇长：岩温腊(傣族)

〔**勐养镇**〕 勐养镇地处景洪市中北部，东经100°53′42″，北纬22°5′30″，距景洪城区15千米。东与基诺乡和勐腊县象明乡毗连，南靠允景洪街道办事处，北壤景讷乡、大渡岗乡，西与勐海县勐宋乡隔江相望。总面积688.5平方千米。年平均气温20.5℃，最高气温38.9℃，最低气温1.4℃，平均海拔745米，全镇最高海拔1633米，最低海拔550米，年平均降雨量1600毫米，土壤以砖红壤和茨红壤为主，厚度100厘米，有机含量1%至1.5%。勐养镇属于亚热带气候类型，全年阳光充足，日照时间长，土地肥沃，雨量充沛，交通方便，适应种植稻谷、冬季作物、茶叶、橡胶、沉香、石斛等经济作物。镇政府所在地交通地理呈"Y"字型，是内地通往西双版纳州及泰国、缅甸、老挝等东南亚国家的陆路交通要塞。境内有一个69万亩国家级自然保护区和"AAAA"旅游景点——西双版纳野象谷，有国家一级保护动物9种，国家二级保护动物18种，森林覆盖率达86.8%。全镇辖城子、曼纳庄、曼景坎、曼洒浩、跳坝河、昆格、大河边等7个村民委员会，55个村民小组。

2011年，全镇总人口16351人(不含农场人口)，其中女性8143人，占49.8%，非农业人口2016人，占12.31%，少数民族14981人，占总人口的91.62%，其中：傣族8081人，占49.42%；彝族 1283 人，占 7.85%；基诺族 1921 人，占 11.75%；布朗族 2464 人，占 15.07%。坝区 21 个村小组，半山区 11 个村小组，山区 23 个村小组。坝区人口 12343 人，占总人口的 75.5%，山区人口 4008 人，占总人口的 24.5%，密度每平方千米 22 人，人口自然增长率 6‰。

2011 年，勐养镇充分利用交通便捷等区位优势，大力发展橡胶、茶叶、西瓜、东升南瓜，甜脆玉米、台湾青枣、香蕉等经济作物。积极发展养牛、蛇鸟、野猪等大牲畜。全镇有耕地面积 34706 亩，其中：水田 22377 亩，农作物播种面积 49843 亩，其中：粮豆播种面积达 39754 亩，总产量 13274 吨，农民人均占有粮 967 千克。水果年产量 6035 吨，比上年增加 1220 吨，蔬菜年产量 1845 吨，比上年增加 87 吨，橡胶 10.7 万亩，其中：开割 4.3 万亩，干胶产量 4118 吨，比上年增加 904 吨，砂仁 3413 亩，产量 9.9 吨，比上年减 1.5 吨，茶叶 4934 亩，产量 115 吨，大牲畜存栏 726 头，生猪存栏 14049 头，养鱼 1719 亩，产量 445 吨。

2011 年，全镇生产总值达 15678 万元，比上年增长 21%，其中：第一产业 9710 万元，增长 33.8%；第二产业 851 万元，增长 2.4%；第三产业 5116 万元，增长 5%；其比例为 62∶5.4∶32.6。农村经济总收入 16346 万元，比上年增长 33%；农民人均纯收入 5933 元，比上年增长 23.7%；财政收入 2014 万元，财政支出 1023 万元；有乡镇企业 327 个，从业人员 1479 人，乡镇企业营业收入 17817.2 万元，比上年增长 5.7%。

全镇 55 个村民小组中，共建有沼气池 581 个，55 个村民小组通电、通路、通水、通电话，拥有电话 2588 部，手机（含小灵通）8913 部。有家庭用车 462 辆，摩托车 5398 辆，拖拉机 2490 辆。中学 1 所，高中在校生 472 人；初中在校生 1493 人，入学率 100%，巩固率 100%，教职工 135 人。小学 1 所，在校生 2070 人，入学率 100%，巩固率 100%，教职工 151 人。有卫生院 1 所，床位 30 张，卫生技术人员 24 人。

领导干部：

书记：杨双桥（基诺族，~2011.1）

冯卫东（土家族，2011.2~）

镇长：玉香旺（女，傣族，2011.1~）

〔**大渡岗乡**〕 大渡岗乡位于景洪市北部，距市政府驻地 65 千米。东接勐旺乡、南连勐养镇、西邻景讷乡、北与普文镇接壤，国道“213”线——“昆曼”公路从境内横穿而过。国家级自然保护区面积 48 万亩，森林覆盖率达 85.8%。年均气温 17.5℃，年降雨量 1600~1900 毫米，日照 1382.5 小时。气候温暖湿润、四季分明、雨量充沛，具备发展茶业的最佳资源条件。乡辖大干坝、大荒坝、大荒田、关坪 4 个村委会，共 59 个村民小组。驻有 1 个雷达站、1 个州林场和 1 个市林场。辖区内国土面积达 787.7 平方千米，其中：山区面积 783.1 平方千米，占总面积的 99.5%，是一个典型的山区乡。2011 年末全乡人口 13239 人，其中：农村人口 8503 人，占总人数的 64.2%；布朗族、基诺族等少数民族人口占总人数的 63%；人口自然增长率 4.4‰。

2011 年，全乡实现生产总值 14550 万元，按可比价格计算，比上年增长 12.5%，其中：第一产业增加值 5100 万元，增长 14.5%；第二产业增加值 3129 万元，增长 17.4%；第三产业增加值 6631 万元，增长 7.2%，人均生产总值 10990 万元，增长 13%。一、二、三产业结构比重为 35∶22∶43。全乡农业总产值达 9055 万元，比上年增长 26%；工业总产值达 5200 万元，比上年增长 48.9%；固定资产投资 7898 万元，增长 23%；农村经济总收入达 10616 万元，增长 30%；社会消费品零售总额达 11578 万元，增长 15.4%；农民人均纯收入 5317 元，增长 23.1%；税收收入 238.9 万元，比上年增长 31.4%，财政支出 2368.74 万元，增长 265%；金融机构各项存款余额 13186 万元，增长 38.57%；贷款余额 6228 万元，增长 16.27%。粮豆播种面积 29114 亩，其中：水稻面积 13962 亩，粮食总产量 8683.74 吨，人均有粮 656 千克；茶叶种植面积达 59347 亩，采茶面积 51849 亩，干毛茶产量 2874 吨；咖啡总面积 5877 亩，产量 4391 吨；橡胶种植面积达 17863 亩，干胶产量 97 吨；大牲畜存栏 1653 头，出栏 300 头；生猪存栏 11166 头，出栏 8063 头；家禽存笼 86366 羽；肉类总产量 749.7 吨。

全乡有小学 1 所(5 个校点)，有 52 个教学班(其中 6 个学前班)，在校生 1702 人、学前班 317 人。教职工 164 人，教师学历达标 100%，其中：大专以上学历 121 人，占教师总数 73%，小学高级教师 51 人，一级教师 56 人，二级教师 31 人。乡内有医疗卫生机构 1 个，占地面积 3688 平方米，卫生业务用房 837 平方米，设有综合门诊、外产室、留观室、B 超检验室、化验室、防疫保健计生室和综合办公室。现有职工 14 人，退休 3 人，借调外单位 1 人，合同工 16 人，乡村医生 8 人。新型农村合作医疗参合率达 99.85%，农村社会养老保险参保率 97%，城镇居民医疗保险覆盖率达 98%，城镇养老保险覆盖率达 72%，享受城乡最低生活保障人数2235人。

领导干部：

书 记：张绍伟(哈尼族)

乡 长：陈云华

〔**景讷乡**〕 景讷乡地处景洪市西北部，距市政府78千米，东接普文镇和大渡岗乡，南连勐养镇，北与普洱市思茅区翠云乡相邻，西以澜沧江为界与勐海县隔江相望。总面积627平方千米，最高海拔1800米，最低海拔560米。2011年，全乡辖6个村委会，61个村民小组，有23个州、市、乡属企业事业单位，1个国营农场橡胶种植公司。

2011年，全乡总人口2957户13152人，其中：非农业人口524户1569人，比上年增加46人，人口自然增长率3‰。居住着傣、汉、彝等11个民族，以傣族居多，占60%。全乡建有6个农村党总支、8个机关党支部、31个村小组党支部，党员549名，其中：妇女党员110名。

2011年末，全乡有耕地面积4.1万亩，其中：水田25338亩，粮豆播种面积30831亩，产量7773吨，比上年增加135吨；农民人均占有粮591千克，比上年减少71千克。主要经济作物：橡胶48726亩，开割面积6500亩；茶叶23797亩，开采面积23797亩，产量14693千克，比上年增加6239千克；水果10000亩，产量3381吨，分别比上年增加3004亩、增加1641吨；大牲畜存栏2637头，出栏822头；生猪存栏13664头，出栏8074头；家禽存笼162373羽，出笼83997羽。

2011年末，全乡生产总值9361万元，比上年增长32%；第二产业产值实现1936万元，第三产业总值达1152万元，分别突破千万元大关，创历史新高，农民人均纯收入达到4963元，比上年增长23.4%。

2011年，全乡共建安居房1400户、沼气池2300口、卫生户厕1500户，新建标准垃圾处理设施4个。全乡小学有2个校点，在校生1163人，教职工92人，入学率100%、毕业率100%；初级中学1所，在校生627人，教职工54人，入学率100%、毕业率100%。全年共举办各种专业技术培训148期，8200人次。有卫生医疗机构1个，床位32张，卫生技术人员19人，乡村医生18人。

领导干部：

书记：张培兰（女，哈尼族）

乡长：李应才（拉祜族，2011.1～）

〔**勐旺乡**〕 勐旺乡位于景洪市东北部，距市政府驻地131千米，东隔小黑江与江城县相邻，南以小黑江为界与勐腊县相望，西与普文镇毗邻，北与普洱市接壤，总面积766平方千米。最高海拔1914米，最低海拔750米。森林总面积85万亩，森林覆盖率达86.6%。全乡辖勐旺、补远、大平掌、瑶家4个村委会，32个自然村，42个村民小组，居住着傣、基诺、瑶、哈尼等少数民族。有27个企事业单位，4个党总支，9个直属党支部，36个农村党支部，党员458名。

2011年，全乡总人口3861户13874人，比上年增加259人；总人口中有非农业人口1175人，占全乡人口8.47%；少数民族9566人，占全乡人口69%，其中，傣族1196人、基诺族2986人、瑶族2553人。人口自然增长率3.2‰。

2011年，全年实现生产总值8398万元，同比增长16%，其中：第一产业5350万元，年均增长15%；第二产业200万元，年均增长18%；第三产业2848万元，年均增长21%。农民人均纯收入5360元，同比增长23.5%；完成乡镇企业收入890万元，同比增长8%；各项存款余额7034万元，比年初的4351万元增加2683万元，各项贷款余额4521万元，比年初的4105万元增加416万元。

全乡共有耕地面积41360亩，其中水田20658亩、旱地20702亩；粮豆种植面积23199亩，其中水稻9430亩、旱稻1714亩、玉米11469亩、大豆335亩，粮食总产量8385吨；做好茶叶种植规划和管理工作，加大科技投入力度，加强技术服务，茶叶面积累计47706亩，干毛茶产量3562吨，比上年增加321吨。

勐旺乡有1所中学，即勐旺中学，共有教职工43人(其中教师39人)，设有教学班12个，在校学生608人，入学率108%，巩固率99.4%。有1所小学，即勐旺中心小学，有3所完小和2所村小，小学教职工111人(其中教师97人)，设有小学教学班39个，在校学生1469人，入学率100%，巩固率100%。

全乡有1所卫生院，即勐旺卫生院。有医务人员39人，病床34张。有村卫生所3所，有村卫生员12名。其中9名卫生员已取得乡村医生执业证书。2011年新农合参合人数11959人，参合率达104.31%。

领导干部：

书 记：李朝文

乡 长：岩罕班(傣族，2011.1～)

〔**景哈哈尼族乡**〕 景哈哈尼族乡是景洪市两个民族乡之一，是一个集边境、山区、民族为一体的乡镇，也是景洪市唯一的哈尼族乡。位于市境东南部，距市府允景洪城陆路、水路分别为29千米和42千米，东与勐腊县关累镇隔澜沧江相望，西与勐龙镇和嘎洒镇相连，北与勐罕镇隔澜沧江毗邻，南至南阿河中心河道为国界，与缅甸一衣带水。地势北低，东西南高，国境线长34千米。乡境南北纵距27.2千米，东西横距36.9千米，总面积398.8平方千米，其中山区面积392.8平方千米，最高海拔卧马山1470米，最低海拔485米。最高气温39.7℃，最低气温5.4℃，年平均气温22.6℃；年降雨量1336.6毫米，年均日照1692.7小时。2011年全乡辖景哈、莫南、坝那、戈牛、搭亥、土鲁6个村民委员会，50个村民小组，辖区内驻有橄榄坝农场的第三、四作业区和10个市属单位。境内居住着傣、哈尼、布朗、彝、基诺等11个少数民族。

2011年，全乡总人口3777户，15958人，比上年增加62人。其中女性7840人，比上年增加24人；农业人口15345人，比上年增加31人；少数民族人口15149人，占94.93%。其中：哈尼族9843人，占61.68%；傣族4134人，占25.51%；布朗族210人，占1.32%。人口自然增长率为6.5‰。

景哈哈尼族乡以农业为主，主产稻谷、橡胶。2011年，全乡有耕地6129亩，比上年耕地减少3240亩，其中：水田4122亩，比上年减少800亩；粮食播种面积20722亩，比上年减少1406亩，产量4231吨；农民人均有粮277千克，比上年减少45千克。橡胶250060亩、开割146069亩、干胶产量16798吨，分别比上年增加1609亩、20905亩、1528吨；茶叶2339亩、产量22.2吨；砂仁3343亩，比上年减少505亩，产量28.9吨，比上年减少13.4吨；水果（包括果用瓜）4240亩、产量292.4吨，分别比上年增加776亩、减少53.1吨；蔬菜1361亩，比上年增加43亩；甘蔗195亩；油料作物312亩，比上年减少132亩。大牲畜存栏536头、出栏279头，分别比上年减少12头、减少28头；生猪存栏11239头、出栏5383头，分别比上年减少1304头、减少68头；养鱼465亩、产量230吨，分别比上年减少23亩、增加23吨。

2011年，全乡生产总值27053万元。其中：第一产业产值22361万元、第二产业产值1454万元、第三产业产值3238万元。农民人均纯收入7804元，比上年增加1947元。乡镇企业4个，从业人员61人，营业收入46440万元，比上年增加7740万元。

2011年，全乡50个村民小组，已实现村村通公路、通电50个，自来水受益49个，开通程控电话13个，拥有电话2007部，手机9291部。通电视50个，广播和电视覆盖率达100%。全乡通车里程263千米。农村基础设施得到改善，有拦河坝24座、三面光大沟14.74千米、坝塘2座、水库2座、生产桥9座、公路桥11座。拥有各型拖拉机848台、摩托车5744辆、电视机3271台、影碟机3112台、电冰箱2766台、洗衣机1135台、太阳能热水器1773台、液化灶801台、运输车128辆、家庭用车379辆。

2011年，全乡有初级中学1所，教职工54人，在校学生778人，入学率100%，辍学率2.3%，毕业率100%，升学率63.83%。有中心小学1所，完全小学有3所，教职工161人，在校生2024人，入学率99.88%，辍学率0.6%，毕业率100%。有专业技术人员20人，市级科技示范村4个，示范户72户。36个业余文艺队，共480人，演出87场次。有22名歌手，其中哈尼族歌手16人、傣族歌手6人。有龙舟队3个。广播站1个，文化站1个，图书室1个。全乡共有篮球场12块；卫生机构2个，床位52张，卫生技术人员67人。村级卫生室6个，防病治病能力不断增强。

领导干部：

书记：贺锡龙（~2011.4）

乡长：杰　龙（哈尼族）

〔基诺山基诺族乡〕 基诺山基诺族乡（以下简称基诺族乡）位于景洪市东北部，距市府27千米，东接勐腊县勐仑镇，南连勐罕镇，西邻勐养镇，北壤大渡岗乡，是景洪市的2个民族乡之一。总面积622.9平方千米，有森林面积59.4万亩（国有林44万亩，集体林6.8万亩，国家自然保护区8.6万亩），森林覆盖率88.24%；95%以上土地坡度在25°以上，是典型的纯山区乡。基诺族乡是中国1979年最后一个被国家确认的民族——基诺族的主要集居地，是云南普洱茶古六大茶山之一。属亚热带气候类型，地势东南部低，东北部高，最高海拔1691米，最低海拔550米，平均海拔1016.25米，年平均气温18℃~20℃左右，年降雨量约1100毫米，年均日照数1852.14小时，雨量充沛。气候温和，土地肥沃，适宜种植稻谷、橡胶、茶叶、砂仁、水果等热带经济作物。

2011年，全乡辖巴亚、司土、巴来、新司土、洛特、巴卡，茄玛等7个村委会46个村民小组，共有3765户14048人，其中：农业人口11024人，占78.47%；基诺族11646人，占82.90%，为独有少数民族；人口自然增长率14.89‰。全乡有7个党总支，42个党支部、341名党员；有9个团总支，48个团支部、670名团员。

粮豆播种面积40877亩,其中水稻6374亩、旱稻6945亩、玉米22799亩,豆类350亩,实现粮食总产量10049.42吨,比上年增长49.81%,人均占有粮830千克,比上年增长24.07%。全乡橡胶种植面积174153亩,比上年增加7474亩,干胶产量3894.43吨,比上年增长35.16%;全乡茶叶面积达27602亩,比上年增加4640亩,产量994.2吨,比上年增长101.05%;农村经济总收入10516万元,比上年增加2323万元,增长28.35%;人均占有粮830千克。人均纯收入为6326元,比上年3165元,增加3161元,增长99.87%。大牲畜存栏3头,比上年减少104头,出栏104头,比上年增加78头,生猪存栏10025头,比上年增加23头,出栏8038头,比上年增加647头;家禽存笼36317羽,比上年增加2557羽,出笼31876羽,比上年增加616羽。林下产业由野生采集向人工培育转型,产业结构的多元化发展,拓宽农民收入的渠道,人民生活水平逐步提高,农民人均纯收入达6326元,比上年增长99.87%。

2011年,全乡完成国民生产总值10516万元,比上年8193万元,增长28.35%。其中:第一产业7780万元,比上年5705万元,增长36.37%;第二产业542万元,比上年493万元,增长9.94%,第三产业2194万元,比上年1995万元,增长9.97%。实现乡镇企业营业收入2736万元,比上年2484万元,增长10.14%;各项存款余额达5851万元,比上年4105万元,增长43%;各项贷款余额达5250万元,比上年5145万元,增长2%。各项产业的快速健康发展,为提升全乡社会经济综合实力奠定坚实的基础。

领导干部:书记:谢东(彝族) 乡长:李永红(基诺族)

(撰稿:罗焕仙)

勐 海 县

〔自然环境〕 勐海县地处祖国西南边陲,云南省西南部,西双版纳傣族自治州西部。县城所在地勐海镇距州府景洪45千米,距省会昆明583千米。地跨东经99°56′~100°41′,北纬21°28′~22°28′之间,东接景洪市,东北邻普洱市思茅区,西北靠澜沧县,西部和南部与缅甸接壤,国境线长146.556公里,总面积5511平方公里。勐海县区位优越,是面向东南亚的重要门户之一,位于中缅边境的打洛镇,自古就是中国通往缅甸、泰国及整个东南亚的便捷通道,是中国从陆路达泰国的最近通道。

勐海县地处横断山系纵谷区南段,怒江山脉向南延伸的余脉部,澜沧江西岸。属西南山原地貌,高原丘陵盆地。东西最大横距为76.2公里,南北最大纵距为114.5公里。境内地势西北高、东南低,四周高峻,中部平缓,山峰、丘陵、平坝相互交错。县内最高点在东北部勐宋乡的滑竹梁子,海拔2429.5米,最低点在西南角的南桔河与南览河交汇处,海拔535米,高差为1894.5米。县政府驻地海拔1180米。有大小盆地15个,5万亩以上的盆地有勐遮、勐混、勐海、勐阿4个,其中勐遮是西双版纳州内最大的坝子,面积23万亩,为稻谷主产区。打洛、勐板、勐往、勐满4个坝子是橡胶产区。

勐海县境内地形复杂,沟谷纵横,河网密布,水资源丰富,主要来自地表径流和地下径流,河水多为降水补给性河流。境内流程2.5公里以上的常年河流159条,总流长1868公里,多为幼年期河流,属澜沧江水系,总集水面积5570平方公里,其中境内面积占98.9%。流域总面积4937平方公里。主要河流有:澜沧江、流沙河、南果河、勐往河、南览河等。境内河流的水能理论蕴藏量116.9万千瓦,可开发利用9.05万千瓦,占水能理论蕴藏总量的7.74%。

勐海县地处低纬度地区,北回归线以南,气候属热带、亚热带西南季风气候,具有“冬无严寒,夏无酷暑,四季如春,年多雾日,雨量充沛,干湿分明,夏秋多阴雨天气,冬春多晴朗天气,年温差小,日温差大。”的特点,被誉为“最适宜居住的真正春城”。具有三种立体气候类型:北热带气候类型、南亚热带气候类型和中亚热带气候类型。2011年,年平均气温19.4℃,年降雨量1264毫米,极端最高气温35.0℃,极端最低气温2.6℃。全年雨日180天。全年有霜日9天。全年日照时数为2109.0小时,年平均风速1.2米/秒。年雾日82天,年平均相对湿度74%。

勐海县土壤类型多样,呈垂直分布,主要土壤类型有赤红壤、砖红壤、红壤、黄壤四种,均为林业用地的主要土壤。勐海县是云南省重点林区县之一,勐海县是云南省重点林区县之一,林业用地面积36.86万公顷,有林地面积29.86万公顷,森林覆盖率62.9%,生物资源极为丰富,素有“生物基因库”的美誉。森林资源主要分布在南面和北面,南面主要是布朗山乡,拥有约占全县20%的森林资源,北面主要是勐阿镇和勐往乡,拥有约占全县20%的森林资源。其余的乡镇各拥有约占5.5%左右的森林资源,森林资源比例少的乡镇,生态环境相对较差,水土流失严重,自然灾害濒发。

〔**行政区划**〕 2011 年末,全县辖 11 个乡镇,其中:6 个镇,5 个乡。即:勐海镇、打洛镇、勐遮镇、勐混镇、勐满镇、勐阿镇、勐宋乡、勐往乡、格朗和哈尼族乡、布朗山布朗族乡、西定哈尼族布朗族乡。全县 11 个乡镇下辖 3 个社区居民委员会、85 个村民委员会、932 个村民小组,913 个自然村。辖区内驻有 1 个县级国营农场(黎明农场),1 个省属茶叶科学科研所。

〔**人口民族**〕 勐海县境内居住着傣、哈尼、拉祜、布朗、汉、彝、回、佤、白、苗、壮、景颇等 25 个民族,其中傣、哈尼、拉祜、布朗是本地的四大主体民族。2011 年末,全县总户数 7.97 万户,常住人口 33.43 万人,其中:农业人口 27.54 万人,占总人口的 82.38%;汉族 3.78 万人,占总人口的 11.30%;少数民族人口 28.44 万人,占 85.07%,少数民族中,傣族 12.39 万人,占总人数的 37.06%;哈尼族 6.78 万人,占 20.28%;拉祜族 4.44 万人,占 13.28%;布朗族 3.67 万人,占 10.98%。年内,出生 2495 人,出生率 7.85‰,比去年同期增加 8 人,上升 0.04 个千分点;死亡 1374 人,死亡率 4.32‰,比去年同期增加 117 人,上升 0.37 个千分点;自然增长 1121 人,比去年同期减少 109 人,自然增长率 3.53‰,比去年同期下降 0.33 个千分点;全县流动人口 2.79 万人,其中流入 2.21 万人、流出 0.58 万人,已婚育龄妇女 8765 人。

〔**经济和社会发展综述**〕 2011 年是实施"十二五"规划的第一年。勐海县委、县政府在州委、州政府的坚强领导下,团结带领全县各族干部群众,深入贯彻落实科学发展观,认真执行中央、省、州和县委的各项决策部署,解放思想抓机遇,凝心聚力谋发展,攻坚克难求突破,集中精力抓落实,较好地完成了县十三届人大四次会议确定的各项目标任务,实现了"十二五"良好开局。

2011 年,全县实现生产总值(GDP)48.02 亿元(按可比价计算,比上 年同期,下同),增长 15.1%,其中:第一产业实现增加值 11.51 亿元,增长 8.0%,拉动 GDP 增长 1.8 个百分点;第二产业实现增加值 18.42 亿元,增长 19.2%,拉动 GDP 增长 7.4 个百分点;第三产业实现增加值 18.09 亿元,增长 15.3%,拉动 GDP 增长 5.9 个百分点。一、二、三产业对经济增长贡献率分别为 12.1%、48.8%、39.1%。三次产业结构由 2010 年的 22.9 : 38.5 : 38.6 调整为 24.0 : 38.3 : 37.7。全县财政总收入 4.52 亿元,增长 37.4%。地方财政收入 1.85 亿元,增长 34.4%;财政支出 15.34 亿元,增长 50.3%。人均生产总值 14439 元,增长 23.7%。全县社会消费品零售总额 10.52 亿元,增长 19 %,其中非公有制经济全年实现零售额 8.51 亿元,占全社会消费品零售总额的 80.9%。边境贸易小幅回落,实现边境经济贸易总额 7558.12 万美元,减少 2.8%。旅游综合接待 82.72 万人次,增长 25.2%;旅游综合收入 82931 万元,增长 18.1%。全县全社会固定资产投资 14.73 亿元,增长 20.4%。

2011 年,全县实现农林牧渔业总产值 19.91 亿元,增长 16.5%,其中农业总产值 12.83 亿元,增长 17.2%;林业总产值 2.26 亿元,增长 26.2%;牧业总产值 2.94 亿元,增长 6.8%;渔业总产值 1.09 亿元,增长 20.3%;农林牧渔服务业产值 0.78 亿元,增长 11.7%。粮食产量再创历史新高,全年粮食播种面积 64.12 万亩,增长 8.5%,总产量为 20.01 万吨,增长 21.1%,突破 2 亿千克大关;全年冬作开发面积 24.4 万亩,增长 17.4%。粮糖茶等传统优势产业进一步巩固提升,超级稻、优质米、吨糖田、生态茶种植面积不断扩大。甘蔗种植面积 18.2 万亩,增长 2.8%,产量 91.5 万吨,增长 11.4%;茶叶种植面积 38.6 万亩,增长 7.4%,干毛茶产量 1.38 万吨,增长 12.8%;橡胶种植面积 28.9 万亩,增长 13.1%,干胶总产量 7739 吨,增长 10.1%。畜牧水产业稳步发展,罗非鱼、商品猪、肉牛等养殖基地建设加快推进,稻田养鱼面积达 3.82 万亩。全县肉类总产量 1.11 万吨,增长 5.7%;水产品养殖面积 5.04 万亩,减少 4.9%,水产品产量 1.2 万吨,增长 37.4%;禽蛋产量 1116 吨,增长 11.1%。蔬菜种植面积 10.35 万亩,增长 25.4%,蔬菜产量 5.67 万吨,增长 16.5%。云麻、林竹、石斛、木薯等新兴产业基地建设快速发展。农业基础设施不断改善,改造中低产田地 4.67 万亩,新增耕地面积 0.52 万亩。完成各类水利工程 162 件,改善和新增灌溉面积 5.17 万亩。建有水库 94 座,总库容 14209 万立方米,年末有效灌溉面积 32.38 万亩。农业机械总动力 39539 万瓦特,机械机耕面积 62.84 万亩。产业化进程不断加快,勐海茶业有限公司荣获"农业产业化国家重点龙头企业"称号,全县规模以上龙头企业 18 家,农业专业合作社 131 家,龙头带动日趋明显。

全县完成工业总产值 31.4 亿元,增长 36.7%;工业销售产值 27.4 亿元,增长 38.0%;工业增加值 16.29 亿元,增长 20.9%,其中规模以上工业实现增加值 12.16 亿元,增长 18.0%;工业利税总额 10.07 亿元,增长 59.6%,其中实现利润总额 8.1 亿元,增长 69.0%。糖业、茶业效益增长明显。制糖业实现总产值7.06亿元,增长69.3%,机制糖产量11.07万吨,增长18.9%。精制茶总产值13.11亿元,增长13.6%,精制茶产量2.22万吨,增长2.8%。糖、茶实现工业增加值10亿元,占全县工业增加值的58.96%。"大益"品牌荣获中国驰名商标,勐海茶厂税收首次突破亿元。选矿及冶炼业总产值5.16亿元,增长53.1%。发电量4.75亿千瓦时,增长48.4%;供电量6.54亿千瓦时,增长42.2%。云麻、竹业、燃料乙醇、石斛、茶多酚等特色农产品加工业稳步推进。特色工业园区聚集效应不断凸显,入园企业达42户,完成园区工业总产值3亿元,增长15.8%,工业增加值1.5亿元,增长5.6%。非公有制经济快速发展,非公有制经济增加值达21.13亿元,增长36.1%,从业人员2.5万人。工业经济实现了"速效两佳"。全社会建筑业完成增加值2.13亿元,增长7.4%。

全县公路里程为2433.4千米,其中:国、省道公路217千米,县道公路311.1千米,乡道公路1133.8千米,桥梁1.1千米,专用公路55.8千米。全县旅客运输客运量174.34万人次,旅客运输客运周转量9065.5万人千米。全年货物运输总量173万吨,货物运输周转量11546万吨千米。全县机动车总量66992辆,其中大车2015辆,小车10556辆,摩托车54421辆。全县邮电业务总收入19597.61万元,全年国内平常信件21263件,国内挂号信件17909件,国内包裹17556件。移动电话户数26.86万户,固定电话用户3.8万户,互联网用户1.82万户。广播电视综合覆盖率达99%。

金融机构各项存款余额达48.65亿元(本外币合计),增长23.1%;金融机构各项贷款余额达19.65亿元,增长22%。全县原保险保费收入10363万元,增长22.5%;支付各类赔款及给付2470万元。

2011年,农民人均纯收入4560元,增长18.5%;农场人均纯收入3637元,增长10.2%。城镇居民人均可支配收入14453元,增长11.2%;城镇居民人均消费支出9340元,增长19.0%。城镇居民消费价格指数105.1%,增长2.9%,同比提高3.9个百分点;商品零售价格总指数104.9%,增长1.4%;农业生产资料价格指数110.2%,增长8.9%。

全县共有各级各类学校(园)86所。其中:幼儿园11所(含民办3所);小学54所(含民办1所、完小43所);普通中学18所(含完中3所,初级中学9所,九年一贯制学校6所);职业初中1所,职业高中(中职)1所;教师进修学校1所。全县在校学生45674人,其中:学前教育在校生5516人,同比增加700人,小学在校生23855人,同比减少1205人。初中在校生13501人(含职初731人),同比减少179人。普通高中在校生1119人,同比增加36人,职业高中在校生1683人(含送教下乡831人),同比增加78人;全县各级各类学校教职工共计2654人,其中:学前教育教工161人;小学教工1367人,普通初中478人,九年一贯制学校教工275人,职业初中教工42人(含职高附设6人),完全中学教工266人,职业高中及教师进修学校65人;2011~2012学年初辖区小学毛入学率115.99%,小学学龄儿童入学率99.75%,同比增加0.03个百分点。小学在校生年巩固率98.59%,同比减少0.03个百分点,小学在校生辍学率1.41%,同比增加0.76个百分点;2011~2012辖区初中阶段毛入学率113.3%,同比增加5.33个百分点,初中阶段学龄人口入学率85.27%,同比增加4.8个百分点;普通初中年巩固率99.02%,同比增加0.61个百分点,初中阶段在校学生辍学率0.98%,同比减少0.61个百分点;2011~2012学年初辖区3~6周岁儿童入园率55.12%,同比增长4.1个百分点。

全年参加医疗保险人数302726人,增长0.9%,其中城镇职工医疗保险人数24890人,增长1.3%;新型农村合作医疗保险人数260624人,增长1.5%,参合率96.5%,共支出医疗基金总额4784.39万元,受益人次达40.47万人次。启动新型农村和城镇居民社会养老保险试点工作,共发放保险金713万元。新增城镇就业1946人,转移农村劳动力2004人,城镇登记失业率2.99%,保持了"零就业家庭"的动态清零。

2011年,扶贫工作投入1.15亿元,基本完成西定乡、勐宋乡山区综合开发;整合资金1.02亿元,启动实施布朗山乡整乡推进扶贫综合开发工作,全年共完成35个扶贫整村推进和22个人口较少民族整村推进项目,易地搬迁扶贫工作顺利推进,解决0.5万贫困人口的温饱问题。

〔县级领导〕

领导干部

中共勐海县委

书　记　许家福(彝族)

副书记　吴江玲(女,2011.3离职)

岩　总(傣族,2011.3任职)

刀华新(傣族,2011.4离职)

张世影(傣族,2011.4任职)

梅毅全

勐海县人大常委会

主　任　岩　尖(傣族)
副主任　王建国(哈尼族)
　　　　仓亚芬(女,2011.9离职)
　　　　张庆海(傣族)
　　　　罗义辉(白族,2011.5任职)

勐海县人民政府

县　长　吴江玲(女,2011.3离职)
代理县长　岩　总(傣族,2011.3任职)
副县长　岩三叫(傣族,2011.4任职)
　　　　马献忠(哈尼族)
　　　　肖云康(回族,2011.1离职)
　　　　刀军华(傣族,2011.12离职)
　　　　李志伟(傣族,2011.5任职)
　　　　周俊萍(女,拉祜族,2011.9任职)
　　　　杨晓春(2011.7离职)
　　　　谭介名(满族)

勐海县政协委员会

主　席　岩　温(傣族)
副主席　刀洪德(傣族)
　　　　余　途(哈尼族)
　　　　岩三书(布朗族)
　　　　周俊萍(女,拉祜族,2011.9离职)

大事提要

3月7~10日,由州、县文化馆联合举办的第三期国家级非物质文化遗产保护名录"贝叶经技艺"传承人培训班在勐海县勐遮镇举行,来自全县9个乡镇57名学员参加了培训。培训班邀请了州内"贝叶经技艺"资深传承人橄榄坝的康南就等老艺人前来授课,让学员们直观地感受到了贝叶文化的魅力与韵味。

3月26日,"保护母亲河——中日青年云南省西双版纳傣族自治州生态绿化示范林"首期工程启动仪式,在勐海县勐遮镇南愣村举行。中日双方代表共同为示范林揭碑,并种下了纪念树。

3月31日,勐海县旅游局在打洛镇勐景来村举行首批12户乡村旅游特色经营户星级授牌仪式。此次对勐景来村、曼板村的12户特色经营户进行了等级评定,评出三星级9户、二星级1户、一星级2户。

3月,勐海县通过乡(镇)党委换届,全县11个乡(镇)都实现了1名大学生村官进入乡(镇)党委班子任党委委员的目标。并创新思路,建立"三同"工作机制,搭建其成长平台,激发其干事创业的激情和活力。

4月2日,勐海县格朗和乡南糯山村委会石头老寨村小组防雷工程通过州防雷专家组验收,是勐海县首个农村防雷工程。

4月9日,以云南大叶种优质良种茶和高端普洱茶老班章茶为主要研究对象的跨地区、跨行业的非营利性社团组织——西双版纳老班章茶研究会,在勐海县成立。

4月15~17,第二届"原生态哈尼民歌"暨首届勐海普洱茶"阿卡老博"赛茶会在勐海县格朗和乡举行。中国文联副主席、中国作家协会副主席丹增出席整个活动。此次活动以展示勐海县"原生态哈尼民歌"和勐海普洱茶"阿卡老博"(哈尼茶叶文化)为核心,充分挖掘哈尼民间原生态歌曲和"阿卡老博"文化、多层次多角度全方位展示哈尼民族文化和"阿卡老博"文化及产品和普洱茶茶道表演,彰显"普洱茶圣地——勐海"的品牌形象。

5月9日,州商务局在景洪举行"中华老字号"授牌仪式,李江虹副州长为荣获国家商务部"中华老字号"的勐海茶厂大益牌商标授牌。

5月11日,中国共产党勐海县第十一次代表大会在勐海县民族会堂隆重开幕。大会主要任务是:高举邓小平理论和"三个代表"重要思想伟大旗帜,深入贯彻落实科学发展观,认真总结县第十次党代会以来的工作,确定今后5年的奋斗目标和基本任务,选举新一届县委和县纪委,选举出席州第七次党代会代表,动员全县各级党组织和全体共产党员,团结和带领全县各族人民群众,践行使命、继往开来,全力开创勐海科学发展新局面。

5月24日,勐海县第二次全国地名普查试点工作正式启动。随后,全县普查工作进行了实地核查、坐标采集、图片收集、室内处理采集信息等阶段性工作。

6月,勐海县政务服务中心正式挂牌成立。勐海县政务服务中心于今年4月开始筹建,6月10日完工,占地约6亩。中心内设有政务服务大厅及配套功能室、公共资源交易竞标大厅、议标室等办公和服务场所。首批进驻部门19个,派驻人员33名,进驻办理行政许可和服务事项92项。

6月13日,勐海县政府与云南六大茶山茶业股份有限公司举行贺开古茶山资源保护开发框架协议签字仪式。

6月14日,勐海县召开"美化家乡、绿化环境"活动动员会。"美化家乡、绿化环境"植树活动将于6月21~30日展开,县辖各部门(单位)将按计划对国道214线景洪至勐海k13km至k41km+700m段共计28.7公里的路段两侧进行植树绿化。栽植树种以"三角梅"为主,所栽种的苗木由勐海县林业局提供和全县各单位干部职工捐赠。

6月16日,勐海县公安局治安管理大队荣获"云南省公安机关治安部门办理案件先进单位"荣誉称号。

7月1日,勐海县城镇居民社会养老保险和新型农村社会养老保险试点工作同时启动。全县新农保试点工作涉及农业人口27万多人,占全州农业人口的近一半。新型农村和城镇居民社会养老保险参保率分别为93.35%、62%,共发放保险金713万元。

7月7日,《布朗山乡整乡推进扶贫开发试点项目规划》通过州级评审。8月12日通过省扶贫办审核。项目规划建设期2年,总投资10217.98万元,其中省级财政补助资金1000万元,整合资金8320.98万元,群众自筹897万元(以劳折资)。2011年项目计划投资6657.1万元,其中省级补助500万元,整合资金6157.1万元。已完成投资1297.8万元,其中产业开发75.32万元,基础设施814.68万元,社会事业55.2万元,民生保障352.6万元。

7月,"勐海县千名干部走访农业农村活动"顺利结束。此次走访活动由州、县、乡、村852名工作人员组成11支工作队88个工作组,走访85个村委会和3个社区,走访村民小组932个,居民小组14个,走访农户6347户,召开群众大会805次,参加群众28286人。据不完全统计,各级部门为群众办好事实事108件,化解矛盾纠纷70件,协调物资和资金101.79万元,征求群众意见建议10255条。

8月23日,勐海县内普降大雨,局部地区出现单点暴雨,最高降雨量达158毫米,导致县城城区和部分乡镇出现汛情、险情。县城城区受灾较严重,最高水位达1米,造成县粮贸新区、曼贺新街、县中医院办公楼、县计生服务站办公楼被淹,城区被淹住户约80户。县内3个乡镇不同程度受灾,沟渠塌方3处、农作物被淹3000余亩、自来水管被冲毁100米、1处小坝塘发生漫坝、公路塌方1处。

8月25日,打洛口岸联检楼通过由省口岸办、省商务厅牵头,省财政厅、省发改委、省外办、昆明海关、省进出口检验检疫局、省公安边防总队专家组成的验收组的功能验收。验收组实地检查了标志标示牌、查验台、咨询台、办公设施、门牌、光纤电缆、X光机等功能设施,一致认为:联检楼查验功能布局合理,实现了人员、车辆出入境分流监管,有关措施已落实,口岸有关查验单位机构健全、人员到位。查验设施能满足各查验单位业务工作需要,基本达到口岸对外开放的要求和标准。

9月10日,勐海县新型农村社会养老保险基础养老金首发仪式在格朗和乡南糯山村委会举行,标志着勐海县统筹城乡社会养老事业工作取得了新的突破。

10月13日,云南省高级人民法院在勐海县勐遮镇二审公开开庭审理被告人田祥国、玉罕光、岩应来、玉儿囡贩卖毒品一案。

10月15日,省级勐海县布朗山布朗族乡整乡推进扶贫开发试点项目启动,发起了第三轮布朗山乡扶贫攻坚战,将用3年时间,实现全乡系统性整体脱贫,农民人均纯收入达到3000元以上。整乡推进扶贫开发项目估算总投资10217万元,涉及产业开发、基础设施、社会事业、生态能源建设、科技培训与推广、民生保障6大方面16个项目190个子项目,覆盖全乡52个村民小组63个自然村。

10月18日,云南网省级外宣平台共建基地——勐海网揭牌暨开通仪式在勐海县举行。勐海网的正式开通上线运行,标志着勐海的新闻发布平台向网络化、信息化、规范化迈出了坚实的一步。通过"勐海网"平台建设,使勐海县能依托云南网这一省级外宣主流平台,全面展示"中国普洱茶第一县"、"西双版纳春城——勐海"这两张名片,展示勐海深化改革、扩大开放和加快发展的新成就、新变化、新面貌。

10月27日,勐海县农村小型水利工程管理体制改革工作通过州级验收。该项工作于2009年9月启动,2010年12月完成改革任务。全县共列入改革工作的2092件农村小型水利工程,已全面完成产权界定工作,工程确权率达100%,发放产权证1880本。

10月,光明食品集团云南宏晟生物制品有限公司在勐海投资建设的铁皮石斛现代组培工厂、GMP标准厂投产运行,这是目前全国最大的铁皮石斛产业基地。2009年8月,光明食品集团落户勐海县流沙河畔,组建光明食品集团云南宏晟生物制品有限公司。该公司已累计投入资金1.3亿元,建成高洁净组培室5000平方米,核心区净化级别达到1万级,达产后年可育苗5000万丛,成为国内石斛行业装备最精良、科技含量最高、规模最大的组培工厂;完成20万平方米高规格钢架种植大棚建设,在建15万平方米;建成5000平方米的GMP标准厂房和加工流程,开始投产试运行。

11月15日，为进一步推进廉政文化进家庭、进企业、进学校、进机关、进社区、进农村“六进”活动的深入开展，由勐海县纪委主办，勐海县人民检察院、勐海茶叶有限公司协办，组织全县各行业书画爱好者创作以风清气正为主题的廉政书画作品展，吸引了众多群众前来观看。

11月18日，勐海县财政一体化系统横向网络建设和局域网综合布线项目通过由州工信委、州财政局、勐海县信息产业办等部门组成的专家验收组的验收。该项目由县广电网络支公司负责施工建设，项目建设共完成县城区70家、乡镇12家的专线接入，经过实际运行，网络性能稳定可靠。

11月29日，大益集团“大益”牌商标被国家工商总局商标局认定为“2011年中国驰名商标”。20世纪80年代末，勐海茶厂(勐海茶业有限责任公司)正式注册并开始使用“大益”牌商标，“大益”茶受到无数消费者的青睐和喜爱。近年来，“大益”普洱茶更是屡屡斩获国际国内的多项大奖，并在2011年入选国家商务部评定的“中华老字号”名录。

11月29日，由勐海县总工会组织举办的勐海县首届茶艺技能竞赛在勐海县茶马古道景区举行。有15支代表队参加比赛，参赛队通过仪容仪表、茶席布置、茶艺演示、茶汤质量等四个方面的比拼，向评委和观众再现了中国茶文化的深厚底蕴。最终，勐海七彩云南茶厂夺得金奖。

11月，勐海县以调整利益分配为核心，以“一场一策、一队一案”和大稳定、小调整为内容，以职工群众是否满意为标准，制定了《黎明农场基本农田家庭承包经营实施方案》和《黎明农场橡胶林木家庭承包经营实施方案》，分阶段组织实施，较好地完成了家庭承包经营改革。全农场共有7746户20225人，参与家庭承包经营的4416户6888人，已完成家庭承包到户的有4393户，完成率达99.48%。

12月16日，勐海县与台湾一国两制研究协会签订佛海古镇项目投资意向协议。该项目由台湾一国两制研究协会投资建设，项目区位于勐海县工业园区，总投资约5亿元人民币，重点围绕佛海古镇项目，集中打造以普洱茶交易、物流、茶文化展示、休闲旅游等为一体的普洱茶产品高端贸易平台，力争为勐海县茶产业和旅游文化产业发展注入新活力。

12月，勐海县勐遮镇整建制推进水稻高产创建试点工作成效显著。通过建立高产示范片，辐射带动2011年勐遮镇整体推进142435亩水稻，平均单产达442千克，比2008～2010年3年水稻平均单产420.8千克增产21.2千克，增幅为5.04%，全镇可增产粮食300多万千克。

乡镇概况

〔勐海镇〕 位于勐海县境以东，东依勐宋乡，东南与格朗和乡相连，西南与勐混镇相邻，西与勐遮镇、勐满镇交界，北与勐阿镇相接，是全县政治、经济、文化中心。是典型的城乡结合镇，具有民族多、人口多，幅员面积广，交通便利，地理位置优越的区位优势。境内最大南北纵距27.3公里，最大东西横距21.84公里。最高点为火盘山，海拔1987.2米；最低海拔1090米。境内河流属澜沧江水系。流沙河为过境河流，自勐遮镇流入，自西向东穿过勐海坝子流入景洪市境内。南丹河、南海河、南短河流经勐海坝子汇入流沙河，南翁河向北流入勐阿镇，国土面积365.38平方公里。辖景龙、曼贺、曼袄、曼尾、曼真、曼短、曼搞、勐翁8个村民委员会，93个村民小组，93个自然村；象山、沿河、佛双3个社区居民委员会，16个社区居民小组。

镇境内居住着傣、哈尼、拉祜、回、彝、景颇、汉等民族。2011年末，总人口14762户55640人，其中：农业人口6452户31710人，劳动力19671人。傣族26968人，哈尼族5233人，拉祜族5147人，布朗族560人，彝族1590人，回族1583人，景颇族142人，汉族13548人。年内，出生人口425人，出生率10.6‰；死亡人口212人，死亡率4.2‰。人口自然增长率4.7‰。

2011年，农业生产总值2.5亿元，比上年增加0.51亿元，同比增长25.6%；农民人均纯收入5867元，比上年增加762元，同比增长17%；财政收入1462.38万元，比上年减少1430.16万元，同比减少49.4%；财政支出2507.62万元，比上年增加1225.6万元，同比增长48.8%。全镇粮豆种植面积5.6万亩，同比增长12.8%，产量1716万公斤，同比增长8.4%；甘蔗种植面积2.6万亩(其中：下田面积1.6万亩)，同比增长1.02%，入榨量11.7万吨，同比增长1.74%；茶园面积3.3万亩(其中：可采摘面积3万亩)，同比增长4.9%，干毛茶产量1.9万吨，同比增长13.6%；蔬菜种植面积0.9万亩，产量978万公斤，同比增长3.93%；完成冬作开发2.3万亩。全镇共有农业机械4613台，机耕、机耙面积达3.3万亩。全年生猪存栏19040头，出栏13328头；大牲畜存栏9400头，出栏6580头；家禽存栏33万只，出栏11.55万只。

通过加大新兴产业的扶持力度，不断培育新的经济增长点，努力创建示范点，全镇种植石斛127.46亩，其中铁皮石斛68.56亩，并建立了曼尾石斛种植示范基地以及300亩曼海无公害蔬菜种植基地。全年共兑付粮食、农资、家电、能繁母猪保险等各种补贴共计663.72万元，城乡居民最低生活保障实现应保尽保，共发放最低生活保障金864.09万元。全镇8个村委会93个村民小组均通公路，通电话，广播覆盖率100%，电视覆盖率100%。全镇有中学1所，教职工56人，18个教学班，在校学生918人，入学率为100%。有九年制学校2所，教职工31人，12个教学班，在校生550名，入学率99%。有小学14所，教职工207人，94个教学班，在校生2967名，适龄儿童入学率为100%。有卫生院1所，在编医务人员6人，其中：执业医师3人，执业助理医师1人，医士2人，新型农村合作医疗管理办公室工作人员2人。辖区内设医疗服务网点9个，有乡村医生30人。全面实施新型农村合作医疗制度，2011年，全镇参合率98.85%，全年共有12613人享受新农合补偿金，共减免医疗费用22.64万元。

镇党委书记　马晓忠（回族）

镇　　长　陶　渊（傣族，兼社区工委书记）

〔**打洛镇**〕　位于勐海县境西南部，东南为布朗山乡，西南部与缅甸接壤，国境线长36.5公里，西北与西定乡毗邻，东北为勐遮镇，位于昆洛公路的末端。镇政府驻地距缅甸掸邦东部第四特区勐拉县城、景栋、泰国米赛、清迈分别有3公里、80公里、246公里、500公里，是中国通向东南亚国家距离最近的内陆口岸和最便捷通道，国土面积400.16平方公里。辖打洛、曼夕、曼山、曼轰、勐板5个村委会，57个村民小组，57个自然村。

镇境内居住着傣、布朗、哈尼、拉祜、彝等民族。2011年末，全镇户籍人口4614户19719人，傣族0.87万人，哈尼族0.5万人，布朗族0.48万人。2011全年，出生人口249人，其中，男婴为121人，女婴为128人，出生率12.63‰，比上年上升2.53个千分点；死亡人数为110人，比上年同期减少10人，死亡率为5.73‰，比上年同期减少0.55个千分点。总人口有19719人，净增人数139人，比上年同期增加21人，自然增长率为7.14‰。

2011年，工农业总产值达36190万元，按可比价计算，同比增长51.4%，其中，农业总产值22456万元，工业总产值（含个体户）13714万元；固定资产投资完成6698万元；完成地方财政收入120万元；农民人均纯收入达5754元，比去年增加1038元，增长22%。全镇粮豆播种面积19817亩，粮豆总产量4580吨。香蕉种植面积19817亩，产量39406吨。橡胶种植面积100217亩，干胶7939吨。茶叶种植面积10421亩，产量402.9吨。2011年末，生猪存栏9000头，肥猪出栏1572头；大牲畜存栏1330头，大牲畜出栏1410头。口岸出入境人员22.94万人次，日平均出入境人员628人次，其中：中方出入境19.97万人次。出入境车辆13.35万辆次，日平均出入境车辆367辆次。全镇5个村委会57个村民小组均通公路，通电话，广播覆盖率85%，电视覆盖率100%。现有公立学校7所（其中初中1所、完小6所），私立学校2所，共开设教学班99个，在校学生4153人。全镇设有中心卫生院1所，开放床位93张；2011年中心卫生院编制核定总数35名，现有在职职工24名，其中专业技术人员24名（主管共卫医师1人，主管护师3人，主治医师1人，执业医师3人，助理医师5人，护师3人，检验士1人，药师协理1人，技师1人，医士2人，会计员3人）本科3人，专科学历19人，中专学历2人；现有临聘人员40人。设有村卫生室7所，有村医及卫生员21人，其中女村医15人。全镇新农合参保率为100%，新型农村社会养老保险已完成参保任务数13537人，共完成比例93%。参保人员共缴纳保费128.96万元。

镇党委书记　徐　楠（傣族）

镇　　长　刀洪兴（傣族）。

〔**勐遮镇**〕　位于勐海县中部偏西，地跨东经98°28′～100°10′，北纬21°62′～21°91′之间，距县城22公里，东邻勐海镇，东南连勐混镇，南与打洛镇交界，西南和西面与巴达、西定乡接壤，北依勐满镇。全镇总面积462平方公里，其中坝子面积156平方公里，占总面积的33.77%。实有耕地面积123215亩，其中：水田85081亩，旱地38134亩。农业人口人均占有耕地面积2.17亩。辖曼根、曼勐养、曼央龙、曼伦、曼燕、曼扫、曼洪、勐遮、景真、曼弄、曼恩、曼令、南楞13个村民委员会，169个村民小组，169个自然村。镇内驻有7个镇属站所，县驻镇双管单位21个，黎明农场管委会及其直属糖厂、茶厂、淀粉厂、科技中心，勐海县第二人民医院，英茂公司景真糖厂。

境内居住着傣、拉祜、哈尼、布朗、回、佤、汉等民族，以傣族为主。2011年末，辖区总人口12087户56684人，其中：男28558人，女28126人；农业人口10622户52106人，占总户数的87.88%，总人口的91.92%，农村劳动力34505人。傣族42389人，占总人口的74.78%；哈尼族2937人，占总人口的5.18%；拉祜族3532人，占总人口的6.23%；汉族5062人，占总人口的8.93%；布朗族1936人，占总人口的3.42%；佤族478人，占总人口的0.84%；彝族195人，占总人口的0.34%；回族63人，占总人口的0.11%。年内，出生543人，出生率9.58‰，比上年下降2.77个千分点；死亡337人，死亡率5.95‰，比上年上升0.12个千分点。人口自然增长率3.63‰。

2011年，农业生产总值3.39亿元，比上年增加0.28亿元，同比增长9.1%；农民人均纯收入5454元，比上年增加752元，同比增长16%；财政拨款1322.24万元，比上年增加217.8万元，同比增长19.72%；财政支出1170.7万元，比上年增加19.46万元，同比增长1.69%。全镇粮豆种植面积16.24万亩，同比增长25%，产量6671.9万公斤，同比增长33.8%；甘蔗种植面积2.25万亩（其中：下田面积1.3万亩），同比增长3.4%，入榨量11.08万吨，同比增长1%；茶园面积2.59万亩（其中：可采摘面积1.84万亩），同比增长0.4%，干毛茶产量0.7万吨，同比减少0.1%；蔬菜种植面积4.42万亩，产量3023.47万公斤，同比增长38.2%；完成冬作开发12.77万亩。全镇共有农业机械7545台，机耕、机耙面积达15.99万亩。全年生猪存栏39893头，出栏24865头；大牲畜存栏8652头，出栏4701头；家禽存栏21.7万只，出栏17.5万只。全年共兑付粮食、农资、家电、能繁母猪保险等各种补贴共计2331.59万元，城乡居民最低生活保障实现应保尽保，共发放最低生活保障金380.14万元。全镇13个村委会169个村民小组均通公路，通电话，广播覆盖率100%，电视覆盖率100%。全镇有中学2所，教职工161人，47个教学班，在校学生2471人，入学率为100%。有九年制学校2所，教职工39人，15个教学班，在校生582名，入学率100%。有小学12所，教职工281人，125个教学班，在校生3707名，适龄儿童入学率为100%。有卫生院1所，在编医务人员31人，其中：执业医师7人，执业助理医师10人，其他医务工作人员14人。辖区内设医疗服务网点15个，有乡村医生45人。全面实施新型农村合作医疗制度，2011年，全镇参合率96.5%，全年共有50659人享受新农合补偿金，共减免医疗费用691.45万元。

镇党委书记　刘应枚（女，2011.5离任）
岩温合（傣族，2011.5任职）
镇　　长　岩温合（傣族，2011.5离任）
岩温比（傣族，2011.6任代理镇长）。

〔**勐混镇**〕　位于勐海县东南部，地处东经100°19′37″～100°33′02″，北纬21°403′4″～21°55′55″之间，东北邻勐海镇，东连格朗和乡，东南与景洪市交界，南邻布朗山乡，西南接打洛镇，西、北连勐遮镇。距勐海县城16公里，山坝相间，地形狭长，自东南向西北倾斜，东部为高山，西北为低山和缓坡、丘陵。全镇海拔最高点为阿珠各脚1987米，最低点为南开河下游出境处1181米。境内沟谷纵横，河网密布，有1座容量4900多立方米的中型水库—纳达勐水库，水资源丰富。勐混坝子面积54平方公里（8.1万亩），地势平坦，坝区平均海拔1200米，是勐海县较大的坝子之一，国土面积329平方公里。辖勐混、曼扫、曼国、曼蚌、曼赛、曼冈、贺开7个村委会，81个村民小组，75个自然村。

镇境内主要居住着傣、哈尼、布朗、拉祜、汉、佤等多种民族，以傣族为主。2011年末，全镇总户数7163户，总人口31688人，其中：男16123人，女15565人；农业户数6499户，农业人口29892人，乡村共有劳动力19560人，其中：傣族19524人；哈尼族4886人；布朗族885人；拉祜族4793人；佤族216人。年内，人口出生346人，出生率为10.9‰；死亡191人，死亡率6‰；人口自然增长率4.8‰。

2011年，农业总产值实现1.64亿元，比上年增长25%；社会商品零售总额5974万元，比上年增长4%。农民人均纯收入5378元，比上年增长20%；农民人均占有粮1004公斤，比上年增长14%。一年来，在全镇人民的努力下粮食生产再创新高，共种植5.9万亩，总产量突破2681.36万公斤，比去年增产130.36万公斤。甘蔗总面积1.99万亩，比去年同期增长975亩，产量达93356吨，比去年同期增长11837吨；茶叶总面积4.47万亩，其中：古茶面积为1.61万亩，台地茶园面积2.85万亩；干毛茶产量达1.5万公担，比去年同期增长15.2公担。畜牧水产业稳步发展，罗非鱼、生态猪、茶花鸡等养殖基地建设不断推进，稻田养鱼面积4656亩，养殖茶花鸡3200只，2011年年末生猪存栏21430头，出栏10678头；大牲畜存栏7939头，出栏1641头；全年肉类产量901.84吨，水产品产量400吨。姬松茸、核桃、大棚西瓜等新兴产业基地建设得到快速发展。完成冬作开发25619.8亩。全镇7个村委会、81个村民小组，均已实现“三通”,广播、电视覆盖率分别达到100%和98.8%。全镇现有中学1所,小学7所。有教学班91个(中学25个,小学66个),在校学生3589(含学前班409人,小学2503人,中学1086人),全镇在编在岗教职工228人,全镇小学学生入学率为99.79%,辍学率为0.2%,巩固率为99.8%。中学学生入学率为105.37%,辍学率为1.85%,巩固率为98.15%。国家九年义务教育政策得到全面贯彻落实,2914名中小学生享受“两免一补”政策,2275名中小学生享受兴边富民学生生活费扩面补助,207名中小学生享受较少民族补助,补助金额共计182.275万元。2011年累计发放低保资金302.092万元。新型农村合作医疗、城镇居民养老保险和农村新型养老保险工作顺利开展,参合率分别达95.72%、97%和100%。镇卫生院在职职工16人,全镇共设有7个医疗网点,有24个乡村医生及80个接生员。全镇有28306人参加了新型农村合作医疗,参合率达95.72%,年内共减免医疗费132万元。

镇党委书记　施文军

镇　　长　岩罕尖(傣族)

〔**勐阿镇**〕　位于勐海县北部,东北连景洪市,东南连勐宋乡,南邻勐海镇,西接勐满镇,西北与澜沧县交界,北依勐往乡,距离勐海县城32公里。国土面积538.77平方公里,其中:山区330.77平方公里,坝区208平方公里。辖曼迈、嘎赛、南朗河、勐康、纳京、纳丙、贺建7个行政村,59个自然村71个村民小组,驻有黎明农场第四办事处和西双版纳英茂糖业有限公司勐阿糖厂。

镇境内居住着拉祜、傣、哈尼等民族,以拉祜族为主。全镇共有5266户21767人,其中拉祜族人口9813人,占全镇人口的45.08%,傣族人口6432人,占全镇人口的30%,哈尼族人口1928人,占全镇总人口的9%;农业人口20667人,占全镇人口的94.94%,城镇居民970人,占4.45%;乡村共有劳动力13018人。年内,出生人数218人,出生率为9.31‰;死亡140人,死亡率为5.98‰;自然增长率为3.33‰。

2011年,农业生产总值1.16亿元,比上年同期增长27.7%;农民人均纯收入4700元,比上年同期增长18.5%。农作物播种面积72045亩,粮食总产量达865.3万公斤,农民人均占有粮食418公斤;完成甘蔗种植总面积3万亩,其中下田甘蔗1.26万亩,旱地甘蔗1.74万亩,2010/2011榨季甘蔗农业产量14.1万吨,工业入榨量13.2万吨;茶叶种植总面积1.32万亩,产干毛茶4853百公斤。全年生猪存栏15963头,出栏9328头;大牲畜存栏3152头,出栏1460头;家禽存栏88659只,出栏66577只。年内全镇在稳固发展粮、糖、茶传统产业的同时,继续加大云麻、木薯、新型套种技术等项目扶持力度,共完成云麻种植1763亩,产量83.488吨;积极推广甘蔗、马铃薯间套种技术,争取到由州、县农业局在勐阿镇南朗河村实施开展的全省第一片300亩“甘蔗间套种马铃薯”现代设施喷灌农业种植模式示范地,经过测产这一模式农业产值每亩至少可达5000元以上,为农民群众增收开辟了一条新的路子。全镇7个村委会71个村民小组均通公路,通电话,广播覆盖率100%,电视覆盖率100%。全镇有中学1所,教职工58人,19个教学班,在校学生996人,入学率为97%。有小学6所,教职工122人,55个教学班,在校生1596名,适龄儿童入学率为99.57%。有卫生院1所,在编医务人员16人,其中:执业医师2人,执业助理医师6人,医士1人,新型农村合作医疗管理办公室工作人员4人。辖区内设医疗服务网点12个,有乡村医生24人。全面实施新型农村合作医疗制度,2011年,全镇参合率96.28%,全年共有28589人享受新农合补偿金,共减免医疗费用1066089.71万元。

镇党委书记　曹　辉(汉族)

镇　　长　王子能(拉祜族)

〔**勐满镇**〕　位于勐海县西北部,东接勐阿镇,东南连勐海镇,南邻勐遮镇,西南接西定乡,西、西北与澜沧县糯福乡、惠民乡毗邻。距勐海县城56公里,北距澜沧县城63公里。东西最大纵距为37公里,南北最大横距为25公里,最高点在帕滇梁子,海拔为2192米,最低点在勐满坝子,海拔为838米,坝区占总面积的3%,山区面积占97%,属山区乡镇。国土面积488.39平方公里。辖城子、纳包、班倒、星火山、帕迫、南达、关双7个村民委员会,64个自然村81个村民小组,镇内有黎明公司第六办事处。

镇境内主要居住着拉祜、傣、布朗、哈尼、汉等民族,2011年末全镇总户数4724户,总人口18704人,其中农业户数4412户,农业人口18152人,乡村共有劳动力11652人。其中拉祜族6587人,占全镇总人口的35.2%;傣族4345人,占全镇总人口的23.2%;布朗族3379人,占全镇总人口的18.1%;哈尼族2780人,占全镇总人口的14.8%;汉族1463人,占全镇总人口的0.08%。年内,出生人口246人,出生率12.24‰,死亡人口149人,死亡率7.41‰。人口自然增长率4.83‰。

2011年，工农业总产值4.77亿元，比去年增加1.43亿元，增幅为42.9%，其中工业总产值3.67亿元，比去年增加1.27亿元，增幅为53.05%；农业总产值1.1亿元，比去年增加1606万元，增幅为17.06%。地方财政一般性预算收入578万元，一般性预算支出541万元。农民人均纯收入3631元，比上年增加567元，增幅为18.5%。2011年末全镇有乡镇企业224个，比2010年增加54个。企业营业总收入3.66亿元，比去年增加1.25亿元，增幅为51.63%；利润总额1.91亿元，比去年增加6043万元，增幅为46.3%。从业人员837人，比2010年增加237人，实现营业收入3.66亿元，比上年增长51.63%。农作物面积为6.8万亩，其中粮食作物播种面积为4.6万亩（夏收粮豆面积0.14万亩，产量为28.7万公斤；秋收粮豆面积为4.42万亩，产量为866.8万公斤）；经济作物播种面积为1.6万亩（大春花生面积1071亩，产量5.2万公斤；云麻面积为1559亩，产量56.7吨；甘蔗面积1.13万亩，产量5.86万吨；木薯面积2360亩，产量1870吨）。2011年茶叶种植面积3.02万亩，当年新植茶园159亩，可采摘面积2.57万亩，绿毛茶生产量1819吨。橡胶面积23544亩，开割面积3495亩，全年鲜乳产量524吨，干胶141吨。大牲畜存栏2874头，比2010年减少了635头；出栏1486头，比2010年减少了72头；生猪存栏1.34万头，比2010年增加了1759头，出栏8725头，比2010年增加了2180头；肉类总产量56万公斤，比2010年增加了1.4万公斤。家禽存栏3.24万只，比2010年增加3569只；出栏2.9万只，比2010年减少443只。全镇7个村委会81个村民小组均通公路、电话、电视、自来水。全镇有学校4所，其中：中学1所，小学3所，共开设39个教学班，在校教师115人，在校学生有1775人。2011年中学入学率为99.58%，巩固率为98.28%；小学入学率为99.98%，巩固率为99.98%。镇设立卫生院一所，全院在职职工13人，有临聘18人，设有病床29张。全镇设立8个卫生室，有乡村医生24人，其中女村医7人。2011年我镇参加新型农村合作医疗参保率达100%，享受新农合补偿共7415人，补偿资金共78.98万元。

镇党委书记　赵海文（拉祜族，2011.5离任）
　　　　　　胡永泰（拉祜族，2011.6任职）
镇　　　长　胡永泰（拉祜族，2011.6离任）
　　　　　　岩温赛（傣族，2011.6任职）

〔格朗和哈尼族乡〕 位于云南省西双版纳傣族自治州勐海县东部，东和东南面与景洪市接壤，西南面与勐混镇相连，西面与勐海镇交界，北抵流沙河与勐宋乡隔河相望。平均海拔1596米，最高海拔点位于黑龙潭南面的路南山主峰2196.8米，最低点是南澳河与出戈河交界处海拔600米，最高与最低海拔点之间直线距离不足30公里，国土面积312.44平方公里。辖帕真、帕沙、帕宫、南糯山、苏湖5个村委会，75个村民小组。

乡境内居住着哈尼、傣、拉祜、汉等民族，是以哈尼族为主的民族乡。2011年末，全乡共有4622户17190人，其中哈尼族人口14255人，傣族人口851人，拉祜族人口574人，汉族1510人；农业户数为3721户，农业人口为15683人，劳动力为10205人。2011年出生人口128人，出生率7.7‰，死亡人口101人，死亡率6‰，人口自然增长率1.6‰。

2011年，农业总产值9468万元，比上年增加1757万元，同比增长16%。财政收入603万元，比上年增加7.3万元，同比增长1.22%，财政支出549.7万元，比上年减少125.4万元，同比减少19.35%。乡镇企业工业增加值628万元，比上年增19%。农民人均纯收入3760元，比上年增加584元，增18.3%。农业生产总值9468万元，比上年增16%。全乡国有林面积121266亩，集体林面积182496亩。粮食、甘蔗、茶叶、橡胶、畜牧业等传统优势产业不断巩固提升，木薯、蔬菜、林竹等新兴产业基地建设和产能不断扩大。其中杂交稻播种面积为9095亩，水稻为14462亩，玉米10587亩，大豆757亩，马铃薯261亩，油料作物395亩，花生395亩，大麻511亩，甘蔗13872亩，蔬菜1090亩，瓜类580亩。大牲畜存栏2446头，出栏285头；生猪存栏9712头，出栏4160头；家禽存栏69912羽，出栏83238羽。发放农村低保402户1553人次1304520元；城镇低保78户118人次235540元；五保户75户99人次71280元；发放80岁以上老人补助165500元；抓好农村社会养老保险，发放60岁以上老人补助1870人102850元；全面落实强农惠农政策，发放种粮补贴250482.3元、良种补贴383665元、农资综合直补1673602.34元、退耕还林补贴、公益林生态补偿等278792.5多元。发放创业基金27人166万元；发放农机补贴45万元；办理机动车辆补贴324辆173888.20元。2011年在校中学生145人，全乡初中毛入学率107.27%，在校小学生478人，巩固率为98%，入学率99.87%，年巩固率99%，认真落实“两免一补”，发放寄宿制贫困学生生活补28.2万元、边补14.5万元；不断完善公共卫生医疗服务体系，建立居民健康档案15000多份，全乡共有医疗点5处。2011年新型农村合作医疗参合3690户15432人，补助资金228万元。

乡党委书记　杨佛海（彝族，2011年5月离职）

郑桂红（汉族，2011年6月任职）

乡　　长　左　山（哈尼族）

〔勐宋乡〕　位于勐海县境东部，地处东经100°24′48″～100°40′25″，北纬21°56′54″～22°16′59″之间，东与景洪市交界，南邻格朗和乡，西与勐海镇相连，北接勐阿镇，东北连勐往乡。东西距离42公里，南北距离48公里。境内最高点在西部的滑竹梁子，海拔2429.5米（为全州最高点）；最低点在东南部的回令河与流沙河交汇处，海拔772米。国土面积493平方公里。辖曼方、曼迈、曼金、曼吕、蚌冈、蚌龙、大安、糯有、三迈9个村民委员会，113个村民小组。

乡境内居住着哈尼、傣、拉祜、布朗、汉等民族。全乡总户数5133户，总人口22682人，其中：农业人口4821户22003人，占全乡总人口的97%。其中：哈尼族7310人，傣族5960人，拉祜族4163人，布朗族1821人，汉族3360人，其他民族68人。年内，全乡共出生149人，死亡128人，人口自然增长率6.29‰。

2011年，农业生产总值1.14亿元，比上年增加0.27亿元，同比增长32.15%；农民人均纯收入3708元，比上年增加579元，同比增长18.5%；财政收入666.38万元；财政支出825.46万元。全镇粮豆种植面积5.2万亩，同比增长5.5%，产量1073.9万公斤，同比增长17.4%；甘蔗种植面积21.7万亩，入榨量7.75万吨，同比增长16.5%；茶园面积3.9万亩（其中：可采摘面积3.6万亩），同比增长4.9%，干毛茶产量0.09万吨，同比增长15.6%；橡胶种植面积9557亩，开割2915亩，全年共产干胶358吨，同比增长17.7%；蔬菜种植面积0.7万亩，产量106.5万公斤。全年生猪存栏16039头，出栏9332头；大牲畜存栏4598头，出栏2403头；家禽存栏6.8万只，出栏12.6万只。通过全力推进优势项目，云麻产业不断壮大，全乡种植云麻1.1万亩，累计交售干麻皮808吨；并投入8.2万元实施云麻高产创建2050亩。全年共兑付综合直补、粮食、农资、家电、能繁母猪保险等各种补贴共计854.45万元，城乡居民最低生活保障实现应保尽保，共发放最低生活保障金361.4万元、赈灾粮10吨、衣物274件。全乡9个村委会均通达村公路，113个村民小组通组公路达89%；电话均通，电视覆盖率100%；全乡通自来水的小组111个，通水率98.2%；通电率100%。全乡有中学1所，教职工56人，16个教学班，在校学生963人，入学率为97%。有小学1所，教职工101人，55个教学班，在校生2045名，适龄儿童入学率为99.87%。有卫生院1所，在编医务人员8人，其中：执业医师4人，执业助理医师2人，医士2人，新型农村合作医疗管理办公室工作人员2人。辖区内设医疗服务网点12个，有乡村医生30人。全面实施新型农村合作医疗制度，2011年，全乡参合率96.91%，共减免医疗费用197.82万元

乡党委书记　王馗（拉祜族）

乡　　长　李海荣（彝族）

〔西定布朗族哈尼族乡〕　位于勐海县西部，东接勐遮镇，南邻打洛镇，北与勐满镇毗邻，西与缅甸隔江相望，国境线长54.5公里，国土面积615.49平方公里。境内河谷交错，海拔垂直高度相差大，形成较为典型的立体气候特征。辖西定、曼来、暖和、章朗、南弄、曼佤、曼皮、曼迈、旧过、曼马、帕龙11个村委会，93个村民小组96个自然村。

乡境内居住有哈尼、布朗、拉祜、佤、傣、汉等民族，以哈尼族、布朗族为主的边境山区乡。全乡总户数5653户，总人口24670人，其中农业户数5148户，农业人口23184人，乡村共有劳动力14364人（男13134人，女11536人），其中：哈尼族12185人、布朗族7672人，拉祜族1565人，佤族377人，傣族296人，汉族2168人，年内，出生人口208人，出生率8.43‰；死亡175人，死亡率7.09‰；人口自然增长率为1.33‰。

2011年，农业生产总值10166万元，比上年增2201万元，同比增长27.63%；农民人均纯收入2974元，比上年增加464元，同比增长18.5%；财政收入680万元；财政支出759万元。全乡粮豆种植面积7.3万亩，同比增长4.29%，产量1371.26万公斤，同比增长19.1%；甘蔗种植面积1.37万亩，入榨量6.38万吨，同比增长17.5%；茶园面积4.16万亩（其中：可采摘面积3.24万亩），同比增长12.4%，干毛茶产量9万吨，同比增长2%；橡胶种植面积33500亩，开割400亩，全年共产干胶47吨，同比增长4.4%。全年生猪存栏22233头，出栏5885头；大牲畜存栏4372头，出栏1884头；家禽存栏8.25万只，出栏5.14万只。通过全力推进优势项目，云麻产业不断壮大，全乡种植云麻0.5万亩，累计交售干麻皮387.4

吨。全年共兑付综合直补、粮食、农资、家电、能繁母猪保险等各种补贴共计569.97万元,城乡居民最低生活保障实现应保尽保,共发放最低生活保障金57.6万元,赈灾粮45.9吨。全乡11个村委会均通村公路达,93个村民小组通组公路达100%;电话均通,电视覆盖率100%;全乡通自来水的小组89个,通水率95.6%;通电率100%。全乡有中学1所,教职工34人,8个教学班,在校学生431人,入学率为95.86%。有小学8所,教职工109人,48个教学班,在校生1577名,适龄儿童入学率为99.93%。有卫生院1所,在编医务人员19人,其中:执业医师1人,执业助理医师1人,医士6人,新型农村合作医疗管理办公室工作人员1人。辖区内设医疗服务网点13个,有乡村医生42人。全面实施新型农村合作医疗制度,2011年,全乡参合率100%,共减免医疗费用860627.94元。

乡党委书记　许伟华(拉祜族)

乡　　　长　朱　打(哈尼族)。

〔**勐往乡**〕 位于勐海县境东北部,东邻景洪市,南毗勐阿镇,西和北与澜沧县接壤,东北角插入普洱市。乡政府驻地距县城75公里。国土面积488.39平方公里。有耕地面积28884亩,林地面积35941.89公顷,森林覆盖率达78.8%。辖曼允、勐往、糯东、南果河、灰塘、坝散6个村民委员会,51个村民小组。其中坝区村民小组15个,半山区村民小组16个,山区村民小组20个。

乡境内居住有傣、拉祜、哈尼、布朗、彝、汉等民族。2001年末,总户数3847户15210人。其中农业户数3339户,农业人口14273人,乡村共有劳动力8532,傣族5110人,拉祜族3706人,哈尼族2101人,彝族961人,布朗族974人,汉族2350人,基诺族1人,瑶族1人,回族2人,佤族4人。2011年内,出生人口114人,出生率7.9‰(2010年出生155人);死亡65人,死亡率4.51‰(2010年死亡77人)。人口自然增长率3.19‰。

2011年,农业生产总值9866万元,比上年增加2857万元,同比增长40.8%;农民人均纯收入3577元,比上年增加520元,同比增长17%;财政收入567.05万元,比上年增收78.71万元,同比增长16.12%;财政支出530.11万元,比上年增加81.14万元,同比增长18.07%。全乡粮豆种植面积3.6万亩,同比增长0.28%,产量8354万公斤,同比增长8.24%;甘蔗种植面积7774亩,同比下降2.97%,入榨量44000吨,同比增长16.4%;茶园面积9007亩,同比增长0.87%,干毛茶产量3089百公斤,同比增长28.4%;橡胶面积达3.5万亩,干胶总产量达1047吨,比上年同期增长31.86%;蔬菜种植面积0.52万亩,产量356.2万公斤,同比增长23.2%;全乡共有农业机械1677台,机耕、机耙面积达9900亩。全年生猪存栏14633头,出栏14700头;大牲畜存栏2000头,出栏484头;家禽存栏4.5万只,出栏3.73万只。全乡6个村委会51个村民小组均通公路,通电话,广播覆盖率100%,电视覆盖率100%。全乡有中学1所,教职工39人,13个教学班,在校学生691人,入学率为100%。有小学5所,教职工71人,31个教学班,1个学前班,在校生1260名,适龄儿童入学率为100%。有卫生院1所,在编医务人员9人,其中:执业医师2人,执业助理医师1人,医士3人,护师1人,护士2人。辖区内设医疗服务网点9个,有乡村医生21人。全面实施新型农村合作医疗制度,2011年,全镇参合率100.2%,全年共有13385人享受新农合补偿金,共减免医疗费用749842.16万元。

乡党委书记　罗宏斌(白族)

乡　　　长　徐星明(2011.6离职)

　　　　　　玉罕超(女,傣族,2011.2任代理乡长)。

〔**布朗山布朗族乡**〕 位于勐海县南部,东与景洪市勐龙镇交界,南、西南与缅甸接壤,西与打洛镇交界,东北与勐混镇相交,是勐海县边境乡镇之一,有4个村委会直接与缅甸接壤,有2条边境通道,边境线长70.1公里。国土面积1016.34平方公里,约占全县国土面积的五分之一。全乡辖勐昂、章家、新竜、曼囡、结良、曼果、班章7个村委会,52个村民小组。

乡境内居住着布朗、哈尼、拉祜、汉等民族,以布朗族为主体,是全国唯一的布朗族乡。2011年末,全乡总户数4752户,总人口20337人,农业人口19037人,乡村共有劳动力11052人,布朗族12754人,约占总人口的63%,哈尼族3544人,拉祜族2585人,其他民族1438人,年内,出生人口180人,出生率8.85‰,同比下降4.03个千分点,死亡75人,死亡率3.69‰,同比下降1.44个千分点,人口自然增长率5.16‰。

2011年,农业生产总值达8270万元,比上年增长2131万元,同比增长25%;人均纯收入达2185元,同比增长19%;共有耕地面积64752亩,其中,粮豆播种面积31769亩,比上年增加292亩,同比增长0.9%,粮豆总产量达6226.86吨,甘蔗种植面积6013亩,同比增长18%;全乡共有茶叶面积5.4329万亩，可采摘4.1561万亩，本年产量达622.6865万公斤，同比增长7.3%，茶叶产业已成为布朗山乡农民的主要经济来源，占农民人均收入的70%。云麻种植面积515亩，产量达5620公斤；年初胶园面积16779亩，共516295株，年内增加29748亩，共934395株，年末胶园面积46527亩，共1450690株，当年开割170亩，共5610株。蔬菜种植面积3652亩，产量112.77万公斤，全年生猪存栏8580头，出栏5487头；种植木薯11248亩；香蕉8236亩；苡仁2250亩；海船957.3亩；对冬作物开发，采取政府扶持、种植大户带动及合作开发分成的模式，完成了近1000亩连片备耕；全乡成立了曼囡生态小耳朵猪养殖合作社、章家农特产品专业合作社等7个农民专业合作社，拥有会员2000多人，带动500户农民增产增收，种植了章家辣椒1055亩、香冬瓜355亩；全年共兑现各种补贴246.77万元，其中：家电补贴7.47万元、汽车和摩托车补贴7.09万元、粮食直补25.67万元、综合直补162.47万元、良种补贴44.07万。城乡居民最低生活保障实现应保尽保，共为9049人发放最低保障金770.14万元；对230户进行了临时困难救助，发放救助金达23万元；发放救灾救助款2.8万元，救灾衣物1.9万件，救济粮85吨。完成了全乡"村村通"工程，对全乡25条387.25公里乡村公路进行了砂石化，实现了52个村民小组通砂石路，电话覆盖率100%，电视覆盖率100%。全乡有九年制学校1所，35个校点，小学生2190人，教职工122人。初中13个教学班，中学在校学生1078人，教职工34人。小学入学率98.91%，巩固率97.59%；初中入学率96.49%，巩固率95.28%。有卫生院1所，在职医务人员14人，其中执业医师6人，护士4人，医士4人，辖区内设医疗服务网点8个，有乡村医生24人。稳步推进新型农村合作医疗，参合率达100%，全年共就诊22640人，减免医疗费用48万元，

乡党委书记　纳宝海（回族）

乡　　长　赛　勐（布朗族）。

（撰稿：白秀英）

勐　腊　县

〔**自然环境**〕　勐腊县位于云南省最南端，隶属西双版纳傣族自治州。地处北纬21°08′～22°25′、东经101°06′～101°50′之间，东、南与老挝山水相连，西与缅甸隔澜沧江相望，北与江城县毗邻，有着独特的区位优势，是背靠祖国大西南，面向东南亚重要的陆路和水路口岸，国境线长740.8千米。县城驻勐腊镇，海拔640米，国际大通道昆曼公路从这里穿过。县城距州府允景洪136千米，距省会昆明631千米，距国家一级口岸磨憨48千米，距"澜沧江上第一港"关累码头69千米，距著名的"金三角"230千米。现有5条公路直通老挝、缅甸边境口岸，其中有3条柏油公路直通老挝北部三省省会。从关累码头沿澜沧江顺流而下可达缅甸、老挝、泰国、柬埔寨、越南诸国。有独特的区位优势和丰富的自然资源，旅游资源丰富，辖区内主要景点有勐仑植物园、望天树、勐远仙境、雨林谷。

以打造园林勐腊、生态勐腊、绿色勐腊作为推进新型城镇化为抓手，着力建设"独特魅力、生态优美、功能完善、人气兴旺、充满活力、宜居宜业"的个性新县城和"玲珑精致、凸显特色"的小城镇。继续加快热带雨林国家公园曼旦景区、望天树、孔明山景区、南腊河野趣漂流度假区等一批旅游景点景区建设，做好雨林谷国家3A级景区、锦秀三星级酒店、景兰四星级酒店等升级工作。积极借助"边交会"、"昆交会"、"旅交会"平台提升勐腊县的知名度。

〔**行政区划**〕　全县区域总面积7081.2平方公里，山原山地占95.63%，山间盆地（坝子）占4.37%，属亚热带季风气候，终年暖热。年均气温21.9℃，年降雨量1536.9毫米。2011年全县辖7镇3乡，52个村委会，525个村民小组，505个自然村。

〔**人口民族**〕　2011年末全县常驻人口28.39万人，户籍人口22.5967万人，其中：农业人口15.2014万人，占总人口67.28%；非农业人口7.3953万人，占总人口的32.73%；少数民族人口171052万人，占总人口75.7%，其中：傣族59929人，占26.53%，哈尼族55900人，占24.74%，瑶族17997人，占7.97%，彝族24023人，占10.64%；人口密度每平方公里40.1人，居住着傣、汉、哈尼、彝、瑶、苗、壮、拉祜和克木人等26个民族，人口出生率11.1‰人口死亡率4.25‰，人口自然增长率6.85‰。

〔**经济和社会发展综述**〕　2011年，全县国民经济地区生产总值473408万元，比上年增长11%；其中，第一产业203177万元，比上年增长8%；第二产业91924万元，比上年增长9%；第三产业178307万元，比上年增长15.2%。实现农林牧渔业总产值335652万元，比上年增长10.5%；粮食78236吨，比上年减少1.2%；橡胶产量135010吨，比上年增加13.4%；蔗糖产量55102

吨,比上年减少30.4%;茶叶3778吨,比上年增长10.1%;水果254723吨,比上年增长31.7%;肉类9701吨,比上年增长7.8%;水产品3204吨,比上年增长3%;全年粮豆播种面积302864亩,总产量78236221公斤;全部工业总产值109774万元,比上年增长20.7%;交通运输业货运量285万吨,比上年增加15.9%,客运量282万人,比上年增加11.9%;邮电业务总量12951万元;固定电话用户5.28万户;移动电话用户26.01万户;勐腊县完成地方财政总收入(含磨憨)26262万元,比上年增长15.7%。边境经济贸易总额94186万美元,比上年增长18.6%,其中:一般贸易(含边境贸易)83096万美元,增长10.5%;边民互市9100万美元,增长307.7%;经济技术合作1990万美元,增长1.1%;全县接待国内外游客229.66万人次,增长20.39%;旅游综合收入15.25亿元,增长17.95%;种植天然橡胶2075278亩,产量135010吨,比上年增长10.33%;种植茶叶116392亩,比上年减少1.37%,产量(干毛茶)37777吨,比上年增长10.15%;农民人均纯收入4415元,增长20.53%;粮食人均504公斤;城乡居民储蓄存款余额464216万元,增长33.19%;城镇居民人均可支配收入12266元,同比增长10.52%;职工年人均工资24091元,增长33.98%;有2167人城镇居民享受最低生活保障;电视覆盖率98%;无线广播覆盖率98%;全县公路通车里程3401.539公里。

全县共有各类学校84所,在校学生46039人,专任教师2433人。九年义务教育小学在校生25166人,辍学率1.52%;初中在校生9936人,辍学率5.9%;高中在校生5384人,辍学率0.38%;新型农村合作医疗参合农民145904万人,参合率95.98%;医疗卫生机构20个,床位1263张;人口死亡率4.25‰,自然增长率控制在6.85‰;邮政业务总量1211万元。

〔县级领导〕

书　记:李洪武(哈尼族)
副书记:吕永和(傣族.~2011.03)
　　　王嘉玲(女.2011.03~)
　　　王　侃(彝族)
　　　周晓铭(~2011.04挂职)
　　　赵德明(2011.04~挂职)

勐腊县人大常委会
主　任:杨岩英(女)
副主任:盘付荣(瑶族)
　　　罗小孚(彝族)
　　　熊云飞(哈尼族)
　　　依腊波(女,傣族,)

勐腊县人民政府
县　长:吕永和(傣族)
副县长:刀加强(彝族,)
　　　李进元(瑶族,)
　　　校　甲(~2011.12哈尼族)
　　　白　玲(女,彝族,)
　　　岩　香(傣族)
　　　普春昆(藏族2011.06~挂职)
　　　邓志明(2011.12~)
　　　徐　云(2011.05~)

勐腊县政协
主　席:段开德
副主席:刘剑峰
　　　黄光宏(瑶族)
　　　岩　宰(傣族)
　　　刘剑峰
　　　张志英(女,哈尼族)

勐腊县纪委
书　记:张有才(傣族~2011.05)
　　　岩香宰(傣族2011.05~)
副书记:查　咀(哈尼族)
　　　叶凤华
　　　郭丽红

乡镇概况

〔**勐腊镇**〕　勐腊镇属城关镇,是全县政治、经济、文化中心和交通枢纽。地处北纬21°16~21°39′,东经101°26~101°49′之间,东与老挝交界,南接磨憨镇,西连勐捧镇,北与关累镇、瑶区乡、勐伴镇接壤。全镇区域总面积745平方公里,辖城子、龙林、曼庄、曼那伞、曼竜代、曼旦、补蚌7个村委会,71个村民小组,76个自然寨,4个社区居委会,还有县城各机关单位、企事业团体。境内主要居住着傣、汉、瑶、彝、哈尼、苗、壮等民族。全镇平均海拔为1000米,最高海拔为1916米,最低海拔为600米,镇政府所在地海拔640米。

2011年全镇总人口18665人,其中:农业人口17949人,占总人口的97%;非农业人口716人,占4%;少数民族人口17137人,占总人口92%;傣族10757人,占58%;哈尼族5262人,占29%;彝族547人,占3%;人口自然增长率8.37‰,死亡率6.22‰。

全镇农业生产总值(现行价)25054万元,比上年增长24.78%,农业增加值(现行价)15032万元;全镇实有耕地总面积20330亩,其中:田15945

亩,地4385亩。粮豆播种总面积23758亩,总产量6804571千克;农民人均占有粮379千克;年末胶园面积100708亩,产量(干胶)4272吨;甘蔗面积108亩,产量360吨;农民人均纯收入5001元,比上年增加877元;大牲畜年末出栏949头、存栏1039头,生猪年末出栏26573头、存栏20620头。2011年全镇有7个村委会,71个村民小组通水、电话、通电、通公路、电视;全镇拥有电磁炉2144台、摩托车5320辆、小汽车656辆、电话机2478部、手机10442部、电视机3736台、家用电脑243台、电冰箱2899台、洗衣机1044台;有9所小学5个教学点135个教学班,在校学生5567人,适龄儿童辍学率1.29%。有1所中学25个教学班,在校学生1135人。

领导干部:

书记　马　明(傣族2011. ~01)

　　　岩腊香(傣族.2011.05~)

镇长　岩腊香(傣族. ~2010.01)

　　　岩光坎(代)(傣族.2011.01~)

〔**勐捧镇**〕　勐捧镇位于勐腊县城西南部,地处21°18′~21°37′,东经101°08′~101°29′,东面与勐腊镇接壤,南与勐满镇相邻,西与老挝交界,国境线长89.6千米,北与关累相连。全镇平均海拔为800米,最高海拔为1391米,最低海拔为480米,镇政府所在地海拔564米。

全镇区域总面积663平方公里,下辖8个村委会66个村小组66个自然村。境内居住着傣、哈尼、彝族、克木人等少数民族。是勐腊县南部的中心重镇,属全县粮食、橡胶主要生产区。

2011年全镇总人口31729人。其中:农业人口29808人,占总人口的94%;非农业人口1921人,占总人口6.1%;少数民族人口26670人,占总人口84.1%;傣族13735人,占43.1%;哈尼族9145人,占28.8%;彝族2426人,占7.6%;布朗族699人,占2.2%;人口死亡率5.4‰、人口自然增长率5.79‰。

全镇生产总值(现行价)58971万元,比上年增长12.28%,农业增加值35383万元;全镇实有耕地总面积59897亩,其中:田33978亩、地25919亩。粮豆播种总面积49398亩,总产量14559648千克;农民人均占有粮488千克;年末胶园面积204276亩,产量(干胶)21562吨;甘蔗面积312亩,产量936吨;农民人均纯收入5394元,比上年增加1041元;大牲畜年末出栏1403头、存栏1697头,生猪出栏15506头、存栏18724头;2011年全镇有8个村委会51个村民小组通水;8个村委会64个村小组通电话;8个村委会66个村民小组通电、公路;8个村委会66个村民小组通电视;全镇有电磁炉3548台、摩托车11173辆、小汽车1054辆、电话4074部、手机16553部、电视机5700台、电脑822台、电冰箱4835台、洗衣机2473台、空调617台。8所小学5个教学点114个教学班,在校学生4650人,适龄儿童辍学率1.76%。有1所中学15个教学班,在校生人数638人,初中辍学率2.93%。

领导干部:

书记　依光叫(女,傣族2011.01~)

镇长　岩　燕(傣族2011.01~)

〔**勐满镇**〕　勐满镇位于勐腊县城西南部,地处东经101°12′~101°27′、北纬21°10′~22°22′之间;东与尚勇镇磨憨国家一级口岸相连,西南与老挝交界,西北与勐润村毗邻,北与勐捧镇接壤;国境线长42千米。镇政府驻景龙村小组,距县城53千米,距老挝勐新县城24千米,是我国通往老挝的重要陆路通道之一。全镇属亚热带季风气候,平均海拔为1100米,最高海拔为1678米,最低海拔为勐冈村577米,镇政府所在地海拔611米。

全镇区域总面积403平方公里,下辖3个村委会30个村小组26个自然村。境内居住着傣、哈尼、瑶、克木人等13种民族,是全县粮、胶、蔗主产区之一。

全镇总人口13453人,其中:农业人口12608人,占总人口的数93.72%;非农业人口845人,占6.28%;少数民族人口12273人,占总人口94.95%;傣族5996人,占37.12%;哈尼族4703人,占34.95%;瑶族595人,占4.42%;人口死亡率4.97‰,人口自然增长率7.23‰。

全镇生产总值(现行价)31602万元,比上年增长56.34%,农业增加价18961万元;全镇实有耕地总面积19792亩,其中:田18565亩、地1227亩;粮豆播种总面积31352亩,总产量6308396千克;农民人均占有粮500千克;年末胶园面积115798亩,产量(干胶)11362吨;农民人均纯收入5101元,比上年增加967元;大牲畜年末出栏889头、存栏1181头,生猪出栏6619头、存栏9986头。2011年全镇有3个村委会30个村民小组通水、电、电视、公路;全镇有电磁炉1399台、摩托车4668辆、小汽车462辆、电话1873部、手机7453部、电视机2680台、家用电脑329台、电冰箱2002台、洗衣机891台、空调326台。有4所小学2个教学点 48 个教学班,在校学生 2034 人,适龄儿童辍学率 3.37%;有 1 所中学 12 个教学班,在校学生 620 人,初中辍学率 6.18%。

领导干部:

书记　王旭刚(彝族)

镇长　依应叫(女、傣族)

〔**勐仑镇**〕　勐仑,系傣语地名,“仑”柔软之意,“勐仑”即意为柔软的地方。勐仑镇位于县城西北部,地处北纬 21°50′~21°59′,东经 101°00′~101°25′之间,东连易武乡,南接关累镇,北邻象明彝族乡,西与景洪市勐罕镇、基诺乡交界。镇政府驻地距县城 69 千米,距州府允景洪 67 千米。全镇平均海拔为 900 米,最高海拔为 1400 米,最低海拔为 540 米,镇政府所在地海拔 560 米,辖区内居住着傣、哈、彝族、克木人等少数民族。

全镇区域总面积 355 平方公里,辖勐仑城子、曼边、大卡、勐醒 4 个村委会,42 个村民小组, 37 个自然寨。辖区内还驻有一个国有橡胶农场和闻名中外的中国科学院勐仑热带植物园。

2011 年全镇总人口 15507 人,其中:农业人口 12391 人,占总人口的 79.9%;非农业人口 3116 人,占 20.1%;少数民族人口 13387 人,占总人口 86.32%;傣族 8588 人,占 55.38%;哈尼族 3555 人,占 22.92%;彝族 706 人,占 4.5 5%;人口死亡率 4.21‰,人口自然增长率 8.1‰。

全镇生产总值(现行价)16639 万元,比上年增长 22.8%,农业增加值 9983 万元;全镇实有耕地总面积 18092 亩,其中:田 14704 亩、地 3388 亩;粮豆播种总面积 13015 亩,总产量 4179990 千克;农民人均占有粮 337 千克;年末茶园面积 1781 亩,产量(干毛茶)524 千克;胶园面积 129892 亩,干胶产量 56835 吨;农民人均纯收入 4906 元,比上年增加 880 元;大牲畜年末出栏 418 头、存栏 51 头,生猪出栏 6214 头、存栏 4285 头;2011 年全镇有 4 个村委会 42 个村民小组通电、电视、电话、通水、通公路;全镇有电磁炉 1114 台、摩托车 4963 辆、小汽车 782 辆、电话 1982 部、手机 7341 部、电视机 2611 台、家用电脑 247 台、电冰箱 2485 台、洗衣机 1451 台、空调 16 台。有 4 所小学 58 个教学班,在校学生 2642 人,适龄儿童辍学率 -2.42%。有 1 所完全中学 14 个初中教学班,在校学生 716 人; 1 个高中班,在校学生 355 人,初中辍学率 4.43%,高中辍学率 17.63%。

领导干部:

书记　胡平杰(彝族.~2011.12)

　　　岩温龙(傣族 2011.07~)

镇长　岩坎旺(傣族)

〔**尚勇镇**〕　尚勇镇(原名磨憨镇)位于勐腊县城东南部,地处北纬 21°10′~21°26′、东经 101°27′~101°41′之间;东、南两面与老挝交界,西与勐满镇相连,北与勐腊镇毗邻,国境线长 174 千米,距县城 43 千米。境内平均海拔为 1100 米,最高海拔 1674 米,最低海拔 650 米,镇政府所在地尚勇村海拔 745 米。有国家级陆路口岸磨憨口岸,有两条通往老挝丰沙里省和勐赛省的重要通道,是“昆曼大通道”连接老挝的第一镇。

全镇区域总面积 803 平方公里,下辖尚勇、尚冈、曼庄、龙门、磨龙、磨憨等 6 个村委会 62 个村小组 57 个自然村。境内居住着傣、哈、瑶、克木人等多种民族。

2011 年全镇总人口 17196 人,其中:农业人口 15799 人,占总人口的 91.9%;非农业人口 1379 人,占总人口 8.02%;少数民族人口 14182 人,占总人口 82.48%;傣族 5895 人,占总人口的 34.28%;哈尼族 3273 人,占总人口的 19.03%;瑶族 1139 人,占总人口的 6.62%;人口死亡率 3.77‰,人口自然增长率 8.11‰。

全镇生产总值(现行价)20698 万元,比上年增长 55.6%,农业增加值 12419 万元;全镇实有耕地总面积 28132 亩,其中:田 13859 亩、地 14273 亩;粮豆播种总面积 30319 亩,总产量 9485648 千克;农民人均占有粮 600 千克;年末茶园面积 25312 亩,产量(干毛茶)20272 千克;胶园面积 63457 亩,产量(干胶)1955 吨;甘蔗面积 220 亩,产量 1016 吨;农民人均纯收入 4622 元,比上年增加 785 元;大牲畜年末出栏 352 头、存栏 586 头,生猪出栏 7464 头、存栏 9713 头;2011 年全镇有 6 个村委会 62 个村民小组通电、电视、电话、公路、通水。全镇有电磁炉 1342 台、摩托车 3680 辆、小汽车 330 辆、电话 1675 部、手机 8963 部、电视机 3513 台、家用电脑 180 台、电冰箱 1665 台、洗衣机 920 台,空调 2242 台。有 5 所小学 2 个教学点 58 个教学班,在校学生 1980 人,适龄儿童辍学率 3.57%;有 1 所中学 13 个教学班,在校学生 644 人,初中辍学率 1.45%。

领导干部:

书记　郭江生

镇长　岩坎囡(傣族)

〔**易武乡**〕　易武是勐腊县北部的一个山区贫困乡,位于北纬 21°51′~22°24′,东经 101°21′~101°39′之间,东与老挝交界,边境线长 17 千米,南与瑶区乡、勐伴镇相邻,西与象明乡、勐仑镇相连,北与江城县接壤。乡政府距县城勐腊111千米,距州府景洪122千米。平均海拔1400米,最高海拔为东北部黑水梁子2023米,最低海拔为龙户村700米,乡政府所在地海拔1320米,年平均气温17.7℃,年降雨量1804.7毫米。易武曾是镇越县县府所在地,西双版纳州革命老区,古六大茶山之一,是普洱茶的原产地。

全乡区域总面积878.2平方公里,下辖6个村委会73个村小组68个自然村。境内居住着彝、傣、瑶、汉等多种民族。

2011年全乡总人口14829人,其中:农业人口13915人,占总人口的93.84%;非农业人口914人,占总人口6.16%;少数民族人口11809人,占总人口79.63%;彝族2805人,占18.92%;傣族2358人,占15.9%;瑶族3407人,占总人口22.98%;哈尼族1856人,占12.52%;人口死亡率2.96‰,人口自然增长率9.16‰。

全镇生产总值(现行价)9701万元,比上年增长24.52%,农业增加值5820万元;全乡实有耕地总面积39664亩,其中:田10951亩、地28713亩;粮豆播种总面积31770亩,总产量7794158千克;农民人均占有粮560千克;年末茶园面积42711亩,产量(干毛茶)8420百公斤;胶园面积100413亩,产量(干胶)769吨;农民人均纯收入3371元,比上年增加524元;大牲畜年末出栏803头、存栏4980头,生猪出栏5596头、存栏10916头;2011年全乡有6个村委会73个村民小组通电视、电话、通电、公路、通自来水。全乡有电磁炉544台、摩托车3015辆、小汽车195辆、电话1256部、手机3977部、电视机2537台、家用电脑123台、电冰箱1386台、洗衣机594台。有3所小学5个教学点56个教学班,在校学生2106人,适龄儿童辍学率3.81%;有2所中学,14个初中教学班,在校学生618人,初中辍学率5.65%。

领导干部:

书记　杨　军(2011.01~)

乡长　陶树强(基诺族,2011.01~)

〔象明彝族乡〕　象明彝族乡位于勐腊县北部、西双版纳州东北部,是全州唯一的一个彝族乡。地处北纬21°59′~22°19′,东经101°08′~101°26东与易武乡接壤,南与勐仑镇相连,西与景洪市勐养镇、基诺乡交界,北与景洪市的勐旺乡毗邻。乡政府距县城160千米,距州府景洪175千米。平均海拔1200米,最高海拔1950米,最低海拔740米,乡政府所在地海拔740米,年平均气温在17℃~19℃之间,降雨量在1500~1900毫米之间。

象明彝族乡是普洱茶的故乡,茶文化源远流长,享誉天下的古六大茶山在乡境内就有"倚邦、蛮砖、革登、莽枝"四座,名扬海内外的茶马古道穿境而过。象明乡还具有丰富的旅游资源,乡境内孔明山主峰海拔1788.2米,全年多季节云海茫茫,属珍贵的热带雨林山地自然风光类型,山上之石若佛若仙,秀竹成林,古树参天,藤蔓交织,是西双版纳具有自然资源和人文旅游资源相结合的生态旅游胜地。

全乡区域总面积1066平方公里,辖曼庄、曼林、安乐、龙谷、倚邦5个村委会,60个村民小组,60个自然寨。

2011年全乡总人口10387人,其中:农业人口数9846人,占总人口94.79%;非农业人口541人,占5.2%;少数民族人口9904人,占总人口98.35%;彝族5793人,占55.77%;瑶族622人,占总人口5.99%;傣族2423人,占23.33%;人口死亡率4.35‰,人口自然增长率11.75‰。

2011年全乡农业生产总值(现行价)7883万元,比上年增长55.7%,农业增加值4730万元;全乡实有耕地总面积49652亩,其中:田7478亩、地42174亩;粮豆播种面积29971亩,总产量6054632千克;农民人均占有粮615千克;年末茶园面积31455亩,产量(干毛茶)4000千克;胶园面积87913亩,产量(干胶)1450吨;农民人均纯收入3432元,比上年增加516元;大牲畜年末出栏371头、存栏3800头,生猪出栏4130头、存栏11747头;2011年全乡有5个村委会60个村民小组通电、电话、电视;有5个村委会55个村民小组通水;5个村委会59个村民小组通公路;有电磁炉733台、摩托车2624辆、小汽车127辆、电话机1170部、手机2490部、电视机1897台、电冰箱1219台、洗衣机530台。有1所中学8个教学班,在校学生378人,初中辍学率8.49%;有小学校2所2个教学点29个教学班,在校学生1211人,适龄儿童辍学率0.63%。

领导干部:

书记　高江泉(彝族.~2011.07)

　　　伍　剑(2011.07~)

乡长　李文国(彝族.~2011.01)

　　　罗建平(彝族.2011.01~)

〔瑶区瑶族乡〕　瑶区瑶族乡是西双版纳州唯一的瑶族乡,位于勐腊县中部,北与易武乡接壤,东与勐伴镇毗邻,西与关累镇连接,南与勐腊镇相邻。地势为西北高，东南低，属山区乡。乡政府离县城35千米，距州府景洪207千米，最高海拔2008米，最低海拔680米，平均海拔1300米，乡政府所在地海拔高度780米，年平均降雨量1539.9毫米，年平均气温20.9℃，境内有国家自然保护区113平方千米，国有林183平方千米，森林覆盖率60%，在葱郁茂密的热带雨林中，有世界最高的珍稀树种——望天树，在林区内建有世界上最高的望天树空中冠木走廊，境内还有丰富的矿产资源，已探明的铁储量达6000万吨，铜的储量20万吨，铅、锌储量80.89万吨，这些矿产资源品位高、储量大、品种多，已成为全乡乃至全县的一大支柱产业。

全乡区域总面积483平方公里，辖沙仁、纳卓、黄连山、新山4个村民委员会，33个村小组，30个自然寨，境内居住着瑶、哈尼、傣、汉等民族。

2011年全乡总人口7955人，其中：农业人口7522人，占总人口94.56%；非农业人口433人，占总人口5.44%；少数民族人口7419人，占总人口93.26%；瑶族4722人，占总人口59.36%；哈尼族1161人，占14.6%；傣族846人，占10.63%；彝族538人，占6.76%；人口死亡率5.18‰，人口自然增长率11.61‰。

2011年全乡生产总值（现行价）8639万元，比上年增长47.2%，农业增加值5183万元；全乡实有耕地总面积30463亩，其中：田8970亩、地21493亩；粮豆播种面积23813亩，总产量4747048千克；农民人均占有粮631千克；年末甘蔗面积11006亩，产量33346吨；茶园面积7141亩，产量980千克；胶园面积53896亩，产量548吨；农民人均纯收入3861元，比上年增加613元；大牲畜年末出栏213头、存栏497头，生猪出栏4440头、存栏13317头；2011年有4个村委会33个村民小组通电、电视台、电话、通公路；4个村委会32个村民小组通水；有电磁炉471台、摩托车1904辆、小汽车72辆、电话机359部、手机3755部、电视机1679台、家用电脑29台、电冰箱501台、洗衣机263台、有初中1所8个教学班，在校学生371人，辍学率7.18%；有小学校3所21个教学班，在校学生921人，适龄儿童辍学率3.42 %。

领导干部：

书记　杨光和（彝族）

乡长　黄学新（瑶族）

〔勐伴镇〕　勐伴镇位于勐腊县城东北部，地处北纬21°37′~21°58′、东经101°34′~101°46′之间；东与老挝交界，北与易武乡接壤，西、南两面分别与瑶区、勐腊镇毗邻，境内有4条便道可通往老挝丰沙里省奔怒县等村寨。镇政府距县城38千米，属亚热带季风气候，境内平均海拔1100米，最高海拔1900米，最低海拔710米，镇政府所在地勐伴城子海拔735米。

全镇区域总面积640平方公里，下辖勐伴城子、曼燕、回落、金厂河4个村委会42个村小组39个自然村。境内居住着瑶、傣、哈尼族，克木人等少数民族。

2011年全镇总人口11442人，其中：农业人口10917人，占总人口的95.41%；非农业人口525人，占总人口4.58%；少数民族人口11244人，占总人口98.26%；瑶族4632人，占总人口的40.48%；傣族2717人，占总人口23.75%；哈尼族2340人，占总人口的20.45%；彝族656人，占总人口5.73%；人口死亡率3.86‰，人口自然增长率11.59‰。

全镇农业生产总值（现行价）15468万元，比上年增长101.72%，农业增加值9280万元；全镇实有耕地总面积29214亩，其中：田10413亩、地18801亩；粮豆播种总面积24197亩，总产量6652565千克；农民人均占有粮609千克；年末胶园面积135699亩，产量（干胶）695吨；甘蔗面积4737亩，产量19444吨；农民人均纯收入3898元，比上年增加638元；大牲畜年末出栏438头、存栏1037头，生猪出栏5871头、存栏11899头；2011年全镇有4个村委会42个村民小组通电、电视、电话、通公路、通自来水。全镇有电磁炉688台、摩托车3071辆、小汽车158辆、电话275部、手机6176部、电视机2353台、电脑66台、电冰箱928台、洗衣机233台；有3所小学39个教学班，在校学生1607人，适龄儿童辍学率4.81%；有1所中学9个教学班，在校学生440人，初中辍学率20.49%。

书记　郎杰（哈尼族）

镇长　岩糯叫（傣族，2011.01~）

〔关累镇〕　关累镇位于勐腊县城西北部，地处北纬21°32′~21°52′、东经101°06′~101°29′之间；西与缅甸隔江相望，东南北三面分别与瑶区、勐捧、勐仑毗邻。镇政府距州府景洪159千米，距县城47千米。境内平均海拔为1100米，最高海拔1773米，最低海拔480米，镇政府所在地芒果树村海拔900米。

全镇区域总面积1045平方公里，下辖芒果树、坝荷、曼岗、藤蔑山、勐远5个村委会46个村小组46个自然村。境内居住着哈尼、瑶、傣等多种少数民族,哈尼族是居住在这里的主体民族。

2011年全镇总人口13173人,其中:农业人口12472人,占总人口的94.68%;非农业人口701人,占总人口5.32%;少数民族人口12652人,占总人口96.04%;哈尼族7764人,占总人口的58.94%;傣族3419人,占总人口的25.95%;瑶族1124人,占总人口的8.53%;人口死亡率2.44‰,人口自然增长率10.13‰。

全镇农业生产总值(现行价)26281万元,比上年增长27.38%;全镇实有耕地总面积10941亩,其中:田7990亩、地2951亩;粮豆播种总面积19536亩,总产量5573470千克;农民人均占有粮447千克;年末胶园面积175846亩,产量(干胶)14516吨;茶叶面积6401亩,产量3315吨;农民人均纯收入4564元,比上年增加911元;大牲畜年末出栏123头、存栏105头,生猪出栏5712头、存栏7687头;2011年全镇有5个村委会46个村民小组通电、电视、电话、通公路、通自来水;全镇有电磁炉847台、摩托车、4264辆、小汽车591辆、电话1130部、手机6802部、电视机2882台、家用电脑328台、电冰箱2231台、洗衣机868台。有6所小学57个教学班,在校学生2448人,适龄儿童辍学率3.3%;有1所中学6个教学班,在校学生280人,初中辍学率4.49%。

书记:周　琪(~2011.03)

王　忠(哈尼族)

镇长:张国强(哈尼族2011.01~)

〔**农垦**〕 勐腊县辖区内有四大农场,勐腊农场、勐捧农场、勐满农场、勐醒农场。年末总户数22585户,总人口数55202人。其中:汉族33422人,占总人数的60.54%;少数民族21780人,点总人数39.46%;傣族1044人,占总人数1.89%;哈尼族14869人,占总人数2.94%;彝族3545人,占总人口的6.42%;瑶族656人,占总人口的1.19%;壮族151人,占总人口的0.27%;苗族415人,占总人口的0.75%;回族110人,占总人口的0.2%;拉祜族201人,占总人口0.36%;瓦族25人,占总人口的0.05%;布朗族75人,占总人口的0.01%;基诺族79占总人口的0.01%;人,其他民族608人,占总人口的1.1%;全年农业生产总值73547万元;实有耕地面积7180亩,田2077亩,地5103亩;粮豆播种面积31721亩,产量5995887公斤;药材播种面积440亩,产量17160公斤;蔬菜播种面积2037亩,产量1113006公斤;年末胶园面积876876亩,干胶产量45721吨;香蕉种植面积4110亩,45385百公斤;大牲畜出栏86头,存栏393头;肥猪出栏5658头,存栏8056头;水产养殖2742亩;农村家庭年末拥有耐用消费品电磁炉6817台;摩托车19214辆;小汽车2904辆;电话机10928部;手机25529部;电视机17654台;家用电脑2810台;电冰箱14214台;洗衣机8937台;空调616台;全年人口出生327人;死亡率3.92‰;自然增长率1.82‰。

综合条目

〔**人口现状**〕 全县常住人口28.39万人,其中户籍人口22.6万人,人口自然增长率6.85‰,人口死亡率4.25‰。

〔**全县经济保持高位运行**〕 完成生产总值47.34亿元,增长11%,三次产业结构优化为42:19:39;财政总收入4.83亿元,增长2.7%;地方财政一般预算收入2.63亿元;增长15.7%;财政一般预算支出13.84亿元,增长54.9%;全社会固定资产投资21.02亿元,增长12.4%;边境经济贸易总额9.42亿美元,增长18.6%;社会消费品零售总额12.46亿元,增长18.8%;城镇居民人均可支配12266元,增长10.5%;农民人均纯收入4415元,增长20.5%;金融机构各项存款余额66.85亿元,增长32.9%;城镇登记失业率控制在2.7%以内。

〔**农业经济平稳发展**〕 投入支农专项资金1.6亿元,占全年财政总支出11.56%。农业产业实现增加值19.84亿元,增长8%。粮豆播种面积稳定在30.29万亩,粮食总产量7.8万吨。完成粮食作物高产创建5万亩、基本口粮建设2800亩、推广超级杂交稻2.9万亩、中低产田地改造1.59万亩。全面落实强农惠民政策,发放粮食直补、综合直补、退耕还林等补贴4470.23万元,人均享受补贴收入290元,兑现家电下乡补贴464.77万元,汽车摩托下乡补贴2824万元。农业合作化进一步推进,全县农业龙头企业11家,农民专业合作社30家,综合服务社13个。

〔**统筹城乡发展,推进新型城镇化进程**〕 完成城乡建设投资7亿元,新增城市道路面积1.2万平方米,绿化面积2.7万平方米,完成土地利用、林地保护、城镇近期建设、山地综合开发等规划和421个村庄规划编制。完成2个乡镇垃圾堆放场建设,城市生活垃圾集中无害化处理率达90%。进一步整合资金,实施勐仑大卡老寨等12个整村推进项目、48个“兴边富民工程”,完成易地搬迁安置505人，转移农村劳动力2048人。

〔教育事业优先发展〕 教育支出3.16亿元，增长65.8%。加快推进中小学校舍安全工程建设，有68个单体已开工，开工面积10.4万平方米，63个单体已完工。高中阶段毛入学率达55%。全县学校将集中为33所。为14690名农村义务教育家庭贫困寄宿制学生发放生活费补助1240.7万元，35102名学生享受农村义务教育公用经费补助1763.08万元，大力发展职高教育，对职高教育实施全免费，职高在校全日制学生达482人。

〔医药卫生体制改革成效显著〕 医疗卫生支出1.44亿元，增长124.6%。基层医疗机构门(急)诊次均费和住院次均费均比改革前下降81%、每月门(急诊)诊疗人次比改革前上升108%，药品实际销售价格下降24.6%。完成了6个村级卫生室建设和4个农场管委会医疗资源移交；县医院技楼、急救中心、卫生监督所行政办公楼等即将动工建设。人口和计划生育工作进一步增强，低生育水平保持稳定，优质服务不断提高。

〔民生保障〕 用于民生领域财政支出10.78亿元，占财政总支出77.96%。加大就业援助，开发就业岗位1756个，累计开发公益岗位425个，实现城镇新增就业1518人，城镇下岗失业人员实现就业910人。城镇养老保险参保35501人，新农保参保76380人均占应参保的100%，打捞农合户参合率95%，人参合率97.4%减免农民医疗补偿费2334万元。发放城市低保金580万元、农村低保金2385万元、医疗救助金471万元、城乡临时救助金142万元，惠及6万人。完成农村危房改造3000户、除险加固1000户、垦区危房改造1642户、发放城镇廉租住房租赁补贴186万元。

〔生态环境逐步改善〕 完成天保工程公益林建设4万亩、中低产林改造6.12万亩，全县森林保护面积669万亩，兑现野生动物肇事补偿金125万元，治理水土流失面积30平方公里，整治3家企业污染减排实现达标，盘活存量用地119亩，新增补充耕地面积137亩。

〔政府建设在勤廉务实中提高〕 全年办理人大代表批评、建议65件，审议意见13件，办理政协委员提案44件，政协协商意见8件，办复率均在100%，审结行政复议案件4件，全年共审计立案查处项目40个，查出违规金额348万元，上缴财政28万元，共立案查处经济违法案件9件，问责领导干部8人，给予行政处分7人，挽回经济损失14万元。

〔旅游业收入势头强劲〕 综合收入达到15.27亿元，完成年初计划数的102.7%，比上年增长18.1%。

〔城镇居民收入平稳增长〕 城镇居民人均可支配收入达到12266元，比上年增加1167元，增长10.5%，农村居民人均纯收入达到4415元，比上年增加725元，增长20.5%，城乡消费品零售总额达到12.46亿元，比上年增加1.97亿元，增长18.8%。

（撰稿人：王永明）

党政机关

责任编辑：谌莉芳

中共西双版纳州委员会

〔**综述**〕 2011年，在省委、省政府的坚强领导下，州委、州政府团结和带领全州各族干部群众，以邓小平理论和"三个代表"重要思想为指导，深入贯彻落实科学发展观，牢牢把握新一轮西部大开发和"两强一堡"建设重大机遇，紧紧围绕经济社会跨越发展"六大战略"及"两个率先"、"两个为主"、"两个定位"目标，以科学发展为主题，以加快转变经济发展方式为主线，大力推进农业产业化、新型工业化、特色城镇化和教育现代化，加快改革创新，加大开放步伐，加强统筹协调，强基础、快发展，调结构、上水平，惠民生、促和谐，有力地促进了全州经济社会发展和党的建设，较好地完成了省考评项目的责任目标，实现了"十二五"的良好开局。全州生产总值197.7亿元，同比增长13.6%。全社会固定资产投资完成138.5亿元，同比增长24.6%。财政总收入28.3亿元、同比增长47.5%，地方财政一般预算收入17.6亿元、同比增长56.3%，地方财政一般预算支出67.1亿元、同比增长58.2%，财政三项指标的增幅都在47%以上。三次产业结构调整为28.8:30.3:40.9。非公有制经济增加值达72亿元，在生产总值中的比重提高到36.4%，生物产业"四个百亿元产业"扎实推进，龙头企业不断发展壮大，全州生物产业实现总产值113亿元，同比增长18%；生物工业增加值11.3亿元，同比增长22%。旅游总人数为1012.6万人次、同比增长18.7%，其中接待国内旅游者936万人次，同比增长17.6%；接待海外旅游者29.4万人次，同比增长35.9%。旅游总收入为100.2亿元、完成责任目标的111.2%，同比增长24.8%、高于责任目标12.6个百分点。全年在建项目突破400个，比上年增加30个。2011年全州实现农业总产值96.5亿元，同比增长7.9%；粮食种植面积137万亩、同比增长2.6%，粮食产量实现连续6年增收、达39.4万吨、同比增长6.1%，勐海县被省政府授予"全省粮食生产先进县"称号。2011年全州对外经济技术合作5610万美元、同比增长11.8%，对外经济贸易总额11.6亿美元、同比增长12.2%，顺利完成外贸进出口责任目标，州政府被省政府评为完成外贸进出口目标任务先进单位。实际利用州外资金68.9亿元、完成责任目标的112.2%，同比增长34.6%；实际利用外资543万美元、完成责任目标的108.6%，同比增长55.4%。2011年全州城镇居民人均可支配收入15190元，同比增长13.5%；农民人均纯收入5327元，同比增长22.4%、超责任目标9.4个百分点；农场承包户人均收入大幅提高；城乡居民储蓄存款187.7亿元、同比增长25.4%。

〔**州委领导主要活动**〕 1月1日，州委书记江普生，州委副书记、州长刀林荫，副州长唐家华参加中国科学院西双版纳热带植物园新科研中心启用仪式。

1月3日，景洪市委、市政府组织的2010"嘎汤帕"节庆祝活动在金地大酒店举行。省政协副主席、云南省哈尼族学会会长白成亮，省民委副主任曹孟良，刀林荫、陈学刚、长李记臣、张美兰、杨沙、李永义等与哈尼族同胞欢聚一堂，共庆"嘎汤帕"节。

1月4日，州委召开座谈会，就《西双版纳傣族自治州国民经济和社会发展第十二个五年规划纲要》（征求意见稿）和州委六届十一次全委会报告，征求州级各民主党派、工商联负责人及无党派人士意见。胡志寿、李记臣、兰昌华、李江虹、权继能出席座谈会。

同日，省民委考评组对西双版纳州2010年民族团结目标管理责任制进行考评。胡志寿、王方荣、依甩，州委民族宗教工作领导小组成员单位和三市县民宗局相关负责人参加汇报会。

1月6日，州委召开理论学习中心组2010年第四次集中学习和全州第四季度经济运行分析会及下半年务虚会。州委书记江普生主持学习并讲话。州党政领导刀林荫、胡志寿、杨建明、罗红江、刘功华、陈启忠、陈学刚、李庆元、李记臣、赵刚、张美兰、兰昌华、召亚平、袁发先、刀金芬、刀琼平、杨沙、唐家华、李江虹、王方荣、依甩、李永义、权继能,州法院院长线东明、州检察院检察长胡跃等参加会议。

1月7日,州委举行座谈会,就州委六届十一次全会报告(征求意见稿)和《西双版纳傣族自治州国民经济和社会发展第十二个五年规划纲要》(草案),向副州级以上老领导征求意见。江普生、刀林荫、胡志寿、罗红江参加座谈会。

同日,州委常委、景洪市委书记陈学刚参加在景洪市举行的国际生态旅游名城建设高层研讨会。

1月12日,十一届州人民政府第七次全体会议在景洪召开。州政府领导刀林荫、罗红江、杨沙、唐家华、李江虹,州政府秘书长李萍出席会议并在主席台就座。州委副书记、州长刀林荫代表州人民政府向全会作报告。州委常委、常务副州长罗红江主持会议。

1月13日,州委副书记、州长刀林荫会见公安部消防局副局长王沁林少将一行。

1月18日,州委常委、州委组织部部长赵刚,出席了州直机关工委和允景洪街道工委开展的主题为"共建文明社区、构建和谐傣乡"共驻共建活动启动仪式并讲话。

同日,州委、州政府春节慰问团历时3天分赴景洪市、勐海县、勐腊县慰问,把党和政府的关怀送到驻州军警部队中,送到受灾群众、生活困难群众、五保对象和离退休干部家中。州委副书记胡志寿,州委常委、州委政法委书记刘功华,副州长、州公安局局长王方荣率慰问团,到西双版纳军分区、武警西双版纳州支队、州公安消防支队、西双版纳边防检查站、景洪港边防检查站、西双版纳边防支队慰问。州委常委、副州长、州委宣传部部长陈启忠,州人大常委会副主任、州总工会主席刀金芬一行,在勐腊县委、县政府领导及相关部门负责人的陪同下,先后到勐腊县驻军某部、县公安边防大队、县人武部、磨憨边防检查站等看望、慰问官兵。州委常委、州纪委书记李庆元,州政协副主席依甩率队,分别到西双版纳森警大队、景洪市消防大队、市公安边防大队、市人武部等地慰问,向广大部队官兵致以节日的问候和良好的祝愿。

1月19日,州委常委、常务副州长罗红江出席全州森林防火和资源林政管理工作会议并讲话。

1月21日,云南省领导干部时代前沿知识讲座第47讲在昆明举行。中国社会科学院党组副书记、副院长李慎明应邀作题为《当前国际形势及相关思考》的专题讲座。州党政军领导胡志寿、徐德清、召亚平、袁发先、刀金芬、刀琼平、杨沙、依甩、李永义、玉香伦,在州分会场收听收看了讲座。

同日,全州党委系统办公室主任会议在景洪召开。会议总结了近年来全州党委系统办公室工作,要求深入学习贯彻州委六届十一次全会精神,为全力推进我州"十二五"科学发展和跨越发展提供优质高效服务。州委常委、州委秘书长李记臣参加会议并作了重要讲话。

1月27日,州委书记江普生率州、县市和有关部门负责人到黎明农场、大渡岗农场、勐养农场、勐腊农场和勐醒农场,看望慰问垦区困难职工群众,调研农垦改革发展情况。州党政领导胡志寿、罗红江、陈学刚、杨沙分别参加了垦区走访慰问和调研活动。

1月28日,州委副书记、州长刀林荫率相关部门负责人历时2天深入西双版纳建筑安装有限责任公司和景洪市普文镇,分别看望慰问企业困难职工、家属和困难群众,为他们送去党和政府的深切关怀及新春祝福。

1月29日,州委副书记、州长刀林荫就景洪市市政建设项目进行调研。州委常委、副州长、州委宣传部部长陈启忠,州委常委、景洪市委书记陈学刚参加了调研。

同日,州委常委、常务副州长罗红江到勐海县勐满镇调研慰问边境沿线深度贫困村民,送去州委、州政府的关心、问候和新年的美好祝愿。

同日,州政府召开旅游市场整治工作会议,安排部署旅游市场整治工作和2011年春节黄金周假日旅游工作。州委常委、副州长、州委宣传部部长陈启忠提出工作要求。州整顿和规范旅游市场秩序领导小组各成员单位负责人参加会议。

同日,州委召开2011年老干部州情通报会。州委常委、州委组织部部长赵刚作了重要讲话。

同日下午,州委常委、州委秘书长李记臣和州委常委、州委组织部部长赵刚分别带队,对居住在景洪城区的副厅级以上领导及享受副厅级以上待遇的老干部进行慰问,向他们致以新春佳节的问候,并赠送了慰问信和慰问金。

同日,州纪委和州监察局在景洪剧院举行"做党的忠诚卫士,当群众的贴心人"迎新春文艺晚会。杨建明、李庆元、李记臣、召亚平、袁发先、刀金芬、玉香伦、线东明、长胡跃等观看了表演。

1月30日,州委、州政府举行2011年春节团拜会。江普生、刀林荫、胡志寿、杨建明、杨志祥代表州委、州人大常委会、州政府和州政协向全州各族各界拜年。胡志寿主持团拜会。原省、州老领导刀国栋、苏恒等参加了团拜会。

2月8日，州党政领导江普生、胡志寿、杨建明、杨志祥、陈启忠、陈学刚、张美兰、袁发先及景洪市党政领导出席景洪市基诺山乡巴坡村举行的“特懋克”庆祝大会。

2月10日，全国召开粮食生产电视电话会议。州委常委、常务副州长罗红江在州分会场参加会议。

2月11日，州委副书记、州长刀林荫，州委常委、副州长、州委宣传部部长陈启忠观看了由昆明地区离退休人员协会黎明分会老年艺术团在景洪剧院举行的汇报演出。

2月12日，省委常委、省委组织部部长辛桂梓和我州党政领导江普生、胡志寿、杨建明、杨志祥、罗红江、陈学刚、召亚平与勐海县各族群众一同欢度“拉祜扩”节。

2月14日，全州宣传思想文化工作会议在景洪召开。州党政领导胡志寿、陈启忠、李记臣、刀金芬、李永义出席会议。

2月15日，全州组织工作会议在景洪召开。州委领导江普生、胡志寿、陈学刚、李庆元、赵刚等出席会议。州委副书记胡志寿主持会议，并就落实好此次会议精神提出了要求。州委常委、州委组织部部长赵刚安排部署了2011年及今后一个时期的工作任务。

同日，云南省召开第四批新农村建设工作队及指导员工作总结表彰暨欢送第五批指导员视频会议。州委副书记胡志寿，州委常委、常务副州长罗红江，州委常委、州委组织部部长赵刚，州人大常委会副主任兰昌华，州政协副主席玉香伦在州分会场参加会议。

2月16日，州纪委六届六次全会在景洪召开。州委书记江普生作重要讲话。州委副书记、州长刀林荫主持会议。州委常委、州纪委书记李庆元代表州纪委常委会作工作报告。出席会议的领导还有胡志寿、杨建明、杨志祥、罗红江、刘功华、陈学刚、李记臣、赵刚、张美兰、召亚平、袁发先、刀金芬、刀琼平、杨沙、唐家华、李江虹、王方荣、马维纲、依甩、李永义、玉香伦、权继能、线东明、胡跃和省纪委三室副主任王雅梅等。

2月17日，州委、州政府召开第四批新农村建设工作队及指导员工作总结表彰暨欢送第五批新农村建设指导员大会。胡志寿、罗红江、袁发先、玉香伦参加会议。

同日，全州政法工作一揽子会议在景洪召开。州委副书记胡志寿作了重要讲话。州委常委、州委政法委书记刘功华对今年的政法工作做了具体部署。

2月18日，州政治协十届五次会议在西双版纳国际会展中心隆重开幕。担任大会执行主席的是：杨志祥、依甩、祜巴龙庄勐、李永义、玉香伦、权继能、张云洪。州党政领导江普生、刀林荫、胡志寿、杨建明、罗红江、刘功华、陈启忠、陈学刚、李庆元、李记臣、赵刚、张美兰、兰昌华、召亚平、袁发先、刀金芬、刀琼平、杨沙、唐家华、李江虹、王方荣、马维纲、刘鸿章，州法院院长线东明、州检察院检察长胡跃，原州老领导召存信、苏恒等在主席台就座。

2月20日，州第十一届人民代表大会第六次会议在西双版纳国际会展中心隆重开幕。主席团常务主席、大会执行主席江普生、张美兰、兰昌华、召亚平、袁发先、刀金芬、刀琼平、郑维兴在主席台前排就座。州党政领导刀林荫、胡志寿、杨志祥、罗红江、刘功华、陈启忠、陈学刚、李庆元、李记臣、赵刚、杨沙、唐家华、李江虹、王方荣、马维纲、依甩、祜巴龙庄勐、李永义、玉香伦、权继能和大会主席团成员召存信、李勇等在主席台就座，在主席台就座的还有州法院院长线东明、州检察院检察长胡跃，以及原州老领导苏恒、任舜年、王贵生。

同日，州委副书记、州长刀林荫与出席州十一届人大六次会议的勐腊代表团代表一起审议《政府工作报告》。杨建明、罗红江、杨沙、唐家华、李江虹、马维纲等领导一同参加审议。

2月21日，州委副书记、州长刀林荫与出席州十一届人大六次会议的景洪代表团代表一起审议《政府工作报告》。强调景洪市作为全州经济政治文化中心，要充分发挥领头作用，以更加昂扬的斗志、奋发有为的精神、更加扎实的工作，领跑全州经济，全力推进我州“十二五”科学发展和跨越发展。州党政领导罗红江、召亚平、袁发先、刀琼平、杨沙、李江虹、马维纲一同参加审议。州委常委、景洪市委书记陈学刚主持会议。

同日，州政协十届五次会议召开《政府工作报告》协商讨论会。州党政领导刀林荫、胡志寿、杨志祥、罗红江、赵刚、李江虹、王方荣、依甩、祜巴龙庄勐、玉香伦、权继能及州政协秘书长张云洪和州政府各有关部门负责人到会听取意见和建议。

2月22日，州政协十届第五次会议圆满完成各项议程，胜利闭幕。大会执行主席依甩主持闭幕大会。担任大会执行主席的还有：杨志祥、祜巴龙庄勐、李永义、玉香伦、权继能、张云洪。州党政领导江普生、刀林荫、杨建明、罗红江、刘功华、陈启忠、陈学刚、李庆元、李记臣、赵刚、张美兰、兰昌华、召亚平、袁发先、刀金芬、刀琼平、李江虹、王方荣、刘鸿章，州法院院长线东明、州检察院检察长胡跃，我州老领导苏恒、任舜年、王贵生等在主席台就座。

2 月 23 日，州委常委、州委政法委书记刘功华出席了州公安边防支队举行 2010 年度功模表彰大会，并为部局、总队、州公安局表彰的单位和个人颁奖。

2 月 24 日，州委、州政府组织召开 2010 年度迎接全省检查考评工作动员暨测评会。云南省副省长、省检查考评工作实地检查考评组组长顾朝曦作动员讲话。州委书记江普生汇报了我州 2010 年度主要工作情况。州委副书记、州长刀林荫主持会议，并就贯彻落实会议精神提出了要求。

同日，州委依法治州领导小组召开汇报会，州委常委、州委政法委书记、州委依法治州领导小组组长刘功华向云南省依法治省工作检查考评组汇报西双版纳州贯彻落实《云南省 2006 – 2010 年依法治省规划》情况。

2 月 26 日，文化部直属院团中国东方演艺集团来到州，开展全国文化、科技、卫生“三下乡”慰问演出。州委常委、副州长、州委宣传部部长陈启忠，州委常委、景洪市委书记陈学刚，州人大常委会副主任刀金芬等观看演出。

2 月 27 日，云南省国土资源厅副厅长康建荣和州党政领导刀林荫、杨志祥、罗红江、陈启忠、兰昌华、袁发先以及有关部门负责人参加了由州政府主办，州中低产田改造办公室、州国土资源局、景洪市政府承办的州“兴地睦边”农田整治重大工程示范项目启动仪式。

2 月 28 日，全州政府系统廉政工作会议在景洪召开。州委副书记、州长刀林荫讲话，州委常委、常务副州长罗红江主持会议。州委常委、副州长、州委宣传部部长陈启忠，州委常委、州纪委书记李庆元，副州长杨沙、唐家华、李江虹、王方荣、马维纲，州检察院检察长胡跃，州长助理刘鸿章，州政府秘书长李萍参加会议。

同日，十一届州人民政府召开第八次全体会议，强调各级各部门要及时贯彻落实州“两会”精神，把握新形势，抢抓新机遇，紧盯目标抓落实，凝心聚力创佳绩，努力实现“十二五”的良好开局。州委副书记、州长刀林荫讲话，州委常委、常务副州长罗红江主持会议。州委常委、副州长、州委宣传部部长陈启忠，副州长杨沙、唐家华、李江虹、王方荣、马维纲，州长助理刘鸿章，州政府秘书长李萍出席会议。

3 月 1 日，州委理论学习中心组对景洪城市规划建设管理工作开展集体实地调研；当天下午州委书记江普生主持召开集中讨论会，听取景洪城市规划建设管理情况汇报，讨论研究推进景洪城市更好更快发展问题。州党政领导杨建明、杨志祥、罗红江、刘功华、陈启忠、陈学刚、张美兰、兰昌华、袁发先、刀金芬、刀琼平、杨沙、李江虹、王方荣、马维纲、依甩、李永义、玉香伦、权继能，州法院院长线东明、州检察院检察长胡跃及州直各有关部门负责人参加了调研活动和讨论会。

3 月 2 日，全省气象服务工作会议在景洪召开。省气象局党组书记、局长丁凤育，省气象局党组成员、副局长杨明，省气象局党组成员、副局长方虹到会并讲话，州委常委、常务副州长罗红江参加了会议。

同日，州委常委、州委政法委书记刘功华，州人大常委会副主任袁发先，副州长王方荣及景洪市相关部门负责人参加了以“倡导见义勇为，弘扬社会正气”为主题的“综治维稳宣传月”活动启动仪式。

3 月 3 日，州委书记江普生，州委常委、景洪市委书记陈学刚到景洪市基诺山乡调研。

3 月 7 日，副省长刘平率省民委副主任张慧星、省住房和城乡建设厅副厅长周鸿、省交通运输厅副厅长杨延、省扶贫办副主任欧志明等省级有关部门负责人到州，就扶持人口较少民族发展工作进行为期 3 天调研。州委常委江普生、罗红江、陈学刚以及相关职能部门负责人的陪同调研。

同日，州人民法院召开颁奖大会，表彰景洪市法院民事审判一庭副庭长王燕获得全国法院办案标兵，州委常委、政法委书记刘功华为王燕颁发荣誉证书并作讲话。

同日，州委常委、副州长、州委宣传部部长陈启忠在州分会场收看收听了在北京召开的“讲文明 树新风”志愿服务活动视讯会议。

同日，国土资源部人事司司长张陟调研组一行到州，就在合理利用土地资源中如何“破两难促转变”工作开展情况进行调研。州委常委、副州长、州委宣传部部长陈启忠，省国土资源厅副厅长陈刚陪同调研并参加汇报会。陈启忠向调研组汇报了近年来西双版纳州国土部门开展的各项工作情况。

同日，州委常委、景洪市委书记陈学刚出席了全市组织工作会议并作了重要讲话。

3 月 8 日，由州妇联、州总工会、州妇女儿童工作委员会主办，州文化体育和新闻出版局协办的景洪城区庆祝“三八”国际劳动妇女节101周年文艺晚会，在勐泐文化广场举行。州委常委、州委秘书长李记臣，州人大常委会副主任、州总工会主席刀金芬，副州长唐家华、李江虹，州政协副主席玉香伦观看演出。

3月9日，州委常委、州委秘书长李记臣主持召开全州口岸联席会第三次全体会议。会议听取2010年全州对外经济贸易和口岸发展情况汇报及2011年工作计划；听取第二次中老泰边境地区六方合作会议、全州口岸联席会第一、二次全体会议有关决定事项落实情况以及2010年全州口岸（通道）目标考核情况汇报。研究边民互市场建设、西双版纳机场国际客货运输、加工基地建设及口岸通关便利化等相关事宜。州党政领导李记臣、李江虹、马维纲参加会议。

3月10日上午，州委副书记胡志寿，州委常委、州委秘书长李记臣，州人大常委会副主任刀琼平，副州长王方荣，州政协副主席依甩、李永义出席了在景洪召开的全州统战工作会议。

3月10日下午，州委副书记胡志寿主持召开州群众工作联席会议，听取州群众工作联席会议办公室、州委政法委、州公安局、州信访局、州人民法院、州人民检察院2010年群众工作情况及今年工作计划汇报，讨论研究有关事宜。州党政领导胡志寿、刘功华、陈启忠、李庆元、李记臣、袁发先、依甩、线东明 参加会议。

3月11日，州委书记江普生率州和景洪市相关部门负责人到景洪市勐罕镇楠景新城，看望慰问前来州参加全国女子垒球系列比赛的运动员、教练员和裁判员。

同日，州委、州政府分别在景洪市嘎洒镇和勐罕镇召开旅游小镇开发建设推进会。州党政领导江普生、罗红江、陈启忠、陈学刚、马维纲参加会议。

3月14日上午，州委书记江普生主持召开州教育改革与发展工作领导小组会议，听取工作情况汇报，讨论研究今年工作任务。会议强调，要总结全州教育改革与发展工作的成绩和经验，进一步明确目标，攻坚克难，奋发有为，力求全州科教总体水平到2015年处于云南边疆地区领先地位。州党政领导江普生、陈学刚、刀金芬、唐家华、李永义参加会议。

3月14日下午，州委书记江普生主持召开州禁毒和防治艾滋病工作领导小组会议。会议听取2010年全州禁毒、防艾及边境禁赌工作情况和2011年工作计划汇报，讨论研究有关事宜。州党政领导江普生、刘功华、李记臣、李江虹、王方荣、马维纲参加会议。

同日，省调研组一行就西双版纳州关于调整完善城乡建设发展思路、加强耕地保护进行调研。州委常委、副州长、州委宣传部部长陈启忠及州住房和城乡建设局、州国土资源局、州统计局等单位负责人参加汇报会。

同日，州委常委、景洪市委书记陈学刚与景洪市相关部门负责人一行，来到位于勐养镇曼景坎村的西双版纳增靓生物科技有限公司调研。

3月15日，州委常委、常务副州长罗红江，州人大常委会副主任刀琼平参加了在景洪召开的全州统计工作会议。

同日，州委常委、副州长、州委宣传部部长陈启忠，州人大常委会副主任兰昌华，州政协副主席玉香伦等参加了在景洪召开的全州国土资源、住房和城乡建设、人民防空、地震、移民开发工作会议。

3月18日上午，州政府党组扩大会议在景洪召开，传达学习全国“两会”精神，部署西双版纳州贯彻意见。州委副书记、州政府党组书记、州长刀林荫讲话，州委常委、常务副州长罗红江主持会议。州委常委、副州长、州委宣传部部长陈启忠，副州长杨沙、唐家华、王方荣、马维纲，州长助理刘鸿章、州政府秘书长李萍等党组成员出席会议。

3月18日下午，州委常委、常务副州长罗红江参加了在景洪召开的全州发展改革暨固定资产投资工作会议。

同日，州委常委、州委政法委书记刘功华，州人大常委会副主任袁发先，副州长、州公安局局长王方荣，州政协副主席权继能等出席了由州公安局举办的全州公安机关践行人民警察核心价值观事迹报告会。

3月21日，州委副书记、州长刀林荫到勐海县调研禁毒和打击非法彩票赌博工作。

同日，普洱市孟连县创新群众工作、维护和谐稳定报告会在昆明召开。州党政领导刀林荫、胡志寿、杨建明、杨志祥、罗红江、刘功华、陈启忠、李庆元、李记臣、赵刚、张美兰、袁发先、刀琼平、唐家华、王方荣、马维纲、依甩、祜巴龙庄勐、玉香伦、权继能，州法院院长线东明、州检察院检察长胡跃，以及原州老领导王贵生、刀美英、玉捧等在州分会场收听收看报告会。

同日，2010年全州检查考评工作会议在景洪召开。会议对全州检查考评工作进行全面动员，并作了具体安排部署，要求检查考评工作要切实转变工作作风，提高行政效率，加强协调配合，确保集中检查考评工作取得实效。州党政领导胡志寿、刘功华、李庆元、李记臣、赵刚、杨沙、唐家华参加会议。州委副书记胡志寿作了重要讲话。州委常委、州委秘书长李记臣就《2010年度全州检查考评工作实施方案》作了说明。

3月23日，全州老干部工作会议在景洪召开，总结2010年全州老干部工作，研究部署2011年工作任务。州委副书记胡志寿出席会议并讲话。州委常委、州委组织部部长赵刚，州人大常委会副主任张美兰，副州长杨沙，州政协副主席依甩等参加会议。

同日，西双版纳州首次农垦家庭承包经营合同书发放仪式在勐海县勐满镇举行。州委副书记胡志寿为勐海县黎明农场六办事处一队的周荣华等93名职工发放了《西双版纳州国有农场土地及地面长期经济作物承包合同书》。

3月24日，云南省召开杨善洲先进事迹报告会。州党政领导江普生、刀林荫、胡志寿、杨建明、杨志祥、刘功华、陈启忠、李记臣、赵刚、张美兰、兰昌华、刀金芬、刀琼平、杨沙、唐家华、李江虹、马维纲、依甩、李永义、玉香伦，州法院院长线东明，以及州直各部门和中央、省属驻州单位主要负责人在州分会场参加了视频会。

同日，州委书记江普生主持召开六届州委常委第101次会议。会议听取县市区委书记以抓农村和城市社区两个"三基"建设为重点的基层党建工作专项述职、州委党建工作领导小组办公室和州党风廉政建设责任制工作领导小组办公室关于今年工作要点的汇报；讨论州机构编制委员会《关于州级机关新增编制分配方案的请示》；讨论《关于召开中共西双版纳傣族自治州第七次代表大会的请示（送审稿）》；讨论干部人事问题。州委常委江普生、林荫、胡志寿、刘功华、陈学刚、李庆元、李记臣、赵刚、徐德清参加会议。

同日，州委副书记、州长刀林荫就"3·24"缅甸7.2级地震，深入到州抗震救灾办公室指导抗震救灾工作。

同日，州委常委、副州长、州委宣传部部长陈启忠会同省地震局副局长陈勤一行，前往勐海县勐满镇看望慰问受灾群众，鼓励群众积极开展生产自救，努力使损失降到最低程度，并对受灾情况进行调查。

同日，全省召开第四次廉政工作电视电话会议。州委常委、州纪委书记李庆元，副州长唐家华在州分会场参加会议。

3月28日，州委常委、州委组织部部长赵刚参加了州委组织部举行的学习杨善洲先进事迹专题讨论会。

3月30日，州委副书记、州长刀林荫率州县民政局、住房和城乡建设局、地震局、建筑质量监督站等单位负责人，分别到勐海县布朗山乡、勐混镇、勐遮镇，实地查看"3·24"缅甸地震对勐海县造成的灾情。

3月31日，副省长孔垂柱重点就西双版纳州农、林、水及其产业发展情况进行为期2天调研。他强调，要进一步加强农业基础设施建设、加快农业农村发展，努力改善农村生态环境，做大做强优势特色产业，促进农民增收。州委副书记、州长刀林荫，州委常委、常务副州长罗红江，州委常委、景洪市委书记陈学刚及相关部门负责人陪同调研。

4月1日，2011年"楠景新城杯"中国国际慢投垒球邀请赛和海峡两岸女子垒球赛新闻发布会在景洪市勐罕镇召开。州委常委、副州长、州委宣传部部长陈启忠，州委常委、景洪市委书记陈学刚出席发布会，并与国家体育总局手曲棒垒中心、中国垒球协会、云南省体育局等负责人一起回答了记者提问。

同日，州委书记江普生主持召开专题会议，研究推进"傣乡水城"建设工作。州党政领导江普生、罗红江、陈启忠、陈学刚、杨沙参加会议。

同日，州委常委、州纪委书记李庆元率州纪委监察局相关工作人员到西双版纳人民广播电台，就政风行风热线工作进行调研。

4月2日上午，州委书记江普生主持召开州农垦改革发展工作领导小组会议，听取农场普遍实行家庭承包经营工作、云南农垦集团公司资产下划工作和橡胶公司组建的情况汇报。州党政领导江普生、刀林荫、胡志寿、罗红江、杨沙参加会议。

4月2日下午，州委书记江普生、北大人民医院院长王杉、北大人民医院党委书记陈红、副州长李江虹共同参加了北京大学人民医院、州医院与西双版纳州部分乡镇卫生院联合开展的"医疗卫生服务共同体"项目启动仪式并剪彩。

同日，州委书记江普生、副州长马维纲出席在景洪市勐罕镇棒垒球基地举行的"楠景新城杯"中国国际慢投垒球邀请赛颁奖晚会暨海峡两岸女子垒球赛迎宾晚宴。

4月3日，州委办公室、州委保密委员会办公室、州委机要局举行学习杨善洲先进事迹座谈会。州委常委、州委秘书长李记臣参加会议并作讲话。

4月8日，州委召开农村工作一揽子会议，要求认真学习贯彻省委农村工作会议和州委六届十一次全会精神，以科学发展观为指导，解放思想、拼搏创新，全面推进社会主义新农村建设，加快提高农业现代化水平。州委副书记胡志寿，州委常委、常务副州长罗红江，州人大常委会副主任兰昌华，州政协副主席玉香伦参加了会议。

同日，州政府召开全州水利工作暨“十一五”先进表彰会。州委常委、常务副州长罗红江，州人大常委会副主任兰昌华，州政协副主席玉香伦参加了会议。

同日，云南省领导干部时代前沿知识讲座第48讲在昆明举行。国家水利部部长陈雷应邀作题为“深入贯彻落实中央一号文件精神，全面推进水利改革发展新跨越”的报告。州委常委、州委秘书长李记臣，州人大常委会副主任召亚平、袁发先、刀金芬，副州长马维纲，州政协副主席依甩，州法院院长线东明在州分会场收听收看了讲座。

同日，州委常委、州纪委书记李庆元率州纪委监察局相关人员到政务服务中心调研。

4 月 9 日，全州纪检监察工作一揽子会议在景洪召开。州委常委、州纪委书记李庆元出席会议并讲话。

4 月 10 日，州委副书记、州长刀林荫率有关部门负责人，对今年“一节一会”的主要活动场地及景洪市部分重点项目建设情况进行检查。

同日，州委常委、常务副州长罗红江出席了勐海县格朗和乡南糯山半坡老寨古茶山举行的茶王节庆典。

同日，州纪委召开投诉监督工作座谈会，分析总结投诉监督工作，研究部署今年工作任务。州委常委、州纪委书记李庆元出席会议并讲话。

同日，州纪委召开理论学习中心组 2011 年第一次集中学习会议，深入学习贯彻落实贺国强同志在云南视察工作时的重要讲话及十七届中央纪委六次全会、省纪委八届六次全会、州纪委六届六次全会精神。州委常委、州纪委书记李庆元主持学习并讲话。

4 月 11 日，中国书画院西双版纳分院在景洪成立。州委书记江普生，州政协副主席李永义出席成立仪式并剪彩。

同日，州委副书记、州长刀林荫，州委常委、副州长、州委宣传部部长陈启忠，州人大常委会副主任刀金芬，州政协副主席玉香伦等观看了由中央民族大学民族服饰研究所、中国服饰人才研究会和西双版纳歌舞倾城投资有限公司共同设计开发的“水韵·娑罗——歌舞倾城傣族服装”品牌展示活动。

同日，望天树景区正式挂牌晋升为国家4A级旅游景区。州委副书记、州长刀林荫和省旅游局巡视员、省旅游协会会长袁光翰为望天树景区“国家4A级旅游景区”揭牌。州委常委、副州长、州委宣传部部长陈启忠出席揭牌并致词。

同日，中国老挝边界第一次联合检查界碑揭幕仪式在中国磨憨—老挝磨丁口岸举行。外交部部长助理刘振民和老挝副外长谢姆·蓬玛占，州委常委、常务副州长罗红江，副州长李江虹，勐腊县政府、州外办、磨憨开发区管委会、勐腊海关、勐腊检验检疫局、磨憨边防检查站等部门参加揭幕仪式。

4 月 12 日，州委、州政府举行迎宾晚宴，宴请到州参加庆祝傣历 1373 年新年节暨第十四届西双版纳边境贸易旅游交易会的国内外嘉宾。州委书记江普生，州委副书记、州长刀林荫，州人大常委会主任杨建明，州政协主席杨志祥，西双版纳军分区司令员樊焕祥，我州老领导召存信、苏恒，州委、州人大常委会、州政府、州政协领导班子成员、部分副州级以上离退休老领导及中央、省属部门、企事业单位的负责人和各界代表出席晚宴。州委副书记胡志寿主持晚宴。

4 月 13 日，傣历 1373 年新年节庆祝大会在澜沧江畔隆重举行。老挝国家旅游局副局长索卡孙·杜荷盛，缅甸商务部边境贸易厅处长吴貌貌吞，泰国碧差汶府府尹功叶·维拉·鲁吉瓦塔蓬，越南驻昆明总领事馆副总领事武氏银芳，韩国韩中文化经济友好协会会长金英爱，中国文联副主席、中国作家协会副主席丹增，省人大常委会副主任江巴吉才，中国驻老挝大使馆大使布建国，州党政领导江普生、刀林荫、胡志寿、杨建明、杨志祥，原省州老领导刀国栋、刀世勋、召存信、苏恒，以及州委、州人大常委会、州政府、州政协领导班子成员，省厅局有关领导，省内外友好州市党政代表团，曾经在西双版纳州工作过的老领导及中外嘉宾、各界人士代表出席庆祝大会。

同日，景洪市重点工程——龙舟广场举行启用典礼暨文艺晚会。州党政领导江普生、刀林荫、杨建明、罗红江、陈学刚、赵刚、召亚平，景洪市党政领导等参加启用仪式并剪彩。州委副书记、州长刀林荫宣布龙舟广场正式启用。州委常委、景洪市委书记陈学刚在启用仪式上致词。

同日，州委书记江普生，州人大常委会主任杨建明，州委常委、常务副州长罗红江，在景洪与中化国际（控股）股份有限公司董事长潘正义等一行进行座谈。上海市人大常委会秘书长姚明宝，州内各有关部门负责人参加座谈会。与会人员参观了西双版纳中化橡胶有限公司景洪胶厂。

同日，光明食品集团云南宏晟生物制品有限公司投资建设的铁皮石斛现代组培工厂、GMP 标准厂投产运行，并成为目前全国最大的铁皮石斛基地。州党政领导江普生、杨建明、杨志祥、罗红江、赵刚,上海市人大常委会秘书长姚明宝等出席当天的投产典礼。

同日,由省商务厅、省旅游局和西双版纳州政府共同主办的第十四届西双版纳边境贸易旅游交易会,在西双版纳国际会议展览中心开幕。州党政军领导江普生、刀林荫、胡志寿、杨志祥、陈启忠、陈学刚、李记臣、徐德清、刀金芬、李江虹、马维刚、权继能出席开幕式。

4 月 14 日,州委副书记、州长刀林荫与韩国韩中文化经济友好协会会长金英爱签约,就双方实现友好合作关系的持续发展达成协议。

同日,2011 年全国当代散文家创作年会和滇东八州市文学(散文)创作年会在景洪召开。中国文联副主席、中国作协副主席丹增,省委常委、省委宣传部部长张田欣,云南作家协会主席黄尧,《散文世界》杂志社副社长、执行主编苏伟,州委副书记、州长刀林荫,州委常委、副州长、州委宣传部部长陈启忠,州人大常委会副主任刀琼平,州政协副主席权继能等参加年会。

同日,州委副书记、州长刀林荫会见来州参加傣历 1373 年新年节暨第十四届西双版纳边境贸易旅游交易会的老缅泰越韩代表团。

4 月 15 日,上海市人大常委会主任刘云耕,云南省委副书记李纪恒,州党政领导江普生、刀林荫、胡志寿、杨建明、杨志祥、罗红江、陈学刚、李记臣、赵刚、召亚平、袁发先、王方荣、马维纲、祜巴龙庄勐等参加了素有"东方狂欢节"美誉的西双版纳傣历新年节泼水活动开泼仪式。

同日,州委、州政府与上海电影(集团)有限公司战略合作协议签约仪式在西双版纳国际会议展览中心举行。上海市人大常委会主任刘云耕,云南省委副书记李纪恒,中国文联副主席、中国作协副主席丹增,云南省委常委、省委宣传部部长张田欣,上海市人大常委会秘书长姚明宝,云南省委副秘书长林金宏,云南省委宣传部常务副部长、省文产办主任尹欣,云南省广电局局长张德文,上海文化广播影视集团副总裁、上海电影(集团)有限公司党委书记、总裁任仲伦,州党政领导江普生、刀林荫、胡志寿、杨建明、罗红江、陈启忠、李记臣、赵刚等出席签约仪式。州委书记江普生代表州委、州政府向各位领导和嘉宾表示热烈的欢迎和衷心的感谢。州委副书记、州长刀林荫代表西双版纳州政府与上海电影(集团)有限公司签订了战略合作协议。

同日,州委、州政府举行向曼听公园周恩来总理纪念塑像敬献花环仪式,纪念周总理参加西双版纳泼水节 50 周年。省委副书记李纪恒,共青团中央书记处书记贺军科,省委宣传部常务副部长、省文产办主任尹欣,共青团云南省委书记饶南湖,州委书记江普生,州委副书记、州长刀林荫,州内老领导召存信,州委、州人大常委会、州政府、州政协领导班子成员、州级各部委办局负责人和景洪市领导班子主要成员,以及当年见证人、军警、医生、教师、少先队员、团员青年、企业、附近村民代表参加了纪念仪式。州委常委、副州长、州委宣传部部长陈启忠主持纪念仪式。

同日,省委副书记李纪恒深入勐海县、勐腊县、景洪市进行为期 4 天的调研,给各族干部群众送上新年的祝福。西双版纳州党政领导江普生、胡志寿、陈启忠、陈学刚、李记臣、赵刚、杨沙陪同调研。

4 月 21 日,景洪市召开市委理论学习中心组第一次集中学习会。州委常委、景洪市委书记陈学刚作动员讲话。

同日,州委六届十二次全体会议在景洪召开。全会由州委常委会主持。州委常委江普生、刀林荫、胡志寿、罗红江、刘功华、陈学刚、李庆元、李记臣、赵刚出席会议并在主席台就座。全会听取了州委常委、州委组织部部长赵刚所作的《关于召开中国共产党西双版纳傣族自治州第七次代表大会决议(草案)的说明》;讨论了《关于召开中国共产党西双版纳傣族自治州第七次代表大会决议(草案)》;审议通过了《关于召开中国共产党西双版纳傣族自治州第七次代表大会决议》。州委书记江普生受州委常委会委托在全会结束时作了重要讲话。

4 月 22 日,以"健康云茶,世界共享"为主题的 2011 年第六届中国云南普洱茶国际博览交易会在昆明开幕。州委常委、常务副州长罗红江,省普洱茶协会会长张宝三等为西双版纳州展馆开馆剪彩。

4 月 23 日,州委副书记、州长刀林荫出席了西双版纳州建设的国家橡胶中心通过国家质检总局专家组的验收工作会并讲话。

4 月 24 日,州委常委、州委组织部部长赵刚及相关部门负责人组成巡考组,对 2011 年公开考试录用公务员笔试的 3 个考点进行了巡视。

4 月 25 日,全省深化医药卫生体制改革工作电视电话会议召开。州委常委、常务副州长、州医改领导小组组长罗红江,以及相关部门负责人在州分会场收听收看电视电话会议。

4 月 25 ~ 26 日,州委召开理论学习中心组 2011 年第一次集中学习暨全州第一季度经济运行分析会。州委书记江普生主持学习，并就学习杨善洲、当好公仆做实干家作了重要讲话。州党政领导刀林荫、胡志寿、杨建明、杨志祥、罗红江、陈学刚、李庆元、李记臣、赵刚、兰昌华、召亚平、袁发先、刀琼平、唐家华、王方荣、依甩、李永义，州法院院长线东明、州检察院检察长胡跃等参加会议。

4月26日，“法治与责任——全国检察机关惩治和预防渎职侵权犯罪展览·云南西双版纳”巡展在西双版纳民族博物馆拉开序幕。州委常委、州委秘书长李记臣，州人大常委会副主任袁发先，副州长王方荣，省检察院副巡视员赵双怡，州法院院长线东明等参加开幕式。

4月27日，州委书记江普生到西双版纳民族博物馆参观“法治与责任—全国检察机关惩治和预防渎职侵权犯罪展览·云南西双版纳”巡展。州委常委、州委秘书长李记臣，州委常委、州委组织部部长赵刚，州检察院检察长胡跃及有关部门负责人一同观展。

同日，州政府召开全州行政监察工作会议，专题研究部署行政监察工作。州委常委、州纪委书记李庆元，副州长唐家华出席会议并讲话。

同日，全州县市党委换届工作座谈会在景洪召开，会议对即将开展的县市党委换届工作做了安排部署。州委常委、州委组织部部长赵刚出席会议。

4月28日上午，州委常委、州委政法委书记刘功华，副州长、州公安局局长王方荣出席了州级政法部门在州委党校举行的“践行人民警察核心价值观”事迹报告会。

同日下午，州委书记江普生主持召开州农垦改革发展工作领导小组扩大会议，听取农垦改革有关情况汇报，讨论研究推进农垦改革发展有关问题。州党政领导江普生、刀林荫、胡志寿、罗红江、刘功华、陈学刚、杨沙、王方荣参加会议。

4月29日，全省2011年“小金库”治理工作电视电话会议召开。州委常委、州纪委书记李庆元，州清查“小金库”工作领导小组成员单位和党政机关、事业单位、社会团体和国有及国有控股企业的相关负责人，在州分会场收听收看了电视电话会议。

同日，州委、州政府召开全州第六次旅游产业发展大会，总结西双版纳州旅游“二次创业”暨“十一五”的工作，部署“十二五”旅游产业发展的目标任务。州委书记江普生强调，要深入实施“旅游强州”战略，全力推进传统旅游向现代旅游转变，锲而不舍地把西双版纳建设成为“中国一流、世界知名”的国际生态旅游州。州委副书记、州长刀林荫主持会议。州党政领导胡志寿、杨建明、杨志祥、罗红江、刘功华、陈启忠、李记臣、赵刚、兰昌华、召亚平、袁发先、刀金芬、刀琼平、杨沙、唐家华、王方荣、依甩、权继能，州法院院长线东明、州检察院检察长胡跃等参加会议。

同日下午，州委书记江普生主持召开州委理论学习中心组集中学习会，听取“傣乡水城”建设规划与申报“中国人居环境奖”专题汇报。州党政领导江普生、刀林荫、胡志寿、杨建明、杨志祥、罗红江、刘功华、陈启忠、陈学刚、李庆元、李记臣、赵刚、兰昌华、召亚平、袁发先、刀金芬、刀琼平、杨沙、唐家华、李江虹、依甩、权继能参加会议。

4月30日，州委副书记、州长刀林荫，州人大常委会副主任、州总工会主席刀金芬，前往机场迎接赴昆明参加云南省第二十届劳动模范和先进工作者表彰大会的6名劳动模范和先进工作者。

5月3日，州委书记江普生主持召开专题会议，听取“傣乡水城”建设规划与申报“中国人居环境奖”专题汇报。州党政领导刀林荫、胡志寿、杨建明、杨志祥、罗红江、刘功华、陈启忠、陈学刚、李庆元、李记臣、赵刚、兰昌华、召亚平、袁发先、刀金芬、刀琼平、杨沙、唐家华、李江虹、依甩、权继能，州法院院长线东明、州检察院检察长胡跃等参加会议。

同日，州委副书记、州长刀林荫，副州长杨沙察看州社会福利院建设项目。

同日，州委召开学习型党组织建设工作推进会。强调要充分认识建设学习型党组织的重大意义，深入推进全州学习型党组织建设，努力提高推动科学发展、促进社会和谐的能力。州委常委、副州长、州委宣传部部长陈启忠主持会议。州委副书记胡志寿作重要讲话。

5月4日，州委副书记、州长刀林荫历时2天深入景洪市嘎洒镇、勐龙镇，勐海县勐遮镇、西定乡检查禁毒、禁赌、打黑除恶工作。

5月6日，州政府召开保障性安居工程工作会议，贯彻落实国家、省保障性安居工程工作会议精神，总结去年全州保障性安居工程工作，部署今年工作。州委副书记、州长刀林荫出席会议并讲话，州委常委、常务副州长罗红江，州委常委、副州长、州委宣传部部长陈启忠，州人大常委会副主任兰昌华，州政协副主席依甩出席会议。

同日，州政府召开民族宗教工作会议。州委副书记胡志寿讲话，副州长王方荣主持会议，州人大常委会副主任召亚平、州政协副主席依甩出席会议。

5月11日，省委常委、昆明市委书记仇和，昆明市委副书记、市长张祖林率领昆明市党政代表团赴我州考察,并与西双版纳州签署《共同推进昆明市—西双版纳州国际大通道建设合作框架协议》,以战略通道、合作平台、产业基地、交流窗口建设为突破口,加快构筑昆明—西双版纳昆曼经济带。省级有关部门负责人,李邑飞、杨远翔、田云翔等昆明市党政领导出席签字仪式,西双版纳州党政领导江普生、刀林荫、胡志寿、杨建明、杨志祥、罗红江、李庆元、李记臣、赵刚、李江虹等陪同考察和出席签字仪式。省委常委、昆明市委书记仇和在签字仪式上致辞。

5 月 15 日,国土资源部党组书记、部长、国家土地总督察徐绍史,在省委书记、省人大常委会主任白恩培,副省长刘平等有关领导陪同下到州调研。国土资源部副部长、党组成员、中国地质调查局局长汪民,国家土地督察成都局局长常嘉兴,国土资源部财务司司长赖文生,省国土资源厅厅长和自兴,州委书记江普生,州委副书记、州长刀林荫,州委常委、副州长、州委宣传部部长陈启忠,州委常委、州委秘书长杨涛陪同调研。

5 月 18 日上午,云南省召开电视电话会议,通报全省 2010 年度惩治和预防腐败体系建设以及党风廉政建设责任制检查考核情况。在全省检查考核的 153 个单位中,共评出优秀单位 37 个、合格单位 110 个、基本合格单位 5 个、不合格单位 1 个。州党政领导江普生、刀林荫、胡志寿、杨志祥、陈启忠、赵毅、李庆元、杨涛、召亚平、杨沙、李江虹、王方荣、马维纲,州检察院检察长胡跃等在州分会场参加电视电话会议。

5 月 18 日下午,州纪委召开加快推进惩治和预防腐败体系建设工作会议,回顾总结 2008 年以来我州惩防体系建设工作情况,研究部署当前和今后一个时期惩防体系建设工作。州委常委、州纪委书记李庆元出席会议并讲话。

5 月 20 日,云南省社会科学院西双版纳科研与社会服务基地落户州委党校。省委委员、省人大常委会委员、民族事务委副主任、云南省社科院原院长纳麒,州人大常委会主任杨建明,州委常委、副州长、州委宣传部部长陈启忠,州委常委、州委秘书长杨涛,州人大常委会副主任张美兰、召亚平、袁发先、刀琼平,州政协副主席李永义、玉香伦等出席成立仪式。

5 月 23 日,全省领导干部时代前沿知识讲座第四十九讲开讲。农业部党组书记、部长韩长赋应邀作《关于统筹城乡,推进“三化”同步发展的几个问题》的专题讲座。州党政领导胡志寿、杨志祥、陈启忠、杨涛、张美兰、兰昌华、召亚平、袁发先、刀琼平、杨沙、马维纲、依甩、玉香伦等在州分会场听取讲座。

5 月 24 日,云南省教育工作会议在昆明召开。会议总结交流云南省教育改革发展经验,部署实施《云南省中长期教育改革和发展规划纲要(2010 –2020 年)》。州党政领导胡志寿、陈学刚、李庆元、刀金芬、依甩在州分会场参加视频会议。

5 月 25 ~26 日,以省民政厅副厅长姚国华为组长的省委调研督查组到州,对贯彻落实党的十七届四中全会精神、省委八届七次全委会精神等情况进行调研督查。州委副书记胡志寿代表州委向省委调研督查组作了情况汇报。州委常委、景洪市委书记陈学刚陪同省委调研督查组在景洪市检查工作,州委常委、州纪委书记李庆元参加州委汇报会。

6 月 1 日,司法部部长吴爱英在副省长高峰,以及司法部有关厅局负责人的陪同下,到州调研。州委书记江普生,州委常委、州委政法委书记赵毅,副州长王方荣陪同调研。

6 月 8 日,州委常委、副州长、州委宣传部部长陈启忠,出席了以“爱党爱国爱家乡”为主题的演讲大赛。

6 月 9 日,云南省领导干部时代前沿知识讲座第 50 讲在昆明开讲。国防大学教授、中国著名军事史专家徐焰应邀作题为“建党 90 年来党的指导思想发展变化”的讲座。州党政领导刀林荫、胡志寿、罗红江、陈启忠、赵刚、杨涛、兰昌华、袁发先、刀金芬、杨沙、李江虹、王方荣、马维纲、依甩、玉香伦,州法院党组书记董国权,州检察院检察长胡跃,州直机关单位副处级以上在职领导干部在州分会场听取讲座。

6 月 10 日,州委召开全州党史工作会议暨革命遗址普查总结表彰会,部署党史工作部门在建党 90 周年的相关工作,并对历时一年的全州革命遗址普查工作进行总结表彰。州委常委、州委组织部部长赵刚出席会议并作了重要讲话。

6 月 13 ~15 日,省政协常务副主席管国忠率调研组到州,就加强生态建设和保护工作进行调研。州委副书记、州长刀林荫,州政协主席杨志祥,州委常委、常务副州长罗红江,州委常委、景洪市委书记陈学刚,副州长唐家华等陪同调研。

6 月 17 日,州委副书记胡志寿,州委常委、州委组织部部长赵刚分别代表州委、州政府,走访慰问景洪城区副厅级以上离休干部和老党员,在“七一”来临之际送上党的关怀和问候。

6 月 17 ~19 日,全国人大常委会副委员长路甬祥到州视察。省人大常委会副主任杨保建,州委书记江普生，州委常委、常务副州长罗红江，州委常委、州委秘书长杨涛，州人大常委会副主任张美兰陪同视察。

6月17~24日，应老中合作委员会的邀请，以州委副书记、州长刀林荫为团长的西双版纳州政府代表团，对老挝万象和北部五省进行工作访问。双方进行了广泛交流，并就进一步加强经贸、农业、科技、文化、旅游、教育、卫生等领域的交流与合作达成广泛共识。

6月21日，由州委政法委主办，州文化体育和新闻出版局、州公安局协办的西双版纳州政法系统庆祝建党90周年“党在我心中”歌咏比赛在景洪举行，州委常委、州委政法委书记赵毅，州人大常委会副主任袁发先，副州长王方荣观看歌咏比赛。

6月22日，由州直机关工委主办的“党旗飘飘 歌声嘹亮——州直机关纪念建党90周年歌咏比赛”在景洪剧院激情开赛。州委常委、州委组织部部长赵刚，州人大常委会副主任刀金芬，副州长王方荣等观看比赛。

6月23日，州委常委、州委秘书长杨涛主持召开州五机关秘书长联席会议，通报了近期工作情况，讨论研究了强化机关效能建设、规范接待工作和编外聘用人员工资待遇等事宜。

6月24日，州直机关工委召开纪念中国共产党成立90周年暨创先争优活动表彰大会。州委常委、州委组织部部长赵刚出席会议并作了讲话。

6月27日，州委常委、常务副州长罗红江率州农委、农业、水利、扶贫等部门负责人到景洪市部分乡镇，就农业、水利工作进行调研。

6月30日上午，庆祝中国共产党成立90周年大会在景洪剧院隆重举行。州党政领导江普生、刀林荫、胡志寿、杨建明、杨志祥、罗红江、陈启忠、赵毅、李庆元、赵刚、杨涛出席会议并在主席台就座。州委副书记、州长刀林荫主持庆祝大会。

6月30日下午，州委召开全州优秀共产党员、优秀党务工作者代表庆祝中国共产党成立90周年座谈会。州委副书记胡志寿讲话，州委常委、副州长、州委宣传部部长陈启忠主持会议。州委常委、州纪委书记李庆元出席会议。

7月7日，西双版纳州召开会议，就全面做好全州村级组织活动场所和农村党员干部现代远程教育网络管理、进一步加强社区党建工作进行部署。州委常委、州委组织部部长赵刚参加会议。

7月11日，省政府召开全省筹集水利建设资金、加快水利建设工作电视电话会议，分析当前水利建设专项资金征收和使用管理、水利建设资金投入面临的形势任务，安排部署云南省土地出让收入计提水利建设资金征收和使用管理等有关工作。州委常委、常务副州长罗红江在州分会场参加会议。

7月11~12日，全州乡镇党委书记、农场领导干部培训班在州委党校举行，各县市农垦局局长，农场党委书记、管委会主任和管委会常务副主任参加培训。州委副书记胡志寿出席开班仪式并讲话，州委常委、州委组织部部长赵刚主持会议。

7月14日，由省委第四巡视组组长、正厅级巡视专员费建平率领的省委第四巡视组，对西双版纳州财政工作情况及农业综合开发工作情况进行了巡视。州委副书记、州长刀林荫，副州长唐家华出席汇报会。

7月14~15日，省扶贫办主任王智一行到州调研扶贫开发工作。州委副书记、州长刀林荫，州委常委、常务副州长罗红江，州人大常委会副主任刀琼平陪同调研组先后深入勐腊县勐仑镇大卡村委会大卡老寨，勐海县布朗山乡曼囡村委会红旗村、曼囡新寨和吉良村委会等地，走访农户，与村民座谈，查看扶贫开发项目、资金使用情况。

7月14~15日，州委副书记胡志寿前往勐腊县象明乡检查千名干部大走访农业农村活动开展情况。

7月15日，勐海县布朗山乡整乡推进扶贫开发试点项目正式启动。省扶贫办主任王智，州委副书记、州长刀林荫，州政协主席杨志祥，州人大常委会副主任刀琼平出席启动仪式。

7月18~19日，州委召开理论学习中心组2011年第二次集中学习和全州第二季度经济运行分析会暨上半年务虚会。会议强调，要深入学习贯彻中央、省委省政府关于桥头堡建设的重大战略思想和工作部署，抢抓机遇，开拓创新，真抓实干，竭尽全力加快推进桥头堡主阵地建设。州委书记江普生主持学习并讲话。州党政领导刀林荫、胡志寿、杨建明、杨志祥、罗红江、陈启忠、赵毅、李庆元、赵刚、杨涛、张美兰、兰昌华、召亚平、袁发先、刀金芬、刀琼平、杨沙、唐家华、李江虹、王方荣、依甩、李永义、权继能，州法院代理院长董国权，州检察院检察长胡跃等参加会议。

7月20日，州委副书记、州长刀林荫深入勐海县黎明农场第六办事处二队二组，走进生产队和群众家中，与群众促膝交流、座谈走访，倾听群众呼声，为群众排忧解难。州委常委、副州长、州委宣传部部长陈启忠一同参加调研。

7月22日，州委常委、副州长、州委宣传部部长陈启忠参加了全州宣传思想文化系统学习贯彻胡锦涛总书记“七一”重要讲话精神座谈会并讲话。

7月25日，云南省领导干部时代前沿知识讲座第51讲在昆明举行。国家行政学院党委委员、副院长韩康应邀作题为“‘十二五’规划和我国发展问题”的专题讲座。州党政领导江普生、刀林荫、胡志寿、杨志祥、陈启忠、李庆元、赵刚、杨涛、杨沙、唐家华、王方荣、李永义、玉香伦，州法院代理院长董国权，州检察院检察长胡跃等在州分会场听取讲座。

同日，州人大常委会召开座谈会，就即将于8月1日颁布实施的《云南省西双版纳傣族自治州天然橡胶管理条例(修订)》《云南省西双版纳傣族自治州古茶树保护条例》进行座谈。州人大常委会主任杨建明，州委常委、常务副州长罗红江，州人大常委会副主任张美兰、兰昌华、召亚平、袁发先、刀金芬、刀琼平参加会议。

7月26～28日，全国人大农业与农村委员会调研组到州，对社会主义新农村建设、完善农村土地管理制度等情况进行调研，并就修改《农业技术推广法》听取意见和建议。江普生、刀林荫、罗红江、张美兰、兰昌华、袁发先陪同调研组先后到西双版纳旅游度假区曼弄枫村委会曼景法村、光明食品集团云南石斛生物科技开发有限公司、勐海县勐海镇曼尾村、勐海茶厂进行实地调研，并考察了中科院西双版纳热带植物园和西双版纳热带花卉园。

7月27日，州委书记江普生等一行深入边防一线“走边关”。江普生强调，要全面提升党政军警民联合管边控边的整体合力和治边兴边的质量效益，捍卫国家主权、保卫国家安全，巩固和发展边疆稳定、边境安宁的良好局面，努力促进经济社会和边防工作协调发展。西双版纳军分区司令员樊焕祥，州委常委、州委秘书长杨涛，州公安边防支队、西双版纳海关、景洪港边防检查站、州水利局等部门负责人参加了联合“走边关”活动。

7月28日，州委副书记、州长刀林荫到勐海县走边境、进军营、入村寨，看望驻地军警官兵，入户了解边境群众生产生活情况。

同日，州委副书记胡志寿在西双版纳军分区、州边防支队以及州县相关负责人的陪同下，深入勐腊边防一线开展“走边关”活动。

同日，州委常委、常务副州长罗红江在州边防支队、州林业局、州交通局等部门负责人的陪同下，深入勐腊边防一线，开展“走边关”活动。

同日，州委常委、州纪委书记李庆元主持召开州纪委理论学习中心组2011年第二次集中学习会议并讲话。会议强调，要认真学习贯彻胡锦涛“七一”重要讲话精神，为桥头堡主阵地建设提供坚强纪律保障。

7月29日上午，州委议军会议暨州国动委第七次会议在景洪召开。会议强调，要坚持党管武装原则，紧扣科学发展这个主题，统筹国防后备力量建设与经济社会发展，扭住军民融合发展这条主线，以推进调整改革为重点，着力抓好战斗力生成与提升、完成多样化任务能力建设、基层基础建设发展与进步三大任务，在新的起点上加快推进国防动员和后备力量建设科学发展。州委书记、西双版纳军分区党委第一书记、州国动委第一主任江普生出席会议并讲话。州委副书记、州长、州国动委主任刀林荫主持会议。州党政军领导胡志寿、杨志祥、赵毅、杨涛、召亚平、杨沙、王方荣、樊焕祥等出席会议。各县市委书记、人武部党委第一书记作了党管武装工作述职；军分区司令员、州国动委常务副主任樊焕祥讲评述职情况并作国防动员和后备力量建设工作报告；副州长王方荣传达了2011年度省委议军会议暨省国动委第八次会议精神。州国防动员委员会成员单位负责人参加会议。

7月29日下午 州党政军警领导及州双拥工作领导小组成员单位负责人欢聚一堂，同叙鱼水深情，共商双拥大计，庆祝中国人民解放军建军84周年。江普生、刀林荫、胡志寿、杨志祥、樊焕祥、赵毅、杨涛、召亚平、杨沙、王方荣等参加座谈会。州委副书记、州长、州双拥工作领导小组副组长刀林荫主持座谈会。副州长、州双拥工作领导小组副组长杨沙在会上通报了全州双拥工作情况；驻州军警部队领导和州双拥工作领导小组部分成员单位代表作了发言。

同日，全州森林公安正规化建设现场会在勐腊召开，部署森林公安正规化建设工作。州委常委、常务副州长罗红江，州人大常委会副主任兰昌华，州政协副主席玉香伦，云南省森林公安局副局长尹宏刚及三县市委政法委书记、主管林业的副县市长、基层派出所民警、林业企业负责人参加会议。

7月29～31日，省纪委副书记高旭升一行到州，对西双版纳州贯彻落实《廉政准则》、加强领导干部作风建设情况，贯彻落实《关于党的基层组织实行党务公开的意见》、探索开展党务公开工作情况，学习贯彻《农村基层干部廉洁履行职责若干规定(试行)》、加强农村党风廉政建设情况进行检查调研。州委常委、州纪委书记李庆元陪同调研。

7月30日，中国音乐学院附属艺术幼儿园西双版纳园举行招生新闻发布会暨文艺演出，宣布在西双版纳州正式开班招生。州委书记江普生，州人大常委会副主任刀金芬，州政协副主席、西双版纳职业技术学院院长李永义等出席发布会，并观看了中国音乐学院附属艺术幼儿园2011届毕业班的汇报演出。

8月1日，州委书记江普生深入景洪市基诺山乡调研时强调，要毫不动摇地把"三农"工作摆在重中之重的位置，坚持和完善"三级联动"、"三个依靠"、"六大工程"长效机制，尤其要抓好新农村建设"五件大事"，扎实推进农业现代化，在更高起点上建设社会主义新农村。景洪市及州直有关部门负责人一同参加调研活动。

8月2日，州十届政协常委会第十八次会议在景洪召开。州政协主席杨志祥，副主席依甩、李永义、玉香伦、权继能，秘书长张云洪以及常委会组成人员出席会议。州委常委、副州长、州委宣传部部长陈启忠，州人大常委会副主任张美兰，州发改委、州国土资源局等有关单位负责人列席会议。

同日，州委常委、州委政法委书记赵毅，州人大常委会副主任袁发先，州政协副主席权继能，州检察院检察长胡跃等出席了州第五次律师大会。

8月3日，省委宣讲团在景洪举行胡锦涛总书记"七一"重要讲话精神宣讲报告会。州党政领导江普生、刀林荫、杨建明、罗红江、陈启忠、赵毅、李庆元、赵刚、杨涛、兰昌华、唐家华、李江虹、王方荣、依甩到会听取报告。

8月4日，州委副书记胡志寿一行到勐海县调研。他要求：勐海县委、县政府要牢牢把握桥头堡建设机遇，锲而不舍地把勐海县打造成为"中国普洱茶第一县"和"西双版纳春城"。

8月4~5日，州政府召开桥头堡建设项目专题会议。州委副书记、州长刀林荫强调，要进一步把思想和行动统一到州委的决策部署上来，把智慧和力量凝聚到掀起桥头堡建设的高潮上来，把握机遇，乘势而上，敢为人先，先行先试，全面推进西双版纳大开发、大开放、大发展。州委常委、常务副州长罗红江，州委常委、副州长、州委宣传部部长陈启忠，副州长唐家华、李江虹、王方荣、马维纲出席会议，并对相关工作进行部署。各县(市)、区、州直有关部门负责人在会上进行交流发言。

8月5日，州委书记江普生分别到州人大常委会、州政协进行调研。江普生强调，州人大常委会、州政协要围绕中心、服务大局、关注民生，着力提高工作科学化水平，充分发挥职能作用，为推动全州科学发展和跨越发展多做贡献。州人大常委会主任杨建明，州政协主席杨志祥，州委常委、州委秘书长杨涛，州人大常委会副主任张美兰、兰昌华、召亚平、袁发先、刀金芬，州政协副主席依甩、祜巴龙庄勐、玉香伦、权继能，州人大常委会秘书长、州政协秘书长以及州人大常委会各专工委负责人、州政协各专委负责人参加了调研会。

8月8日，"盛璟新城杯"2011海峡两岸棒球对抗赛在景洪市勐罕镇楠景新城圆满结束。州委副书记、州长刀林荫，州委常委、副州长、州委宣传部部长陈启忠参加闭幕式。

同日，州委副书记、州长刀林荫前往景洪市勐罕镇的西双版纳云丰木业有限公司、西双版纳星鑫农业科技有限公司调研生物产业发展情况。她强调，各级各有关部门要依托西双版纳州的资源优势，做强生物产业，以生物产业的发展带动经济发展，助农增收。州委常委、副州长、州委宣传部部长陈启忠，副州长唐家华一同参加调研。

8月9日，全省固定资产投资推进工作电视电话会议召开，提出要坚持"有保有压、有扶有控"的原则，把握形势，狠抓落实，着力破解融资难题，推进项目前期工作，抓好在建项目进度，优化投资结构，确保全年固定资产投资目标任务顺利实现。州委常委、常务副州长罗红江在州分会场参加会议。

8月10日，州委副书记、州长刀林荫会见以老挝南塔省省委书记、省长披玛双·勒坎玛为团长的代表团一行。州委常委、州委秘书长杨涛，州政府秘书长及州政府政研室、州外事侨务办等相关单位负责人会见时在座。

8月10~12日，州委常委、州委组织部部长赵刚，副州长杨沙巡视州内非检法机关考录公务员面试点。

8月16日，省委组织部贫困村党组织建设第一调研组到州，就当前贫困村基层党组织建设工作进行调研，并与西双版纳州州直相关部门负责人座谈。州委常委、州委组织部部长赵刚参加座谈会并陪同调研。

8月16~17日，以省国土资源厅副厅长陈刚为组长的省政府检查组，到州检查2006~2010年耕地保护目标责任制落实情况。州委常委、副州长、州委宣传部部长陈启忠向检查组汇报西双版纳州2006~2010年耕地保护目标责任制落实情况。

8月17日，州委常委、州委组织部部长赵刚在有关领导陪同下，到勐腊县勐满农场调研农垦改革工作。

8月18日，全国窗口单位和服务行业为民服务创先争优视频会议召开，对全国窗口单位和服务行业开展为民服务创先争优活动进行动员部署。州委副书记胡志寿，州委常委、州委组织部部长赵刚在州分会场参加视频会议。

8月19日，云南省召开防汛抗旱工作电视电话会议，安排部署下半年防汛抗旱工作。州委常委、常务副州长罗红江在州分会场参加会议。

8月22日晚，江普生、刀林荫、胡志寿、罗红江、陈启忠、赵毅、李庆元、赵刚、徐德清、杨涛分别来到财鑫酒店和锦都酒店，看望出席中国共产党西双版纳傣族自治州第七次代表大会的代表。

8月26日，中国共产党西双版纳傣族自治州第七届纪律检查委员会召开第一次全体会议，选举产生新一届州纪委常委、书记和副书记 。李庆元主持会议。受州第七次党代会主席团的委托，州委常委、州委组织部长赵刚同志宣读了省委和省纪委的批复并作州纪委常委、书记、副书记候选人预备人选名单的说明。全会通过了《中国共产党西双版纳傣族自治州第七届纪律检查委员会第一次全体会议选举办法》；推荐通过了监票人名单，酝酿通过了七届州纪委常委候选人和州纪委书记、副书记候选人建议名单。会议采取无记名投票的方式，差额选举产生新一届州纪委常委，从当选的州纪委常委中选举州纪委书记、副书记。

8月30日，由国务院新闻办公室主管，云南省人民政府新闻办公室、云南省对外文化交流协会主办的柬文《高棉》杂志创刊号在景洪举行首发式。中央外宣办、国务院新闻办副主任王仲伟，中共云南省委常委、省委宣传部部长张田欣出席首发式，并为柬文《高棉》杂志揭幕。西双版纳州委书记江普生，州委副书记、州长刀林荫出席首发式。

同日，景洪工业园区召开党委会议，传达学习州第七次党代会精神，并就进一步贯彻落实好会议精神做出安排部署。州委常委、景洪工业园区党委书记、管委会主任马力勇参加会议。

8月31日，州委书记江普生到景洪市曼景兰社区曼景兰居民小组调研。州委常委、州委秘书长杨涛及景洪市相关部门负责人一同参加调研。

9月1日，州委常委、州纪委书记李庆元率州纪委相关人员到勐腊县调研，实地察看象明乡、象明乡倚邦村委会和易武乡农村党风廉政建设情况，并与象明乡和易武乡负责人进行座谈。

9月9日，州政府召开全州教育工作会议。州委副书记胡志寿作了重要讲话。州委常委、常务副州长罗红江在会上作全州教育工作报告。陈启忠、赵毅、李庆元、徐德清、杨涛、马力勇、刀琼平、唐家华、李永义出席会议。副州长唐家华主持会议，并就贯彻落实好会议精神提出要求。州委常委、州委秘书长杨涛宣读了《中共西双版纳州委、西双版纳州人民政府关于表彰全州“两基”工作先进单位和先进个人的决定》，对全州“两基”工作中涌现出的40个先进单位和150名先进个人进行表彰。

9月16日，州委常委、副州长、州委宣传部部长陈启忠，对景洪市创建云南省文明城市工作进行检查。

9月20日下午，州委、州政府和云南日报报业集团在景洪市澜沧江畔的世纪金源大饭店举行云南日报社西双版纳分社揭牌成立仪式，同时开通云南省政务信息岛西双版纳州终端。杨建明、杨志祥、杨涛；云南日报报业集团副总经理刘卫平，云南日报报业集团副总编辑沈向兴、柴红飚及州内有关部门负责人，云南日报报业集团有关部门负责人出席仪式。

9月22日，西双版纳州召开保障性住房建设工作推进会。州委常委、副州长、州委宣传部部长陈启忠在会上作了重要讲话。

9月23日，景洪市创建云南省文明城市测评汇报会召开。州委常委、副州长、州委宣传部部长陈启忠，州委常委、景洪市委书记马力勇，省文明城市考评组专家参加会议。

同日，位于西双版纳旅游度假区的曼弄枫国际家居城举行开业庆典。州委副书记、州长刀林荫，州人大常委会主任杨建明，州政协主席杨志祥，州委常委、副州长、州委宣传部部长陈启忠，州委常委、州委秘书长杨涛出席庆典活动。

同日，景洪市创建云南省文明城市测评汇报会召开。州委常委、副州长、州委宣传部部长陈启忠，州委常委、景洪市委书记马力勇，省文明城市考评组专家参加会议。

9月26日，全州村(社区)党总支书记加强社会管理培训班在州委党校开班。全州200多名村(社区)党总支书记参加培训。州委常委、州委组织部部长赵刚在开班仪式上作动员讲话。

9月27日，州政府召开旅游市场整治工作会议，全面总结今年1~8月旅游市场整治工作情况，对“十一”黄金周期间旅游接待工作进行部署，确保实现“十一”黄金周旅游“安全、质量、秩序、效益”四统一目标。州委常委、副州长、州委宣传部部长陈启忠作了具体要求。

9月29日，州委书记江普生到景洪市与市委、市政府共同研究探索失地农民生活更美好的新途径,他强调,让失地农民“离土不离家,失地不失业,农民变居民,生活更美好”。州委常委、州委秘书长杨涛和州委常委、景洪市委书记马力勇参加会议。

同日,州委常委、州委组织部部长赵刚,州人大常委会副主任刀金芬,副州长、州老龄工作委员会主任杨沙,州政协副主席依甩以及部分退休老领导观看了2011年重阳节文艺晚会演出。

9月30日,在国庆、重阳双节到来之际,州委副书记、州长刀林荫,副州长、州老龄工作委员会主任杨沙在相关部门负责人的陪同下,看望慰问了景洪市的部分百岁、五保、残疾老人和优抚对象,向他们送去了节日的祝福。

同日,州政府召开毒品问题重点整治工作会议。州委常委、州委政法委书记、州禁毒委主任赵毅,州人大常委会副主任袁发先,副州长、州禁毒委副主任、州公安局局长王方荣,州政协副主席权继能,州法院代理院长董国权,州检察院检察长胡跃参加会议。

10月10日,州人大常委会与州政府召开联席会议,互通工作进展情况,共商发展良策,以确保按时完成今年各项目标任务。州委副书记、州长刀林荫向州人大常委会通报了今年1~9月州人大代表建议办理情况、国民经济主要统计指标、1~8月全州20个重大建设项目和20项重要工作进展情况。州委常委、常务副州长罗红江,州委常委、副州长、州委宣传部部长陈启忠,州人大常委会副主任张美兰、兰昌华、召亚平、袁发先、刀金芬、刀琼平,副州长杨沙、李江虹,州长助理刘鸿章,州人大常委会秘书长郑维兴等参加会议。

10月10~12日,外交部亚非司“中阿合作论坛”中方秘书处组织21位阿拉伯国家及阿盟驻华使节到州考察,外交部副部长翟隽以及“中阿合作论坛”中方秘书长、亚非司司长陈晓东,州委副书记、州长刀林荫及州内相关领导等陪同考察。

10月11日,州委书记江普生到即将开业的大润发西双版纳店调研时强调,重安全、上水平、树形象,让消费者及游客喜欢西双版纳大润发。州委常委、州委秘书长杨涛,州委常委、景洪市委书记马力勇及有关部门负责人参加调研。

10月12日下午,西双版纳州召开文化建设工作专题会。州委副书记、州长刀林荫在会上强调,各县市、各部门要认真研究“文化大发展大繁荣,我们做什么”这一课题,抢抓机遇,积极行动,从我做起,献计献策,密切配合,共同推进我州文化大发展大繁荣,努力进入全省文化建设先进行列。州委常委、副州长、州委宣传部部长陈启忠参加会议。

同日,云南省领导干部时代前沿知识讲座第54讲在昆明举行。国家教育部党组副书记、副部长杜玉波就“高等教育改革发展的有关问题”作专题报告。副省长高峰主持讲座。江普生、胡志寿、杨志祥、陈启忠、李庆元、杨涛、袁发先、刀金芬、刀琼平、杨沙、唐家华、李江虹、依甩、李永义、玉香伦、权继能,州法院代理院长董国权,州检察院检察长胡跃等在州分会场听取讲座。

同日,全州县处级后备干部培训班在州委党校开班,98名干部将参加为期1个月的学习培训。州委常委、州委组织部部长赵刚出席培训会并作动员讲话。

10月17日,西双版纳州召开“兴地睦边”农田整治重大工程项目建设推进会,要求全州各级各部门要进一步提高对做好“兴地睦边”农田整治重大工程项目建设的认识,切实加强组织领导,分析研究解决存在问题的对策和方法,采取有力措施,确保项目建设顺利推进。州委常委、副州长、州委宣传部部长陈启忠在听取了2010年“兴地睦边”农田整治情况汇报。

10月19日,全州新农村建设指导员暨新农村省级重点建设村工作会议在景洪召开。州委常委、常务副州长罗红江主持会议,并就认真学习贯彻落实会议精神、圆满完成今年“三农”各项工作任务提出了具体要求。州党政领导胡志寿、罗红江、赵刚、袁发先出席会议。

同日,云南省体育局与西双版纳州在昆明签订推进体育事业发展合作框架协议。州委常委、副州长、州委宣传部部长陈启忠出席了会议。

10月18~19日,云南省8个民族自治州政协文史工作第五次联系会议在西双版纳州召开。州政协主席杨志祥,州委常委、州委秘书长、州委统战部部长杨涛,州人大常委会副主任刀金芬,州政协副主席依甩、玉香伦、权继能参加了会议。

10月19日,全州新农村建设指导员暨新农村省级重点建设村工作会议在景洪召开。州党政领导胡志寿、罗红江、赵刚、袁发先出席会议。州委常委、常务副州长罗红江主持会议,并就认真学习贯彻落实会议精神、圆满完成2011年“三农”各项工作任务提出了具体要求。

10月20日,由中国青旅集团和西双版纳昊缘旅游发展有限公司,共同投资、开发、建设与运营的西双版纳佛文化旅游产业聚集区建设项目签约。州政协主席杨志祥,州委常委、副州长、州委宣传部部长陈启忠,州人大常委会副主任张美兰,中青旅集团、中青旅酒店有限管理公司中青旅房地产开发有限公司董事长孙永权,中青旅集团、中青旅酒店有限管理公司中青旅房地产开发有限公司执行董事卢丹,西双版纳昊缘旅游发展有限公司董事长张平等参加签约仪式。

10月21日,以全国人大常委会委员、全国人大民族委员会副主任委员雷鸣球为组长的全国人大民族委员会专题调研组一行8人,到州调研边境一线兴边富民行动规划实施情况和扶贫开发工作。州委常委、常务副州长罗红江,州人大常委会副主任张美兰、召亚平参加汇报会。

10月21日上午,2011西双版纳第三届房地产展示交易会在西双版纳泼水广场开幕。州委副书记、州长刀林荫,州人大常委会主任杨建明,州政协主席杨志祥,州委常委、副州长、州委宣传部部长陈启忠,云南日报报业集团副总经理、云南报业传媒集团公司总经理张光旭等参加开幕式并参观展示楼盘。

10月24日,州委召开理论学习中心组2011年第三次集中学习暨全州第三季度经济运行分析会。州委书记江普生主持学习并讲话。州党政领导刀林荫、胡志寿、杨建明、杨志祥、罗红江、赵毅、李庆元、赵刚、杨涛、马力勇、兰昌华、召亚平、袁发先、刀金芬、杨沙、唐家华、王方荣、依甩、李永义、权继能,州法院代理院长董国权等参加会议。州委常委、副州长作专题发言,州人大常委会党组、州政协党组作交流发言。州委副书记、州长刀林荫就学习贯彻落实党的十七届六中全会精神、推进文化大发展大繁荣以及率先建设生态州等工作提出了要求。

10月25日,州委常委、常务副州长罗红江调研景洪市秋季农业生产和发展情况。

同日,全州宣传文化系统学习贯彻十七届六中全会精神会议召开。州委常委、副州长、州委宣传部部长陈启忠参加会议。

10月27日上午,由国家旅游局、云南省人民政府和中国民用航空局共同主办的2011中国国际旅游交易会,在昆明国际会展中心开幕。州委常委、副州长、州委宣传部部长陈启忠率州代表团参加开幕式。

同日,全省第八次法制宣传教育工作电视电话会议在昆明召开,学习贯彻了第七次全国法制宣传教育工作会议精神,总结我省“五五”普法工作取得的成绩和经验,全面动员和部署云南省第6个五年法制宣传教育工作。州委常委、州委政法委书记赵毅,州政协副主席权继能在州分会场参加会议。

同日,全省加强和改进基层干部教育培训工作视频会议在昆明召开。州委常委、州委组织部部长赵刚在州分会场参加会议,并作了题为《采取“三个三”举措,积极探索基层干部教育培训新机制》的交流发言。

10月28日,州委依法治州领导小组召开第六次扩大会议。会议要求各级各部门,要深化认识,突出重点,努力开创依法治州工作新局面,争取率先建成平安和谐州。州委常委、州委政法委书记、州委依法治州领导小组组长赵毅出席会议并讲话,副州长王方荣主持会议。

同日,州委常委、州委组织部部长赵刚到景洪市调研社区工作情况。

10月31日,州委副书记、州长刀林荫,州委常委、常务副州长罗红江,副州长唐家华、李江虹、王方荣到州政协召开情况通报会。州政协主席杨志祥,副主席依甩、玉香伦、权继能,秘书长张云洪参加会议。杨志祥介绍了州政协2011年上半年工作情况。刀林荫通报了2011年州政协提案办理情况、1~9月全州20个重大建设项目和20项重要工作进展情况及全州经济社会发展情况。

10月31日晚,州委常委、州委秘书长杨涛,州人大常委会副主任召亚平,副州长杨沙,州政协副主席李永义出席了2011年“闽商杯”全国部分城市第22届中老年篮球赛开幕式。

11月1日,州委、州政府召开“兴边富民”工程暨保护坝区农田建设山地城镇推进会。州委书记江普生强调,抓规划保发展,抓项目保耕地促发展,抓落实快发展。州委副书记、州长刀林荫要求,要肯定成绩、增强信心,认清差距、研究措施,抓住重点、集中突破,通过抓一大批项目,促进经济发展、民生改善、社会和谐,实现争先进位。胡志寿、罗红江、杨涛、马力勇、兰昌华、依甩参加会议。

同日,州委、州政府召开“兴边富民”工程暨保护坝区农田建设山地城镇推进会。州委书记江普生强调,抓规划保发展,抓项目保耕地促发展,抓落实快发展。胡志寿、罗红江、杨涛、马力勇、兰昌华、依甩参加会议。

11月2日,云南省召开全省加大统筹力度促进农业转移人口转变为城镇居民工作会议,要求促进和推动云南省农业转移人口转变为城镇居民的各项工作。胡志寿、杨建明、杨涛、兰昌华、杨沙、玉香伦,州法院代理院长董国权等在州分会场收听收看了会议。

11月4日,州委常委、组织部部长赵刚深入景洪市勐龙镇、嘎洒镇调研基层党建工作。

同日,全州加强和改进新形势下工商联工作

会议召开，学习贯彻全省加强和改进工商联工作会议精神，总结西双版纳州工商联工作取得的成绩和经验，明确工作思路和举措，切实把握好面临的形势和任务。州委常委、州委秘书长、州委统战部部长杨涛，州人大常委会副主任张美兰，副州长李江虹，州政协副主席、州工商联主席李永义参加会议。

11月7日，省委组织部部务委员、副巡视员、机关党委书记杜敏生率省人才工作调研组到州调研。州委常委、州委组织部部长赵刚汇报了西双版纳州人才工作情况。副州长杨沙主持会议。

11月8日晚，州委常委、常务副州长罗红江，州人大常委会副主任兰昌华出席了全州第六届“林业杯”职工运动会开幕式。

同日，中央组织部研究室(政策法规局)副巡视员李京峄一行到州，调研“党政领导干部经历及成长规律问题”，并与州党政领导干部进行座谈。州委书记江普生，州委常委、州委组织部部长赵刚，州委常委、景洪市委书记马力勇，副州长马维纲参加专题调研座谈会。

11月10~16日，州政府组成以州委常委、常务副州长罗红江为团长，州生物产业办、州农业局、州外办、州茶业协会以及大益集团、七彩云南公司、勐海陈升茶厂等政府部门和制茶企业代表，共同参与的中国赴越参展代表团，赴越南太原市参加越南首届国际茶文化节。籍此，学习越南举办国际性茶文化节及发展茶产业的相关经验，展示推介西双版纳普洱茶产业以及代表性茶产品，搭建西双版纳州与越南太原省相互交流与合作的平台。

11月11日，省委宣讲团党的十七届六中全会精神报告会在州举行。州党政领导江普生、胡志寿、杨建明、马力勇、张美兰、兰昌华、刀金芬、唐家华、李江虹、马维纲、依甩、玉香伦等出席报告会。

11月12日，云南省扶持人口较少民族发展工作会议在景洪市召开。省委副书记、代省长李纪恒发表书面讲话。国家民委党组成员、驻委纪检组组长李小满出席会议并讲话。省委常委、省委统战部部长黄毅主持会议。副省长刘平部署云南省“十二五”扶持人口较少民族发展工作。国家民委经济发展司副司长彭泽昌，省民委主任王承才，人口较少民族聚居的10个州、市政府分管领导，省、州、市相关职能部门负责人参加会议。州党政领导江普生、刀林荫、胡志寿、杨涛、马力勇、唐家华、王方荣陪同考察并参加会议。

11月15日，西双版纳州召开安全生产专题工作会议，对全州安全生产工作进行再动员、再部署。州委副书记、州长刀林荫作了重要讲话。

11月16日上午，州委书记江普生到景洪市调研时强调，认真贯彻落实全州教育工作会议精神，确保我州教育改革发展目标如期实现。州委常委、州委秘书长、州委统战部部长杨涛，州委常委、景洪市委书记马力勇，副州长唐家华及州市有关部门负责人参加调研。

11月19日，省委常委、省委组织部部长刘维佳在西双版纳州调研时强调，要继续深入开展创先争优和学习型党组织建设活动，把各级党员干部的思想和行动统一到省委决策部署上来，促进全省经济社会又好又快发展。州委书记江普生，州委常委、州委组织部部长赵刚，州委常委、景洪市委书记马力勇陪同调研。

11月21日下午，西双版纳州召开电视电话会议，对继续深入开展边境地区社会治安集中整治行动进行再动员和再部署。州委常委、州委政法委书记赵毅，副州长、州公安局局长王方荣参加会议。

11月21~22日，州委副书记、州长刀林荫对全州保障性住房建设、土地利用规划、林地保护利用规划、城镇近期建设规划和山地综合开发利用规划四个规划编制情况，以及村庄编制规划情况进行专题调研。州委常委、副州长、州委宣传部部长陈启忠陪同调研，州委常委、景洪市委书记马力勇参加了汇报会。

11月23日，州委书记江普生，州委副书记、州长刀林荫，州委副书记胡志寿，州委常委、州纪委书记李庆元，州委常委、州委组织部部长赵刚，州委常委、景洪市委书记马力勇等我州出席省第九次党代会的14位代表，带着全州广大党员的信任，肩负各族群众的重托，乘飞机前往昆明参加云南省第九次党代会。州人大常委会副主任张美兰将列席会议。州委常委、常务副州长罗红江，州委常委、州委政法委书记赵毅，州委常委、州委秘书长杨涛，州人大常委会副主任袁发先、刀琼平，到机场为代表们送行。

同日，西双版纳州召开首届澜沧江·湄公河流域国家文化艺术节工作进展情况汇报会。州委常委、副州长、州委宣传部部长陈启忠出席会议。

11月24日，全州冬季农业开发和冬春农田水利基本建设工作会议在景洪召开。州委常委、常务副州长罗红江在会上作了重要讲话。

同日，全州乡镇干部职工与教师住房建设工作推进会在景洪召开。州委常委、副州长、州委宣传部部长陈启忠，州委常委、州委秘书长、州委统战部部长杨涛出席会议。

11月26日下午，省商务厅与西双版纳州在昆明正式签署了《云南省商务厅与西双版纳州人民政府共同实施“桥头堡”战略合作协议》。省商务厅厅长熊清华，州委副书记、州长刀林荫出席了签字仪式并致辞。省商务厅副厅长李极明主持签字仪式。州委常委、州纪委书记李庆元，州委常委、景洪市委书记马力勇，州人大常委会副主任张美兰等出席了签字仪式。

11月28日，州委常委、常务副州长罗红江到景洪市景讷乡，就建林下生态养鸡场进行调研。并参加了黄草岭水库工程正式截流仪式。

11月29日，全州口岸联席会议第四次全体会议在景洪召开。州委常委、州委秘书长、州委统战部部长杨涛，副州长李江虹参加会议。

12月1日，州委召开全州领导干部大会，认真传达学习贯彻省第九次党代会精神，动员广大党员干部和各族群众，切实把思想和行动统一到大会精神上来，在新的起点上推动科学发展和谐发展跨越发展，为加快建设面向西南开放重要桥头堡而奋斗。州委书记江普生传达省第九次党代会精神并作重要讲话，州委副书记、州长刀林荫主持会议。州级领导胡志寿、杨建明、杨志祥、罗红江、陈启忠、赵毅、李庆元、赵刚、杨涛、马力勇、张美兰、兰昌华、召亚平、刀琼平、杨沙、唐家华、李江虹、王方荣、马维纲、依甩、李永义、权继能、胡跃；州级老领导苏恒、任舜年、王贵生、李鹤、玉捧、征鹏、曹祖培、刀正良等参加会议。

12月2日，州委书记江普生，州委副书记、州长刀林荫，州政协主席杨志祥，州人大常委会副主任刀琼平出席了西双版纳州石斛产业协会成立仪式并剪彩。

同日，州委组织部召开专题会议，传达学习省第九次党代会精神，动员广大组工干部切实学习贯彻落实好省第九次党代会精神，特别是省第九次党代会关于党的建设工作的部署，并将其作为首要政治任务抓紧抓好。州委常委、州委组织部部长赵刚在会上作了重要讲话。

同日，州纪委召开全州纪检监察系统领导干部大会，传达学习贯彻省第九次党代会精神。州委常委、州纪委书记李庆元传达省第九次党代会精神。

12月5～7日，州人大常委会组织西双版纳选区的部分省、州人大代表，并邀请驻州全国人大代表，分景洪、勐海和勐腊3个组，视察全州城镇市容和环境卫生管理工作。省人大代表江普生、杨建明、沈安波、汪旭、兰昌华等，州人大常委会组成人员张美兰、召亚平、袁发先、刀金芬、刀琼平、郑维兴等参加视察活动。县(市)人大常委会、政府领导及相关部门负责人陪同视察。

12月5日，州委常委、州委政法委书记赵毅主持召开机关全体会议，专题传达学习贯彻省第九次党代会精神。

同日，州委常委、州委组织部长赵刚带领州、市组织部机关、各科室负责人，看望了单位派出的景洪市勐龙镇新农村建设工作队队长。

12月6日，州委常委、州委组织部部长赵刚，州人大常委会副主任刀金芬出席了州直机关第四届“先锋杯”运动会在景洪市勐泐文化广场开幕。

同日，州公共资源交易中心举行揭牌暨运行启动仪式。州委副书记、州长刀林荫，州委常委、常务副州长罗红江，州委常委、州纪委书记李庆元，州委常委、州委秘书长杨涛，州人大常委会副主任张美兰，副州长唐家华和省公共资源交易中心主任崔岗参加启动仪式。

同日，州委、州政府召开澜沧江·湄公河流域国家文化艺术节筹备工作进展会议，各工作组汇报了前期筹备工作情况。州委常委、州政府副州长、州委宣传部部长陈启忠要求，各工作组要认真落实澜沧江·湄公河流域国家文化艺术节各项方案，积极做好服务工作；要密切配合，并加强与有关部门的联系与沟通；要突出重点，大力营造良好氛围。

12月7日，州委常委、州政府常务副州长罗红江参加了勐腊县勐仑水库工程截流仪式。

12月8日，省侨务办公室与西双版纳州政府在景洪举行战略合作协议签约仪式。国务院侨务办公室副主任任启亮，省侨办党组书记盛云富，州委副书记、州长刀林荫，国务院侨务办公室经科司司长庄荣文，重庆市外侨办副主任刘光术，成都市侨办副巡视员陈正法，省侨办副巡视员李荣，以及全国11个省(区市)侨办和省发改委、省商务厅、省招商合作局等负责人出席签约仪式。

同日，全州“农转城”和“农民农”工作会议在景洪召开，明确当前和今后一个时期的目标任务，研究完善政策措施，安排部署工作，推动全州“农转城”和“农民农”工作深入开展。州委副书记胡志寿讲话，州委常委、常务副州长罗红江主持会议。州委常委、景洪市委书记马力勇，州人大常委会副主任兰昌华，州政协副主席玉香伦出席会议。

同日，省委、省政府召开全省开展群众观点群众路线群众利益群众工作教育、实行干部直接联系群众制度动员大会。要深入学习贯彻全国做好新形势下群众工作经验交流会和省第九次党代会精神，认真总结推广孟连经验，在全省范围内深入开展“四群”教育，实行干部直接联系群众制度，努力开创新形势下我省群众工作新局面。我州党政领导胡志寿、罗红江、李庆元、赵刚、杨涛、袁发先、依甩，州法院代理院长董国权等在我州分会场参加会议。

12月9日，州委召开党外人士座谈会，就州委七届二次全会《工作报告（征求意见稿）》和《中共西双版纳州委关于深化文化体制改革推动社会主义文化大发展大繁荣的实施意见（征求意见稿）》征求党外人士的意见和建议。州党政领导胡志寿、陈启忠、杨涛、兰昌华、李永义出席会议。

同日，中国、老挝、缅甸、泰国湄公河联合巡逻执法联合指挥部在景洪港关累码头揭牌，同时，云南公安边防总队水上支队也于当日成立，标志着中老缅泰四国执法警务合作的新平台正式建立。省委常委、省委政法委书记、省公安厅厅长孟苏铁，公安部边防局局长郭铁男，州委书记江普生，州委常委、州委政法委书记赵毅，副州长马维纲出席誓师大会。

12月10日，中国、老挝、缅甸、泰国湄公河联合巡逻执法首航仪式在景洪港关累码头举行。中国公安部副部长孟宏伟、老挝人民军副总参谋长波相、缅甸内政部副部长兼警察总监觉觉呑、泰国国家安全委员会秘书长威谦出席启动仪式并讲话。交通运输部副部长徐祖远，省委常委、省委政法委书记、省公安厅厅长孟苏铁，我州党政领导刀林荫、赵毅、李江虹、马维纲，以及老挝、缅甸、泰国执法安全部门官员出席仪式。

同日，州委常委、景洪市委书记马力勇在景洪市干部大会上传达省第九次党代会精神，要求各乡镇、街道、农场、市直各部门，要以省第九次党代会精神为动力，善于运用新思路、新思想、新举措破解难题、推动工作，竭尽全力做好今年最后一个月的工作，全面完成今年全市经济社会发展的各项目标任务。

12月11～13日，省宗教事务局副局长陆永耀率省宗教工作目标管理责任制考评组一行，到我州就2011年宗教工作目标管理责任制落实情况进行考评。州委副书记胡志寿、州人大常委会副主任召亚平、副州长杨沙、州政协副主席依甩，以及相关单位负责人参加汇报会。

12月13日，州委常委、州委组织部部长赵刚，州人大常委会副主任刀金芬出席了历时8天的州直机关第四届“先锋杯”运动会闭幕式。

12月14～15日，省委、省政府在昆明开展群众观点、群众路线、群众利益、群众工作教育专题系列讲座第一、二讲。州党政领导江普生、杨建明、杨志祥、罗红江、陈启忠、赵毅、李庆元、赵刚、张美兰、兰昌华、召亚平、袁发先、刀金芬、刀琼平、杨沙、唐家华、李江虹、马维纲、依甩、李永义、玉香伦、权继能，州检察院检察长胡跃等，在州分会场听取讲座。

12月12～15日，老挝人民民主共和国副总理宋沙瓦・凌沙瓦率代表团一行，对西双版纳州南美油藤、石斛、汉麻等特色产业项目进行考察。州党政领导江普生、刀林荫、杨涛、马力勇、李江虹到机场迎送宋沙瓦・凌沙瓦一行。刀林荫、马力勇陪同考察。

12月16日，景洪市委、市政府组织召开“10・05”专案侦破表彰大会，对在专案侦破工作中做出突出贡献的专案组和20名治安积极分子进行表彰。州委常委、州委政法委书记赵毅，州委常委、景洪市委书记马力勇，副州长、州公安局局长王方荣，州、景洪市各相关部门负责人，各乡镇、农场、街道主要领导，以及群众代表等参加表彰大会。

同日，州党政代表团赴上海，与上海浦东新区签订了上海市浦东新区・云南省西双版纳傣族自治州合作框架协议。出席签字仪式的州党政代表团领导有：代表团团长、州委书记江普生，代表团副团长、州委副书记、州长刀林荫，代表团副团长、州委副书记胡志寿，代表团副团长、州人大常委会主任杨建明，代表团副团长、云南省招商合作局副局长程永流，代表团副团长、州委常委、州委秘书长、州委统战部部长杨涛，代表团副团长、州政协副主席玉甩。

12月20日，州委常委、州委秘书长、州委统战部部长杨涛，州人大常委会副主任袁发先出席了全州保密工作暨保密工作先进集体、先进个人表彰大会。

同日，“中国十大边疆重镇”高峰论坛暨颁奖盛典在景洪举行。州委书记江普生作题为“为了人与自然更加和谐”的主题演讲，州委副书记、州长刀林荫致欢迎辞。州委常委、州政府副州长、州委宣传部部长陈启忠，“中国十大边疆重镇”代表，来自全国各地的专家评审团委员，及外交部边界与海洋司等有关单位领导出席论坛。

同日，全州开展“四群”教育、实行干部直接联系群众制度动员大会在景洪召开。会议要求，扎扎实实地开展“四群”教育和干部直接联系群众工作，努力把新形势下的群众工作提高到新的水平，把以人为本执政为民的要求贯彻落实到位。州委书记江普生作重要讲话。州党政领导胡志寿、杨建明、罗红江、李庆元、赵刚、杨涛、马力勇、张美兰、兰昌华、召亚平、刀金芬、刀琼平、杨沙、唐家华、李江虹、李永义、玉香伦、权继能参加会议。

同日，西双版纳州在景洪召开推荐提名云南省出席党的十八大代表工作会议，要求全州各级党组织高度重视，广泛发动所有基层党组织和党员积极参与，圆满完成我州推荐提名云南省出席党的十八大代表工作。州委常委、州委组织部部长赵刚出席会议并讲话。

12 月 21 ~ 23 日，省委宣讲团成员、云南财经大学副校长、研究生部主任、公共政策研究中心执行主任伏润民教授，分别在景洪市、勐海县、勐腊县为我州党员干部作精彩报告。杨建明、罗红江、陈启忠、赵毅、赵刚、杨涛、兰昌华、袁发先、刀金芬、玉香伦、权继能，以及 3 县市、事业单位、人民团体的干部群众聆听了报告。

12 月 26 日下午，州委副书记、州长刀林荫会见前来参加澜沧江・湄公河流域国家文化艺术节的泰国帕夭府府尹迈迪・因图苏一行。

12 月 26 日晚，由省委宣传部、省文化厅和西双版纳州委、州政府共同举办的澜沧江・湄公河流域国家文化艺术节隆重开幕。省政协副主席顾伯平宣布澜沧江・湄公河流域国家文化艺术节开幕。参加开幕式的中外领导和嘉宾有：老挝乌多姆赛省副省长宋理・素潘通，老挝丰沙里省委常委、副省长安福・阿里，老挝波乔省委常委、纪委书记宋令・西帕万，老挝南塔省委副书记、副省长西蒙・吞普万，老挝琅勃拉邦省委常委、副省长赛沙蒙・空塔威，老挝驻昆总领馆驻景洪办事处主任宋迪・万坎，缅甸驻昆明总领事馆领事丁艾康，泰国帕夭府府尹迈迪・因图苏，前泰国移民总局副局长、西双版纳州—泰国移民总局联络工作组泰方组长索通・瓦尼沙田，越南驻昆明总领事馆总领事阮正胜；省委副秘书长宁赋魁，省委宣传部常务副部长尹欣，中国舞蹈家协会副主席冯双白，省文化厅党组书记、局长黄峻，省旅游局副局长文淑琼，省民委副主任曹孟良，省贸易促进会副会长姚云祥，省文化投资公司党委副书记柳彬，省财经大学校长熊术新，大理州委常委、宣传部长王以志，普洱市副市长童书玮，德宏州副州长高铁英，临沧市政协副主席陈新，国家一级演员、著名舞蹈家刀美兰；我州党政领导江普生、刀林荫、杨建明、杨志祥等。州委副书记、州长刀林荫在开幕式上致辞。

同日，省政府移民工作专项考核组考核我州 2011 年度移民开发工作。州委常委、副州长、州委宣传部部长陈启忠作了汇报。

12 月 27 日，州委常委、州委政法委书记赵毅，副州长、州委政法委副书记、州公安局局长王方荣出席了全州见义勇为工作会议并讲话。会议通报了全州见义勇为工作情况，进一步倡导见义勇为行为，发展见义勇为事业，弘扬见义勇为精神。

同日，州委常委、州委政法委书记赵毅，州委常委、景洪市委书记马力勇，副州长李江虹，州政协副主席李永义出席了澜沧江・湄公河流域国家文化艺术节系列活动之一的“红木一条街开街”仪式。

同日，州委常委、副州长、州委宣传部部长陈启忠出席了澜沧江・湄公河流域中外摄影家邀请展并致辞。

12 月 28 日，州委常委、州委政法委书记、州委依法治州领导小组组长赵毅，州人大常委会副主任袁发先，副州长、州公安局局长、州委依法治州领导小组副组长王方荣出席了全州法治县（市、区）创建推进会，贯彻落实全省推进法治县（市、区）创建活动现场会精神，安排部署西双版纳州法治县（市、区）创建活动。

同日，景洪市委、市政府召开第四次科技大会。州委常委、景洪市委书记马力勇总结了景洪市“十一五”时期科技工作取得的可喜成绩。要求各级各部门要切实加强组织领导，不断强化“一把手”抓第一生产力的意识，强化抓科技就是抓经济、抓创新就是抓发展的观念，切实做到认识到位、责任到位、政策到位、工作到位。

12 月 29 日，州委副书记、州长刀林荫，州委副书记胡志寿，州政协主席杨志祥，州委常委、州政府副常务副州长罗红江，州委常委、州政府副州长、州委宣传部部长陈启忠，州委常委、州纪委书记李庆元，州人大常委会副主任袁发先等领导出席了澜沧江・湄公河流域国家文化艺术节闭幕式。刀林荫、胡志寿、杨志祥分别为《我和湄公河的故事》网络征文、“鸾粘芭”选美大赛、“金剪刀”傣族服装创意设计大赛、“同饮一江水”澜沧江・湄公河流域中外摄影家邀请展等各项活动获奖者颁发奖状。

〔州委常委会议〕 1 月 9 日上午，州委书记江普生主持召开六届州委常委第 95 次会议。会议讨论州政府党组《关于〈西双版纳傣族自治州国民经济和社会发展第十二个五年总体规划纲要〉的请示》；听取了州委六届十一次全会筹备情况的汇报，讨论了州委六届十一次全会《工作报告》和《2010 年度中共西双版纳州委领导班子工作总结》。

1 月 11 日上午，州委书记江普生主持召开六届州委常委第 96 次会议。会议听取了州委六届十一次全会分组讨论综合情况汇报。

2月10日上午，州委书记江普生主持召开六届州委常委第97次会议。会议讨论审议州政府工作报告等几个报告及有关事项；传达学习全省政法工作会议精神，讨论西双版纳州贯彻意见；讨论《西双版纳州中长期人才发展规划（2010—2020年）（送审稿）》、《西双版纳州从基层考录公务员工作实施办法（试行）（送审稿）》、《西双版纳州调整不适宜担任现职党政领导干部办法（试行）（送审稿）》、《西双版纳州关键岗位干部管理办法（试行）（送审稿）》。

2月11日上午，州委书记江普生主持召开六届州委常委第98次会议。会议传达学习省纪委八届六次全会、省委农村工作会议、全省统战部长会议、全省宣传思想文化工作会议、全省党委系统秘书长、办公厅（室）主任座谈会、全省组织部长会议精神，讨论西双版纳州贯彻意见；听取关于迎接省检查考评工作准备情况汇报。

2月16日下午，州委书记江普生主持召开六届州委常委第99次会议。会议讨论并通过了胡志寿、李洪武、吕永和三位同志的拟任免职务。

3月24日上午，州委书记江普生主持召开六届州委常委第100次（扩大）会议暨州委理论学习中心组2011年第一次集中学习会。会议收听收看了杨善洲先进事迹报告，传达学习省委深入开展向杨善洲学习活动座谈会议精神，讨论全州贯彻意见，对全州学习活动进行再动员再部署。

3月25日上午，州委书记江普生主持召开六届州委常委第101次会议。会议听取县市区委书记以抓农村和城市社区两个“三基”建设为重点的基层党建工作专项述职、州委党建工作领导小组办公室和州党风廉政建设责任制工作领导小组办公室关于今年工作要点的汇报；讨论州机构编制委员会《关于州级机关新增编制分配方案的请示》；讨论《关于召开中共西双版纳傣族自治州第七次代表大会的请示（送审稿）》；讨论干部人事问题。

4月20日上午，州委书记江普生主持召开六届州委常委第102次会议。会议听取关于召开州委六届十二次全会的汇报；讨论州政府党组《关于召开全州第六次旅游产业发展大会的请示》；讨论干部人事问题。

4月29日上午，州委书记江普生主持召开六届州委常委第103次会议。会议听取全省干部监督工作座谈会精神及西双版纳州贯彻意见的汇报；讨论了干部人事问题。

5月19日上午，州委书记江普生主持召开六届州委常委第105次会议。会议讨论了《中共西双版纳州委关于贯彻落实〈中共云南省委关于坚持以人为本执政为民进一步加强新形势下群众工作的意见〉的实施意见（送审稿）》；讨论了州人大常委会党组《关于〈云南省西双版纳傣族自治州社会治安综合治理条例（修订草案送审稿）〉的请示》；传达学习了全省学习型党组织建设工作汇报会精神，讨论我州贯彻意见；讨论了州政府党组《关于2011年州本级财政切块资金安排预算草案的请示》。

6月2日下午，州委书记江普生主持召开六届州委常委第106次（扩大）会议。会议传达学习云南省加快建设面向西南开放重要桥头堡动员大会精神，讨论西双版纳州贯彻意见。

6月20日上午，州委书记江普生主持召开六届州委常委第107次会议。会议讨论了州委常委会《工作总结》；传达学习全省村级组织活动场所和农村党员干部现代远程教育网络管理使用工作交流推进会议精神，讨论西双版纳州贯彻意见。

7月1日下午，州委书记江普生主持召开六届州委常委第108次会议。省委组织部干部考察组参加会议，组长周云通报了干部考察组的主要任务和州委换届工作的有关要求。

7月6日下午，州委书记江普生主持召开六届州委常委第109次会议。会议传达学习省委八届十一次全会主要精神，讨论西双版纳州贯彻意见；讨论州政府党组《关于呈报<西双版纳州第三轮禁毒人民战争实施方案（2011—2015年）>和<西双版纳州第三轮防治艾滋病人民战争实施方案（2011—2015年）>的请示》及《关于召开全州第三轮禁毒和防治艾滋病人民战争会议的请示》；讨论州政府党组《关于呈报<西双版纳傣族自治州2011—2015年依法治州规划（送审稿）>和<州委宣传部州司法局关于在公民中开展法制宣传教育的第六个五年规划（送审稿）>的请示》及《关于召开西双版纳州“五五”普法总结表彰暨“六五”普法动员部署大会的请示》；讨论州政府党组《关于贯彻落实省委省政府推进农业产业化发展扶持农业龙头企业实施意见的请示》；讨论《中共西双版纳州委关于贯彻<中国共产党党和国家机关基层组织工作条例>的实施意见》；传达学习全省国有企业党建工作会议精神，讨论我州贯彻意见；传达学习云南省第九次党代表大会代表选举工作部署会议精神，讨论西双版纳州贯彻意见。

7月10日下午，州委书记江普生主持召开六届州委常委第110次会议。会议传达了省委组织部干部考察组的反馈意见，讨论通过了西双版纳州新一届党委领导班子和州纪委领导班子换届考察对象建议人选名单。

7月19日下午，州委书记江普生主持召开六届州委常委第111次会议。会议讨论了西双版纳州出席云南省第九次党代表大会代表候选人初步人选和七届州委委员、候补委员及州纪委委员候选人预备人选事项，研究了干部人事问题。

8月1日下午，州委书记江普生主持召开州委常委第112次会议。会议根据省委组织部、省纪委反馈意见，讨论通过了西双版纳州新一届州委常委、书记、副书记候选人预备人选和州纪委常委、书记、副书记候选人预备人选。

8月11日上午，州委书记江普生主持召开六届州委常委第113次会议。会议听取关于召开州委六届十三次全会筹备工作情况汇报，讨论会议有关事宜；听取关于召开州第七次党代会筹备工作情况汇报，讨论大会有关事宜；听取州纪委有关工作情况汇报。

9月7日晚，州委书记江普生主持召开七届州委常委第1次会议。会议讨论研究州委常委分工事宜；讨论州政府党组《关于贯彻省委、省政府“兴水强滇”战略决定实施意见的请示》；讨论州政府党组《关于召开全州教育工作会议的请示》和《关于西双版纳傣族自治州中长期教育改革和发展规划纲要（2010—2020年）（送审稿）的请示》；讨论州政府党组《关于提高我州州级机关事业单位工作人员政府性奖励补助的请示》；听取2010年度全州检查考评工作情况汇报；讨论干部人事问题。

10月10日上午，州委书记江普生主持召开七届州委常委第2次会议。会议传达学习全省社会主义新农村省级重点建设村工作会和全省新农村建设指导员工作座谈会、全省加强和改进工商联工作会议、全省保护坝区农田建设山地城镇工作会议、云南省“十二五”兴边富民工程会议精神，讨论西双版纳州贯彻意见；听取农垦改革发展推进情况和参公管理人员确定非领导职务意见、有关机构编制情况的汇报；讨论干部人事问题。

10月11日上午，州委书记江普生主持召开七届州委常委第3次会议，听取州委常委、州委组织部部长赵刚关于我州推荐省“两委”委员人选的情况汇报。会议根据民主推荐情况和省委组织部干部考察组的意见，同意将刀林荫和苏建芳作为九届省委委员、候补委员人选考察对象；同意将李庆元作为九届省纪委委员人选考察对象。并要求按规定报省委组织部。

11月8日下午，州委书记江普生主持召开七届州委常委第4次会议。会议传达学习全省加大城乡统筹力度促进农业转移人口转变为城镇居民工作会议精神，讨论西双版纳州贯彻意见；讨论《关于加强“农民农”管理服务的指导意见（送审稿）》；讨论州政府党组《关于建立西双版纳州公共资源交易中心实施意见的请示》；听取州委督查工作情况汇报；讨论州人大常委会党组《关于西双版纳傣族自治州第十二届人民代表大会名额分配及选举意见的请示》；讨论干部人事问题。

12月1日上午，州委书记江普生主持召开七届州委常委第5次会议。会议传达学习省第九次党代会、中央民族工作经验交流会议精神，讨论西双版纳州贯彻意见；讨论《关于加强农场基层组织建设的指导意见》；讨论干部人事问题。

12月8日上午，州委书记江普生主持召开七届州委常委第6次会议。省委组织部干部考察组参加会议，组长肖聪通报了干部考察组的主要任务和州人大、州政府、州政协换届工作的有关要求。

12月12日下午，州委书记江普生主持召开七届州委常委第7次会议。会议传达了省委组织部干部考察组的反馈意见，讨论通过了新一届州人大、州政府、州政协领导班子和州法院院长、州检察院检察长换届考察对象建议名单。

12月20日上午，州委书记江普生主持召开七届州委常委第8次会议。会议讨论《西双版纳州评比达标表彰活动管理实施办法（试行）》；听取全州维护社会稳定工作情况汇报，讨论《关于加强和创新社会管理的实施意见》；讨论州委《关于开展群众观点群众路线群众利益群众工作教育实行干部直接联系群众制度的实施意见》；听取西双版纳州推荐提名云南省出席党的十八大代表工作有关问题的汇报。

12月29日中午，州委书记江普生主持召开州委常委第9次会议。会议根据省委组织部反馈意见，讨论通过了新一届西双版纳州人大、政府、政协领导班子成员候选人预备人选和州法院院长、州检察院检察长候选人预备人选。

12月30日上午，州委书记江普生主持召开七届州委常委第10次会议。会议传达学习省委九届二次全会精神，讨论我州贯彻意见；听取州总工会、团州委、州妇联工作情况汇报；讨论州政府党组《关于西双版纳职业技术学院新校区建设项目修建性详规和项目建议书的请示》；讨论干部人事问题。

〔州委专题会议〕 3月1日上午，州委理论学习中心组对景洪城市规划建设管理工作开展集体实地调研；下午，州委书记江普生主持召开集中讨论会，听取景洪城市规划建设管理情况汇报，讨论研究推进景洪城市更好更快发展问题。

3月10日下午，按照书记江普生的指示，州委副书记胡志寿主持召开州群众工作联席会议，听取州群众工作联席会议办公室（州委组织部）、州委政法委、州公安局、州信访局、州人民法院、州人民检察院2010年群众工作情况及今年工作计划汇报，讨论研究有关事宜。

3月11日，州委书记江普生分别在嘎洒和勐罕召开旅游小镇开发建设推进会，专题研究旅游小镇开发建设工作。

3月14日上午，州委书记江普生主持召开州教育改革与发展工作领导小组会议，听取工作情况汇报，讨论研究2011年工作任务。

3月14日下午，州委书记江普生主持召开州禁毒和防治艾滋病工作领导小组会议。会议听取2010年全州禁毒、防艾及边境禁赌工作情况和2011年工作计划汇报，讨论研究有关事宜。

3月9日上午，州委常委、州委秘书长李记臣主持召开全州口岸联席会第三次全体会议。会议听取2010年全州对外经济贸易和口岸发展情况汇报及2011年工作计划；听取第二次中老泰边境地区六方合作会议、全州口岸联席会第一、二次全体会议有关决定事项落实情况以及2010年全州口岸（通道）目标考核情况汇报。研究边民互市场建设、西双版纳机场国际客货运输、加工基地建设及口岸通关便利化等相关事宜。

3月23日上午，州委书记江普生主持召开州委专题会议，听取关于景洪“几路几桥”问题的情况汇报，讨论研究有关事宜。

4月1日，州委书记江普生主持召开专题会议，研究推进“傣乡水城”建设工作。

4月2日上午，州委书记江普生主持召开州农垦改革发展工作领导小组会议，听取农场普遍实行家庭承包经营工作、云南农垦集团公司资产下划工作和橡胶公司组建的情况汇报。

4月28日下午，州委书记江普生主持召开州农垦改革发展工作领导小组扩大会议，听取农垦改革有关情况汇报，讨论研究推进农垦改革发展有关问题。

4月29日，州委书记江普生主持召开州委理论学习中心组集中学习会，听取“傣乡水城”建设规划与申报“中国人居环境奖”专题汇报。

7月14日上午，州委副书记胡志寿主持召开州委专题会议，听取景洪市及州、市有关部门负责人对景洪城区私屠滥宰治理工作有关情况汇报，研究部署有关事宜。

6月23日下午，州委常委、州委秘书长杨涛主持召开州五机关秘书长联席会议，通报了近期工作情况，讨论研究了强化机关效能建设、规范接待工作和编外聘用人员工资待遇等事宜。

7月21日上午，州委书记江普生主持召开“傣乡水城”建设暨申报“中国人居环境奖”工作领导小组会议。听取了“傣乡水城”流沙河综合治理项目规划工作情况、景洪市高层建筑特色化基本思路和高层建筑规划控制、关于进一步加强城市规划管理工作的情况、关于申报“中国人居环境奖”工作开展情况及下半年工作重点的情况汇报。

9月27日下午，州委书记江普生主持召开专题会议，听取州国土资源局局长杨辉关于全省保护坝区农田建设山地城镇工作会议主要精神及西双版纳州贯彻意见的情况汇报，讨论研究贯彻落实意见并对近期工作进行部署。

9月28日，州“傣乡水城”建设暨申报“中国人居环境奖”工作领导小组成员进行现场调研后，州委书记江普生主持召开领导小组会议，听取有关工作汇报，讨论研究有关事宜。

9月30日，州委书记江普生主持召开西双版纳职业技术学院建设项目领导小组会议，听取了李永义关于西双版纳职业技术学院新校区建设进展情况的汇报，对一年来的工作给予肯定，原则同意项目建设指挥部的意见。

11月1日，州委书记江普生主持召开“兴边富民工程”暨保护坝区农田建设山地城镇推进会，听取有关规划项目工作情况汇报，研究加快推进的措施办法。

11月28日下午，州委常委、州委秘书长杨涛主持召开秘书长联席会议，讨论研究了编外聘用人员工资待遇和全州电子政务内网总体建设方案，听取了州机关办公室2011年工作情况汇报。

11月29日，州委常委、州委秘书长、州委统战部部长杨涛主持召开全州口岸联席会第四次全体会议。会议听取2011年1～10月全州对外经济贸易和口岸发展情况汇报；听取全州口岸联席会第三次全体会议决定事项落实情况汇报，研究加快推进开放云南与桥头堡主阵地建设相关事宜。

〔州委批复〕 1月8日，州委对州人大常委会党组《云南省西双版纳傣族自治州古茶树保护条例（草案）》（党内送审稿）的批复

1月11日，州委对州人大常委会党组《云南省西双版纳傣族自治州天然橡胶管理条例（修订草案）》（党内送审稿）的批复

3月17日，州委对中共西双版纳州科学技术协会党组《关于召开西双版纳州科学技术协会第五届委员会第二次全体会议的批复》

4月1日，州委对中共景洪市委《关于召开中国共产党景洪市第五次代表大会的批复》、对中共勐海县委《关于召开中国共产党勐海县第十一次代表大会的批复》、对中共勐腊县委《关于召开中国共产党勐腊县第十一次代表大会的批复》。

4月29日，州委对中共景洪市委《关于中共景洪市第五届委员会、市纪律检查委员会换届候选人预备人选的批复》、对中共勐海县委《关于中共勐海县第十一届委员会、县纪律检查委员会换届候选人预备人选的批复》、对中共勐腊县委《关于中共勐腊县第十一届委员会、县纪律检查委员会换届候选人预备人选的批复》。

5月26日，州委对州政协党组《关于政协西双版纳州委员会对州国土资源局工作开展民主评议实施方案》请示的批复

8月11日，州委对州纪委《关于给予钱敏等五人纪律处分的批复》

10月21日，州委 州政府对中共景洪市委、景洪市人民政府《关于设立嘎洒旅游度假区等三个州级旅游度假区及其管理机构的批复》

11月17日，州委对州人大常委会党组《关于对州人大常委会党组〈关于西双版纳傣族自治州第十二届人民代表大会代表名额分配及选举意见的请示〉的批复》

〔成立或调整充实各种领导小组的通知〕 1月21日，州委办、州政府办《关于成立西双版纳州互联网建设和管理协调领导小组的通知》

2月15日，州委办、州政府办《关于成立西双版纳州文化产业发展领导小组的通知》

2月18日，州委办、州政府办《关于成立西双版纳州央企入州工作领导小组的通知》

3月3日，《关于调整西双版纳州实施跨越发展六大战略工作委员会成员的通知》

3月17日，州委办、州政府办《关于调整充实西双版纳州教育改革与发展工作领导小组的通知》

3月22日，州委办、州政府办《关于调整充实西双版纳州禁毒和防治艾滋病工作领导小组成员的通知》

4月2日，州委办、州政府办《关于成立农垦博物馆建设领导小组的通知》、《关于成立西双版纳“傣乡水城”建设暨申报“中国人居环境奖”工作领导小组的通知》

4月7日，州委办、州政府办《关于成立西双版纳州文化市场管理工作领导小组的通知》

5月10日，州委办、州政府办《关于调整充实沧江新区建设指挥部成员的通知》

5月12日，州委办、州政府办《关于成立国际旅游度假区暨引水入城项目建设指挥部的通知》

5月25日，州委办、州政府办《关于成立西双版纳州评比达标表彰工作领导小组的通知》

5月27日，州委办《关于成立西双版纳州电子文件管理领导小组的通知》

5月29日，州委办《关于成立西双版纳州党务公开工作领导小组的通知》

6月14日，州委办《关于成立州委群众工作委员会的通知》

7月7日，州委办、州政府办《关于成立嘎洒旅游小镇项目建设指挥部的通知》

7月16日，州委办、州政府办《关于调整充实西双版纳州实施“云南省建设面向西南开放重要桥头堡”战略领导小组的通知》

7月20日，州委办、州政府办《关于州互联网建设和管理协调领导小组更名及调整组成人员的通知》

7月27日，州委办《关于调整州双拥工作领导小组部分成员和成员单位的通知》

10月27日，州委办《关于成立西双版纳州工商联(民间商会)2012年换届工作领导小组的通知》

10月28日，州委办、州政府办《关于成立西双版纳州关心保护未成年人工作委员会的通知》

10月31日，州委办、州政府办《关于成立西双版纳州分类推进事业单位改革工作领导小组的通知》

11月1日，州委办《关于成立计划生育工作领导小组的通知》

11月17日，州委办《关于调整州委对台工作领导小组成员的通知》

11月30日，州委办、州政府办《关于成立西双版纳州公共资源交易监督管理委员会的通知》

12月30日，关于成立西双版纳州人大、政府、政协换届工作领导小组暨严肃换届纪律工作领导小组的通知

〔重要文件〕 2月10日，中共西双版纳州委印发《中共西双版纳州委常委班子以“贯彻落实〈党员领导干部廉洁从政若干准则〉切实加强领导干部作风建设”为主题的民主生活会整改方案》的通知

2月24日，州委、州政府印发《西双版纳州中长期人才发展规划(2010—2020年)》的通知

2月28日，州委、州政府印发《关于贯彻落实〈关于实行党风廉政建设责任制的规定〉的实施办法》的通知

3月11日，州委印发《关于中国共产党成立90周年纪念活动的通知》

4月2日，州委、州政府《关于推进实施2011年全州重点督查的20个重大建设项目和20项重要工作的通知》

4月26日，州委《关于选举县市出席中国共产党西双版纳傣族自治州第七次代表大会代表的通知》

5月19日，州委贯彻落实《中共云南省委关于坚持以人为本执政为民进一步加强新形势下群众工作的意见》的实施意见

7月5日，州委印发《关于选举中国共产党西双版纳傣族自治州第七次代表大会代表的通知》、《关于选举出席云南省第九次党代表大会代表的通知》

7月8日，州委印发《关于认真学习贯彻〈胡锦涛同志在庆祝中国共产党成立90周年大会上的讲话〉精神的通知》

7月16日，州委、州政府印发《西双版纳州第三轮禁毒人民战争实施方案（2011—2015年）》和《西双版纳州第三轮防治艾滋病人民战争实施方案（2011—2015年）》的通知

7月19日，州委、州政府贯彻落实《中共云南省委 云南省人民政府关于推进农业产业化发展扶持农业龙头企业的意见》的实施意见

7月26日，州委贯彻《中国共产党党和国家机关基层组织工作条例》的实施意见

同日，州委、州政府印发《西双版纳州农业产业化龙头企业考核奖励办法（试行）》

9月7日，州委印发《江普生同志在中国共产党西双版纳傣族自治州第七次代表大会上的报告的通知》

9月8日，州委政府贯彻《中共云南省委 云南省人民政府关于实施“兴水强滇”战略的决定》的实施意见

9月28日，州委、州政府印发《西双版纳傣族自治州2011－2015年依法治州规划》的通知

同日，州委、州政府转发《州委宣传部、州司法局关于在全州公民中开展法制宣传教育的第六个五年规划》的通知

10月27日，州委、州政府印发《关于加强和改进新形势下工商联工作的实施意见》

11月7日，州委、州政府印发《关于整村整乡（整队整场）推进社会主义新农村（新农场）建设的指导意见》

12月21日，州委印发《关于开展群众观点群众路线群众利益群众工作教育实行干部直接联系群众制度的实施意见》

1月13日，州委办印发《关于对州委六届十一次全会精神进行立项督查的通知》

2月1日，州委办印发《西双版纳州2010—2020年干部教育培训改革实施意见》的通知

2月17日，州委办、州政府办印发《西双版纳州集体林权制度配套改革实施方案》的通知

2月23日，州委办印发《2010年工作总结及2011年工作要点》

2月24日，州委办、州政府办印发《西双版纳州重大事项社会稳定风险评估制度》和《西双版纳州维护社会稳定预警工作制度》的通知

3月20日，州委办、州政府办印发《2010年度全州检查考评工作实施方案》的通知

3月22日，州委办、州政府办印发《西双版纳州机关事业单位工作人员休假办法（试行）》的通知

3月29日，州委办转发《中共云南省委办公厅转发〈省委宣传部关于当前意识形态领域情况和做好下一步工作的意见〉的通知》的通知

4月1日，州委办印发《中共西双版纳州委机构编制办公室主要职责内设机构和人员编制方案》的通知、《中共西双版纳州委西双版纳州人民政府农村工作委员会办公室主要职责内设机构和人员编制方案》的通知 。

4月27日，州委办、州政府办印发《全州乡镇干部职工与教师住宅小区建设责任制和督办工作方案》的通知、《关于对州委农村工作“一揽子”会议主要任务进行立项督查的通知》。

5月4日，州委办、州政府办印发《西双版纳旅游强州战略行动方案（2011—2015）》的通知

5月30日，州委办、州政府办印发《西双版纳州景洪市创建“人居环境奖”行动方案》的通知

5月31日，州委办、州政府办印发《西双版纳州哲学社会科学“十二五”研究和发展规划》的通知

同日，州委办、州政府办《关于建立健全领导干部大接访大走访群众工作日制度的意见》

6月2日，州委办、州政府办印发《会议纪要》的通知

同日，州委办印发《西双版纳州贯彻云南省2010—2020年党外代表人士教育培训改革和发展纲要实施意见的意见》的通知

6月17日，州委办、州政府办印发《关于进一

步做好全州厉行节约工作的通知》

同日,州委办、州政府办印发《西双版纳州党政机关公务用车问题专项治理工作实施方案》的通知

9月6日,州委办、州政府办转发《中共云南省委办公厅 云南省人民政府办公厅关于进一步做好计划分配军队转业干部安置工作的通知》的通知

9月8日,州委办、州政府办印发《关于贯彻“兴水强滇”战略实施意见有关政策措施分工的通知》

同日,州委办印发《关于州委书记、副书记、常委工作分工的通知》

10月25日,州委办转发《中共云南省委办公厅关于认真学习贯彻党的十七届六中全会精神的通知》的通知

10月26日,州委办转发《州委统战部关于全州工商联(民间商会)2012年换届工作的意见》的通知

11月4日,州委办、州政府办转发《关于我州新农场公共管理岗位参照公务员法管理人员确定非领导职务的意见》和《关于我州新农场公共服务岗位事业单位人员确定职称(职员等级)的意见》的通知

11月10日,州委办、州政府办转发《中共云南省委办公厅 云南省人民政府办公厅关于加强党政机关和涉密企业事业单位网络反窃密工作的意见》的通知

同日,州委办、州政府办印发《关于加强“农民农”管理服务的指导意见》

11月30日,州委办、州政府办印发《关于对州第七次党代会确定的主要任务进行分解的通知》

12月5日,州委办、州政府办转发《关于加强农场基层组织建设的指导意见》的通知

12月8日,州委办、州政府办转发云办发〔2011〕21号文件的通知

12月9日,州委办发《深化推进平安和谐州建设的意见》的通知

12月13日,州委办、州政府办印发《关于在创先争优活动中开展深度贫困自然村创业致富跨越发展先锋行动的意见》的通知

12月15日,州委办、州政府办转发《关于做好农垦系统离休干部移交属地服务管理的意见》的通知

12月20日,州委办、州政府办印发《关于表彰西双版纳州保密工作先进集体和先进工作者的决定》

1月6日,州委办印发《州委联系专家管理服务暂行办法》的通知

2月14日,《关于成立州委县市党委换届指导督查组的通知》

2月15日,州委办转发《中共云南省委办公厅转发〈省委宣传部关于学习贯彻党的十七届五中全会精神集中开展形势政策宣传教育工作方案〉的通知》的通知

2月14日,州委办印发《中共西双版纳州委常委会议2011年上半年议题计划》的通知

3月22日,州委办、州政府办转发《中共云南省委办公厅 云南省人民政府办公厅关于禁止以单位名义组织职工团体购买商品住房的通知》的通知

3月24日,州委办、州政府办《关于成立缅甸“3·24”7.2级地震抗震救灾指挥部的通知》

3月28日,州委办印发《西双版纳州党委系统信息工作目标考核办法》的通知

3月31日,州委办公室转发《州纪委、州委宣传部关于进一步加强西双版纳州新闻舆论监督工作的意见》的通知

4月3日,州委办、州政府办印发《西双版纳州重大社会安全事件应急处置工作机制》的通知

4月19日,州委办、州政府办《关于成立流沙河新区项目建设指挥部的通知》、《关于切实做好在我州境外非政府组织备案及相关服务工作的通知》。

同日,州委办转发州委党史研究室《西双版纳州2011年至2015年党史工作规划》的通知

5月19日,州委办转发《中共云南省委办公厅关于各级党委(党组)开展以“学习杨善洲精神做人民满意的好党员好干部”为主题的学习生活会的通知》的通知

5月24日,州委办、州政府办《关于成立西双版纳州党政机关公务用车问题专项治理工作领导小组的通知》

5月25日,州委办转发《中共云南省委办公厅关于认真学习贯彻中发〔2011〕7号文件精神的通知》的通知

6月2日,州委办、州政府办《关于建立州级领导干部挂钩民情责任区的通知》

6月20日,中共西双版纳州第七次代表大会会议筹备方案

7月11日,州委办、州政府办印发《西双版纳州开展清理和规范庆典、研讨会、论坛活动工作的实施意见》的通知、《西双版纳州规范领导干部出

席庆典、研讨会、论坛活动管理暂行办法》的通知 。

7月6日,州委办印发《关于抓好重点难题破解工作的通知》

8月1日,州委办、州政府办转发州人力资源和社会保障局等六部门《西双版纳州其他事业单位津贴补贴清理核查工作实施意见》的通知

9月5日,州委办印发《七届州委常委会议2011年议题计划》的通知

9月16日,州委办、州政府办转发《中共云南省委办公厅云南省人民政府办公厅关于调整提高部分企业军转干部解困补助标准的通知》的通知

9月20日,州委办、州政府办《关于成立州重大标志性文化设施建设项目工作领导小组的通知》

9月27日,州委办、州政府办《关于建立西双版纳州机关事业单位规范津贴补贴工作联席会议制度的通知》

10月8日,州委办、州政府办《关于成立西双版纳州加强耕地保护和促进城镇化科学发展协调领导小组的通知》

10月11日,州委办、州政府办印发《景洪市深化乡镇机构改革方案》的通知 、《勐海县深化乡镇机构改革方案》的通知 、《勐腊县深化乡镇机构改革方案》的通知 。

10月13日,州委办、州政府办印发《关于贯彻落实西发〔2011〕17号文件精神的分工方案》的通知

10月25日,州委办、州政府办转发《中共云南省委办公厅、云南省人民政府办公厅转发〈省委宣传部、省国资委关于加强和改进新形势下国有及国有控股企业思想政治工作的实施意见〉的通知》的通知

12月9日,州委办公室领导班子2011年度民主生活会情况报告

12月21日,州委办《关于成立州委群众工作暨开展群众观点群众路线群众利益群众工作教育实行干部直接联系群众制度领导小组的通知》

12月20日,州委办、州政府办《关于调整充实口岸联席会议制度组织机构的通知》

12月26日,州委办《关于做好州委文件改版工作的通知》

〔**表彰奖励**〕 2月12日,根据州委办公室、州政府办公室《关于命名表彰2008—2010年度州级文明单位、文明村和第二批州级文明小城镇、文明社区的通知》。州委、州政府决定,授予中共西双版纳州委组织部等62个单位2008~2010年度州级文明单位称号;授予景洪市勐龙镇曼康湾村委会曼帕扎村民小组等36个村2008~2010年度州级文明村称号;授予景洪市孔雀湖社区等4个社区第二批州级文明社区称号。

2月17日,中共西双版纳州委、西双版纳州人民政府《关于表彰全州第四批新农村建设工作队优秀个人和先进派出单位的决定》。决定授予梅毅全“西双版纳州第四批新农村建设工作队优秀总队长”、刘晓光等3名同志“西双版纳州第四批新农村建设工作队优秀队长”、代卫国等20名同志“西双版纳州第四批新农村建设优秀指导员”称号,授予州交通运输局等9家单位“西双版纳州第四批新农村建设工作队及指导员工作先进派出单位”荣誉称号。

4月26日,根据州委、州政府《关于表彰奖励“十一五”期间为促进西双版纳旅游产业发展作出突出贡献先进集体和先进个人的决定》。决定对“十一五”期间在旅游“二次创业、转型升级”工作中成绩突出的景洪市人民政府等76个先进集体、杨静芳等135名先进个人给予表彰奖励。

5月23日,根据州委办《关于表彰全州革命遗址普查工作先进集体和先进个人的通报》。州委同意,决定对中共景洪市委党史研究室等2个先进集体和陈严芬等8名先进个人予以通报表彰。

6月29日,根据州委《关于表彰全州先进基层党组织、优秀共产党员、优秀党务工作者的决定》。决定对近年来在经济社会发展和党的建设中取得优异成绩、作出突出贡献的景洪市勐罕镇党委等50个先进基层党组织、常蓉等100名优秀共产党员和岩帕等50名优秀党务工作者予以表彰,分别授予“先进基层党组织”、“优秀共产党员”、“优秀党务工作者”称号。

7月11日,根据州委、州政府《关于表彰2008至2010年禁毒和防治艾滋病人民战争先进集体和先进个人的决定》。决定分别对景洪市等3个禁毒工作先进县市、勐腊县勐满镇等3个无毒乡镇、州委宣传部等10个禁毒工作先进集体、李正涛等20名先进个人和景洪市等3个防艾工作先进县市、州卫生局等10个防艾先进集体、范建华等20名防艾先进个人予以表彰奖励。

7月12日,根据州委、州政府《关于表彰2006—2010年法制宣传教育工作先进集体和先进个人的决定》。决定分别对景洪市等3个禁毒工作先进县市、勐腊县勐满镇等3个无毒乡镇、州委宣传部等10个禁毒工作先进集体、李正涛等20名先进个人和景洪市等3个防艾工作先进县市、

州卫生局等10个防艾先进集体、范建华等20名防艾先进个人予以表彰奖励。

9月6日，根据州委、州政府印发《关于表彰全州"两基"工作先进单位和先进个人的决定》。决定分别对景洪市等3个禁毒工作先进县市、勐腊县勐满镇等3个无毒乡镇、州委宣传部等10个禁毒工作先进集体、李正涛等20名先进个人和景洪市等3个防艾工作先进县市、州卫生局等10个防艾先进集体、范建华等20名防艾先进个人予以表彰奖励。

9月7日，根据州委办、州政府办《关于给予张勇同志记功奖励的决定》。州委研究决定给予张勇记个人三等功一次，并一次奖励现金一万元。

同日，根据州委办、州政府办《关于给予陈跃平记功奖励的决定》。州委研究决定给予陈跃平记个人三等功一次，并一次奖励现金一万元。

同日，根据州委办、州政府办公室《关于给予岩总同志记功奖励的决定》。州委研究决定给予岩总记个人三等功一次，并一次奖励现金一万元。

同日，根据州委办、州政府办《关于给予张勇同志享受副州级干部医疗照顾的决定》。决定给予张勇在西双版纳州区域内享受副州级干部的医疗照顾；《关于给予陈跃平同志享受副州级干部医疗照顾的决定》。决定给予陈跃平在西双版纳州区域内享受副州级干部的医疗照顾；《关于给予岩总同志享受副州级干部医疗照顾的决定》。决定给予岩总在西双版纳州区域内享受副州级干部的医疗照顾。

〔中央领导调研活动〕 5月15日，国土资源部党组书记、部长、国家土地总督察徐绍史，在省委书记、省人大常委会主任白恩培，副省长刘平等有关领导陪同下到州调研。国土资源部副部长、党组成员、中国地质调查局局长汪民，国家土地督察成都局局长常嘉兴，国土资源部财务司司长赖文生，省国土资源厅厅长和自兴，州委书记江普生，州委副书记、州长刀林荫，州委常委、副州长、州委宣传部部长陈启忠，州委常委、州委秘书长杨涛陪同调研。

6月1日，司法部部长吴爱英在副省长高峰，以及司法部有关厅局负责人的陪同下，到州调研。州委书记江普生，州委常委、州委政法委书记赵毅，副州长王方荣陪同调研。

7月26～28日，全国人大农业与农村委员会调研组到州，对社会主义新农村建设、完善农村土地管理制度等情况进行调研，并就修改《农业技术推广法》听取意见和建议。江普生、刀林荫、罗红江、张美兰、兰昌华、袁发先陪同调研组先后到西双版纳旅游度假区曼弄枫村委会曼景法村、光明食品集团云南石斛生物科技开发有限公司、勐海县勐海镇曼尾村、勐海茶厂进行实地调研，并考察了中科院西双版纳热带植物园和西双版纳热带花卉园。

8月30日，由国务院新闻办公室主管，云南省人民政府新闻办公室、云南省对外文化交流协会主办的柬文《高棉》杂志创刊号在景洪举行首发式。中央外宣办、国务院新闻办副主任王仲伟，中共云南省委常委、省委宣传部部长张田欣出席首发式，并为柬文《高棉》杂志揭幕。西双版纳州委书记江普生，州委副书记、州长刀林荫出席首发式。

10月21日，以全国人大常委会委员、全国人大民族委员会副主任委员雷鸣球为组长的全国人大民族委员会专题调研组一行8人，到州调研边境一线兴边富民行动规划实施情况和扶贫开发工作。州委常委、常务副州长罗红江，州人大常委会副主任张美兰、召亚平参加汇报会。

11月8日，中央组织部研究室（政策法规局）副巡视员李京峄一行到州，调研"党政领导干部经历及成长规律问题"，并与州党政领导干部进行座谈。州委书记江普生，州委常委、州委组织部部长赵刚，州委常委、景洪市委书记马力勇，副州长马维纲参加专题调研座谈会。

〔州委全会〕 1月10～11日，中共西双版纳州委六届十一次全体会议在景洪举行。出席这次全会的有州委委员35人、候补委员5人。有关方面的负责同志列席了会议。全会由州委常委会主持。全会深入学习贯彻党的十七届五中全会、中央经济工作会议和省委八届十次全会精神，听取和审议了江普生受州委常委会委托所作的工作报告，刀林荫就《西双版纳傣族自治州国民经济和社会发展第十二个五年总体规划纲要》（草案）向全会作了说明，审议了《西双版纳傣族自治州国民经济和社会发展第十二个五年总体规划纲要》（草案）。全会一致同意江普生所作的工作报告，同意《西双版纳傣族自治州国民经济和社会发展第十二个五年总体规划纲要》（草案）。

全会高度评价了"十一五"时期全州经济社会发展取得的成就。认为，2006年以来，州委常委会深入学习贯彻党的十六大、十七大精神，坚持以邓小平理论和"三个代表"重要思想为指导，深入贯彻落实科学发展观，坚决贯彻执行中央和省委、省政府的一系列决策部署，以加快发展为主旋律，以改善民生为核心，以党建为第一职责，团结带领全州各族干部群众，战胜各种困难和挑战，出色完成"十一五"规划各项目标任务,全州各项事业迈进科学发展和跨越发展的轨道。"十一五"时期,是全州经济社会发展又好又快、综合经济实力增长最快的时期,是基础设施建设投入最多、城乡面貌变化最大的时期,是特色优势产业快速发展、产业结构不断优化的时期,是社会事业全面进步、各族群众得实惠最多的时期,是党的建设全面加强、党建工作科学化水平明显提高的时期。2010 年全面完成了年初确定的经济社会发展主要指标。

全会深入分析了今后一个时期西双版纳州经济社会发展面临的形势,指出,"十二五"时期是加快转变经济发展方式的攻坚期,是全面建设小康社会和新一轮西部大开发的关键期,是全州实施跨越发展"六大战略"和加快建设"两强一堡"的黄金期,也是缩小差距、追赶先进的机遇期。

全会强调指出,"十二五"时期,必须高举中国特色社会主义伟大旗帜,以邓小平理论和"三个代表"重要思想为指导,深入贯彻落实科学发展观,把握新一轮西部大开发和"两强一堡"建设重大机遇,围绕经济社会跨越发展"六大战略"及"两个率先"、"两个为主"、"两个定位"目标,以科学发展为主题,以加快转变经济发展方式为主线,大力推进农业产业化、新型工业化、城镇化和教育现代化,加快改革创新,加大开放步伐,加强统筹协调,强基础、快发展,调结构、上水平,惠民生、促和谐,加快推进建设富裕民主文明和谐西双版纳进程,为全面建成小康社会打下具有决定性意义的基础。全会提出,"十二五"时期的奋斗目标主要是跨上 3 个大台阶,即综合经济实力上一个大台阶,人民生活水平和质量上一个大台阶,生态建设与环境保护上一个大台阶。

全会强调,加强党的建设是实现"十二五"目标任务的政治保证和组织保证,要着眼于提高贯彻落实科学发展观的能力,大力加强思想政治建设;着眼于建设高素质的干部队伍,加强干部队伍建设;着眼于提高创造力、凝聚力、战斗力,加强各级党组织建设;着眼于密切党群关系和提高真抓实干水平,加强作风建设;着眼于营造政廉风清的发展环境,加强反腐倡廉建设。

全会要求,今年是实施"十二五"规划的开局之年,也是中国共产党成立 90 周年,要继续在率先建设生态州和率先建设平安和谐州方面取得新突破;继续在以整村、整乡(整队、整场)推进社会主义新农村(新农场)建设为重点的"三农"工作方面取得新突破;继续在培育壮大生物产业和文化旅游产业方面取得新突破;继续在建设成为开放云南与桥头堡主阵地方面取得新突破;继续在以加快教育改革与发展为重点的社会事业建设方面取得新突破;继续在以边疆党建长廊建设和党员干部队伍建设为重点的党的建设方面取得新突破,为"十二五"发展开好局、起好步。

4 月 21 日,州委六届十二次全体会议在景洪召开。全会由州委常委会主持。州委常委江普生、刀林荫、胡志寿、罗红江、刘功华、陈学刚、李庆元、李记臣、赵刚出席会议并在主席台就座。州委委员 36 人、州委候补委员 4 人出席会议。州纪委常委及有关方面负责同志列席会议。

全会听取了州委常委、州委组织部部长赵刚所作的《关于召开中国共产党西双版纳傣族自治州第七次代表大会决议(草案)的说明》;讨论了《关于召开中国共产党西双版纳傣族自治州第七次代表大会决议(草案)》;审议通过了《关于召开中国共产党西双版纳傣族自治州第七次代表大会决议》。

州委书记江普生受州委常委会委托在全会结束时作了重要讲话。江普生在讲话中指出,要充分认识州第七次党代会的重大意义,把思想和行动统一到中央和省委的精神上来。今年是中国共产党成立 90 周年,是"十二五"的开局之年,是州、县市、乡镇三级党委班子的换届之年,工作任务繁重而艰巨。根据党章规定,按照中央和省委的统一部署,8 月西双版纳州将召开第七次党代会,主要任务是:高举中国特色社会主义伟大旗帜,以邓小平理论和"三个代表"重要思想为指导,深入贯彻落实科学发展观,认真总结州第六次党代会以来的工作,进一步明确今后五年的奋斗目标和基本任务,选举产生新一届州委和州纪委,选举出席省第九次党代会代表。

江普生强调,"十二五"时期是加快转变经济发展方式的攻坚期,是全面建设小康社会和新一轮西部大开发的关键期,是全州实施跨越发展"六大战略"和加快建设"两强一堡"的黄金期,也是缩小差距、追赶先进的机遇期。西双版纳州今后 5 年的总目标,仍然是以胡锦涛总书记关于"建设更加富裕民主文明和谐的社会主义西双版纳"的重要指示为方向,着力于经济建设和经济体制改革,努力建设更加富裕的西双版纳;着力于政治建设和政治体制改革,努力建设更加民主的西双版纳;着力于文化建设和文化体制改革,努力建设更加文明的西双版纳;着力于社会建设和社会管理体制改革,努力建设更加和谐的西双版纳;着力于生态建设和生态环保体制改革,努力建设更加秀美的西双版纳。全州经济社会发展"十二五"规划已经州委六届十一次全会审议通过和州人大十一届六次会议审查批准，要圆满完成“十二五”的各项任务和实现预期目标，最根本的就是要更加自觉坚定地深入贯彻落实科学发展观，更加积极主动地加快转变经济发展方式；最重要的就是要进一步坚定信心、抢抓机遇，解放思想、开拓创新，真抓实干、奋发有为；最关键的就是要大力加强党的建设及干部队伍建设，核心在于建设一个坚强有力的州委领导班子。州委对全州经济建设、政治建设、文化建设、社会建设、生态建设和党的思想建设、组织建设、作风建设、制度建设、反腐倡廉建设负有全面的领导责任，按照总揽全局、协调各方的原则，在同级各种组织中发挥领导核心作用。开好州第七次党代会，做好州委换届工作，是全州政治生活中的一件大事，全州各级党组织和广大党员、特别是党员领导干部，一定要充分认识这次党代会的重大意义，站在西双版纳州改革发展稳定大局的高度，站在全州各族人民整体利益的高度，讲政治、讲党性、顾大局，懂规矩、守纪律、听招呼，践行“履行党员义务，执行党的决定，严守党的纪律”的入党誓词，以对党的事业高度负责的态度，确保州第七次党代会 的召开。

江普生要求，要从讲政治、讲党性、讲原则的高度，认真做好州第七次党代会各项筹备工作。必须高度重视、加强领导、精心组织，按照这次全会通过的《决议》，切实把党代会各项筹备工作抓紧抓好。要不折不扣地贯彻落实好中央和省委的有关要求；认真做好党代会代表的选举工作；精心起草好党代会工作报告；努力营造风清气正的换届环境。

8月12日，州委六届十三次全体会议在景洪召开。全会由州委常委会主持。州委常委江普生、刀林荫、胡志寿、罗红江、陈启忠、赵毅、李庆元、赵刚、杨涛出席会议并在主席台就座。州委委员33人、候补委员5人出席会议；州纪委常委列席会议。这次会议是六届州委召开的最后一次全体会议。会议讨论了《中国共产党西双版纳傣族自治州第六届委员会<工作报告>（草案）》和《中国共产党西双版纳傣族自治州纪律检查委员会<工作报告>（草案）》，同意将中国共产党西双版纳傣族自治州第六届委员会工作报告、州纪律检查委员会工作报告提交中国共产党西双版纳傣族自治州第七次代表大会审议；讨论确定了中国共产党西双版纳傣族自治州第七届委员会委员、候补委员和州纪律检查委员会委员候选人预备人选建议名单；讨论确定了西双版纳傣族自治州出席中国共产党云南省第九次代表大会代表候选人预备人选；讨论通过了《中国共产党西双版纳傣族自治州第六届委员会第十三次全体会议决议》（另发）。

江普生在会议结束时说，5年来，本届州委在省委的坚强领导下，团结和带领全州各族干部群众，高举邓小平理论和“三个代表”重要思想伟大旗帜，深入贯彻落实科学发展观，继续解放思想，坚持改革开放，推动科学发展，促进社会和谐，加强党的建设，圆满完成了州第六次党代会确定的目标任务，继续保持了全州经济发展、社会进步、民族团结、边境安宁、生态良好、人民生活水平不断提高的良好局面，为今后5年加快建设富裕民主文明和谐西双版纳打下了坚实基础。江普生指出，5年来，各位州委委员、候补委员及州纪委委员在各自的岗位上尽职尽责，尽心尽力，勤奋工作，为全州经济社会发展和党的建设做出了重大贡献。他代表六届州委常委会向各位州委委员、候补委员及州纪委委员表示衷心的感谢和崇高的敬意。

〔**中国共产党西双版纳傣族自治州第七次代表大会**〕 8月22日下午，中国共产党西双版纳傣族自治州第七次代表大会举行预备会议。州委书记江普生在会上作重要讲话。本次大会应到会代表389人，实到会代表375人，符合规定人数。江普生在会上指出，这次党代会是在西双版纳州实施“十二五”规划、加快推进桥头堡主阵地建设、全面建设小康社会的关键时期召开的重要会议，是全州共产党员和各族干部群众政治生活中的一件大事。开好这次党代表大会，关系到党的基本理论、基本路线、基本纲领和基本经验在西双版纳的深入贯彻，关系到以胡锦涛同志为总书记的党中央提出的一系列重大战略思想和省委的一系列重大决策部署在西双版纳的贯彻落实，关系到西双版纳州“十二五”规划能否顺利实施和全州各族群众的根本利益能否得到更好的实现，关系到全州团结稳定、长治久安的局面能否得到更好地维护。州委决定召开这次预备会议，目的就是要求出席会议的代表和列席会议的同志自觉地把思想和行动统一到中央和省委的精神上来，统一到推动西双版纳科学发展和跨越发展上来，齐心协力把州第七次党代会开成一个团结的大会、民主的大会、务实的大会、奋进的大会。大会的主要任务是：以邓小平理论和“三个代表”重要思想为指导，深入贯彻落实科学发展观和学习贯彻胡锦涛总书记“七一”重要讲话精神，认真总结州第六次党代会以来的工作，研究部署今后5年的奋斗目标和主要任务，选举产生新一届州委和州纪委，选举西双版纳州出席省第九次党代会代表，动员全州各级党组织和各族干部群众，努力夺取西双版纳全面建设小康社会的新胜利。

8月23日上午，中国共产党西双版纳傣族自治州第七次代表大会在景洪开幕。本次大会的执行主席是：江普生、刀林荫、召存信、苏恒、胡志寿、罗红江、陈启忠、赵毅、李庆元、赵刚、徐德清、杨涛、杨建明、杨志祥。省委组织部换届指导组组长、省人大法制委员会主任委员周云在主席台前排就座。中国共产党西双版纳傣族自治州第七次代表大会应到代表389名，实到代表376名。符合有关规定。大会由刀林荫主持。上午8时30分，刀林荫宣布大会开幕，与会人员全体起立，雄壮的国歌声在会场响起。在热烈的掌声中，江普生代表中国共产党西双版纳傣族自治州第六届委员会向大会作题为《承前启后 继往开来 为夺取全面建设小康社会新胜利而奋斗》的报告。报告共分四个部分：①圆满完成州第六次党代会确定的目标任务；②朝着全面建设小康社会的宏伟目标奋勇前进；③不断开创科学发展和跨越发展的新局面；④以改革创新精神全面加强新形势下党的建设。

江普生在报告中首先回顾了州第六次党代会以来的主要工作。2006年以来，在省委的坚强领导下，州委团结带领全州各族干部群众，深入贯彻落实科学发展观，继续解放思想，坚持改革开放，推动科学发展，促进社会和谐，加强党的建设，圆满完成了州第六次党代会确定的目标任务。

江普生指出，回顾5年来的发展历程，积极探索具有西双版纳特色的科学发展道路，积累了弥足珍贵的经验：一是坚持把加快发展作为主旋律；二是坚持把解放思想、深化改革和扩大开放作为强大动力；三是坚持把各民族共同团结奋斗、共同繁荣发展作为重大政治任务；四是坚持把保障和改善民生作为出发点和落脚点；五是坚持把求真务实、真抓实干作为重要保障；六是坚持把加强和改进党的建设作为根本保证。

江普生指出，未来5年，是加快转变经济发展方式的攻坚期，是全面建设小康社会和新一轮西部大开发的关键期，是加快建设“两强一堡”和实施跨越发展“六大战略”的黄金期，也是缩小差距、追赶先进的机遇期。

江普生在报告中提出，今后5年全州经济社会发展的指导思想是：高举中国特色社会主义伟大旗帜，以邓小平理论和“三个代表”重要思想为指导，深入贯彻落实科学发展观和胡锦涛总书记关于“建设更加富裕民主文明和谐的社会主义西双版纳”的重要指示，以科学发展为主题，以加快转变经济发展方式为主线，紧紧围绕经济社会跨越发展“六大战略”及“两个率先”、“两个为主”、“两个定位”目标，大力推进农业产业化、新型工业化、特色城镇化和教育现代化，加快改革创新，加大开放步伐，加强统筹协调，强基础、快发展，调结构、上水平，惠民生、促和谐，加快推进建设富裕民主文明和谐西双版纳进程，为全面建成小康社会打下具有决定性意义的基础。今后5年的奋斗目标主要是跨上三个大台阶：综合经济实力上一个大台阶；人民生活水平和质量上一个大台阶；生态建设与环境保护上一个大台阶。

江普生指出，实现上述目标，最根本的就是要更加自觉坚定地深入贯彻落实科学发展观和更加积极主动地加快转变经济发展方式，必须处理好发展与资源、环境、社会的辩证关系，实现全面协调可持续发展；处理好开发与保护的辩证关系，实现经济社会科学发展和跨越发展；处理好推动科学发展与促进社会和谐的辩证关系，在改善民生和知民情、顺民意、得民心上下真功夫；处理好“三驾马车”、“三次产业”、“三大要素”的辩证关系，着力促进经济增长的“三个转变”；处理好发展第一要务与党建第一职责的辩证关系，围绕发展抓党建、抓好党建促发展。最关键的就是要进一步坚定信心、抢抓机遇，解放思想、开拓创新，真抓实干、奋发有为，必须在解放思想上比胆识，在攻坚克难上比干劲，在转变经济发展方式上比力度，在科学发展上比成效，朝着全面建设小康社会的宏伟目标奋勇前进。

江普生在报告中要求，不断开创科学发展和跨越发展新局面。要把经济建设、政治建设、文化建设、社会建设、生态建设置于桥头堡建设战略的总体布局中，统筹谋划，协调推进，在新的历史起点上，把建设富裕民主文明和谐西双版纳的伟大事业全面推向前进。①坚定不移地推进经济建设和经济体制改革，努力建设更加富裕的西双版纳。②坚定不移地推进政治建设和政治体制改革，努力建设更加民主的西双版纳。③坚定不移地推进文化建设和文化体制改革，努力建设更加文明的西双版纳。④坚定不移地推进社会建设和社会管理体制改革，努力建设更加和谐的西双版纳。⑤坚定不移地推进生态建设和生态环保体制改革，努力建设更加秀美的西双版纳。

江普生在报告中强调，以改革创新精神全面加强新形势下党的建设。办好西双版纳的事情，关键在全州各级党组织和党员干部队伍；社会环境的深刻变化，加快发展的繁重任务，对党的建设提出了新的更高的要求。党的建设什么时候都不能放松，务必抓得紧而又紧；党的建设什么时候都不能停顿，务必不断与时俱进。必须坚持党要管党、从严治党，坚持发展是第一要务、党建是第一职责，经受住“四个考验”，警惕“四种危险”，以执政能力建设和先进性建设为重点，全面推进党的建设新的伟大工程，不断提高党建工作科学化水平，为全面建设小康社会提供坚强的政治保证和组织保证。

江普生在报告结束时说，为全面建成小康社会打下具有决定性意义的基础，让全州各族人民过上更加幸福安康的生活，责任重大，义不容辞。让我们紧密团结在以胡锦涛同志为总书记的党中央周围，在省委的坚强领导下，高举中国特色社会主义伟大旗帜，以邓小平理论和“三个代表”重要思想为指导，深入贯彻落实科学发展观，团结带领全州各族干部群众，为夺取全面建设小康社会新胜利而奋斗！

《中国共产党西双版纳傣族自治州纪律检查委员会工作报告》及《关于全州党费收缴、使用和管理情况的报告》，以书面形式提交大会审查。

不是大会代表的中国共产党西双版纳傣族自治州第六届委员会委员、候补委员，州纪委委员；新一届两个委员会委员候选人预备人选；州人大常委会党员副主任、州政府党员副州长与州长助理、州政协党员副主席；州级机关、人民团体、大专院校党员主要负责同志，中央、省属驻州各单位党员主要负责同志列席会议。担任过州级领导职务的离退休党员领导干部；现任副州级领导职务的非党干部；民盟西双版纳州委、九三学社西双版纳支社和工商联主要负责人应邀参加会议。

〔州委七届一次全体会议〕 8 月 25 日，中国共产党西双版纳傣族自治州第七届委员会第一次全体会议在景洪召开，会议选举产生第七届州委常委、书记、副书记。受中国共产党西双版纳傣族自治州第七次代表大会主席团的委托，江普生主持会议。受大会主席团的委托，赵刚宣读省委的批复并作关于州委常委、书记、副书记候选人预备人选的说明；全会讨论通过《选举办法》（草案）；推荐通过监票人名单；酝酿通过七届州委常委候选人建议名单，选举七届州委常委；酝酿通过七届州委书记、副书记候选人建议名单，选举七届州委书记、副书记；通过七届州纪委一次全会选举结果。

当选的州委书记江普生在会上作了题为《把新一届州委建设成为坚强的领导核心》的讲话。江普生说，从现在起，七届州委就正式接过六届州委的担子，肩负起团结带领全州广大党员干部和各族群众，认真落实州第七次党代会确定的目标和任务，加快西双版纳全面建设小康社会进程的历史重任。完成这一历史使命，关键在于以高举旗帜、坚定信念、践行宗旨为根本，以提高领导水平和执政能力为核心，以贯彻民主集中制、树立正确用人导向、改进领导作风为重点，把新一届州委建设成为亲民为民、科学决策、依法办事、作风民主、勤奋工作、廉洁自律的领导集体。同时，江普生提出以下几点要求和希望，与大家共勉：①高举旗帜，提高能力，把新一届州委建设成为政治坚定的领导集体；②牢记宗旨，改善民生，把新一届州委建设成为群众信赖的领导集体；③解放思想，与时俱进，把新一届州委建设成为开拓创新的领导集体；④求真务实，真抓实干，把新一届州委建设成为干事创业的领导集体；⑤发扬民主，团结一致，把新一届州委建设成为团结和谐的领导集体；⑥严于律己，秉公用权，把新一届州委建设成为清正廉洁的领导集体。

第七届州委委员、候补委员出席会议；州纪委委员列席会议。省委组织部换届指导组组长、省人大法制委员会主任委员周云参加会议。

〔州委办公室工作概要〕 2011 年，州委办公室按照“当好公仆、做实干家”、“团结实干比贡献、开拓拼搏创一流”的要求，坚持“创新、规范、高效”的工作理念，充分发挥“参与政务、管理事务、做好服务”的职能作用，以创先争优活动和创建学习型党组织活动为载体，办公室工作科学化水平不断提高，“三服务”水平显著提升，推进了州委办公室各项工作高效运行。

1. 强化学习，理论素养和学习能力全面提高。

州委办公室始终把提高干部职工的理论素养和学习能力摆在重要位置抓紧抓实。把中国特色社会主义理论体系、马列主义、毛泽东思想、邓小平理论的学习，作为提高自身素养的理论知识库，把学习领会运用好十七大报告和中央、省、州领导的重要讲话精神，作为检验学习能力的标准。努力创造条件让干部外出学习、培训，做到学习工作化、制度化、生活化、常态化。通过召开办公室工作点评会，互通工作情况，查摆存在问题，州委秘书长加以点评，讨论分析研究改进办法措施；通过召开每周一班子例会，互通学习工作情况，相互学习，共同进步；通过集中收看讲座、开展读书活动、撰写读后感、组织参加知识竞赛等活动强化学习，提高学习实效。领导班子和干部职工的政治敏锐性和政治鉴别力、责任意识和大局观念得到增强，班子成员的领导水平和服务科学发展的能力得到提高。2011年,有2名班子成员到省上学习培训,3名同志到省委办公厅学习锻炼,2名同志参加省外学习培训,3名同志被抽调参与省第九次党代会服务工作,所有科级干部都参加了州委党校的学习培训;州委办公室选送的三篇文章在"纪念建党90周年'党的光辉历程'征文比赛"中获二等奖;订购《马列主义经典著作选编》、《论党的群众工作》、《从怎么看到怎么办》《一个共产党员的一辈子》等书籍人手1册,并组织干部职工学习讨论,交流心得,相互学习,共同提高,进一步增强学习针对性,强化学习效果,苦练业务内功,干部职工干事创业本领有了新提高。

2. 严把文稿质量关,以文辅政水平得到加强。

州委办公室始终把增强文稿写作能力作为参政辅政的重要抓手。在各类文稿起草及整理校核工作中,以领导满意为目标。2011年,州委办公室围绕州第七党代会等重要会议的召开,完成起草主题报告、领导讲话等重要任务;围绕州委理论学习中心组集中学习会、专题民主生活会、州委农村工作会、中国共产党成立90周年庆祝大会等州委召开的专题会和工作会,组织好领导讲话的起草、整理和修改、校核工作;围绕州委领导关于农场改革发展、"农民农"问题的调研,做好协调服务工作,搜集提供资料,及时完成领导讲话的整理和新闻报道稿的修改;做好州委常委会议和专题会议纪要的记录、整理、修改工作;围绕办公室工作要求,组织好常委大事记、执政纪要、年鉴等工作撰写任务。全年共撰写、整理、校核州委、州委办公室文件和州委领导讲话及各类文稿200余篇,逾200万字。

3. 强化规范管理,办文办会质量和效率得到提高。

州委办公室公文处理严格按照《党政机关公文处理工作条例》要求办理,坚持实事求是、准确规范、精简高效、安全保密的原则。办公室的公文管理从收文办理、发文办理和整理归档,做到了准确、及时、安全、保密。对州委制定下发的公文,坚持做到严把格式关、语言关、事实关。对州委常委会议、州委领导批示件和重要工作,坚持文件传递快捷通道的原则,明确专人跟踪问效办理。通过开通电子公文交换系统,节省了大量人力、物力,办文时效明显提高。对全年的收发文、会议材料及时进行清理、整理归档,确保了档案的齐全、完整。全年共承办和参与服务各类会议270余次,较好完成了办文办会工作任务,确保了中央文件精神的全面落实、省委决策部署的及时准确下达和紧急文件的迅速办理。全年,共收文5784件,其中办理1348件;印发文件505件共95950份;立卷归档152卷,提供档案查阅、借阅服务707卷;共收发信件7300封,分发报纸25600份、杂志1653份。

4. 注重精准高效,信息工作再上新台阶。

州委办公室注重发挥信息主渠道作用,围绕党委决策和推动决策落实开展信息工作。信息工作坚持创新观念、改进方式、注重效能的原则,紧紧围绕州委中心工作,突出重点,以群众关心的难点、热点问题,加强信息收集、研判、分析,增强信息工作的针对性、时效性和准确性,做到了反应敏捷、采编迅速、报送及时。并针对采编信息的内容跟踪调研,及时上报相关信息继报,信息服务质量和水平得到提高。通过《西双版纳信息》等途径,将州委决策部署及时进行上传下达,同时,把基层干部群众的意见和愿望,以及各级各部门落实州委决策的成效、问题和建议及时反馈给州委领导,让州委领导随时掌握全局。全年,各县市区、各部门报送信息2700余条,州委办公室采用255条,编发《西双版纳信息》10期、《西双版纳信息(增刊)》1期、《信息专报》2期、《信息摘编》4期,坚持每天印送《每日情况》,处理州委领导在出刊或复印转送信息上批示20余件次;州委办公室向省委办公厅上报信息996条,被采用162条,考核得分750分。

5. 改进督促检查方式,狠抓各项工作落实。

围绕州委决策部署、重点工作、重要事项、重大项目以及领导关注、群众关心的热点难点问题,采取实地督查、联合督查等方式,定期组织开展决策督查和专项督查,增强督促检查的针对性、权威性和时效性,积极争取州各纪工委的支持,加大通报点评和现场督查力度,确保州委的重大决策部署落到实处,州委督查工作在全省保持在先进行列。2011年,州委督查室对州委召开的州委全会、常委会议、专题会议、决议决定及领导交办的490项事项进行了分解立项和跟踪督办。州委全会、州委重要工作会议确定的年度工作办结率为98%;州委常委会、州委专题会决定的174个事项,已到办理期限的165个,事项办结率100%;州级领导指示、批示27件工作,办结率为100%。全年刊发督查专报、督促检查情况、查办件办理情况88期,有3篇督查专报被单篇采用,督查工作连续4年获全省党委系统一等奖。全面贯彻落实"充分发挥州党代表作用的实施办法"等一系列制度,全年共向州党代表印发《州委要情通报》3期,向州委委员、候补委员和州纪委常委印发州委常委会议纪要28期、州委专题会议纪要21期，邀请州党代表列席州委常委会49人次、列席州委全会20人次，分解督办党代表提议14件，办复14件，办结率100%，率先在全省州市党代会期间开展了党代表提案工作，分解督办党代表提案18件，已办复8件，未到办理期限的11件正在办理中。

6. 加强综合协调，中枢运行水平得到提升。

州委办公室始终紧密围绕州委中心工作，在协调意识、协调艺术、协调能力上凝聚力量，推进工作。正确处理纵向协调，畅通上情下达、下情上传的渠道，加强与省委办公厅的业务联系，主动汇报工作，反映问题，及时了解省委办公厅工作重点和动态，为州委工作决策提供超前服务。加强与县市区、州直部门办公室的联系，及时传达党委意图和工作重点，及时反馈工作动态和社情民意。正确处理横向协调，加强五机关办公室联系，确保沟通顺畅、步调一致。每季度召开1次五机关秘书长联席会议，加强沟通协调，统一思想认识，形成合力，确保州委的各项决策部署落到实处。主动协助党委总揽全局，理顺各种关系，确保各方面都围绕州委中心工作，集聚科学发展智慧、凝聚和谐发展力量、形成跨越发展合力。抓好州委领导重大专项活动的协调，切实负起牵头抓总的责任，落实任务分工，加强密切协作，各项活动取得圆满效果。正确处理办公室内部协调，加强各科室之间的沟通和协作，保证各项工作衔接紧密，促进各项工作高效运转。

7. 弘扬实干作风，后勤保障能力得到提高。

后勤服务工作机制和服务方式有创新，运行流程规范，工作程序优化，工作节奏加快，运行保障能力得到提高。建立健全完善相关财务制度，统筹兼顾，严格管理、合理安排使用好州委机关的各项工作经费，每月对州委办公室预算执行情况进行分析并及时报告领导；积极做好住宿区房屋维修、环境绿化和水电管理工作，规范了车辆的停放；做好办公室的节能降耗工作，确保各项节能措施的落实；加强对州委办公室车辆的管理，强化驾驶人员的安全教育，定期维修保养车辆，做到安全、准点，保证了领导用车安全，全年安全行车达18.15万公里；规范接待程序和标准，做到接待工作热情、周到、节俭，在厉行节约的前提下，做到让来宾乘兴而来，尽兴而归，全年共接待省内外宾客40批251余人次，州内客人180批950余人次，维护了机关良好的对外形象。

8. 强化责任意识，保密机要安全运行。

西双版纳地处边陲，维护国家安全、保护国家秘密的任务艰巨而繁重。州委办公室加强了对州国家保密局、州委机要局的管理，确保了密码绝对安全和密码通信绝对畅通。切实加强了对全州保密要害部门、部位和重大涉密、涉外活动的管理，保证了党和国家的秘密安全。同时，办公室还注重加强干部职工的思想教育，认真学习业务知识，强化保密责任，严守工作纪律。做好涉密信息的源头管理、落实内外物理隔离措施、确保传输过程安全、强化保密制度落实。充分发挥密码通讯的主渠道作用，保证了中央、省、重大决策和重要工作部署的迅速贯彻落实，为州委工作提供了有力保障。深入开展保密宣传教育和培训工作，领导干部和涉密人员的保密意识和防范技能进一步提高，组织开展专项保密检查和督促，完善了保密规章制度、规范了保密管理。一年中，开展保密业务知识培训1期，培训人数187人次。

（《中共西双版纳州委员会》撰稿人：罗海笙）

组织工作

〔综述〕 2011年，在州委的正确领导和省委组织部的精心指导下，按照全省组织部长会议和全州组织工作会议的部署要求，西双版纳州组织工作坚持以邓小平理论和“三个代表”重要思想为指导，深入贯彻落实科学发展观，围绕进一步提高组织工作满意度和选人用人公信度这一目标，以州县乡三级党委换届、推进干部人事制度改革、匡正选人用人风气、加强领导班子能力建设、从严管理和重点管理干部、全面加强基层党组织建设为重点，努力提高组织工作科学化水平，围绕中心，服务大局，改革创新，狠抓落实，统筹推进各项工作，顺利完成了各项工作任务。一年中，全州发展党员2410名，接转组织关系336份。办理干部调动手续92人次、工资行政介绍188人、退休手续16人；办理党群部门公务员（参公管理人员）登记123人；审批县处级干部及党群部门年度考核653人。

〔**学习贯彻党的十七届六中全会精神**〕 2011年，在学习贯彻过程中认真抓好创先争优活动各项工作，努力巩固和扩大活动成果，扎实推进活动开展；按照分级培训、层层负责的原则，采取举办各级各类培训班、组成流动党校巡回宣讲等形式，开展全会精神的学习培训，实现了全会精神学习培训的全覆盖；按照中央、省委和州委的部署要求，全州各级党组织制定切合本地区本部门实际的学习贯彻意见，采取研读原文、集中培训、专题研讨、讲座辅导、组织座谈会等多种形式，充分调动广大党员干部的学习积极性，扎实推动学习贯彻全会精神活动的深入开展。

〔**完成州县乡党委换届**〕 2011年，根据中央、省委统一部署，在州委坚强领导下，围绕积极发展党内民主、切实选好配强领导班子、进一步推进干部人事制度改革的目标，认真落实“三个在先”的要求，切实加强领导，分别于3月、5月、8月完成全州乡镇党委、县市委和州委换届工作。通过换届选举，进一步优化了各级党委领导班子结构，增强了整体功能，巩固了创先争优活动成果，取得了零上访、零违纪、零举报，代表出席率高、党委批复的候选人当选率高、当选人得票率高，新选举产生的领导班子组织满意、代表满意、群众满意“三零三高三满意”的成果。

〔**创新推进创先争优活动**〕 2011年，在机关积极开展“四个一”活动和志愿者服务活动，共建立各级党员领导干部联系点1185个，各级党员领导干部驻点调研948次，帮扶困难群众6339户，帮助解决群众反映的突出问题7435个；在农村以建设社会主义新农村为主题，以“三基”建设为抓手，深入开展“强班子、强素质，创建带领致富党组织、争当创业致富带头人”的“双强双带”主题实践活动，开展了后进村整顿工作，整顿和转化后进村4个；在社区广泛开展“三亮四进”社区活动，全州有299家机关单位与社区结对，698名代表委员、3541名党员干部、5247名在职党员、19797名志愿者进社区，结成帮扶对子301支，为社区建设带入资金9.4万元，帮助解决群众困难997件，帮扶人数902人；在窗口单位和服务行业单位组织开展“四亮四创四评”活动；在国有企业开展争创“四强四优”活动，8335名党员参与，开展技术革新项目17个，提出合理化建议1660个，带来经济效益2407万元；在工青妇组织广泛开展党群共建创先争优活动，建立党群共建示范点19个。通过创先争优活动简报、互联网、报刊电视及电子屏幕等，大力宣传西双版纳州各级党组织开展创先争优的成效和经验，在全州营造创先争优活动的良好氛围，受到省委创先争优活动领导小组的充分肯定。2011年，州委创先争优活动领导小组办公室共刊发《简报》407期，被省级以上《简报》采用50期，采用数位居全省前列。

〔**学习杨善洲活动**〕 认真组织观看影片《杨善洲》，全州州直、三县市播放影片《杨善洲》共37场，其中，影院放映9场，农村流动放映22场，观众达40000余人次。编印40000余册《一个共产党人的一辈子》，发送到全州每位党员手中。开展学习杨善洲精神义务植树活动，营建100亩“西双版纳州杨善洲纪念林”。组织开展杨善洲精神学习生活会和理论研讨会论文征集活动，征集论文36篇。此外，各级党组织通过开展重温入党誓词等活动，教育引导每位党员以杨善洲为榜样，牢记入党誓词，坚定理想信念，永葆共产党人的浩然正气，不断增强党员干部的责任感和使命感，在全州范围内掀起学习杨善洲精神热潮。

〔**队伍建设**〕 2011年，切实加强领导班子思想政治建设，不断提高领导班子的凝聚力、执行力、创新力。在各级领导班子和领导干部中继续深入开展“一面旗、一团火、一盘棋”主题实践活动，增强领导科学发展、和谐发展的能力，教育和引导各级领导干部真正把心思凝聚到干事创业上，把精力用到推进发展上，把功夫下到狠抓落实上。进一步加强各级领导班子民主集中制教育，增强班子成员民主意识、大局意识、团结意识和纪律意识。采取中心组集中学习、主体班和专题班集中培训、领导干部讲党课、督查“四个一”学习活动等方式，着力加强领导干部理想信念、宗旨观念和道德理念教育，促使全州各级领导干部进一步加强党性修养，始终保持共产党人的政治本色。切实加强对2011年度以“坚持以人为本执政为民理念发扬密切联系群众优良作风”民主生活会的组织和指导，全州85个县处级以上领导班子按要求召开了民主生活会；按照“整体稳定、局部调整、优化结构、增强活力”的原则，坚持德才兼备、以德为先的用人标准，精心考察比较，反复筛选酝酿，切实做好领导班子的调整配备和领导干部的选拔任用工作，加大培养少数民族干部力度，重视培养选拔年轻干部、妇女干部和党外干部，进一步优化班子结构，增强班子活力，形成了班子成员年龄梯次配置、知识互补、专业配套、能力相辅、气质相济的格局。在选拔任用过程中，严把民主推荐关、干部考察关、讨论决定关、任前公示关和任职试用关，做到坚持原则不动摇、执行标准不走样、履行程序不变通，遵守纪律不放松。积极开展好处级非领导职务的晋升工作。根据州委安排共完成8批次173名州管干部的任免工作；完成2010年度县处级领导班子和县处级干部年度考核工作。严格按照西双版纳州市县区和州直部门领导班子和领导干部综合考核评价实施办法的规定，对全州62个县处级领导班子和568名县处级干部2010年度工作进行考核评价，提出了年度考核等次意见。同时，配合省集中考核组完成了2010年度4个省管领导班子、35名省管干部和3名县(市)委书记年度考核工作；以不断开阔干部视野，培养世界眼光和战略思维，建设一支高素质干部队伍为目的，选派26名后备干部外出挂职锻炼（其中：到上海挂职锻炼22人，到中央企业挂职锻炼1人，到省直机关挂职锻炼3人）；选派58名后备干部到州、县（市）信访部门工作一个月，进一步了解民情民忧，增强做群众工作的能力；举办了为期一个月的县处级后备干部集中培训班，培训内容包括10天的军训和20天的理论知识学习；继续抓好干部“逢晋必考”和学习积分制度的落实。组织开展干部任前基本知识能力考试工作，分别于5月28日和6月11日，组织乡科级干部和县处级干部任前基本知识能力考试，通过“以考促学”，全州各级干部的学习积极性得到不断加强。扎实抓好干部在线学习教育拓展延伸和督学工作，全州1475名干部参加了在线学习。以领导班子“一把手”、优秀年轻干部、新型工业化人才、少数民族干部和边境一线干部为重点，强化现代金融、国际经济、现代科技、法律法规和现代管理等新知识的培训。组织举办各类主体班和专题班，落实领导干部听讲座制度。一年中，州委干教委共举办17个专题讲座，参加听讲座人数达7341人次；举办各类培训班23期，培训干部2978人。实施走出去培训战略，认真做好干部调训工作，全年共选派了372名干部外出培训学习；充分发挥牵头抓总的职能作用，抓好各项人才工作制度和规划的落实，加强与人力资源和社会保障、工信、农业、科技等部门的联系沟通，做好“六支人才队伍”的管理培训工作。全州“百人计划”引进9人，引进海外高层次人才4人，云南省高端科技人才2人，培育云南省中青年学术技术带头人后备人才3人，培养省技术创新人才5人。制定出台《西双版纳州中长期人才发展规划(2010－2011年)》、《州委联系专家管理暂行办法》和《建设技能型乡镇干部的意见》。

〔**干部监督**〕 2011年，把干部监督工作贯穿于干部培养教育、考察考核、选拔任用、日常管理各个环节，切实加强对领导干部和干部选拔任用工作的监督，为选贤任能和促进干部健康成长提供了有力保障。抓好干部选拔任工作“四项监督制度”的贯彻落实，确保了干部选拔任用工作的制度化、规范化和公开化，落实了人民群众的知情权、参与权、选择权和监督权。结合县乡党委换届，抓好严肃换届纪律工作的贯彻落实，以中央和省委严肃换届纪律保证换届风清气正有关文件和视频会议精神为主要内容，加强对党员干部学习宣传教育，在领导干部中，利用集中教育、专题学习、签订承诺书、召开专题民主生活会、发放警示短信等方式，严格执行“5个严禁、17个不准和5个一律”、“十严禁”的纪律要求，确保领导干部不触碰换届纪律的“高压线”。继续坚持任前谈话、诫勉谈话和函询等行之有效的监督管理制度。认真落实党员领导干部个人有关事项报告制度，全州副处级以上党员领导干部应报告个人有关事项的人数584人，实报告584人。做好因公临时出国(境)人员政审和备案工作。全年，办理因公临时出国境29人，与去年同期相比减少7人。委托审计部门对6名领导干部进行了经济责任审计。认真做好“12380”干部监督举报电话和群众来信来访的受理和接待工作。进一步健全干部监督信息沟通机制，加强与执纪执法部门的沟通联系，增强监督合力，完善信访、电话、网络“三位一体”的群众举报平台。

〔**干部人事制度改革**〕 2011年，州委组织部认真抓好干部人事制度改革各项措施的落实，进一步推进干部选拔任用的民主化、科学化、规范化。把深化干部人事制度改革列为干部教育培训的重要内容。在县处级干部培训中，对深化干部人事制度改革方面的内容开展专题培训，加深县处级干部对中国现阶段干部人事制度改革历程的了解，牢固树立支持改革、推进改革的意识，明确当前的目标任务和今后一段时期深化干部人事制度改革的主要方向，进一步提高县处级干部领导改革、驾驭改革的能力；进一步修改完善符合科学发展观和正确政绩观要求的县市区和州直部门领导班子和领导干部综合考核评价办法，科学合理运用考核结果，有力促进了领导班子和领导干部以正确政绩观落实科学发展观；深入推进综合改革试点工作。切实抓好《西双版纳州从基层考录公务员工作实施办法(试行)》、《西双版纳州调整不适宜担任现职党政领导干部办法(试行)》、《西双版纳州关键岗位干部管理办法(试行)》等三个办法的试行工作。

〔**党建工作**〕 农村社区“三基”建设推进有力。落实好州、县市两级财政每年补助每个行政村3万元工作经费和州级财政每年给每个山区村党总支2000元、每个坝区村党总支1000元的补贴。全面消除了党员空白村，通过单独建、联合建、挂靠建等方式，所有自然村都建立了党支部。实现全州行政村党组织活动场所和边境沿线自然村党支部活动场所建设全覆盖。坚持“十有”标准推进基层党组织活动阵地的规范化建设和党组织工作的规范化管理。大力推进社区活动场所建设，目前共投入资金590万元，已开工活动场所12个，竣工活动场所3个。认真实施《西双版纳州发展壮大村级集体经济的实施意见》，村级集体经济年收入万元以上的村83个，占行政村总数的37%，村级组织服务群众能力进一步加强。建立健全四级联动的农村党员干部培训网络，实施村干部素质提升工程，把“流动党校”办到行政村。开展“三培双带”工作，把1661名农村党员培养成致富能手，把1152名优秀的致富能手培养党员，把775名党员致富能手中的优秀分子培养成村组干部。全州共有农村“双带”型党员5266人、占全州农村党员共数的35.6%，70%以上的农村党员掌握了1门以上的致富技能；各领域党建工作创新发展。开展党建工作创新，《西双版纳州实施“强基固本”工程推动边疆民族地区党的建设》、《村组干部绩效考核》进入全省组织部长创新项目和全省基层党建创新“县委书记项目”。推进非公有制经济组织和新社会组织党建工作，起草了关于进一步加强新社会组织、非公有制企业党的建设工作的意见，按照“成熟一个组建一个，建立一个巩固一个，巩固一个带动一批”的原则，以“行业+党组织”为模式，派出党建指导员及时抓组建，扩大党在社会组织的覆盖面。211年，共派出党建指导员43名，全州12家符合建立党组织条件的社会组织和规模以上非公有制企业全部建立党组织。探索农村基层组织建设常抓不懈的工作机制，组织开展“结合民族文化创新基层党建”课题调研，起草关于结合民族文化创新基层党建示范点的通知，在全州拟创建9个结合民族文化创新基层党建示范点。在全州行政村大力开展“建一个活动场所、修一块篮球场、组织一个篮球队、打造一支文艺宣传队、建好一个党员（农家）书屋、自编一台歌舞节目”的“六个一”活动；党建宣传工作有声有色。成立西双版纳基层党建网络领导小组办公室，建设好西双版纳基层党建网，网站信息发布量位居全省前列。着力打造155个州级基层党建示范点，做好先进典型的挖掘、宣传、表彰工作，在全州开展岩三炳、岩帕、依香甩等重大典型宣传活动，作巡回宣讲报告3场，2000余名党员干部参加宣讲报告会。通过设立“党员先锋岗”、“党员责任区”，充分发挥共产党员的先锋模范作用。2011年，全州企事业单位、党政机关中共设立“党员先锋岗”、“党员责任区”2650多个，参与设岗定责的农村党员已达党员总数的60%以上，90%以上的农村党员参与了党员户挂牌活动。通过基层党组织层层推荐、遴选，对50个先进基层党组织、100名优秀共产党员和50优秀党务工作者进行了表彰，1个先进基层党组织受到中央表彰，2个先进基层党组织、6名优秀共产党员和优秀党务工作者受到省委表彰；做好新农村指导员和大学生村官管理工作。做好全州第五批新农村指导员选派工作，共从州、县市、乡镇选派新农村指导员212名，加强新农村指导员的管理、考核工作，切实发挥新农村指导员“六大员”的作用。加强对在岗的164名大学生村官管理工作，提供积极拓宽大学生成长、成才平台，28名党员大学生村官被选入乡镇党委班子。

〔农村党员现代远程教育〕 2011年，远程教育工作正常有效、健康有序开展。制定了《西双版纳州党员干部现代远程教育2011年度教学计划》、《西双版纳州党员干部现代远程教育“双创双争”活动实施方案》。全年，全州各级远程教育站点共组织开展教育培训7200余次，培训党员干部群众73000余人次。其中，以学习杨善洲为主题收看学习达600余次3000余人次。

〔信息化建设〕 2011年，以干部人事档案达标为契机，按照干部档案管理标准化、规范化、科学化的要求，严把档案收集、鉴别、质量、服务4个关口，不断强化干部人事档案服务和管理；扎实抓好公务员（干部）信息库建库工作，全年，完成了全州484个法人单位公务员（干部）信息库机构树建设任务；完成了全州79名组工干部和423名乡镇班子成员信息采集和录入任务；完成了全州495名副县处级以上干部信息采集和录入工作。进一步强化和完善党员信息库。截止12月，完成了全州农垦系统11700多名党员的信息库移交工作，以及全州194套《全国党员管理信息系统（基层版）》软件的升级和征订工作；拟定了“大组工网”管理规定、设备与介质管理规定、信息保密规定和人员管理规定四项规定。通过“大组工网”有效进行了文件传递、信息交流，发挥了“大组工网”使用效益，提高了工作效率，没有任何违规操作、失泄密的情况发生；坚持以数据质量为中心，抓好管理促规范、抓好队伍促发展、抓好培训促提升、抓好分析促转化。

〔信访工作〕 2011年，西双版纳州各级组织部门在州委的正确领导和省委组织的精心指导下，严格执行《信访工作条例》，把信访工作作为落实党的政策、化解矛盾、维护稳定、密切党群干群关系、服务组织工作中心任务的一项重要工作来抓，切实加大重要信访案件的督查督办力度，注意研究信访工作的趋势和规律。全州组织系统共受理群众来信来访12件（次），全年信访受理件办结率达100%。

〔课题调研和组工信息〕 2011年，根据全省组织系统研究室主任会议精神和组织工作重点课题调研安排，结合西双版纳州组织工作实际，切实加强对新情况下党建工作的研究。开展农场“三基”建设情况调研，撰写《西双版纳州农场“三基”建设调研报告》，并在调研的基础上，结合省、州关于农垦改革的相关要求起草《关于加强农场基层组织建设的指导意见》。做好省委组织部下达的重点课题调研工作，完成了《创先争优活动与加强边疆民族地区基层党组织建设研究》调研报告。在深入调研的基础上，形成了《全州企业党建调研报告》。为研究制定加强和改进我州企业党建工作的实施办法奠定了坚实基础。全年共编辑出版《组工信息》35期，报送信息120余条。

〔**自身建设**〕 2011年，以建设模范部门、打造过硬队伍为目标，深入开展学习杨善洲、李林森等先进事迹活动，进一步深化和拓展“讲党性、重品行、作表率”活动。以“授旗评星”活动为抓手，开展组织系统创先争优活动，激发组工干部争一流、学先进、比实干的良好氛围。全面实施《全州组织系统加强组工文化建设实施方案》，推进组工文化建设。加强政治理论学习，制定《西双版纳州组织系统推进学习型机关建设实施方案》，通过召开座谈会、自学、集体学习、撰写心得体会等方式，深入学习邓小平理论、“三个代表”重要思想、科学发展观、党的十七大、十七届四中、五中、六中全会精神，进一步坚定组工干部的理想信念、宗旨观念和服务理念。严格执行组工干部“十严禁”纪律要求，抓好部内党风廉政建设和综治维稳工作，以更高的要求、更严的标准，加强对干部职工的教育、管理和监督，维护组工干部公道正派、清正廉洁的良好形象。继续抓好组工干部知识更新、岗位练兵和工作创新“三项活动”以及跟班学习制度的落实，不断提升组工干部的能力素质。加强对全州组织系统新闻和网络宣传工作的领导，强化宣传员队伍教育管理，围绕组织工作中心任务的推进开展专题宣传和舆论引导，完善分网监控舆情制度，加大舆情分析力度，为组织工作创新发展营造良好的舆论氛围。围绕创先争优活动等11个专题开展网上引导，全年共组织撰写原创网评文章2388篇、跟帖25887条，全省排名第三。基层网络党建工作全省排名第四。

（《组织工作》撰稿人：王远海）

宣传工作

〔**综述**〕 2011年，是全州宣传思想文化战线全面启动“十二五”发展规划的开局之年，州委宣传部按照“高举旗帜，围绕大局、服务人民、改革创新”的工作要求，围绕州委、州政府中心工作，把握新形势、唱响主旋律、打好攻坚战、建好主阵地，全面推进学习型党组织建设，拓宽宣传思想文化工作渠道，为推动全州经济社会科学发展和跨越发展提供了强有力的理论支撑、精神动力、舆论氛围和文化条件。

〔**理论工作**〕 2011年，按照“科学理论武装，具有世界眼光、善于把握规律、富有创新精神”高要求，扎实推进学习型党组织建设，以理论学习为先导，推进理论宣传、理论研究 、理论普及工作。①根据省学建办和州委的要求，州、县市党委重新调整充实了学习型党组织建设领导小组，从有关单位抽调人员组建办公室。州学办不断健全自学、述学、督学、考学、评学机制，对学习内容、时间、纪律作出明确规定，做到年初有计划，年中有检查，年末有总结，每次学习有方案，有记录，使学习更加组织化和规范化。②抓好各级领导干部的培训，以各种党校为阵地，配合组织部举办领导干部主体培训班 。举办西双版纳发展论坛。组织和引导全州各级领导干部围绕西双版纳发展热点、难点、焦点问题，搞好调研，交流经验，献计献策。③用活平台，创新载体，不断丰富学习内容形式。选派169名干部到中央党校、中央民族干部学院、国家行政学院、复旦大学、省委党校等院校培训或到发达地区挂职锻炼，以进一步解放思想，更新观念，提高领导水平和执政能力，组织州“流动党校”教师深入基层宣讲300场，受众达3万余人次，根据边疆民族地区的实际，将党的最新理论成果，中央、省、州的重要会议精神，党员干部中的先进典型、新农村建设经验、农村实用技术等专题译成傣、哈尼等民族语言和文字，制作了宣传册子、宣传帖画和《党的光辉照傣乡》等13个课件，提供给基层党员干部群众学习。把理论学习与群众文艺相结合，用群众喜闻乐见的章哈、山歌等形式，把“党的声音”送进千家万户。④强化宣传，选树典型、营造良好的学习舆论氛围。

〔**外宣工作**〕 2011年，围绕“幸福在哪里，西双版纳告诉你”主题，把提升西双版纳对外形象和吸引力作为工作的切入点，借助州内外的声屏报网多种媒体，以“走出去，请进来”等方式着力构建全方位、多层次、宽领域的大外宣格局，多角度深层次向外宣传推介西双版纳。完成第二次全国边境外宣工作座谈会的各项工作，充分发挥会议的平台作用，抓住全国20多个边境省市自治州的外宣办主任及10多家中央主流媒体的领导在西双版纳州齐聚机会，大力开展对西双版纳的宣传活动，同时，举行云南日报社西双版纳分社揭牌仪式，开通了云南省政务信息岛西双版纳州信息窗口;借助节会平台,“请进来”唱响西双版纳,邀请新华通讯社、中国广播电台、中央电视台、人民日报、云南日报、香港大公报、香港文汇报等19家中央及省级63名新闻媒体记者到州,对2011年泼水节(傣历1373新年节)暨第十四届西双版纳边经贸易旅游交易会、纪念周总理参加西双版纳泼水节50周年暨纪念中国老挝建交50周年主题活动进行全面、深入、及时的宣传报道,各大媒体紧紧围绕活动的特点和亮点进行宣传报道。“一节一会”期间,共刊发相关报道稿件、图片90余篇(幅)。开展“摄影外宣”活动,邀请11名全国著名摄影家到西双版纳采风,用图片形势宣传西双版纳;拓展宣传渠道,“走出去”推介西双版纳。与中国国际广播电台俄语广播部合作,举办“我要去西双版纳”才艺大赛,联合俄罗斯、乌克兰、白俄罗斯3个国家最具影响力的主流媒体共同参与。大赛及颁奖盛况同时在中国国际广播电台网站、俄文网、乌克兰文网、白俄文网站进行刊载,实现了多语种跨媒体宣传合作,增强了西双版纳的国际影响力。协助配合德国电视台、中央电视台、人民日报、云南日报、云南电视台、昆明日报、香港大公报、香港文汇报等国内外媒体对西双版纳州的经济社会发展、桥头堡建设、生态文明建设、民族团结、民族文化发展等方面进行宣传报道。共邀请接待国内外媒体34家,45批次250余名记者。配合好新华社到州开展主题采访调研及宣传报道工作,撰写了一批调研文章,其中在新华通讯社《国内动态清样》(第1823期)发表的《西双版纳探索流动人口信息化管控新模式》调研文章受到了省委领导的高度关注,并作出重要批示。制作完成提供美国奥斯汀市外宣品《地球北回归线上的绿洲—西双版纳》画册、宣传片《到西双版纳的30个理由》;制作完成《文明景洪—创建省级文明城市画册》电视汇报片。全面做好西双版纳州荣获环球时报社与新浪网共同举办的“让边疆不再遥远”大型主题公益活动、“中国十大边疆重镇之最具旅游吸引力边疆名城”、“中国十大边疆重镇之民族团结最佳典范边疆名城”入选两个奖项提名的宣传,积极动员群众参与投票。协助配合拍摄歌曲《云南美》MV;与环球时报、新浪网共同组织举办“中国十大边疆重镇高峰论坛”,对前期相关事宜进行接洽;安排景洪市委宣传部配合山东大众网对基诺族民族文化进行采访报道。进一步拓展“网络外宣”平台,4月,开通西双版纳外宣门户网站—中国西双版纳网,开设了建设学习型党组织、西双版纳概况、泼水节、旅游、西双版纳新闻、西双版纳外宣投稿箱、西双版纳电子画册、建设桥头堡主阵地等栏目,大大拓展了对外宣传渠道。开展“摄影外宣”活动,邀请11名全国著名摄影家到西双版纳州采风,开展了5次网络摄影比赛,1000余幅被网站和媒体刊登,组织5名州摄影师参加在国内、新加坡等地举办的大展,摄影家资佰在大理国际影会荣获最佳摄影师提名奖,王艺忠获平遥国际摄影节生态优秀摄影师奖,用图片形式宣传西双版纳。承办“赞中华·写西双版纳,百名作家西双版纳采风”活动,组织举办“走边关,进军营,送文化”、“走进雨林,感受绿色”文艺创作采风活动及全州文学创作笔会等。

〔**舆论引导工作**〕 2011年,围绕州委、州政府中心工作形成强势正面舆论。围绕全州经济社会跨越发展“六大战略”及“两个率先”、“两个为主”、“两个定位”的目标,新一轮西部大开发和“两强一堡”战略积极组织主题宣传,为全州改革发展稳定营造了良好的舆论环境。在全国两会期间,州委宣传部组织撰写并在云南日报上发表的特稿通讯《西双版纳:精彩的跨越》得到了中宣部阅评组的高度肯定;不断完善舆情分析和信息共享机制,舆情信息的收集上报工作力度加大,撰写上报《关于媒体报道西双版纳沉香木遭毁灭性盗伐的情况汇报》、《境外媒体刊发有关中国水坝造成湄公河流域水位下降的报道》、《橡胶产业和雨林保护仍然是媒体关注的主要目标》等内部参考和舆情信息,为州委、州政府决策发挥了参谋作用;扎实做好热点问题和突发公共事件主应对和引导,最大限度化解矛盾。当日本地震造成核泄漏并在州内引发“抢盐风潮”和缅甸地震发生后,迅速召集各新闻媒体,相关单位召开情况通报会,及时向新华社等中央和省级媒体发布权威信息,并通过微博平台快速向外发布相关消息,及时澄清不实信息和传言,维护了社会的稳定。成功处置了“云南萧湘泛亚铁路公司利用泛亚铁路项目组织企业到老挝参加所谓的泛亚铁路开工仪式案”、“勐海县布朗山老班章茶地被烧”、“媒体利用我州救助野生幼象事件进行炒作”等舆情,舆论引导的能力和水平进一步提升;充分发挥媒体社会舆论导向作用,舆论监督工作有新举措。与州纪委联合成立了州舆情监管中心,有效地发挥了新闻媒体在舆论监督中的社会责任—导向作用。做好“西双版纳热线”刊播工作,截止11月30日,共上线直播44期,先后邀请44家单位的176名领导走进直播间与听众进行直接的沟通和交流,接听群众电话,回答听众提出的问题。

组织建党90周年宣传文化活动。同时组织州直媒体开设专栏、专题,以动态报道、典型报道、深度报道和综合报道等多种形式开展宣传。组织媒体对先进党组织、先进党员、各条战线涌现出来的先进典型和模范人物进行集中采访报道，开设‘云岭楷模’专栏分批刊发全省90名英模人物的先进事迹及相关图片。与各部门密切配合，共同组织举办“庆祝中国共产党成立90周年，西双版纳新姿”美术书法摄影大赛及作品展，“党在我心中”知识竞赛，组织征订“庆祝中国共产党成立90周年”系列宣传资料。全州共开展各类大型文艺活动30次，参与单位达到300多个，参与人数近10万人 。

强化新闻宏观管理，不断完善对外新闻发布体制机制。推动党委部门建立新闻发布制度，加强对有关部门和县市新闻发布的统一管理和具体指导。以建立新闻发言人制度为重点，在县市、三区及州级52家部门单位设立党委新闻发言人及联络员，制定下发《关于认真做好2011年度新闻发布工作的通知》，进一步加强新闻发布常态化工作机制，督促重要的部委办局制定年度新闻宣传和新闻发布规划。组织召开商务、环保、交通、建设、水利、国土、公安、科技等单位及楠景新城项目共9场新闻发布会。在人民网为各市县委宣传部，各区委办公室，州委各部委办等单位开通了微博；大力提高宣传队伍素质。通过不定期召开新闻宣传联席会、通气会、协调会，坚持在新闻单位开展“三项学习教育”活动。

〔**精神文明建设**〕 2011年，加强精神文明建设活动，提高群众性精神文明创建水平。以利民惠民，服务群众，改善民生为宗旨，开展群众性精神文明创建活动。在全州宣传思想文化工作会议上，对140个州级文明单位、54个州级文明村、2个州级文明小城镇和4个州级文明社区进行了命名表彰。对完成“十星级文明户”创建任务的景洪市、勐海县、勐腊县进行表彰奖励。支持景洪市深入开展各项创建活动，迎接省级文明城市测评。开展全国第三批文明单位、文明村镇推荐工作，协助省考评组做好全国文明单位、文明村、文明风景旅游区考评及州气象局等5个省级文明行业的复查工作。推进公民道德建设，不断提高公民道德素质。贯彻落实《公民道德建设实施纲要》，进一步开展社会公德、职业道德、家庭美德、个人品德建设。做好云南省第三届道德模范推荐。徐瑞被评为第三届云南省道德模范，玉的么被评为第三届全国诚实守信道德模范提名奖，罗德恩、杨亚被评为第三届云南省道德模范提名奖。开展了西双版纳州第三届道德模范推荐评选工作。在全州中小学生中开展向道德模范学习活动，春节前组织中小学生给州内20位模范人物写一封信；组织“育才图书室”工程受赠学校的中小学生参加“我爱这土地”—纪念建党90周年征文大赛。加强未成年人思想道德建设。开展童心向党歌咏活动，组织各学校未成年人学唱传唱歌颂党、歌颂伟大祖国、歌颂中国特色社会主义的优秀歌曲。广泛开展“我们的节日”主题活动，组织开展文化科技卫生“三下乡”集中示范活动；清明节之际组织各界人士到爱国主义教育基地缅怀烈士，组织青少年学生参与“网上祭英烈”活动，进一步激发爱国主义热情。广泛开展志愿服务活动，全州志愿服务体系向制度化、规范化推进。西双版纳州中心血站成立无偿献血志愿服务队，开展关爱农民工志愿服务活动；要求每个文明单位每季度组织党团员为社区提供不少于一次的志愿服务，对2010年度“优秀青年志愿者”、“优秀青年志愿者服务队伍”进行表彰。与团州委联合开展全国优秀志愿者和优秀志愿者服务组织推荐工作，勐海县人民医院医生刘兴刈获全国优秀志愿者称号。落实了“西部开发助学工程”，做实2011年“绿色”电脑进西部活动。

〔**文化产业工作**〕 2011年，全州文化产业发展坚持以大项目带动大发展，以提升旅游景区（点）的文化内涵为切入点，以民族工艺品研发为突破口，开拓创新、狠抓落实，全力推进文化体制改革。成立以州长为组长的州文化产业发展领导小组及其办公室，核实了领导小组办公室编制，明确了专职工作人员，各县市也相应成立领导小组。创办《西双版纳文化体制改革文化产业发展信息专报》，建立纵横向信息沟通情况报告机制，强化与文化企业的信息交换。拟定《中共西双版纳州委关于深化文化体制改革、推动社会主义文化大发展大繁荣的实施意见》、《西双版纳州“十二五”文化大发展大繁荣实施方案》和《西双版纳宣传文化精品奖和“五个一工程奖”奖励办法》。协助配合省文化建设考评组完成了对西双版纳州2010年度文化建设各项工作任务完成情况的考评工作，协助配合省文产办完成对西双版纳州“2010年度文化体制改革和文化产业发展工作情况”考评工作。完成了对两县一市及州文化单位文化体制改革任务完成情况检查验收工作。

按照全省文化建设工作会议有要求，全州加大对文化建设投入，每年安排文化产业发展资金200万元，文化建设费1000万元，文化产业发展引导资金500万元。以大项目带动大发展为着力点，以提升旅游景区（点）的文化内涵为切入点，全力推进大项目带动大发展战略有新进展，通过对大连万达国际旅游度假区、楠景新城、天一王国、告庄西双景、情景大剧院、环球记者村等项目进行贴 身服务,项目进展情况良好。楠景新城一期计划投资23亿元,现实际投入已达7亿元。目前,告庄西双景一期项目建设已投资约8亿元,其中,大金塔总投资约8000万元,现已投资6000多万元。与上海电影(集团)有限公司签订了战略合作框架协议和投资5亿元人民币建设西双版纳综合娱乐ma11项目。鼓励支持西双版纳民族文化发展公司,积极尝试公司十特色村(户)的发展模式,推动文化旅游工艺产品向市场化、特色化、规模化方向发展。协助《无忧之城之地球魔咒》在西双版纳拍摄;与上海电影(集团)有限公司签订了投拍西双版纳题材的电影《最后一头战象》的合作意向。民族文化产品化有新亮点。把民族服装设计、生产、促销作为文化产业发展的一个重要抓手,提出了打造"民族服装之都"的战略设想,全力推进西双版纳州民族服装品牌化的步伐,先后举办了"金剪刀"傣族服装设计大赛和"民族服饰走秀展"活动,涌现了一批民族服装设计人才,扩大了全州民族服装的影响力。

〔学习型党组织建设〕 2011年,按照州委的统一部署,全州各级党组织按照"科学理论武装、具有世界眼光、善于把握规律、富有创新精神"的总体要求,结合州情实际,精心组织实施,扎实开展学习型党组织建设,有力推进了全州社会经济的科学发展和谐发展跨越发展。全州各级党组织以提高党员能力素质和党组织凝聚力、战斗力为目的,认真总结、积极探索有效的学习方式,搭建学习平台,创新学习载体,丰富学习内容,不断推动学习型党组织建设取得新成效。州委理论学习中心组率先垂范,带头学习,每次集中学习都把理论学习与经济运行分析相结合,与专题调研相结合,与解决现实问题相结合,专题理论辅导与学习经验交流相结合。州委主要领导带头学习,带头调研,带头发言,发挥了表率作用。县市区和州直各部门党委(党组)定期组织理论学习中心组学习党的方针政策和重要决定,研究解决改革发展中的重大问题,起到了主要领导学习带动班子学习,班子学习带动党员学习,党员学习带动群众学习的良好示范作用。以各级党校为阵地,分别举办县处级、乡科级、村两委领导干部培训班,加强领导干部知识更新和能力提升。2011年,州县市干教委在党校举办领导干部主体培训班38期,培训干部4482人次;州直有关部门举办专题业务培训班91期,培训党员干部12499人次;各县市举办专题业务培训481场次,培训人员22175人次。各级党组织制定了促进党员干部学习的办法措施,鼓励党员干部在职学习,上网学习。认真组织领导干部参加云南省时代前沿知识讲座,副科以上领导干部参加云南干部在线学习,定期到党校参加专题讲座。全年参加云南省时代前沿知识讲座9场次,参加听课4149人次。参加在线学习1475人。播放专题讲座124场次,参加听课10542人次。加快农村党员干部远程教育终端站点建设,利用远程教育站点组织农村基层党员学习党建理论、"三农"政策、法律法规、农科知识。全州共建成远程教育终端站点311个,组织培训7000多场次,培训农村党员干部12万余人次。为确保广大党员干部通过现代远程教育"学出效果、用出效益",根据边疆民族地区的实际,将党的最新理论成果,中央、省、州的重要会议精神,党员干部中的先进典型,新农村建设经验,农村实用技术等专题制成课件,译成傣、哈尼等民族语言,提供给基层党员干部学习。在村委会建立农家书屋,为农村党总支(支部)订送《西双版纳报》、《党的生活》、《党员文摘》、《党课参考》、《党建研究》、《三农特刊》、《致富天地》等,较好地满足党员群众的学习需求,使基层党员群众不出家门就可了解国家大事,学习所需知识。通过邀请专家学者来讲课,用名师的影响力带动党员干部学习。一年来先后邀请省社科院专家纳麒讲授了《中国共产党的目标追求、道路定位的哲学转换》,贺圣达讲授了《缅甸、老挝国内局势及中方应对策略》,省委宣传部副部长张瑞才宣讲了胡锦涛"七一"重要讲话精神,省社科联党组书记张红萍宣讲了十七届六中全会精神,云南财经大学副校长伏润民宣讲了省第九次党代会精神。选派干部到中央党校、国家行政学院、中国人民大学、省委党校等院校培训;到中央国家机关和上海等发达地区挂职锻炼,以进一步解放思想,更新观念,提高领导水平和执政能力。2011年,全州共选派169名干部外出培训或挂职锻炼,其中地厅级干部10人、县处级干部36人、乡科级及以下干部123人。组织州"流动党校"和宣讲团深入基层宣讲省党代会精神和桥头堡建设93场,听众达8251人次。各级党组织不断创新学习载体,利用互联网、政务内网、手机短信等平台进行学习。丰富学习形式,把集中学习与个人自学相结合,向党员干部提供读物,推荐书目,要求党员干部日学一小时,月读一本书;理论学习与调查研究相结合,围绕发展中的有关问题进行调研;政策宣讲与解决实际问题相结合,组织了"千名干部大走访农业农村活动"。采取上党课,听讲座和座谈会、报告会、经验交流会、研讨会等形式学习中国特色社会主义理论、科学发展观、社会主义核心价值体系、党的路线方针政策和十七届六中全会、省第九次党代会、州委全会精神。用歌咏比赛、知识竞赛、演讲比赛、征文活动、学习心得交流等方式庆祝建党九十周年,向杨善洲同志学习。勐海县还创办《党员干部论坛》,为全县党员干部交流学习心得、建言献策搭建了平台。景哈乡举办"乡村发展论坛",组织基层干部进行专题学习,交流学习经验,对全乡工作提出意见,有力推动了全乡社会经济的发展。有的县市区和部门把学习内容译成少数民族文字,制成宣传册子、宣传帖画,方便少数民族党员群众学习。把理论学习与群众文艺相结合,用群众喜闻乐见的章哈、山歌等形式,把"党的声音"送进千家万户。全州各级党组织不断健全完善各项学习制度,努力做到用制度管学习、促学习,把学习纳入正常化轨道,确保学习型党组织建设落到实处。坚持领导干部学习积分和逢晋必考制度,将学习成效作为选拔各级领导的重要条件。坚持"三会一课"和每周学习半天制度。实行"党员学习培训登记"制度,加强党员日常学习的监督管理。开展学习"评星"活动,完善调查研究和"奖学"、考评激励制度。将学习培训情况纳入领导干部和党员目标考核的主要内容,与评先奖优挂钩。全州各级党组织的学习活动已经制度化、常态化。在《西双版纳报》,西双版纳电台、电视台,《西双版纳社科》杂志开设专栏,用汉语、傣语、哈尼语及时刊播全州各地各行业的学习动态和经验做法。在《云南日报》、《春城晚报》及州内媒体刊播全州学习型党组织建设稿件1000余条次。开设"领导干部谈学习型党组织建设"专栏,组织州、县市领导撰写署名文章,阐述"为什么学习"、"学习什么"、"怎样学习"等内容,引导全州兴起学习热潮。为使各级党组织学有榜样,赶有标兵,西双版纳州将州科技局、景哈乡确定为省级学习型党组织建设示范点;在全州党政机关、企事业单位、农村基层、城市社区、非公经济党组织建立州级学习型党组织建设示范点20个,通过典型示范,以点带面推动工作。在学习杨善洲先进事迹的同时,组织开展基层党员先进代表岩三炳、岩帕、依香甩先进事迹巡回宣讲。

(《宣传工作》撰稿人:马媛)

统战工作

〔**概况**〕 2011年,全州统一战线工作在州委的坚强领导和省委统战部的有力指导下,高举爱国主义、社会主义旗帜,坚持大团结大联合主题,紧扣州委、州政府工作大局,广泛凝聚智慧力量服务科学发展、参与协调社会关系促进平安和谐、充分发挥优势推动文化建设,为全州实现"十二五"良好开局、加快推进建设富裕民主文明和谐社会主义西双版纳进程作出了积极贡献,各项工作取得了新成绩。强化"同心"思想引领,共同思想政治基础更加巩固;服务科学发展和谐发展跨越发展,统一战线为中心工作服务作用更加突出;集中力量进行政治引导,多党合作共事基础更加夯实;牢牢把握民族工作根本任务,民族团结进步事业富有成效;依法管理宗教事务,宗教领域和谐局面更加稳定;拓展统战工作领域,爱国统一战线力量更加壮大;加强自身建设,统战部门科学化水平更上新台阶。

〔**学习传达州委六届十一次全会精神**〕 1月14日,州统战部组织机关干部学习传达州委六届十一次全会精神。会议传达学习了州委书记江普生在州委六届十一次全会上的工作报告和州长刀林荫对《西双版纳傣族自治州国民经济和社会发展第十二个五年规划纲要》(草案)所作的说明。

〔**重庆商会举行周年庆典**〕 1月22日,西双版纳州重庆商会会员在景洪欢聚一堂,欢庆西双版纳州重庆商会成立一周年。州人大常委会副主任召亚平,州政协副主席、州工商联主席李永义,州、市各有关部门负责人出席了庆典,并为重庆商会评出的2010年优秀干部、党员、常务副会长、理事、会员颁奖。李永义在会上指出,当前西双版纳州正迎来千载难逢的发展机遇,希望商会继续加强自身建设,不断拓展会务,团结带领广大会员把事业做大做强,积极为西双版纳、重庆的经济发展文化交流牵线搭桥,努力为西双版纳、重庆两地的共同繁荣富强做出新的更大的贡献。

〔**春节系列节庆活动**〕 1月25~28日,州委统战部开展形式多样的节庆活动,活跃边疆少数民族地区统战工作。组织机关干部职工深入勐海县西定乡旧过村委会曼蚌新村看望慰问群众和贫困党员;走访拜访慰问统一战线代表人士85人次,慰问宗教协会3个,非公企业1个,民主党派组织2个,把州委、州政府的关怀送进家门;慰问县市统战部、侨联干部职工30余人次;利用州报社、电台、电视台和州委统战部工作网站,向全州广大统战成员刊发春节慰问信;向社会各界代表寄送贺年卡380份;组织统一战线30余名代表人士参加州委、州政府春节团拜会。

〔**州委常委会听取统战工作汇报**〕 2月11日,州委书记江普生主持召开六届州委常委会第

98 次会议，专题听取全省统战部长会议精神及州内贯彻意见的汇报。会上，州委常委、州委政法委书记刘功华，汇报了全省统战部长会议精神及西双版纳州贯彻意见。会议对 2010 年全州统战工作给予了充分肯定。会议要求，要认真按照全省统战部长会议精神和州委的部署，进一步做好统战工作，充分发挥统战职能作用，在推动科学发展、促进社会和谐方面多作贡献；要着力提高统一战线科学化水平，每年突出抓好几件实事，为建设富裕民主文明和谐西双版纳贡献力量。州委统战部常务副部长张卫国参加汇报。

〔**苏红军看望康朗岛**〕 2 月 25 日，省委统战部副部长苏红军到勐腊县走访调研期间，看望了勐腊县委改革开放以来第一任统战部部长康朗岛，给老人送去了慰问金。西双版纳州委统战部常务副部长张卫国、勐腊县委统战部部长刘剑峰等陪同看望。

〔**全州统战工作会议**〕 于 3 月 10 日在景洪市召开。州委副书记胡志寿，州人大常委会副主任刀琼平，州政府副州长王方荣，州政协副主席依甩，州政协副主席、州工商联主席、西双版纳职业技术学院院长李永义，州纪委副书记李德富，州委统战部常务副部长张卫国出席会议。全州各县市区委分管统战工作领导，各县市党委统战部部长、办公室主任、台办主任，民宗局长，工商联党组书记、工商联主席，侨联主席，州委各部委，州直国家机关各部委办局，各人民团体，民主党派，中央、省属驻州有关单位 130 余人参加了会议。会议由州委常委、州委秘书长李记臣主持。会议总结回顾了 2010 年全州统战工作，安排部署了 2011 年全州统战工作任务，表彰了 2010 年度全州优秀调研报告和信息宣传工作先进集体。

〔**张卫国就提高统战工作提出要求**〕 3 月 10 日，州委统战部常务副部长张卫国提出，要结合创先争优活动，努力增强统战工作的全局意识、忧患意识、进取意识和服务意识，增强做好新时期统战工作、群众工作的责任感和使命感；要继承和发扬统战工作的优良传统，按照“爱学习、懂政策、善协调、会创新、干实事、守纪律”的要求，加强统战干部队伍建设，提高统战干部运用政策理论应对复杂形势，处理棘手问题服务大局做好群众工作的能力；要大力加强调查研究和理论创新；要做好信息宣传工作，为“十二五”时期统一战线工作营造良好的舆论氛围，提供有力的舆论支持。

〔**胡志寿就如何做好群众工作提出要求**〕 3 月 10 日，州委副书记胡志寿在全州统战工作会上，就如何发挥统战优势，努力做好新形势下群众工作提出要求；要把凝心聚力作为统一战线群众工作的根本任务；要把维护根本利益作为统一战线群众工作的出发点；要把联谊交友作为统一战线群众工作的重要纽带；要把加强和改进工作作风作为统一战线群众工作的重要保障。

〔**赵学义到州调研**〕 3 月 15 日，中央统战部二局局长赵学义、二局四处处长倪智泉、省委统战部二处赵成龙一行 7 人到西双版纳州调研。调研组一行考察了云南佛学院西双版纳分院、总佛寺，并与州委统战部、州民宗局、州佛教协会、云南佛学院西双版纳分院等相关同志座谈。调研组还深入到橄榄坝南传上座部佛教点，与相关人员进行座谈。州委统战部常务副部长张卫国、州民宗局副局长岩勐陪同考察。

〔**学习杨善洲先进事迹动员部署会**〕 3 月 28 日，州委统战部组织召开学习杨善洲先进事迹动员部署会，常务副部长张卫国主持会议，机关全体干部职工和离退休老干部参加会议。会上，张卫国传达了省委创先争优活动领导小组“杨善洲同志先进事迹报告会”会议精神，州委书记江普生在六届州委常委第 100 次（扩大）会议暨州委理论学习中心组 2011 年第一次集中学习会上关于省委深入开展向杨善洲学习座谈会和西双版纳州传达贯彻意见汇报精神。会议学习了杨善洲的先进事迹。

〔**党风廉政建设专题学习会**〕 3 月 28 日下午，州委统战部组织召开党风廉政建设专题学习会议，全文学习了西发有关文件，进一步明确了廉政责任，强化了领导干部的自我约束和廉洁自律能力。会上，张卫国传达了第四次全国全省廉政工作会议精神。他强调，作为一名统战干部，加强廉政自律意识，就是加强保密意识、统战意识、服务意识和节约意识。结合统战工作实际，部署了 2011 年党风廉政建设工作任务。

〔**州伊斯兰教协会副会长马永标逝世**〕 3 月 30 日，州伊斯兰教协会副会长马永标在勐海县因病逝世。

〔**党支部和党员作出公开承诺**〕 4 月 26 日，州委统战部召开支部党员大会，党支部和党员对 2011 年创先争优活动作出公开承诺。会上，支部书记张卫国传达了州创先办《关于在创先争优活动中深入开展党员公开承诺的通知》文件精神，会议在检查梳理 2010 公开承诺事项的基础上，党支部作出 18 项公开承诺，党员个人公开承诺 58 项。

〔**参观惩治和预防渎职侵权犯罪展览**〕 4 月 26，州委统战部组织机关干部职工参观了“法制与责任——全国检察机关惩治和预防渎职侵权犯罪展览·云南西双版纳”展览。

〔**为盈江县灾区捐款**〕 4月29日，西双版纳州佛教协会一行13人，在西双版纳州佛教协会副会长都香达的带领下，为盈江县送去赈灾款83000元。

〔**领导班子生活会**〕 6月24日和27日，州委统战部领导班子召开“学习杨善洲精神做人民满意的好党员好干部”专题学习生活会，机关全体党员干部参加。会上，对中央、省委、州委机关文件和领导讲话进行了再次学习。常务副部长张卫国和副部长玉坎嫩分别从理想信念、践行宗旨、履职尽责、秉公用权、遵守纪律等方面进行了认真剖析，提出了努力方向。全体党员干部交流了个人学习心得。会议要求，要继续把学习杨善洲精神活动推向深入；要把学习杨善洲先进事迹化作推动统战工作科学发展的动力；要自觉践行杨善洲精神，在树统战干部形象上得以体现；要把学习杨善洲精神融入到工作、学习和生活的各个方面，争做好党员、好干部、好公务员和好公民。

〔**版纳石化和浙江商会获全省演讲比赛二等奖**〕 6月28～30日，云南省非公有制经济组织纪念中国共产党成立90周年“党旗下的誓言”演讲比赛在昆明举行，版纳石化公司党支部的罗瑞洁和浙江商会党支部的蔡云江两名选手代表西双版纳州参加比赛，并获二等奖，州委统战部获优秀组织奖。

〔**举办党外干部培训班**〕 7月11～15日，州委统战部在州社会主义学院举办全州党外干部培训班，79名科级党外干部参加了培训。培训班以集中授课为主，讨论、交流和相关参观为辅的方式进行，培训内容涉及新时期党的统一战线理论方针政策、桥头堡主阵地建设、领导方法与艺术、廉政文化建设等方面。通过培训，全体学员政治理论素质、工作能力和领导水平都有了明显提高。

〔**纪念中国共产党成立90周年座谈会**〕 于7月20日在景洪召开，各民主党派、工商联、无党派代表人士、少数民族、党外知识分子、归国留学生、非公经济、归侨侨眷、台属代表和州直统一战线各单位相关同志50余人参加会议。州委常委、州委秘书长杨涛，州人大常委会副主任兰昌华，州政府副州长李江虹出席会议。会议由州委统战部常务副部长张卫国主持。会上，各民主党派、工商联、无党派代表人士、党外知识分子、非公经济、归侨侨眷、台属代表紧紧围绕纪念中国共产党成立90周年，突出“与党和人民同心”这一核心，共同致力于中国特色社会主义宏伟事业，畅谈了在中国共产党的领导下，统一战线各界人士团结合作、共同奋斗的实践和体会，重温了中国共产党的历史，展望了中国共产党领导下的美好未来。

〔**中秋节慰问**〕 9月7～8日，州委统战部成立以常务副部长张卫国为组长的慰问组，开展了中秋节慰问活动，向民盟州委、州佛教协会、州基督教协会等单位致以节日的良好祝愿。慰问组一行还对少数民族人士、党外人士、非公经济人士代表、归侨侨眷、台胞台属等进行了慰问，了解他们的家庭、生活及工作情况，送上节日的祝福，希望他们保重身体，继续关注和支持统战工作，为经济社会发展多做贡献。州侨联、州外事侨务办、州民宗局领导等参加慰问。

〔**全州非公经济代表人士培训班**〕 于9月17～19日在州社会主义学院举办，73名学员参加培训。州委统战部常委副部长张卫国在开班典礼上作动员讲话。

〔**省委统战部考核目标管理工作**〕 11月14日，省委统战部考核组副巡视员杨佑钧一行4人，对西双版纳州2011年度统一战线目标管理工作进行考核。考核组听取了常务副部长张卫国代表州委统战部工作汇报，查看了2011年度统战工作台账。州委常委、州委秘书长、州委统战部部长杨涛主持考核汇报会。

〔**收听收看“全国非公有制经济先进典型事迹报告会”**〕 12月3日，州委统战部组织州工商联、企业家代表50人收听收看了“全国非公有制经济先进典型事迹报告会”。州委常委、州委秘书长、州委统战部部长杨涛，州政府副州长李江虹，州政协副主席、州工商联主席、西双版纳职业技术学院院长李永义，州委统战部常务副部长张卫国参加收听。

〔**党外人士意见征求会**〕 12月19日，州委统战部召开党外人士意见征求会，就西双版纳州新一届州人大、政府、政协领导班子党外副职新提名人选考察对象征求党外代表人士意见。民主党派成员、党外干部、党外知识分子、少数民族、宗教界代表人士、工商联、非公经济代表人士、台胞台属归侨侨眷29名同志参加会议。会议采取无记名填写《意见征求表》形式，征求了西双版纳州新一届州人大、政府、政协领导班子党外副职新提名人选考察对象意见。

（《统战工作》撰稿人：田晓平）

农村工作

〔**概况**〕 2011年是“十二五”开局之年。在州委、州政府的坚强领导下，州委州政府农村工作委员会办公室坚持和发展“三级联动”、“三个依靠”、“六大工程”的长效工作机制，突出抓好影响和制约农业农村发展的“五件大事”，全面落实强农惠农富农政策，深化农村各项改革和农垦改革，加快整乡整村（整场整队）推进新农村（新农场）建设步伐，实现了农业稳步发展、农民持续增收、农村和谐稳定的良好开局。根据省委农办对全省“三农”工作的综合考评，西双版纳州位列州（市）第三名，勐腊县和景洪市分别位列县（市、区）第一名和第二名。

〔**农民人均纯收入保持先进行列**〕 2011年，全州粮食生产连续6年丰收、产量达39.4万吨，橡胶产业产值突破60亿元、干胶产量28.12万吨，茶产业产值突破15亿元、“大益”牌荣获中国驰名商标，甘蔗良种覆盖率达70%以上、产量达97.18万吨，香蕉及冬季瓜果蔬菜成为农民增收的重要产业，小耳朵猪、茶花鸡、罗非鱼、鲜食玉米等特色优质农产品品牌效应日益显现，汉麻、石斛等新兴产业进入产业化发展轨道，扶持发展农业产业化国家级重点龙头企业1个、省级9个、州级70个，销售收入突破40亿元，发展农民专业合作组织134个，农业机械化水平提高到35%、高于全省平均水平，支撑农民增收的农业产业体系基本建成。全州农林水事务支出9.76亿元、比上年增长43.8%，兑现农民各项补贴资金5.44亿元、农民人均享受国家补贴824元；完成中低产田地改造11万亩；投资4.5亿元新建和岁修各类大小水利工程2241件，新增蓄水能力158万立方米，水利化程度提高到48%，解决农村饮水安全人口6.09万人；实现油路通乡、硬化道路通行政村和自然村大部分通路，自然村实现村村通电和通电话，农村地区广播电视覆盖率提高到99%，保障农民增收的农村基础设施不断改善。全州农民人均纯收入达到5327元，净增973元，比上年增长22.3%，增幅高于城镇居民可支配收入11.6个百分点，连续4年位列全省各州（市）第三名。

〔**农村各项改革和农垦改革实现阶段性目标**〕 2011年，农村集体林权制度改革进入到为林农提供便利化服务、发展林产业、增加林农收入阶段，全州林权抵押贷款余额突破12亿元、进入全省先进行列，林农人均年收入达3179元。供销合作社二次创业有力推进，新改扩建一批物流配送中心、乡镇网络终端超市、村级集贸市场及综合服务社或便民店。金融服务机构实现乡镇全覆盖，涉农贷款余额96.04亿元，占全州各项贷款余额的57.26%。全州农村土地承包经营权证发证率84%，农村土地承包经营权流转占农地面积的19.9%。全州乡镇机构改革、县乡财政管理体制改革等不断深化，“农转城”和“农民农”工作顺利启动。农垦改革发展稳定工作稳步推进，以“体制融入地方、管理融入社会、经济融入市场”为目标的农垦改革取得了阶段性成果。改革后属地管理、产权到场等主体改革任务基本完成，家庭承包、民生改善等工作稳步推进。普遍实行家庭承包经营得到绝大多数农场职工的支持拥护，农场承包户生产积极性呈现出前所未有的高涨态势，农场承包户人均纯收入达到1.05万元、比2010年增长42.7%；普遍实行家庭承包之前，垦区从事割制胶岗位生产的人员为26731人，目前参与土地及长期经济作物承包72565人，垦区职工、下岗失业人员、待业青年充分实现就业再就业；维稳形势由改革初期群体性上访多发向个别诉求为主转变，垦区社会秩序总体平稳，各项改革工作稳步推进；把垦区民生工程和基础设施建设纳入全州统一规划，安排3000余万元实施景洪、东风、橄榄坝3个农场道路油化工程，下达廉租房建设和危旧房改造任务964套和4032户，州级财政还安排800万元用于整场推进社会主义新农场建设及其他基础设施建设。西双版纳州农垦改革工作被省政府评为先进州（市）一等奖，景洪市、勐海县、勐腊县被评为先进县（市、区）二等奖。

〔**新农村建设成绩斐然**〕 2011年，全面总结“十一五”新农村建设，研究起草“整乡整村（整场整队）推进社会主义新农村（新农场）建设的指导意见”和“新农村（新农场）建设资金项目管理办法”，启动了景洪市整乡整村推进新农村建设试点，以及勐海县黎明农场整场推进新农场建设试点。全年，全面完成新农村建设2010年38个省级重点建设村、第5批“百村试点”和第2批山区综合开发工作。2011年省下达西双版纳州的第3批新农村省级重点建设村48个，省级财政投入720万元，撬动整合资金778万元；州级财政继续投入1000万元带动农民实施第6批100个试点示范村建设，撬动整合资金1678万元；州级财政继续投入1000万元实施第3批大渡岗、布朗山、象明3个乡的山区综合开发，撬动整合资金1803万元。“十一五”期间，省级财政补助1110万元开展省级重点建设村建设2批74个，州级财政投入5000万元开展“百村试点”5批500个、投入2000万元开展山区综合开发2批6个乡，县级财政投入500多万元开展县级试点村建设5批107个，示范带动其他村寨开展新农村建设1200个，全州1/4的自然村基本达到新农村标准。试点示范村改造中低产田地和中低产林5.7万亩，提升优化粮胶糖茶等传统产业4万亩，发展新兴产业3.7万亩，涌现出了一大批土地整治典型村、普洱茶名村、民族传统手工艺品村、农家乐村、生态旅游村等；农民人均纯收入最高的达到1.8万多元，5500元以上的有200多个，4000元以下的仅有20多个；全部实现了硬化道路到村，自来水和水泥路面到户，基本都是摩托车村、拖拉机村、手机村（其中汽车村超过40个），家家有电视机、洗衣机、太阳能和户厕，适龄儿童基本都到乡镇中心学校上学，所在行政村都设立了村卫生室并实现县乡村一体化管理，“新农合”参合率超过98%，村村都是生态村、有活动场所、有文艺队、有篮球队，“十星级文明户”创建实现全覆盖；在推进新农村建设过程中建立健全基层组织各项规章制度和村规民约，推进了民主选举、民主决策、民主管理和民主监督工作，又在工作实践中极大地锻炼了村组干部；所在行政村设立了警务室，建立了村组干部定期分析社会矛盾联席会议和包户维护稳定、包户帮助发展生产、包户帮助解决困难等机制，建立青年护村队361支，妇女禁毒、禁赌队347支。

〔**中低产田地改造成效显著**〕 2011年，省下达西双版纳州中低产田地改造任务14.3万亩，总投资2.99亿元。除此之外，在州直各责任部门的积极争取下，同期开工建设的项目7.98万亩，总投资1.44亿元。截至2012年4月，全州完成中低产田地改造12.59万亩、完成省下达计划的87.7%，完成投资1.04亿元、其中农民投工投劳折资367万元；建成小型水利工程218件，沟渠257.53千米，管网63.6千米，田间机耕道路103.58千米，坡改梯0.12万亩、土地平整4.42万亩。在工作推进中，一是强化项目管理。景洪市国土局把3.58万亩“兴地睦边”农田整治项目集中在勐龙镇大规模连片建设，集中市、镇国土部门人力资源进行集中管理，对加强项目管理和促进土地规模化经营起到了显著作用；勐海县农发办在高标准、大配套建设勐遮镇1万亩高标准农田的基础上，整合农业局科技推广技术资源，加大后续地力培肥、良种良法等农业科技配套，从测土配方施肥、病虫害防治、高产栽培技术等方面进行指导服务，实现了农业优质、高产、高效。二是加强项目整合。2011年，项目整合突出整乡整镇推进，结合产业发展，打造“一乡一品”。景洪市勐龙镇改造片区整合国土“兴地睦边”项目、农发中低产田地改造项目、水利新建勐宋水库项目，整合建设面积4万亩，从水源、引水、机耕路、土地平整等方面统筹协商、合理布局，侧重蔬菜种植田间配套设施建设，共同培植高山蔬菜基地；勐海县勐遮镇改造片区整合国土、农发的项目5.2万亩，与2010年建设区相连接，连片建设面积达10万余亩，成功打造“稻鱼工程”模式、优质粮食生产基地、优质糖料基地；勐海县勐混镇改造片区整合国土、农业的项目连片建设5万亩，覆盖整个改造规划区，改造后外地西瓜、水果、甘蔗种植大户进入发展特色经济。三是促进土地健康有序流转。景洪市勐旺乡投入以奖代补资金完善2010年度“兴地睦边”土地整治项目，整合国土、农业、水利、农发项目1.6万亩，引进西格玛农业发展有限公司，打造“设施农业、节水农业、科技农业、高效农业”为一体的蔬菜基地；景洪市勐龙镇曼龙扣1.55万亩土地整理项目吸引了众多香蕉种植大户，每亩地租高达4200元；勐海县勐遮镇、勐混镇中低产田地改造后，种植大棚西瓜3万亩、比上年增加1万亩，每亩地租1600元、比上年增加500元。四是重点夯实山区农业基础。全州实施的24个项目中山区占16个，占项目总数的67%。勐腊县“兴地睦边”项目分布在易武、象明等边远山区，对改善当地农业基础设施起到了至关重要的作用。易武乡曼腊村、倮德村通过土地平整及河滩治理，改善了耕作条件，新增耕地率超过20%；用2011年以奖代补资金对勐海县布朗山新曼娥村土地整理项目进行完善，通过完善沟渠、配套肥料和种子等农用物资、加大农业科技培训力度、开发秋季作物，实现了山区一年种植两季的目标，改善了边境深度贫困地区农业生产条件、调整了农业生产结构、提高了农民生产技术水平。2011年西双版纳州中低产田地改造工作被省政府评为二等奖。

〔**新农村建设工作队及指导员工作**〕 2011年，西双版纳州下派第5批新农村建设工作队总队长3名、队长32名、指导员228名，组成32支工作队，派驻220个村开展工作，同时，继续派驻“克木人”工作队。县市总队长充分发挥“领头雁”作用，带领乡镇工作队长及指导员，认真履行“六大员”职责，积极帮助群众排忧解难。一年中，全州指导员走访农户55835户次，撰写调研报告299篇，制订规划897个，提出合理化建议2631条、被采纳1544条，组织文艺表演371场，办实事好事3596件，争取项目379项、资金5407万元，调处矛盾纠纷1717起、调处成功率达99%。在当年全省新农村建设指导员工作座谈会上，西双版纳州作为唯一的州（市）代表作了大会交流发言；第五批指导员王宏瑞剑作为省表彰代表，在全省新农村建设指导员工作总结表彰暨欢送新农村建设工作队视频会议上作了交流发言。

〔**"千名干部大走访"活动**〕 2011年7月,全州组成3个走访团、43支走访工作队、309个走访工作组,开展以形势政策宣传教育和农村集体经济调研为主题的千名干部大走访农业农村活动,4621名走访人员走访了32个乡镇(街道)和11个农场、所有行政村和85%以上的生产队、93%以上的村民小组和411个居民点,入户访问农户(农工户)27802户、访谈群众40568人,达到了宣传教育群众、锻炼干部队伍、汇聚群众智慧、解决群众困难、密切党群干群关系的目的。

〔**领导班子及干部队伍建设**〕 州农委办领导班子严格执行民主集中制,坚持"集体领导、民主集中、个别酝酿、会议决定"原则,做到"三重一大"事项集体研究决定;班子成员牢固树立"一盘棋"思想,注意维护班子团结,自觉维护班子形象。紧密结合创先争优、学习型党组织建设、学习杨善洲先进事迹、"四群教育"等活动,开展"授旗评星"、与贫困农户"一对一"结对帮扶等活动,努力在推动工作、服务群众中创先争优;紧紧围绕"让党放心、让老干部满意"的老干部工作目标,完善机关干部与离退休老干部"一对一"联系服务机制,抓好老干部政治、生活待遇的落实,努力提高老干部服务管理工作水平。2011年,州农委办连续两年被评为老干部工作先进单位。将惩防体系建设和党风廉政建设摆上重要议事日程,在推动农业农村各项工作中抓好贯彻落实;主要领导履行第一责任人的政治责任,重要工作亲自部署、重大问题亲自过问、重点环节亲自协调、亲自讲授专题党课;班子成员认真履行"一岗双责"的政治责任,认真落实"四重包干"责任制,完善"听、谈、查"工作机制;严格遵守执行《廉洁从政若干准则》及其他相关规定,始终牢记和坚守"8条禁止"、"52个不准";加强反腐倡廉教育,对干部职工严抓严管,对苗头性问题及时提醒、打招呼。2011年,州农委办连续两年被州委、州政府综合考评为优秀单位。

(《农村工作》撰稿人:李强)

党史工作

〔**概况**〕 2011年,全州党史研究工作在州委的领导和省委党史研究室的指导下,坚持"求实修史,资政育人"的根本要求,紧紧围绕中心,服务大局,学习贯彻胡锦涛总书记在中纪委全会上的重要讲话和建党90周年纪念大会上的讲话精神,学习贯彻党的十七届六中全会精神,学习《中国共产党党和机关组织条例》,学习州委六届十一次全会、州七次党代会、州纪委全会精神。认真贯彻落实全国、全省、全州党史工作会议精神和《中共中央关于加强和改进新形势下党史工作的意见》以及省委11号、州委25号文件精神,制定实施《西双版纳州2011年至2015年党工作规划》,同时开展建党90周年纪念活动,切实抓好党史学习教育,深入开展创先争优活动,认真开展党风廉政建设和反腐败工作,落实领导"一岗双责"和"四重分片包干制",认真落实年度工作计划,充分发挥党史"以史鉴今"、"资政育人"的职能作用,使全州党史工作取得明显成效。

〔**开展创先争优活动**〕 1~12月,按照州委、州委创先办、州直机关工委的要求,积极开展创先争优活动。开展向杨善洲学习活动,召开了以"学习杨善洲精神做人民满意的好党员好干部"为主题的学习生活会,班子成员对照杨善洲精神撰写党性分析材料,并在学习生活会上逐一剖析思想根源,提出明确的整改措施。先后3次组织全体党员学习讨论杨善洲先进事迹,每个党员写出学习杨善洲先进事迹体会文章;组织学习胡锦涛总书记在中纪委全会上的重要讲话和建党90周年纪念大会上的讲话精神,学习中共中央十七届六中全会精神,学习《中国共产党党和机关组织条例》,学习州委六届十一次全会、州七次党代会、州纪委全会精神,以及学习有关党和国家路线方针政策及时事政治,努力提高职工的思想政治素质。

〔**制定《西双版纳州2011年至2015年党史工作规划》**〕 1月,根据《中共中央关于加强和改进新形势下党史工作意见》和全国、全省、全州党史工作会议精神,并结合西双版纳州的党史工作实际,在全面总结全州"十一五"党史工作的基础上,制定实施了《西双版纳州2011年至2015年党史工作规划》。《规划》进一步明确了今后5年西双版纳州党史工作的指导思想、奋斗目标、原则要求、主要任务、保障措施等,做到了党史研究工作有规划、有目标、有任务、有措施。

〔**学习弘扬杨善洲精神**〕 1月4日、3月10日、3月28日,州委党史研究室先后3次组织全室党员(含离退休老干部)采取专题学习、交流学习、专题讨论等方式开展向杨善洲学习活动,并围绕"学习杨善洲,我该怎么干"这一主题,联系自己思想实际和工作实际展开讨论。今年是"十二五"开局之年,也是贯彻落实中央、省委、州委加强和改进党史工作的关键之年,是中国共产党成立90周年,要坚持新形势下党史工作的指导思想和基本要求，坚持以史鉴今、资政育人为根本任务。要把向杨善洲学习与创先争优活动、与促进党史各项业务工作相结合，自觉践行“个人形象一面旗、工作热情一团火、谋事布局一盘棋”的要求。学习杨善洲恪守信念、无私奉献的高尚品质，忠诚党史事业，发扬甘于奉献、淡泊名利的党史行业作风。

〔**学习贯彻州委全会精神**〕　1月22日，州委党史研究室组织全室人员传达学习贯彻州委六届十一次全会精神，会上，学习了州委书记江普生在州委六届十一次全会上所作的题为《加快转变经济发展方式，全力推进“十二五”科学发展》的报告。州委六届十一次全会全面总结了“十一五”以来西双版纳州各项工作取得的成绩，深入分析了面临的形势，提出了“十二五”各项工作任务。

〔**推动全社会学习《中国共产党西双版纳历史》第一卷工作**〕　2月，以纪念建党90周年为契机开展学习党史活动，党史研究室积极推动学习《中国共产党西双版纳历史》第一卷工作。发放《中国共产党西双版纳历史》第一卷，做到全州县处级干部人手一册。同时与州委组织部、州委宣传部，州妇联、州工会、团州委等部门联合下文，要求在广大党员、妇女、群众、青少年中广泛开展学习西双版纳党史活动。同时，还通过撰写文章在报刊上发表和电视专访等形式，努力宣传地方党的历史。

〔**党组织和党员公开承诺**〕　3月15日，州委党史研究室召开支部大会，党支部委员会和全室8名党员结合各自的工作实际，围绕讲党性、重品行、作表率，带头学习、提升能力，认真履职，服务群众，遵纪守法，模范履行党章规定的义务，发挥先锋模范作用，努力做到“五带头”等方面作出了有针对性的承诺，接受社会及群众的监督，党内实行承诺事项制度。

〔**修复橄榄坝渡澜沧江作战纪念碑**〕　4月，由于曝晒、雨水浸浊，橄榄坝渡澜沧江作战纪念碑有些地方严重破损，在工作经费不足的情况下，党史研究室拿出3万元经费修复了橄榄坝渡澜沧江作战纪念碑，为建党90周年各单位到纪念碑前开展纪念活动创造了条件。

〔**启动《2010年中共西双版纳州委执政纪要》创刊号编纂**〕　《2010年中共西双版纳州委执政纪要》，主要围绕中共西双版纳州委执政这一主题，以反映当年中共西双版纳州委的重要决策、重要活动和重要工作为主线，突出党的领导和党的自身建设，全面完整地记述中共西双版纳州委的执政实践，认真总结州委执政经验，探索党在西双版纳的执政规律，为加快推进建设更加富裕民主文明和谐西双版纳进程服务。州委《执政纪要》是一本指导全州各级党委执政实践的综合性执政参考书籍。

〔**缅怀革命先烈 重温入党誓词**〕　6月10日，在建党90周年来临之际，全州党史部门党员干部来到西双版纳纪念碑、西双版纳博物馆、渡澜沧江作战纪念碑、勐海乌龟山战斗纪念碑、易武解放纪念碑等地前，缅怀革命先烈，面对党旗，重温入党誓词。每一个共产党员都纷纷表示，要有更高的热情，更强的信心，全身心投入到创先争优学习活动中，以实际行动践行入党誓言，为党旗增光添彩。通过这次活动要使每一个党史工作者，每个党员，珍惜今天来之不易的幸福生活，缅怀为解放西双版纳献身的革命先烈们，充分发挥共产党员在党史工作中的先锋模范作用。

〔**学习领会“七·一”讲话精神**〕　7月7日，组织全体党员（含离退休党员）传达学习了胡锦涛总书记在庆祝中国共产党成立90周年大会上讲话，与会人员一致认为，胡锦涛总书记的重要讲话，深入总结了我们党90年的光辉历程和宝贵经验，立足世情、国情、党情，立意高远，内涵丰富，思想深刻，全面分析了我们党面临的新形势，提出了许多新论述、新观点、新要求，全面阐述了在新的历史条件下提高党的建设科学化水平、坚持和发展中国特色社会主义的新要求，是指导全面推进党的建设新的伟大工程、开创中国特色社会主义事业新局面的行动纲领；是中国共产党在新的历史时期团结和带领广大人民群众高举中国特色社会主义伟大旗帜、坚持走中国特色社会主义道路、发展中国特色社会主义的行动纲领。大家一致表示，胡锦涛总书记的重要讲话令人振奋，充满信心，一定要认真学习，深刻领会，紧密结合党史工作实际，以党史工作更好地服务科学发展大局，更好地为实现自身科学发展为努力方向，在新形势下，把以史鉴今、资政育人作为党史工作的根本任务，围绕中心服务大局，通过学习把讲话精神贯彻落实到推动科学发展、推动党史研究各项工作中去，使党史工作再上一个新台阶。

〔**学习《中共中央关于加强和改进新形势下党史工作的意见》**〕　7月12日，组织全室人员学习中共中央文件《中共中央关于加强和改进新形势下党史工作的意见》。《意见》的正式颁布，是党史工作历史上的一件大事，是改革开放以来党中央关于党史工作的第一个文件。《意见》深刻阐述了加强和改进新形势下党史工作的重要意义，明确提出了当前和今后一个时期党史工作的指导思想、基本要求、主要任务和重要措施，具有很强的针对性和指导性，是当前和今后一个时期党史工作的纲领性文献，对于认真做好党史工作，具有十分重要的意义，为推动西双版纳州党史工作科学化发展和完成十二五党史工作规划目标奠定了基础。

〔贯彻落实会议精神〕 7～12月，深入学习贯彻《中共中央关于加强和改进新形势下党史工作的意见》和落实好全国、全省、全州党史工作会议精神，深刻领会中央、省委、州委关于对党史工作的重大决策部署，把思想和行动统一到中央10号、省委11号、州委25号文件精神上来，明确任务目标，振奋精神、坚定信心，抓住机遇，乘势而上，全面推动党史工作科学化发展，促进全州党史工作上新台阶。

8月29日，组织全室在职和离退休全体党员认真传达学习州委第七次代表大会精神。会上传达了州委书记江普生在大会上所作的题为《承前启后 继往开来 为夺取全面建设小康社会新胜利而奋斗》的报告，并就报告内容展开讨论。大家表示，要结合党史工作实际，认真贯彻学习，深刻领会，努力工作，把报告确定的工作任务与党史工作紧密结合，与部门业务相结合，与编写州委《执政纪要》相结合，与研究执政成果、经验相结合，发挥党史部门“以史鉴今、资政育人”的作用，使党史年年都有新的研究成果。

〔完成全州革命遗址普查〕 革命遗址普查工作，是从中央到地方以党史系统为主开展的一项全局性工作。2011年5月4日，在经过历时1年多的全州革命遗址普查工作中，通过认真梳理、核实、汇总数据和规范普查登记内容，撰写普查工作总结，圆满完成了全州革命遗址普查工作任务。查清了全州革命遗址数量，共有36处，为下一步全面保护、利用革命遗址创造了条件。由于西双版纳州普查工作抓的扎实，州党史研室被省上评为全省革命遗址普查工作先进集体和普查工作组织一等奖，勐腊县委党史研究室被评为先进集体。李耀、王晓静、赵子芬、曾岸来4位同志被评为先进个人。

〔完成省委执政纪要州委综述材料撰写〕 6月，根据州委的安排，由州委党史研究室承担撰稿任务的《中共云南省委执政纪要》中共西双版纳州委2010年工作综述材料顺利完成并已刊登在《中共云南省委执政纪要》。

〔总结表彰〕 6月10日，全州党史工作会暨革命遗址普查工作总结表彰会在景洪召开。会议传达学习了全省会议精神，安排部署了“十二五”期间的党史工作及下半年的工作任务，会上对全州革命遗址普查中涌现出来的2个先进集体及陈严芬、姚茂成、郭志明、甘琰斌、刀亚江、加法、赵来友、王永明8位先进个人进行了表彰奖励。

〔编辑出版《西双版纳二十一世纪头10年》〕

7月，由州委党史研究室编写的《西双版纳二十一世纪头10年》一书已出版发行。该书以编年体纪实的手法，重点反映2000年1月至2009年12月，10年间西双版纳各个历史时期的重要事件、重要决策、重要会议、重要文件、重要活动，反映西双版纳取得的辉煌成就。该书重点突出，系统完整，共55万字，是西双版纳党史工作者为党的90华诞献上的一份厚礼。

〔开展党史教育活动〕 7月，是全面推动学习党史活动的重要一年。为了强化党员、团员、妇女、工会职工的中共党史和中国共产党西双版纳地方历史的学习，州党史研室与州委其他部门联合下文，积极推动在全州党员中，特别是党员领导干部中开展学习中共党史、中共西双版纳地方史的活动和在青年团员、妇女、工会职工中普遍开展“学党史、知党史、跟党走”一系列教育活动，进一步推动了党史学习。

〔编辑出版《西双版纳党史》刊物第12期〕 10月，编辑出版了《西双版纳党史》第12期。该期重点突出了纪念建党90周年和州第七次党代会内容，刊载了27篇文稿，共13余万字。

〔纪念建党90周年〕 2011年是建党90周年，也是党史部门抓住契机，发挥党史宣传教育职能作用的重要一年。州委党史研究室充分发挥职能作用，以纪念建党90周年为契机，先后开展了一系列的活动：6月14日，与州委老干部局联合召开了纪念建党90周年老干部座谈会；与州委组织部、州委宣传部、州社科联联合，在全州范围内开展了“纪念建党90周年征文”活动。征文共收到40余篇，其中10篇被评为一、二、三等奖；参加全州社科界纪念建党90周年座谈会暨党建理论研讨会，室领导在会上作主题发言，重点讲述西双版纳革命历史；积极配合有关部门开展好纪念建党90周年宣讲党史活动。室领导先后为州委党校、州医院、州科技局、州老干部培训班、州青年团干部培训班、西双版纳州中波发射台等单位职工作了7场党史专题讲座，受到好评；发挥党史部门优势，积极提供和撰写纪念建党90周年文章。先后参与全州纪念建党90周年征文、州直机关纪念建党征文和书画展活动；向云南省委党刊《党的生活—西双版纳特刊》、省委党史研究室、西双版纳电视台、《西双版纳报》等撰写纪念文章和提供专稿共23篇,形成了较强的党史宣传势头。在参加全省党史系统纪念建党90周年征文活动中,州党史研究室撰写的2篇论文分获二、三等奖;"七一"建党90周年当天,组织州室党支部党员到最边远山区—布朗山乡吉良村委会,与该村委会党总支的农村党员一起共同庆祝建党90周年,过了一个有意义的"七一"建党节;对全州党史系统内建国前入党的老干部进行了建党节慰问活动;8月4日,组织全室人员参加了《纪念中国共产党成立90周年反腐倡廉知识竞赛》竞赛活动。

(《党史工作》撰稿人:王晓静)

州委党校

〔**校务提要**〕 2011年1月4日,中共云南省委党校党委书记、常务副校长黄顺一行4人到学校考察。

1月10日 全州党校系统第七届运动会暨联谊会在州委党校举行。

1月24~26日 国家行政学院副院长韩康一行5人到学校考察。

1月30日 中共重庆市委党校培训中心主任晋宁一行4人到学校考察。

3月18日 学校召开2011年度党风廉政工作会议,第一纪工委副书记李绍民出席会议。

3月23日 学校召开2010年工作考核会,州委考核组刁发顺一行4人到校开展检查考核工作。

3月25日 以省委党校副校长曾柏苓为组长的省委第二调研组一行4人在学校召开了党校工作调研座谈会,学校副科以上领导及县市委党校常务副校长参加了座谈会。

3月28日 州委副书记、州委党校校长胡志寿到校专题研究党校工作。

4月2日 学校举行纪念建党九十周年"党在我心中"演讲比赛暨第一季度创先争优授旗仪式。

4月9~15日 副校长游启道带领校工会主席、组织科人员等相关人员,到广州探望离退休的老校长王明、邝宝航夫妇。

4月27日 中共开封市委党校副校长刘旭鹏一行5人到学校考察。

5月4日 学校召开2011年党校主体班研究会,州委组织部副部长喻宏、干教科科长谭元洪参加了会议。

同日 学校行政支部、教学一支部、教学二支部8位支委分别看望了沧江社区5名结队帮扶特困人员。

5月7日 学校工会在曼飞龙水库组织开展了庆祝"五一"国际劳动节游园活动。

5月20日 云南省社科院西双版纳科研与社会服务基地在州委党校挂牌成立,州直机关及州直各部门的主要领导干部及党校教师300多人参加了挂牌仪式。

5月23日 全州乡镇长培训班开班,培训5天,共有32人参加了培训。

同日 全州第一期县处干部培训班开班,培训6天,共有122人参加了培训。

5月28日 全州科级干部任前基本知识能力考试在党校举行,设四个考点,分别是州直、景洪市、勐海县、勐腊县,共有1797人参加了考试。

5月29日 全州第二期县处级干部培训班开班,培训6天,共有119人参加了培训。

5月31日 全州第三期县处级干部培训班开班,培训7天,共有107人参加了培训。

6月7日 全州第四期县处级干部培训班开班,培训7天,共有126人参加了培训。

6月11日 全州正处级干部任前基本知识能力考试在党校举行,共有116名干部参加了考试。

6月25~26日 举行四川省委党校西双版纳州教学点"区域经济班"研究生招生考试。

6月28日 学校召开庆祝建党90周年暨表彰大会,44名党员和23名非党教职工参加了大会。会上,校领导为获得先进党支部的支部和获得优秀党务工作者、优秀共产党员的同志颁发证书及奖金。并邀请州党史办副主任陈严芬为大家上党课。

7月4日 学校10名教师参加了全州千人大走访活动,分别到橄榄坝农场各个作业区、生产队了解农场改革情况,并按要求写出调查报告。

7月11日 党外干部培训班开班,培训5天,共有79人参加了培训。

同日 乡镇党委书记班开班,培训2天,共有28人参加了培训。

7月12日 州县乡人大代表培训班开班,培训5天,共有91人参加了培训。

7月13日 学校组织学习贯彻胡锦涛同志"七一"讲话精神,科以上干部参加了会议。

7月18日 政协换届选举培训班开班,培训4天,共有68人参加了培训。

7月19日 共青团干部培训班开班,培训5天,共有71人参加了培训。

同日 少先队总辅导员培训班开班,培训5天,共有53人参加了培训。

7月27日 中共广西百色市委党校常务副校长马树春一行28人到学校考察。

8月6日 云南省教育厅领导及专家一行5人到西双版纳学习中心评估检查网络教育工作。

8月31日 中共山西省朔州市委党校常务副校长田爱国一行9人到学校考察。

9月1日 中共四川省委党校2011级区域经济学专业研究生班(西双版纳州教学点)举行开学典礼,四川省委党校副校长周治滨作重要讲话。

9月5日 第一期州级机关科级干部培训班开班,培训5天,共有162人参加了培训。

同日 全州宣传干部培训班开班,培训4天,共有106人参加了培训。

9月19日 第二期州级机关科级干部培训班开班,培训5天,共有171人参加了培训。

同日 非公企业党支部书记培训班开班,培训5天,共有49人参加了培训。

同日 非公企业代表人士培训班开班,培训3天,共有73人参加了培训。

9月20日 纪检干部培训班开班,培训4天,共有67人参加了培训。

9月21日 中共广东湛江市委党校常务副校长吴志强一行23人到学校考察。

9月26日 基层社区、村委书记社会管理创新培训班开班,培训3天,共有234人参加了培训。

9月29日 学校组织离退休人员开展重阳节活动,游览西双版纳原始森林公园,校领导向老同志们通报了省情、州情及学校工作情况。

10月10日 第三期州级机关科级干部培训班开班,培训5天,共有238人参加了培训。

10月11日 县处级后备干部培训班开班,培训时间为一个月,共有98人参加了培训。

10月17日 第四期州级机关科级干部培训班开班,培训5天,共有198人参加了培训。

10月24日 初任公务员培训班开班,培训6天,共有279人参加了培训。

10月24日 第五期州级机关科级干部培训班开班,培训5天,共有201人参加了培训。

11月10日 州委副书记、党校校长胡志寿在学校主持召开第二次"州委党校规划与建设工作领导小组"会议。

11月11日 州委党校领导班子带领部分教学科研管理人员前往中共玉溪市委党校参加交流及联谊活动。

同日 州委在学校报告厅举办十七届六中全会精神宣讲会,州直各大机关领导干部到会聆听省委宣讲团人员宣讲。

11月22日 全州新任县处级干部培训班开班,培训3天,共有76人参加了培训。

11月30日 校工会开展预防控制艾滋病宣传教育活动,教职工学习了有关文件,并观看了防艾录像。

12月5日 由培训部负责,组织人员到各单位、部门进行干部教育培训需求调研。

12月9日 学校举办"六五"普法专题讲座,胡小月老师主讲《著作权法》,共有56名教职工参加了学习。

12月10日 全省副县处级干部任前基本能力知识考试开考,学校承担考务工作,设14个考场。

12月19日 学校举行了2008级省函大专班毕业典礼暨党校函授学历教育表彰总结大会。59名学员和党校全体教职工、市县党校领导及受表彰人员集聚一堂,省委党校干部继续教育学院副院长李艳萍和教务科科长李平沙专程到会祝贺。

12月21日 学校召开2011年党风廉政建设责任制检查考核会。

12月22~23日 学校举办第二十六届教职工运动会,共有58名教职工参加。

12月26日 学校分别召开思想政治工作座谈会和思想政治工作分析会。

〔综述〕 2011年是"十二五"规划的第一年。在州委、州政府的领导下,在省委党校的指导下,校党委带领全体教职工认真贯彻落实十七届六中全会、省第九次党代会、州第七次党代会等精神,按照《中国共产党党校工作条例》、《行政学院工作条例》和《2010－2020年干部教育培训改革纲要》等要求,全面推进干部教育培训工作,不断提高教学、科研水平,进一步发挥干部教育培训主渠道、主阵地作用,取得了一定的成绩,圆满完成了全年各项工作目标和任务。

〔教职工队伍情况〕 2011年,党校人事变动情况:州委任命正处级副校长1人,任命副调研员2人,引进硕士研究生3人。截至年底,州委党校共有教职工114人,其中在职74人,离退休40人。教师50人,占在职人数的67、5%,按职称统计:高级讲师11人,占教师总数的22%;讲师26人,占教师总数的52%;助讲12人,占教师总数的24%;教员1人,占教师总数的2%;按学历统计:研究生学历16人,占教师总数的32%;本科学历33人,占教师总数的66%;专科学历1人,占教师总数的2%。党员61人,其中教学一支部15人,教学二支部18人,行政支部14人,老年支部14人。

〔领导班子建设〕 2011年,坚持每周一次例会、每月一次集中学习、每季度一次党委中心组学习制度,召开了“学习杨善洲精神做人民满意的好党员好干部”主题学习生活会,“坚持以人为本,执政为民理念,发扬密切联系群众优良作风”主题民主生活会等,研究制定了《州委党校2011年党风廉政建设工作实施意见》,并结合州2011年党风廉政建设目标任务进行了任务分解。坚持把思想政治工作摆到重要议事日程,全年召开了2次政治思想工作分析会,及时了解教职工的思想动态。

〔**教师队伍建设**〕 2011年,党校以全面提高教师教学质量为目标,着重完善教师的学习进修、实践锻炼、激励竞争、考核评价等机制。成立教研组提高教师教学科研能力,按照《干部教育培训工作条例》规定的培训内容设置,将原来的10个学科组和8个科研组合并重组,成立6个教研组(共46人),并确定了各组的研究重点,出台了教研组管理办法,使教学科研管理进一步制度化、规范化。6个教研组全年共开展活动116次,入库23个专题,提交教学案例184个;加强外送培训,根据需要有目的、有计划地选派骨干教师外出进修、学习。全年选派7名教师到国家行政学院、中央党校等院校学习;鼓励和支持教师参加学历培训。有2名教师在中国人民大学读博士研究生,有3名教师在云南农业大学读函授硕士研究生,有2名教师在四川省委党校读函授研究生;建立完善教师实践锻炼制度,为让教师了解基层情况,增强教学的针对性、实效性、前沿性,学校有计划地安排中青年教师到乡镇及有关部门进行实践锻炼和调研。全年选派5名硕士研究生到基层和部门学习锻炼;抽调5人支持州委和有关部门工作。同时,加大对年轻教师的传、帮、带力度,以促进年轻教师不断成长。

〔**参公管理**〕 2011年上半年,学校完成了参照公务员管理人员的登记工作。45人参公登记,其中正处4名,副处3名,正科21名(含14名主任科员),副科11名(含7名副主任科员),科员6名。12名工人参照机关工勤人员管理。

〔**干部教育培训**〕 2011年,全面完成主体班培训任务。共承办县处级领导、州直科级干部、乡镇长、乡镇党委书记、农垦领导干部、基层社区村委书记、县处后备干部、纪检干部、宣传干部、非公企业党支部书记、非公经济代表人士、共青团干部、少先队总辅导员、初任公务员、人大换届选举、政协换届选举、新任处级领导干部等主体培训班25期,参训干部2874人次。讲授专题230个,其中请省上的专家教授讲授专题41个,请州内领导干部讲授专题96个,校内教师讲授专题81个,州内其他教师讲授专题12个;认真做好专题讲座播放工作,全年共播放15个专题60场,现场讲授2场,分别是省社科院专家纳麒讲授的《中国共产党的目标追求、道路定位的哲学转换》和贺圣达讲授《缅甸、老挝国内局势及中方应对策略》,参加听讲座的科以上干部共5342人次;充分发挥流动党校作用,利用流动党校师资强、覆盖面广的特点,送教到基层,宣传党的路线方针政策,宣讲十七届六中全会精神、省第九次党代会、州第七次党代会精神,宣传法律法规知识,普及农业科技知识等。全年共派出教师79人次,宣讲93场,受众达8251人次。

〔**科研工作**〕 2011年,学校积极发挥“思想库、智囊团”作用,进一步完善科研管理办法,着力提高科研质量。年初提出科研项目指南(列有134个科研课题)供科研人员参考,科研人员按个人研究方向开展科研活动。全年共提交科研文章105篇,其中,发表78篇,公开发表30篇。1个云南省委宣传部学习型党组织建设课题获得立项,6个西双版纳社科基金课题获得立项。积极组织科研人员参加相关部门调研,全年共有15人次参与6个调研项目,完成调研报告3份;2个云南省委党校、行政学院哲学社会科学研究项目结项;全年有42人次的41篇文章参加州委组织部、州直机关工委等部门组织的征文活动,获奖20篇。其中,《农村党员发展问题研究》获省委组织部三等奖;选送2篇文章参加省委宣传部组织的杨善洲精神研讨活动;选送1篇文章参加省委宣传部组织的艾思奇与马克思主义大众化征文活动;全年编辑《中共西双版纳州委党校学报》2期,《中共西双版纳州委党校科研文选》14期,印制630多份,发送到州级领导和州委组织部、州委宣传部、州委政研室等30多个部门;与省社科院沟通达成协议,学校于5月20日成立了云南省社科院西双版纳科研与社会服务基地。

〔**党校函授学历教育**〕 2011年,党校函授学历教育管理工作是做好党校函授本科、大专班收尾工作。按照省函授学院要求按时完成在校函授学历班教学计划,安排课时530节。组织了163人的毕业班期末考试、补考和毕业班级的总补考工作。完成了2008级各专业大专班的毕业工作。为进一步提高中青年领导干部的理论水平和专业知识水平,培养德才兼备的党政领导干部;做好招生工作;全年,学校先后同云南省委党校研究生部和四川省委党校研究生处签订了开办研究生班的协议。2011年四川省委党校西双版纳州办学点区域经济学专业共报名77人,参加入学考试68人,录取61人;按时征订教材和教学用书,并及时下发教材、教学用书到各站和班级,保证了教学活动的正常运转。上半年共发放教材1190册,学习纲要、参考书170册,作业本815本;做好考务工作,上半年组织了163人的毕业班期末考试、2011年下半年的补考和毕业班级的总补考工作。按照中共云南省委党校“关于党校考试保密管理办法”的通知精神要求,通过邮政机要寄送和妥善保管试卷。寄送试卷978份,没发生泄密和遗失,确保了试卷的安全。做好期末考试试卷及学区考场设置的申报。完成了2008级各专业大专班的期末考试工作。

〔**继续教育工作**〕 2011年,继续教育的主要工作有,做好招生工作,春秋两季招生,由于招生宣传工作做得早、扎实,能深入到机关、企事业、乡镇等单位,与行业主管部门联合招生等,全年共招生268人,其中,对外经济贸易大学远程教育报名115人,录取110,最后注册105人。华东师范大学网络教育报名70人,录取68人,注册55人。郑州大学网络教育报名40人,录取38人,注册36人;云南农业大学水利水电工程管理函授班报名注册43人;做好教材服务工作,认真按教学要求征订、领取、发放各班教材及有关材料,保证教学所需。全年共发放华师大、贸大、农大、郑大教材及光碟2600多本;做好面授、考试工作,严格按主办院校的要求编排好函授班课程表,并督促检查,保证教学课时和质量。组织了云南农大的3个班6次16门课程的期末面授和考试工作。组织网络教育入学考试6次17场;期末考试10次59场,并按要求收寄、保管好试卷。由于注重细节性的工作,使面授和各种考试都能顺利进行;加强对学员的管理工作,经常督促、检查班主任工作,要求班主任通过电话、短信、网络通知等形式,加强对学员学习的督促检查。认真做好毕业证书办理工作。全年共有163名学生领到了毕业证书,其中对外经贸大学69人;华东师范大学29人;云南农业大学20人;昆明理工大学45人。能够及时将毕业证书和学习档案发给学生;加强与校外各单位的联系,与120个单位建立了联系名单,与校外单位联合办班共83期,培训各层次学员9837人;总收入854673元,其中住宿344955元、餐费358188元、场地费133000元、其他费用18530元;做好职业技能鉴定工作,按要求参加职业技能鉴定协会会议、学习考试、材料报送、鉴定考试、评卷和组织培训等工作。其中茶艺师职业技能培训10人,8人参加茶艺师职业技能考试,全部合格。

〔**党建工作**〕 2011年,按照抓党建促发展的思路,学校开展了创先争优活动、学习杨善洲先进事迹、创建学习型党组织、纪念建党九十周年等活动。各支部按照学校开展创先争优活动方案,年初制定了各自的活动计划,并认真执行。签订党员承诺书,开展评星授旗活动,结合支部特点组织党内外结对帮扶(党员与群众,党员与党员结对子),亮身份上岗,听专题、上党课等。通过开展创先争优活动,既促进了党员保持先进性的自觉意识,也带动了全校人员干事创业的劲头;按照校党委要求,各支部、各科室组织党员和科室人员集中学习,观看事迹报告、开座谈会等,并要求党员写出心得体会。召开“学习杨善洲精神做人民满意的好党员好干部”主题学习生活会,校领导班子成员撰写了党性分析材料,开展了自评和互评活动;利用每月1~2次的党支部活动,开展好学习活动。组织党员到勐养镇曼景坎村委会、嘎洒镇曼丢村小组、勐海县国税局、云南省军区边防第九团、景洪市工业园区等地进行参观学习;开展建党90周年系列活动,组织“党在我心中”演讲比赛,推荐3人参加州直机关工委组织的演讲比赛,1人获得了优秀奖;组织广大教职工参加“光辉的历程”征文比赛;组织全体教职工参加学党史上党课活动;开展推优评先活动。“七一”建党节,有1名党员、1名党务工作者受到州直机关工委表彰;1名党务工作者受到了州委表彰;完成了4个支部换届工作,选举产生了新一届支部班子。校党委严格按照组织程序开展换届工作,并组织新支部班子成员进行业务学习,确保了各支部工作正常运转。

〔**党群团组织建设**〕 2011年,在校党委领导下,党支部、团委、工会、各行政管理科室能够按照各自职责完成好工作目标,确保了学校的正常运转。一年中,工会按季度组织工会会员开展有利于会员身心健康的户外活动,分别组织了“三八”妇女节、“五一”劳动节、教师节、学校第二十六届运动会等活动。认真做好云南省职工医疗互助活动的宣传发动与组织工作,参加医疗互助活动的在职职工有73人,参加率达98.7%;离退休人员有37人参加,参加率达88.1%;做好老干部服务工作和对离退休人员的慰问。春节前校领导带领老干工作人员上门慰问离退休人员;校领导带队到广州探望了两位退休老干部;组织离退休人员听健康知识讲座,看望生病住院的老同志。给每位离退休人员生日致贺。对老党员老干部进行了建党90周年庆祝慰问;组织好离退休人员的活动。“三八”节组织了离退休人员参加了全校组织的节日活动；支持老年党支部通过组织生活等到一些景点，经济开发区等参观活动；通知离退休和县处级老干部学习活动；鼓励老同志参加社区组织的有利心身健康的活动；组织了老同志到森林公园过重阳节；做好离退休人员的日常服务工作。召开了两次离退休人员座谈会，通报了校情州情，通报了离退休活动经费使用情况。收集了他们反映的情况，并进行了交流。及时办理了离退休人员的工资及待遇。协助办理过逝老人丧事等事宜；做好帮扶慰问活动。到勐海县勐满镇帕迫村委会，布朗山乡勐昂村委会曼糯小组开展帮扶活动；与沧江社区结对共建和谐社区。3 个在职支部负责与社区的 5 名贫困家庭结对进行帮扶。支部利用节假日分别到结对帮扶特困户家中了解他们的困难和问题，并进行慰问。

〔行政后勤〕 2011 年，行政管理、后勤服务主要做的工作是，3 月 1 日，落实了电子交换公文管理工作；7 月 6 日，实现了财政平台一体化管理；承担了各类班次的食宿和教室使用等服务工作；接待了国家行政学院、省委党校、省社科院、四川省委党校、重庆市委党校、河南开封市委党校的 40 名来访人员；完成了南大门的建设和周边道路及绿化工程；投资 2.4 万元在校园内安装了摄像监控系统；投资 1 万余元装修了党员活动室。

〔其他工作〕 2011 年，学校对州委及有关部门交办的工作非常重视，积极组织相关人员完成每项工作任务。圆满完成了 2011 年领导干部任前基本知识能力考试工作。6 月 13 日，全州正处级干部任前基本知识能力考试，设有 1 个考点，共有 124 名干部参加了考试。5 月 28 日，全州乡科级干部任前基本知识能力考试，设四个考点，分别是州直、景洪、勐海、勐腊，共有 1797 人参加了考试；协助州委举办学习十七届六中全会精神讲座，全力做好服务工作；开展党风廉政宣传教育工作。在主体班课程设置中均安排了党风廉政专题，聘请州纪委领导到校授课。利用州警示教育基地开展宣讲 23 场次，听众达 1595 人；做好新农村建设指导工作。选派 1 名教师参加新农村指导，签订了责任书，确定了联系领导和联络员。协调安排了 30 吨水泥支持村委会开展基础建设工作；积极参与大走访活动。安排 10 名教学科研骨干和党员深入到橄榄坝农场参加大走访活动。

〔干部培训〕 2011 年 5 月 22 日至 6 月 13 日，举办全州县处级干部培训班，培训共分 4 期，受训总人数 474 人。本次培训州委及有关部门非常重视，特邀请了省农业厅、省委政法委的领导，省委党校的名师，州委、州政府相关部门的领导及州医院的名医和州委党校的骨干教师，讲授“加强和改进新形势下群众工作”、“西双版纳州‘十二五’规划解读”、“应急管理中的领导者角色定位”、“中国共产党的发展道路及基本经验”、“桥头堡建设背景下的西双版纳对外开放”等 11 个专题。培训以理论学习为主、自学为辅，综合运用自学、专题辅导、撰写学习体会等教学方式进行，理论学习占 80% 的学分，自学和生活考勤占 20% 的学分。

9 月 5 日至 10 月 28 日，举办全州科级干部培训班，培训共分 5 期，受训总人数 970 人。培训内容主要有“十二五”发展主线、西双版纳州“十二五”规划解读、加强和改进新形势下群众工作、加强和创新社会管理工作、西双版纳州第七次党代会主题报告解读、桥头堡建设背景下的西双版纳对外开放、认真执行《廉洁从政》准则、健康保健知识等 8 个必修专题及西双版纳傣族自治州地方性法规、现代科技简介、中层领导工作方法、政府与公民社会、提高驾驭社会主义市场经济的能力、区域经济等 6 个选修专题。轮训采取必修专题与选专题相结合的方式，学员根据个人工作需要选择专题讲座，学习更加灵活，受到学员的欢迎。

（《州委党校》撰稿人：李娟娟）

州直机关工委

〔概述〕 2011 年，州委州直机关工委在州委和州委组织部的坚强领导下，在州直机关各基层党组织的大力支持和共同努力下，坚持以邓小平理论和“三个代表”重要思想为指导，认真贯彻落实党的十七届五中、六中全会和省委八届十次、十一次全会以及州委六届十一次、十二次全会精神，以科学发展观为统领，以服务全州工作大局为目标，以开展创先争优活动为主线，加强理论武装，夯实组织基础，优化队伍建设，提升作风素质，务实创新，开拓进取，切实加强机关党的思想、组织、作风、制度和反腐倡廉建设，各项工作取得了新的发展。机关工委党支部被州委评为“全州先进基层党组织”，单位被州委、州政府评为“全州‘五五’法制宣传教育工作先进单位”。

〔思想建设〕 2011 年，始终坚持把加强党员干部的理论学习作为机关党建工作的首要政治任务，切实提高机关党员干部服务中心、服务大局、服务基层的思想政治素质和业务能力水平。认真学习领会十七届五中、六中全会和省委八届十次、十一次全会、州委六届十一次、十二次全会和州第七次党代会精神。继续组织机关党员干部深入学习十七届四中全会精神，进一步明确党在今后一段时期内加强和改进党的建设的总体要求、目标任务和重要举措。认真开展“十二五”规划的学习、宣传，进一步认清形势，明确任务，为“十二五”规划开好局、起好步奠定思想基础。深入学习贯彻州委六届十一次、十二次全会和州第七次党代会精神，切实把机关党员干部的思想和行动统一到州委的中心工作和重大决策部署上来，为全州实现“两强一堡”跨越式发展目标和建设富裕民主文明和谐西双版纳提供思想保证。继续推进学习型党组织建设。扎实抓好中央和省、州委《关于加强学习型党组织建设的意见》的学习贯彻，通过集中学习、个人自学、领导干部上党课等形式和督促检查、情况通报、建立学习档案等措施，不断推进党员干部学习的制度化、规范化。坚持学习和实践科学发展观，把理想信念教育、党的优良传统教育、爱国主义教育、形势政策教育摆在重要位置，用中国特色社会主义理论体系武装头脑、指导实践、推动工作。组织、引导机关党员干部努力学习和掌握社会主义市场经济知识、科学文化知识、法律知识和各种业务知识，不断增强执政能力建设。通过全面推进学习型党组织建设，构建科学完善的理论学习长效机制，提高了州直机关党组织和广大党员干部的学习力、创新力和发展力。

〔**创先争优活动**〕 以推动科学发展为主线，以“授旗评星”活动为重要载体和抓手推进创先争优活动的深入开展，不断建立健全考核评价体制，完善激励机制，努力实现“一个党支部就是一个堡垒，一个党员就是一面旗帜”的目标。授旗评星，搭建创先争优平台。以落实党建工作责任制为重点，以提高党员岗位能力、岗位文明、岗位贡献为基础，通过定期对先进党组织授予流动红旗、对党员评定星级，不断加强基层组织建设。各级党组织和党员干部认真对照确定的授旗评星目标、内容和标准，提出具体工作任务，力所能及地为群众办实事、做好事、解难事，认真兑现承诺，积极争当“流动红旗”党组织和优秀共产党员，较好地发挥了党组织“旗帜”作用、党员领导干部表率作用和共产党员的先锋模范作用。授旗评星，建立健全考核评价体制。州直机关各基层党组织和党员以群众满意不满意作为授旗评星的重要标准，对照授旗评星的目标、内容，提出具体工作任务、完成时限、责任单位和责任人等，把每一项工作以公开承诺的方式向群众公开，吸纳群众评议，接受群众监督，定期对承诺事项完成情况进行考评。通过量化考核评比，授予“流动红旗”先进集体、评定“星级党员”，并作为年度考核和评选先进的依据，使授旗评星成为评选表彰的基础性工作。根据行业特点，各基层党组织灵活制订实施方案，“流动红旗”评选为每季度至少一次，“星级党员”评选为每月至少一次。授旗评星，完善激励机制。要求各基层党组织和党员根据授旗评星内容，作出公开承诺，提出承诺事项，把兑现创先争优公开承诺内容作为评选先进基层党组织、优秀党务工作者、优秀共产党员的重要依据。确定基层党组织书记为开展授旗评星活动第一责任人，切实履行职责；积极联系指导各片区党组织结合行业特点，加强对授旗评星活动的督促检查，发现问题指出不足，及时纠正；分类推进片区党组织抓好评选创建工作，通过“每月之星”、“五星级党员”、“十星级党员”评定等形式，努力探索授旗评星活动的多种表现形式；对“流动红旗”和“星级党员”实行动态管理，建立授旗评星活动档案，评定结果与党组织和党员个人年度考核、评先评优、绩效工资等挂钩，进一步激发了广大党员领导干部创先争优的热情。授旗评星，营造创先争优良好氛围。充分利用电视、报纸、网络、宣传栏、简报、手机短信等宣传形式，大力宣传授旗评星的具体做法、成功经验，深入挖掘授旗评星活动先进典型，引导基层党组织和党员积极追旗争星，努力形成学习先进、争当先进、赶超先进的生动局面。同时，以创建先进党组织，带动创建先进工会组织、先进团组织、先进妇女组织，以争当优秀党员，带动争当优秀职工、优秀团员、巾帼英雄，使党组织和党员创先争优与工青妇创先争优融为一体、相互促进，形成了推动中心工作的强大动力。五是深入开展学习杨善洲同志学习活动。向州直机关基层党组织 5000 多名党员发放《一个共产党人的一辈子——追记云南省原保山地委书记杨善洲》；根据州委创先办《关于开展向杨善洲同志学习征文活动的通知》精神，组织州直机关基层党组织广大党员积极参与征文，撰写学习杨善洲文章；以开展向杨善洲学习活动为契机，各基层党组织自觉植树造林，同时，在各行各业中充分发挥共产党员的先锋模范作用，传承杨善洲的优良传统。六是评先表彰激励基层党组织创先争优。在纪念中国共产党成立 90 周年暨创先争优表彰大会上，表彰奖励在近两年州直机关党建工作及“创先争优”活动中涌现出来的 23 个先进基层党组织、103 名优秀共产党员和 32 名优秀党务工作者。

〔**组织建设**〕 2011 年，机关工委把中央新修订的《中国共产党党和国家机关基层组织工作条例》和州委下发的《关于加强和改进机关党建工作的意见》作为当前指导机关党建工作的纲领性文件，认真抓好组织实施，进一步健全组织生活，规范党内活动，增强机关基层党组织的凝聚力和号召力。以迎接纪念中国共产党成立90周年为契机，组织开展了州直机关党的工作会议、“光辉的历程”征文比赛、“党在我心中”演讲比赛、书画摄影展、“党旗飘飘，歌声嘹亮”歌咏比赛、走访慰问、表彰大会等“七个一”活动。为了进一步提升机关广大党员干部的体魄，州委州直机关工委组织开展州直机关第四届“先锋杯”运动会，有43个基层党组织、近400名党员干部和部分群众踊跃报名参加篮球、气排球、乒乓球、电脑打字等项目的角逐。稳步推进机关党组织与社区党组织共驻共建工作。根据州委、州政府《关于推进和谐社区建设的实施意见》精神和州委常委、州委组织部赵刚部长就抓紧探索区域化党建工作的指示精神，州委州直机关工委制定印发了《关于州直机关驻社区单位党组织与社区党组织开展共驻共建活动的实施方案（试行）》和《关于州直机关驻社区党组织与社区党组织开展结对共建活动的通知》，明确了开展共驻共建活动的指导思想、目标任务和基本原则。目前，州直机关基层党组织基本都与驻地社区签订了《社区党建共建协议》，并努力兑现协议中承诺的事项，切实帮助社区党组织解决工作中的实事、难事。授牌建立了16个州直机关社区共驻共建示范基层党组织，授旗成立了6支社区共建志愿者服务队，扎实推进州直机关各基层党组织与社区党组织共驻共建工作，把创先争优活动落到了基层，落到了实处。以加强分类指导为切入点，深入贯彻落实相关精神，结合州直机关党建工作责任制考核工作，以改革创新精神，积极探索州直机关职能、业务相近的基层党组织分类指导的工作模式，优化组织设置，创新活动方式，充分发挥基层党组织推动发展、服务群众、凝聚人心、促进和谐的重要作用。将州直机关基层党组织划分为10个片区，对工作目标、组织活动、调查研究、工作交流、监督管理、考核评选等实行分类指导。做好发展党员工作。以落实发展党员公示制、严格发展党员预审制和票决制为主线，把好“入口关”，进一步规范党员发展工作程序，保证新发展党员的质量，造就一支高素质的党员队伍。2011年，新发展党员233名。调整优化党组织设置。按照“便于教育、便于管理、便于活动”的要求，分片管理、分片指导，加大机关及直属单位党组织的调整力度，优化党组织结构。新建了4个直属机关党委、4个党支部。2011年底，州直机关共有党委28个，党总支部14个，单列党支部73个，共有党员5543名。严肃换届纪律，认真做好选举工作。按照中央、省委和州委关于严肃换届纪律的要求，严格执行换届纪律规定，把“五个严禁”、“十七个不准”、“五个一律”等纪律规定公之于众，让广大党员干部和人民群众都知晓、齐监督，做到教育在先、警示在先、预防在先，教育和引导广大党员干部特别是各级领导干部提高遵守换届工作纪律的自觉性，坚决抵制换届中的歪风邪气。结合州直机关实际，根据中央、省委和州委有关选举工作的要求，严格按照《党章》和选举工作条例的有关规定，通过召开动员大会，按照“三上三下”的原则等要求，完成了53名州直机关推荐提名云南省出席党的十八大代表候选人初步人选的工作；在充分发扬民主，广泛征求意见、酝酿讨论的基础上，推荐出了8名州直机关出席省第九次党代会代表初步人选；通过召开党代表会议，选举产生了州直机关出席州第七次党代会代表80名，圆满完成了州委确定的各项选举工作。

〔作风建设〕 2011年，按照胡锦涛总书记提出的机关党建工作要“走在党的基层组织建设的前头”的要求和州委江书记关于“认真学习贯彻全省机关党的建设工作会议精神，扎实抓好州直机关党建工作”的批示精神，州直机关工委以组织系统开展的“讲党性、重品行、作表率，树组工干部新形象”及“作风建设年”活动为契机，从本职岗位做起，内强素质、外树形象，践行科学发展观，不断加强自身队伍建设，进一步提升领导州直机关党建工作的能力和水平。组织广大干部参与“三读”活动。在机关干部中倡导“爱读书、读好书、善读书”的良好氛围，要求每位党员认真制定学习计划，每天自学1小时，每月看1本书，每年撰写思想工作汇报，定期检查读书学习笔记，党支部每月至少召开一次专题学习会，领导班子每年定期召开组织学习会，撰写履职工作报告，适时组织科以上干部参加主体班和专题班学习。推荐党务干部进行“顶岗锻炼”，按照保民生、保稳定的要求，响应州委、州政府号召，聘用国有企业下岗职工和大中专毕业生到州直机关工委从事机关党建工作。树好形象，营造团结干事的工作氛围。要求机关工委每位干部都要做到文明办公、礼貌待人、大方得体，进一步提升服务质量，转变机关作风，做到门好进、人好找、脸好看、话好听、事好办，树立作风好、工作实、群众满意的部门形象。在做好工作的同时，注重以人为本，通过开展交心谈心、家庭互访、工作互评等形式，促进工委内部的和谐共处，达到工作中相互配合、生活中相互关心、学习中相互促进的目标。

〔制度建设〕 紧紧围绕州委中心工作，认真履行“一岗双责”，与党员干部签订《党风廉政建设目标管理责任书》，明确党风廉政建设工作目标任务和工作重点，形成上下联动、齐抓共管、各负其责的良好局面。印发《关于进一步加强州直机关党建工作四项监督制度的实施意见》，突出了各基层党组织自觉接受派出纪工委、监察分局的监督。实施意见规范和加强了对发展党员工作、基层党组织换届选举、民主评议党员、党建工作责任制考核的监督。积极推进党务公开，自觉接受党内外的监督，切实加强和改进了党的建设。

〔**反腐倡廉建设**〕 认真贯彻落实州委和州纪委关于加强党风廉政建设和反腐败工作的决策部署，切实加强州直机关基层党组织反腐倡廉建设，努力创建清廉、为民、务实的机关作风。认真开展领导班子和领导干部年度考核和自检自查工作。根据《西双版纳州直部门领导班子和领导干部综合考核评价实施办法(试行)》有关要求，领导班子和领导干部结合工作实际，认真开展自检自查，撰写述职述廉工作报告。根据《关于对有关制度贯彻实施情况进行自查的通知》、《西双版纳州领导干部四重分片包干负责党风廉政建设责任制工作办法(试行)的通知》、《关于州党政机关厉行节约若干问题》、《中国共产党领导干部廉洁从政若干准则》和《关于重申公务员八条禁令的通知》等精神，对本部门权力运行情况、关键工作岗位和关键工作环节等情况进行了全面自检自查，按照要求制定了关键岗位和重点环节的防范措施，并及时向纪检部门汇报检查情况；认真履行“一岗双责”。把党风廉政建设纳入党建责任制和领导干部考核的主要内容，实行党员领导干部“一岗双责”，坚持把建立党风廉政建设纳州机关党建工作责任制考核的重要内容，将反腐倡廉建设工作与党建工作同研究、同部署、同落实，明确党风廉政建设工作目标任务和工作重点，形成上下联动、齐抓共管、各负其责的良好局面；加强党员干部廉洁自律意识。认真贯彻落实州委和州纪委关于加强党风廉政建设和反腐败工作的决策部署，加强廉洁从政教育、领导干部廉洁自律教育和严肃换届纪律教育，组织党员、干部深入学习党纪法规文件精神，有针对性地开展示范教育、警示教育、岗位廉政教育，积极开展廉政文化创建活动，不断增强了党员、干部廉洁从政的意识。

〔**“五五”普法**〕 为表彰五年来，在“五五”普法工作中广泛传播社会主义法治文化，维护民族团结，促进平安和谐州建设，增强公民的法律意识和法律素质工作中作出贡献的先进集体和个人，激励州直机关广大党员和各族干部群众，积极投身于法制宣传和法治实践，全力推进法治建设，召开州直机关“五五”普法总结表彰暨“六五”普法部署大会，对经过严格推荐、层层筛选的10个先进集体和55个先进个人进行了表彰。同时，认真组织州直机关广大党员干部和群众进行法律知识考试，考试合格率达到100%；发动州直机关基层党组织认真开展好“12·4”全国法制宣传活动。

〔**结对帮扶工作**〕 州直机关各基层党组织按照州委、州政府的要求认真开展与农村、农村党组织和生活困难党员挂钩扶贫结对帮扶工作，2011年，州级有119个帮扶单位，帮扶27个乡镇，130个村，党员结对帮扶447户1085人，投入帮扶经费143万元(其中：资金投入101.26万元，物资投入价值41.74万元)，引进项目资金50.92万元，受益人达5479人，举办各类培训班163期，受训人达7061人次，修缮校舍12所，资助学生230名。

(《州直机关工委》撰稿人：唐辉生)

保密工作

〔**概述**〕 2011年，全州保密工作在州委、州政府的领导和上级业务部门的指导下，围绕州委、州政府的中心工作，以邓小平理论和“三个代表”重要思想为指导，深入贯彻落实科学发展观，按照西双版纳州国家保密局2011年保密工作要点，始终致力于“确保党和国家秘密安全”的总体要求，认真贯彻中央保密委员会会议精神和胡锦涛总书记以及省委、省政府领导关于加强保密工作的重要批示精神，以“保安全、保发展、保稳定”为根本出发点，转变作风、创新开展工作，突出保密工作重点，狠抓落实，特别是加大了保密工作依法管理的力度，健全了保密规章制度，深入广泛开展了保密法制宣传教育和忠诚教育活动。

〔**为“全州党委系统办公室主任会议”讲授保密知识**〕 1月21日，州委办公室举办了“全州党委系统办公室主任会议”，会上州委办领导就信息督查，办文办会接待等工作及机要工作，保密工作等项业务进行培训，州国家保密局局长邓美春就《加强信息化条件下保密工作及机关文档工作中存在的安全保密问题》进行了专题讲座。来自全州党委系统的办公室主任共300余人参加了培训。

〔**专项保密检查**〕 2011年，按照省国家保密局的总体部署，西双版纳州国家保密局迅速采取措施，就全州密码电报管理情况、涉密文件资料信息管理情况、保密通信管理和网络管理情况等四方面内容安排部署保密专项检查工作。州委保密委员会领导根据西保发有关文件要求,及时召集州保密局、州委机要局、州工业信息委等部门负责人对全州保密专项检查工作进行研究部署;成立了以州委常委、州委秘书长、州委保密委主任李记臣为组长的专项保密检查领导小组,抽调了保密、工业信息、机要部门的5名人员组成了"专项保密检查工作组",制定了检查工作方案、召开了以会代训会议,对检查工作做出具体的安排,对具体的工作进行仔细分工;按检查工作内容,对使用检查工具的使用要求,邀请了州保密局涉密设备定点维修维护中心的技术人员对检查工具的使用进行现场讲授培训。5月4~16日,对州委办、州政府办、州纪委等13家单位和市、县的16家共29家单位进行了抽查。被查单位都将相关的文件精神进行了传达学习。所查单位近年来组织干部职工观看了保密警示教育片和州国家保密局举办的《保密知识与警示教育》画展,征订《保密工作》及相关的保密知识书籍资料。各单位涉密人员认真履行管理职能,认真做好本部门本单位的保密管理,健全了各项规章制度,强化了保密要害部门部位的保密安全措施。一些单位按保密部门的要求添置了安全保密设备。部门领导带头,认真落实保密责任制,带头按规章制度办。同时,各单位加强了对涉密人员的管理,严格持证上岗制度,严格认真地完成了涉密人员签订保密承诺书工作。检查中,采取一看各单位会议记录,是否与其他工作同研究、同布置、同落实,看保密制度是否健全,保密责任制是否落实到位。二查涉密文件从收发、传阅、清退、归档等管理是否规范;查机关办公自动化设备密与非密划分是否准确,标识是否清楚,查涉密电脑是否上过互联网、查非涉密电脑是否存有涉密信息。再次重申保密工作在党和国家各项工作中的重要地位和健全各项规章制度的重要性;重申保密工作纪律,坚决杜绝以工作需要为由,违反保密规定的行为。对在检查中发现的问题和隐患,检查组及时指导、及时反馈,并发出《整改通知书》限期整改。

5月23~25日,省专项检查组一行9人到州开展保密检查工作。检查组抽查了州、市委办,州、市政府办4家单位,从密码电报管理情况、涉密文件资料信息管理情况、保密通信管理和网络管理情况等4个方面进行了全面、严格认真的检查。检查结束后,举行了专项保密检查工作的汇报会和检查情况反馈会。州委常委、州委秘书长、州委保密委员会主任杨涛主持检查反馈会。会议听取了州国家保密局局长邓美春向省专项检查组汇报了全州开展专项保密检查情况。省检查组通报了在西双版纳州专项保密抽查的情况,省国家保密局副局长、检查组组长范晋昆对西双版纳州近年来保密工作给予了充分肯定,对在抽查发现的6个方面问题和存在的隐患从加强保密教育、完善规章制度、加强管理等方面提出了很好的整改意见和要求。杨涛针对省检查组提出的整改意见和建议,就如何做好下一步保密工作作了重要指示。政府秘书长、州委保密委员会副主任李萍和州委办副秘书长、办公室主任狄建民和州政府办主任黄志高及受检单位的主要负责人参加了会议。

〔**创先争优活动**〕 按照州委关于学习杨善洲事迹的通知要求,州国家保密局党支部立即行动,及时组织全体党员干部和职工认真观看了《大山佐证》、《杨善洲同志事迹报告团巡回演讲》录像,并积极参加了州委办组织的学习杨善洲先进事迹座谈会,局长邓美春代表州保密局作了发言。通过学习杨善洲先进专题民主生活会,局领导班子成员认真操写了党性分析材料,对照杨善洲先进事迹查找了自己在思想、学习、作风、纪律方面存在的问题和不足。明确了自己努力方向,表示要以杨善洲为榜样,从点滴做起、坚持不懈地团结带领全局干部职工,全面落实好各项工作任务,确实履行好"保安全、保发展"的职能作用。要在广大党员干部和职工中形成了"学先进、见行动、争先进、比贡献"的浓厚氛围,特别是党员领导干部要以实际行动自觉践行"个人形象一面旗、工作热情一团火、某事布局一盘棋"的要求,始终保持与时俱进、开拓创新的精神状态。

〔**中共西双版纳州委保密委员会会议**〕 于4月9日在景洪召开,会议学习贯彻中央、省委保密委员会会议精神,总结2010年工作,安排部署2011年各项任务。州委常委、州委秘书长、州委保密委员会主任李记臣主持会议并作重要讲话。州政府秘书长,州委保密委员会副主任李萍在会上认真传达学习了令计划到国家保密局座谈调研时的讲话精神。州委保密委员会专职副主任、办公室主任、州国家保密局局长邓美春,通报了全省2010年泄密案件和全州2010年保密检查工作情况。州委保密委员会组成人员出席了会议。会议强调,保密工作是党和政府至上而下的一条生命线,中枢线和指挥线,当前窃密与反窃密斗争的严峻形势、面对信息技术迅猛发展给保密工作带来的严峻挑战,面对"维基揭秘"事件的严重泄密后果,各级保密组织、保密行政管理部门和涉密机关,单位、务必认真贯彻落实党的保密工作方针,把“积极防范，突出重点，依法管理”落到实处；切实发挥保密行政管理部门职能；积极推进保密事业发展。会议要求，做好2011年保密工作任务，全面深入普及新保密法各项规定，积极探索创新工作思路，抓好落实。会议审议通过了《中共西双版纳州委保密委员会2011年工作要点》。

〔**“忠诚教育”活动**〕 2011年，根据省委保密委员会《关于在全省保密系统开展忠诚教育活动的实施方案》的通知要求，中共西双版纳州委保密委员会制定了《在全州保密系统开展忠诚教育活动的实施方案》，并带领全州各级保密部门开展忠诚教育活动，成立了以州委常委、州委秘书长、州委保密委员会主任杨涛为组长的“西双版纳州保密系统忠诚教育活动领导小组”，下设活动办公室，负责全州忠诚教育活动组织协调和指导工作，确保每位保密干部参与活动有目标、有方向，并延续了学习先进、创先争优实践活动；加大宣传力度，努力营造忠诚教育活动良好的社会氛围。开展读红色经典书籍、观看红色经典影片以及学习杨善洲先进事迹，撰写心得体会增强忠诚于党的意识；组织参观《西双版纳民族博物馆》展览，组织全体保密干部走进边境口岸，站在中国与老挝两国界碑前，树立忠诚于国家的意识；开展创先争优活动和积极参与“千名干部大走访”活动；州国家保密局党支部在认真学习胡锦涛总书记“七一”讲话精神、重温入党誓词、观看杨善洲先进事迹教育片等之后，结合各项实际要求，党员干部中的做到“六查六看”，即：查党性，看是否信念坚定、对党忠诚；查品行，看是否公道正派、无私奉献；查宗旨，看是否心系人民、执法为民；查作风，看是否爱岗敬业、求真务实；查素质，看是否勤学善思、创新开拓；查纪律，看是否严于律己、清正廉洁。

〔**制定“六五”保密普法规划**〕 2011年是“六五”保密普法宣传教育的开局之年，西双版纳州国家保密局根据省国家保密局《云南省“六五”保密法制宣传教育规划》结合西双版纳实际，开展调查研究，广泛听取各方意见，制定出台了《西双版纳州“六五”保密法制宣传教育规划》，从指导思想、工作目标、工作原则、普法重点、主要任务及基本要求、工作步骤、保障措施等7个方面对今后5年的保密普法工作进行了全面部署，同时，要求各县市、各单位按照要求制定普法规划、工作步骤和实施方案。

〔**保密宣传教育**〕 2011年，为深入学习贯彻落实新《保密法》，州、县市保密局以纪念新《保密法》实施一周年为主题，开展了内容丰富、形式多样的宣传活动，州委分管领导认真听取了关于结合学习宣传新《保密法》和贯彻全省局长会议精神专题汇报，要求以学习宣传新《保密法》活动为契机，以提高广大干部职工的保密意识为抓手，重点抓好涉密人员学习《保密法》知识，分管领导还给予了工作指导并帮助解决实际工作中存在的困难和问题，安排10余万元作为专项宣传经费；举办了丰富多彩的宣传教育活动。各级保密组织利用各单位的宣传栏广泛宣传新保密法知识，通过新闻媒体、电视、报纸、手机报、手机短信进行保密法律法规知识宣传，扩大宣传效果；在城区文化广场举办保密法咨询活动，咨询人达2000多人，展出《保密知识与警示教育》画展共40多幅，足驻观看画板人数达10000余人，分发宣传单30000多份。各主要街道及党政机关单位大门前悬挂宣传横标共200余幅；组织开展新《保密法》知识测试活动，全州党政军企事业单位共有11821人参加答题，有厅级23人、处级552人、科级4867人、涉密人员6379人；扎实开展培训教育工作。一年中，保密局采取了以分类分层次或集中培训等形式和深入党政机关进行专题讲座，培训涉密干部600余人。听取保密教育讲座人员达3000余人；各级保密部门利用机关单位召开干部职工大会的机会，组织收看保密教育片，有的部门还在机关办公楼大厅内展出《保密知识与警示教育》画展；充分发挥《保密工作》刊物的宣传教育作用，把征订发行《保密工作》杂志工作作为保密宣传教育的一项重要工作来抓。西双版纳州国家保密局，景洪市国家保密局分别获全省先进集体奖。

〔**考试保密监督管理**〕 为确保西双版纳州2011年国家级、省级考试的试卷安全，进一步强化对各类统一考试的保密监督管理工作。5月25日至6月4日，州、县、市保密部门分别对州教育局招办和县市教育局招办的试卷保密室再次进行检查验收；全程参与了各类考试试卷的取卷、押卷、守卷、分卷的监督工作。年内，州县市保密部门积极配合考试主管部门认真做好各类考试试卷保密管理工作，先后派出40多人（次）参与并监督教育、组织、人事、卫生、党校、职业技术学院等部门组织高考、中考、自考、会考、和晋升科级、处级领导、公务员等的国家、省、州各类统一考试的保密监管工作，确保了试卷的安全保密，保证了各类考试的公平、公正。

〔**文件清退销毁**〕 2011年，根据州委办、国家保密局《关于认真做好2010年度文件清退工作的通知》的文件要求，州国家保密局抓住各种机会大力宣传深密文件资料统一清退销毁的重要意义，扎实抓好2010年涉密文件、红头文件、内部资料的清退销毁工作，全州全年共清退涉密文件资料 、红头文件28819份。销毁其他红头文件、内部资料23吨。

〔保密审查〕 2011年，根据省委保密委、《关于对政府信息公开网站和门户网站进行保密检查的通知》精神，进一步加强西双版纳州政府信息公开网站和门户网站的信息发布的保密审查，结合边境保密工作实际，下发了《关于对政府信息公开网站和门户网站进行自查、登记备案和信息报送的通知》，要求各级各部门每月对本单位所公开的信息进行自查上报，切实加强政府信息公开保密审查管理工作。全年共审查了155731条公开的政府信息，都未发现涉密信息。按照自审与送审相结合的原则，根据《国家秘密及其密级具体范围的规定》，对《西双版纳州交通志》、《西双版纳州水利志》、《西双版纳执政纪要》等15部志书、史料进行保密审查；对党代会、政府全会、人代会、政协会、纪委全会的会议材料进行保密审查；对各单位对外提供的资料进行保密审查。并为所审查的材料提供了相应的审查意见和密级鉴定法律文书。

〔表彰奖励〕 州保密局在2011年度《保密工作》杂志通联工作中，成绩突出，分别被国家保密局金城出版社和云南省国家保密局授予"先进单位"荣誉证书；在全省保密技术知识竞赛中，被中共云南省委保密委员会办公室云南省国家保密局授予"组织二等奖"；2011年被中共西双版纳州委、州人民政府授予"西双版纳州保密工作先进集体"称号。12月20日，州委、州政府在锦都酒店，对2006～2011年期间，在保密法制宣传教育、制度建设、依法管理、技术防范、监督检查、失泄密事件查处及边境、口岸保密知识宣传等方面做了大量工作，付出了艰辛劳动的州委办公室等10个单位授予"西双版纳州保密工作先进集体"称号，授予赵兴等30位同志"西双版纳州保密工作先进工作者"称号。

〔会议保密服务〕 2011年，州国家保密局根据州委的工作要求，积极做好党委、政府、人大、政协、纪委和有关部门召开的各种会议保密服务工作，对会议文件材料进行保密审查；对部分重要涉密会议安装使用移动通信干扰器；对会场、讨论地点、驻地进行保密监督管理；对会议代表和会议工作人员分别发放《领导干部保密须知》和《工作人员保密须知》3500份。

〔党风廉政建设〕 2011年，州保密局 根据《西双版纳州领导干部四重分片包干负责党风廉政建设责任制工作办法(试行)》文件的要求，结合保密工作实际，认真开展领导干部四重分片包干负责党风廉政建设工作。为加强党风廉政建设领导力度和宣传力度，保密局除参与州委办党风廉政建设的组织学习之外，专门成立了由局党支部书记、局长邓美春任组长；副书记、副调研员桑洪明(副局长)任副组长；办公室其他人员为成员的领导小组，下设办公室 负责党风廉政建设工作的推进，协调和综合工作，充分利用自学和党支部学习及局办公会的时机。学习宣传党风廉政建设、领导干部四重分片包干负责制度的意义。学习《中国共产党党员领导干部廉洁从政若干准则》和《党政领导干部选拔任用工作责任追究办法》等4项监督制度并积极组织参与考试。年初，针对党风廉政建设工作进行责任分解、邓美春负责统筹协调、其他人员各负其责，明确任务和要求，按照"下管一级、条块划分、领导包干、统筹协调、严格监督、责任追究"的工作原则，把领导干部作风建设作为促进保密部门科学发展重要的切入点，严格落实党风廉政建设责任制。年底局领导及领导班子 参与州委办的述职述廉。党支部书记、局长邓美春严格"一岗双责"，对全局党风廉政建设责任制工作坚持"一把手"负总责。责任领导督促抓好包干范围内领导干部权力运行规律和特点，督促包干范围内的局机关健全和完善惩防体系，加强局机关领导干部的日常监督管理；责任领导督促抓好局机关领导干部廉洁自律、做到了常教育、常提醒、引导领导干部自觉遵守廉洁从政各项纪律，有针对性地完善相关制度，积极推进依法行政、廉洁从政制度建设；进一步完善"三重一大"(重大决策、重要干部任用、重大项目安排、大额度资金的使用)事项议事规则和决策程序，如针对局办公室、财务(报账员)等关键岗位承诺，在人、财、物的管理使用问题上，按照行政成本控制要求、厉行节约，重点环节、严格行政审批职能，做到民主集中制，多方听取意见，严格"一支笔审批"，年底公开账目数。在依法管理工作中、严格按照领导干部党风廉政建设的要求、在保密业务工作中切实做到了依法行政，认真履职，热情服务、廉洁自律、勤奋创新、齐心协力抓好工作。在完善各项规章制度中、制定了领导干部责任追究制度、做到党风廉政建设随业务工作走，随保密干部队伍建设走，至今未发生有吃、拿、卡、要的情况；加强与广大保密干部的沟通联系，最大限度地了解社会各界对我局工作的意见和建议等，向社会公开投诉、监督电话号码，以便及时整改，至今未接到投诉电话，在工作中我们切实做到了依法行政，认真履职，严格把关、严格审查、审批；在党风廉政建设的工作中做到会议上有声音、无论是在党支部学习会、还是业务工作会议上局主要领导都要常常强调党风廉政建设的工作内容和重要性，组织学习有关文件、组织党员干部观看反腐倡廉教育基地警示教育画展和教育片，会后有文字痕迹材料，及时向有关部门报告保密局党风廉政建设工作进展情况。

（《保密工作》撰稿人：李晋红）

老干部工作

〔**概况**〕 2011 年，在州委、州政府的正确领导下，在省委老干部局和州委组织部的有力指导下，西双版纳州老干部工作按照“全面做好离退休干部工作”的总要求，坚持不懈地抓好老干部政治生活待遇的落实，健全和落实老干部政策的各项措施，想方设法为老干部解决实际困难和问题，认真组织老干部部门和老干部开展创先争优活动、学习杨善洲先进事迹以及庆祝建党 90 周年系列活动，实现了老干部工作的新发展，使老干部工作迈上了一个新台阶。

〔**全州老干部工作会议**〕 于 2011 年 3 月 22 日在景洪召开，州委副书记胡志寿亲临会议作重要讲话，州委常委、州委组织部部长赵刚总结了 2010 年全州老干部工作，研究部署 2011 年工作任务。会上，对 2010 年度老干部工作目标管理责任制考评优秀单位进行表彰，并与 3 县市和 32 个州直单位签订了 2011 年度目标责任书。

〔**领导班子建设**〕 2011 年，州委老干部局以建设学习型领导班子为抓手，着力提高领导班子和领导干部的思想理论素质，结合学习杨善洲先进事迹，6 月 13 日，召开了以“学习杨善洲精神做人民满意的好党员好干部”为主题的学习生活会，会议认真查找和分析了领导班子自身在世界观、人生观、价值观、利益观、理想信念和宗旨意识等方面存在的差距和问题；11 月 15 日，召开党员领导干部民主生活会，会议通报 2010 年民主生活会整改措施的落实情况和此次征求的意见，并制定了 2011 年整改方案。领导班子围绕主题通过谈心交心，查找自身存在问题，相互开展批评与自我批评，从而统一思想，增进理解和团结，促进工作。

〔**领导重视老干部工作**〕 2011 年，州委、州政府始终把老干部工作纳入重要议事日程，作为事关全州改革发展稳定的大事来抓。分管领导不定期时常听取有关老干部工作的情况汇报，研究解决问题，极大地调动了工作积极性。各级组织调整完善了领导联系同职级老干部制度，要求在职领导加强与老干部的沟通联系，切实帮助解决一些实际问题。做到重大节日必访、老同志生病住院必访、老同志家中遇到特殊困难必访。11 月，州委对州委老干部局班子作了加强，从局机关提拔了一名同志充实到局班子任副局长。全年，州委分管老干部工作的领导听取工作汇报、研究工作 6 次。

〔**创先争优活动**〕 2011 年，按照中央和省委、州委的统一部署，结合全州老干部工作的实际，把开展“创先争优”活动与巩固扩大学习实践活动成果结合起来，与推动当前各项工作结合起来，做到了开展活动与全面做好离退休干部工作两结合、两促进。加强学习培训，全年，州、市县举办老干部读书班、离退休干部党支部书记培训班共 4 期；举办西双版纳州老干部工作业务培训班 1 期；举办了全州第六届老干系统职工运动会。向杨善洲学习，4 月 1 日、21 日相继组织州直离退休干部学习杨善洲先进事迹，并组织与会老干部们观看了《杨善洲同志先进事迹报告会》实况录像。6 月 10 日，召开州直离退休干部学习杨善洲事迹座谈会。8 月 16 日上午，组织州直单位离退休干部观看了电影《杨善洲》。开展“授旗评星”活动，在开展活动中，全年，州委老干部局党支部已评选出党员之星 36 人次、岗位之星 10 人次及“流动红旗”先进科室 4 个。

〔**落实老干部政治、生活待遇**〕 2011 年，州委老干部局坚持老干部阅读文件、组织生活、政治学习、情况通报、参加重要会议、走访慰问、就近就地参观考察、领导干部联系同级老干部八项制度。一年中，州委常委、州委组织部部长赵刚代表州委、州政府向老干部通报情况 2 次，各市县领导向老干部通报情况 6 次，州直各单位能按要求向本单位老干部进行情况通报。共举办老干部读书班、离退休干部党支部书记培训班共 4 期。春节期间，州委、州人大、州政府、州政协四套班子领导走访看望了副厅级以上离退休老干部。9 ~ 10 月，分 5 批次组织 257 名副处级以上离退休干部前往老挝古都—琅勃拉邦进行参观考察，各市县、州直各单位组织老干部就近就地或赴外地参观考察 1000 余人次。为庆祝建党 90 周年，通过召开座谈会、举办书画展等形式，组织广大老干部回顾建党 90 年来的风雨历程，讴歌党的丰功伟绩。

西双版纳州离休干部离休金、医药费和财政支持“三个机制”健全完善，运转正常，离休费按时足额发放，医药费按规定实报实销，企事业单位离休干部生活补贴参照行政机关的标准发放；调整提高了部分离休干部护理费标准；积极配合组织部审批符合享受“8·13”文件精神的部分退休干部调整提高生活补贴标准23人、审批符合享受“43号”文件精神离休干部95人及为全州268名离休干部增加了规定不等的生活补贴。建立了老干部特困资金和帮扶解困资金，制定了特殊困难老干部的帮扶办法。坚持执行每2年为老干部进行一次健康体检的制度，各级财政在经费上给予保障，卫生医疗系统在技术力量和服务上给予支持，州、市县老干部局进行组织实施；举办老年人保健知识讲座4场，320人参加。对无固定收入的离休干部配偶按时足额发放生活补贴。全州离休干部住房补贴已按政策全部落实兑现。做好看望慰问易地安置老干部工作，对省外安置的老干部坚持做到了三年看望慰问一次，对省内安置的老干部做到了一年看望慰问一次以上；切实关心离休干部遗属生活。

〔**离退休干部党组织建设**〕 2011年，全州有老干部党支部278个，党组织健全，老干部党员参加组织生活正常，按时缴纳党费，离退休干部党支部党费按80%返还给支部开展活动。如景洪市狠抓离退休干部党组织建设工作，市委批准成立老干部局党委，增设党委副书记一名，专职工作人员一名；建立了1个离退休干部党总支、44个离退休干部党支部，共有党员832人。每年财政预算安排3万元经费，拨付给市委老干部局，作为组织开展离退休干部党支部书记培训、党组织工作日常检查指导的专项经费。

〔**组织老干部发挥作用**〕 按照“发挥优势、坚持自愿、量力而行、因地制宜”的原则，积极引导和帮助老干部在经济和社会发展中发挥作用。认真组织学习杨善洲先进事迹，促进了老干部“创先争优”活动的开展。目前全州有成百上千的老干部参与发展经济、加强党建、宣传政策法律、综治维稳、关心教育下一代、修史编志等工作和群众性文体活动，为党和人民作出了新贡献，其中不少同志获得各级表彰。为加强全州老干部工作和离退休干部老有所为先进典型的舆论宣传，全面做好离退休干部工作，老干局于2011年聘请了7位退休干部为《西双版纳州老干部工作通讯》的通讯员。

〔**“四就进”服务试点工作**〕 2011年，召开了西双版纳州县市社区“四就近”试点工作座谈会。为学习依托社区资源做好离休干部服务工作，4月，组织两县一市局长和局机关科室负责人，到上海、昆明学习利用社区资源做好老干部服务管理工作的做法和经验。通过参观考察和座谈，有力地促进了利用社区资源做好离退休干部“四就近”工作。自2010年6月开展社区试点工作以来，州委老干部局认真做好指导工作，社区干部认真组织实施，开展了社区老干部情况摸底、人员名单造册、登门入户家访、老干部集中谈座、老干部文艺专场演出、纪念建党节重温入党誓词活动、医疗服务进社区活动、健康保健知识讲座、老干部集中学习讨论和老干部趣味运动会等系列活动，使社区离退休干部确确实实体验到“四就近”的服务成效。景洪市根据离休干部整体进入“双高期”的实际，创新“四就近”工作方法，积极争取到市委、市政府的支持，增加两个公益岗位，设立了助老员岗位。2010年8月开始为城区45名离休老干部开展送温暖活动，走访看望了147人次，送学习资料《学习参考》，“胡锦涛纪念建党90周年讲话”每人一份，得到了离休干部们的认可和好评。

〔**“两块阵地”建设**〕 老干部活动中心和老年大学“两块阵地”是党和政府联系老干部的桥梁和纽带，是老干部政治学习的课堂、文化娱乐的场所，是老干部发挥作用的阵地。全州共建有老干部活动中心4个，总占地面积达29.82亩，总建筑面积达8478.43平方米，在活动中心建设上，坚持把室内活动与室外活动、内部活动与社会活动、平时活动与节日活动、知识趣味性活动与健身性活动有机结合起来，从而发挥了活动中心应有的功能和作用。2011年，接待老干部、老同志活动达10万余人次。目前，州老干部活动中心、老年大学、老干部党校“三位一体”开展工作。老年大学的工作得到进一步发展。西双版纳州老年大学已发展到12个班级5个专业，在校学员571人，办学的多样性和办学质量有了新的提高。州老年大学为展示展演老年大学的教育成果成立了州老年大学艺术团。老年大学艺术团多次参加州、市组织的社会公益活动，并在8月参加景洪城区和西双版纳州第二届“大家乐”群众文化广场舞大赛中，获得一等奖和州政府颁发的老年组一等奖奖牌。

〔**信访工作**〕 2011年，全州老干系统共受理老干部来访(来电)50人次，接待和办理老干部信访10件，全部已办理完毕，老干部思想稳定，未出现群体上访事件。每次来访、来电都能做到热心、耐心、细心的答复，通过耐心细致的解惑释疑，较好地化解了矛盾，帮助老同志解决许多实际问题，切实做到了事事有回音，件件有着落。

〔**干部队伍建设**〕 全州有老干部工作人员356人，其中专职57人，兼职299人。在老干部工作战线上，全体工作人员以党的事业为重，安心本职工作，努力做老干部的贴心人。选好配强老干部工作部门领导班子，重视改善老干部工作队伍结构，深入开展学习型、服务型部门建设和“创先争优”等活动，加强教育培训，创造良好的工作、学习和生活条件，努力打造一支政治强、作风好、业务精、充满活力的老干部工作队伍，不断提高老干部工作科学化水平，确保达到“让党放心、让老干部满意”的目标要求。

（《老干部工作》撰稿人：董思华）

纪检监察

〔**综述**〕 2011年，在省纪委和州委的坚强领导下，全州各级党委、政府和纪检监察机关以邓小平理论和“三个代表”重要思想为指导，深入贯彻落实科学发展观，按照以人为本、执政为民的要求，坚持标本兼治、综合治理、惩防并举、注重预防的方针，围绕中心、服务大局，以改革创新精神积极探索和实践符合西双版纳实际的反腐倡廉建设新路子，反腐倡廉建设取得了新的明显成效。

〔**州纪委全会**〕 2011年2月16日，州纪委六届六次全会在景洪召开，这次全会的主要任务是：传达贯彻胡锦涛总书记的重要讲话、十七届中央纪委六次全会和省纪委八届六次全会精神，深入贯彻党的十七大、十七届四中、五中全会、省委八届九次、十次全会和州委六届十次、十一次全会精神，总结2010年党风廉政建设和反腐败工作，部署2011年任务。州委书记江普生到会作了题为《坚持以人为本、执政为民，扎实推进党风廉政建设和反腐败斗争》的讲话，州委常委、州纪委书记李庆元代表州纪委常委会在会上作了题为《突出重点，整体推进，努力取得党风廉政建设和反腐败斗争新成效》的工作报告，州委副书记、州长刀林荫主持会议，州纪委委员，州委常委，州人大常委会、州政府、州政协领导班子成员及巡视员、副巡视员，州人民法院院长、州人民检察院检察长，各县市委书记、县市长，各区党委书记、管委会主任，州委和州级国家机关各部委办局、各人民团体和州属各事业单位副处级以上干部，中央、省属驻州单位副处级以上领导干部及州纪委监察局全体干部共664人参加了会议。

8月11日，州纪委六届七次全会在景洪召开，这次全会的主要任务是：讨论通过州纪委向州第七次党代会的工作报告。州委常委、州纪委书记李庆元出席会议并讲话，州纪委副书记、州监察局局长岩罕滇向大会作州纪委工作报告起草情况说明，州纪委副书记惠大栓主持会议，州纪委委员共31人参加会议。

8月26日，州纪委七届一次全会在景洪召开，这次全会的主要任务是：选举产生西双版纳州第七届纪律检查委员会常委、纪委书记、副书记。李庆元、岩罕滇、李洪武、李德富、纳志刚、李子昌、王恒康、郭光庆、付开云当选为州纪委常委，李庆元当选为州纪委书记，岩罕滇、李洪武、李德富当选为州纪委副书记。李庆元主持会议，并代表新当选的州纪委常委讲话。州纪委委员共29人参加会议。

〔**监督检查**〕 2011年，继续开展对扩大内需促进经济平稳较快增长政策措施落实情况的监督检查，对尚未完工的1～4批中央扩大内需项目及2010年中央投资项目进行检查，督促各项目实施单位严格按照项目投资计划，认真落实项目质量责任，加强资金监管，确保实现预期的效益。对全州加快转变经济发展方式所涉及的保障性安居工程建设、水利重点项目建设等进行监督检查，并对项目运行管理机制不完善、相关手续不齐全等存在的问题提出了整改要求。加强对《中共中央国务院关于加快水利改革发展的决定》落实情况的监督检查。整合监察、水利、发改、财政、建设、国土等相关部门的力量，加强对全州重点水利建设项目的决策审批、招标投标管理、物资采购及资金使用情况、项目实施质量、项目安全管理等进行检查。督促水利部门及各市县严格落实防汛抗旱、饮水安全保障、水资源管理、水库安全管理责任制。加强对节能减排和环境保护政策落实情况的监督，继续开展“整治违法排污企业保障群众健康”和“整治重金属污染企业”行动，着力解决危害群众健康和影响可持续发展的突出环境问题。加强对规范和节约用地政策落实情况的监督检查。会同国土资源部门加强对各市县人民政府及其有关部门贯彻落实土地调控和节约集约用地政策进行监督检查，督促州国土部门严把土地供应关，坚决防止违反规定向“两高一资”、产能过剩和盲目扩张、重复建设项目供地的行为。督促各市县认真落实耕地保护目标责任制，确保了全州耕地保有量和基本农田保有量稳定。会同州国土资源部门认真开展土地卫片执法检查工作，严厉打击各种违法侵、占用土地的行为。认真落实保障性住房用地政策。加强对保障性住房建设计划、进度、分配、资金管理等政策措施落实情况的监督检查，从严纠正了一批项目建设和工作落实中存在的问题，完善了保障性住房联合检查工作长效机制。

〔**党风廉政建设责任制和惩防体系建设**〕 2011年，严格执行中央《关于实行党风廉政建设责任制的规定》、省委和我州实施办法及我州领导干部四重分片包干负责党风廉政建设责任制工作办法，认真落实“听、谈、查”工作机制，坚持和完善反腐败领导体制和工作机制，明确职责分工，协调各方力量，推动各项工作落实。将2011年党风廉政建设和反腐败工作任务分解成60项，分别由21个牵头单位和64个协办单位具体负责，各级各部门层层分解任务，明确了责任主体及具体职责。各县市、各乡镇按要求，逐级落实责任，层层签订责任书，形成了一级抓一级，党政齐抓共管的责任体系。加快推进惩防体系建设，召开加快推进惩治和预防腐败体系建设工作会议，组织30个牵头部门，认真总结《建立健全惩治和预防腐败体系2008—2012年工作规划》颁布实施以来，我州推进惩防体系建设取得的成效，查找存在的突出问题，逐条分析、分解惩防体系建设工作主要任务，明确工作目标、责任人及工作时限。加强责任制考核，派出7个考核组，对全州6个市县区、53个州直部门（单位）2010年度推进惩防体系建设检查和落实党风廉政建设责任制情况进行考核，并按照优秀、合格、基本合格和不合格4个等次兑现奖惩，督促基本合格和不合格单位认真整改，各级领导班子和领导干部“一岗双责”意识进一步增强。

〔党风廉政建设宣传教育〕 深入开展理想信念和党性党风党纪教育，共有1261名党员干部到反腐倡廉警示教育基地接受教育，145名党员干部参加职务犯罪案件庭审旁听接受教育，197名党员干部到景洪监狱接受警示教育。开展反腐倡廉形势报告及专题讲座55场，4852名党员干部受教育，对87名新任处级领导干部进行了反腐倡廉建设专题培训，开展廉政谈话并签订廉政承诺书。组织3400名党员领导干部参加反腐倡廉知识竞赛。节假日期间向全州处级以上领导干部发送廉政短信11670条，廉政贺卡5千份，提醒各级领导干部“绷紧廉洁自律弦、把好勤政守廉关”。在州党代会召开前和会议期间，向州党代表和各级党员领导干部发送换届纪律“十七个不准”等要求4470条，提醒各级领导干部严守换届纪律，营造了风清气正的换届环境。整合新闻宣传资源，在《西双版纳报》、西双版纳电视台、西双版纳人民广播电台定期开展反腐倡廉新闻报道，2011年，州内3家媒体刊播我州反腐倡廉新闻节目259条（期）。大力推进廉政文化建设，创建了3个省级廉政文化示范点和7个州级廉政文化示范点，廉荣贪耻的社会风尚进一步得到弘扬。

〔领导干部廉洁自律〕 认真落实厉行节约各项规定，因公出国（境）经费、车辆购置及运行经费、公务接待经费得到有效控制。认真开展公务用车问题专项治理，纠正超编制超标准配备公务用车和违规换车、借车、摊派款项购车、豪华装饰及公车私用等问题，规范村级工作用车的配备和使用管理，下发了《关于加强全州村级工作用车管理的通知》，明确村级工作用车的配备标准、报批程序及使用管理规定。建立健全禁止公款出国（境）旅游长效机制，认真执行关于党政机关公务接待的管理规定，继续严格控制党政机关办公楼等楼堂馆所建设。

〔制度创新〕 认真贯彻落实中央新修订的《关于实行党风廉政建设责任制的规定》和《农村基层干部廉洁履行职责若干规定（试行）》，制定了《西双版纳州领导干部包干联系农村党风廉政建设工作办法（试行）》，实行纪检监察机关领导干部包干联系、县市区领导干部挂钩联系、乡镇领导干部包村负责农村基层党风廉政建设工作制度，确保全州农村基层党风廉政建设工作全面深入推进。强化监督，印发《西双版纳州关于开展加快转变经济发展方式监督检查的实施办法》，促进中央、省委和州委各项重大决策部署的贯彻落实。认真落实《西双版纳州领导干部四重分片包干负责党风廉政建设责任制工作办法（试行）》，紧紧围绕权力运行情况和“三重一大”事项决策、执行情况，重新分析排查风险点，建立健全三级廉政风险管理机制，确保权力规范运行。积极开展信访谈话、书面函询、信访初核、集体通报、信访建议、委托监督等信访监督工作，制定《西双版纳州纪检监察信访举报工作考核办法》，信访监督形成体系。积极开展反腐倡廉建设民意调查并形成制度，不断提高反腐倡廉建设科学化水平。鼓励支持各级各部门积极探索，取得了一批制度创新成果。

〔案件查处〕 2011年，全州纪检监察机关收到信访举报415件次，立案47件，处分52人，其中处级干部3人、乡科级干部19人、一般干部19人，留党察看2人，开除党籍25人，移送司法机关处理4人，挽回经济损失300余万元。充分发挥州委反腐败协调小组的作用，认真研究解决职务犯罪案件中存在的问题，不断提高有效突破案件的能力。认真执行信访举报案件线索集体分析排查、案件审理辨析、案件倒查、案件回访等制度，不断提高案件查办工作水平和质量。严格依纪依法、安全文明办案，加强案件剖析，协助发案单位完善制度，加强管理，查办案件的治本功能进一步发挥，提高了人民群众对反腐败斗争的满意度。

〔纠风工作〕 着力解决损害群众利益的不正之风,加强对惠农支农资金、社保基金、住房公积金、扶贫和救灾救济专项资金的监督检查,查处和纠正社保基金违法违纪案件3件,涉及金额85.6万元。深化治理教育乱收费,严肃查处并清退各类学校乱收费1.82万元。继续治理医药购销和医疗服务中的不正之风。坚决制止和纠正治理食品药品安全突出问题,严厉打击私屠滥宰行为。深入开展民主评议工作,充分发挥特邀监察员和政风行风监督员的作用,对35个单位进行了明察暗访。

〔权力监督〕 认真落实领导干部报告个人有关事项等制度,加强对党内监督条例、"三重一大"等各项制度贯彻执行情况的监督检查,参加县市区、州直部门民主生活会68次,重要会议201次,廉政谈话506人次。认真开展领导干部任期经济责任审计工作,查出违规资金45万元。

〔西双版纳热线〕 2011年6月9日,州委、州政府召开"热线"工作推进会,把原"政风行风热线"改版更名为"西双版纳热线"。会议提出:要让"热线"走出直播间,充分发挥"沟通、服务、监督、展示"等作用,把"热线"打造成服务群众、展示党和政府形象的一个品牌。9月15日,"'西双版纳热线'走进村寨听民声"首次户外直播活动在勐海县勐遮镇曼恩村委会曼杭混村小组顺利举行,主动问需于民、问计于民、问政于民,邀请勐海县人民政府代县长岩总就"曼杭混模式"土地综合治理等民生热点问题与基层群众面对面沟通交流。2011年,"西双版纳热线"共播出节目41期,41个部门(单位)、行业146名领导干部参与上线,解答或受理群众投诉咨询637件。

〔投诉监督工作〕 2011年,"12345"投诉监督专线接听群众来电51895个,其中通过专线电话、来信、来访、网络平台等共受理群众投诉272件,解答群众各类咨询3370件,接待群众来访27人次。

〔问责工作〕 认真按照《西双版纳州领导干部问责办法》的要求,围绕中心,服务大局,加大对有令不行,有禁不止,不履职或不认真履职等行为的问责力度,紧紧围绕全州重点工作、重大项目、重要事项的推进和落实情况开展督查,对不履职和不认真履职,玩忽职守、失职、监管不力、处置不当等行为进行问责。2011年共问责干部14人,其中正科级干部4人,一般干部10人。

〔源头治理〕 认真贯彻执行党风廉政建设责任制和领导干部四重分片包干负责党风廉政建设责任制工作办法及"听、谈、查"工作机制,把党风廉政建设责任制考核、惩防体系建设检查、领导班子和领导干部年度考核结合起来,促使各级领导干部认真履行"一岗双责",巩固了齐抓共管反腐倡廉建设的良好局面。积极探索廉政风险防控机制,认真查找关键岗位、重点环节,制定相应的防控措施,全州170个单位(含县市级)确定关键岗位659个、重点环节1020个,制定防范措施1844条。行政审批制度、干部人事制度、司法体制和工作机制、金融体制、投资体制改革不断深化。充分发挥行政监察职能,执法监察、廉政监察和效能监察力度不断加大。党务公开、政务公开、厂务公开、村务公开和公共事业单位办事公开深入推进。公共资源交易中心建成运行,政务服务中心建设有序推进,4个乡镇建立了为民服务中心、56个行政村、村小组建立了服务代办点。

〔专项治理〕 扎实推进工程建设领域突出问题专项治理,对98个整改项目存在的274个问题进行检查,整改落实242个,正在整改32个。全面开展党政机关、事业单位清理"小金库"复查工作,扎实推进国有企业和国有控股企业"小金库"专项治理。2011年,全州应复查单位总户数1007个(其中:党政机关246个,事业单位528个,社会团体173个,国有及国有控股企业60个),已复查单位户数1007个,复查率为100%,复查存在"小金库"问题单位1户,涉及金额8.14万元。深入开展庆典、研讨会、论坛过多过滥问题专项治理,印发了《关于开展清理和规范庆典、研讨会、论坛活动工作的实施意见》和《西双版纳州关于规范领导干部出席庆典、研讨会、论坛活动管理暂行办法》,清理举办周期性研讨会1个,涉及经费3万元。认真开展公务用车问题专项治理,纠正超编制超标准配备公务用车和违规换车、借车、摊派款项购车、豪华装饰及公车私用等问题,规范了村级工作用车的配备和使用管理。

〔农村基层党风廉政建设〕 在以示范点建设为突破口、以"三公开"为重点、以纪检监察三人小组为载体全面推进农村党风廉政建设工作的基础上,制定下发了《西双版纳州领导干部包干联系农村基层党风廉政建设工作办法(试行)》,实行纪检监察机关领导干部包干联系、县市区领导干部挂钩联系、乡镇领导干部包村负责农村党风廉政建设工作制度。2011年州级纪检监察机关30名处级以上领导干部、县市区纪检监察机关90名科级以上领导干部包干联系、县市区63名县级领导干部挂钩联系、乡镇(街道)243名党政领导班子成员包村负责全州249村(社区)农村党风廉政廉政建设。通过层层包干,明确职责,督促各级领导干部深入村级一线开展调查研究和督促指导，认真研究解决农村党风廉政建设存在的问题，形成了上下联动、齐抓共管农村基层党风廉政建设的长效机制和抓工作的落实机制。

〔**自身建设**〕 继续巩固“做党的忠诚卫士、当群众的贴心人”主题实践活动成果，以创先争优活动为载体，聚精会神、全神贯注抓自身建设。坚持机关业务学习制度、案例分析制度、全员评议制度、轮岗交流制度，实行定期务虚制、工作目标责任制、目标绩效考核办法、内部责任追究制，选派50名干部参加了中纪委、省纪委举办的纪检监察综合业务培训，选派4名年轻干部到云南师范大学脱产培训，对乡镇纪委书记和新调入纪检监察战线的干部进行综合业务培训。深入开展“治庸治懒治散”活动，认真组织开展“调研年”活动，对全州32个乡镇（街道办事处）223村委会农村党风廉政建设进行了调研。建立领导班子成员领题调研制度，领导班子成员带头完成1至2项有质量的调研课题，处级干部每人撰写了1至2篇调研文章。加强对派出机构的领导，认真研究解决派出机构统一管理体制改革过程中的内部治理问题。认真落实中央、省关于加强县级纪检监察机关建设若干意见，圆满完成州、县、乡三级纪委换届工作，县级纪检监察机关班子建设、队伍建设、经费保障等方面得到加强。严格执行中央纪委“四个对”和“五严守、五禁止”要求，严格加强对纪检监察干部的教育、管理和监督，努力争当机关自身建设和干部队伍建设的排头兵，涌现出了以全国纪检监察系统先进工作者标兵郭光庆同志为代表的一批坚持原则、秉公执纪、恪尽职守的先进典型，树立了纪检监察干部可亲、可信、可敬的良好形象。

（《纪检监察》撰稿：肖湘云）

州人大常委会

〔**概况**〕 2011年，是实施“十二五”规划的开局之年，也是本届人大常委会的收官之年，我们不仅面临着深入实施西部大开发战略的重大机遇，而且还面临着建设中国面向西南开放桥头堡这一千载难逢的重大战略机遇，做好今年的人大工作，责任重大，意义深远。2011年常委会工作的指导思想和总体要求是：在州委的领导下，以邓小平理论和“三个代表”重要思想为指导，深入贯彻落实科学发展观，认真贯彻党的十七届五中全会和省委八届十次全会精神，认真落实省委、州委人大工作会议精神，按照州委六届十次、十一次全会和州十一届人大六次会议的工作部署，坚持科学发展这个主题，加快经济发展方式转变这条主线，紧紧围绕“六大战略”和“十二五”规划，以及“强基础、快发展，调结构、上水平，惠民生、促和谐”中心任务，认真依法履职，努力开创人大工作新局面，为加快推进建设富裕民主文明和谐西双版纳进程作出新的贡献。一年来，共召开常委会会议6次、主任会议27次；审议自治州单行条例草案4件；听取和审议“一府两院”专项工作报告24项；作出决议和决定17个；开展执法检查、视察、专题调研18次，圆满完成了州第十一届人大五次会议确定的各项目标任务。

〔**州第十一届人民代表大会第六次会议**〕 2011年2月20～25日在景洪举行。会议应到代表266名，共有244名人大代表出席会议。不是州人大代表的州级领导、驻州的全国人大代表、省人大代表和没有州人大代表的州直各委办局以及中央、省属、武警驻州单位的负责人127人列席会议。

会议听取和审查州长刀林荫作的政府工作报告；审查州2010年国民经济和社会发展计划执行情况与2011年国民经济和社会发展计划草案的报告（书面）；审查州2010年地方财政预算执行情况和2011年地方财政预算草案的报告（书面）；听取州人大常委会副主任袁发先作关于《云南省西双版纳傣族自治州古茶树保护条例（修订草案）》的说明；听取州人大常委会副主任袁发先作关于《云南省西双版纳傣族自治州天然橡胶管理条例（修订草案）》的说明；听取和审查州第十一届人大常委会主任杨建明作的州人民代表大会常务委员会工作报告；听取和审查州中级人民法院院长线东明作的州中级人民法院工作报告；听取和审查州人民检察院检察长胡跃作的州人民检察院工作报告。

会议通过关于州人民政府工作报告的决议、关于州2010年国民经济和社会发展计划执行情况的报告与2011年国民经济和社会发展计划的决议、关于州2010年州本级财政预算执行情况的报告和2011年州本级财政预算的决议、关于州第十一届人民代表大会常务委员会工作报告的决议、关于州中级人民法院工作报告的决议、关于州人民检察院工作报告的决议；会议审议通过《云南省西双版纳傣族自治州古茶树保护条例（修订草案）》、《云南省西双版纳傣族自治州天然橡胶管理条例（修订草案）》；会议选举郑维兴为州第十一届人民代表大会常务委员会秘书长、委员、财政经济委员会主任委员。

会议共收到代表提出的建议、批评和意见共61件。其中涉及工交经济类的18件；科教文卫类的13件；农林水气类的16件；财贸金融的5件；政法综合类的7件。

会议主席团由41人组成，常务主席由江普生、杨建明、张美兰、兰昌华、召亚平、袁发先、刀金芬、刀琼平担任。实到代表有256名。

担任大会执行主席的还有江普生、杨建明、张美兰、兰昌华、召亚平、袁发先、刀金芬、刀琼平在主席台就座。

刀林荫、胡志寿、陈启忠、李庆元、赵刚、马力勇、李江虹、唐家华、依甩、祜巴龙庄勐、李永义、玉香伦、权继能、江建成等党政领导和州人大常委会原领导李勇、兰昌华等主席团成员在主席台就座。在主席台就座的还有：原我州老领导召存信、苏恒、王贵生、任舜年。省委换届工作指导组组长肖聪在主席台就座。州中级人民法院院长董国权、州人民检察院检察长胡跃。

2月25日，会议闭幕，州人大常委会主任杨建明致闭幕词。

〔第三十一次会议〕 2月14日在景洪举行。州人大常委会主任杨建明主持会议，副主任张美兰、兰昌华、召亚平、袁发先、刀金芬，秘书长郑维兴及24名组成人员出席会议。州长助理刘鸿章、州中级人民法院院长线东明、州人民检察院检察长胡跃人大常委会办公室14人列席会议。听取和审议州人大法制委员会主任委员李锟作关于《云南省西双版纳傣族自治州古茶树保护条例(草案)》审议结果的报告；听取和审议州人大法制委员会主任委员李锟作关于《云南省西双版纳傣族自治州天然橡胶管理条例(修订草案)》审议结果的报告；听取和审议州人大常委会副主任张美兰作关于西双版纳傣族自治州第十一届人民代表大会第六次会议议程(草案)、日程(草案)、主席团和秘书长名单(草案)、列席人员名单(草案)的说明；听取和州人大常委会秘书长郑维兴作关于西双版纳傣族自治州第十一届人民代表大会常务委员会工作报告(讨论稿)的说明；听取和审议州人大常委会副主任、代表资格审查委员会主任委员刀琼平作西双版纳傣族自治州人大常务委员会代表资格审查委员会关于个别代表的代表资格审查和代表变动情况的报告。通过关于提请西双版纳傣族自治州第十一届人民代表大会第六次会议审议《云南省西双版纳傣族自治州古茶树保护条例(草案)》及《云南省西双版纳傣族自治州天然橡胶管理条例(修订草案)》的决定；通过西双版纳傣族自治州第十一届人民代表大会第六次会议议程(草案)、西双版纳傣族自治州第十一届人民代表大会第六次会议日程(草案)、西双版纳傣族自治州第十一届人民代表大会第六次会议主席团和秘书长名单(草案)、西双版纳傣族自治州第十一届人民代表大会第六次会议列席人员名单；决定西双版纳傣族自治州第十一届人民代表大会常务委员会工作报告人；表决关于西双版纳傣族自治州第十一届人民代表大会个别代表的代表资格审查和代表变动情况的报告。

根据州人民政府州长刀林荫的提请：决定任命马维刚为州人民政府副州长。

根据州人民检察院检察长胡跃的提请：任命姚丽诚为州中级人民法院审判员、刑事审判二庭副庭长。

〔第三十二次会议〕 4月27～28日在景洪举行。州人大常委会主任杨建明主持会议，副主任兰昌华、召亚平、袁发先、刀金芬，秘书长郑维兴及23名组成人员出席会议。副州长、州公安局长王方荣、州中级人民法院院长线东明、州人民检察院检察长胡跃，人大常委会办公室，州政府办、州旅游局、州卫生局、州民宗局，市县人大及部分乡镇人大主席团主席28人列席会议。会议听取和审议州人民政府副秘书长岩罕恩作关于全州人口较少民族发展工作情况的报告；听取和审议对州旅游局局长卢江泉作关于州人大常委会评议州旅游局整改意见落实情况的报告；听取州人大常委会秘书长郑维兴作关于《西双版纳傣族自治州人民代表大会常务委员会2011年工作要点(草案)》的说明；审议通过西双版纳傣族自治州人民代表大会常务委员会2011年工作要点；听取州委组织部副部长喻宏介绍州委提请任命人员情况；听取州人民检察院检察长胡跃介绍提请任命人员情况；听取和审议州人民政府关于省、州人大代表视察全州农村食品安全工作情况审议意见整改落实情况的报告(书面)。

会议认为，州人民政府重视扶持人口较少民族发展工作，把扶持人口较少民族发展工作作为贯彻落实科学发展观、促进民族团结、构建和谐社会的一项重要工作采抓。加强组织领导，认真落实各项扶持优惠政策，工作成效明显。会议建议：①继续高度重视扶持人口较少民族发展工作。进一步统一思想认识，增强做好扶持工作的责任感和紧迫感。认真总结工作战绩和经验，继续加大投入力度，落实目标责任，确保各项政策措施落到实处，力求人口较少民族与全州实现同步发展。②重视产业发展，增强发展后劲。重视农民经济合作组织，因地制宜，找准产业发展项目，培育发展支柱产业，立足产业发展，发挥项目的长期效应，壮大农村集体经济，挖掘增收潜力，开辟增收渠道，实现农民增收。③重视人才培养，提高人口素质。要高度重视人口较少民族的教育工作，促进义务教育均衡发展。继续加大党政人才及实用技术人才的培养力度，发挥好村干部的带头作用，使经济社会发展水平与人口素质相适应。④重视统一规划，统筹扶持工作。深入开展调查研究，坚持项目直接到村的原则，做好自然村规划，消除扶持盲点。围绕国家、省“十二五”扶持人口较少民族发展政策，努力做到扶持工作力度与资金投入力度同步加大，基础设施建设与基础设施的巩固和使用同步推进，基础条件较好的村寨与山区欠发达村寨的生活水平同步改善，扶持人口较少民族发展与对其他民族的扶贫工作同步规划，促进各民族共同团结奋斗，共同繁荣发展。

会议认为，州旅游局对州十一届人大常委会第二十九次会议审议意见中提出的五点工作建议较为重视，采取有效措施，进行了认真的整改落实，取得了一定的工作成效。会议建议：建立长效机制，继续抓好整改工作，确保审议意见得到持续落实；加强旅游基础设施建设，引导企业加大投入，提升景区（点）品质；把握旅游业发展趋势，学习借鉴先进经验和做法，进一步规范旅游购物市场，巩固提升“西双版纳”旅游品牌；继续加大执法力度，培育行业规范，严厉打击“四黑”（黑社、黑导、黑车、黑店）净化旅游市场；加大西双版纳州旅游条例的贯彻执行力度，增强对条例的宣传效果，尽快出台实施办法及配套政策。

会议认为，州人民政府根据州十一届人大常委会第二十九次会议审议意见，进行了认真整改落实，组织保障和措施有力，针对性强，确保了常委会审议意见的落实。会议建议：州人民政府要继续从维护人民群众的切身利益出发，建立监管长效机制，继续抓好审议意见的落实；充分发挥政府的监督、引导、服务职能，认真抓好组织领导，质量监管，源头控制，专项治理和宣传教育工作，切实提高全州农村食品安全保障水平。

根据西双版纳傣族自治州人民政府州长刀林荫的提请：任命吴江玲为西双版纳傣族自治州审计局局长。免去刀金海的西双版纳傣族自治州审计局局长职务；王嘉玲的西双版纳傣族自治州人民政府外事侨务办公室主任职务。

根据西双版纳傣族自治州人民检察院检察长胡跃的提请：任命周志勇为西双版纳傣族自治州人民检察院检察委员会委员；李瑜为西双版纳傣族自治州人民检察院检察委员会委员；蓝剑为西双版纳傣族自治州人民检察院检察员。免去刀友谊的西双版纳傣族自治州人民检察院检察委员会委员职务；康二的西双版纳傣族自治州人民检察院检察委员会委员职务。

〔第三十三次会议〕 6月27～29日在景洪举行。州人大常委会主任杨建明主持会议，副主任兰昌华、召亚平、袁发先、刀金芬，秘书长郑维兴及24名组成人员出席会议。副州长、州公安局长王方荣、州中级人民法院副院长杨永、州人民检察院检察长胡跃，人大常委会办公室，州政府办、州住建局、州公安局，市县人大及部分乡镇人大主席团主席29人列席会议。会议听取和审议州人大常委会副主任刀金芬作州人大常委会执法检查组关于《云南省西双版纳傣族自治州城镇市容和环境卫生管理条例》执法检查情况的报告；听取和审议州人民政行副州长王方荣作关于开展打击非法彩票赌博活动工作情况的报告；听取和审议州中级人民法院副院长杨永作州中级人民法院关于案件质量评查情况的报告；听取和审议州人民检察院检察长胡跃作关于全州检察机关开展审查抗诉案件工作情况的报告；听取和审议州人大常委会副主任袁发先作州人大常委会调研组关于州中级人民法院案件质量评查工作情况的调研报告；听取和审议州人大常委会副主任袁发先作州人大常委会调研组关于全州检察机关开展审查抗诉案件工作情况的调研报告；听取和审议州人大法制委员会主任委员李锟作《云南省西双版纳傣族自治州古茶树保护条例》颁布实施时间的决定（草案）的说明；听取和审议州人大法制委员会主任委员李锟作《云南省西双版纳傣族自治州天然橡胶管理条例（修订）》颁布实施时间的决定（草案）的说明；听取和审议州人大常委会副主任、代表资格审查委员会主任委员刀琼平作西双版纳傣族自治州第十一届人民代表大会常务委员会代表资格审查委员会关于终止个别代表的代表资格的报告；听取州委常委、州委组织部长赵刚介绍提请任命董国权为西双版纳傣族自治州中级人民法院代理院长职务的情况介绍；听取州人民检察院检察长胡跃介绍提请 ；审议通过关于《云南省西双版纳傣族自治州古茶树保护条例》颁布实施时间的决定；审议通过关于《云南省西双版纳傣族自治州天然橡胶管理条例（修订）》颁布实施时间的决定。

会议认为，《云南省西双版纳傣族自治州城镇市容和环境卫生管理条例》颁布实施后，各级人民政府加强领导，强化措施，城镇市容和环境卫生管理工作取得初步成效。执法检查组指出的问题和提出的建议实事求是、有针对性。会议同意执法检查报告。会议建议:①加强宣传、提高认识,营造人人懂法守法的良好氛围。各级人民政府要站在依法行政、推进依法治州的高度,充分认识《条例》贯彻实施的重要性,以在电视台开设专栏解读《条例》、在街面设置图文并茂的橱窗、以案说法等方式,深入持久地推进《条例》的宣传实施,切实提高社会各界和广大人民群众对《条例》的知晓率及维护市容环境卫生的自觉性。②注重规划、加大投入,提升城市功能。要将城镇市容和环境卫生事业纳入国民经济和社会发展计划,科学制定基础设施建设规划;加大城镇基础设施建设及管护资金投入,提升城市绿化亮化美化水平,保障城市公厕建设和管护、果皮箱设置、公共停车场建设、城市景观改造的资金投入;监督企业按质按量投入建设资金,确保新建小区环卫设施配套齐全。③强化机制、加强管理,促进管理现代化。要依据《条例》的相关规定,认真研究制定符合本州实际的实施细则、城镇容貌标准;落实好城镇市容和环境卫生目标及分区管理责任制,并向社会公示;完善工作制度,建立政府主导,各有关部门、单位相互配合的长效管理工作机制;探索企业运作模式,鼓励社会力量参与市容环境卫生管理与监督工作。④健全体制、提升素质,提高综合执法水平。加强对城管执法人员的政治教育和法律培训,使执法人员树立服务理念,熟练掌握和自觉运用《条例》来严格依法行政,提高执法水平;完善机构和制度建设,整合执法资源,全面提升城管综合执法水平。⑤突出重点、严格执法,着力解决突出问题。要切实加大执法力度,杜绝执法不严和执法缺位,树立《条例》的权威性。近期必须解决六个方面的问题:一是加大宣传力度,迅速掀起学习宣传《条例》的新高潮;二是“三区”执法机构和队伍建设;三是城区,特别是嘎洒转盘车辆乱停乱放和占道经营;四是城区公厕和公共活动场所垃圾收容器科学规划与建设;五是城区犬只的规范管理;六是城区河沟、湖泊垃圾清运。州人大常委会将对上述问题进行重点跟踪监督。

会议认为,州人民政府重视打击非法彩票赌博活动工作,成立领导小组,制定实施方案,明确工作目标,打击整治“私彩”行动取得阶段性成果。会议建议:一要加大宣传力度。贴近群众开展好形式多样的宣传活动,使广大干部群众了解危害,提高防范能力。二要加强综合治理。进一步加强领导,明确职责,完善各部门协调配合机制,形成齐抓共管格局。加大打击力度,抓源头,重点打庄家、打窝点。三要建立长效治理机制。巩固打击成果,完善奖励机制,加强基层组织建设,将遏制、打击整治“私彩”违法犯罪活动纳入社会治安综合治理工作范畴常抓不懈。

会议认为,全州两级法院强化内部监督制约机制,加强案件质量管理,促进了审判质量和效率,提高了审判人员的能力和水平。会议建议:①进一步提高对案件质量评查工作的认识。全州各级法院要进一步提高对开展案件质量评查工作的重要性和必要性的认识,把案件质量评查工作纳入重要议事日程,将其作为提升司法审判质量和效率、加强队伍建设、维护司法公正的一项重要措施来抓紧抓好。②进一步建立和完善案件质量评查的相关制度。建立科学的案件质量评查制度,突出审查重点,出台案件程序、实体和法律文书方面的审查标准,特别是要制定全州法院统一的案件质量评查体系,细化标准和操作程序,使案件质量评查有章可循、有据可依。③进一步加强队伍建设。加强案件质量评查组织机构的建设,选派政治素质高、业务能力强、作风过硬的法官,充实到案件质量评查队伍中,确保评查工作的权威性;加强案件质量评查队伍的培训和培养,增强责任意识和职业道德,提高掌握运用法律的能力。④进一步创新案件质量评查的方式方法。在维护审判独立、不干涉审判人员独立办案的司法原则上,认真总结,积极探索,全方位、多角度对案件的立、审、执、查各个环节的质量进行评查。⑤进一步有效运用评查结果。把案件质量评查结果作为法官考核依据,作为追究违法审判责任的依据,形成有效的考评奖惩机制。

会议认为,近年来,全州检察机关把依法做好抗诉工作作为加强法律监督、维护司法公正的重要举措来抓,积极履行法律监督职责,加强对刑事、民事和行政案件的监督,为促进司法公正、维护法律权威及社会和谐稳定作出了积极努力。会议建议:①强化抗诉意识,维护公平正义。要进一步提高对抗诉工作重要性的认识,坚持将量刑畸轻畸重、生效的错误裁判作为监督重点,结合实际,科学建立和完善抗诉工作考核体制,促进抗诉工作健康有序开展。②加强队伍建设,提高抗诉水平。重视抗诉工作队伍的建设和业务水平的提高,加强法学理论学习和研究,不断提高检察人员综合素质;认真分析、总结工作经验,从根本上提高抗诉案件的质量和效果。③加强沟通配合,提高抗诉质量。要做好抗前沟通,共同分析研究案件的可抗性,力求做到上下协调、认识统一、抗点准确、说理充分;主动加强与法院的联系沟通,与审判机关共同把好案件质量关,确保案件经得起法律、社会和历史的检验。

决定接受线东明辞去西双版纳傣族自治州中级人民法院院长职务。

根据州第十一届人大常委会第94次主任会议的提请：任命董国权为西双版纳傣族自治州中级人民法院副院长。及其西双版纳傣族自治州中级人民法院院长代理职务。

根据州人民检察院检察长胡跃的提请：任命杨莹娜为西双版纳傣族自治州人民检察院检察员。

〔第三十四次会议〕 8月29～31日在景洪举行。州人大常委会主任杨建明主持会议，副主任张美兰、兰昌华、召亚平、袁发先、刀金芬、刀琼平，秘书长郑维兴及25名组成人员出席会议。副州长、州公安局长王方荣、州中级人民法院院长董国权、州人民检察院检察长胡跃，人大常委会办公室，州政府办、州发改委、州财政局、司法局、州审计局，市县人大及部分乡镇人大主席团主席31人列席会议。会议听取和审议州发改委主任江建成作关于西双版纳州2011年1～6月国民经济和社会发展计划执行情况的报告；听取州人大财政经济委员会主任委员岩温作州人大常委会检查组关于全州2011年1～6月国民经济和社会发展计划执行情况的检查报告；听取和审议州财政局局长洪国正作关于西双版纳傣族自治州2011年1～6月地方财政预算和州本级预算执行情况的报告；听取州人大财政经济委员会主任委员岩温作州人大常委会检查组关于全州2011年1～6月地方财政预算和州本级预算执行情况的检查报告；听取和审议州审计局局长吴江玲作关于2010年度州本级预算执行及其他财政收支的审计工作报告；听取和审议州财政局局长洪国正作关于西双版纳傣族自治州2010年地方财政决算及州本级决算执行情况的报告；听取州人大财政经济委员会主任委员岩温作关于对西双版纳傣族自治州2010年地方财政决算及州本级决算审查结果的报告；听取和审议州司法局局长孔树华作关于西双版纳傣族自治州2011～2015年依法治州规划（草案）的报告；听取州人大法制委员会主任委员李锟作关于《西双版纳傣族自治州2011～2015年依法治州规划（草案）》审议报告；听取和审议州人大常委会选举联络工作委员会主任孙燕作关于《西双版纳傣族自治州人大常委会关于确认州人大常委会主任会议许可对州第十一届人民代表大会代表莫俊采取强制措施的决定（草案）》的说明听取和审议州人民检察院检察长胡跃作关于提请任命人员情况的说明；表决通过西双版纳傣族自治州人民代表大会常务委员会关于批准西双版纳傣族自治州2010年州本级财政决算的决议；表决通过西双版纳傣族自治州人民代表大会常务委员会关于进一步加强法制宣传教育的决议；表决通过西双版纳傣族自治州人民代表大会常务委员会关于批准《西双版纳傣族自治州2011－2015年依法治州规划》的决定；表决通过西双版纳傣族自治州人大常委会关于确认州人大常委会主任会议许可对州十一届人大代表莫俊采取强制措施决定。

根据州人民检察院检察长胡跃的提请：任命邹国华为西双版纳傣族自治州人民检察院检察员。

〔第三十五次会议〕 10月26～28日在景洪举行。州人大常委会主任杨建明主持会议，副主任兰昌华、召亚平、袁发先、刀金芬，秘书长郑维兴及22名组成人员出席会议。副州长杨沙、州中级人民法院副院长王丽萍、州人民检察院检察长胡跃，人大常委会办公室，州政府办、州发改委、财政局、住建局、科技局、交通运输局、环保局，市县人大及部分乡镇人大主席团主席27人列席会议。会议听取和审议州人大民族委员会主任委员刀光荣作州人大常委会执法检查组关于《云南省西双版纳傣族自治州民族传统建筑保护条例》执法检查情况的报告；听取和审议州人民政府副州长杨沙作关于《西双版纳州生态州建设规划》贯彻执行情况的报告；听取和审议州交通运输局局长刘俊杰作关于"村村通"公路工程建设情况的报告；听取和审议州人大财政经济委员会主任委员岩温作关于全州"村村通"公路工程建设情况的调研报告；听取和审议州科技局局长罕文荣作关于《中华人民共和国科学技术进步法》、《云南省科学技术进步条例》贯彻执行情况的报告；听取和审议州人大常委会教科文卫工作委员会主任黄中兴作州人大常委会调研组关于对全州贯彻执行《中华人民共和国科学技术进步法》、《云南省科学技术进步条例》情况的调研报告；听取和审议州委组织部常务副部长喻宏作关于提请任命人员情况的说明。

根据西双版纳傣族自治州人民政府州长刀林荫的提请：决定任命赵昱为西双版纳傣族自治州扶贫办主任。

〔第三十六次会议〕 12月27～29日在景洪举行。会议由州人大常委会主任杨建明主持，副主任兰昌华、召亚平、袁发先、刀金芬、刀琼平等出席会议，副州长唐家华、州法院代理院长董国权、州检察院检察长胡跃等列席会议，人大常委会办公室，州政府办、州 局、州 局、州 局，市县人大及部分乡镇人大主席团主席 人列席会议。会议听取和审议。

会议听取和审议州财政局局长洪国正作的关于西双版纳2011年度地方财政预算超收暨上级财政返还、补助收入安排的报告；州人民政府副州长唐家华作的关于州十一届人大六次会议代表提出的建议、批评和意见办理情况的报告；州人大常委会副主任刀琼平作的省州人大代表视察组关于全州城镇市容和环境卫生管理工作情况的视察报告；州人大常委会选举联络工作委员会主任孙燕作的关于在州人大代表中开展“五个一”主题活动情况的检查报告、州第十一届人民代表大会常务委员会关于撤销晁笑岩审判员职务的决定（草案）的说明。

通过关于批准西双版纳傣族自治州2011年度地方财政预算超收暨上级财政返还、补助收入安排的决议、州第十一届人民代表大会常务委员会关于撤销晁笑岩审判员职务的决定。根据西双版纳傣族自治州中级人民法院代理院长董国权提请：免去杨永的西双版纳傣族自治州中级人民法院审判员、审判委员会委员、副院长职务。

根据西双版纳傣族自治州人民检察院检察长胡跃的提请：任命杨永为西双版纳傣族自治州人民检察院副检察长、检察委员会委员；免去王云祥的西双版纳傣族自治州人民检察院副检察长、检察委员会委员职务；

根据西双版纳傣族自治州第十一届人大常委会主任会议提请：任命王云祥为西双版纳傣族自治州人大常委会环境与资源保护工作委员会副主任。

会议认为，州人民政府及财税部门认真贯彻落实科学发展观，紧紧围绕“六大战略”和“十二五”规划，努力培植财源，狠抓增收节支，促进了全州经济平稳较快发展。州本级财政收入大幅增长，超额完成年初州人代会确定的预算任务。会议同意州人民政府2011年度地方财政预算超收暨上级财政返还和补助收入安排。会议建议：①以科学发展观为指导，加快经济发展方式转变，积极争取上级支持，努力培植财源税源，增强经济发展动力。②关注改革发展、关注民生，保障重点支出和民生支出，着力改善城镇职工生活水平。③严格规范财政超收收入用途，加大资金监管力度，提高资金使用效益。

会议认为，州人民政府高度重视代表建议办理工作，把办理好代表建议作为狠抓工作落实，推进政府工作的重要途径，强化组织领导，加强工作协调，工作力度不断加大，办理质量逐年提高。会议建议：①加大政府协调力度，确保建议办理工作落实到位。要对代表建议进行认真梳理、科学分类，准确交办。对于涉及面广的建议，政府要牵头组织进行有针对性的专题调研，积极探索联合办理新途径，提高综合性建议的办理质量。②加大续办力度，增强建议办理的实效性。要继续保持办理工作的连续性，加大对续办建议的督办力度，努力提高建议办结率。③加强与代表的联系沟通，不断提高代表满意率。要面对面听取代表本人的意见和建议，积极采纳代表提出的合理化建议，组织代表参与办理过程，提高代表建议办理答复的针对性。

会议认为，省州人大代表视察组视察主题明确，组织有力，视察报告实事求是地反映了全州城镇市容和环境卫生管理工作情况，提出的意见和建议有针对性和操作性，会议同意该视察报告。会议认为，各级人民政府高度重视城镇市容和环境卫生管理工作，加强组织领导，加大工作力度，城市功能进一步完善，城镇市容和环境卫生状况明显改观，城市管理水平进一步得到提高。会议建议：①提高认识、加大宣传，增强市民公德意识。要围绕景洪市创建“中国人居环境奖”和“联合国人居奖”，勐海县、勐腊县创建“省级园林城市”的工作目标，多措并举，加大对自治州《城镇市容和环境卫生管理条例》等相关法律法规的宣传教育力度，使法律法规深入人心。②统筹规划、加大投入，逐步增强城市功能。要将城镇市容和环境卫生事业纳入国民经济和社会发展计划，进一步加强基础设施的规划、建设和管理工作。特别要在公厕建设和管护、果皮箱设置、公共停车场建设、城市管网改造上加大资金投入，不断提高城市整体形象，完善城市功能。③完善机制、加强管理，提升城市管理水平。认真研究制定符合本州实际的实施细则、城镇容貌标准。建立健全城镇市容和环境卫生长效管理机制及责任追究制度。要加大执法力度，开展综合整治，重点加强对“四乱”和交通秩序的整治，认真落实渣土运输管理、犬只管理、社会噪声管理相关规定，强化综合执法巡查，严厉处罚违章行为。④强化队伍、明确职责，形成城市管理合力。各级政府要强化对城市管理工作的领导，加强城市管理队伍建设，进一步细化责任部门职责，统筹协调动员各行各业，全民参与，形成合力。

会议认为，各县市人大常委会、西双版纳军分区政治部高度重视，认真抓好落实，以创先争优活动为契机，以《宪法》和《代表法》为依据，着力开展好“五个一”主题活动。拓宽了人大代表活动领域，进一步发挥了代表作用，推动和改进了人大代表工作。会议建议:①提高认识,营造代表履职氛围。要继续深化代表对“五个一”主题活动重要意义的认识,加强领导、统筹协调,加大宣传力度,强化代表意识,积极发挥代表作用,不断推进人大代表工作新发展。②完善制度,提供代表履职保障。要完善代表活动制度和代表工作保障机制;加大投入,提供经费保障;加强培训,提升代表素质,为代表依法履职提供必要保障。③关注民生,进一步提高代表建议的质量。要组织代表深入基层开展调查研究,体察民情,反映民意,找准起草意见建议的基础点和切入点,把好代表建议质量关,保证意见建议内容具体可行,切实解决实际问题。

〔2011 主任会议〕

第 86 次　于 1 月 28 日召开。州人大常委会主任杨建明主持会议。副主任张美兰、兰昌华、召亚平、袁发先、刀金芬、刀琼平,秘书长郑维兴参加会议。讨论《云南省西双版纳傣族自治州古茶树保护条例(草案)》审议结果的报告(草案)、关于提请西双版纳傣族自治州第十一届人民代表大会第六次会议审议《云南省西双版纳傣族自治州古茶树保护条例(草案)》的决定、《云南省西双扳纳傣族自治州天然橡胶管理条例(修订草案)》审议结果的报告(草案)、关于提请州第十一届人民代表大会第六次会议审议《云南省西双版纳傣族自治州大然橡饺管理条例(修订草案)》的决定(草案)、州第十一届人民代表大会第六次会议议程(草案)、州第十一届人民代表大会第六次会议日程(草案)及其说明、州第十一届人民代表大会第六次会议主席团知秘书长名单(草案)及说明、州第十一届人民代表大会第六次会议主席团常务主席名单(草案)、州第十一届人民代表大会第六次会议执行主席分组名单(草案)、州第十一届人民代表大会第六次会议主席台就座人员名单(草案)、州第十一届人民代表大会第六次会议列席人员名单(草案)及其说明、州第十一届人民代表大会第六次会议临时党委建议名单(草案)、州第十一届人民代表大会第六次会议各代表团各组召集人名单(草案)、州第十一届人民代表大会第六次会议各代表团团长、副团长名单(草案)、州第十一届人民代表大会第六次会议各代表团临时党支部书记、副书记、委员名单(草案)、州第十一届人民代表大会常务委员会代表资格审查委员会关于个别代表的代表资格审查和代表变动情况的报告(草案);讨论人事任免、州第十一届人民代表大会常务委员会第三十一次会议议程(草案)、州第十一届人民代表大会常务委员会第三十一次会议日程(草案)、州人大常委会工作报告(草案)及其说明、关于西双版纳傣族自治州第十一届人民代表大会第六次会议常务委员会工作报告人的决定(草案)。

第 87 次　于 3 月 18 日召开。州人大常委会主任杨建明主持会议。副主任张美兰、袁发先、刀金芬、刀琼平,秘书长郑维兴参加会议。听取州人大法制委员会关于《云南省西双版纳傣族自治州社会治安综合治理条例(修订草案)》修改情况的汇报,讨论关于《云南省西双版纳傣族自治州社会治安综合治理条例(修订草案)》(送审稿)的说明及《云南省西双版纳傣族自治州社会治安综合治理条例(修订草案)》;讨论西双版纳傣族自治州人民代表大会常务委员会 2011 年工作要点(讨论稿)、州第十一届人大常委会第三十二次会议议程(草案);州人大常委会副主任张美兰传达全国两会精神。

第 88 次　于 4 月 22 日召开。州人大常委会主任杨建明主持会议。副主任召亚平、袁发先、刀金芬、刀琼平,秘书长郑维兴参加会议。讨论关于《西双版纳傣族自治州人民代表大会常务委员会 2011 年工作要点(草案)》的说明(草案);讨论州十一届人大常委会第三十二次会议日程(草案);讨论关于制定部分自治州单行条例实施办法的建议(草案);讨论人事任免。

第 89 次　于 4 月 28 日召开。州人大常委会主任杨建明主持会议。副主任兰昌华、袁发先、刀金芬、刀琼平,秘书长郑维兴参加会议。会议讨论州第十一届人大常委会第三十二次会议审议意见(草案)。

第 90 次　于 5 月 12 日召开。州人大常委会主任杨建明主持会议。副主任张美兰、兰昌华、召亚平、袁发先、刀金芬、刀琼平,秘书长郑维兴参加会议。会议讨论州人大常委会 2011 年会议议题安排计划(草案)。

第 91 次　于 5 月 23 日召开。州人大常委会主任杨建明主持会议。副主任张美兰、兰昌华、召亚平、袁发先、刀金芬、刀琼平,秘书长郑维兴参加会议。会议讨论州人大常委会 2011 年会议议题安排计划任务分解(草案);讨论州第十一届人大常委会第三十三次会议议程(草案)。

第 92 次　于 6 月 24 日上午召开。州人大常委会副主任张美兰主持会议。副主任兰昌华、召亚平、袁发先、刀金芬、刀琼平,秘书长郑维兴参加会议。会议听取和讨论州人大常委会执法检查组关于《云南省西双版纳傣族自治州城镇市容和环境卫生管理条例》执法检查情况的报告;听取和讨论州人大常委会调研组关于对州中级人民法院案件评查工作调研情况的报告；听取和讨论州人大常委会调研组关于对州人民检察院审查抗诉案件工作调研情况的报告；听取和讨论州人大法制委员会关于《西双版纳傣族自治州2011～2015年依法治州规划》的审议报告；讨论西双版纳傣族自治州人民代表大会常务委员会关于批准《西双版纳傣族自治州2011～2015年依法治州规划》的决定（草案）；西双版纳傣族自治州人民代表大会常务委员会关于在全州公民中开展第六个五年法制宣传教育的决议（草案）；讨论关于《云南省西双版纳傣族自治州天然橡校保护条例（修订）》颁布时间决定（草案）及说明；讨论关于《云南省西双版纳傣族自治州古茶树保护条例》颁布时间的决定（草案）及说明；讨论州第十一人民代表大会常务委员会第三十三次会议日程（草案）；讨论人事任免事项。

第93次　于4月28日下午召开。州人大常委会主任杨建明主持会议。副主任兰昌华、召亚平、袁发先、刀金芬、刀琼平，秘书长郑维兴参加会议。会议讨论关于2011～2015年依法治州规划和"六五"普法规划报告，决定暂不列入州第十一届人大常委会第三十三次会议审议，交由州人大专门委员会审议后，在提请下次州人大常委会审议。

第94次　于6月28日上午召开。州人大常委会主任杨建明主持会议。副主任兰昌华、召亚平、袁发先、刀金芬、刀琼平，秘书长郑维兴参加会议。讨论州第十一届人民代表大会常务委员会第94次主任会议关于提请任命王国权为州中级人民法院副院长、审判委员会委员名单（草案）；讨论州第十一届人民代表大会常务委员会第94次主任会议关于提请州中级人民法院副院长王国权为州中级人民法院院长代理的决定（草案）。

第95次　于6月28日下午召开。州人大常委会主任杨建明主持会议。副主任兰昌华、召亚平、袁发先、刀琼平，秘书长郑维兴参加会议。讨论州第十一届人大常委会第三十三次会议有关事项。

第96次　于7月12日下午召开。州人大常委会主任杨建明主持会议。副主任张美兰、兰昌华、召亚平、袁发先、刀琼平，秘书长郑维兴参加会议。会议讨论州十一届人大常委会第97次主任会议有关事项；讨论州第三十四次会议审议意见（草案）；同意州人大财经委关于对上半年国民经济和地方财政预算执行情况组织调研。

第97次　于7月22日召开。州人大常委会主任杨建明主持会议。副主任张美兰、召亚平、袁发先、刀金芬、刀琼平，秘书长郑维兴参加会议。听取州人民政府农业局局长李军作的关于西双版纳州农民专业合作组织建设工作情况的汇报；听取州人民政府教育局党组书记依拉罕作的关于西双版纳州学前教育工作情况的汇报；听取云南省联社西双版纳办事处主任张建祥作的关于西双版纳农村信用社改革工作情况的汇报。

第98次　于8月22日召开。州人大常委会主任杨建明主持会议。副主任张美兰、兰昌华、召亚平、袁发先、刀金芬、刀琼平，秘书长郑维兴参加会议。听取州人民政府关于广播电视局局长廖国荣作的关于全州广播影视发展情况的汇报；听取州人大财经委主任委员岩温作的关于全州2011年重点工程建设情况的调研报告、听取州人大财经委关于全州2011年上半年工业企业生产经营情况的调研报告；听取和讨论州人大常委会检查组关于全州2011年1～6月国民经济和社会发展计划执行情况的检查报告（草案）；听取和讨论州人大常委会检查组关于全州2011年1～6月地方财政预算执行情况的检查报告（草案）；讨论关于《西双版纳傣族自治州人大常委会关于确认州人大常委会主任会议许可对州十一届人大代表莫俊采取强制措施的决定》（草案）讨论州第十一届人民代表大会常务委员会任命名单（草案）；讨论州第十一届人大常委会第三十四次会议日程（草案）。

第99次　于8月30日召开。州人大常委会副主任张美兰主持。副主任兰昌华、召亚平、袁发先、刀金芬、刀琼平，秘书长郑维兴参加会议。听取和审议州第十一届人大常委会第三十四次会议审议意见。

第100次　于9月19日召开。州人大常委会主任杨建明主持。副主任张美兰、兰昌华、召亚平、袁发先、刀金芬、刀琼平，秘书长郑维兴参加会议。会议听取和讨论州政府副州长李江虹作西双版纳州人民政府关于贯彻执行《州人民共和国食品安全法》情况的报告或西双版纳州人民政府关于"万村千乡市场工程"和"乡村流通工程"建设情况的报告；听取和讨论州人大常委会环境与资源保护工作委员会主任杨文明作关于贯彻执行《云南省西双版纳傣族自治州环境保护条例》调研情况的报告。

第101次　于9月27日下午召开。州人大常委会副主任兰昌华主持。副主任召亚平、袁发先、刀金芬、刀琼平，秘书长郑维兴参加会议。会议听取和讨论州政府副州长王方荣作的关于全州

2011年公安工作情况的报告;州人大常委会选联委主任孙燕作的关于对州人大代表开展"五个一"主题活动进行检查的方案;同意开展《云南省西双版纳傣族自治州民族传统建筑保护条例》、"村村通"公路工程建设调研。

第102次　于10月17日下午召开。会议由州人大常委会主任杨建明主持。副主任张美兰、召亚平、袁发先、刀金芬、刀琼平,秘书长郑维兴参加。会议听取和讨论州人大常委会执法检查组关于《云南省西双版纳傣族自治州民族传统建筑保护条例》贯彻执行情况的报告;听取和讨论州人大常委会调研组关于全州"村村通"公路工程建设情况的报告;听取和讨论州人大常委会调研组关于《中华人民共和国科学技术进步法》、《云南省科学技术进步条例》贯彻执行情况的报告;讨论《西双版纳傣族自治州人民代表大会常务委员会规范性文件备案审查办法》(草案);讨论州十一届人大常委会第三十五次会议有关事项;讨论人事任免。

第103次　于10月27日召开下午。会议由州人大常委会主任杨建明主持。副主任张美兰、召亚平、袁发先、刀金芬、刀琼平,秘书长郑维兴参加。会议听取和讨论州第十一届人大常委会第三十五次会议审议意见。

第106次　于11月30日召开。会议由州人大常委会主任杨建明主持。副主任张美兰、兰昌华、召亚平、袁发先、刀金芬、刀琼平,秘书长郑维兴参加会议。会议听取和审议州人民政府副州长杨沙作的关于失地农民工作情况的汇报;听取州人大财政经济委员会主任委员岩温作的关于全州贯彻执行《中华人民共和国统计法》情况的执法检查报告;听取州人大常委会教科文卫工作委员会主任委员黄中兴作的关于全州农村文化设施建设和管理情况的调研报告;听取和讨论州人大法制委员会主任委员李锟作的关于《西双版纳州农业产业化经营与农产品加工州级重点龙头企业认定和运行监测管理暂行办法》的备案审查报告、听取和讨论州人大法制委员会关于《西双版纳州橡胶木加工经营管理办法》的备案审查报告;讨论关于加强"三区"人大工作的调研报告;讨论州第十一届人大常委会第三十六次会议有关事项。

第107次　于2011年12月23日召开。会议由州人大常委会主任杨建明主持。副主任兰昌华、召亚平、袁发先、刀金芬、刀琼平,秘书长郑维兴参加。会议听取和讨论省州人大代表视察组关于全州城镇市容和环境卫生管理工作情况的视察报告(草案);关于在州人大代表中开展"五个一"主题活动情况的检查报告(草案);关于对全州文化建设和发展情况进行调研的方案(草案);关于召开州第十二届人民代表大会第一次会议有关问题的请示(草案);州人大换届工作领导小组建议名单(草案);讨论州第十二届人民代表大会第一次会议筹备处工作机构(草案);州第十一届人大常委会第三十六次会议日程(草案)。

第108次　于12月23日召开。会议由州人大常委会主任杨建明主持。副主任召亚平、袁发先、刀金芬、刀琼平,秘书长郑维兴参加。会议听取和讨论州十一届人大常委会第三十六次会议审议意见(草案);讨论关于批准2011年度地方财政预算超收暨上级财政返还补助收入安排的决议(草案);

〔调查研究〕

1月14日,州人大常委会组织机关全体党员干部职工,传达学习贯彻州委六届十一次全会精神。州人大常委会副主任袁发先、秘书长郑维兴等出席了会议。会上,大家认真学习了州委书记江普生在州委六届十一次全会上所作的《加快转变经济发展方式,全力推进"十二五"科学发展和跨越发展》的报告,以及当前中央和省委组织开展的《关于在创先争优活动中做好领导点评的指导思想意见的通知》、《关于学习杨善洲先进事迹,争做优秀共产党员的通知》、州纪委转发省纪委办公厅《关于2011年元旦、春节期间加强廉洁自律和厉行节约工作的通知》及有关会议文件精神。州人大常委会秘书长郑维兴在会上作了讲话。

1月31日,州人大常委会副主任张美兰到富华国际,看望慰问了这里的8名孤儿,给他们带来了牛奶、玩具等节日礼物,为孩子们送上新春的祝福,让这些孤残儿童和弃婴感受到社会的温暖。

2月18日,州人大常委会在财鑫酒店召开州第十一届人民代表大会第六次会议筹备处各组负责人、各代表团召集人及各代表团工作人员动员大会。州人大常委会主任杨建明主持会议。各组负责人分别汇报筹备工作情况。

2月22日,州人大财经委召开会议,会议由州人大常委会副主任张美兰主持,州人大财经委员会委员参加会议。会议审议并修改关于全州2010年国民经济和社会发展计划执行情况与2011年国民经济和社会发展计划(草案)审查结果的报告;关于2010年地方财政预算执行情况和2011年地方财政预算(草案)审查结果的报告。

2月25日,《云南省西双版纳傣族自治州天然橡胶管理条例(修订草案)》在州十一届人大六次会议闭幕大会上获得通过,并将上报省人大常委会批准后颁布施行。这意味着我州在进一步提升天然橡胶产业方面取得了重大突破，为我州加快推进天然橡胶产业持续发展夯实了更加坚实的基础。

2月24日，州委依法治州领导小组召开汇报会，州委常委、州委政法委书记、州委依法治州领导小组组长刘功华向云南省依法治省工作检查考评组汇报我州贯彻落实《云南省2006－2010年依法治省规划》情况。听取汇报后，省司法厅副厅长、省依法治省工作检查考评组组长朱志华认为：西双版纳州党委、政府高度重视依法治州工作，工作扎实，成效显著，亮点突出，在实施过程中能结合地处边疆、少数民族众多的特点，采取形式多样、群众喜闻乐见的方式积极有效地推进依法治州工作，为创建法制云南做出了贡献。检查组还对我州进一步加强依法治州工作提出了意见和建议。州人大常委会副主任袁发先、副州长王方荣、州政协副主席权继能，州中级人民法院院长线东明、州检察院检察长胡跃，以及州依法治州领导小组成员单位负责人和部分州人大代表、州政协委员、群众代表参加了汇报会。

3月10日，州人大常委会办公室召开会议，传达全州组织工作及州纪委六届六次会议精神。

3月10日，州人大常委会办公室与专工委召开联席会议，会议由州人大常委会秘书长郑维兴主持。会议主要研究和讨论州人大常委会2011工作要点和州人大常委会议题安排计划。

3月10日，州人大常委会办公室组织干部职工学习省委书记白恩培同志的重要讲话及有关文件精神。会上，州人大常委会秘书长郑维兴要求机关干部职工要结合人大办公室工作实际，抓好会议精神的落实，进一步深入学习，统一思想，持之以恒地抓好各项工作的落实，提高办公室履职能力和服务水平。会议还传达学习了全州组织工作会、州纪委六届六次全会精神，并对办公室近期工作进行了安排部署。

3月15～16日，州人大常委会办公室召开点评秘书科、行政科工作座谈会，会议由州人大常委会秘书长郑维兴主持。州人大常委会副秘书长、办公室主任科级干部及科员参加了会议。

3月18日，州人大常委会环资工委座谈会在勐腊县召开。州人大常委会副主任兰昌华参加会议。州人大常委会环资工委委员，县市人大常委会分管领导和环资工委负责人参加了会议，勐腊县农业、水利、环保等部门负责人列席会议。州人大常委会副主任兰昌华就人大常委会环资工委如何贯彻“十二五”规划作了讲话

3月22～23日，州人大常委会副主任袁发先率调研组一行，到勐腊县勐捧镇、勐满镇调研。在勐捧镇召开了座谈会，听取了勐捧镇1～3月份的工作情况汇报。座谈会上，袁发先对勐捧镇的工作开展情况及所取得的成绩给予了充分肯定。他要求，一要深化对镇情的认识。二要加强科学种田、科学管胶的工作。三要抓好和谐生态小城镇建设。

3月28日，州人大常委会机关召开会议，对学习杨善洲精神进行再动员再部署。会议指出，要充分认识深入开展向杨善洲同志学习的重大意义，迅速掀起深入开展学习活动的热潮，进一步把向杨善洲同志学习活动引向深入，让他的先进思想、先进事迹深入人心；大力弘扬杨善洲同志的崇高品质，自觉践行“个人形象一面旗、工作热情一团火、谋事布局一盘棋”的要求，把向杨善洲同志学习活动的成果转化为推进人大常委会机关各项工作的强大动力；围绕开展纪念建党90周年活动，认真学习党的理论、知识、历史，弘扬党的优良传统；围绕加强领导班子和干部队伍建设，把向杨善洲同志学习活动作为今年州人大常委会党组理论中心组、机关党支部理论学习的重点内容，开展以“学习杨善洲，自觉加强党性修养，自觉实践党的宗旨”为主题的实践活动；围绕创先争优活动和学习型党组织建设，认真落实党支部、党员公开承诺、领导点评、群众评议、授旗评星等活动，立足本职充分发挥先锋模范作用，努力争创新佳绩。州人大常委会副主任兰昌华、袁发先、刀金芬参加会议。

4月1日，州人大常委会召开会议，认真传达学习贯彻全国“两会”和云南省地方立法工作座谈会议精神，进一步探讨了州的民族立法工作。州人大常委会副主任张美兰、兰昌华、袁发先、刀金芬、刀琼平、秘书长郑维兴以及州人大各专工委及州政府办公室、州农业局、州国土局、州环保局、州城建局、州水利局、州法制办公室、州自然保护局等有关部门负责人参加会议。会上，张美兰副主任首先传达了全国人大第十一届四次会议精神，兰昌华副主任传达了云南省地方立法工作座谈会议精神，袁发先副主任通报了州人大常委会2011年度的立法工作计划。

4月10日，州人大常委会办公室召开职工大会，通报科级干部竞争上岗工作方案及有关文件精神。

4月25日下午，州人大常委会副主任召亚平在景洪会见来访的美国国会参议院高级助手代表团一行。召亚平对美国客人的来访表示热烈欢

迎。他首先向美国客人简要介绍了西双版纳州人大常委会的基本情况和主要职能,以及近年来西双版纳州的发展情况。召亚平说,经过多年的建设,地处边疆的西双版纳州政治稳定、经济发展,人民生活水平不断提高,世居于此的各族人民之间和睦相处,也与周边国家的各民族和睦相处。西双版纳各族人民热情好客,欢迎更多的美国朋友前来旅游观光,希望两国人民友好往来,不断增进友谊。来自美国多个州的10多位国会参议院高级助手代表分别就各自关注的问题提问,召亚平一一作了回答。

4月28日,州第十一届人大常委会第三十二次会议参会人员,参观"法治与责任—全国检察机关惩治和预防渎职侵权犯罪展览·西双版纳"巡展活动,开展警示教育。州人大常委会主任杨建明,副主任兰昌华、召亚平、袁发先、刀金芬、刀琼平及秘书长郑维兴参加了警示教育活动。在现场讲解员的指引下,每个参会人员认真观看了展板、认真仔细听取讲解员的解说。通过参观展览,大家对党和国家关于惩治和预防渎职侵权犯罪的法规政策有了进一步了解,充分认识到渎职侵权犯罪是一种严重的腐败现象,不仅会造成公共财产、国家和人民利益的重大损失,而且会损坏党和政府的形象。大家一致认为,此次展览为今后开展廉政教育提供了良好的素材。

4月19日,州人大常委会办公室召开离退休老干部工作会议。会议认真传达学习了州委副书记胡志寿同志在全州老干部工作会议的重要讲话精神。会上,大家纷纷表示,一是要按照会议精神和要求,认真做好离退休干部服务的管理工作,深入开展向杨善洲同志学习活动,组织好老干部开展重温党的理论、党的历史、党的知识等一系列纪念建党90周年活动,运用老干部的资源教育他人,充分调动老干部自我学习、自我教育、自我提高的积极性,使老干部们的思想常新、理想永存。二是要进一步做好老干部工作的宣传,积极营造更加尊重、关心、爱护老干部,更加重视、支持、理解老干部工作的良好氛围。三是要不断改善老干部的学习活动条件,增强老干部工作的前瞻性和针对性。四是要认真实施好老干部工作目标管理责任制,努力提高自身建设水平。

5月6日,州人大常委会召开规范性文件备案审查情况汇报会。会议学习了《云南省各级人民代表大会常务委员会规范性文件备案审查规定》,研究、探讨我州近年来开展规范性文件制定和备案审查工作情况。州人大常委会副主任袁发先出席会议。

5月16～17日,州人大常委会副主任袁发先到景洪市勐龙镇,勐海县勐遮镇、勐海镇就打击黑彩、禁毒、综治稳定等工作进行调研。

5月17日,州人大常委会选举联络工作委员会召开州十一届人大代表建议办理工作座谈会,就进一步规范代表建议办理程序、提高办理质量、增强办事效率进行座谈。州人大常委会副主任刀琼平参加座谈会。座谈会上,州人大常委会对今年代表建议的办理工作做了安排部署,提出明确要求。同时,承办单位、督办单位就进一步规范代表建议办理程序、提高建议办理工作的实效和推动有关问题的解决提出了意见和建议。

5月16～17日,州人大常委会副主任袁发先到景洪市勐龙镇,勐海县勐遮镇、勐海镇就打击黑彩、禁毒、综治稳定等工作进行调研。袁发先在听取三个镇的相关工作汇报后,对镇党委、政府所做的工作和取得的成绩给予充分肯定。对如何做好当前和今后一个时期的打击黑彩、禁毒、综治稳定工作,他强调,要加大宣传,开展形式多样的宣传活动,用身边的人、身边的事教育村民,让各族群众深刻认识毒品和赌博危害性,提高全民禁毒、禁赌意识,引导、教育农村群众自觉远离毒品和赌博;要依靠各方面的力量,协同作战,依法严厉打击贩毒、吸毒和黑彩等违法行为,不留死角;要充分发挥基层组织作用,将禁毒、禁赌工作纳入村规民约,依靠群众、发动群众,群防群治,调动群众的积极性,引导村民积极参与禁毒和打击黑彩工作;要加强农村文化建设,用先进文化占领农村阵地,组织和引导农民群众开展形式多样、喜闻乐见、具有吸引力的文化活动,让农村群众自觉自愿地选择健康文化生活,从而放弃吸毒和赌博活动;要坚持以人为本、执政为民,创新群众工作方式方法,做好新时期群众工作,维护社会的和谐稳定。

5月26日至27日,省人大常委会教科文卫工作委员会邱瑜副主任一行3人,到州就《云南省人口与计划生育条例》的修订工作进行立法调研。

5月21日至22日,全国人大常委会副委员长司马义·铁力瓦尔地率全国人大常委会促进民族地区经济社会发展专题调研组到州,对民族地区经济社会发展情况进行专题调研。全国人大常委会委员、全国人大民族委员会主任委员马启智,全国人大常委会委员、全国人大民族委员会委员、贵州省人大常委会副主任唐世礼等随同调研。省人大常委会副主任程映萱,州人大常委会主任杨建明,全国人大常委会委员、全国人大民族委员会委员、州人大常委会副主任张美兰等陪同调研。调研组就西双版纳州贯彻落实中央关于民族地区经济社会发展的重大部署和措施的情况，对促进民族地区经济社会发展采取的具体措施和办法、民族地区贫困人口脱贫情况及“十二五”期间扶贫工作面临的突出问题和困难等进行专题调研，听取相关工作的意见和建议。调研组对西双版纳州认真贯彻落实党的民族政策和民族区域自治法、扎实推进民族立法工作、促进民族团结、推动经济社会发展所取得的成绩表示肯定。

6月21日，由省人大常委会民族委员会和省宗教局组成的调研组到州，就宗教工作情况进行调研。州人大常委会副主任召亚平，州政协副主席、州佛教协会会长祜巴龙庄勐陪同调研组，先后到勐泐大佛寺、云南佛学院西双版纳分院实地调研。

6月20日，州人大常委会召开座谈会，听取我州贯彻执行《云南省西双版纳傣族自治州城镇市容和环境卫生管理条例》情况汇报。州人大常委会副主任兰昌华、刀金芬、刀琼平及秘书长郑维兴，州直相关部门负责人出席座谈会。

6月上旬，州人大常委会副主任召亚平率调研组，对全州边境口岸建设管理工作进行视察。调研组采取实地查看、询问、听取汇报、座谈等方式，深入景洪港、西双版纳机场、磨憨口岸、金孔雀物流公司、大为物流公司、中国磨憨国际物流中心、打洛口岸等，就我州边境贸易、跨境经济合作、边境旅游、口岸规划和口岸软硬件基础设施建设等有关情况进行实地调研，并先后听取了州政府、景洪市政府、勐腊县政府、勐海县政府和磨憨经济开发区的工作情况汇报。

7月1日上午，纪念中国共产党建党90周年，州人大常委会机关党支部组织党员、入党积极分子到勐海县勐混烈士陵园，开展“瞻仰烈士陵园，重温入党誓词”活动。

7月4日，州人大常委会党组召开“学习杨善洲精神做人民满意的好党员好干部”为主题的学习生活会。

7月7日，州人大常委会副主任袁发先、刀金芬率调研组一行，到景洪市景哈乡进行调研，并在该乡走访了莫南村民小组，与村民进行了座谈会，听取了工作情况的汇报。座谈会上，袁发先、刀金芬对景哈乡的工作开展情况及所取得的成绩给予了充分肯定。

7月20日，州人大常委会副主任兰昌华、副州长李江虹在副市长易江北陪同下，到景洪市调研景洪市供销社一个龙头企业和两个体系建设情况。兰昌华、李江虹一行先后察看了景洪市勐罕镇供销社金橄榄财富商业中心工程建设情况和勐宽村农资配送中心、勐养镇供销社农产品交易市场以及农村合作经济指导服务站，并听取了景洪市副市长易江北关于景洪市供销社一个龙头企业和两个体系建设情况的汇报。景洪市供销社积极招商引资，创新思路谋求发展，解决供销社历史债务、职工住房、就业等问题，为供销社的改革发展扩展了空间，取得了一定的成效。兰昌华、李江虹强调，农资配送要充分发挥优势，满足老百姓多形式、多层次的生产生活水平，在提高企业经济效益的同时，为农户提供最方便优质的服务。集贸市场要不断提升为农服务质量，强化制度管理，提高经济效益，为农村的繁荣发展作贡献。在发展的同时，要注重科技培训，要以农产品经纪人职业技能培训为重点，不断加大“乡村流通工程”人才培训工作力度，有效推动农村剩余劳动力多渠道转移就业。市供销社要抓住“二次创业”的机会，把企业做大做强，发展龙头企业，形成产业链；要积极开拓思路，引进人才，留住人才，促进供销合作社的“二次创业”。

7月21日，州人大常委会与州人民法院举行联席会议。州人大常委会主任杨建明，副主任召亚平、袁发先、刀琼平及秘书长郑维兴等参加会议。在听取州人民法院2010年以来的工作情况汇报后，杨建明对州人民法院近年来的工作给予肯定，对今后的工作提出要求。他说，随着经济的高速发展，社会对新时期司法工作提出了更高的要求，州人民法院一定要充分发挥好审判职能作用，加大化解各种纠纷的力度，维护社会稳定；一定要强化执行能力，保证案件的审结质量，使当事人的合法权益能够得到实际的保障；一定要带好队伍，用强有力的领导班子凝聚团队力量，坚持公正、廉洁、文明司法，大力加强全州法院队伍建设。州人大常委会其他领导也对全州法院工作提出了意见和建议。

7月11～14日，州人大常委会副主任刀金芬带领州人大常委会调研组一行到三县市调研全州广播电视工作。调研组一行，深入到州广播电视局、勐腊县广播电视局、勐海县广播电视局、景洪市广播电视局、磨憨口岸、打洛镇广播电视站、布朗山乡吉良村小组和基诺山乡巴坡村小组，实地查看和调研了州广播电视台站建设、采编播队伍建设、基础设施建设和安全播出等情况，并于14日上午在州人大常委会二楼会议室听取了全州广播电视发展情况汇报。州人大及其常委会相关专委负责人，州发改委、州财政局、州人力资源和社会保障局、州广播电视局、云南广电网络西双版纳分公司、州文体和新闻出版局等单位负责人参加了会议。

7月21日，州人大常委会主任杨建明，副主任召亚平、袁发先、刀琼平，秘书长郑维兴及各专工委主任委员等一行领导到州中级人民法院视察指导工作，并与州中级人民法院召开了联系会议。会上，中院副院长王丽萍向与会领导汇报了2010年以来全州法院工作情况和2011年下半年工作重点汇报。

7月25日，州人大常委会召开《云南省西双版纳傣族自治州天然橡胶管理条例(修订)》、《云南省西双版纳傣族自治州古茶树保护条例》颁布实施座谈会。州人大常委会主任杨建明，州委常委、常务副州长罗红江，州人大常委会副主任张美兰、兰昌华、召亚平、袁发先、刀金芬、刀琼平参加会议。杨建明在会上强调，学习贯彻“两条例”是深入学习贯彻胡锦涛同志“七一”重要讲话精神的必然要求，是全面落实我国民族区域自治制度的重要实践，是推进政府依法行政的重要法制制度。要深刻把握“两条例”的精神实质，动员全州各族人民广泛深入学习贯彻“两条例”，迅速掀起学习贯彻“两条例”的高潮，强化监督，确保“两条例”落到实处。罗红江指出，要充分认识“两条例”实施的重要意义，切实增强贯彻落实的自觉性和坚定性。要以“两条例”实施为契机，依法推动天然橡胶管理和古茶树保护工作有效开展。要抓紧部署对“两条例”的学习和宣传工作，抓紧制定、出台“两条例”实施办法，“两条例”将于8月1日的实施。州发改委、州农业局、州林业局、州司法局、州工信委、州环保局、州农垦局的负责人分别作交流发言。州直各有关部门共150多人参加会议。

7月26～28日，全国人大农业与农村委员会调研组到西双版纳州就社会主义新农村建设、完善农村土地管理制度等问题进行调研，并就修改《农业技术推广法》听取意见、建议。调研组一行在州委书记江普生、副书记、州长刀林荫、州委常委、常务副州长罗红江、州人大常委会副主任张美兰、兰昌华、袁发先的陪同下，先后深入到西双版纳旅游度假区曼弄枫村委会曼景法村、光明食品集团云南石斛生物科技开发有限公司、勐海县勐海镇曼尾村、勐海茶厂进行实地调研，并考察了植物园和花卉园。

8月5日上午，州委书记江普生到州人大常委会进行调研。州人大常委会主任杨建明就州人大常委会工作情况作了汇报。江普生在听取州人大常委会党组今年以来的工作情况汇报、对州委工作及《州第七次党代会工作报告》(征求意见稿)的意见和建议后，充分肯定了今年以来州人大常委会的工作所取得的成绩。他说，今年是“十二五”规划的开局之年，州人大常委会围绕中心、服务大局，在加强立法工作、强化监督、依法行使重大事项决定和人事任免权、加强代表工作、加强边疆民族团结，促进边疆社会和谐、加强自身建设等方面都取得新成效，为推动全州科学发展和跨越发展做出了重要贡献。对州人大常委会下一步的工作提出了三点希望：第一，加强理论武装，深化对人大工作重要性的认识。第二，围绕中心，服务大局，关注民生，为推动全州科学发展和跨越发展多做贡献。第三，加强州人大领导班子和机关自身建设，着力提高人大、工作科学化水平。州人大常委会主任杨建明，州委常委、州委秘书长杨涛，州人大常委会副主任张美兰、兰昌华、召亚平、袁发先、刀金芬，州人大常委会秘书长以及州人大常委会各专工委负责人参加了调研汇报会。

8月19日，全州人大系统第十三次秘书长办公室主任会议在景洪召开。州人大常委会主任杨建明、秘书长郑维兴，景洪市人大常委会主任欧阳春出席了会议。全州1市2县人大常委会分管办公室工作的副主任、人大常委会办公室主任、副主任及其他相关工作人员参加了会议。会议由州人大常委会秘书长郑维兴主持。景洪市人大常委会主任欧阳春致欢迎词，对会议在景洪召开表示热烈欢迎并预祝会议取得圆满成功。随后，来自州人大常委会办公室及各县(市)人大常委会办公室负责人就新时期如何做好人大办公室工作作了交流发言。最后，州人大常委会主任杨建明在充分肯定全州人大系统办公室工作所取得成绩的同时，就如何做好新形势下人大常委会办公室工作提出了三点要求：一是要增强大局意识，始终坚持人大工作正确的政治方向；二是明确职责定位，增强做好办公室工作的主动性和积极性；三是树立服务意识，保障机关高效有序运转。

8月1～9日，州人大常委会主任杨建明、副主任张美兰率检查组对全州今年上半年国民经济和社会发展计划及财政预算执行情况进行检查。检查组一行先后深入到勐海县的大兴量贩、庆阳茶厂、陈升茶厂、曼满水库、勐遮镇中学，勐腊县的勐仑水库、县供销社修理厂，景洪市的嘎洒镇农业科技示范基地、景洪铁合金工贸有限责任公司、西双版纳天顺超市有公司等地，实地查看了解企业原料建设、产品产销经营情况、校安工程和廉租房项目建设的实施情况检查组还听取了州、三县市政府关于《今年上半年国民经济和社会发展计划、财政预算执行情况》的汇报。

9月21～26日，州人大常委会组成调研组，对州政府及勐腊县、勐海县、景洪市贯彻执行《中华人民共和国科学技术进步法》和《云南省科学技术进步条例》（以下简称“一法一条例”）情况进行专题调研。州人大常委会副主任刀金芬参加调研。调研组一行先后深入到中科院勐仑植物园、勐腊县勐仑镇科技活动室、中心卫生院，勐海上海光明石斛种植加工基地、云麻加工厂、勐象竹业加工厂、勐遮肉牛育肥场、勐海茶厂普洱茶研究所，景洪市普文镇小耳朵猪养殖场、省林业科学院热带林业研究所、勐罕镇西双版纳星鑫农业科技有限公司、中国医学科学院药用植物研究所云南分所，以及州傣医医院进行实地查看，并听取了州、两县一市政府贯彻执行“一法一条例”情况汇报。

9月21日，州人大常委会副主任刀金芬率领人大常委会调研组一行14人到中国科学院西双版纳热带植物园就《中华人民共和国科学技术进步法》和《云南省科学技术进步条例》（以下简称“一法一条例”）贯彻执行情况进行调研，州科技局副局长柏力微等陪同调研。植物园副主任李庆军陪同调研组一行参观了中科院热带森林生态学重点实验室、公共技术服务中心实验室，介绍了该园的基本情况和“十二五”发展规划，并从发展环境、创新体系、能力建设、搭建平台、人才队伍、国内外科技合作、物种保存、科学普及等方面详细介绍了该园贯彻实施“一法一条例”的情况。调研组对植物园科技、园林和科普工作取得的成绩给予高度评价。刀金芬希望植物园继续坚持科学发展，致力科技创新，加快科技成果产业化，为地方社会发展、经济建设做出更大的贡献。

9月29日下午，在九九重阳敬老节来临之际，州人大常委会副主任袁发先、刀琼平受常委会主任杨建明的委托，率领州人大相关委室负责人走访慰问了州人大机关部分离退休老干部，向各位敬爱的老领导们致以节日的问候，衷心祝福，祝他们身体健康，万事如意。并感谢他们一直以来对我州经济社会各项工作的支持。州人大常委会领导一行先后与原州人大常委会老领导朱卫平、周志军、周正华、岩山、徐世学、廖国贤等20多位离休老干部们中间进行走访慰问。

10月10日下午，州人大常委会与州人民政府召开联席会议。州委副书记、州长刀林荫就今年1～9月份州人大代表建议办理情况、全州1～9月国民经济主要统计指标情况和1至8月全州20个重大建设项目和20项重要工作进展情况进行了通报。刀林荫州长说：2011年，州人大常委会办公室交由州人民政府系统办理代表建议65件，承办的61件已经全部办结。其中，所提问题已经解决或在本年度内能够解决的有25件，承办单位已制定解决措施或已经列入改进计划并明确答复代表办理时限的有28件，所提问题因目前条件限制或其他原因三年内难以解决或所提问题留作参考的有8件。刀林荫州长还通报了全州1～9月份国民经济主要统计指标的情况，并就全州重点督查的20个重大建设项目和20项重要工作进展情况进行了说明。她表示，目前各项工作稳步推进，进展情况良好，工业产业呈现快速增长的态势。会上，州人大常委会主任杨建明就今年以来，州人大常委会的工作情况和下一阶段工作打算进行了通报。杨建明说，今年以来州人大常委会在立法工作、监督工作、代表工作和机关自身建设等方面都有所加强。下一阶段，州人大常委会将以深入贯彻学习胡锦涛总书记“七一”重要讲话和州第七次党代会精神为契机，深入开展创先争优、向杨善洲同志学习活动为动力，牢牢把握全面建设小康社会和桥头堡主阵地建设重大机遇，按照党代会确定的目标任务和2011年州人大常委会工作要点，依法履行各项职权，认真做好各项工作，努力完成州第十一届人人民代表大会第六次会议确定的各项工作任务。州委常委、常务副州长罗红江，州委常委、宣传部部长、副州长陈启忠，州人大常委会副主任张美兰、兰昌华、召亚平、袁发先、刀金芬、刀琼平，副州长杨沙、李江虹，州长助理刘鸿章，州人大常委会秘书长郑维兴、州政府秘书长李萍，以及州人大常委会副秘书长、各专工委主任共30多人参加了会议。

10月11日，州人大常委会主任杨建明，副主任召亚平、袁发先、刀琼平等一行到州人民检察院视察指导工作，并召开联系会议。会上，州人民检察院检察长胡跃向州人大常委会一行汇报了今年1～9月全州人民检察机关工作情况和下半年工作重点。在听取州人民检察工作情况汇报后，杨建明对州人民检察院今年以来取得的工作成就给予肯定，对今后工作提出了要求。他说，全州检察机关在各级党委的正确领导下，克服了人手少、案件多的困难，保证了案件审结的时效和质量，较好地履行了宪法和法律赋予的职责。新时期对司法工作提出了更高的要求，全州检察机关要一如既往地围绕中心发挥好检察职能，努力服务好全州中心工作；要进一步加强和改进法律监督工作，在办案中坚持把法律效果、政治效果和社会效果统一起来，为社会稳定提供有力的司法保障；要继续抓好检察队伍的思想政治和业务建设，坚持不懈地强化教育、管理和监督，促进检察人员全面发展。

10月14日，州人大常委会调研组到基诺山乡调研农村文化设施管理情况。调研组先后到新司土村委会巴飘村、乡文化站，查看了村委会文体活动室、农家图书阅览室、乡文化站办公室、文化信息资源共享工程以及电子书屋，听取基诺山乡政府关于农村文化设施管理情况汇报、存在的问题和建议，了解投入建设和社会效益情况、开展文化活动的主要做法等。经过实地走访和调研，调研组对基诺山乡的文化设施管理工作表示肯定，并对以后的工作提出了意见和建议，要求进一步抓好基诺民族优秀文化的保护、传承与发展，充分利用、管理、维护好现有的文化室、球场等。据悉，基诺山乡文化站现内设有图书阅览室、电子阅览室、大鼓舞综合培训室、村级文化活动室32个、球场27块、农家书屋8个、群众业余文艺队43支、大鼓舞展演队2支，促进了基诺族文化的保护和发展。

10月10～14日，州人大调研组到勐海县调研农村路网"村村通"工程建设情况。州人大常委会副主任张美兰参加调研。调研组一行先后视察了布朗山乡吉良村委会至曼龙村公路建设工程，勐混镇曼赛村委会曼广囡村水泥路建设工程，了解工程资金投入、道路监管、养护管理等情况，听取了勐海县农村"村村通"公路工程建设情况的汇报。调研组指出，农村路网"村村通"工程是支持新农村建设的一项重大举措，是一项民心工程，要提高认识、创新机制，重视和加强农村公路的养护管理工作。据了解，2010年，勐海县农村路网自然村"村村通"工程建设里程为710公里，涉及11个乡镇43个村委会189个村民小组，目前完成投资7100万元。项目的实施，极大地改善了农村交通环境。

11月18日，州人大常委会办公室召开"坚持以人为本、执政为民理念、发扬密切联系群众优良作风"为主体处级干部民主生活。会议由州人大常委会秘书长郑维兴主持，州人大常委会机关处以上干部参加会议，科级干部列席会议。

12月12～14日，对县市人大常委会、西双版纳军分区政治部在州人大代表中开展"五个一"主题活动情况进行了检查。

〔执法检查〕 6月15日，州人大常委会召开《云南省西双版纳傣族自治州城镇市容和环境卫生管理条例》执法检查动员会。州人大常委会副主任张美兰、兰昌华、刀金芬、刀琼平出席会议。会议要求，各级各部门要充分认识执法检查的重要性和必要性，加强对法律法规实施的监督，着力推进依法治州进程，促进依法行政；认真总结《条例》贯彻实施经验，查找问题，促进《条例》的贯彻实施，加快推进城镇市容和环境卫生管理法制化，提升城镇整体容貌景观水平，创造良好的人居环境和经济发展环境，为西双版纳旅游"二次创业"奠定坚实的物质基础。各级各部门对执法检查要高度重视，加强领导；求真务实，讲求实效；高度重视净化、量化、绿化、美化工作；运用好执法检查成果，推动景洪市城市和环境卫生取得好的成绩。

6月16～20日，州人大常委会组成了以州人大常委会主任杨建明为组长，州人大常委会副主任兰昌华、刀金芬、刀琼平为副组长，部分州人大常委会组成人员及州人大代表为成员的执法检查组，以及由州人大常委会办公室、环资工委及州住建局抽调人员组成的工作组，分三个小组分别对县市贯彻实施《云南省西双版纳傣族自治州城镇市容和环境卫生管理条例》情况的检查。在检查前召开动员会，由州人大常委会副主任张美兰作动员讲话。执法检查组深入两县一市城区、西双版纳旅游度假区、磨憨经济开发区，勐养镇、嘎洒镇、勐遮镇、勐捧镇，景洪城区及县城城区为检查重点区域，实地检查了城镇市容和环境卫生情况。通过听取政府汇报、实地查看、召开由机关、企、事业单位职工代表以及个体工商户、普通群众代表参加的座谈会、查阅痕迹资料的方式，重点检查了实施《条例》的保障措施及措施的落实情况（包括：学习宣传、组织保障、制度保障、公共基础设施建设、执法等情况），深入细致，实事求是地总结经验，查找问题，提出了有针对性的意见建议，确保了执法检查实效。执法检查结束后召开了总结会，对各组执法检查情况进行汇总，进一步明确了执法检查报告起草提纲。

6月22日，省人大民族委员会主任委员李兴旺一行4人，到州进行立法调研。在州人大召开座谈会并听取州林业局关于《云南省西双版纳傣族自治州澜沧江保护条例》执行及修订情况的报告。州人大常委会副主任兰昌华主持会议，州人大法制委、民族委、环资委、州政府法制办、州林业局、州环保局、州国土资源局、州水利局等有关部门负责人参加会议。

10月12～14日，州人大常委会成立了以常委会副主任召亚平为组长，部分常委会委员为成员的执法检查组，对我州贯彻执行《云南省西双版纳傣族自治州民族传统建筑保护条例》情况进行了执法检查。检查组分别听取了州、县市人民政府关于贯彻实施《条例》的情况汇报，并与州、县市住建、发改、财政、民宗、文化等相关职能部门进行了座谈。

11月23～30日，州人大常委会组成执法检查组对《云南省西双版纳傣族自治州自治条例》开展执法检查。

9月24日，州人大常委会副主任袁发先率州人大常委会执法检查组到勐海县开展《云南省西双版纳傣族自治州古茶树保护条例》（以下简称《条例》）执法检查。此次检查主要内容是：①《条例》颁布实施以来，贯彻执行《条例》的基本情况，②《条例》贯彻执行过程中存在的困难和问题，③《条例》实施办法的制定情况，④下一步贯彻实施《条例》的措施。检查组一行首先到格朗和乡南糯山村委会半坡老寨实地察看了古茶园保护的情况，并对农户进行了走访。在实地查看之后，检查组听取了勐海县政府常务副县长岩三叫关于《条例》贯彻执行的情况汇报。通过实地查看和听取汇报，检查组对勐海县贯彻执行《条例》情况表示满意，给予了赞扬。检查组认为：①勐海县政府对《条例》的贯彻执行高度重视，《条例》制定仅一年多的时间，勐海县政府已经做了大量的工作，说明勐海县政府历来就对古茶树保护工作高度重视；②宣传到位，勐海县共发放各类古茶树保护条例6000份（册），并在各村寨公路沿线张贴宣传材料，古茶园里也有各种宣传标志、标语，《条例》在群众中有一定的知晓率，茶农自觉保护古茶的意识得到提高；③措施得力，多部门协调联动，确保《条例》得到贯彻落实，积极开展古茶树保护技术培训，并制定出了《勐海县古茶树资源保护与管理技术手册》，茶农管理古茶树技术得到一定提升。同时，检查组也对勐海县下一步贯彻执行《条例》提出了几点要求：①继续抓好《条例》的宣传工作，力求做到家喻户晓；②运用好《条例》，充分发挥《条例》的作用，使群众得到实惠；③继续抓好古茶树保护与合理开发利用的工作。勐海县政府副县长谢雨珂出席了会议。勐海县农业和科技局、勐海县林业愕、勐海县生物产业办、勐海县财政局等部门相关人员参加了会议。

10月11日下午，以州人大常委会副主任兰昌华为组长的州执法检查组听取了景洪市贯彻执行《安全生产法》中存在问题整改落实情况汇报。市人民政府向检查组进行了汇报。检查组认为景洪市委、市政府高度重视《安全生产法》的贯彻落实，采取了有效的工作措施，工作做得扎实。检查组要求有关部门要提高认识，加强领导，认真执行好《安全生产法》，摸清安全生产存在的隐患，严格执法，做好服务，有效遏制和减少安全事故发生。

〔代表工作〕 7月12～14日，全州人大常委会换届业务培训班在州委党校开班。州人大常委会主任杨建明、副主任刀琼平出席开班仪式。培训将邀请省人大常委会选联委、研究室和州委组织部的领导集中授课，授课内容包括选举工作法律法规、工作任务和程序，以提高换届选举工作人员的业务能力和水平，为换届选举工作打好基础，确保换届选举各项工作依法有序推进。

12月5～7日，州人大常委会组织省人大代表和部分州人大代表，并邀请驻州的全国人大代表，共54名代表组成三个代表视察小组，分别深入县市区和部分乡镇，实地视察了城镇主要街道、城乡结合部、污水垃圾处理厂、集（农）贸市场、住宅小区等重点区域。通过察看、走访、座谈，听取情况介绍和工作汇报等形式，代表们实事求是地总结经验，查找问题，提出了有针对性的意见建议，确保了视察实效。

（《州人大常委会》撰稿人：李晓坤）

州人民政府

〔综述〕 2011年，全州生产总值197.7亿元，同比增长13.6%。全社会固定资产投资完成138.5亿元，同比增长24.6%。财政总收入28.3亿元、同比增长47.5%，地方财政一般预算收入17.6亿元、同比增长56.3%，地方财政一般预算支出67.1亿元、同比增长58.2%，财政三项指标的增幅都在47%以上。三次产业结构调整为28.8∶30.3∶40.9。非公有制经济增加值达72亿元，在生产总值中的比重提高到36.4%，生物产业“四个百亿元产业”扎实推进，龙头企业不断发展壮大，全州生物产业实现总产值113亿元，同比增长18%；生物工业增加值11.3亿元，同比增长22%。旅游总人数为1012.6万人次、同比增长18.7%，其中接待国内旅游者936万人次，同比增长17.6%；接待海外旅游者29.4万人次，同比增长35.9%。旅游总收入为100.2亿元、完成责任目标的111.2%，同比增长24.8%、高于责任目标12.6个百分点。全年在建项目突破400个，比上年增加30个。全州实现农业总产值96.5亿元，同比增长7.9%；粮食种植面积137万亩、同比增长2.6%，粮食产量实现连续6年增收、达39.4万吨、同比增长6.1%，勐海县被省政府授予“全省粮食生产先进县”称号。全州对外经济技术合作5610万美元、同比增长11.8 %，对外经济贸易总额11.6亿美元、同比增长12.2%，顺利完成外贸进出口责任目标，州政府被省政府评为完成外贸进出口目标任务先进单位。实际利用州外资金

68.9 亿元、完成责任目标的 112.2%，同比增长 34.6%；实际利用外资 543 万美元、完成责任目标的 108.6%，同比增长 55.4%。全州城镇居民人均可支配收入 15190 元，同比增长 13.5%；农民人均纯收入 5327 元，同比增长 22.4 %、超责任目标 9.4 个百分点；农场承包户人均收入大幅提高；城乡居民储蓄存款 187.7 亿元、同比增长 25.4%。人口自然增长率控制在 6.3‰以内，城镇登记失业率控制在 3% 以内，单位生产总值能耗下降 21%。

经济结构战略性调整取得突破。新型工业化加快推进。3 个工业园区建设取得重大进展，启动实施了 128 个非电工业项目，总投资达到 31.8 亿元。非公有制经济增加值达到 72 亿元，在生产总值中的比重由 31% 提高到 36.4%，实现了三分天下有其一的目标。以旅游业为龙头的第三产业加快发展。旅游二次创业成效显著，植物园成功创建国家 5A 级景区，4A 级景区 7 个，三星级以上酒店有 20 个。西双版纳至老挝琅勃拉邦旅游环线得到国家旅游局批准，滨江果园避寒度假山庄等一批旅游重大基础设施项目建成投入使用，西双版纳国际旅游度假区等一批重大项目加快推进。勐罕镇、嘎洒镇曼景法村分别被评为全国特色景观旅游名镇和名村，全省旅游产业发展大会在州召开。城乡消费市场活跃，移动电话用户 102 万户，互联网用户 13 万户，新建、改扩建 8 个物流配送中心、14 个城乡农集贸市场、754 个农家店和便民店。

重点项目建设强力推进，扎实抓好 20 个重大建设项目，保持了重点领域投资较快增长。西双版纳机场改扩建加快推进，澜沧江码头建设全面提速，县(市)、口岸公路实现高等级化，乡(镇)公路实现油路化，行政村道路全部完成晴雨通车改造。城乡规划实现全覆盖，《西双版纳风景名胜区规划》修编得到国务院批准；澜沧江景洪段沿江开发，沧江新区建设初见成效，启动引水入城、沙河新区等一批重大城市建设项目，景洪中心城市的地位进一步提升。

“三农”工作不断加强。全面落实强农惠农富农政策，大规模培训胶农、茶农和特色种养殖能手，加快推进农业产业化，粮食生产保持稳定。橡胶、茶叶、蔗糖等传统产业进一步巩固提升，汉麻、石斛等新兴产业加快发展，生物产业总产值达到 113 亿元。

“兴边富民”工程和边疆解“五难”惠民工程成效显著。实施贫困村整村推进，加大山区综合开发，大力扶持人口较少民族和库区移民发展，克木人整体达到当地中等以上生活水平，38 个人口较少民族行政村全部实现“四通五有三达到”目标，

各项改革统筹推进。顺利完成乡(镇)机构改革、政府机构改革、集体林权制度主体改革、农村土地承包经营权证补换发工作。启动实施医药卫生体制改革，国家基本药物制度初步建立。农垦改革稳步推进，农场承包户人均收入大幅增加。预算管理制度、国库集中支付改革不断推进，农村公益事业“一事一议”财政奖补全面实施。推进供销社二次创业，供销社整体实现扭亏为盈。金融、投融资体制改革不断深化，科技、教育、文化、水利等各项改革加快推进。

对外开放不断扩大。启动磨憨—磨丁中老跨境经济合作区建设，建立中老泰“三国六方”合作机制，澜沧江·湄公河流域国家文化艺术节提升为省级艺术节。打洛口岸升格为国家一类口岸，磨憨联检楼等一批口岸基础设施建成投入使用，启动实施蔬菜换石油、花卉换水果、冷果换热果“三换贸易”。配合国家有关部门妥善处理“10·5”中国船只湄公河遇袭事件，开展中老缅泰湄公河联合巡逻执法。

社会事业加快推进。公共财政优先投向民生领域。科技进步通过国家考核。“两基”教育通过国家检查验收，免除农村寄宿制学生住宿费。州民中新校区和景洪特殊教育学校建成投入使用，启动西双版纳职业技术学院新校区、州一中、州二中标准化建设 适龄幼儿入园率达到 71%。中小学校安工程和区域布局调整取得重大进展，州傣医院完成搬迁重建，州、县(市)、乡(镇)卫生基础设施大幅改善。新型农村合作医疗参合率达到 97.8%，高于全省平均水平 1.8 个百分点。城镇职工、城镇居民基本医疗保险提标扩面，最高支付限额达到职工平均工资和居民可支配收入的 6 倍。疾病预防控制体系进一步完善，孕产妇死亡率、婴儿死亡率、传染病发病率分别下降到 33.9/10 万、13‰和 267/10 万。傣药材标准研究取得新成果，食品药品安全监管不断加强。全面落实计划生育惠民政策，保持了稳定的低生育水平。文化事业繁荣发展。民族博物馆建成投入使用。傣文数字化研发取得新进展，《西双版纳傣文报》居全省民族文报发行之首。文化体育基础设施大幅改善，有线数字电视用户突破 25 万户，入网比例全省第一，广播电视覆盖率达到 99%。

社会保障体系进一步完善。就业再就业工作成效显著，社会保障体系进一步健全。全面启动实施城镇居民社会养老保险和新型农村社会养老保险试点工作，参加各类社会保险的人数 102.9

万人次，在全省率先实现社会养老保险制度全覆盖。对60周岁以上失地农民发放生活补助，为80周岁以上老年人发放保健补助和长寿补贴，州社会福利院建成投入使用，有9个农村敬老院和120个老年活动场所。大力推进保障性安居工程建设。

生态保护成果丰硕。坚持在保护中发展，建立森林资源保护责任制，严厉打击破坏森林资源的违法犯罪行为西双版纳国家级自然保护区被评为省级“平安林区”。国家、州、县（市）级自然保护区面积达503.7万亩，保护区面积占全州国土面积的17.6%。实施野生动物公众责任保险，建立热带雨林保护基金会，完成亚行西双版纳生物多样性保护廊道一期项目建设。森林覆盖率提高到78.3%。景洪市被评为“国家园林城市”，勐海县被列为“全国农村环境保护试点县”，勐腊县荣获“全国绿化模范县”称号，勐罕镇被评为国家级生态乡（镇）和国家级园林城镇。强力推进“七彩云南·西双版纳保护行动”。划定县（市）、乡（镇）集中式饮用水源地保护区，在全省率先启动实施农村连片环境综合整治，景洪江南污水处理厂二期工程、州医疗废弃物集中处置中心、勐腊和勐海县城垃圾处理场等一批环境保护项目建成投入使用。加强耕地保护和土地整治，严格审批矿产勘查和矿产资源开发利用。实施橡胶加工行业污染治理示范工程建设。

自觉接受州人大及其常委会的法律监督、工作监督和州政协的民主监督，认真听取人大代表和政协委员的意见、建议，办理人大代表建议和政协提案，强化行政监察、审计监督和政务督查，纪检监察机关派驻机构改革全面完成。认真落实党风廉政建设“一岗双责”责任制，严厉查处了一批腐败案件。高度重视人民群众监督和新闻舆论监督，密切与工会、共青团、妇联等人民团体的联系，认真听取社会各界的意见和建议。建立州公共资源交易中心，深化行政审批制度改革，法治政府、责任政府、阳光政府、效能政府建设扎实推进，政务、厂务、村务及公共企事业单位办事公开全面实施，基层民主建设不断加强。

精神文明建设进一步加强。大力弘扬以爱国主义为核心的民族精神和以改革创新为核心的时代精神，深入学习杨善洲精神，广泛开展创先争优活动，全面加强公务员队伍建设。精神文明创建活动广泛开展，把庆祝中国共产党诞生90年纪念活动与民族团结进步宣传结合起来，“三个离不开”思想更加深入人心，州委、州政府被国务院授予“全国民族团结进步模范集体”称号。加强和改进信访工作，开展领导干部大走访、大接访活动，信访工作被省委、省政府授予一等功。安全生产、道路交通和消防安全工作进一步加强，禁毒防艾人民战争深入推进。部队、民兵正规化建设不断加强，双拥共建和平安创建取得新成效。

〔**重要文件**〕 2011年1月13日，州政府印发《关于进一步加强气象防灾减灾能力建设的实施意见》，《意见》内容：西双版纳气象防灾减灾能力建设的重要意义；指导思想、基本原则和目标任务；以面向“三农”为重点，着力提高公共气象服务能力；以准确率和精细化为重点，着力提高气象预测预报警能力；以强化基础建设为重点，努力提高综合气象观测能力；加强领导，切实提高气象防灾减灾保障能力。

2月17日，州政府印发《关于实施质量兴州战略的意见》，《意见》主要内容：指导思想和主要目标；主要任务；保障措施；

3月9日，州政府办印发《关于配合做好地方政府性债务审计工作的实施意见》。《意见》要求进一步明确西双版纳州地方政府性债务审计工作的目标、范围和对象；提出西双版纳州地方政府性债务审计工作有关要求。

3月14日，州政府印发《关于加快推进林权抵押贷款先试先行工作指导意见》。《意见》主要内容：增强对林权抵押贷款重要性和紧迫性的认识；加快推进林权抵押贷款试点工作的原则；加快推进林权抵押贷款试点工作的要求。

同日，州政府办印发《关于加强垦区国有橡胶原料和干胶产品管理的指导意见》。《意见》主要内容：加强垦区国有橡胶原料和干胶产品管理的必要性；垦区国有橡胶原料和干胶产品管理的对象和责任主体；加强垦区国有橡胶原料和干胶产品管理的有关要求；建立健全的经营管理机制，实现景阳公司与新农场、新公司的良性互动。

4月6日，州政府印发《关于进一步加强外来投资促进工作的实施意见》。《意见》主要内容：新形势下外来投资促进工作的新要求；进一步明确外来投资促进工作的重点目标和领域；完善外来投资促进工作体系；完善外来投资促进政策；加强对外来投资促进工作的领导。

5月5日，州政府印发《关于进一步加强部门统计工作的意见》。《意见》要求充分认识部门统计工作的重要性和紧迫性；切实认真履行部门统计工作职责；加强对部门统计工作的管理和指导。

5月27日，州政府办印发《关于继续深化安全生产年活动的实施意见》。《意见》要求明确目标任务；深入推进“安全生产年”活动各项工作；

细化责任分工，确保各项工作有序推进；采取有力措施，保证各项工作落实。

7月4日，州政府印发《关于整合财政资金扶持龙头企业带动农业产业化发展的意见》，要求全州各级各部门充分认识整合财政资金扶持龙头企业带动农业产业化发展的重要意义；加强对农业产业化发展现状的认识；明确整合财政资金扶持龙头企业带动农业产业化发展的指导思想、基本原则和发展目标。提出整合财政资金扶持龙头企业带动农业产业化发展的工作重点和保障措施。

8月19日，州政府办印发《关于进一步加强危险化学品企业安全生产工作的实施意见》，要求各级各部门切实增强做好危险化学品企业安全生产工作的紧迫感和责任感，并提出了工作的总体要求和工作目标。强调强化责任落实，建立健全企业安全生产责任体系；加快实施自动化改造，全面推行安全生产标准化管理；加大执法力度，落实政府监管责任；强化应急管理，提高事故处置能力。

同日，州政府办印发《关于进一步加强烟花爆竹安全监督管理工作的实施意见》，提出全州各级各部门要依法行政，明确安全监管职责；严格条件，进一步规范烟花爆竹市场经营秩序；严格把关，切实加强烟花爆竹运输和燃放的安全监管；强化管理，切实落实企业安全生产主体责任；固本强基，全面推进烟花爆竹企业安全生产标准化建设；加强协作，严厉打击非法行为。

10月10日，州政府印发《关于扶持和促进中医傣医药事业发展的实施意见》，要求全州各级各部门充分认识扶持和促进中医傣医药事业发展的重要意义，并提出了发展中医傣医药事业的指导思想、基本原则和主要目标，要求健全和完善中医傣医药医疗和预防保健服务体系，大力推进中医傣医药继承与创新，加强中医傣医药人才队伍建设，大力扶持傣医药发展，传承发展中医傣医药文化、扩大交流与合作，完善中医傣医药事业发展的保障措施。

10月18日，州政府办印发《关于建立健全基层医疗卫生机构补偿机制的实施意见》，提出了实施意见的总体要求，并要求各级各部门建立稳定长效的多渠道补偿机制，推进基层医疗卫生机构综合改革，多渠道加大对乡村医生的补助力度，落实好保障措施。

11月9日，州政府办印发《关于加快推进农村信用体系建设试点工作的实施意见》。《意见》要求充分认识加快推进农村信用体系建设的重要意义，并提出指导思想、基本原则和工作目标，制定了具体的工作内容和主要工作措施。

12月6日，州政府印发《关于进一步加强食品安全工作的意见》，要求各级各部门深刻认识食品安全工作的重要性；提升监管能力，全面加强监管；加强领导，狠抓落实。

12月14日，州政府办印发《贯彻落实省政府办公厅关于进一步发挥森林公安职能作用服务桥头堡和森林云南建设意见的实施意见》，要求各级各部门充分认识森林公安的重要作用和面临的困难，并对森林公安建设提出总体要求，要求进一步发挥森林公安的职能作用。

〔公告、通告、通报〕 2011年7月，州政府办印发《关于2011年上半年全州政府系统政务信息采用情况的通报》。《通报》指出上半年州政府办共收到各级各部门报送的信息2678条，采用201条，采用率7.5%，其中各县市报送167条，采用24条，采用率16%；州直各部门和中央、省属驻州各单位报送2511条，采用177条，采用率7%。共编印《西双版纳政务信息》、《西双版纳政情通报》等20期。整理上报省政府办信息技术处信息402条，被采用67条，采用率17%，采用得分348分，完成省政府办政务信息目标考核任务的87%，在全省16个州市中排名第9位。《通报》还通报了景洪工业园区管委会、州交通运输局等信息采用为零的单位。《通报》要求下半年各级各部门要高度重视并切实加强政务信息报送工作，及时主动报送政务信息，不断提高政务信息质量和水平。

12月19日，州政府办印发《关于全州学校及周边环境综合治理工作检查情况的通报》，对重点抽查的全州11个乡镇的37所中小学幼儿园情况进行了通报。检查内容涉及学校交通安全（含校车安全）、食品卫生安全、“三防”建设、消防安全、校舍及设施设备安全、校园及周边环境秩序、校园施工安全情况、学校各项责任制和应急预案演练等八项内容，通报还对存在的主要问题进行了剖析，并对进一步工作提出了具体要求。

〔重要通知〕 2011年，州政府印发通知：

1月21日，《关于筹建勐海县迪盛小额贷款有限责任公司的通知》、《关于筹建勐腊县创绩小额贷款有限公司的通知》。

1月31日，《关于西双版纳傣族自治州城镇居民大病补充医疗保险实施办法的通知》、《关于西双版纳傣族自治州城镇居民基本医疗保险门诊统筹暂行办法的通知》。

2月17日，《关于副州长马维纲工作分工的通知》。

2月19日，《关于兽医管理体制改革实施方案的通知》。

3月9日,《关于景洪电站水库库区保护办法的通知》。

3月11日,《关于将国有农垦制胶厂授权西双版纳景阳橡胶有限公司管理的通知》。

3月25日,《关于西双版纳州政府自身建设2011年工作要点的通知》。

4月2日,《关于切实加强草原生态保护补助奖励机制工作的通知》。

4月7日,《关于西双版纳傣族自治州退役士兵安置工作管理暂行办法的通知》。

4月21日,《关于对景洪市洪丰有限公司洪丰酒店存在的重大火灾隐患实行政府挂牌督办的通知》。

5月30日,《关于筹建景洪市田野小额贷款有限公司的通知》。

6月21日,《关于筹建景洪市亚融小额贷款有限责任公司的通知》。

6月22日,《关于西双版纳州2011年地质灾害防治方案的通知》。

7月21日,《关于进一步加强耕地保护工作的紧急通知》

8月15日,《关于筹建勐海县泰昭小额贷款有限责任公司的通知》

8月23日,《关于印发西双版纳傣族自治州国民经济和社会发展第十二个五年规划纲要的通知》

8月30日,《关于印发西双版纳傣族自治州新型农村社会养老保险和城镇居民社会养老保险试点实施细则(试行)的通知》

9月16日,《关于印发西双版纳州森林防火行政问责实施办法的通知》

9月27日,《关于印发西双版纳州橡胶木加工经营管理办法的通知》

9月29日,《关于印发加快转变农业发展方式规则(2011—2015)和促进农民持续增收行动计划(2011—2015)的通知》

10月11日,《关于印发西双版纳傣族自治州十二五科学和技术发展规划的通知》

10月17日,《关于进一步加强农垦社会保险工作的紧急通知》

11月23日,《关于调整常务副州长罗红江工作分工的通知》、《关于印发西双版纳州医疗废物集中处置管理办法的通知》

12月1日,《关于州长助理王娟等2位同志工作分工的通知》

12月8日,《关于印发西双版纳州基本农田保护办法的通知》

州政府办公室印发通知:

1月7日,《关于调整充实西双版纳州食品安全委员会的通知》。

1月13日,《关于调整西双版纳州森林防火指挥部组成人员的通知》、《关于州政府领导和森林防火指挥部成员单位实行分片联系森林防火工作的通知》。

1月30日,《关于第十四届西双版纳边境贸易旅游交易会工作方案的通知》。

2月9日,《关于西双版纳州州级预算单位银行账户管理办法的通知》。

2月17日,《关于2011年西双版纳泼水节系列活动实施方案的通知》。

2月22日,《关于2010年度全州政府系统政务信息工作考核情况的通知》。

2月23日,《关于评选"十一五"全州水利工作先进集体和先进个人的通知》。

3月10日,《关于2011年度全州政府系统政务信息工作目标考核任务的通知》。

3月21日,《关于调整充实西双版纳州被撤销城市信用社托管组成员的通知》、《关于西双版纳州通信保障应急预案的通知》;《关于西双版纳州网络与信息安全事件应急预案的通知》。

3月30日,《关于西双版纳州国土资源局主要职责内设机构和人员编制规定的通知》、《关于西双版纳州环境保护局主要职责内设机构和人员编制规定的通知》、《关于西双版纳州住房和城乡建设局主要职责内设机构和人员编制规定的通知》、《关于西双版纳州交通局主要职责内设机构和人员编制规定的通知》、《关于西双版纳州农业局主要职责内设机构和人员编制规定的通知》、《关于西双版纳州林业局主要职责内设机构和人员编制规定的通知》、《关于西双版纳州水利局主要职责内设机构和人员编制规定的通知》、《关于西双版纳州人民政府办公室主要职责内设机构和人员编制规定的通知》、《关于西双版纳州信访局主要职责内设机构和人员编制规定的通知》、《关于西双版纳州发展和改革委员会主要职责内设机构和人员编制规定的通知》、《关于西双版纳州工业和信息化委员会主要职责内设机构和人员编制规定的通知》、《关于西双版纳州财政局主要职责内设机构和人员编制规定的通知》、《关于西双版纳州人力资源和社会保障局主要职责内设机构和人员编制规定的通知》、

4月1日,《关于西双版纳州公路路域环境综合整治活动实施方案的通知》。

4 月 7 日,《关于增加公务用车编制的通知》、《关于进一步做好无偿献血工作的通知》。

4 月 18 日,《关于西双版纳州教育局主要职责内设机构和人员编制规定的通知》、《关于西双版纳州科学技术局主要职责内设机构和人员编制规定的通知》、《关于西双版纳州民族宗教事务局主要职责内设机构和人员编制规定的通知》、《关于西双版纳州民政局主要职责内设机构和人员编制规定的通知》、《关于西双版纳州司法局主要职责内设机构和人员编制规定的通知》、《关于西双版纳州商务局主要职责内设机构和人员编制规定的通知》、《关于西双版纳州文化体育和新闻出版局主要职责内设机构和人员编制规定的通知》、《关于西双版纳州卫生局主要职责内设机构和人员编制规定的通知》、《关于西双版纳州人口和计划生育委员会主要职责内设机构和人员编制规定的通知》、《关于西双版纳州广播电视局主要职责内设机构和人员编制规定的通知》、《关于西双版纳州安全生产监督管理局主要职责内设机构和人员编制规定的通知》、《关于西双版纳州统计局主要职责内设机构和人员编制规定的通知》、《关于西双版纳州旅游局主要职责内设机构和人员编制规定的通知》、《关于西双版纳州粮食局主要职责内设机构和人员编制规定的通知》、《关于西双版纳州审计局主要职责内设机构和人员编制规定的通知》、《关于西双版纳州人民政府扶贫开发办公室主要职责内设机构和人员编制规定的通知》、《关于西双版纳州食品药品监督管理局主要职责内设机构和人员编制规定的通知》、《关于西双版纳州人民政府法制办公室主要职责内设机构和人员编制规定的通知》、《关于西双版纳州人民防空办公室主要职责内设机构和人员编制规定的通知》。

4 月 18 日,《关于切实抓好我州列入云南省 2011 年"三个一百"重点建设项目工作的通知》。

4 月 19 日,《关于西双版纳州政府自身建设 2011 年工作任务分解的通知》。

4 月 25 日,《关于进一步深化政务公开全面推进政务服务工作的通知》。

4 月 29 日,《关于西双版纳州建筑消防设施排查整治专项活动方案的通知》、《关于开展 2011 年度创建平安畅通县市活动的通知》、《关于西双版纳州职业病防治规划(2010 ~ 2015 年)》的通知、《关于贯彻落实西双版纳州人民政府关于进一步加强外来投资促进工作实施意见重点工作任务分解的通知》、《关于西双版纳州职业病防治规划(2010 ~ 2015 年)的通知》、《关于认真做好人大代表建议政协提案办理工作的通知》。

5 月 9 日,《关于认真做好 2011 年"政风行风热线"直播工作的通知》、《关于编辑出版〈西双版纳年鉴〉(2011 年)的通知》。

5 月 10 日,《关于调整办公室领导班子工作分工的通知》、《关于对禁毒、禁赌及改善部分村寨生产生活条件进行立项督办的通知》、《关于 2011 年招商引资工作意见的通知》。

5 月 13 日,《关于聘任州人民政府督学的通知》。

5 月 17 日,《关于第十九届中国昆明进出口商品交易会西双版纳州代表团参展工作方案的通知》。

5 月 23 日,《关于对 2011 年卫生工作责任目标进行任务分解的通知》。

6 月 1 日,《有关印发西双版纳州气象灾害应急预案的通知》。

6 月 2 日,《关于开展高尔夫球场建设项目清理整治工作的通知》。

6 月 15 日,《关于西双版纳在科技进步考核工作方案的通知》。

6 月 16 日,《关于 2011 年食品安全重点工作安排的通知》。

6 月 23 日,《关于西双版纳州 2011 年中低产林改造实施方案的通知》。

6 月 24 日,《关于西双版纳州农业产业化经营与农产品加工州级重点龙头企业认定和运行监测管理暂行办法的通知》、《关于党风廉政建设和惩防体系建设主要任务分解的有关文件的通知》。

6 月 29 日,《关于景洪城区生猪屠宰市场专项整治工作方案的通知》、《关于成立西双版纳州与老挝北部五省经济文化合作联络工作组的通知》。

6 月 30 日,《关于景洪监狱移交土地使用权分配方案的通知》

7 月 7 日,《关于全州中小学校舍安全工程的督办通知》

7 月 8 日,《关于对勐仑水库建设项目进行立项督查的通知》

7 月 14 日,《关于加强割胶生产管理工作的紧急通知》

7 月 26 日,《关于进一步加强见义勇为工作的通知》

7 月 28 日,《关于开展 2006—2010 年县市人民政府耕地保护责任目标考核工作的通知》

8 月 15 日,《关于进一步规范小额贷款公司经营行为的通知》、《关于加强州级财政支出预算

管理确保预算收支平衡的通知》

8月16日,《关于开展布龙州级自然保护区勘界核权工作的通知》

8月31日,《关于将尚勇镇更名为磨憨镇的通知》、《关于开展治大隐患防大事故安全隐患排查治理专项行动的通知》、《关于印发西双版纳州农村地区低速载货汽车三轮摩托车农耕机违法载客专项整治行动方案的通知》

9月5日,《关于印发西双版纳州开展危险废物环境风险大排查专项行动方案的通知》

9月15日,《关于印发〈西双版纳州统筹流动人口计划生育服务管理研究课题的实施方案〉的通知》、《关于印发〈西双版纳州工商局关于支持桥头堡建设的实施意见〉的通知》

9月19日,《关于印发北京大学人民医院—西双版纳州人民医院—乡镇医疗单位卫生服务共同体项目实施方案的通知》

9月26日,《关于印发西双版纳州促进餐饮业发展实施意见的通知》

9月28日,《关于印发全州"清剿火患"战役工作方案的通知》

10月9日,《关于首届澜沧江·湄公河流域文化艺术节系列活动实施方案的通知》

10月11日,《关于召开西双版纳州第二届新农村篮球运动会的通知》

10月12日,《关于报送西双版纳机场净空保护区超限障碍物流整改方案的通知》

10月14日,《关于印发西双版纳州代表团参加2011云南(上海)投资洽谈推介会工作方案的通知》

10月25日,《关于印发西双版纳州医药卫生体制五项改革2011年度主要任务和工作目标的通知》

10月26日,《关于印发西双版纳州公安局主要职责内设机构和人员编制规定的通知》

10月30日,《关于全面做好今年第四季度全州道路交通事故预防工作的通知》

11月1日《关于印发西双版纳州"十二五"公共机构节能规划(2011—2015年)的通知》

11月7日,《关于更改马桂洪行政撤职处分生效期的通知》、《关于收回西双版纳州傣医医院旧址土地的通知》

11月11日,《关于对公民自发出境租地耕地加强教育和管理的通知》

11月14日,《关于对黄金海岸娱乐会所存在重大火灾隐患实行挂牌督办整改的通知》

11月17日,《关于举办全州政府办公室系统第八届职工运动会的通知》

11月23日,《关于副秘书长阮佳工作分工的通知》

11月25日,《关于州政府采购中心和州建设工程交易中心划转州公共资源交易中心有关事项的通知》

11月28日,《关于做好城市公共交通和城市出租汽车管理工作的通知》

12月7日,《关于尽快回收住房公积金单位项目贷款的紧急通知》

12月9日,《关于建立西双版纳生物多样性保护联席会议的通知》

12月14日,《全州深化政务公开加强政务服务工作会议确定工作任务分工的通知》

12月15日,《关于印发西双版纳州生活必需品市场供应突发事件应急预案的通知》

12月19日,《关于州级公共资源项目统一进入西双版纳州公共资源交易中心交易的通知》、《关于进一步做好学校安全工作的通知》

12月27日,《关于印发州消防安全委员会职责和工作制度的通知》、《关于印发西双版纳州医疗纠纷人民调解和医疗责任保险制度实施意见的通知》

〔批复〕 州政府批复:

1月7日,批复热带雨林国家公园管理局《关于绿石林景区改造提升详细规划的请示》。

1月7日,批复州知识产权局《关于建立西双版纳州知识产权战略实施工作联席会议制度的请示》。

1月10日,批复景洪市政府《关于确定西双版纳明远林业有限公司建设用地性质及规划控制指标的请示》。

1月19日,批复州发改委《关于西双版纳州2011~2015年巩固退耕还林成果专项规划调整方案的请示》。

1月28日,批复州卫生局《关于同意成立西双版纳州生物医学重点实验室的请示》、批复州接待处《关于解决聘用人员工资的请示》。

2月17日,批复州政务中心《关于州政务中心更换印章的请示》、批复州招商合作局《关于州招商合作局更改印章的请示》。

2月20日,批复州工信委《关于请求同意景洪工业园区管委会启动景哈片区开发建设工作的请示》。

2月24日,批复州教育局《关于刻制西双版纳州关心保护未成年人工作委员会办公室印章的请示》。

3月23日，批复州统计局《关于发布〈西双版纳傣族自治州2010年国民经济和社会发展统计公报〉》、批复州林业局《关于出版〈西双版纳傣族自治州林业志〉的请示》。

3月30日，批复西双版纳供电局《关于220千伏黎明变电站站址变动的请示》。

4月20日，批复西双版纳国家级自然保护区管理局《关于大渡岗乡新农村建设涉及自然保护区有关问题的请示》。

4月21日，批复州移民开发局《关于变更小黑江回龙山水电站建设征地移民安置方式的请示》。

5月9日，批复景洪市政府《关于大渡岗乡为2011年度全州山区综合开发试点乡镇的请示》、批复勐海县政府《关于将勐海县布朗山乡纳入山区综合开发规划的请示》、批复云南省林业投资有限责任公司《关于将全州各级国有投资公司以所持勐象公司股权对林投公司增资的请示》。

5月12日，批复云南勐象竹业有限公司《关于帮助协调落实竹纤维浆粕项目原料林基地的请示》。

5月13日，批复景洪工业园区管委会《关于对"西双版纳国际旅游度假区"总体规划及控制性详细规划审批的请示》。

5月16日，批复州水利局、州发展改革委《关于要求对景洪市城市供水水源选点规划进行审批的请示》、批复勐腊县政府《关于勐腊县象明乡列为山区综合开发试点乡的请示》。

5月17日，批复打洛边防检查站《关于打洛边防检查站新站部建设项目配套经费的请示》。

5月19日，批复勐海县政府《关于对勐海县教育督导评估工作进行复评的请示》。

5月23日，批复州旅游局《关于在全州旅游行业推行公对公佣金工作方案的请示》。

5月24日，批复景洪市政府《关于景洪市购置举高消防车经费补助的请示》。

5月31日，批复勐腊县政府《关于调整迪盛华府项目用地性质及建筑技术指标的请示》。

6月13日，批复州政务服务中心《关于州公共资源交易中心办公室用房的请示》。

6月20日，批复州环境保护局《关于不在编制环境保护与生态建设第十二个五年规划及长远规划的请示》、批复州住房和城乡建设局《关于西双版纳风景名胜区范围调整说明的请示》、批复州质量技术监督局《关于刻制西双版纳州实施质量兴州战略领导小组及其办公室印章的请示》。

6月21日，批复州林业局《关于2011年竹原料林基地建设实施方案的请示》。

6月23日，批复州农民负担监督管理办公室《关于2011年我州村民筹资筹劳及以资代劳工价标准的请示》。

6月28日，批复州文化体育和新闻出版局《关于承办海峡两岸城市棒球赛的请示》。

7月11日，批复景洪市政府《关于实施新一轮乡级土地利用总体规划的请示》、勐腊县政府《关于给予上报勐腊县勐仑镇等9个乡级土地利用总体规划的请示》

7月14日，批复州人力资源和社会保障局《关于2011年州至事业单位公开招聘工作人员的请示》

7月26日，批复景洪市政府《关于西双版纳机场改扩建征地工作有关事宜的请示》

8月4日，批复州国土资源局《关于西双版纳州2010年度土地卫片执法检查工作方案的请示》

8月8日，批复勐海县《关于报请审批勐海县勐混镇等10个乡级土地利用总体规划的请示》、州国土资源局《批准转发云南省国土资源厅关于西双版纳州景洪市等3个县市第二轮矿产资源规划(2008—2015年)的批复的请示》

8月19日，批复景洪市政府《关于帮助解决北环路二期项目前期和征地拆迁补偿费的请示》

8月22日，批复州交通运输局《报转景洪市交通运输局关于橄榄坝至景哈乡澜沧江大桥设计进行邀请招标的请示》

9月6日，批复州粮食局《关于调整2011年州级储备粮轮换贷款方式的请示》

9月8日，批复州住房和城乡建设局《关于2011年西双版纳第三届房地产交易会的请示》

9月21日，批复勐海县政府《关于变更勐海县进化林业公司生产防护绿地使用性质的请示》

9月26日，批复州商务局《关于刻制中国国际贸易促进委员会云南省分会西双版纳州支会印章的请示》

9月27日，批复景洪工业园区管委会《关于请求准予景洪工业园区嘎栋片区04—19号地块用地性质调整的请示》

9月30日，批复州生物产业办、州林业局《关于新建景洪曼飞龙天然橡胶良种繁育基地的请示》，景洪工业园区管委会《关于变更西双版纳景洪工业园区投资开发公司法人代表的请示》，州交通运输局《关于要求审批思小高速公路上接待场地设计方案的请示》

10月10日，批复勐海县政府《关于呈报在布朗山乡班章村曼峨未利用地实施土地开发(补充耕地）项目的请示》、州公安局《关于提请西双版纳州人民政府对景洪市洪丰有限责任公司洪丰酒店重大火灾隐患政府挂牌督办单位进行销案的请示》

10月19日，批复州港务局《关于支流泰国船舶返回国内提出减免港口规费等有关问题的紧急请示》

10月24日，批复勐海县政府《关于调整勐海县新城区控制性详细规划中D3—03、D3—05号地块技术指标的请示》、磨憨经济开发区管委会《关于调整部分地块控制性指标的请示》

10月25日，批复景洪工业园区管委会《关于景洪工业园区嘎栋片区A—（1）—22、A—（1）—24、A—（1）—25号地块调整规划控制指标的请示》、《关于景洪工业园区嘎栋片区A—（1）—28、A—（1）—29号地块调整规划控制指标的请示》

10月26日，批复景洪工业园区管委会《关于曼沙农场管委会恢复一胶厂生产的请示》

11月9日，批复勐海县政府《关于请求审批〈勐海县布朗山乡山区综合开发规划（2011—2013）〉和〈勐海县布朗山乡2011年度山区综合开发规划〉的请示》、勐腊县政府《关于给予批准实施象明彝族乡2011—2014年山区综合开发规划的请示》、景洪市政府《关于请求审核〈景洪市大渡岗乡山区综合开发规划〉的请示》

11月10日，批复景洪市政府《关于批准建设景洪市景讷乡小曼因制胶厂的请示》

11月12日，批复州卫生局《关于尚勇卫生院、西双版纳旅游度假区医院、景洪农场一分场卫生院业务工作归口管理的请示》

11月21日，批复州发改委、财政局、农业局、林业局《关于上报西双版纳州2012年度巩固退耕还林成果计划任务的请示》

11月23日，批复勐海县政府《关于承办2011年全国藤球锦标赛的请示》

12月13日，批复州财政局、州教育局《关于从土地出让金中计提教育资金的请示》

12月14日，批复景洪市政府《关于呈报批准成立西双版纳旅游文化产业有限责任公司的请示》

12月20日，批复磨憨经济开发区管委会《关于请求审查批准〈西双版纳磨憨经济开发区近期建设规划〉的请示》

12月21日，批复州粮食局《关于要求调整云南景洪国家粮食储备库迁建项目规划用地面积和建设地点的请示》

12月22日，批复州交通运输局《关于上报〈取消政府还贷二级公路收费实施细则〉的请示》、《关于上报〈取消政府还贷二级公路收费人员安置方案〉的请示》

12月27日，批复勐腊县政府《关于勐腊县城新城区控制性详细规划进行优化的请示》

12月30日，批复州发改委《关于西双版纳职业技术学院新校区建设项目立项的请示》、景洪工业园区管委会《官予景洪工业园区嘎栋片区控制性详细规划修改审批的请示》

州政府办批复：

4月6日，批复州政府应急办《关于王东博二人实施奖励性绩效工资分配办法的请示》。

4月20日，批复行政科《关于核减报废报损固定资产的请示》、接待处《州政府接待处关于核减固定资产的请示》。

〔批转文件〕 2011年2月28日，州政府批转《关于西双版纳州军粮供应工作改革实施方案的通知》。

3月4日，州政府批转执行《关于西双版纳州机动车驾驶员培训收费标准调整方案的通知》。

6月，州政府办批转《关于加强宾馆酒店客房市场价格异常波动综合调控方案意见的通知》。

8月，州政府批转《关于实施西双版纳傣族自治州国民经济和社会发展第十二个五年计划纲要的通知》。

〔州人民政府全体会议〕 2011年1月12日，十一届州人民政府第七次全体会议在景洪召开。会议深入学习贯彻党的十七大和十七届三中、四中、五中全会精神以及中央经济工作会议、省委八届十次全会、州委六届十一次全会精神，总结“十一五”全州经济社会发展取得的成就与经验，分析当前和今后一个时期面临的形势和任务，研究部署“十二五”和2011年的各项目标任务。州政府领导刀林荫、罗红江、杨沙、唐家华、李江虹，州政府秘书长李萍出席会议。州长刀林荫代表州政府向全会作报告。常务副州长罗红江主持会议。

2月28日，十一届州人民政府第八次全体会议在景洪召开。会议强调各级各部门要及时贯彻落实州“两会”精神，把握新形势，抢抓新机遇，紧盯目标抓落实，凝心聚力创佳绩，努力实现“十二五”的良好开局。州长刀林荫讲话、常务副州长罗红江主持会议。副州长陈启忠、杨沙、唐家华、李江虹、王方荣、马维纲，州长助理刘鸿章，州政府秘书长李萍出席会议。刀林荫要求，为全面完成“十二五”规划开好局，要突出抓好7项工作，要保持投资较快增长；要积极扩大消费；改革开放要有新突破;要促进财政增长和农民增收;要着力加快产业发展;要大力推进城镇化;要认真解决好民生问题。

〔**州人民政府部门负责人会议**〕 2011年1月29日,州政府召开会议,安排部署旅游市场整治工作和2011年春节黄金周假日旅游工作。副州长陈启忠提出工作要求。州整顿和规范旅游市场秩序领导小组各成员单位负责人参加会议。会议要求,各级各有关部门要认真贯彻落实州委六届十一次全会、十一届州人民政府第七次全体会议对旅游工作提出的要求,认真学习州假日旅游协调领导小组发出的《关于做好2011年春节黄金周假日旅游工作的通知》。

2月28日,全州政府系统廉政工作会议在景洪召开。会议要求,要按照州委六届十一次全会的部署和州纪委六届六次全会的要求,自觉践行以人为本、执政为民的理念,深入推进政府廉政建设和反腐败工作。州长刀林荫讲话,常务副州长罗红江主持会议。副州长陈启忠、杨沙、唐家华、李江虹、王方荣、马维纲,州纪委书记李庆元,州检察院检察长胡跃,州长助理刘鸿章,州政府秘书长李萍参加会议。刀林荫强调,抓好政府系统廉政建设和反腐败工作,关键在加强领导、强化责任,重点在狠抓落实、务求实效。要认真落实反腐倡廉建设责任;要充分发挥监督检查职能;要牢固树立全心全意为人民服务的宗旨。

3月11日,全州政府系统秘书长、办公室主任会议在景洪召开。会议要求,要积极探索加强和改进办公室工作的有效途径,确保政府工作高效有序运转和各项工作任务落到实处,为全面完成2011年各项目标任务、努力实现"十二五"良好开局提供优质高效的服务。会议还表彰了2010年人大代表建议和政协提案办理工作先进单位、全州政府系统政务信息工作先进单位和先进个人。

4月9日,西双版纳州召开会议,部署打击非法彩票赌博活动工作任务。会议强调,打击整治"私彩"活动是一项复杂的工作,各级各部门要高度重视,强化组织领导,明确各单位、部门之间的职责,同时要利用各种宣传媒体,加大宣传力度,发挥群众的力量,认真做好信息统计上报工作。副州长、州打击非法彩票赌博活动领导小组组长唐家华,副州长、州打击非法彩票赌博活动领导小组副组长王方荣,以及州打击非法彩票赌博活动领导小组成员单位负责人参加会议。

〔**州政府和州政府办党组会议**〕 2011年1月17日,州政府办公室召开第19次党组会议。会议由州政府办公室党组书记、秘书长李萍主持,州政府办党组成员参加会议,州第二纪工委副书记温颜才、办公室主任黄志高及各科室负责人列席会议。会议学习传达了中纪委十七届六次全会,省委八届十次全会和第十一届省政府第六次全会,州委六届第十一次全会和十一届州政府第七次全会精神;学习传达了《关于认真贯彻实施中共中央 国务院〈关于实行党风廉政建设责任制的规定〉精神的通知》文件。会议研究了近期工作。明确了科室好饿有关人员的职责与分工。研究了州驻昆办《关于请求转化昆明服务中心客房经营管理方式的请示》。会议原则同意《经营管理方式的方案》,今后按有关资产处理程序征求州国资委意见后报州长办公会议研究决定。研究了州政府办公室新闻发言人人选。会议确定副秘书长李兵为州政府办公室新闻发言人。研究了2011年州庆、春节期间有关工作。研究了有关人事问题。

3月18日,州政府党组扩大会议在景洪召开,会议传达学习全国"两会"精神,部署西双版纳州贯彻意见。副州长陈启忠、杨沙、唐家华、王方荣、马维纲,州长助理刘鸿章、州政府秘书长李萍等党组成员出席会议。会议传达学习十一届全国人大四次会议、全国政协十一届四次会议精神,学习温家宝总理所作的《政府工作报告》、中共中央政治局常委、中央书记处书记、国家副主席、中央军委副主席习近平和中共中央书记处书记、中央纪委副书记何勇参加十一届全国人大四次会议云南代表团审议时的重要讲话精神及国家"十二五"规划纲要。会议要求,要把思想统一到中央对当前形势的正确判断上来,把行动统一到中央作出的决策部署上来,把力量凝聚到落实"两会"提出的目标上来。州长刀林荫就学习贯彻全国"两会"精神、抓好政府各项工作提出了意见。

4月19日下午,州政府秘书长李萍主持召开州政府办第20次党组会议。会议传达学习州委深入开展创先争优活动领导小组《关于开展"学习杨善洲先进事迹、争做优秀共产党员"活动的通知》精神,会议决定由党总支具体抓好的开展工作。研究了办公室近期工作。研究了办公室聘用人员待遇问题。研究了办公室科级领导干部竞争上岗问题。研究了人事问题。会议同意州政务中心公开选调公务员2名,按规定做好相关工作。

5月13日,州政府党组书记、州长刀林荫主持召开州十一届州人民政府第9次党组会议。组织学习杨善洲先进事迹,传达有关文件精神。会议强调,州政府党组和班子成员要按照州委《关于开展"学习杨善洲先进事迹、争做优秀共产党员"活动的通知》精神,开展好一次集中学习动员、一次专题学习讨论、一次为民服务主题活动、一次义务植树纪念活动、一次专题组织生活会"五个一"活动。会议听取州监察局局长岩罕滇对有关案件汇报，决定按照《公务员法》和有关法律法规，给予钱某、罗某、张某某开除公职处分。

6月9日，州长刀林荫主持召开州政府第10次党组会议。会上，开展以杨善洲先进事迹为主体的学习生活会，对深入开展向杨善洲学习活动进行了安排部署；听取刀林荫参加延安干部学院第7期中青年干部加强党性修养专题培训班的学习情况汇报；听取了为武警西双版纳支队等3个驻州武警部队记集体二等功的情况汇报；听取了州国税局案件的情况汇报。

6月16日，州政府秘书长李萍主持召开州政府办公室第22次党组会议，专题研究州政府办公室党风廉政建设和惩防体系建设工作。会议传达学习了《中共西双版纳州纪委关于印发〈西双版纳州2011年党风廉政建设和反腐败工作主要任务分解〉的通知》，州委办、州政府办关于对《贯彻落实〈建立健全惩治和预防腐败体系2008~2012年工作规划〉实施办法》主要任务进行分解的通知文件精神和要求。会议讨论通过《西双版纳州政府办公室2011年党风廉政建设和反腐败工作主要任务分解》、《西双版纳州政府办公室2011~2012年深化惩治和预防体系建设工作主要任务分解》、《西双版纳州政府办公室2011年惩防体系建设重点工作任务分解表》。

6月23日，州政府秘书长李萍主持召开州政府办公室第23次党组会议，专题研究人事问题。会议研究了《关于请求给予办理孙国庆、马跃二位同志调入州政府驻昆办工作的请示》。会议原则同意2人调入州政府驻昆办工作。

7月4日，州政府秘书长李萍主持召开州政府办第24次党组会议，专题研究有关人事问题。会议研究了《西双版纳州信访局关于2011年公开选调公务员的请示》并原则同意该方案，要求严格按照公开选调公务员有关规定办理手续。

8月10日，州政府秘书长李萍主持召开州政府办第25次党组会议。会议研究了州机关事务管理处刘惠等人员工作调动问题，原则同意州机关事务管理处刘惠调州信访局工作，任主任科员；州安全生产监督管理局谢红丽调州政府办行政科工作；州禁毒劳教所李佳调州机关事务管理处工作。由州政府办人事老干科按规定办理有关手续。

11月14日，州政府秘书长李萍主持召开州政府办第26次党组会议，学习传达文件精神和研究有关问题。会议学习了《中共第十七届六中全会全体会议公报》(全文)、《承前启后 继往开来 为夺取全面建设小康社会新胜利而奋斗》(江普生同志在中国共产党西双版纳傣族自治州第七次代表大会上的报告)等文件精神；听取了各副秘书长、各科长(主任)对近期工作的情况通报，要求各责任领导、各科(室)要进一步增强做好各项工作的责任感和紧迫感，提高履职能力，促进各项任务完成，树立廉洁勤政形象；研究了人事问题，同意州政府驻上海联络处周尧仁退休，并对州政府办2010年度工作成绩优秀的事业编制人员张汝斌等4人进行表彰奖励。

〔州长办公会议〕 2011年3月28日，州长刀林荫主持召开十一届州人民政府第16次州长办公会议。会议研究了《西双版纳旅游度假区管委会关于修建西双版纳旅游度假区城乡投资开发有限公司服务中心的请示》。会议同意修建西双版纳旅游度假区城乡投资开发有限公司服务中心。会议要求，新建公司服务中心，要坚持节约、适用、安全、达标的原则，明确办公区功能、适用范围等，严格控制占地面积，合理规划，规范实施。研究了《西双版纳旅游度假区管委会关于用西双版纳旅游度假区城乡投资开发有限公司土地使用权抵押担保贷款的请示》。会议决定，按照州十一届州人民政府第25次常务会议决定事项，由州国土局牵头，州财政局、景洪市、西双版纳旅游度假区、景洪工业园区协助，抓紧研究，集思广益，招商引资，对5664.07亩土地合理开发经营，确保偿还贷款本息。研究了《州工信委关于请求建设工业和信息化综合业务用房的请示》。会议决定，将工业和信息化综合业务用房纳入州政府中心一并规划建设。研究了《西双版纳城乡建设投资开发有限公司关于允景洪小学标准化建设项目融资方案的请示》。会议同意将允景洪小学综合一楼、二层商铺，州傣医院原址，以及即将开工建设的州二中食堂、宿舍楼一、二层商铺等经营性资产产权通过办理相关手续，一并注入西双版纳城乡建设投资开发有限公司，作为公司的资本进行融资。研究了《西双版纳城乡建设投资开发有限公司关于州民中项目贷款抵押物的请示》。会议不同意西双版纳城乡建设投资开发有限公司提出的意见，既不同意用景洪监狱有偿划转土地为州民中项目贷款抵押物事宜。研究了《州教育局关于确定州直学校标准化建设发展规划的请示》。会议原则同意《州直学校标准化建设发展规划》。会议要求，本着节约、适用、安全、达标的原则，提交有关部门、专家进一步修改完善。研究了州商务局、西双版纳出入境检验检疫局、勐腊出入境检验检疫局《关于报请审批〈云南出入境检验检疫局 西双版纳州人民政府关于提升西双版纳沿边开放水平战略合作备忘录〉实施意见的请示》。会议原则同意《提升西双版纳沿边开放水平战略合作备忘录》实施意见。会议决定，由州级财政在今年内安排100万元资金用于配套境检验检疫办公楼建设；由双方协商制定州出入境检验检疫服务能力建设目标任务，报副州长李江虹审定，州政府以"以奖代补"方式给予一定补助；涉及目标任务、完成时限等内容要广泛征求相关部门的意见；协检人员的使用问题由具体部门负责。研究了《州民宗局关于在我州创办中国巴利语系高级佛学院的请示》。会议同意创办中国巴利语系高级佛学院。研究了《州普法办关于召开西双版纳州"五五"普法总结表彰"六五"普法动员大会的请示》。会议同意召开总结表彰暨动员部署大会。原则同意会议经费预算安排。研究了《州政府驻昆办事处关于请求转换昆明服务中心客房经营管理方式的请示》。会议同意州驻昆办以招租的方式经营昆明服务中心客房。研究了2011年州政府公务用车购车经费安排意见。会议同意2011年州政府50万元购车经费安排州教育局和州移民局各15万元；州档案局和州招商局各10万元。

6月10日，州长刀林荫主持召开第17次州长办公会议。会议研究了《州交通运输局关于请求解决直属事业单位州公路勘察设计院、公路质量监督站办公场地的请示》。会议决定，由州交通运输局与海城集团有限公司续约，续约时间1年。同时，将州交通运输局2个直属事业单位办公场地纳入州政务中心一并规划建设。研究了《州卫生局关于州人民医院报废部分固定资产的请示》。会议同意报废州卫生局提出并经州财政局审核的59项固定资产，资产总金额4899963.90元，由州财政局负责指导处置。研究了《州财政局关于对州公安局要求减少固定资产的审核意见》。会议同意州公安局核减固定资产5869341.09元，土地资产66599.1平方米，由州财政局负责指导处置。各位副州长通报2011年上半年工作情况和"双20"进展情况。

11月22日，州长刀林荫主持召开第18次州长办公会。会议听取了州政府督查室关于2011年"两个20项"重要工作情况汇报，强调各县市区、各部门要加紧对全州"两个20项"重要工作和省下达的各项目标任务进行全面督促检查，加快推进，努力提高项目开工率、竣工率和工作达标率、完成率，确保各项重大建设项目和各项重要工作年度目标任务全面完成；听取了州政府办关于《政府工作报告》起草情况汇报，要求报告起草要围绕政府提出的目标任务等方面认真回顾总结5年来取得的工作成效及经验并围绕"十二五"规划、桥头堡建设和兴边富民实施建议提出今后5年州政府的主要建议，围绕州第七次党代会和即将召开的省第九次党代会精神对2012年政府主要工作作具体安排部署；听取州发改委关于拟上报省2012年固定资产投资项目计划汇报，要求各位副州长结合各自分管工作对上报项目逐一进行审核；会议要求各位副州长结合分管工作逐一对照检查分析，加紧推进各项工作的组织实施。

12月5日，州长刀林荫主持召开第19次州长办公会。会议研究了《州文化体育和新闻出版局关于提高州民族歌舞团合同制演员待遇的请示》，同意提高演员待遇，并由州文化体育和新闻出版局研究提出参加省级以上文化体育活动比赛获奖奖励办法；研究了勐海县政府《关于给予帮助解决勐海县老年大学建盖教学楼用房缺口资金》的请示，决定州级财政给予解决56.7万元资金并从省补助的200万元老年活动中心建设资金中统筹解决缺口资金；研究了《州发展改革委关于推进勐泐故宫恢复重建项目实施的请示》，同意立项恢复重建故宫项目，但要结合实际突出民族特色，并争取省文化大发展大繁荣项目资金支持，确实做好招商引资建设；听取了《州公安局关于对西双版纳州金盾保安服务公司改制工作情况报告》，决定对纳入国库的金盾保安服务公司拍卖所得625万元一次性拨付给州公安局；听取了《州司法局关于我州强制隔离戒毒职能移交后强制隔离戒毒场所使用有关问题的报告》，同意采取"一所两址"建设缓解场所收容量问题；听取了《州审计局关于2011年1~9月州直行政机关推行行政绩效管理制度工作情况汇报》，要求州财政局对项目资金安排进行清理，对分析提出的13个建设项目推进情况存在的困难问题由分管领导进行督办。

〔**州人民政府常务会议**〕 2011年1月29日，州长刀林荫主持召开十一届州人民政府第37次常务会议。会议讨论了《政府工作报告（征求意见稿）》。会议原则同意《政府工作报告（征求意见稿）》，由各位副州长结合各自分管工作对《报告》做进一步修改，交《报告》起草小组进行整理修改完善后，以州政府党组文件报州委审批。听取了州发展改革委《关于2010年国民经济和社会发展计划执行情况与2011年国民经济和社会发展计划草案》的汇报。会议原则同意《计划执行情况和计划草案》，由州统计局、州发展改革委、州财政局对各项数据进行全面认真审核，州政府办公室按照会议提出的修改意见进行修改完善后，以州政府党组文件报州委审定。听取州财政局《关于西双版纳州2010年地方财政预算执行情况和2011年地方财政预算草案》的汇报。会议原则同意《执行情况和预算草案》，由州政府办进行修改完善后，以州政府党组文件报州委审定。研究了《州人力资源和社会保障局关于报请审定西双版纳傣族自治州城镇居民基本医疗保险门诊统筹暂行办法的请示》。会议原则同意《统筹暂行办法》，由州政府办按照会议提出的修改意见进行修改完善后，以州政府文件下发施行。研究了《州人力资源和社会保障局关于报请审定西双版纳傣族自治州城镇居民大病补充医疗保险实施办法的请示》。会议原则同意《实施办法》，由州政府办按照会议提出的修改意见修改完善后，以州政府文件下发施行。研究了《州人力资源和社会保障局 州财政局关于批准实施其他事业单位绩效工资的请示》。会议原则同意《实施意见(试行)》和《实施办法(试行)》，由州政府办进一步修改完善后，以州政府办文件批转执行。研究了《州住房公积金管理中心关于提高全州住房公积金缴存比例的请示》。会议同意提高到12%，自2011年1月1日起执行。

2月14日，州长刀林荫主持召开第38次常务会议。会议研究了《州林业局关于上报〈西双版纳州集体林权制度配套改革实施方案〉的请示》。会议原则同意《实施方案》，由州政府办按照会议提出的修改意见进一步修改完善后，以州委办、州政府办文件下发实施。研究了《州水利局关于请求审定〈西双版纳傣族自治州景洪电站水库库区保护管理办法〉(送审稿)的请示》。会议原则同意《管理办法》，由州政府办按照会议提出的修改意见进一步修改完善后，以州政府文件下发施行。研究了《州发展改革委关于调整机动车辆驾驶员培训费收费标准的请示》。会议同意调整标准，决定各机动车辆驾驶员培训站在开展驾驶员培训收费时，根据成本费用和市场需求情况，在州政府批准的收费标准的范围内允许上浮至10%。研究了《州旅游局关于上报西双版纳州旅游协会在全州旅游行业推行公对公的佣金工作方案的请示》。会议原则同意《工作方案》，进一步修改完善后，以州政府文件批复下发执行。听取了全省国土资源工作会议精神及西双版纳州贯彻意见。会议原则同意西双版纳州贯彻意见。听取了全省住房和城乡建设工作会议精神及西双版纳州贯彻意见。会议原则同意西双版纳州贯彻意见。研究了《景洪市人民政府在景大公路建设一个简易收费站的请示》。会议同意建一个简易收费站。研究了《勐海县人民政府关于设立佛打公路收费站的请示》。会议同意设立一个收费站。研究了《州交通运输局关于请求给予农村公路管理养护配套资金的请示》。会议决定，根据《云南省农村公路养护管理检查考核办法(试行)》有关要求，州级每年配套农村公路管理养护资金200万元，不足部分由县市级财政配套。研究了《州政府法制办关于拟废止18件规范性文件的请示》。会议同意废止18件文件。以政府令下发废止。

3月9日，州长刀林荫主持召开第39次常务会议。会议研究了《州招商合作局关于上报〈西双版纳州人民政府关于进一步加强外来投资促进工作实施意见〉的请示》。会议原则同意《实施意见》，由州政府办按照会议提出的修改意见进一步修改完善后，以州政府文件下发施行。研究了《州民政局关于报请审查〈西双版纳傣族自治州退役士兵安置管理办法〉的请示》。会议原则同意《安置管理办法》，由州政府办按照会议提出的修改意见进一步修改完善后，形成《安置管理办法(试行)》，以州政府文件下发施行。研究了《州交通运输局关于请求落实景洪港勐罕作业区和关累码头续建工程建设配套资金的请示》。会议决定，按照州十一届州人民政府第17次常委会议要求，由州、县市加快落实并拨付相应配套资金，确保工程顺利实施。研究了《州环保局关于核销原景洪市造纸厂等企业环保委托贷款的请示》。会议原则同意核销原城乡建设环保局委托建设银行西双版纳州分行代理，向原景洪市造纸厂和西双版纳水泥厂发放环保委托贷款本息441.53万元，由州财政局、州环保局办理相关手续。听取了州政务中心传达全省深化政务公开推进政务工作现场会主要精神及西双版纳州贯彻落实意见的汇报。会议原则同意西双版纳州贯彻意见。研究了《州卫生局关于印发西双版纳傣族自治州职业病防治规划(2010~2015年)的请示》。会议原则同意《规划(2010~2015年)》，由州财政局按照会议提出的意见对部分切块资金安排作相应调整后，以州政府党组文件报州委审定。

5月13日，州长刀林荫主持召开第40次常务会议。会议研究了《景洪工业园区关于对“西双版纳国际旅游度假区”总体规划及控制性详细规划审批的请示》。会议原则同意总体规划及控制性详细规划，由州政府办进一步修改完善后，以州政府文件批转实施。研究了《景洪工业园区关于启动景洪工业园区景哈片区开发工作有关情况的请示》。会议决定:景哈片区全称为“景洪工业园区景哈片区”;景哈片区实行政府与市场结合的模式开发,以政府为主导,不搞委托开发,一园两片区不变;由景洪工业园区负责编制《景洪工业园区景哈片区总体规划》及《景洪工业园区发展景哈片区控制性详细规划》。

6月13日,州长刀林荫主持第41次常务会议。会议研究了《州发改委关于印发西双版纳州人民政府关于整合财政资金扶持龙头企业带动农业发展意见的请示》。会议原则同意该《意见》,由州政府办作进一步修改完善后,以州政府办文件下发施行。研究了《州发改委关于加强宾馆酒店客房市场价格异常波动综合调控方案的请示》。会议原则同意《调控方案》,由州政府办作进一步修改完善后,以州政府办文件批转执行。研究了州农委办关于上报《中共西双版纳州委 西双版纳州人民政府关于贯彻落实〈中共云南省委 云南省人民政府关于推进农业产业化发展扶持农业龙头企业的意见〉的实施意见》。会议原则同意州委、州政府关于贯彻落实《意见》的实施意见。由州政府办作进一步修改完善后,以州政府党组文件报州委审定。研究了《州农民负担监督管理办公室关于审批2011年我州村民筹资筹劳及以资代劳工价标准的请示》。会议原则同意《工价标准》,以州政府办文件批准州农业局(州农民负担监督管理办公室)按有关程序进行公示并贯彻实施。研究了《州农业局关于上报〈全州农业产业化经营与农产品加工州级重点龙头企业认定和运行监测管理办法〉(试行)的请示》。会议原则同意《管理办法(试行)》,由州政府办作进一步修改完善后,以州政府办文件下发施行。同时,抄报省政府和州人大常委会备案。研究了《州防艾办关于印发〈西双版纳在第三轮防治艾滋病人民战争实施方案(2011~2015年)〉的请示》。会议原则同意《实施方案(2011~2015年)》,由州政府办作进一步修改完善后,以州政府办文件下发施行。研究了《州禁毒委关于印发〈西双版纳州第三轮禁毒人民战争实施方案(2011~2015年)〉的请示》。会议原则同意《实施方案(2011~2015年)》,由州政府办作进一步修改完善后,以州政府办文件下发施行。会议决定,6月下旬召开全州第三轮禁毒和防治艾滋病人民战争工作会议。研究了《州普法办关于〈州委宣传部 州司法局关于在公民中开展法制宣传教育的第六个五年规划〉和〈西双版纳傣族自治州2011~2015年依法治州规划〉的请示》。会议原则同意两个《规划》,由州政府办作进一步修改完善后,以州政府党组文件报州委审定。

7月6日,州长刀林荫主持召开第42次常务会议。会议研究了《州林业局关于上报〈西双版纳州橡胶木加工经营管理办法〉(送审稿)的报告》并原则同意该办法,要求林业主管部门严格《木材加工经营许可证》申办程序,并对《管理办法》执行情况加强监督;研究了州水利局关于印发《中共西双版纳州委 西双版纳州人民政府贯彻〈中共云南省委 省人民政府关于实施“兴水强滇”战略的决定〉的实施意见》的请示并原则同意《实施意见》;研究了《州人力资源和社会保障局关于城镇职工基本医疗保险有关问题的报告》,要求积极争取省级统筹,加快扩面,让更多的人群参加城镇职工基本医疗保险,增大参保基数;研究了《州人力资源和社会保障局关于我州州级机关事业单位工作人员提高政府性奖励补助的请示》,同意从2011年12月起提高奖励补助标准,2012年起列入财政预算;听取了州安监局、人口计生委、国土资源局、环保局、水利局2011年上半年工作情况汇报,强调下半年各部门工作重点要围绕全州“双20”和省政府下达的各项任务抓好落实,确保目标任务的实现;研究了召开全州教育工作会议相关事宜,要求州教育局抓紧草拟会议主题报告州政府同意后提交州委审定,并决定于8月底召开全州教育工作会议。

8月18日,州长刀林荫主持召开第43次常务会议。会议研究了《州森林防火指挥部关于上报西双版纳州森林防火行政问责实施办法的请示》并原则同意《实施办法》;研究了《州工信委关于处置勐养煤矿资产有关问题的请示》,同意处置勐养煤矿国有产权,并按照相关规定抓紧开展清算工作;研究了《州环保局关于上报医疗废物集中处置管理办法的请示》,同意出台西双版纳州《医疗废物集中处置管理办法》,要求进一步研究办法如何运作问题和相关收费问题,探索成立自收自支事业单位对全州医疗废物进行规范处置和安全管理;研究了《州发展改革委关于西双版纳州政务中心建设方案的请示》,同意建设州政务中心即行政中心、政务服务中心和公共资源交易中心,资金筹措主要由进驻单位原土地开发融资解决;研究了《州教育局关于召开全州教育工作会议的请示》和《州教育局关于呈报〈西双版纳傣族自治州中长期教育改革和发展规划纲要(草案)〉的请示》,决定于9月8日上午召开该会议,要求州教育局抓紧做好会议筹备相关工作。原则同意《纲要(草案)》;研究了《州商务局关于上报〈西双版纳州人民政府关于促进餐饮业发展的实施意见〉的请示》并原则同意该实施意见。

9月19日，州长刀林荫主持召开第44次常务会议。会议传达了省政府工作会议精神并汇报全州贯彻意见，要求各级各部门要及时学习传达省政府工作会议精神，结合全州实际切实抓好贯彻落实，并要求全州处级以上领导干部要认真学习好《赢》、《城市化》、《狼图腾》三本书；研究了《州农委办关于呈报〈西双版纳州加快转变农业发展方式规划（2011—2015）〉和〈西双版纳州促进农民持续增收行动计划（2011—2015）〉（送审稿）的请示》并原则同意该规划和行动计划；研究了《州发展改革委、州科技局关于请求批转实施〈西双版纳傣族自治州科学和技术第十二个五年发展规划〉的请示》并原则同意该规划；研究了《州人力资源和社会保障局关于报请审定〈西双版纳傣族自治州新型农村社会养老保险和城镇居民社会养老保险试点实施细则（试行）〉的请示》和《州人力资源和社会保障局关于西双版纳州评比达标表彰活动管理办法（试行）〉的请示》并原则同意，决定养老保险中涉及的州级补助资金从2011年起纳入州级财政预算；研究了《州政务服务中心关于〈建立西双版纳州公共资源交易中心实施意见〉及〈组建西双版纳州公共资源交易中心实施方案〉的请示》并原则同意；研究了《州卫生局关于印发〈西双版纳傣族自治州人民政府关于扶持和促进中傣医药事业的实施意见〉的请示》并原则同意该实施意见；听取州卫生局开展全州医疗卫生机构债务清理工作的情况汇报，要求由州卫生局牵头，州发改委、财政局等相关部门积极配合，重新对全州医疗卫生机构债务情况进行清理，债务范围包括基础设施建设债务以及医疗设施配备、各种单科、单室、村级卫生室建设等产生的债务，农垦系统医疗卫生机构债务要单列；研究了《州医改办关于印发〈西双版纳州关于建立健全基层医疗卫生机构补偿机制的实施意见〉的请示》和《州医改办关于〈西双版纳州医药卫生体制五项重点改革2011年度主要任务和工作目标〉的请示》并原则同意，要求2012年度的主要工作要增加妇检科目，加大妇幼保健、防治艾滋病等工作力度；研究了《州旅游局关于建设西双版纳州旅游咨询服务中心的请示》。同意建设州旅游咨询服务中心，并由州财政一次性补助100万元建设资金；传达了全省保护坝区农田、建设山地城镇工作会议精神并汇报全州贯彻意见，要求全州各级各部门要认真学习会议精神，由国土、林业、住建部门分别牵头，尽快完成《调整完善土地利用规划（2011—2020）》、《林地保护利用规划（2011—2020）》和《城镇近期建设规划》，进一步清理项目建设用地问题，对基本农田、耕地要树牌进行依法保护，加大招商引资、招商服务等工作。

12月5日，州长刀林荫主持召开第45次常务会议。会议传达了全国"贯彻落实中央民族工作会议精神经验座谈会"的精神及全州贯彻意见，要求传达学习，增强贯彻的自觉性和紧迫性，并开展调查研究，增强贯彻的针对性和突破性，推进规划，增强贯彻的成效，加强工作配合，形成贯彻的合力；传达了省"十一五"农业综合开发工作总结表彰会议主要精神并汇报全州贯彻意见，要求州农发办负责组织抽调相关部门工作人员，加快推进全州农业综合开发"十二五"规划；传达了全省抵御境外利用宗教对高校进行渗透和防范校园传教工作会议主要精神并汇报全州贯彻意见，要求教育部门、民宗系统协调配合，切实加强外籍教师、留学生和在校学生的思想教育工作；研究了《州发展改革委关于西双版纳职业技术学院新校区建设项目立项的请示》和《州发展改革委关于给予同意磨憨尚勇（原勐腊县尚勇镇）铜矿采选项目开发建设的请示》，同意新校区项目立项，要求不搬村寨，不占农田耕地的把新校区建设成为全州建设上山的新典型。原则同意开发建设铜矿采选项目，要求环保、水利、林业、国土等相关部门提前进入开发实施监管工作；研究了《州卫生局关于上报州人民医院建设规划设计方案的请示》，原则同意立项建设州医院门诊医技楼、立体车库，要求对《修建性详细规划》部分设计布点进行调整，加快项目建设融资进度，决定成立由州长刀林荫任组长的州医院规划建设领导小组，负责抓好日常工作；研究了《州食品安全委员会办公室关于印发〈西双版纳州人民政府关于进一步加强食品安全工作的意见〉的请示》并原则同意该意见，决定从2012年起，州级财政每年预算安排食品安全监管工作经费200万元，用于食品安全综合协调、食品安全专项整治、食品安全风险监测评估、应急处突和宣传培训等工作；研究了《州森林公安局上报关于贯彻落实〈云南省人民政府办公厅关于进一步发挥森林公安职能作用服务桥头堡和森林云南建设的意见〉的实施意见的请示》并原则同意该实施意见，决定从2012年起州级财政每年预算100万元支持森林公安基础设施建设，同意适当增加森林公安执法执勤车辆编制；研究了《州政务服务中心上报关于贯彻〈中共云南省委办公厅 云南省人民政府办公厅印发关于深化政务公开加强政务服务的实施意见〉的请示》并原则同意该实施意见；研究了《州国土资源局关于制定〈西双版纳州基本农田保护办法〉的请示》并原则同意该办法;研究了《州住房和城乡建设局关于西双版纳州"一馆两中心"规划方案的请示》,同意在西双版纳风情园规划建设"一馆两中心"城市文化活动中心;研究了景洪市人民政府《关于给予划拨成都军区某部建设用地的请示》和《关于搬迁建设景洪市行政中心的请示》,同意划拨40亩土地作为成都军区司令部直属工作部第二老干部服务处建设用地,同意搬迁建设景洪市行政中心;听取了州安全监管局关于2011年全州安全生产工作情况汇报,决定由州级财政安排安全生产工作经费30万元。

〔**现场办公会议**〕 2011年7月7日,副州长唐家华在西双版纳职业技术学院主持召开西双版纳中等职业教育中心建设现场办公会议,查看项目建设用地,听取西双版纳职业技术学院关于职教中心筹建工作情况汇报。会议决定,州发改委、住房和城乡建设局、财政局等相关部门做好各自负责工作;州教育局牵头做好学院现有债权债务和资产全面清理工作,学院严格按要求做好聘任新教师和教师分类工作,确保今后顺利完成移交;加强对职教中心建设工作的领导,确保项目顺利推进。

〔**州政府专题会议**〕 2010年12月13日,上海市申康医院发展中心西双版纳考察座谈会在新傣园酒店会议室召开。会议听取了西双版纳州卫生工作情况汇报,观看了西双版纳国际旅游度假区宣传片,并就医疗支援帮扶、医疗设备捐赠、建立友好合作机制等问题交换了意见。州委书记江普生、副州长罗红江就与上海市申康医院发展中心建立长效合作机制和"三级甲等"医院建设及傣医药发展方面分别提出了相关的问题。上海市申康医院发展中心主任陈建平针对西双版纳州提出的相关问题作了明确的表态。

2011年3月1日,州长刀林荫专题听取勐腊县普阳运输有限公司案件情况汇报。3月3日下午,受州长刀林荫委托,副州长唐家华主持召开勐腊县普阳运输有限公司案件专题会议。会议通报了勐腊县普阳运输有限公司案件基本情况,传达了常务副省长罗正富的重要批示和指示精神,研究部署西双版纳州配合有关部门对案件查处的相关工作。

3月7日,副州长杨沙主持召开景洪城市北环路二期工程建设推进会议。会议听取了景洪市关于北环路一期工程进展情况和二期工程建设规划情况的汇报,研究部署了下步推进工作。会议决定成立二期工程建设领导小组,组长由副州长杨沙担任,副组长由景洪市常务副市长岩拉、景洪工业园区管委会主任马立勇担任,成员由相关部门负责人担任;领导小组下设指挥部;二期工程项目业主为景洪市政府;二期工程涉及地勘、施工图设计、施工图审查、项目前置审计等工作,由指挥部具体负责;依法依规、严格按照程序推进项目招投标工作;州委、州政府督查室要加大督查力度。

3月23日,州政府副秘书长岩罕恩主持召开220kv黎明输变电工程开工协调会,副州长杨沙出席会议并作讲话。会议听取了西双版纳供电局、云南恒安电力工程有限公司关于项目工程建设及需要协调解决事项情况的汇报。会议要求,要高度重视项目建设;抓好工程建设有关手续审批工作;做好项目征地和地上附着物补赔偿工作;落实项目建设责任;尽快开工建设;加强督查督办。

3月29日,州政府秘书长李萍主持召开州公务用车管理领导小组会议。会议研究了有关部门公务用车问题。会议同意调整公务用车管理领导小组成员;同意增加州扶贫办1辆公务用车编制,增加州旅游局1辆公务特殊业务用车编制;同意州公安局交警支队下达全州交警部门车辆编制数分配意见;同意州政府办公室更新3辆公务用车;同意州农业局、州司法局、州禁毒劳教所在车辆编制内各购1辆公务用车;同意州委党校购1辆交通用车,州纪委购1辆商务车,州政府办公室购1辆商务车。

4月27日,州政府召开全州行政监察工作会议,专题研究部署行政监察工作。州纪委书记李庆元、副州长唐家华出席会议并讲话。会议强调,2011年是中国共产党成立90周年,是全面实施"十二五"规划的开局之年,也是加快推进惩治和预防腐败体系建设的关键一年。会议要求,全州各级行政监察机关要全面把握新任务新要求,认真研究行政监察工作面临的新情况新问题,不断推进行政监察工作理念、思路、方法和体制机制创新。会上,州监察局负责人作行政监察工作报告,各市县监察局交流发言。

4月29日,州委、州政府召开全州旅游产业发展大会,总结西双版纳州旅游"二次创业"暨"十一五"的工作,部署"十二五"旅游产业发展的目标任务。州委书记江普生强调,要深入实施"旅游强州"战略,全力推进传统旅游向现代旅游转变,锲而不舍地把西双版纳建设成为"中国一流、世界知名"的国际生态旅游州。州长刀林荫主持会议。州党政、州法院、州检察院等领导参加会议。刀林荫对贯彻落实会议精神提出了具体要求。会议表彰奖励"十一五"期间为促进西双版纳旅游产业发展做出突出贡献的先进集体和先进个人；旅游从业人员代表在会上宣读了诚信服务倡议书；州政府分别与各县市政府、旅游度假区管委会、景洪工业园区管委会签订了《2011年旅游业发展目标责任书》。

5月16日，州长、州文化产业发展领导小组组长刀林荫主持召开文化产业发展领导小组第一次会议，贯彻落实中央和省委、省政府关于文化产业体制改革和文化产业发展精神，研究当前全州文化体制改革和文化产业发展重大问题。会议强调，要抓住机遇深研究、扎实抓、合力推，做强做大文化产业，为全州文化产业繁荣发展而努力。州文化产业发展领导小组各成员单位负责人参加会议。

同日，州长刀林荫、副州长陈启忠、州政府办、州政府研究室、州发展改革委、州公安局、州农垦局等部门负责人到云南省热带作物科学研究所调研，听取有关部门关于云南农垦博物馆、西双版纳禁毒教育馆选址情况汇报。会议强调，云南农垦博物馆、西双版纳禁毒教育馆选址确定在云南省热带作物科学研究所内，要围绕2011你那内开工建设这个目标，加快各项前期工作进度。

5月19日下午，州长刀林荫主持召开景宽公路和景哈大桥项目推进会议。会议听取了州交通运输局关于景洪至勐宽公路和景哈大桥项目进展情况的汇报。会议强调，统一建设方案；精心组织实施；明确3点要求，一是积极筹措项目资金；二是加快动工准备；三是依法依规推进工作。

5月24日，副州长杨沙主持召开鼓励创业促进就业工作推进会议。会议听取了州人力资源和社会保障局等有关部门关于鼓励创业促进就业小额担保贷款工作情况的汇报，研究部署了下步推进工作。会议要求，采取有力措施，狠抓贷免扶补小额贷款和失业人员小额担保贷款工作，确保2011年完成扶持2000人创业的目标；各承办部门要加快协调沟通，加快审批手续程序，提高效率；农村信用社要加强资金筹措工作，落实贷款指标，确保小额贷款足额发放到位；加强跟踪服务，使贷款资金发挥出更大效益；州人力资源和社会保障局要统筹协调推进贷免扶补小额贷款和失业人员小额担保贷款工作。

6月1日，副州长杨沙主持召开澜沧江沿江右岸观光步行道项目推进会议。会议听取了景洪市政府关于澜沧江沿江右岸观光步行道项目进展情况的汇报，研究部署下一步推进工作。会议议定了观光道路建设的分段、建设情况、完成时间、进展情况、按月报送信息等工作。

同日，副州长、州医改领导小组常务副组长李江虹主持召开医改领导小组会议，专题研究医改工作。会议传达2011年全省深化医药卫生体制改革工作电视电话会议精神，与三县（市）政府签订2011年深化医改工作目标责任书，听取州医改办关于2009年以来全州医改工作进展情况汇报，讨论《西双版纳州基层医药卫生体制综合改革试点实施意见（试行）》，并对近期医改工作进行安排部署。会议决定，原则同意《实施意见（试行）》，由州医改办按照会议要求修改完善后，以州医改领导组文件印发。

6月10日，副州长江虹主持召开打击食品非法添加和滥用食品添加剂专项工作暨食品安全委员会领导小组会议，专题研究食品安全工作。会议听取了全打击食品非法添加和滥用食品添加剂专项行动进展情况汇报，安排部署下一步食品安全工作。会议讨论了《西双版纳州人民政府进一步加强食品安全工作的意见》（征求意见稿）和《西双版纳州2011年食品安全宣传周活动方案》（征求意见稿）。会议要求，要高度重视，把食品安全工作摆在更加突出重要的位置；要突出重点，坚决把国家和省的要求落到实处；要密切配合，形成监管工作合力；要积极争取支持；要强化应急能力；要开展好食品安全宣传周活动；各成员单位要认真修改《工作意见》（征求意见稿），于2011年6月16日前将书面修改意见报州食安委办公室。

7月4日，副州长李江虹主持召开研究景洪城区私屠滥宰整治工作专题会议。会议学习传达了州委书记江普生、州长刀林荫重要批示精神，听取了景洪市及有关部门私屠滥宰专项整治工作开展情况和下一步工作措施汇报。会议要求，各级各部门严格执法，采取有效措施治理私屠滥宰现象，使人民群众吃上放心肉；按照属地管理原则，由景洪市政府负责抓好各项监管工作，继续开展好州市联合专项整治行动，对发现的私屠滥宰和私卖未经检疫猪肉行为依法严厉查处；加强日常监管，加快建立生猪屠宰管理长效机制；强化信息报送。

7月13日，副州长杨沙主持召开景洪工业园区景哈片区开发建设推进会议。会议听取了景洪工业园区管委会关于景洪工业园区景哈片区开发建设前期工作情况汇报，决定成立州政府主要领导为组长的景洪工业园区景哈片区开发建设领导小组，研究解决建设中重大问题，下设开发建设指挥部负责建设的具体工作；由景洪工业园区管委会牵头负责做好总体规划修编工作，确保8月底前完成景哈片区总体规划修编工作；由州环保局牵头负责做好规划环境影响评价工作，确保8月底前完成环评工作；由州、市国土资源局牵头做好土地利用规划调整工作，确保12月底前完成土地利用规划调整报审工作；各级各部门加强协作，加快推进景哈片区开发建设；由景洪工业园区管委会牵头做好云南勐象竹业有限公司年产9.5万吨竹纤维浆粕项目相关前期工作，力争12月底前项目开工建设；确定收益分配比例，做好信息报送工作。

7月27日，副州长岩罕恩主持召开景洪港联检楼及周边环境改造协调会议。会议传达了副州长杨沙7月19日在景洪港主持召开的现场办公会议精神，听取了州港务局和港埠公司关于联检楼及周边环境改造项目涉及到港埠公司在联检楼顶建盖茶楼的拆除赔偿意见。会议决定，7月27日下午立即着手拆除茶楼工作，为补偿损失，统一免收该公司2011～2013年景洪港国有资产使用费共计51万元，联检楼顶不再从事任何经营活动，在景洪岗地界范围内已出租的土地及房屋由州港务局按法律法规进行认真清理。

8月4～5日，全州桥头堡建设项目专题会议在景洪召开。州长刀林荫在会上强调，要深刻把握桥头堡战略的丰富内涵，努力实现三大突破、打造六个新亮点，进一步把思想和行动统一到州委的决策部署上来，把智慧和力量凝聚到掀起桥头堡建设的高潮上来，全面推进西双版纳大开发、大开放、大发展。常务副州长罗红江，副州长陈启忠、唐家华、李江虹、王方荣、马维纲出席会议并对相关工作进行部署。

8月8日，州政府副秘书长岩罕恩主持召开澜沧江景洪段水上安全工作协调会议。会议通报了澜沧江景洪段近年来发生的水上安全事故情况。会议要求，各有关部门要抓好澜沧江水上安全管理，认真落实安全责任制；海事部门在进一步抓好水上交通安全和渡运安全管理的同时，积极配合有关部门加强对码头等重点部位的监管；强化宣传职能；突出重点，水利部门要进一步加强对各个采沙点的监管力度，建立健全隐患排查整改机制，而公路管理部门要加强桥面车辆、行人的安全，对已发生多起事故的战备码头进行暂时封闭；景洪电站要保证电站库区的安全和漂浮物的打捞；建立由州应急办统一协调指挥，公安、消防等部门组成的水上安全应急机制，保证水上安保工程的实施。

8月10日，副州长唐家华主持召开教育工作专题会议，听取州教育局关于教育工作和教育系统党风廉政建设工作汇报。会议要求，全州教育系统要加快推进各项教育工作，抓紧实施中小学校安工程，研究部署有效推进建设15个乡镇幼儿园和组建6个学前教育集团工作，做好智源小区尚未建盖住房的教师稳定工作，快速推进州直学校建设，妥善处理好城区入园、入学问题等；加强教育系统党风廉政建设。

8月11日，副州长唐家华主持召开科技工作专题会议，听取州科技局关于科技工作和党风廉政建设工作汇报。会议要求，全州科技部门进一步做好各项科技工作，认真落实“十二五”规划，开展两项专题研究；进一步加强党风廉政建设工作。

8月12日，州政府副秘书长李兵主持召开勐象公司入股国有荒山协调会。会议听取了勐象公司入股国有荒山落实情况汇报，要求各县（市）政府及林业部门深刻认识加快推进入股国有荒山工作对全州竹产业发展的重要意义，按照公司出资人协议规定切实履行好各自职责；景洪市、勐腊县要加大纠纷地块的调处力度，做好当地群众的思想工作；州、县（市）林业部门和勐象公司要进一步研究入股林地内不可实施造林的管理工作；入股国有荒山面积不足部分各县（市）争取落实；勐象公司要加大投资力度，加快基地建设步伐，按计划完成好原料基地建设任务。

8月29日，副州长杨沙主持召开种粮集团年产10万吨木薯燃料乙醇项目协调会议，听取中粮集团关于木薯燃料乙醇项目情况介绍。会议要求，勐海县政府要尽快成立以政府主要领导为组长的“央企入县”领导组织机构，统筹做好有关服务工作；由州工信委牵头配合集团项目筹备组做好项目选址工作，州直有关职能部门要提供优质快捷服务，确保项目前期工作加快推进。

同日下午，副州长杨沙主持召开农垦改革工作推进会议。会议传达了《云南省农垦总局关于实施2011年农村劳动力培训阳光工程项目的通知》主要内容和要求，听取各县（市）政府关于开展胶工技术培训情况汇报。会议要求，各县（市）政府要尽快成立农村劳动力培训阳光工程割胶工专项培训组织机构，负责本辖区培训工作的统一组织领导；继续加大力度推进家庭承包经营合同签订工作，加强家庭承包经营管理；采取强硬措施，加强农场割胶生产管理，确保国有资产保值增值和胶园安全；统筹抓好道路、电力等为重点的垦区基础设施建设，特别是要加强保障性住房建设的督查督办工作；重视垦区社会保障工作，确保低保、医保、养老保险等社会保障政策落实到位。

9月30日，州政府秘书长李萍主持召开解决西双版纳机场净空保护区朝鲜障碍物协调会议。

会议学习了《云南省民用运输机场保护条例》及州政府领导就做好消除西双版纳机场净空保护区超限障碍物隐患的批示，听取移动公司、西双版纳供电局、农垦电力公司就消除机场净空保护区内三分场和六分场基站超高、N27、N26电塔超高、六分场农垦供电铁塔群超高的意见。会议要求，州安监局要积极主动协调抓好整改落实。移动公司立即改造基站超高问题，供电局立即改造电塔超高问题，农垦电力公司立即改造电塔群超高问题；机场积极做好安全防范工作，采取向各航空公司发布航运信息通告等措施，确保航运安全。

10月13日，全州文化建设工作专题会召开。州长刀林荫在听取各县市文化建设工作情况汇报后强调，各级各部门要突出重点，明确任务，扎实抓好各自承担的任务；集中力量，打造亮点，以州庆60年为契机，推出一批文化精品项目，实施一批文化惠民工程，使西双版纳成为社会主义先进文化的先进区、民族文化的集中展示区、和谐文化的示范区，共同推动全州文化大发展大繁荣，努力进入全省文化建设先进行列。副州长陈启忠参加会议并要求，各级各部门要不断提高对文化软实力的认识，加强县、乡、村文化阵地建设，做到资金投入有保障、人才队伍有保障、成绩考核有保障。

10月22日，副州长杨沙主持召开农场承接云南天然产业股份公司贷款划转工作推进会议，听取州农垦局、州农行关于农场承接云南天然橡胶产业股份公司贷款划转工作前期工作情况汇报，要求各农场承接银行债务；成立由州政府、省农行和农垦总局组成的贷款划转领导机构，具体指导该项工作，处理出现的问题，确保银行贷款的安全和顺利划转；政府各职能部门要做好相关服务工作，各农场要加快推进家庭承包合同的签订和资源承包费的收取等工作，确保生产技术不下降和资金安全。

11月14日，副州长杨沙主持召开勐养至基诺山公路项目前期工作推进会议。会议传达了州长刀林荫对项目前期工作的指示精神，听取了市政府等有关部门关于项目前期工作情况的汇报，要求市政府全力推进公路项目前期各项审批手续及项目建设，抓紧推进征占用林地报告的上报工作；州国土资源局等部门尽快向省级部门汇报需审批的前期工作，确保项目用地前置审批工作取得突破。

11月15日，州长刀林荫主持召开全州安全生产专题会议，强调当前和今后一段时期必须要加强组织建设、责任制建设，加强检查制度的落实，加大对重点领域的专项执法检查力度，加强宣传教育。

〔**省政府领导视察西双版纳**〕 2011年3月7~9日，副省长刘平率省民委副主任张慧星、省住房和城乡建设厅副厅长周鸿、省交通运输厅副厅长杨廷、省扶贫办副主任欧志明等省级有关部门负责人到西双版纳州，就扶持人口较少民族发展工作进行调研。调研组一行在州党政领导江普生、罗红江、陈学刚以及相关职能部门负责人的陪同下先后察看了景洪市基诺山乡洛特村、巴坡村基诺族发展情况，察看了勐海县打洛镇曼芽村、巴哈村和布朗山乡吉良村布朗族发展情况。在调研座谈会上，刘平听取西双版纳州经济社会发展和扶持人口较少民族发展情况汇报后，对取得的成绩给予充分肯定。期间，刘平一行还到勐腊县勐仑镇，对勐仑旅游小镇建设进行调研，了解中科院西双版纳热带植物园“十二五”发展规划。

3月31日至4月1日，副省长孔垂柱重点就西双版纳州农、林、水及其他产业发展情况进行调研。州长刀林荫、常务副州长罗红江、景洪市委书记陈学刚及相关部门负责人陪同调研。孔垂柱先后察看了景洪市普文镇曼么村南美油藤基地、大渡岗茶厂茶园、勐腊县勐仑水库、勐腊县曼迈农场受白粉病的橡胶树、勐腊县华源商贸有限公司等地后，强调要进一步加强农业基础设施建设、加快农业农村发展，努力改善农村生态环境，做好做强优势特色产业，促进农民增收。

11月12日，云南省扶持人口较少民族发展工作会议在景洪市召开，全面总结2005年以来全省扶持人口较少民族发展工作，研究部署“十二五”扶持人口较少民族发展工作。代省长李纪恒发表书面讲话。国家民委党组成员、驻委纪检组组长李小满出席会议并讲话。省委统战部部长黄毅主持会议。副省长刘平部署全省“十二五”扶持人口较少民族发展工作。国家民委经济发展司副司长彭泽昌，省民委主任王承才，人口较少民族聚居的10个州、市政府分管领导，省、州、市相关职能部门负责人参加会议。州党政领导江普生、刀林荫、胡志寿、杨涛、马立勇、唐家华、王方荣陪同考察并参加会议。

〔**重要事件及活动**〕 2011年1月2日，景洪市哈尼族学会分会成立并举行挂牌仪式。省政协副主席、省哈尼族学会会长白成亮，省民委副主任曹孟良，州人大常委会副主任张美兰，副州长杨沙，州政协副主席、州哈尼族学会会长李永义出席成立大会。

1月13日，副州长杨沙率州委组织部、州人力资源和社会保障局、州农委办、州科技局等单位负责人，代表州委、州政府前往新闻宣传、科教文化、卫生、农林等单位，慰问州直28位享受国务院、省政府特殊津贴以及省级有突出贡献的专家学者。

3月25日，州长刀林荫就“3·24”缅甸7.2级地震，深入到州抗震救灾办公室指导抗震救灾工作。刀林荫先后到地震现场工作指挥部、州政府应急办公室、州政府抗震救灾办公室，详细了解西双版纳州受灾情况、启动四级应急预案工作情况以及救灾情况，并对全州抗震救灾工作进行安排部署。

3月25日，副州长杨沙到勐腊县检查地震受灾情况，看望慰问受灾群众。省地震局灾害评估组专家以及州民政、国土、地震局等相关部门负责人同时前往，对地震受灾地区进行慰问和调查。杨沙一行先后到勐腊县关累镇勐远完小、曼勒小学，实地查看在地震中受损的学生宿舍、教室，学校值班室，详细询问学生的安置转移和学习生活情况。在勐捧镇，杨沙查看了受灾较为严重的勐捧村委会曼秀村小组岩应叫和勐哈村委会橡胶办厂二队聂勇家，询问了解受损情况，并要相关部门尽快帮助受灾群众排危除险。

4月11日，望天树景区正式挂牌晋升为国家4A级旅游景区。州长刀林荫和省旅游局巡视员、省旅游协会会长袁光翰为望天树景区“国家AAAA级旅游景区”揭牌。至此，西双版纳州已有17个国家A级景点（区），其中国家4A级景点（区）8个。副州长陈启忠致词。

同日，中国老挝边界第一次联合检查界牌揭幕式在中国磨憨—老挝磨丁口岸举行。外交部部长助理刘振民和老挝副外长谢姆·蓬玛占出席。中国驻老挝大使布建国及两国外交、国防、公安等部门参加上述活动。省人大常委会副主任江巴吉才出席仪式并代表云南省致辞。常务副州长罗红江，副州长李江虹参加揭幕仪式。

4月13日，第十四届西双版纳边境贸易旅游交易会项目签约仪式暨项目推介座谈会在西双版纳国际会议展览中心举行。西双版纳州与云南日报报业集团战略合作协议、西双版纳佛文化旅游产业集聚区建设项目等22个项目成功签约，签约总投资金额上百亿元。州党政领导刀林荫、杨志祥、陈启忠、陈学刚、杨沙、李江虹，以及中外各地知名实力企业家代表参加此次项目签约及推介会。副州长李江虹在签约仪式上致辞。

4月14日，州长刀林荫与韩国韩中文化经济友好协会会长金英爱签约，就双方实现友好合作关系的持续发展达成协议。州人大常委会副主任刀琼平、副州长李江虹、州政协副主席玉香伦参加签约仪式。

4月16日，由政府与中国国际广播电台国际在线 俄文网、乌文网、白俄文网共同举办，《俄罗斯报》、乌克兰嘎乐媒体以及白俄罗斯《人民报》等境外媒体协办的《我要去西双版纳》才艺大赛颁奖典礼在景洪举办。副州长陈启忠、州政协副主席李永义、中国国际广播电台副总编辑尹力等出席颁奖典礼并为来自俄罗斯、乌克兰和白俄罗斯的3名特等奖受众颁发证书和奖品。

4月22日，以“健康云茶，世界共享”为主题的2011年第六届中国云南普洱茶国际博览交易会在昆明开幕。常务副州长罗红江、省普洱茶协会会长张宝三等为西双版纳州展馆开馆剪彩。

5月10日上午，全州非税收人管理局成立大会在景洪举行。省财政厅副厅长、省非税收管理局局长计毅彪，州人大常委会副主任张美兰、副州长杨沙、州政协副主席权继能等出席大会，并为管理局揭牌。

6月30日，西双版纳州庆祝中国共产党成立90周年大会在景洪剧院举行。州委书记江普生作重要讲话，州长刀林荫主持庆祝大会。50个先进基层党组织、100名优秀共产党员和50名优秀党务工作者受表彰，州委常委、州人大常委会、州政府、州政协领导班子成员，担任过副州级以上领导职务的离退休党员领导干部出席会议。

7月3日，野象谷景区发生一起老树倒地掀翻缆车造成游客1死3伤事件。州、市相关部门负责人和工作人员第一时间赶往现场开展伤亡人员善后和事件调查工作，有效控制了局面。

7月4日，随着景洪、勐海、勐腊3县市“千名干部大走访”活动动员大会的召开，全州以形势政策宣传教育和农村集体经济调研为主题的“千名干部大走访”农业活动全面启动。

7月12日，中科院西双版纳热带植物园举行荣膺国家5A级旅游景区揭牌仪式。州委书记江普生、中科院昆明分院院长王庆礼、副州长陈启忠、植物园园长陈进共同为景区揭牌。陈启忠代表州委、政府向植物园表示祝贺。

7月14～15日，州长刀林荫、常务副州长罗红江、州人大副主任刀琼平等陪同省扶贫办主任王智一行调研全州扶贫开发工作并出席勐海县布朗山乡整乡推进扶贫开发试点项目正式启动仪式，刀林荫致词。

7月28日，州长刀林荫到勐海县走边境、进军营、入村寨，看望驻地军警官兵，入户了解边境群众生产生活情况。常务副州长罗红江也在州边防支队、州林业局、州交通局等部门负责人陪同下，深入勐腊县边防一线开展“走边关”活动。

7月30日，景洪至勐龙镇、国道214线景洪至勐海（勐混）段二级公路顺利通过竣工验收。副州长杨沙、省交通运输厅及州相关部门负责人参加竣工验收会。

8月2日，副州长唐家华及相关部门负责人陪同云南省金融办及各大金融保险公司相关负责人组成的省金融调研组，前往磨憨经济开发区调研。

8月6日，“盛璟新城杯”2011海峡两岸棒球对抗赛在景洪市勐罕镇楠景新城圆满结束。州长刀林荫，副州长陈启忠参加闭幕式。刀林荫为获得一等奖的台湾合作金库代表队颁奖。

8月12日，全州聘任第四届州人民政府督学，副州长唐家华出席仪式并为新人督学颁发聘任书。

8月13日，副州长杨沙陪同省政府治超工作领导小组第五考核组对全州治超工作进行检查考核。

8月16～17日，以省国土资源厅副厅长陈刚为组长的省政府检查组，到州检查2006～2010年耕地保护目标责任制落实情况。副州长陈启忠向检查组汇报全州2006～2010年耕地保护目标责任制落实情况。副州长唐家华陪同检查组实地走访查看了勐海县勐混镇曼国村小组的基本农田补划项目和贺开村委会的补充耕地项目。

8月30日，由国务院新闻办公室主管，云南省人民政府新闻办、省对外文化交流协会主办的柬文《高棉》杂志创刊号首发式在景洪举行。中央外宣办、国务院新闻办副主任王仲伟，云南省委宣传部部长张田欣出席首发式并为杂志揭幕。州委书记江普生、州长刀林荫出席首发式。

9月7日，省七届老运会暨“湄公河杯”健身球操比赛在景洪开幕，来自全省18个单位的19支代表队220名老年运动员参加比赛。副州长杨沙出席开幕式并致辞。

9月13日，州公安局出入境管理处被中华全国妇女联合会、全国妇女“巾帼建功”活动领导小组授予“全国巾帼文明岗”荣誉称号。副州长王方荣、州政协副主席玉香伦出席授牌仪式并授牌。

9月16日，副州长陈启忠对景洪市创建云南省文明城市工作情况进行检查，并对相关工作提出要求。

同日，中国国际贸易促进委员会云南分会西双版纳支会在景洪挂牌成立。州人大副主任张美兰、副州长李江虹、州政协副主席李永义出席挂牌仪式。

9月20日，云南日报社西双版纳分社揭牌暨云南省政务信息岛西双版纳州终端开通仪式在景洪举行。州委书记江普生，云南日报报业集团党委书记、社长罗杰分别致辞并为分社成立揭牌；云南日报报业集团副社长、总编徐体义宣读省委办公厅关于成立云南日报社州市分社文件；州长刀林荫与徐体义为信息岛西双版纳州终端揭幕；副州长陈启忠主持揭牌暨开通仪式。

9月23日，由深圳潮青委员会、团州委和州残联共同主办的“深圳潮青爱心光明行（西双版纳）”启动仪式在景洪市医院举行。副州长马维纲及深圳潮青委员会、团州委、州残联等相关单位负责人参加仪式。

同日，西双版纳旅游度假区的曼弄枫国际家居城举行开业庆典。州长刀林荫、州人大主任杨建明、州政协主席杨志祥、副州长陈启忠、州委秘书长杨涛出席庆典活动。

9月26日，副州长杨沙率州民政、景洪市政府等部门和单位负责人，先后到景洪市勐龙镇敬老院、曼兵村委会曼嘎村等地慰问特困老人、五保老人和百岁老人。

9月30日，州长刀林荫、副州长杨沙在相关部门负责人陪同下，看望慰问了景洪市部分百岁、五保、残疾老人和优抚对象。

10月9～10日，省政府督查室副厅级督察专员李石松一行到州专项检查全州节能减排工作并听取副州长杨沙工作情况汇报。

10月10～12日，亚非司“中阿合作论坛”中方秘书处组织20位阿拉伯国家驻华使节到州考察。外交部副部长翟隽以及“中阿合作论坛”中方秘书长、亚非司司长陈晓东，州长刀林荫及州相关领导陪同考察。

10月17日，上海宋庆龄基金会、中国福利会出版社捐赠“宋庆龄爱心书库”仪式在允景洪小学启动。中国福利会出版社、儿童时代出版社社长顾琳敏，省关工委常务副主任莫泰尧，副州长唐家华、州政协副主席依甩等参加仪式。

10月19日，副州长陈启忠在昆明出席省体育局与州举行的推进体育事业发展合作框架协议签字仪式。

10月20日，由中国青旅集团和西双版纳昊缘旅游发展有限公司共同投资、开发、建设与运营的西双版纳佛文化旅游产业聚集区建设项目签约。项目拟占地5500亩，预计投资70亿元。州党政领导杨志祥、陈启忠、张美兰，中青旅集团负责人孙永权、卢丹，西双版纳昊缘旅游发展有限公司负责人张平等参加签约仪式。

10月21日，2011年西双版纳第三届房地产展示交易会在泼水广场开幕。州长刀林荫、州人大主任杨建明、州政协主席杨志祥、副州长陈启忠,云南日报报业集团副总经理、云南报业传媒集团公司总经理张光旭等参加开幕式并参观展示楼盘。

10月26日,云南省第二届“大家乐”群众文化广场舞蹈大赛决赛开幕式在景洪市勐泐文化广场举行。省文化厅党组书记、厅长黄竣,省文化厅党组成员、副厅长黄玲,省民委副主任李国林,州委秘书长杨涛,州人大副主任刀金芬,副州长唐家华出席开幕式并启动大赛触摸球。

10月27日,副州长陈启忠率团参加由国家旅游局、云南省政府和中国民用航空局共同在昆明国际会展中心主办的2011中国国际旅游交易会并出席开幕式。

10月31日,2011年“闽商杯”全国部分城市第22届中老年篮球赛在景洪开幕,并举行文艺汇演助兴。副州长杨沙致欢迎词。6日,副州长马维纲参加闭幕式。

11月24日,西双版纳浙江商会举行成立三周年庆典大会。州人大主任杨建明、副州长马维纲出席庆典大会。

11月26日,省商务厅与西双版纳州在昆明正式签署了《云南省商务厅与西双版纳州人民政府共同实施“桥头堡”战略合作协议》。省商务厅厅长熊清华、州长刀林荫出席签字仪式并致辞。省商务厅副厅长李极明主持签字仪式。

11月28日,总投资1.4亿余元的黄草岭水库工程正式截流。常务副州长罗红江参加截流仪式。

12月1日,由州政府主办的全州第二节新农村篮球运动会在景洪市勐泐文化广场开幕,来自全州13支代表队的253名运动员参加比赛。州人大副主任召亚平、副州长马维纲出席开幕式。

12月2日,州委书记江普生、州长刀林荫、州政协主席杨志祥、州人大副主任刀琼平出席西双版纳州石斛产业协会成立仪式并剪彩。副州长唐家华代表州委、政府致辞。

12月1~2日,全州关心保护未成年人工作培训班在州委党校开班。副州长唐家华在培训班上作动员讲话。

12月6日,州公共资源交易中心举行揭牌启动仪式。州长刀林荫、常务副州长罗红江、州纪委书记李庆元、州委秘书长杨涛、州人大副主任张美兰、副州长唐家华和省公共资源交易中心主任崔岗等参加仪式。刀林荫、崔岗、李庆元、杨涛、张美兰、唐家华为中心建成运行剪彩;刀林荫、崔岗为中心揭牌;罗红江主持揭牌暨运行启动仪式。

12月8日,省侨办与州政府在景洪举行战略合作协议签约仪式。国务院侨办副主任任启亮、省侨办党组书记盛云富、州长刀林荫、国务院侨办经科司司长庄荣文、重庆市外侨办副主任刘光术、成都市侨办副巡视员陈正法、省侨办副巡视员李荣以及全国11个省(区市)侨办和省发改委、商务厅、招商合作局等负责人出席签约仪式。省侨办副主任张新明与副州长李江虹签署《关于发挥侨务资源优势支持西双版纳桥头堡主阵地建设战略合作协议》。

12月16日,州长刀林荫以州党政代表团副团长身份赴上海,与上海浦东新区签订了上海市浦东新区·云南省西双版纳傣族自治州合作框架协议。

12月21日,由环球时报、新浪网、西双版纳州共同主办的“中国十大边疆重镇”高峰论坛暨颁奖典礼在景洪召开。州委书记江普生作题为“为了人与自然更加和谐”主题演讲,州长刀林荫致欢迎辞。西双版纳州荣膺“最具旅游吸引力的边疆名城”称号。副州长陈启忠、“中国十大边疆重镇”代表,来自全国各地的专家评审团委员以及外交部便捷与海洋司等有关单位领导出席论坛。

12月28日,全州第一条由华新红塔水泥(景洪)有限公司投资建设的新型干法水泥熟料生产线正式投产。副州长杨沙、州政协副主席玉甩出席生产线竣工投产仪式。

12月30日,州傣医医院新院庆典仪式举行并正式运营。副州长李江虹、州政协副主席祜巴龙庄勐、国家中医药管理局科技司副司长李昱、省卫生厅副厅长郑进出席庆典并为新院落成剪彩和揭牌。

12月31日,副州长唐家华率州政府金融办、州财政局等部门负责人,看望并慰问金融财税系统干部职工。

〔州政府领导参加的其他会议〕 2011年1月19日,全州森林防火和资源林政管理工作会议召开。会议总结了“十一五”期间全州森林防火和资源林政工作,表彰了两项工作中涌现出的先进单位和先进个人,签订了“十二五”时期森林防火和资源林政管理工作目标责任状,并对2011年全州森林防火和资源林政管理工作进行安排部署。常务副州长罗红江出席会议并讲话。

1月20日,在全州食品安全监管职能移交会上举行了职能职责移交签字仪式。副州长李江虹参加移交会。按照《食品安全法》有关规定,食品安全综合协调职责由卫生部承担,把原设在州食品药品监督管理局的州食品安全委员会办公室调整到在卫生局；按照机构改革有关精神，把原由州卫生局承担的餐饮服务化妆品、保健品安全管理职能调整到州食品安全监督管理局。

2月12日，西双版纳州第二次全国地名普查试点工作视频会议在景洪会召开，动员并部署全州第二次地名普查工作。会议指出，此次地名普查要在3年内完成地名调查、标准化处理、设立地名标志、建立地名数据库等任务，时间紧迫、任务繁重。各级各部门要明确此次地名普查的目标任务，认真履行职责，要进一步细化普查工作方案。副州长杨沙及有关单位负责人参加会议。

2月28日，全州交通运输工作会议在景洪召开。会议回顾总结“十一五”时期全州交通运输工作，研究部署“十二五”交通运输工作。州人大副主任刀琼平、副州长杨沙、州政协副主席依甩参加会议。杨沙强调，“十二五”时期是全面建设小康社会和实施新一轮西部大开发的关键时期，全州交通运输系统和各级、各有关部门要抢抓机遇，编制好“十二五”交通运输发展规划。

3月3日，全州财税、审计工作会议在景洪召开。会议总结了2010年和“十一五”以来的财税、审计工作，部署2011年的任务。州政协主席杨志祥、州人大副主任刀金芬、副州长唐家华参加会议。

3月4日，全州教育、科技工作会议在景洪市召开。会议回顾了“十一五”期间全州教育、科技工作取得的成绩和经验，分析当前形势，安排部署2011年各项工作任务。州人大副主任刀金芬、副州长唐家华、州政协副主席李永义参加会议。会议要求，要深入完善现代教育体系建设，加快无青壮年文盲乡镇创建工作，促进义务教育均衡发展，加快高等教育发展，大力发展职业教育；做好“十二五”时期教育规划；全州教育、科技系统要坚持开拓创新精神，科学谋划、精心组织，努力使教育、科技工作有新突破。

3月7日上午，全州质量兴州工作会议在景洪召开。会议贯彻落实省政府关于质量兴省工作部署，安排质量兴州工作任务。省质监局巡视员崔守昌、副州长李江虹参加会议。会议要求，各级各部门要强化组织领导，全面推进质量兴市县，迅速掀起质量振兴热潮；要完善工作机制，着力实施质量兴业切实增强行业整体竞争力。会议还对荣获2010年“云南名牌产品”称号的大益牌普洱茶、八角亭普洱茶进行了表彰。

3月9日，全州口岸联席会议第三次全体会议在景洪召开。州委秘书长李记臣，副州长李江虹、马维纲参加会议。会议通报了2010年全州对外经济贸易和口岸建设情况、第二次中老泰边境地区六方合作会议情况、全州口岸联席会第一、二次全体会议有关决定事项落实情况和2010年全州口岸（通道）目标考核情况。会议要求，要认清形势，增强信心，抢抓机遇，依靠优势，落实好州委、州政府关于开放云南与桥头堡建设的主阵地的工作部署和安排，落实要“三国六方”合作第二次会议精神，科学谋划“十二五”发展。

3月10日，全州卫生、计生和食品药品监管工作会议在景洪召开，会议总结了“十一五”期间卫生、计生和食品药品监管工作取得的成绩，安排部署2011年的各项任务。州人大副主任刀金芬、州政协副主席玉香伦参加会议；副州长李江虹代表州政府与3市县政府、三区签订2011年卫生、计生、鼠害联防、食品药品安全监管工作目标责任书。会议要求，卫生事业要进一步完善医疗卫生服务体系，积极促进基本公共卫生服务均等化，巩固和发展新型农村合作医疗制度，进一步落实国家基本药物制度和鼠害联防责任制，积极探索推进公立医院改革试点；人口和计划生育工作要统筹解决人口问题；食品药品工作要理顺监管体制。

3月15日，全州国土资源、住房和城乡建设、人民防空、地震、移民开发工作会议在景洪召开。会议总结了“十一五”时期西双版纳州各项工作取得的成绩，研究部署2011年的工作任务。副州长陈启忠、州人大副主任兰昌华、州政协副会主席玉香伦等参加会议。会议要求，国土资源部门要切实加强耕地保护工作，积极做好项目用地保障，强化细化土地利用管理；住房和城乡建设部门要着力抓好保障性住房建设，促进人民群众有所居，抓好城乡规划；人民防空部门要加强完善人防组织机构和指挥体系建设，着重着眼于提高城市和重要经济目标的整体防护能力；地震部门要加强坚持预报工作，着力提高服务社会的能力，着力提高震害防御能力；移民开发部门要认真贯彻落实各项移民政策，全面推进移民搬迁安置工作，加强信访工作。

同日，全州统计工作会议在景洪召开。会议总结2010年工作，安排部署2011年工作任务。常务副州长罗红江、州人大副主任刀琼平参加会议。

3月16日，全州安全生产和消防工作会议在景洪召开。会议总结“十一五”以来全州安全生产及消防工作，安排部署“十二五”及2011年全州安全生产和消防工作任务。州人大副主任袁发先、副州长王方荣、州政协副主席权继能参加会议。会上，王方荣代表州政府与各市县政府，各区管委会，州直有关部门签订《2011 年度安全生产责任状》和《2011 年度消防安全目标管理责任状》。

3 月 18 日，全州发展改革暨固定资产投资工作会议在景洪召开。会议回顾总结 2010 年全州发展改革工作，安排部署 2011 年发展改革和投资工作。常务副州长罗红江并指出，2010 年全州发展和改革工作成效显著，全州地区生产总值、固定资产投资、消费品零售总额、对外经济贸易总额、接待国内外游客等 10 项主要经济指标实现两位数增长。会上，罗红江代表州政府与三县市政府、各区管委会相关负责人签订了 2011 年度固定资产投资责任书；会议还表彰了 2010 年完成固定资产投资任务较好的单位。

同日，全州商务、外事侨务、政务中心、招商、供销工作会议在景洪召开，会议总结并研究部署工作。会议要求，商务工作要提升保障内贸流通水平，提高外贸发展水平继续完善口岸基础设施；外事侨务工作要不断推进对外合作机制发挥作用，继续推进多边合作与交流；政务中心工作要完善政务服务中心体系建设，加快政务服务中心的规范平台建设；招商引资工作要进一步突出招商重点领域，高度重视项目前期工作和项目储备，不断创新招商方式；供销工作要扎实推进农村现代流通经营范围体系建设，加快农村合作经济组织指导服务体系建设，不断加强基层社建设。州人大副主任张美兰、副州长李江虹、州政协副主席依甩等参加会议。会议还表彰了获得云南省餐饮业品牌评比奖的企业和个人。

同日，全州民政、人力资源和社会保障、残疾人工作会议在景洪召开。会议回顾总结“十一五”期间 3 部门的工作，安排部署 2011 年的各项任务。副州长杨沙、州政协副主席依甩参加会议。会议强调，各部门要着力加强干部队伍建设和党风廉政建设，进一步提高干部职工队伍素质、改进工作作风、加强党风廉政建设，确保各项保障民生政策落到实处。会上，州政府还与 3 市县政府签订 2011 年人力资源和社会保障目标责任书。

3 月 21 日，2010 年全州检查考评工作会议在景洪召开。会议对全州检查考评工作进行全民动员，并作了具体安排部署，要求检查考评工作要切实转变工作作风，提高行政效率，加强协调配合，确保集中检查考评工作取得实效。州党政领导胡志寿、刘功华、李庆元、李记臣、赵刚、杨沙、唐家华参加会议。

3 月 22 日，全州司法行政工作会暨全州司法行政系统反腐倡廉建设会在景洪召开，会议总结回顾 2010 年全州司法行政工作，安排部署 2011 年工作任务。副州长王方荣参加会议。会议强调，全州各级司法行政机关和广大司法行政干警，要不断增强大局意识和责任意识，切实把思想和行动统一到中央、省委的部署和要求上来，不断深化对新形势下司法行政工作的性质和职责的认识。会议还表彰在 2010 年度全州司法行政工作中涌现出来的先进单位和先进个人。

4 月 14 日，2011 年全国当代散文家创作年会和滇东 8 州市文学（散文）创作年会在景洪召开，来自甘肃、陕西、黑龙江、贵州、新疆等全国各地的著名作家以及滇东 8 州市文联负责人，深入傣乡进行为期 5 天的实地采风。中国文联副主席、中国作协副主席丹增，省委宣传部部部长张田欣，云南作家协会主席黄尧，《散文世界》杂志社副社长、执行主编苏伟，州长刀林荫，副州长陈启忠，州人大副主任刀琼平，州政协副主席权继能等参加年议。

5 月 5 日，全州工业和信息化、环境保护工作会议召开。会议总结了“十一五”期间全州工业和信息化、环境保护工作，明确“十二五”工作目标，安排部署 2011 年工作任务。州人大副主任兰昌华、副州长杨沙、州政协副主席玉香伦出席会议。会议要求，各级各有关部门要加快领导、明确责任、加强干部队伍建设，围绕“十二五”规划的实施，统筹兼顾抓好各项工作目标任务的落实。会议对“十一五”期间在节能减排工作中成绩突出的先进集体和先进个人进行表彰奖励。

5 月 6 日，全州保障性安居工程工作会议召开，贯彻落实国家、省保障性安居工程工作会议精神，总结 2010 年全州保障性安居工程工作，部署 2011 年工作。州长刀林荫出席会议并讲话，强调各级各部门要紧紧围绕确定的目标任务，创新工作思路，完善政策体系，加大建设投入。要求各级各部门要加强领导、精心组织、统筹力量、合力推进，确保完成任务。会上，副州长陈启忠代表州政府与 3 县市、3 区签订 2011 年全州保障性安居工程责任书。

同日，全州民族宗教工作会议召开。会议总结近几年来西双版纳州民族宗教工作，安排部署今后一段时间的任务。会议强调，要牢牢把握“共同团结奋斗、共同繁荣发展”的民族工作主题，全力开创全州民族宗教工作新局面。会上，州委副书记胡志寿讲话，副州长王方荣主持会议，州人大副主任召亚平、州政协副主席依甩出席会议。胡志寿强调，要大力加快各民族经济社会发展，始终保持各民族共同发展的良好局面。会上，州民宗局与各县市签订了2011年度民族团结和宗教工作目标管理责任书。

6月2日，全州打击涉烟违法犯罪工作会议在景洪召开。会议总结2010年工作经验，部署2011年工作任务，并对2010年度侦办网络案件有功单位景洪市公安局和一线办案有功人员罗云洪等进行表彰奖励。副州长李江虹参加会议并讲话。会上，州政府分别与各县市政府签订2011年度打击涉烟违法犯罪目标责任书。

6月9日，西双版纳热线工作推进会议在景洪召开。州纪委书记李庆元、副州长唐家华及相关单位负责人参加推介会。会议的召开标志着“政风行风热线”正式更名为“西双版纳热线”。

7月12日，全州第三轮禁毒和防治艾滋病人民战争会议召开。州长刀林荫以及州委、政府、人大、政协领导参加会议。

同日，州长刀林荫出席全州金融联席会议并讲话，常务副州长罗红江主持会议。会议要求，要深入探索新形势下银联合作的新途径，着力构建银联合作的新平台，为全面完成“十二五”规划、促进全州经济社会又好又快发展和跨越发展提供有力的金融保障。

7月13日，州长刀林荫出席全州“五五”普法总结表彰暨“六五”普法动员大会并讲话。州县市委、政府、人大、政协领导以及州法院、检察院领导等参加会议。

7月14日，由省委第四巡视组组长、正厅级巡视专员费建平率领省委巡视组，对全州财政工作情况及农业综合开发工作情况进行调研并听取汇报。州长刀林荫、副州长唐家华出席会议。

7月19～21日，以省政府督学、省政府教育督导团办公室主任何开喜为组长的省政府教育督导评估组一行9人到勐海县，采取“听、看、查、访、议”等方式对全县教育工作进行全面检查评估。副州长唐家华在反馈会上对下一步工作提出要求。

7月25日，州、景洪市政府召开景洪城区肉食品安全暨生猪屠宰监管工作会议，对专项整治私屠滥宰工作进行再动员、再部署。副州长李江虹参加会议并讲话。

7月27日，州长刀林荫、常务副州长罗红江向全国人大农业与农村委员会调研组分别汇报全州新农村建设、完善农村土地管理制度等相关情况。

7月28日，副州长杨沙参加西双版纳机场改扩建工程领导小组第五次工程项目推进会议，研究部署下一步工作推进计划并提出具体要求，还实地察看了机场改扩建工程建设进展情况。

同日，副州长唐家华出席全州2011年上半年财税分析会，安排部署了下半年财税工作。

7月29日，常务副州长罗红江参加在勐腊召开的全州森林公安正规化建设现场会，部署森林公安正规化建设工作。州人大、政协、省森林公安局领导及三县市有关人员参加了会议。

8月19～20日，由云南省医院协会医务管理专业委员会主办，西双版纳州人民医院协办的云南省首届“医务管理暨医疗质量与安全持续改进”研讨会在州召开。副州长李江虹介绍了全州卫生事业发展情况及面临的问题。

9月6日，副州长王方荣出席全州第三季度消防联席会议暨消防安全专项整治工作视频会。会议通报了全州年内的火灾情况、“武打”活动及高层建筑消防安全专项整治情况，对下一步消防安全责任制的落实进行安排部署。

9月9日，全州教育工作会议召开。州党政军领导出席会议。常务副州长罗红江作全州教育工作报告。副州长唐家华主持会议。会议全面总结全州“十一五”教育工作，对中长期教育改革发展的目标任务作出安排部署。

9月19～21日，省政府食品安全专项督查组一行到州对全州食品安全工作进行专项检查。副州长李江虹代表州政府向督查组汇报全州食品安全工作情况。

9月22日，全州保障性住房建设工作推进会召开。会议贯彻落实全省林区垦区煤矿棚户区改造工作推进会议精神，总结全州保障性住房工程建设和管理工作，研究部署下一步具体措施，要求确保完成2011年全州保障性住房工作目标。副州长陈启忠参加会议并对相关工作提出要求。

9月23日，景洪市创建云南省文明城市测评汇报会召开。副州长陈启忠、景洪市委书记马力勇以及省文明城市考评组专家参加会议。

9月27日，副州长陈启忠参加全州旅游市场整治工作会议，对“十一”黄金周期间旅游接待工作进行部署，确保实现“十一”黄金周旅游“安全、质量、秩序、效益”四统一目标。

9月28日，副州长唐家华参加全州中小学校安工程月推进会暨特殊教育工作现场办公会，要求加强全州校安工程和特殊学校建设工作，提升教育水平。

10月17日，副州长陈启忠参加全州“兴地睦边”农田整治重点工程项目建设推进会，要求分析研究解决存在问题的对策和方法，采取有力措施，确保项目建设顺利推进。

10月19日，常务副州长罗红江主持召开全州新农村建设指导员暨新农村省级重点建设村工作会议，就认真学习贯彻落实会议精神、圆满完成年内“三农”各项工作任务提出具体要求。

10月21日，常务副州长罗红江向以全国人大民族委员会副主任委员雷鸣球为组长的全国人大民族委员会专题调研组汇报全州兴边富民行动规划和扶贫开发工作情况。

10月24日，全国民族自治州统计联合会第二十次年会在州召开。国家统计局中国统计学会常务副秘书长刘亦平，云南省统计局党组副书记、副局长、省统计学会副会长徐力，副州长马维纲出席会议。马维纲代表州委、政府致欢迎词。

10月26日，云南省“零障碍双语教育”第一届国际学术研讨会在州召开。副州长唐家华，省教育厅副厅长罗嘉福，文山州、曲靖市等州市教育系统负责人，世界少数民族语文研究所的代表参加会议。

11月9日，州公安局邀请中央、省、州等多家媒体记者，就谢家乔先进事迹召开媒体见面会。副州长王方荣出席会议。

11月11日，州党政领导江普生、胡志寿、唐家华、李江虹、马维纲等出席省委宣讲团在州举行的党的十七届六中全会精神报告会。

11月17日，副州长唐家华出席在景洪市召开的全省知识产权进校园工作经验交流会并致辞。省知识产权局局长高颂山、各州市知识产权局负责人和学校代表参加会议。

11月22日，副州长唐家华参加全州学校及周边综合治理视频会议并对学校及周边环境的综合治理作出了安排部署。

11月23日，副州长陈启忠出席全州首届澜沧江·湄公河流域国家文化艺术节工作进展情况汇报会。

11月24日，常务副州长罗红江参加全州冬季农业开发和冬春农田水利基本建设工作并对相关工作提出要求。

同日，副州长唐家华参加向省教育厅考核组汇报全州贯彻落实全省教育工作会议和《云南省中长期教育改革和发展规划纲要》情况以及“三生教育”工作和中小学校园安全措施落实情况汇报会并发言。

同日，副州长陈启忠、州委秘书长杨涛出席全州乡镇干部职工与教师住房建设工作推进会。

11月29日，州委秘书长杨涛、副州长李江虹参加全州口岸联席会议第四次全体会议，安排部署下一步工作。

12月3日，副州长唐家华出席在景洪召开的云南省石斛产业技术创新战略联盟扩大会议。会议进行了组织机构增选事项，广泛邀请石斛界企业和科研院所专家加入联盟。

12月6日，副州长陈启忠参加全州澜沧江·湄公河流域国家文化艺术节筹备工作进展会议并对抓好相关工作提出要求。

12月6~7日，全国农村综合服务社建设推进会暨《农村综合服务社规范》观表培训会在州举行。全国供销总社合作指导部部长戎军、省供销合作社主任和润培、州政协主席杨志祥、州人大副主任刀金芬、副州长李江虹出席会议。

12月8日，常务副州长罗红江主持召开全州“农转非”和“农民工”工作会议，明确了当前和今后一个时期的目标任务，研究完善政策措施，安排部署工作。

12月9日，副州长杨沙出席年度实施“生态立州”战略领导小组第二次会议，安排部署生态州建设推进工作。

12月14日，副州长杨沙和到州检查公路安全生产情况的省检查组共同听取全州2011年度2条二级公路建设安全生产工作情况汇报。

12月16日，副州长杨沙参加在景洪举行的2011年全省军转工作总结会并介绍全州军转安置工作。

12月23日，副州长杨沙参加全州治理非法超限超载车辆工作会议并讲话。

12月26日，省政府移民开发工作专项考核组到州考核2011年度移民开发工作。副州长陈启忠参加汇报会。

12月27日，副州长王方荣出席全州见义勇为工作会议并讲话。

12月28日，副州长王方荣出席全州法治县（市、区）创建推进会。

〔**调查研究**〕2011年1月29日，常务副州长罗红江到勐海县勐满镇调研慰问边境沿线深度贫困村民。州农业、州林业局、州扶贫办及勐海县相关部门负责人一同参加调研慰问。罗红江一行先后到关双村委会班托洛村民小组和酒房村民小组，详细了解村寨的建设发展情况，并向6户深度贫困家庭送去棉被和慰问金。

3月21日，州长刀林荫到勐海县调研。在听取勐海县禁毒、打击非法彩票赌博工作情况汇报后，刀林荫充分肯定了勐海县取得的成绩，并且强调，全州各级各部门必须全力以赴，密切配合，积极行动，攻坚克难，继续保持禁毒、打击非法彩票赌博工作的高压态势，严厉打击毒品犯罪活动和非法彩票赌博活动。副州长、州公安局局长王方荣，州政府研究室、州边防支队等部门相关负责人参加调研。

5月3日，州长刀林荫、副州长杨沙察看州社会福利院建设项目。在听取州社会福利院项目建设进展汇报后，刀林荫强调，州社会福利院要确保在2012年的春节能正常投入使用，制定出具体的工作计划表，确保各项工作顺利进行。杨沙要求，要把福利院这项民生工程做好，在抓工程质量的同时也要抓好安全工作，要加快工程建设的进度，并做好整个福利院各个项目建设的收尾工作。

5月4~5日，州长刀林荫在景洪市嘎洒镇、勐龙镇、勐海县勐遮镇、西定乡检查禁毒、禁赌、打黑工作时强调，要坚决、有力地打击毒、赌、黑恶习势力，全面遏制贩毒吸毒、非法彩票违法犯罪势头。抓好禁毒、禁赌工作是功在当代、利在千秋的事。要继续保持禁毒、打击非法彩票赌博工作的高压态势。各级各部门都制定工作实施方案，建立工作责任制。副州长、州公安局局长王方荣以及州、景洪市、勐海县各相关部门领导陪同检查。

5月27日，副州长陈启忠到勐腊县检查指导保障性住房建设。陈启忠一行深入到勐仑镇田野橡胶公司、勐腊镇幸福家园的廉租房建设工地，实地查看和指导建设工程。陈启忠要求，各级各部门要把思想统一到州委州政府 关于保障性住房建设的一系列部署上来，充分认识保障性住房建设的重要性和必要性。

6月24日，副州长唐家华率检查组到勐腊县，检查中小学校舍安全工程建设进展情况。检查组先后到勐仑镇中心小学常乐分校、勐仑镇中学、关累镇中心小学、勐捧镇中学、勐捧镇曼广小学及勐腊县二中的项目建设工地，详细了解各校校安工程建设情况，认真查看施工图纸及各类进度报表，并听取校安工程项目推进工作情况汇报。唐家华要求，各相关部门要进一步形成合力，主动参与、积极配合、落实责任，认真做好校安工程队相关工作。

7月20~22日，州长刀林荫到西双版纳华坤生物科技有限公司、勐海县黎明农场第六办事处2队2组调研。副州长陈启忠、杨沙以及州政府办、政研室、工信委、农业局、景洪工业园区管委会等部门负责人一同参加调研。刀林荫在华坤公司调研时鼓励企业以“公司+基地+农户”、“公司+专业合作组织+基地+农户”等产业化经营模式，积极推进农业产业化、新型工业化，强调要做强扶优产业，促进农民增收、企业增收、财政增效。在黎明农场调研时强调，要着力改善职工民生问题，积极向上级争取廉租房建设指标，加快廉租房建设，努力实现垦区加快发展、民生改善和社会稳定的改革目标。

8月8日，州长刀林荫到西双版纳云丰木业有限公司、西双版纳星鑫农业科技有限公司调研生物产业发展情况时强调，各级各有关部门要依托全州的资源优势，作强生物产业，以生物产业的发展带动经济发展，助农增收。鼓励企业积极开发应用新技术，加大研发投入，强化自主创新意识，不断提高技术创新能力，增强市场竞争能力，创造更好的经济效益和社会效益。副州长陈启忠、唐家华一同参加调研。

10月25日，常务副州长罗红江到景洪市嘎洒镇、大渡岗乡调研秋季农业生产和发展情况，要求各部门各单位加大科技推广力度，扩大和规范种植规模，用新产业促进农民群众增收；注重加强规模化和规范化经营，建立农产品储备基地，扩大农户经营农副产品销路；对养殖大户进行扶持，培育新的养殖大户，发展龙头企业；重视搞好粮食生产工作。调动农民种粮积极性，充分整合资源促进粮食产业发展。

11月7日，省委组织部部务委员、副巡视员、机关党委书记杜敏生率省人才工作调研组到州调研。州委组织部部长赵刚汇报了全州人才工作情况。副州长杨沙主持会议。

11月21~22日，州长刀林荫对全州保障性住房建设、“3+1”规划编制情况、村庄编制规划情况进行专题调研。刀林荫强调，各级各部门要加强对规划、设计、施工、监理等环节的监管，坚决杜绝工程质量隐患，把握好、落实好有关政策，多渠道、多形式筹措资金，建立多种合作方式；提高认识，保证政令畅通，进一步调整完善全州土地利用总体规划、山地综合开发利用规划、林地保护利用规划及城镇近期建设规划，着力推进全州山地城镇建设；调整规划要着眼长远，从全州经济、社会发展实际出发，科学谋划，为民守田；以保护公路沿线、景点景区周边、乡镇周围耕地为重点。副州长陈启忠陪同调研，景洪市委书记马立勇参加汇报会。

12月15日，副州长李江虹一行前往农垦医院，就医院医疗改革、入市管理等方面工作进行专题调研。在听取医院负责人汇报后，李江洪虹强调，医院要找准定位，做好重点科室的发展，把医院优势科室做特做强，在综合医院基础上突出特色专科的建设；推进医院基础设施建设，改扩建工程要积极争取立项，多方协调筹集资金，分期分步改善住院条件，加强医疗设备管理，争取政策支持;做好人才培养工作,分层次、分批次做好人才引进、培养和培训。

12 月 19 日,州人大副主任兰昌华、副州长杨沙率州、景洪市环保局相关负责人,到景洪市基诺山乡调研生态乡镇、生态村创建推进情况。通过实地走访和听取汇报,调研组指出,州、市相关单位要加大落实力度,在创建过程中发挥好统筹、指导和服务作用;乡政府要结合民族特色,抓好规划编修工作;做好森林、水资源的保护工作,进一步做好集镇污水垃圾处理和村寨环境卫生整治工作;加大宣传力度,提高群众环保意识,树立健康生活理念。

12 月 22 日,国务院农民工工作联席会议办公室主任、人力资源和社会保障部副部长杨志明一行到州调研农民工权益保障工作。副州长杨沙陪同调研。杨志明一行深入企业和建设工地,详细了解企业用工和农民工权益保障情况,强调各级各部门要认真落实全国劳动保障监察工作座谈会议精神,按照"执法服务促发展、维护权益保稳定、夯实基础谋长远"工作思路和要求,进一步加大工作力度,全力查处欠薪案件,让农民工欢度春节。

〔**国际友好往来**〕 4 月 14 日,州长刀林荫会见来州参加傣历 1373 年新年节暨第十四届西双版纳边境贸易旅游交易会的老缅泰越韩代表团。刀林荫与老挝代表团团长、老挝国家旅游局副局长索卡孙·杜荷盛,缅甸代表团团长、缅甸商务部边境贸易厅处长吴貌貌吞,泰国代表团团长、泰国碧差汶府商务局局长猜扬·育坎,越南代表团团长、越南驻昆明总领事馆副总领事武氏银芳以及第一次到西双版纳访问的韩国中文化经济友好协会会长金英爱进行了友好交谈。

6 月 1 日,副州长李江虹会见美国德克萨斯州奥斯汀市议员威廉·斯派曼先生,以及奥斯汀·西双版纳姊妹城市委员会主席陈胜亭。双方就教育、投资、贸易和旅游等方面的问题进行广泛交流。

6 月 3 ~5 日,老挝政府常务副总理宋沙瓦·凌沙瓦一行到州,就生物产业和旅游业发展情况进行考察。副州长李江虹陪同考察。宋沙瓦·凌沙瓦一行先后到景洪市勐罕镇、普文镇、大渡岗乡、勐海工业园区等地,对中化橡胶公司、南美油藤种植基地、光明食品集团西双版纳石斛基地、汉麻产业投资控股有限公司、云南勐象竹业有限公司实地考察,详细了解相关情况。

6 月 17 ~24 日,应老中合作委员会的邀请,以州长刀林荫为团长的西双版纳州政府代表团,对老挝万象和北部五省进行工作访问。双方进行了广泛的交流,并进一步加强经贸、农业、科技、文化、旅游、教育、卫生等领域的交流与合作达成广泛共识。双方还就其他共同关注的问题交换了意见,并签署了会谈备忘录。访问期间,刀林荫拜会了中国驻老挝大使馆负责人,察看了罂粟替代种植项目,看望慰问了西双版纳州在老挝投资的企业代表。州商务局、州外办、州科技局、州农业局、州财政局、勐腊县政府的负责人参加了访问。

8 月 10 日,州长刀林荫会见以老挝南塔省省委书记、省长批玛双·勒坎玛为团长的代表团一行。州委秘书长杨涛,州政府办、州政府政研室、州外事侨务办等相关单位部门负责人参加会见。

10 月 30 日,国家旅游局和云南省政府组织参会的日本、印度旅行社代表 61 人,对州旅游资源和服务进行实地参观考察。副州长唐家华陪同考察。

11 月 10 ~15 日,应越南方面的邀请,根据中国驻越南大使馆以及省外办的安排,西双版纳州组成以常务副州长罗红江为团长的中国代表团,赴越南太原省参加越南首届国际茶文化节,展示推介西双版纳普洱茶产业以及代表性茶产品,搭建西双版纳与越南太原省相互交流与合作的平台。

11 月 24 日,副州长李江虹在新傣园酒店会见缅甸外交部副部长吴貌敏,双方进行了亲切友好会谈。

11 月 28 ~29 日,来自保加利亚、克罗地亚、黑山等 7 个中东欧国家的驻华大使及夫人一行 8 人到州进行考察访问。副州长李江虹会见了使节团成员。

12 月 26 日,州长刀林荫会见前来参加澜沧江·湄公河流域国家文化艺术节的泰国帕夭府府尹迈迪·因图苏一行。副州长李江虹以及州商务局、外办、工商联和生物产业办负责人参加会见。

同日,老挝代表团来州参加云南省与老挝交流合作旅游官员及企业高管培训班培训。

〔**人事任命**〕 1 月 28 日,州政府任命:

却建明 任州重大项目建设(铁路建设)办公室主任(正处级,试用期一年)

浦 玲 任州政务服务中心主任

陶红荣 任州关心保护未成年人工作委员会办公室主任(正处级)

周亮生 州政府研究室副主任(试用期一年)

许云杉 州发展和改革委员会副主任(试用期一年)

凌升华 任州教育局副局长(试用期一年)

柏力微 任州科学技术局副局长(试用期一

年)
高美兰　任州民政局副局长(试用期一年)
周　娜　任州财政局副局长(试用期一年)
岩庄香　任州水利局副局长(试用期一年)
蒋凌云　任州审计局副局长(试用期一年)
蒋家武　任州文化市场综合执法支队支队长(试用期一年)
肖云康　任州移民开发局常务副局长
游先华　任州移民开发局副局长
王玉才　任州食品药品监督管理局常务副局长
刘　英　任州机关事务管理处处长
王永苹　任州监察局副局长(试用期一年)
4月2日,州政府任命:
吴　彬　任州政府研究室主任
刀金海　任州财政局副局长、州非税收入征收管理局局长
杨　杰　任州移民局局长
4月28日,州政府任命:
刀新华　任州民政局副局长
刀亚斌　任州环保局副局长
张有才　任州林业局副局长
张江红　任州安全生产监督管理局副局长
5月6日,州政府任命:
王　伟　为州公安局副局长(正处级)
冯晓冬　为州公安局副局长(正处级)
李　波　为州政府接待处副处长
阮　佳　为州政府接待处副处长
周国庆　为州政府应急管理办公室专职副主任
5月10日,州政府任命:
岩　应　任州政府副秘书长(试用期一年)
肖　华　任州政府副秘书长(试用期一年)
罗　伟　任州政府研究室副主任(试用期一年)
郭俊宏　任州人力资源和社会保障局副局长,州公务员局局长(试用期一年)
9月27日,州政府任命:
王玉才　任州食品药品监督局局局长
11月22日,州政府任命:
阮　佳　任州政府副秘书长
龙海云　任州民政局副局长(正处级)
刀华新　任州民政局副局长(正处级)
刘　伟　任州住房和城乡建设局副局长(试用期一年)
张林辉　任州商务局副局长(试用期一年)
杨洪雯　任州文化体育和新闻出版局副局长(正处级)
马　波　任州旅游行政执法支队支队长(副处级,试用期一年)
李　国　任州政府扶贫开发办公室副主任(试用期一年)
邓云华　任州住房公积金管理中心副主任(主持工作)
樊　茜　任州信访局副局长(副处级,试用期一年)
校　甲　任州政府发展生物产业办公室副主任
刀建红　任州政府发展生物产业办公室副主任(试用期一年)
方凌志　任州政府发展生物产业办公室副主任(试用期一年)
洪显月　任州政务服务管理局副局长(试用期一年)
孙世勇　任食品药品监督管理局副局长(试用期一年)
廖建伟　任关心保护未成年人工作委员会办公室副主任(副处级,试用期一年)
曹荣清　任州老龄工作委员会办公室主任(正处级)
12月1日,州政府任命:
王　娟　任州政府州长助理(挂职一年)
金四军　任州政府州长助理(挂职一年)
12月12日,州政府任命:
杨建玲　为州住房和城乡建设局副局长
刘敦华　为州水利局副局长
胡勇建　为州卫生局副局长
12月30日,州政府任命:
王玉才　任州卫生局副局长
何建云　任州农垦局副局长(试用期一年)
匡公元　任州农垦局副局长(试用期一年)
浦　玲　任州政务服务管理局局长
许　安　任州政府法制办公室主任
马灿宏　任州政府接待处副处长(试用期一年)
李水泉　任州森林公安局副局长

〔**表彰奖励**〕　1月17日,州政府决定对“十一五”期间森林防火工作中表现突出的武警西双版纳森林大队等16个先进单位、谢速飞等30名先进个人进行表彰。

同日,州政府决定对“十一五”期间森林资源保护暨资源林政管理工作方面做出突出贡献的勐腊县政府等16个先进单位和校甲等50位先进个人进行表站奖励。

3月7日，根据《关于表彰2010年度人大代表建议和政协提案办理工作先进单位的通报》，经州政府同意，决定对景洪市政府办等12个办理工作先进单位予以通报表彰。一等奖：景洪市政府办公室、州住房和城乡建设局。二等奖：州交通运输局、州教育局、州农业局州民政局。三等奖：勐海县政府办、州发展改革委、州水利局、州卫生局、州林业局、州文化体育和新闻出版局。

3月17日，州政府决定对完成2010年度固定资产投资任务的县（市）、区给予奖励。景洪市、勐海县、勐腊县分别兑现奖金9万元；西双版纳旅游度假区管委会、磨憨经济开发区管委会、景洪工业园区管委会分别兑现奖金3.8万元。

4月2日，根据《关于表彰"十一五"期间水利工作先进集体和先进个人的决定》，州政府决定对勐海县政府等13个先进集体和杨明德等50位先进个人进行表彰。

5月3日，根据《关于表彰奖励"十一五"期间节能减排工作先进单位和先进个人的决定》，州政府决定对州节能办等2个节能工作突出贡献先进单位、州人大常委财经委等33个节能工作先进单位、景洪江北铁合金工贸有限责任公司等13个节能工作优秀企业、张云洪等50名节能工作先进个人，西双版纳州环境保护局等5个节能减排工作先进单位、云南天然橡胶产业股份有限公司景洪制胶厂等3个减排工作先进企业、薛彩等55名减排工作先进个人给予表彰奖励。

6月16日，州政府决定给予西双版纳州公安消防支队、武警西双版纳支队、西双版纳州公安边防支队分别记集体二等功1次，并奖励5万元。

7月4日，根据州政府《关于兑现全州金融机构2010年度经营业绩奖的通知》，决定对获得综合奖的中国人民银行西双版纳州中心支行、西双版纳银监分局各奖励10万元；对州农业发展银行、富滇银行等获得单项奖的金融机构共奖励70.9万元；对完成2010年度贷款增长总体目标的各金融机构职工人均奖励5000元的奖励政策。

10月，根据州政府《关于兑现2010年度粮食行政首长责任制目标责任奖的决定》，决定对完成粮食行政首长负责制考核指标的景洪市、勐海县政府各奖励4.5万元，奖励勐腊县政府3万元，合计奖励12万元；对州政府办、发改委等州有关单位各奖励2万元，合计奖励16万元。

〔签订责任书及协议〕

责任书：

1月19日，州政府分别与景洪市政府、勐海县政府、勐腊县政府签订《西双版纳州森林资源林政管理目标责任状（2011～2015年）》。

3月4日，州政府分别与景洪市政府、勐腊县政府、勐海县政府签订《建设创新型西双版纳行动方案年度目标责任书》。

同日，州政府分别与景洪市政府、勐海县政府签订《西双版纳州人民政府对县（市）人民政府2011年度工作目标管理责任书》。

5月，州政府分别与景洪市政府、勐海县政府、勐腊县政府签订《2011年低碳排放目标责任书》。

5月5日，州政府分别与景洪市政府、勐腊县政府、勐海县政府签订《"十二五"西双版纳州低碳、节能、减排三项目标责任书》、《2011年主要污染物总量削减目标责任书》、《2011年度创建国家生态县（市、区）目标责任书》。

5月6日，州政府分别与景洪市政府、勐海县政府、勐腊县政府、西双版纳度假区管委会、磨憨经济开发区、景洪工业园区签订了《西双版纳2011年保障性住房工作目标责任书》。

6月1日，州政府分别与景洪市政府、勐海县政府、勐腊县政府签订《西双版纳州医药卫生体制五项重点改革2011年度主要工作任务目标责任书》。

7月21日，州委与州政府签订《2011年度西双版纳州综治维稳委成员单位目标管理责任书》。

9月22日，州政府与景洪市政府签订《西双版纳州2011年国有垦区危房改造工作目标责任书》。

9月28日，州政府分别与景洪市政府、勐腊县政府、勐海县政府签订《西双版纳州中小学校舍安全工程建设责任书》。

10月31日，州政府分别与景洪市政府、勐海县政府、勐腊县政府签订《西双版纳州耕地保护目标责任书（2010～2015年）》。

11月24日，州政府分别与景洪市政府、勐海县政府、勐腊县政府签订《西双版纳州2011年度中低产田地改造工作目标责任书》。

协议：

2010年12月24日，州政府与深圳平安物业投资管理有限公司、云南白药控股有限公司签订《西双版纳养生休闲度假项目框架合作协议》。

2011年3月17日，云南省人力资源和社会保障厅、省财政厅、省政府国有资产监督管理委员会、省监察厅与州政府签订《云南省企业老工伤人员纳入工伤保险统筹管理工作目标协议书》。

4月13日，州政府与北京中青旅房地产开发有限公司、北京中青旅酒店物业管理有限公司、中冶集团华冶资源开发有限责任公司、西双版纳昊缘旅游发展有限公司、西双版纳瀚信房地产开发有限公司签订《西双版纳佛文化旅游产业集聚区建设项目投资合作框架协议书》。

4 月 15 日,州政府与上海电影(集团)有限公司、云南日报报业集团签订《战略合作协议》。

5 月 9 日,州政府与中粮屯河股份有限公司签订《糖业合作框架协议书》。

6 月 29 日,州政府与勐腊县政府、磨憨经济开发区管委会签订《尚勇镇整体移交磨憨经济开发区管理委员会管理协议书》。

7 月 29 日,国家体育总局手曲棒垒球运动管理中心、云南省体育局、西双版纳州政府三方签订《战略合作框架协议》。

8 月 2 日,州政府与中精集团有限公司签订《乳胶丝生产项目投资意向性框架协议书》。

11 月 7 日,州政府与中国移动通信集团云南有限公司签订《无线城市建设战略合作协议》。

11 月 18 日,华能澜沧江水电有限公司(景洪水电工程建设管理局)与州政府签订《景洪电站护岸工程城区防护段补充协议》。

12 月 16 日,上海市浦东新区政府与州政府签订《合作框架协议》。

〔植物园新科研中心启用〕 1 月 1 日,中国科学院西双版纳热带植物园新科研中心正式投入使用。州委书记江普生、州长刀林荫、副州长唐家华参加启动仪式。刀林荫在致辞中说,新科研中心的建成使用,将全面改善植物园的科研环境和科研条件,更加有利于对优秀科技人才的引进和培养。州委、州政府将一如既往地支持植物园的建设和发展。新科研中心坐落于植物园东门旁东侧,占地面积 9.78 公顷,包括行政办公楼、学术报告厅、图书馆、热带森林生态学开放实验室楼等。项目总投资 8700 万元。

〔傣历新年节暨第十四届边交会〕 4 月 13 日上午,省旅游局和州政府共同主办的第十四届西双版纳边境贸易旅游交易会在西双版纳国际会议展览中心开幕。省人大常委会副主任江巴吉才宣布交易会开幕。州党政领导,老挝、缅甸、泰国、越南、韩国和省内的有关领导参加了开幕式。州长刀林荫在开幕式上致辞,副州长李江虹主持开幕式。中午,傣历 1373 年新年节庆祝大会在澜沧江边观礼台举行。刀林荫在庆祝大会上致辞,景洪市市长岩温才主持庆祝大会并宣布划龙舟、放高升等各项庆祝活动开始。15 日上午,西双版纳州举行隆重而庄严的仪式,向曼听公园周恩来总理纪念塑像献花环,纪念周总理参加西双版纳泼水节 50 周年。省内,州、市党政领导班子成员、州级各部委办局负责人,以及当年见证人、军警、医生、教师、少先队员、团员青年、企业、附近村民代表参加纪念仪式。刀林荫在纪念仪式上致辞,副州长陈启忠主持纪念仪式。

〔第 19 届昆交会正式开馆〕 6 月 6 日,第 19 届中国昆明进出口商品交易会暨第 4 届南亚国家商品展在昆明市国际会展中心正式开馆。副州长李江虹率西双版纳代表团出席开馆仪式。此次昆交会上西双版纳州共有展位 15 个,参展企业有 10 家;参展商品有石斛制品、茶叶、橡胶制品、药材、水果、风味食品、工艺品等 8 大类 200 多个品种。10 日,交易会暨商品展落下帷幕。会展期间,西双版纳贸易成交额达 627 亿元人民币;签约 13 项,签约项目总金额达 438.1 亿元人民。西双版纳州交易团荣获此届昆交会组委会颁发的优秀布展奖。

〔“10·5”湄公河金三角水域中国货船遇袭事件〕 10 月 5 日上午,“华平号”、“玉兴 8 号”两艘搭载中国船员的货轮在湄公河金三角水域遭不明身份武装人员劫持和袭击,船上 13 名中国船员全部遇难。事发后,中方高度关注此事,外交部等相关部门密切跟进事件进展,敦促有关国家抓紧调查,缉拿罪犯。为确保中国船员人身安全,云南省已暂停澜沧江·湄公河航运,省有关部门和相关州市政府迅速启动突发事件Ⅰ级相应机制,省外办、公安厅、民政厅、交通厅组成的工作小组抵达西双版纳并对事件的处置和善后进行部署。州委、政府派出有关人员组成工作组前往事发地调查核实,密切跟踪事态进展。遇难船员家属也陆续到达西双版纳并得到州有关部门的妥善安置。11 日晚,副省长顾朝曦率省政府、省公安厅、省外办、省海事局一行 7 人赴州看望慰问湄公河金三角水域两艘商船遇难者家属。14 日晚,受省委省政府、州委州政府委托,副州长李江虹带领磨憨管委会、武警磨憨边防检查站、磨憨口岸联检部门负责人等,迎接遇难船员家属回国,并代表省委、政府表达最真挚的关心和慰问。15 日,由外交部、公安部、交通运输部组成的联合工作组抵达景洪。工作组组长、外交部领事司副司长邱学军在副州长李江虹陪同下,率工作组看望慰问了遇难船员家属。由外交部领事司副司长、领事保护中心主任郭少春率领的赴泰国工作组也已抵达泰国清莱府开展工作。17 日,中国政府联合工作组在泰国警察总署负责刑侦事务的副总监披西、中国驻泰使馆领事官员陪同下与泰方一同勘察袭击事件事发水域并调查取证。23 日,公安部部长孟建柱在西双版纳州召开会议，专题处理“10·5”货船遇袭事件有关事宜，部署澜沧江·湄公河航道安全工作，还专程乘船实地考察航道情况。23日晚，公安部副部长张新枫率中国公安代表团一行8人抵达曼谷，并于24日先后与泰国警察总监飘潘、泰国副总理差林就遇袭事件举行了会谈，双方就案件现场侦查、物证鉴定等深入交换了意见。26日，代表团实地察看了案发现场和有关物证。10月31日，中、老、缅、泰在北京举行四国湄公河流域执法安全合作会议。中国国务委员、公安部部长孟建柱，老挝副总理兼国防部长当斋，缅甸内政部长哥哥和泰国副总理哥威率团出席会议。四国一致同意进一步采取措施，加大联合办案力度，尽快彻底查清“10·5”案件案情，缉拿惩办凶手。会议通过了《湄公河流域执法安全合作会议纪要》，发表了《关于湄公河流域执法安全合作的联合声明》。

〔**组团参加2011中国国际旅游交易会**〕 10月27日，由国家旅游局、云南省政府和中国民用航空局共同主办的2011中国国际旅游交易会在昆明国际会展中心开幕。副州长陈启忠率州代表团参加开幕式。景洪市旅游局、勐腊县旅游局、景兰大酒店有限公司等7家单位参展。30日，旅交会落幕。州参展团获旅交会优秀组织奖和优秀展台奖。旅交会上，州参展团共接待国内外客商及公众12万人次，发放宣传品10万份，签订组团人数5000人次，签订合同5份，金额达100多万元；意向组团人数达20万人次，达成意向性协议10份，金额达250万元。参展团还召开了西双版纳至老挝琅勃拉邦休闲旅游新线推介会，并与民族空间工艺美术品研究公司达成旅游工艺品开发意向。

〔**中、老、缅、泰四国湄公河联合巡逻执法**〕 12月9日，中、老、缅、泰四国湄公河联合巡逻执法联合指挥部在景洪港关累码头揭牌。中国公安部副部长孟宏伟对指挥部的成立表示祝贺，省委政法委书记、省公安厅厅长孟苏铁、公安部边防局局长郭铁男、州委书记江普生，州委政法委书记赵毅，副州长马维纲出席仪式。同日，云南公安边防总队水上支队在州成立，支队官兵在关累港举行湄公河联合巡逻执法誓师大会。孟宏伟在大会上讲话。孟苏铁、郭铁男、江普生、赵毅、马维纲出席大会。10日，联合巡逻执法首航仪式在关累码头举行。孟宏伟、老挝人民军副总参谋长波相、缅甸内政部副部长兼警察总监觉觉吞、泰国国家安全委员会秘书长威谦出席启动仪式并讲话。交通运输部副部长徐祖远、孟苏铁以及州党政领导刀林荫、赵毅、李江虹、马维纲，老、缅、泰执法安全部门官员出席仪式。10艘商船跟随5艘巡逻执法船解缆起航，标志着湄公河国际航运黄金水道全面恢复通航。

〔**澜沧江·湄公河流域国家文化艺术节**〕 12月26日，以“歌颂共同的母亲河”为主题，由省委宣传部、省文化厅和西双版纳州委、政府共同承办的澜沧江·湄公河流域国家文化艺术节在景洪开幕。省政协副主席顾伯平宣布艺术节开幕。老挝乌多姆赛省副省长宋理·素潘通，老挝丰沙里省副省长安福·阿里，老挝波乔省纪委书记宋令·西帕万，老挝南塔省副省长西蒙·吞普万，老挝琅勃拉邦省副省长赛沙蒙·空塔威，老挝驻昆总领馆驻景洪办事处主任宋迪·万坎，缅甸驻昆总领馆领事丁艾康，泰国帕夭府府尹迈迪·因图苏及夫人，前泰国移民总局副局长、西双版纳州—泰国移民总局联络工作组泰方组长索通·瓦尼沙田，越南驻昆总领馆总领事阮正胜；省委副秘书长宁赋魁、中国舞蹈家协会副主席冯双白、省委宣传部常务副部长尹欣、省文化厅局长黄峻、省旅游局副局长文淑琼、省民委副主任曹孟良、省文化投资公司党委副主任柳彬、省财经大学校长熊术新、普洱市副市长童书玮、大理州委宣传部部长王以志、德宏州副州长高铁英以及西双版纳州党政领导江普生、杨建明、杨志祥等中外领导和嘉宾参加开幕式。州长刀林荫在开幕式上致辞。27日，澜沧江·湄公河流域中外摄影家邀请展在景洪市龙舟广场开展。副州长陈启忠在开幕仪式上致辞。摄影家安哥、云南国际文化交流中心主任谢维纯在仪式上向西双版纳民族博物馆赠送了摄影作品。老、缅、泰、柬、越五国驻昆总领事和省、州有关领导为摄影展开展剪彩。同日，作为澜沧江·湄公河流域国家文化艺术节系列活动之一的“红木一条街开街”仪式在景洪市民航路举行。州委政法委书记赵毅、景洪市委书记马力勇、副州长李江虹、州政协副主席李永义出席开街仪式。晚上，澜沧江·湄公河流域国家文化艺术节系列活动之一的“水韵霓裳·娑罗万象”东南亚少数民族服装秀在勐泐文化广场亮相。前来参加文化艺术节的中外领导和嘉宾以及州党政领导观看了服装秀。28日，作为澜沧江·湄公河流域国家文化艺术节系列活动之一的“鸾粘芭”选美大赛决赛在勐泐文化广场举行。副州长陈启忠、州人大副主任刀金芬、州政协副主席玉香伦以及来自老、缅、泰、越等国的嘉宾观看了大赛。29日，澜沧江·湄公河流域国家文化艺术节落下帷幕。州党政领导刀林荫、胡志寿、杨志祥、罗红江、陈启忠、李庆元、袁发先等出席闭幕式。副州长陈启忠宣布艺术节闭幕。

〔**州政府办公室工作概要**〕 2011年,在州委、州政府的正确领导下,州政府办坚持以邓小平理论和“三个代表”重要思想为指导,按照“办文见水平,办会见作风,办事见精神”的要求,紧紧围绕州委、州政府工作大局,切实履行参与政务、管理事务、综合服务的职能,各项工作取得了新成效。

(1)以文辅政方面:完成各类文稿400余篇。其中,办公室起草的《政府工作报告》和州政府研究室撰写的《西双版纳州加快建设面向西南开放重要桥头堡主阵地实施方案》、《“10·5”事件和澜沧江·湄公河航运情况汇报》等文稿得到州政府领导的充分肯定;办公室起草的《促进我州民族文化与旅游产业融合发展的若干建议》、《我州物价形势分析及对策》等调研文章,得到州政府领导的高度评价。

(2)公文处理方面:起草、审核、制发各类文件861件,处理国家、省、州直各部门以及各县市文件3203件;传阅各类信函、专题报告、传真电函、密码电报、涉密文件5638件。

(3)承办会议方面:圆满承办了国务院发展研究中心农垦林业工作调研、省政府领导专项工作检查调研、全省扶持人口较少民族发展工作会议等各类会议310场(次),比上年同期331场(次)减少21场(次)。

(4)督查工作方面:办公室继续拟定了全州2011年重点督查的20个重大建设项目和20项重要工作作为2011年督查工作的重点,加强督办。督促州委、州政府重要事项和重点工作110件,编发《督查办理通知》、《督查专报》36期,组织或配合有关方面开展专项督查22次。特别是对政府常务会议、州长办公会议和专题会议纪要的执行情况进行专项督查。

(5)办理人大代表建议和政协提案方面:办公室召开了全州人大代表建议和政协提案交办会,及时将171件建议、提案进行了交办,确保2011年人大代表建议和政协提案办理工作顺利完成。171件建议、提案已全部办结,办复率达到100%。

(6)信息工作方面:编发《政务信息》等28期,上报省政府信息635条,被采纳91条,共收到各部门上报信息4327条,采用了282条。

(7)接待工作方面:认真做好省委考核组、昆明市党政考察团、“桥头堡”调研组、傣历1373年泼水节及边交会等接待工作。州接待处共接待873批18172人次,接待国家级领导6人,省部级领导166人。办公室接待了46批156人次。

(8)信访工作方面:全州信访部门共接待处理群众来信来访4806件(人)次,州信访局共接待处理群众来信来访2503件(人)次。

(9)处理应急工作方面:增强重大突发事件的快速反应能力,第一时间向政府领导报告重大突发事件情况,密切跟踪事态发展,及时报送处置的措施和结果。面对缅甸“3·24”地震,第一时间参与抢险,协调相关单位救灾,帮助灾民生产自救,有效维护了社会稳定;及时处置了湄公河流域“10·05”事件,妥善安置遇难者家属,切实做好善后工作。

(10)其他工作方面:办公室管理的州法制办、州机关事务管理处、州档案局、州政府驻昆明办事处、州政府驻北京、上海联络处等单位圆满地完成了各项任务,取得了较好成效。

(11)后勤管理方面:车辆管理更加有序,驾驶员带头遵守交通规则,随时检查车况,及时维护,确保出行安全;财务资产管理进一步规范,严格执行审批制度,事前有请示,事后严审核,尽量压缩开支;安全保卫及卫生保洁工作得到加强。

(12)队伍建设方面:班子建设成效明显,班子成员坚持集体领导和民主集中制,重大问题集体研究决定;职工素质整体提升,继续组织学习邓小平理论、“三个代表”重要思想和科学发展观,深刻领会中央、省、州会议和文件精神。全年提拔科级干部7人,非领导职务3人,办理3人工作调动;党风廉政建设全面加强,坚持“标本兼治、综合治理、惩防并举、注重预防”的方针,加强职工的学习宣传教育,建立了办公室惩治预防腐败体系和党风廉政建设责任制;开展创先争优活动,机关支部认真开展创先争优活动,充分发挥党员先锋模范作用,工作中带头、生活中垂范,效果较好。办公室在学习型党组织建设中逐步健全完善了集体学习、党员干部自学、培训、报告宣讲、典型表彰等制度。

(《州人民政府》撰稿人:谌莉芳　管霏)

外事侨务

〔**概述**〕 2011年,西双版纳州外事侨务工作以邓小平理论和“三个代表”重要思想为指导,深入贯彻落实科学发展观,积极开展创先争优活动。紧紧围绕州委、州政府中心工作,抢抓云南省桥头堡建设、新一轮西部大开发重大历史机遇,努力推动“开放活州”战略,开拓创新、克难奋进,圆满完成了各项工作任务。

〔**机关建设**〕 西双版纳州外事侨务办公室党组和领导班子坚持外事侨务工作和思想建设一起抓，坚持建设一支政治坚定、结构合理、业务精湛、能打硬仗的外事侨务干部队伍。认真贯彻落实"效能政府"四项制度，加强队伍建设，转变工作作风，进一步提高工作效率。根据州委、州政府的统一部署，积极开展"创先争优"、"三个一"、"建设学习型党组织"等系列主题实践活动，召开了"学习杨善洲"为主题的民主学习会。扎实开展党风廉政建设，把执行党风廉政建设责任制和领导干部廉洁自律的情况列入民主生活会，把党风廉政建设作为单位日常工作的重要组成部分，纳入考察选拔干部、评比先进个人、年度考核等各项工作之中，为反腐倡廉工作提供了组织、制度保证。

〔**出国(境)审批**〕 因公出国(境)审批是外事管的重要组成部分。深入开展制止公款出国(境)旅游专项工作，严格贯彻执行厉行节约和因公出国(境)管理相关规定，实行财政、纪检监察、外事、组织部门联合审批制度。全年共审批(核)办理因公出国(境)团组30批50人，其中双跨团组4批4人，省内自组团组19批20人，州内自组团组7批26人，厅级领导13批14人，处级领导30人，科级6人；审批因公出入边境46人次，其中前往老挝32人次，前往缅甸14人次。

〔**出国出访**〕 2011年，外侨办统筹安排州委书记江普生率团访问老挝、泰国；州长刀林荫率团访问美国、加拿大、老挝；副州长罗红江率团访问巴西、秘鲁、越南；副州长李江虹率团访问泰国。

〔**内外宾接待**〕 2011年，共接待来自老挝、缅甸、泰国、越南、柬埔寨、印度尼西亚、新加坡、马来西亚、菲律宾、文莱、日本、韩国、美国、英国、加拿大、瑞士、肯尼亚、苏丹、卡塔尔、巴林、摩洛哥、埃及、也门、毛里塔亚、巴勒斯坦、阿尔及亚、吉布提、约旦、索马里、黎巴嫩、利比亚、叙利亚、突尼斯、阿曼、保加利亚、克罗地亚、黑山、斯洛文尼亚、捷克、斯洛伐克、罗马尼亚、阿联酋，香港、台湾，东盟、阿盟等46国家和地区以及国际组织的来宾122批1278人次。其中国家领导2人次，省部级28人，大使38人，记者33人。重要来宾和代表团有：老挝党中央政治局委员、政府常务副总理宋沙瓦·凌沙瓦，泰国前总理、枢密院大臣素拉蓬·朱拉暖，老挝中央委员、老挝人民革命青年团中央书记坎潘·希提当帕，老挝中央委员、南塔省委书记、省长披玛双·勒坎玛，老挝中央委员、乌多姆赛省委书记、省长坎拉·凌纳顺，泰国碧差汶府府尹功叶·维拉·鲁吉瓦塔纳蓬，清莱府府尹宋差·哈塔亚坦迪，缅甸外交部副部长吴貌敏，老挝国家旅游局副局长索卡孙·杜荷盛，外交部副部长宋涛，国务院侨办副主任马儒沛、任启亮，外交部部长助理胡正跃、刘振民、吴海龙，以及东盟外长团、中国驻外使节团、阿盟驻华使节团、中东欧国家驻华使节团等。

〔**中国东盟外长会议团**〕 1月25日，中国—东盟外长会议暨中国—东盟友好交流年庆祝活动启动仪式在昆明举行，中方邀请的东盟各国外交部长和东盟秘书长参会。其中，部分东盟国家代表团于1月24日沿昆曼公路自泰国途径老挝在西双版纳州磨憨口岸入境，行至景洪乘包机飞抵昆明。外交部部长助理胡正跃，州政府副州长李江虹到口岸迎送。西双版纳州接到任务后，由州外侨办牵头，在相关部门的大力配合下，圆满完成了接待任务。

〔**举办和参与国际会议、会展活动**〕 2011年，成功举办了傣历1373年新年节(泼水节)暨第十四届西双版纳边境贸易旅游交易会，在节日期间配合共青团中央和云南省政府举办了《庆祝中老建交50周年青年友好交流活动》，《傣－泰文化研讨会》等双边和多边国际会展活动。积极组团参加了在老挝琅勃拉邦举行的中老泰边境地区六方合作第二次会议、云南—老北、云南—泰北合作会议、2011年泰国GMS商品贸易交易会暨文化艺术节、中老建交50周年座谈会、西双版纳州—老北五省外事部门年会。

〔**首届澜沧江—湄公河流域国家文化艺术节**〕 12月26～30日，由云南省委宣传部、省文化厅和西双版纳州委、州人民政府共同举办的《澜沧江—湄公河流域国家文化艺术节》在西双版纳隆重举行。本届艺术节突出了流域国家"友谊、合作、发展，歌颂共同的母亲河"主题。此次澜沧江·湄公河流域国家文化艺术节以"友谊、合作、发展，歌颂共同的母亲河"为主题，为期4天。节日期间，开展了娑罗万象的东南亚少数民族服装秀、展示异国风情的"鸾占芭"选美大赛、记录澜沧江·湄公河过往与变迁的中外摄影家邀请展等10多项内容丰富、精彩纷呈的活动，通过这些活动，集中展示和交流了澜沧江—湄公河流域各国民族民间文化。艺术节期间州外侨办共接待了外宾18批98人，其中，省部级外宾6人。

〔**边界边境事务**〕 认真贯彻执行中央"与邻为善、以邻为伴"和"睦邻、安邻、富邻"的周边外交方针政策，加强与周边邻国边境地区的联系与沟通，协调配合相关涉外部门，及时妥善处理边境事务，共同维护边境地区的安全稳定，促进经济社会发展。抓好涉外维稳工作。密切关注中缅边境缅方局势变化,积极协助配合相关部门做好“综治维稳”、“固边爱民”、“专项治理”和“禁毒防艾”工作。管边、控边、用边的能力进一步增强。及时对部分受损界碑、界沟进行了维修,妥善处理边境非法采矿、非法越界滞留、过耕、过牧、过猎、过伐、过居等问题,维护了国家领土主权完整和人民群众的利益。充分发挥边境外事界务员作用,积极向边民宣传维护国界和相关法律知识。认真组织边境调研,密切关注周边邻国动态情况,及时收集了解分析情况,共上报《外事简报》10 期,《邻国动态》8 期,为州委、州政府和上级业务部门对外工作决策提供依据。

〔**中—老边界第一次联合检查**〕　为维护中老两国边境和平稳定,保证边界清晰,经中老两国政府磋商,决定开展中老边界第一次联合检查。此次联合检查系 1992 年中老两国划界立碑以来,双方首次对两国边界进行联合检查。通过中老双方联合检查,更换了中老边界全部 44 棵界碑并新增设立 59 棵新界碑(附桩),共计 103 棵。其中西双版纳州负责中老边界西双版纳段的 77 棵(正桩 35 棵、附桩 42 棵)界碑的勘查、立碑和精测工作,在中老双方的共同努力下完成了 77 棵界碑的勘查立碑工作。中老边界第一次联合检查工作由中老两国边界联合检查委员会统一部署,省联检办直接领导指挥。按照上级要求,州政府及时成立了联检办,由副州长李江虹总负责,办公室设在州政府外事侨务办公室,同时抽调成都军区、西双版纳军分区、边防支队、县市外办相关人员,组成了 3 个联检小组(第二联检组、第三联检组、第四联检组)与老方联检组配合共同开展联检工作。在州联检办的周密计划、统一安排下,联检小组坚持奋战在第一线。经过近 7 个月(4 月 25 日至 11 月 20 日)的艰苦努力,3 个联检小组完成了 77 棵界碑(中方负责的 46 棵界碑和老方负责的 31 棵)的定位、立碑、精测、竣工验收和相关室内作业工作。经中老边界第一次联合检查后,中老边界西双版纳段界线长 401.45 公里,共有界碑 78 棵,其中,大型桩 6 棵,小型桩 72 棵;正桩 36 棵,附桩 42 棵。界碑情况如下:

9—1 号附桩　小型,花岗岩,位于勐腊县易武乡。

10 号界桩　小型,花岗岩,位于勐腊县易武乡。

10—1 号附桩　小型,花岗岩,位于勐腊县易武乡。

10—2 号附桩　小型,花岗岩,位于勐腊县易武乡。

10—3 号附桩　小型,花岗岩,位于勐腊县易武乡。

10—4 号附桩　小型,花岗岩,位于勐腊县易武乡。

11 号界桩　小型,花岗岩,位于勐腊县易武乡。

11—1 号附桩　小型,花岗岩,位于勐腊县易武乡。

11—2 号附桩　小型,花岗岩,位于勐腊县易武乡。

12 号界桩　小型,花岗岩,位于勐腊县易武乡。

12—1 号附桩　小型,花岗岩,位于勐腊县易武乡。

12—2 号附桩　小型,花岗岩,位于勐腊县易武乡。

13 号界桩　小型,花岗岩,位于勐腊县易武乡。

13—1 号附桩　小型,花岗岩,位于勐腊县易武乡。

14 号界桩　小型,花岗岩,位于勐腊县易武乡。

14—1 号附桩　小型,花岗岩,位于勐腊县易武乡。

15 号界桩　小型,花岗岩,位于勐腊县易武乡。

15—1 号附桩　小型,花岗岩,位于勐腊县易武乡。

16 号界桩　小型,花岗岩,位于勐腊县勐伴镇。

16—1 号附桩　小型,花岗岩,位于勐腊县勐伴镇。

17 号界桩　小型,花岗岩,位于勐腊县勐伴镇。

17—1 号附桩　小型,花岗岩,位于勐腊县勐伴镇。

18 号界桩　小型,花岗岩,位于勐腊县勐伴镇。

18—1 号附桩　小型,花岗岩,位于勐腊县勐伴镇。

19 号界桩　小型,花岗岩,位于勐腊县勐伴镇。

19—1 号附桩　小型,花岗岩,位于勐腊县勐伴镇。

19—2 号附桩　小型,花岗岩,位于勐腊县勐伴镇。

20 号界桩　小型，花岗岩，位于勐腊县勐伴镇。

21 号界桩　小型，花岗岩，位于勐腊县勐伴镇。

21—1 号附桩　小型，花岗岩，位于勐腊县勐伴镇。

21—2 号附桩　小型，花岗岩，位于勐腊县勐伴镇。

22 号界桩　小型，花岗岩，位于勐腊县勐伴镇。

23 号界桩　小型，花岗岩，位于勐腊县勐伴镇。

24 号界桩　大型，花岗岩，位于勐腊县尚勇镇。

24—1 号附桩　小型，花岗岩，位于勐腊县尚勇镇。

25 号界桩　小型，花岗岩，位于勐腊县尚勇镇。

26 号界桩　小型，花岗岩，位于勐腊县尚勇镇。

26—1 号附桩　小型，花岗岩，位于勐腊县尚勇镇。

27 号界桩　小型，花岗岩，位于勐腊县尚勇镇。

27—1 号附桩　小型，花岗岩，位于勐腊县尚勇镇。

27—2 号附桩　小型，花岗岩，位于勐腊县尚勇镇。

27—3 号附桩　大型，花岗岩，位于勐腊县尚勇镇。

28 号界桩　小型，花岗岩，位于勐腊县尚勇镇。

28—1 号附桩　小型，花岗岩，位于勐腊县尚勇镇。

29 号界桩　大型，花岗岩，位于勐腊县尚勇镇。

29—1 号附桩　大型，花岗岩，位于勐腊县尚勇镇。

29—2 号附桩　小型，花岗岩，位于勐腊县尚勇镇。

29—3 号附桩　小型，花岗岩，位于勐腊县尚勇镇。

29—4 号附桩　小型，花岗岩，位于勐腊县尚勇镇。

30 号界桩　小型，花岗岩，位于勐腊县尚勇镇。

31 号界桩　小型，花岗岩，位于勐腊县尚勇镇。

32 号界桩　小型，花岗岩，位于勐腊县尚勇镇。

32—1 号附桩　小型，花岗岩，位于勐腊县尚勇镇。

33 号界桩　小型，花岗岩，位于勐腊县尚勇镇。

34 号界桩　小型，花岗岩，位于勐腊县勐满镇。

34—1 号附桩　小型，花岗岩，位于勐腊县勐满镇。

35 号界桩　大型，花岗岩，位于勐腊县勐满镇。

35—1 号附桩　小型，花岗岩，位于勐腊县勐满镇。

35—2 号附桩　小型，花岗岩，位于勐腊县勐满镇。

36 号界桩　小型，花岗岩，位于勐腊县勐满镇。

36—1 号附桩　小型，花岗岩，位于勐腊县勐满镇。

36—2 号附桩　小型，花岗岩，位于勐腊县勐满镇。

37 号界桩　小型，花岗岩，位于勐腊县勐满镇。

37—1 号附桩　小型，花岗岩，位于勐腊县勐满镇。

38 号界桩　小型，花岗岩，位于勐腊县勐满镇。

39 号界桩　小型，花岗岩，位于勐腊县勐满镇。

39—1 号附桩　小型，花岗岩，位于勐腊县勐满镇。

39—2 号附桩　小型，花岗岩，位于勐腊县勐满镇。

40 号界桩　小型，花岗岩，位于勐腊县勐满镇。

40—1 号附桩　小型，花岗岩，位于勐腊县勐满镇。

40—2 号附桩　小型，花岗岩，位于勐腊县勐满镇。

41 号界桩　小型，花岗岩，位于勐腊县勐满镇。

41—1 号附桩　小型，花岗岩，位于勐腊县勐满镇。

42 号界桩　小型，花岗岩，位于勐腊县勐满镇。

42—1 号附桩　小型，花岗岩，位于勐腊县勐满镇。

43 号界桩　小型，花岗岩，位于勐腊县勐满镇。

44 号界桩　小型，花岗岩，位于勐腊县勐满镇。

45 号界桩（中老缅 1 号界桩）　大型，三角形，钢筋混凝土（原立桩），位于勐腊县关累镇南腊河口东偏东南澜沧江—湄公河东岸高程为 516.8 米的山脊上。

〔**10·5 湄公河事件**〕　10 月 5 日 13 时许，中国籍货船"华平号"和缅甸籍油船"玉兴 8 号"在湄公河金三角水域遭不明枪击，造成人员伤亡或失踪。州公安局、州外事侨务办、西双版纳海事局、景洪港边防检查站及时向上级业务部门和州政府报告了情况。州委、州政府领导立即作出部署，要求进一步核实情况，并及时向上汇报，相关部门要及时开展工作。州政府成立由副州长李江虹为组长、副州长王方荣为副组长，公安、外事、海事、边防、宣传、交通等部门组成的"10·5"重大涉外事件应急处置工作领导小组，领导小组下设事件调查组、对外联络组、对内协调组和新闻协调组四个工作组，及时启动应急处置工作。"10·5"事件发生后，配合外交部、公安部、交通运输部赴云南工作组和省政府工作组，积极应对，及时启动并充分利用境外协调机制和人脉关系，给予积极支持和配合，及时开展事件调查工作，积极了解情况。全力开展善后处置安抚工作，及时做好新闻发布工作，同时，及时配合新华社等主流媒体采访相关部门和人员，妥善应对中外媒体采访，努力将影响降到最低。受到了外交部、省外办和州领导的肯定和表扬。

〔**非政府组织管理**〕　认真贯彻省委、省政府关于加强境外非政府组织管理要求，严格根据《云南省规范境外非政府组织活动暂行规定》进行规范管理，为境外非政府组织在我州活动做好引导和服务工作。按照州委和州维稳办统一布置，对西双版纳州辖区内开展项目活动或设有办事处的境外非政府组织进行了排查，积极协调和督促 2 个境外非政府组织完成项目报备工作，完成了对《云南省规范境外非政府组织活动暂行规定》执行情况的自查工作，加强了在西双版纳州实施的 6 个境外非政府组织合作项目的管理和指导。

〔**外国记者管理**〕　进一步做好新形势下的外国记者管理工作。认真贯彻执行《中华人民共和国外国常驻新闻机构和外国记者采访条例》，精心安排采访活动，主动引导国外媒体客观报道西双版纳州经济社会发展情况，进一步拓展和提升西双版纳州的国际良好形象。

〔**国际交流与合作进一步深化**〕　按照"服务全国全省、服务东盟各国、发展西双版纳"的基本思路，着力推进桥头堡主阵地建设。充分利用西双版纳地缘优势和人文优势，加强与周边邻国和世界各国的交流与合作，促进相互了解与沟通，增进了友谊，全面推动西双版纳州对外交流与合作向全方位、宽领域、多层次、高水平发展。在云南—老北、云南—泰北合作机制框架下，充分发挥中老泰边境地区六方合作会议；西双版纳州与泰国清莱府、泰国移民总局联络工作组；州外事侨务办公室与老挝北部五省外办等联络合作机制作用，努力构建畅通、稳固、多元的对外交流与合作平台。

加快互联互通建设，努力推动通关便利化。充分利用位于中国—东盟自由贸易区结合部的地缘优势，积极与缅甸、老挝、泰国相关部门就加快通道建设、通关便利化、提升人流物流信息流、澜沧江—湄公河国际航运安全等方面问题进行有效协调和沟通，国际大通道建设和功能发挥取得新成效，中老缅泰边境地区互联互通的立体交通网络基本形成。

〔**为经济社会发展服务**〕　2011 年，积极主动为地方经济建设和社会发展服务。充分利用安排参观考察、会见会谈推介和宣传昆曼公路、边交会、景洪工业园区、西双版纳旅游度假区、磨憨经济开发区、澜沧江—湄公河航运、中老缅泰旅游圈、生物资源产业等项目；继续争取外交部向西双版纳州同庆号茶业有限公司定制国礼茶普洱茶；协调西双版纳州企业与老挝、缅甸、泰国有关部门开展蔬菜换石油、花卉换水果、成品油水路运输、境外替代种植等事宜；鼓励西双版纳州农业、科技部门前往老挝实施农业科技示范项目；积极支持西双版纳职业技术学院、景洪市高级职业中学与国外教育机构合作办学、互派留学生；由州外侨办和西双版纳职业技术学院共同举办的为期一年的老挝北部地区在职干部汉语翻译人员培训班于 10 月 28 日正式开班；扎实做好老挝驻景洪领事办公室和老挝航空公司驻景洪办事处的管理服务工作，努力推动老航增加西双版纳—琅勃拉邦—万象航线至每周 3 班；积极争取外交部向景洪市嘎洒镇中心小学赠送电脑和文体用品；鼓励和支持社会团体、群众组织开展民间外交活动，主动协助商会、企业前往周边邻国参加各类展会；充分发挥和利用翻译工作者协会资源，全年为社团机构、公司企业及个人提供翻译服务 70 批 171 件。

〔友好城市工作〕 2011年，友城建设稳步推进。充分利用友城渠道，发挥友城对外联系广的优势，积极推动友城工作从官方友好向加强经济技术、教育体育等多领域的合作与交流转变。在保持与美国奥斯汀市和老挝琅勃拉邦省官方高层代表团互访的基础上，推动与奥斯汀市在教育、医疗、环保、青少年科技交流、旅游、经贸等6个方面开展实质性交流与合作。推动恢复西双版纳—琅勃拉邦航线，帮助琅勃拉邦省集训男女篮球队，培训中文翻译人员，在琅勃拉邦省共建农业科技示范园。与泰国清迈府和缅甸景栋地区达成结好意向。

〔侨务工作〕 按照“带着感情做活侨务工作，围绕发展做实侨务工作，创新思路促进华文教育工作”的要求，继续抓好为侨服务和为经济社会发展服务，积极争取省侨办支持，务实推进西双版纳州侨务工作并取得了显著成效。

〔凝聚侨心 汇聚侨智〕 积极配合省侨办安排国务院侨办副主任马儒沛到西双版纳州开展归侨侨眷走访慰问。此次走访慰问深入探讨了侨爱工程—万侨助万村活动在少数民族聚居地区推展过程中的所需、所难、所求；认真研究了根据民族特点，发挥侨力助推新农村建设的适合途径，并召开了小型座谈会，慰问了两户比较特殊的贫困归侨侨眷。

〔华裔学生夏令营活动〕 精心组织举办了加拿大优秀华裔学生夏令营、“中国寻根之旅·七彩云南”中泰华裔青少年夏令营、“海外藏胞云南行”等系列活动。使海外华侨华人加深了对中国特别是对西双版纳的了解，增进双方的友谊与合作。

〔老北华文教师培训〕 举办了老挝北部华文教师培训班，来自老挝北部五省的36名华文教师经过15天的紧张学习，圆满完成了规定的120个学时，所有学员均取得了云南省海外交流协会颁发的证书。选派5名老挝华裔学生到西双版纳职业技术学院学习3年，学业完成后将回到委托华校任教。

〔向境外华校赠送《汉语》教材〕 积极争取省侨办对境外华校订购国内全日制教材补助资金14万元，分配给老挝、缅甸12所华校，其中，老挝5所，共66000元；缅甸7所，共74000元，受益学生达8000余人；向境外华校赠送了国侨办编制的《汉语》教材25454册。

〔境外侨胞服务〕 根据老方要求和省侨办的安排，州外侨办牵头组织景洪市建设局、房管处、设计院专家赴老挝万象寮都公学对校舍进行了考察和安全检测评定，制定了维修规划及投资预算。

〔华文教育基地建设〕 推荐并积极支持西双版纳州职业技术学院申报云南省首批华文教育基地。并根据实际情况，如实填报了学校承担华文教育的工作情况，学校在华文教育工作中的优势，学校在华文教育工作中需要支持的项目，以及今后华文教育工作的规划等。

〔侨资企业统计〕 为全面了解掌握西双版纳州侨资企业数量，真实反映侨资企业投资产业及发展状况，更好地为西部大开发和“桥头堡”建设服务，为省委、省政府决策提供科学、准确依据。州外侨办对在西双版纳州投资旅游、种植等行业的来自泰国、中国台湾、香港、日本的5家侨资企业做了详细的调查与统计。

〔亚太华商企业论坛〕 2011年，组织参加第九届东盟华商投资西南项目推介会暨亚太华商论坛。针对性的组织了15个洽谈项目，推介的项目涉及旅游投资、物流、生物制药、地产等，进入重点项目洽谈区的有3个项目。华商对西双版纳州物流、旅游、生物制药表现出特别兴趣，表示愿意到西双版纳考察，寻求商机与合作。配合国务院侨办和省侨办在西双版纳州成功举办了第十届东盟华商投资西南项目推介会暨亚太华商论坛筹备会，国务院侨办副主任任启亮及全国11个省（市、区）侨办负责人共40余人出席会议。此次会议上，省侨办与州政府签署了《发挥侨务资源支持西双版纳州桥头堡建设战略合作协议》。

〔外侨工作提要〕 1月14～18日，州委书记江普生率团前往老挝琅勃拉邦参加中老泰边境地区六方合作第二次会议，并顺访泰国清迈府。

1月14～17日，副州长李江虹率团前往泰国清莱府参加2011年泰国GMS商品贸易交易会暨文化艺术节。

1月21～24日，肯尼亚橙色民族运动副主席、政府环境和矿产资源部副部长拉玛丹·赛义夫率考察团一行8人访问西双版纳州，州委常委、州经委书记李庆元会见宴请考察团一行。

1月24日，东盟各国外长、东盟秘书长一行从磨憨口岸入境前往昆明出席中国—东盟外长会议，外交部部长助理胡正跃、省外办副主任施明辉、副州长李江虹前往口岸迎接，州委副书记胡志寿宴请代表团一行。

1月25～27日，国务院侨办副主任马儒沛一行在省侨办党组书记盛云富、副主任胡明学的陪同下，前来州慰问贫困归侨侨眷，并检查我州“侨爱工程—万侨助万村活动开展情况”。副州长李江虹陪同活动。

3月17日,全州商务、外事侨务、政务中心、招商、供销工作会议在景洪召开,副州长李江虹出席会议。

3月20~22日,宁夏回族自治区外办副主任刘锦旗一行前来西双版纳州考察。

3月28~29日,全省外办主任会议在昆明召开,州外办副主任艾真参会。

4月8~9日,中老联检第一次小组会晤及联合技术培训在勐腊举行,中老双方联检组30人参加培训,省外办副主任王伟看望了双方培训人员。

4月8~16日,德国电视一台驻京记者处前来州拍摄纪录片。

4月11日,中老联检界碑揭幕仪式在磨憨—磨丁口岸举行,外交部部长助理刘振民,老挝副外长谢姆·蓬玛占,云南省人大副主任江巴吉才,中国驻老挝大使布建国,老挝驻华大使宋迪·本库,省政府副秘书长崔质涛,省外办主任周红,西双版纳州委常委、常务副州长罗红江,副州长李江虹,以及两国外交、国防、公安等部门和边境地方政府代表100余人出席仪式。

4月13日,第十四届西双版纳边境贸易旅游交易会开幕式在西双版纳国际会展中心举行,省人大副主任江巴吉才、中国驻老挝大使布建国、老挝驻华大使宋迪·本库、省外办主任周红、州委书记江普生、州长刀林荫出席开幕式。

4月14日,州长刀林荫会见应邀出席“泼水节”、“边交会”的老挝、缅甸、泰国、越南、韩国代表,州人大副主任刀琼平、副州长李江虹、州政协副主席玉香伦参加会见。

4月14日,庆祝中老建交50周年青年友好交流活动启动仪式在景洪市举行。中国共青团中央书记处书记贺军科,老挝人民革命党中央委员、老挝人民革命青年团中央书记坎潘·希提当帕,云南省委副书记李纪恒,中国驻老挝大使布建国,老挝驻华大使宋迪·本库,省外办主任周红,州委书记江普生,州长刀林荫及中老青年代表参加启动仪式。

4月18~19日,以驻希腊大使罗林泉为团长的驻外使节团一行56人访问西双版纳,州长刀林荫会见宴请使节团一行,省外办副主任何明生、副州长李江虹、州外侨办副主任艾真陪同考察。

4月22~26日,美国议员助手团一行访问西双版纳,州人大副主任召亚平与代表团一行座谈。

4月25日,中老建交50周年座谈会在昆明举行,副州长李江虹、州外侨办副主任艾真应邀出席座谈会。

4月27~30日,泰国国家港务局副局长拉宛·安吉洛率国家港务局考察团访问西双版纳。

4月28~29日,外交部副部长、纪委书记宋涛一行考察西双版纳,州委常委、常务副州长罗红江会见宴请宋涛副部长一行,省外办主任周红、副州长李江虹、州外侨办副主任艾真陪同考察。

5月8~9日,泰国驻昆明总领事陈维钦一行3人访问西双版纳州,实地考察景洪电站、关累码头何磨憨口岸。

5月7日,西双版纳州人民政府外事侨务办公室—老挝北部五省外事厅工作机制第二次会议在老挝波乔省举行,州外侨办副主任率州外事代表团参会。

5月17~30日,州委常委、常务副州长罗红江率团前往巴西、秘鲁访问考察。

5月23日,州人民政府副秘书长肖华会见来访的英国驻重庆总领事馆领事石剑豪。

5月25日,泰国前总理、皇室枢密院大臣素拉育·朱拉暖一行从西双版纳机场入境,对西双版纳州进行考察。

5月29日至6月2日,美国奥斯汀市姐妹城市委员会主席陈胜亭一行访问我州,副州长李江虹与代表团会谈。

5月31日至6月1日,山西省外办副主任张少军一行前来州考察

6月3~5日,老挝常务副总理宋沙瓦·凌沙瓦访问西双版纳州,州委书记江普生、副州长李江虹分别会见和陪同考察。

6月4~6日,州外侨办副主任马成玲前往昆明参加“第九届东盟华商投资西南项目推介会暨亚太华商论坛”。

6月7日,老挝常务副总理宋沙瓦·凌沙瓦参加“昆交会”后,自昆明经西双版纳州从磨憨口岸出境回国,州长刀林荫前往迎送。

6月10~12日,广东电视台前来州拍摄中国—东盟20周年系列片。

6月13日,副州长李江虹会见来访的老挝琅勃拉邦省副省长赛沙蒙。

6月16~25日,副州长李江虹随省政府打私办出访澳大利亚、新西兰。

6月17~24日,州长刀林荫率西双版纳州政府代表团访问老挝万象及琅勃拉邦、乌多姆赛、南塔、波乔、丰沙里等北部五省。

7月27~29日,“2011海外藏胞云南行”代表团由省侨办主任杨光明陪同到州访问,州委常委、州委秘书长杨涛会见宴请代表团一行,副州长李江虹陪同访问。

8月6日,州长刀林荫会见宴请由省外办主任

周红为团长的云南—泰北工作组会议云南省代表团一行。

8月7～13日，副州长李江虹、州外侨办副主任艾真前往泰国参加云南—泰北工作组第四次会议。

8月9日，2011年老挝北部华文教师培训班在西双版纳职业技术学院举行开班仪式，州政协副主席、西双版纳职业技术学院院长李永义、省州侨办及相关部门负责人出席，老北5省华校36名教师参加培训。

8月10日，州长刀林荫会见来访的老挝南塔省省委书记、省长平玛双·棱坎玛一行。

8月14～21日，州外事侨务办副主任马成玲率相关人员赴老挝调研华文教育情况。

8月28～29日，中国驻英国大使刘晓明一行考察西双版纳州，副州长马维纲会见宴请大使一行。

9月10～13日，老挝常务副总理宋沙瓦·凌沙瓦访问我州，副省长顾朝曦会见宴请宋沙瓦副总理一行，州长刀林荫、副州长罗红江、陈启忠分别陪同、会谈或宴请。

9月11～12日，云南—老北合作会议在老挝南塔省召开，副州长李江虹及相关部门副主任前往参会。

9月20日，州外侨办副主任艾真会见泰国反洗钱委员会副秘书长阿诺普·利克提塔一行。

9月30日，州政府副秘书长肖华会见泰国外交部东亚司三处处长阿仑珑·鹏童乐一行。

10月5日，湄公河金三角水域发生袭击中国商船事件，造成12名中国籍船员身亡。

10月10～12日，16个阿拉伯国家及阿盟驻华使节一行24人访问西双版纳州，外交部副部长翟隽、省外办副主任柴文一行陪同来访，州长刀林荫、州政府秘书长李萍全程陪同考察。

10月17～23日，泰国优秀华裔青少年夏令营活动在景洪市职中举行，泰北华校学生40人参加。

10月27～29日，外交部优秀青年干部团一行29人前来州访问考察，副州长杨沙会见宴请考察团一行。

10月28日，老挝汉语翻译人员培训班开班仪式在西双版纳职业技术学院举行，州政协副主席、西双版纳职业技术学院院长李永义，州外侨办副主任艾真出席仪式。老北5省有关部门人员共44人参加为期一年的培训。

11月9～20日，老挝琅勃拉邦省男女篮球队一行30人前来州集训。

11月11日，副州长李江虹会见印尼三林集团中国区总裁程光一行。

11月14～15日，中国驻老大使布建国一行12人借道磨憨、曼庄口岸入出境前往老挝丰沙里省出席庆祝中老建交50周年相关活动。

11月16～17日，老挝琅勃拉邦省副省长赛沙蒙访问我州。

11月17～19日，中老联检组第二次正式会晤在老挝乌多姆赛省举行，省联检办副主任任伟、州外侨办副主任艾真及中方联检组一行31人参加会晤。

11月20日，中老联检工作座谈会在勐腊县举行，省外办副主任王伟，省联检办副主任、省外办边界处处长朱文忠，州外侨办副主任艾真出席会议。

11月24～25日，缅甸联邦共和国外交部副部长吴貌敏访问我州，副州长李江虹会见吴貌敏副外长一行。

11月28～29日，保加利亚、克罗地亚、黑山、斯洛文尼亚、捷克、斯洛伐克和罗马尼亚驻华使节一行8人访问考察西双版纳州，省外办副主任施明辉，州政府副州长李江虹陪同考察。

12月7日，州长刀林荫会见宴请来访的韩国驻成都总领事郑永万一行。

12月8日，第十届东盟华商投资西南项目推介会暨亚太华商论坛筹备会在州举行，国务院侨办副主任任启亮及全国13个省(市、区)侨办负责人约50人出席会议。会后，李江虹副州长与省侨办副主任张新明签署了《发挥侨务资源支持西双版纳州桥头堡建设战略合作协议》。

12月13～15日，应老挝琅勃拉邦省邀请，州长刀林荫率团前往琅勃拉邦省出席老挝第九届全国运动会开幕式。

12月19日，副州长李江虹会见“上海侨商云南行”代表团，并主持召开了西双版纳州项目推介会。

12月20日，州外侨办举行全州境外非政府组织活动管理培训会，省外办有关处室领导前来授课。

12月26日，州长刀林荫会见泰国帕夭府府尹迈迪·因图苏一行，副州长李江虹参加会见。

12月26～30日，2011年澜沧江—湄公河流域国家文化艺术节在州举行，来自老挝、缅甸、泰国、柬埔寨、越南地方政府代表团、驻昆总领事馆代表、艺术团出席开幕式。

(《外事侨务工作》撰稿人：王继能)

法制工作

〔概述〕 2011 年,是实施“十二五”规划的开局之年,法制办始终以邓小平理论和“三个代表”为主要指导思想,深入学习贯彻党的十七大,十七届五中、六中全会和州委六届十一次会议精神,全面贯彻落实科学发展观,以推进依法行政、建设法治政府为目标,以贯彻落实国务院《全面推进依法行政实施纲要》为主线,全面做好各项政府法制工作,在推进依法行政、加强行政执法监督、行政立法、行政复议、行政审批制度改革等方面做了大量工作,较好地完成了各项工作任务,为全州经济建设和社会稳定作出了积极贡献。

〔政府立法工作〕 根据《民族区域自治法》和《立法法》等有关法律法规规定,按照州人大的立法规划,积极开展《西双版纳州澜沧江保护条例(修订)》、《西双版纳州古茶树保护条例实施办法》、《西双版纳州旅游条例实施办法》和《西双版纳州天然橡胶保护条例实施办法》的起草和修改工作;审查修改了《西双版纳州橡胶木加工经营管理办法》、《西双版纳州医疗废物集中处置管理办法》、《西双版纳州城镇居民基本医疗保险门诊统筹暂行办法》、《西双版纳州城镇居民大病补充医疗保险实施办法》和《西双版纳州基本农田保护办法》等 10 件政府规范性文件。其中,《西双版纳州橡胶木加工经营管理办法》、《西双版纳州医疗废物集中处置管理办法》、《西双版纳州城镇居民基本医疗保险门诊统筹暂行办法》等 5 件已通过州政府批准实施。此外,还积极配合省人大民委和省政府法制办做好立法调研工作。

〔行政复议〕 2011 年,州政府收到行政复议申请 12 件,其中受理 8 件。受理的 8 件复议案件中,维持 2 件,撤销 2 件,调解后撤回申请 1 件,未结案 3 件。为了保证行政复议案件质量,对涉及林权和土地纠纷的行政复议案件,复议人员亲临案件现场,核实相关事实真相,及时纠正违法和不当的行政行为,依法维护公民的合法权益;为强化行政首长的法律意识,提高行政机关依法行政能力和水平;为规范行政复议工作程序,保障行政复议工作顺利开展,制定了《西双版纳州行政机关首长出庭应诉参加行政复议活动规定》和《西双版纳州行政复议工作制度》等制度;充分发挥和解、调解在复议工作中的作用,主动加强与县(市)政府和州级有关部门的交流沟通,对决定撤销、变更具体行政行为的复议案件,州政府法制办都要及时与被申请人和申请人进行协调,做到“定纷止争,案结事了”;按照有关要求,认真按时按质做好全州行政复议和应诉案件情况统计分析报告工作。

〔规范性文件监督管理〕 按照《云南省行政机关规范性文件制定和备案办法》规定,2011 年,州政府法制办审查了州政府交办的 30 余件有关文件;对州政府制定的 5 件规范性文件向省政府进行了登记备案;对部门报送的 1 件规范性文件进行了登记和备案审查。经过审查修改,对与法律、法规相冲突和不符合要求的规范性文件不予通过,严把质量关,杜绝了违法文件的出台。通过加强对行政机关规范性文件制定和备案活动的监督和管理工作,提高了行政效率,维护了法制统一和政令畅通,切实、有效地保护了公民、法人和其他组织的合法权益。

〔政府法律顾问室〕 2011 年,完成了州政府第三届法律顾问换届工作,确保了政府法律顾问工作的顺利开展。根据州政府和政府领导指示,对州政府与外商、外地企业签订的《泼水节演出协议书》等 10 份协议进行了审查修改,为政府在作出重大决策前提供法律服务。组织法律顾问代理景混公路 214 线工程合同纠纷案,为政府挽回经济损失 120 多万元。同时,还为州级和县(市)有关部门在法律方面遇到的问题给予法律帮助。通过开展法律服务工作,为政府解决了许多法律方面的问题,充分发挥了法律顾问室为州政府重大决策、重大行政行为、民事诉讼代理以及其他非诉讼法律事务提供法律服务的重要作用。

〔重大决策听证〕 根据《云南省政府重大决策听证制度实施办法》以及《西双版纳州政府听证制度实施细则》要求,组织和指导全州各级政府和州级各部门开展实施听证制度工作。为进一步深入推进阳光政府四项制度实施工作,切实抓好 2011 年重大决策听证工作,确保西双版纳州听证工作顺利完成,州政府法制办制定下发了《关于切实做好重大决策听证制度工作的通知》,具体明确了州级各行政机关听证工作的目标任务。同时,组织和参与有关部门举行了《西双版纳州澜沧江保护条例(修订)》等 3 项听证会。2011 年,共组织和指导全州各级行政机关对 47 项听证事项进行了听证。

〔效能政府四项制度〕 根据《云南省人民政府办公厅关于印发云南省行政机关推行效能政府四项制度实施办法的通知》要求,州政府法制办重点开展了以下工作:在精简和调整行政审批的基础上,要求各级行政机关进一步规范行政审批行为,公开行政审批项目,推进行政审批集中办理,对违法违规行政审批行为进行查处;进一步规范行政处罚行为,建立和完善细化、量化自由裁量权工作方案和基准制度,保证行政机关依法合理的行使自由裁量权,切实保护当事人的合法权益。按照要求,州级40家行政机关已经建立自由裁量权基准制度;要求各县(市)尽快制定城市管理相对集中行政处罚权实行综合行政执法工作方案等。

〔行政审批制度改革〕 为进一步深化行政审批制度改革,推进行政管理体制改革,切实转变政府职能,按照省政府统一部署,州政府法制办认真开展第五轮行政审批制度改革工作。根据省政府和州政府要求,州政府法制办在2010年机改工作清理的基础上,2011年下半年再一次启动对州级42个部门和单位的行政审批事项全面清理。共清理州级行政审批项目326项,对国务院和省政府已决定取消和调整的审批项目,要求相应予以取消和调整;对可以由县(市)实施的审批项目,要求下放管理层级,方便当事人。通过审查后,涉及州级25个部门和单位的166项行政审批项目拟进行取消和调整,其中,取消行政审批项目41项;调整行政审批项目125项;下放行政审批项目6项。取消和调整的行政审批事项以州人民政府第17号令向社会进行了公告。

〔行政执法监督〕 2011年,根据国务院和省政府的有关文件要求,鉴于新一轮政府机构改革的启动和行政审批制度改革,为使行政机关切实做到依法行政,加强行政执法队伍建设和强化行政执法监督,维护公民、法人和其他组织的合法权益,确保法治政府建设各项制度落到实处,组织开展了清理行政执法主体和投诉举报工作,要求各级行政执法机关要将行政执法主体变更的信息和内容报政府法制机构审查后向社会公告;加强行政执法队伍建设,提高行政机关执法人员素质,规范行政执法行为,保证行政执法人员依法行政,严格执法,组织和协助州级有关部门举办了行政执法人员培训班6期,共500多人参加培训;加强个案监督,对当事人反映和举报的旅游度假区、州旅游局等部门在行政执法中存在的问题进行调查。

〔贯彻《行政强制法》〕《行政强制法》已于2011年6月30日通过,并于2012年1月1日起正式施行。为认真贯彻《行政强制法》,预防和减少行政争议,维护社会稳定,保障和监督行政机关依法履行职责,推进依法行政进程,根据国务院、省政府的有关文件精神,州政府法制办制定了《西双版纳州政府法制办关于贯彻〈行政强制法〉的通知》,对学习贯彻《行政强制法》进行了安排部署。加强学习培训,州政府法制办除派人到昆明学习外,还专门举办全州各级行政机关相关人员参加的《行政强制法》师资培训班2期,共有220人参加培训;按省政府的要求,组织开展与《行政强制法》有关的规范性文件清理工作,共清理与《行政强制法》相关的现行规范性文件90件;组织征订《行政强制法》教材3000多本。此外,还组织全州各级行政机关的执法人员3900多人进行考试。

〔法制培训〕 2011年,州政府法制办组织举办了8期行政执法人员培训班,全州共培训执法人员700多名。

(《法制工作》撰稿人:李元芳)

信访工作

〔概况〕 2011年,在州委、州政府的正确领导及高度重视下,全州各级党委、政府和各部门及广大信访干部认真贯彻落实中央、省和州委、州政府关于信访工作的一系列决策部署,各项工作扎实推进,成效明显,全州信访形势继续保持平稳向好的总体态势,信访工作整体再上新水平。全州信访部门共接待处理群众来信来访5188件(人)次,信访总量与去年相比上升79.3%。其中农垦群众来信来访3047件(人)次,占信访总量的58.7%。州信访局共接待处理群众来信来访2748件(人)次,同比上升162.7%。其中,农垦群众来信来访1523件(人)次,占信访总量55.4%。景洪市共接待处理群众来信来访548件(人)次,同比下降28.0%。其中,农垦群众来信来访123件(人)次,占信访总量的22.4%。勐海县共接待处理群众来信来访613件(人)次,同比下降20.5%。其中,农垦群众来信来访303件(人)次,占信访总量的49.4%。勐腊县共接待处理群众来信来访1279件(人)次,同比上升304.7%。其中,农垦群众来信来访1098件(人)次,占信访总量的85.8%。处理网上信访事项341件(含省交办40件),未到办结时限13件,已办理297件,到时限未办理31件,办结率为90.5%。

〔用群众工作统揽信访工作〕 2011年,州委、州政府高度重视信访工作,把信访工作摆在更加突出的位置,坚持用群众工作统揽信访工作,制定下发了《关于贯彻落实省委〈关于坚持以人为本执政为民进一步加强新形势下群众工作的意见〉的实施意见》和《中共西双版纳州委办公室西双版纳州人民政府办公室关于建立健全领导干部大接访大走访群众工作日制度的意见》,建立健全了州、县(市、区)、乡镇(街道、农场)三级领导干部联动大接访和州、县(市、区)、乡镇(街道、农场)、行政村(社区、生产队)四级领导干部集中大下访工作日制度,不断提升整体信访工作再上新水平。

〔**预防和妥善处理矛盾纠纷及集体上访**〕2011年,按照中央、省、州的部署,把矛盾纠纷排查化解制度坚持好、落实好,立足于发现得早、化解得了、控制得住、处置得好,努力做到三个转移。一是在排查内容上,推动实现由一般性排查向重点排查转移,在全面排查各类矛盾纠纷的基础上突出重点,紧紧盯住土地征用、城镇房屋拆迁、企业改制、山林土地纠纷、环境保护等信访问题比较突出的重点领域,紧紧盯住关系民生和影响社会稳定的一些热点难点问题,切实做到早解决,不积累不上交;二是在力量使用上,推动实现由分散开展向集中统一转移,按照要求把基层综治、维稳、信访、司法及新农村指导员、大学生村官等方面的力量整合起来,形成综合治理的大平台,全力支持完善基层矛盾纠纷排查化解机制,使基层信访力量更好地发挥作用;三是在化解方法上,推动实现单事单议向综合施策转移,加大综合分析和研判的力度,把握规律性,增强主动性,提高化解效能。州委联席会议高度重视矛盾纠纷排查化解工作,每月对矛盾纠纷进行分析通报。一年中,全州共排查梳理出突出矛盾纠纷14起,化解10起,化解率为71%。同时健全落实重要敏感时段"零报告"制度和信息预警、协调督办、限时处理等工作机制,州信访局编发信访信息47期,立案督办重要信访事项53件,办结50件,办结率为94.3%。

〔**领导干部大接访活动**〕　2011年,在州委、州政府主要领导率先垂范下,全州各级深入扎实地开展州、县(市、区)、乡镇(街道、农场)三级领导干部联动大接访,面对面地了解群众诉求,听取群众意见,解决群众困难,理顺群众情绪。全州各级领导干部实实在在地开展州、县(市、区)、乡镇(街道、农场)、行政村(社区、生产队)四级领导干部集中大下访,深入到矛盾突出、工作难度大的地方,听取意见、剖析问题、研究方法、帮助解决问题。大接访大下访工作开展以来,取得了明显成效:全州各级各部门接访下访工作的常态化、规范化、机制化,解决了大量信访问题、维护了群众合法权益,促进了社会和谐稳定。4~12月,州委州政府领导共接待群众来访297批1212人次,交办180件,转办87件,现已办结173件,办结率为96%。州级领导结合全州农垦体制改革进入关键时期,农垦系统内部矛盾比较突出的实际开展大下访工作,先后48人次深入到各农场、生产队(作业区)听取群众对改革的意见,并向农垦群众宣传、讲解政策,从而使政策更完善,群众更理解改革的目地,更加支持改革的深入推进。各县市区共接访349批2333人次;交办306件,转办43件,现已办结292件,办结率为95%。各县市区领导开展大下访工作228人次,共排查出矛盾纠纷建议654件(条),解决矛盾纠纷495件。进一步健全和完善了以领导干部为主体的信访工作责任体系。畅通渠道,把信访问题切实解决在基层。通过三级领导干部大接访活动、四级领导干部集中大下访活动,进一步把矛盾纠纷化解在基层,解决在萌芽状态,基础的不断加固,工作的不断加强,保证了全州群众在重大活动期间赴京上访为"零",赴省集体上访为"零"的目标实现。

〔**解决疑难复杂信访积案**〕　2011年初,州委联席会议继续巩固2010年领导包案办理集体信访积案化解工作成果,按照《关于云南省集中化解信访积案的工作方案》要求,在全州范围内再次进行梳理,排查出疑难复杂信访案件12件,由州委联席会议交各县市党政主要领导同志包案办理。各县市包案领导亲自挂帅办理,认真分析研究,至11月底,已办结7件,还有5件正在办理中。

〔**全国信访信息系统的应用**〕　2011年,按照省"两办"信访局的要求,5月,全州信访机构所有来信来访件必须录入全国信访信息系统,并与上报信访数据一致。州信访局高度重视,主要领导带领工作人员逐一到各县市信访局指导,至6月底州县市信访局来信来访件都已按照要求录入全国信访信息系统,得到了省局的通报表扬。

〔**队伍建设**〕　2011年,州委、州政府高度重视信访机构建设,为更好地适应新形势的需要,在今年的机构改革中,为州信访局增加了一名副局长职数,增加了6名人员编制,增设了3个内设机构。成立了州委群众工作部,与信访局合署办公,并增设了群众工作科。同时,把信访部门作为培养锻炼干部的重要基地,从2月起,州委组织部每月安排4名县处级后备干部到州信访局顶岗学习,各县、市也实行后备干部到信访部门顶岗学习,既锻炼了干部,又为信访部门补充了力量。各级信访部门和广大信访干部积极投身到正在开展的创先争优活动中,自觉加强理论武装和业务学习,不断增强群众观念,增进对群众的感情,提高政策和法律水平,改进工作作风,全身心地投入到信访工作中。勐海县信访局被定为国家信访局"创先争优·能力建设活动"26个示范单位之一。

(《信访工作》撰稿人:邓红艳)

接待工作

〔**概述**〕 2011年，州政府接待处在州委、州政府的领导下，始终坚持以“三个代表”重要思想为指导，深入贯彻落实立科学发展观，认真学习十七届五中、中央经济工作会议和省委八届十次全会及州委六届十一次全会精神，围绕建设富裕、民主、文明、和谐西双版纳这一奋斗目标，团结和带领全体职工，统一思想，以“内强素质，外树形象”，围绕发展搞接待、搞好接待促发展这一主线，圆满完成2011年各项接待工作任务。先后完成6个批次的党和国家领导人赴西双版纳视察任务；中国—东盟外长会议、春节团拜会、东航、南航、西南航空会议、中老禁毒会议、傣历“1373”新年节暨第十四届西双版纳边境贸易旅游交易会、周恩来总理参加西双版纳泼水50周年及中老建交50周年纪念活动、第二次全国外宣工作会议、国土资源部调研组、中国云南—老挝北部合作工作会议、“10·05”湄公河惨案调研组、省委换届考查组、云南省第二届广场舞蹈大赛、“闵商杯”第22届中老年篮球赛、云南省扶持人口较少民族发展工作会议、中老缅泰湄公河联合巡逻执法首航仪式等重要接待活动；完成了各级党委、人大、政府、政协、纪委派出的各类调研组、考核组、检查组的接待；完成了来州投资建设的解放军总后勤部、上海光明集团、昆曼公路调研组、考察组的接待；完成了友好地州市和全国接待同行等一批批接待任务，截止12月31日，共接待1157批次14828人27143人次，发放礼品5123份，派车316批。其中：国家领导6人；省部级223人；地厅级1672人；县处级4639人；科级7393人；记者343人；港澳台胞90人；外宾375人。

〔**大型活动及节会接待**〕 4月，傣历“1374”新年节暨第十四届西双版纳边境贸易旅游交易会，恰逢周恩来总理参加西双版纳泼水50周年和中老建交50周年纪念活动在州隆重举行。州委、州政府邀请中央国家机关、云南省五大机关、云南省省级部门、云南省各州市、省内外旅游部门、新闻记者、作家、云南省老领导、原州级老领导和来州投资的企业代表、中老建交友好青年交流团及老缅傣等友好邻邦国家参加“一节一会”的庆祝活动。按照“热烈、祥和、文明、安全”的原则，坚持以“特色化、个性化、精细化”的服务理念，注重细节、狠抓服务。提前向宾馆、酒店预留住房，确保接待用房。针对来宾多、规格高、任务重的情况，在州政府领导的关心下，从有关部门抽调20名接待员，全力协助做好“一节一会”的接待工作。统一思想、提高认识、明确任务、分工细致、通力合作，以热情的服务态度，接待来自各省区、州市、友好邻邦国家的中外来宾119批938人，其中省部级22人，厅级70人，处级和处级以下846人。本次“节庆”活动，共发出邀请函331份，抽调工作人员360人，调用车辆50辆，赠送礼品910份；共印制来宾各种请柬750份，打印各类席卡500张，圆满完成了“一节一会”的接待任务。

〔**接待工作**〕 2011年，州接待处与州直部门积极配合，认真准备，各项工作落实到人，圆满完成了在西双版纳州召开的会议105次和118批次检查组、调研组的接待服务工作。通过努力，勐海县接待办于6月正式成立。

〔**国家领导视察接待**〕 按照“规范接待程序、提升接待水平、服务经济发展”这一思路，根据“五办”秘书长的批示，统一布置，精心组织，责任到人。通过多次实地查看，反复研究，草拟接待方案，确定日程安排，圆满顺利完成了“2·25”（中央政治局常委、中纪委书记贺国强）、“5·31”（全国人大常委会副委员长司马仪·铁力瓦尔地）、“6·17”（全国人大常委会副委员长路涌祥）、“6·24”（全国人大常委会副委员长兼秘书长李建国）、“9·29”（全国政协副主席张怀西）和“10·12”（国务委员、公安部部长孟建柱）接待任务，接待工作达到零失误。

〔**党风廉政建设**〕 2011年，组织职工学习《关于中央办公厅 国务院办公厅转发中纪委〈关于加大惩治和预防渎职侵权违法犯罪工作力度的若干意见〉》、《中共中央办公厅国务院办公厅关于进一步做好党政机关厉行节约的通知》和胡锦涛、贺国强在中纪委七届六次全委会上的讲话精神、国务院第四次廉政建设会议精神、州纪委六届六次全会和州政府廉政工作会议精神。教育党员干部深刻认识新时期加强领导干部党性修养的重要性，增强拒腐防变能力，解决党员干部在党性、作风方面存在问题，坚持党的优良传统和作风，努力建设高效节约型机关，做一名廉洁奉公的接待工作者。

〔**加强领导　完善机制　落实责任**〕 2011年，成立以副处长李波为党风廉政建设第一责任人的领导小组，不断完善《党风廉政建设制度》。根据《关于西双版纳州领导干部四重分片包干负责党风廉政建设责任制工作办法》，坚持“谁主管，谁负责”的原则，履行“一岗双责”，落实班子成员廉政建设责任制。处领导和各科室签订《党风廉政建设责任书》，实行“一级抓一级，一级对一级负责，一级考核一级”工作目标机制。组织党员干部参加换届纪律知识测试，领导班子成员签订严格遵守换届纪律承诺书。重新修改和完善关键岗位、重点环节、风险主要表现形式和监督防范措施，增强党员干部的责任意识。

〔**反腐倡廉工作**〕 2011年，坚持“三重一大”制度。严格执行民主集中制原则，坚持重大决策、重要人事安排、重大接待安排和大额度接待资金的使用，由处领导班子集体讨论决定；坚持民主生活会和党员年度民主评议制度。认真开好党员民主生活会，认真开展批评与自我批评，切实增强班子团结，以优良的党风促政风、带处风；严格执行政府采购有关规定，完善政务和财务制度；认真执行《公务接待管理规定》，完善礼品使用和登记制度；加强对公务用车的调配，严格车辆油耗管理登记和差旅费报销制度，继续开展治理“小金库”和规范公务员津贴补贴工作。

〔**创先争优活动**〕 2011年，以深入开展创先争优活动为契机，努力提高广大党员干部贯彻落实科学发展观的执行力、创新力和凝聚力。按照“创先争优”活动的实施方案，开展向郑培民、杨善洲等时代楷模学习活动，堂堂正正做人，清清白白从政。围绕建党90周年开展纪念活动。6月2日，组织干部职工到大勐龙人民英雄纪念塔，重温入党的誓词。7月初，组织干部职工参加“党在我心中”知识竞赛，组织观看庆祝中国共产党成立90周年大型音乐舞蹈史诗电影《复兴之路》。开展学习型党组织建设，以建设学习型机关、服务型队伍、效能型部门为主题，把开展创先争优活动与开展讲党性、重品行、作表率活动结合起来，与开展“个人形象一面旗、工作热情一团火、谋事布局一盘棋”实践活动结合起来，深入开展“比学习、比团结、比服务、比效能、比奉献”实践活动，努力打造无私奉献、不畏艰苦、团结进取的接待队伍。

〔**政治业务学习**〕 2011年，积极参加州委组织部安排组织的周五听课学习和脱产培训；组织职工参加新保密法、反腐倡廉、忠诚教育和党在我心中等知识测试和竞赛活动；组织傣园、财鑫、光观、皇冠、凰苑五家酒店从业人员和干部职工到普洱市接待处、梅子湖大酒店参观、考察学习；组织干部职工到大渡岗野象高尔夫、楠景低海拔棒球训练基地参观。7～9月，分三批组织州委、州人大、州政府、州政协、州纪委和三市县接待人员到东北、山东、江西、湖南、浙江等省考察，学习省外接待同行先进经验和理念。

（《接待工作》撰稿人：李怡江）

招商引资

〔**概述**〕 2011年，全州共组织实施国内经济社会合作项目86项，项目协议总投资537.55亿元，累计完成州外到位资金68.88亿元，完成州任务数61.4亿元的112.18%，同比增长34.61%（其中省外到位资金36.72亿元，完成省下达任务33亿元的111.28%，同比增长27.35%）；外资审批项目6项，实际利用外资543万美元（景洪市外资实际到位468万美元；勐海县外资实际到位75万美元），完成省外资任务数500万美元的108.6%，同比增长55.14%。外来投资项目涉及采矿、电力、珠宝经营、新能源、商贸物流、旅游、餐饮、生物产业等领域，外来投资结构得到进一步优化，合作领域更加广泛，招商总量持续快速增长、引资质量明显提高，外来投资对西双版纳州财税增收、扩大就业、经济增长的贡献日益凸显，成为拉动全州固定资产投资的生力军，有力地推动了全州经济社会发展。

〔**节会招商活动**〕 2011年，全州各级招商部门认真履行组织、协调、管理和服务招商工作的职责，采取切实有效措施，与各级各部门通力合作，充分利用“泼水节”、“边交会”、“昆交会”、“2011年第七届泛珠发展论坛暨经贸洽谈会”、“云南省特色农业发展（北京）推介展”、“2011云南（上海）投资洽谈推介会”等各类重大节会开展招商引资，大力宣传西双版纳州投资环境，积极推介招商项目。“边交会”、“昆交会”期间全州共签订意向协议、合同项目36个，签约总额达1003.8亿元，其中：合同项目14个，投资总额达486.8亿元；意向、框架协议22个，投资总额达517亿元。“云南省特色农业发展（北京）推介展”期间，西双版纳州与北京恒川合力通科技开发有限公司签订了《西双版纳州沉香产业化综合开发项目投资框架协议》，达成意向性投资15亿元。“2011云南（上海）投资洽谈推介会”期间，共推出涉及基础设施、生物产业等7个领域的40个项目。州招商局还会同宣传部，州电视台等部门编制了“投资西双版纳 ”、“ 神奇美丽的西双版纳”、“西双版纳重点招商引资项目 ”、“投资热土—西双版纳”、“西双版纳—投资创业的好地方”等宣传推介资料。在各种节会活动中，共发放招商引资项目册、投资指南、旅游宣传产品、多媒体光盘等资料3万余份，接待国内外来宾2万余人次，接待洽谈项目客商800余人次。《新华社》、《云南日报》、《春城晚报》、《云南电视台》、《云南网》等多家新闻媒体对西双版纳州参展、签约情况进行了宣传报道。

〔**强化管理**〕 2011年,组织草拟《西双版纳州人民政府关于进一步加强外来投资促进工作的实施意见》,4月6日,正式出台。《实施意见》涉及面广,任务细化,目标明确,较系统阐述了新形势下外来投资促进工作的重要性和新要求,明确了未来五年西双版纳州外来投资促进工作的主要目标和重点领域,对促进西双版纳州招商引资工作提供了有力的、系统的政策保障;会同州发改委共同研究制定《关于进一步规范招商引资工作有关程序的通知》,对项目洽谈、来访考察、项目准入、签订合同、联合审批,提高行政审批服务效能,提高签约项目的履约率等内容进行了规范,进一步加强了招商引资工作制度化、规范化建设,提高西双版纳州招商工作管理和服务质量;组织开展西双版纳州首部《西双版纳州招商引资"十二五"规划》研究编制工作,提高全州招商工作的科学性、前瞻性和统筹性。

〔**重大项目跟踪推进**〕 2011年,以桥头堡建设和承接东部沿海产业转移为契机,积极引进央企、东部沿海大型企业和省内大企业到西双版纳州投资。加强对重大招商项目的跟踪服务,按照"贴身服务"的要求,对重大项目成立项目推进小组,实行重点跟踪、重点服务、重点督办,及时有效的协调解决项目在洽谈、签约、建设、生产过程中遇到的困难和问题,特别是重点协调解决好项目用地、环保等关键环节。同时,还会同有关部门加大对在手已签约项目的协调推进力度,认真梳理"泼水节"、"昆交会"等节会活动签约项目落实情况,制定了项目跟踪落实的主体责任部门(单位)和责任制度,使签约项目的各项服务更加具体,积极协调项目所在市、县(区)采取切实有效措施,重点跟踪推进了香港雅居乐集团、台湾大润发公司、广晟集团、中粮集团、深圳平安不动产、云南白药、中设建工集团、云锰集团、山东晨曦集团等大公司投资项目的落实工作,确保签约项目尽快转化为实施项目,以提高西双版纳州招商签约项目的履约率。

〔**招商引资项目前期工作**〕 2011年,根据西双版纳州国民经济和社会发展"十二五"规划纲要和产业发展规划、产业结构调整方向、招商对象和市场需求的变化,有针对性的做好招商引资项目征集、论证、筛选和储备工作。以研究编制全州招商引资"十二五"规划为契机,会同州发改委等部门共同研究策划、征集未来五年重点招商项目,现场指导各市、县(区)和州直各有关部门开展招商项目征集工作。经过整理,全州共储备招商引资项目109个,投资总额近500亿元,项目涉及交通、城市基础设施、商贸物流、口岸建设、生物产业、旅游产业、社会发展等领域,建立了项目储备库建设的动态管理机制,实现储备一批、洽谈一批、实施一批、建成投产见效一批的项目管理目标,为开展好下一步招商引资工作奠定了一定基础。

〔**实现"招商引资"向"招商选资"转变**〕 2011年,将项目的引进与调整产业结构相结合,与环境保护和资源综合利用相结合,积极鼓励引进循环经济、资源综合利用、环境保护、高科技,生物产业、现代服务、文化旅游及教育卫生等领域的建设项目。积极主动引进北京恒川合力通科技开发有限公司投资开发州沉香产业化综合项目,山东晨曦集团投资勐龙镇5万吨/年燃料乙醇项目等产业化项目的落实工作。抓好招商重点环节,以小分队招商、会展招商、网上招商、以商招商、定向招商、专题招商和委托招商等多种方式相结合,提高了招商活动成效。大力推进产业链招商,着力引进产业层次高的项目和研发机构,在坚持大中小并举的同时,提高项目的质量特别是技术含量上求突破,全面提高招商引资的质量,推动西双版纳经济、社会和各项事业、资源、环境协调发展。

〔**强化服务**〕 2011年,西双版纳州有浙江、重庆、湖南、四川4家异地商会,商会会员企业已发展到426户。福建商会和河南商会正在筹建当中,现在商会组织已逐步发展成为企业家、专业技术人员和管理人才交流的"俱乐部",会员间建立起了"互通信息、广结良缘、资源共享、市场共拓、优势互补、互帮互助、共促发展"的平台。"商会"成为了会员企业联系当地党委政府的桥梁和纽带,加强了西双版纳州与有关省、市的经济联系,促进了投资合作。为进一步发挥商会企业对引进外来投资的积极作用,提高商会企业服务西双版纳州经济社会发展能力水平,州招商局积极做好对商会的管理、协调、服务工作。7月,州招商局牵头成功举办了"全州商会企业招商引资培训班";利用商会活动,加强对商会成员的招商宣传和项目对接;加强商会企业统计的管理工作;为商会开发建设"西双版纳商会网",加强各商会间、商会与政府之间的交流与合作,初步形成了通力合作、资源共享、优势互补、联动发展的工作体系,促进以商招商和异地商会企业健康发展。

〔**队伍素质教育**〕 2011年,积极开展招商业务培训活动,不断总结招商规律,理清招商工作思路。招商局采取"走出去"与"请进来"相结合的方式开展业务学习,通过网络、实地考察等方式积极学习借鉴省内先进州市的招商工作经验,通过不断的学习,干部职工的思想和业务素质得到不断提高,机关工作作风得到不断改善,单位的凝聚力和战斗力得到不断提高,工作的紧迫感和责任感得到增强。努力克服工作业务繁忙与人员力量不足的矛盾,千方百计把工作做好,使招商部门形成了团结、和谐、协作干事的团队。

(《招商引资工作》撰稿人:姜培军)

政务服务管理

〔**概述**〕 2011 年,在州委、州政府的领导和关心下,在人大、政协的监督和支持下,在各级各部门的配合下,通过一系列措施,提高了政务服务质量和水平,改善了服务环境,按期完成了州公共资源交易中心的建设任务,完成了全州重点督查的 20 项重要工作中确定的 9 个为民服务中心及所辖村委会(社区)为民服务站试点乡镇建设任务,较好地服务了西双版纳经济社会的发展。州政务服务中心进驻部门 17 个,进驻事项 37 项,进驻窗口工作人员 39 人。全年,州政务服务中心共受理各种办件 129955 件,办结 129955 件,办结率 100%,接受群众咨询 25417 人次。12 月 1 ~ 31 日,州公共资源交易中心累计受理 27 个交易项目,办理交易项目 24 个,实现交易总金额 35468.5 万元,比财政预算价节约资金 115.307 万元。其中,工程建设项目 19 个,交易金额 35321.3 万元,比财政预算价节约资金 109.73 万元;政府采购项目 5 个,交易金额 147.203 万元,比财政预算价节约资金 5.577 万元。

〔**政务服务中心标准化建设**〕 2011 年,州政务服务管理局以创建一流政务服务中心为目标,采取切实有力的措施推进政务服务中心标准化建设。规范制作统一的窗口吊牌、工作人员座牌、公示牌、宣传栏、敬告单等,摆放了便民设施;实行了首问负责制、一次告知制、限时办结制、责任追究制、亮证上岗制、上班计时刷卡制、工作巡查制等制度,确保所有项目提前或按时办结,提高了办事效率;制定行政审批流程在办事大厅醒目位置公示,各审批窗口严格按照审批流程和并联审批流程受理、办理相关审批。

〔**提高行政效能**〕 2011 年,州政务服务管理局组织各窗口进一步规范办件流程,推进并联审批,使政务服务中心的行政效率得到提高。压缩审批时限,注重引导各窗口结合自身实际,努力提高审批效率;探索并联审批,探索建立重大项目由管理局召集相关部门负责人联合会审会办制度,推行并联审批,简化流程,减少环节,缩短时限,提高了审批效率;优化行政审批流程,加强对行政审批项目的监督管理,确保各部门进入服务大厅办理的行政审批事项合法有效、规范运行;创新服务方式,实行"一揽子审批"、"管家式"服务。开展预约服务、上门服务、代理服务、超时服务等便民利民服务。

〔**四级政务服务体系建设**〕 2011 年,州政务服务管理局按照《云南省人民政府关于加快推进和规范全省政务服务中心建设意见文件的通知》文件精神,努力构建州、县(市)、乡镇(街道)、村(社区)四级政务服务体系。加强组织领导,提高思想认识,把思想认识统一到省政府、州政府加快推进"两个中心"建设的决策部署上来,坚持完成时限不动摇,加大工作力度,全力以赴推进"两个中心"建设;配合省、州政府督查室进行督查调研,通过全面掌握工作进展情况,分析主要经验和存在问题,及时提出工作思路和建议,加大督促指导力度;加强对县(市)、乡镇政务(为民)服务中心的业务指导,抓好各级政务(为民)服务中心的规范管理工作。全年,3 个县级政务服务中心建成,完成了 18 个乡镇(街道)为民服务中心及所辖村委会(社区)为民服务站建设。

〔**制度建设**〕 2011 年,为进一步规范管理政务服务中心和公共资源交易中心,州政务服务管理局修订完善了政务服务中心行政审批和服务事项审批制度、行政审批和服务事项接办件管理办法、窗口工作人员管理制度、工作人员服务规范等制度,坚持用制度管人、管事、管物,并把各项规章制度落实常态化。专门组织人员认真研究相关法律法规,结合西双版纳州实际情况,建立完善了首问责任制、隔夜评标管理办法、开标纪律、评标纪律等 8 个内部管理制度,并代各行业部门,对现行公共资源的交易规则、交易流程、交易制度和管理办法进行全面梳理,修订完善了 8 个管理办法和规则,强化了公共资源交易活动的行业管理监督,为交易中心的高效运作奠定了坚实基础。

〔**队伍建设**〕 2011 年,州政务服务管理局人事变动情况:任用了 1 名副处级干部,从基层公开选调 3 名干部,州直部门选调 3 名干部。截至年底共有在职干部 9 人。按学历统计:研究生学历 1 人,占总数的 11.1%;本科学历 7 人,占总数的 77.8%;大专学历 1 人,占总数的 11.1%。

〔**党组织建设**〕 2011 年,州政务服务管理局党支部认真贯彻执行党的路线、方针和政策,以提高支部党建整体水平为目标,充分发挥党支部战斗堡垒作用和党员先锋模范作用,充分调动党员干部的工作积极性和创造性，立足工作岗位职责开展创先争优活动，确保了全年各项工作目标的如期完成，党支部的建设工作有了新的发展，党员的综合素质得到了新的提高。及时成立州政务服务管理局党支部，选举浦玲同志为党支部书记；立足工作岗位职责开展创先争优活动；是加强理论学习，突出理论武装；强化党员队伍教育管理，严格支部组织生活；抓好党建促工作，发挥党支部凝聚人心、促进和谐的作用，有力地促进了局机关工作的全面开展。

〔州政务服务中心更名为州政务服务管理局〕 1月1日，根据《中共西双版纳州委办公室西双版纳州人民政府办公室关于印发〈西双版纳傣族自治州人民政府机构改革实施意见〉的通知》文件精神，州人民政府便民服务中心更名为州政务服务中心，并从州招商局中正式分离出来，为州政府办公室管理的正处级事业单位。5月3日，根据《西双版纳州人民政府转发省政府关于加快推进和规范全省政务服务中心建设意见文件的通知》要求，统一规范机构名称为西双版纳州人民政府政务服务中心。10月21日，根据《中共西双版纳州委机构编制办公室关于规范州政务服务中心和州公共资源交易中心管理体制的通知》文件精神，西双版纳州政务服务中心更名为州政务服务管理局，为挂靠州政府办公室的行政机构，设局长1名，副局长2名(其中1名任州公共资源交易中心主任)，内设机构有办公室、督办科和信息科，人员编制10人。州政务服务管理局负责政府自身建设和政务服务中心的日常工作；管理州公共资源交易中心；承担州政府赋予的其他职责。

〔第六届职工运动会〕 3月4日，西双版纳政务服务中心在景洪召开了第六届职工运动会，来自州、市政务服务中心窗口工作人员70余人参加了扑克、跳棋、跳绳、立定跳远、飞镖等体育项目，经过紧张的角逐，共有26人获得了名次。

〔工作会议〕 3月17日，全州政务服务中心工作会议在景洪召开。来自景洪市、勐海县、勐腊县政务服务中心主任、负责人，州市进驻中心窗口单位及有关单位负责人50余人参加了会议。州第二纪工委书记纳志刚参加会议并作了讲话。会议由州政务服务中心主任浦玲主持。

〔网站改版运行〕 6月1日，西双版纳州人民政府政务服务中心网站改版正式开通试运行。该网站始建于2007年，原来跟西双版纳州招商局共用一个网络平台。为加强政务服务中心网站建设和管理，州政务服务中心对网站进行了全新改版，对主页进行了全新的设计，整合了公共资源交易中心子栏目，将其建成独立的网站，以促进政务公开和政务服务工作，加大社会各界的监督力度，真正把网站建设成为一个系统、完整、高效的政务公开和政务服务的平台。

〔庆祝中国共产党成立90周年〕 7月1日，州、市政务服务中心联合举行庆祝中国共产党成立90周年纪念活动，45家窗口单位的80余名工作人员参加活动。活动表彰了政务服务中心第一季度的8个优秀窗口，观看了政务礼仪录像片《国旗·国徽·国歌》。

〔州政务公开和政务服务工作推进会〕 10月11日，西双版纳州政务公开和政务服务工作推进会在锦都酒店召开。会议传达了全省深化政务公开加强政务服务会议精神，通报了1~9月州政务服务中心工作情况，并部署了下一步工作。州政府副秘书长李兵、州政府督查室副主任马双明、州监察局综合室主任岩亮、三县(市)政府分管政务服务工作的领导、政务服务中心主任、11个试点乡镇(街道)分管为民服务中心建设的领导及为民服务中心主任参加了会议，并参观了景洪市勐养镇曼洒浩村委会为民服务站。

〔组建西双版纳州公共资源交易中心〕 10月21日，根据《中共西双版纳州委机构编制办公室关于规范州政务服务中心和州公共资源交易中心管理体制的通知》要求，组建西双版纳州公共资源交易中心，为州政务服务管理局下设的副处级公益性事业单位，核定事业编制10名，设主任1名(由州政务服务管理局副局长担任)，副主任1名(正科级)。州政府采购中心、州建设工程交易中心整体并入州公共资源交易中心。

〔成立西双版纳州公共资源交易监督管理委员会〕 11月30日，州委、州政府成立西双版纳州公共资源交易监督管理委员会(以下简称州交易委)。州委常委、常务副州长罗红江任州交易委主任，州委常委、州纪委书记李庆元，副州长唐家华任副主任。州交易委负责对全州公共资源交易市场实施领导，对重大事项进行决策、协调和指导。州交易委下设办公室，办公室设在州政务服务管理局。办公室主任由州政府秘书长李萍兼任，常务副主任由州政务服务管理局局长浦玲兼任，副主任由州监察局局长岩罕滇、州财政局局长洪国正、州国土资源局局长杨辉、州住房和城乡建设局局长崔云青、州审计局局长吴江玲等部门的主要负责人兼任。办公室负责执行州交易委做出的决定，为州交易委的日常办事机构。

〔州公共资源交易中心正式揭牌运行〕 12月6日，西双版纳州公共资源交易中心正式揭牌运行。省招标采购局副局长、省公共资源交易中心主任崔岗，州委副书记、州长刀林荫，州委常委、州人民政府常务副州长罗红江，州委常委、州纪委书记李庆元，州委常委、州委秘书长杨涛，州人大常委会副主任张美兰，州政府副州长唐家华等领导出席揭牌暨启动运行仪式，为交易中心剪彩。主任崔岗与州长刀林荫为交易中心致辞并为交易中心揭牌。州委常委、州政府常务副州长罗红江主持运行启动仪式。

〔**采购中心和交易中心划转州公共资源交易中心**〕12月23日，根据《中共西双版纳州委机构编制办公室关于规范州政务服务中心和州公共资源交易中心管理体制的通知》和《西双版纳州人民政府办公室关于州政府采购中心和州建设工程交易中心划转州公共资源交易中心有关事项的通知》要求，州财政局、州住房和城乡建设局、州政务服务管理局进行了固定资产移交工作。州财政局副局长刀金海、州住房和城乡建设局副局长杨建玲、州政务服务管理局局长浦玲参加了移交签字活动，州委编办主任吴昌云、州第二纪工委副书记孔洪、州财政局副局长周娜对移交工作进行监督。

〔**表彰优秀窗口和先进个人**〕 2011年，州政务服务管理局对州质量技术监督局窗口等6个优秀窗口和李诗禺等8名先进个人予以表彰奖励。先进集体：

第一季度：州卫生局窗口、州公安交警支队窗口、州质量技术监督局窗口、州公安边防支队窗口；

第二季度：州卫生局窗口、州公安交警支队窗口、州质量技术监督局窗口、州公安边防支队窗口；

第三季度：州交通运输局窗口、州质量技术监督局窗口、州出入境管理局窗口、州公安边防支队窗口；

第四季度：州交通运输局窗口、州公安交警支队窗口、州质量技术监督局窗口、州公安边防支队窗口。

先进个人：郑维莲（州交通运输局）、吴琪丽（州卫生局）、李诗禺（州公安交警支队）、周洁（州公安交警支队）、黄江妹（州质量技术监督局）、孙志君（州出入境管理局）、张燕（州公安边防支队）和何雨芯（州消防支队）

〔**省、州领导到政务服务中心视察**〕 3月31日，省纪委常委、省监察厅赵志彬副厅长到西双版纳政务服务中心检查工作；4月8日，州委常委、州纪委书记李庆元一行到州政务服务中心视察；4月28日，省政府督察室副厅级督查专员刘钊率省政府第一督查调研组检查西双版纳州政务服务中心和公共资源交易中心建设情况；5月25日，州委创先争优活动领导小组办公室检查组一组在组长波追的带领下到州政务服务中心检查创先争优工作；11月17日，省招标采购局副局长、省公共资源交易中心主任崔岗带领省政府督查室第三督查组检查指导公共资源交易中心建设工作。

（《政务服务管理》撰稿人：李梅雪）

生物产业

〔**概况**〕 西双版纳属亚热带季风气候，高温多雨，干湿两季分明，年平均气温18℃～21℃，大部分地区终年无霜，年降雨量为1500～1800毫米。热带、亚热带光热水土的丰厚条件造就了西双版纳生物多样性的优势。全州森林覆盖率78.3%，其中原始森林面积为330万亩，建有国家级自然保护区402万亩。在仅占全国0.2%的国土上，有植物种类5000多种，动物种类2000多种，分别占全国的1/5和1/4，素有“动物王国”、“植物王国”和“物种基因库”的美称，并已列入联合国世界生物多样性保护圈。是普洱茶的故乡，有9万多亩世界最古老的野生茶树群落；是中国第二大橡胶基地，拥有407万亩橡胶林。是亚洲象主要的栖息地，是全球北回归线附近保存最好的一块绿洲，有中国规模最大的热带原始雨林。

用材林资源。有乔木树种750余种，其中有经济价值的用材树种200多种，是中国木材种类最复杂的地区之一，珍贵稀有用材树有隐翼木、羯布罗香、望天树、版纳青梅等。竹类有12个属，50多种，是我国竹类分布的中心之一。建筑用材有龙竹、歪脚龙竹、小叶龙竹、大黑竹、条竹、大泡竹等，有世界上最大的竹种。

油料植物资源。有油料植物150余种，其中含油率在10%以上的有120多种，目前已开发利用的油料植物有：南美油藤、油瓜、腰果、油棕、椰子、石栗、千年桐、乌桕、膏桐、风吹楠、橡胶、蓖麻、油葫芦、硬核桃等10多种。有较高经济价值和重要医药及轻重工业用油料的新资源有滑桃树、风吹楠、五椏果叶木姜子、叶轮木等。

香料植物资源。有香料植物250多种。利用和栽培有数百年历史的有云南樟、黄樟，与茶叶混种，组成樟茶林。高级化妆香料依兰香，还有引种外来香料的优良自然条件。今后还可望从木兰科、樟科、芸香科、菊科、唇形科、玄参科、姜科等植物中发掘更多的香料资源。约占全国的四分之一,有林地1700万亩,国家自然保护区四百余万亩,森林覆盖率为78.3%。

药用植物资源。有药用植物920种,占全地区高等植物的23%。以当地主要植物为主要药材的傣族民族医药,是祖国医药宝库的明珠。现在,西双版纳已成为中国重要的热带和南亚带植物南药的基地。

水果植物资源。已发现的野生水果有50多种,成功引种栽培成功120多种热带和亚热带水果品种,已成为商品化生产的有菠萝、芭蕉、香蕉、柑橘、芒果、柚子、荔枝等。

花卉植物资源。品种多、数量大,有乔木观赏花卉植物,如南洋杉、竹柏、贝叶棕等;藤本灌木花卉植物,如一品红、黄蟑、茉莉花等;草本花卉植物,如银边龙舌兰、君子兰、风雨花等;水生花卉植物,如王莲、红睡莲等。

草场饲料资源。有灌木林746.3万亩,有草场855.8万亩,总计1602.1万亩。可分为三种类型:中山草丛类草场、低山草丛类草场、打荒地草场。

其他植物资源。有鞣料植物(含鞣质70%以上的鞣料植物有60多种),染料植物,纤维植物(已发现有的纤维植物有90多种),淀粉植物,树脂树胶植物(已发现的树脂与树胶植物有32种)。

主要江河淡水鱼类。鱼类有100多种,分属54属,18科,占全省总科数的一半以上,达69%,占总属数的41%,占全省总数的四分之一。特有鱼类4科,特有属18个,分别占云南省的总数的18%和45%,共有特有种75个,占全省的三分之一。

两栖动物。世界上两栖类的3个目在西双版纳都有分布,在全国两栖类15科中,云南有10科,西双版纳就有7科,占云南科数的70%,有15属,47种,分别占云南的56%与51%。

爬行类动物。在全国爬行类4个目中,西双版纳就有3目。云南有18科,西双版纳就有15科,3亚种,41属,74种,分别占云南省的67%和48%。

哺乳类动物。西双版纳是热带动物在我国的分布中心地带,哺乳类有108种,为云南省253种的42.8%,为哺乳类470种的23%。

鸟类。西双版纳鸟类资源特别丰富,占全国鸟类1186种的三分之二,即778种。分属18目,52种。

2011年,西双版纳生物产业总产值达到113亿元,完成年计划数的113%,同比增长18%。实现增加值60.7亿元,完成年计划数的107%,同比增长20%。其中:生物农业综合产值49.7亿元,增加值28.6亿元;生物林业综合产值59.5亿元,增加值30.8亿元;生物医药产值3.8亿元,增加值1.3亿元。销售额实现116.1亿元,同比增长18%。实现利税9.9亿元,同比增长37%,上缴税金2.7亿元,同比增长50%。

〔**天然橡胶**〕 2011年,天然橡胶种植面积431万亩,开割面积230万亩,全年干胶产量28.3万吨,产值突破60亿元。在橡胶副产品中,橡胶木材产量8.9万立方米,同比减少13%,产值1.3亿元,同比减少7%。

〔**傣药南药**〕 2011年,新种植石斛1395.4亩,全州石斛种植企业和农户达973户,累计种植面积3253.9亩,年综合产值达2.5亿元以上。佛鑫药业以"订单农业"模式在布朗山、西定等山区乡发展薏苡仁为主的傣药南药1万余亩。

勐海县政府与上海汉德食品公司签署合作开发"西双版纳曼恩傣药谷"项目,拟投资3亿元建成集傣药南药种植地、技术研发、产品加工、旅游为一体的生物技术创新园区。

〔**生态食品**〕 2011年,茶叶,种植面积75.5万亩,干毛茶产量3.1万吨,同比增长7%。精制茶2.1万吨,同比减8%。实现综合产值13.7亿元,同比增42%。成品糖产量15.2万吨,同比增14%,实现工业产值8.7亿元,同比增45%,实现综合产值10.9亿元,同比增36%。

水果,面积30.8万亩,产量58.5万吨,总产值16.38亿元。其中:香蕉种植面积24.2万亩。蔬菜瓜果种植面积24.8万亩(其中蔬菜种植面积19.2万亩),产量21.4万吨,同比增11.5%。特色糯玉米种植2.1万亩,完成计划任务的105%。

畜牧,生猪存栏51.6万头,同比增1.2%;出栏肥猪35.2万头,同比增4.9%;大牲畜存栏9.12万头,出栏4.2万头,同比分别减12%和6%。家禽存笼376.3万只,出笼352万只,同比增3.6%和12.4%。肉蛋总产量3.52万吨,同比增5.9%。

水产,水产养殖面积6.79万亩,渔业产值2.52亿元,同比增36.3%,完成水产品产量3.03万吨,同比增37.4%。全雄性罗非鱼标准化养殖面积1.04万亩,产量1万余吨。

蔗糖,成品糖产量15.2万吨,同比增14%,实现工业产值8.8亿元,同比增45%。实现综合产值11.8亿元,同比增36%。

2011/2012榨季水田蔗面积达9.2万亩,同比增加2%,占甘蔗总面积的42.3%。优化甘蔗品种布局和结构,良种率达97%以上,早、中、晚熟品种结构比例为5:4:1。

粮豆,全州粮豆播种面积达134.2万亩,同比增0.66万亩,增4.9%;粮食总产量达38.16万吨,同比增1.05万吨,增2.8%;总产值9.16亿元,超额完成全年粮食生产目标任务。

澳洲坚果,完成澳洲坚果示范种植面积11820亩,总产量1348吨。

星油藤,省林投公司完成了834亩星油藤核心基地建设,并在景洪、勐腊及老挝北部以集中连片、庭院、套种等形式推广种植1300多亩。

〔生态用品〕 2011年,汉麻,云麻种植面积2.23万亩,产麻皮1462吨,实现农业产值1608万元,人均种麻收入1134.8元,同比增收307.8元。全年汉麻加工735吨,实现工业产值3400万元。

竹,勐象公司组织农户利用"四旁"地种植竹原料林基地4.21万亩,开展竹子种植培训45期,培训1200余人。

木,"红木一条街"初成气候,经营红木家具、根雕、工艺品等的企业有百余家,品种有酸枝、黄花梨、黑檀、鸡翅木等,已形成了红木生产、加工、销售一体化的产业链,产品远销上海、北京、四川、西安、等二十余个省市区。

生物能源开发(木薯),华冠酒精有限责任公司扶持农户3600多户种植红薯、木薯6万多亩,其中,红薯3000多亩。加工薯类2.5万吨,生产燃料乙醇3000吨,创产值2000万元。

〔品牌打造〕 2011年,全州有中国名牌农产品3个,云南名牌农产品6个,云南省著名商标23个,认证的无公害农产品、绿色食品、有机食品55个。茶产业上,"大益"牌商标被国家工商总局认定为中国驰名商标,实现了中国著名品牌的零突破,"陈升号"获云南省著名商标称号。"大益"、"七彩云南"两家茶企荣膺"中国十大著名茶企业"称号,西双版纳州被授予"最具中国茶文化魅力地区"称号。

〔培训〕 2011年,按照州政府提出的"继续实施万名胶农、茶农培训,启动汉麻、石斛、澳洲坚果等特色产业万名农民培训工程"的培训计划,全年共完成胶农、茶农及汉麻、石斛、澳洲坚果等特色产业培训32693人。其中:培训胶农10677人,完成计划任务的106.77%;培训茶农10457人,完成计划任务的104.57%;汉麻产业培训5812人、石斛产业培训345人、澳洲坚果产业培训210人、特色养殖培训5192人,完成计划任务的115%。

〔光明食品集团石斛饮料罐装生产线竣工投产〕 2011年,由光明食品集团云南石斛生物科技开发有限公司投资1300万元的全州首条石斛提取、制剂、饮料生产线于4月12日正式竣工投产,可年加工铁皮石斛鲜品1000吨以上,生产石斛饮料2000万罐。该企业已开发铁皮枫斗、铁皮石斛冲剂、铁皮石斛饮料、铁皮石斛粉、铁皮石斛酒、铁皮石斛茶等系列保健产品。

〔大益集团首届大益嘉年华活动〕 2011年,大益集团开展的首届大益嘉年华活动,成为了震撼全球的响亮茶文化宣传品牌,吸引了全国各地包括港澳台以及韩国、日本、马来西亚等海外国家共2000多名茶人茶友的参加。大益茶企业营销战略的有效实施,专营店比上年翻了一倍达2000多家,销售网点实现了从二线城市到一线城市的全国性覆盖,年销售额突破8亿元,创税1亿多元。

〔天然橡胶和茶叶两个单行条例颁布实施〕 《云南省西双版纳傣族自治州古茶树保护条例》、《云南省西双版纳傣族自治州天然橡胶管理条例(修订草案)》,经云南省第十一届人民代表大会常务委员会第二十三次会议批准,2011年8月1日起正式施行。这是西双版纳州在推进依法治州过程中诞生的两个单行条例,对维护产业安全,维护生产经营秩序,提高科学管理水平,促进橡胶产业健康发展和古茶树保护迈上新台阶有着重要意义。

〔橡胶加工走出去合作发展迈出步伐〕 2011年,认真贯彻落实桥头堡战略决策,一批企业积极走出去合作发展取得初步成效。曝勐橡胶公司在泰国南部橡胶主产区董理府得高县成立卓威橡胶有限公司,投资6000多万元建设了一座年产干胶10万吨的橡胶加工厂。云锰集团拟投资5亿元利用境外原料开展橡胶轮胎专用胶及橡胶制品深加工项目之一的老挝普卡年产2万吨标准胶厂,7月23日破土动工,总投资5000万元。

〔橡胶林固碳增汇技术实验示范〕 橡胶林固碳增汇技术实验示范项目是中国科学院战略性先导科技专项子课题,也是国内首个在橡胶林地开展固碳增汇试验项目。项目开展时间为2011~2015年,中科院西双版纳热带植物园生态站试验区(包括各种已有的人工群落以及版纳植物园橡胶林恢复试验区)为核心示范区;推广示范区3个,即云南省热带作物研究所、云南省林科院普文热带林业研究所、云南景泰绿色产业有限公司各200亩。

〔汉麻产品研发及产业链延伸取得新成效〕 汉麻品牌打造和市场开拓不断加强,已成功研发出汉麻服装系列、家纺系列、保健品系列的衣裤、内衣裤、浴巾、毛巾、床上用品及麻籽精深加工等10余种产品投放市场，已在北京、上海、宁波等地设立18家汉麻世家生活馆。由西双版纳州与总后军用汉麻材料研究中心、昆华工贸总公司共同研发的反拉式6BMF－28A1和直反一体机6BM2－30A1剥麻机荣获2011年云南省科学技术发明一等奖。

（《生物产业》撰稿人：肖玉）

住房公积金管理

〔**概况**〕 住房公积金是国家机关、国有企业、城镇集体企业、外商投资企业、城镇私营企业及其他城镇企业、事业单位、民办非企业单位、社会团体及其在职职工缴存的长期住房储金。西双版纳州的住房公积金制度建立于1995年7月。2011年，在州委、州政府的领导下，在云南省建设厅监管处的监督下，在西双版纳州住房公积金管委会的决策指导下，西双版纳州住房公积金管理中心以加强内部管理，完善内部监督机制，规范发展业务，改进工作作风为重点，全面加强住房公积金管理。

〔**党风廉政建设和反腐败工作**〕 3月，西双版纳州住房公积金管理中心对开展党风廉政建设工作作了动员和部署，层层签订责任状，责任落实到每一位中层领导干部。党风廉政建设与业务工作一起部署、一起落实、一起检查、一起考核。领导班子成员认真履行"一岗双责"，在领导开展业务的同时加强党风、行风、廉政建设，改善服务态度，提高服务水平。进一步抓好党员干部廉洁自律各项规定的贯彻落实，认真搞好述职述廉，严格禁止党员干部利用职务上的便利谋取不正当利益。严禁党员干部违反规定收送现金、有价证券、支付凭证和收受干股等行为；落实党员干部配偶和子女从业、投资入股、到国（境）外定居等规定和有关事项报告登记制度，自觉接受党内和社会监督；严禁党员干部相互请托，违反规定为对方的特定关系人在就业、投资入股、经商办企业等方面提供便利，谋取不正当利益。认真执行中央、省、州有关厉行节约、反对铺张浪费的规定，规范和控制领导干部职务消费。州住房公积金管理中心领导班子及成员没有出现利用职务之便谋取不正当利益的情况，单位车辆按相关规定购买、管理、使用，没有用公款出国（境）旅游。落实党风廉政建设四重分片包干责任制情况，州住房公积金管理中心组织全体干部职工认真学习了州委办印发的《西双版纳州领导干部四重分片包干负责党风廉政建设责任制工作办法（试行）》的通知。按照州委的《工作办法》，州住房公积金管理中心结合实际制定了《西双版纳州住房公积金管理中心关于贯彻落实领导干部四重分片包干负责党风廉政建设责任制实施办法》并严格贯彻落实，做到了有部署、有监督、有检查、有落实。明确了在"四重责任制"中"下管一级、条块划分、领导包干、统筹协调、严格监督、责任追究"的工作原则及工作目标，明确了分片包干范围、主要工作职责、责任追究办法和工作要求。

〔**领导班子权力运行情况**〕 西双版纳州住房公积金管理中心的权力运行涉及到住房公积金管理的方方面面，包括住房公积金管理、实施行政问责制、实施行政效能建设、开展党风廉政建设等。首先明确工作职责、加强制度建设，管理中心主任、副主任既有明确的分工，又有密切的配合。管理中心对每一个岗位都制定了明确的工作职责和任职条件。管理中心一直以来都非常重视加强制度建设，做到了依制度管人、按制度办事。制定了《工作纪律》、《管理费用财务管理制度》、《住房公积金缴存、提取办法》、《住房公积金贷款管理办法》、《岗位职责》、《实施行政问责等四项制度实施办法》、《便民利民服务措施》、《休假规定》、《职工外出请销假制度》等制度。其次实施关键岗位和重点环节行政行为监督。管理中心以人、财、物的管理使用为关键岗位，以审批权力运行为重点环节，认真查找了3个关键岗位和重点环节。针对排查出来的关键岗位和重点环节，采取了前期预防、中期监督和后期补救的方式，制定了工作措施，规范了运行流程，完善了监督制度。

为了进一步提高全体干部职工对党风廉政建设和反腐败工作重要性的认识，管理中心领导作了以《加强党性修养树立良好品德》为题的廉政党课。

管理中心领导从堂堂正正做人、清清白白做官、平平淡淡处世、踏踏实实干事四个方面阐述了加强党性修养树立良好品德的重要性和必要性。

〔**执行"三重一大"有关规定**〕 2011年，严格执行"三重一大"的有关规定。目前无重大项目建设、重要事项、大额度资金使用需要决策。在重要人事任免中充分发分发扬民主，做好民主推荐、民主测评、民主评议。在民主的基础上由党支部会议决定科级干部聘任人选，这样选出来的科级干部代表了最广泛的民意，拥有最广泛的群众基础，为任职后顺利开展工作的供了有力的保障。

〔**"政风行风热线"直播**〕 按照《西双版纳州人民政府办公室关于认真做好2011年"政风行风热线"直播工作的通知》的要求，中心于8月4日参加了上线直播工作。在全面分析、查找涉及群众关注、关心的问题及如何满足群众需求的基础上,认真梳理了群众关注的热点、难点问题,制作了上线策划书,做到了对上线直播心中有底。在认真落实“一把手”上线责任制上,中心主任亲自上线,走进直播间与群众进行直接沟通交流,受理群众的咨询、投诉,接受群众的监督。在直播的过程中,上线领导认真倾听并热情、准确地回答了听众提出的关于住房公积金的问题和意见、建议,听众对答复非常满意。在直播过程中,中心组织全体干部职工认真收听热线节目,配合节目组做好了群众咨询、投诉的记录、整理和统计工作。

〔**创先争优活动**〕 2011年,根据州委的统一部署,管理中心认真开展了党支部要创建先进基层党组织、党员要争当优秀共产党员活动。成立了以副主任为邓云华组长,副主任彭延湘为副组长的西双版纳州住房公积金管理中心党支部创先争优活动领导小组,下设办公室,负责对党支部创先争优活动的组织领导,确保创先争优活动落到实处;制定了实施方案,在学习上级文件精神的同时,结合工作实际,金管理中心制定了深入开展创先争优活动实施方案,明确了计划及步骤;精心筹备动员。管理中心以建设学习型机关、服务型队伍、效能型部门为主题,把开展创先争优活动与开展讲党性、重品行、作表率活动有机结合起来,与开展“个人形象一面旗、工作热情一团火、谋事布局一盘棋”的“三个一”主题实践活动有机结合起来,深入开展“比学习,创一流素质;比团结,创一流队伍;比服务,创一流作风;比效能,创一流业绩;比奉献,创一流形象”的“五比五创”主题实践活动,不断增强党员立足本职、开拓进取、建功立业的责任感和使命感。管理中心党支部把开展创先争优活动与云南省住房公积金系统开展的创建文明行业活动相结合,做到了创先争优工作和业务工作同时部署、同时落实、同时考核,物质文明、精神文明、政治文明和生态文明协调发展。自活动开展以来,管理中心党支部强化宣传,营造浓厚的活动氛围。利用多种形式加强宣传,使广大党员干部职工深刻认识创先争优活动的重大意义,为活动的深入开展和取得实效营造良好氛围。

〔**住房公积金缴存**〕 住房公积金的缴存是住房公积金制度赖以存在和发展的基础,是住房公积金管理工作的重中之重,是资金保值增值的前提和基础,也是住房公积金管理部门的主要工作。管理中心始终从维护全州广大职工合法权益出发,大力宣传公积金政策,加大归集执法力度,努力调动缴存单位、职工自觉缴存公积金的积极性,提高广大职工的维权意识,实现了住房公积金归集额的持续、快速增长。通过加大宣传力度,发放催缴通知书,全年共缴存住房公积金40713.04万元。至2011年12月,西双版纳州住房公积金缴存总额230153.37万元,缴存余额为170322.70万元。

〔**住房公积金提取**〕 住房公积金为职工个人所有,但必须按规定用途提取使用。职工在购买、建造、翻建、大修自住住房或偿还购房贷款时可以提取住房公积金。2011年,西双版纳州住房公积金缴存职工共提取住房公积金12611.29万元。至2011年12月,累计提取59830.67万元,为职工购建住房提供了主要的、必要的融资渠道。

〔**住房公积金贷款**〕 缴存住房公积金的职工在购买、建造、翻建、大修自住住房时可以向住房公积金管理中心申请贷款。西双版纳州严格按《住房公积金管理条例》的规定,制定了贷款办理办法。实际操作时对每位贷款户的情况都进行了认真、细致的审查,建立了个人住房贷款风险管理系统,努力把贷款风险降低。住房公积金贷款主要采用住房抵押贷款方式。至2011年12月,全州职工个人贷款总额为214045.16万元,贷款余额为129421.28万元,累计放贷户数为21141户。其中:2011年发放贷款42539.00万元,回收23199.84万元,全年发放2696户。通过发放住房公积金贷款,有力地推动了西双版纳州住房建设,有力地为购建房职工提供了资金支持,有力地发挥了住房公积金的社会效益。

〔**个人贷款风险控制**〕 2011年2月1日起,西双版纳州住房公积金职工个人贷款最高额度提高至20万元,最长年限延长至20年,主要采用等额本息还款法计算还款本息。在执行住房公积金个人贷款方面,严格按照《条例》和《云南省住房公积金个人贷款管理(暂行)办法》的规定发放住房公积金个人贷款,在实际操作中,根据申请人的贷款要求,管理中心作进一步的贷前调查,审核申请人的贷款用途、抵押物的价值、贷款偿还能力、公积金的存储余额及有效的工作年限为综合依据来确定贷款的额度和年限,并与委托银行建立良好的合作关系,要求每笔贷款的个人资料都通过委托银行进行严格审查后才发放到个人。贷款额度限制在抵押物评估值70%的范围内发放,贷款额一般不超过申请人住房公积金余额的5倍,企业单位有多人贷款的,贷款总额一般不超过其单位住房公积金余额。在贷后管理方面,管理中心积极采取有效的个人贷款风险防范措施,每月要求委托银行送一份逾期贷款户名单进行及时预警;累计逾期3个月以上的向借款人及时送达《催收函》;逾期情况比较严重的,派出工作人员上门与其单位负责人及本人见面了解逾期原因并催收等办法管理,为此,管理中心所发放的贷款逾期较少,逾期率低,也从未发生挪用或变相挪用住房公积金的情况。

〔**住房公积金账单发放**〕 为了让所有缴存住房公积金的职工更好地实现知情权、监督权,管理中心通过邮政局向职工直接寄递住房公积金账单。2011年已向每位缴存住房公积金的职工发放了两次账单。通过账单,职工可以非常方便地了解自己的账户余额、利息收入,如有疑问,可以凭账单向住房公积金管理中心查询。通过账单,职工可以了解住房公积金管理的法律、法规以及西双版纳州住房公积金管理的具体措施。通过账单,职工可以有效地督促单位按时足额缴存住房公积金,维护自身的合法权益。通过账单,职工可以有效地监督住房公积金管理中心的管理行为,促进住房公积金管理的公开、透明。发放账单后,住房公积金缴存、支取、贷款业务量和咨询人数明显增加,职工姓名、账户余额不符等隐藏的错误也可以得到及时的显示和纠正。同时,可以让单位和职工了解、理解、支持、参与、监督住房公积金管理,增强了广大职工对住房公积金管理部门的信任。

〔**内部监督**〕 西双版纳州住房公积金管理中心对下属管理部实行内部授权管理,并与管理部负责人签定授权管理责任书。实行统一的规章制度,统一核算口径。管理部只做前台业务,会计核算经过网络传输数据,统一在管理中心资金财务科核算。各管理部超限支取及超限贷款(15万元以上贷款),均要通过网络传输到管理中心主任审批后,下传审批信息,各管理部接收下传信息后才能办理超限支取及发放个人贷款业务。在人员安排上也考虑到内部控制制度,各岗位人员的分工符合不相容职务的分离原则。在资金核算中,保证授权与执行的职务相分离,执行与审核的职务相分离。不相容职务的分离和内部岗位责任的实施,服从于内部监督控制制度的贯彻执行。

〔**危房改造贷款**〕 西双版纳州农垦系统历年来由于困难因素多,其住房公积金缴交额低,职工个人账户余额少,大多数职工住房评估值达不到抵押要求,不能获得住房公积金贷款,享受不到住房公积金贷款的优惠政策,导致个别农场职工对住房公积金政策的有效性和实用性产生怀疑,影响了住房公积金工作的正常开展。管理中心努力转变工作思路,把解决农垦职工住房贷款问题作为落实"完善向中低收入家庭倾斜政策"的一项具体措施,改变贷款发放方式,与有关农场领导协商,由农场对贷款提供阶段性担保,在农场危房改造、建设经济适用住房的过程中对农场职工提供贷款,为农场危房改造工作提供了强有力的资金支持,积极为政府分忧解难。2011年,通过这种模式向普文中学发放33户391万元,向景洪监狱发放102户2028万元,向景洪农场一分场发放34户293万元,向勐腊县公安局发放65户750万元,向瑶区乡政府及下属单位发放12户100万元,向关累镇政府及下属单位发放15户221万元,共计261户3577万元,帮助困难职工改善了住房条件,加速了垦区危房改造工作,得到职工好评,取得了巨大的社会效益。

〔**创建住房公积金文明行业活动**〕 为深入学习实践科学发展观,落实全心全意为人民服务的宗旨,推进西双版纳州住房公积金制度健康发展,提高管理和服务水平,树立行业良好的社会形象,根据住房和城乡建设部《关于大力开展住房公积金文明行业创建活动的通知》和《云南省住房和城乡建设厅关于印发云南省住房公积金文明行业创建活动实施办法和考核评分标准的通知》精神,管理中心认真开展文明行业创建活动。管理中心成立了以中心主任为组长、中心副主任为副组长,各科、部负责人为成员的文明行业创建活动领导小组,加强了对活动的组织领导和沟通协调。管理中心结合实际制定了《创建文明单位活动实施方案》。《实施方案》明确了开展活动的指导思想和总体要求、创建目标、参加范围、组织领导、创建标准、责任分解、实施步骤和工作要求。

〔**信息化建设**〕 信息化建设是一项基础性工作,包括信息的产生、传输、核对、保存和公开。管理中心在信息化建设的硬件方面投入大量的人力、物力、财力,就是为了提高工作效率,提高数据的准确性,也只有这样才能保证及时将数据传送到省监管处,实现州中心与管理部的数据互传,实现缴存职工随时随地电话查询住房公积金有关情况。做好政务信息公开工作,及时、全面更新信息公开内容,做到了应公开的信息不保留,应保密的信息不公开。通过信息公开工作促进了与广大缴存职工的交流和沟通。前台信息的录入工作是一项非常重要的、关键的工作。只有及时准确地录入,后台的信息收集、处理、报送才能保质、保量地完成。中心在信息录入时做到了认真、细致,没有出现任何差错。每月按时报送有关报表,无迟报、错报、漏报等现象发生。

〔**单位(项目)贷款清收和限高政策落实**〕 5

月13日至6月24日，州审计局按照云南省审计厅的统一部署对西双版纳州住房公积金管理中心2010年住房公积金的归集、管理和使用情况以及公积金制度重要政策的执行情况进行了就地审计并出具了《审计报告》。《审计报告》充分肯定了在提高住房公积金管理及服务水平、信息公开、落实向中低收入家庭的贷款倾斜政策、解决财政欠配问题，确保资金安全等方面所做的工作和取得的成绩，提出了超基数缴纳住房公积金、项目贷款回收方面存在的问题。针对存在的问题，西双版纳州住房公积金管理中心认真研究、制定整改措施、落实整改责任，在规定期限内按规定要求整改完成。

住房公积金项目贷款回收。此项工作仅涉及到勐腊县939.95万元。西双版纳州政府已专门下文要求勐腊县政府，要求将还款纳入2012年财政预算，确保2012年6月30日前还清贷款，否则州政府将启动问责，追究责任。为此勐腊县政府已召开专题会议，决定2012年4月30日前偿还300万元，6月20日以前偿还剩余部分贷款。

超限缴存住房公积金清理整改情况。州政府责成管理中心对超限缴存进行全面清理，不遗漏任何单位和个人，在规定时限内改正。经清理，全州共有43家单位（含分支机构）存在超限缴存问题，涉及1183人。为此，管理中心向超限单位下发了《关于严格执行住房公积金缴交限额的通知》要求各缴存单位按规定改正，并严格审核缴存基数，对未经审核的单位，不予录入个人明细。

（《住房公积金管理》撰稿人：李东）

农垦管理

〔**概述**〕 2011年，是农垦改革最关键的一年。在州委、州政府的正确领导下，在各市县区和各部门的大力支持配合下，州农垦局贯彻落实科学发展观，坚持“体制融入地方、管理融入社会、经济融入市场”的改革方向，以指导、服务好农垦改革为己任，坚定不移、不折不扣地贯彻落实省、州关于农垦改革发展稳定的一系列部署，不断探索，努力突破，全力以赴，做了大量深入细致的工作，正确处理好各种关系，维护了广大群众的利益，各项工作顺利进行，有力有序地将改革推向纵深。

〔**开拓报停刊**〕 2011年1月，创办于1991年4月的《开拓报》停刊。

〔**领导干部档案移交**〕 1月，省农垦总局党委组织部将原管理的西双版纳州农垦分局领导、各农场领导、云南省农垦总局第一职工医院领导的个人档案共87份移交州委组织部管理。

〔**学习贯彻文件精神**〕 1月起，全州各农场认真组织学习《中共西双版纳州委办公室 西双版纳州人民政府办公室印发〈关于农场普遍实行家庭承包经营的指导意见〉的通知》精神，按照“一场一策”的要求、认真制定家庭承包经营方案。

〔**农垦改革推进工作**〕 3月起，按照全州农垦改革发展工作领导小组的要求，局领导班子成员分片负责各农场农垦改革推进工作，深入到所联系的单位和部门，了解家庭承包经营进展情况，提出工作意见和建议。

〔**理顺垦区党组织关系**〕 3月，经州委同意，州委组织部将原西双版纳州农垦分局党委管理的各农场、农垦总局第一职工医院共697个党组织、11329名党员划转到所在市县区党委管理，州农垦局机关及直属单位（含云南省农垦集团公司党委托管的单位）共38个党组织、423名党员调整为隶属州委州直机关工委管理。

〔**制定机关干部廉政规定**〕 4月，州农垦局根据云南省第四次廉政工作会议精神，结合实际，制定了《西双版纳州农垦局机关干部廉政规定》，共7条。

〔**签订资产移交协议**〕 5月6~7日，云南农垦集团公司分别与黎明、景洪、东风、橄榄坝、勐养、大渡岗、勐腊、勐捧、勐满、勐醒共10个农场签订了资产移交协议书。

〔**垦区工会工作会**〕 6月17日，州农垦局工会召开垦区工会工作会议，听取各单位2011年上半年工会工作开展情况、下一步工会工作安排意见建议、当前不稳定因素情况及应对措施，要求各级工会组织坚守岗位，发挥作用，稳步推进农垦改革，并对垦区下一步工会工作进行安排部署。

〔**机关离退休管理委员会换届**〕 6月，州农垦局机关离退休管理委员会进行换届选举，产生了第八届机关离退休管理委员会，委员5人。

〔**工作指导组进驻云南沧江机械修造厂**〕 6月，根据6月15日州长刀林荫关于“州农垦局负责领导做好云南沧江机械修造厂改制工作”的指示，州农垦局成立云南沧江机械修造厂改制工作指导组，进驻厂里指导改制工作。

〔**纪念建党90周年系列活动**〕 6月下旬，州农垦局党委组织开展了庆祝建党90周年系列活动，主要有专题辅导、“党在我心中”征文活动、慰问老党员和困难党员、座谈会、表彰大会等。6月29日，局党委召开纪念建党90周年暨创先争优活动表彰大会，表彰了3个先进基层党组织、21名优秀共产党员、7名优秀党务工作者。

〔**半年工作检查**〕 8月5～11日,州农垦局组织相关人员到各市县区农垦局、各农场检查农垦改革工作推进情况,重点检查了家庭承包经营工作推进情况。

〔**州农垦局获"五五"普法先进单位**〕 7月,州农垦局获州委、州政府"2006～2010年法制宣传教育先进单位"称号。

〔**垦区团组织划转到市县区管理**〕 10月,经团州委研究并报州委组织部同意,将原西双版纳州农垦分局团委管理的各农场、云南省农垦总局第一职工医院团组织关系划转到所在市县区团委管理。

〔**州编办核定州农垦局编制**〕 11月8日,州编办下发了《关于调整州农垦局编制的通知》,核定州农垦局事业编制35名。

〔**制定过渡期间机构设置方案**〕 12月,为更好地履行农垦局的管理职能,顺利、快捷、高效地开展工作,州农垦局制定《西双版纳州农垦局过渡期间机构设置方案》和《西双版纳州农垦局过渡期间岗位设置方案》。

〔**参加第四届"先锋杯"运动会**〕 12月,局党委组织党员参加州直机关第四届"先锋杯"运动会。其中,中青年女子气排球队获冠军。

(《州农垦局》撰稿人:庞春红)

移民开发

〔**概况**〕 2011年1月,西双版纳州移民开发局正式从州国土资源局分设出来,为州人民政府的正处级直属事业单位,加挂西双版纳州人民政府移民搬迁办公室牌子,内设办公室、规划安置科、后期扶持科3个科室,人员编制10人。主要工作职责是对全州大中型水利水电工程建设征地涉及的移民搬迁安置和20年的后期扶持,实现移民搬得出、稳得住、有发展、能致富的目标。分设后州移民局积极认真履职,围绕州委、州政府的中心工作,服务桥头堡项目建设,在加强机构建设的同时,积极推进移民工作,统筹兼顾移民搬迁安置工作,实现项目建设与移民利益有机结合,维护移民的合法权益,有效解决了景洪水电站移民安置工作存在的遗留问题;科学谋划移民后期扶持工作,按时按质完成"十二五"后期扶持两个规划的编报工作,推动移民后续发展致富。移民开发工作进一步规范,取得明显的工作成效,为全州经济社会又好又快地发展作出了应有的贡献。

〔**党风廉政建设**〕 全州移民系统在开局之年,以服务移民群众,全力维护移民群众的合法利益为宗旨,抓班子,带队伍;立制度,促规范;抓教育,促作风;严监督,保落实。深入推进教育、预防、监督、改革、纠风、惩治等惩防体系建设,为全面落实移民开发部门的各项工作提供有力的政治保证,推动了移民开发工作有序发展。党风廉政建设工作与移民开发业务工作同步进行,同步落实,拟定了《西双版纳州移民开发局党组关于贯彻落实惩治和预防腐败体系建设和党风廉政建设责任制整改工作实施方案》,建立了"一岗双责"、领导干部"四重包干"的党风廉政建设责任制。党员干部认真贯彻落实《干部廉政准则》,党组书记对党风廉政建设和反腐败工作负总责,层层签订党风廉政建设责任书,严格执行党风廉政建设责任制。认真开展领导干部权力运行分析和岗位风险点评估,对重点岗位、关键环节有针对性地制定了相应的防范措施。严格执行厉行节约的各项规定,压缩经费开支,降低行政成本,积极推进行政成本控制目标。深入开展移民安置工程项目建设领域突出问题专项检查反腐治理工作。在创先争优和学习杨善洲活动中,党员干部率先垂范,在各自的岗位上发挥先锋模范作用,在开展廉政文化建设、落实党风廉政工作"四重包干"责任制和廉政风险防控体系建设方面取得明显成效,得到上级业务部门及纪委的肯定及好评。

〔**队伍建设**〕 2011年,州移民局党组结合全州移民管理机构分设组建的实际,按照建立一支"政治强、业务精、作风正、纪律严、服务好"的移民管理队伍的目标,大力加强人员培训和作风建设。2月15日,州移民局召开传达学习州委七届二次全会和州纪委七届二次全会精神会议,通过学习,将职工的思想统一到"两会"精神上来,在政治上、思想上、行动上与州委保持高度一致,为确保全州移民工作顺利完成打牢思想基础。6月7日和6月30日,党支部先后两次组织学习杨善洲先进事迹和"专题学习生活会",要求全体干部职工学习杨善洲的无私奉献、廉洁奉公的崇高精神,立足本职工作,转变作风、心系移民,把移民工作做实做好。牢固树立"视移民群众为父母,移民富我荣,移民穷我耻"的服务理念,把维护移民群众的合法权益作为移民工作的出发点和落脚点。广泛联系移民群众,多谋富民之策,多想利民之举、多办惠民之事。10月,全州移民系统开展了为期一个月的大走访宣传活动,干部主动下村寨为移民群众排忧解难,发放宣传资料共计3000份,在全州移民安置点设置移民意见箱共47个。为提高移民工作者的综合素质,联合州财政局在州委党校举办了第一期移民业务培训班,邀请省上专家授课，参训学员来自从事移民工作的州、县(市)、乡(镇)和村委会有关单位干部职工共计118人。

〔水利部水库移民局到州调研〕 1月6～8日，水利部水库移民开发局处长龚银辉在省移民局副局长张异的陪同下，到西双版纳州调研检查大中型水库移民后期扶持落实情况。调研组到嘎洒镇曼典村委会曼吕村小组实地查看了村民的生产生活情况，听取了西双版纳州大中型水库移民后期扶持工作汇报，对国家大中型水库移民后期扶持政策落实情况进行了检查。通过听、查、问、看，调研组对西双版纳州贯彻落实国家大中型水库移民后期扶持政策取得的成绩给予了充分肯定。

〔韩梅到州调研〕 2月23～24日，省移民开发局局长韩梅、副局长宋云河率相关处室负责人到西双版纳州调研水电移民工作。韩梅一行在州政府领导的陪同下，深入到景洪电站库区江头曼咪布朗族移民新村对移民的生产生活恢复情况和后续发展情况实地进行了调研；听取了西双版纳州移民安置工作情况汇报。通过调研，韩梅认为：西双版纳州各级党委、政府高度重视水电移民工作，加强组织领导，高效履职，成效显著。

〔规划安置〕 2011年，西双版纳州移民开发局严格执行国家、省有关移民安置法律法规和政策规定，因地制宜，统筹规划，加强大中型水利水电工程移民安置工作的组织和领导，确保国家重点工程建设顺利推进。首先，积极推进景洪水电站移民后续工作。3月28～30日，省移民开发局委托移民开发技术服务中心在昆明组织召开了咨询会，对景洪水电站建设征地涉及景洪市、勐海县16个移民安置点初步设计及库周交通恢复工程施工图设计等项目进行了技术咨询，成果资料共计100项。专家对16个移民安置点基础设施、对外供水、供电、对外交通初步设计及库周交通恢复工程施工图设计进行了认真的讨论、评议，提出了补充、修改意见，经进一步修改完善后纳入景洪水电站移民安置实施规划。该规划报告(送审稿)年底已编制出台，原实施规划(初稿)投资概算约6亿元，预计在这基础上可再争取移民安置资金约1.12亿元(最终移民安置资金以规划审定投资为准)。其次，超前谋划橄榄坝水电站移民安置规划设计工作。为推动澜沧江橄榄坝水电站移民安置工作，结合农场改革和危旧房改造，经协调业主、地方政府、农场及设计单位等各方实地踏勘和分析论证后，于4月12日，会议研究决定先行启动橄榄坝农场移民安置点规划设计工作。6月24日，设计单位进场开展移民安置点选址、供水、供电和道路的规划设计工作，现已完成移民安置点初步设计报告。再次，开展移民安置规划设计工作，稳步推动回龙山电站和黄草岭水库建设。回龙山水电站建设征地移民安置实物指标调查、细化、确认等地方配合工作全部完成，移民安置规划报告通过省移民局组织的审查。电站进场道路及大桥建设征占用地已基本完成征地、兑补工作，促进了电站配套工程的建设。2011年上半年，按时完成了黄草岭水库建设实物指标调查、核实、公示、确认和移民意愿调查工作，制定了《黄草岭水库工程建设征地补偿和移民安置方案》，并按照相关规定举行公示和听证，完成移民安置点的选址、地勘及规划设计工作，为黄草岭水库按期实现截流创造了条件。

〔后期扶持〕 严格贯彻落实国家大中型水库移民后期扶持政策，把国家的惠民利民政策真正贯彻好、维护好、实现好。截止2011年底，全州已建成的大中型水库共7座(景洪市景洪水电站、曼飞龙水库、勐宋水库，勐海县勐邦水库、曼满水库和那达勐水库，勐腊县大沙坝水库)，省审定下达的农村移民后期扶持总人口6229人，其中：景洪市4424人，勐海县1480人，勐腊县325人，扶持方式：直补到人2160人，项目扶持3260人，两者结合809人，分布在全州3县(市)的9个乡镇、23个村委会、81个村民小组(种植队)。国家对大中型水利水电移民实行20年的后期扶持政策，州移民局严格按照政策规定，加强与财政部门的联系，认真落实后期扶持政策。首先，及时足额下拨兑现2011年度移民后期扶持资金373.74万元，每个移民每年可以享受后期扶持款600元。其次，认真编制和按时上报项目年度计划，2011年度向省级争取库区基金3638万元，规划实施41个项目，用于改善库区和移民安置区基础设施建设和促进移民产业发展，带动移民增收致富。其三，按时完成《全州大中型水库移民后期扶持规划》(2011～2015年)和《全州大中型水库库区和移民安置区基础设施建设和经济发展规划》(2011～2015年)的编报，建立库区和移民安置区基础设施建设和经济发展项目储备制度。按照大中型水库库区和移民安置区基础设施建设和经济发展规划，认真抓好农田水利和基础设施建设项目的规划编制和资金申报，按程序立项和报批，多渠道筹集资金，做好项目的编制、申报、实施和验收。其四，按时按质按量完成新增大中型水库后期扶持人口的核定登记上报工作，年度完成黄草岭水库和曼满水库除险加固工程的移民人口的备案登记。最后，认真贯彻落实国家发展改革委等14部委《关于促进库区和移民安置区经济社会发展的通知》文件精神，组织开展库区和移民安置区专项规划项目梳理上报工作，认真开展大中型水库移民后期扶持信息系统建设。

〔“十二五”两个规划编制〕 根据全省的统一安排部署，4月22日，州政府组织召开了全州大中型水库移民扶持规划编制工作会议，安排布置《全州大中型水库移民后期扶持规划》（2011～2015年）和《全州大中型水库库区和移民安置区基础设施建设和经济发展规划》（2011～2015年）的编制工作。各县、市移民开发局根据《云南省大中型水库移民后期扶持规划编制工作大纲》和《云南省大中型水库库区和移民安置区基础设施建设和经济发展规划编制工作大纲》的通知要求，精心组织，指定专人，加班加点，按时完成本县（市）两个规划送审稿的编制工作。7月15日、9月21日，州政府组织行业主管部门的专家和领导，分别对各县（市）政府上报的两个规划进行了评审，按照专家提出的意见修改完善后上报省移民局审批。两个规划涉及三县（市）、9个乡镇、25个村（居）委会、84个村民小组，移民后期扶持总人口1685户6435人，五年规划投资总规模约2亿元。

〔全州移民工作会〕 于7月15日在景洪召开，州局机关和各县、市移民局股室以上负责人参加了会议。会议要求，要提高认识，增强责任，统一思想，坚定做好移民工作的信心和决心，进一步建立健全移民工作机构，加强机关内部管理，强化制度建设，完善各项规章制度，确保移民工作向规范化、科学化和制度化方向发展；要加强学习，增强素质，掌握基本要领，学会工作方法和熟悉基本工作程序，努力提高移民干部的思想政治素质、政策水平和业务能力，确保理解政策不偏差、执行政策不走样，适应新形势下移民工作任务的需要；要转变作风，心系移民，按照“搬得出、稳得住、逐步能致富”的目标要求，坚持做好移民工作的“十大原则”，坚持政府调控、引导与移民意愿相结合，把维护移民群众的合法权益作为移民工作的出发点和落脚点；要加强管理，强化监督，切实加强移民资金、工程、档案资料的管理；要遵纪守法，廉洁自律，加强党风廉政教育；要加强宣传，自觉接受群众监督，及时化解矛盾，遵循公开、公正、公平的原则，落实移民政策。

会议还传达了省移民工作会议精神，听取了县市移民开发局的工作汇报，州移民开发局与各县市局签订了2011年度党风廉政建设责任书。

〔桥头堡建设专题讨论〕 8月19日，来自全州移民系统的干部职工齐聚一堂，就“桥头堡建设，移民系统怎么办?”开展专题讨论。会上，全州移民系统干部职工结合自己的工作实际，就如何加强桥头堡建设，提出了许多意见和建议。大家认为，把云南建设成为中国面向西南开放的重要桥头堡，是云南省也是西双版纳州加快发展、提升对内对外开放合作水平的重大历史机遇。大家表示，在今后的工作中，要反复学习、深刻领会桥头堡战略的丰富内涵，全面深刻地理解桥头堡建设的指导思想、基本原则、战略地位和发展目标；要立足自身实际，树立全州一盘棋思想，积极参与到桥头堡建设活动中；要抢抓机遇，在支持国家能源建设的同时，有效保障移民的利益，不仅把他们妥善安置好，还要按照“搬得出、稳得住、逐步能致富”的要求，全心全意为移民群众服务；要在移民新村建设规划、产业开发规划和劳动力从业技能上下功夫，努力改善和提高移民生产生活水平，确保库区和移民安置区社会和谐稳定、经济发展，实现西双版纳州移民工作又好又快发展，为全州加强桥头堡建设做出应有贡献。

〔首期移民开发业务培训班〕 10月8～10日，州移民局与州财政局在州委党校联合举办全州移民、财政系统移民业务培训班，邀请省移民局、财政厅、中国水电顾问集团昆明勘测设计研究院的专家授课，全州移民、财政系统120名移民工作者参加培训。州移民局局长杨杰、常务副局长肖云康、副局长游先琼、州财政局副局长王琴芬出席开班典礼。培训期间，学员们认真学习了《云南省大中型水利水电移民安置补偿资金管理办法》、《云南省大中型水库库区基金管理办法》、《水电工程建设征地移民安置政策标准》、《建设征地移民安置实施过程中注意事项》、《大中型水库移民后期扶持政策、立项审批、验收及档案管理》及《水利水电工程建设征地和移民安置竣工验收》等政策法规。

〔移民“大走访”宣传活动〕 为进一步宣传国家移民方针政策，转变工作作风，拉近移民干部与移民群众的距离，更好地服务移民群众，州移民局将10月份定为全州移民系统“大走访”宣传活动月。“大走访”活动内容包括进村入户座谈，发放移民局领导干部联系卡，印发宣传资料，设置宣传台接受咨询，进行新闻报道等。10月26～28日，州移民开发局领导班子按照各自挂钩联系的县、市，带领工作组深入移民安置区移民村组，宣传讲解国家、省有关大中型水利水电移民安置和后期扶持政策，认真听取移民群众的诉求和愿望，与移民群众共商移民村今后的发展大计。走访中,组织召开村委会、村干部小组会议,党员、团员、民兵、妇女代表会议和移民群众大会进行宣传。10 月 27 日,州移民局局长杨杰与景洪市移民局工作人员一道,深入景洪水电站景洪市移民安置区大渡岗盘江公司移民安置点、景讷乡竹瓦房安置点进行移民宣传大走访,认真听取移民群众的诉求,充分了解目前移民群众最关心、最迫切需要解决的问题,并对移民群众的诉求一一作出答复和指示。10 月 28 日,各县、市移民开发局组织到城区街道进行宣传,发放宣传资料,接受移民群众的咨询。10 月 30 日,各县、市移民开发局利用移民乡镇的赶集日,在乡镇人民政府的支持下,开展宣传活动。

〔**首届“移民杯”职工运动会**〕 12 月 9 ~ 11 日,由州移民局主办、州文体局协办的全州移民系统首届职工运动会在景洪举行。来自州和各县、市移民局、华能澜沧江公司景洪建管局、景洪水电厂、移民综合监理部和移民群众代表队共计 8 支参赛队近百人参加了运动会。

〔**景洪水电站建设征地移民安置实施规划报告编制**〕 《景洪水电站建设征地移民安置实施规划报告》(以下简称《报告》)西双版纳州景洪市和勐海县分册(送审稿)编制完成。景洪水电站移民安置工作在新老条例交替期实施,由于移民安置政策、方案变化较大,《报告》编制工作难度大。为保证电站下闸蓄水目标的实现,西双版纳州预先开展移民搬迁安置工作,为进一步规范移民安置工作管理程序,省移民开发局多次组织业主、设计、地方政府等相关单位召开协调会。经过多方努力,2009 年 5 月,中国水电顾问集团昆明勘测设计研究院(以下简称昆明院),在可研补充报告基础上编制了《报告》(各县区分册),并组织完成咨询。在此基础上,根据景洪市和勐海县规划设计补充工作完成情况,经过反复沟通协调,对实施过程中发生的变更处理等达成一致意见,昆明院于 2011 年 12 月编制完成《报告》(景洪市、勐海县分册送审稿),近期将按规定报审。

〔**省政府移民工作专项考核检查**〕 12 月 26 日,省政府督查室副厅级督察专员安南带领省政府办公厅、国土厅、审计厅、移民局有关领导组成的考核组到西双版纳州检查考核移民工作。考核组首先听取了州委常委、副州长、州委宣传部部长陈启忠关于全州 2011 年度移民开发工作情况的汇报。考核组对西双版纳州 2011 年度移民工作给予了充分的肯定。就下一步全州移民工作,考核组组长安南提出五点建议:一是要统一思想,深化认识、高度重视移民安置和后期扶持工作;二是要明确责任,强化措施,扎实推进移民工作;三是严格政策,统筹平衡,科学规划;四是要加强宣传营造氛围,维护好移民区的稳定;五是练好内功、提升素质,进一步加强移民工作队伍建设。

(《州移民开发》撰稿人:刘豪)

西双版纳州人民政府驻北京联络处

〔**概述**〕 2011 年,是中国共产党成立 90 周年,也是全面实施“十二五”规划的开局之年。在州委、州政府的正确领导下,深入贯彻科学发展观,紧紧围绕州委州政府的中心工作,齐心协力,锐意进取,面对复杂形势难中求进,政务联络工作稳步推进,接待、维稳、宣传工作水平不断提高,自身建设不断加强,圆满完成了州委州政府交给的各项工作任务。

〔**队伍建设**〕 2011 年,学习贯彻党的十七届五、六中全会、中央财经工作会议和云南省第九次党代会精神,以邓小平理论和“三个代表”重要思想为指导,深入贯彻落实科学发展观,扎实实施国家桥头堡建设在西双版纳州的重大战略部署,不断加强自身建设,开拓进取,统一思想认识,提高思想素质,增强服务大局、服务版纳中心的意识,在思想上树立正确的世界观、人生观和价值观,在行动上与中央保持高度一致,打造干事型团队,营造能干事的氛围,提高会干事的本领,达到干成事的结果,形成一支作风过硬,业务过硬的工作团队。

〔**联络和接待**〕 2011 年,紧紧围绕州委州政府中心工作的目标,始终把优质服务为驻京联络处的立办之本,以服务西双版纳发展、服务西双版纳人民、服务首都和谐为主题,以讲大局、爱家乡、重服务、求创新、守纪律为基本要求。工作围绕服务干、资金围绕服务投、人员围绕服务排,全年圆满完成了全国两会、中央十七届六中全会、全国人大常委例会的会内会外以及在京挂职干部、国家行政学院、中央民族干部学院的学习培训等接待服务工作。切实增强服务意识,提高服务水平,切实履行维稳、联络、接待工作的基本职责。

〔**公关工作**〕 2011 年,在西双版纳州制定的《西双版纳傣族自治州国民经济和社会发展第十二个五年规划纲要》中明确提出:我州十二五期间经济社会发展新跨越的宏伟蓝图,在教育、水利、交通、生态环境、能源、市政建设等 20 个重大建设项目将在十二五期间完成。同时为加快西双版纳州民族旅游二次创业的步伐,“金四角旅游区”合作机制的建立和完善,拓展旅游航空航线等,积极配合州政府及有关部门申报边境旅游签证及异地办证等工作。继续与中央国家各部委、北京市各重要部门建立紧密联系和沟通,争取各方面对版纳州工作的理解和支持,为西双版纳州经济与社会发展创造有利条件。密切与国家相关部门的沟通和联络。宣传西双版纳作为西部大开发的边疆少数民族城市的良好形象,向北京和全国各地驻京机构、知名企业宣传版纳的历史、人文资源、热带雨林等方面的特点和优势;大力宣传和介绍西双版纳改革开放、经济建设和社会事业成果的重大突出成就;大力宣传西双版纳州与东南亚国家山水相连、民族同根、文化同源,区位条件优越、人文优势突出,长期以来的合作基础良好;突出宣传国家在云南省实施桥头堡建设中西双版纳州所处主阵地的作用。

〔**维稳工作**〕 2011 年,随时随地做好西双版纳来京人员重大突发事件的处置和善后工作,视情节轻重缓急向州委、州政府领导、州信访局以及事发市县通报情况。联络处全体同志在维稳工作中充分发扬不怕苦、不怕累、不怕疲劳,连续作战和特别能服务、特别能联络、特别能劝返、特别能吃苦、特别能付出的精神,为维护首都社会政治稳定、维护西双版纳州良好形象坚守岗位履职尽责。

〔**联络联谊活动**〕 2011 年,努力创造活动形式,每年借助泼水节之际,在北京举办庆祝活动,为在京工作的西双版纳籍人士提供一个交流、沟通、联络感情、增进友谊的平台,介绍家乡近年来发展和变化,激发他们关心和热爱家乡建设的激情,增强他们支持帮助和服务家乡经济建设的强烈意识。

〔**内部管理**〕 2011 年, 对联络处的人、财、物实行科学化、制度化、民主化管理,不断完善联络处的组织结构、功能结构、规章制度和服务设施建设的投入。一年中,联络处全体员工在政治思想学习、自身建设、接待、宣传、维稳工作等方面做了大量工作,接待州内五大机关公务到京、学习培训、挂职锻炼、项目报审报批、全国重大会议和州市县乡镇以及企业等进京人员的服务工作,圆满完成了上级交办的各项工作任务。

驻京办电话:010－67703551

(《州政府驻北京联络处 》撰稿人:谌莉芳根据联络处工作总结整理)

州人民政府驻上海联络处

〔**概况**〕 西双版纳州人民政府驻上海联络处(简称州政府驻沪办)成立于 1992 年 9 月,是实行参公管理的正处级事业单位,编制 4 人,主任张江红。

〔**驻沪联络处工作纪要**〕 2011 年,西双版纳州人民政府驻上海联络处贯彻落实州委州政府和有关部委接待、联系、办事服务工作原则要求,积极开展各项工作。年内主要完成以下几方面工作:①联络处负责全州领导干部及有关部门人员来上海的接待、联系、牵线搭桥、前期办事服务工作;②协助做好全州来上海参与的各类大型会议、会展等活动的接待、联系办事服务工作;③协助就医、参观考察等服务工作;④做好西双版纳州的宣传及信息收集工作;⑤办理州委州政府及五大机关领导交办的一切有关事项,配合西双版纳州有关部门来上海招商引资的工作。

驻沪办电话:021－58872946

(《州政府驻上海联络处》撰稿人:谌莉芳根据有关资料整理)

西双版纳州人民政府驻昆明办事处

〔**概况**〕 2011 年,在州委、州政府的领导和关怀下,在州政府办的直接领导及各部门的关心、支持和帮助下,州驻昆办以邓小平理论和“三个代表”重要思想为指导,深入贯彻落实科学发展观,认真开展向杨善洲同志学习活动,不断深化“三个一”主题学习和创先争优活动,紧紧围绕“保增长、保民生、保稳定、保生态”的工作要求,认真贯彻执行州委、州政府的有关方针、政策和决定,紧紧围绕年初政府工作报告确定的各项目标任务,团结奋进,狠抓落实。加强和完善办事处及服务中心、版纳大厦的各项规章制度建设,狠抓党组织建设和职工政治思想学习教育,广泛调动大家工作积极性,激励广大党员干部和群众为加快转变经济发展方式,全力推进“十二五”科学发展和跨越发展而努力奋斗,使办事处工作有新的发展。

〔**思想政治建设和学习教育**〕 2011 年, 以“三个代表”重要思想为指导,认真落实科学发展观,坚持每月开展一次办事处职工政治学习和每月一次党支部政治学习,传达学习和贯彻州委、州政府的有关文件精神,带头学习掌握党和国家的时势政治;在政治上始终与党中央保持高度一致,认真深入开展创先争优活动。建立完善办事处的工作规章制度。制定了干部行为规范、学习、财务、用车、考勤、人事档案以及州驻昆办党总支工作学习等十一项规章制度,创新工作机制,坚持用制度来管理;加强工作纪律,学习贯彻公务员"八条禁令"和省政府行政问责四项制度,清正廉洁,厉行节约办事,反对铺张浪费,减少了不必要开支,保证了各项工作正常开展。

〔**信息收集和经协工作**〕 2011年,充分发挥驻省会中心城市的"窗口"作用,大力宣传西双版纳具有国际大通道和旅游资源丰富、生物资源富集三大优势,紧紧围绕"生态立州、科教兴州、开放活州、生物富州、旅游强州、依法治州"六大战略,抓住国家西部大开发和建立中国——东盟自由贸易区的两大历史性机遇,多渠道、多方面收集整理国家和省委、省政府、昆明市有关最新政策动态和经济信息,及时上报州五大机关和相关部门,共收集整理上报各类信息资料24期120条,专报信息多条,被州政府采用15条,为西双版纳州提供了有益的政情参考,及时报送省委省政府及省发改委、财政厅、民航等重大和重要项目文件并及时跟踪催办,同时密切了与各部门关系。

在经济协作和招商引资工作方面,加强了与省委办、省政府办等许多省级和昆明市级机关以及老、缅、泰、越、柬、马驻昆总领事馆、各省驻昆大商会、企业联合会的联系,建立了良好关系,开展了招商引资促销宣传工作,促进了相互学习交流,为我州在。昆明地区开展招商引资和宣传西双版纳发挥了积极作用;每年被昆明市政府评为年度外地政府驻昆办事处先进单位和个人,充分发挥了桥梁、纽带、窗口作用。

〔**接待联络办事服务**〕 2011年,认真做好大量的州五大机关领导到昆明的接待、联络和办事服务工作;积极为州直各机关、县市政府和州内各企事业单位到昆办事提供有力帮助和便利化服务;认真做好西双版纳州每年参加省"两会"代表团和参加全国"两会"代表的接待服务工作;元月22日,在建州58周年前夕,在新春兔年佳节到来之际,西双版纳州参加省"两会"的领导看望慰问了在昆明的原州的部分老领导老干部,留下了了历史珍贵一刻:8位州委书记喜相聚。圆满完成了泼水节、茶博会、2011首届澜沧江·湄公河流域国家文化艺术节等大型会展活动的后勤保障和邀请接待服务工作;接待服务西双版纳州各级领导干部和群众约6500余人次/天,认真为全州各级机关和各族干部群众做好了大量的办事服务工作;经常看望慰问西双版纳州在省委党校学习进修的各级学员和挂职省厅锻炼的领导干部;认真完成受州委、州政府委托参加省级和昆明市组织的有关会议、活动等;及时有效的完成州委、州政府领导和上级部门交办的重要工作。

〔**老干部管理服务**〕 2011年,在老干部管理工作走上了规范化、制度化、科学化的基础上,办事处积极与州委组织部、老干局等部门一起共同做好安置在昆70余位的离退休老干部及其随迁配偶的托管服务工作。认真做好落实老干部"两费"工作,关心老干部切身利益,全面落实好老干部的生活待遇;每月10号,积极支持老干支部学习州委、州政府有关政策文件精神,通报全州经济建设情况;组织安排好老干部们春节慰问、泼水节两大节日活动。经常看望长期卧病在家的老干部,为老干部垫支医药费周转金,让老干部家属深深感受到州委州政府对老干部的关心和尊重。8月,组织在昆的30多位离退休老干部参观浏览野鸭湖;9月,配合州委老干局组织在昆的20位离退休干部赴老挝琅勃拉邦参观考察,让老干部进一步了解澜沧江·湄公河次区域和"桥头堡"战略实施情况。支持在昆版纳老干黎明分会(会员约500余人)开展有益健康和谐的老有所为活动,为庆祝中国共产党建党90周年,办事处积极配合黎明分会工作,提供必要经费保障,专门派工作人员全程陪同黎明分会艺术团回西双版纳向州委、州政府汇报演出。

〔**党建工作**〕 2011年,州政府驻昆办党总支下设有州政府驻昆办党支部、驻昆老干党支部、景洪市政府驻昆党支部、勐海县政府驻昆党支部、勐腊县政府驻昆党支部5个支部共70多名党员。全年,驻昆办党组织建设得到有效加强,党的基层组织建设、作风建设、思想建设和制度建设成效显著。州政府驻昆办党总支按照州委办《关于在全州党的基层组织和党员中深入开展创先争优活动的实施意见》,认真深入开展创先争优活动。党总支每月召开一次会议,认真组织学习贯彻州委全会和州"两会"精神,通报州情,安排布置党总支有关工作,按时收集上缴党费。组织了州政府驻昆办及服务中心全体党员、干部职工共同参加的"学习杨善洲同志先进事迹"和"开展创先争优"活动,完成州驻昆办党总支和五个党支部换届工作。党组织还十分关心非党同志,各党支部要求入党的积极分子增多,党员理想信念坚定,党组织的基层堡垒作用愈加突出。2011年是中国共产党成立90周年,也是实施"十二五"规划的开局之年,根据中央和省委、州委有关文件精神,积极参加了在州直机关举办纪念中国共产党成立90周年美术摄影征集作品活动。

〔**昆明服务中心经营管理**〕 因昆明服务中心设施十分陈旧,已连续多年经营亏损,至2010年出现了收不抵支的情况,办事处及时研究服务中心客房转变经营方式方案,并上报州政府批准,实施全新装修,2012年元月1日,新装的昆明服务中心客房开业迎新,标准达准四星级,实现国有资产保值增值和职工人心稳定。

〔**西双版纳大厦经营管理**〕 昆明西双版纳大厦自从2004年1月1日移交办事处管理以来,办事处认真负责,从酒店内部规章着手,加强各项制度建设和员工培训,加强安全生产,严格财务管理,规范酒店经营,改善内外部环境,不断提高企业经营管理水平、服务质量和企业效益,西双版纳大厦在昆明的对外窗口形象和宣传作用更加突出。

〔**关心干部职工工作学习和生活**〕 2011年,努力改善工作环境条件,不断提高职工福利待遇,对州驻昆办全体干部职工的生活和学习上的关心一年比一年更实更好,鼓励职工参加学历教育和在线学习,并调服务中心两名职工到办事处工作,加强安全生产教育,办理交通意外保险;关心服务中心职工的养老保险和医保问题;酒店职工工资年年有增长。2011年"三八"节安排办事处和酒店职工到德宏州考察学习,开展迎新运动会等。

〔**共青团西双版纳州委驻昆团工委成立**〕 按照共青团云南省委组织部的有关文件要求,结合西双版纳州实际情况,2011年12月8日,在昆明西双版纳大厦挂牌成立共青团西双版纳州委驻昆团工作委员会,有效发挥服务凝聚外出务工青年的作用,为组织青年、引导青年、服务青年、维护青年合法权益方面提供有力的组织保障。

(《州政府驻昆办》撰稿人:字建波)

政协西双版纳傣族自治州委员会

2011年,在中共西双版纳州委的坚强领导下,在州人民政府及各有关方面的大力支持下,政协西双版纳州第十届委员会高举中国特色社会主义伟大旗帜,以邓小平理论和"三个代表"重要思想为指导,深入贯彻落实科学发展观,牢牢把握新一轮西部大开发和"两强一堡"建设重大机遇,紧紧围绕经济社会跨越发展"六大战略"及"两个率先"、"两个为主"、"两个定位"的目标,以科学发展为主题,以加快转变经济发展方式为主线,认真履行政治协商、民主监督、参政议政职能,创造性地开展工作,为建设富裕民主文明和谐西双版纳作出了积极贡献。年内,组织召开1次全体会议,4次常委会议,6次专门委员会议,改善民生问题开展调研视察活动9次。

〔**全体委员会议**〕

十届五次会议2011年2月17日至22日在景洪召开。会议应到委员264名,实到225名。州政协主席杨志祥,副主席依甩、祜巴龙庄勐、李永义、玉香伦、权继能,秘书长张云洪出席会议。州委书记江普生,州委副书记、州长刀林荫,州委副书记胡志寿,州人大常委会主任杨建明,州委常委、州人大、州政府和西双版纳军分区领导、州人民法院院长、州人民检察院检察长和部分离退休老领导应邀参加会议。会议听取并审议通过了杨志祥主席代表政协西双版纳州第十届委员会常务委员会所作的工作报告和权继能副主席所作的提案工作情况报告,列席了州十一届人大六次会议,听取并组织委员协商讨论了《政府工作报告》、"两院"工作报告和其他重要报告,审议通过了大会各项决议。会议表彰了十届四次会议以来优秀提案、十届政协提案办理先进单位、十届政协优秀委员和政协先进工作者。会议期间,委员们以高度的政治责任感和饱满的履职热情,对关系我州经济社会发展的全局性重大问题,积极发表意见、提出建议、撰写提案。会议期间共收到提案122件,经审查立案113件。杨志祥主席致闭幕词。

(图为西双版纳州政协十届五次会议会场)

〔**常务委员会会议**〕

十届第16次会议2011年1月13日至14日在景洪召开。会议应到常委33名,实到30名。主席杨志祥,副主席依甩、祜巴龙庄勐、李永义、玉香伦、权继能,秘书长张云洪出席会议。州人大副主任召亚平、州政府副州长唐家华,州教育局负责人、各县市政协主席和机关副处以上领导干部列席了会议。杨志祥主席主持会议。会议协商确定了州政协十届五次会议有关事项;协商讨论了常委会工作报告(草案)和提案工作报告(草案),确定了报告人;听取并协商州人民政府关于州政协十届四次会议以来委员提案办理情况通报;听取并协商了州人民政府关于全州校舍安全工程建设情况的通报;听取了州政协各专门委员会2010年工作情况汇报。

十届第17次会议 2011年2月23日在景洪召开。会议应到常委33名,实到27名。主席杨志祥,副主席依甩、李永义、玉香伦、权继能,秘书长张云洪出席会议。各县市政协主席和机关副处以上领导干部列席了会议。杨志祥主席主持会议。会议审议并通过了《政协西双版纳州委员会2011年重点工作安排意见》。

十届第18次会议 2011年8月2日在景洪召开。会议应到常委33名,实到27名。主席杨志祥,副主席依甩、李永义、玉香伦、权继能,秘书长张云洪出席会议。州人大副主任张美兰,州政府副州长、州委宣传部部长陈启忠、州发改委、州国土资源局负责人、各县市政协主席和机关副处以上领导干部列席了会议。杨志祥主席主持会议。会议传达学习了胡锦涛总书记"七一"重要讲话精神,听取并协商讨论了州人民政府关于全州2011年上半年经济运行情况通报,民主评议了州国土资源局工作。

十届第19次会议 2011年10月28日在景洪召开。会议应到常委33名,实到25名。主席杨志祥,副主席依甩、祜巴龙庄勐、权继能,秘书长张云洪出席会议。州委政法委、州林业局负责人,各县市政协主席和机关副处以上领导干部列席了会议。杨志祥主席主持会议。会议听取并协商讨论了州人民政府关于全州竹产业发展情况的通报和州委政法委关于全州农村社会治安综合治理工作情况的通报。

〔专门委员会工作〕

提案法制委员会 积极参加创先争优活动和学习杨善洲先进事迹主题实践活动。认真做好提案征集工作,编辑出版了《政协西双版纳州第十届委员会提案精选》。完成了十届五次会议以来的提案和法制工作任务并加强了提案的跟踪督办力度,跟踪督办了8件重点提案。开展了对《牢固树立粮食危机意识,切实做好基本粮田的保护工作》及《加大打击销售黑彩力度,维护广大人民群众切身利益》等提案的跟踪督办面商。组织委员到勐海县布朗山乡、景洪市小黑江和勐腊县象明乡进行了新农村建设调研。积极参加了州政协组织的对州国土资源局工作情况、全州农村社会治安综合治理工作情况等调研活动。参加了"三级"政协委员联合视察全州小城镇建设情况。参加了在州召开的云南省八州政协文史工作第五次联系会议。参加了省政协提案委在文山州召开的工作会议和省政协社法委在昆明市召开的工作会议。

文史资料委员会 积极参加创先争优活动和学习杨善洲先进事迹主题实践活动。编辑出版了《梦魂萦绕的岁月》(西双版纳文史资料第20辑)。积极配合省政协"云南特有民族历史文化"调研组到州进行调研,完成了傣族、基诺族、布朗族的历史文化保护和利用的调研工作。组织部分委员对景洪城区道路交通建设与管理工作和州特有民族历史文化保护和利用情况进行调研;积极参加州政协组织的全国、省、州"三级"政协委员联合视察全州小城镇建设情况。参加了在曲靖召开的云南省八市政协文史工作第十次联系会议,交流了州政协文史工作的开展情况,承办了在州召开的云南省八州政协文史工作第五次联系会议。

经济委员会 积极参加创先争优活动和学习杨善洲先进事迹主题实践活动。组织委员开展了对全州竹产业发展情况和全州基本农田保护和粮食安全生产情况的调研;针对全州新兴产业的发展,对竹产业、汉麻产业、生物能源产业等的原料种植情况,组织委员开展了视察。参加了州政协组织的对州国土资源局工作情况的民主评议工作和驻州"三级"政协委员对全州小城镇建设情况的联合视察活动。参加全省政协经济委联系会议。

民族宗教联络委员会 组织本专委会委员积极参加创先争优活动和学习杨善洲先进事迹主题实践活动。参加了州政协组织的对州国土资源局工作情况的民主评议工作;参加了驻州"三级"政协委员对全州小城镇建设情况的联合视察活动。组织本专委会委员开展了对景洪城区道路交通建设与管理情况、民族产业经济发展情况的调研,积极为全州民族产业发展、城镇化建设和全州经济社会科学发展建言献策。配合省政协港澳台侨和外事委员会开展了对州跨境旅游和边境旅游发展情况的调研;认真完成了省政协民族宗教委员会关于和谐宗教建设研讨征文工作;参加了省政协民族宗教委员会组织召开的和谐宗教建设理论研讨会和民族宗教工作座谈会,并作交流发言。

教科文卫体委员会 积极参与创先争优活动。参加州政协对州国土资源局民主评议工作;组织专委委员对"农村社会治安综合治理工作情况"、"食品安全监管职能调整后我州食品安全监管工作情况"开展专题调研;参加驻州"三级"政协委员视察全州小城镇建设情况、全州政协系统理论工作研讨会。做好全国政协“推进基本公共服务均等化”建设情况调研的协调服务工作。参加州“十二五规划”部分专题规划的评审；参加省教育厅督查组对我州2011年教育重点工作督查等工作。抓好第七届“李拂一教育特别奖”的评选工作。

人口资源环境委员会 积极参与创先争优活动。积极参加州政协组织的驻州“三级”政协委员联合视察全州小城镇建设情况和民主评议州国土资源局调研活动。协同参与中国西部发展研究促进会云南西促会组织的《关于实施西部大开发战略和促进桥头堡建设》的调研；按照省政协人资环委有关要求，开展了《关于西双版纳州贯彻落实中央一号文件》，推进“兴水强滇”战略工作实施情况调研；完成了省政协办公厅下达的《关于西双版纳开展水资源现状暨抗旱保民生工作情况》调研课题。参与政府对口部门的《西双版纳州森林系统服务功能价值评估》、《云南省西双版纳州澜沧江保护条例》修改等协商咨询；全州“十二五”水利发展规划、农业和农村经济发展规划、林业发展规划评审论证等。认真完成了《西双版纳政协》杂志编辑出版的相关工作，认真做好州政协十届五次会议的宣传报道工作。

〔重要活动〕

继续深入开展创先争优活动 结合学习杨善洲精神，开展走访慰问少数民族上层人士及孤寡老人，积极开展党员评星和流动红旗活动，向机关全体干部职工、离退休干部、委员征集创先争优理论文章和书画数篇，积极为建党90周年献礼。在与孔雀湖社区党支部开展共驻共建活动中，扶持部分资金，力所能及地为社区支部解决实际困难和问题。6月23日，州政协党组召开了以“学习杨善洲精神做人民满意好党员好干部”为主题的专题学习生活会。机关党支部被评为2010年度先进基层党组织、一名党员被评为州直机关和全州优秀共产党员荣誉称号。

认真举办换届业务培训班 为提高十一届政协换届选举工作人员的业务能力和水平，为换届选举工作打好基础，确保换届选举各项工作依法有序推进，州政协在州委党校组织了由州、县（市）政协分管换届选举工作的领导、秘书长、副秘书长、专委主任、办公室工作人员及州、县（市）组织、人事、宣传、统战部门从事换届工作的干部共70人参加的培训班。此次培训，领导重视、准备充分，参训人员广、培训内容丰富、针对性强、学员学习积极性高，培训工作达到了预期的目的，为2012年换届选举工作打下了坚实的理论基础和思想基础。

（图为州政协党组召开向杨善洲同志学习交流会）

积极承办好云南省八州政协文史工作第五次联系会议和省政协“云南特有民族历史文化保护和利用”座谈会 2011年10月17日至20日，云南省八州政协文史工作第五次联系会议在州召开。会议有来自14个州市政协分管文史工作的领导、文史委主任和文史工作者共120人参加，会上大家相互交流，相互借鉴，相互提高，并到州民族博物馆、总佛寺、磨憨口岸、傣族园参观考察。会议的成功举办，对弘扬我州优秀历史文化、推进文史工作和全州政协工作新发展具有重要意义。省政协还同时召开了“云南特有民族历史文化保护和利用”座谈会。两个会议，州委高度重视，州政府大力支持，州政协全力投入，都达到了预期的效果。

（图为召开云南特有民族历史文化保护和利用座谈会）

组织驻州“三级”政协委员开展联合视察 2011年12月5日至6日，州政协组织驻州的全国、省、州“三级”政协委员联合视察了全州小城镇建设情况。通过视察，委员们知情出力，提出了具有参考价值的对策建议，切实发挥视察监督的作用，积极为全州经济社会又好又快发展建言献策。

（图为召开全国、省、州“三级”政协委员联合视察座谈会）

积极开展民主评议工作 为认真履行政协民主监督职能，加大民主监督力度，增强民主监督实效，促进政府职能部门工作，州政协于7月4日召开了民主评议州国土资源局工作动员大会，随后组织部分委员分成三个调查组，分赴两县一市对州国土资源局工作情况进行走访、调查。在8月2日召开的第18次常委会上对州国土资源局工作进行了民主评议，评议结果为满意。通过评议，既充分肯定了成绩，也指出了存在的问题，有针对性地提出了整改意见，促进了部门工作。

（图为召开州政协民主评议州国土资源局工作动员大会）

加大提案跟踪督办力度 加强与提案办理单位联系、沟通，强化责任主体，创新办理方式，规范办理程序，完善激励机制，促进提案办理实效。加大对8件重点提案的跟踪督办力度，召开了《加大打击销售黑彩力度，维护广大人民群众切身利益》、《关于加强耕地保护、牢固树立粮食危机意识》、《关于采取措施保护具有品牌效应和历史文化价值的地名、店名的建议》、《关于发挥工商联组织在“桥头堡”建设中的作用建议》、《关于加强景洪市第一小学门口交通卫生安全秩序的建议》、《关于加强景洪城区食品卫生安全的监督管理，切实保障广大人民群众身心健康的建议》等提案的面商会，收到了明显实效。

（图为深入村寨开展大走访活动）

全力参与千名干部大走访活动 根据州委、州政府《关于组织开展2011年千名干部大走访农业农村活动的通知》要求，州政协组成了由杨志祥主席带队的走访活动组，深入到勐海县勐满镇班倒、纳包、帕迫等5个村委会36个村民小组，现场查看了村办公场所、基础设施建设和农户家庭生活住房情况，与村干部群众座谈，详细了解各村农作物生产、农民增收、集体经济、国家强农惠农政策的落实、学生受教育程度、农业产业化发展规划、村生态建设及基层党组织建设等情况，帮助群众协调解决了路面硬化问题、基层党建阵地建设、村民小组公厕建设等部分缺口资金。

召开州政协系统理论工作研讨会 2011年11月23日至26日，全州政协系统第九届理论工作研讨会在景洪召开。会议以“学习贯彻十七届六中全精神，积极为推进全州文化大发展大繁荣献计出力”为主题，开展了学习交流和研讨。通过学习和交流，切实把思想统一到了十七届六中全会精神上，积极为推进全州文化大发展大繁荣献计出力。

（图为召开全州政协系统第九届理论工作研讨会）

积极参与美食文化产业调研工作 参与和配合省政协办公厅开展全省美食文化产业的调研工作。组织州政协委员开展本州美食文化产业调研，全方位的收集整理资料，了解存在的问题和困难，提出意见建议，努力为全省美食文化产业发展献计出力。

〔重要文件〕

常务委员会工作报告(2011 年 2 月 18 日)(摘要)

1. 2010 年工作回顾

2010 年,在中共西双版纳州委的领导和省政协的指导下,政协西双版纳州第十届委员会常务委员会高举中国特色社会主义伟大旗帜,以邓小平理论和“三个代表”重要思想为指导,深入贯彻落实科学发展观,积极开展创先争优活动,牢牢把握团结、民主两大主题,团结民主党派、工商联、人民团体和各族各界人士,认真履行政治协商、民主监督、参政议政职能,努力发挥协调关系、汇聚力量、建言献策、服务大局的作用,为圆满完成全州“十一五”的各项任务,建设富裕民主文明和谐西双版纳作出了重要贡献。

(1)着眼全局,致力发展,政治协商取得新成绩。政治协商是人民政协最主要的职能。常委会进一步完善协商议政格局,充实协商内容,丰富协商形式,努力提高协商成效。注重总体协商。政协全体会议是政协履行职能最集中、最重要的会议,是政协总体协商的有效形式。为提高会议成效,在十届四次会议召开前,州政协动员和组织政协各参加单位和广大政协委员,认真开展调研视察活动,深入了解社情民意,广泛听取社会各界意见,积极撰写提案和会议发言材料。会议期间,委员们认真开展了大会协商,对州政府工作报告、“两院”工作报告和其他重要报告进行深入的协商讨论,并与州党政领导同志就全州新型工业化、生态环境保护、边贸旅游发展、扩大对外开放、城镇居民医疗保险、农村文化建设等经济社会发展中的问题进行面对面协商,充分反映各个方面的意见和建议。由于会前委员们视察调研工作做得扎实,撰写的提案和材料发言数据事例充分,内容客观真实,建议切合实际,受到州党政领导的充分肯定和高度评价。抓好专题协商。为增强协商议政的实效性,以坚持协商于决策之前为原则,以协商成果进入决策为要求,常委会根据州委、州政府不同时期的工作重心,结合人民群众关心的重大问题,研究确定协商议题,组织专题协商建言活动。去年,组织委员就全州经济社会发展情况、解决全州 7 万农村人口饮水安全问题、推进全州 20 万亩中低产林改造工作、全州校舍安全工程建设等工作进行了深入的调查研究,形成 3 份专题调研报告,为进一步推进各项工作提出了切实可行的意见和建议。在此基础上,常委会召开会议与州政府及有关部门进行专题协商讨论,委员们畅所欲言,坦诚己见,州政府和有关部门广纳百家之言,善听各方之说,求同存异,集思广益,为促进全州经济社会科学发展和跨越发展发挥了重要作用。加强重点协商。主席会议就全州经济社会发展中的一些热点问题开展了重点协商。先后对西双版纳州“十二五”规划编制工作和《西双版纳农业产业化经营与农产品加工州级重点龙头企业认定和运行监测管理办法》、《西双版纳州企业退休人员和国企改革下岗离岗失业人员社会化管理服务办法》、《西双版纳州城镇居民基本医疗保险门诊统筹暂行办法》等规范性文件草案进行协商讨论,积极发表意见,提出建议,对上述文件的出台实施起到了推动作用。拓展对口协商。州政协专委会根据年度工作计划和工作重点,与政府相应部门对口协商,有针对性地开展协商建言工作。先后到州法院、州检察院就加强法院审判工作、检察院监察工作开展协商活动,到州公安局、州农业局、州水利局等部门就西双版纳州内自由申领护照便民利民措施、农业产业化经营与农产品加工、景洪市城市供水水源选点规划、西双版纳生物多样性保护与可持续发展、西双版纳民族博物馆陈列事宜等工作进行协商讨论,提出了许多切实中肯的意见和建议。各专委会还加强与有关部门的对口联系,积极参与部门的重要会议和重大活动,对有关工作进行协商讨论。

(2)求真务实,注重实效,民主监督实现新进展。人民政协的民主监督对促进社会主义民主政治建设具有重要作用。全体政协委员积极履行民主监督职能,切实有效地开展民主监督工作,使民主监督的质量和水平逐步提高。切实加强经常监督。常委会把日常调研视察工作作为民主监督和促进工作的重要方式之一,组织委员对州医疗废弃物处理中心建设、州傣医院搬迁工程建设、州、市看守所建设项目进展情况、景洪市垃圾处理场和江南污水处理二期工程建设、曼听景区提升改造项目建设、职业技术学院制陶及民族织锦开展情况、全州禁毒劳教工作、澜沧江沿岸生态环境保护、边境地区边民互相通婚情况、体育设施建设等工作进行调研视察。这些调研视察活动,寓监督于支持之中,帮助查找问题,共抓整改提高,促进有关部门更好地改进工作。部分政协委员担任有关部门的特约监督员、行风评议员,对这些部门的工作情况进行经常性监督。重视提案督办工作。州政协十届四次会议以来,共收到提案 110 件,经审查立案 100 件。为提高提案的“落实率”和办理质量,推动相关问题的解决,州政协积极探索民主监督与提案跟踪督办工作相结合的办法,通过推行重点提案办理制度，把事关大局、社会关注的重点提案，交由政协主席督办，提高了督办层次，增强了办理效果。去年，主席、副主席带领部分委员对《关于保护傣族干栏式建筑的建议》、《关于在旅游宣传中突出主旋律，摒弃低俗节目、语言的建议》等11件重点提案进行了专题协商督办，引起了有关部门的高度重视，许多提案得到较好的办理落实。认真开展民主评议。常委会组织民主评议调查组，到县(市)、乡(镇)和州直有关部门，对全州住房和城乡建设工作进行了深入的调研分析。在此基础上，召开常委会民主评议会，对州住房和城乡建设局的工作进行了民主评议，形成了《关于州政协常委会民主评议州住房和城乡建设局工作的综合评议意见》。常委会既充分肯定了州住房和城乡建设局取得的成绩，也指出了存在的问题，并有针对性地提出了整改意见，促进了工作。

(3)关注民生，履职为民，参政议政富有新成效。参政议政是人民政协履行职能的重要形式。常委会充分发挥各界政协委员的作用，关注民生，把握经济社会发展中的大事要事，找准服务大局与发挥优势的最佳结合点，精心选题，广开言路，努力建真言、献良策。深入开展调研视察。组织政协委员紧紧围绕全州中心工作，选择经济社会发展中具有综合性、全局性、前瞻性的课题，认真开展调查研究和视察活动，对改进工作、促进发展起到了积极作用。组织驻州的全国政协委员、省政协委员和部分州政协委员，对勐罕多功能码头和关累码头续建工程建设情况进行了联合视察。开展委员界别活动，对西双版纳州亚洲象繁育基地、亚洲象食源基地、关坪自然保护区示范管理站的工作情况进行调研，到西双版纳增靓生物科技有限公司、西双版纳药业有限责任公司、州食品药品检验所、州傣医院等单位和企业参观视察，为全州傣药南药的发展建言献策。积极参与、配合全国政协“桥头堡”重点提案调研组和省政协“桥头堡”建设调研组对全州“桥头堡”建设工作的调查研究，努力为“桥头堡”建设献计出力。按照省政协办公厅《关于征集“桥头堡”建设特约稿件的通知》要求，认真组织征集“桥头堡”建设相关稿件，其中1篇获得二等奖，5篇获得优秀奖，在为“桥头堡”主阵地建设建言立论方面作出了积极贡献。全力参与抗旱救灾。去年，全省全州旱情严重，人畜饮水困难，按照州委的要求，州政协领导班子成员积极深入到所联系的乡镇开展“结对子、保饮水”工作，深入田间地头察看受灾情况，广泛听取群众的意见、建议，积极为乡镇加强水利建设出谋划策，帮助各自所联系的乡镇解决了部分抗旱救灾资金，为抗旱救灾工作作出了应有的贡献。积极参与“三保”、“三促”千名干部大走访活动，广泛宣传党和国家的各项方针政策，充分了解人畜饮水、农业生产等受灾情况和党的各项强农惠农政策在农村的贯彻落实情况，为确保大旱之后的春耕生产和防汛工作等积极献计出力。积极为民做好实事。州政协领导班子成员按照州委的要求，积极开展“三联系”、“三约见”工作，加强与联系对象的沟通，深入乡镇、村寨、社区、企业及农场调研座谈，了解实情，为企业解困、乡村发展出谋献策。发动部分政协参加单位和企业界政协委员为勐海县巴达边防站、边防9团6连的官兵赠送了20台电脑和4台电视机，供官兵学习之用，在边防部队和社会各界中产生了较好的反响，为促进军民团结、巩固边防发挥了积极作用。常委会还举办了第六届“李拂一教育特别奖”评选表彰活动，对15名优秀教师和8名优秀学生进行了表彰。

(4)突出主题，发挥优势，统一战线工作谱写新篇章。围绕大目标，实现大团结，是人民政协工作的主题。常委会努力发挥优势，充分调动一切积极因素，广泛联系各界人士，促进和谐社会建设。

坚持中国共产党领导的多党合作和政治协商制度。遵循平等协商、求同存异、体谅包容、合作共事的原则，加强同民主党派、工商联和无党派人士的团结合作，组织他们参与调研、视察、考察等活动，尊重他们的意见和主张，为他们在政协各类会议和活动中充分施展才华、发挥作用创造条件。加强与州级人民团体的沟通联系和指导，为群团组织做好工作、发挥作用献计献策。认真贯彻党的民族宗教政策，加强与宗教界、少数民族界和“三胞”界代表人士的联系，发挥他们在维护社会稳定、增强民族团结进步中的重要作用。州政协领导经常带队走访民族宗教界人士，宣传党的民族宗教政策，听取他们的意见和要求，促进各族各界人士的大团结大联合。加强对外联谊交往工作。去年，州政协共接待来自全国各地政协赴西双版纳参观考察团99批1013人次，组织了5批学习考察组到省内外考察学习。积极为到西双版纳开展采风活动的中央美术学院艺术家和省政协特聘的省内艺术家们做好协调服务工作，通过艺术家们的采风活动，充分展示西双版纳的自然环境、人文景观、民族文化和经济社会发展状况，广泛宣传西双版纳。做好文史资料的征编工作。按照新时期文史工作方针，以及文史工作要体现系列化、专题化、精品化及亲历、亲见、亲闻的"三亲"特色要求，精心征集编纂了40余万字、反映上海知青在西双版纳生活的《西双版纳文史资料》第20辑，发挥了"存史、资政、团结、育人"的作用。80万字的中国少数民族大辞典系列《傣族卷》（西双版纳部分）的辞条和总目录通过了审定。

（5）加强学习，增强信心，自身建设开创新局面。加强自身建设，是新时期新阶段做好政协工作的客观需要。常委会以强化学习为途径，立足固本强基，着力加强自身建设，努力提高履职能力和水平。

强化政治理论学习。常委会始终把学习放在政协工作的重要位置，切实加强领导，完善学习制度，丰富学习内容。通过召开机关学习例会、常委会专题学习会、委员界别活动等途径，组织政协委员和机关干部学习中共十七大、十七届四中、五中全会精神和省委八届九次、十次全会、州委六届十次、十一次全会精神，学习新时期党的路线、方针、政策和统战政协理论知识，学习贯彻胡锦涛总书记在庆祝人民政协成立60周年大会上的讲话和省委、州委政协工作会议精神等等。通过学习，广大政协委员和政协机关干部进一步增强了履行政协职能的责任感和使命感。扎实开展创先争优活动。按照中央、省委和州委的统一部署和要求，及时成立州政协机关创先争优活动领导小组及其办公室，精心研究制定实施方案，明确各阶段工作任务，认真开展了创先争优活动。州政协着眼于进一步抓好学习实践活动整改落实后续工作，以建设学习型、服务型、效能型机关为主题，把开展创先争优活动与开展讲党性、重品行、作表率活动和"三个一"主题实践活动有机结合起来，深入开展"五比五创"主题实践活动，增强机关党员干部立足本职、开拓进取、建功立业的事业心和责任感。还组织机关干部职工到宁洱县瞻仰民族团结胜利纪念碑，到南糯山向阳寨开展民情恳谈活动，在州政协机关党员中进行星级评选。这些活动丰富了创先争优活动的内容，彰显了政协特色。搞好政协宣传工作。加强宣传队伍建设，《西双版纳政协》办刊质量稳步提高，宣传工作的计划性、系统性和时效性进一步增强。认真做好《人民政协报》、《云南政协报》的宣传发行工作，积极为全州政协委员订阅云南政协报。去年还在省、州媒体发表报道西双版纳州政协工作新闻稿682篇，努力反映政协履行职能情况，营造有利于人民政协事业发展的氛围。协助州委召开政协工作会议。认真学习贯彻省委政协工作会议精神，总结经验，学习借鉴，配合草拟文件，为州委政协工作会议成功召开奠定基础。州委出台了《关于支持人民政协履行职能发挥作用的意见》，为政协更好地履行职能、发挥作用创造了优良的环境和条件。努力加强政协机关建设。以创先争优活动为契机，推进政协机关思想、组织、作风、制度建设。加强政协干部队伍管理，强化政协机关服务意识，努力提升服务质量和服务水平，认真搞好离退休干部服务工作，政协机关呈现出团结求实、和谐活跃的新面貌。

2. 2010年工作任务

（1）认真学习，准确把握，积极为"十二五"规划纲要的制定和实施献计献策。

（2）围绕中心，服务大局，积极为推动经济社会发展献计出力。

（3）发扬民主，强化监督，努力在推进民主政治建设中有所作为。

（4）团结各界，关注民生，充分在构建社会主义和谐社会中发挥独特作用。

（5）求真务实，开拓创新，不断推进人民政协工作再上新台阶。

〔十届三次会议决议〕

中国人民政治协商会议西双版纳傣族自治州第十届委员会第五次会议，于2011年2月18日至22日在景洪举行。会议听取和审议了《中国人民政治协商会议西双版纳傣族自治州第十届委员会常务委员会工作报告》、《政协西双版纳傣族自治州第十届四次会议以来提案工作情况报告》。与会委员列席了西双版纳傣族自治州第十一届人民代表大会第六次会议，听取并协商讨论了《政府工作报告》、《西双版纳傣族自治州国民经济和社会发展第十二个五年规划纲要》、《西双版纳傣族自治州中级人民法院工作报告》、《西双版纳傣族自治州人民检察院工作报告》及其他有关报告。会议期间，中共西双版纳州委和州人民政府领导同志参加了界别委员代表协商会，与各族各界委员协商交流，共谋西双版纳发展大计。委员们以高度负责的精神，围绕全州经济社会发展中的重大问题积极建言献策。会议团结、民主、务实，是一次统一认识、明确目标、凝聚人心的大会。

会议审议通过了杨志祥主席代表政协西双版纳傣族自治州第十届委员会常务委员会所作的工作报告和权继能副主席代表政协西双版纳傣族自治州第十届委员会常务委员会所作的提案工作情况报告。

会议认为，2010年，在中共西双版纳州委的领导和省政协的指导下，州十届政协常委会高举中国特色社会主义伟大旗帜，以邓小平理论和"三个代表”重要思想为指导，深入贯彻落实科学发展观，认真学习贯彻中共十七届四中、五中全会和省委八届九次、十次全会、州委六届十次、十一次全会精神，切实把推动西双版纳经济社会科学发展和跨越发展作为履行职能的首要任务，把促进民生改善和社会和谐作为开展工作的着力点，以奋发有为的精神状态和求真务实的工作作风，认真履行政治协商、民主监督、参政议政职能，努力发挥协调关系、汇聚力量、建言献策、服务大局的作用，为圆满完成全州“十一五”的各项任务，建设富裕民主文明和谐西双版纳作出了重要贡献。

会议一致赞同刀林荫州长所作的《政府工作报告》，赞同《西双版纳傣族自治州中级人民法院工作报告》和《西双版纳傣族自治州人民检察院工作报告》。

会议认为，“十一五”是西双版纳发展史上极不寻常的五年。面对国际金融危机冲击、严重自然灾害等一系列困难和挑战，州委、州政府深入贯彻落实科学发展观，坚决贯彻执行中央和省委、省政府的决策部署，紧紧围绕全州经济社会跨越发展“六大战略”及“两个率先”、“两个为主”、“两个定位”的目标，不断完善发展思路，加快转变经济发展方式，团结和带领全州各族人民，攻坚克难，扎实工作，全州综合实力显著增强，“三农”工作成效显著，基础设施全面改善，改革开放不断深化，保障和改善民生力度持续加大，文化建设扎实推进，生态文明建设步伐明显加快，安定和谐局面进一步巩固，圆满完成了“十一五”规划的目标任务。

会议指出，“十二五”时期是我州全面建设小康社会、实现经济社会发展历史性跨越的关键时期。《西双版纳傣族自治州国民经济和社会发展第十二个五年规划纲要》符合科学发展要求，体现了中央、省委精神和西双版纳州情，反映了全州各族人民的根本利益和共同愿望，对于进一步统一全州各族干部群众的思想认识，凝心聚力推进富裕民主文明和谐西双版纳建设具有十分重要的意义。委员们对未来五年的发展充满期望，对全面完成“十二五”期间的各项任务充满信心。

会议强调，2011 年是中国共产党成立 90 周年，是实施“十二五”规划的开局之年，也是加快转变经济发展方式、推进西双版纳科学发展和跨越发展的重要一年。我们要深入贯彻落实科学发展观，认真学习贯彻中共十七届五中全会、中央经济工作会议和省委八届十次全会精神，按照州委六届十一次全会和州委政协工作会议的决策部署，紧紧抓住新一轮西部大开发和“两强一堡”建设重大机遇，牢牢把握科学发展这一主题和加快转变经济发展方式这一主线，全力促进民生改善与和谐社会建设，认真履行政协职能，多建睿智之言，多献务实之策，更加重视政协自身建设，不断把人民政协事业推向前进。

会议号召，全州各级政协组织、政协各参加单位和广大政协委员，要更加紧密地团结在以胡锦涛同志为总书记的党中央周围，在中共西双版纳州委的坚强领导下，开拓创新，真抓实干，以优异成绩迎接中国共产党成立 90 周年，为促进富裕民主文明和谐西双版纳建设作出新的更大贡献。

杨志祥主席在十届四次会议闭幕会上的讲话（摘要）

本次会议，各位委员审议了政协西双版纳州第十届委员会常务委员会工作报告和政协西双版纳州第十届委员会常务委员会关于提案工作情况的报告，列席了州十一届人大六次会议，协商讨论了州政府工作报告、州“十二五”规划纲要、“两院”报告和其他重要报告，审议通过了大会的有关决议。会议受到了州委、州政府的高度重视，江普生书记、刀林荫州长等州委、州政府领导同志参加各界委员代表协商会，听取委员们的意见、建议，与委员们一起共绘全州“十二五”美好蓝图、共商科学发展大计。社会各界对这次会议广泛关注，并寄予殷切的期望。会议期间，各位委员以高度的政治责任感和饱满的履职热情，紧紧围绕全州工作大局和人民群众关心的热点难点问题，认真参政议政，积极建言献策，提出了许多很好的意见和建议，充分体现了广大政协委员致力科学发展、情系民生改善、共促社会和谐稳定的大局观念和责任意识。这次会议始终充满着团结民主、求真务实的气氛，是一次总结过去、谋划未来、统一思想、催人奋进的大会。刚刚过去的“十一五”时期，是极不平凡的 5 年。5 年来，西双版纳州政协在中共西双版纳州委的领导下，自觉服务全州改革发展稳定大局，广泛团结广大政协委员和各族各界人士，紧紧抓住关系我州经济社会发展的重大问题开展协商议政，围绕群众关心的热点难点问题进行调研视察，努力推动科学发展、促进社会和谐，全州政协事业不断开创新局面。现在我们站在了“十二五”发展的新起点上，这是加快转变经济发展方式的攻坚期，是全面建设小康社会的关键期，是努力实现全州经济社会跨越发展“六大战略”及“两个率先”、“两个为主”“两个定位”目标的黄金期。面对新的形势和任务，我们要自觉肩负起人民政协神圣的职责和光荣的使命，进一步强化政治意识、大局意识和服务意识，着眼于推动科学发展，着力于“十二五”战略目标的顺利实现，以更加坚定的信念、更加振奋的精神和更加扎实的工作，努力在促进发展上有新成效、在凝心聚力上有新作为、在协商监督上有新突破、在建言献策上有新提高，在不断推进富裕民主文明和谐西双版纳建设的伟大实践中，创造新业绩、作出新贡献。

一要坚决维护核心，高举伟大旗帜不动摇。始终不渝地用中国特色社会主义伟大旗帜来统一思想、坚定信念、凝聚人心，不断筑牢参加政协的党派团体、各族各界人士团结奋斗的共同思想基础，促进不同党派、不同信仰、不同民族、不同界别的群众在中国共产党的领导下，为推进中国特色社会主义伟大事业而共同奋斗。自觉维护党的领导核心地位，积极在党委总揽全局、协调各方的工作格局中明确职责、找准位置，坚持与党委在思想上同心、工作上同步，努力使政协履行职能的各项活动有利于巩固党的领导、实现党的政策主张。

二要紧紧围绕中心，推动科学发展不懈怠。始终把握新一轮西部大开发和“两强一堡”建设重大机遇，牢牢抓住科学发展这一主题，突出加快转变经济发展方式这一主线，切实把开展工作的立足点放在推进我州“十二五”发展目标的实现上，把议政建言的重点放在促进事关全局的重大问题的解决上，把协商监督的着力点放在推动“十二五”规划提出的主要任务和重大举措的落实上，议推动科学发展的大事，谋促进转变经济发展方式的大计，努力为推进科学发展和跨越发展，建睿智之言、献务实之策。

三要努力凝聚人心，促进和谐稳定不放松。始终坚持人民政协为人民，自觉站在最广大人民群众的立场上说话办事，高度关注群众最直接最现实的利益问题，多建反映民情的真言，多献改善民生的良策，多办顺应民意的实事，尽心尽力协助党委、政府做好新形势下的群众工作。进一步把增进团结、维护稳定放在政协工作的突出位置，充分发挥人民政协广泛代表性和巨大包容性的优势，努力把参加政协的各党派团体、各族各界人士的思想认识统一到中央和省委、州委的决策部署上来，把大家的智慧和力量凝聚到“十二五”的发展蓝图上来，万众一心，团结一致，开创我州科学发展和跨越发展新局面。各位委员、同志们，州政协过去五年的工作已经融入到我州“十一五”的辉煌成就之中，人民政协事业更加美好的前景正等待着我们去创造。我们要牢记人民的期望和社会的重托，充分认识肩负的责任，主动适应形势任务的新变化、顺应经济社会发展的新要求、回应人民群众的新期盼，进一步加强学习、注重实践，不断提高政治把握能力、参政议政能力、合作共事能力。要深入实际、走向基层，带着感情去倾听群众的呼声，带着责任去关心群众的疾苦。要珍惜政治荣誉，热爱政协工作，胸怀全局，立足本职，努力为推动科学发展、促进社会和谐、开创人民政协事业新局面献计出力。各位委员、同志们，今年是“十二五”规划实施的开局之年，是西双版纳经济社会发展进程中承前启后、继往开来的重要一年。做好今年的工作，既关系当前，又影响长远，意义十分重大。让我们更加紧密地团结在以胡锦涛同志为总书记的党中央周围，在中共西双版纳州委的坚强领导下，坚定信心，同心同德，充分发挥独特优势，认真履行各项职能，以优异成绩迎接中国共产党成立90周年，为加快转变经济发展方式、推进建设富裕民主文明和谐西双版纳进程、全面建设小康社会作出新的更大的贡献。

〔**组织概况**〕

党组书记：胡志寿（拉祜族）（2011年2月任职）

主　　席：杨志祥（拉祜族）

副 主 席：依　甩（女，傣族）、
祜巴龙庄勐（傣族）、
李永义（哈尼族）、
玉香伦（女，傣族）、
权继能（瑶族）

秘 书 长：张云洪（哈尼族）

副秘书长：玉　金（女，傣族）、
王云照（基诺族）、
龚海莲（女，傣族）

提案法制委员会主任：岩　甩（2011年6月退休）

副主任：杨福忠

文史资料委员会主任：岩　罕

副主任：常　生

经济委员会主任：召亚伟

副主任：曹洪祥（2011年11月退休）

民族宗教联络委员会主任：刀忠祥

副主任：岩　恩

教科文卫体委员会主任：张永和

副主任：周原林

人口资源环境委员会主任：何　云

副主任：李正聿

办公室主任：王云照

常务委员名单（33人，以姓氏笔画为序）：

刀　宏、邓妮娟（女）、丹　洛、王军健、玉香伦(女)、牟少林、依　甩(女)、权继能、李永义、李萍(女)、李忠清、张云洪、岩　甩、岩　比、岩温、岩　罕、岩　香、岩　康、岩　勐、岩温叫、岩糯香、杨志祥、杨兵友、单西云、罗长生、祜巴龙庄勐、胡卓勇、校　甲、柳天伟、普　艳(女)、谢永兴、鲁愿兵、谭应中

委员名单(共264人 以姓氏笔画为序):

中国共产党(20人)

刀正良(傣族)　刀　玲(女,傣族)
刀洪德(傣族)　玉香伦(女,傣族)
刘顺琼(女)　杨志祥(拉祜族)
李志明(哈尼族)　依　甩(女,傣族)
罗长生(彝族)　罗金伟(傣族)
罗建宁(基诺族)　岩　甩(傣族)
岩　比(傣族)　岩　温(傣族)
张　淳(彝族)　刘剑锋
段开德　惠大栓
谢永兴　熊新发(苗族)

中国民主同盟(10人)

邓　秦(女)　冯良富
刘云辉(女)　李文郁
李梅仙(女)　何瑞华
张国成(彝族)　陈春林(女)
谭应中　谭应萍(女)

工商联合会(5人)

刀新华(傣族)　冯兆昌(拉祜族)
华　锐　李天猛　郭　华

工会(5人)

刀永昌(傣族)　自文红(女,彝族)
朱平华　杨福忠(佤族)
岩三书(布朗族)

共青团、青联(6人)

达珠(哈尼族)　李玉莲(女)
李萍芳(女)　岩温合(傣族)
岩糯香(傣族)　唐海英(女,基诺族)

妇女联合会(4人)

刁美兰(女,傣族)　龙艳芳(女,哈尼族)
邱学芝(女)　陈爱林(女)

归国华侨联合会(4人)

刀　宏(傣族)　林　璋
岩　腊(傣族)　格　四(哈尼族)

少数民族(16人)

刀美英(女、傣族)　玉香约(女、傣族)
邓红芝(女,瑶族)　布　地(哈尼族)
权继能(瑶族)　向永明(哈尼族)
杨建清(哈尼族)　李云昌(彝族)
李新勇(拉祜族)　张红仙(女,景颇族)
张志英(女,哈尼族)　依腊波(女,傣族)
郑贵祥(瑶族)　岩坚学(傣族)
岩坎兴(布朗族)　单西云(布朗族)

三胞及其眷属(12人)

王　春(女,彝族)　古云兰(女,高山族)
麦海浪　李素清(女,白族)
林祥德　岩亮光(傣族)
罗小保(佤族)　南　行(女,布朗族)
黄台云　黄肇斌　梁济业　侯祖荣

宗教(10人)

玉　光(女,傣族)　马保清(回族)
汤卫峰(哈尼族)　牟少林(回族)
岩　温(傣族)　祜巴龙庄勐(傣族)
都罕听(傣族)　都罕福(傣族)
都坎拉(傣族)　韩庭壁(回族)

科学技术(19人)

丁　荣(彝族)　马敌文　王云花(女)
卢绍明　甘云洪　余彩仙(女,彝族)
杨　方(女、基诺族)　杨松海(哈尼族)
苏艳芹(女)　李　冬(女)
李金平(彝族)　张永和
岩　三(布朗族)　岩　扁(傣族)
胡卓勇　段立胜(傣族)　贾胜生
凌光文　鲁愿兵(傣族)

社会科学(11人)

刀忠祥(傣族)　王云照(基诺族)
召亚伟(傣族)　杨增祥(布依族)
何　云(彝族)　李　勇
张会梅(女,彝族)　胡文云(女)
岩　勐(布朗族)　周海丽(女)
高艳丽(女)

教育(19人)

刀娅丽(女,傣族)　王广明　王军健
汤智松(哈尼族)　李永义(哈尼族)
李永仙(女)　李　萍(女、拉祜族)
张玉梅(女,傣族)　依拉罕(女,傣族)
依腊金(女,傣族)　陈万寿(瑶族)
陈红英(女)　周莲琳(女,傣族)
夏培衍　郭　静(女,拉祜族)
栾　昆　普　艳(女,彝族)
曾振新　谢文灿

医药卫生(11人)

刀丽红(女,傣族)　刀爱武(女,傣族)
王　玫(女,哈尼族)　玉夯罕(女,傣族)
牛　涛(彝族)　冯秀兰(女,傣族)
杨　梅(女,彝族)　苏梅惠(女,哈尼族)
罗建萍(女,彝族)　番　华(女)

蔡　骊(女,回族)

文学艺术(7 人)

刀琼芬(女,傣族)　玉　管(女,傣族)

安　飘(哈尼族)　征　鹏(傣族)

岩　香(傣族)　罗云智

岩　罕(傣族)

新闻出版(3 人)

丹　洛(哈尼族)　杨泽华(女、哈尼族)

李　沿(女、拉祜族)

体育(2 人)

付开天(傣族)　蒋家武

农林(17 人)

王海防(拉祜族)　邓妮娟(女)

刘安生　许宏敏(女)　何　跃

何文坚　杨　群　李正行(彝族)

李忠清(哈尼族)　罕文荣(傣族)

陈建昌(彝族)　罗正明

校　甲(哈尼族)　曹洪祥

曾小华　谢春华(女)　谭爱湖

工业交通(15 人)

刀加寿(傣族)　叶　才(哈尼族)

代桂明　刘小平　汪立利　汤中华

杨辉平(女)　李辉章(哈尼族)

肖亚军　林　伟(傣族)

荣祝华(女)　赵琼英(女)

饶　莉(女,拉祜族)　夏世荣　曾志海

财政金融(9 人)

叶忠云　刘继美(女,哈尼族)

杨毅梅(女,哈尼族)　李昌洪(傣族)

赵　明(彝族)　贺克平(哈尼族)

桓建华(白族)　郭艳明(女,傣族)

黄春雷

商贸旅游(9 人)

刀艳萍(女,傣族)　艾　真(傣族)

邓绍华(女,瑶族)　杨兵有

李雪伟(白族)　岩坚叫(傣族)

赵洪中　姚福忠　唐志荣(傣族)

非公企业(11 人)

王文勇(哈尼族)　尹凌云

叶羿心(女)　冯　强　吴远之　张　平

岩　罕(傣族)　柳天伟(哈尼族)

胡晓梅(女)　郭文奇　陶　明

政法(9 人)

刀志宏(傣族)　王首明(拉祜族)

许　安　李遵华(彝族)

肖云生　岩　尖(傣族)

岩　香(傣族)　倪家凯　梁纪平

军队(1 人)

段方泽(哈尼族)

武警(2 人)

李秀军　郭　方

公共事业管理(4 人)

王红斌(女,傣族)　李鸿斌(白族)

陈文祥　傅启斌(彝族)

村(居)民委员会(6 人)

刁志平(傣族)　杨雯虹(女,回族)

标　黑(哈尼族)　岩　帕(傣族)

岩温叫(傣族)　普加德(傣族)

特邀(17 人)

李　萍(女)　李　耀　李忠瑜　吴建伟

张　凯　张卫国　张云洪(哈尼族)

张凌云　张德智　陈世怀

纳忠云(回族)　岩　康(傣族)

岩　燕(傣族)　武　静(女)

秦玉文　廖红祥　熊继玲(女)

〔机构概况〕

第十届委员会设办公室、提案法制委员会、经济委员会、人口资源环境委员会、教科文卫体委员会、民族宗教联络委员会、文史资料委员会 7 个内设机构。办公室下设秘书科、行政科、人事老干科、委员联络科 4 个科级单位。

〔西双版纳州各县(市)政协主席名单〕

景洪市政协主席:张　淳

勐海县政协主席:岩　温

勐腊县政协主席:段开德

〔西双版纳州各级政协委员和组织数〕

西双版纳州各级政协委员和组织数(截至 2011 年底)

<table>
<tr><th colspan="2">项目 / 州(市)县</th><th colspan="2">委员数</th><th>组织数</th></tr>
<tr><td colspan="2">西双版纳州</td><td colspan="2">264</td><td>1</td></tr>
<tr><td rowspan="3">各县区市</td><td>景洪市</td><td>197</td><td rowspan="3">516</td><td rowspan="3">3</td></tr>
<tr><td>勐海县</td><td>164</td></tr>
<tr><td>勐腊县</td><td>155</td></tr>
<tr><td colspan="2">合计</td><td colspan="2">780</td><td>4</td></tr>
</table>

编　写:杨　尧　审　稿:王云照

群团党派

责任编辑：谌莉芳

总　工　会

〔**概况**〕 2011年，西双版纳州工会工作在州委、省总工会的领导下，深入贯彻落实科学发展观，紧紧围绕州委“强基础、快发展、调结构、上水平、惠民生、促和谐”的要求，深入开展创先争优活动，积极促进劳动关系和谐，维护职工合法权益，团结动员全州各族职工为加快建设富裕民主文明和谐西双版纳作出了积极的贡献。

〔**创先争优活动**〕 2011年，全州各级工会组织充分发挥宣传教育职能作用，多渠道、全方位地深入开展“创建学习型组织，争做知识型职工”活动，积极组织工会干部和广大职工群众开展理论学习、业务学习和技能培训，创先争优活动不断深入开展，提高了广大工会干部职工的思想素质，理论水平和技术技能。

〔**以劳模的典范带动争创活动的深入**〕 2011年，积极开展学习劳模、崇尚劳模、争当劳模活动，通过宣传学习劳动模范和先进人物事迹推动创先争优活动的不断深入。在全州工会系统深入开展学习杨善洲活动，组织开展“学习杨善洲精神做人民满意的好党员好干部”主题学习生活会，举办“劳动者之歌”文艺晚会。推荐评选陈志华、玉的么、杜琼芝、先资、李丽莎、王明亮6名省部级劳动模范，并受到了省人民政府表彰，与媒体合作开展“劳动者风采”宣传月活动，大力弘扬劳动光荣的优良传统。

〔**多彩的形式丰富创争活动**〕 广泛开展建党90周年主题活动，举办“重温党章、聆听党教”、大唱红歌、演讲和摄影书画比赛，广场文艺活动等，慰问100名困难老职工党员，使广大职工进一步加深对中国共产党光辉历史、伟大成就、光荣传统和优良作风的认识，引导和激励了广大职工群众主足本职创先争优。举办职工篮球运动会、拔河赛、陀螺团队大赛、电脑操作技能大赛、职工割胶比武和茶艺技能大赛等活动，展示各行各业构建富裕民主文明和谐西双版纳的精神风貌。开展“深入推进创先争优、志愿服务人民群众”、“实施《社会保险法》幸福和谐进万家”等宣传活动，通过设立咨询台和发放资料等形式，向职工群众广泛宣传《农民工维权》知识，《云南省职工医疗互助活动》、《中华人民共和国就业促进法》、《中华人民共和国劳动合同法》、《社会保险法》等法律法规。加强社区职工基层建设，向社区捐赠电脑、书籍，为社区居民、职工提供学习交流平台，并建立了7个党工共建创先争优示范联系点。

〔**以竞赛彰显创争活动的成效**〕 全州各级工会组织紧紧围绕全州工作大局和各项目标任务，组织开展了“创进学习型组织、争做知识型职工”和劳动技能竞赛、技术培训，创建“工人先锋号”，争当“云岭优秀职工”等主题突出形式多样、效果明显的职工素质提升行动和劳动竞赛活动。一是围绕机关效能建设开展机关事迹单位劳动竞赛活动。各机关事业单位的工会组织结合本单位的不同特点，组织职工在科、处（室）之间、职工个人之间普遍开展了以促进依法行政，规范行为准则，改进工作作风，改善服务质量，倡导文明服务，提高工作效率，提升业务能力等为目的的劳动竞赛和技能竞赛，并都取得了良好效果，有力地促进了机关效能建设工作的开展。二是以创建“工人先锋号”为载体，引导企事业单位深入开展职工技术创新竞赛。以争创“一流工作、一流服务、一流业绩、一流团体”为目标的“工人先锋号”创建活动为载体的劳动竞赛，培养和选树了景洪市城市投资有限公司自来水公司净水车间、西双版纳州地税局规费科、西双版纳州人民医院等一批“工人先锋号”班组（科室）。三是组织服务行业开展劳动竞赛活动。联合州商务局、州旅游局举办了第四届全国中餐技能创新大赛云南特别赛区西双版纳预选赛，组织开展卫生系统护理、宾馆服务、导游服务技能大赛，为文明城市、优秀旅游城市创建做出了积极的贡献。还积极配合州商务局认真做好家政服务培训工作。一年来，全州工会系统举办各类培训班4期、500余人(次)参加了岗位技术技能培训。景洪市园林绿化队在争先创优活动中,荣获全国女职工巾帼标兵岗称号。

〔**送温暖活动**〕 2011年元旦春节集中慰问困难职工6537人次,发放慰问金196.11万元;开展重大疾病医疗救助10人次,发放救助金2万元;提供生活救助26人次5.2万元;开展“金秋助学”活动,为124名困难职工子女发放助学金15.2万元。

〔**“贷免扶补”工作**〕 2011年,进一步加强和改善对创业者的扶持和服务,大力鼓励和推动创业,带动就业,促进经济社会又好又快发展。各级工会在做好政策宣传的同时,对申请人员的创业可行性计划进行认真分析,严格把好基础关,加强指导,力求质量,确保创业资金安全运转,圆满完成了省总下达我州30人的任务,勐腊县许荣莉获“全省贷免扶补创业带头人”称号。

〔**第八期职工医疗互助活动**〕 2011年,广泛宣传参加职工医疗互助活动的意义。不断增强“无病我帮人,有病人帮我”的理念。全州参加互助活动的单位445个,参加人数达61366人,放取互助金744.62万元,2011年,因病住院得到互助补助2933人次,发放补助金151.25万元。

〔**发挥困难职工帮扶中心作用**〕 2011年,建立和完善困难档案的动态管理,健全困难职工基本情况档案,对困难职工群体的年龄、收入来源、技术特长等情况进行翔实的记录,做到一人一档,并实行跟踪管理;推进帮扶中心规范化建设,按照省总工会《关于推进困难职工帮扶中心“四位一体”规范化建设的通知》精神,将构建困难职工帮扶中心、职工法律援助中心、农民工维权服务中心、劳动争议调解中心“四位一体”工作体系列入重要议事日程,加强组织领导,制定目标责任,具体措施,将工会帮扶维权职能融为一体,提供一站式帮扶服务。在制度建设方面,先后制定了《工作制度》、《专项资金管理的暂行办法》、《工作人员工作职责》、《特困职工救助办法》、《帮扶中心管理暂行办法》等制度,并严格用制度管人。在资金使用上,严格实行专款专用,坚持主要领导一支笔审批,按专项资金管理办法,对困难职工因生活、因重病、因自然灾害、因下岗、因其他等造成困难的给予一次性救助。一年中,共争取中央帮扶专项补助资金101万元,省财政送温暖帮扶专项资金补助22万元,州送温暖资金39.5万元。勐腊县总工会困难职工帮扶中心被评为全省帮扶工作先进单位,并被授予云南省AAA级困难职工帮扶中心称号;张杰、杨元秀、黄映辉、罗娟4位同志在帮扶工作中成绩突出,受到了省总工会的表彰。

〔**构建和谐劳动关系**〕 2011年,按照全总提出的“组织起来、切实维权”的工作要求,各级工会组织依照《劳动法》、《工会法》和《云南省职工劳动权益保护条例》的有关规定,认真履行维护职能,积极推进“两个普遍”,在加强民主管理,依法维权上做了大量卓有成效的工作,促进了劳动关系和谐稳定。

〔**推进企业工会组建**〕 2011年,各级工会扎实开展“广普查、深组建、全覆盖”集中行动,在非公有制企业建会上下功夫。州、县、市总工会建立了“加强党政领导,争取企业支持,强化工会运作”的广普查工作模式。州总工会制订下发了《西双版纳州工会2011—2013年推动企业普遍建立工会组织工作规划》,明确了工作目标和任务。目前,西双版纳州录入全国总工会非公企业软件的有1113家,截止11月底,已完成建会627家,占应建会数的56%,超额完成了省总下达的建会任务。

〔**工资集体协商**〕 2011年,按照《中华全国总工会2011—2013年深入推进工资集体协商工作规划》的总体部署和省总的具体要求,成立了以州人民政府副州长为组长,财政局、国资委、工商联、人力资源和社会保障局、工信委等为成员的工资集体协商领导小组,办公室设在州人力资源和社会保障局,加强对此项工作的组织协调,并制定了《西双版纳州进一步推进工资集体协商工作实施方案》,截止12月,全州实施工资集体协商的企业7家。

〔**深化厂务公开**〕 2011年,结合西双版纳州实际,调整充实了厂务公开领导小组成员,下发了《西双版纳州关于加强厂务公开民主管理和职代会工作意见》,按照“整体规划、分级实施、以点带面、全面推进”的工作思路,提出了力争3年时间在全州创建厂务公开24个示范单位的目标任务。全州的公开工作在原有的基础上,注重科学性、全面性、及时性上下功夫,使之更加规范合理、更贴近实际、贴近企业、贴近职工群众。截止12月,全州工会所在单位实厂务公开工作的107家,涵盖单位346个,涵盖职工55188人。

〔**完善职工代表大会制度**〕 2011年,积极做好源头参与工作,努力发挥职代会在企业、事业中的作用。抓好职代会代表的培训工作,不断提高职工代表的参政议政意识和单位民主管理水平。抓好职代会内容的完善工作,坚持集体合同草案提交职代会讨论通过,业务招待费、使用情况、领导干部廉洁自律情况,集体合同履行情况筹向职代会报告制度和民主评议领导干部制度，推进职代会向纵深发展。抓好职工代表修养与工作，未经职代会审议的经营方案，改革发展措施不决策、不出台；单位发展的重点、难点、关键点向职工代表公开，提交代表们进行讨论，广泛征求职工代表的意见。抓好职代会后的监督工作，坚持职代会代表巡视制度，保证职代会方案的贯彻落实，广泛听取职工群众的意见，为职代会方案的修改，完善提供第一手资料，一年中，全州建立职代会制度的企业、事业单位112家。

〔**维护职工队伍稳定**〕 2011年，针对改革过程中出现的热点、难点问题，各级工会组织始终坚持"稳定压倒一切"的思想，兼顾集体，职工双方利益，积极协助各级政府认真做好职工队伍的稳定工作。加大思想政治工作力度。通过动员会、座谈会、知识竞赛、印发辅导资料等多种形式宣传、学习省委、省政府和州委、州政府关于改革的精神，改革的精神深入人心，提高了广大干部、职工的认识，在思想上、行动上与州委、州政府保持一致，理解、支持改革，并积极投身改革；认真听取职工群众的呼声。深入基层了解职工群众的思想动态和生产、生活需求，建立健全信访制度，积极向上级和有关部门反映职工群众的利益和愿望，工会的意见和主张，配合各级党政着力解决职工群众的实际问题。在农垦改革工作中，召开农垦系统工会工作座谈会，深入垦区进行调研，提出农垦改革后工会工作意见。协助做好群体性突发事件的处置工作。各级工会组织从维护企业的整体利益和职工的根本利益出发，以积极，主动的态度，饱满的工作热情，与职工面对面地谈心，做好宣传和教育工作。

〔**建设廉政工会**〕 2011年，按照州委、州纪委的要求，各级工会将党风廉政建设和反腐败工作纳入重要议事日程，加强领导，强化措施，狠抓落实，努力建设廉政、勤政工会组织。进一步完善了州总工会预防和惩治腐败工作规划方案，对党风廉政建设和反腐败工作进行了具体布置；认真落实以党工共建，创先争优活动为主线，在党员干部职工中开展创先进、争优秀、讲党性、作表率、讲廉洁、树形象活动，制定了《2011年西双版纳州廉政文化进企业工作意见》，积极营造风清气正的良好环境。加强廉政风险防范，规范权力运行，严格执行"三重一大"规定，用制度管人管事。

〔**完善制度　强化监督**〕 2011年，开展自检自查，接受省总工会对财务工作检查和审计；坚持每年开展一次对县、市工会财务工作的交叉检查考核，确保资金的收缴、管理、使用合法合规和安全；严格工会内部审计，每年对工会经费审计检查，通过规范内部管理，强化上下监督，推进了全州工会党风廉政建设和反腐败工作。

〔**自身建设**〕 2011年，全州工会工作始终坚持一切从实际出发，紧紧依靠各级工会组织和广大干部职工，不断加强组织网络建设，加强干部队伍建设，建立完善各项制度，强化工会基层建设，推进了各项工作向前发展。为使工会各项工作有目标，有制度，有考核，有落实，见成效，制订工会工作目标管理量化考核责任书，从州总工会到各基层工会逐级签订，做到了每项工作都有量化指标和考核分值。并坚持考核表彰奖励，使工作有目标，制度有落实，活动有效果，促进了工会工作的制度化和规范化建设。

〔**工作作风转变　干部素质提高**〕 2011年加大工作调研力度，不断扩大工会工作的覆盖面和影响力。各单位在调研活动中，全面了解基层工会工作开展情况，成得成效和存在的困难，并深入到职工中去，征求他们对工会工作的意见和建议，及时准确把握职工的需求。广大工会工作者进一步强化了对工会工作认识，着眼大局，开拓创新，把工作重点心放在基层，把各项业务延伸到基层，坚持抓典跑面，收集信息，调查研究，确保工会工作做实、做好。为了适应新形势、新任务，在各级党政的大力支持下，一批思想素质高、业务精、责任心强的年轻干部充实到工会干部队伍中来。重视和加强兼职工会干部和工会积极分子队伍建设，不断优化工会干部队伍结构。同时，各级工会制定干部培训计划，采取"走出去，请进来"的培训方式，着力加强工会干部思想建设，作风建设和业务知识的培训，努力提高工会干部队伍的整体素质。一年中，全州共举办工会干部培训班3期，参加培训人数达298人次。

〔**女职工工作提升　财务工作强化**〕 2011年，在各级工会的领导下，全州各级工会女职工组织积极主动的开展工作，围绕"建功立业保增长，维权维稳促和谐"的主题，深入实施"巾帼创业工程"，"素质提升工程"，"爱心帮扶工程"、"文明创建工程"，团结带领广大女职工为促进全州经济社会又好又快发展发挥了积极作用。按照服务基层、服务职工的宗旨，各级工会加强对财务工作的管理、简好、用好工会经费。进一步强化工会经费审查工作，建立了"统一领导，分级管理，分级负责，下审一级"的经费审查监督机制，州总工会经审委对各县市总工会进行了财务互审及财务工作交叉大检查，工会资产法律法规宣传活动，为促进全州工会工作的健康平稳发展给予了有力的保障。

（《总工会》撰稿人：王军江）

共青团州委

〔**概述**〕 2011年，团州委在州委、州政府领导下和团省委的指导下，深入贯彻落实科学发展观，认真贯彻党的十七大、团的十六大、州委第七次党代会精神、团省委十二届五次全会精神，紧紧围绕党政中心工作，按照胡锦涛总书记对共青团提出的“两个全体青年”的要求，继续加强团组织建设和团干部能力建设，努力实现“十二五”时期西双版纳共青团事业良好开局，推动组织青年、引导青年、服务青年、维护青少年合法权益的各项重点工作实现新突破。

〔**真情助困进万家**〕 1月12日上午，由团州委组织的“青春温暖献傣乡，真情助困进万家”——西双版纳州服务青少年系列活动启动。活动走访慰问了农村、社区和“城乡共建社会主义新农村”接对试点村的困难青少年、留守儿童、外来务工青年和孤残儿童，为他们送去慰问金、助学金、粮油、鞋帽等，或义务提供家教、诊治。

〔**共青团与人大代表、政协委员面对面活动**〕 1月12日下午，团州委举行2011年共青团与人大代表、政协委员面对面座谈会。座谈会以农村发展与青年诉求为主题，搭建了州人大代表、州政协委员倾听农村青年的意愿和呼声的平台。此举旨在深入贯彻共青团权益工作“三个结合、一个制度性安排”的基本思路，发挥人大代表、政协委员在代表和维护好青少年合法权益工作中的积极作用，切实代表和反映青少年普遍性利益诉求，探索青少年有序参与社会管理和公共事务的有效机制。

〔**召开团州委八届二次全会**〕 1月31日，共青团西双版纳州委八届二次全会在景洪召开。会议学习了州委六届十一次全会精神，讨论通过了《关于认真学习贯彻州委六届十一次全会精神，团结带领广大团员青年为实现“十二五”时期奋斗目标做贡献的决定》（草案），以及《共青团西双版纳州委八届二次全会关于团州委委员卸职替补确认案》，部署了2011年全州共青团工作。

〔**中日青年生态绿化示范林在州建立**〕 3月26日，“保护母亲河——中日青年云南省西双版纳傣族自治州生态绿化示范林”首期工程启动仪式在勐海县勐遮镇南愣村举行。中日双方代表共同为示范林揭碑，并种下了纪念树。“中日青年生态绿化示范林”工程由日本宝塚狮子会俱乐部运用“日中绿化交流基金”（也称“小渊基金”）援建，工程将分为3期、实施3年，首期植树造林900亩。工程的实施，将进一步推进南愣村的造林工程，改善当地的生态环境。

〔**中老建交50周年青年友好交流活动**〕 4月14日晚，中国共青团中央书记处书记贺军科，老挝人民革命党中央委员、老挝人民革命青年团中央书记坎潘·希提当帕，中共云南省委副书记李纪恒共同为中国老挝建交50周年青年友好交流活动揭幕。中老双方青年代表在启动仪式上宣读了《中国老挝青年友好倡议书》。此次中老建交50周年青年友好交流活动以“青春·友谊·合作·发展”为主题，分为“百名中老优秀青年互访交流”和“万名边境青年大联欢”两部分，以4月景洪泼水大联欢开始，期间在云南与老挝接壤的县乡镇举行系列活动，11月以普洱市江城县丢包节大联欢结束。170名老挝青年4月13～19日访问中国期间，将在景洪市、普洱市、昆明市的部分高校、企业等地参观、考察、座谈，并与云南的团组织共同分享青年就业创业经验。中国百名优秀青年于11月出访老挝，举行中老青年“手拉手”活动和书法、美术、摄影比赛等交流活动。来自老挝、缅甸、泰国、越南、韩国的嘉宾，州委书记江普生，州委副书记、州长刀林荫等州委、州人大常委会、州政府、州政协领导班子成员及社会各界代表参加启动仪式。

〔**志愿者在行动**〕 6月22日，团州委组织来自州医院、州公安局交警支队，景洪市医院、市建设局及美琦美发的青年志愿者，在孔雀湖畔开展志愿服务活动。随后，志愿者还到在院校、社区进一步开展送温暖系列志愿服务活动。

〔**“天翼杯”绘画比赛**〕 7月16日，由团州委、州教育局、中国电信西双版纳分公司等部门联合举办的西双版纳州首届“天翼杯”少年儿童绘画比赛在景洪落下帷幕。活动自6月初启动以来，共收到5000多幅参赛作品。

〔**辅导员培训**〕 7月25日，团州委、州少工委在州委党校举办全州共青团干部和少先队辅导员培训班。在为期4天的培训中，来自全州的团干部和少先队辅导员代表近80人，围绕西双版纳州“十二五”规划解读、青年人成长和青年人修养、新时期共青团的主要工作等内容进行学习。

〔**“深圳潮青爱心光明行”在州启动**〕 9月23日，由深圳潮青委员会、团州委和州残疾人联合会共同主办的“深圳潮青爱心光明行（西双版纳）”启动仪式在景洪市医院举行。副州长马维纲及深圳潮青委员会、团州委、州残联等相关单位负责人参加启动仪式。此次“深圳潮青爱心光明行”活动,为西双版纳州60名贫困白内障患者进行了手术治疗。

〔**庆祝少先队建队62周年**〕 10月13日,团州委、州少工委在允景洪小学举行座谈会,庆祝中国少年先锋队成立62周年。参会人员就少先队开展创意活动进行了交流发言;允景洪小学的新老少先队员结合实际,畅谈理想。参会人员还参观了允景洪小学鼓号队表演、主题中队会。2011年,全州少先队工作紧紧围绕少先队的根本任务,以培养少年儿童对党和社会主义祖国的朴素感情为核心,以培养少年儿童良好道德行为习惯为突破,以不断提高少先队工作科学化水平为保障,推进少先队分层教育,加强基层组织建设、辅导员队伍建设、少先队理论建设,团结、教育、引导广大少年儿童努力争当“四好少年”。

〔**“贷免扶补”工作**〕 2011年,在各级团组织的共同努力下,全州共青团系统共向120名创业青年发放了600万元“贷免扶补”创业贷款,其中,大学毕业生占贷款人数的40%,圆满完成团省委下达的任务,做好了前两年350名创业青年的跟踪服务工作,努力实现在青年成功创业的同时保证还款率。

〔**“青帆创业夜校”品牌工作及KAB大学生创业教育**〕 2011年,团州委在西双版纳职业技术学院开设了KAB大学生创业教育课程,在景洪、勐海、勐腊三县市的中职技校都已开设“青帆创业夜校”教学点,招募志愿讲师10余名,开办培训班3期,培训青年500人。

〔**乡镇团组织格局创新**〕 2011年,团州委在全州范围内全面推进乡镇、街道团的组织格局创新工作。全州各乡镇以“1+X+X”(配备1名专职团委书记,3~4名兼职团委副书记,4~8名兼职团委委员)模式完成了乡镇团委格局创新工作,通过创新组织格局模式,改善了基层团组织工作局面,增强了基层团工作的力量,促进了基层团组织的活跃,对基层团工作解决资源不足,活力不够进行了有益探索。

〔**表彰先进**〕 2011年,团州委对年度全州优秀团员、优秀团干部、五四红旗团支部、五四红旗团委进行了表彰;评选表彰了州级“青年文明号”单位18个,“农村青年致富带头人”9名,“青年岗位能手”12名;表彰了2010年西双版纳州优秀志愿者服务团队12个,优秀志愿者35名。

〔**“学党史、知党情、跟党走”系列活动**〕 7月,团州委以建党90周年为契机,组织开展“学党史、知党情、跟党走”系列活动,通过举行专题报告会,共同学习西双版纳党史、参观州档案局爱国主义教育基地、州民族博物馆、观看电影《建党伟业》,让团员青年将民族文化历史教育和党史教育结合起来,增强团员青年对家乡文化、州情州史的感知和认同,坚定没有共产党就没有民族的解放和发展的信念;各基层团组织通过开展学党史活动、缅怀革命先烈活动、青春歌会、主题团日等九项重点活动,使青少年在历史与现实、理论与实践的贯通中更好地深化对党的认识,树立正确的理想信念。

〔**基层团组织《思想引导大纲》转化**〕 2011年,团州委针对当前不同类别青年在职业背景、社会阅历、思维方式、行为习惯等方面的显著差异和具体的思想实际,按照团中央的统一部署,对农村、企业、学校、进城务工青年开展了分类引导试点工作。通过深入了解掌握各行业青年的思想意识关键点及其形成逻辑,对其存在的主要的思想疑惑问题进行商榷解答,并通过开展生动活泼,富有思想哲理的各类引导活动,向青年有效传递碰撞思想。全州11个试点单位结合各自实际,在团州委的指导下完成了团中央《思想引导大纲》转化工作,形成了1份针对农村青年和10份针对不同类别企业青年的《青年思想引导手册》。

〔**廉政文化“六进”活动**〕 2011年,团州委通过开展廉政文化“六进”活动,引导青少年树立正确的价值观。与州教育局、州少工委共同下发了《西双版纳州关于开展“廉政文化进校园”活动的实施方案》,通过构建“校园廉政文化入心行动”、“校园廉政文化牵手行动”和“创建廉政文化进校园示范点”三项活动,推进廉政文化进校园活动的有效开展;以志愿者三下乡为契机,推进廉政文化进农村、进社区活动。

(《共青团州委》撰稿人:李畅)

州 妇 联

〔**概 述**〕 2011年,全州各级妇联组织在州委、州政府的正确领导和重视下,在省妇联的精心指导和关心下,紧紧围绕党的十七届六中全会和省第九次党代会、州委第七次党代会精神,深入贯彻落实科学发展观,以妇女儿童得实惠、普受惠、长受惠为目标,创新工作思路,拓展工作平台,打造工作品牌,扎实开展党群共建·创先争优活动,努力把妇联建设成为“坚强阵地”和“温暖之家”,着力提高做好新形势下妇女群众工作的本领,圆满完成全年目标任务。推动全州妇女事业向前发展。

〔家庭暴力研讨会〕 2月26~27日，云南省反对家庭暴力司法人员研讨会在景洪开班。来自省法官协会、检察官协会和昆明、玉溪、普洱、西双版纳的法院、检察院、公安、司法、妇联、律师协会等70余人司法工作者和维权专家参加研讨会。省委政法委执法监督室副主任绍强、省妇联副主席郑露，州政协副主席、州妇联主席玉香伦出席研讨会并作重要讲话。会上，北京众泽妇女法律咨询服务中心副主任李莹从北京女子董珊珊被其丈夫殴打致死个案介绍家庭暴力在我国司法保护的缺失，并对最高人民法院《审理家庭暴力办案指南》进行解读。湖南省高级人民法院政策研究室副主任邓志伟讲授在司法实践中对人身安全保护进行裁定的经验做法。云南大学法学院副院长王启梁教授从社会性别意识角度讲解家庭暴力的社会现象。景洪市法院副院长白玲介绍市法院在审理家庭暴力实践中大胆创新的个案。

研讨会通过领导讲话、专家授课、圆桌讨论、经验分享等方式，让参会者在回顾总结近年来云南省开展预防和制止家庭暴力经验和学习借鉴外省成功经验的基础上，认真思考，畅所欲言，积极探讨在反对家庭暴力的司法实践中的创新问题，并提出相应的对策和建议，为反对家庭暴力司法实践创新提供宝贵的智慧和经验。

〔州妇联八届二次执委（扩大）会议〕 于3月2日在景洪召开。州妇联第八届执委、乡镇妇联主席、机关妇委会主任和景洪城区各社区、州妇女儿童法律心理咨询服务中心、云南省女法官协会西双版纳州分会负责人等近100人参加会议。会议审议并通过州政协副主席、州妇联主席玉香伦代表常委会所作的《建设坚强阵地和温暖之家 团结动员广大妇女为"十二五"建功立业》的工作报告。提出2011年全州妇联工作思路，强调2011年是建党90周年，是"十二五"开局之年，也是2010~2020年西双版纳妇女儿童发展新一轮规划之年，要着力做好五个方面的工作：一是抓住机遇明方向，牢牢把握妇女工作新定位；二是围绕中心促发展，积极引领妇女创造新业绩；三是突出重点强职能，推进维权维稳工作新进展；四增进共识聚力量，激励妇女发挥新作用；五推进创先争优，建设坚强阵地和温暖之家。会议增补董晓萍为州妇联八届执委，表彰1个"贷免扶补"优秀单位，1个"平安家庭"创建活动优秀单位，1个妇女儿童工作优秀单位，3个开展党群共建创先争优活动先进基层妇联组织；签订了2011年"贷免扶补"、"平安家庭"、妇女儿童工作等目标责任书。

〔庆祝"三八"妇女节101周年文艺晚会〕 3月8日晚，州妇联和州总工会在景洪市勐泐文化广场举行以"傣乡巾帼为党旗增辉"为主题的景洪城区庆祝"三八"国际劳动妇女101周年文艺晚会。晚会共分《傣乡巾帼唱欢歌》、《傣乡巾帼竞风流》和《傣乡巾帼颂红旗》三个篇章。一段充满激情的舞蹈《欢聚一堂》，拉开晚会帷幕。来自州、市歌舞团、州公安局、州交警支队、州地税局、州出入境检验检验局、州人民医院、职业技术学院、曼景兰村委会等各行各业的妇女代表载歌载舞，表演《神圣的职责》、《交警风采》、《税花朵朵展风采》、《红旗颂》等精彩的节目，展示西双版纳州妇女的时代风采，抒发傣乡巾帼用汗水和智慧建设平安和谐西双版纳的豪情壮志，同时为全州各族各界妇女献上最深情的节日祝福。州党政领导李记臣、刀金芬、唐家华、李江虹、玉香伦和在景洪城区的州妇联常委、州直机关妇委会及6000余名观众观看晚会。

〔亲切关怀　真情暖心〕 3月7日，在"三八"妇女节到来之际，州政协副主席、州妇联主席玉香伦和州残联理事刀忠祥等一行10人在景洪市孔雀湖社区工作人员的陪同下走访慰问了20名社区残疾特困妇女。走访过程中，玉香伦关切地询问她们的生活情况和健康状况，嘱咐她们有困难可以向政府、妇联提出帮助，并鼓励她们要重振信心、积极面对人生，临别时，玉香伦还送上慰问信和500元的慰问金。为贫困妇女儿童送温暖，是州妇联的一项具有长效机制性的工作。各级妇联积极争取相关部门的支持，设立妇女儿童救助专项资金，平均每年要救助贫困妇女80名，贫困儿童60名，资助资金总额为8万元。

〔庆"三八"女子门球赛〕 为庆祝"三八"国际劳动妇女节101周年，推动全州女子门球健身运动的发展，3月1日上午，州妇联、州直机关老体协联合在州人民政府门球场举办景洪城区庆祝"三八"节女子门球友谊赛。受主席玉香伦的委托，州妇联常务副主席陈爱林参加开赛仪式，并向参加友谊赛的女同胞们致以节日的祝福 。此次比赛为期4天，共有16支队伍，100多人参加，有党、政、军、企事业的离退休干部、职工，也有社区居民、村寨农民，参赛队员年龄最大的78岁，最小的40岁左右，比赛参与范围广、规模大、组织有序，并决出了冠亚季军三个队。

〔妇女儿童发展规划终期监测评估工作会议〕 4月1日上午，西双版纳召开全州妇女儿童发展规划终期监测评估工作会议，州政府副秘书长黄志高主持会议，州妇儿工委成员单位和县市人民政府，妇儿工委办、统计局的分管领导、联络员共90余人参加会议。会议的召开,其目的是为做好《西双版纳妇女发展规划》、《西双版纳儿童发展规划》(以下简称"两规")10年终期监测评估工作。会议通报"两规"终期预评估结果,安排部署"两规"终期监测评估和迎检工作。州政府副州长、州妇儿工委主任唐家华参加会议并讲话,他要求,各有关部门要高度重视认真总结,科学评估,全面反映全州妇女儿童十年发展成效,为制定新一轮妇女儿童发展规划提供丰富经验和科学依据。州政协副主席、州妇联主席、州妇儿工委常务副主任玉香伦,就如何做好终期监测评估工作,提出三点意见:进一步提高对监测评估工作重要性的认识;认真履职,高标准、高质量地完成监测评估工作;做好充分准备,积极迎接省级评估和全国督导。州统计局局长杨文武就如何做好统计监测,提出统计部门要增强责任感,高标准、高质量按时完成统计监测工作。州妇儿工委办通报全州实施两个规划的情况和州级、县市实施妇女儿童发展规划(2001~2010年)的达标情况,并和州统计局分别对参会的统计员、联络员进行了业务培训,详细布置了统计监测、终期评估的具体工作。

〔哈尼语广播剧《流泪的山风》发放仪式〕 于5月6日在景洪市勐龙镇贺管村委会莫掌村举行。州委政法委、州禁毒委、州防艾委、州妇联、州电台、州民宗局、州疾控中心及剧本作者和1000余村民参加发放仪式。广播剧《流泪的山风》的制作由州委宣传部、州禁毒委、州防艾委统筹监制,州妇联、州人民广播电台具体负责,历时2年,完成采风创作、改编译文、主题歌创作、演播(配音)、录音剪辑、专家审查6个阶段,之后正式制作成VCD碟片。该广播剧取材于哈尼族真实生活中的故事,具有浓郁的民族文化特色;配音和音乐采用当地哈尼族语言,全剧共有8集,总长180分钟,为扩大哈尼族群众禁毒防艾宣传教育的覆盖率和针对性,州妇联、州人民广播电台将把广播剧VCD1000套(三碟一套),发放到全州哈尼族村寨进行播放宣传,同时在州人民广播电台播出。

〔"爱心手拉手,快乐共成长"活动〕 6月2日,在州妇联的组织下,景洪市南国帝景幼儿园的120余名孩子在老师和家长的带领下,与基诺乡民族小学学前部的180余名孩子开展"爱心手拉手,快乐共成长"庆祝"六一"儿童节活动。州政协副主席、州妇联主席玉香伦参加活动并讲话。

活动中,南国帝景幼儿园的小朋友们向基诺乡民族小学学前部赠送价值近2万元的图书、玩具、学习工具、电视机、衣服等学习生活用品。同时,幼儿园的小朋友们将自己精心准备的小礼物送给了基诺乡的小伙伴们。通过沟通联系,有20对孩子确立手拉手伙伴关系。最后,两校的孩子们同台表演自己精心编排的《小星星》、《我爱洗澡》、《感恩的心》等5个节目。在欢乐声中,城乡孩子们一起度过一个快乐而有意义的"六一"儿童节。

〔"全州妇联系统第三轮禁毒防艾人民战争宣传活动启动"仪式〕 6月24日,全州妇联系统第三轮禁毒防艾人民战争宣传教育活动启动仪式暨景哈乡"6·26"国际禁毒日宣传在景洪市景哈乡举行。州政府副州长、州公安局局长、州禁毒委副主任王方荣,州政协副主席、州妇联主席玉香伦出席活动启动仪式并讲话。仪式上,参会领导向各村委会赠送傣语、哈尼语禁毒防艾广播剧《槟榔树下》、《流泪的山风》VCD光盘。巾帼志愿者代表宣读《巾帼志愿者参与第三轮禁毒防艾人民战争宣传教育活动倡议书》。《流泪的山风》中的演播人员演唱广播剧的主题歌《孩子啊孩子》,巾帼志愿者们表演《傣族健身操》、《银玲响叮当》等5个文艺节目。中小学生和附近村民们观看禁毒防艾宣传图片展及毒品实物展。州公安局禁毒支队、州妇联、州人民广播电台、州疾控中心和景洪市妇联、景哈乡政府、社区(村)禁毒防艾骨干代表、中小学生、村民等2800余人参加启动仪式。活动中,发放禁毒防艾宣传资料18种1万余份、练习本1500本、避孕套4000支;展出禁毒防艾宣传画70余幅。

〔玉香伦调研"贷免扶补"工作〕 7月28日,州政协副主席、州妇联主席玉香伦深入到勐腊县调研"贷免扶补"工作。玉香伦认真听取勐腊县妇联鼓励创业贷免扶补工作汇报,查看创业户创业项目的实际情况以及创业项目周围环境情况、经营状况、经营效益等,并与创业户进行亲切交谈。走访了2010年开办黄梅桃花十字绣的刀燕燕,了解她的销售情况,刀燕燕每年的十字绣纯收入可达6万余元,而且在刀燕燕十字绣的带动下,县城的一些妇女在闲暇之时也多了一份收入。随后,玉香伦对刚刚享受"贷免扶补"政策的明月鱼庄餐厅的李茜进行走访,了解李茜近期的经营状况、存在的困难和问题,鼓励她们要自强不息,大胆创业,让"贷免扶补"资金发挥最大的作用。

〔李毅到西双版纳调研〕 8月26~28日,以省妇联副主席、省妇联创先争优活动领导小组副组长李毅为组长的省委党群共建创先争优调研督查组第四组一行到西双版纳调研指导党群共建创先争优活动。州政协副主席、州妇联主席玉香伦及州委、景洪市委创先争优办,州、景洪市妇联、团委、工会等负责人陪同调研。李毅副一行先后到景洪市医院妇委会、市孔雀湖社区妇联、基诺乡新司土村委会巴飘村民小组检查指导创先争优活动,通过听取情况汇报、查看工作台账、实地查看、座谈讨论等方式,全面了解掌握我州党群共建创先争优活动的进展情况和下一步工作计划。在调研过程中,李毅副肯定了景洪市医院和景洪市孔雀湖社区在党群共建创先争优活动中,打造活动亮点,以优质服务提升创建水平,做居民群众的贴心人、知心人,起到示范作用。州政协副主席、州妇联主席玉香伦向检查组汇报了全州党群共建创先争优活动情况。督查组在对西双版纳自"党群共建创先争优"活动开展以来,主动将创先争优活动融入到日常工作中,努力做到组织共建、队伍共建、阵地共建,形成了"党建带群建,群建服务党建"良好氛围,工作积极主动、有声有色、扎实有效的总体肯定的同时,李毅强调,各级工青妇要紧紧抓住党群共建创先争优的契机,结合党的要求,加强自身建设和组织建设;要依靠党群共建创先争优,加强联系,共享资源,共建活动,共享成果,不断壮大工作力量,进一步解决"有人干事、有阵地做事、有钱办事"的问题。

〔**"全国巾帼文明岗"授牌仪式**〕 9月13日下午,州妇联在州公安局举行"全国巾帼文明岗"授牌仪式。州政府副州长、州公安局局长王方荣,州政协副主席、州妇联主席玉香伦及州公安在职干警参加授牌仪式。王方荣在授牌仪式上作了讲话,他代表州公安局党委向州公安局妇委会表示祝贺,向每一位辛勤工作的女民警表示慰问,充分肯定女民警作为一个特殊的群体,不仅在窗口服务部门、综合内务中展示她们的优势,一部分女民警还承担刑事技术以及必要的侦查办案业务,甚至参加维稳处突、抢险救灾,和男民警平分秋色,为建设全社会的平安和谐作出了积极的努力,巾帼不让须眉,真正体现妇女半边天的风采。玉香伦代表州妇联向荣获全国巾帼文明岗的出入境管理处表示祝贺。

〔**玉香伦走访慰问基层妇女干部**〕 9月23日,在重阳节来临之际,州政协副主席、州妇联主席玉香伦到景洪市嘎洒镇看望慰问特困老年妇女和妇女老干部。玉香伦先后到嘎洒镇曼掌宰村委会曼坝过村民小组、曼达村委会曼达村民小组看望慰问原村妇代会妇女主任咪咯、玉塔,详细询问她们的晚年生活和身体状况,并祝愿老人晚年生活快乐、健康、长寿,同时送去慰问金。随后,玉香伦走访曼达村委会女子禁毒先锋队,并与巾帼志愿者们进行亲切的交谈,详细询问志愿服务活动开展情况,并与巾帼志愿者们到"五保户"玉吨家开展志愿服务活动。

〔**保护未成年人权益调研**〕 11月,州妇联联合州妇女儿童法律咨询服务中心启动保护未成年人权益调研。在对勐腊县北路社区流动未成年人的调研之后,又对勐海县勐阿镇农村留守和贫困儿童的基本情况、生存状态、学习状态、情感体验和社会支持5个方面开展全方位的调研。17日,调研组到勐海县勐阿镇南朗河村委会与村委会干部、妇女主任、妇女小组长以及一些留守和贫困儿童监护人座谈,并走访了部分家庭。勐阿镇共有76人农村留守和贫困儿童,其中南朗河村委会有33人。通过与留守和贫困儿童及其监护人面对面的入户访谈,准确掌握这33人留守儿童的基本情况,提高对留守和贫困儿童权益保护的针对性。调研中发现,在留守和贫困儿童中普遍存在着问题是,缺乏有效监护;学习成绩普遍较差;心理缺陷明显;安全问题突出。

〔**省政府检查组到西双版纳检查**〕 5月16~20日,以省统计局副局长徐力为组长的省政府实施"两纲两规"终期评估检查组一行3人,到西双版纳对实施"两纲两规"工作进行检查指导。主要采取听取汇报、查阅资料、现场考察、召开座谈会、访谈群众等方式。检查组先后到景洪市第三中学、景洪市民族幼儿园、景洪市疾病控制中心、景洪市基诺山乡巴亚茶地村卫生室及基诺山乡中心小学、勐海县妇幼保健院、勐海县劳动就业服务中心、勐海供电有限公司、勐混镇计生服务站、勐混镇中学等进行现场检查。分别听取州、市县两级政府实施两个规划的情况汇报;召开不同类型的座谈会。了解基层单位和广大人民群众积极参与实施两个规划的具体情况。掌握第一手资料。检查组还走村入户,开展现场督查指导。先后查阅西双版纳州、勐海县、景洪市2001~2010年以来实施两个规划的相关档案资料以及劳动社会保障、妇幼保健院、疾病控制中心、乡镇卫生院、村卫生室、中小学、幼儿园、社区和非公企业的相关资料;深入访谈,了解妇女儿童生存、发展的情况。检查组在听取汇报、实地检查后,对西双版纳州实施两个规划落实情况进行反馈。一是肯定成绩。二是指出不足。三是提出要求。在听取督查意见反馈后,副州长马维纲代表西双版纳州妇女儿童工作委员会表示,感谢省检查组,提出很好意见。

(《州妇联》撰稿人:曹燕玲)

州 侨 联

〔**概述**〕 2011年,西双版纳州归国华侨联合会在州委、州政府的正确领导下，省侨联的指导下，全面落实党的十七大和十七届六中全会精神，中国侨联八届三次全会和省侨联九届二次全会精神，州委第六次党代会精神，围绕州委工作中心大局，按照国内海外工作并重、老侨新侨工作并重的总体思路，全面推进招商引资、招贤引智、文化交流、海外联谊、维护侨益工作，充分调动全州广大归侨侨眷和海外侨胞的积极性，围绕全州经济社会跨越发展“六大战略”及“两个率先”、“两个为主”、“两个定位”目标，按照“做到国内、海外工作并重，老侨、新侨工作并重”的工作方法，巩固老朋友，结交新朋友，拓展海外侨务工作新领域，进一步做好侨务资源的增量工作，全面推进凝聚侨心、汇集侨智、发挥侨力、维护侨益工作、全面建设，为实现小康社会做出新的贡献。

〔**动员归侨侨眷和海外侨胞发挥优势做贡献**〕 2011年，州侨联充分发挥人才荟萃、智力密集、联系广泛的优势，围绕科学发展这个主题和加快转变经济发展方式这个主线，充分调动广大归侨侨眷和海外侨胞的积极性，为经济社会又好又快发展作出贡献。通过召开四届三次侨联常委（扩大）会议、参加委员培训等形式，向归侨侨眷和海外侨胞宣传“十一五”时期我州经济社会发展的巨大成就，深入宣传“十二五”的宏伟蓝图，引导侨界群众全面、准确、深入领会中央精神，切实把思想、力量凝聚到完成“十二五”目标任务上来。

〔**招贤引智**〕 2011年，州侨联着眼于推动科学发展，必须有人才队伍支撑。建立海外人才联系网络，充实完善海外华人华侨信息数据库。对与我会有联系的海外重点侨领、重要活动家、企业家、各行业精英的信息资料，进行分类整理，建立档案，充分发挥海外侨力资源的作用。加大对侨界新资源的调研，通过走访、座谈了解掌握信息动态。

〔**招商引资**〕 2011年，州侨联结合自身特点广泛收集整理侨的海外资源信息和州招商引资信息，搭建海外侨商投资咨询平台。二是积极通过在州归侨侨眷向广大海外侨胞宣传版纳，推荐版纳，邀请他们回版纳考察投资，为他们提供政策咨询等。2011年我会邀请接待泰国国会议员、国务院顾问刘泽臣一行、缅甸大其力华人商会等华人社团领袖五批20多人来我州考察，寻找投资项目。三是积极争取省侨联对我州的支持。今年省侨联李嵘主席、聂河云副主席、尹日葵副主席、周碧奋副主席等来我州考察、调研，指导我州开展工作。四是走出去，与广西南宁侨联签订战略合作协议，多方位开展合作。五是加大力度多方位、多层次、多角度进行招商引资的对口联系，争取侨资、侨企落户版纳。参政议政是侨联工作的重要内容，也是广大归侨侨眷参与国家政治生活和社会建设的最直接体现。2011年先后两次组织两会代表委员，就如何参政议政进行了经验交流，提高了代表委员参政议政能力；另一方面，积极组织侨界10名人大代表和政协委员围绕国计民生，深入调查研究，为全州和谐发展和统筹城乡建设贡献才智。同时积极关注社会热点、难点、广大归侨侨眷的合法权益保护等。一年来，共撰写提案议案10件，政协大会发言材料1件，上报省侨联、侨办材料6件。

〔**信访工作**〕 2011年，州侨联立足本职，做好广大归侨侨眷社会稳定工作。一年来共接待归侨侨眷来信来访9件18人次，问题涉及工资福利、医疗保险、子女入学就业、财产继承、出境出国等方面，侨联耐心细致为他们讲解有关政策，协调有关单位，共同化解矛盾。

〔**争取党委政府对侨联工作的支持**〕 为争取党委政府对侨联工作更多支持，侨联积极靠嘴勤、腿勤，做到见缝插针，通过正式或非正式汇报方式，向各级党政领导汇报、宣传侨联工作，促进了侨联工作局面不断打开，形成全社会关心和支持侨务工作的良好局面。2011年，由于州委、州政府的重视，省侨联的关心，基础工作扎实，工作有创新，州侨联领导班子得到调整充实，增配了一名专职副主席，机构调整中在原编制再增加一名事业编。

〔**丰富维权手段**〕 2011年，紧密结合自身实际和州情，通过“五侨”联动，加大维权力度；积极发挥侨界人大代表、政协委员的作用，帮助鼓与呼；积极与司法部门合作，加强与各级机关部门协调，督促侨法的落实，开展《中华人民共和国归侨侨眷权益保护法》颁布实施21周年宣传活动；与法律援助中心合作，聘请律师，为广大归侨侨眷提供义务法律咨询服务。

〔**拓展工作领域**〕 2011年，州侨联按照“围绕优势、主动出击、开创局面”的工作思路，开展了广泛的调研工作。2011年先后两次组织走访了迪庆、大理、丽江、普洱市侨联。同时与老挝南塔、波乔、乌多姆赛、琅勃拉邦和缅甸景栋、大其力华人社团、华文学校、金三角经济开发区和西发努风大学等华人社团领袖的来往更加密切。

〔**归侨侨眷参加公益事业**〕 2011年，争取到马来西亚《星洲日报》在当地华人华侨中发起的对我州第三批捐资助学款10.8万元。并及时将助学金发送到我州三县、市，150名品学兼优的困难中小学生手上；协助香港爱心人士岑丹凤女士、香港辉煌基金会向勐海县18名孤儿发送助学金18500元，受资助的学生纷纷都向华人华侨写了感谢信，表示今后要用感恩的心去努力学习，以实际行动帮助更多需要帮助的人；组织香港爱心人士、慈善基金会建校组到勐腊县校点进行爱心投资意向考察，初步确定了勐仑镇勐醒九年义务制学校等7所学校(8个项目)为一批爱心投资建校点。

〔**扶贫帮困送温暖**〕 2011年，侨联陈卫东主席、秘书长康蓝蓥，利用春节、中秋节对农场老归侨、困难归侨侨眷进行走访慰问，赠送了慰问品，送去了温暖。针对勐野坝华侨村上访问题，深入到村庄，通过与村干部的交谈，了解了村民基本生产生活情况，权益受到侵害的来龙去脉，积极与县政府、司法办协商解决。

〔**对外华文教育**〕 2011年继续完成华文教育工作，拨付华文经费14万元，向老挝、缅甸、泰国华文学校赠送华文教材62000册。通过开展活动，既密切与新侨及华人新生代的联系，又支持他们关心、参与祖国现代化建设和祖国和平统一大业行动。

〔**纪念中国共产党成立90周年、辛亥革命100周年活动**〕 2011年，州侨联各级组织按照中央要求，组织召开了"庆祝中国共产党成立90周年座谈会"、撰写纪念文章活动，帮助广大归侨侨眷和海外侨办了解以孙中山先生为代表的仁人志士在黑暗中摸索救国救民、振兴中华道路的艰辛路程，了解中国共产党成立九十年来领导全国各族人民战胜各种困难险阻、谱写中华民族自强不息壮丽凯歌的光辉路程，进一步用爱国主义和社会主义旗帜引领广大归侨侨眷和海外侨胞。

(《州侨联》撰稿人：康蓝蓥)

州　残　联

〔**概述**〕 2011年州残联在州委、州政府的正确领导下，在省残联的精心指导下，紧紧围绕全州社会经济发展大局，抓住桥头堡建设战略的机遇，全面推进残疾人社会保障体系和服务体系建设，认真落实残疾人工作目标任务，圆满完成了各项工作任务。

〔**残疾人"十二五"发展规划**〕 2011年，在中残联、省残联残疾人事业"十二五"规划的基础上，结合西双版纳残疾人的生活现状和需求，组织开展残疾人社会保障体系和服务体系建设的课题研究。成立领导小组，完善规划起草工作机构，确保规划工作有效开展；多次召开研讨会议，制定规划基本思路，统一规划模式，起草规范文本，针对下一个五年规划中的新目标和新计划提出新举措；积极与相关部门联络协调规划内容，深入基层调研全州残疾人事业发展的现状，走访基层残联和残疾人家庭等，切实拟定更科学、充实、更具有现实意义和可操作性符合全州实际的残疾人事业"十二五"规划。规划中将残疾人的托养康复、就业扶持、教育优惠、辅具适配等方面列为重点项目。

〔**贯彻落实文件**〕 州委15号文件是州委、州政府在贯彻中央7号和省委18号文件的基础上，结合西双版纳实际进行工作拓展和思维创新的纲领性文件，对于促进西双版纳州残疾人事业在新的起点上加快发展、全面建设惠及全州残疾人的小康社会和构建社会主义和谐社会，具有重要意义。为贯彻落实文件精神，州残联根据文件要求，协调相关职能部门，按照职责范围和目标管理，拟定出台具体的任务分解方案，在各项政策和措施中对残疾人给予特别关爱和重点倾斜；将残疾人工作目标考核责任制和年度工作任务细化量化，做到目标清楚，责任落实，切实把州委、州政府对广大残疾人的特殊关爱落实到实处，；敦促县市尽快出台实施意见，2011年10月24日景洪市出台了《中共景洪市委 景洪市政府关于促进残疾人事业发展的实施意见》。

〔**残疾人救助**〕 2011年，州政府把救助贫困残疾人列为全州20项重要工作，投入经费100万元，确定救助1000名贫困残疾人，为150户农村贫困残疾人改造危房。按照州委、州政府《关于推进实施2011年全州重点督查的20个重大建设项目和20项重要工作的通知》要求，州残联以"推进创先争优、打造扶残平台、造福残疾人群、让残疾人受惠"为目标，加大为残疾人办实事推力。把救助残疾人工作与创先争优活动有效结合起来，切实做到两不误、两促进、两提升；制定了《2011年西双版纳州救助1000名残疾人实施方案》，将任务指标分解和经费分配到县市残联；将救助工作列为对各市(县)残联工作目标责任制考核的重要内容。全年完成，康复救助：完成假肢安装39例、白内障手术739例、低视力儿童训练100名、盲人定向行走训练6名、聋儿培训22名、智力残疾康复训练4名、肢体残疾康复训练18名，为310名精神病患者提供免费住院治疗和服药；教育救助：投入经费7.35万元，为120名义务教育阶段残疾儿童、33名特教学校学生、24名高中阶段残疾学生提供生活补助。就业培训：完成免费对80

名残疾人进行职业技能培训、免费对482名农村残疾人进行实用技术培训；解困工作：投入经费15万元，对300名农村贫困残疾人实行困难补助。

〔**组织联络**〕 2011年，州残联严格按照第二代《中华人民共和国残疾人证》换发要求，广泛宣传现行残疾评定标准和残疾人证发放政策，妥善处理好由于办理第二代残疾人引发的矛盾，确保有申领意愿并符合评残标准的残疾人都能及时办理第二代残疾人证。截至10月底，录入中残联数据库19752人，已发残疾证19543人。5月，为巩固和完善残疾人基层组织规范化建设，加快推进残疾人"两个体系"建设提供坚强的组织保障。州残联分别在景洪市新城社区、勐龙镇贺南东村新寨，勐海县勐往乡坝散二社和勐腊县尚勇镇东洋小组成立4个残疾人之家。

〔**维权工作**〕 2011年，州残联坚持把残疾人信访工作作为维护残疾人权益和社会稳定的大事来抓，坚持信访值班制、领导带班制和首次接待负责制，对残疾人反映比较集中的问题及时与有关部门沟通，协商解决办法，推进问题的解决。截止10月底，全州共接待残疾人来访77人次，处理来信21件，法律援助35人，避免(挽回)经济损失22.1万余元；积极走进由州纠风办和州广播电台联办的"西双版纳热线"直播节目，宣讲残联工作职能，公开服务承诺，与群众直接对话，接受群众监督，并就残疾人康复、教育、就业、办理残疾人证、优惠政策等方面的在线咨询，现场进行了认真解答。节目结束后，州残联对节目中残疾人反映所咨询和求助的问题进行了认真梳理和研究，并及时与10位残疾人听众进行了沟通联系，听众所反映的问题，将由专人负责跟踪办理；根据省残联的工作安排，于11月1日全面启动勐养镇城子村委会第四调查小区和嘎洒镇八分场虚拟村委会第六调查小区共264户、845人的残疾人状况监测工作。目前，正在进行填表和体检工作；州残联根据云南省《关于下达<云南省残疾人机动轮椅车燃油税补贴实施方案>的通知》文件精神，为切实保障残疾人权益，确保残疾人机动轮椅车燃油税补贴顺利进行，对州县两级残联会同相关财政部门对全州符合条件的补贴对象进行调查。经统计，全州共有残疾人机动轮椅车67辆，按每辆车每年补贴200元的补贴标准，共发放燃油税补贴2.68万元。

〔**康复工作**〕 2011年，州残联以实施残疾人康复工程为重点，全面提升康复服务能力和水平。开展"百万贫困白内障复明工程"西双版纳亮睛行动，为 名白内障患者进行了复明手术；按照实施"贫困残疾儿童抢救性康复项目"相关要求，组织对全州6周岁以下残疾儿童调查摸底，掌握实际情况，并组织选送20名符合条件的聋儿进行言语康复训练；为扎实推进2015年初步实现残疾人"人人享有康复服务"目标的实现，按照省残联的要求，在全州范围内开展康复需求调查，目前共录入康复需求表2577人；积极做好社区康复试点工作，大力开展社区康复，推进康复进社区、服务到家庭；积极开展康复协调员和康复技术指导员培训，不断完善以专业机构为骨干、社区为基础、家庭邻里为依托的残疾人康复服务体系。

〔**教育培训**〕 2011年，州残联逐步建立残疾人教育服务机制，积极开展残疾人就业服务系列活动。积极开展扶残助学，保障残疾人平等接受教育的权利，为33名家庭困难、品学兼优的残疾学生和残疾人子女解决助学金25875元，并对177名义务教育、高中阶段和特教学生进行了补助；成立西双版纳州未入学适龄残疾儿童少年调查统计工作领导小组，为各级政府制定特殊教育事业发展规划和政策、法规提供依据，让适龄残疾儿童少年人人都能上学；配合教育部门，加快特教学校基础设施建设，10月特教学校秋季学期已开始招生；结合事业发展的实际和残疾人群体的特殊需求，以适应社会发展为主的工作新思路，有针对性地开展职业技能培训工作，推动全州残疾人培训事业的快速发展。6月29日至9月5日，投入培训经费4.5万元，开办5期酿酒技术培训班，免费为37名残疾人提供培训。投入经费2.5万元，于11月22~24日开办首期石斛栽培技术培训班免费为50名残疾人提供培训；为更好地做好农村残疾人扶贫工作，充分发挥示范、带动、引领作用，帮助农村贫困残疾人脱贫致富，在勐腊县尚勇镇东洋村建立西双版纳州首个州级残疾人扶贫示范基地。同时，景洪市、勐海县、勐腊县相继成立了4个县级扶贫示范基地，从而带动和辐射周边残疾人脱贫致富。

〔**教育就业**〕 2011年，积极开展残疾人就业援助和就业服务，全面推进残疾人就业。继续做好全州开展就业援助月活动，以帮助各类就业困难人员和残疾登记失业人员就业；推动福利企业优惠政策的落实，稳定残疾人集中就业规模；对自谋职业、自食其力的残疾人，采取用残疾人就业保障金贴息贷款的方式，鼓励残疾人贷款创业、发展经济；拓展盲人就业渠道，发展和规范盲人按摩业。全州共安排648名残疾人就业，其中按比例安排残疾人就业410人，个体就业210人，集中就业28人。对18名自谋职业、自食其力的残疾人兑现扶持资金6.15万元，鼓励残疾人贷款创业、发展经济。

〔**扶贫工作**〕 2011年，州残联投入经费5.5万元，扶持勐腊县尚勇镇曼庄村东阳小组16户残疾人种植石斛，真正做到为残疾人谋福利和摆脱贫困；严格按照危房改造标准，选择危房改造对象，对确定的150户农村贫困残疾人危房改造对象原住房面积和住房状况都进行了测量和拍照，详细登记造册；严格按照要求，完成了2011年“阳光家园计划”居家托养150户救助对象的调查统计、申报、审核、补助金发放工作。

〔**社会保障**〕 2011年，州残联认真落实残疾人基本生活保障的有关政策和措施，依法将残疾人纳入社会保障范围，确保城镇残疾职工参加社会福利保险。全年全州有547名残疾职工按规定参加社保障，506名城镇残疾居民参加城镇医保，939名城镇残疾居民参加养老保险，587名城镇残疾人接受社会救助，6213名农村残疾人参加新型农村合作医疗，5208名农村残疾人参加新型农村养老保险，3308名农村残疾人接受社会救助。

〔**宣传文体**〕 2011年，州特奥运动员艾温恩在中华人民共和国第五届特殊奥林匹克运动会获得男子100米、男子200米、男子4×100接力3枚金牌，男子400米银牌和男子4×400接力铜牌及体育道德风尚奖，为西双版纳州争得了荣誉，实现了西双版纳州残疾人运动员在特奥会上金牌“零”的突破，州残联向艾温恩兑现奖金2万元；分别在3县市图书馆建立了盲文及盲人有声读物阅览室，丰富盲人的业余文化生活；与州文化体育和新闻出版局合作，积极组织开展第二届全国残疾人文化周活动，提升残疾人生活品质；成立西双版纳州残疾人阅读指导委员会，组织残疾人开展广泛深入的读书活动，使他们在阅读中获取信息、学习知识增长技能，提高自身素质和生活技能；出资5000元，尝试与景洪市新城社区举办残健合一趣味运动会，为残疾人走入社会创造条件。

〔**“送爱心”活动**〕 2011年，为使西双版纳州贫困残疾人与全州人民一道共度一个欢乐、祥和的节日，充分体现党和政府对残疾人这个特殊困难群体的关怀，州残联结合全州实际，精心组织，认真开展了送温暖走访慰问贫困残疾人活动。全州投入慰问资金19.61万元，价值1.8万元的慰问品，利用元旦、春节、“三八”国际妇女节、“7·1”建党节、安排走访慰问贫困残疾人802人(户)。走访慰问贫困残疾人活动，切实体现了各级党委和政府对贫困残疾人这一特殊困难群体的关怀，进一步密切了党和政府与残疾人之间的血肉联系。

〔**“助残日”活动**〕 为进一步增进社会对残疾人事业的理解和支持，增强人们的扶残助残意识，从而使全社会更加理解、尊重、关心、帮助残疾人。2011年第二十一次“全国助残日”期间，全州各级残联以“助残日”为契机，精心组织，周密安排。州残联理事会对“助残日”活动进行了专题研究和周密部署，下发了《关于开展第二十一次全国助残日活动安排的通知》。全州各级残联及时制定了方案，进行了安排部署；组织丰了富多样的走访慰问、游园、轮椅捐赠、现场宣传、义诊、发放各类宣传单等活动。助残日期间，全州共走访慰问残疾人33人次、捐赠轮椅337辆、制作悬挂宣传标语10多幅，发放宣传资料6000余份；为25名残疾人进行了义诊，为343名群众提供义务咨询和听力检查服务，500余名残疾人参加了各种活动，发放慰问资金和慰问品20余万元；在聋人节、盲人节期间，投入经费1万元，分别与聋人协会和盲人协会召开座谈会和举办联谊会，以加强和专门协会的联系；利用世界精神卫生宣传日，组织100余名精神病患者，出资5000元，与景洪市精神康复医院共同举办游园联欢活动。

〔**党风廉政建设**〕 2011年，积极开展创先争优主题实践活动，切实加强基层党组织建设，积极创建学习型党组织。在庆祝中国共产党成立90周年之际，对全州残联系统在“十一五”期间，工作取得优异成绩的县市残联和34名优秀残疾人工作者进行了表彰；签订党风廉政建设目标责任书，按照“一岗双责”要求分解党风廉政建设工作，加强日常性党风廉政建设宣传教育，深入开展“廉政大讲堂”活动，着力构建大宣教工作格局；认真落实党内各项廉政规定，加大监督制约力度，进一步推进内控机制建设，畅通信访举报渠道，全面查找廉政风险点；针对今年民主生活会提出的意见和建议，制定整改措施，全面推进政风行风评议自查自纠。

(《州残联》撰稿人：刀晶)

州 文 联

〔**概述**〕 2011年，西双版纳州文联在州委州政府的领导下，在省文联和州委宣传部的指导下，围绕中心，服务大局，深入贯彻落实科学发展观，团结带领各协会广大文艺工作者，奋发努力，开拓进取，抓活动，促创作，各项文艺工作取得了新进展。

〔**政治理论学习**〕 2011年，州文联组织干部职工深入学习有关法律法规和各项文艺方针政策，提高理论水平，全面贯彻落实科学发展观，紧紧围绕“推动文艺繁荣，服务科学发展，促进社会和谐”的总体思路，坚持走先进文化的正确方向，加强队伍建设，不断提高党员和干部职工的思想政治素质和业务工作水平。

〔**“创先争优”活动**〕 2011年，在创先争优活动中，通过承诺书公开、群众测评、党员点评、单位考评等措施，促进了党员干部作风的不断改进。召开专题民主生活会，党员对照“五个好”、“五带头”要求，进一步查找自身存在的问题与差距，为文艺发展提建议、出点子，把全心全意为文艺服务落实在行动上，树立文联为文艺服务的良好形象。

〔**落实党风廉政建设责任制**〕 2011年，制定了州文联党风廉政建设和反腐败工作要点。签订党员干部廉政建设责任书和建立领导干部廉政档案。以多种文艺形式加大廉政文化宣传教育的力度，组织文艺工作者创作出一批反映反腐倡廉的文艺作品。

〔**年度工作考核**〕 2011年1月28日，西双版纳州文联根据文件通知精神，召开文联2010年度工作考核专题会议，分别对州文联机关和下属事业单位《西双版纳》杂志社、章哈协会的工作人员2010年度工作情况进行考核。考核按照《云南省国家公务员考核实施办法（试行）》规定进行。对州文联2010年工作完成情况，存在问题进行认真总结，并提出州文联2011年工作计划；实行平时考核与定期考核相结合，以平时考核为基础，采取个人自我总结评议与民主评议、无记名投票相结合的评定考核档次的方式，分别对州文联机关、《西双版纳》杂志社和章哈协会的工作人员2010年度的工作情况进行了全面考核。

〔**召开会议**〕 2011年6月8日，召开了西双版纳州文联五届五次全委会，文联委员和各协会负责人参加了会议。会上传达了州文化产业领导小组第一次会议精神；认真讨论了州文联文艺发展第十二个五年规划；商定了有关举办“庆祝中国共产党成立90周年西双版纳新姿美术书法摄影大赛”事宜；确定了于6月18日举办“文艺家走边关、进军营、送文化”采风活动和有关组织“朝霞工程”美术作品创作采风事宜。

11月8日，州文联根据文件通知要求，召开了以“坚持以人为本执政为民理念，发扬密切联系群众优良作风”为主题的2011年度县处级以上党和国家机关党员领导干部民主生活会。州文联机关和所属的《西双版纳》杂志社、章哈协会副科级以上干部共6人参加了会议。州纪委第五纪工委副书记李再林到会指导。

12月15日，召开“州文联2011年度贯彻落实党风廉政建设责任制落实情况考核会”，由州委考核组对州文联的贯彻落实情况进行了检查考核，州文联机关和所属事业单位《西双版纳》杂志社、章哈协会的副科级以上干部参加了会议。州委检查考核组长、州纪委第五纪工委书记吴娟同志代表检查考核组对查阅文联2011年度贯彻落实党风廉政建设责任制情况的痕迹材料和听取李志明同志的开展此项工作的报告检查情况作反馈，对州文联开展贯彻落实党风廉政建设责任制工作给予了好评。

〔**文学采风 文艺作品展览**〕 2011年，西双版纳州文联坚持“文艺为人民服务，为社会主义服务”的文艺方针，把“三贴近”要求融入到实际工作中，认真抓好协会工作，在州文联业务工作经费十分困难的情况下，继续对工作开展得较好的协会和个人给予一定的经费补助，充分利用节假日时间，组织各协会会员积极开展文艺创作、采风、培训和作品交流展览等活动，圆满完成了省、州、县有关上级部门下达的各项文艺工作任务。

〔**“朝霞工程”培训班**〕 受云南省文联委托，西双版纳州文联与普洱市文联于2011年1月13～19日在景洪市委党校共同举办了“朝霞工程”培训班。来自西双版纳州和普洱市的20名青少年参加了多种文艺知识的培训。

〔**美术书法摄影大赛作品展览**〕 4月12～16日，州文联举办了“纪念周恩来总理参加西双版纳泼水节50周年暨全州第三届美术书法摄影大赛作品展览”，参加本届大赛和展览的美术书法摄影作品共280多幅。所有作品经过文联各文艺家协会理事会认真评选，遴选出美术、书法、摄影作品30件，分别授予一、二、三等奖和优秀奖。

〔**采风活动**〕 4月12～16日，汇同州委宣传部承办了“赞中华·写西双版纳，百名作家西双版纳采风”活动及全国当代散文年会，滇东南文学创作笔会在西双版纳州景洪市举办。来自全国各地百余名作家参加了采风活动。活动期间，州文联组织人员承办了食宿安排、接待陪同、会场布置等大量事务性工作。

6月18日，州文联组织州内50余名文艺家和文艺工作者开展“走边关，进军营，送文化”采风活动，深入部队，感受军营生活，开展文艺创作。文艺家们泼墨挥毫，创作了50多幅美术书法作品赠送给部队和战士。此次活动进一步开拓了全州文艺工作者的创作视野，有利于激发创作热情，创作更多更好的文艺作品。

11月25～27日，州文联与州森林公安局联合举办了“走进雨林，感受绿色”文艺创作采风活动。来自各协会的20多名文艺家和文艺工作者同公安干警，徒步穿越位于勐海县勐海镇的曼稿自然保护区，为创作反映热带雨林生态文化建设寻找创作素材。创作采风期间还同傣族群众举办了联欢会，与公安干警举行文艺创作座谈会，美术、书法艺术家还现场创作书法、美术作品，赠予干警和傣族群众。

〔**文学创作笔会**〕 10月30日至11月4日，州文联举办了全州文学创作笔会，来自全州的46名傣汉文作者参加了笔会。笔会期间组织作者认真学习了党的十七届六中全会精神。举行了纪念《西双版纳》杂志创刊30周年座谈会，表彰了优秀作者，举办了创作交流座谈会、优秀作品点评分析，开展了实地采风创作活动。共收到汉文作品23篇，约14万字；傣文作品36篇，约10万字。

〔**文艺家协会工作**〕 州文联有8个文艺家协会，会员近千人。2011年，州文联认真抓好对各文艺家协会的“协调、联络、服务、指导”。多次召开各协会工作会议，及时研究部署协会文艺创作工作。充分调动各协会负责人和广大会员的积极性和主动性，力所能及地开展工作；发挥文联服务协调、组织指导的职能，推进各协会开展文艺创作、学术交流、理论研讨和各种文艺创作采风活动。一年中，美术、书法、作家、章哈等协会，开展不同形式规模的采风创作活动23次，参加会员达400多人次；开展学术交流、研讨活动18次，参加会员达300多人次；举办个人书画摄影展12次，展出作品达3000多幅；进一步加强协会班子建设（各协会负责人均为不在职不在编），增强协会班子成员的责任意识和服务意识，积极主动地创造条件开展协会工作；对优秀协会、优秀协会工作者进行表彰奖励，尽可能对文艺创作活动开展较好的协会给予有限的经费支持。

〔**《西双版纳》杂志**〕 2011年，共编辑出版《西双版纳》傣汉文杂志12期，发行12000册。发表傣汉文文学作品90多万字，发表美术、摄影、书法作品500余幅。

〔**编制《西双版纳州文学艺术界联合会文学艺术发展“十二五”规划纲要》**〕 按照州委六届十次全会的部署和州政府的主要领导在群团工作会议上要求，州文联于2011年1月正式启动《西双版纳傣族自治州文学艺术界联合会文学艺术事业发展“十二五”规划纲要》的编制工作，成立规划编制工作领导小组和编写小组，由州文联主席任组长，文联各文艺家协会主席任成员，组织领导小组成员认真学习《西双版纳傣族自治州国民经济和社会发展等十二个重要发展规划纲要》，结合西双版纳州文艺界实际制定出各文艺家协会未来五年发展的初步规划。在整合各文艺家协会发展规划的基础上，形成全州文学艺术事业发展“十二五”规划纲要初稿。通过召开领导小组会议，文联办公会议，多次征求意见，广泛听取各方面建议，完成了编制工作。

〔**文艺作品和获奖情况**〕 2011年，在省级、国家刊物、媒体上发表刊播的文学、摄影、美术、书法、学术论文等文艺作品达60多件。先后有20多人次在省级国家级举办的各种比赛中获得不同奖项。王艺忠、许云华、资佰在山西平遥和大理国际摄影节大展中分别获优秀摄影师奖和优秀摄影师提名奖。苗建坤的书画作品在中央电视台书画频道播出。

（《州文联》撰稿人：车智玫）

州社科联

〔**概述**〕 2011年，西双版纳州社科联在州委、州政府及省社科联的领导、指导、关心和全州社科理论工作者的大力支持下，认真学习贯彻党的十七届六中全会、省九次党代会和州七次党代会精神，紧紧围绕州委、州政府中心工作，各社科学术团体和广大理论工作者，根据中央、省委和州委相关文件及领导重要指示精神，按照全州经济社会跨越发展“六大战略”和州委、州政府中心工作以及经济社会发展的热点、难点、焦点问题，深入开展调查研究，撰写咨政文章，开展理论宣传，较好地发挥了“思想库”、“智囊团”的作用，为进一步促进全州哲学社会科学繁荣发展和推动社会科学科学发展和谐发展跨越发展提供理论支撑作出了积极的贡献。

〔**社科工作会议**〕 1月17日，州社科联召开西双版纳州社会科学工作座谈会。会议表彰了“西双版纳州第一次哲学社会科学优秀成果”和“桥头堡建设·西双版纳论坛”征文活动优秀论文。州社科联主席游启道对2010年社科工作作了总结并安排部署2011年社科工作。州委宣传部副部长黄文学宣读了州委宣传部、州社科联关于表彰“西双版纳州第一次哲学社会科学优秀成果”的决定和“桥头堡建设·西双版纳论坛”征文活动优秀论文的决定，并在大会上讲话。会议由州社科联副主席李向元主持。州语言学会、州纪检监察学会、州哈尼族学会、州委党校、州委州政府政研室等单位领导在座谈会上进行交流发言。

州委办、州政协办、州委组织部等部门领导及各学会、协会、研究会负责人、获奖单位、作者共100余人参加座谈会。

4月1日，州委组织部、州创先争优办公室组织召开纪念中国共产党成立90周年暨创先争优理论研讨会。会上，对参加纪念中国共产党成立90周年征文活动获奖文章及作者进行了表彰奖励，有5位代表进行了交流发言。王沛代表评委对征文进行了点评。

4月20日，州社科联组织召开《西双版纳州哲学社会科学十二五研究和发展规划》专家咨询会，听取社科专家对《规划》(征求意见稿)的修改意见。参加咨询会的专家有：却建明、刀文、王沛、苏明、熊国璋、王军健、刀福祥、燕沙、游启道、李向元、贾荣林等。咨询会由游启道主持。

6月22日，根据州委的统一部署和安排，州委宣传部、州委组织部和州社科联共同组织召开社科界纪念中国共产党成立90周年座谈会暨党建理论研讨会。对参加征文活动的75篇征文进行认真评审，评出了一等奖2篇、二等奖3篇、三等奖5篇、优秀奖10篇、鼓励奖11篇文章进行了表彰奖励。会上，州委党史研究室副主任陈严芬作主题发言；受州委常委、副州长、州委宣传部部长陈启忠的委托，州政府副秘书长、州委宣传部副部长罕华兴出席会议并讲话。

6月24日，召开了“学习杨善洲精神做人民满意的好党员好干部”为主题的学习生活会，教育引导党员干部以杨善洲为镜子，找差距、增动力，自觉加强党性修养，自觉践行党的宗旨，做人民满意的好党员好干部。会上，领导班子成员作了党性分析发言，发言重点对照杨善洲先进事迹和高尚精神，查找自身存在的差距和不足，从理想信念、践行宗旨、履职尽责、秉公用权、遵守纪律等方面认真开展党性分析，深刻剖析思想根源，找准自身的努力方向。

〔**传达学习会议精神**〕 2月10日，州委六届十一次全会召开后，州社科联及时进行了传达学习。为进一步学习贯彻州委六届十一次全会精神，州社科联决定采取以下工作措施：在《西双版纳社科》开设专栏，宣传会议精神；待州人代会召开后，组织社科界人士对十二五规划进行专题学习座谈；根据全会精神和十二五规划，提出重点研究课题，组织社科专家进行深入调查研究，为会议精神和十二五规划的贯彻实施提供科学依据。

3月9日，为帮助广大理论工作者及时学习并准确把握州“两会”精神，并围绕如何贯彻落实州“两会”精神开展调查研究，充分发挥社科界“思想库”和“智囊团”作用，州社科联组织召开了“社科界学习州‘两会’精神暨‘十二五’规划座谈会”。座谈会邀请州委工作报告、政府工作报告和十二五规划《纲要》的主要起草人州委研究室副主任唐扬、州政府研究室副主任周亮生和州发改委副主任却建明分别解读州委六届十一次全会工作报告、政府工作报告和“十二五”规划《纲要》。来自州属各学会、协会、研究会负责人，全州党校系统教学科研人员及州直相关部门领导共100余人参加会议。

〔**党组织建设**〕 5月4日，按照中共西双版纳州委州直机关工委《关于成立中共西双版纳州社会科学界联合会支部的批复》，州社科联党支部召开成立大会。大会依据《中国共产党党章》、《中国共产党党和国家机关基层组织工作条例》和有关规定，采取无记名投票的方式选举游启道为党支部书记。西双版纳州社科联党支部的成立，是西双版纳州社科界政治生活中的一件大事，标志着党对哲学社会科学工作的领导得到进一步加强，将有利于加强社团党的建设，有利于把党建工作与社科研究管理工作有机结合起来，使党建工作渗透、融合到社科联的日常业务工作中，为州社科联工作提供坚强的政治和组织保证。

〔**科研课题**〕 2～3月，社科界理论工作者围绕全州经济社会发展问题开展调查研究，撰写理论文章，积极发挥“资政作用”。据不完全统计，全州社科工作者拟定行业和部门“十二五”规划及相关理论文章400余篇，较好地发挥了“智囊团”和“思想库”作用。

3月20日，《桥头堡建设·西双版纳的思索》经云南大学出版社正式公开出版发行。《桥头堡建设·西双版纳的思索》一书共计约30万字，是在“桥头堡建设·西双版纳论坛”征文和学术交流会的基础上，从100余篇征文中精选出来的60多篇文章编制而成，汇集了来自州内外各方面的领导、专家和学者，关于西双版纳如何推进桥头堡建设的智慧，深受广大读者的喜爱，有力地配合了当前的“桥头堡”建设。

8月29日，西双版纳州社科基金研究课题申报工作启动。经过课题征集、申报、审核、评审，最终从34份申报课题中，确定了23个立项课题，作为2011年度社科基金课题进行资助，每个课题资助2000元。

为改变西双版纳州申报省级社科规划课题的薄弱环节，州社科联根据云南省社科规划办的通知要求，认真组织社科专家积极申报省级社科规划课题。其中组织申报省规划课题2个、基地课题6个。在全省183项社科立项课题中，由州社科联主席游启道负责申报的《桥头堡战略背景下云南旅游目的地可持续旅游营销与创新研究》，被省社科规划办公室列为2011年度25个重点基地课题之一，这也是唯一一个由州市承担的省级重点课题，实现了州内课题申报方面的重大突破。

〔**学会工作**〕 7月8日，州纪检监察学会第一届理事会第二次会议在景洪召开，会议对州纪检监察学会、常务理事、理事会理事进行了调整、充实。

7月15日，州地方税务研究会第二届会员代表大会在景洪召开，会议通过选举产生新一届州地方税务研究会会长、副会长、秘书长、副秘书长、常务理事、理事会理事，并通过了《西双版纳州地方税务研究会章程》。

8月2日，西双版纳州第五次律师大会在景洪召开。会议通过了《西双版纳州律师协会第四届理事会工作报告》、《西双版纳州律师协会第四届理事会付费收支情况报告》和《西双版纳州律师协会单位》，先进单位产生了新一届州律师协会会长、副会长、常务理事、理事会理事。

11～12月，州语言学会、统计学会、州傣学会、州哈尼族学会、州基诺族学会等学会、协会、研究会按照《学会章程》、《社团管理办法》等制度，纷纷召开工作年会，学习贯彻党的十七届六中全会、省九次党代会和州七次党代会精神，总结2011年学会工作，交流经验，研究部署2012年工作，并对学会班子进行调整。

〔**基地建设**〕 5月20日，云南省社科院西双版纳科研与社会服务基地在西双版纳州委党校挂牌成立。成立仪式由西双版纳州社科联主席、州委党校副校长游启道主持。省社科院院党组成员、副院长王文成和西双版纳委常委、副州长、州委宣传部部长陈启忠分别在成立仪式上致辞。省人大民族委员会副主任委员、省社科院原党组书记、院长纳麒教授和副州长陈启忠为基地授牌；社会学研究所所长樊坚和院长游启道代表基地接牌。省人民政府参事贺圣达研究员，西双版纳州党政领导杨建明、陈启忠、杨涛、张美兰、召亚平、袁发先、刀琼平、李永义、玉香伦等出席成立仪式。社科院人事处处长、基地办公室主任任仕暄研究员，社会学所所长樊坚研究员，机关监察室主任李跃明，人事处副处长孙瑞副研究员，社会学所副所长赵群副研究员，信息中心副主任秦伟和人事处、社会学所、东南亚研究所、南亚研究所、信息中心的有关科研人员及西双版纳州处级以上领导干部共300余人参加了基地成立仪式。基地成立仪式结束后，教授纳麒和研究员贺圣达分别以《中国共产党哲学思想的转变》和《缅甸局势 中缅关系与云南桥头堡建设》为题，为西双版纳州直机关处级以上领导干部作了两场专题报告。来自州直各部门、单位的600多名县处级干部参加报告会。为充分发挥州民族博物馆的功能作用，州社科联积极与省级有关部门沟通联系，并向省社科联提出申请，要求将州民族博物馆列为云南省科普教育基地，并将此作为州社科联2011年的一项重要工作目标。经专家实地考察论证，8月16日，州民族博物馆被批准为云南省社科知识普及示范基地。

〔**社科动态**〕 4月10日，州社科联主席游启道与广州市社科联主席顾涧清、办公室主任李伟等进行交流座谈。

6月25日至7月2日，由省社科联统一安排，州社科联主席游启道随考察团赴新疆宁夏学习考察。

7月7日，云南省哲学社会科学规划课题评审工作会议在昆明举行。西双版纳州州委常委、副州长、州委宣传部长部长陈启忠、州社科联主席游启道出席会议。

7月29至8月1日，中国社科院原秘书长朱锦昌、社会学研究所副所长陈光金一行3人，在昆明出席了第九届亚洲社会心理学双年学术研讨会后，到西双版纳州考察。

8月22～26日，州第七次党代会胜利召开，州社科联主席游启道作为党代表出席会议。

8月27～29日，广西民族研究中心主任覃彩銮及曾书记一行21人到州考察调研。

9月5日，全州宣传干部培训班在州委党校开班。云南省社科联主席范建华亲临培训班为学员授课。

11月10日，省社科联党组书记张红苹一行到西双版纳实地调研哲学社会科学工作。张红苹听取了西双版纳州社科联主席游启道的工作汇报后，对西双版纳社科联的工作给予了充分肯定。张红苹一行实地参观考察了西双版纳州民族博物馆。省社科联科普部副主任杨远梅、省学习型党组织建设办公室许斌一同调研。受西双版纳州委宣传部领导委托，州委精神文明建设领导小组办公室副主任胡桂英等领导全程陪同调研。

11月11日，省委宣讲团成员、云南省社科联党组书记张红苹莅临西双版纳州宣讲党的十七届六中全会精神，作了题为《文化的力量——学习十七届六中全会精神的体会》报告，为州领导干部深刻解读了党的十七届六中全会精神。报告会由中共西双版纳州委副书记胡志寿主持。州级党政领导江普生、胡志寿、杨建明、马力勇、张美兰、兰昌华、刀金芬、唐家华、李江虹、马维纲、依甩、玉香伦等参加了报告会。来自州级机关、各人民团体、州属各院校和各企事业单位党组织，中央省属驻州单位的党员干部以及景洪市委常委、市人大常委会、市政府、市政协领导班子成员、西双版纳旅游度假区管委会、景洪工业园区管委会共280余名领导干部现场聆听了宣讲报告。

〔**工作机制逐渐建立完善**〕 经过努力，州社科联的工作机制逐步建立起来，确定：一年召开一次工作会议、一次学术研讨会、一次课题申报工作，两年分别开展一次表彰先进集体、优秀工作者会议和一次优秀社科成果评奖活动等。

〔**《西双版纳社科》**〕 《西双版纳社科》杂志吸纳哲学社会科学前沿理论、紧密结合西双版纳改革开放和经济社会发展实际，根据干部群众不同层次的精神文化需求，分设了不同的栏目，范围涉及州、县市机关干部、教育、党校等群体。杂志在紧扣时代主题，弘扬主旋律、传播新思想、阐述新观点、交流新信息、促进成果转化等方面狠下工夫，突出了刊物的有效性和针对性，使杂志质量和水平有了明显提高，越来越受到广大理论工作者的欢迎和喜爱。全年共出刊6期杂志、92篇理论文章、17篇社科动态、91幅图片。

〔**大记事**〕 根据州委、州政府的安排，2011年，州社科联编制完成了《西双版纳州哲学社会科学十二五研究和发展规划》(以下简称《规划》)编制工作。该《规划》是在深入学习领会《云南省哲学社会科学“十二五”研究和发展规划》、《中共西双版纳州委关于进一步繁荣和发展哲学社会科学的实施意见》和《西双版纳州国民经济和社会发展第十二个五年规划(纲要)》精神，在吸取了先进发达地区的成功经验，进行大量调查研究的基础上，经过专家反复论证的基础上编制的。5月31日，经州委、州政府同意，州委办、州政府办并下发了《西双版纳州哲学社会科学“十二五”研究和发展规划》。规划明确提出了西双版纳州“十二五”时期哲学社会科学研究和发展的指导思想：高举中国特色社会主义伟大旗帜，以邓小平理论和“三个代表”重要思想为指导，深入贯彻落实科学发展观，解放思想、实事求是、与时俱进，坚持“立足地方、侧重应用”的原则，发扬理论联系实际的学风，重点围绕全州经济社会跨越发展的“六大战略”和“两个率先”、“两个定位”、“两个为主”等发展目标和中心工作，深入开展调查研究，突出决策服务功能，着力研究回答我州经济社会发展中的重大理论和现实问题，为建设富裕民主文明和谐西双版纳提供理论指导、思想保证、精神动力和智力支持。发展目标：推出一批有理论深度、有应用价值的哲学社会科学优秀研究成果，培养一批理论功底深厚、思维紧贴时代脉搏的哲学社会科学人才，建立一套较为完善的哲学社会科学发展机制，营造一个哲学社会科学发展的良好环境，初步形成具有西双版纳地方民族特色的哲学社会科学发展基本框架，努力推动全州哲学社会科学繁荣发展。七大发展任务：加强以应用和对策研究为主的理论研究；加强地方民族历史文化的研究；加强对周边国家和地区的研究；加强哲学社会科学知识普及工作；强化哲学社会科学的管理和服务职能；健全哲学社会科学研究组织体系；加强哲学社会科学人才队伍建设。

〔**学习培训**〕 2月25日，州社科联主席游启道、秘书长贾荣林出席了在昆明召开的云南省社科联2011年工作会议。

3月29～30日，游启道出席了省社科院在昆明召开的省社科院2011年度工作会议。

5月，根据州委组织部干教委《关于2011年举办主体班和专题班计划》的通知要求，游启道、李向元参加了县处级干部培训班学习。9月，贾荣林参加了宣传干部培训班学习，玉娟参加了州级机关科级干部培训班学习。

〔**人事工作**〕 12月2日，州委决定，彭启承到州社会科学界联合会工作，为调研员。

〔**获奖情况**〕 2月25日，游启道被省社科联评为2010年“优秀社科工作者”。

3月，州社科联主席游启道同志撰写的《农村党员发展问题研究》被省委组织部评为2011年度调研文章“三等奖”。

游启道、贾荣林被评为2011年度“优秀公务员”。

(《州社科联》撰稿人：贾荣林)

州工商联

〔**概况**〕 2011年，州工商联在州委、州政府的正确领导下，在省工商联的具体指导下，坚持以邓小平理论和“三个代表”重要思想为指导，高举中国特色社会主义伟大旗帜，全面贯彻落实科学发展观，团结和带领广大非公经济人士学习贯彻落实党的十七大、党的十七届五中、六中全会、州委六届十、十一次全委会和州第七次党代会议精神，学习贯彻落实《中共中央国务院关于加强和改进新形势下工商联工作的意见》和省、州《实施意见》精神，围绕中心，开拓创新，在参政议政、组织建设、做好非公经济人士思想政治工作、对外联络、会员服务等方面做了大量卓有成效的工作，为西双版纳经济社会科学发展、和谐发展、跨越发展做出了积极的贡献。

〔**非公经济组织党建工作**〕 2011年6月，积极组织非公企业参加了云南省非公有制经济组织纪念建党90周年“党旗下的誓言”演讲比赛。在比赛中，西双版纳石化集团公司罗瑞洁演讲的“蓝焰点亮绿洲”、浙江商会蔡云江演讲的“三代人的誓言”均荣获二等奖，州工商联在比赛中荣获“组织奖”。11月，在州工商联的积极帮助、指导下，经过充分酝酿，西双版纳州湖南商会成立了党支部并举行隆重的授牌仪式。同时，对全州民营企业党建工作进行调研，撰写了《全州民营企业党建工作调研报告》。

〔**参政议政**〕 2011年，全州各级工商联组织在深入调查研究基础上，利用出席各级政协全会的机会，积极参政议政，及时反映社情民意。在州政协全会上，工商业联合会界别委员提出了《关于发挥工商联组织在“桥头堡”建设中作用的建议》、《关于解决我州县级异地商会组织“社团登记”难的提案》等涉及社会、经济、卫生、教育、城建方面的提案13个（其中《关于发挥工商联在“桥头堡”建设中作用的建议》在州政协十一届一次全会上被评为优秀提案，受到了表彰。），景洪永盛实业有限责任公司总经理王文勇在全会上作了题为《利用区位和资源优势，促进我州橡胶产业健康可持续发展》的大会交流发言。积极配合省工商联完成各项专题调研课题，并撰写完成了《西双版纳州民营经济发展报告》。

〔**组织建设**〕 2011年，州工商联着重加强基层组织建设，不断夯实工作基础。为服务好“桥头堡”主阵地建设，帮助非公企业“走出去”，规范蔬菜流通行业发展，经多方努力，州工商联组建了西双版纳蔬菜流通行业协会。州蔬菜流通行业协会成立后，对全州“蔬菜换成品油”、“鲜花换水果”、“冷果换热果”项目的实施，大力发展农产品出口、进一步规范农产品出口发展经营秩序、加强与周边国家的经贸往来和各领域的交流与合作将起到积极的推进作用；拓展思路，主动承担，最大限度地把非公人士团结在党的周围，积极指导、帮助勐腊县工商联于5月成立了勐腊县工商联贵州商会；鉴于全州餐饮洁具行业的混乱局面，州工商联通过调研，积极协调该行业有一定规模的企业出来牵头整合，组建了西双版纳餐饮洁具行业协会筹备组；为维护和增进全州珠宝行业的共同利益，矫正经营中的弊端，繁荣和规范珠宝行业市场，维护会员和消费者的合法权益，促进珠宝行业的健康发展，州工商联积极与民政部门协调，同意州工商联作为西双版纳州珠宝行业协会业务主管单位，进一步规范行业协会商会业务主管部门归属问题；进一步加强对各异地商会、行业协会商会组织工作的指导力度。截至2011年底，全州共有异地商会组织7个（其中：州级异地商会组织3个，县级异地商会组织4个；三家州级异地商会均成立了党支部），乡镇分会组织8个，行业商会、协会9个。全州工商联共有会员1895个，其中：企业会员176个，团体会员24个，个人会员1697个。

〔**光彩事业 感恩行动 扶贫**〕 2011年，认真实施昆明诺士达企业（集团）七彩云南助学金行动。通过认真筛选和核实，上报有关材料，完成了昆明诺士达企业（集团）有限公司向西双版纳6名少数民族贫困学生进行了贫困捐助。期间，州工商联副主席冯兆昌和两名受资助的贫困大学生代表应邀参加了诺仕达集团在昆明举行的“七彩云南助学工程”启动仪式。9月，开展捐资助学活动，州工商联举行爱心企业捐资助学仪式，来自重庆商会的渝又企业和西双版纳鼎鑫房地产开发有限公司负责人，向即将步入大学校园的两名少数民族贫困学生每人每学期给予4000元的资助。11月7日，西双版纳石化集团有限公司在州允景洪小学举行捐资助学仪式，向州允景洪小学新建阶梯教室捐资10万元；为认真贯彻落实中央、省的有关部署，引导全州广大非公有制经济人士积极践行“致富思源、回报社会，感恩党、感恩国家、感恩人民，富而思进、扶贫济困、共同富裕，义利兼顾、德行并重，发展企业、回馈社会”的光彩精神，从2011年开始州工商联在全州广大民营企业中开展了“云南红土情·光彩进万家－民营企业感恩行动”。全州各级工商联组织大力宣传和弘扬光彩事业精神、感恩行动意义，积极鼓励和引导非公有制经济人士承担社会责任。一年中，在企业自愿参与的前提下，组织了76户的工商联企业会员和部分非公企业及非公有制经济人士通过走访慰问、解决实际问题、培训实用技术、帮扶致富项目等形式，积极开展感恩行动，帮扶人数3000余人，累计捐款捐物760万元。

〔**贷免扶补工作**〕 在2011年的“贷免扶补”工作中，全州工商联配合农信社发放贷款409万元，扶持70人创业，带动221人就业，提前一个月完成省工商联下达的目标任务。州工商联还不断完善了创业导师对创业人员帮助服务机制，并加大了对2010年30名创业人员的回访力度。

〔**企业服务**〕 2011年，州工商联以提高服务能力和水平为重点，积极为企业服务。积极开展对非公经济人士队伍的培训服务，不断提高非公经济人士素质。6月，州工商联与州人力资源和社会保障局、州国有资产监督管理委员会、州总工会共同举办了社会保险法培训班，共有州级企业单位47家92人参加了培训。7月，州工商联与州招商局联合举办的“西双版纳州商会企业招商引资业务培训班”在州委党校开班，州湖南商会、州重庆商会、州浙江商会、州装饰材料行业协会等组织派出的101学员参加了培训。7月，积极配合州委统战部、州委组织部举办了2011年西双版纳州非公有制经济代表人士培训班；州工商联组建了由各级工商联组织、各异地商会、协会及非公企业组成的西双版纳州工商联代表团一行48人参加了在昆明市举办的“2011年云南省首届民营企业运动会”。在省首届民营企业运动会上，西双版纳代表团获得了羽毛球男子单打第15名、羽毛球女子单打第13名，男子篮球在33个参赛队中荣获第七名。同时，代表团还被组委会授予了优秀组织奖。

〔**宣传工作**〕 2011年，州工商联编辑出版了2期《西双版纳商会》杂志，编印《工商联信息》十四期2000余份。并积极与《西双版纳报》专栏记者合作，共同对具有代表性的非公经济人士进行了采访报道，对其事迹进行刊载。

〔**对外联络**〕 7月26日，州工商联与清迈府山甘烹县长班彭先生率领的“一个地区一个商品项目”计划委员会委员、相关政府官员以及商界代表等共计22人进行座谈，双方就商务上及商业投资方面进行了广泛的交流，期间泰国客商还展示部分手工制品。9月15日，州工商联与泰国难府农业局局长拉蓬率商会、橡胶合作社负责人一行18人就两地橡胶种植、加工情况进行了座谈。期间，泰国难府代表团一行到景洪勐罕曼列胶厂进行了实地参观考察。10月26日，州工商联与前来西双版纳考察观光的老挝郎勃拉邦省商会代表团一行8人进行了座谈。双方就会员企业之间开展合作交流达成了共识。期间，副主席冯兆昌陪同老挝商会代表团一行到景洪诚信根雕厂、云南云锰兴业进出口贸易有限公司进行了参观、座谈。11月10日，应州工商联的邀请，泰国春蓬府工商协会会长张春光率政府相关人员、各行业业主代表一行31人对西双版纳州进行友访问。在交流座谈会上，主席李永义向泰国客人介绍了西双版纳州的基本情况，并就泰方提出的关于昆曼铁路、澜沧江—湄公河航运及西双版纳到泰国陆路运输等问题一一作了解答。双方还就西双版纳州与泰国春蓬府两城市可合作领域进行了探讨。2～7月，按照州委组织安排，赴上海挂职学习锻炼的副主席冯兆昌与上海当地工商联进行了广泛的接触和交流，并与闵行区工商联就建立友好商会达成了共识。11月22～24日，州工商联组织全州各级工商联组织、各异地商会、各行业商会协会及部分非公企业赴临沧市考察学习。期间，州工商联与临沧市工商联缔结了友好商会。热情接待了来访的四川省成都市工商联、安徽省工商联考察团、广东省增城市工商联考察团。期间，州工商联与增城市工商联缔结了友好商会。12月7日，州工商联副主席冯兆昌，州工商联副主席、西双版纳顺达进出口贸易有限公司总经理王文勇应邀参加了滇缅经贸合作论坛第三次会议暨第十一届中缅边境经济贸易交易会。

〔**工作会议**〕 11月4日，全州加强和改进新形势下工商联工作会议在景洪召开，会议对西双版纳州工商联工作的成绩和经验进行了总结，研究部署了新形势下工商联工作。州委常委、州委秘书长、州委统战部部长杨涛，州人大常委会副主任张美兰，州政府副州长李江虹，州政协副主席、州工商联主席李永义出席了会议。州直相关部门、各县市（区）委、政府、统战部、工商联及有关单位领导参加了会议。与此同时，州委、州政府出台了《关于加强和改进新形势下工商联工作的实施意见》。

（《州工商联》撰稿人：肖大翔）

民盟州委

〔**概 述**〕 民盟西双版纳州委员会是西双版纳地区成立最早的一家民主党派地方组织，它隶属民盟云南省委、中共西双版纳州委。成员由高、中级知识分子组成，分布以文教卫、科技界为主的州、县（市）直的50多个单位。截止至2011年，有17个支部：州直机关、职业技术学院、州一中、州民中、州人民医院、州气象局、省热带作物研究所、农垦医院、西双版纳交通、西双版纳金融、市直机关、市一中、市三中、市四中、西双版纳科技、勐仑、勐腊等支部。有盟员270人，其中：正高级职称3人，占1.11%；副高级职称70人，占25.9%；中级职称144人，占53.3%；大专学历以上208人，占77%；退休盟员110人，占40%；女盟员89人，占32.9%；有省十届政协委员2人，州十二届人大代表1人，州十一届政协委员13人（其中：常委3人）、县（市）政协委员7人。

2011年，民盟西双版纳州委在民盟云南省委和中共西双版纳州委的领导下，以中国共产党建党90周年暨中国民主同盟成立70周年为契机，团结带领导全州广大盟员，坚持以邓小平理论和“三个代表”重要思想为指导，贯彻落实科学发展观，坚持和完善中国共产党领导的多党合作和政治协商制度，坚持不移地走中国特色社会主义政治发展道路，不断加强自身建设，努力提高参政议政能力，围绕中共云南省第九次党代会及中共西双版纳州委六届十一次全会和中共西双版纳州第七次党代会精神与实施“十二五”规划，把西双版纳州推进开放云南与桥头堡主阵地建设结合起来，认真开展调查研究，积极参政议政，建言献策，顺利完成了全年的各项工作和任务。

〔**学习贯彻会议精神**〕 2012年，学习中共西双版纳州委六届十一次全会和中共西双版纳州第七次党代会精神。民盟西双版纳州委召开常委扩大会议，组织全体常委和各支部主委及委员学习中共西双版纳州委六届十一次全会和中共西双版纳州第七次党代会精神。3月17日，民盟西双版纳州委召开常委扩大会议，专题学习传达全国、全省和全州统战工作会议精神，部署实施“人才强盟”的目标任务。结合庆祝中国共产党建党90周年、人民政协成立60周年暨中国民主同盟成立成立70周年等重要活动，加强对盟员的政治思想教育，不断巩固和扩大新世纪新阶段爱国统一战线团结和谐开拓奋进的新局面。

12月2日，民盟州委召开全委扩大会议，学习贯彻中共西双版纳州委统战部关于转发《省委统战部转发中央统战部关于统一战线深入学习贯彻胡锦涛同志在纪念辛亥革命100周年大会上讲话文件通知》和《省委统战部转发中央统战部关于统一战线深入学习贯彻党的十七届六中全会精神文件》的通知和学习贯彻中共云南省第九次党代会会议精神。民盟州委领导班子、常委、委员、基层支部主委参加会议。会议强调胡锦涛同志在纪念辛亥革命100周年大会上的讲话是一个重要的讲话，要认真组织学习，并把学习贯彻重要讲话精神与学习中共十七届六中全会精神相结合，务求学有成效，促进工作，推动西双版纳州经济社会发展和民族文化建设发展献计献策。

〔**办好《版纳盟讯》抓好对外宣传**〕

民盟西双版纳州委主办的《版纳盟讯》，宗旨是宣传中国共产党领导的多党合作制度的方针、政策，弘扬民盟的优良传统；展示民盟参政议政、建言献策、服务社会和盟组织发展的各项工作成果；探讨新时期盟务工作的新思路、新方法；通报民盟西双版纳州委的重大活动，传递基层盟组织的活动信息，起到了联系和沟通广大盟员思想的桥梁作用。利用《版纳盟讯》开展横向交流，扩大影响，成为民盟西双版纳州委对外宣传的窗口。通过其他州县（市）委统战部、州县（市）政协、盟员所在单位，向省内各地盟组织赠阅《版纳盟讯》，扩大了民盟州委对外宣传的效果。2011年收到盟员投稿信息30多篇，采用信息26篇，编辑完成《版纳盟讯》两期。

〔**组织活动**〕 1月14日，民盟西双版纳州委召开迎新春团拜会，200多名盟员欢聚一堂，共叙发展大计，并向民盟州委历任的老领导和80岁以上的老盟员送上了慰问金，表达新春的祝福。

6月11日，民盟西双版纳州委隆重举行庆祝中国共产党建党90周年暨中国民主同盟成立70周年大会。

民盟云南省委主委倪慧芳亲临大会并作重要讲话。她说，中国民主同盟诞生于中华民族生死存亡的危难时刻，至今已走过了70年的光辉历程。民盟建立和发展的70年，是与中国共产党亲密合作、风雨同舟、并肩战斗的70年，是同全国各族人民一道为实现民族独立、国家富强、人民幸福而努力奋斗的70年。今年是“十二五”开局之年，希望民盟西双版纳州委在中共西双版纳州委的领导下，在继承中创新，在创新中发展，为推进西双版纳州“十二五”科学发展作出新的努力和贡献。以纪念中国共产党建党90周年暨中国民主同盟成立70周年为契机，进一步坚守民盟先辈的政治理想和政治承诺，承传多党合作的优良传统，围绕中心服务大局，努力为建设富裕民主文明和谐西双版纳作出新的更大贡献，努力开创民盟事业发展新局面。

会上，民盟西双版纳州委主委谭应中总结和回顾民盟西双版纳州委的工作，提出了今后工作的主要任务。会议还为2010年盟员政协委员提案立案及优秀提案者颁奖。

9月3日，民盟西双版纳州委召开庆祝第27个教师节暨中秋节座谈会，有160位盟员教师及盟员欢聚一堂，回忆版纳教育的过去，展望版纳教育发展的未来，豪情满怀，共话民族教育发展大计。西双版纳州政协副主席李永义、西双版纳州教育局副局长凌升华等领导出席并与盟员们共庆教师节暨中秋节。

10月8日，民盟西双版纳州委召开庆祝重阳节座谈会，民盟州委领导班子成员和支部负责人与退休的老盟员欢聚一堂，共同庆祝第24个“敬老节”。

〔**参政议政**〕 民盟西双版纳州委领导十分

重视提案的撰写工作，每年的两会前夕，主委谭应中都要组织盟员中的州政协委员和各支部负责人商讨提案的选题、提案撰写及征集等相关工作，要求各支部根据所联系的群众，对群众关心的热点、难点问题进行广泛的调研，选择有代表性的案例写出提案交民盟西双版纳州委审定，再通过州政协委员把提案递交两会。在政协西双版纳州第十届五次全体会议上，民盟西双版纳州委16位盟员中的州政协委员，紧紧围绕中共西双版纳州委、州政府中心工作，向大会递交提案26件，立案26件。其中：集体提案1件，政协委员个人或联名提案25件。内容涉及法律和社会保障与社会公益方面的3件，教育、卫生、城建、公安交通方面的15件，环保旅游、林业、农业建设方面的7件，占本次大会立案总数的23.%。在此次大会上，谭应中主委和王军健分别作了题为《充分发挥民盟智力优势、为傣乡应对气候变化献策》和《优化委员工作机制、发挥委员主体作用》的交流发言。在上届会议上盟内的2件提案被州政协评为优秀提案受到表彰。在此届大会上，盟员谭应中、李文郁、王军健、陈春林、张国成被州政协评为十届政协优秀政协委员。

〔**调查研究**〕 3月3～4日，民盟州委主委谭应中一行4人到景洪市景讷乡进行了粮食安全问题调研。调研组首先听取了景讷乡党委、政府领导的介绍，又实地视察了农田和走访了香蕉种植户。通过调研，大家认为，目前，景讷乡的农田大面积香蕉种植所带来的经济收入大于种粮食，导致景讷乡经济作物侵占农田现象严重，而出租地种植香蕉的农户照样享受粮食增补，挫伤了种粮户的积极性，长期下去，会给景讷乡粮食生产带来隐患。建议地方党委、政府加大农田水利设施建设的投入，提高科技含量，高度重视产量安全问题，增加种粮户的补贴，提高农民种粮的积极性，才能确保实现我州"十二五"末粮食种植面积130万亩、产量40万吨的目标。

4月1日，民盟州委主委谭应中、副主委玉香约一行5人在景洪市教育局领导的陪同下，到景洪市勐罕镇勐宽小学视察工作。2010年，民盟州委积极申请并向中共西双版纳州委统战部争取抗旱救灾资金10万元，学校现已从6公里外引水到学校，建成蓄水100立方的钢筋混凝土水池，可供500人师生饮水、用水，完全解决了勐宽小学师生饮用水困难的现状。谭应中主委一行视察了学校的教学区，引水、水池等情况后，充分肯定了学校办学所取得的成绩，也为学校今后的发展提出了宝贵意见。

9月，由民盟州委、西双版纳州教育局、景洪市教育局等组成的民办教育联合调研组对景洪市民办教育情况进行了工作调研。调研组听取了市教育局教育股关于民办教育情况的汇报，到青龙学校、育才学校、小孔雀幼儿、勐龙镇敏捷幼儿园等民办学校实地走访查看，与学校负责人及部分教师举行了座谈会，倾听了他们的意见和呼声，但也反映了全州民办教育存在的共性问题。从全州民办教育的层面上提出意见。一是在贯彻落实《"民办教育促进法"》中加强对政策的法律性研究，认真解决好民办学校的正确归位。二是教育主管部门要进一步以科学发展观统领全局，加强对民办学校和管理和督查，务求工作取得实效。三是盼望我州能出台一个关于发展民办教育的政策性意见，以指导和促进市县民办教育的发展。四是提高认识，加强对民办教育工作的领导。

〔**为傣乡应对气候变化献计献策**〕 3月16日，民盟西双版纳州委主委谭应中、秘书长徐家福在西双版纳州环保局会议室参加西双版纳州"生态立州"领导小组召开的"充分发挥民盟智力优势、为傣乡应对气候变化献计献策"座谈会。在座谈会上，大家认为，民盟西双版纳州委按照"政治协商、民主监督、参政议政"的职能，围绕州委，州人民政府的工作重点、充分发挥民盟智力优势，开展调研活动，积极撰写提案，如《西双版纳气候环境恶化、改善生态环境迫在眉睫》、《关于加强防灾减灾应急体系建设的建议》、《遏制我州橡胶面积，盲目扩大、高海拔种植已刻不容缓》、《关于加强景洪城区灰霾污染治理的建议》等提案和《充分发挥西双版纳州"水、陆、空"口岸优势、齐心协力共建"桥头堡"》的调研报告等，得到了州环保局、州自然保护局、州林业局、州水电局、州国土资源局、州农业局、九三学社西双版纳支社等领导的高度评价和肯定。

〔**民盟智力组织发展**〕 2012年，在盟内组织发展中，民盟西双版纳州委始终按照"三为主"的方针，坚持"巩固和发展相结合"的原则，注意处理好数量与质量，发展骨干盟员和一般盟员的关系，严格入盟质量，确保发展程序，审批了13位同志加入中国民主同盟为盟组织增添了活动。

〔**支部活动**〕 4月10～17日，民盟西双版纳职业技术学院支部组织学院在职11位盟员到丽江、香格里拉进行考察、学习。本次考察活动，得到了西双版纳职业技术学院党委领导的高度重视，对考察活动提供了经费支持。在考察期间，盟员们参观了丽江古城和丽江著名的泸沽湖风景区，对丽江的旅游发展现状进行了比较详细的了解。还参观了丽江师范高等专科学校，并与丽江专科学校数学系、体育系、生命科学系等领导和老师就高教教育和践行社会主义核心价值体系进行了座谈与交流。

〔**表彰奖励**〕 2011 年，全州盟员积极参加中共建党 90 周年暨民盟成立 70 周年活动，在自己本职岗位上不断创新、努力进取，为西双版纳州实施“十二五”规划建设做出了积极努力，涌现出一批优秀盟员被上级表彰。民盟州委荣获民盟中央纪念中国民主同盟成立 70 周年先进集体奖；荣获民盟云南省委宣传工作先进集体三等奖；“桥头堡”调研报告被中共州委统战部评为一等奖；“关于保护傣族干栏式建筑的建议”提案被州政协评为优秀提案。盟员谭应中获民盟中央纪念中国民主同盟成立 70 周年先进个人奖；盟员王军健被国务院授予享受国务院特殊津贴待遇，获西双版纳州首位二级教授职称。共有 7 位盟员获省级表彰；共有 12 位盟员获州级表彰。

（《民盟州委》撰稿人：徐家福）

责任编辑:段怡敏

西双版纳军分区

〔概况〕 2011年,西双版纳军分区坚持以邓小平理论和"三个代表"重要思想为指导,落实科学发展观,贯彻主题主线重大战略思想,按"扭住根本、围绕中心、端正作风、夯实基础、确保稳定、促进发展"思路,落实各项工作,圆满完成年度各项任务,部队和国防后备力量建设全面发展、整体推进。

思想政治建设有成效。把思想政治建设摆在首位,狠抓党的创新理论武装,完成4个专题党委中心组带机关理论学习。贯彻全军思想政治教育座谈会精神,培育当代革命军人核心价值观,举办"践行当代革命军人核心价值观"优秀共产党员先进事迹报告会,深化"四项重大教育"。主题教育的经验做法被军区《政治工作简报》刊发。结合纪念建党90周年系列活动,狠抓党史军史学习教育。抓"五防一禁"特色教育和形势政策教育,推进"云南边防八千里文化长廊"建设,持续深化"五民"活动,开展军营文化创建,做好新闻宣传工作和政治研究工作,全区1096篇(幅、条)稿件被军内外媒体刊用,分区被成都军区表彰为新闻宣传工作先进单位,被云南省军区表彰为政研工作先进单位,分区政工网被成都军区评选表彰为优秀政工网。

军事斗争准备深入推进。扭住军事斗争准备龙头不放松,密切关注缅北局势发展变化,做好应对缅北复杂局势的实质性准备,完善各类战备方案和应急预案。升级改造分区指挥控制中心,建立战场环境信息数据库,完成一体化指挥平台建设,狠抓战备值班系统综合整治,战备建设水平有新提高。在勐海"8·24"洪灾中,77320部队和勐海县人武部快速反应,最大限度保护人民群众生命财产安全。深化军事训练改革,扎实开展基础课目训练,狠抓首长机关训练,组织各类集训和实兵实案演练,开展比武竞赛活动,培训各级各类骨干300多人。抓教导队达标建设,选派人员参加成都军区组织的教导队尖子教员比武,夺得2个单项课目优胜奖。加强信息化知识学习集训和一体化指挥平台操作应用训练,贯彻军区野外驻训政治工作座谈会精神,做好训练中思想政治工作,不断改善训练保障条件。分区司令部被成都军区表彰为先进司令部,勐海县边防委办公室被成都军区边防委表彰为边防建设十佳单位,77330部队被省军区评为军事训练一级单位。

党委班子和干部队伍建设不断加强。开展"加强党性修养、锤炼思想作风"教育整顿,学习上级转发的一系列事故案件通报和批示,汲取其他单位发生问题的教训,举一反三查问题,借锤敲钟抓整改,解决自身存在的突出问题。抓《党委工作条例》学习贯彻,修订分区党委议事规则,持续深化民主集中制学习教育,强化党委集体领导意识,各级党委贯彻力执行力落实力增强。贯彻军委《廉政规定》,开展"强党性纯洁官德人品、严党纪纯正党风军风"专题教育,落实"两课一讲评"制度,部队风气建设得到巩固。严格执纪执法,加强行政监督检查,从严查处违纪违规行为,党员干部履职尽责、廉洁从政更加自觉。推进人才队伍建设,贯彻全军和军区人才工作会议精神,抓干部能力素质培养,开展岗位练兵活动,各级干部依法办事的能力不断增强。坚持正确用人导向,调整提升使用133名干部,选送42人入学进修,交流20人到外单位任职,干部队伍结构和素质优化。

基层建设水平稳步提升。巩固和深化两级军区集训成果,组织2期110名干部参加共同条令暨《政工条例》、《纲要》集训,机关按纲指导、基层按纲抓建的能力不断增强。抓培训成果转化,大力加强"三个一线"、"四个基本"建设和"八项经常性工作"落实力度,规范基层各类库室、军人登记统计,不断打牢基层科学发展基础。深入开展创先争优活动,推广77320部队基层党务公开试点经验做法，不断提高基层党组织领导单位全面建设的能力。分区部队创先争优活动做法和基层党组织党务公开经验材料先后被全军和军区级刊物刊用。严格落实蹲点帮带和当兵锻炼制度，分区和团两级党委机关分4批组织107名领导和机关干部深入一线搞帮带、解难题，落实年初承诺为基层办理的10件实事，采取不打招呼的方式，先后22次下基层检查督导经常性基础性工作落实情况，促进各项工作在末端落实。77330部队部队长章福川、政治委员李卫远被成都军区表彰为先进旅团级单位"一对好主官"，77320部队72分队党支部被总政表彰为全军先进基层党组织。

安全稳定工作基础更加牢固。开展"边防执勤条令学习月"活动，组织联勤联训和党政军警领导联合走边关活动，牵头组织清理纠治边境违法违问题规，提高边防管控的质量效益。坚持团以上首长机关参勤带勤，定期组织边界巡查，加强敏感时期和重要地段边防管控，坚决捍卫边防稳定。77320部队执勤分队一次性截获大宗走私物品49吨，有效打击边境违法犯罪活动。落实会谈会晤制度，有理有利有节地协商解决边境涉外事务，促进睦邻友好。开展隐蔽战线斗争，高度重视调查掌握防区群体性事件预警信息，协调召开情报信息工作联席会议，扎实开展驻地敌社情调研，完成各类情报信息和调研材料319份。定期走访地方国安、公安、外事、维稳办等部门，加强军地协作交流，搞好联防联治，有效维护社会稳定。坚持依法治军、从严治军，严格落实"六个管好"、"六项制度"，开展"三互"、"三责"活动，制定《分区机关直属分队教育管理实施细则》，突出加强重要部位、敏感时期和"五部"、"两角"安全管理，不断正规部队"四个秩序"。《保密条例》学习贯彻，严格执行防范军人网上交友"六条禁令"，定期检查信息安全保密工作。召开纪委书记联席会议暨倾向性问题专项整治分析汇报会，从严整治六类倾向性问题，及时清理家门口士兵、特种车辆、警报器、警灯及军车号牌，深入开展打击"假军车、假军人"活动，切实维护了部队形象和声誉。

后装综合保障能力增强。加强基础设施配套建设，各级投入800余万元，新建加油站，整治招待所、教导队、基层供水设备、直属分队住房等设施。77330部队、77320部队农副业生产基地、现代军营饮食文化餐厅和分区通信站新型钢架防雨降温大棚、瓜果长廊建设顺利完工，完成"军队农业引智成果经验交流会"观摩点建设和保障任务。坚持党委理财，严格预算管理，推行公务卡支付，实行物资集中采购，组织财务专项检查，落实职工绩效工资制度，完成津贴补贴调整工作。后勤科学管理水平不断提高，77320部队被军区表彰为基层后勤科学管理先进单位。抓武器装备"两成两力"建设，开展装备"三化"管理达标创优活动，制定《民兵装备仓库管理实施细则》，完成装备仓库安防系统工程建设。配合省军区开展"百连装备调研"活动，组织轻武器大修示范试点。贯彻"沈阳会议"精神，加大装备财务管理力度。开展装备专业训练，参加两级军区装备业务比武竞赛，在军区获得3个单项第二、3个单项第三；在省军区获得1个团体第一、1个团体第二、4个单项第一、4个单项第二、3个单项第三的好成绩。

国防后备力量建设有新发展。落实《民兵政治工作规定》，把握国防后备力量建设正确方向。协调召开州委议军会议暨州国动委第七次会议，组织三县（市）国动委第一主任、人武部党委第一书记进行党管武装工作述职，研究解决制约国防后备力量建设现实问题。坚持科学统筹优化结构，完成全州3249名转服预备役退伍军人登统计工作，整组基干民兵2.3万余名，抓边境民兵应急分队和心理战分队训练，组织民兵参加禁毒、维护社会治安和设伏堵卡等行动，深化"六联"成果。利用军史馆、勐混烈士陵园等省级国防教育基地开展国防教育，组织全州98名后备干部进行军训。抓人武部全面建设，在景洪市和勐腊县人武部开展达标建设成果"回头看"活动，不断固强补弱。勐海县人武部通过省军区达标验收。

〔主题教育〕 贯彻全军思想政治教育座谈会精神，突出"弘扬战区'五种精神'，忠实履行历史使命"主题和团以上领导和机关重点，全面深入培育当代革命军人核心价值观，结合建党90周年纪念活动，举办"践行当代革命军人核心价值观"优秀共产党员先进事迹报告会。主题教育的经验做法被军区《政治工作简报》刊发。

〔"加强党性修养、锤炼思想作风"教育整顿〕 3月中旬以前全面展开，以上带下、分级组织，抓好动员部署、蹲点调研、学习教育、对照检查、检查验收五个环节落实，结合分区实际，重点解决军区提出的五个问题，下大力集中整治两级军区提出的六个倾向性问题，各级党委班子和干部队伍建设不断加强。

〔倾向性问题专项整治及"回头看"〕 从年初开始，以团以上领导和机关为重点，自上而下逐级展开，结合重要时节、重大任务和基础性经常性工作抓整治，贯穿全年，分四个阶段进行，重点整治插手干预基层敏感事务，违规使用特种车辆、警报器、警灯和军车号牌，收受钱物，违规喝酒，超标准接待以及违规处置、使用房地产六个问题。10月后，据两级军区部署要求，以团以上领导机关和营连级单位主官为重点，在“六个问题”进行“回头看”的基础上，对士官选取、士兵退役、新兵征接工作中要解决的问题重点整治，巩固倾向性问题专项整治成果。

〔**军民联防联训**〕 针对老兵退伍后，边防连队执勤力量薄弱的实际，按“力量上统、行动上联”的要求，组织边境乡（镇）民兵与驻地边防连队开展为期3个月的联勤联训，采取就近抽组、分批轮训、联合执勤的方法，每个点集中民兵训练不少于25人，编为5至10人的执勤分队参与一线连队巡逻执勤；依靠边防连队训练资源，着眼边境应急维稳准备，组织部队和民兵开展以紧急出动、边境管控为主要内容的针对性训练和实案化演练，提高联合应对边境突发事件能力；开展边境乡镇“四员”队伍业务培训，加强与各边管部门协同配合，定期召开联席会议，进行情况通报和情报会商研讨，掌握防区动态情况。

〔**军地领导联合走边关**〕 6至7月，采取统一计划、编组实施的方法，组织全州196名军地领导，分赴6个方向开展联合走边关活动。以活动为载体，组织边防委成员单位领导互通边境管理情况，会诊边境管控难题，共商对策措施，明确职责制度，增强工作合力。坚持“三个结合”，把走边关与解难帮困、双拥共建工作结合起来，通过开展“七个一”活动。

〔**会谈会晤**〕 本着“以邻为伴、与邻为善”的外交方针，从维护国家安全战略的高度出发，认真执行对外交往政策，切实履行好有关协定、协议。利用现有渠道和机制，积极与邻军开展会谈会晤，妥善处置边境涉外事务。全年，共组织出境会谈3次，入境会谈3次。其中，与缅甸联邦孟阳地区边界代表机构会谈4次，与老挝丰沙里省军事指挥部和乌多姆赛省军事指挥部会谈各1次。

〔**“军队农业引智成果经验交流会”观摩项目建设和会议保障**〕 “军队农业引智成果经验交流会”于10月29日至10月30日在本区召开，国家外国专家局孙照华副局长、总后军需物资油料部李俊锁副部长，军区联勤部张军副部长，云南省军区杜国胜副政委，11个省（市）外国专家局局长及军区各大单位军需物资油料部领导等60余人参会。高标准完成77330部队72分队、73分队，77320部队团部和分区通信站农副业基地建设，自主生产，与地方洽谈，引进资金、技术，创新合作方式，开展新、特、奇生产项目，最大限度盘活农副业基地现有生产资源，形成以特色种养项目为龙头，以农业新技术为支撑，以安全肉菜保障为中心，集生产、供应、休闲功能为一体的劳动田园、休闲花园、精神家园，为与会代表展示“引进新理念、推广新品种、普及新技术”引智成果，部队种养殖管理、提升农副业生产建设层次及军营田园文化建设经验。

〔**开展“爱军精武”比武竞赛活动**〕 采取由下而上、层层选拔竞赛方式，开展爱军精武比武竞赛，涌现一批综合素质强、军事技术精的训练尖子。在军区装备比武竞赛中，获得3个单项第二、3个单项第三；在军区尖子教员比武竞赛中，获得1个单项第四和1个单项第六；在省军区装备比武竞赛中获得1个团体第一、1个团体第二、4个单项第一、4个单项第二、3个单项第三，营造良好训练氛围，部队训练质量和效益明显提高。

〔**副总参谋长章沁生视察分区部队**〕 7月24日，章沁生副总参谋长一行到区调研军事斗争准备、边境管控和边防建设情况，重点研究维护中越中缅边境安全稳定、深化西南方向军事斗争准备，对77320部队72分队、打洛国门及77320部队进行视察，与官兵亲切座谈，了解基层官兵情况，在77320部队听取分区情况汇报，从中缅方向边防工作的重要性和如何推进边防工作创新发展两个方面作出重要指示。

〔**成都军区田修思政委视察分区部队**〕 11月27日至28日，军区田修思政委到西双版纳军分区调研部队建设和年终工作开展情况，听取分区今年来完成的工作和年底前工作开展的情况汇报，视察77330部队，看望72分队官兵，赠送慰问金。田政委在充分肯定分区部队建设成绩的同时，指出分区部队建设中存在的问题和不足，对分区党委班子提出希望和要求。

〔**赵开增副政委带工作组蹲点调研和当兵锻炼**〕 3月15日至27日，成都军区赵开增副政委带工作组在西双版纳军分区蹲点调研和当兵锻炼。采取听取工作汇报，参加党日活动、党支部会议、政治教育，检查武器弹药仓库，与官兵座谈交流和下连当兵锻炼等形式，到分区机关、人武部、基层部队和边境口岸检查调研、帮带指导。赵副政委在蹲点调研中对分区部队全面建设给予肯定，对抓好下步工作作出指示。

（《西双版纳军分区》撰稿人：严　飞）

武警西双版纳支队

〔**概况**〕 中国人民武装警察部队西双版纳傣族自治州支队（简称武警西双版纳州支队），属正团级，于1992年2月重新归建，2006年由五类支队调整为四类。担负州内看押、看守、城市武装巡逻、警卫和其他临时勤务。支队机关驻景洪市景德路22号。

支队领导和部门正职领导

支队长 郭 方 上校

第一政治委员 王方荣（副州长、州公安局局长兼）

政治委员 冯贵富 上校

副支队长 邓克华 中校

副支队长 刘升艳 中校（2011年10月任）

副政治委员 白孝文 中校（2011年4月转业）

副政治委员 韦永会 中校（2011年4月任，8月由武警少校警衔晋升为武警中校警衔）

参谋长 肖红中 中校

政治处主任 肖光楷 中校

后勤处处长 韦永会 少校（2011年4月提职）

后勤处处长 彭路生 少校（2011年4月任）

2011年，在总队党委和州委州政府的领导下，贯彻落实科学发展观，武警党委总体工作思路，以重大任务牵引部队建设发展，求真务实推动工作落实，全面建设稳步推进，高标准实现“两个确保”目标。

〔**思想政治建设**〕 以中国特色社会主义理论武装，贯彻胡主席“七一”讲话、十七届六中全会精神，深化对主题主线重大战略思想的认识，党的创新理论武装不断深入。开展培育当代革命军人核心价值观主题教育，纪念建党90周年，开展系列文娱活动。开展“深知兵、真爱兵”和心理咨询服务，经常性思想工作成效明显。经验做法在总队形势分析会上交流。开展双拥共建，警政警民关系融洽。被州人民政府荣记“集体二等功”。

〔**完成中心任务**〕 注重规范勤务秩序，狠抓执勤隐患整治，执勤“四防一体化”建设成效明显，新建执勤目标设施规范达标。执勤工作连续16年安全无事故。严密组织新兵入伍训练、基础训练、勤训轮换、反恐骨干集训和“卫士－11”演习，侦察情报工作受总队通报表彰。完成各类临时勤务。

〔**正规化管理**〕 迎接总队正规化管理暨装备“三化”管理交叉检查，开展“条令学习月”和“学法规、用法规、守法规”活动，部队秩序正规、安全稳定。开展安全隐患大排查、射击训练和枪弹管理安全整顿、“转变工作作风、密切内部关系”教育整顿安全基础巩固。

〔**基层全面建设**〕 贯彻《纲要》、《三十条》，采取以会代训、经验交流、典型引路等措施，搞好适应性培训，全面培养基层建设的明白人和实干家。落实党委成员挂钩蹲点指导、机关分片包点帮建制度，多次下派联合工作组到基层蹲点指导，提高基层自建水平。开展创先争优活动，按“一诺三评”要求，推行活动目标公开、责任公开，支部和党员承诺公示，开展创先争优活动。基层党组织和优秀共产党员受通报表彰。

〔**后勤综合保障**〕 以“保中心、保生活、保基层”为重心，落实后勤规范化管理规定，修订完善各类方（预）案，调整和充实应急保障物资。先后组织应急保障演练，实现出动人能自我保障。严格落实年度经费预算，加大对基层“四类经费”管理力度，确保经费安全运行。抓好专业技术兵教育培养，后勤专业队伍素质提高。发挥双重领导优势，先后筹措建设经费，对一中队、勐海县中队改造；景洪市中队、三中队新营房建成投入使用；二中队新建和机关、勐腊县中队迁扯。

〔**党委班子建设**〕 落实党委中心组带机关学习制度，开展“加强党性修养、锤炼思想作风”教育整顿活动，治理七个方面重点问题成效明显，各项机制进一步健全和规范。贯彻总部、总队党代会精神，成功召开支队党员大会，制定支队未来五年建设发展规划。严密组织参加总队师团职领导干部理论学习网上集训，学习新修订的《党委工作条例》，落实民主集中制更加自觉，班子集体领导水平有新的提高。

〔**慰问**〕 1月12日，云南省委、省政府春节慰问团一行9人在省民政厅老龄委专职副主任王建新带领下莅慰问勐腊中队进行慰问演出。1月14日，武警部队政治委员许耀元中将率总部工作组，在云南总队总队长王诚、政委王海亮、副总队长李志刚以及版纳州政法委书记刘功华等陪同下，莅临支队视察看望慰问官兵。

〔**党委扩大会**〕 1月27日至28日，支队召开党委扩大会议，传达学习武警部队党委一届九次全体（扩大）会议和总队二届十一次全体（扩大）会议精神，总结2010年度工作，部署2011年工作任务，表彰2010年度先进单位和个人。

〔**完成“2·25”警卫**〕 2月24日至26日，总队李家贵副参谋长的精心指导和组织指挥，圆满完成“2·25”警卫勤务。

〔**“泼水节”安保**〕 4月13日至15日，文明执勤，依法执勤，圆满完成傣历1373泼水节期间安全保卫任务。

〔党员大会〕 5月17日，召开支队党员大会，审议通过支队第二届党委工作报告和纪委工作报告，选举产生第三届党委委员、新一届纪委委员和出席总队第三次党代表大会代表。总队政治部陈仕祖副主任，西双版纳州副州长、公安局长、支队第一政治委员王方荣出席并作重要讲话。

〔姜东明检查“四项设施”建设〕 5月24日，总队后勤部姜东明副部长率工作组到支检查“四项设施”建设情况。

〔检查指导〕 4月18日至4月21日，李志刚副总队长率总队工作组一行，调研支队全面建设情况、指导帮建。6月24日至6月27日，郭志刚副总队长率工作组对支队全面建设情况进行深入调研和指导帮建。7月7日，张志海副总队长率工作组到支队直属大队一中队检查指导营房改建工作。8月10日至8月18日，张志海副总队长率工作组对支队全面建设情况调研指导帮建。

10月22日，武警部队参谋长牛志忠中将率总部工作组，云南总队总队长王诚及副州长马维纲陪同，莅临视察工作看望慰问官兵。

10月29日至11月5日，郭志刚副总队长率总队工作组一行深入版纳支队检查指导工作。

〔士官大会〕 9月9日，通过电视会议召开士官大会，组织观看武警部队首届十大标兵士官录像片，3名士官典型作交流发言，分析支队士官队伍建设形势并对下步工作提出要求。

〔考核标兵中队〕 11月4日，总队李明辉副参谋长率总队工作组对勐海县中队进行全面考核。

〔胡学霖检查指导工作〕 11月15日至12月1日，胡学霖副总队长率总队工作组深入版纳支队检查指导工作。

〔“安全工作先进单位”〕 12月，支队被总部评为“连续11年预防事故案件工作先进单位”。支队因2010年度部队全面建设过硬，通过总队全面考核，12月20日，经总队党委研究，被表彰为“基层建设先进支队”。

〔“标兵中队”〕 勐海县中队2011年度因全面建设过硬，通过总队全面考核，12月20日，被总队党委评为“标兵中队”，荣记集体二等功。

〔下士李永杰荣记二等功〕 景洪市中队下士李永杰参加总部搏击骨干比武竞赛成绩优异，经总队党委荣记二等功一次。

〔参谋吴承斌荣记二等功〕 司令部通信股正连职参谋吴承斌参加总部参谋业务尖子比武竞赛成绩优异，经总队党委研究，荣记二等功一次。

（《武警西双版纳支队》撰稿人：杨武）

武警西双版纳公安边防支队

〔概况〕 2011年，支队在总队党委、州委州政府和公安机关的坚强领导下，以十七届五中全会精神为指导，以加强党的建设为龙头，以开展创建模范党组织生活活动为抓手，以爱民固边为中心，全面深化正规化管理，大力加强三项重点工作和三项建设，扎实推进禁毒人民战争，为维护西双版纳边境地区安全稳定、服务和促进地方经济发展作出了突出贡献，部队全面建设取得跨越发展。6月16日，西双版纳州人民政府为支队荣记集体二等功。

〔党委建设〕 强化班子成员的理论学习，坚持落实党委中心组学习制度，举办了2期党委（支部）书记培训班，6名党委成员参加了西双版纳州委举办的“县处级干部培训班”，党委成员积极带头撰写理论调研文章37篇。通过狠抓学习，抓培训，各级班子驾驭部队全面建设的思路更加清晰、方法更加灵活，党委统揽全局、把关定向的能力和水平切实得到提高。认真贯彻落实《党委工作条例》和部局《两个意见》，严格贯彻落实民主集中制。对干部调整、士官选改、工程建设、大宗物资采购等敏感性问题先征求班子成员和基层官兵的意见；对政策性强，影响部队全局发展的问题，严格按照相关政策规定执行，实现了“阳光党务”，确保了决策规范化、程序化，保持了班子内部团结和谐、心齐风正的良好势头。

〔创建模范党组织生活活动〕 支队党委始终把创建模范党组织生活活动作为部队党的建设和政治工作的头等大事，坚持高起点、高站位，坚持从领导班子抓起、从领导干部做起。从支队党委到基层支部各级班子成员，认真落实领导干部双重组织生活制度，严格落实基本制度，注重抓好入党宣誓、党内互称同志、党员亲自缴纳党费等基本动作的落实，重点抓好主题党日、网上党校、警村联创、警企联建、结对互帮的探索，积极开展“每月一星”评选和“党员先锋岗”活动。6月24日，西双版纳州刀林荫州长在曼庄边防工作站视察时指出：“西双版纳边防支队的创建模范党组织生活活动，做法很好，措施很实，很值得我们地方党政机关学习借鉴”。9月份部局创建活动督导组对支队开展创建活动给予了充分肯定，在勐养查缉点，督导组称赞道：“查缉站官兵临时，思想不临时，执勤官兵用实际行动诠释了创建活动成效。”

2011年,5个基层党委(支部)被总队评为先进党组织,18名个人分别被公安部政治部、部局、总队评为优秀党务工作者和优秀共产党员,46个基层单位全部进入州级以上"青年文明号";212名官兵在禁毒人民战争中立功。

〔**思想政治工作**〕 始终坚持政治建警、素质强警,扎实开展"发扬传统,坚定信念,执法为民,践行军人核心价值观"主题教育,官兵思想政治觉悟明显增强,思想政治素质明显提升,听党指挥、服务人民的理想信念更加坚定,服从部队管理的行为更加自觉,部队安全稳定基础更加牢固,为完成各项任务提供了强大精神动力和思想保证。典型培树、宣传教育有了新突破,布朗山所警官曹简被总队推荐参加全国优秀人民警察表彰评选,入围第六届"西双版纳州十大杰出青年",荣获春城晚报2011年度新闻人物提名。全年,支队在各类媒体发表稿件2865篇(条),支队党委工作经验做法被《法制日报》、《人民公安报》、《边防警察报》等报刊刊登。

〔**部队正规化管理**〕 以部局"两个规定"、总队正规化管理规定为依据,坚定不移地贯彻部局南宁新条令集训班和总队贯彻新条令深化正规化管理集训班精神,先后举办了4期526名干部参加的贯彻新条令深化正规化管理基地化培训,2次召开正规化管理推进会,投入386万元加强部队硬件设施建设,派出常委带队的督导组62组158人次,派出督察55组176人次,深入基层开展调研,分析、研究、解决正规化管理工作遇到的困难,结合实际,抓住重点,深入推进。9月初,成功召开了深化正规化管理暨边检提服推进会,进一步规范了不同类型单位建设标准,推动了正规化管理的深入开展。通过大力加强部队正规化管理,官兵的整体素养得到提高,队伍建设水平得到明显提升,部队战斗力显著增强。投入资金38万元,完成了支队军械仓库、基层单位兵器室视频监控安装、枪弹分室存放改造、警号连接值班室工作,进一步强化了军械全天候动态管理效能;为138辆装备车辆安装了GPS定位系统,为基层28个单位54辆装备车辆进行巡回检修,进一步规范了装备车辆管理。

〔**党风廉政建设**〕 支队党委始终把廉政建设摆在更加突出的位置,制定了《领导干部分片包干党风廉政建设责任制工作办法》,进行廉政谈话70人次,廉政提醒144人次,聘请义务监督员93名,坚持把党内监督、民主监督和群众监督相衔接,进一步增强制度的执行力和约束力,杜绝了班子成员集体闯红灯,个人为己谋私利现象发生,确保了各级班子始终成为部队全面建设的坚强领导核心。

〔**执法执勤**〕 始终立足边防工作职能,发挥部队驻守边境一线优势和民警任村官的作用,加强治保会、边境联防队员的业务培训,运用军警民联防、所站队联动等工作机制,全面掌握影响群众安全感的突出问题,细致摸排治安管理的难点,精心排查治安防范管理中的薄弱环节,不断强化社会治安综合治理。全年,边防派出所接处警4132起,侦(协)破刑事案件112起,查处治安案件706起,抓获、查处各类违法犯罪人员688人。针对缅北局势发展,进一步完善处置突发事件预案,加强演练,确保官兵拉得出、打得赢。

〔**边境专项整治**〕 组织开展防范打击边境走私枪支弹药、防范打击边境地区非法出入境违法犯罪活动、打击"东伊运"活动等专项行动,有力地震慑了违法犯罪分子,维护了边防辖区的社会治安稳定。查获非法出入境案件46起126人,查获非法"私彩"案件21起27人;缴获民用枪142支,军用手枪3支,子弹9221发,手榴弹2枚,炮弹1枚,美式炸弹1枚,火药28.3千克,铁砂1249千克,劝返缅籍非法务工人员1800余人。

〔**清网行动**〕 落实"五个一"要求,严格口岸管控,认真落实人证对照、网上比对等查控措施,深入辖区宣传,加大政策法律攻心和劝投工作。抓获网上在逃人员43人,其中自立案件21人,抓获15人,清网率达71%,提前完成网上追逃达到50%的目标任务,在全总队名列前茅,1人被部局评为清网行动先进个人。

〔**爱民固边**〕 新创建4个模范乡镇、7个模范村,37个爱民固边模范村纳入兴边富民和新农村建设规划,纳入率达到84%。支队、大队、边防派出所主官100%进入同级公安局或乡镇党委班子,85名警官兼任村官,民警村官覆盖率达到100%。走访、回访群众13.3万户48.9万人次,向驻地党委政府报告工作47次,面对面接受评议1959次,征集意见337条。帮助群众解决困难217个,做好事1604件,调解纠纷277起,实施救助服务93起,为辖区弱势群体捐款捐物价值6.7万元,协调地方党委政府和有关部门将21名困难儿童纳入政府最低生活保障。布朗山所利用百度"捐衣吧",发动网友献爱心,将来自全国2000多位爱心人士捐赠的33000余件物品发放到6000余名困难群众手中,为群众做好事、解难事能力提升。

〔**社会管理创新**〕 边防派出所推行"窗口服务便捷化、上门服务常态化、关爱帮扶人性化"的服务承诺，不断深化社会管理创新。针对边防辖区流动人口多，分布广、居住分散，多数是亲戚、同乡，具有亲戚、地域认同感，探索建立了流动人口“亲缘图谱”，提升流动人口服务管理效能。

〔**社会矛盾纠纷化解**〕 围绕矛盾纠纷的预防环节，针对辖区因林权、房屋拆迁、土地征用、矿产资源、农场改制矛盾凸显期，社会各类矛盾多样多发的实际，及时成立维稳工作领导小组，加强形势预测和处突演练，确保随时拉得出、控得住。参与协助公安机关处置群体性事件5起，排查化解矛盾纠纷340起，消除群体性事件隐患65起，提供预警信息26条。

〔**提高边检服务水平**〕 不断强化服务意识，狠抓边检职业文化建设，全面提升服务水平。投资60余万元，对9个口岸现场标识标牌、验证台以及部分执勤设施进行改造；各边民通道按照有利于“加快通关速度、提高通关效率、改善通关环境”的思路，以“建立现代通关模式”为目标，努力在提高边检服务水平，提升边检职业文化上求突破。设立“警民和谐之家”，推出了“绿色通道”、“预约通关”、“法律咨询”等一系列便民利民新举措，赢得了社会各界的广泛赞誉。一、二线工作站、检查站共查验出入境人员57.3万人次，各类交通运输工具27.6万辆次；为境外替代种植企业出入境人员提供便利500多人次，最大限度地服务对边境贸易，主动服务对外开放和经济发展，竭力为桥头堡建设创造良好通关环境。

〔**执法规范化建设**〕 树立严格公正规范、理性平和文明的执法理念，坚持从执法思想、执法制度、执法监督、执法考核等方面进一步规范执法行为，编发《边防派出所接处警语言规范》、《办理行政案件基本执法语言规范》等7份规范。投入136万余元推进执法规范化建设，对照“杭州样本”和“滇滩所模式”，对13个边防派出所和3个案件侦查队进行执法办案场所改造，组织559人次参加了各类执法培训，进一步提高官兵法律应用水平和办案技能。建立了边防大队专职法制员和基层执法单位兼职法制员制度，审核案件1473起，纠错424处，促进了执法水平的进一步提升。在西双版纳州公安局举办的法制业务技能竞赛中，支队获得团体和个人单项两个“第一”。

〔**信息化建设**〕 支队16个边防派出所和4个案件侦查队完成了与云南省警综平台的无缝对接，实现了“执法信息网上录入、执法办案网上流转、执法监督网上进行”。投入50余万元为基层派出所购买笔记本电脑70台，购买身份证读卡仪、数码摄像机、照相机、打印机等执法执勤装备，进一步夯实了信息化建设基础。

〔**缉毒工作**〕 结合边境毒情形势，科学调整缉毒战法技法，在原有查缉网络基础上增设了10个查缉点，健全完善查缉网络，构筑三道查缉防线。强化公开查缉，深入发动群众，大力开展专项行动，缉毒工作取得了新突破。2011年，共查获毒品案件366起，抓获犯罪嫌疑人393名，缴获各类毒品934.6899千克，制毒物品38.81千克，罂粟壳830千克。查获案件数、抓获嫌疑人数、缴获毒品数与去年同期相比分别上升了226.79%、141.10%、283.79%，创历史新高，位居全总队第一。侦破“3·02”、“7·24”等16起万克以上大案、要案，打击重大毒品犯罪分子33人，有力打击了犯罪分子的嚣张气焰。部局、省厅、总队首长和版纳州委州政府领导23次对支队禁毒工作出重要批示。

〔**禁吸戒毒**〕 把握住群众工作这根主线，开展禁毒宣传，逐步构建“村村是哨所，人人是哨兵”的群防群治禁毒网络。推行“五位一体”（驻地党委政府、派出所、村委会、村民小组、吸毒人员家庭）帮教措施，大力开展以遏制新吸毒人员和打击零星贩毒为主的集中整治行动，推进禁吸戒毒工作。全年开展禁毒宣传71场次，发放禁毒宣传资料4万余份，收戒吸毒人员56名，捣毁吸毒窝点15个。

〔**后勤建设**〕 组织开展“小金库”专项治理、“审计整改年”等专项工作，全面加强经费使用管理，审计预算经费收入302.23万元，预算经费支出240.73万元，审减基本建设经费229.7万元，有效降低了部队经营管理风险，提高了部队经费保障能力。7月份，总队财务审计联合工作组对支队主官审计评定为“好”。坚持服务中心抓营建，重点工程建设稳步推进，广大官兵营居环境进一步得到改善。8月30日部局营建督察组对支队在建工程项目督导检查，营建项目全部评定为良好以上。

〔**从优待警**〕 坚持一切从部队实际出发做工作，坚持心往基层想、利往基层让、劲往基层使，着力帮助基层解决了连以上干部住房问题、建立基层车辆维修服务保养机制、为家属子女办理城镇居民基本医疗保险等10件实事。

（段怡敏根据有关材料整理）

武警西双版纳公安消防支队

〔**概 述**〕 2011年，西双版纳州公安消防部队在州委、州政府和州公安局的坚强领导下，坚持落实科学发展观,以胡总书记“三句话”总要求为指引,按照“三项重点工作”和“三项建设”的总体要求,实施“六大战略”和“十大体系”,扭住“两个稳定”不放松,真抓实干,拼搏进取,奋勇争先,全州消防工作和部队建设又迈上了新台阶。全州共发生火灾47起,死亡0人,受伤2人,直接财产损失139.3万元。比上年,火灾起数下降17.54%,伤亡人数与去年持平,伤人数上升100%,直接财产损失下降65.41%;共接警157起(含增援),出动消防车255辆次,消防官兵1265人次,抢救被困人员196人,疏散人员1500人,抢救财产价值649.5万元。7月27日,州人民政府给支队荣记集体二等功一次。

〔**基层建设**〕 2011年,党委将部队管理工作和部队正规化建设精细化管理紧密结合,抓紧四个“不放松”:抓紧规范执勤备战规程不放松。贯彻《云南省公安消防部队基层正规化建设精细化管理若干规定》,探索部队正规化精细化管理工作,提升部队正规化精细化程度;建立完善全勤指挥部和应急救援指挥长制度,完善灾害事故处置灾情等级力量调派和协作区作战响应机制;制定完善地震灾害应急救援作战行动规程,规范作战行动各个环节,明确地震灾害应急救援4级响应级别和对应响应措施,规范了部队执勤备战程序,提升部队执勤备战工作效率。抓紧部队安全管理工作不放松。全州各级部队狠抓安全管理教育工作,扎实开展“安全日”活动,对全州部队的安全形势进行透彻分析并“对症下药”,提升官兵消防安全意识;组织官兵签订执行禁令警规保证书和领导责任状、网络安全及保密工作责任书、领导干部廉洁从政“八坚持八率先”承诺书,从源头上消除安全隐患;引进科技强化部队安全管理,全州各级部队充分利用视频监控系统、电子指纹查铺查哨系统和红外线营区周界防范系统等科技设备,切实加强对基层部队的全时段、全方位的管理,切实根治盲点和死角;强化督察机制,带班领导和值班干部经常采取视频、电话、现场等方式对部队安全工作进行督察,发现问题及时通报并限期整改。抓紧社会资源整合工作不放松。督促各地落实《西双版纳州人民政府办公室关于加强全州综合应急救援队伍建设的实施意见》,提请政府下发《西双版纳州综合应急救援队伍管理暂行规定》和《县级综合性(消防)应急救援队装备配备标准(试行)》,建立健全综合应急救援队伍建设长效机制,促进综合应急救援队伍健康发展;调整充实应急救援专家组成员,组织召开灭火救援专家组联席会议,州安监局、州气象局、州供电局、州交警支队、州人民医院、州自来水总厂、西双版纳机场、金孔雀交通运输集团有限公司、景洪市环卫绿化处等单位的11名专家技术人才参加会议,明确各自的职责任务、响应联动、应急保障等内容,确保发生灾情能快速调集、联合处置;与州安监局联合建立全省第七个应急救援物资储备点,储备点储备器材物资近300万,近日还将有一批防护、侦监类物资入库。抓紧提升灭火救援能力不放松。在提升灭火救援能力方面,版纳支队深化“月考季考周练兵”活动,进一步完善支队机关练兵机制,练兵内容广泛;狠抓基层大队“月比武”工作,做到练兵活动“人人能参与、次次有进步”;适时优化攻坚组人员成分,强化攻坚组队伍和素质建设;结合防火班和“演练周”活动,继续推行在浓烟、密间、黑暗等复杂环境下的“研究性演练”;加强官兵潜水训练,提升水上救援能力,支队投资50余万元完成潜水训练基地建设;借省比武集训队在版纳集训的机会,扩建支队训练基地,研学先进经验,提升自身素质。派出参加滇南片区的地震救援拉动演练的36名同志,成绩良好。

〔**政治思想教育**〕 2011年,贯彻《公安消防部队思想政治教育大纲》和2011年思想政治教育实施意见为契机,强化“三项”活动,毫不松懈抓班子,严管厚爱带队伍,勤政廉政树正气,为2011年重点工作开好头、起好步提供坚强有力的思想政治和组织保证。强化“云岭消防大走访”开门评警活动。根据安排,全州消防部队结合实际开展声势浩大的“云岭消防大走访”开门评警活动,以“请进来、走出去”的方式组织了警民座谈会、恳谈会、联谊会,进一步密切警政警民关系,与群众之间架起“连心桥”,增进警地鱼水深情。活动期间,全州消防部队派出走访人员217人,走访群众862户,看望慰问老干部、官兵188人,向各级政府机关、消防安全重点单位发放调查问卷587份,收回334份,收到建议113余条,发现问题11处,走访各级政府机关、消防安全重点单位219家,发放评议表198份,共听取意见191条,制定措施38条,整改问题76条,群众满意率达100%。春节期间,支队协同移动、联通公司,向全州手机用户发送10万条带有消防温馨提示语的拜年短信,切实提高社会消防安全意识。派专人慰问革命烈士杨斌同志的家属,带去组织对革命烈士家属的新春问候。强化勤政廉政工作。每逢节日活动,支队纪委专门发文部署节日活动期间的勤政廉政工作,发送廉政提醒信息;开展勤政廉政宣贯月活动,广泛开展廉政理论学习活动,提升官兵勤政廉政素质;在推行廉政风险防范管理工作机制方面，支队党委已进行安排部署，决定采取“以点带面”的方式逐步推进工作正铺开。强化思想政治教育规范化建设活动。在思想政治教育规范化建设方面，对于支队层面来说，关键就是分类抓好支队、大队、中队官兵的教育，严格落实党委议教制度、思想调查分析制度和党委中心组学习制度，用好、用活、用足支队级单位开展教育“四种权利”，政治处统筹学习内容的安排，大队、中队结合实际自行安排自学内容；强化学习教育考勤、督察、“推门听课”等制度，及时掌握官兵意见，及时改变教育的形式和方向。举办版纳消防“大讲台”和“演舞台”，官兵轮流授课，邀请知名人士为官兵授课，聘请专家担任部队建设辅导员，切实提高教育针对性实效性。

〔**后勤保障**〕 全州后勤保障工作以装备器材建设为目标，以落实专项经费为突破口，以营房搬迁建设为重点，合力攻坚，多措并举，切实在机制创新、人才培养等方面下功夫，全力提升后勤工作的可持续保障能力。在经费筹措上，全州部队采取先入为主、主动靠前、全面汇报的方式进行，全州部队2011年共争取各类经费1206.62万元，同比上年增长14%。通过落实802万的应急救援装备配套经费，进一步优化车辆结构，实现县县有举高类消防车、县县有抢险救援类消防车；新购置移动通信指挥车、消防宣传车、登高平台车等7张车；州政府同意在市政新区划拨10亩土地作为城区中队建设用地；磨憨大队营房建设进入施工阶段；勐海完成公寓房建设项目。

〔**建立健全消防工作责任制**〕 “防火墙”工程，按“政府统一领导、部门依法监管、单位全面负责、公民积极参与”原则，以“清剿火患”战役为抓手，深化“一项活动”、增强“三个责任”，多层面推动。深化“清剿火患”战役。“清剿火患”战役以来，支队认真研究、科学部署，全面开展一系列专项活动，确保社会消防安全形势的高度稳定。战役行动以来，版纳支队共出动检查人员6362人次，检查单位2773家，发现火灾隐患3538处，下发《责令改正通知书》1425份，下发重大火灾隐患整改通知书9份，督促整改火灾隐患或违法行为2887处，下发临时查封决定书119份，受理一般程序行政办案136起，裁决一般程序行政办案68起，责令“三停”单位48家，下发行政处罚决定书83份，拘留33人，罚款单位30家，罚款个人14人，罚款60.6万元，有效净化了消防安全隐患。增强各级政府消防工作责任。3月16日，召开全州消防安全工作会议，总结2010年全州消防工作情况，部署2011年全州消防工作任务，表彰一批先进县(区)、单位和个人；对照标准重新调整全州消防安全重点单位，全州消防安全重点单位为272家(比2010年新增14家)；严格落实“政府挂牌督办整改重大火灾隐患”制度，年初分别提请州、县(区)两级政府挂牌督办重大火灾隐患2家。增强社会单位消防安全责任。社会单位消防安全“四个能力”建设稳步推进，州消防支队充分发挥消防中介组织的作用，统一各行业的建设标准，特别是在人员密集场所“四个能力”建设工作中充分发挥中介组织的职能，在最短的时间内，利用极少的消防警力，高质量、高标准地实现各行业消防安全标准化管理达标工作。增强农村消防工作责任。将农村消防工作纳入新农村建设工作规划，将消防工作与新农村建设同规划同实施，提升新农村抗御火灾的能力。

〔**网络消防宣传**〕 州消防支队与州委宣传部联合下发《关于进一步加强全州消防宣传教育工作的意见》，意见明确版纳消防宣传工作的指导思想和主要思路，为2011年的消防宣传指明方向，为2011年消防宣传工作的开展奠定坚实的基础；与州级各大媒体签订消防宣传协议，拓宽消防宣传的途径，扩大消防宣传的范围；强化社会化消防安全培训工作，支队专门抽调专人、邀请专家组成培训小组在全州范围内进行巡回培训，投资70万元集宣传性、教育性、观赏性、科学性为一体的科普教育基地改建项目即将竣工，大大推进消防科普工作的社会化、群众化和经常化。全州共开展培训班35次，培训人员2400人，全面提升社会单位的消防安全意识和自防自救能力。

(《武警西双版纳公安消防支队》撰稿人：程　林)

武警西双版纳森林大队

〔**概况**〕 中国人民武装警察部队西双版纳傣族自治州森林大队(简称西双版纳州森林大队)，副团职，于1995年4月1日组建。大队部驻景洪市宣慰大道127号。

大队副职以上领导

第一大队长　杨松海(州林业局局长兼)
大 队 长　周东辉(天津学习)　中校
代理大队长　苏桐江　少校
政治教导员　温树彬　中校
副 大 队 长　谢速飞　少校

2011年，在总队党委领导下，贯彻总部、指挥部、总队三级党委扩大会议精神，重点以“三个代表”重要思想为主线，深入贯彻落实科学发展观。强化思想政治建设首位意识，加强部队管理，抓

“五个重点问题”,强化党委班子能力建设,以执勤和灭火作战为中心的各项任务完成圆满。

〔**思想政治建设**〕 大队地处少数民族边疆地区,国外黑恶反动势力猖獗,是渗透与反渗透、分裂与反分裂的前沿阵地。战士在站哨时放眼看去都是霓虹闪烁,躺在床上传来的是阵阵划拳碰杯声;易受社会上“金钱至上”腐朽思想的影响,“公仆”意识退化,个人利益看得较重。大队适时开展相关教育,从思想根源处着手。坚定官兵理想信念,打牢官兵奉献意识,以“四个教育”为主要阵地,把牢记忠诚卫士守则、履行忠诚卫士誓词,展示忠诚卫士风采、争做党和人民忠诚卫士贯穿到整个教育过程中,通过专题教育、开展讨论、谈心、写心得、谈体会、演讲比赛、参观革命遗址等多种形式,使政治思想教育渗透到各项工作中去,让官兵从中受到启发和教育,明白什么是好,什么是坏,什么事该做,什么事不该做。通过教育,不少官兵干工作从被动变主动,守纪服管从“制度管”变为“自觉行”。解决实际难题。大队党委在实践中认识到:只有把思想教育与解决实际问题结合起来,才能最大限度发挥政治教育的功效。针对战士反映打电话难的实际,大队主动与有关部门联系,免费安装了磁卡电话;针对驻地炎热、战士宿舍通风条件不好的实际,大队党委多次研究,对营房了进行改造,并购置了空调,有效地解决了炎热、室内不通风和蚊虫叮咬等问题;发现哪个战士家庭有了困难,不等战士开口,把工作做在前面,帮着出主意,想办法、把解决战士的困难当作自己的本职工作。发现战士求知若渴的愿望,大队党委四方筹措资金建立了图书阅览室,为提高复员士兵回地方后的社会竞争力,大队利用共建学校的资源优势,开设电脑文秘、汽车修理、炊事员培训等学习班,10 月 20 日至 11 月 10 日,我们组织临退伍战士 48 人到共建单位景洪市职业中学进行电脑培训,通过理论学习、实际操作,有 44 名战士全部拿到云南省就业培训合格证。基本实现“入伍即入学、退伍即成材”育人目标。

〔**党委班子建设**〕 大队党委班子几经调整,所属中队干部频繁交流。领导作风转变树立班子形象入手,按上级党委对班子建设的要求来建设班子,逐步向“讲政治、讲原则,有干劲、求上进,听招呼、守规矩,在部队有威信、在地方反映好”的党委班子转型。加强班子理论学习。年初以来,大队把理论学习作为加强党委自身建设、统一班子思想、正确认识部队建设形势的关键来抓,建立了学习考勤、补课、考核、讲评等制度,用制度来保证学习内容、时间和人员的落实,使每月两天的学习日得到较好坚持。解决主要矛盾。组织党委成员学习《政治工作条例》、《党委工作条例》,用民主集中制的原则凝聚班子的力量;针对班子成员调整面大的实际,把加强团结作为班子自身建设和集体领导作用发挥的重中之重,书记和委员,委员和委员之间,通过经常交流思想、交换看法,消除误会、化解矛盾、相互补台。在生活中,互相帮助、交心换心,以和气争和谐,以和谐促团结。规范支部议事规则。大队党委针对少数支部研究问题随意性大,存在议事程序不清、主次不明、核心不当等问题,按《党支部工作条例》有关规定明确了决策前未征求官兵的意见立项,用制度保障群众广泛参与决策,坚决杜绝各种虚假“政绩”。自觉做到廉洁从政。利用各种有利时机组织党委成员学习《中国共产党党内监督条例》、《中国共产党纪律处分条例》等法律法规,提高反腐倡廉的法规意识。由于大家思想立场坚定,法规意识较强,看得清权力本质,树得牢公朴意识,人人都能够做到洁身自爱,自觉地站在党性和党的原则立场上处理问题,为党委科学决策赢得了威信。

〔**基层建设**〕 在总队党委的正确领导下,大队党委以“五句话”总要求为指导,以《军队基层建设纲要》为统揽,树立按纲建队的理念,突出抓好党委、支部班子的能力素质,按照《纲要》的要求规范基层秩序,按纲建队的秩序逐步规范。理清思路。每年三级党委扩大会议结束后,学习、传达会议精神,全面分析部队建设形势,把握主要矛盾,着力查找影响部队发展建设的瓶颈。反复研究对策,详细制定来年按纲建队整体奋斗目标,及时修订和完善各类方案、预案,把各项基础设施打牢,把各项引导机制定实,着力解决主要矛盾,推进部队建设健康向前发展。坚持每年一月份组织开展“《纲要》学习宣传月”活动,重温“五句话”总要求,统一思想明确任务。针对按纲建队思路不清的问题,强化按纲抓落实的计划性,形成“《纲要》在经常性工作中落实,经常性工作在《纲要》统揽下开展”的良好局面。针对大队党委按纲统揽工作意识不够强的问题,采取定期例会制度,坚持每季度开展一次按纲建队形势自查,每半年开展一次部队建设形势自评,较好地把握了部队建设的脉搏。规范秩序。大队党委坚持用《纲要》统揽各项工作,对八项经常性主要工作的具体内容、操作要领、运行程序、检查考核标准等,一项一项地加以规范;对各类人员落实《纲要》的职责要求一条一条地加以规定;对各种工作载体、制度规定一个一个地加以落实;对日、周、月、季、半年和年度必须落实的经常性工作全方位的加以梳理,使各级要干的工作和要落实的内容做到心中有数。正确指导所属中队开展“夺红旗、争红星”活动,强调“双争”活动开展的经常性,把争先创优的着力点放在做好八项经常性主要工作上,把“双争”活动贯穿到日常工作和中心任务中,做到干在平时,比在平时,争在平时。帮扶指导。落实上级党委和首长关于要依靠基层党支部开展工作建设基层的指示,提高党支部自建能力。《军队党支部工作条例》颁布实施后,我们借学习贯彻之机,以“三个能力”建设为重点,狠抓思想、组织、作风和制度建设,使所属支部努力朝“创造力、凝聚力、战斗力”强的班子转型。大队党委注重结合具体工作引导党支部一班人学会“三性”:看问题有敏锐性、考虑问题有前瞻性、处理问题有全局性。及时做好跟踪、指导,随时掌握情况、纠正偏差,帮助所属党支部总结经验教训。大队党委正副书记每月轮流到中队实施面对面指导,与党支部“一班人”一同开支部会,队务会、干部会,一同研究情况,一同解决问题。使支部一班人在面对面的帮教中潜移默化地学方法、学技能,逐步提高认识问题、研究解决问题的能力。针对部分党支部班子片面求稳,不敢创新,没有新的建树,但也没有出问题这种平庸守残的工作思路,我们通过教育和引导,使支部一班人走出“不求无功,但求无过”的认识误区,使各项决策在符合实际的同时,有了新思路和新举措。

〔**部队管理**〕 大队党委坚持把从严治警列入重要议事日程,部署工作时作为重要内容来安排,分析部队形势时作为重要议题来研究,组织检查考核、评比先进时作为重要标准来衡量。将“从严治警”与“以人为本”有机结合,坚持“严之有道、严之有理、严之有方”的管理方式,摒弃呆板、强制、单调的管理教育方式,做到严之有理、严之有度,严之有据。把抓好条令条例的贯彻落实作为从严治警的关键,强调“法治”意识和令行禁止意识,使从严治警在末端体现得较好。搞好思想引导转化。针对部分新同志入伍动动机带有较大功利性的特点,通过开展革命人生观教育、人民军队光荣传统教育和法纪教育,较好地解决了“为谁扛枪”、“为谁打仗”的问题,自觉增强做一名森林武警战士的使命感和责任感。针对部分新兵下队后眼前看到的景象与之前想象的模样差距很大、容易产生失落感和不良情绪,要求中队干部必须做到“四一”即:找每名新战士散一次步、谈一次心、说一说心里话,聊一聊当兵感受;在日常工作生活中及时给新战士传授心理学知识,培养良好的心理素质。生活中要求干部、骨干像对待自己兄弟一样,伸出援助之手,体贴关怀、帮助指导,做到“一点一滴见真情”,促使新同志顺利渡过“第二适应期”。狠治“五个重点问题”。一方面加强经常性思想教育,把管理建立在自觉遵守纪律的基础上,动之以情,晓之以理。另一方面充分利用“三互”、“双四一”等有效载体确保“三个不失控”。车辆管理做到“五位一体”联管责任制。经常教育所属司机遵章守纪,限速行驶,控制车辆外出次数;定期检查、保养车辆,确保车辆时刻处于良好的技术状态。为强化枪弹安全管控,落实《武警部队要害部位人员政治审查工作规定》,遵守军械干部、军械员政审制度,落实“三铁两器”、“专哨警卫”、“三人三锁”、“同进同出”等军械管理制度,定期清点枪弹、检查军械安全设施,跟踪做好枪弹动态管理,严防枪弹事故。在治酒的问题上,严格执行干部不准酗酒,战士不准喝酒的“禁酒令”。在干部方面做到餐桌不摆酒,应酬不贪酒,节日喜庆不赛酒。坚持内强素质外树形象,密切关系,增进友谊的原则,处理兵兵关系、官兵关系,警政警民关系。排除各种安全隐患。落实总部2006年电视电话会议精神,按上级要求,有计划,有步骤地展开安全教育大整顿,经常化、制度化。2至3月,总队统一展开管理教育整顿和条令学习月活动,成立组织机构,要求各级干部做到揭短亮丑率先,自我批评率先,查摆整改率先。针对部分人员安全意识不够敏锐的实际,深入开展反面警示教育,使全队官兵在思想上形成“安全事故一损俱损”的共同认识。组织人员对军械库、保密室、财务室、配电室、作战值班室、各类装备库室、车辆技术状况等按有关安全标准一项一项细致检查,梳理、纠正;通过教育、检查、整改等各个环节,使安全薄弱环节得到根治,重点部位得到巩固,人员思想得到洗礼,安全环节得到有效净化。改善学习生活环境。投入10多万元资金,加大基础设施建设力度,先后兴建了足球场、充实图书馆图书资料,建成营区“林荫娱乐场”,构筑“花园式警营”,一排排导弹树坐落营区,一株株热带花卉绽放花篮,物质文化生活条件的改善,激发了广大官兵投身完成以森林防火灭火为中心的各项工作任务的热情。

〔**后勤综合保障**〕 修改完善各类预案。进入防期以来,大队党委及时召开议中心会议,完善《保障方案》、《应急保障预案》等各类方案。对遂行给养、被装、药品、机具配件、野营装备等后勤战备物资按战备规定进行了定位。对灭火装具、通信器材、车辆装具等进行了维修和补充,坚持经费储备与物资储备相结合,确保部队各类行动之前保障到位。强化一线保障能力。定期组织后勤人员开展实战演练，重点围绕保障程序、保障内容、保障方法，提高后勤人员的专业素质。在野外拉练中，锻炼炊事人员的野外炊事技能；在遂行作战中，培养后勤人员“一专多能”；在复杂山路中，强化驾驶员的驾驶技术和安全意识，全面实现了在完成防火灭火任务时“拉得动、联得通、用得上、扑得灭”的目标。

〔**领导视察**〕 2月6日下午，牛政委在总队宣传科高兵科长的陪同下，深入版纳大队检查指导工作，并代表总队党委对版纳大队全体官兵表示节日的慰问。3月21日上午，指挥部金林炎副主任率工作组在云南总队郭建雄总队长、李志强副总队长、办公室杨仙永主任及西双版纳州马维刚副州长、州林业局杨松海局长的陪同下，莅临版纳大队调研检查指导工作。3月21日下午，总队李志强副总队长带后勤部营房科车旅科长、钱亚云助理一行3人对版纳大队营房改造工程进行深入细致的检查验收。3月26日上午，总队孙树民主任率总队秘群科科长谢公信、警务科参谋覃海、战勤科参谋孙玉成莅临版纳大队勐腊中队检查指导。4月12日上午，武警森林指挥部参谋长郝晓光少将一行在总队李志强副总队长莅临勐腊中队视察工作。5月5日上午，总队后勤部衣旭海部长带政治部纪检科郑胜利科长、后勤部营房科车旅科长和钱亚云助理一行4人对版纳大队营房改造工程进行了检查验收。8月14日下午，总队曹龙参谋长、宣传科高兵科长、作训科李树清和战勤科刘绪凯参谋一行对西双版纳大队勐腊中队正规化管理达标验收暨装备“三化”管理工作的检查指导。10月4日下午，由总队邵伟旭副政委带队的年终考核小组暨“精武杯”考核组一行，莅临勐腊中队进行“精武杯”比武以及年终考核工作。11月24日，指挥部后勤部朱金跃副部长一行工作组，在总队邵伟旭副政委的陪同下，莅临大队检查指导选退工作。11月24日下午，指挥部运输处郭文艺处长莅临勐腊中队检查指导退伍老兵物品点验及邮寄工作。

〔**灭火作战**〕 3月12日5时，勐腊县尚勇镇董宗堡村发生森林火灾。早已枕戈旦的官兵闻警而动，5时20分，教导员温树彬带领中队35名官兵火速奔赴火场。火灾现场连起一条长达600米的火线，为老挝过境火，如不及时扑灭，将对境内国有林地构成威胁。教导员温树彬立即将参战官兵分为二路，采用分兵合围战术组织扑救。由于火场植被为毛草，加上火场风向较为平稳，仅用2小时，就将山火全部歼灭。

〔**林政执勤**〕 2月24日，执勤官兵来到打洛国家级口岸，与边民一道进行面对面的交流宣传。打洛口岸紧邻缅甸，境外不坏分子多次潜入我境内盗伐珍稀树木，执勤官兵积极配合林业部门，对境外来客、驻地边民进行了重点宣传警示。3月13日，勐腊中队在易武乡开展防火宣传，协助启获野鸡、竹鼠、蟒蛇等野生动物死（活）体约65公斤。

当日，勐腊县易武乡欢度彝族百施节，各村老百姓从四面八方到乡镇赶集，勐腊中队派出4名官兵协助县林业局到该地开展防火宣传。防火宣传共播放广播4小时，宣传展板5场次，张贴标语、散发传单4200余份。在集贸市场突击检查时，协助林业部门查获蟒蛇（活体）1条，野鸡、竹鼠、蟒蛇等野生动物（死体）45公斤，野牛、麂子干巴10余公斤。

12月20日至12月28日，版纳大队完成执勤任务并安全归建，在协助地方林业部门完成森林防火执勤过程中，代理大队长苏桐江和景洪中队指导员李树娇带领的两个执勤小组深入各个村寨，通过多种途径宣传森林防火常识、普及法律知识。发放宣传单35000余份、宣传手册2500余本，张贴标语3500余张、播放音频47小时、发现并制止乱砍乱滥现象3起、没收枪支6支。

中国人民武装警察部队云南省森林总队（通报）

三等功

武警版纳州森林大队景洪中队政治指导员　李树娇

武警版纳州森林大队景洪中队驾驶员　赵开孟

武警版纳州森林大队大队部文书　李炎根

（段怡敏根据有关材料整理）

法　制

责任编辑:段怡敏

政法工作

〔**概况**〕　2011 年,全州政法工作在州委、州政府的坚强领导下,始终坚持以科学发展观为统领,紧紧围绕经济社会发展大局,落实维护稳定第一责任,深化推进平安和谐州建设,紧紧抓住影响社会和谐稳定的源头性、根本性、基础性问题,突出重点难点,强化措施,狠抓落实,着力维护社会稳定、服务科学发展、促进社会和谐,为实现西双版纳“十二五”良好开局提供了重要保障。

〔**维护稳定**〕　2011 年,围绕全州改革发展稳定大局,履行维护稳定第一责任,适应经济社会发展对政法工作的新要求,健全完善维护社会和谐稳定工作机制,认真落实维护稳定工作领导责任制,签订《综治维稳目标管理责任书》,形成一级抓一级,层层抓落实,层层保稳定的工作局面。发挥政法综治维稳主力军作用,着力维护国家安全和社会稳定。不断加大情报信息搜集研判力度,完善反恐预警应急处置机制。高度关注中缅边境维稳态势,主动为上级决策部署提供依据。配合中央和省妥善处置湄公河“10・05”事件,参与推动中老缅泰湄公河联合巡逻执法。加强人民防线工作,严密防范境内外敌对势力的渗透破坏活动,成功破获公安部督办的“伊吉拉特”2 号专案。开展防范和处理邪教工作,有效防范和依法打击“法轮功”等邪教组织违法犯罪活动。建立健全突发公共事件应急机制,制定《西双版纳州重大社会安全事件应急处置工作机制》,预防和处置突发公共事件的能力进一步提高。高度重视垦区改革发展稳定工作,妥善处置了“2・18”、“5・09”等 4 次 100 人以上垦区职工群众集体上访事件,最大限度地减少群体性事件对社会稳定的影响和冲击,推动影响垦区稳定问题的解决。

〔**服务发展**〕　全州各级政法机关始终将政法工作置于全州工作大局之中,使政法工作及时有效服务于经济建设。下发《关于全州政法机关为加快推进桥头堡主阵地建设服务的实施意见》,明确服务桥头堡建设的措施和要求。开展系列打击经济犯罪活动的专项斗争,加大对职务犯罪的预防和查办力度。立办经济犯罪案件 76 件,挽回经济损失 53843 万余元;审结民商事案件 4027 件,执结执行案件 1283 件;查处职务犯罪 32 件 35 人,依法维护良好的市场经济秩序,有力保障和服务经济社会又好又快发展。组织实施法制宣传教育规划,开展以宪法为核心的法律知识宣传普及,推进“法律七进”宣传活动,加强宣传引导,人民群众对法律法规的知晓率普遍提高,公民的法律意识和法律素质明显增强。深入开展法律服务机构“五星”创建活动,不断提升律师、公正、司法鉴定和法律援助服务社会的能力,加强边防管控和出入境管理,为全州对外开放提供全方位、多层次、优质高效。

〔**社会矛盾化解**〕　把推进社会矛盾化解作为重要的基础性工作,把着力点更多放在事前、放在预防、放在基层,确保矛盾在源头控制、纠纷在基层化解、问题在一线解决,防止矛盾积聚、风险叠加、局面失控。推动建立和完善社会稳定风险评估机制、社会稳定预警机制,制定《西双版纳州重大事项社会稳定风险评估制度》、《西双版纳州维护社会稳定预警工作制度》,会同交通运输、国土资源、住建、林业、国资委等制定行业系统的社会稳定风险评估办法,推动全州“风险评估先行、防范化解联动,建设与调解并进、发展与稳定统筹”。开展风险评估 6 次,发出预警通知书 13 份。建立完善领导干部接访走访群众工作日制度,落实重要敏感时段“零报告”制度和信息预警等工作机制,坚持定期排查、集中排查、日常排查相结合,加大不稳定因素问题的调研和督办力度,批办综治维稳事项 90 起,及时督促化解和妥善处置一批重大隐患和苗头性、倾向性问题,有效预防赴省进京非正常上访,确保了省党代会和“两会”期间

“零上访”。积极探索和创新社会矛盾化解工作机制，进一步完善人民调解、行政调解、司法调解“三位一体”调解体系，推动建立劳资纠纷、医疗纠纷、交通事故等专业性调解组织，推行“警司联调”、“警民联调”等多种调解模式，实行“以奖代补”、“以案定补”等人民调解员补贴模式，落实“调解优先、调判结合”工作要求，充分运用调解手段化解社会矛盾。共受理各类矛盾纠纷 14060 件，调解成功 13972 件，调解成功率为 99.4%。

〔**社会管理创新**〕 出台《深化平安和谐州建设的意见》，破解流动人口服务管理、特殊人群帮教管控、社会组织监管、虚拟社会防控等管理难题。强化流动人口和对“农民农”的服务管理，推广景洪市“五个一”流动人口管理经验，白恩培、孟苏铁等领导同志给予充分肯定。加强对境外人员管理服务，清理“三非”人员，推行境外人员“四个一”管理模式。加强特殊人群的服务管理，把吸毒人员、刑释解教人员等特殊人群纳入社会管理综合信息系统，动态管控。加强刑释解教人员安置帮教工作，完善刑释解教人员必接必送和帮困扶助制度，过渡性安置基地建设顺利推进，安置帮教率达 100%，有效预防和减少重新违法犯罪。深入推进社区矫正工作，完善社区服刑人员衔接管控机制，对社区服刑人员实行管理教育、考核奖惩、定位监管，全州 1048 名矫正对象得到有效管控和转化。开展预防和减少未成年人违法犯罪工作，预防青少年违法犯罪示范点建设稳步推进。加强“两新组织”管理。加大对境外非政府组织防范管控力度，强化日常监管，有效防止境外非政府组织对我进行渗透破坏。注重提高虚拟社会现实化管理水平，建立健全政法宣传舆论工作联席会议制度、网上舆情监测研判机制、网上舆论引导机制，把技防手段建设纳入“十二五”规划，提高技术防范覆盖面。完善自动预警平台落地查控机制及网上查证、网上缉捕、网上办案等打击犯罪新机制。整治群众反映强烈的突出治安问题，加大防范打击违法犯罪力度，保持对刑事犯罪严打高压态势，查处和打击各类违法犯罪行为，“打黑除恶”、“亮剑”、“清网”、“打四黑除四害”等成效显著，成功侦破景洪“10·5”抢劫杀人案等一批影响大、危害大的大案要案。2011 年，破获刑事案件 2298 起，检察机关共批准逮捕刑事案件 1109 件，法院系统共审结刑事案件 1171 件。深化边境地区社会治安集中整治行动，全面开展“毒枪拐赌”和非法偷越国(边)境等违法犯罪问题的集中整治，严厉打击“3D”私彩和跨境赌博活动，迫使老挝磨丁赌场全部赌厅和缅甸四特区多个赌厅关闭。积极推进第三轮禁毒人民战争，扎实开展堵源截流和缉毒破案专项行动，加强禁种除源和禁毒执法国际合作，加大勐遮、嘎洒等毒品问题重点乡镇的专项整治力度，推广妇女禁毒宣传队、禁毒村规民约等禁毒工作新举措，夯实禁毒工作基础。全州破获毒品案件 898 起，缴获各类毒品 5 吨多，缴获毒品和破获万克大案等居全国州市之首，吸毒贩毒和毒品危害得到进一步遏制。

〔**公正廉洁执法**〕 全州政法机关从优化司法职权配置、扩大司法民主、强化执法监督、落实宽严相济刑事政策入手，稳妥地推进司法体制改革。抓住提高执法能力、规范执法行为、加强执法监督等关键环节，以执法问题易发多发的关键环节和热点岗位为重点，认真解决执法中存在的问题，推进执法规范化建设，着力提升执法公信力。加强执法办案信息化建设，建立审判流程管理系统、案件执行管理系统、检察业务统一办案信息系统、警务信息综合应用平台，完善网上执法办案依据查询、网上执法培训、网上执法考试等系统，初步实现网上执法办案和政法干警执法业绩档案信息化。加大执法监督力度，在讯问、拘押、庭审、监管场所实行全程录音录像，实现对政法干警执法办案的全程化、实时化、动态化监督。加大信访积案化解力度，采取“请上来”约谈和“走下去”督导的办法，有效解决群众反映突出问题。狠抓涉法涉诉积案清理化解，召开 11 次协调会、3 次专题会，研究解决中央、省交办和督办的涉法涉诉信访案件，部门责任到位、包案领导到位、工作措施到位，完成中央政法委交办的 17 件、省委政法委交办的 55 件涉法涉诉信访积案的化解任务，得到省委政法委的充分肯定。加强案件评查工作，出台《西双版纳州政法系统案件评查活动的实施意见》。通过评查，解决“老问题”，防止“新问题”，从源头上减少和化解涉法涉诉信访案件。高度关注困难群众的司法需求，建立完善救助机制，推广巡回审判、就地调处纠纷等司法公正。

〔**基层基础**〕《关于加强综治维稳基层基础工作的意见》，落实挂钩联系基层综治维稳工作制度，完善综治维稳巡视督查工作制度。配备乡镇(街道)专抓政法综治维稳工作的党委副书记，落实乡镇综治办人员编制，制定综治维稳工作考核办法，明确工作职责任务和目标要求。推广建立健全乡镇(街道)综治维稳中心，整合基层综治维稳资源和力量，搭建集服务群众、社会管理、人民调解、公共害全、维护稳定为一体的综合性工作平台。健全完善协调联动工作机制，推行社会治安联合防控、矛盾纠纷联合调解、治安问题联合治理、基层平安联合创建的运行机制,加强社会治安群防群治。保障基层综治维稳工作经费落实,州县综治维稳工作经费保障已分别按人均不低于1元、2元标准纳入年度财政预算,州县综治维稳委按每年补助3000元的标准对全州242个村委会、社区给予综治维稳经费补助,基层政法综治工作条件不断加强和改善。

〔队伍建设〕把思想政治建设放在首位,以"发扬传统、坚定信念、执法为民"主题教育实践活动为载体,开展"三读"、党史教育、理想信念演讲比赛、建党90周年歌咏比赛、千名干警大走访、纪律作风教育整顿、业务点评、评先评优表彰等,坚定广大政法干警忠于党、忠于国家、忠于人民、忠于法律的政治本色和理想信念,受到州委主要领导的充分肯定、批示、表扬,涌现出全国法制宣传先进集体州司法局、全国法院系统办案标兵王燕等25个先进集体和377名先进个人。出台《关于建立健全领导干部大接访大走访群众工作日制度的意见》,建立领导干部挂钩联系点73个,以大走访、大接访的方式深入基层、深入群众,帮助群众解决困难问题,增进干群关系,加强政法队伍教育培训,制定《西双版纳州政法干部2011—2015年五年教育培训规划》,着力培养造就高素质的政法干部队伍。举办各类培训班29期,培训干警4700余人次,实现全员参训。从严治警、从优待警,解决群众反映强烈的突出问题,强化内部管理,加强执法监督,规范执法,制定《关于进一步加强政法队伍建设的意见》,健全完善队伍建设"七项制度"。以政法干警"零犯罪"为目标,突出领导班子建设、政法干警政治业务素质、有效预防政法干警违法犯罪和党对政法工作的领导等重点,严查违法违纪,从严加强政法队伍管理,确保严格公正文明执法,确保队伍纯洁廉明,树立政法队伍良好形象。坚持和加强党对政法工作的领导,加强政法机关党的建设。贯彻《关于进一步加强县级党委政法委建设的若干意见》,加强党委政法委自身建设,提升党委政法委的组织领导能力,统筹协调能方、推动落实能力和维护稳定能力。规范党委政法委和政法部门机构设置,牵头对州级政法部门机构设置情况进行专题调研,提出《关于州级政法部门机构设置的意见》,配齐配强领导班子及中层干部。

2011年州委政法委处级以上领导

赵　毅　州委常委、州委政法委书记(2011年5月~今);

刘功华　州委常委、州委政法委书记(~2011年5月);

张　兴　州委政法委常务副书记;

陈跃平　州委政法委副书记、州委610办主任;

阿　吴　州委政法委副书记、州综治维稳办主任(2011年1月~);

王自能　州委政法委调研员;

罗青华　州委政法委调研员;

杨天伟　州委政法委政治部主任;

游　江　州综治维稳办副主任;

李晋兵　州综治维稳办副主任(~2011年11月);

罗双友　州委政法委办公室主任(2011年11月~);

孙展洪　州委政法委副调研员。

(撰稿:罗　雨)

公　　安

一月

17日,召开全州公安工作会议,安排部署2011年全州公安工作。

18日下午,召开全州公安禁毒工作会议,对2011年全州公安禁毒工作进行动员和部署。

20日,中老警方在老挝丰沙里省奔怒县南勇村联合铲除30亩罂粟。

28日晚,勐海县公安局打洛交警中队在省道320线K60+550米处查缉过程中,从一辆号牌为云KQ6208的黑色普通二轮摩托车上查获毒品5.558公斤和RUGER手枪1支、弹夹1个、子弹53发,并当场抓获犯罪嫌疑人1名。

30日下午,召开警综平台建设和应用工作专题会议。

二月

15日上午,召开全州公安机关党风廉政建设工作部署视频会议。

16日下午,省公安厅2011年度综合考评工作调研组就修订2011年度州市公安机关综合考评办法及完善综合考评工作座谈调研。

22日上午,召开全州公安机关维护稳定工作会议,贯彻落实中央、省、州级和公安部、省公安厅关于对全国"两会"期间维护稳定工作的部署要求,对全国及全州"两会"安全保卫工作进行安排部署。

28日,省"打零"专项行动办公室陈卫东副处长一行4人对全州"11-1"打零专项行动进行督导和检查。

三月

2日，中国国家禁毒委员会主办中老罂粟种植遥感监测暨替代发展联络协调会议在景洪市举行。

2日，边防支队破获一起重特大涉毒涉枪案件，抓获犯罪嫌疑人6名，缴获毒品19.157千克，查获56式半自动步枪1支，子弹26发，手榴弹2枚。

3日，州森林公安局治安科破获一起万克毒品大案，缴获冰毒片剂30包，毛重21.273千克，查扣涉案机动车2辆。

6日，省公安厅禁毒局局长胡祖俊走访景洪市南联山村委会古独二组。

9日上午，中老泰禁毒官员一行24人在西双版纳州启动昆曼公路沿线查缉毒品联合考察工作。

9日，召开打击整治"私彩"违法犯罪专项行动电视电话会议，对打击整治"私彩"违法犯罪活动进行安排部署。

10日，"大走访"开门评警警民联谊活动在勐腊县曼旦村举行。

12至13日，副州长、州公安局党委书记、局长王方荣带领党委班子成员，利用双休日走进信息化应用技能培训课堂，强化计算机、信息化基础知识和警综平台的基础运用，以推进全警触网目标任务的实现。

14日下午，州委书记江普生专题听取禁毒和防艾工作汇报，并研究部署"十二五"禁毒和防艾工作任务。

15日下午，云南省公安民警英烈基金会向西双版纳州因公致残4位民警发放补助金7.5万元。

15至16日，召开各县市公安局和州公安局机关各部门"大走访"开门评警和"发扬传统、坚定信念、执法为民"主题教育活动的动员部署会。

18日，禁毒支队配合楚雄州公安局，在景洪市景哈镇至橄榄坝农场七分场大海村的公路上破获一起特大武装贩毒案，抓获犯罪嫌疑人2名，缴获军用枪支2支，子弹52发，缴获毒品毛重328.066千克，运输毒品的金杯皮卡车1辆。

18日晚8时，州公安机关践行人民警察核心价值观事迹巡回宣讲活动启动仪式暨首场宣讲会在州公安局二楼小礼堂正式启动。

21日，禁毒支队协助昆明市公安局西山分局禁毒大队抓获提供毒品的犯罪嫌疑人2名，缴获制式柯尔特点三八左轮手枪1支，沃尔特美国制式手枪1支，子弹15发。

21日，州委副书记、州人民政府州长刀林荫，副州长、州公安局党委书记、局长王方荣在州公安边防、州公安局治安、禁毒部门负责人的陪同下到勐海县调研指导禁毒和禁赌工作。

22日，州政协主席杨志祥一行在勐海县政协相关领导的陪同下，到勐海县勐遮镇调研禁毒工作。

22日，景洪市公安局禁毒大队破获一起武装贩毒案，缴获毒品冰毒29.3千克，抓获犯罪嫌疑人4人（本州傣族），当场缴获奥地利产格洛克19型制式手枪1支，子弹10发，运毒车辆2辆。

30日下午，景洪市黎明禁毒中队和嘎洒禁毒中队挂牌成立。

四月

1日，禁毒支队与湖南省新邵县公安局联合侦破"部目标2011-81"特大走私毒品案，缴获毒品90千克、毒资900万元、贩运毒品车辆5辆、涉案枪支4支、子弹11发，抓获毒品犯罪嫌疑人15人。

8日上午，召开综合考评工作部署会，传达学习云南省州市公安机关2011年度工作综合考评办法，讨论研究2011年西双版纳州县（市）公安机关及州公安局机关综合考评办法的修订意见和建议。

17日至18日，云南省公安厅禁毒局胡祖俊局长、综合处副处长孙春荣一行3人，分别走访了景洪市公安局禁毒大队、州公安局禁毒支队和勐海县公安局禁毒大队，听取了禁毒工作汇报，看望、慰问了基层禁毒民警。

24日，王方荣副州长到景洪市嘎洒镇沙药村委会曼迈村小组实地走访调研禁吸戒毒工作情况。

五月

4日，州长刀林荫，副州长、州公安局局长王方荣到景洪市勐龙镇、嘎洒镇检查指导禁毒、禁赌和打黑除恶工作。

5日，州长刀林荫，副州长、州公安局党委书记、局长王方荣到勐海县勐遮镇、西定乡检查指导禁毒、禁赌和打黑除恶工作。

6日，州禁毒委策划制作的哈尼语禁毒防艾广播剧《流泪的山风》，在景洪市勐龙镇贺管村委会莫掌村举行VCD发放仪式。

8日，勐海县公安局与缅甸掸邦东部第四特区警方在中缅边境联合侦破一起贩毒案件，当场缴获冰毒458千克（毛重）、运毒车1辆，抓获缅甸籍犯罪嫌疑人2人。

9日上午，召开局务会议，专题研究部署全州打击和防范刑事犯罪工作措施及下步工作意见。

9日下午，副州长、州公安局局长王方荣组织召开局务会，专题研究部署公安信息化建设及应用工作。

10日至13日，与老挝北部四省（南塔省、乌多姆赛省、丰沙里省、波乔省）警方在西双版纳州景洪市，就反恐怖、边境治安管理、打击跨国犯罪等问题举行警务合作会谈。

13日至14日，公安部禁毒局侦查处处长李宪辉代表国家禁毒办，在云南省禁毒委副秘书长陈新民，西双版纳州副州长、州公安局党委书记、局长王方荣，州公安局副局长冯晓冬的陪同下到西双版纳州勐海县、景洪市调研禁毒工作。

18日下午，召开全州公安机关打击和防范刑事犯罪电视电话会议，对全州打击和防范刑事犯罪工作进行再部署、再落实。

19日，公安部禁毒局副局长陈存仪一行在云南省公安厅禁毒局副局长余兵的陪同下，到州调研禁毒工作。

20日，举行《人民警察纪律条令》知识竞赛活动。

24日，州禁毒委办公室主任、州公安局副局长冯晓冬主持召开会议，部署开展全州娱乐场所涉毒问题专项治理行动。

24日上午，召开全州公安机关执法规范化和执法信息化工作电视电话会议。

26日，湖南邵阳市禁毒委副主任、市公安局副局长龙卫平带领邵阳市禁毒支队和各县（区）禁毒大队大队长或教导员，到州考察缉毒工作。

27日，州委书记江普生对全州打击跨境赌博工作表示肯定，在州公安机关边境整治禁赌专报第27期《西双版纳州整治境外磨丁黄金城赌场工作取得决定性胜利》批示："请方荣同志代我向全州参战人员表示祝贺和感谢！并为作出突出贡献的集体和人员记功嘉奖。望认真总结经验，加强经常性工作，务必防止反弹"。

28日，国家禁毒委员会副秘书长安国军、公安部禁毒局情报技术信息中心处长高伟、云南省公安厅禁毒局对外联络处处长朱曦民一行五人，在副局长冯晓冬陪同下，到勐腊县公安局调研指导禁毒和替代种植。

31日下午，省委政法委副书记朱家美一行4人在州委常委、政法委书记赵毅，副书记张兴、陈跃平的陪同下到州公安局检查指导清理化解涉法涉诉信访积案工作。

31日，州公安局召开全州法制工作培训会，全州105名法制员参加。

六月

6月以来，全州各级公安机关联合妇联、共青团、教育、司法、交通等部门，以宣传《禁毒法》、新型毒品危害、新一轮禁毒人民战争为重点，以"我们拒绝毒品2011青少年禁毒宣传教育活动"和开展"云南省交通沿线识毒反毒宣传大行动"为主题，在全州范围开展了形式多样、主题鲜明的系列禁毒宣传教育活动，营造了浓厚的禁毒人民战争舆论氛围。

3日，省公安厅严尚智副厅长在《云南禁毒信息》（第75期）批示："版纳王方荣局长：今年版纳公安局缉毒成效明显，特表祝贺！事实证明，只要高度重视，工作到位，就能有力推动查缉和侦查工作的开展。望你们深入分析毒情，加强情报调研，整合查缉资源，细化工作措施，进一步增强打击的针对性和有效性，创造一流的工作业绩"。

7日下午，全州公检法机关第三次联席会议在州公安局顺利召开，州委政法委副书记陈跃平出席会议并作指示。州中级人民法院党组书记董国权、副院长杨永，州人民检察院检察长胡跃、副院长马伟，州司法局局长孔树华，州公安局副局长岩香以及州公、检、法、司有关职能部门负责人共22人出席会议。会议由副州长、州公安局党委书记、局长王方荣主持。

8日，州首例醉驾入刑审理在勐腊县人民法院开庭，判处被告人马德春酒后驾驶拘役2个月，缓刑6个月，并处罚金2000元。

10日，州公安局获州直机关工委组织的庆祝建党90周年美术书法摄影作品展优秀组织奖。

11日，副州长、州公安局党委书记、局长王方荣到边防支队勐宋边防工作站视察指导工作。

15日下午，州禁毒办、州教育局、景洪市禁毒办联合组织开展大中小学禁毒宣传月活动。

15日，省公安厅副厅长董家禄到景洪市公安局检查指导流动人口管理工作。

16日至17日，全省公安机关打击跨境赌博工作暨治安部门案件办理工作会议在西双版纳召开。

16日，省公安厅经侦总队谢丕坤政委一行2人在州公安局副局长岩香的陪同下到县市公安局检查指导积案攻坚专项工作。

21日，党委合唱队获全州政法系统纪念建党90周年"党在我心中"歌咏比赛第一名。

22日，党委合唱队获州直机关纪念建党90周年"党旗飘飘、歌声嘹亮"歌咏比赛第一名。

同日，州边防支队召开禁毒工作电视电话会议，对全区部队官兵部署开展禁毒"百日会战"

工作。

28日晚，党委合唱队获州委、州政府主办的西双版纳州“爱党爱国爱家乡”群众性歌咏比赛第一名。

29日下午，召开庆祝建党90周年大会。

30日下午，副局长、景洪市副市长、市公安局局长高兵受副州长、州公安局党委书记、局长王方荣委托，带领市公安局相关部门负责人到省公安厅，专题汇报景洪市公安局流动人口管理和社会管理创新工作，省公安厅常务副厅长罗石文听取了工作汇报。

30日下午，副州长、局党委书记、局长王方荣带领州公安局警令部、刑侦、治安等部门负责人到景洪市黎明派出所调研刑事犯罪打击和防范工作。

七月

4日，局党委委员、副局长吉建明走访勐龙镇邦飘、曼栋两个边境村委会的10个村民小组。

5日，副局长李立新到勐捧镇走访慰问辖区交通事故当事人及贫困党员干部，并为他们送上慰问品和慰问金。

5日，局交警支队成功举办“和谐共建、平安交通”警营开放日暨“警爱民、民拥警”联谊晚会。

6日至8日，省公安厅副厅长王建中到州调研，调研公安清网行动、涉案财物管理、涉案人员非正常死亡、涉法涉诉积案化解、信息化建设、边境管控、开门评警等专项行动。

8日上午，景洪市公安局禁毒大队查获毒品甲基苯丙胺67.765千克，56式冲锋枪1支，弹夹5个，子弹150发，手榴弹4枚，捷克KEVIN手枪1支，弹夹2个，子弹8发。

11日，省公安厅党委副书记、常务副厅长罗石文到西双版纳州调研公安信息化工作情况。

12日，州委、州政府召开禁毒防艾人民战争会议，部署全州第三轮禁毒防艾工作。

13日，“云南省社区（村）禁毒防艾宣传教育及扶助工作示范点”授牌暨巾帼志愿服务活动启动仪式，在景洪市嘎洒镇曼勉村委会举行。

13日，景洪市泼水广场举行全省公安系统党员中革命烈士、一二级英模英雄事迹巡回展。

24日，边防支队破获一起特大贩毒案，抓获犯罪嫌疑人2名，缴获冰毒58.8千克，查扣涉案轿车2辆，收缴毒资1万余元、火药枪2支。

26至28日，副州长、局党委书记、局长王方荣分别到勐海县勐遮镇、景洪市嘎洒镇检查指导禁毒工作。

28日，局党委副书记、常务副局长李晋波与州党政军警领导开展走边关调研活动。

八月

2日，召开全州公安信息采集工作推进会，研究部署下半年信息采集工作。

3日，全省公安禁毒推进会在景洪市召开。

5日下午，副州长、州公安局党委书记、局长王方荣主持召开景洪市城区道路交通秩序整治会议。

9日，获省公安厅庆祝建党90周年“云岭卫士杯”书法美术摄影创作大赛先进集体和组织奖。

10日，党委理论中心组召开会议，组织学习胡锦涛总书记“七一”讲话精神。

15日，州委常委、政法委书记赵毅在州委政法委副书记阿吴的陪同下，到勐遮镇调研禁毒工作。

17日，全州公安宣传工作培训班在州委党校开班，全州86名公安政工干部、宣传负责人、专兼职宣传民警、文艺创作积极分子参加培训。

19日，州禁毒委召开会议，进一步贯彻落实全州第三轮禁毒人民战争会议及全省公安禁毒推进会议精神，通报2008年以来全州禁毒人民战争情况，分析研究当前面临的毒情形势和毒品问题，并就加大打击毒品犯罪力度作出部署。

19日，副州长、局党委书记、局长王方荣到勐海县勐遮镇检查打击毒品违法犯罪工作。

25日，勐海县公安局警用禁毒地理信息系统投入实战。

31日上午，省级廉政文化示范点检查组对西双版纳州公安局廉政文化示范点创建工作进行检查验收。

九月

1日，州委常委、政法委书记赵毅，到边防支队基层单位调研。

7日，由云南省委政法委、省委宣传部、省公安厅联合组织的全省公安系统“发扬传统、坚定信念、坚持执法为民、树立良好警风”主题教育巡回宣讲团在西双版纳作专场报告。

8日上午，州委政法委“发扬传统、坚定信念、执法为民”主题教育实践活动督导检查组对西双版纳州公安局开展主题教育实践工作检查督导。

10日，副州长、局党委书记、局长王方荣到勐遮看望慰问打击涉毒违法犯罪专项行动组成员，并与全体参战民警共度中秋佳节。

12日凌晨3时许，局禁毒支队与安徽省临泉县公安局在景洪市辉煌度畅酒店联合破获一起特大贩毒案，缴获毒品吗啡40千克。

13日下午，局出入境管理处被授予“全国巾帼文明岗”称号授牌仪式在州公安局举行。

21日,全州治安部门“打四黑除四害”工作会暨考核工作推进会召开。

27日,州第十一届人大常委会第101次主任会议专门听取并评议全州公安工作。

29日,州委、州政府组织召开全州反恐工作会议。

十月

3日,州景洪市广电路6号发生一起母女二人在家中被杀案件。经公安机关的全力侦破,犯罪嫌疑人于10月29日在缅甸果敢抓获,并于30日引渡回国。

5日,13名中国船员在湄公河遇袭身亡。

16日,局禁毒支队与江西省南昌市警方联合破获一起特大贩毒案件,抓获犯罪嫌疑人11人,缴获毒品冰毒164.55千克,毒资1159.3万元,车辆5辆。

23日上午,国务委员、公安部部长孟建柱赴州调研指导,主持召开“10.5”中国货船遇袭事件处置工作专题会议,研究“10.5”事件善后处理有关事宜,部署澜沧江—湄公河航道安全保卫。

23日,勐海边防大队连续破获2起万克毒品案件,缴获毒品65.155千克,军用手枪1支,弹夹2个,子弹60发,抓获犯罪嫌疑人5人。

26日,局科技信息化处成立,规格为正科级。

十一月

3日至4日,国家禁毒委员会办公室常务副主任、公安部禁毒局局长刘跃进在省厅禁毒局局长胡祖俊、副局长张洪峰的陪同下,到州调研、指导禁毒工作。

8日,勐海勐遮毒品专项打击组连续破获2起运输毒品案件,抓获犯罪嫌疑人4名,缴获毒品10441克,军用手枪1支,子弹9发。

8日,景洪市公安局禁毒大队破获一起武装贩毒案件,抓获缅甸籍犯罪嫌疑人2名,查获冰毒28.935千克,手枪1支,子弹10发,运毒车辆1辆。

13日,公安部交管局无锡科研所第五部主任许锡忠一行,对州公安机关集中整治超速超员超载和疲劳驾驶违法行为专项行动督导检查。

17日,边防支队与景洪港边防检查站联合破获一起特大毒品案,缴获冰毒净重56.748千克,抓获犯罪嫌疑人9名。

20日23时许,勐腊县公安局禁毒大队在景洪市嘎东卫生院门口破获一起特大运输毒品案件,缴获甲基苯丙胺可疑物57.185千克(毛重),美式手枪1支,子弹48发,运毒车辆1辆,抓获犯罪嫌疑人2人。

20日上午,完成州看守所搬迁任务。

21日至22日,省禁毒委员会副主任兼秘书长、省公安厅副厅长严尚智赴州调研、指导禁毒工作。

21日下午,州边境地区社会治安集中整治行动领导小组召开电视电话会议,对开展整治行动再动员、再部署。

24日10时至11时,局党委委员、副局长王伟,政治部主任张晓明,刑侦支队支队长杨建荣、治安支队支队长彭民等4位领导走进西双版纳州人民广播电台直播间,与听众直接交流,倾听群众对公安机关、公安工作的诉求、意见和建议,并解答听众提出的疑问。

25日,州副州长、局党委书记、局长王方荣主持召开州公安局党委2011年度专题民主生活会。州纪委三名同志、州公安局机关各部门负责人列席会议。

30日,勐遮专项打击组根据线索,成功破获1起利用椰子伪装运输毒品案件,抓获犯罪嫌疑人1名,缴获毒品1217克。

十二月

1日,全州公安机关开展防治艾滋病宣传。

10日,中国、老挝、缅甸、泰国湄公河联合巡逻执法首航仪式在关累港举行。

13日下午,“西双版纳警方”官方微博在“首届云南公安警务微博建设高峰论坛”上,荣获2011年度“最具影响力云南警务微博”称号。

13日晚,勐海禁毒专案组民警成功查获冰毒可疑物313600克,并抓获3名犯罪嫌疑人。

13日,州纪委组织勐腊县廉政文化建设考察团到州局参观学习机关廉政文化建设示范点工作。

20日,州纪委常委、州监察局副局长郭光庆一行3人,对州局2011年度推进惩治和预防腐败体系建设暨落实党风廉政建设责任制工作检查考核。

24日晚,州人民政府副州长、局党委书记、局长王方荣,按省公安厅《关于云南省“清剿火患”战役“零点”行动工作方案的通知》要求,带领州人民政府副秘书长岩应、州公安局副局长岩香、州公安消防支队长吴惠明、景洪市公安局副局长岩帕等领导对全州各市县夜间营业的商场、宾馆、影剧院、网吧、酒吧、KTV等公众聚集性娱乐场所展开“地毯式”消防安全检查。

24日至27日,公安部涉案人员非正常死亡和涉案财物管理问题专项治理检查组到州检查验收工作。

29日，“中华人民共和国公安部赠送老挝人民民主共和国公安部警用物资交接仪式”在磨憨口岸举行。老挝警方接受总计价值为300万元人民币的警用车辆40辆。

西双版纳州公安局

〔**概述**〕 2011年，在州委、州政府和省公安厅党委领导下，以科学发展观和公安部“大走访”开门评警及三项重点工作战略安排为指导，以“践行人民警察核心价值观”宣讲和“发扬传统、坚定信念、执法为民、树立良好警风”主题教育及队伍建设“大调研”活动为推手，建立以民为本的警务导向，打牢队伍廉洁奉献、亲民爱民的思想基础，综合推进协调社会关系、化解社会矛盾、减少社会风险、促进社会公平正义的警务工作，担当并完成维护社会和谐稳定的政治和社会责任；依托警务信息化建设，规范执法工作，创新社会管理，提高动态管控服务社会治安的能力和水平，不断增强人民群众的安全感、认同感、归属感；与周边国家警方开展务实的警务交流与合作，共同维护周边治安环境的和谐稳定。年内，队伍建设考核，排名全省第四；综合考核提升5位，排名全省第十；禁毒缴获毒品5.19吨，全省排名第一；圆满完成边境禁赌、勐遮毒品整治、“清网行动”、“10·5”湄公河武装护航等专项行动与任务。

警令部

〔**文秘工作**〕 做好全州公安工作情况收集、报告及敌社情社会治安情况研判，完成公安信息起草、传递工作。完成重要文件的审核任务。2011年，共办文审核1441份，收文2000余份；为191次电视电话会议提供服务。按公安部制发的业务统计报表内容和规定，按时、准确报送各类报表，做好统计分析工作。确立督办事项，落实人大代表、政协委员和领导批办事项。全年，列州局督（阅）办件35件，完全落实。做好公安调研工作。完成调研任务20次，100篇调研稿件被《云南公安》、《云南公安简报》等栏目采用。上报的三项简报、公安简报、信息快报、农垦维稳专报、中缅维稳专报，多次受到省公安厅孟苏铁厅长、严尚智副厅长，州委江书记的批示。

〔**中缅边境维稳工作**〕 针对缅北问题给州边境维稳工作带来的情况与问题，州公安局警令部在州人民政府中缅边境维稳指挥部的领导下，带领维稳办工作人员以连续作战、长期作战的思想，加强中缅边境维稳工作的组织领导和应急准备，完善应对缅北局势涉及边境社会治安稳定问题处置工作预案，准确把握边境维稳工作形势，及时研判各方面情报信息，掌握工作主动权，做好处置边境突发情况的一切准备，做好边境维稳工作。

〔**指挥中心工作**〕 完成“指挥大厅”建设；指挥、协调各县、市公安局及各警种妥善处置了景洪市景哈乡回索龙种子基地群体性斗殴事件、农垦系统“2·18”、“3·14”群体性上访事件、湄公河“4·2”和“10·5”事件的应急处置指挥工作。

〔**边境踏查**〕 1月28日，为打击偷越国（边）境违法犯罪行为，副州长、州公安局党委书记、局长王方荣，在勐腊县公安局副局长徐云、磨憨经济开发区管委会副书记郑必武的陪同下，对磨憨边境小道进行实地踏查。全程共历时2小时，沿途王方荣副州长仔细查看了边境小道的路况、方位及周边村寨情况，向随行人员详细解边境一线管理动态和打击偷越国（边）境违法犯罪存在的困难及磨憨口岸两侧小道、便道路线及地形概况。与磨憨边防检查站、勐腊县边防大队官兵座谈。

〔**走访农垦基层连队**〕 2011年，州农垦改革发展进入攻坚阶段，各种利益诉求和矛盾纠纷集中爆发，为切实做好垦区12个农场14.9万人的稳控工作，州公安局党委结合公安部、省公安厅关于开展“大走访”开门评警和“发扬传统、坚定信念、执法为民”主题教育实践活动及加强新时期群众工作的要求，3月下旬专门组织开展为期5天、面向农垦群众的“大走访”活动。民警深入矛盾纠纷突出、群众诉求强烈的生产连队，与职工群众“同吃、同劳”，“听民声、知民意、晓民情、解民忧”。出动警力1913人次，深入生产连队298个，走访职工群众2656户20387人次，了解民众诉求并征得意见824条，涉及公安机关的73条，涉及党委、政府及农场等相关部门的751条，排查矛盾纠纷94起，成功化解17起，上报情况信息935条，发现群体性事件线索10条，解决信访问题11个，为群众办好事41件，开展宣传活动94场次，发放宣传材料5892份，向群众赠送访贫问苦慰问金及捐款捐物合计6万元整。

思想政治工作

〔**政治思想建设**〕 推进主题教育实践。据省公安厅、州委的统一部署，结合纪念建党90周年，组织开展“发扬传统、坚定信念、执法为民、树立良好警风”、创先争优授旗评星、学习杨善洲做人民满意好警察、学习型党组织建设等系列主题教育实践活动,并在全省率先开展“践行人民警察核心价值观”宣讲活动。活动以纪录片和事迹报告相兼容的方式,寓思想性与艺术性于一体,生动形象地为政法队伍和社会提供公平正义、廉洁奉献、亲民爱民的思想体验,为政法队伍的清廉和社会的正义打下思想基础。强化制度保障。围绕贯彻落实公安部《基层公安机关思想政治工作规范》,建立完善学习制度、队伍建设定期分析研判制度,谈心谈话制度;推进思想政治工作规范化、制度化、经常化;组织开展队伍建设“大调研”活动,在深入剖析当前公安民警思想变化的规律和总结战时思想政治工作经验的基础上,创新和丰富日常思想政治工作的内容、方法和手段,为增强思想政治工作效能和民警思想进步稳定打下制度基础。为推动全州公安工作整体升位,按下考一级的原则,制定出台了州公安局对县(市)公安局、局机关各部门及民警岗位目标的三个考评办法。全面清理规范对下考核内容,减轻基层工作负担;汇总统计日常考核和年度考评情况,在网上公示。推进先进典型选树工作。结合建党90周年,组织“先进基层党组织、优秀共产党员、党务工作者”评选表彰活动,结合创先争优,在各级、各警种开展争创活动,构建“身边有先进、单位有榜样”立体式先进典型格局。年内,全州共向省公安厅申报5个集体、13名个人,表彰90个集体和478名个人,给予100位民警的父母、妻子、丈夫“好父母”、“好警嫂”、“好丈夫”光荣称号,推出代表性的先进典型谢家乔、何炯如。推进战时思想政治工作。围绕边境禁赌、勐遮毒品整治、“清网行动”、“10·5”湄公河武装护航等专项行动任务,强化战时思想发动、战时表彰奖励、战时内外宣传、战时考评工作、战时保障工作,为专项行动的完成提供思想保障、精神动力和舆论支持。从优待警。落实民警休假、轮休、体检制度,合理安排民警工作、学习、生活,确保队伍张弛有度;落实民警法定工作日之外加班补贴政策,使民警月人均收入增加480元;组织开展走访慰问、扶贫济困、抚恤慰问等优抚活动,发放慰问金50余万元;为4位因公负伤民警申请公安英烈基金,并发放补助金7.5万元;为因公负伤民警秦华协调联系治疗医院;推进民警心理健康服务工作,确保民警身心得到及时调整;抓好离退休老干部的服务和管理工作,保证离退休老干部老有所养、老有所学、老有所乐。

〔**队伍建设**〕　完善机构设置。与州编办沟通,明确州公安局的领导职数及内设机构的配备设置,并新增科技信息化处和督察支队2个内设机构,为9个执法一线部门增设政委职数。新增处级干部职数11个、科级干部职数31个。加强各级公安机关领导班子建设。完成2011年度3县(市)公安局领导班子和领导干部考核测评,为党委政府和各级公安机关党委掌握领导班子和干部情况提供了准确的资料。抓好干部调整、选拔和配备工作。配合州委组织部完成了6名副处级领导干部的转正;全州调整、选拔领导干部22人;通过竞争上岗选拔领导干部21人,州公安局被州委组织部定为全州第一批选人用人公信度示范点创建单位。推进干部交流。向州委组织部推荐州公安局机关5名35岁以下无基层工作经历的优秀民警到基层锻炼,推荐1名民警到省公安厅挂职锻炼,以公开选调的方式,经笔试、面试、考察等程序从基层选调4名人民警察到州公安局工作。做好民警录用、警衔职称评审工作。年内,招录人民警察124名;组织开展公务员考核、警衔申报及专业技术职称考评工作。对268名公务员考核、申报警衔546人次、组织6名民警参加技术职位任职资格考试。全省综合考评排名第10位,提升5位;队伍建设排名第4,进位10位;全年,全州没有民警违反“五条禁令”或因犯罪被采取刑事强制措施。

〔**强化舆论引导**〕　围绕“大走访”开门评警、“清网行动”、“10·5”湄公河武装护航等公安工作,集中开展主题鲜明、声势强劲的宣传活动。年内,共在各级新闻媒体刊播新闻稿件3227篇(条),为各项公安工作营造良好的舆论氛围。与此同时,加强“西双版纳警方”官方微博建设,打造警务公开、互动交流、便民服务、防范打击犯罪等功能的网络平台。发布微博1100余条,拥有“粉丝”近8万人。12月13日,“西双版纳警方”官方微博在“首届云南公安警务微博建设高峰论坛”上,荣获2011年度“最具影响力云南警务微博”称号;加强与新闻媒体的联系和沟通。年初,召开警媒联谊会,主动征求新闻媒体的意见建议。同时,构建互信、互动、互助的和谐警媒关系;加强涉警舆情引导工作,制订涉警舆情处置工作联席会议制度,构建覆盖州、县(市)两级的网络舆论引导工作专门队伍。全年,全州没有发生涉警负面舆情。

〔**公安文化建设**〕　加强警营文化硬件建设。2011年6月,州公安局专门组成考察组到临沧市公安局观摩学习警营文化建设,在借鉴学习基础上,以创建党风廉政示范基地为契机,对州公安局机关老楼外观进行改造。依托办公楼内部走廊通道，选挂多层次、多角度、反映警察文化、展示民警风采的民警原创照片和字画，以构筑警营文化长廊，传承警察文化；借助西双版纳州公安信息网发布寓教于乐的文章和民警日常工作、训练、生活照片，营造积极、健康、向上的警营文化氛围，促进民警思想政治水平和业务技能水平提高。丰富警营文化生活。发挥公安文联、工、青、妇、前卫体协的作用，开展警营文体活动。参加全省"云岭卫士杯"书法美术摄影创作大赛，被评为先进集体；在州委、州政府，州委政法委，州直机关工委举办的纪念建党90周年歌咏比赛中荣获三个第一，在全州纪检监察系统纪念建党90周年诗歌朗诵比赛中荣获第一；筹办第三届全州公安文学艺术比赛；举办2场警民联谊晚会；组队参加州委州直机关基层党组织第四届"先锋杯"运动会；勐海县公安局与缅四特区警方开展双边联谊活动。

〔**践行人民警察核心价值观巡回宣讲**〕 3月18日晚8时，西双版纳州公安机关践行人民警察核心价值观事迹巡回宣讲活动启动仪式暨首场宣讲会在州公安局二楼小礼堂正式启动。是州公安机关落实中央文化建设总体部署要求，加强公安队伍建设，展示警察时代风貌，构建平安西双版纳与和谐社会所做的具体实践。活动由全州公安禁毒战线(集体)、勐海县公安局勐混派出所(集体)、州边防支队赴海地维和防暴队(集体)、勐腊县公安局城镇派出所教导员余礼、景洪市公安局黎明派出所案件队民警何炯如、州交警支队思小高速公路交巡警大队事故中队法医李祎祎、全国爱民模范、景洪市公安局巡逻民警余东胜等三个集体和4名个人的事迹作为宣讲内容，通过7位民警代表的事迹宣讲和影视宣传片的背景宣传，把那些用青春和热血、正义和忠诚、勇气与奉献、亲民和爱民、执著与勤奋所铸就的警察忠魂展现在观众眼前，以凝聚西双版纳州公安机关积极进取、奋勇前行、不断开启公安事业的力量，为建设富裕、民主、文明、和谐的西双版纳做出新的贡献。当晚仪式，由州委常委、政法委书记刘功华启动，州人民政府副州长、州公安局党委书记、局长王方荣致辞，州公安局党委副书记、常务副局长李晋波主持仪式。州人大、政协、州委、政府，省公安厅新闻办相关领导，工、青、妇、教育、文化、医疗卫生、政法、军、警等友邻单位和特邀监督员，还有中国法制日报、云南信息报、云南民族时报、西双版纳报、西双版纳电视台、西双版纳广播电台、景洪市电视台等媒体的领导和记者应邀参加启动仪式暨首场宣讲会。在州内作7场巡回演讲，全州共有4800余人参与事迹宣讲活动。

警务督察

〔**专项督察**〕 全州纪检监察、警务督察部门，以联合督察的形式对贯彻落实信息化建设、执法规范化建设、和谐警民关系建设等重大警务部署及执行"五条禁令"、"六条警规"、公务用枪四项措施等警规警纪情况开展监督检查和现场督察。加大对执法关键环节的专项督察和明察暗访力度。期间，开展"清网行动"专项督察。全年，全州各级公安机关先后组织召开"清网行动"专题研究会和工作推进会议120余次，抽调15名民警到各级"清网办"集中办公，并拨出专项经费380多万元；建立领导包案工作责任制，细化任务，推动各项清网工作措施的全面落实；利用与老挝、缅甸、泰国警务合作的条件，把清网追逃工作延伸到境外。即在边境口岸，粘贴发放用中、老、缅、英四种文字编写的敦促自首的宣传单5000余份。至12月15日，全州共抓获上网逃犯279名。其中：本地网上在逃人员194名，各级督捕在逃人员25人，实现了公安部"一降、二升、三提高"的工作目标。截至年底，全州纪检监察、警务督察部门共开展各种形式检查和现场督察1185次，出动警力3150人次，警车1233辆次。警务督察部门受理人民群众各类投诉38件，办结34件，待结4件；受理民警维权案件7件，办结7件，查处侵害公安民警执法权益违法人员9人。

〔**网上督察信息系统建设**〕 据云南省公安厅《关于传发全省公安机关网上督察信息系统建设方案的通知》要求，西双版纳州公安局警务督察支队，成立了网上督察信息系统建设领导小组，制定下发了《西双版纳州公安机关网上督察信息系统建设方案》，并按照全省公安机关网上督察信息系统建设的任务分解，把警综平台督察、卫星定位督察，语音督察和视频督察作为建设重点，采取分步实施的方式推进督察信息系统建设。年内，在州公安局信息化办的支持和配合下，全州公安机关视频监控系统整合了视频督察功能。

〔**执纪督察**〕 全州公安机关警务督察部门，把督察公安机关执行警规警纪情况，作为经常性工作开展，以促进公安队伍正规化建设。期间，全州警务督察部门共受理人民群众各类投诉38件，办结35件，待结3件；开展警规警纪督察380次，出动警力965人，检查基层单位263个，现场督察枪弹库120个，检查枪支1725支，检查民警2897人，暗访餐饮、娱乐场所861家、路查机动车辆195辆，现场纠正民警着装不规范23人；对基层公安机关一线所队和“窗口”单位值班备勤、办公秩序、服务质量、枪支管理使用、警风警纪等内部管理情况进行了315次现场督察，出动督察民警711人次，出动警车196辆次，查纠违规问题4起，减少了基层所队和“窗口”单位对待群众“冷硬横”、内务管理“稀拉松”、办公场所“脏乱差”、警用车辆管理使用不规范等突出问题，促进了基层公安机关加强和规范内部管理工作。

科技信息化处

〔**信息化管理**〕 保障视频会议系统的畅通。严格执行电视电话会议的会前试线、点名、会中值守制度，提高值机操作管理水平和会议收听、收看质量，确保电视电话会议的顺利进行。年内，为202次全国、全省、全州公安电视电话会议提供保障；加强有线通信网和公安专线的维护管理，确保通信网络的畅通；完成泼水节通信保障、“10·5”境外护航、看守所搬迁、各级处突任务、“10·22”一级警卫工作通信保障，并组织全州通信部门进行3次340M演练和实战；加强公安网电子邮箱系统的管理。全州新增邮箱100个，检查撤销邮箱90个；帮助基层解决网络故障、内网安全终端安装、机要系统故障排除12次；年初与3家电脑公司签署保密协议，州局机关各部门电脑故障交由该3家公司修理。排除计算机应用故障203起，重装系统43台，排除网络故障65起；做好软视频、警综平台、350兆基站、FTP、金山毒霸、办公自动化、漏洞扫描服务器、程控交换机等应用系统的日常维护工作；协助完成三楼指挥大厅建设工作。

〔**信息化应用教官培训**〕 实施科技强警战略，进一步推进“三项重点工作”和“三项建设”，全力推动西双版纳州公安信息化应用普及和深化，切实提高全警的信息化素质和应用技能，增强公安机关核心战斗力和对社会治安形势掌控能力，根据《公安部关于加强公安信息化应用技能训练工作的指导意见》和《云南省公安厅加强公安信息化应用技能训练工作实施方案》，西双版纳州公安局研究制定了《西双版纳州公安局加强公安信息化应用技能训练工作实施方案》，按照方案要求，1月14日，西双版纳州第一期公安信息化应用技能教官培训开班。本期培训为期一周，课程涉及信息化基础知识、办公基础软件操作、警综平台应用、情报平台和预警布控、公安信化基本设备应用、公安常用软件操作等。期间，还聘请社会专业人士担任培训内容的教授。

经侦支队

〔**打击经济犯罪**〕 2011年，经侦部门在加强对重点领域、涉众型、涉及民生、多发性经济犯罪案件的侦办力度的同时，突出“严厉打击重大经济犯罪、遏制涉众型经济犯罪、专项整治突出经济犯罪、追赃挽损缉捕逃犯”四个重点，强化各项工作措施，加大打击力度，确保经济犯罪案件侦破能力持续提升，破案率明显提高。年内，全州公安经侦部门共受理案件104起，立案86起，破案84起，抓获犯罪嫌疑人145人，涉案金额332155.4万元，挽回经济损失53844.65万元，与去年同期相比受理案件下降持平，立案上升12.9%，破案上升58.5%，抓获犯罪嫌疑人上升61.1%，涉案金额上升838.8%，挽回经济损失上升702.4%。在打击侵犯知识产权和制售假冒伪劣商品“亮剑”专项行动中，共立侵犯知识产权和制售假冒伪劣商品案件7起(撤案1起)，涉案总值10995791元，破案5起，抓获犯罪嫌疑人14名，捣毁制假窝点2个，摧毁团伙1个，收缴涉案茶叶22765饼，涉案卷烟39323条，非法烟草制品烟丝603公斤，泰国红牛饮料191件，查获111盘盗版光盘、假化肥30吨、假白糖600吨，协助昆明警方缴获假化肥30吨，协助江西警方抓获一名涉嫌销售假冒注册商标的犯罪嫌疑人，联合相关部门开展打假、防假宣传活动，营造保护知识产权、维护消费者权益的良好环境；在打击银行卡犯罪“天网—2011”专项行动中，立银行卡类犯罪案件1起，破案1起，收缴涉案银行卡2张，涉案金额32660元，抓获犯罪嫌疑人1人。受金融部门委托催缴透支款60万元。开展宣传活动19次，发放宣传单10000余份，出动警力170余人次，接待群众咨询500余次；在打击假发票专项行动中，全州共立案1起，破案1起，涉案金额328796.55万元，抓获犯罪嫌疑人3名，并向全国30个省、市、自治区和计划单列市发送涉案线索；在打击假币专项行动中，共立假币犯罪案件1起，破获1起，抓获犯罪嫌疑人3名，缴获假美元0.5万余元。在西双版纳边境交易会上，开展识别假币宣传活动；在打击整治“私彩”违法犯罪专项行动中，成功破获10起“非法经营彩票”案、捣毁10个犯罪团伙、抓获涉案嫌疑人44人；在“清网行动”中，抓获(劝投)行动前上网逃犯19人；支队侦办了省公安厅督办的，5年来全国最大的一起涉税案件——“勐腊县普阳运输有限公司涉嫌虚开抵扣税款发票案”，涉案金额达328796.55万元，案件正在侦办中；景洪市经侦大队侦办了部督“2·1”分销假冒伪劣雪茄烟网络案件,移送检察机关审查起诉。

刑侦支队

〔**打击刑事犯罪**〕 全州共立刑事案件11931起,同比7985起,多立3946起,立案数上升49.41%;破案2314起(含破年前案件640起),同比2129起(含破年前案件532起)多破185起,上升8.69%。查获犯罪团伙63个292人。其中,抢劫立188破37;抢夺立128破19;伤害立246破176;强奸立40破32;放火立7破5;盗窃立10233破1219;诈骗立403破66;绑架立5破4。共抓获刑事作案成员2019人,收缴赃款赃物折合人民币525.71万元;侦办毒品案件11起,抓获犯罪嫌疑人16人,缴获毒品61.23千克;立拐卖妇女儿童案件6起,破4起,抓获犯罪嫌疑人8人。5月11日,根据公安部线索通报,成功侦办部督“2011.1.14”系列拐卖儿童犯罪案件,抓获2名犯罪嫌疑人,破获3起系列拐卖儿童案件;摸排黑恶势力犯罪线索3条,开庭审理1起,正在侦办2起。

〔**命案侦破**〕 全州共发现行命案50起,破47起,破案率94%;破命案积案3起,综合破案率100%。期间,破获景洪市“8·9”故意杀人案、“10·5”景洪广电路6号抢劫杀人案、“2·15”勐海老陈小卖部抢劫杀人案、“5·25”勐海黑的司机杨伟被杀案、“6·20”勐海三轮车司机马云存被杀案、勐腊“5·8”故意伤害致人死亡案。抓获外地命案逃犯49人,协破命案45起。勐腊县取得了命案全破的好成绩。

〔**清网行动**〕 2011年,州公安机关按公安部、省公安厅和州公安局党委部署和要求,向网上逃犯发起凌厉攻势。各警种协同作战,人民群众和社会各界鼎力相助,网上追逃工作取得了丰硕战果。全年,共抓获和劝投网上在逃人员279人,其中本州上网194人,网上在逃人员总量由行动前240人降至46人,下降率达80.83%。一批久侦未破的案件得到成功侦破,一批长年负案在逃的犯罪嫌疑人落入法网,伸张了社会正义,捍卫了法律尊严,彰显了公安工作和人民战争的强大威力,维护了全州社会稳定。涌现一批勇于攻坚克难、善打硬战的先进集体和敢于担当、英勇善战的先进个人。州公安局和景洪市公安局分别被省公安厅记集体二等功和三等功;2名民警荣记一等功,3名民警记二等功;9个集体、47名个人获州公安局表彰。

禁毒支队

〔**堵源截流**〕 全州共查破毒品刑事案件898起,缴获各类毒品5195.952千克(海洛因733.91千克、冰毒4348.436千克、鸦片11.465千克、吗啡102.141千克)、易制毒化学品11.95吨、罂粟壳830千克,抓获犯罪嫌疑人1151名;其中,自破毒品刑事案件827起,缴获毒品4188.133千克、易制毒化学品11.95吨、罂粟壳830千克,抓获犯罪嫌疑人975名,与上年同期相比,破案数、获毒数、抓获数分别上升了108.31%,297.86%和84.31%;协助外地区警方查破毒品案件76起,缴获毒品1007.819千克,抓获犯罪嫌疑人176名。年内,缴获的毒品占全省缴获总数12.4吨的28.85%,排名全省第一名;破万克以上案件86起,占全省万克案件总数的31.97%;破枪毒同流案件13起(自破案件10起,协破案件2起,联合破案1起),缴获各类枪支19支(手枪13支、火药枪2支、五六式半自动步枪2支、自制枪支2支),子弹851发,手榴弹6枚;全州禁毒部门和边防部门在“清网行动”中,上网追逃30名,抓获14名,上网逃犯下降46.67%,协助外地区警方抓获10名。

〔**禁吸戒毒工作**〕 全州查获零星贩毒案件416起(刑事161起,违法255起),抓获嫌疑人345人(刑事96人,违法249人),缴获毒品17.635千克,与上年同期相比,分别上升230.16%、171.65%和18.84倍,其中零星毒品刑事案件占全部毒品刑事案件的19.46%。收戒吸毒人员1305名,其中强制戒毒727名,社区戒毒76,社区康复502名。美沙酮维持治疗156人,维持治疗率达70.9%。新增入库吸毒人员信息合格率达100%。全州累计创建“无毒乡(镇)”14个,占全州31个乡(镇、办事处)的45.2%。连续多年保持了毒品原植物“零种植”。

〔**禁毒执法合作**〕 全州公安禁毒部门与邻国警方举行禁毒会谈会晤9次,工作互访29次,开展联合扫毒行动3次,与老挝警方联合铲除老挝境内种植的罂粟250余亩。与缅甸四特区警方联合破案2起,缴获毒品492.2千克,抓获犯罪嫌疑人6名;缅甸四特区警方清理并移交长期在中缅边境进行零星贩毒活动的四川籍特殊人群37人。参与境外替代项目投资企业47家,总投资1.25亿美元,累计发展替代农经作物面积88.7万亩。

〔**毒品问题重点整治**〕 州禁毒委员会把景

洪市嘎洒镇和勐海县勐遮镇列为毒品问题重点整治地区。从8月1日起,公安机关对勐遮地区毒品问题进行为期半年的专项整治,截至12月31日,共破获贩毒案件41起,抓获犯罪嫌疑人67名(勐遮籍11人),缴获各类毒品569.245千克,收缴毒资268.5万元;共查破零星贩毒案件86起,抓获零星贩毒人员91人(刑事打击20人,治安处罚42人,强制戒毒29人),缴获毒品零包5194个(海洛因零包117个、冰毒零包5077个),捣毁吸贩毒窝点17个,暂扣赃款4.98万元;共对6653人开展尿检,查获吸毒人员392人。重点整治以来,景洪市嘎洒镇共破获毒品案件36起,抓获犯罪嫌疑人46人,缴获各类毒品12千克,收戒吸毒人员428人次;查获零星贩毒案件15起,抓获零星贩毒嫌疑人19名,捣毁吸、贩毒窝点48个,缴获各类毒品145.8克。兑现群众举报奖励金2.55万元,对排查出的387名吸毒人员,全部纳入了强制隔离戒毒和社区戒毒(康复)管理。经过整治,两镇的禁毒工作取得了较好的整体效应,为今后彻底解决毒品问题打下基础。

〔禁吸戒毒专项整治〕 开展"11-1"打击零星贩毒、娱乐服务场所涉毒问题整治、收戒吸毒人员、集中开展吸毒人员排查登记和管控等系列专项行动。景洪市对辖区内249家娱乐服务场所进行禁毒知识培训,对352家网吧、游戏室及歌舞娱乐场所开展集中整治,场所内1450余名业主及从业人员参加了尿检,查获吸毒人员14名,摧毁零星贩毒网络13个,捣毁吸毒窝点7个;勐海县对全县5万余名男性适龄青年进行了尿检普(抽)查,发现并查处吸毒人员844人,强制隔离戒毒410人,责令社区戒毒272人,责令社区康复162;勐腊县对易涉毒场所明查暗访6次,集中清查15次,对娱乐场所业主及从业人员培训8场次。收戒一批吸毒人员,萎缩毒品消费市场。同时,依托吸毒人员数据库,提高对吸毒人员的动态管理能力,2011年11月20日,全州共录入4395名,其中戒断3年以上(新法前)589名,死亡44名,脱失逃跑11名,现有吸毒人员3751名。

〔禁毒宣传〕 全州各级公安禁毒部门宣传《禁毒法》、新型毒品危害、新一轮禁毒人民战争为重点,以"我们拒绝毒品2011青少年禁毒宣传教育活动"和开展"云南省交通沿线识毒反毒宣传大行动"为主题,突出重点人群、重点场所、重点内容,开展主题鲜明的禁毒宣传教育活动。公安机关、教育行政部门和共青团州委联合开展了"不让毒品进校园","毒品预防专题教育"活动,确保了州内在校学生无吸、贩毒现象。公安机关和卫生行政部门多次深入乡镇开展禁毒防艾宣传活动。7月13日,州妇联在景洪市嘎洒镇曼勉村举行"云南省社区(村)禁毒防艾宣传教育及扶助工作示范点"授牌仪式,拉开了妇联系统开展巾帼志愿服务活动帷幕。州妇联与州人民广播电视台携手合作,制作了哈尼语禁毒防艾广播剧《流泪的山风》,并于5月6日在景洪市勐龙镇贺管村委会莫掌村举行发放仪式,取得了较好的宣传效果。年内,全州共开展禁毒宣传563场次,发放各类宣传资料12.75万余份;接到群众举报线索破获毒品案件202起,缴获各类毒品382.84千克。

〔整治特殊群体行动〕 9月21日至27日,为遏制四川凉山籍特殊群体利用边境便道从事走私、贩运毒品活动,州禁毒支队在云南省公安厅禁毒局的指挥协调下,与四川凉山警方在中缅边境两侧开展为期7天的特殊群体专项整治行动。在缅方辖区内共清理37名四川籍特殊人群,其中20名携带毒品;在打洛镇边境一线共清理20名四川籍特殊人群。共清理四川凉山籍特殊群体57人。9月27日下午,缅甸警方在218界碑向中国警方移交37名四川籍特殊人群。

〔边境狩猎行动〕 为保持对全州边境地区毒品违法犯罪的高压态势,巩固第二轮禁毒人民战争成果,推进第三轮禁毒人民战争深入开展,2011年3月1日至4月30日,西双版纳边防支队结合全国两会安保、边境缉枪、打击非法出入境、私彩赌博等工作部署,开展了为期2个月的"边境狩猎"一号缉毒专项行动。通过采取固定检查、流动查缉、专案侦查、发动群众等工作措施,共侦办毒品刑事案件22起,抓获犯罪嫌疑人37名,缴获各类毒品60.095千克,易制毒化学品38.81千克,罂粟壳220千克,缴获军用枪1支,子弹26发,民用枪15支,手榴弹2枚,手雷1枚,火药27.5千克,铁砂896.5千克,打击了边境地区涉枪涉毒违法犯罪活动,维护了边境地区安全稳定。

〔国际禁毒查缉考察〕 3月9日上午,中国、老挝、泰国三国禁毒官员,在州启动昆曼公路沿线查缉毒品联合考察工作。中国国家禁毒委员会副秘书长魏晓军、老挝国家禁毒委员会秘书长翁盛·威谢、泰国国家肃毒委员会副秘书长素空分别率队参加此次联合考察行动。期间,联合考察团考察了中国云南省西双版纳州勐腊县勐仑流动查缉点、老挝波乔省通往泰国清莱俯的湄公河会晒口岸、泰国清莱俯美猜执法检查站。之后,应缅甸国家肃毒委员会邀请,考察团还考察了缅甸大其力缉毒队及执法检查站。考察结束前,中国、老挝、泰国、缅甸四国禁毒官员在泰国清莱俯就联合考察进行了总结。

〔**中老罂粟种植遥感监测暨替代发展联络协调会议**〕 为应对老挝北部罂粟种植连续反弹的形势,推动中老禁毒合作,由中国国家禁毒委员会主办的中老罂粟种植遥感监测暨替代发展联络协调会议,于3月2日在云南省西双版纳州景洪市举行。中国国家禁毒委员会办公室、商务部、财政部、中国科学院、云南省有关部门及老挝国家禁毒委员会、工贸部、老中合作委员会、乌多姆塞、南塔和丰沙里等省有关部门派员与会。双方就卫星遥感监测老挝北部罂粟种植合作和进一步推进中老替代发展进行坦诚交流,并达成诸多共识,却形成了会议纪要。双方原则同意尽快签署《中国国家禁毒委员会和老挝国家禁毒委员会关于在老北地区联合开展卫星遥感监测罂粟种植的意向备忘录》并启动相关工作。中方全面阐述了推动老北地区开展罂粟替代种植发展替代产业的总体思路、工作机制及政策支持措施,通报了部分在老北地区开展替代种植工作的企业和项目名单,并就建立中老替代发展联络协调机制、制定老北罂粟替代发展工作规划、研究开展替代发展示范项目建设、动员烟农参与项目实施、联合考察认可替代企业并给予保障和支持、推动中老替代发展合作健康有序发展进行了磋商。双方同意将进一步加大沟通和协调力度,切实推动中老替代发展合作取得更大务实成效。之后,中方向老方介绍了卫星遥感监测技术原理和合作方案。

治安支队

〔**"开门评警"大走访**〕 按公安部、省公安厅及州公安局党委的统一部署要求,认真组织开展"开门评警"大走访专项活动,落实矛盾纠纷排查、调处和化解工作,全力维护社会和谐稳定。期间,民警深入社区、村寨了解群众的生产、生活情况,认真听取群众对治安管理工作的意见和建议,全面收集掌握因征地拆迁、林地划分、资源开发等因素引发的不稳定因素,切实做好情绪疏导、矛盾化解工作,努力把矛盾和问题解决在内部、基层和萌芽状态。同时,加强"大调解"工作体系建设,健全完善县公安局、派出所、警务室和基层调解员四级调解网络,并在42个公安和边防派出所设立调解室76个,组建了886人的基层调解员队伍,推出了"警司联调"、"警民联调"、"村(居)委调解室"等调解模式。年内,全州公安机关共走访群众57148人次,排查民间纠纷1769起,化解1173起,其他排查134起,化解91起;调解一般矛盾纠纷1180起;调解治安案件1266起;调解处理交通事故1096起。

〔**打击防范边境走私枪支弹药专项整治行动**〕 开展"打击防范边境走私枪支弹药"专项整治行动。期间,坚持以打开路、突出重点、强化管控、综合治理的工作方针,全面部署堵截、治理枪支弹药隐患工作,坚决打击非法制贩枪支弹药案件。全年,共立涉枪刑事案件65起,破61起,抓获54人。查处涉枪治安案件9起,抓获10人,收缴各类枪支736支,子弹6406发、炸弹1枚;收缴炸药344公斤、雷管2681枚、黑火药28.5公斤、索类350米、管制刀具284把;共发放宣传材料18827份、张贴通告4235份。

〔**"打四黑除四害"专项整治**〕 全州各级公安机关治安部门认真贯彻落实公安部"8·22"会议精神,严厉打击整治危及食品药品安全、从事制假售假、收赃销赃、涉黄涉赌涉毒等违法犯罪活动的"四黑四害"。工作中,治安部门积极作为、主动牵头,加强与相关行政部门的执法协作,采取开展摸排线索"主动战"、杜绝打击处理"走过场"、避免孤军奋战"独角戏"、发动社会参与"人民战争"四项工作举措,在全州范围内开展"打四黑除四害"专项整治行动。期间,全州公安机关共出动警力4344人次,排查社区379个,排查农村1000个,排查重点部位、场所6700个,发现线索27条。查处治安案件204起,立刑事案件124起、破27起,抓获违法犯罪人员119人,查没收缴各类假劣商品10.35吨。

〔**打击整治"私彩"违法犯罪**〕 全州公安机关认真开展打击整治"私彩"专项行动。期间,共投入警力2185人次,警车769辆次;受理"私彩"赌博违法案件99起,查处72起,处罚违法人员151人;立"私彩"刑事案件29起,侦破31起(其中有2起为年前积案),抓获犯罪嫌疑人79人,收缴、罚没涉案资金558072元;张贴、悬挂宣传标语448条,开展专题宣传活动229场次,累计参与群众达5.1万余人次。

〔**打击跨境赌博**〕 2011年5月17日,全州治安部门按照州委、州政府、云南省公安厅和州公安局党委的部署要求,认真开展打击跨境赌博专项行动,迫使境外磨丁黄金城赌场关闭全部赌厅,完成了严禁非法拘禁中国公民和关停境外赌场的工作目标。年内,全州共立跨境赌博刑事案件303起,破301起,抓获犯罪嫌疑人220人。其中,有154人通过网上追逃抓犯;暂扣108.4511万元、冻结634.5万元赌资。

〔**打击和防范摩托车被盗专项行动**〕 全州

公安机关按照州公安局党委的工作部署要求,开展了打击和防范摩托车盗窃犯罪专项行动。期间,全州共立摩托车盗窃案件6309起,与去年7001起相比,下降9.9%;共破获盗窃摩托车案件859起,破案率为14%;共抓获盗窃摩托车犯罪嫌疑人359人,追缴被盗摩托车472辆;设置摩托车停放保管场所75个;组织治保人员巡逻守护15334人次,安装视频监控探头699个;组织社区民警、巡逻民警387人盘查比对摩托车229814次,开展倒查235次;指认现场616次。

〔**校园安全管理**〕 全州各级公安机关认真贯彻落实公安部、省公安厅和州委、州政府关于加强校园安全防范工作的一系列部署要求,加强中小学校、幼儿园安全管理,切实维护校园周边治安环境。年内,全州公安机关共出动警力1689人次,检查各类学校幼儿园817所次,清查校园周边出租房屋1547户,流动人口5623人次;法制副校长和社区民警到校开展工作316次,召开学校、师生座谈会49次,与136所学校开展警校共建活动;开展消防检查367次,整改火灾隐患45条;进校开展法制宣传206次,受教育人数75450人次;破获涉校刑事案件1起,抓获犯罪嫌疑人1名;查处涉校治安案件5起9人,调解纠纷2起。

〔**湄公河护航**〕 10月5日,13名中国船员湄公河遇袭身亡惨案发生后,为确保滞留泰国的中国船员和船只平安返航归国,经外交部、公安部批准,相关国家同意,云南省公安厅决定由西双版纳州公安局抽派警力为滞泰船员、船只返航提供武装保护。10月13日上午,西双版纳州公安局抽调28名精干民警和1名随警船长组成湄公河护航编队,驾驶西双版纳州公安局澜沧江水上分局"勐泐号"警用巡逻艇,从景洪港出发,顺江而下,经老挝、缅甸到达泰国清盛港。16日下午,历时4天3夜,穿越三国,航行近700公里的湄公河护航编队将163名滞留泰国的中国船员、26艘中国货船全部平安护送到澜沧江关累码头,28名护航民警、1名随警船长、全数护航枪支弹药无一损失。至此,湄公河护航编队圆满完成武装护航任务。外交部工作组,云南省政府,西双版纳州政府及公安、海事、边防、检验检疫等部门的工作人员手持国旗到场迎接。中央电视台、云南电视台等多家媒体对船队回归进行直播。数千名群众到码头欢迎归国船队。

出入境管理处

〔**出入境管理**〕 州公安出入境管理部门共受理审批出国(境)证照32828份,与去年同期相比下降25%;受理审批内地居民赴港澳地区申请7745份,与去年同期相比上升18%,占受理审批总数24;受理审批大陆居民往来台湾申请943份,与去年同期相比上升8%,占受理审批总数3%;受理审批签发《中华人民共和国出入境通行证》15843本,与去年同期相比下降47%,占受理审批总数48%;为境外边民办理各类证件4977份;为外国人办理证件402份,与去年同期相比上升55%;为11391名外国人办理口岸签证,与去年同期相比上升39%;为台湾居民办理证件49份,与去年同期相比上升53%;查处涉外事(案)件133起215人。其中:持护照外国人6起50人。境外边民11起159人。涉及中国人5起6人。

〔**国际警务合作**〕 2011年,州公安机关与老挝警方进行会谈会晤28次,工作性互访13次,与缅甸警方进行会谈会晤32次。向老挝警方移交相关人员6人,向缅甸警方移交相关人员91人。接收老挝警方向中国警方移交的相关人员1人,接收缅甸向中国警方移交的人员3人。缅甸警方协助中国警方开展境外追逃行动抓获犯罪嫌疑人19人,老挝警方协助中国警方开展境外追逃行动抓获犯罪嫌疑人2人。与缅甸警方开展禁毒联合办案1次,举行中缅联谊活动1次。

装备财务处

〔**信息化保障**〕 信息化建设投入资金404万元。其中,更新金盾网核心设备、网络数据异常流量监测系统、网络入侵防御系统、病毒安全网关键设备投入200余万元;为改造视频会议室投入90万元;为网安监控设备建设投入46万元;拓宽警务通手机应用,为全局民警新选配273台警务通手机投入43万元;为计算机终端设备投入25万元。

〔**涉案车辆管理**〕 据公安部及省公安厅的要求,州公安局发出了《关于及时移交涉案车辆的通知》,并规定各侦察办案部门需及时移交涉案车辆,做到统一保管、统一停放,清洗干净、车况完好、能启动、能移动、一车一档、一车一卡,移交手续完备的细则。年内,共接收涉案车辆78台,其中:汽车43辆,摩托车35辆,并对应建立涉案车辆入库台账和涉案车辆出库台账78本。

澜沧江水上公安分局

〔**澜沧江水上治安管理**〕 2011年,接处警34

起，出动警力136人次，车辆68台次，船艇40艘次，打捞澜沧江漂尸、调查尸源处理尸体19具，落水失踪5人；化解矛盾纠纷3起；开展涉案财物、涉案人员非正常死亡专项治理和“清网行动”。期间，在“清网行动”中，上网追逃2人，撤销1人，入户规劝投案1人，清网率达100%；与海事、港务、边防检查站、海关等部门，建立信息联络员制度，实现信息资源共享，维护澜沧江水上治安秩序；推进信息化建设，启用执法信息化警综平台。投入3万元购置了6台笔记本电脑、2台彩色打印机、1台扫描仪等一批信息化应用设备，确保信息化工作顺利进行；加强堵截查缉，打击毒品犯罪活动。查获车辆运输毒品案一起，抓获犯罪嫌疑人2人，缴获毒品782克（冰毒768克、海洛因14克），缴获运毒汽车1辆。同时，破获预备贩毒案1起，抓获犯罪嫌疑人4人，缴获毒资20万元；与老挝警方签署警务交流协作机制，密切关注沿江治安动态；“10·5”13名中国船员湄公河遇袭案发生后，在州公安局统一指挥下，分局带领工作组深入境外出事现场开展调查取证工作，并协助公安部调查组和中国驻泰国领事馆开展善后工作。期间，调查走访靠港船只34艘，登记船员信息184人，制作询问笔录62份，上报工作信息6期；开展涉江情报信息收集研判工作。全年，共收集上报各类情报信息67条；统计澜沧江－湄公河航运安全事件。2011年，中国籍船舶在湄公河水域遭不明身份武装人员拦截、搜查、劫持和枪击23起44艘次。4月2日，“中油1号”、“正鑫号”、“渝西3号”等3艘中国籍船舶在泰国清盛码头上游约30公里处被12名缅甸非法武装人员劫持，34名船员被扣押，财物损失达265336元人民币。10月5日，中国籍货船“华平号”和缅甸籍油船“玉兴8号”在澜沧江－湄公河金三角水域遭不明枪击，致13名中国籍船员死亡。按照上级公安机关安排，出动“勐泐号”公安巡逻艇载28名民警赴泰护航，将滞留在泰国清盛码头的26艘中国籍船舶和164名船员护送回国。

法制支队

〔**执法监督**〕 州公安法制部门严格按照案件事实清楚、证据确实充分、程序合法、定性准确、适用法律正确、处理适当的审核原则，共审核各类案件24066起。其中，刑事案件15859件，行政案件8207件。州公安局法制处共审核各类案件73起。其中，刑事案件71起，行政案件2起。

〔**案件评查**〕 据中央政法委《关于开展“百万案件评查”活动的工作方案》、《云南省委政法委关于开展“案件评查”工作的实施方案》和公安部的部署及《云南省公安厅关于印发案件评查工作实施方案的通知》要求，结合全州公安工作实际，州公安局法制部门全年开展了233件（包括报州政法委的105件）案件的评查工作，防止涉法涉诉案件的扩大化、复杂化。

〔**清理化解涉法涉诉信访积案**〕 按《云南省公安厅关于加强和改进公安信访工作的决定》精神，设立专职信访工作机构，明确专职信访工作人员，确保全州公安专职信访民警达10人以上。全州各县、市公安机关受理信访案件139件。其中，初信93件，重信24件，来访22件，办结134件，正在办理的5件。州公安局控申办受理信访案件89件，其中初信53件，重信33件，并按时转发各县、市公安机关及州局机关各涉访部门；清理排查涉法涉诉重信重访信访积案20件，化解20件，清退款项拾贰万陆仟贰百肆拾元，生活困难帮扶贰拾捌万元；切实做好全国、全省“两会”期间信访工作。按州委政法委、州公安局党委的部署，严格落实“两会”期间信访工作“零报告”制度。有针对性地开展矛盾纠纷排查化解和稳控工作，最大限度防止非正常上访人员在“两会”期间扰乱社会治安秩序，进而引发群体性事件。

〔**执法规范化建设**〕 选好配齐法制员，落实责任到人制度；抓好专兼职法制员的选聘和培训工作；落实省公安厅“每日一题”学法用法活动，并对民警进行相关法律知识的培训和抽查；梳理执法突出问题，有针对性的学习改进；制定民警执法办案奖惩制度。评选“每月之星”，给予物质奖励。对执法后进的单位或民警给予通报批评、问责、黄牌警告；推广应用警综平台。采取逐级和分批培训的方式对民警进行培训，对不合格者给予离岗培训；开展执法示范单位创建，发挥示范引领作用；采取以会代训的形式，培训执法主体能力；开展法制员业务技能竞赛，促进法制员业务技能的提高。全年，以分级、分类的培训方式，围绕“一细则六规范”、法制员队伍培养、《公安机关执法细则》贯彻落实、警综平台办案实践等内容，组织培训民警8000余人次；按省厅部署，全州公安机关2127名民警顺利参加2011年度基本级执法资格考试。征订复习书籍6300余册，开展辅导讲座6场次，模拟考试16场次，发放各类复习资料5000余份。

监管支队

〔**深挖犯罪**〕 全州监管场所共提供各类线索198条,破获各类刑事案件148起(监管部门直接破获56起)。其中:杀人命案1起,涉毒案件13起(缴获毒品海洛因0克,冰毒221.5克),涉枪39起(收缴枪支391支,折合人民币4.75万元);抓获犯罪嫌疑人员2名,其他刑事案件95起(收缴摩托车46辆,折合人民币12.54万元)。

交警支队

〔**创新交通管理**〕 打造服务型车管所。抓好车管"一站式服务"、"首问负责制"、"延时工作制"的落实;完善网络选定机动车牌照、网上预约驾驶人审验、考试工作,在车、驾管业务大厅为老人、残疾人、军人等开通绿色窗口,实现人性化的行政管理服务;深入国营农场、乡镇为群众办理机动车注册登记、检验及驾驶证换证等业务,为群众提供交通咨询、信息查询等服务;将国产非营运9座以下小型汽车注册登记权限、五小车辆业务(两轮摩托车、拖拉机、农用车)下放县级车管所、乡镇交警中队办理,确保农村无牌证车辆的管理;与信誉好、销售能力强的机动车和摩托车销售商签订"带牌销售"责任书,落实现场购车、现场注册、现场领牌"一窗式"服务。落实车辆出入境管理便利化要求。按州委"西双版纳州边境口岸中、老车辆出入境管理便利化管理要求",交警出入境办证服务窗口前移至新联检大楼内,方便入境机动车和驾驶人办理车辆入境手续。全年共办理临时机动车牌证4582份、临时驾驶许可4694份。创新道路交通秩序管理。针对景洪市城区交通流量的实际,分别在景洪市主城区设立4条摩托车专用道,规范摩托车的行驶;启动轻微道路交通事故自行协商快撤快处快赔。办理快处快赔630起;制定《西双版纳州道路交通事故联合约谈制度》,强化全州道路安全生产工作;建立全州交通疑难案件会审工作机制,加强对全州交通疑难案件的指导。开展文明交通示范公路创建活动。以《西双版纳州2011年深入开展文明交通示范公路创建活动工作方案》,将思小高速公路国道214线景混段作为全州创建文明交通示范路段,督促民警建立台账,完善管理,营造严管氛围。

〔**酒后驾驶专项整治**〕 据省总队《关于开展2011年打击酒后驾驶工作方案》及《中华人民共和国刑法修正案(八)》的精神,州公安交警部门在全州范围内联合开展酒后驾驶专项整治。年内,全州共查处酒后驾驶254起,行政拘留27人,提起醉驾刑事诉讼45起45人,判缓刑26人。

〔**交通安全隐患排查整治**〕 按总队、州政府的部署,组织各大队先后开展交通安全隐患排查整治、公路安全隐患排查整治、道路客运隐患整治、农村地区机动车驾驶人隐患排查整治,并围绕"人、车、路"的安全管理,先后对全州14家旅游、客运公司,27个汽车客运站的2500辆(其中:班线客运车辆1268辆、公交车187辆、出租车553辆、旅游车492辆),1600在聘驾驶人进行交通违法行为集中清查,对昆曼公司12名有违法未处理记录的车辆,责成公司进行整改。在道路交通隐患的排查整治中,全州共排查出18处道路安全隐患,督促各大队提请当地政府整改;在加强对重点驾驶人的源头管理同时,加强对剧毒化学品运输企业、车辆及驾驶人、押运人、运输路线及时间审核上报。年内,全州共发生一般程序处理的交通事故163起,死亡74人,受伤195人,直接经济损失428651元,发生一次死亡3人以上的交通事故1起,死亡3人,四项指数与上年同期相比,交通事故起数上升1.24%,死亡人数下降1.33%,受伤人下降10.55%,直接经济损失下降32.25%,全州未发生一次死亡5人以上的特大交通事故。全州机动车保有量达359563辆,与去年同比增长13.61%,驾驶员保有量243439人,与去年同比增长3.56%。

〔**打击盗抢机动车及交通肇事逃逸犯罪专项行动**〕 全州各级公安交警部门与治安、刑侦、派出所建立联勤联动工作机制,把发现、查处盗抢、报废、无牌无证机动车上路纳入路面秩序整顿的重要内容,依托县、市公安局指挥中心、城市卡口监控系统、全省信息化自动预警查处平台,及时查询、发现、查获嫌疑车辆和人员。全州共出动警力99955人次,出动警车巡逻35462辆次,检查机动车1032635辆次,查获盗抢机动车33辆,查处各类交通违法行为107191起,行政拘留111人;缴获各类毒品82499克,其中海洛因10831克,麻黄素32818克,麻黄碱38850克;完成各类交通警卫58起,其中一级1起,二级5起,三级3起,一般警卫49起。

〔**交通安全宣传**〕 成立由副州长王方荣任组长,州人民政府副秘书长岩罕恩,州委宣传部副部长、州文明办主任李金秀和州公安局副局长李立新任副组长的"文明交通行动计划"领导小组,成员由发改委、建设、公安、交通、教育、农业、司法、安监、旅游、广播电视、工会、共青团、妇联等14

个单位组成。按照全国、全省、全州的工作部署和要求,落实政府主导、部门联动、综合治理、全民参与的道路交通安全宣传机制。全面推进文明交通计划实施。全州公安交警以“文明交通,平安春运”为主题,分别在客运站、广场、高速公路交通安全检查服务站,开展春运交通安全宣传活动;多部门联动,开展文明交通示范学校创建活动,并推动交通安全课堂教育经常化、制度化;围绕“文明交通、关爱生命、平安出行”宣传主题,联合安监、交通、运政等部门组成文明交通行动宣传队,采取文艺下乡、电影下乡、送法进村等方式,教育广大农村群众“关爱生命,文明出行”;组织客运企业、旅游汽车、出租车公司管理人员和客运驾驶人开展交通安全教育培训;建立安全营运奖惩机制,落实营运驾驶人“黑名单”制度和退出机制。以“大走访”、“开门评警”和交通安全“五进”活动为契机,宣传“醉驾入刑”新法规;走进“政风行风热线”直播间宣传“醉驾入罪”新《刑法》;针对曾因酒后驾车受到处罚的驾驶人和交通违法积分累计达12分的重点驾驶员,通过手机短信温馨提示、电话回访、面对面交流等形式,提醒杜绝酒后驾车违法行为;深入辖区车辆较多的单位、客运企业、危化品运输企业,向机动车驾驶人宣传即将执行的“醉驾入刑”新法规,为驾驶员打好“预防针”;与广播、电视、报纸、网络等新闻媒体及手机短信平台、辖区户外电子显示屏协作,开展切勿酒后驾驶温馨提示、警示,使“醉驾入刑”法规家喻户晓,深入人心。全州交警部门被新闻媒体采用稿件2814篇(条),其中,中央级43篇(条)、省级:1204篇(条);州县级1567篇(条)。出动警力2450人次,出动宣传车946辆次,进客货运企业1139个、进学校400个、进乡(镇)401个,上交通安全宣传课450场次,播放宣传公益广告片、警示教育宣传片506场次,制作摆放宣传展板136块,张贴、摆放、悬挂交通安全标语、横幅、招贴画、展板1375张(块),印发放宣传材料187915份,受教育人数869713余人。

西双版纳州森林公安局

〔森林公安信息化建设〕 在全州各级森林公安机关设置专兼职信息化人员17名;组织全州森林公安民警开展计算机操作比赛;以一对一教学的方式,组织开展视频会议系统培训、计算机操作培训、协同办公系统培训、同步录音录像视讯系统使用培训;全州投入经费150余万元,建成刑侦大队、治安大队、自然保护区分局、纳板河派出所讯问指挥系统;在景洪市局、勐海县、勐腊县局、勐养派出所建成独立同步录音、录像讯问室;完成十一个视频会议点建设,实现软视频系统全覆盖;按照人手一台公安网电脑和警务通手机、一个IP地址和数字身份证的要求,实现信息化基础设备全配备。年内,通过运用公安网络系统,成功破获“8·10”猎杀国家一级保护动物野牛系列案、走私国家二级保护动物狮子骨架案等刑事案件53起,抓获网上追逃嫌疑人7名;网上布控6人;查询并确认涉案人员身份1122名;网上查控涉案车辆15辆。

〔打击象牙制品非法贸易专项行动〕 据国家林业局森林公安局《关于开展打击象牙制品非法贸易集中统一行动的通知》及《云南省森林公安局转发关于开展打击象牙制品非法贸易集中统一行动的通知》,州森林公安局于2011年12月29日-30日在全州范围内集中开展“打击象牙制品非法贸易专项行动”。全州共出动警力122人次,车辆47台次,共清理经营象牙及其制品场所,红木家具等重点行业105家。其中,涉案企业、珠宝玉石店铺及重点行业共35家。查获疑似象牙制品159只(件);野生动物角雕件25只(件);榧木制品和红豆杉制品共计241件。查获各类涉案物品425件(只)。

2011年西双版纳州公安局党委成员名录

副州长、局党委书记、局长　王方荣(2010.05.20~)

党委副书记、常务副局长　李晋波(2010.01.21~)

党委委员、副局长　岩　香(2003.10~)

吉建明(2008.09~)

党委委员、副局长、交警支队支队长

李立新(2008.09~)

党委委员、副局长兼景洪市副市长、市公安局局长

高　兵(2008.09~)

党委委员、副局长　冯晓冬(2010.03~)

王　伟(2010.03~)

党委委员、纪委书记　游建华(1998.09~)

党委委员、政治部主任　张晓明(2008.09.04~)

(撰稿人:康文)

审　判

〔概况〕 2011年,全州法院贯彻中共十七届五中全会、省第九次党代会、州第七次党代会精

神，以“三个至上”为指导、“为大局服务、为人民司法”为主题，围绕和服务州“桥头堡”主阵地战略，确定“信念坚定，人不出事、案不出错，做人有名气、法院有形象”目标，深入化解社会矛盾，创新审判管理机制，提升审判质效，狠抓队伍和廉政建设，认真履行职责，强化司法保障，发挥地方人民法院在能动司法、服务大局中的作用，共受理各类诉讼、执行及减刑、假释、国家赔偿等案件8310件，比去年减少5件，下降0.06%；审、执结7593件，增加805件，分别上升11.95%。其中，州中级人民法院受理各类案件2032件，下降5.44%；审、执结1852件，结案率为91.14%。

〔**刑事审判**〕 坚持宽严相济的刑事政策，严把案件事实关、证据关、程序关和法律适用关，当宽则宽、当严则严，罚当其罪。共受理各类刑事案件1572件，上升7.82%，审结1454件，结案率为92.49%。全州法院受理一审刑事案件1419件，审结1305件，分别上升6.93%和12.02%，结案率91.97%。州中级法院受理一审刑事案件404件，审结336件，结案率83.19%，受理二审刑事案件152件，审结149件，结案率97.39%。判处罪犯1645人，其中，判处有期徒刑以上刑罚950人，判处拘役26人，适用缓刑、管制、罚金等非监禁刑658人，免予刑事处罚11人。坚持“严打”方针，强化刑事审判职能，依法从重从快打击严重危害社会的暴力犯罪、涉黑犯罪及毒品犯罪，依法严惩严重危害社会治安和群众生命财产安全的严重暴力犯罪和多发性侵财犯罪，审结故意杀人、故意伤害、抢劫、抢夺、强奸、盗窃案件453件，始终保持对毒品犯罪严厉打击的高压态势，加大对毒品案件财产刑的处罚，严厉打击零星毒品犯罪，参与毒品问题专项整治，与公安、检察院专题研究，就打击零星毒品犯罪的证据和政策问题达成共识，会议纪要下发执行，推进毒品专项整治。

〔**量刑规范化改革**〕 用量刑规范化标准量刑，把量刑辩论纳入庭审，共适用《量刑规范化实施细则》审理刑事案件951件，占72.87%。加大刑事附带民事案件调解，促使被告人积极赔偿，缓解被害方与被告方的对立情绪。体现宪法保障人权精神，重视被害人和被告人的人权保护，对未成年罪犯坚持“教育、感化、挽救”方针，情节轻微的依法判处缓刑或其他非监禁刑。为具有法定情形的被告人指定辩护人，对97名未成年被告人依法从轻判处或适用非监禁刑。

〔**民商事审判**〕 坚持“调解优先、调判结合”原则，把案件处理与化解矛盾、促进经济发展、解决群众实际困难相结合，加强诉讼调解，审慎处理各类案件。2011年，全州共受理各类民商事案件4508件，上升0.07%，审结4027件，结案率89.33%。结案标的金额2.37亿元；其中，州中级人民法院受理648件，下降0.31%，审结558件。全州受理一审民商事案件3908件，下降0.03%；审结3504件，结案率89.66%。州中院受理一审民商事案件51件，审结38件，结案率74.51%，受理二审民商事案件589件，审结514件，结案率87.27%。全州共调解结案959件，经调解撤诉693件，调撤率41.02%。应对经济发展方式转变对审判工作的新要求，加强审判指导，妥善审理投资、金融、清算、股权转让、企业破产、重组改制等纠纷案件。研究农垦改革中遇到的新情况、新问题，审慎处理涉及农垦改革引发的纠纷，保障农垦改革平稳推进。加强调研，注重调解，立足化解矛盾和纠纷，审理好商品房预售合同纠纷案件，促进房地产业健康发展。妥善审理茶叶、橡胶等经济作物经营承包合同纠纷案件，促支柱产业健康有序发展。高度重视涉外民商事（含港澳台）案件审判，为全面推进桥头堡建设提供有力的司法保障。妥善审理婚姻家庭纠纷案件，注重保护老年人、未成年人和妇女的合法权益，引导当事人正确处理婚姻家庭关系；慎重审理劳动争议和劳务合同纠纷案件，努力化解劳资矛盾，维护企业和劳动者的合法权益；审理金融借贷和买卖合同纠纷案件，依法平等保护各类市场主体的合法权益，保障平等竞争，维护交易安全，规范发展市场；及时审理土地、林权等涉农案件以农民工追索劳动报酬、农村土地承包、农民权益保障等纠纷案件，确保农村稳定；妥善处理新类型商事案件，维护正常经济秩序。

〔**行政审判**〕 坚持“保护合法权益，促进依法行政，优化司法环境，化解行政争议”原则，落实省人大常委会《关于加强全省行政审判工作的决议》，依法审理行政案件，对合法的行政行为予以支持，对违法和不当的行政行为予以撤销，向行政机关提出司法建议，最大限度地保护当事人的诉权；对不服和影响行政机关依法行政的当事人，坚持以法引导、以理说服，促其自觉履行义务，维护社会管理秩序。2011年，全州法院受理各类行政诉讼案件33件，审结29件，分别下降63.44%和67.42%，结案率87.88%。中级法院受理一审行政案件5件，审结5件，结案率100%，受理二审行政案件11件，审结10件，结案率90.91%。审结案中，维持行政机关具体行政行为7件，判决驳回诉讼请求2件，裁定驳回起诉5件，原告主动撤诉8件，改判2件，移送1件，其他处理4件。按省高院《行政机关法定代表人出庭应诉试点工作实施方案》,倡导和推行法定代表人出庭应诉。强化国家赔偿审判,规范完善工作制度,依法保障公民、法人和其他组织得到有效司法救济。全州法院受理审结司法赔偿案3件。加大行政案件协调和解,做好疏导协调,增进人民群众与行政机关相互理解与信任。

〔**执行工作**〕 受理各类执行案件1451件,执结1203件,执结标的11339.93万元,执结率为88.42%,执行工作取得新的突破。州两级法院开展创建无执行积案法院、反规避执行等专项活动,建多元化执行工作机制,加大执行工作力度,全面构筑依法执行、能动执行、和谐执行格局。树立和解优先理念,讲究执行艺术。始终把促使双方达成和解作为案件执行工作的立足点,执行法官收到申请执行案件后,认真阅卷,了解生效裁判的执行内容,全面把握纠纷起因、矛盾焦点,分析被执行人不及时履行义务的原因,通过查询被执行人的财产情况掌握其履行能力和可能存在的规避执行的风险,详细了解案情后,针对案件的具体特点在法律许可的范围内拟定和解方案。执行中,执行法官向双方当事人多做思想工作,尤其是向被执行人宣讲法律,讲清拒不履行义务的法律后果,具体案件具体分析,讲究执行艺术,力戒简单从事,慎用各种强制措施,避免激化矛盾。坚持教育疏导与强制措施并用,保护当事人合法权益。始终坚持说服教育与强制执行相结合的原则,规范执法,廉洁执行,耐心细致地做好当事人的说服、教育工作,能够化解矛盾的,有和解可能的,尽量引导申请人与被执行人达成和解协议。把经常执行与集中执行结合起来,对复杂、疑难执行案件,灵活执行措施,多方寻求执行突破口,对有履行能力而拒不履行债务的当事人依法及时采取各种强制执行措施,全力保护当事人的合法权益。创新执行思路,努力实现案结事了。具体案件的执行,注重依法保护申请人的合法权益,统筹兼顾各方利益,体现人文关怀。采取以物抵债、分期履行等"放水养鱼"执行方法,力求让当事人大都同意、案结事了。加强请示汇报,争取党委政府及有关部门的支持。向党委、人大、政府、政协汇报执行工作,主动争取党委的正确领导和人大、政府、政协的有力支持,切实与公安、金融等部门和乡镇的沟通协调,巩固和完善执行联动机制,建立执行威慑机制,推动执行工作良性发展。加大执行救助,全力保障民生。按《云南涉诉特困人员救助办法》,做好特困群体案件的调查审核,符合条件的及时报领导小组审批。密切与民政、社保等部门配合,落实执行救助工作机制,保障困难当事人基本生活。执行救助案件294件340人,发放救助金248.25万元。推动刑事被害人救助机制,办理刑事被害人救助案件9件15人,发放救助金26万元。

〔**立案信访**〕 按省委在全省十个窗口服务行业开展"四亮四评"活动要求,推进诉讼服务大厅建设,强化诉讼引导、立案审查、立案调解、查询咨询、诉讼接待等窗口服务功能,实现开放的"一站式"服务,实现立案工作从单纯的诉讼审查到全方位诉讼服务的功能转变,最大限度方便群众诉讼,保障当事人的合法诉求。景洪市法院开展诉前调解,在立案窗口安排审判经验丰富的专职审判员开展诉前调解,全年诉前调解结案145件,重视信访、接待工作,畅通群众利益表达渠道,接受群众咨询,"有登记、有落实、有结果",共收到群众来信42件,上升10.53%,接待群众来访55人(次),上升10%。贯彻"必须强化群众观念,必须坚持源头治理,必须建立长效机制,必须工作重心下移""四个必须",推行涉诉信访评估预防、约期接谈、工作通报、多元化解、案件终结"五项制度",妥善化解涉诉信访案件。打好"集中清理涉诉信访积案"攻坚战,按"四定一包"模式加强领导,对清理涉诉信访案件再安排、再部署,集全院之力,抽调精干力量,成立涉诉信访积案化解特别工作组,做好化解、疏导、说服和稳控,完成中央交办的14件和省委政法委交办的34件涉诉信访积案清理。完善涉诉信访案件排查研判机制,对重大敏感案件,在立案、审理、执行等各个环节提前介入,从源头上预防和减少涉诉信访问题。落实首接负责制,坚持领导干部接访制度,完善信访听证制度,在"事要解决,息诉罢访"上下功夫。

〔**综治维稳**〕 坚持能动司法,推进社会管理创新,在社会治安综合治理、维稳、依法治州、平安创建、普法工作中发挥职能作用,以案件审理为立足点,公开开庭、以案说法的形式,注重寓教于审,发挥庭审教育功能,扩大审判的社会效果。依法办理减刑、假释案件743件,其中,听证审理102件。针对在审判、执行工作中发现的治安隐患、管理漏洞等问题,向有关单位提出司法建议;结合行政审判,剖析行政机关败诉的原因和在行政执法中存在的突出问题,提出改进意见建议,依法行政;开展"四群"工作,沟通民意,深入扶贫、禁毒及综合治理维稳联系点,了解基层农村生产生活和社会治安状况,谋划脱贫致富和"平安创建"思路;加强同社会、妇联、学校等部门联系,选派法官担任学校法治副校长,开展"送法进校园",推动学校普法教育、依法治校及创建“平安和谐校园”。司法为民，加大深入巡回审理，深入基层农村、田间地头，就地审理、即时调解，力争将矛盾纠纷化解在基层。落实司法救助制度，依法办理缓、减、免交诉讼费15.13万元，解决生活确有困难的当事人打官司难问题。建设诉讼场所“无障碍通道”，为残疾人参加诉讼活动提供便利。争创平安机关单位，坚持“两手抓、两手都要紧”，强化内部治安管理，院内无突发事件、紧急治安案件发生。

〔**审判管理**〕 将法院的科学发展和创新发展同规范化管理作为一项重要工作摆上党组重要议事日程，创新工作机制，解决“谁来管、管什么、如何管”问题，努力做到用制度管人、管事、管案。中院增设审判管理办公室，主要负责审判委员会日常事务、监管审判流程和审判运行态势分析等。逐步建立“以流程管理为依托，以绩效考评为导向，以信息手段为支撑”的审判管理体系，加强对立案、审判、执行各个环节的全方位监管，审判管理更加规范。研究领会省法院绩效考评办法，调整健全已有的绩效考评办法，成立绩效考评工作机构，做好日常工作材料的收集汇总，启动对基层法院的绩效考核。做好案件质量评查，结合“百万案件大评查”，通过自查、组织评查组抽查等，开展案件质量大评查，共评查案件3870件，评查结果严肃整改，力求从源头上减少和杜绝差错。建立案件评查长效机制，不断提高办案水平和案件质量。规范上下级法院审判活动。加强上级法院对下级法院的监督指导，尊重下级法院的独立审判。规范细化发回重审案件工作程序，统一执法思想，提高既判力，切实维护判决的权威性。从细节抓起，制定刑事和民事审判规范，确保全州两级法院的刑事案件、民事案件从立案到结案，从开庭到合议的各个节点都规范统一，提升办案质量。抓好内部局域网审判流程系统的建设和案件信息录入。实施案件流程管理，加快三级专网建设，安装了法院综合信息管理系统，实行网上办案。建立舆情研判分析机制，加强对涉及法院工作舆论的引导。与司法局、律师协会共同研究探索诉讼权利保障机制，规范法官与律师的关系。实行案件社会稳定风险评估和防范化解机制，对可能发生影响社会稳定的案件，及时向当地党委、政府和上级法院汇报、请示，把社会稳定风险防范与防控的关口前移，将矛盾化解在萌芽状态。

〔**党建工作**〕 重视机关党建，发挥党支部的战斗堡垒作用和共产党员的先锋模范作用。按省高院要求，成立由院党组书记、院长任组长，党组成员副院长、政治部主任、纪检组长、机关党委书记为成员的中院党建工作指导委员会，指导委员会办公室设在院政治部，政治部主任兼办公室主任，专司党建工作。落实党建工作责任制，3名副院长分别联系三个基层法院的党建工作制度。中院设立机关党委，全州两级法院设党总支2个，机关党支部10个和老干党支部1个；正在筹建党总支1个，6个党支部和老干党支部2个。全州法院现有党员205名，其中正式党员194名，预备党员11名；在职党员160名，占党员总数的78.04%，离退休党员45名，占党员总数的21.95%。按“三会一课”制度要求，各党支部每月召开一次支委会，每季度召开一次党员大会、一次党小组会和上一次党课。落实组织生活制度，开展“三会一课”、党员评议，加强对党员党风党纪和工作考核。在纪念建党90周年座谈会上，给全州两级法院的参会人员上《重温党的光辉历史，提升人民法院司法公信力》党课，次年1月13日，以《坚定信念，团结一致，努力做好2012年各项工作》为主题给全院干警上党课；纪检组组长杨川云结合中院一名法官违法犯罪的情况给全院干警上《警钟长鸣，预防腐败》廉政党课。以支部为单位每年开展一次民主评议党员活动。

〔**队伍建设**〕 开展主题实践活动，坚定队伍理想信念。将“发扬传统、坚定信念、执法为民”、“忠诚、为民、公正、廉洁”政法干警核心价值观主题教育实践与“创先争优”、“人民法官为人民”主题实践活动及“四群教育活动”有机结合起来安排部署，每项活动都制定了实施方案，成立由院长为组长，副院长为副组长，党组成员和各部门负责人为成员的各专项教育活动领导小组。开展了社会主义法治理念再学习再教育活动，解决干警在理想信念、宗旨意识、司法为民等方面存在的突出问题，统一执法思想，并按照院党组提出“信念坚定，人不出事、案不出错，做人有名气、法院有形象”的目标要求，加强法院建设。学习杨善洲、龙进品、詹红荔等模范人物的先进事迹，用榜样的力量鼓舞人。开展纪念建党90周年系列活动，开展“重温党的历史”、“青年法官跟党走”、司法公信力提升的大讨论和征文活动，参加省法院组织的文艺汇演和州委政法委组织的“红歌献给党”歌咏比赛等活动，提升队伍的“精、气、神”，以先进的法院文化引导、塑造、凝聚干警。开展社会主义法治理念再学习再教育，探讨、解决全州法院工作中存在的问题，统一执法思想。抓好业务学习培训，组织干警收看最高法院巡回讲座等15个专题讲座，选派全州两级法院干警参加各种培训学习30期107人（次）；开展书记员庭审技能竞赛活动、司法警察岗位大练兵活动；参加“全省法院办案能手”、“全省法院调解能手”、“司法警察勤务能手”和“优秀裁判文书”四项技能竞赛；组织全州两级法院36名干警参加司法考试，实际参考33名，有16名通过司考，其中，通过A证分数线4名，C证分数线的12名，通过率为48.5%。为缓解干警压力，举办心理疏导1次。加强人事管理工作，按省法院要求，落实人员信息管理、法官等级评定、法院进人审核、预备法官培训和初任法官任命审核制度。制定中院审判人员遴选办法，将中院审判人员入口规范起来。制定审判岗位轮岗办法，启动轮岗工作。制定一岗双责问责制度，按公务员管理规定和一岗双责要求，强化领导责任，推进问责制度的建立和落实。制定群众工作意见，加强群众工作，明确干警在法院工作和法院管理中的参与作用，要求重大事项或重大决策须广泛征求意见，必须公开、公示。响应省委、州委“四群”工作要求，安排1/5的正式干部参加群众工作组，五年内全部正式干部都参加一次“四群”工作组，提高广大干警国情意识、群众意识和服务意识，增强做好工作的责任感。2011年1月，勐海县法院勐遮法庭被省法院评为“全省优秀法庭”，2011年9月和2012年1月，勐海县法院被省法院评为“无执行积案先进法院”和“全省优秀法院”；中院、党支部等10个集体被当地党委、政府及其有关部门评为“优秀基层党组织”、“先进集体”，2011年4月，勐海县法院何文兰被省委、省政府评为“防艾先进个人”，中院刀志宏等3名干警被省政法委评为“清理评查化解涉法涉诉信访积案先进个人”，2011年6月，杨斌被省高院评为“打击发票违法犯罪专项活动先进个人”，2012年1月，李昳、熊莉芬被省高院评为“优秀法官”、“优秀干警”，朱昌献等23名干警被当地党委、政府及其有关部门评为“优秀共产党员”、“先进个人”。

〔**廉政建设**〕 继续学习胡锦涛总书记“七一”重要讲话精神，深刻领会“四大考验”、“四大危险”，“坚定不移地坚持法律面前人人平等、制度面前没有特权、制度约束没有例外”，严明审判纪律，自觉遵守中央政法委“四个一律”和最高人民法院“五个严禁”规定，确保在复杂的环境中信念坚定，人不出事，案不出错。强化廉政监督机制，加强党风廉政建设。落实四重分片包干责任制，明确中院党组书记、党组成员分片包干的范围和主要工作职责、责任追究和工作要求。落实党风廉政建设责任制，层层签订责任状，强化“一岗双责”，中院每一位法官都签订法官执法承诺书。查找各部门廉政风险点，找出廉政风险点69个，并有针对性地提出防范措施52条，警惕漏洞，提前预防。坚持将廉政监督关口前移，将纪检监察工作范围延伸到案件审判、案件评查、再审的具体工作中。中院审监庭对重点、疑难案件的评查及立案庭拟对案件启动再审，都要求纪检监察部门参加审查；业务庭要按当年受理案件总数的10%通知纪检监察部门列席合议庭合议案件。主动走访纪检监察部门，听取意见建议，了解法院队伍建设、工作开展和党风廉政建设中存在的问题和薄弱环节，根据走访了解的情况有针对性地加强队伍的管理教育，早发现、早预防、早处理。坚持廉政谈话制度，三位副院长(由纪检组长陪同)分别找分管部门的正职逐一谈话，履行好“一岗双责”，算好人生“七笔账”，强调要管好自己，更要管好自己手下的人，发现干警有不良苗头或倾向要敢管敢说。院党组还要求各部门正职在分管院长找其谈话的基础上，找其部门的干警分别或集体进行一次廉政谈话。狠抓机关的纪律作风、工作作风、会风建设，狠抓机关纪律作风建设，院领导不定期深入本院各业务部门看望了解干警，检查各部门干警在岗的情况。组成督查组不定期重点督查法官开庭着装是否规范、仪表言行是否得体、开庭是否迟到、用语是否文明规范等庭审纪律情况，还督查工作时间离岗、串岗、玩游戏等不遵守工作纪律情况。一定程度扭转了长期以来难以改变的中院机关作风方面存在的突出问题，纪律、工作作风、会风明显改变。开展用身边的事教育身边的人警示教育廉政谈话活动，使每位干警受到教育。

〔**对外沟通联络与监督**〕 提高党委、政府、人大、政协和社会满意、认可度，本着自觉接受监督，主动加强汇报和沟通的原则，州中级法院开展外联和相关工作，向党委、政府主要领导和相关职能部门领导汇报工作。向州委书记汇报队伍建设工作，向州长报告审判工作整体推进情况。书记对队伍建设提出建立执法档案的要求，对少数民族预备法官培养工作进行总结。中院党组及时研究，向书记做出专报。与州纪委领导班子、政法委领导班子加强沟通和联系，主动汇报、请示，赢得理解和支持。主动请求州人大常委会领导班子和州政协领导班子到法院视察工作，听取法院工作汇报。经过精心准备，人大常委会主任、四位副主任和秘书长、几个委员会主任和州政协主席、三位副主席、秘书长和几个委员会主任分别到法院视察工作，听取法院工作汇报，对法院工作予以充分肯定，也提出意见和建议。人大代表、政协委员的联络工作增强。走访老同志，了解法院工作需要改进和加强的地方。在走访老同志的时候，真诚地请求老同志们关心帮助，听取意见建议。走访、慰问老州长召存信同志。加强请示汇报，特别是涉及国企改革、改制案件、涉众案件和可能引发重大社会反响和舆情案件，要主动向上级法院和党委报告，争取短时间内改变当地党委、人大、政府和纪委等相关部门对法院审判工作的意见和看法。依法接受检察机关的法律监督，按法律程序审理各类抗诉案件，建立检察长列席审判委员会制度，确保重大疑难案件裁判结果公正。认真对待检察机关提出的检察建议，件件有回复，事事有沟通，保证检察机关的监督效果。接受社会监督，把群众呼声作为加强和改进工作的"第一信号"，扎实开展"四群"工作，了解民情，倾听民意；加强与新闻媒体的沟通，主动接受新闻舆论监督；高度重视网络舆情，梳理网民提出的意见和建议，改进工作。向西双版纳报、西双版纳电视台等新闻媒体发布法院工作，特别是一些重大案件审判相关信息，及时、主动接受社会舆论监督。

〔基层基础工作〕 坚持"面向基层、服务基层、建设基层"的工作方针，强化对基层基础工作的指导、监督和保障，中院建立领导班子成员列席各基层法院党组民主生活会制度，深入基层了解情况，研究解决困难和问题。面对基层法院案件大幅度上升、审判任务日益繁重的严峻形势，中院切实加强对基层法院审判业务的监督和指导，不断提高办案质量。针对我州辖区内的多发性案件组织人员及时研究，寻找规律，统一裁判标准。先后召开全州法院立案信访、执行、反腐倡廉建设、司法宣传暨业务培训会议及开展社会主义法治理念再学习再教育活动动员部署暨服务桥头堡建设工作会议，贯彻上级法院工作会议精神，以会代训，交流总结并指导基层法院工作。开展案件质量评查活动，对有瑕疵的案件进行集体"会诊"，促进办案质量提高。建立党组成员联系基层法院制度，参照省高院《关于中级法院领导班子及领导干部绩效考评办法》对基层法院领导班子和各项工作考核评比，促进基层法院工作整体上台阶。加大协管力度，协助地方党委做好法院班子的换届工作，确保把基层法院班子配齐配强。建立分管副院长联系基层法院工作制度，中院党组成员到基层法院指导工作或调研，主动与当地党委沟通协调，汇报法院工作，争取当地党委的理解和支持。基层法院党组成员、副院长发生变动时，当地党委都派员或发函征求中院党组的意见。推进"两庭"建设，景洪市法院审判大楼和勐海县法院审判大楼正稳步建设中，在人民法庭建设方面，根据"十二五"规划要求，新规划建设景洪市法院的景洪城区人民法庭和橄榄坝人民法庭，勐腊县法院的勐捧人民法庭。加大信息化建设，建立健全技术工作机构，争取信息化建设资金，把信息化建设工作作为一项长期性工作来抓。中院组建覆盖全院范围内的局域网，两级法院开通了视频会议系统。加强对法院综合信息系统的使用，两级法院均已安装法院综合信息管理等软件，中院于2011年5月投入使用，新收案件均按流程录入法院综合信息管理系统。勐腊、勐海、景洪法院均已安装法院综合信息管理系统，勐腊法院投入使用。

〔人事变动〕

5月，中共西双版纳州委任命董国权为州中级人民法院代院长。

12月，中共西双版纳州委任命沈云为州中级人民法院执行局局长。

12月，中共西双版纳州委任命谢飞为州中级人民法院审管办主任。

12月，中共西双版纳州委免去魏炜州中级人民法院审判监督庭庭长职务。

12月，中共西双版纳州委免去杨永州中级人民法院副院长职务。

〔大案要案之被告人汪昌明、汪昌兵、张新福、高正兵、何朝伟等74人开设赌场案〕 2011年12月26日至28日，景洪市人民法院公开开庭审理景洪市人民检察院提起公诉的被告人汪昌明等74人涉嫌开设赌场罪一案。经法院审理查明，2010年上半年，被告人汪昌明、汪昌兵、张新福、高正兵、何朝伟等人策划在老挝磨丁开设赌场。开始实施开设赌场的场地租用、赌场装修、员工宿舍建盖等基本建设。开设赌场的准备工作完成后，于2010年8月9日正式开业。期间，被告人汪昌明、汪昌兵、高正兵、张新福、高兴明、何朝伟等36人以营利为目的，先后为开设赌场和赌场运转投入资金，赌场名称为恒大厅。恒大厅以管理层为核心，设立了后勤、外联、内保、财务、码房等部门，保障赌场正常运行。并招录被告人王祁云、蒋剑霞等38人到恒大厅工作。恒大厅赌场以管理层为核心，各部门相互配合，互通信息，形成一个完整的赌博体系。恒大厅赌场利用西双版纳与老挝接壤，针对我国公民出境赌博，先后组织、接待、安排了中国公民张某、张某乐、蒋某丽、吴某林等为数众多的赌客在恒大厅赌场签单赌博，期间还对数十名赌客进行看守、限制人身自由、打骂体罚等行为。法院审理后认为，被告人汪昌明、汪昌兵、高正兵、高兴明、张新福、何朝伟等人以营利为目的，分别入股老挝磨丁黄金城恒大厅，开设专门用于进行赌博的场所,吸引中国公民出境参与赌博,上述36名被告人的行为均构成开设赌场罪。被告人王祁云、蒋剑霞等38人明知他人开设赌场,而到赌场从事内保、外联、现场管理、财务等为赌场提供服务工作,获取报酬,上述38名被告人的行为均构成赌博罪。本案系共同犯罪,被告人汪昌明、汪昌兵、高正兵、高兴明、张新福、何朝伟在开设赌场罪中起主要作用,系主犯,其余参与入股恒大厅的被告人起次要和辅助作用,是从犯,可以从轻或者减轻处罚。故判决被告人汪昌明、汪昌兵、高正兵、高兴明、张新福、何朝伟等36人犯开设赌场罪,判处有期徒刑一年缓刑一年至有期徒刑一年零六个月,罚金20000至100000不等的刑罚;被告人王祁云、蒋剑霞等38人犯赌博罪,判处有期徒刑六个月缓刑一年至有期徒刑一年缓刑一年的刑期,罚金5000至10000不等的刑罚。

〔大案要案之被告人玉书养、岩应龙运输毒品案〕 西双版纳傣族自治州人民检察院于2011年12月6日以被告人玉书养、岩应龙犯运输毒品罪向西双版纳傣族自治州中级人民法院提起公诉。西双版纳州中级人民法院于2012年2月1日公开开庭审理了本案。经法院审理查明,2011年7月24日上午10时许,被告人玉书养邀约被告人岩应龙,由勐海县勐遮镇前往该县打洛镇运输毒品。当日18时24分许,二被告人携带毒品从打洛镇返回,当行至勐混街岩温罕大米加工厂门口时,被西双版纳州公安边防案件侦查队民警抓获,当场从被告人岩应龙驾驶的云K83739小型普通客车后备箱内,查获毒品甲基苯丙胺共84块,重46260克。法院审理后认为,被告人玉书养、岩应龙运输毒品的行为均已触犯刑律,构成运输毒品罪,且毒品数量巨大,依法应予严惩。在本案中,被告人玉书养起主要作用,系主犯;被告人岩应龙起次要作用,系从犯,应从轻处罚。故判决:被告人玉书养犯运输毒品罪,判处死刑,剥夺政治权利终身,并处没收个人全部财产。被告人岩应龙犯运输毒品罪,判处死刑,缓期二年执行,剥夺政治权利终身,并处没收个人全部财产。

〔大案要案之景洪市人民法院审结首例醉驾案〕 2011年8月8日,景洪市人民法院对备受关注的景洪市首例醉驾案作出一审判决,以犯危险驾驶罪判处被告人李某拘役一个月,缓刑二个月,并处罚金人民币2000元。法院经审理查明:被告人李某因涉嫌危险驾驶罪,于今年5月16日被景洪市公安局取保候审。5月6日,被告人李某醉酒驾驶一辆无牌号微型面包车途经景洪市勐泐大道流沙河大桥桥段时,被景洪市公安局交警一大队值班民警当场查获。经西双版纳明信司法鉴定中心鉴定,被告人李某静脉血液中乙醇含量测定为86.22 mg/100ml,酒精含量超过醉酒驾车的临界值。法院审理后认为:被告人李某在道路上醉酒驾驶机动车,危害了公共安全,其行为构成危险驾驶罪。公诉机关指控的罪名成立,予以支持。鉴于被告人李某案发后能如实供述,确有悔罪表现,且未对社会造成严重危害,其辩护人认为可以对被告人李某从轻处罚的意见予以采纳。故决定对被告人李某从轻处罚并适用缓刑。遂作出上述一审判决。宣判后,被告人李某表示不上诉。

〔大案要案之西双版纳中院成功调解52户土地承包经营权出租合同纠纷案〕 州中院在勐腊县勐伴镇党委、政府的支持下,成功调解一起涉及52户村民土地纠纷案件。2003~2004年,经两村村民协商,勐伴镇曼里村小组的岩勇等26户村民将自己承包的部分土地出租给勐伴村民委员会坝连村小组的坡让等26户村民耕种,但均未签订书面合同。2010年,坝连村小组坡让等26户村民将承租来的土地转租给第三人刀某某等种植香蕉,转租期10年。2011年4月,曼里村小组岩勇等以土地承包经营权到期为由,向勐腊县人民法院提起诉讼,要求收回土地。勐腊县人民法院经开庭审理后,于2011年7月对涉及曼里村小组和坝连村小组52户村民的土地承包经营权出租合同纠纷案件作出民事判决,驳回原告曼里村小组岩勇等26户村民要求返还土地的诉讼请求。2011年8月,原告曼里村小组岩勇等26户村民不服一审判决,提起上诉。二审承办法官在审理过程中解到,曼里村和坝连村是两个少数民族集居村,两个村寨原本是和睦相处的友好村寨。但在几年前,因为土地纠纷发生村寨互殴事件,一方因此付出生命的代价,一方因此而坐牢。此后两个村寨互不往来,相互仇视。为化解双方的矛盾,承办法官深入村寨,巡回办案,多次召集双方当事人做调解工作。承办法官还向勐伴镇党委、政府汇报,请求当地党委、政府配合协调。在勐伴镇党委、政府支持下,最终两个村小组52户当事人握手言和,自愿达成和解协议:继续履行原双方约定的口头协议,土地承包经营权出租合同的期限为28年,比第二轮延包期的30年减少2年。本案以两个民族村小组、52户当事人的握手言和而终结,人民法官尽职尽责化解了社会矛盾,弘扬我国的法治精神,奏响和谐社会乐章。法院工作在为当地党委、政府排忧解难,化解矛盾纠纷,维护社会稳定,创造和谐社会起到积极作用。

(撰稿人:刘明芳)

检　察

〔**概况**〕 2011年,州人民检察院内部设有办公室、政治部、反贪污贿赂局、侦查监督处、公诉处、反渎职侵权局、监所检察处、民事行政检察处、控告申诉检察处、职务犯罪预防处、检察技术处、法律政策研究室、监察处、司法警察支队、人民监督工作办公室、计划财务装备局、驻景洪监狱检察室等十七个机构。设有党总支部和工会等党群组织。权职全勤奖全州检察机关总编制253人,其中,政法专项编制244人,事业编制9人。实有在职人员237人,其中,检察官136人,占实有人数的57.4%;研究生学历4人;本科学历185人,占78.1%;大专学历36人,占15.2 %;大专以下学历12人,占5%;少数民族干警102人,占43%。州人民检察院总编制77人,实有70人。在州委和省检察院领导下,在人大、政府、政协和社会各界监督支持,落实省委八届十次全会,省、州政法工作会议,全省检察长会议和州委六届十一次全会及第七次党代会精神,按州委确定"六大战略"、"两个率先"、"两个为主"、"两个定位"发展目标 加强与侦查机关和审判机关配合,推进社会矛盾化解、围绕科学发展观主题和加快转变经济发展方式主线,推进三项重点,加强与侦查机关和审判机关的配合,发挥打击、保护、监督、预防等职能作用,开展"发扬传统、坚定信念、执法为民"主题教育、"政法干警核心价值观教育"和"四个一律"纪律作风教育整顿活动。依法监督,为维护边疆稳定、促进全州经济社会发展作出新贡献。

〔**侦查监督**〕 全州检察机关侦查监督工作把维护稳定作为硬任务,开展打黑除恶、边境地区社会治安集中整治等专项行动,严厉打击各类严重刑事犯罪,维护社会稳定。受理提请批准逮捕各类犯罪案件1254件2092人,经审查批准和决定逮捕1126件1849人,提请单位撤回3件4人,有效打击各类刑事犯罪活动。所受理的案件都在法定时限内办结,没有超办案时限违法办案的情况,保证依法、准确、有力地打击犯罪,有效维护案件当事人的合法权益。受理批捕的案件有五个特点:提请批捕案件仍呈上升趋势,社会治安形势依然严峻。全年受理的各类提请批捕案件同比分别上升4.2%人和13.8%;毒品案件仍居高位态势。共依法批准逮捕走私、贩卖、运输、制造、非法持有毒品犯罪案件456件840人,分别占受理案件数的36.4%和40.2%;同比分别上升23.2%和40%;毒品犯罪分子从原来外来人员犯罪居多发展到现在本地人犯罪逐年增多,且数量和毒资越来越大,出现利用枪支、弹药以及团伙、家族和特殊人群贩运毒品的案件呈上升趋势;侵犯公民人身和财产的犯罪案件仍影响社会治安稳主要因素。依法批准逮捕故意杀人、故意伤害、强奸、绑架、非法拘禁等暴力犯罪等案件204件286人,分别占受理案件数的16.3%和13.7%;依法批准逮捕抢劫、抢夺、盗窃等犯罪案件264件391人,分别占受理案件数的21.1%和18.7%;破坏生态资源的犯罪案件不容忽视。受理森林公安机关提请逮捕此类案件14件14人。

侦查监督,围绕保护群众切身利益,重点做好"四个重视",即在正式启动立案监督程序前重视调查和审查,提高成案率;在启动

立案监督程序中重视与公安机关沟通和协调,力求达成共识;在案件立案后重视跟踪和引导,减少和杜绝立而不查、久侦不决情况;在监督有案不立同时重视对违法立案问题的监督,对不应当立案而立案的侦查案件,发出《撤销案件通知书》或《要求说明立案理由通知书》。办理立案监督案件20件23人,其中,监督公安机关应当立案而不立案9件10人,说明不立案理由;不应当立案而立案11件13人,对侦查活动提出纠正6件次;对应当逮捕而未提请逮捕的犯罪嫌疑人,依法纠正漏捕18人;贯彻宽严相济刑事政策,对轻微犯罪坚持适用宽缓刑事政策,依法不批准逮捕118件236人,其中未成年人62人;进行回访32人、帮教62人次。审查报备案件168件,办理批准延长侦查羁押期限案件116人,对侦查活动中的违法问题发出检察建议书4份、纠正违法通知书6份,口头纠正32件次。参加公安机关现场勘验1件次。加强提前介入和个案引导侦查取证工作,向侦查机关发出要求提供法庭审判所需证据材料意见书1007份,提前介入引导侦查取证42件次,与侦查机关召开协调会议4次。工作中,保障经济建设,注重拓宽立案监督范围,从办案中发现线索;保障公民的合法权益,加强对批准逮捕和不批准逮捕执行情况监督;坚持办案制度,做到每案提审,准确把握案件的审查批准逮捕关。没有出现错误立案而作撤销案件,没有错误逮捕而作绝对不诉案件。

〔**公诉工作**〕 围绕经济社会发展和社会稳定工作,加强与公安、法院的密切配合,继续加大办案力度,坚持依法打击各种严重刑事犯罪,认真履行起诉职能。受理公安、海关、边防、森林、民航、水上、自侦等部门移送审查起诉或不起诉的各类刑事案件1740件3303人,经审查,向人民法院

提起公诉1280件2220人。提起公诉的被告人，经法院审理作有罪判决1886人，免除刑事处罚23人。

重点打击严重侵害公民人身权利的暴力犯罪、毒品犯罪和侵财犯罪。依法起诉故意杀人、故意伤害、强奸、非法拘禁等四类严重暴力犯罪嫌疑人314人，占起诉总数的14%；起诉走私、贩卖、运输、制造、非法持有毒品犯罪嫌疑人605人，占起诉总数的27%；起诉抢劫、盗窃、诈骗、抢夺等侵犯财产犯罪嫌疑人433人，占起诉总数的19.5%。突出打击黑恶势力、涉枪涉爆犯罪，共起诉涉枪涉爆犯罪案件41件50人；起诉组织、领导、参加黑社会性质组织犯罪案件2件57人。严厉打击破坏环境资源犯罪和破坏社会主义市场经济犯罪，共起诉盗伐、滥伐林木，非法采伐、毁坏国家重点保护植物，非法猎捕、杀害珍贵、濒危野生动物等犯罪嫌疑人120人；起诉走私贩私、金融诈骗等犯罪嫌疑人18人。严厉打击危害边境安宁的犯罪，起诉走私、赌博、偷越国边境等犯罪嫌疑人76人。严厉打击危害公共安全的犯罪，共起诉放火、破坏电力设备、交通肇事等犯罪嫌疑人107人。加强刑事审判监督，纠正漏起诉罪行25件，纠正漏起诉罪犯99人；对基本事实不清，基本证据不足或不构成犯罪的，依法不起诉26人，退回补充侦查599件次；对量刑畸轻畸重以及严重违反法定程序的案件提出抗诉3件3人，提请抗诉1件1人，法院再审改判2件2人。对轻微刑事案件建议法院适用简易程序审理418件，促成刑事和解38件。完善对轻微刑事案件从宽处理的工作机制，对情节轻微不起诉26人；贯彻教育、感化、挽救的方针，对未成年人不起诉21人，进行回访32人、帮教62人次。结合办案开展以案释法工作，妥善化解矛盾，减少社会对抗；完善外部沟通协调机制，坚持法、检、公"三长"联席会议制度，检察长列席审委会讨论案件和三书会审制度，检察长全年共列席审判委员会讨论案件39件次，提出检察建议19件次，提出从轻、减轻处罚的量刑建议372件，法院采纳284件，；出庭支持公诉824件次。邀请人大代表、政协委员旁听和评议出庭公诉案件17件，对审判活动中的违法情形提出纠正意见6件。落实社会管理创新各项措施，参与社会治安重点地区排查、边境地区社会治安集中整治和平安创建等工作，履行扶贫挂钩、综治挂钩、禁毒联系、森林防火联系等职责，促进社会治安防控体系建设。

〔反贪污贿赂工作〕 查办贪污贿赂等职务犯罪案件工作注重加强与纪检监察机关、人民法院和其他有关部门的协调配合，坚持数量、质量、效率、效果、安全相统一。受理涉嫌贪污贿赂等职务犯罪案件线索35件，初查30件。立案侦查24件28人，其中大案10件10人，要案1件1人，立案案件中贪污罪案5件9人，贿赂罪案17件17人，挪用公款罪案1件1人。侦查终结22件26人，全部移送审查起诉。通过办案，为国家挽回经济损失143.59万元。

全州反贪污贿赂工作突出工作重点，查办一批涉及交通、文化教育、征地拆迁领域中，利用执法权和职务便利贪污贿赂、侵吞国家财产的案件，在立案侦查的24件28人中，涉案金额5万元以上不满10万元的9件，10万元以上不满50万元的2件，500万元以上不满1000万元的1件。查处县处级干部1人，科级干部14人，侦查终结提起公诉22件26人。此外，协助省内外检察机关抓获在逃职务犯罪嫌疑人2人，开展"清网行动"中投案自首2人。工作中，突出对危害生产经营犯罪行为的打击，慎重办理企业人员职务犯罪案件，支持企业发展，依法查办商业贿赂犯罪案件15件、工程建设领域职务犯罪案件9件、涉农职务犯罪案件6件，有效维护国企利益。推行案件线索移送、备案等制度，加强对基层检察院执法办案的监督、指导和考核。强化侦查一体化办案机制，坚持对大要案统一指挥，统一调动。规范执法行为，做好讯问职务犯罪嫌疑人全程同步录音录像工作，及时固定证据，确保规范、文明执法。提高办案效率和办案质量，执行逮捕职务犯罪嫌疑人报上一级检察院审查制度，强化批捕对自侦工作的内部监督，强化人民监督员对自侦工作的外部监督，案件质量得以继续巩固，总体上保持办案规模，无错案，无安全事故。加强预防工作，建立预防职务犯罪年报制度，深化预防宣传、警示教育、行贿犯罪档案查询等，把预防职务犯罪工作与党风廉政建设有机结合，贯穿查办案件始终，案件初查与预防同步进行，及早发现，部门、单位在机制管理和制度上存在的问题和漏洞及时提出检察建议，使预防工作真正落到实处。加强办案安全防范工作，加强办案区规范化建设，执行办案安全防范预案审批、看审分离等制度，加强安全防范检查，确保办案安全。

〔反渎职侵权工作〕 全州反渎职侵权检察工作重点围绕查办危害民生民利专项工作要求，加大办案力度，提高办案质量，突出重点，实现力度、质量、效率、效果、安全的统一。受理各类渎职侵权案件线索8件8人，初查7件7人，立案侦查7件7人，与去年同比下降13.0%。其中，玩忽职守案4件4人，滥用职权案3件3人。侦查终结移送审查起诉7件7人，法院作有罪判决5件5人；所立办案件中重特大案件3件3人，通过办案为国家挽回经济损失262.02万余元。立案案件侦结率、移送起诉率均为100%，有罪判决率为75%，同比上升35%。

执行中央关于保障和改善民生的重大部署，在全国检察机关开展为期两年的严肃查办危害民生民利渎职侵权犯罪专项工作，印发《西双版纳州检察机关开展严肃查办危害民生民利渎职侵权犯罪专项工作实施意见》，成立领导小组，立案查办危害民生民利渎职侵权犯罪案件5件5人，占立办案件71%。查办上级检察院交办的案件线索，依法查办人防办人员涉嫌滥用职权、玩忽职守擅自违规减免民用建筑防空地下室易地建设费的渎职犯罪案件。采取"系统查、查系统"的方法，共立案查处人防部门工作人员涉嫌的职务犯罪3人。向发案单位发检察建议，促进行政机关依法行政。收集和排查案件线索。两级检察院采取有效措施，注重加强与纪检监察、审计、安监、公安、工商、农业、商检、药品食品监督管理局等部门的联系，互通信息，从中获取案件线索；加强与侦监、公诉、反贪和公安、法院的协调和配合，参加"侦、诉、审"首次工作联席会议，为建立完善职务犯罪案件工作联席会议制度奠定了良好的基础。发挥侦查一体化的优势和作用，依法查办市农业局王xx涉嫌玩忽职守，致使"阳光工程"农村劳动力转移培训资金被非法套取65万余元案。与预防部门共同开展"食品安全监管环节职务犯罪预防"的走访、调研。勐海县院先后对质监、农业、工商等部门，就依法严惩危害食品安全犯罪和相关职务犯罪工作走访调查，初步掌握全县食品安全监管现状及处理情况，对是否存在该移交司法机关处理不移交、以罚代刑情况摸排。向党委、人大汇报中办发《关于加大惩治和预防渎职侵权违法犯罪工作力度的若干意见》精神及检察机关的工作思路，制定《查处职务犯罪情况通报制度》。开展预防渎职侵权犯罪宣传，发放法律宣传手册30余本，开展预防工作，提示犯罪风险，为预防渎职犯罪奠定基础。

〔**职务犯罪预防工作**〕 按《人民检察院预防职务犯罪工作规则（试行）》的职能要求，建立预防职务犯罪年报制度，加强预防宣传、警示教育、行贿犯罪档案查询等工作。发挥预防职务犯罪职能作用，开展预防调查22次，立项预防15件，均已办结。发出《检察建议》15件，均被采纳。做好案后预防，向发案单位发出《检察建议书》15份。开展职务犯罪案例剖析15件，对个案、类案进行剖析，找出原因，掌握不同案件的特点、规律，提出建议，帮助发案单位建章立制从思想教育、找廉政风险点、进行廉政谈话、财务制度、内控管理制度等方面规范。继续发挥职务犯罪案件信息库和行贿犯罪档案查询系统的作用，提供行贿犯罪档案查询675次，共对1317个单位2560人查询。开展预防咨询工作，提高防范意识和能力，共开展预防咨询10件，被相关单位采纳10件。开展法制宣传和警示教育，正面宣传教育入手，在各行政机关、党校、金融、企业、乡镇等部门上法制课11次，接受教育900余人；开展各种法制宣传活动60次，发放各类宣传资料16600余份。组织发案单位人员、人大代表、政协委员及纪委、华能景洪水电站等单位10次277人到庭审现场旁听职务犯罪案件开庭审理，接受警示教育。针对发案单位在机制和管理中存在的问题，提出预防检察建议，帮助发案单位加强管理、健全制度、完善监督。完成"法治与责任—全国检察机关惩治和预防渎职侵权犯罪展览·西双版纳"巡展，共组织47场次，245个单位4200余人观看，印制《人民检察院直接立案侦查案件的范围和立案标准》宣传册4900册，免费发放给参观人员。推行预防职务犯罪年度报告制度，为开展反腐倡廉工作提供参考。

〔**民事行政检察**〕 保护诉讼当事人的合法权益为重点，以"全面构建以抗诉为中心的多元化监督格局"为重点，受理公民、法人不服人民法院已生效的民事、行政判决、裁定申诉案119件，审查处理105件，审查后立案审查83件，不立案13件；发现确有错误的民事行政判决、裁定依法建议提请抗诉9件，提请抗诉6件，抗诉1件。审结51件，对裁判正确或不宜抗诉的不抗诉1件，提出再审检察建议1件，向人民法院提出检察建议4份，对25件审查不立案、不抗诉、不提请抗诉的民事行政申诉案件认真做好息诉和解工作，维护人民法院的正确裁判；出席再审法庭2件，法院再审后改判2件；支持起诉4件，办理非抗诉类刑事附带民事案件63件。

继续加强抗诉工作，采取上级院交办和授权办案的方式，使抗诉案件工作重心下移，解决基层院抗诉案件案源匮乏问题，勐腊县院全年受理申诉案件14件，比去年上升75%，成功办理1起行政诉讼提抗案件。勐海县院突破多年来无抗诉案件的局面，成功办理一起合同纠纷提抗案件；协助人民法院参与抗诉案件的调解工作，维护了申诉人的合法权益；协调再审检察建议案件，有效保护当事人的合法权益；推行"一体化"办案方式，确保案件质量。加强与人民法院审监庭和抗诉案件主审法官的沟通协调，与主管副检察长共同列席州人民法院审判委员会会议，发表列席意见，保证抗诉案件在程序和实体结果上客观、公正、合法。加大办理损害民生民利案件的力度，重点办理土地承包、土地征收、拆迁安置等涉及民生民利领域的民事纠纷案件，勐腊县院在办理波光申诉案件中，经审查认为，县国土局不能提供其在依法征地环节中的“确认被征地面积”的重要证据，也未按照征地面积对波光的被征用土地面积进行补偿，属行政违法；二审中，二审法院对当事人双方存在的重大争议问题调查，但未开庭审理就做出判决，属程序违法，勐腊县院建议州检察院提请抗诉，州检察院已依法向省检察院提请抗诉。开展非抗诉案件监督工作。主要集中办理涉林刑事附带民事诉讼案件63件，比同期上升61%。开展毁林案件公益诉讼26件，为国家挽回经济损失64万元。勐海县院在办理王某和朱某砍伐集体防护林，给集体造成直接经济损失59925元一案附带民事诉讼中，注重化解双方矛盾，为双方当事人搭建民事庭前和解平台，使双方自愿达成民事和解协议。加强对人民法院执行工作的监督。共办理执行监督5件，办案中，对发现的违规、违法情形，提出纠正意见或发检察建议，收到了很好的监督效果。继续做好服判息诉工作，化解社会矛盾。对作出不受理、不立案、不提抗、不抗诉25件民事行政申诉案件说理式书面答复，帮助申诉人正确认识检察机关作出决定以及申诉人自己的过错导致败诉原因，帮助其树立法律意识，告知或协助申诉人解决矛盾纠纷。对法院判决、裁定不当，但能调解的，尽量促成双方当事人和解。有效化解矛盾纠纷。开展“民行检察宣传月”活动，拓宽案件来源渠道。按省检察院要求，制定民事行政检察工作宣传《实施方案》，在市区、乡镇等人群集中区域开展民事行政检察工作职能、当事人申诉权力范围及申诉程序为内容的宣传活动；基层检察院还建立民事行政检察工作新的联系点、联系人和长效联络工作机制；利用《西双版纳报》等媒体向社会各界，印制并散发宣传材料1500余份，现场接受法律咨询50余人次，直接受理申诉案件线索5件。勐海县院还制作18块宣传展板，100册宣传手册、2000份宣传资料，与县司法局协作制定《关于建立联络点的实施计划》和《勐海县民事行政检察联络员工作细则》。

〔监所检察〕 全州监所检察工作在刑罚执行和监管活动监督中，继续纠正违法办理减刑、假释、保外就医和超期羁押为重点，对全州监管场所收押、处理出所情况进行监督检察、登记备案，加强监管执法活动和安全防范的检察监督。突出工作重点，保证监管改造场所严格执法和安全。加强与执行机关的协作配合，坚持驻所人员按规定“三大现场”，做好监管安全督察检察工作。加强监管安全、生产安全，杜绝超时超体力劳动，打击牢头狱霸等工作为重点，采取普遍检查与随机抽查相结合，平时检查与节前检查相结合，检察与督促整改相结合，规范监所检察工作。定期不定期参与监管部门开展安全防范检察75次，发现安全隐患并提出检察意见、建议103条，均被采纳。对监狱、看守所各类违法情形发出书面检查建议书6份、口头建议52件次；对监狱、看守所等机关各类违法情况发出书面检查建议书6份，提出口头建议52件次；纠正各类错漏法律文书43份。参加联席会议55次，对在押人员开展个别谈话教育278人次；全面推行“检察官约见”制度，约见谈话53人次，受理在押人员控告申诉案件21件21人，办结20件20人。审查减刑、假释案件768件，保外就医16件，纠正提请减刑不当26件，纠正减刑裁定不当1件；监督纠正监狱拒收已决犯2人，立案监督1件，书面、口头提示催办临到期案件1148人，结合社区矫正监督监外罪犯执行1592人，发现并纠正违法6人，纠正脱管1人。保证2011年底全州监管改造场所关押的3376名服刑、劳教人员及犯罪嫌疑人合法权益不受侵犯，保证4个看守所、1个劳教所秩序稳定，均未发生重大安全事故和突发事件。继续加大纠防超期羁押的检察监督。落实对本系统、本辖区超期羁押案件定期上报、通报制度和对相关责任单位、责任人员的追究制度，对在看守所内依法羁押满三年的12名久押不决人员专题报告省检察院，督促协调案件结案，切实维护在押人员合法权益；预防为主，坚持提示、催办制度和驻看守所检察人员定期核对在押人员台账制度，会同公安、法院、司法部门严格执行换押制度、超期羁押案件提前预警制度，全年共书面提示催办临到期案件291人，口头提前催办临到期案件857人，保持检察环节刑事案件零超期。与各级公安监管部门、检察公诉部门、法院办案部门联系，建立健全预防和纠正超期羁押长效机制。加强刑罚执行变更监督，对监管机关办理“减、假、保”案件做到提前监督或同步监督，始终把职务犯罪罪犯，涉黑、涉恶势力、暴力型罪犯等四类重点罪犯作为监督重点，审查执行机关提请减刑、假释案件768件，保外就医16件。依法出席减刑、假释案件开庭审理262件，经人民法院审理裁定减刑、假释742件。检察发现执行机关提请减刑、假释不当26件26人,法律文书错漏6件6人,人民法院减刑裁定不当1件,纠正。开展保外就医专项活动,经对全州2011年保外就医的罪犯摸底、清查,聘请技术处法医对5名保外就医罪犯重新审查后,对其中4人按相关规定以检察建议方式建议执法部门收监。加强与公安机关协作和配合,开展看守所滥用械具、违法禁闭情况专项检察活动。对2009年至2011年8月因违规被加戴械具的318人械具使用审批手续及档案,发现存在个别使用械具审批手续不完善和台账不健全的情况,未发现看守所管教民警有违法使用械具行为,未发现有使用非法制式械具侵犯在押人员合法权益问题。开展社区矫正检察监督,依法促进社会和谐稳定。各县、市院为单位,联系两县一市司法局等相关部门,对全州1592名监外执行人员社区矫正情况检察监督,经核查发现并纠正违法6人,发纠正违法通知书1份,罪犯邱胜强在法院判决之后,未按规定执行刑罚,出现脱管,经建议得到纠正。开展监外执行法律知识讲座1次,与司法机关积极探索和创新监外执行监督的新模式,不断丰富监外罪犯执行监督的内容,有效防止监外执行罪犯的脱管、漏管。加强派驻监管场所检察室规范化建设。按云南省人民检察院、云南省公安厅关于驻所检察室与看守所监管信息和监控系统联网工作要求,做好派驻看守所检察室与监管单位的监管信息和监控系统的联网,完成与监管单位的监控系统联网,保证与各派驻监管单位的监管资源共享和监管情况动态监督。配合监管机关做好在押人员搬迁新看守所工作。勐海县、景洪市、西双版纳州三家新看守所先后建成竣工,确保1300余名在押人员安全移送到新看守所关押,州、(市)县两级监所检察部门上下联动,多次与看守所沟通,对新看守所建设情况实地勘查,参与监管机关押解人犯的安全、收押、生活、管理以及驻所检察室办公等问题的研究,充分听取看守所对如何搬迁、搬迁后如何更好地加强监管执法提出意见和建议。

〔控告申诉检察〕 全州控告申诉检察工作以清积评查为重点、维护当事人合法权益为目标,办理控告申诉、刑事赔偿案件,做好人民群众来信来访接待工作和预防、处置群体性事件工作,较好地发挥了检察机关文明窗口的作用。受理控告、申诉、举报等来信来访案件163件次,其中,来信79件次,来访81人次,网络举报3件次。全部按规定及时分流,如期办结。

开展涉检信访积案和案件评查清理,加强矛盾纠纷调处,妥善处理群众诉求。按省检察院开展集中清理涉检信访积案专项活动部署,重点清理集体访、告急访和上访老户等涉检信访积案,共排查出涉检信访积案2件,已办结,化解息诉1件。开展案件评查工作,以涉检案件、社会反映较大的自侦案件为评查对象,对2010年已办结案件评查80件,评查中发现的问题,及时向有关部门通报,州检察院撰写的评查自侦案件的分析报告引起州委重视。对群众来信做到件件有答复,对群众来访做到热情有耐心;对属于检察机关管辖的案件,依法处理;对反映不属于检察机关管辖的案件,引导当事人通过正常渠道反映问题;对法院判决、裁定生效的民事行政案件,做好不立案息诉和服判工作。办理刑事申诉和刑事赔偿案件,维护当事人合法权益。全州刑事申诉和刑事赔偿复查工作,落实"首办责任制",对受理的刑事申诉案件,办理申诉案件8件,于符合立案条件的5件,立案复查,维持原决定1件,改变原决定2件,提出抗诉意见1件,不予抗诉2件。对于不符合立案复查标准的,也及时将审查结果答复申诉人,确保结案息诉。全年受理刑事申诉案件8件,立案复查4件,改变原决定2件,提出抗诉意见1件,不予抗诉1件。办理刑事赔偿案件1件,执行赔偿决定1件,支付赔偿金人民币0.83万元,维护了赔偿请求人的合法权益。继续加强"文明接待室"的创建工作。两级检察院都坚持检察长亲自抓、控告申诉检察部门具体抓、其他部门配合抓的齐抓共管机制,按文明接待室的标准,坚持首办责任、联合接访等工作制度。创建考核,勐腊县检察院被评为全国文明接待室,州检察院、景洪市检察院被评为省级文明接待室。落实领导干部下访、巡访、联合接访、检察长接待、督办等制度。两级检察院都坚持检察长约访制和包案制。对辖区内的涉检信访工作,亲自部署,亲自研究,制定方案,抓好落实。全年检察长共接待来访群众51人次,批办案件102件,均全部办结;对一些重大、疑难的涉检信访案件,采取领导包案、加强督促指导、与有关单位沟通协调等措施妥善解决,促使5件进京访案件当事人息诉,维护社会和谐稳定。开展法制宣传,拓宽案件来源渠道。一年一度"举报宣传周",开展"加强渎职侵权检察工作,促进依法行政与公正司法"为主题宣传活动。印发宣传资料1万余份,接待群众咨询100余人次,经州、市、县电视台播报,受宣传人数达十余万人,鼓舞人民群众举报热情。加大对举报线索的管理,搞好春节和"两会"期间涉检信访维稳工作及随会、随假启动"零报告"和全值日制度。定时不定时地排查矛盾纠纷案件,对可能激化矛盾纠纷的案件，早发现早化解、早处理，确保“两会”及各重大节日期间社会稳定。通过举办法制讲座、开办宣传栏、向学校派法制副校长等，开展群防群治。

〔**检察技术工作**〕 加快提高检察工作科技含量，从网络信息运用及刑事检察技术开展、综合技术业务方面充分发挥检察技术职能作用，做好信息化系统保障。运用现代科技技术完成专线网升级扩容和电路迁移，因特网门户网站云南检察之窗网页改版，局域网、视讯系统、程控电话、同步录音录像、客户端机等软、硬件管理、维护、运用；运用、维护本院短信平台、考勤机、办案软件、OA系统的正常运行；完成移动存储盘、客户端机病毒查杀、客户端机的重装、恢复、故障排除；完成了局域网页的更新、发布。开展技术鉴定。两级检察技术部门主要针对文证审查、审讯疾病监

控、羁押前、后疾病审查和保外就医、法医病理、法医临床开展工作，对重大案件多采取邀请会诊和提前介入方式，参加现场的勘验、鉴定、组织会诊；共开展文证审查65件次，司法会计鉴定3件，疾病监控14件，纠正公安机关错误鉴定2件，技术协助156件次。参加检验鉴定案件质量抽查和精品案件评比活动，报送典型案例1件。撰写简报3篇。加强检察技术培训，提高工作效率和工作质量。发挥视频会议系统的作用，利用检察专网和视频会议技术，收看收听检察机关电视电话会议和各类教育培训。

〔**纪检监察工作**〕 坚持标本兼治、综合治理，惩防并举、注重预防，把加强党风廉政建设和自身反腐败，内部监督和纪律作风建设制定《西双版纳州检察院廉政风险防控机制建设》等，加强教育、制度、监督、纠风、惩治等各项工作。落实党风廉政建设责任制，完善反腐败领导体制和工作机制。按高检院“六个严禁”，中共中央、国务院和中纪委、高检院、省、州委有关廉洁自律的规定和要求，结合领导工作变动实际，调整党风廉政建设责任制领导小组，研究部署全州检察机关党风廉政建设工作，对两级检察院开展《关于实行党风廉政建设责任制的规定》、《中国共产党党员领导干部廉洁从政若干准则》和《检察机关领导干部廉洁从检若干规定》等多种形式的廉政学习，召开视频会议、专项检查、推进廉政风险机制防控。按《西双版纳州2011年党风廉政建设和反腐败工作主要任务分解》和《中共西双版纳州委贯彻落实〈建立健全惩治和预防腐败体系2008～2012年工作规划〉实施办法》，制定《西双版纳州人民检察院2011年党风廉政建设和反腐败工作任务分解方案》，抓好分解任务的落实工作，组织相关业务部门完成“加强检察机关的法律监督”、“严格减刑、假释、保外就医、暂予监外执行服刑地变更及司法鉴定的条件、程序和标准”等项工作任务。落实“一岗双责”和领导干部四重分片包干负责党风廉政建设责任制、述职述廉、民主评议等制度，坚持用制度管权，靠制度管人，按制度办事。州检察院检察长分别与市、县院检察长、州院副检察长，州院副检察长分别与州院分管部门主要负责人，州院纪检组长分别与市、县院纪检组长签订《党风廉政建设责任状》，上下联动，责任分明、互相监督。形成党组书记、检察长负总责亲自抓督促，其他院党组成员分工负责，纪检监察组织协调，业务部门抓落实，全体检察干警支持和参与的工作格局，使党风廉政建设工作与业务工作同布置、同落实、同检查考核，各项分解任务均取得明显成效。继续抓好廉洁自律和反腐倡廉教育。专题学习教育，重点学习《廉政准则》，对照《中国共产党领导干部廉洁从政若干准则》、《中共中央纪委关于严格禁止利用职务上的便利谋取不正当利益的若干规定》、《中共中央纪律检查委员会关于共产党员要模范地遵守职业道德的通知》等，领导干部率先垂范，带头执行制度、准则、规定。开展“发扬传统、坚定信念、执法为民”主题实践教育、“创先争优”活动，统一检察人员思想，引导检察人员自觉坚持党的事业至上、人民利益至上、宪法法律至上，自觉做到党在心中、人民在心中、法律在心中、正义在心中。开展形式多样的警示教育，每季开展警示教育，把办案优势转化为教育优势，参观“检察机关自身反腐倡廉教育展览”，开展个案剖析讨论，用“身边事”警示干警。参加州委、州政法委组织的杨善洲、普发兴等先进事迹宣讲活动，观看红色电影《村官普发兴》、《第一书记》，听专题讲座，引导全体党员干部弘扬光荣传统、坚定理想信念，永葆政治本色。执行上级院负责人与下级院负责人谈话、任前廉政谈话、诫勉谈话和领导干部述职述廉“三谈两述”制度，州院检察长与三县、市院检察长谈话，领导干部任前廉政谈话2人次，领导干部述职述廉30人次。要求新任领导干部加强党性修养，遵守党风廉政建设各项规定制度和检察纪律，切实履行“一岗双责”。开展专项检查和检务督察工作，确保各项安全防范措施的落实。开展安全防范专项检查，对各办案部门存在的办案安全问题，提出整改建议，杜绝查办职务犯罪工作发生安全事故。开展检务督察，先后对办案安全防范、办案、办公保密工作、枪支弹药管理、车辆、扣押款物、机关工作纪律作风进行督察，强化教育、制度、监督“三位一体”的工作机

制，规范领导干部的从政行为。开展廉政风险防控机制建设，查找廉政风险点，制定防范措施，确保廉政风险防范管理的全覆盖。开展重大交通事故专项教育，学习高检院《关于全国检察机关开展警车违纪问题专项治理工作的通报》和《关于2010年全国检察机关发生重大交通伤亡事故的情况通报》。自觉执行《警车管理规定》、最高人民法院、最高人民检察院、公安部、国家安全部、司法部《关于进一步加强警车管理和使用工作的通知》、高检院《关于严禁检察人员违规使用机动车辆的六项规定》、《禁酒令》及《关于开展检察机关警车违规问题专项治理工作的通知》等相关文件规定，全州检察机关没有发现违规使用警车行为，没有发生重大交通安全事故。加强内部监督，保证检察权正确行使。加强与人大代表、政协委员的联系，两级检察院分别邀请人大代表和政协委员视察检察工作9次，旁听案件庭审和评议出庭公诉工作17件次，通过报告工作、召开座谈会、报送工作《简报》、《专报》等方式，拓展接受监督的内容。以主题实践教育活动为契机，广泛征求意见，接受社会各界的监督，在依法行使批捕、起诉、职务犯罪侦查权以及民事行政、刑罚执行监督等检察权时，严格执行高检院、省检院有关执法办案规范化建设的规定、纪律要求、逐级报批备案，逐一量化考核。强化人民监督员对检察机关查办“七类案件或事项”的监督。完善人民监督员制度，突出对重点执法岗位、执法环节、管理部位的监督，制定相应规章制度、完善和规范办案流程，执行述职述廉、民主评议制度，增强司法权力运行制约。推行执法业绩档案、检务督察、执法监察和执法过错责任追究，使控申、侦查、逮捕、起诉相互制约机制健全，业务工作运行更加规范，各业务部门相互支持又相互制约的良性。对近年来各执法部门和个人执法执纪情况自查、检查，没有发现违反刑事、民事、行政诉讼法以及相关办案纪律规定；没有利用检察权乱作为；没有发现利用检察权贪赃枉法，违法犯罪不廉洁的情况。开展经常性地纪律作风教育，抓好领导干部的廉洁自律工作。落实领导干部报告个人有关事项制度。对全州30名副处级以上领导干部建立《领导干部个人廉政档案》并按规定报告住房、配偶子女投资就业等情况，填报《党政机关县(处)级以上领导干部收入申报表》和《党员领导干部个人有关事项报告表》，严格执行办案告知、回访、廉洁自律“一案三卡”规定。通过“教育、制度、监督、惩处”。

〔**政治工作**〕 开展专项教育，加强政治思想建设。抓好检察队伍思想政治建设。围绕“发扬传统，坚定信念，执法为民” 主题教育实践活动，组织学习扬善洲先进事迹和政法群英录，把革命传统教育、理想信念教育与学习先进典型有机结合起来。坚持不懈地开展中国特色社会主义理论体系、社会主义核心价值观体系和社会主义法治理念教育，引导检察人员坚定不移地做中国特色社会主义事业的建设者、捍卫者和社会公平正义守护者，检察队伍思想政治素质不断提高。建设中国特色社会主义理论体系，社会主义核心价值体系；开展“忠诚、为民、公正、廉洁”政法工作核心价值观，检察工作“大局观、执法观、价值观、权力观、业绩观、发展观”六观教育；牢固树立“三个至上”、做到党的事业至上、人民利益至上、宪法法律至上；党在心中、人民在心中、法在心中、正义在心中，增强政治责任感和使命感。弘扬忠诚、公正、清廉、文明的检察职业道德。开展“读书月”活动，按爱读书、读好书、善读书“三读”活动要求，为每名干警购买一套《国情备忘录》、《中共党史简明读本》、《从怎么看到怎么办》书籍，要求每个干警选读一本书，把学习教育活动贯穿始终。组织干警观看“中央政法机关光荣传统教育报告会”，听取主题教育实践活动讲师团巡讲，引导广大干警深刻认识坚持中国特色社会主义道路是国家富强、民族振兴、人民幸福的保证，是历史的必然、现实选择、未来方向。举办“法治与责任”惩治和预防渎职侵权犯罪巡展。开展纪律作风警示教育，执行中央政法委关于从严治警“四个一律”要求，即“接受当事人及其委托律师吃请、娱乐，一律停止执行职务；利用职权插手案件办理影响公正执法、滥用职权侵犯当事人合法权益的，一律调离执法岗位；徇私枉法、贪赃枉法的，一律清除出政法队伍；构成犯罪的，一律追究刑事责任。”结合学习《政法群英录》、《检察英模风采录》教育读本，撰写学习心得体会文章，查找存在问题。

坚持从严治检，队伍素质不断提升。加强领导班子建设，按“组织领导能力、统筹协调能力、推动落实能力、维护稳定能力”四提升要求，完善领导干部个人重大事项报告、收入申报、廉政档案等制度；加强对领导干部执行政策纪律和制度规定的监督检查；完善党组中心组和检察委员会学习制度，采取集中学习、专题研究等方式，坚持每月组织一次党组中心组和检察委员会学习，领会党的创新理论和重大战略思想，优化知识结构，提高理论素养，不断丰富做好领导工作知识储备，注重把学习的体会和成果转化为谋划检察工作的思路，增强促进工作的措施、领导工作的本领，领导班子的凝聚力、创新力和民主议事、科学决策的能力。州院党组成员参加下级院党组民主生活会制度,领导班子的凝聚力、执行力和战斗力不断增强。加强党员队伍建设,以深化创先争优活动和“建设学习型党组织、创建学习型检察院”活动,落实以党的建设带动队伍建设的科学机制,开展纪念建党90周年演讲比赛和书画摄影展览,观看红色经典电影、知党史识国情教育、重温入党誓词和检察官誓词等一系列活动,州检察院在州委政法委和州直机关工委组织的,纪念建党90周年歌咏比赛中,分别获得二等奖和三等奖。开展“为什么入党、为什么从检、为什么奋斗”专题讨论,开展以党性反思为主要内容的查入党动机,看共产党员的先进性;查精神状态,看工作责任心和工作干劲;查组织观念,看组织观念强不强;查执法能力,看执法办案的质量和效果;查先锋模范作用,看单位和群众对党员干警的评价等“五查五看”活动。加强基层党组织和办案一线党组织建设,注重发挥好党组织的战斗堡垒和共产党员的先锋模范作用,以党建带队伍建设,有1个基层党组织被州委评为“先进基层党组织”,有3人被州委评为优秀共产党员和优秀党务工作者,有1个集体、3名个人和1个抗诉案件受到省委政法委、省检察院表彰,有2个单位和6名个人受到州级表彰。加强人才培养、教育培训和检察文化建设。选派了4名干部进行挂职锻炼,新招检察人员12名,加大了后备检察官的培养。新增内设机构7个、正科级职数4个,鼓励3名检察人员参加法律硕士研究生学历教育。开展各种技能素能培训6期、受训112人次。组织参加上级院和党委组织领导干部素能培训、在线学习95人次;参加高检院网络培训8期,中央党校专题讲座12期,增强培训的专业性和实用性。组织36名检察人员参加司法考试培训学习,通过14人。坚持理论与实践结合,开展工作调研,组织开展专题调研课题12个,撰写各类工作动态和犯罪情况分析调研文章30篇,编发检察简报、信息54期,在省级以上媒体发表各类文章5篇,州级媒体见稿75篇(条)。汇编了《检察调研》第一辑,举办书画摄影展,营造团结协作、积极向上、拼搏进取的氛围,不断丰富干警的业余文化生活。加强基层检察院建设,继续坚持了党组分工联系基层院、党组成员和中层干部定期不定期下基层院调研制度,基层检察院各项建设都在稳步推进。

(撰稿:王广萍)

州司法局

〔**概述**〕 2011年,西双版纳州司法行政工作在州委、州政府的正确领导和云南省司法厅大力支持指导下,坚持以邓小平理论和“三个代表”重要思想为指导,牢固树立科学发展观,全面贯彻落实省、州政法工作一揽子会议和全省司法行政工作会议精神,以深入推进三项重点工作为着力点,进一步围绕党委、政府中心工作,突出重点,夯实基础,司法行政工作稳步推进,为率先建设平安和谐州、推进桥头堡建设提供有力的法律服务和法治保障。州司法局机关行政编制41名。其中,局长1名、副局长2名,纪委书记1名(副处级)、政治部主任1名(副处级),科级领导职数14名。下设办公室、政治部(警务处、警务督察支队、国家司法考试办公室)、法制科(司法鉴定办公室)、法制宣传科(州委依法治州领导小组办公室)、公证律师工作科(律师公证行业执法监督办公室)、基层工作科、社区矫正工作管理科、法律援助工作管理科(“148”工作指导办公室)、劳教强戒工作管理科、监察室,共10个内设科室。

〔**队伍建设**〕 按“建一流班子、带一流队伍、创一流业绩”要求,以创先争优和学习型党组织建设活动为载体,按照州委的统一部署和省司法厅的要求,组织机关全体干警、律师党员及时启动和开展“发扬传统、坚定信念、执法为民”主题教育实践活动和学习杨善洲等先进人物活动,在州司法局机关开展作风能力建设活动,增强全体党员干部职工和法律服务工作者的政治意识、大局意识和创先争优意识。着力加强领导班子和干部能力建设。做好人才选拔和培养工作,加大干部轮岗交流力度,州司法局机关和州禁毒劳教(强戒)所完成中层干部岗位调整,有力促进和保证各项工作开展。同时,加大培训工作力度,举办各类分级分类组织专项培训,司法行政队伍整体素质大幅提升。2011年州司法局被评为全国法制宣传先进单位,局党委被评为全省政法系统先进党组织,人民调解工作被省司法厅记二等功,全系统涌现出一大批省州级先进集体和个人。

〔**法制宣传**〕 全州各级司法行政机关围绕“率先建设平安和谐州”和推进“桥头堡”建设为目标,组织指导全州继续深入推进“法律七进”活动,积极开展以《中华人民共和国宪法》、《中华人民共和国民族区域自治法》、《人民调解法》等法律法规为主的法制宣传教育,提升法制宣传的社会影响力,不断增强人民群众的法治意识。将法律知识纳入干部职工集中学习重要内容，举办了《刑法修正案(八)》、《保守国家秘密法》、《人民调解法》和《知识产权保护面临的问题及知识产权保护》等专题讲座。扎实做好面向社会的法制宣传活动，认真组织开展法律服务边疆行主题教育、“6·26”国际禁毒日、“12·4”全国法制宣传日、综治维稳宣传月等活动，大力营造全民参与法治的良好氛围。全力配合有关单位开展法律培训工作，积极参与机关、企事业单位、社区、学校开展法律培训工作，为各单位讲解法律知识 21 场次，培训 3069 人。制定《州委宣传部州司法局关于在公民中开展法制宣传教育的第六个五年规划》和《西双版纳傣族自治州 2011—2015 年依法治州规划》等文件。

〔**人民调解**〕 全州司法行政机关贯彻中央、省、州关于全面构建矛盾纠纷大调解体系的有关文件精神，完善调解组织建设，积极推进“警司联调”工作机制，加大企事业单位、社会团体、行业性人民调解委员会建设力度，探索建立医患纠纷调解委员会等行业性调解组织，全州成立 3 个交通事故调委会。组织开展“人民调解员送法入户争当调解能手化解矛盾促和谐”主题教育活动，提升人民调解员综合素质，得到社会各界肯定，在云南省第四届人民调解员代表大会暨第六次全省人民调解工作表彰大会上给予我州记二等功集体 1 个、记个人二等功 1 名、记三等功集体 3 个、记三等功个人 1 名、先进集体 5 个、先进个人 11 名，云南省首届百佳人民调解能手 3 名。各级人民调解组织坚持“调防结合，以防为主”的方针，拓宽人民调解领域，完善“以奖代补”和“以案定补”制度，调动人民调解员工作热情，全州人民调解组织受理调处各类民间纠纷 14376 件，调解 14325 件，调解成功的 14244 件，调处成功率 99.4%。

〔**劳教工作**〕 州禁毒劳教(强戒)所以“六防”工作为重心，掌握所情动态，制定防范措施，大力加强人防、物防、技防、联防建设，确保场所的持续安全稳定。截止 11 月底，收治强戒人员 1478 人，办理解除 258 人，转捕 15 人，调省属所 1197 人，现在册 407 人。探索适应强戒人员特点的教育内容、方法和手段，大力加强“三课教育”、出入所教育和职业技术教育，坚持课堂教育、个别教育、心理矫治和习艺矫治相结合，完成课堂教育 646 课时，课堂教育完成率 100%。落实社会帮教工作，扩大中心教育矫治工作的社会辐射效应，开展各类帮教活动 11 次，参加人数 3000 余人次，有效预防青少年违法犯罪。个别谈话教育提升教育挽救工作水平，一年个别谈话 2696 人次、“四知道”卡片填写 2080 人次。加强中心场所安全排查防控和内部安全保卫工作，确保中心场所持续实现无人员逃跑、无重大案件、无重大事故、无非正常死亡“四无”目标，教育矫治工作水平不断提高，戒毒康复工作得到社会充分肯定，戒毒人员所内戒断率达到 100%。

〔**社区矫正工作**〕 加强社区矫正工作的规范化建设，制定《西双版纳州社区矫正工作管理办法》、《西双版纳州社区矫正考核奖惩办法》等规章制度，采取集中教育、个别谈话、组织公益劳动等方式，强力推进社区矫正工作。创新社区矫正管理方式，探索运用信息通讯技术手段，通过与电信部门的紧密合作，在全州推广应用司法 e 通社区矫正信息管理系统顺利完成，配发定位手机 600 多台，实现对全州社区矫正人员日常动态的有效监督管理，截止 11 月底，全州在册社区矫正对象 1048 人(其中：管制 12 人，缓刑 930 人，假释 45 人，暂予监外执行 53 人，剥夺政治权利 8 人，重新犯罪 3 人)。

〔**安置帮教**〕 以维护社会稳定为首任，重点抓好衔接登记、档案、统计、信息等制度的落实，组织开展刑释解教人员排查活动，对全州 2007 年～2011 年间刑释解教人员的基本情况登记在册，做到底数清，情况明，2011 年全州接收刑释解教人员 261 人；2007 年至 2011 年 11 底，全州共接收在册的刑释解教人员 1455 人。狠抓必接必送措施落实，扎实推进刑释解教人员安置帮教信息化管理平台建设，全州服刑在教人员基本信息核查率始终走在全省前列。年初，州局与一市二县司法局签订《西双版纳州刑释解教人员安置帮教必接必送责任书》，推进县(市)、乡镇(街道)、村、组、家庭五级网络接送机制落实。组织有关人员深入市县全州刑释解教人员过渡性安置基地选址等前期工作，完成前期可行性研究报告，为基地建设奠定坚实基础。年度安置帮教率达 100%。

〔**法律援助**〕 全州法律援助机构履行法律援助职能，全面优化法律援助便民服务措施，畅通农民工法律援助“绿色通道”，拓宽法律援助渠道，扩大法律援助覆盖面，做到应援尽援，切实维护弱势群体的合法权益，取得较好的社会效果，全州法律援助机构指派办理法律援助案件 740 件，同比去年增长 5%，(其中：刑事法律援助案件 278 件，民事法律援助案件 462 件)，接待来访来电法律咨询 1682 人次。州法律援助中心指派办理法律援助案件 363 件，比去年增长 8%，(其中：刑事法律援助案件 181 件，民事法律援助案件 182 件)，接待来访来电法律咨询 908 人次。

〔律师公证工作〕 对律师工作的管理,以律师目标考评、年检注册为契机,完善“两结合”管理体制和党建联络员制度。有力促进了律师行业稳步发展。2011 年,全州 11 个律师事务所 60 名律师共担任法律顾问 148 家,代理各类诉讼案件 757 件,办理非诉讼法律事务 57 件,提供法律援助 208 件,代写法律事务文书 825 件,义务解答法律问题 1140 件,提供法律建议 236 件,接待来访群众 1750 人次,解答法律咨询 2751 件,调解各类纠纷 147 件,开设法律知识讲座 36 场次,律师业务收入共计 829.87 万元。全州公证处受理公证事项 2432 件(其中:国内民事类公证 1529 件,国内经济类公证 730 件,涉外公证 173 件),同比增长 13%,涉及金额近 6 亿元,解答各类公证来人来电咨询和其他法律咨询 2600 多人次。

〔司法鉴定〕 司法鉴定各项工作取得明显成效,树立司法鉴定公平公正的社会形象。全州 7 家司法鉴定机构共办理鉴定案件 1904 件,业务收入 82.44 万元。

〔司法所建设〕 各级司法行政机关加大基础设施建设力度,全州 32 个基层司法所除 3 个因国家重点工程项目建设和乡镇规划调整外,已建成 29 个并投入使用,占总建设项目的 90.6%,总建筑面积 4396 平方米,总投资 1005 万元,平均每个司法所 161 平方米。州、市县司法局业务用房稳步实施,省、州发改委立项审批建设项目,可行性研究报告经省发改委评审通过。

〔基层法律工作〕 基层法律服务工作质量有新提升。全州 31 个基层法律服务所 62 名法律服务工作者代理民事案件 90 件,非诉讼代理 39 件,调解民间纠纷 168 件,协办公证 18 件,见证 64 件,代写法律文书 450 份,解答法律咨询 1428 次 3501 人,办理法律援助事务 34 件,避免和挽回经济损失 62.10 万元。基层司法所共协助乡党委、政府处理各种社会疑难、复杂民间纠纷盾纠纷 577 件,处理成功 569 件。

〔领导名录〕

州司法局党委书记、局长:孔树华

党委委员、副局长:张坤义、张成雄、朱秀芬、李遵华

党委委员、纪委书记:刘正雄

党委委员、政治部主任:许永志

景洪市司法局党支部书记、局长:唐建明

支部委员、副局长:姜永昆

支部委员、宣传科长:辛悦梅

勐海县司法局党支部书记、局长:桂保洲

支部委员、副局长:黄秀芳、普海生

支部委员、办公室主任:李迎夏

支部委员、法律援助工作股股长:张石二

勐腊县司法局党支部书记、局长:杨学辉

支部委员、副局长:纳艳萍、岩糯叫

(撰稿人:李燕晔)

经济管理

责任编辑:李　跃

经 济 管 理

〔**主要经济指标完成情况**〕州十一届人大六次会议批准的2011年国民经济和社会发展计划主要指标除居民消费价格指数外均完成或超额完成。全州实现生产总值197.7亿元,增长13.6%;财政总收入28.3亿元,增长47.5%,财政一般预算收入17.6亿元,增长56.3%,财政一般预算支出67.1亿元,增长58.2%;城镇居民人均可支配收入14815元,农民人均纯收入5327元,分别增长10.7%和22.3%,农垦承包户人均收入15100元,增长105.2%;居民消费价格总水平上涨4.8%;城镇登记失业率控制在3%以内;人口自然增长率控制在6‰以内。

〔**"三农"工作稳步发展**〕 全州农林牧渔业总产值96.5亿元,增长7.9%。粮食总产量达39.4万吨,增长6.1%。干胶产量28.1万吨,增长10.2%;干毛茶产量3万吨,增长7.7%。农业水利化建设加快。全年累计完成3座小(一)型病险水库除险加固,开工建设24座小(二)型病险水库除险加固。景洪市黄草岭水库、勐海县曼满水库、勐腊勐仑水库、勐海大型灌区续建配套工程进展顺利。解决农村饮水安全人口6万人。完成中低产田地改造11万亩。治理水土流失面积40平方公里。建成沼气池2009口、节柴改灶1100户。完成行政村(队)道路硬化170公里。全州兴边富民、扶持人口较少民族工作进展顺利。继续以整村(队)推进、产业化扶贫为重点,加大扶贫力度,投入扶贫资金1.1亿,实施57个自然村整村推进,易地搬迁1365人,解决1.4万农村深度贫困人口的温饱问题。

〔**工业经济较快增长**〕 改造提升传统产业,积极培育壮大新兴支柱产业,加快工业园区建设步伐,支持非公经济、中小企业和困难企业发展,全州工业经济保持良好发展态势。规模以上工业实现增加值32亿元,增长18.8%,非公经济实现增加值71.9亿元,占生产总值比重达36.4%。电力、蔗糖、啤酒生产量快速增长。发电量达54亿度,增长11.8%;蔗糖产量15.2万吨,增长14.4%;啤酒产量1846万升,增长27.8%。铁矿石、精制茶产量下降。铁矿石原矿产量262.6万吨,下降28.5%;精制茶产量2.2万吨,下降7.2%。工业园区建设加快,入园企业达17户,完成投资17.8亿元,实现工业增加值2.6亿元。

〔**固定资产投资快速增长**〕 全年在建项目突破400个,比上年增加30个,全社会固定资产投资138.5亿元,增长24.6%。其中城镇投资仍在固定资产投资中占主要地位,完成投资90.5亿元,增长22.5%。以市政道路、城镇污水生活垃圾处理设施为重点的市政基础设施建设加快推进。完成景洪市宣慰大道江北段二期改造、景兰大道、北环路一期、龙舟广场、傣泐金湾等项目建设;开工建设华新红塔水泥、云丰木业有限公司技改及天海复合肥年产10万吨技改项目;景洪市江南污水处理二期、勐海县和勐腊县污水处理厂及配套管网工程推进顺利,城市污水处理率达70%;勐海县和勐腊县城市生活垃圾处理场建成并投入使用,城市垃圾处理率达到100%。

〔**文化旅游业增势强劲**〕 坚定不移的实施"旅游强州"战略,深入推进文化体制改革。全年共接待国内外游客1012万人次,旅游综合总收入101亿元,分别增长18.7% 和26%。全州各类文化经营单位达1400个,文化产业增加值13.4亿元,占生产总值的6.8%。勐泐大佛寺二期、告庄西双景一期、西双版纳普洱茶文化博览园、避寒山庄、楠景新城(勐罕)、勐仑旅游小镇等一批重大文化旅游项目进展良好。

〔**消费市场保持繁荣**〕 贯彻落实国家促进消费的各项政策措施,落实"万村千乡市场工程"、"家电下乡"财政补贴,全州消费市场保持活跃。社会消费品零售总额60.7亿元,增长20%。

从消费地域看，城镇市场消费仍占主要地位，零售额达43.7亿元，同比增长21%；乡村市场消费品零售额17亿元，同比增长17.4%。

〔**改革开放有效推进**〕 继续推进投融资、医药卫生体制等重点领域和关键环节改革，经济社会发展的内在活力不断增强。建立州公共资源交易中心，进一步规范产权交易和政府采购行为。积极稳妥推进农垦改革，创新管理体制，调整利益分配，理顺劳动关系，健全社会保障，农场承包户人均收入实现倍增。进一步深化与周边国家和边境地区的合作交流，桥头堡主阵地建设顺利推进，厅州合作成效显著。不断完善招商引资工作机制，创新招商引资方式，着力通过招商引资拉动大投资、培植新税源、带动大发展。积极筹办边交会、澜沧江湄公河流域国家文化艺术节和项目推介会，增强西双版纳影响力。与上海、昆明等签订了合作框架协议。继成功引进大连万达、世纪金源后，又引进了雅居乐、中国平安、云南白药、保利、广晟、中弘等一批大企业，全年实际利用外资543万美元，引进州外到位资金68.9亿元。

〔**谋划全局，当好参谋助手**〕 一是圆满完成“十二五”规划编制工作。1月初编制完成“十二五”规划纲要草案，于2月30日报经州人民代表大会批准实施。在做好纲要编制的基础上，组织和指导相关部门和市(县)区全面推进20个重点专项规划和3个区域(园区)规划及县市规划、各部门行业专项规划的编制工作。二是抓计划编制和经济运行监测。编制《关于西双版纳州2010年国民经济和社会发展计划执行情况与2011年国民经济和社会发展计划草案的报告(书面)》，报经州十一届人大六次会议审查通过。撰写4个季度经济运行分析报告，为州委、州政府决策提供科学、准确的依据。

〔**社会主义新农村建设**〕 一是紧抓水利基础设施建设。协调推进全州水土保持项目、全州人畜饮水安全、勐海县大型灌区、打洛界河治理工程、勐宋水库等续建水利项目的建设进程；继续做好景洪市黄草岭水库、勐海县曼满水库、勐仑水库建设的督促检查工作。二是改善农民生产生活条件。完成全州生猪养殖项目的实施、监督管理和验收工作；完成对全州大型沼气项目的检查、申报、评审工作；编制完成了《西双版纳州2011年退耕还林基本口粮田建设实施方案》、《农村基础设施建设及2010年社会主义新农村工作总结》、《西双版纳州2010年涉农项目和工作进展和完成情况报告》、《西双版纳州农业和农村经济2010年运行情况和总结》、《西双版纳州2010年度基本口粮田建设项目实施自查报告》。三是抓好全州农业项目调研、协调、组织、审查、验收工作。配合国家、省发改委对全州农产品质量检测项目工作进展情况的检查及对南美油藤种植情况和生态建设的调研；组织对全州2006年以来的兴边富民、扶持较少民族建设项目的检查验收。四是推进以工代赈和易地搬迁等扶贫工作。组织完成2011年全州易地扶贫搬迁、以工代赈项目计划、汇总、评审、上报、核对等工作。参与州扶贫办组织的全州易地搬迁及整村推进项目审查验收。完成勐腊县2006年以来的以工代赈和易地扶贫搬迁项目的检查验收。五是抓好挂钩扶贫项目。组织相关部门对勐海县曼恩村省发改委新农村试点项目进行验收；协调州发改委挂钩扶持的街道办社会主义新社区基层组织建设工程项目。

〔**投资管理**〕 一是抓好固定资产投资工作。根据西双版纳州与省政府签订的目标责任，合理编制好全州2011年固定资产投资计划，报州人大讨论最终确定为133.64亿元；完成2011年预算内投资计划编制工作；落实固定资产投资目标责任制，兑现了2010年责任制完成情况奖金，签订了2011年度固定资产投资指标任务分解和责任书。二是推动重大项目的前期工作。加快推进省“三个一百”重大项目建设和“城市基础设施”及“公检法司”项目、西双版纳机场改扩建工程、玉溪至磨憨铁路、橄榄坝、小黑江流域水电开发等交通能源项目前期工作步伐。三是深化行政审批制度化，完善投资管理体制。进一步规范投资项目的审批，提高行政效率，简化办事程序、增加重大项目审批核准的透明度，在项目审批管理方面，实行畅通审批“绿色通道”，2011年限时办结共审批、核准项目90个。四是抓好重点工程的协调管理。建立固定资产投资重大项目信息制度；对我州列入全省“三个一百”重点建设项目、扩大内需项目进度建立旬报、月报、季报制；按时上报我委主办的20个重大项目和20项重点工作的进展情况。五是紧抓重大项目督查和稽查工作。重点对中央新增投资项目实施情况进行了跟踪检查，对工程质量、工程进度、资金使用等情况中发现的问题及时通知建设单位整改。

〔**产业结构调整**〕 一是积极争取国家、省对全州中小企业技术改造、重点产业振兴、经贸领域，服务业发展等专项资金补助。二是推进循环经济发展。积极争取将我州以天然橡胶为重点的热带作物加工产业聚集区作为全省绿色经济试验示范区列入云南省十二五发展规划纲要。三是抓好商贸流通工作。做好全州粮食、食用植物油的储备及轮换工作，确保全州粮食安全。抓好食盐、化肥等物资的市场供应，安排下达了2011年食盐分配调拨计划指标6800吨及边远贫困地区化肥指标4500吨；参加食用油清仓查库工作，完成2010年粮食行政首长负责落实情况汇报。四是积极发展生物产业。根据西双版纳州生态州建设规划，拟稿完成《把西双版纳州绿色经济试验示范区列入云南省十二五发展规划纲要的建议》；拟稿完成了《州发改委对接“百名留学博士云南行活动”项目的进展情况》的汇报材料；编制完成《西双版纳印奇果项目产业发展实施方案》上报省发改委。五是抓好境外罂粟替代发展工作。以云南—老北合作机制为载体，加强与相关部门的沟通和协调，认真做好境外罂粟替代发展，为“走出去”企业做好发展资金和境外替代种植专项资金的申报工作。六是抓好工业工项目的审批、备案、核准工作。对年产1万吨天然纤维复合材料生产线建设项目、西双版纳州集贸市场升级改造项目、傣乡食用菌专业合作社年产12万公斤食用菌加工项目、宝莲华橡胶工业有限公司勐仑胶厂搬迁项目、新山矿业有限责任公司新山铁矿改扩建项目进行备案；云南勐象竹业有限公司年产9.5万吨竹纤维浆粕项目、勐海西定金矿项目经省发改委同意给予备案和核准。

〔**招商引资**〕 一是抓口岸查验设施建设。完成桥头堡建设全州口岸项目规划；完成2012年中央预算内投资计划草案全州口岸项目编报工作；2011年上半年争取到国家发改委补助打洛边防检查站口岸执勤生活用房项目中央预算内投资300万元。二是抓外商投资项目。全年核准外商投资项目3个，外商直接投资的领域为交通基础设施建设和茶叶种植加工以及旅游设施开发，实际利用外资4万美元。配合州财政局，做好州职业技术学院、傣乡水城等项目积极争取国外优惠贷款工作。三是抓好重大项目储备和招商引资工作。策划包装了40个项目提交大会招商；精心策划西双版纳州政府与香港雅居乐地产控股有限公司、中国平安、云南白药集团、广东上城控股有限公司等22个项目进行签约，协议投资金额602亿元；推进雅居乐大黑山项目、广东上城曼飞龙湖滨国际养生旅游度假新城等一批大项目的落地工作；完成《规范全州招商引资工作有关程序的意见》。

〔**专设办工作**〕 抓好10个州政府设立在州发改委的办公室工作。①兴边富民工程办。对新三年(2008～2010)“兴边富民工程”进行全面总结和汇报，顺利通过省上检查考评。编制完成《西双版纳州兴边富民工程“十二五”行动计划》。②机场改扩建办。积极沟通省发改委、云南机场集团，解决机场改扩建工程建设中出现的困难和问题，推进项目工程建设步伐，现已完成改扩建大部分工程。③铁路建设办。加强与省发改委衔接和汇报，新建玉溪至磨憨铁路已完成了项目可行性研究报告的编制工作并上报铁道部审查。④西部大开发办。对全州享受西部开发税收优惠政策的9家企业情况进行跟踪服务；牵头相关部门做好退耕还林的年度计划和验收工作。积极争取项目，联合相关部门向省发改委申报西部地区生态文明示范工程试点州市；向省发改委上报2家企业，争取享受西部开发税收优惠政策。⑤克木人办。积极配合中办督查室到我州检查扶持克木人发展工作，并完成相关材料的收集、汇编。继续做好督促检查全州扶持克木人发展后续项目进展工作。⑥电网规划建设办。组织开展全州2003年至2009年利用国债资金建设电网项目和2010年农村电网升级改造工程的验收工作，加快城、农网建设工程。完成西双版纳州风电项目规划，勐海县帕顶梁子风电场项目通过省能源局的核准，计划2013年投产发电。⑦开发性金融合作办。加强银企合作，在金融联席会、“一会一节”上向金融机构全面推荐项目。代州政府起草《西双版纳州人民政府关于整合财政资金扶持龙头企业带动农业产业化发展的意见》，编制完成《上海市－西双版纳傣族自治州对口帮扶与经济社会合作行动方案》。⑧经济动员办。按照省国防动员委员会、省国民经济动员办和州国防动员委员会的部署，编制我州经济动员“十二五”规划，完成年度经济动员潜力调查。⑨医改办。下发了《西双版纳州基层医疗卫生体制综合改革试点实施意见(试行)》和《西双版纳州国家基本药物制度实施方案(试行)》。2011年全州参合农民64.63万人、参合率为97.66%。⑩桥头堡建设办。编制完成《西双版纳州加快建设面向西南开放重要桥头堡主阵地实施意见》，提出《西双版纳州桥头堡建设30条突破性政策任务分解方案》。认真配合省、州各媒体做好我州桥头堡建设宣传报道；协助相关部门制作州委向省委中心学习组桥头堡多媒体汇报材料；出版9期《桥头堡》督察专报、简讯4期。

〔**和谐社会建设**〕 一是配合推进校安工程建设、职教中心建设、西双版纳职业技术学院新校区建设、州幼儿园建设前期工作，圆满完成一中、二中项目建设前期工作。启动15所乡镇幼儿园建设，适龄儿童入园率达71%。高中教育发展加快，高中阶段毛入学率达 54.5%。校安工程有序推进，全年排除中小学危房 6.7 万平方米，新建校舍 18.3 万平方米。配合通过了“两基”迎国检。二是配合做好农垦博物馆、傣王宫恢复重建项目前期工作。三是拟定西双版纳国际旅游度假区医院合作意见、西双版纳州科技馆建设审核意见、广电网络文化广场建设初步意见、泰国正大制药集团投资事宜初步意见上报州人民政府。四是完成各项清理整治工作。根据《云南省人民政府办公厅关于切实做好全省高尔夫球场综合清理整治工作的通知》要求，对全州已建 1 个、在建 2 个高尔夫球场开展全面清理和整治，针对清理出的违法违规球场提出整治意见，并按省清理整治办的要求上报整我州高尔夫球场清理整治工作情况；按照云南省发改委《转发国家发改委等三部委关于暂停新开工建设主题公园项目文件的通知》要求，对我州涉及主题公园的建设项目开展清理；根据《云南省人民政府办公厅关于印发云南省清理化解基层医疗卫生机构债务工作实施方案的通知》（云政办发〔2011〕187 号）和云南省医改办《关于请提前开展清理化解基层医疗卫生机构债务相关工作的通知》等文件精神，配合相关部门积极开展清理化解基层医疗卫生机构债务工作。共清理出债务余额 5338.71 万元（三县市地方 1740.26 万元、农垦系统 3598.45 万元）。

〔民生状况持续改善〕 大力推进就业工作，提供有效就业岗位近 1.4 万个，城镇新增就业 7154 人；农村劳动力培训 1903 人，转移 6198 人。社会保险覆盖面不断扩大，参加城镇失业、基本养老和职工基本医疗保险人数分别达 7.1 万人、12.8 万人和 15.6 万人；参加新型农村养老保险人数达 63 万人，参合率达 97.8%。保障性住房建设顺利推进，建设廉租房 1500 套，公租房 3500 套，棚户区改造 116 套，垦区危房改造 1810 套，农村保障性安居工程 1.3 万套，新增发放租赁补贴 3210 户，解决 2.3 万户城镇中低收入家庭的住房问题。

（《经济管理》撰稿人：王忠明）

物价管理

〔抓价格监管，促进社会和谐平安〕 一是丰富完善价格调控监管手段。加强价格监测预警，继续做好粮油肉蛋菜等重要商品价格实时监测报告工作，加强市场调查巡视，及时发现、跟踪、报告重要商品和服务价格的异常波动。二是加强农业生产价格的管理。积极贯彻落实关于提高 2011 年稻谷最低收购价格政策，继续完善蔗糖收购价格政策；积极支持蔬菜生产和流通，认真配合好农业和商务部门扩大蔬菜种植面积、蔬菜商业直销网点设置、农超对接等销售方式减少中间环节和降低经营成本费用；三是加强民生价格管理。针对民生关注的热点难点问题，及时启动价格监测预警机制，平息了 3 月初出现的州内抢购加碘食盐的风波；实行燃油联动价格措施，调整州内及跨区旅客道路运输价格，保障正常客运顺利进行；审核批准了景洪农场管理委员会日月康城经济适用住房基准价格；出台了《西双版纳州宾馆酒店客房价格异常波动应急预案》、《西双版纳州机动车驾驶员培训收费标准调整方案》规范了行业秩序。四是加强了价格基础性工作。对全州殡葬服务收费行为、小水电企业生产经营情况、流通环节收费情况进行了调研，加强了农产品成本调查和价格调整项目的成本监审工作，为制定出台价格政策提供科学合理的成本依据。五是开展价格专项检查。抓好涉农、涉企、医疗卫生服务价格收费等专项检查工作。六是加强节假日市场价格监管。组成检查组深入到景区、商场、个体经营户、农贸市场进行检查。七是进一步推进明码标价工作。重点对全州主要街道的商铺、旅游商品定点销售点、商品房进行检查，规范了不明码标价或标价不规范的价格违法行为。八是做好价格投诉、举报工作。2011 年全州共受理涉案物品鉴证 848 件，涉案标的额 4278.97 万元。其中：刑事案件 535 件，涉案标的 1213.26 万元；其他案件 313 件，涉案标的 3065.71 万元；查处价格违法案件 76 件，经济制裁总额 84.716 万元，其中，没收价格违法所得金额 74.875 万元，退还 5.942 万元，罚款 3.899 万元，上缴财政 78.774 万元；受理群众价格政策咨询 221 件次，违法行为举报 54 件次，共计查处价格违法案件 24 件，退还消费者款 6.303 万元，罚款 3.006 万元。

（《物价管理》撰稿人：王忠明）

安全生产监督

〔概况〕 2011 年，州安监局认真贯彻落实党中央、国务院关于安全生产的方针政策，牢固树立科学发展、安全发展理念，继续深入开展“安全生产年”活动，以控制指标为中心，以“三深化”和“三推进”为抓手，认真开展安全生产执法检查、专项治理、隐患排查、宣传教育等工作，努力提升安监监管职能，全力防范事故发生，各项工作取得良好成效。2011 年全州共发生各类生产安全事故224起,受伤195人,死亡83人,直接经济损失637.17万元。与上年同期相比,事故起数下降0.44%,受伤人数下降9.30%,死亡人数下降1.19%,直接经济损失下降19.25%。连续4年在省安委会的年度考核中被评为优秀。

〔组织领导工作〕 州委、州政府主要领导都将安全生产作为一项全局性的工作,始终高度关注和支持安全生产工作,重点时期、重要会议都亲自部署安排。州委、政府领导逢会必讲安全生产工作,定期研究重大安全生产事项。每逢重大节日,政府分管领导都要带队深入到重点行业领域的生产一线进行检查。同时,州委、州政府把安全生产纳入社会管理总体布局,在安排部署经济建设、社会建设等工作时,同时对安全生产工作做出部署。

〔安全生产责任制〕 按照"属地管理"和"谁主管、谁负责"、"谁审批、谁负责"的原则,层层分解落实安全生产责任。州政府通过与各县市区和市直有关部门签订安全生产责任状、开展"安全生产责任落实月"活动、实行安全生产工作述职制度等措施,全面落实安全生产的政府领导责任、部门监管责任、行业管理责任、生产经营单位主体责任以及领导干部的"一岗双责",提高了各级抓安全生产工作的自觉性和责任感。2011年全州各级签订的责任书达486余份,责任和目标得到了层层分解和落实,初步形成了"纵向到底、横向到边"、覆盖全州的安全生产责任体系。进一步强化州直各监管部门工作职责的落实,同时,坚持领导一岗双责责任落实和企业主体责任落实两个监管制度,对各级各部门各单位主要负责人、分管负责人安全生产工作情况建立专门的监管档案,及时记录各领导与安全生产有关的讲话、检查记录和重要批示,加强对领导干部安全生产履职情况的监督;每一个企业履行主体责任情况定期向当地安监部门报告,有关部门通过各种手段,对企业履行主体责任情况进行监督,实现对企业主体责任监管的全面化、规范化,做到宏观监管与微观监管有机结合。

〔安全标准化〕 按照"规范三级、巩固二级、提升一级"的要求,坚持"不论国家、省里有没有鼓励政策,都要积极推行;不论企业规模大小,引导企业都要按标准化的思路进行规范管理"的原则,从严把关,推进了矿山、危化品、烟花爆竹等行业安全标准化工作。并按照全面推行、分步达标,先易后难、逐项突破,自下而上、逐步升级的工作方法,力争在国家规定的期限完成所有企业的标准化达标。上年共有44家企业完成标准化达到。

〔隐患排查治理〕 按照《云南省人民政府办公厅关于开展治大隐患防大事故安全隐患排查治理专项行动的通知》、《西双版纳州人民政府办公室关于开展治大隐患防大事故安全隐患排查治理专项行动的通知》的精神,以高危行业安全生产专项整治为重点,重在预防,深挖隐患,强力整治,有力消除各类隐患。严格执行隐患排查制度,按行业定期对排查出来的隐患进行梳理分类,根据隐患的危害程度,县市、乡两级进行督办,定期整改,确保隐患及时整改到位,以确保安全。2011年共查出一般隐患646项,已整改621项,整改率为96.1%;重大隐患11项,已整改4项,其它正在整改过程。确定重大危险源、危险点43项,已落实监控防范措施43项。其中:①煤矿企业排查出一般隐患1项,已整改1项,整改率为100%;②非煤矿山企业排查出一般隐患136项,已整改130项,整改率为95.5%,重大隐患2项,已整改2项,整改率为100%;③危险化学品企业排查出一般隐患117项,已整改110项,整改率为94%;④烟花爆竹企业排查出一般隐患168项,已整改160项,整改率为95.2%;⑤道路运输企业排查出一般隐患29项,已整改27项,整改率为93.1%;⑥水路运输企业排查出一般隐患38项,已整改38项,整改率100%;⑦桥梁企业排查出一般隐患12项,已整改11项,整改率91.6%;⑧重点建设项目排查出一般隐患15项,已整改15项,整改率为100%;⑨房屋市政工程排查出一般隐患32项,已整改31项,整改率为97%;⑩特种设备企业排查出一般隐患14项,已整改14项,整改率为100%;⑪消防安全排查出一般隐患68项,已整改68项,整改率100%;⑫民航运输企业排出一般隐患5项,已整改5项,整改率为100%;⑬冶金企业排查出一般隐患5项,已整改5项,整改率100%;⑭民爆企业排查出一般隐患6项,已整改6项,整改率100%。全州非煤露天矿山从2009年开始进行专项整治,现已关闭5家,长期停产13家。到目前为止,我州现有非煤露天矿山104家,已全部通过省非煤矿山专项整治验收小组的验收。全州旅游、环保、农机、电力、水利等部门也从各自实际出发,有针对性地开展安全专项整治,及时消除隐患,从源头上防范各类生产安全事故的发生。

〔应急管理工作〕 不按照加强应急救援装备建设,提高应急救援保障能力的总体思路,认真抓好应急救援储备点物质装备的管理使用。目前省安监局给应急救援储备点装备了120件300多万元器材,全部交由州消防支队管理使用。现在我们基本建立了以州公安消防部队为主体,由综合应急救援队伍、专业应急救援队伍、基层应急救援队伍、应急管理专家队伍、应急志愿者队伍等组成的应急救援队伍体系，应急救援的能力得到提高。为使消防队伍能熟练掌握使用省级应急救援物资储备点的各类装备，加强对应急救援队伍进行培训、演练，完善细化应急救援预案，规范应急处置行为，提高应急处置速度和水平。其它行业、领域也分别制订完善了相关行业的应急救援预案，针对可能出现的极端异常情况，细化了每个环节，每个岗位的应急救援措施，确保了应急救援工作拉得出、用得上。

〔**宣传教育工作**〕 充分发挥新闻媒体的作用，宣传安全生产法律法规。以六月"安全生产月"为契机，深入开展形式多样、内容丰富的群众性安全生产宣教活动，努力营造良好的安全生产氛围，全面提升安全生产社会影响力和认知度，使安全文化真正进企业、进园区、进社区、进校园、进家庭、进农村。6月12日，州安委会、景洪市安委会在孔雀湖边联合举办第十个"全国安全生产月"咨询日活动，参加咨询日活动的单位、部门有38个，人员389人，发放宣传单68520份，宣传手册4100套、图展68块。6月23日，州安监局在西双版纳广播电台参加"政风行风热线"直播，以"安全责任、重在落实"为主题，广泛宣传安全生产法律法规，与全州听众进行直接的沟通交流，接到与安全生产工作有关的听众来电9次，短信10条，通过直拨电话逐一进行了答复。同时，加强了对辖区企业管理人员和特种作业人员轮训、复训工作，真正实现管理人员持证管理，特作人员持证作业。2011年全州共培训企业负责人及安全管理人员1186人，特种作业人员1180人，从业人员4008人。

〔**安监队伍建设**〕 围绕加强队伍建设、增强队伍素质、提高执法水平，进一步强化"两基"建设，以提高行政执法能力为重点，强化基础、健全制度、创新机制、优化结构、增强活力，全力打造高素质安全监管队伍。2011年，州安全监管局从2个科室增加到4个科室和1个执法支队（编制4人），人员编制从9名增加到15名，州、县（市）局分别也成立了执法大队（各编制4人），全州31个乡镇成立了安监站，增设安监人员71名。虽然近年来州政府的财政比较困难，但是在安全的投入上可以说是决不含糊。2011年州政府给安监部门安排了监管装备专项经费90万元，在第45次常务会议上，州政府同意从2012年开始安监部门的工作经费增加30万元。

（《安全生产监督》撰稿：姚飞）

国土资源管理

〔**概述**〕 2011年，西双版纳州国土资源管理围绕与省政府签订的国土资源管理目标责任制和州委、州政府的重点工作，认真贯彻"最严格的土地管理制度"、"最严格的耕地保护制度"、"最严格的节约用地制度"，在深化国土资源管理、破解"资源保护"及"资源保障"两难命题、地质灾害防治、土地法规宣传、依法行政、矿政管理、土地开发整理、党风廉政、队伍建设等方面实现了新的突破，为全州经济社会科学发展、和谐发展，跨越发展提供了有力的资源保障。在全省2011年度国土资源管理目标责任制考核考评中，州国土资源局荣获二等奖。

2011年，全州认真贯彻落实"三个最严格"制度，按照"突出重点、有保有压"的原则，建立重点项目用地责任机制，结合实际统筹安排，优先保障新增中央投资项目、省重点建设项目和民生项目用地。全年共上报审批扩内需项目和省重点项目21件，面积552.49公顷；严格执行国家产业政策和供地政策，认真落实经营性用地和工业用地招拍挂出让制度，加大土地供应力度，全年共完成土地供应470宗，面积426.49公顷。

2011年，全州严格落实"最严格的耕地保护制度"和"保护耕地红线"基本国策，认真贯彻落实耕地保护责任目标，州、县（市）、乡（镇）逐级签订耕地保护目标责任书，形成层层抓落实的耕地保护责任机制，确保责任落到实处。全州把土地开发整理作为"双保"工作的重要内容，加大土地开发整理力度，确保全州耕地总量动态平衡。2011年启动实施土地开发整理项目2个，实施续建项目9个，建设规模6887.92万公顷，投资9709万元。

2011年，全州严格执行《云南省人民政府关于印发云南省探矿权管理等三个办法的通知》等文件精神，加强矿业权准入制度，严格执行新一轮矿产资源规划，按照"规划控制、计划投放、有偿使用、合同管理"的原则，科学有效地对矿业权实施严格管理。

2011年，全州在积极做好土地法律法规宣传的同时，还认真抓好各类土地违法案件的查处和土地矿产卫片的执法检查，全年开展国土资源执法监察动态巡查8600人次，查处各类土地违法74宗，矿产违法14宗。严格落实地质灾害防治责任制，州、县（市）、乡（镇）和村层层签订责任书，不断完善群测群防网络体系，全力抓好汛期地质灾害防治工作，加大地质灾害防治经费投入。全年共投入地质灾害防治经费305万元，5个地质灾害治理项目经费722万元，确保了地质灾害工作顺利开展和人民生命财产的安全。以此同时，还加强了党风廉政建设和国土系统干部队伍及信访工作、信息宣传报道等方面的工作，进一步提升了全州国土系统干部的政治素质和业务素质，促进了全州国土事业的发展。

〔**矿政管理**〕 2011年，州国土资源局严格执行《云南省人民政府关于印发云南省探矿权采矿权管理等三个办法的通知》等文件精神，加强矿业权准入管理，抓好矿业权设置、初审和年检。严格执行新一轮矿产资源规划，强化规划调控作用，按照“规划控制、计划投放、有偿使用、合同管理”的原则，科学有效地控制矿业权投放的规模和时序，全州采矿企业从2010年的188户减少到目前的163户。严格探矿权初审、复核和采矿权新立审批；建立了采矿权审批多部门联动机制，完善和落实采矿权审批各项制度，提高矿业开发准入门槛，加大监管力度，加强了矿业权审查和年检工作。全年共审查延续、变更、转让矿业权11个，年检探矿权81个、省级发证采矿权36个，年检率及合格率达100%；签订矿业权行政管理合同及承诺书265份，签订率100%。

〔**土地供应**〕 2011年，全州严格落实“最严格的土地管理制度”和“最严格的节约用地制度”，按照“突出重点、有保有压”的原则，加强建设用地分析，准确掌握项目用地数量、结构、分布、时序，建立重点项目用地责任机制，结合实际统筹安排，优先保障新增中央投资项目、省重点建设项目和“三类住房”等民生项目用地。全年共组织上报审批扩内需项目和省、州重点项目21件，面积552.49公顷，新增建设用地517.33公顷，占用耕地160.78公顷。其中，城市建设批次用地14件，面积508.55公顷(其中保障性住房用地5件，面积64.48公顷)，单独选址项目7件，面积43.9385公顷，保障了景洪市勐宋水库和黄草岭水库、勐腊县污水处理厂和垃圾处理厂等省级重点项目的用地。同时，严格执行国家产业政策和供地政策，落实经营性用地和工业用地招拍挂出让制度，加大土地供应力度。全年共完成土地供应470宗，面积426.49公顷，签订土地合同价款约16.66亿元。其中，全州已完成住房用地供应231宗，面积137.42公顷(实际落实保障性安居工程用地76.03公顷，落实率128%)。

〔**耕地保护**〕 严格落实“最严格的耕地保护制度”和“保护耕地红线”基本国策，报请州人民政府出台了《西双版纳州基本农田保护办法》，印发了《西双版纳州人民政府关于进一步加强耕地保护工作的紧急通知》，州、县(市)政府均成立了耕地保护领导机构，认真贯彻落实省政府与西双版纳州签订的耕地保护目标责任，州、县(市)、乡(镇)逐级签订了耕地保护目标责任书，形成层层抓落实的耕地保护责任机制，确保责任落到实处。抓好土地利用总体规划和山地综合开发利用规划的调整完善和制定工作，充分发挥规划在严格保护坝区耕地特别是基本农田管控作用，切实保护好耕地特别是坝区优质耕地。全年共投入30余万元，新建10块基本农田保护牌，健全和完善永久基本农田表册和数据库。

〔**土地整治**〕 加大土地复垦整理工作力度，开发耕地后备资源，确保全州耕地总量动态平衡。2011年启动实施土地开发整理项目2个，实施续建项目9个，建设规模6887.92万公顷，投资9709.97万元。严格执行耕地占补平衡制度，认真做好占补平衡台账和项目验收报备工作，年内上报审批的城市批次和单独选址项目21件占用耕地面积162.64公顷，已分别从勐腊县易武乡麻黑村龙山、象明乡倚邦村曼拱和勐伴镇象朵牙等已验收的4个土地开发(占补平衡)项目中折抵，实现了“占一补一”。切实抓好“兴地睦边”项目，有效提高耕地质量。2011年共组织实施“兴地睦边”项目8个，建设规模4966.66公顷，概算总投资1.68亿元，预计新增耕地247.76公顷。当年完成土地平整2669.11公顷，完成投资4694.69万元。

〔**依法行政**〕 积极推进依法行政和普法工作。积极推进政府效能建设，进一步梳理国土资源审核审批事项、执法依据和职能职责，并在政府和部门信息网站进行公告；强化对行政权力运行的监督，依法行政意识进一步增强。开展国土资源执法监察动态巡查8600人次，发现土地违法74宗，当场制止了34宗，责令整改到位30宗，立案10宗，结案9宗，收缴罚款16余万元；矿产违法案件14宗，立案9起，结案9起，收缴罚款4.75万元。切实抓好2010年度土地矿产卫片执法检查。认真做好全州327个土地和1个矿产卫星遥感监测图斑的梳理和分析，涉及152个用地项目，图斑总面积6987.8亩，占用耕地面积1816.5亩，对涉及违法用地的已全部进行立案查处。2010年度土地矿产卫星影片执法检查已通过省检查验收。认真做好高尔夫球场项目清理。全州共查处3个高尔夫球场违法用地，面积2843.29亩，涉及占用耕地1个，面积178.23亩，共收缴罚金3487

万元。

〔矿业规费征收〕 严格按照矿产资源补偿费、矿产资源有偿使用费的征收规定，按照应交尽交的原则，按时足额征收补偿费和有偿使用费。全年共征缴矿产资源有偿使用费1789万元，矿产资源补偿费2088万元，已超额完成省下达全州的征缴任务。

〔地灾防治〕 严格落实地质灾害防治责任制。州、县（市）、乡（镇）和村层层签订责任书，确保地质灾害防治责任有效落实。不断健全和完善群测群防网络体系建设，落实防灾责任人和监测员，构建共同监测防灾体系。全力抓好汛期地质灾害防治工作。全面启动地质灾害防治规划工作。制定下发了2011年度地质灾害防治方案和应急预案，对地质灾害易发区、重点隐患点进行全面巡查，共排查出重点防治隐患点100个，并纳入年度防治方案监测范围。严格执行险情巡查、灾情速报、汛期值班等制度，做到人员、手段和措施的落实，加强预测、预警、预报工作，有效避灾减灾。加强地质灾害防治科普宣传。全州共发放地质灾害防治宣传单13000余份、宣传画册4000余本，以巡查、以会代训等方式宣传140余次15850人次，深入隐患点发放避险明白卡7433份、防灾明白卡172份。组织隐患点受威胁群众开展应急处置实地模拟演练3次，参加人数达840余人，有效提高了群众防灾避灾意识和能力。加大地质灾害防治经费投入。全年共投入地质灾害防治经费305万元，5个地质灾害治理项目经费722万元，确保了地质灾害工作顺利开展和治理项目实施，提高了全州地质灾害防治能力和水平。严格落实矿山地质环境恢复治理保证金制度。按照《云南省矿山地质环境恢复治理保证金管理暂行办法》等有关文件要求，及时向矿山企业收缴矿山地质环境恢复治理保证金，全州自2007年起已累计收交保证金1920万元，当年全州共发生地质灾害20起，无人员伤亡。

〔信息宣传〕 积极推进“金土地”二期工程建设，全系统电子政务和信息化水平进一步提高。认真落实信息宣传联络员制度，加大信息宣传力度，全年编印《傣乡国土资源》4期，编发工作简报20期，各级媒体用稿151篇〔国家级媒体1篇、省级媒体54篇、州级32篇、县（市）级媒体64篇〕、新闻图片42幅；网上发布业务及服务类公开信息334条。

〔土地调查〕 继续推进土地二调工作，夯实土地资源宏观调控基础。完成了县（市）级二次调查，成果已通过省二调办验收，数据库和地籍信息系统建设稳步推进；全州一般建制镇调查工作顺利推进，目前已完成15个乡（镇）所有权属调查和外业测量。州、县（市）、乡（镇）三级土地利用总体规划和县（市）第二轮矿产资源规划已报经批准实施。积极组织开展新增耕地调查核定，已核定新增耕地2.4万亩，为落实耕地占补平衡补充了后备资源。严格执行“十二不准”登记制度，进一步规范土地登记工作。积极稳妥推进全州农村集体土地确权登记发证工作，完成集体所有权发证830宗，集体使用权登记发证约30000宗。

〔干部培训〕 全面完成干部教育培训计划，州、县（市）局领导参加国土资源部集中整训3期3人次，法律法规、政策和业务培训1期2人次；参加省、州、县（市）各级各类培训105期565人次；参加学历教育和其他学习培训32期80人次。

〔测绘管理〕 加强基础测绘和测绘统一监管，推进“数字西双版纳”建设。积极争取1∶500基础测绘测图项目，概算投资949万元，中央和省级资金500万元已拨付到位，并积极筹措配套资金尽快推进项目实施。严格落实测绘成果汇交制度，汇交2个项目成果，对正在实施的项目进行跟踪管理；加强对外来测绘资质持证单位的交验证备案管理，年内备案6家。强化涉密测绘成果的保密管理，2011年共抽查涉密测绘成果使用单位14家。认真开展测量标志保护巡查，对辖区内省级GPS C级网61个测量标志点进行了检查。

〔法律宣传〕 加大国土资源法律法规、政策宣传力度，以“4·22”地球日、“5·12”防灾减灾日、“6·25”土地日、“12·4”法制日为宣传契机，共组织大规模宣传活动4次，参加人员650人次，在各类媒体上开展专版宣传，印发宣传资料10万余份（册），增强了社会各界和各族群众依法用地和保护耕地意识。

〔信访工作〕 认真做好来信来访接待工作。全年共办结群众来信来访投诉举报45件，办理党代表提议6件、人大建议26件和政协委员提案13件，已按要求全部答复完毕，办结率100%，真正做到了信访事项“事事有回音”、“件件有落实”。

〔基层所建设〕 积极推进基层国土所规范化建设，全年共投入40.7万元配置办公设备，勐腊县勐伴所已完成投资32万元（主体工程已完工），概算投资90余万元的勐海县打洛、勐遮、勐混3个所正开展规划测量工作，基层国土所办公条件进一步改善。

〔党风廉政〕 狠抓党风廉政建设责任制工作。认真贯彻落实“一岗双责”、领导干部“五重包干”党风廉政建设责任制，年初全系统签订党风廉政建设责任书138份、廉洁从政责任书185份，与职工家属签订家庭助廉承诺书246份，一级抓一级、层层抓落实，党风廉政建设和反腐败工作成效明显；继续推进廉政文化“五进”活动和廉政“五德”教育，牢固树立廉政勤政意识，筑牢抵御风险和拒腐防变思想防线。抓好“两整治一改革”专项行动和创先争优活动。梳理排查风险岗位138个、重点环节123个，确定查找风险表现形式或风险点94种，及时制定风险监督和防范措施177条，专项行动效果明显，并通过了省厅检查验收。积极开展创先争优活动，以“四亮四评”、“一件事”承诺、窗口单位创先争优等活动为抓手，引导广大干部职工在履行职责中创先进、立足岗位争优秀，有效地促进了全州国土资源事业健康发展。全州系统干部职工无违纪违法行为发生和被行政问责情况。

〔**队伍建设**〕 2011年，全州国土资源系统以“创先争优”和“四群”活动为契机，以着力打造“服务型国土”、“责任型国土”、“效能型国土”、“民生型国土”、“廉洁型国土”为目标，强化政治理论和业务技能的学习，不断增强服务意识、奉献意识，进一步转变工作作风，提升效能，打造一流团队，进一步完善目标管理责任制，建立效能为先、实绩为主的考核评价机制，不断加强国土干部队伍作风建设，狠抓内部管理和业务管理，切实提高全州国土资源管理干部职工的整体素质，努力提升国土部门新的形象，进一步促进了国土事业的发展。

（《国土资源局管理》撰稿：张庆行）

工商行政管理

〔**概况**〕 西双版纳州工商行政管理局机关设10个内设机构和机关党委，分别为：办公室、法规科、企业注册监督管理科（个体私营经济监督管理科）、外商投资企业注册科、市场规范管理科（网络市场监督管理科）、消费者权益保护科（食品流通监管管理科）、商标广告监督管理科、计划财务科、人事科、监察室、机关党委。下设1个直属机构，为经济检查支队。下设4个派出机构，分别是州集贸市场分局、磨憨分局、景洪工业园区分局、旅游度假区分局。所辖县（市）机构设置3个，分别是：景洪市工商行政管理局、勐海县工商行政管理局、勐腊县工商行政管理局。所属事业单位共有4个。分别是：消费者协会、个体私营经济协会、广告协会、“12315”消费者申诉举报中心。

西双版纳州工商行政管理局编制总人数为319人（实有286人）。分别是：行政编制298人（实有263人）；机关事业编制3人；工勤编制5人（实有工人15人）；群团事业编制13人（实有8人）。学历结构：研究生4人，本科161人，专科94人，中专18人，高中及以下9人。民族结构：共有16种民族，其中汉族150人，占52.4%；傣族49人，占17.1%；另有彝族29人、哈尼族20人、拉祜族7人、回族5人、基诺族6人、瑶族3人、白族4人、布朗族2人、苗族3人、景颇族2人、佤族2人、土家族、布依族、土族和侗族各1人。全局在职人员的平均年龄为41岁。

〔**法规**〕 2011年度，全州工商系统的法制工作致力于效能政府建设和法治工商建设，狠抓监督执法行为，规范执法程序，加强法制教育，营造法治环境等方面的工作。一是加强立法立规，完善服务发展和市场监管制度。年内先后参与了本州部分民族自治法规的修订，并制定了本部门的规范性文件《西双版纳州工商行政处罚自由裁量权基准制度》等，对于完善工商服务，加强市场监督管理，规范行政执法行为起到了重要作用。二是创新行政执法监管，深化服务经济发展职能。全局各级行政执法部门重点加强了对行政许可和行政处罚两大职能的监督，围绕行政审批权和行政执法权的行使，继续推进行政执法责任制，贯彻首问负责制、限时办结制，落实重大行政执法事项和重要法制信息公开，做好重大决策公示和行政行为监督等，促进廉政勤政和依法行政。三是强化行政执法监督，构建长效监管机制。全年，州、市（县）两级局机关的法制科（股）累计监督、核审行政处罚案件2208起，在所核审的案件中达到听证条件的493起，无一起申请听证；罚款或没收违法所得万元以上的案件90起，占案件总数的4.07%。此外，两级法制部门还完成了808起简易处罚案件的备案登记；年内，全州工商共执收罚没款536.44万元。四是加强行政复议工作，营造良好的执法环境。依法受理行政复议案件，确认定性错误后并进行纠正，维护了被处罚人的合法权益，彰显了行政执法的公平公正和合理性原则，并不断加大行政复议宣传。五是狠抓法制宣传教育，扎实完成普法任务。切实抓好队伍的法制教育，积极开展对外的法制宣传，使整个执法队伍的行为更加规范，增强了行政相对人的守法意识，改善了行政执法环境。

〔**企业注册**〕 2011年全州的注册登记工作以“五项指标 六项重点工作”为重心，优化服务，挖掘亮点，各项工作全面推进，提前圆满完成了全年的指标任务。年内，新注册登记企业968户，注销197户,全州在册企业达到5817户(内资企业1515户,私营企业4302户),注册资本140.34亿元,从业人员48593人(仅指私营企业)。2010年度全州内资企业应检5033户,实检4144户,参检率为82.34%,网上参检户数为4144户,网上年检率为100%。

〔**企业监督管理**〕 严格限制发展高耗能、高污染和产能过剩的"两高一剩"产业,建立了全州电力、水泥、有色金属等九大行业企业登记信息台账,运用网格化监管、专项检查整治等多种方式,加强对辖区九大行业经营主体资格和经营行为的监管。建立服务农民专业合作社发展工作机制,确定了3户各具特色的专业合作社作为重点服务对象。积极帮助解决发展道路上的法律政策和融资难题,鼓励其申请商标打造品牌,支持其跨地域、跨行业开展经营。开展查处取缔无照经营行动。年内,全州工商部门共出动执法人员2000多人次,对9400户经营者进行了检查,查处取缔无照经营681件,引导办照500余户,罚款41.84余万元(其中查处取缔黑网吧9户次,没收电脑31台,罚没款1.5万元)。认真开展一人有限公司等登记档案数据清理工作。对全州范围内7家同一自然人重复设立一人有限公司的情况以及对内网登记系统中的"问题数据"逐一进行了清理,进一步规范了企业的监督管理。

〔**外商投资企业注册**〕 2011年,全州有外商投资法人企业28户,投资总额为21477.97万美元,注册资本为16033.74万美元,实收资本为3168.24万美元;外商投资合伙企业(普通合伙)10户,认缴出资额为10.30万美元,确认出资额为10.30万美元;外商投资合伙企业(普通合伙)分支机构1户。2011年,新设立外商投资企业7户、分公司2户、经营网点33户;新增投资总额10616.09万美元,新增注册资本7052.65万美元,新增实收资本506.55万美元;新设立外商投资合伙企业(普通合伙)5户、外商投资合伙企业(普通合伙)分支机构1户,认缴出资额5.55万美元,确认出资额5.55万美元;注销外商投资法人企业5户,外商投资企业分公司1户;吊销外商投资法人企业3户。

2010年度,全州外商投资企业应参检27户,实际参检23户,参检率为98.19%,实际参检户数比上年减少8%。参检的23户法人企业中年检合格户数为20户,合格率为86.96%,年检合格率比2009年减少5.04%。

〔**市场规范管理**〕 一是全面实施网格监管互查互评、分析考核制度。定期组织三级网格开展"查、评、析、考",由基本网格开始,自下而上,对工作的落实互相检查、互相评价、会议分析、集中考核,发动基层全体力量,确保工作落实。二是诚信市场创建工作。2011年,制定了《西双版纳州工商局3A-4A级诚信市场认定管理暂行办法》及《西双版纳州工商局3A-4A级诚信市场考核评分细则》。到年底,全州诚信市场创建工作全部结束,最终认定2A级诚信市场3个、3A级诚信市场6个,4A级诚信市场3个,州局还向上级推荐了2个5A级"诚信市场",待省局统一评定授牌。三是红盾护农工作方面。全州农资经营者100%建立了"两账两票""一书一卡"制度,对已进行注册登记的农资经营者100%实行了信用分类监管。在做好农资市场规范化管理的同时,积极做好新闻宣传报道工作,及时宣传好的工作经验和做法。四是扶持农民专业合作社发展。制定了"四放宽·三不限"和"三免一简二制度"的帮扶措施,建立起州、市(县)局重点联系1~3户农民专业合作社工作机制,实有农民专业合作社293户,全年新开业登记130户,成员总数4489人,经营范围涉及种植、养殖业、农户品加工、销售行业。五是建立"新农村工商服务站"。在全州各乡镇建立起"新农村工商服务站"31个,并及时向省局报送了工商服务"三农"专题调研报告。

〔**消费者权益保护**〕 2011年,全州消费者权益保护工作得到全面提升,一是"一会两站"覆盖面继续扩大,除全州32个乡镇、220个行政村外,全州街道办事处、居委会、专业市场、国家级、省级旅游景点均建立"两站",全州已建立33个"一会"、425个"两站",基层消费维权体系建设进一步加强;二是"12315"服务效能全面提升。通过完善各项制度,加大宣传力度,拓宽网络覆盖面和服务领域,"12315"功能不断得到提升。全年共受理消费者投诉336件,为消费者挽回经济损失90.55万元,提供咨询299件,受理举报41件,成功调解率为98%,发布消费警示32条。

〔**食品流通监督管理**〕 年内,全州工商系统严格按照《食品安全法》及其实施条例的规定和上级的部署,一手抓市场整治,一手抓制度规范,先后5次开展了食品安全专项整治行动,各级工商机关累计派出执法检查组6994人次,出车1500辆次,先后清理检查食品经营主体24462户次。通过检查整治,全州共查处流通领域食品违法案件5起,没收不合格食品44吨,案值70余万元,取缔无照经营食品户28户。

按照《西双版纳州2011年食品安全宣传周活动方案》的部署,于2011年6月13至20日期间,在全州范围内开展了“人人关心食品安全，家家享受健康生活”为主题的食品安全宣传活动。全州各级工商局机关统一在单位办公楼大门制挂食品安全标语，并要求州内主要食品经营企业在其经营场所外适当位置制挂宣传标语，还印制了5000份《食品安全法》、《食品消费安全提示》等材料到景洪市孔雀湖边发放给广大消费者，同时还开展进学校、进社区、进农村、进企业的“四进活动”，通过在学校、社区、企业建立的“两站”，向广大企业和人民群众宣传食品安全知识，提高食品安全意识。

按照省工商局下达的2011年“星级食品安全示范店”创建数在上年27个的基础上新增10%的任务目标，在全州范围内继续开展了“星级食品安全示范店”创建工作，创建工作严格依照《西双版纳州星级食品安全示范店评定管理办法》的规定进行，全州已完成新创建3户“星级食品安全示范店”的任务，并已全部挂牌。

年内，全州共对集贸市场、超市、食杂店销售的乳制品、干货、酒等食品进行了快速检测，共快速检测1604批次食品。同时为严厉打击流通环节食品非法添加和滥用食品添加剂行为，确保广大消费者购买到放心、安全的食品，还在全州范围内开展了辣椒面抽检工作，经过精心组织，全州共抽取的77个样品，经普洱市综合技术检测中心对胭脂红、落叶黄、柠檬黄三个项目进行检验后，其中31个样品胭脂红项目不合格，合格率为60%，检验报告已送达当事人，州工商局按照《食品安全法》的规定对销售不合格辣椒面的行为进行了查处。同时，组织开展了清理查处非法添加邻苯二甲酸酯（以下简称塑化剂）类食品的专项行动。及时将清查任务落实到工商所网格监管工作人员，对全州范围内的食品和食品添加剂经营户展开全面的清查，在清查中全州共出动执法人员550人次，检查食品经营户3503户次，检查批发市场、集贸市场等各类市场78个次，在检查中没有发现含塑化剂的食品和食品添加剂。

根据西双版纳州委督查室的会议精神和工作安排，对全州所有餐饮具集中消毒企业进行了清查和整治，全州各级工商机关采取拉网式的排查方式，对各自辖区内的餐饮具集中消毒、配送经营户进行认真清查和登记，并将经营户情况通报同级卫生监督管理部门，对于无照从事餐饮具集中消毒服务的，坚决予以取缔。专项整治行动中，州工商局共出动执法人员187人次，出动车辆63台次，检查经营户423户次。经过清查和统计，全州共有合法餐具集中消毒、配送经营户12户（其中1户已停业，但未注销）。清查出非法经营户1户，已按照相关规定予以取缔。

〔反垄断与反不正当竞争执法〕《中华人民共和国反垄断法》颁布实行三年中，州工商局高度重视反垄断执法工作。一方面掀起了《反垄断法》学习高潮，各级工商部门分别组织学习《反垄断法》26场次，州、市（县）两级局还专门举办反垄断执法培训4期次。通过学习培训，使全系统执法人员准确把握了《反垄断法》的规定，为开展反垄断执法夯实了业务基础。另一方面是扎实开展反垄断执法，年内，各级先后两次开展反垄断专项执法行动，行动中以公用企业和公共服务行业为重点，注重于对石油、电力、自来水、电信等公用企业利用垄断、独占地位控制或变相控制市场、强行搭售、恶意涨价等方面的行为进行执法。

此外，反不正当竞争也是全州工商系统2011年的执法重点，各级在履行市场监管职能中始终致力于《反不正当竞争法》和《云南省反不正当竞争条例》的执行。重点对以排挤竞争对手为目的的采取虚假宣传、误导消费者的行为进行处罚；重点打击旅游市场主体的高额回扣、给“人头费”等方式恶性竞争，扰乱旅游市场秩序的行为；重点规范通过有奖销售恶意竞争的行为。

〔广告监督管理〕 2011年，全州广告经营企业经过清理整顿和年检注销，现有广告企业150户，其中企业60户，个体90户，从业人员1200人，广告营业额3500万元。全年共登记户外广告牌523块、车身广告183幅、布标2635条、阅报栏86幅，灯箱307个，纠正不规范广告2561条，不予登记各类广告265条。发出违法广告询问通知书34份，查处各类广告违法案件24起。通过严把市场准入关、严格广告资格年检，加大虚假违法广告整治力度，积极开展红盾护农保春耕，加大涉农广告监管力度，营造健康有序的广告市场环境。

〔商标监督管理〕 2011年，全州的商标注册工作随着茶叶、橡胶、旅游等产业的迅猛发展，继续稳步发展。截至年底，全州经国家工商局商标局注册的有效注册商标已达429件，中国驰名商标1件，云南省著名商标评审委员会评选的西双版纳州云南省著名商标已达33件。年内圆满完成了省局下达的云南省著名商标的考核指标。另外，通过不断深化“一所一标”工作，全州二县一市和所辖直属分局、工商所，共计完成申报注册商标44件，每个州属分局、县（市）局工商所、分局都分别完成申报2件注册商标的任务，超额完成了省局下达的“一所一标”的任务，达到了一所多标。

〔计划财务工作〕 2011年，全面完成了行政成本控制,制定了行政成本控制的具体措施,建立了成本控制台账。截止2011年全州工商系统会议经费支出56.4万元,控制指标56.4万元;接待费支出99.04万元,控制指标99.52万元;公务车购置及运行费154.36万元,控制指标183.76万元;全年无庆典项目经费,实现了预定目标。

量入为出,确保收支平衡,切实做到预算执行公开透明,拨付及时到位,确保机构正常运转。年末未出现赤字、举债、坐支、挪用行为。认真完成上年会计报表决算工作,严格按照财政部、社保部门和上级的要求,完成了2011年医保人员、职工住房公积金缴费的申报工作,为财政核拨医保经费、住房公积金提供了依据,切实做好工商系统财政供养人员工资代发工作及离退休人员基础信息数据库核对、离退休经费申报清算工作。强化政府行政成本控制手段,提高支付透明度,规范公务卡使用、结算和报销转账业务。认真做好全系统的资产清查工作,严格固定资产的购置、调拨、使用、处置、核算等相关手续,规范固定资产管理流程,建立了固定资产实物账、卡,实行统一编号、统一分类核算制度,使管理走上规范化、制度化。加强内部审计规范财务管理行为,于8月完成三县市局局长任期经济责任审计工作。认真开展"小金库"专项治理复查工作全州复查面达100%。认真做好全系统的公务用车清理核查工作,按规定程序进行认真核实、登记、公示、上报。经核实现全州共有公务用车36辆,执法执勤用车36辆。

〔**基本建设管理**〕 州工商局对上年制定的基层规范化建设规划和方案做了调整完善,并狠抓了督促落实。完成了全州驻昆明外省籍单位干部人员住房补贴工作和全州工商系统办公用房产信息普查调查研究工作。年内,新建州工商局磨憨工商分局办公楼。另外,全州工商系统基本建设信息库升级改造后信息数据添加更新工作顺利完成。

〔**人事教育**〕 2011年的人事教育工作在推进行政能力提升、加强领导班子和干部队伍建设、加大干部队伍教育培训力度、加强基层建设、推进机构改革等方面都取得了一定的成效。主要体现在如下几个方面:完善管理,进一步加强领导班子建设,努力提升领导班子的领导水平和管理能力。同时大力推进教育培训工作,强化公务员考核,贯彻落实效能政府"四项制度",全面推进行政能力提升,并深入开展创先争优活动。完善基层建设工作,加强基层规范化建设,深入推进基层党建工作。认真履行人事工作职责,做好保障工作。做好工资福利,顺利完成了各项工资、奖金、津补贴的报批和发放工作;根据党组的要求,很好的落实在职及退休干部的疗养、体检方案。

〔**机关党委工作**〕 2011年,党委认真学习贯彻中央十七届六中全会、云南省第九次党代会和我州第七次党代会精神,深入落实科学发展观,一手抓工商机关党建,一手抓个私经济党建,积极探索工商部门和非公有制经济组织齐抓共建的党建工作新途径,取得了新的成效。2011年,党委下辖15个基层组织,有共产党员160人。新建非公企业党支部2个。各支部所在单位申请入党5人,培养入党积极分子12人,列为发展对象12人,发展党员4人,在大力发展非公有制经济组织建设和发展党员方面进行了大胆的尝试和探索。2011年7月,党委被州委和州直机关工委分别评为"先进基层党支部",3名共产党员被评为"优秀党务工作者"和"优秀共产党员",在全州"庆祝建党90周年大会"上受到上级党组织隆重表彰。年内,党委重点开展了学习杨善洲系列活动,组织观看电影、电教片,座谈学习6次,参与人数390人次。组织下属15个党支部所在单位400余人,开展了"庆祝中国共产党成立90周年红歌颂傣乡"活动。在州直机关工委举办的"先锋杯"运动会,获得了男子篮球赛第三名,女子篮球赛第五名的好成绩。党委领导深入企业座谈、调研、指导12次,与企业党支部开展创先争优学习联谊活动5次,参与人数达600余人次,加强了工商机关与非公企业的共建交流。党委思想政治宣传到位,党支部迅速响应,党员积极性高涨,有效发挥党组织战斗堡垒作用和涌现党员先锋模范作用,不断丰富和创新活动载体,在西双版纳州工商局"红盾信息网"上开辟了"云岭先锋·创先争优"活动栏目,在机关大院新建了"创先争优宣传栏",组织编辑了28期《个私经济党建快讯》简报等,切实加强加大对创先争优活动的宣传和引导。党委先后6次接受各级党组织的交叉指导和观摩学习,党委书记岩温扁接受州电视台专访1次,党委工作被州电视台专题报道1次。上级党组织专题报道我党委工作6期,《西双版纳报》、西双版纳电视台报道13期,创先争优工作起到了示范带头作用。

〔**离退(老干)工作**〕 2011年底,全州工商离退休老干部共有123人。年内,干部管理工作一是建立了各项工作制度;二是贯彻落实好离退休人员"政策和待遇";三是坚持和完善离退休人员阅文和学习(有阅览室);四是定期上报相关信息;五是坚持走访慰问;六是按制度规定住院探望;七是负责协调病故处理相关事项;八是坚持一年一次的定期体检;九是每年按计划组织开展各种活动不少于两次。

〔**纪检监察**〕 2011年,全州工商系统坚持不懈地开展主题教育、典型示范教育和警示教育,认真组织学习了《党员领导干部廉洁从政若干准则》、《关于严格禁止利用职务上的便利谋取不正当利益的若干规定》、《关于认真贯彻落实厉行节约八项要求的通知》等一系列规定和文件,进一步筑牢了拒腐防变的思想道德防线。按照领导干部"一岗双责"和党风廉政建设责任制"横到边、纵到底"的原则,把党风廉政建设与业务工作同安排、同落实、同检查、同考核,基本形成了严密的责任体系。上半年,对三市(县)局财务进行了审计、规范;加强了对重大行政执法事项、工程建设、罚没物资管理、政府采购的监督;规范了信访举报工作程序,使群众反映的问题件件有着落,事事有回音。共收、办信访案件12件;加强了行政行为监督,先后两次组织了明察暗访,发出了8期督查通报;制定了《干部任免和人事调配若干议事规定》,对党组专题研究干部任免和人事调配事项、程序、原则等进行了明文规定;制定了《领导干部四重分片包干负责党风廉政建设责任制工作办法》,建立了"四重分片包干"责任制。继续深化行政审批制度改革,推行西双版纳州工商系统行政执法责任制,促进廉政勤政和依法行政。州局重点加强了对行政许可和行政处罚自由裁量权的监督,法制科已经把29项行政许可事项的法律依据进行再清理,并向省局和州政府报备,并上网公示;把163项行政处罚事项的自由裁量权分解为3~5个阶次。

〔**经济检查**〕 2011年,全州工商系统共出动执法人员5768人次,出动执法车辆1769辆次,全州公平交易共查处各类经济案件2971件,案值689.72万元,罚没金额381.37万元,同比上升了235%。全州经济检查执法人员和各分局长、所长等分批到州局集中学习培训执法办案软件和《行政强制法》,通过对法律、法规及行政处罚程序等基础知识的培训和查办案件方法、技巧等知识的培训,使基层领导和执法人员开拓了思路,增强了办案能力,提高了执法队伍的综合素质。

年内,严查政治性非法出版活动,坚决扫除淫秽色情等文化垃圾和查处取缔"黑网吧",严厉打击各种侵权盗版行为。全年工商系统共出动执法人员678人,出动执法车辆391台次,检查各类文化市场、游戏室、网吧等经营户612户,查获淫秽光碟110盘;查处取缔黑网吧2户,没收用于黑网吧经营的电脑26台,罚没金额1.8万元;积极开展对夜总会的检查工作,共检查25家,其中立案查处10户,案件正在处理中。

继续保护高压态势,开展打击传销行动。在当地政府的领导下,在公安部门的配合下,积极开展打击传销行动,全年共出动执法人员584人(次),车辆220台(次),查处涉嫌传销案件28起,捣毁传销窝点56个,教育遣返传销人员198人,非法传销书刊和笔记本5000余本,罚款3.12万元,公安部门刑事拘留传销骨干成员6人,批捕3人。

为进一步规范全州卷烟市场经营秩序,严厉打击"假、私、非"烟,加大无证经营卷烟的查处力度,净化"两烟"市场,巩固上年的专项检查成效,各县(市)局与烟草专卖局签定责任状,明确了岗位职责,全州工商系统共出动执法人员1445人(次),执法车辆575台(次),检查经营户5666户,查获无证照销售卷烟案件1579起,案值139万元,罚款62.02万元,景洪市工商局移交给公安部门一起案子,案值为24万元,现正在办理中。

打击走私方面,全州共出动执法人员105人,出动执法车辆52台,检查市场210个,检查冷库59个。对全州所有市场、冷库和贩私通道进行排查,景洪市工商局查获冻鸡产品20吨,价值35万元;州工商局经济检查支队查获一起走私大案,查扣走私冻鸡产品40吨,价值70余万元。

加大对各类市场专项整治。积极推进禁毒防艾工作,全州共出动执法人员852人,检查3210户经营单位,查处了23户歌舞娱乐等服务行业经营户,并对10户限期整改,对5户进行处罚,罚款3.2万元;继续开展打击非法拼装、拆解报废汽车的违法行为;与州反假币领导小组密切配合,加大反假币工作;对货运行业的专项整治;积极开展"红盾护农"工作。

〔**消协工作**〕 2011年,全州积极受理消费者投诉,并认真进行调查、调解,对多种商品和服务进行社会监督,引导广大消费者合理消费。一方面,紧紧围绕"消费与服务"年主题,开展"3·15"国际消费者权益日宣传活动,活动利用板报、标语、广播等形式认真宣传贯彻《消费者权益保护法》、《产品质量法》,特别是《食品卫生法》、《国务院关于加强食品等产品安全监督管理的特别规定》等食品安全法律法规。先后发放各种宣传资料1.96万余份,悬挂横幅10条,制作了关于"消费与服务"的系列展板照片126张,接受现场投诉9件、咨询520人次。展示假冒伪劣商品21种。销毁不合格味精、鸡精、红牛饮料7100公斤,价值8.34万元。销毁淘汰的卫星电视接收器45台,插座11个。针对农村消费者维权意识不强,识假辨假能力弱的实际，通过假冒伪劣食品展示、现场讲解等形式，向他们宣传消费维权方面的知识，受到农民消费者的欢迎。另一方面，积极构建基层消费维权网络，在全州范围内开展“一会两站”创建。到年底止，全州共创建“一会”33 个、“两站”425 个，以上“一会两站”全部挂牌，并按照“八个一”和“四个统一”要求进行建设。

〔**个私协工作**〕 2011 年，全州个私协会有县(市)级协会 3 个，县级以下基层分会 18 个，会员小组 38 个，县(市)级以上协会兼职人员 13 人，基层协会兼职人员 20 人。州个私协会理事会成员 127 人，常务理事 24 人，共有会员 36301 人(其中个体会员 34034 人，私企会员 2267 户)；从业人员 104533 人，注册资金 667133 万元。

年内，州个私协会鼓励创业“贷免扶补”，对 67 名创业者的创业项目进行实地考察，并将申报材料报送有关部门审批。全部通过审批后发放了贷款 315 万元。全州个私协会坚持开展“光彩服务周”活动，引导广大会员“致富思源，富而思进”，树立起新时期个体劳动者和私营企业经营者的良好形象，为推进全社会的思想道德建设做出了积极贡献。把 10 月 18 日作为“光彩服务日”，组织各县(市)个体私营经济协会组织开展“光彩服务日”活动，协会会员走上街头，开展义务诊疗、法律宣传、理发服务等义务服务活动，以实际行动回报社会。加强协会组织建设，协会整体功能不断增强。全州各级协会遵循个私协会提出的“内强素质，外树形象，加大服务力度，努力拓展协会发展空间”的发展思路，不断加强协会理事会建设，为充分发挥协会作用奠定了坚实的组织基础。抓会费收缴，进一步规范会费管理。全州各级协会在会费收缴和使用管理中，较好地贯彻了“取之于会员，用之于会员”根本原则。会费收缴和管理进一步规范，保证了各级协会工作的正常开展。

〔**广告协会工作**〕 2011 年，州广告协会根据广告法律、法规的有关规定和国家工商行政管理总局的指导意见，进一步强化广告发布前审查把关，落实广告发布审查责任，加强广告内容导向管理，指导广告经营单位建立健全广告业务承接登记、审核把关、档案管理等各项制度，充分发挥了广告审查员在广告经营活动中依法审查广告和重要作用，切实有效地从源头上杜绝虚假违法广告的产生，不断规范广告经营行为。协会在 2010 年组织了三次全州广告企业广告审查员培训工作，共有 44 个广告经营单位 89 人参加了培训。通过对《中华人民共和国广告法》、《广告管理条例》及《广告管理条例施行细则》等法律、法规、规章的学习，提高了各广告经营单位广告审查员对广告审查工作重要性的认识，对广告经营中涉及的法律法规也有了一定认识了解，为今后从源头上制止虚假违法广告的产生起到了积极作用。另外，根据中国广告协会对中国广告企业资质认定提出的方案规定和标准，州广告协会及对广告经营企业下发了通知，积极做好中国广告企业资格认定申报工作。

〔**工商大事**〕 2011 年 6 月 20 日，州个体私营经济协会召开会员代表大会，选举产生了新一届理事会，州工商局党组书记、局长岩温扁获选连任会长。

2011 年 12 月 16 日，州广告协会召开会员代表大会，选举产生了新一届理事会。州工商局党组书记、局长岩温扁获选连任会长。

州工商局在实施商标战略工作中取得重大突破，勐海茶厂注册于第 30 类商品上的“大益”牌被国家工商总局商标局认定为“中国驰名商标”。另有 33 件云南省著名商标和 429 件有效注册商标获认证。

(《工商》撰稿人：赵　璐)

质量技术监督

〔**概况**〕 2011 年，西双版纳傣族自治州质量技术监督系统全面贯彻落实党的十七届五中全会、全省质监工作会和州委全会精神，围绕版纳经济社会跨越发展战略，全力实施“质量兴州”战略，以“等不起”的紧迫感、“慢不得”的危机感、“坐不住”的责任感，以更加饱满的精神状态、更加扎实的工作作风，脚踏实地，高标准、高质量地推进各项工作的落实。

〔**党风廉政**〕 垂直上划以来，版纳质监党建工作成绩显著，从来没有出现过违法违纪现象，为版纳质监事业的科学发展、跨越发展、和谐发展提供了有力的保障。局党组高度重视党风廉政建设和反腐败工作，明确了党风廉政工作“一把手”负总责，班子成员“一岗双责”。年初，召开了全州质监系统纪检监察暨党风廉政建设工作会议，局领导和各科室、各事业单位负责人层层签定了责任书，将每项任务目标落实到具体科室、具体人员，做到了“五同步”，即党风廉政建设和业务工作部署同步、落实同步、检查同步、考核同步、奖惩同步；制定了《西双版纳州质监局领导干部报告个人有关事项规定》，坚持“廉政谈话”、“廉政档案”和“述职述廉”等制度，建立了 5 名副处以上领导干部和 26 名副科以上干部廉政档案，对各单位主要负责人每年进行了廉政谈话2次，副科级以上干部每年度进行述职述廉，并接受职工民主测评。同时，认真组织学习了《中国共产党党员领导干部廉洁从政若干准则》、《关于实行党风廉政建设责任制的规定》等规章制度，制定了《2011年度纠风工作实施意见》，积极开展好党风廉政教育活动日、"每月一讲"等活动。组织机关全体职工参观反腐警示教育基地，开展了纪念建党九十周年理论征文、演讲比赛。在日常工作中做到"两手抓"，一手抓业务，一手抓队伍，继续签订《家庭助廉承诺书》，把好"家门关"，实现"抓班子带队伍、抓机关促基层、抓基层塑形象"的要求，努力构建良好的廉洁质监环境；其次是加强廉政文化建设。在廉政文化示范点建设中，在办公楼走道悬挂了廉政字画、廉政警语，建立了廉政文化活动室，做到"四有"：有场所、有设施、有资料、有活动，形成"软件"、"硬件"设施兼备、教育功能齐全、有地区和行业特点的教育阵地。另外，创新了工作机制，制定了《西双版纳州质监局领导干部四重分片包干负责党风廉政建设责任制工作办法（试行）》。加强了县局班子建设，所辖2县1市质监局均成立了党组，配备了纪检组长。

〔**创先争优**〕 先和优是工作目标，努力方向；创和争是关键环节，具体行动。创先争优活动开展以来，全州质监系统把高质量推进创先争优活动作为第一追求，以窗口单位全面开展"四亮四评"主题实践活动为契机，在创先争优活动中要求更高，干得更精，贡献更多。首先，在窗口单位设立电子视窗、政务公开栏、便民服务手册、网站公开工作流程，摆放岗位监督牌、台签，佩戴党徽，做到"四明"（流程明、身份明、职责明、承诺明）；其次，充分发挥窗口单位密切联系群众的优势，适时组织召开评比会、评议会，摆放工作评价表，邀请"两代表一委员"评议，建立领导点评机制，制定服务考核评价办法，做到了"四严"（自己评要严查、群众评要严肃、领导评要严格、组织评要严谨）。在创先争优活动中，州局始终将创先争优与业务工作紧密结合，取得了实效，先后被州政府评为"十一五"期间节能工作先进单位、旅游产业发展先进集体，在州便民服务中心的代码办证窗口连续5年被州政务服务中心评为"优秀窗口"、"先进工作者"，并受到了国家局和省局的表彰，创先争优工作抓出了特色，抓出了亮点，牢固树立了全州质监系统全心全意为人民服务的宗旨观念，进一步树立了质监人的良好形象，为叫响"以质取胜、创先争优"做出了积极贡献。

〔**国家中心**〕 国家橡胶及乳胶制品质量监督检验中心的验收直接关系到全省国家中心的申报，关系到全州产业结构调整和经济发展方式转变，关系到西双版纳桥头堡建设。2011年省局和州政府都将国家中心建设工作列为了重点工作，州局高度重视，充分认识国家中心验收的重要性和紧迫性，积极调动各方力量，狠抓落实，稳步推进，打好国家中心验收的攻坚战。在工作中，2010~2011年坚持采取以通过国家中心验收为目标，实施倒逼法管理，采取"白加黑"、"5+2"等超常规的工作方法，举全局之力加快国家中心建设步伐，成效明显。4月，顺利通过了国家中心能力建设现场验收；5月，国家质检总局批准成立国家橡胶及乳胶制品质量监督检验中心；8月，国家质检总局孙大伟副局长、云南省副省长李江亲自为国家中心授牌。国家橡胶中心的建成和使用，将起到"政府实验室"的作用，既能促进经济的发展，又能为相关部门的决策提供依据，必将在解决西双版纳橡胶产业发展技术难题，应对国外贸易技术壁垒、促进企业产业结构调整和产品质量水平提高以及西双版纳桥头堡建设等方面起到重要作用。

〔**质量兴州**〕 西双版纳州委政府高度重视质量兴州工作，要求全州上下要将质量兴州战略与州委州政府提出的"六大战略"结合起来，全力组织实施好质量兴州战略。2011年3月7日，质量兴州会议顺利召开。年内，州政府将实施质量兴州战略列为2011年全州重点督查的20项重要工作目标任务之一，并作为2011年州级行政机关绩效管理重点事项，全州3县（市）已全部顺利召开了质量兴县（市）会议。在质量月活动中，开展了"质量月"启动仪式、"实验室开放日"活动和"进社区 进校园"现场宣传咨询服务活动，并组织开展质监邀您看企业、食品安全大家行活动，组织人大代表、政协委员、消费者代表、媒体记者观摩啤酒厂、茶厂、桶装饮用水厂、石斛厂等食品企业。同时，以版纳经济社会跨越发展"六大战略"为中心，沿昆曼国际交通干线，依托景洪市政府、勐海县政府、勐腊县政府和相关企业，分别在食品加工、旅游服务、建材、制药、橡胶五个行业中打造了15家质量兴企示范单位，在西双版纳交通主干道磨憨口岸（国家级口岸）、思小高速普文段、昆洛路勐海段和野象谷风景区分别设立了5块质量兴州宣传牌，形成了具有版纳特色的城乡质量走廊，推动质量兴州工作迈上新台阶。

〔**食品安全**〕 食品安全和特种设备安全是质监部门必须坚守的底线。食品安全方面，第一是全面落实了企业质量主体责任，按照"两确保，一提高"的要求，建立存在严重质量问题企业负责人约谈制度，继续开展好"质检邀您看企业，食品安全大家行"活动；第二是根据全省严厉打击食品非法添加和滥用食品添加剂专项工作电视电话会议精神，按照"宣传不留死角、责任不留死角、排查不留死角、监管不留死角、整治不留死角"的要求，立即开展专项行动，共发放《公告》及《公开信》各454份，未发现食品非法添加和滥用食品添加剂的违法行为；第三是加强食品企业的证后监管，全年共对全州296家食品及食品相关产品企业巡查126家次，县(市)质监局巡查食品企业296家次，下达整改通知书54份。

〔**特种设备**〕 进一步强化落实企业特种设备安全主体责任，以"降低事故风险，提高安全效能"为根本出发点，坚持"一岗双责"的原则，严格执行"三确认"、应急值守以及特种设备安全监察预警通报、督查巡查、挂牌督办、约谈、现场警示教育等制度，积极开展特种设备使用单位分类监管试点工作，有序推进特种设备使用安全管理标准化。全年，全州质监系统共出动监督检查车辆147台次，出动执法检查人员323人次，检查特种设备使用单位617个，检查特种设备833台次，查出事故隐患157条，整改141条，整改率89.8%，下达安全监察指令书29份，共受理特种设备安装、维修、改造开工告知书257份，受理特种设备407台，新登记注册特种设备385台。考核特种设备管理和操作人员257人，换证293人。

〔**行政执法**〕 在行政执法工作中始终坚持"以人为本、执法为民"的原则，按照"监管出生产力"的要求，扎实抓好了各项工作。第一是制定了科学的产品质量监督抽查计划，对农资、建材、食品、橡胶等重点产品的生产企业产品质量监督专项抽查、风险预警监测专项抽查和行业生产情况调查，完成了114家橡胶、建材、化肥等生产企业的监督抽查工作。在执法中做到"四个必须"、"五不放过"，有效遏制产品质量违法行为；第二是在行政执法工作中，大力贯彻实施"和谐执法，阳光办案"理念，全面推行说理式行政执法文书、继续推广应用电子式现场检查行政执法文书，严格遵守行政执法程序，严格执行执法案件评查制度和行政执法责任制；在生产许可证后监管中，严格执行"一会四书"的制度；在案件后处理方面，全面落实"两移交两不放过"的制度；第三是制定印发《西双版纳州质量技术监督局关于开展法制宣传教育第六个五年规划》、《2011年西双版纳州质量技术监督局普法工作计划》，并利用理论学习和干部轮训、自学、集中培训等方式进行培训教育，进一步深化重点对象，特别是领导干部和行政执法人员的培训教育的针对性和实效性，不断促进全州领导干部和行政执法人员思想、素质的提高。在行政执法案卷评查工作当中，以卷评案，从执法主体、执法程序、调查取证、法律依据、裁量幅度等方面进行全面审查，全年共交叉检查了全州质监系统2008～2010年间的立案案件436个。第四是制定印发《西双版纳州质量技术监督局关于进一步加强行政执法工作的意见》、《西双版纳州中级人民法院 西双版纳州人民检察院 西双版纳州公安局 西双版纳州质量技术监督局关于进一步加强全州质监系统行政执法与刑事司法衔接工作的意见》，加强全州质监系统行政执法与刑事司法衔接工作，确保州质量技术监督局涉嫌犯罪案件及时移送。

〔**标准化战略**〕 推进标准化战略是质量兴州战略的基础性工作，版纳质监采取有力措施，高效率落实各项工作，标准化工作提升到了一个新的水平。促成西双版纳州人民政府召开了全州标准化工作推进会议，以州政府名义举办了标准化专题讲座，在全州云南名牌称号企业中启动"标准化良好行为企业"试点创建活动，野象谷服务业标准化试点企业顺利通过初审；成功申报了云南橡胶产业技术标准体系建设项目，并与省局签订了实施标准化发展战略研究及建设项目合同书，申请到省标准化发展战略专项资金30万。制定了尚无国家标准和行业标准的《橡胶木加工技术规范》、《橡胶木集成材》等三个企业标准。州检测中心承担制定的《天然生胶和胶乳 锰含量的测定 微波消解－高锰酸钾法》、《橡胶奶头浸出液中铅含量的测定》、《橡胶输血管浸出液铅含量的测定》，云南勐象竹业有限公司制订的《龙竹容器苗造林技术规程》、《大型丛生竹重组竹材》列入2011年度云南省地方标准制修订项目计划表，并均已通过了专家审查；州光明食品集团云南石斛科技开发有限公司的石斛种植项目成功申报为云南省第一批省级农业标准化示范区。同时，认真进行州内机动车安全技术检验机构专项整治、管理体系认证和食品农产品认证监督检查工作，

〔**计量工作**〕 着力强化民生计量工作，继续开展"推进诚信计量、建设和谐城乡"行动，拓展"计量惠民"工作领域，定期对集贸市场在用衡器实施免费的强制检定，加大节能产品源头监管和监督抽查力度，加强重点耗能企业和高耗能特种设备的能源计量管理，抓好用能产品能效标识计量监督检查，不断增强质监部门在节能减排中的技术服务和监督把关能力。全年强制检定计量器

具建档达6878台/件，检定计量器具6878台/件。建立企业最高计量标准5项，计量授权机构5家，建立社会公用计量标准13项，3家企业获准使用“C”标志，5家企业纳入重点能耗计量监管。

〔**科技兴检**〕 2011年，围绕西双版纳州橡胶、茶叶等优势产业的发展需求，以发展为目的、以项目为依托，以人才为支撑，以体制为保障，落实“三年行动计划”的目标任务。在抓好国家中心建设的同时，检测中心的各项工作也顺利开展。在检验方面，年内中心共参加7项31个参数的国内、外能力验证和实验室比对工作，截止2011年10月31日，中心共检验样品为166265件，各部门检验量均比上年同期所有增加；在科研方面，年内获得省局科技进步三等奖3项，一人获科技进步个人二等奖，获得了3项州级科技奖项、国内外刊物发表了20多篇学术论文，参与了10余项国家标准的制修订和评审工作，组织完成了“原子吸收法测定橡胶输血胶管及其浸出液铅含量的方法研究”等3个云南省质监局下达的科技项目，通过了省局专家组的验收；向申报了2012～2013年获得了国家质检总局立项的“不同凝固工艺对改善天然橡胶性能的应用研究”公益性科研项目；在设备投入方面，继续加大检验设备采购力度，共投入500多万元采购了原子吸收分光光度计、质谱仪、电梯限速器检测仪涉及珠宝和贵金属、计量和食品检测方面的设备，有力提高了贵金属、食品、医疗设备的检验能力。

〔**自身建设**〕 年内版纳局班子进行调整后，根据班子成员的特点，及时调整了工作分工，明确了工作任务。班子成员团结协作，深入基层、深入一线，靠前指挥，想方设法把工作落实到位，为实现发展有新思路，改革有新突破，工作有新举措，事业有新局面提供了更加有力的组织保障。在完成州局机构改革的基础上完成了县市局的机构改革，开展了事业单位内设机构的调整和津补贴清理，执行了新的基础性绩效工资，并完成了奖励性绩效工资总量核定，开展了事业单位分类改革的调查摸底工作。通过调整配备、培养锻炼、交流挂职等多种途径，使全系统各级领导班子结构进一步优化，把有思路、有能力、有实绩、德才兼备的优秀干部选拔到重要岗位上，营造了风清气正的用人环境，形成了干部职工想干事、能干事、干得成事的良好局面。基层最重要，基层最辛苦，基层也是工作中的薄弱环节。在工作中，局党组始终做到重心下沉，心往基层想、力往基层使、人往基层走，以改善基层条件，提高基层人员素质为目的，把基层执法人员素质培训作为工作重点，组织一线执法人员参加省内外组织的各种培训，并在人力、财力、装备等方面都向各县局倾斜，大力改善执法装备和办公水平，推动基层履职更好，发展更快。已成立了勐腊局新建办公楼筹建领导小组，勐腊局新办公楼筹建正在进行中。采购了打印机、复印机、扫描仪、照相机、摄像机、移动设备等必要的计算机设备，建立了较为完善网络系统，对州局门户网站进行改版。围绕年内重点工作，扎实推进大质检文化建设，认真完成省局和地方政府的信息报送工作，全年共报送信息110篇，被云南省质监局信息网采用54篇。

（《质量技术监督》撰稿：徐迹）

食品药品监督管理

〔**概述**〕 2011年，西双版纳州食品药品监督管理局把保障公众饮食用药安全作为一切工作的出发点和落脚点，不断实践和丰富科学监管理念，以高度的政治责任感和使命感，以及与时俱进、开拓创新，艰苦奋斗、奋发有为的精神为动力，坚持科学监管，完善监管机制，创新监管方式，贯彻落实省、州食品药品安全监管工作会议精神，深入开展食品药品放心工程，大力整顿和规范药品生产、流通秩序，取得了一定成效。

〔**全州食品药品安全监管工作会**〕 3月10日至11日，西双版纳州2011年全州卫生、人口与计划生育、食品药品安全监管工作会议在景洪召开。会议传达了全省食品药品安全监管工作会精神，总结了“十一五”及2010年全州食品药品安全监管工作，安排部署了2011年的各项任务。会上，州人民政府与三县（市）政府以及农垦分局、磨憨边境贸易区、景洪工业园区、旅游度假区管委会签订了2011年度食品药品安全监管目标责任书，将食品安全“三网”（监督责任网络、现代供应网络、社会监督网络）和药品安全“两网”（药品监管网络、药品供应网络）建设纳入政府社会事业发展总体框架中，强化了食品药品安全保障能力，使食品药品安全监管网络进一步完善，监管覆盖面进一步增加，工作质量、监管效能进一步提升。10日下午召开的全州食品药品监管暨党风廉政建设工作会，对2010年度全州食品药品安全监管先进单位进行了表彰，州食品药品监督管理局与各县（市）食品药品监督管理局、州食品药品检验所签订了工作目标责任书，党组书记与党组班子成员、分管领导与相关科室分别签订了党风廉政建设目标责任书，不断完善了党风廉政建设责任体系。3月11日上午，全州食品药品监管工作座谈会及

"十二五"规划审评会召开,会议对机构改革、职能移交后,理顺关系,规范管理,依法履行职责等问题进行了讨论。

〔**中国药包装协会第六届理事会第三次会议在景洪市召开**〕 11月24日,中国药包装协会第六届理事会第三次会议在西双版纳州景洪市召开。国家食品药品监督管理局领导、药包装技术检验部门及生产集团、制药行业集团的专家、学者、企业负责人等115人参加了会议。会议总结了2011年中国药品包装协会工作,讨论通过了《中国医药包装"十二五"规划纲要》,并就协会2012年的工作重点、自身建设、应对《新版药品GMP》的措施等问题进行了讨论。

〔**餐饮服务食品安全日常监管**〕 2011年,全州共出动执法人员1912人次、执法车辆556辆次,检查餐饮服务企业2091户次,责令整改133户,完成抽检71批次。全年共新办证512户,变更注册事项204户。截至2011年12月31日,全州共有3009户餐饮服务单位取得《餐饮服务许可证》。

〔**餐饮服务食品安全信用体系建设**〕 景洪市城区内的约300家餐饮服务单位与食品药品监管部门签订了"西双版纳州餐饮服务环节猪肉等肉类及其制品质量安全承诺"和"西双版纳州餐饮服务食品安全目标责任书"。同时,制作了"致西双版纳州餐饮服务单位的一封信",要求经营者对所使用的食品添加剂品种进行备案,在餐厅醒目位置或菜单上予以公示,并公开作出依法诚信经营承诺。

〔**食品安全保障**〕 2011年,共完成重大活动及省部级以上领导在本行政区域内的食品安全保障31次,累计保障近38400人次的饮食安全,并针对接待期间存在的食品安全问题下达意见书18份。未发生食物中毒事件。

〔**打击餐饮服务行业食品非法添加和滥用食品添加剂专项整治**〕 针对食品生产经营中违法添加非食用物质和滥用食品添加剂行为日益突出的形势,根据国家、省、州的安排部署,自4月起,西双版纳州食品药品监督管理局组织开展了严厉打击餐饮服务行业食品非法添加和滥用食品添加剂专项整治工作。共出动执法人员937人次,检查各类餐饮服务单位1614户次,责令整改102户。

〔**餐馆服务环节问题燕窝专项整治**〕 根据国家食品药品监督管理局的统一部署,9月至10月,全州食品药品监管部门组织开展了问题燕窝专项整治工作,积极与有关部门进行沟通,及时掌握问题燕窝信息,并迅速对大型饭店、可能采购和使用燕窝的餐饮服务单位进行了检查。重点检查了餐饮服务单位采购燕窝产品的索证索票、进货查验和有关记录等情况。共出动执法人员175人次、执法车辆64辆次,检查餐饮服务单位227户次,未发现问题燕窝。

〔**学校食堂食品安全专项整治**〕 2011年10月,为确保学校食堂食品安全,严防食物中毒事件发生,全州食品药品监管系统对各级学校食堂的餐饮许可、管理制度、人员健康管理、原料采购、加工制作、食品添加剂使用、清洗消毒等项目进行了拉网式检查。共出动执法人员215人次,检查各类学校食堂256户次,下达监督意见书72份。

〔**餐饮服务环节酒类质量安全专项整治**〕 2011年7月至12月,全州食品药品监管系统开展了餐饮服务环节酒类产品专项整治。整治工作以农村和城乡结合部为重点区域,以酒吧、大型以上(含大型)餐饮服务单位为重点单位,开展了对各类餐饮服务单位采购、自酿或调配、销售酒类情况的全面监督检查。共出动执法人员596人次,检查种类餐饮服务单位1521户次,未发现餐饮服务单位采购、销售和使用来源不明、超过保质期限以及假冒伪劣酒类产品的行为。

〔**保健食品化妆品监管稳步推进**〕 2011年,本行政区域内保健食品化妆品监管力度不断增加。共收到卫生许可证申请资料100家,经资质审核、现场检查合格后发证98家。

〔**特药管理责任制进一步加强**〕 完成了特药区域性批发企业2010年度《麻醉药品和精神药品责任目标书》的考核工作,与全州50家特殊药品生产、经营、使用单位签订了2011年度《特殊药品安全管理承诺书》。

〔**专项整治工作稳步推进**〕 2011年,西双版纳州食品药品监督管理局依法整治药品经营、使用单位的不规范行为,重点打击无证经营药品和以发放宣传广告为名进行药品销售的违法行为。并且结合GSP跟踪检查,严肃查处药品经营企业超范围、超方式经营的行为。全年共开展省、州级专项检查35项,出动执法人员963人次、执法车辆288辆次,共检查药品、医疗器械经营企业369户/次、医疗机构401户/次、农贸市场34个/次,查处案件80件(药品案件79件、医疗器械1件),查获劣药共101种/批,货值1.53万元。

〔**技术监督不断强化**〕 2011年,全州共完成药品监督抽验373批(数据统计自2010年12月01日至2011年11月30日),完成检验373批,不合格49批,不合格率13.1%。同时,严格执行《西双版纳州药品检测车运行管理办法》,充分发挥快检车的作用,快检车共运行1256公里,检测药品235批次,初筛不合格8批次,实际抽样6批次,有3个批次不合格,不合格率50%。

〔**发证工作有序推进**〕 2011年,新受理并发放《药品经营企业许可证》46家、变更13家、注销10家,受理GSP认证申请125家、换证62家,新办《医疗器械经营企业许可证》45家、到期换证148家。并且借医疗器械经营企业换证之机,启用了国家局《医疗器械经营企业许可证管理系统》。截止12月31日,全州共有药品经营企业448家,其中批发企业8家;医疗器械经营企业474家(兼营),其中批发企业12家。

〔**基本药物生产监管不断强化**〕 2011年,西双版纳州食品药品监督管理局结合辖区基本药物生产企业的实际,制定并印发了《进一步加强基本药物质量监督管理实施意见》,加强了对基本药物经营企业和使用单位的监管,建立和完善了监管档案。全年共对基本药物生产企业监督检查2次,配送企业检查4次,医疗机构检查2次。目前,本行政区域内各基本药物生产和经营企业均已按照国家局关于实施药品电子监管工作的整体部署接入电子监管网。完成了非注射剂类基本药物生产工艺和处方核查工作,全年共抽验基本药物103批,不合格11批,不合格率10.7%。

〔**三项监测网络不断完善**〕 三项监测工作是药品监督管理的重要环节。为此,州药品不良反应与药物滥用监测中心加强对各监测点的协调、指导工作。2011年共收到药品不良反应报告153份、医疗器械不良事件报告16份、药物滥用监测报告291份,并及时对工作开展情况进行了评估分析和通报。

〔**医疗机构制剂再注册有序推进**〕 2011年,本行政区域内共有4家医疗机构的116个制剂需要开展再注册工作,为了确保制剂质量,州食品药品监督管理局对每个品种进行了3个批次的抽验,淘汰了32个临床用量不大、疗效不显著的品种。截至12月31日,已有3家医疗机构完成制剂再注册的初审工作并上报省食品药品监督管理局,其余机构的制剂初审工作也在稳步推进中。

〔**处方药管理工作专项整治**〕 "尼美舒利事件"爆发后,州食品药品监督管理局在本行政区域内组织开展了为期2个月的处方药管理工作专项整治。整治目的是进一步规范处方药销售管理,查找处方药销售管理中存在的薄弱环节,引导公众正确认识药品不良反应。此项整治工作,共出动执法人员264人次,检查药品经营企业348家,抽查比例为83.5%,对9家药店下达了责令整改通知,其中:7家药店无需出示处方即可购买处方药,且未做销售记录,2家药店药师不在岗时未挂牌告知,且仍销售处方药。

〔**西双版纳州食品安全监管职能逐步移交**〕 2011年1月20日,"西双版纳州食品安全监管职能移交会议"在景洪召开。会上,州食品药品监督管理局正式接管餐饮服务食品安全、保健食品、化妆品监管职能,州食品安全委员会及其办公室正式移交州卫生局。景洪市、勐海县食品安全监管职能移交工作分别于7月5日及8月31日完成,勐腊县尚未完成职能移交工作。

〔**滇南(版纳)中药材边境物流中心落户景洪**〕 2011年,经多次考察、协商,东骏药业集团"滇南(版纳)中药材边境物流中心"正式落户景洪工业园区。该项目计划投资5.5亿元,占地200亩,将打造集中药饮片生产、仓储物流、药品文化展示销售等多功能为一体的综合服务区。西双版纳州食品药品监督管理局积极协调各方关系,配合企业做好项目拟订、选地等方面的工作。

〔**傣药材标准研究获云南省科技进步二等奖**〕 西双版纳州食品药品检验所和西双版纳州民族医药研究所等单位承担了《云南省地方习用药材标准和饮片标准研究》项目的傣药材标准研究工作,该项目获2010年云南省科技进步二等奖。

(《食品药品监督》撰稿人:罗庆鸿、刘枞)

审　计

〔**概况**〕 2011年,西双版纳州审计机关紧紧围绕"十二五"时期西双版纳州经济社会发展的主要目标任务,认真履行审计监督职责,充分发挥审计监督作用,审计工作在服务地方经济建设、促进党风廉政建设以及打牢基础等方面取得了突出成绩。全州共完成审计项目306项,查出违规资金3 420万元,管理不规范金额49 832万元。审计处理应上缴财政4 825万元,应归还原渠道资金1 140万元,应调账处理金额506万元。已上交财政2 358万元,已归还原渠道资金1 100万元,已调账处理367万元。通过审计核减工程款10 148万元,提出审计建议1 014条,被采纳1 014条,审计建设性作用得到了充分发挥。

〔**财政审计**〕 西双版纳州审计机关坚持把预算执行审计作为第一任务,按照构建财政审计大格局的思路和要求,以规范预算管理、提高财政资金使用绩效、推进深化改革为主要目标,进一步深化了预算执行审计。共完成11个财政审计项目，查出未按规定征收财政收入6 806万元，闲置滞留资金9 328万元，违规改变资金用途190万元，违规担保资金135万元，其他问题资金22 775万元。审计处理应上缴财政4 798万元，已上缴财政

2 295万元。按照省、州、县三级联动的要求，开展了西双版纳州税收征收联网审计，运用系统分析、查询数据比对方法，重点审计了房产税、土地使用税等税种，查出23户纳税户少缴税款442.75万元，17户纳税户未及时申报各种税款4 687.81万元。

〔**地方政府性债务和普通高中债务审计**〕按照国务院的要求和云南省审计厅的统一部署，西双版纳州审计机关组织开展了县(市)政府性债务审计。按照“底数、用途、风险、案件”及“见账、见人、见物”的工作要求，逐个单位、逐笔债务、逐个年度详细审核确认，摸清了县(市)政府性债务的规模、结构和资金投向，分析了债务成因，提出了进一步加强债务管理，提高资金使用效益，防范和化解债务风险的审计建议，有1名同志得到审计署的嘉奖。在此基础上，根据审计署、教育部和财政部的要求，对西双版纳州所属的13所公办普通高中的债务情况进行了调查，并延伸调查了为普通高中举债的4家融资平台公司。通过调查，全面摸清西双版纳州普通高中债务的规模、结构和偿债能力，揭示出存在的问题，分析了债务形成的原因并提出了审计建议。

〔**固定资产投资审计**〕 为保证建设资金安全，促进项目规范管理，西双版纳州审计机关在坚持建设资金真实性、合法性审计的基础上，全面开展了前置审计和竣工决算审计工作，加强对概算执行、招投标、合同履行等基本建设程序执行情况的审计，促进建设单位在规定的职能范围内管理和使用资金。2011年，西双版纳州投资审计项目数量稳步增长，审计覆盖面不断扩大。共完成中小学校舍安全工程以及其他政府重大投资建设项目审计189项，审计投资额达17.1亿元，通过审计净核减8 872万元，核减率为5.2%。

〔**领导干部任期经济责任审计**〕 全面落实《党政主要领导干部和国有企业领导人员经济责任审计规定》和《西双版纳傣族自治州领导干部任期经济责任审计实施办法(试行)》，加强对领导干部任期经济责任审计工作的领导，加大从源头上治理腐败力度，强化对权力运行的监督和制约，促进领导干部依法履行职责。2011年，受组织部门的委托，西双版纳州审计机关完成对17名领导干部的经济责任审计工作(其中：处级责任人5人、科级责任人12人)，查出违规金额51万元(主管责任)，管理不规范金额1 617万元(主管责任)。通过加强经济责任审计，查处了违纪违规行为，促进领导干部树立科学的发展观和正确的政绩观，增强了依法行政和廉政勤政意识。同时，按照相关规定，向有关部门回复了对领导干部的审计意见186人次，进一步强化了审计结果的运用。

〔**专项审计调查**〕 继续牢固树立“审为国家、计益人民”的审计价值观，把推动各项政府惠民政策措施的落实、服务民生、维护群众利益作为审计工作的重中之重，加强对关系经济社会发展、涉及人民群众切身利益的各类专项资金的审计和审计调查，完成全州医改资金、农业综合开发资金、住房公积金以及政法专项资金等47个项目的审计，审计专项资金总额394 348万元，确保了资金的安全、合理和完整使用，提高了使用效益。通过审计，促进拨付资金到位88万元。

〔**行政绩效审计**〕 按照2011年度效能政府建设的要求，西双版纳州审计机关切实履行牵头单位职责，加强组织领导和监督指导，进一步强化与发展改革、财政等部门的分工协作，不断扩大行政绩效管理覆盖范围。全州有161个县级以上行政机关、254项重点管理事项纳入行政绩效管理，其中：政府年度重大建设项目77项，政府年度重要工作85项，部门年度重要工作92项。此外，根据《云南省2011年县级以上行政机关行政绩效管理检查考评办法》，西双版纳州审计局牵头完成了对州直18家部门29项政府年度重大建设项目或重要工作的考评工作。通过开展行政绩效管理工作，有力推动了政府重点工作的落实，促进全州县以上行政机关效率、效益和效能的提升。

〔**领导班子建设**〕 2011年，西双版纳州审计机关围绕“四个加强”，进一步抓好领导班子建设。一是加强班子理论建设。把学习作为一项长期的任务，坚持理论中心组学习制度，不断增强理论思维的整体性、系统性、深刻性，不断提高决策力、创造力和执行力。二是加强班子能力建设。把科学发展观贯穿于想问题、作决策、干工作的全过程，以长远眼光谋划发展，以全局意识统筹发展，以科学态度抓好发展。三是加强班子作风建设。大力发扬脚踏实地、埋头苦干的作风，把心思用在干事业上，把精力集中到求发展上，坚持解放思想、实事求是、与时俱进、真抓实干。四是加强班子廉政建设。班子成员严格执行党纪政纪、领导干部廉洁从政若干规定和“八不准”审计纪律，严格教育、监督管理好分管科室，严格遵守党内政

治生活制度和各项纪律。

〔**审计干部队伍建设**〕 坚持以人为本，进一步培养一支优良的审计干部队伍。一是加强能力建设。组织学习重要会议和文件精神、法律法规、行政执法以及审计知识等内容，提高审计人员政治理论知识和业务水平；积极参加干部专题培训班、领导干部在线学习，组织参观警示教育基地、观看教育影片等，增强政策水平；充分利用视频培训的资源，认真组织审计人员参加省审计厅举办的知识讲坛、年度集中培训、职称考试培训以及各类专项审计培训班，不断汲取审计新知识；结合审计队伍职业化建设，激发审计人员参加各类专业技术职称考试的积极性，以“考”促“学”。同时，充分发挥业务骨干“传、帮、带”的作用，对新同志采取思想上引、业务上带、能力上培养等措施，让新同志参与到审计项目中，以“审”促“学”，练就精湛的业务水平。二是加强廉政建设。根据党风廉政建设和反腐败工作的要求，加强领导，统一部署，采取多种形式加强廉政教育，使全体审计人员强化风险意识，保持清醒头脑，坚持依法审计。层层签定党风廉政责任书，在工作中始终要求审计人员严格执行“八不准”审计纪律，实行审计纪律公示制和回访制，从严管理审计队伍，做到了以廉政促审计，以廉政促质量，以廉政促审计队伍建设。2011 年，结合效能政府四项制度建设，西双版纳州审计人员对权力运行情况进行自查，深入查找容易滋生腐败的风险点，分析风险的主要表现形式并制定出监督防范措施。

〔**组织建设**〕 注重抓好组织建设，进一步提升科学发展能力。深入开展创先争优活动、学习型党组织建设活动以及向杨善洲同志学习活动，加强机关作风建设，引导审计党员干部发挥模范带头作用，自觉做到讲党性、讲信念、讲传统，比学习、比工作、比奉献，广泛开展“星级党员”、“红旗科室”等多种形式的评比，组织建设取得新成效。

〔**“云审工程”建设**〕 2011 年，西双版纳州审计机关以实施“云审工程”为抓手，大力推进审计队伍职业化、机关建设标准化、制度规范体系化、基础设施现代化建设，各项工作得到长足发展。一是干部队伍职业化建设取得明显成效。截止 2011 年末，西双版纳州审计机关有注册会计师 1 名，已取得会计师、审计师、经济师等中级专业技术资格的有 26 人，占 43%，有造价员 11 名，通过省审计厅计算机中级培训的有 10 名。二是基础设施得以改善。按照西双版纳州“云审工程”的规划，全州 3 个县（市）审计机关均列为基础设施建设项目。2011 年，勐海县审计局装修改造业务用房项目已完工，完成总投资 30 万元。景洪市审计局新购用房、勐腊县审计局新建用房进入装修阶段，西双版纳州审计局会商系统视频会议室装修改造工程完工。三是“金审工程”二期建设全面完成。经过 4 年建设，西双版纳州建成省、州、县（市）三级互联的审计专网，累计完成投资 152 万元，其中：应用系统建设投资 40 万元，主机系统投资 24 万元，网络系统投资 14 万元，安全系统投资 5 万元，机房设施投资 5 万元，终端设备投资 42 万元，其他投资 22 万元（主要为培训费用和服务费用）。现场审计实施系统（AO）、审计管理系统（OA）、审计会商系统和联网审计系统得以全面应用，实际使用效果良好，于 2011 年 6 月 29 日顺利通过验收。

〔**建立政府投资审计项目社会中介机构备选库**〕 为确保投资审计工作廉洁公正，经西双版纳州人民政府采购办公室批准，西双版纳州审计局以公开招投标的方式，委托云南鑫德招标咨询有限公司对拟进入西双版纳州从事政府投资审计工作的中介机构进行了全国范围内的公开招投标工作。通过招投标，云南帮克工程造价咨询有限公司、云南亿烨工程造价咨询有限公司、云南金朋工程造价咨询有限公司、云南华昆工程造价咨询有限公司、云南沛源工程造价咨询有限公司、景洪市和信建设工程造价咨询有限责任公司共计 6 家社会中介机构入选备选库，昆明和信工程造价咨询有限公司、昆明新迪工程造价咨询有限公司 2 家公司成为后备公司。

（《审计》撰稿：刘怡）

国家统计局西双版纳调查队

〔**概况**〕 国家统计局西双版纳调查队 2011 年开展的调查业务主要有：流通和消费价格调查（包括居民消费价格调查、商品零售价格调查、农业生产资料价格调查）、低收入居民基本生活费用调查、工业生产者价格调查、主要畜禽监测调查、企业景气调查、规模以下工业抽样调查、部分服务业抽样调查、城镇住户调查、固定资产投资价格调查、限额以下批发零售住宿餐饮行业抽样调查等专项调查以及中组部委托的组织工作满意度、省委委托的省直机关作风、省公安厅委托的公安机关工作与公众安全感、州纪委委托的反腐倡廉建设等一系列涉及国策、社情民意的经济社会重大问题专项民意满意度调查。2011 年所开展的各项调查任务取得了较好的成绩，在全省国家调查队系统评比中获 9 个综合奖和 5 个单项奖，其中二等奖 2 项、三等奖 12 项。《切实搞好城市环境保护 打造中国乃至国际级人居环境——连续三年景洪市公众对城市环境保护满意率调查分析报告》(统计调查第 5 期)受西双版纳州委书记江普生批示;同时被中共西双版纳州委办公室全文转发。

(陈喜旺)

〔**统计调查法制**〕 2011 年,国家统计局西双版纳调查队按照国家统计局云南调查总队和州委、州政府的有关文件精神,开展了一系列学法普法活动。进一步加强了统计法律法规的学习和宣传,不断提高全队干部职工统计调查执法水平和增强调查对象统计调查法制观念。积极主动与州政府法制办沟通联系,将调查队纳入全州行政执法培训范围,同时严格按照全州法制工作要求组织全队干部职工参加相关法律法规的学习考试。认真抓好了统计调查执法检查工作。严格按照国家统计局云南调查总队法规制度处和州直机关工委相关要求,认真做好了"五五普法"总结工作和"六五普法"前期工作。2011 年调查队统计调查法制工作在全省国家调查队系统评比中荣获三等奖。

(陈喜旺)

〔**流通和消费价格调查**〕 流通和消费价格调查包括:居民消费价格调查(CPI)、商品零售价格调查(RPI)和农业生产资料价格调查(AMPI)三部分。通过居民消费价格、商品零售价格和农业生产资料价格调查编制居民消费价格指数、商品零售价格指数和农业生产资料价格指数。流通和消费价格调查为月报。

2011 年,国家统计局西双版纳调查队纳入辖区内景洪点和勐海点的调查数据,汇总编制了全州价格指数并在全州发布使用。

(罗　燕)

〔**企业景气调查**〕 企业景气调查是对经济发展的周期波动进行监测和预测的一种统计调查方法。它通过对企业家定期进行问卷调查,了解企业家对宏观经济形势和对企业生产经营状况的判断和预期来编制企业景气调查指数。企业景气调查为季报。

2011 年,在国家统计局云南调查总队的指导和西双版纳州人民政府的支持下,国家统计局西双版纳调查队较好地完成了全州 24 家企业景气调查工作,其中,工业 8 家,建筑业 4 家,交通运输、仓储和邮政业 2 家,批发和零售业 2 家,房地产业 2 家,社会服务业 2 家,信息传输、计算机服务和软件业 2 家,住宿和餐饮业 2 家。企业景气调查数据 2011 年纳入全省汇总,并按季度对外公布。

(王　琰)

〔**工业生产者价格调查**〕 工业生产者价格调查包括工业生产者出厂价格调查(PPI)和工业生产者购进价格调查(IPI)。通过调查数据编制工业生产者出厂价格指数和工业生产者购进价格指数。

2011 年,国家统计局西双版纳调查队在全州抽取了规模以上工业企业和规模以下工业企业共 63 户进行调查,调查产品覆盖了全州工业经济的主要工业行业,由抽中工业企业每月上报工业生产者出厂价格调查表和工业生产者购进价格调查表。调查队每月对报表进行审核、录入,并汇总编制出全州各行业价格指数,上报国家统计局云南调查总队,经总队审核反馈后向社会发布,供有关部门使用。

(罗　燕)

〔**规模以下工业调查**〕 根据国家方案制度的统一规定要求,规模以下工业调查样本为:年主营业务收入 2000 万元以下的工业企业和全部个体经营工业单位。对调查总体中有企业名录库的部分采用目录抽样,对个体经营工业单位主要采用整群抽样。调查内容为:企业详细名称、地址、企业法人代码、登记注册类型、人员及企业资产与生产经营状况等;个体经营工业单位的基本情况、人员及生产经营状况等指标反映规模以下工业的基本总量。调查分为年报和季报两种。调查报告期为 2011 年 1 至 2 月份、1 至 5 月份、1 至 8 月份、1 至 11 月份四次报表。2011 年完成省点 18 个样本村个体工业和 48 个工业企业(其中包含国家点 5 个样本村个体工业和 3 个工业企业)的年报和季报的收集、审核、录入和汇总,并上报国家统计局云南调查总队,为国民经济核算提供基础数据。

(王　琰)

〔**部分服务业调查**〕 服务业是国际通行的产业分类概念,归属于第三产业,调查目的是反映部分服务业的基本总量和发展速度,为国民经济核算提供基础数据。根据国家制定的部分服务业抽样调查方案要求,部分服务业抽样调查使用 2008 年第二次经济普查资料基础上整理后的名录库抽样,调查为半年报和年报。调查报告期为每年 1 至 5 月份、1 至 11 月份、年报三次报表。2011 年调查队圆满完成了部分服务业抽样调查 39 家服务业企业(其中包括 5 家物业管理企业、2 家房地产中介企业)的半年报和年报的收集、审核、录入和汇总工作,并上报国家统计局云南调查总队。

（王　琰）

〔**主要畜禽监测调查**〕　主要畜禽监测调查是按照国家调查方案的规定要求，以每年年底开展摸底调查核实辖区内达到规模标准（生猪存栏100头以上、牛存栏50头以上、羊存栏200只以上、家禽存栏2000只以上）的畜禽养殖规模户（单位）为样本库，开展生猪生产情况、牛生产情况、羊生产情况和家禽生产情况的月度、季度监测调查，以及规模养殖户（单位）主要畜禽生产情况的年度监测调查。

2011年，调查队完成了西双版纳州勐海县和勐腊县共126户规模户和生产经营单位（其中：猪57户、牛38户、羊1户、禽30户）全年主要畜禽存栏、出栏、产品产量及出售价格等情况监测调查季报和年报上报工作，向各级部门提供畜牧业生产情况。

（杨红援）

〔**城镇住户调查**〕　城镇住户调查是统计工作的重要组成部分，其调查内容主要包括：家庭人口、就业、收入、消费、储蓄、耐用消费品和住房情况。

2011年，国家统计局西双版纳调查队按照全省对城镇住户调查工作的统一部署，根据国家方案制度和抽样调查方法，通过第一步进行城镇居民基本情况抽样调查（俗称大样本调查），抽取一个调查样本（大样本调查全州共450户，其中：景洪市300户，勐海县150户），第二步从大样本调查中抽出一个小样本，作为常规调查户（常规调查户全州共150户，其中：景洪市100户，勐海县50户），开展日记账工作。城镇住户调查采用日记账方式收集城镇居民家庭非现金收入、城镇居民家庭现金收支、城镇居民家庭消费支出等内容后对调查资料进行超级加权汇总，计算当地城镇居民家庭生活水平情况，为国民经济核算工作提供基础数据，为各级党委、政府进行科学管理决策提供依据。

（杨红援）

统　　计

〔**概况**〕　2011年，统计工作着眼于全州经济社会跨越发展“六大战略”及“两个率先、两个为主、两个定位”总要求，着眼于“十二五”开局之年起好步、开好头的愿景，着眼于颂扬讴歌建党九十周年取得的伟业，着眼于十一届州人民政府任期内庄严的使命，紧紧围绕州委六届十一次全会提出的“十二五”时期跨上“三个大台阶”的奋斗目标及2011年继续在六个方面取得新突破、确保经济社会发展主要指标增幅高于“十一五”平均增长水平的目标要求，加强统计监测、预警，客观反映经济社会发展成果，统计改革发展事业更加适应了经济社会发展的要求。

认真落实新口径要求的统计方法制度、积极推进企业一套表改革、理顺农垦统计的相关工作、健全完善统计预测分析制度，努力提高统计服务能力和水平、狠抓统计系统干部队伍建设和统计信息化基础建设。严格自律与他律、落实一岗双责、不断加强党风廉政建设，以迎接建党90周年为契机，深入开展创先争优活动，充分发挥党员先锋模范作用和党支部战斗堡垒作用，带动群团组织，积极倡导“健康生活快乐工作”的理念。圆满举办了全国30个民族自治州统计联合会第20次年会，完成了国家统计局领导到州调研等重要的接待任务。

2011年，撰写调研报告6篇，《统计分析》18期，《统计快讯》6期，《统计工作简报》7期，《创先争优简报》8期，《西双版纳傣族自治州国民经济主要指标》12期，向党、政两办和省统计局办公室及州电台、电视台、报社报送信息61条。及时发布《西双版纳州统计公报》和组织整理编辑发行2011年《西双版纳州经济工作手册》2000册、《西双版纳州统计年鉴》300本。完成州委、州政府领导批示或批件要求的20余项工作，配合有关部门完成了若干项工作。

2011年度，州统计局荣获州委、州政府表彰的先进集体2个（节能减排先进单位、旅游产业发展先进单位），表彰奖励1项（粮食行政首长负责制），州统计学会获得先进学会表彰，州领导批示嘉奖1个。获省统计局表彰的先进集体3个（第六次全国人口普查、统计教育工作、统计法制宣传），在全省统计系统专业评比中，获特等奖3个、一等奖4个、二等奖4个、三等奖12个。

（何建华）

10月28日，国家统计局副局长李强在省统计局副局长徐力，马维纲副州长，州统计局长杨文武陪同下，到基诺山乡调研统计工作。

10月23日至27日，全国民族自治州统计联合会第二十次年会在西双版纳州召开。

〔**机构人员情况**〕 西双版纳州统计局在职干部职工21名，局长1名，副局长1名，其中：党员10名，研究生学历1人，本科学历17名，专科2人，中专及以下1人。少数民族干部8名，占总人数的38%。内设机构6个：办公室、综合统计与核算科、一产业统计科、二产业统计科、三产业统计科、能源统计科。下设参公管理的事业单位1个：西双版纳州统计局普查中心。

（何建华）

〔**统计法制**〕 2011年，州统计局按照云南省统计局办公室《关于开展统计法制宣传活动的通知》、《西双版纳州2011年普法教育依法治州工作要点》和《西双版纳州统计法制宣传教育第六个五年规划》有关要求，加强统计普法各项任务的组织、领导，制订年度统计普法计划，确保统计法制工作有序推进。2011年协同州人大开展了全州统计执法大检查活动，在“12·4”全国法制宣传日来临之际，着力于大力推进依法统计，扎实推进一套表改革为契机，在州委党校开展了统计法制宣传教育培训活动，各县（市）统计局、相关行业管理部门、一部分企业负责人及有关人员共175人参加了培训，共印发宣传材料3000册；结合“12·8”统计法制宣传日的实际，积极开展法制宣传活动。通过检查宣传培训，对推动提高全社会统计法律意识，自觉学法守法用法，为统计改革和发展、特别是为深化当前一套表制度改革促进“四大工程”建设营造了良好的法治环境。

（何建华）

〔**综合统计**〕 综合统计负责收集整理主要统计指标数据、编印统计资料、对外提供统计服务。主要包括：2月底前，收集、整理、审核州及三县市《云南领导干部经济工作手册》并上报省统计局；3～4月，收集、整理、审核三县市《云南省县域经济发展水平综合评价指标数据表》并上报省统计局；6月底前，收集、整理、审核州及三县市《中国区域经济年鉴数据》并上报省统计局；7月底前，收集、整理、审核州及三县市《省情数据库》并上报省统计局；1月中旬，编印《西双版纳傣族自治州国民经济主要指标年快报》。全州“两会”期间，编印《西双版纳傣族自治州国民经济和社会发展主要指标》，为“两会”提供统计信息咨询服务。3月，发布《西双版纳傣族自治州国民经济和社会发展统计公报》。4月，编印《西双版纳傣族自治州领导干部经济工作手册》。8月底，完成《西双版纳傣族自治州国民经济统计年鉴》的编印；每月12日前，编印《西双版纳傣族自治州国民经济主要指标月报》。 （张 慎）

〔**固定资产投资统计**〕 2011年的固定资产投资统计报表，分城镇投资统计、农村非农户投资统计和农村私人投资统计。固定资产投资有年报和按月上报的定期报表，年报、定期报表都按固定资产投资项目实行超级汇总，按年、月上报项目基层表。每月州局审核上报的基层单位250多个（按建设项目统计），包括表式：城镇固定资产完成情况、农村非农户固定资产完成情况、农村私人固定资产投资和亿元以上新开工项目审核表。全州统计部门以抓建设项目统计管理、健全和完善开、竣工项目统计登记、完善计划投资项目反馈以及严格执行2011年全国投资统计项目起报标准由计划投资50万元提高到500万元的工作标准，进一步强化投资统计的基础工作，抓好固定资产投资统计数据质量审核评估，做好本年度固定资产投资规模、非电力工业投资、水利投资等与上级签订目标责任考核数据的提供工作。

（李常云）

〔**房地产开发统计**〕 房地产企业开发投资按楼盘统计，每月定期统计报表取消上报综合表，直接按建设项目基层表上报省级，实行超级汇总。2011年房地产年报实行大部分统计报表以定期统计报表代替年报的办法，包括房地产开发经营、物业管理、房地产中介服务和其他房地产活动。综合表包括房地产开发企业投资、资金和土地情况表（X401表）、房地产开发企业（单位）施工、销售和空置情况表（X402表）；基层年报表包括法人单位基本情况表（101－1表）、产业活动单位基本情况（101－2表）、房地产开发企业（单位）财务状况表（X103表）、房地产开发企业（单位）资金和土地情况（X104－1表）、房地产开发项目情况（X104－2表）、房地产开发项目销售及待售情况

(X105 表);基层定期表包括法人单位基本情况表(X101 表)、房地产开发企业(单位)资金和土地情况(X202 表)、房地产开发项目情况(X203 表)、房地产开发项目销售及待售情况(X203 -1 表)。

(李常云)

〔**建筑业统计**〕 建筑业统计,分年报和定期统计报表,2011 年按建设部新的资质管理办法和生产经营地两种方法试填报建筑业企业生产经营情况。2011 建筑业年报实行超级汇总,表式包括法人单位基本情况表(101 -1 表)、产业活动单位基本情况(101 -2 表)、建筑业企业生产情况(C102 表)、建筑业企业财务情况(C103 表)、建筑企业房屋建筑完成情况(C104 表)、劳务分包建筑业企业生产经营情况(C105 表)和建筑业企业项目生产情况表(YNC107 表)等基层表。2011 建筑业定期报表包括限上企业和限下企业,表式包括法人单位基本情况表(101 表)、建筑业企业生产情况(C202 表)、建筑业企业财务情况(C203 表)、建筑企业房屋建筑完成情况(C204 表)、劳务分包建筑业企业生产经营情况(C205 表)、建筑业企业项目生产情况表(YNC207 表)等统计报表上报基层表。全州建筑业统计工作围绕如何提高数据质量,强化建筑业统计的基础工作,稳定推进建筑业统计方法制度改革,研究按建设部新的资质管理办法和生产经营地两种方法过渡到按生产经营地开展建筑业统计的新方法,以真实反映在我州开展建筑业活动的整体水平。

(李常云)

〔**服务业统计**〕 《云南省服务业统计制度》是根据云南省情况开展的地方统计改革工作,服务业统计工作有年报和季报,虽然国家没有统一的《制度》规定,但作为云南省统计改革的一项重要的试验性工作,年报基层表有:服务业法人单位基本情况(MLK101 -1 表)、大中小型服务业企业财务状况(YNF103 -1 表)、限额以上服务业事业单财务表(YNF103 -2 表),定期报表有:大中小型服务业企业财务状况表(YNF201 表)。认真做好服务相关统计数据的收集、调查、论证和上报工作,为云南省统计改革提供基础统计信息资料。上报时间为 2、5、8、11 月份的 25 日前 1 ~2 月、1 ~5 月、1 ~8 月和 1 ~11 月份数据资料。

(李常云)

〔**文化产业统计**〕 执行的是《云南省文化及相关产业统计报表制度》,由云南省文化体制改革和文化及相关产业发展领导小组办公室制定,云南省统计局批准的地方统计报表制度,报表涉及统计部门、文化部门、工商部门、民政部门、广电部门、新闻出版部门、旅游部门、住建部门、林业部门、体育部门、档案部门、科技部门、工信部门等十多个部门,主管部门按其管理的行业及时统计上报相关统计数据(包括:法人单位、产业活动单位、个体经营者、其他组织或个人)。由于《文化产业报表制度》涉及的范围较广泛,有关统计指标在实际工作中因个人理解不同、资料收集的来源、渠道等都可能出现较大差异,导致现行《制度》具有较大的试行、实验性和研究性,且我国没有统一的《国家文化产业统计制度》,工作中实际操作难度较大。

(李常云)

〔**批发零售住宿餐饮业统计**〕 为了解批发和零售业、住宿和餐饮业的基本情况及经营状况,观察、反映商品流通、市场运行态势、商品消费以及流通领域现代化进程,为国家制定经济政策、进行经济管理提供依据,依法在全州范围进行统计。基本调查方法是:对限额以上批发和零售业、住宿和餐饮业法人企业和个体经营户实施全数调查;对限额以下批发和零售业、住宿和餐饮业法人企业和个体经营户实施抽样调查。《制度》按报表报告期分为年度报表和定期报表:分县社会消费品零售总额及限额以上批发零售业购进、销售、库存总额(YNE307 表)、批发和零售业商品销售情况(E401 表)、住宿和餐饮业经营情况(E402 表)、社会消费品零售总额(E404 表)、重要商品销售和库存(E422)。

根据国家统计局要求:限额以上批发和零售业、住宿和餐饮业 2011 年年报以下单位实行一套表即企业单位网络直报,同时,还要向当地统计部门报送年报表,实行双轨制。

(牟文华)

〔**农村住户贫困监测调查**〕 从 2011 年起,州农村住户调查网点由原来的 678 户提高到 788 户,其中:景洪市 358 户(地方住户网点继续保持 288 户水平,其中:大勐龙和嘎洒镇各 36 户,其他乡镇均为 27 户;国家网点 70 户未变),勐海县 200 户,勐腊县由原来的 120 户手提高到 230 户(国家贫困调查网点 100 户)。全州所有乡镇都建立了农村住户调查网点。

(彭永明)

〔**城市住户调查**〕 2011 年,全州的城市住户调查网点,由原来的 130 户提高到 150 户,其中:景洪市 50 户、勐海县 50 户、勐腊县 50 户。在数据处理方面,统一使用国家城市住户调查的 2011 年版程序。

(彭永明)

〔农村社会经济〕 2011年,继续使用2009年版的《西双版纳州农业生产定期统计报表》和《西双版纳州农业生产综合统计报表》制度,全州州、县(市)、乡(镇、街道)三级都使用统一的程序处理数据。

2011年,州统计局农村社会经济统计工作进一步加强了与涉农相关部门的沟通协调力度,通过定期、不定期与涉农部门开展业务联系、共同深入基层调研等活动,使农村社会经济统计数据能更好反映全州实际。

(彭永明)

〔小康监测〕 2011年,继续延用国家2008年6月18日颁布的《全面建设小康社会统计监测方案》的小康标准,该小康指标体系从六个方面23项指标综合反映地区的小康实现程度。按国家全面建设小康社会统计监测指标体系的监测结果:2011年,全州全面建设小康社会实现程度为74.9%,在2010年70.1%的基础上提高了3.8个百分点,是近7年来提升最大的一年。

(彭永明)

〔农垦统计〕 2010年底,州农垦改制工作全面启动,为了确保改革期间农场统计工作能正常进行,州、县(市)统计局做了大量的工作,积极开展调研、及时研究制定出台农场统计指标体系、不断对变动中的农场统计人员进行业务培训、在农场建立住户调查网点等工作。

到2011年底,农场级统计人员已基本确定,除勐捧农场、勐腊农场和东风农场配置了2至4名统计工作岗位外,其余9个农场只配置了1个统计工作岗位,并且多数是兼职统计工作岗位。由于农场改制工作还未完全理顺,大部分农场基层组织不健全或不稳定,统计工作不能正常开展,生产队的基础统计即原始数据收集还十分困难。这种情况下,全州部分农场没法正常开展统计工作,就是统计出来的数据也很难保证其数据质量。

年底,全州12个农场的各项常规统计工作都已正常开展,为了及时掌握农场承包户的收入情况,按照国家调查方案要求,已在12个农场开展了住户调查工作,对300户的农场居民家庭收支情况进行统计监测。

(彭永明)

〔工业统计〕 为了解全省工业生产经营活动的基本情况,为各级政府制定政策和计划、进行经济管理与调控提供依据,根据《中华人民共和国统计法》的规定,在国家统计局制定的制度基础上,结合云南实际进行补充形成本统计报表制度,本制度分为工业企业工业统计报表制度与工业综合统计报表制度。

现行工业统计报表制度分为年报和定报表:规模以上工业企业法人企业,报表制度中规定的规模以上企业统计范围原则上为年主营业务收入2000万元及以上的工业法人企业。本报表制度除工业产销总值及主要产品产量表定报表(B201表)统计范围是全部工业生产的符合产品质量标准的产品产量及其价值量,其余生产、财务、能力等年定报表的统计范围为规模以上工业法人企业。

本报表制度分为年报、定期报表两个部分。2011年年报起是国家统计局实施企业一套表改革的一年,工业统计也是企业一套表改革的专业之一。年报主要内容包括:法人单位基本情况、产业活动单位基本情况、工业企业财务状况(B103-1表非成本费用调查企业填报)、工业企业财务状况(B103-2表限成本费用调查企业填报)、规模以上工业主要产品生产能力、信息化情况主要指标。定期报表主要内容包括。基层定报表:法人单位基本情况、工业产销总值及主要产品产量、工业企业财务状况、主要工业产品销售、库存、订货。综合定报表为:地区工业增加值及其增长速度、规模以下工业主要产品产量。

资料来源及调查方法:所有报表均由各县、市统计局负责组织实施,调查方法为全面调查。工业统计年报和定报表实行计算机汇总和手工汇总相结合的办法。

(玉　嘎)

〔国民经济核算〕 2011年1季度地区GDP核算开始执行《云南省地区生产总值统一核算方案》和《云南省季度生产总值核算基础数据审核评估方案》。统一核算是以专业增加值数据为基础、采用部门相关基础指标的速度匹配法,根据国家统一核算的省级季度GDP各行业与相关基础指标之间的数量匹配关系,按照《云南省季度生产总值核算方案》、《云南省生产总值核算基础数据审核评估方案》的要求,审核、调整州(市)、县、区GDP数据,实现州(市)与省,县(市、区)与州(市)GDP增长速度衔接。GDP绝对数以经济普查数据为基础,实行一次性衔接。农林牧渔业、工业和建筑业由各州(市)、县、区统计局按照《云南省季度生产总值核算方案》规定的方法计算,并实现与专业反馈数据的衔接,各州(市)增加值合计为省级数据,各州(市)辖区内各县(市、区)增加值合计为本州(市)级数据。其他各行业采用速度匹配法,由各州(市)、县、区统计局核算各行业增加值,各行业增加值数据由州(市)统计局与云南省统计局共同审核、评估和认定,州(市)辖区内各县(市、区)统计局与州(市)统计局共同审核、评估和认定。根据逢0、逢5年份调整GDP核算基期的要求,2010年为地区GDP统一核算的基期,2010年的现价数据为2011－2015年的不变价基数。GDP数据统一核算、审核和评估、反馈实行下管一级。

(杨俊媛)

〔**能源统计**〕 为了解全省能源供应、需求的基本情况,为各级政府制定政策和计划、进行经济管理与调控提供依据,依照《中华人民共和国统计法》的规定,在国家统计局制定的制度基础上,结合云南实际进行补充形成本统计报表制度,本报表制度主要由基层年报表、基层定期报表、综合年报表、综合定期报表构成,这些报表反映能源的生产、进出口、库存、购进、消费和能源强度等情况。

按照国家统计局《企业一套表业务分工》的规定,凡《能源统计报表制度》中涉及到企业一套表的基层报表均按行业分属在各行业报表制度中,按行业归属随《企业一套表统计调查制度》统一布置,采取联网直报。能源统计范围为规模以上工业法人单位,年综合能源消费量1万吨标准煤及以上的有资质的建筑业、限额以上批发和零售业、限额以上住宿和餐饮业、房地产开发经营法人单位,以及其他第三产业重点耗能法人单位。主要有“能源购进、消费与库存”(205－1表)、“能源购进、消费与库存附表”(205－2表)、“主要耗能工业企业单位产品能源消耗情况”(205－3表)、“工业企业用水情况”(205－4表)、“非工业重点耗能单位能源消费情况”(205－5表)。另有其他年、定期报表:“能源平衡表(实物量)”(P303－1表)、“分行业能源消费量(实物量)”(P303－2表)、“分行业终端能源消费量(实物量)”(P303－3表)、“能源平衡表(标准量)”(P303－4表)、“分行业终端能源消费量(标准量)”(P303－5表)、“地区能源消费与单位GDP能耗”(P406表)、“全社会用电量情况”(P407表)。

资料来源及调查方法:能源统计年报和定报表实行计算机汇总和手工汇总相结合的办法。

(曾新明)

〔**劳动工资统计**〕 劳动统计属全面调查,根据国家统计局劳动统计报表制度规定,劳动统计调查范围为:辖区内全部独立核算的企业、事业、机关单位。私营单位中达到规模以上、资质以上、限额以上和星级以上的企业、宾馆饭店也纳入统计范围。达不到以上条件的私营企业、乡镇企业、和个体工商户不在统计范围。

报表分定期报表和年报表,定期报表每季度报送一次。定期报表和年报报表分为:国有单位、集体单位、其他经济单位三部分。报表主要反映统计范围内的单位从业人员及劳动报酬情况。

2011年西双版纳州农垦体制改革只有少数管理人员纳入了统计范围,一般分有胶树的职工都没有纳入统计范围。

根据国家统计局要求2011年年报以下单位实行一套表即企业单位网络直报:规模以上的工业企业、全部房地产企业和建筑业、限额以上的批发零售贸易业。同时,还要向当地统计部门报送年报表,实行双轨制。

(丁　红)

〔**二项调查统计**〕 二项调查指人口变动调查、劳动力调查。二项调查的标准登记时间为每年的11月1日,其中劳动力调查在同年的5月还要进行一次。人口变动调查的目的是为推算人口总数、自然增长率、出生死亡率等人口信息提供依据。劳动力调查的目的是反映16周岁以上的劳动人口就业情况,为省和国家判断就业形势,制定就业政策,改善就业服务提供依据。群众安全调查是国家为准确客观地把握广大人民群众对当前社会治安状况以及对公共安全、社会治安秩序的真实感受在全国范围内进行的年度调查。三项调查每年由云南省统计局人口处根据各地州提供的调查小区样本框按一定的比例抽取各地州调查小区样本,样本每年进行轮换。

(丁　红)

〔**工业科技年报**〕 工业科技报表的主要内容包括工业企业R&D活动人员数量、素质及其工作量情况;企业R&D经费支出、用途及来源情况;研发用仪器设备等固定资产拥有情况;各类研发机构的基本情况;R&D项目(课题)的研究类型、组织方式及社会经济目标等情况;专利等自主知识产权的拥有及使用情况;技术引进、消化吸收和技术改造情况;

工业科技统计范围是全部规模以上的工业企业,2011年年报实行企业一套表即所有企业网络直报,同时,还要向当地统计部门报送报表,实行双轨制。

(丁　红)

〔**企业一套表**〕 2011年,国家统计局要求劳资、能源、工业、批零、住餐、房地产、建筑、科技、服务业等规模以上企业,要在2012年用一套表模式实行对国家统计局联网直报,简称联网直报企业一套报。根据国家统计局企业一套表的总体安排部署,及时组建机构,确保工作同步。明确责任,狠抓落实,结合我州实际,制定了《西双版纳州2011－2012年企业一套表实施方案》。抓好人员培训,圆满完成一套表试填报。对全州三县市统计局的专业人员进行了企业一套表的审核汇总操作培训,同时专业人员也模拟直报企业对一套表进行了证书下载及基层表试填报操作训练。

（熊玉林）

〔**信息化建设**〕 2011 年，州统计局信息化建设工作在省统计局的大力支持下，全州统计信息化建设稳步推进，软硬件设施得到极大加强。结合我州实际情况，制定完成了全州统计信息化建设五年发展规划。省、州之间开通了 10M 统计内网光纤专线，大大提升了省、州信息传输的效率和速度。新配了 VPN 设备、防火墙设备，更新了路由器设备等，同时在 2011 年上半年，由州统计局出资，州县开通 10M 内网光纤专线。完成了州统计局中心机房电力线路的改造工程，为人口普查数据处理购置了打印机、不间断电源等相关设备，为视频会议室购置了 55 寸液晶电视设备，为州县 10M 光纤专线支付线路租用费等，总计投入信息化建设资金大约五万余元。

（熊玉林）

〔**第六次全国人口普查**〕 2011 年，全面完成了快速汇总、普查表编码、数据录入、审核汇总、评估上报、发布主要数据公报等数据处理和发布阶段各项工作。期间还按要求完成了户主姓名底册以及普查小区地图数字化，百岁老人回访慰问、信息核实，主体民族、特有民族的数据核实、各少数民族人口比例、变化情况、特点特征的分析，《第六次全国人口普查画册》资料征集，人口普查资料整理汇编。2011 年 5 月 23 日《西双版纳州 2010 年第六次全国人口普查主要数据公报》（第一号）通过《西双版纳报》、西双版纳广播电台、西双版纳电视台、西双版纳州人民政府网站等州级主流媒体对外发布。全面查清了十年来全州人口总量、结构、素质、分布、流动和居住环境等方面的变化情况，为全州各级党委和政府完成“十二五”发展规划目标，统筹解决人口问题、建设生态、富裕、文明、和谐的西双版纳提供丰富的基础信息。全州共有 5 个先进集体、8 名优秀组织者和 35 名优秀个人受到了省政府表彰。

（岩坎香）

〔**基本单位名录库工作**〕 基本单位名录库建设是统计“四大工程”建设的立足点，是专业统计调查的基础，专业统计调查必须使用统一的名录库作为调查单位库或抽样框，不在名录库中的单位不得列入专业统计调查范围。2011 年，认真做好基本单位年报统计工作，全面掌握全州新增、变更、注销单位情况，积极配合“企业一套表”改革，及时做好“三上”企业和房地产开发经营企业的核查及审批入库工作，全面按时完成了全州基本单位名录库的维护更新工作。动态更新的基本单位名录库资料及时为以单位为对象的各类统计调查提供完备真实的调查单位库和样本框，有效提高了统计调查的科学性。

（岩坎香）

〔**统计教育**〕 2011 年，为全面提高全州乡镇统计人员统计业务理论和实际工作能力，使乡镇统计人员基本掌握统计基础知识，熟悉统计工作流程及组织方式，正确理解掌握各种统计表的填报要求、统计内容、指标含义、分类标准、计算方法、审核重点、数据处理方式及上报时间等；5 月 16 日，在勐海县委党校组织了为期一周的“西双版纳州 2011 年乡镇统计员第一期培训班”，来自全州 31 个乡镇和 1 个街道办事处统计站的 68 名统计员参加了培训；7 月 31 日在大渡岗农场管委会组织了为期 3 天的“全州农场统计员培训班”。来自州农垦局统计科，三县（市、区）统计局、各农场统计科的 35 名统计员参加了培训。积极配合云南省统计局组织我州两名领导干部参加 2011 年 5 月至 6 月中旬在清华大学举办的统计领导干部公共管理高级研修班。2011 年全州有 45 人参加统计从业资格岗位培训考试，经过考试 45 人取得了合格证书，合格率为 100%；全州共有 52 人报名参加统计专业技术资格考试，报名考试人员比上年增长 24% ，有 4 人取得统计专业中级资格合格证书，3 人取得统计专业初级资格合格证书。

（李白英）

财政税务

责任编辑：李　跃

财　政

〔概况〕　2011年，全州财政工作，认真学习贯彻党的十七大、十七届五中、六中全会精神，中央经济工作会议精神，全省财税、财政工作会议精神，全面贯彻落实州委六届十一次全会和州十一届人大六次会议确定的年度财税工作目标任务，围绕促进经济结构优化和平稳较快增长这一中心点，大力培植财源，狠抓增收节支，深化财政改革，推进依法理财，不断提高财政科学化、精细化、规范化管理水平，为经济社会发展和社会和谐稳定提供坚强的财力保障。

2011年全州地方财政一般预算收入完成175998万元，同比增收63412万元，增长56.3%。其中，税收收入完成143041万元，比上年增长58.6%；非税收入完成32957万元，比上年增长47%。全州地方一般预算支出完成671304万元，同比增支247003万元，增速达到58.2%。

〔收入征管〕　全州财政部门按照州十一届人大六次会议确定的年度财税工作目标，采取积极有效措施，突出做到"三抓好、三确保"：一是抓好任务分解，确保责任落实。二是抓好分析监控，确保收入质量。每季度坚持定期召开由政府领导主持的财税分析会，做好对重点项目、重点税源的分析和监控，强化监督管理，提高一般预算收入和税收收入占GDP的比重，财政收入质量明显提高。三是抓好征收管理，确保收入增长。加强税收征管，提高税收征管效能，规范征管行为，强化税源监控，做到应收尽收；促进经济增长的优惠政策，处理好依法治税与落实税收优惠政策的关系，实现税收快速增长。创新机制，规范各类非税收入管理，认真落实"收支两条线"改革，切实提高政府非税收入征管水平。通过采取积极有效措施，在全州经济持续向好的基础上，财税收入保持较快增长，提前3个月完成了全年的税收任务，实现了"十二五"预算收入"开门红"。

〔调整和优化支出结构〕　支出规模迅速扩大。2011年全州完成一般预算支出67.1亿元，为年初预算数的135.6%，同比增支24.7亿元，增速达到58.2%，比省平均水平高30个百分点。

民生支出超过三分之二，支出结构进一步优化。2011年民生支出为46.2亿元，比上年增长53.5%，占全州财政一般预算支出的69%，彰显了公共财政的民生特色，其中：教育支出完成11.8亿元，比上年增长48.6%；农林水事务支出完成9.8亿元，比上年增长43.8%；社会保障支出完成11.6亿元，比上年增长87.5%；医疗卫生支出达6.5亿元，同比增长91.7%；保障性住房支出完成4.5亿元，增长20%。

财政支出对经济发展的支撑作用增强。财政经济建设支出15亿元，重点支持州医院外科医技综合楼及行政综合楼工程建设，景洪江南污水处理二期及排水管网工程建设，勐海档案馆项目建设，城镇廉租住房建设等重点工程建设。黄草岭水库工程建设，曼西良小（一）型病险水库除险加固，南腊河河道治理工程建设等一大批重大项目建设开工和投入使用，教育、卫生、文化、水利和生态等方面的基础设施建设明显改善，为实现全州固定资产投资良性增长和结构多元化提供了强有力的财政支撑；州本级安排1000余万元产业发展专项资金，支持"六大支柱产业"发展和"四个百亿元"产业基地建设；积极争取中央、省财政企业发展专项资金6314万元，121户企业得到扶持；认真落实各项税收优惠和财政扶持政策，税务部门共减免税收15563万元，财政部门为2076笔小额担保贷款贴息1536万元，既为企业减负又积极支持了创业（支持2054人创业，吸纳5191人就业）。

各项强农惠农和富民政策得到贯彻落实。及时下达2010年涉农贷款奖励资金1084.5万元，2011年农村金融创新取得新进展，全州共创新推广农村金融产品20项，融资余额达43.2亿元，比上年末增加11.3亿元,增长35.6%;积极开展家电下乡和汽车摩托车补贴兑付工作,截止2011年12月31日,累计兑付补贴资金8171万元,受益农户10万余户,直接拉动了农村消费76341万元;在303个村的实施了303个一事一议财政奖补项目,各级财政投入奖补资金3572万元(省级2360万元、州级200万元、县市1012万元),同比增加1585万元,增长79.8%,带动其他投入8203万元,受益群众22.8万余人;共兑付各类涉农补贴54426万元,其中:农业生产性补贴16368万元,非生产性补贴38058万元。

〔**财政改革**〕 全州金财工程应用支撑平台及一体化财政管理信息系统率先在全省上线运行,提前一年达到省财政厅确定的目标任务,有效解决了标准统一和业务规范等问题,为财政决策提供了及时、准确的数据信息,为财政管理改革提供了强有力的技术支撑。预算管理改革稳步推进。继续扩大预算编制范围,第一次将养老保险、失业保险、医疗保险基金预算编入全州财政预算草案报人民代表大会审查批准;积极探索建立预算信息公开机制,在单位内部建立了部门预算内部公示制度,按时向社会公布预算执行情况;积极探索预算编制与绩效评价相结合的预算管理机制。财政国库管理制度改革不断深化,公务卡结算改革范围逐步扩大。全州实行工资统发单位699个,统发人数31654人,实行财政授权支付的单位达323个,累计实施财政国库改革资金总量35.8亿元;全州439个预算单位办理了12242张公务卡,累计通过公务卡还款额0.9亿元。财政票据电子化管理系统推广工作稳步推进,州本级财政票据电子化管理软件安装工作基本完成,为全州实现财政票据电子化奠定了坚实的基础。州级行政事业单位经营性国有资产管理改革继续推进。州级行政事业单位经营性国有资产管理改革于2010年5月正式启动。组织培训、数据上报、资产核查等工作已结束,正对州级行政事业单位经营性国有资产进行综合分析。农村会计管理体制改革不断深化,全面推行村级会计委托代理服务工作。截止12月,全州32个乡镇全面开展了会计委托代理服务工作,占100%,代管村委会221个,占100%;代管村民小组2209个,占99%,共代管农村集体资金13385万元,占资金总额的90%。进一步加强政府采购改革,规范采购行为、完善采购制度。做好西双版纳州公共资源交易中心筹建工作,实现"采管分离",将财政的主要职责转变为监督管理,增强监管职能。

〔**财政资金监督管理**〕 认真开展全州财政专户清理整顿工作。2011年4月7日组织召开全州清理整顿财政专户工作会议。对2010年底保留的全州财政专户进行了全面详细的清理统计,撤销不需保留的银行账户37个。巩固"小金库"专项治理工作成果,扩大财政资金的监管。完成全州机关事业单位、国有企业、社会团体"小金库"专项治理全面复查工作任务,共有1007户列入复查,复查率为100%。对违规问题已下发整改通知进行及时整改,并上报州纪委。开展会计信息质量检查工作。2011年7月至9月期间,开展了全州2011年会计信息质量检查。共组织了7个检查组,投入检查人员20人,对14家单位实施了检查,其中,国有及国有控股企业5家,民营企业3家,行政事业单位6家。开展全州行政事业单位会计制度专项检查工作。对601户行政事业单位组织开展了会计制度执行情况自查工作,对其中的237户进行了重点检查,重点检查面达40%,超额完成了省下达的30%的重点检查面。对州级财政一般预算支出在100万元以上的20个项目开展绩效评价工作,涉及金额5.2亿元,对两个州级部门3100万资金的使用和效能政府建设中的11项行政绩效重点事项进行了绩效评价。

〔**党风廉政建设和反腐败**〕 一是健全机构。成立了"党风廉政建设领导小组",负责抓好机关党风廉政建设工作,认真贯彻民主集中制,进一步完善了党组议事制度、财政资金审核审批制度,不断推进民主决策、科学决策。研究"三大一重"事项均请纪工委参加。修订和完善了《西双版纳州财政局岗位职责》、《西双版纳州财政局督察督办制度》、《西双版纳州财政局业务招待费管理规定》等14项规章制度,进一步健全了规章制度,加强了内部管理。二是明确责任,细化责任内容。根据《西双版纳州2011年党风廉政建设和反腐败工作主要任务分解》的通知,认真研究制定党风廉政建设和反腐败工作主要任务,下发督办文件,指定责任领导,确定牵头科室和协办科室,按工作要求和时间进度,分管领导定期检查,听取汇报。使任务细化到科室,落实到班子成员,量化到人头。初步形成了党组统一领导、科室各负其责、全体职工积极参与的反腐倡廉工作格局。三是进一步完善机制。按照《党风廉政建设责任制》的要求,层层签订党风廉政建设责任书。局党组与分管领导、分管领导与各科(室)负责人、科室负责人与科员签订党风廉政建设责任书共73份。四是召开了全州财政系统反腐倡廉建设工作会议,传达学习上级会议精神。统一思想,深化认识,明确任务,推动全州财政系统反腐倡廉工作协调发展;多次召开党组会和局务会，研究财政反腐倡廉建设面临的新情况、新问题和新对策，促进了工作落实。进一步修订和完善各项规章制度，着力构建预防腐败的制度体系。五是严格执行领导干部民主生活会，领导干部述职述廉、个人有关事项报告，诫勉谈话、函询、质询、罢免后撤换等制度。2011年公务员考核暨述职述廉大会。共有21名科长，17名科员进行了述职述廉。确实把党风廉政责任制考核结果，作为干部职工政绩评定、奖励惩处的重要依据。

〔创先争优活动〕 通过组织开展以两基（基础管理和基层建设）促两化（精细化科学化管理），两创（创建先进基层党组织和先进集体）促两争（争当优秀共产党员和优秀公务员）为核心内容的“创先争优”活动，深入践行服务承诺，加强政风行风建设，创新工作思路，提高服务水平，增强财政科学化、精细化管理水平；同时加强党风廉政建设，筑牢拒腐防变的防线。局党支部组织全体党员干部开展“爱心捐助”活动，对勐宋乡10名贫困学生进行人均500元的捐助，另捐助勐宋乡中心小学篮球、排球、羽毛球等体育用品。通过开展“创先争优”活动，2011年州财政局获得省委、省政府表彰1次（个），省财政厅表彰19次（个），州委、州政府表彰5次（个）；干部职工获得国家财政部表彰1人次，省财政厅表彰7人次，州委、州政府表彰7人次。

〔财政工作新亮点〕 全州财政工作呈现“三大亮点、二个率先完成、一项制度创新”。一是全州财政收支增幅最为强劲的一年。全州财政总收入和地方财政一般预算收入两项指标增幅均达到45%以上，实现了“十二五”预算收入“开门红”，为“十二五”全州财政总收入实现“翻番”的奋斗目标奠定了坚实基础。同时，全州财政一般预算支出达到67.1亿元，是继2010年突破40亿元关口后，再度迈入历史性台阶，进一步提高了财政保障能力。二是争取到上级财政支持最多的一年。2011年上级财政下达西双版纳州各项补助收入为53.2亿元，比2010年增加20.5亿元，增长62.7%，补助规模持续加大，补助数额是历年来最多的一年，财政保障全州经济发展的能力得到提升。三是2011年是财政民生投入最多的一年。全州民生支出达46.2亿元，比上年增长53.5%，占全州财政一般预算支出的69%。其中教育、社会保障和就业、医疗卫生、农林水等四项支出完成386,838万元，增幅分别达到48.6%、87.5%、91.7%、43.8%。

〔财政干部队伍建设〕 以深入学习实践科学发展观、“创先争优”和“授期评星”主题实践活动为载体，把加强机关党的建设作为做好一切工作的根本保证，局党组书记、局长结合工作实际，以“做好应该做的工作”为题，给党员和中层干部上党课。组织全体党员和职工到勐海县勐宋乡开展学习杨善洲义务植树活动和捐资助学活动，进一步弘扬高原情怀、大山精神，弘扬中华民族传统美德。坚持财政业务建设与廉政建设“两手抓”，不断健全完善惩治和预防腐败体系。通过观看廉政专题片，邀请纪工委领导作专题反腐倡廉讲座，组织党员到景洪市法院旁听案件庭审，对党员进行廉政教育，进一步增强了广大干部职工的廉洁从政意识，筑牢防线。结合财政工作实际，在机关内组织开展了廉政风险点的排查防范工作。组织全体党员和干部职工参加州直机关组织的庆祝中国共产党建立90周年歌咏比赛，进一步激发广大干部和党员团结干事的决心和信心，努力做好财政各项工作。高度重视干部选拔任用工作，坚持正确的用人导向。2011年组织开展了2次科级干部的竞争上岗活动，1次面向基层公开选调公务员工作。不断优化干部队伍结构，合理配置人力资源，加大干部教育培训力度。举办全州乡镇财政所干部培训班。积极参加省财政厅、州委党校组织的各种学习培训。选派干部到清华大学、北京大学、中国人民大学学习培训，开阔视野、提升素质，努力打造一支思想解放、勇于创新、业务精通、作风正派、积极进取的高素质理财干部队伍。

（《财政》撰稿人：徐虹）

国　　税

〔收入完成情况〕 2011年，全州国税系统累计组织税收收入100187万元，同比增长32.1%，增收24325万元。完成省局确保任务的121.3%，超收17587万元，完成省局奋斗目标的118.6%，超收15687万元。其中：国内增值税收入65262万元，同比增长29.6%，增收14898万元；国内消费税收入5843万元，同比增长38.9%，增收1636万元；企业所得税收入12486万元，同比增长29.8%，增收2864万元；储蓄存款利息所得个人所得税收入44万元，同比下降58.9%，减收63万元；车辆购置税收入16552万元，同比增长43.2%，增收4990万元。截止12月31日，全州国税系统累计完成地方一般预算收入18309万元，同比增长29.6%，增收4178万元，完成州委州政府任务16100万元的113.7%，超任务2208万元。

〔**收入特点**〕 一是国税部门负责征收的五个税种“四增一减”。2011 年,除个人利息所得税因政策因素造成减收外,其它征收税种均保持30%以上的增幅度,特别是车辆购置税增幅度高达43.2%。二是各级收入均大幅度增长,中央级收入增幅大于地方级收入。2011 年,全州国税系统税收中央级收入 78870 万元,同比增长 32.8%,地方级(含省)收入 21317 万元,同比增长29.3%,中央级收入增幅高于地方级收入增幅3.5个百分点。

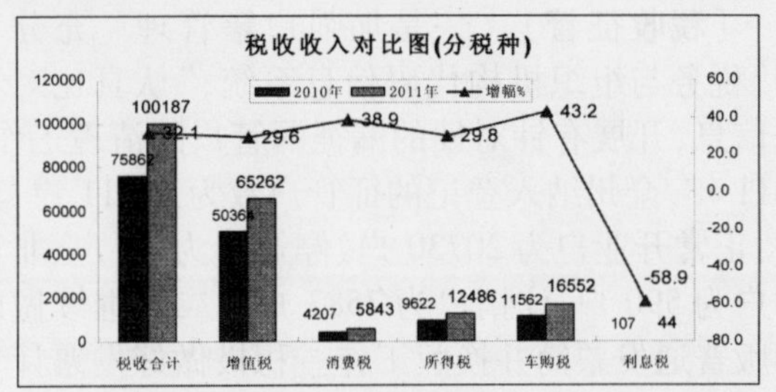

三是各月收入增幅波动较大,总体呈前低后高态势。州国税系统各月的税收收入波动较大,同比最高增幅在2月份,同比增长达77.6%,最低增幅在7月份,同比下降 -17.8%,总体呈下降态势。月收入规模最高月份为1月,收入12258万元,最低为3月,收入5293万元,两者相差2.3倍。说明全州税源比较单一,受市场影响波动较大,税收收入不稳定。四是区域税收增长不平衡,税收比重发生变化。2011 年,全州三个征收单位均实现税收增长,但各县增长幅度差异明显,景洪市同比增长 46.3%,勐海县同比增长 28.7%,勐腊县仅实现5.6%的增长。从各县税收收入比重来看,景洪市税收比重由2010年的52%提高到2011年的57%,勐海县保持23%,而勐腊县由2010年的25%下降为2011年的20%。五是税种结构保持稳定。2011 年,全州国税系统征收的五个税种虽然增减幅度有较大差异,但税种比重基本保持稳定,其中增值税所占比重由2010年的66.4%下降为65.1%,车购税由2010年的15.2%上升为16.5%,增减幅度均在1.3个百分点以内,其他税种比重均保持稳定。

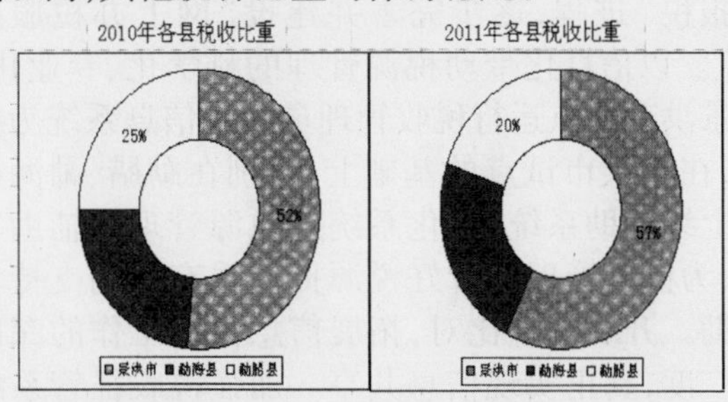

六是增值税收入增减税目集中于支柱产业。2011 年,全州增值税收入完成 65262 万元,比上年同期增长 29.6%。分主要行业看,糖、电力、铁矿采选、商业等行业实现增收,而制茶业、水泥和饮料行业减收。

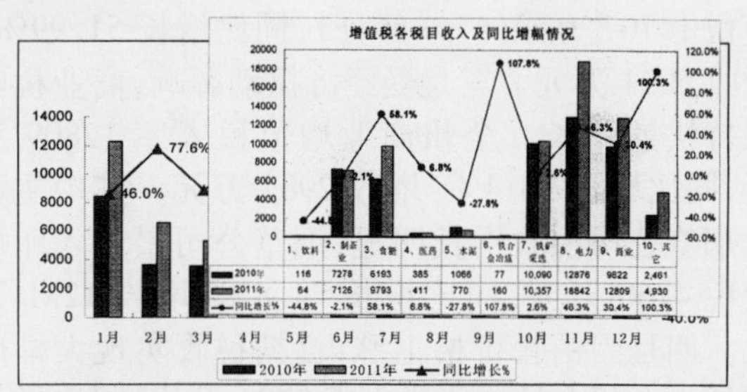

〔**税源分析**〕 ①全州经济运行良好,为税收增长提供了税源保障。2011 年,全州固定资产投资、社会消费品零售总额、工业经济平稳发展,金融市场运行良好,全州国民经济运行呈现良好发展势头,为税收增长提供了税源保障。一是国内生产总值平稳增长,工业增加值快速增长。2011年,全州 GDP 累计完成 197.68 亿元,同比增长13.6%(可比价),全部工业总产值实现 67.23 亿元,同比增长 25.6%。二是社会消费品零售总额保持稳定增长。2011 年,全州社会消费品零售总额完成60.7亿元,同比增长20%。三是固定资产投资额大幅度增长。2011 年,全州固定资产投资完成额为138.47亿元,同比增长24.6%。②加强税收征管为组织收入提供了保障。全州国税系统在认真贯彻落实各项结构性减税和税收优惠政策的同时,大力推进依法治税,强化税收征管,为税收增长提供了有力支撑。一是全面贯彻落实科学发展观,认真执行各项税收政策,依法办理税收减免,有力地支持了地方经济的发展。2011 年,全州共办理减免税6587万元,同比增长48%。二是加强汇算清缴管理,保证汇算税款及时足额入库。在2010年度的汇算清缴中,全州国税系统加强企业政策培训和辅导,并在充分利用电子化申报手段的基础上,加强人工审核,提高了企业年度申报的准确性及时性。2010年度汇算清缴入库企业所得税1886万元,同比增长8.8%。三是继续开展分类稽查、专项检查,强化各项稽查基础工作,各项稽查工作有序开展。2011 年,全州国税稽查实现查补收入4177万元,比上年同期2878万元增长45%。③增值税主要税目增减原因简析。增值税主要行业以制糖、电力、商业和其他行业同比增收,而制茶、水泥和矿采选业同比减收。一是跨期因素成为增值税同比增长的原因。2011年1月,全州因征期影响的跨期税收为7684万元,而上年同期仅为4245万元,仅此因素就增收3439万元。

而其中又以制茶和铁矿采选两个行业跨期入库影响最大,若剔除两个行业的影响,两行业本年实缴增值税同比呈减收趋势。二是景洪电站成为增值税同比增长的主要原因。2012,景洪电站入库增值税 14707 万元(67% 部分),同比增长 51.99%,增收 5031 万元。三是受经济拉动影响,商业税收保持快速增长。全州商业增值税入库 12809 万元,同比增长 30.4%,增收 2987 万元。其中主要以烟草公司税收增长明显,烟草公司累计入库增值税 4760 万元,同比增长 34.8%,增收 1231 万元。四是因销售价格上涨,食糖税收实现大幅度增长。全州食糖增值税入库 9793 万元,同比增长 58.1%,增收 3600 万元。四大糖厂累计销售食糖 14.2 万吨,平均销售价为 5880 元/吨(比上年均价提高 1200 元/吨),实现销售收入 8.96 亿元,同比增长 53.4%,拉动了税收增长。五是红塔水泥厂停厂和勐养水泥厂技改,水泥税收下降明显。全州水泥行业入库 770 万元,同比下降 27.8%,减收 296 万元。六是制茶业因购进茶叶而造成进项税增长,影响本年税收收入。全州制茶业增值税入库 7126 万元,同比下降 2.1%,减收 152 万元。其中主要是勐海茶厂本年购进茶叶而抵扣进项高达 3975 万元(比上年同期多抵扣 2019 万元),应纳税额 2962 万元(比上年同期减少 1500 万元),但因跨期因素影响,本年实缴税款 5949 万元,仅比上年同期减少了 492 万元。④消费税大幅度增长主要是烟草公司销售收入增长拉动。2011 年,全州消费税累计入库 5843 万元,同比增长 38.9%,增收 1636 万元。截止 11 月份,烟草公司应税销售额为 9.7 亿元,同比增长 38.6%,缴纳消费税 5070 万元,同比增长 40.1%,增收 1452 万元。⑤企业所得税增长主要是金融业所得税入库增长。2011 年,全州企业所得税累计入库 12486 万元,同比增长 29.8%,增收 2864 万元。其中:金融业入库 3225 万元,同比增收 2239 万元。⑥车购税因政策影响及消费拉动增长迅猛。从 1 月 1 日起,对 1.6 升及以下排量乘用车的车购税率恢复 10% 的税率征税是当年车购税增收的原因;其次,受农副产品价格上涨,带动居民收入快速增长,也拉动汽车消费,截止 11 月份,全州机动车新注册数为 44631 辆,同比增长 31.3%,购车数量的增长成为车购税增长的主要原因。

〔依法治税〕 全面开展税收规范性文件清理工作,并积极探索建立清理税收规范性文件工作长效机制。制定了税收执法管理信息系统运行办法和申辩调整规程,全年系统监控执法行为 200477 项(次),预警提示执法过错 709 户(次),申辩调整后执法过错 28 户(次),16 人(次)受到错追究。组织开展税收执法检查和执法监察,重点开展对 3 个县市局 2009 年至 2010 年度的企业注销清算工作、增值税一般纳税人认定、减免税政策执行情况、消费税管理、普通发票管理等 5 个方面的内容开展检查。积极做好稽查部门报送的重大税务违法案件的审理工作,全年共收到 15 件稽查部门报送的审理案件,维持初审意见 13 件,改变调查部门拟处理意见 2 件,查补税款、加收滞纳金和为款 23698725.19 元。

〔税收征管〕 一是加强户籍管理。充分利用"税务与组织机构代码信息系统,"认真比对不符信息,开展有针对性的漏征漏管户的清理工作,2011 年,全州纳入登记的征管户数为 28911 户,其中:正常开业户为 20730 户、停业户为 16 户、非正常户为 590 户、注销户为 7583 户。二是继续做好新版普通发票简并换版工作。积极做好发票计划的编制、上报,保证基层税务机关的发票供应和纳税人有充足发票的正常使用,并完成了旧版普通发票的缴销。三是积极做好优惠政策的宣传、调查、测算工作,扶持小微型企业发展,2011 年全州达起征点的个体双定户为 4300 户,月税额 137.88 万元,11 月 1 日提高起征点后,达到起征点的个体双定户为 608 户,月税额 54.7 万元,户数和月税额分别减少 3692 户,83.18 万元。四是全面推广应用税收管理员辅助信息系统。在景洪市试点的基础上,分别在勐腊、勐海成功上线辅助系统,为税收管理员管好税源提供了强有力的支持和帮助。五是强化纳税评估工作。全州国税系统累计开展纳税评估 150 户,通过评估,存在问题户 38 户(增值税纳税企业 14 户,所得税 24 户),累计入库增值税 13.7 万元,入库所得税 203.84 万元,调减增值税留抵进项税 0.9 万元,调减企业所得税亏损额 2408.5 万元。六是强化出口退税管理。全州全年共办理出口退税 3900 万元,同比增加 69.56%。

〔税收征管〕 以电子网络申报为突破口,加快网上税务建设。积极推进"介质申报"和"网络抄报税"进程,逐步完善并建设"网上办税服务厅"。以信息化带动税源管理的科学化、专业化。以景洪市试点运行税收管理员辅助信息系统为契机,在景洪市试点的基础上,分别在勐腊、勐海成功上线辅助系统,强化系统对税源管理的辅助功能,为税收管理员管好税源提供强有力的支持和帮助。开展信息比对,拓展信息比对工作的深度和广度,真正实现信息共享。加强税收征管系统的运维及数据分析,推进个体税收公平管理,逐步提升定期定额纳税人的征收额。加大数据资源应用整合力度，充分运用升级后的数据监控系统进行税收管理数据分析，指导税源管理工作。

〔税务稽查〕 整顿和规范税收秩序。以查处和打击税收违法犯罪为核心，继续开展分级分类稽查、专项检查和打击发票违法犯罪工作，深入开展整顿和规范税收秩序和区域专项整治，进一步抓好涉税违法行为特别是重大税收违法案件的查处。2011 年，全州国税部门累计查补税收收入 4197 万元。查处涉税违法案件 43 件（含上年结转 3 件），查处有问题案件 43 件，结案 43 件，查补入库收入 2446 万元，移送公安涉税违法案件 2 件，有力打击了涉税违法犯罪，净化了税收环境。

〔纳税服务〕 牢固树立征纳双方法律地位平等的理念，坚持“始于纳税人的需求，基于纳税人的满意，终于纳税人的遵从”的工作目标，以开展“四亮四创四评”为契机，进一步规范办税服务厅工作流程和纳税服务标准。继续推进两个“减负”，充分利用综合征管软件、数据监控分析系统，提高税收数据信息的利用率。进一步完善资料报表报送制度，避免重复报送和多头报送，对实现电子申报纳税的纳税户，逐步取消纸质申报，规范办税手续。进一步做好规范服务，全力推行“微笑服务、首问负责、服务承诺、限时服务、延时服务、告知服务”六项服务制度，加强办税服务厅建设，积极推进“介质申报”和“网络抄报税”进程，逐步完善并建设“网上办税服务厅”。开辟 12366 纳税服务热线，健全纳税咨询、宣传辅导、申报纳税等服务内容，完善纳税服务手段，加强与纳税人的联系和沟通，为纳税人办理各种纳税事项提供便利条件。进一步做好政策服务，结合日常工作，扎实细致地做好各项税收宣传工作，使纳税人及时了解税收新政策，引导纳税人发展生产、改善经营。进一步做好维权服务，切实维护纳税人的合法权益。进一步做好科技服务，大力加强系统内部及办税服务厅的微机硬件配置，及时做好各种软件的升级换代，提高办税时效。

〔税法宣传〕 加强税法宣传。紧紧围绕“税收·发展·民生”宣传主题，以“税收促进发展，发展为了民生”为主要内容，突出地方民族特色，积极开展了各类税法咨询、税收“进机关、进乡村、进社区、进学校、进企业、进单位”等宣传活动，采取征订普法教材、印发税法宣传资料、送法上门、政策咨询等形式，积极做好“全国税收宣传月”工作。大力做好经营及办税场所的税法和税收政策宣传工作，在办税服务厅设立政务公开公示栏，利用电子屏显示宣传税收法律法规，使普法宣传与日常宣传有机地结合起来，进一步提高法制宣传教育的实效性。

〔巡视工作〕 积极开展对领导班子的巡视工作，州局对勐腊县国税局领导班子及其成员开展了巡视检查，完成了对景洪市、勐海县、勐腊县三县市国税局的内控制机制建设进行了巡视和督查指导。通过延伸巡视督导，使全州内控机制建设工作形成了一级抓一级，层层抓落实、部门负总责的格局，内控机制建设工作均能按原定实施方案扎实有序推进，达到时间进度，保证工作质量。

〔机构人员情况〕 2011 年，西双版纳州国税局内设 14 个行政科室，2 个直属机构，2 个事业单位，下辖景洪市国家税务局、勐海县国家税务局、勐腊县国家税务局 3 个县市局，8 个税务分局。2011 年底全州国税系统有在职干部职工 263 人。全州国税系统有女性干部职工 113 人，占总数的 42.97%；少数民族干部职工 99 人，占总数的 37.64%；党员 125 人，占总数的 47.53%。

〔领导班子建设〕 继续加强领导班子建设，落实民主集中制、党组议事规则和决策程序。着力提高领导干部分析形势、把握规律的能力，依法治税、规范行政的能力，科学管理、服务大局的能力，求真务实、开拓创新的能力，做思想政治工作、群众工作、带好队伍的能力，拒腐防变、经得起各种诱惑和考验的能力，增强领导干部的政治意识、大局意识、为民意识，努力把领导班子建设成为学习型组织、创新型团队、实干型集体、廉洁型班子。严格按照《党政领导干部选拔任用工作条例》的相关规定，以竞争性选拔为主，采取多种方式做好各级领导班子的充实和调整工作，进一步优化班子结构，重视从优秀的少数民族、妇女同志中选拔干部，领导班子团结干事能力明显增强。2011 年，全州国税系统采取差额考察等方式选拔任用科级领导干部 1 人、副科级干部 10 人。

〔廉政建设〕 认真开展内控机制建设工作。采取个人结合岗位职责自己查找、科室评议、科室领导审核确定、主管领导审批等方法，突出“两权”监督内容，全面排查廉政风险点，做到五个“不遗漏”。通过全面排查廉政风险和防控措施，全州各级国税机关共排查出排查出风险岗位 219 个，廉政风险点 600 个。共制定防范措施 624 条，编制岗位流程图 251 幅，引用上级规章制度 52 条。落实党风廉政建设责任制。州局党组对县（市）局一把手的教育、监督、管理纳入党组日程，定期不定期分析县（市）一把手的思想、工作、执法、勤政廉政等状况，做到严格要求、严格管理、严格监督，不断提高一把手执政能力和拒腐防变能力。认真执行“三项谈话”制度，全州系统开展任前谈话、任期廉政谈话和诫勉谈话共37人次。认真开展对领导干部廉洁自律执行情况的监督检查，重点在干部选拔任用、确定后备干部和重要岗位轮换等环节进行监督，全年共对10名新提拔任用的正副科级干部和8名科级干部转正、考察等程序进行了全程参与和监督。继续推行与纳税人签订《廉政公约》工作和实行《西双版纳州国税系统税务干部执法情况反馈实施办法》，全州共发放税务干部执法情况反馈表442份，共收同320份。

〔**精神文明建设**〕 在精神文明建设工作中，结合国税工作实际，认真开展爱国主义、集体主义、社会主义教育，开展“讲文明、树新风、促进和谐”活动，不断激发广大国税干部爱党、爱国的政治热情。加强国税文化建殴，着力打造“一栋文化楼，一间文化室，一个文明办税服务厅和一个文化园”楼层文化。使干部职工经常处于一种先进的、浓郁的国税文化氛同当中，用创建精神文明工作促进国税整体工作。加强文化设施建设，组织开展各类文化活动，活跃职工文化生活。通过各种形式的文化、体育、文学、文艺活动，培养敬业精神，增强凝聚力。2011年向盈江地震灾区捐款28000元；向州局扶贫点投资4万元，解决修村道水泥路问题；向挂钩点拨付社会维稳宣传经费2万元:州局机关党支部捐款3800元，用于资助两名贫困大学生、一名贫困党员、一名残疾人家庭；在全州“庆祝中国共产党成立90周年美术、书法、摄影展”上，有三幅作品荣获二等奖、四幅作品荣获优秀奖，州局机关荣获“优秀组织奖。”

〔**干部教育培训**〕 加强各级领导干部培训，大力提高领导税收事业科学发展的能力。2011年，选送3名副局长参加了长沙、扬州举办的“处级领导职务人员任职培训班”学习；选送2名县(市)局长参加在扬州举办的“县(市、区)税务局长进修班”。广泛开展基层干部教育培训，努力提高干部职工综合素质。坚持干部教育培训与国税中心工作紧密结合，分层次开展了专题专项培训，并根据不同类别、不同层次、不同岗位人员的特点，因人而异，因岗而宜，合理设计内容和方法，依托内外部教学资源，构建了长期稳定的培训机制。注重开展专题培训和岗位培训、积极落实初任培训、任职培训，税收培训、法律法规培训、知识更新培训和各项应用软件培训，鼓励参加学历教育和“三师”资格考试，取得良好效果。2011年，全州国税系统263名在职干部职工中，本科学历91人，大专学历100人，研究生1名，注册税务师2人，律师3人，6人进入省国税局人才库。2011年，全州国税系统共有86人(次)参加了各类学习培训。

(《国税》撰稿人:杨家勇)

地　税

〔**税费收入完成情况**〕 2011年，全州地税部门累计组织入库各项税费收入26.86亿元，比上年增收9.17亿元，增长51.9%。其中:地方税收收入17.65亿元，比上年增收6.39亿元，增长56.7%，完成省下达年度地方税收任务17亿元的103.8%，超计划进度3.8个百分点。组织州县级地方税收收入12.93亿元，完成州政府下达年度地方税收任务12.69亿元的101.9%，超计划进度1.9个百分点；组织社会保险费收入8.60亿元，比上年增收2.60亿元，增长43.3%；工会经费和建会筹备金收入3184.8万元，比上年增收221.3万元，增长7.5%；残疾人就业保障金收入246.4万元；其他收入2664万元。

〔**税政管理**〕 抓好企业所得税汇算清缴工作，有计划组织所得税管理人员、企业财务人员等共560余人参加培训，确保汇算清缴的质量。认真做好年所得12万元以上个人所得税自行申报工作，全州受理个人所得税年所得12万元以上纳税人自行申报人数295人，申报年所得总额52104.96万元，已缴税额5416.53万元。认真贯彻落实各项税收优惠政策，对符合优惠政策的企业和个人，共计减免各项税收8976万元。四是在推进“桥头堡”建设战略中，主动发挥熟悉税收政策的优势，对旅游行业、存量房等开展税收调研。

〔**依法治税**〕 一是加强基础管理，对所有纳税人的基础数据重新进行清理比对，清除数据系统中的垃圾数据，做到纳税人的基础资料翔实。二是严格按照政策规定和阳光程序办理减、免、缓、欠等涉税事宜，建立健全纳税核定、税收处罚等工作程序。三是完善行政审批管理制度，加大税务公开力度，推行行政审批、纳税定额核定、税收处罚等事项集体审议和公开制度。四是深化执法责任制推行工作。进一步修改完善了考核办法，建立科学、客观、公正的考核指标体系和绩效考评机制。积极向州委、州政府争取配套奖励基金，全州地税系统从2011年1月起全面实行工作目标、税收执法责任制考核奖惩激励机制。

〔**税收宣传**〕 以“税收、发展、民生”为主题，开展了一系列税法宣传工作，在全州范围内形成了“依法诚信纳税”的浓厚氛围。一是与移动公司合作，开通了“税法宣传短信”平台，发送了

3000余条税法宣传短信。二是依托电视台,开展了车船税立法宣传。三是组织税收管理员走进乡镇、走进街道、走进企业、个体工商户,实行零距离服务,面对面地为500余户纳税人解决建账建制、生产经营等方面的问题。同时,根据纳税人需求,加强了业务指导及培训,累计开展11期培训活动,共计790余名纳税人参加了培训。先后4次邀请重点税源企业法定代表人、财务人员和个体工商户代表参加税企座谈会,进一步促进征纳和谐。

〔**税务稽查**〕 坚持以票控税,加大发票使用情况专项检查力度,针对在货物运输业发票管理中出现的问题,不断健全与国税、公安等部门的定期信息比对分析和案源信息通报会,形成打击涉税违法乱纪行为的高压态势。选取资本交易、广告业两个行业进行税收专项检查。2011年,共检查纳税户113户,查补收入860.27万元。其中:对24户纳税户进行了重点检查,查补税费506.02万元,罚款60.41万元,滞纳金155.52万元;对89户企业安排了自查,查补税费324.47万元,加收滞纳金29.78万元。

〔**规费征管**〕 牢固树立税费同征、同管、同查的思想。加大政策宣传力度,提高全民缴费意识,促进缴费人数增加,2011年全州社会保险费参保人数达96.6万人,完成州政府下达的目标任务91.6万人的105.5%。采取多种措施督促重点费源农垦系统及时缴纳养老保险费。面对2011年农垦系统体制改革造成养老保险费的拖欠问题,坚持以服务促费为主线,与州人力资源和社会保障局、州财政局等部门开展联合调研,深入基层、深入企业、进行政策解读宣传,有力解决了欠费问题。2011年全州地税系统共征缴入库农垦系统养老保险费18848万元,比上年增收2670万元,增长16.5%。加大欠费清缴力度,深入欠费企业,了解经营情况,分析欠费原因,制定清欠方法,2011年共清缴入库社会保险费历年欠费3125.0万元。加强与各级残联的协调沟通工作,做好代收残疾人就业保障金的各项准备工作,12月1日正式启动代收工作,至12月末全州共有436户行政事业和企业缴纳了残疾人就业保障金361.7万元,比上年增收9.1万元,增长2.6%。

〔**信息化建设**〕 进一步推广多元化申报系统,2011年,全州已有3871户纳税人和143户缴费单位实行了多元化申报,通过多元化申报征收税款11549.89万元,征收社保费3932.25万元。不断拓展运用数据大集中系统,继续整合规范业务流程,认真对现有数据进行整理,进一步提高数据质量和利用效率。做好与财政、国税、国库、社保、银行的横向联网、数据共享协商工作,提升整体工作效率。不断加快纳税服务平台建设,在全州四个征收大厅搭建叫号服务和评价系统,并于2011年12月1日起正式启动云南地税门户网站群西双版纳州局网站。

〔**创先争优活动**〕 以创建"五好"基层党组织和"五带头"共产党员为目标,立足税收工作实际,把创先争优活动的着力点放在履行税收职能作用、推动经济社会发展上,注重与税收业务、队伍建设、纳税服务、精神文明创建等工作的有机结合。在规定动作上全面承诺践诺、广泛开展向杨善洲学习、授旗评星和"四亮四创四评"主题实践活动。全系统9个基层党组织、171名共产党员全部进行了公开承诺,承诺面、公示面、领导点评面均达到了100%;共评出获"流动红旗"党组织3个,"十星级党员"23名;有1名党员先后被州直机关工委和州委评为"优秀共产党员";共有9个办税服务厅向社会亮出了职责、纳税缴费流程和工作承诺,有147名办税服务厅和征收一线人员向纳税人亮出了工作职责、身份和个人承诺。在自选动作上,突出地税特色,全力打造提升窗口服务质量,州地税局窗口服务建设的做法,被州委创先办列为了全州创先争优活动典型案例。组织开展革命传统教育活动,积极参加"建党90周年"书法摄影征文、演讲和歌咏比赛,在全州开展的"争先创优"征文活动中,州地税局两篇文章分获二等奖和三等奖,党总支部被授予"优秀组织奖"。

〔**内部管理**〕 一是比照省局成立了督察办公室,负责督促省、州局的各项重大决策、重要部署的落实到位。二是强化经费预算和审批管理,确保资金专款专用,充分发挥资金效益。三是扎实开展"制度建设年"活动,全州地税系统共修订完善了涵盖领导干部管理、税收征管业务、日常办公、干部队伍建设、财务管理、党风廉政制度、纳税服务等方面的制度66项措施。四是认真抓好工作纪律,在州局机关推行计算机出勤考核签到系统,严格执行行政问责制度,对不作为、乱作为、慢作为的行为一律问责。五是强化综治维稳工作,在办公、生活区管理上进行了社会化、市场化物业管理探索,更新了监控等安全设备。

〔**税务研究**〕 2011年7月15日,召开了西双版纳州地方税务研究会第二届会员代表大会。会上,听取了第一届地方税务研究会王刚副会长兼秘书长所作工作报告及财务情况工作报告,选举产生了新一届理事会理事23名,常务理事13名,选举梁正勇为第二届西双版纳州地方税务研究会会长，王刚为副会长，同时选举产生袁智勇为秘书长，雷兵、曾灿为副秘书长。

〔**办税服务厅建设**〕 以打造“规范、服务、温馨”办税服务大厅为目标，全州地税部门严格按照省局提出的“门头标识规范、厅名标识规范、工作时间标牌规范、窗口设置规范、服务柜台设置规范”的五个规范标准，推进办税服务厅规范化建设，合理划分办税服务区、咨询辅导区、自助办税区、等候休息区四个功能区域，向纳税人免费提供各类税收宣传资料、表证单书、填写范本、笔墨纸张及相关用品，安装了排队叫号机，切实缓解大厅拥挤问题，最大限度地满足了纳税人办税需求，增强了办税服务厅的整体功能。

〔**地税文化建设**〕 坚持以“公正执法、优质服务、廉洁自律、健康快乐”为地税文化建设的主题，结合自身特点，开展社会公德、家庭美德、职业道德教育；开展社会主义、爱国主义、集体主义教育。州局与景洪市局组成百人合唱团分别参加州委和州直机关工委举办的纪念建党90周年歌咏比赛，均获得三等奖的好成绩。倡导“开心工作、快乐生活”理念，充分发挥党团工青妇组织的带动作用，组织成立各类兴趣爱好小组。举办了纪念建党90周年干部职工摄影书画作品展和征文活动。通过开展丰富多样的地税文化活动，在全州地税系统形成了积极向上的良好风气。

〔**阳光地税建设**〕 一是广泛接受舆论和人民群众监督，年初，以“坚持服务科学发展，努力打造阳光地税”为主题，州局领导班子成员走进广播电台《政风行风热线》栏目直播间，与广大听众进行了在线交流和互动，现场解答听众关于在税收业务、征管流程、社会保险，党风廉政建设等方面的电话提问13个、短信提问11条。二是加强“两权”制约和监督，对系统内各业务部门的执法及行政风险点进行全面梳理和风险排查，共查找出21个廉政风险项目。针对易发生廉政风险的重点环节，制定了《惩治和预防腐败体系建设工作主要任务分解》、《领导班子及领导干部考核办法》等20余项制度，明确38个重点环节和25个关键岗位。三是在开展稽查、票证专项检查工作时，将干部尤其是领导干部“两权”运行情况作为一项检查内容，进行认真检查，重点检查干部在办理减免税、税收行政处罚、企业所得税汇算清缴、发票管理，基建工程建设、物品采购中是否存在以权谋私等商业贿赂的行为。

〔**干部队伍建设**〕 把加强党性教育，坚定理想信念作为一项重要内容来抓，不断提高依法行政、依法治税、从严带队意识，增强廉洁自律意识。抓好领导班子团结。班子成员之间不断加强沟通联系，做到知无不言，言无不尽，大事讲原则，小事讲谅解。及时对领导班子成员进行了合理的调整分工，将加强“两权”监督，强化制度建设作为一项重要内容，开展廉政风险点排查工作。规范涉税事项审批程序等，细化分解权力，规范执法行为。坚持民主集中制的原则。对重大事项决策、重大人事任免、重要项目安排、大额资金的使用等，一律按照“集体领导、民主集中，个别酝酿，会议决定”的原则，集体讨论、民主决策，并定期公开通报相关方面的工作，加大对党组决议事项的督查督办力度。把“内提素质”作为加强干部队伍建设的主线贯穿工作始终。组织中层干部到清华大学参加了提高履职能力培训班。2011年全州共有392人次参加了省局、州局举办的各类培训班。同时，开展科级领导干部竞争上岗工作，按照“讲学习、重素质；讲贡献、重实绩”的选人用人标准，把经过实践锻炼、年轻有为、具有较高政治和业务素质的干部选拔到各级领导岗位。

〔**党风廉政建设**〕 一是层层签订《党风廉政建设责任书》，把党风廉政建设的各项工作任务分解落实到具体岗位和责任人。二是强化对税额核定、减免缓税审批、税务稽查处罚和基本建设、资金审批、人事管理等重点岗位、关键环节的监督检查。深入开展治理“小金库”复查工作。大宗物资采购、基建项目全部纳入政府采购和招投标，并责成纪检监察人员独立进行全过程监督检查。三是深入开展警示教育和整改建制专项活动。把贯彻落实《廉政准则》和开展警示教育和整改建制专项活动结合起来，认真组织开展“七个一”活动，即：开展一次廉政教育动员大会；开展一次集中学习教育活动；开展一次到监狱看警示教育活动；开展一次“八笔账”大讨论活动；开展一次自查自纠活动；开展一次缅怀革命先烈活动；开展一次歌唱党歌唱祖国活动，不断提高地税干部职工学法、遵法、守法、用法和廉洁从税意识，营造风清气正的良好氛围。

（《地税》撰稿：唐丽莉）

金融保险

责任编辑:李　跃

中国银行业监督管理委员会西双版纳监管分局

〔概况〕　2011年,西双版纳银监分局紧紧围绕“再接再厉 抓落实 见新成效”这一工作要求,深入推进“强化有效监管”和“强化内部管理”两项建设,突出“宏观调控”和“风险管控”两个重点,狠抓“防风险、谋发展、促监管”工作要求的落实,取得了较好的工作成效,确保辖区银行业安全稳健运行,有力促进了西双版纳州经济社会的平稳较快发展。

〔银行业监管工作〕　2011年,西双版纳银监分局按照稳定、连续、高效的要求,集中精力抓巩固、抓落实、抓提升,进一步增强了银行监管的前瞻性、深入性和有效性。一是狠抓监管“高压线”布防,现场检查工作彰显“精、深、实、细、新”。2011年,西双版纳银监分局共派出检查组25次,累计对辖区83个银行网点进行了检查,累计检查工作量达到3160人/天,检查金额33.87亿元,并针对检查中发现的问题提出了106条整改意见。年内,西双版纳银监分局首次启用延伸调查权,派出专项检查人员,就辖区银行机构违规放贷、支付审查不严、导致贷款被挪用等问题进行深入调查,核实违规金额1.57亿元。整个现场检查工作质效明显,“监管有为”得到了进一步显现。二是充分发挥非现场监管制导作用,强化风险监测和预警。2011年,西双版纳银监分局在研究判断宏观经济走势、国家政策导向以及银行业内外环境的基础上,除坚持统筹利用监管信息系统资源,做好数据收集、汇总和监管情况的整理,撰写监管情况通报材料,定期向辖区银行业金融机构通报外,还对贷款新规落实、融资平台贷款风险管控、房地产信贷风险、不良贷款反弹、信贷节奏以及流动性等重点领域的风险进行持续、动态监测,定期进行专项监管通报,以强化政策传导,提高监管质效。同时密切关注热点问题,及时提示相关风险,鼓励银行业金融机构积极支持地方经济发展。三是以“五条措施”突出“三个确保”,深入推进贷款新规落实。为进一步扩大贷款新规的“执行面”,西双版纳银监分局在年内提出“三个确保”,即:确保按照贷款新规走款比例达到80%以上目标要求得以落实;确保信贷风险得以有效管控;确保信贷资金进入实体经济。同时,从不折不扣地执行贷款新规、严格规范合同文本、逐笔清理已发贷款、以贷后检查促落实、规范中长期贷款还款方式等五个方面提出了具体的工作要求和措施。四是严守“底线”,融资平台贷款清理工作成效明显。为进一步巩固清理规范融资平台贷款工作所取得的成果,西双版纳银监分局加快存量贷款分类处置进程,最大限度地缩小融资平台贷款代偿性风险敞口,以加强融资平台贷款的风险管控和化解工作。2011年,西双版纳银监分局认真履行监管职责,确保了辖区银行业金融机构在复杂多变的经济金融形势下,仍实现了自身的安全稳健运行。截至2011年末,辖区银行业金融机构各项存款余额为320.70亿元,比年初增加63.63亿元,增长24.75%;各项贷款余额为167.70亿元,比年初增加22.4亿元,增长15.42%;不良贷款余额为4.15亿元,比年初减少1772万元,贷款不良率2.47%,较年初下降0.50个百分点,辖区银行业资产质量呈现近几年来最好水平;累计实现净利润4.95亿元,同比增加1.06亿元,增长27.30%。

〔案件专项治理〕　2011年,辖区银行业案防工作始终保持高压态势,《案件处置三项制度》的贯彻落实成为案防工作的重点。西双版纳银监分局在组织学习培训的同时,积极探索行之有效的工作模式,即结合《案件风险信息》,通过对风险成因、过程的研判,及时发现银行机构信贷管控中的风险隐患,精确制导现场检查组的重点核查工作,有力筑牢辖区银行业金融机构的风险防火墙。一是精确制导,监管创新有新举措。西双版纳银监分局在延续2010年开展的“共享式”、“跟踪式”、“贴近式”监管的同时,积极探索监管合力建设,创新监管手段,巧借案件处置三项制度,立足云南银监局“防风险”的核心要求,重点对信息综合分析运用能力、非现场监管与现场检查衔接、现场检查成果的运用等方面的工作进行有益尝试,采用“融合式”的新型监管模式,迅速提升监管成效。二是有效联动,增强案件防控有效性。为进一步增强监管的前瞻性、有效性,深入推进银行业风险管控长效机制建设,西双版纳银监分局以银监会案防三项制度实施为契机,不断完善案件(风险)信息报送流程,切实加强监管联动,拓展监管“视野”,提高监管效能,增强案件防控有效性。三是立足新高度,强化审慎监管。立足联动建设,构筑案防多维体系,严格督促银行业金融机构理顺工作体制,着力完善“查、防、堵、惩、教”有机结合的长效机制,以“检查到位、责任追究到位、标本兼治整改到位”为原则,真正做到与监管思路“同心”、与监管目标“同向”、与监管要求“同步”。通过提升案防工作效能,构建有力的监管屏障,狠抓风险管控手段联动到位。

〔**林权抵押贷款**〕 2011年,西双版纳银监分局结合自身工作实际,以推进林权抵押贷款为突破,积极支持“三农”经济发展,并积极开展创新实践,努力破解现行林权抵押贷款中存在的困难,多措并举、扎实推进林权抵押贷款先试先行试点工作,取得了积极成效。至2011年末,辖区银行业金融机构存量林权抵押贷款11.83亿元,比2010年增加3.48亿元,增长41.74%(高于辖区各项贷款平均水平26.32个百分点)。一是搭建组织平台。西双版纳银监分局率先成立了推进林权抵押贷款协调领导小组,走访并动员辖区各银行业金融机构积极开展林权抵押贷款。二是强化沟通协作。建立了分工明确、专人负责的工作联系机制,加强与辖内银行业金融机构、政府部门、宣传媒体的沟通协调,代州政府起草并印发《西双版纳州关于加快推进林权抵押贷款先试先行工作指导意见》,从增强认识、工作原则、内容和要求等四个方面提出了具体思路,为加快推进林权抵押贷款工作统一了思想,达成了共识。三是加强创新实践。为深入推进林权抵押贷款工作,深入实地调研,率先牵头当地林业部门在辖区三县(市)中的2个县试点设置林权抵押贷款“一站式”服务窗口,覆盖率达到了66%以上,为林农办理贷款提供了便利。

〔**金融服务网点实现全覆盖**〕 在提前实现金融服务全覆盖目标的基础上,2011年,西双版纳银监分局的工作重点是解决金融服务缺失新设网点的金融服务质效问题,努力变难点为亮点,取得了明显的工作成效。一是业务成倍增长。2011年1-12月,5个网点累计办理各项业务17.56万笔,是上年的7.9倍;累计结算金额12161万元,是上年的4.6倍;截至12月末,各项存款余额4230万元,是上年的5.8倍;各项贷款余额2818万元,是上年的2.4倍。二是服务多样化,服务功能不断增强。2011年对符合条件的网点加装了POS、ATM机等自助设施,有效弥补金融服务短缺问题。此外,在保证传统金融服务的基础上陆续推出了林权抵押贷款、小额扶贫贴息贷款、金碧卡惠农贷款、网上银行4种新业务,方便快捷和多样化的服务使网点服务功能不断增强。

〔**监管队伍建设**〕 自2005年正式提出了建设监管文化这一理念以来,西双版纳银监分局始终坚持把监管队伍建设作为文化建设的重要依托,以团队精神训练为内容,以勤于思考、善于实践、勇于创新为标准,以建设高效团队为主要目标,来抓好职工队伍建设,以“高效团队、监管有为”的监管文化核心价值观和“追求完美、重视细节”的具体标准和要求,进一步把全体干部职工的思想统一起来,形成监管合力和战斗力。一是强化群众观点,拉近干群关系。班子成员定期、不定期走访科室,一方面了解工作情况,指导工作开展,另一方面增进领导与职工的相互交流、相互了解,在分局营造出良好的工作氛围。二是积极培养锻炼年轻干部。2011年考察提拔任命的4名副科长中,有2名是80后年轻干部,形成了干部的梯级培养,充分激发了年轻人的上进心和事业心。三是始终坚持建立符合银监分局特点的团队文化,紧紧围绕监管中心任务,创新工作方式,把监管文化建设作为统一职工价值取向、行为方式、行动步骤和工作目标的重要载体常抓不懈。班子成员无论在工作中、还是在生活中都注意发挥带头表率作用,用自己的实际行动,为职工做出示范,树立榜样,在建设和谐监管文化中起到了引领作用。

〔**党风廉政建设**〕 2011年,西双版纳银监分局以“四个解决、四个处理”深入推进反腐倡廉工作。一是解决思想认识问题,处理好党风廉政教育认识与落实的关系。始终坚持抓住党员领导干部这个“龙头”,并以此带动全体干部职工,努力扩大廉政教育的广度和深度。二是解决教育方式问题,处理好党风廉政建设和反腐败工作教育内容与载体的关系。采取中心组集中学习、党委书记讲党课、纪委书记上廉政课等方式,达到入脑入心的教育效果。三是解决教育机制问题,处理好党风廉政建设和反腐败工作教育经常性与阶段性的关系。注重抓集中教育与经常教育的结合,将集中教育长效化,将分散教育经常化,实现集中教育与经常教育的良性互动。通过以制度促行为规范和组织开展行风评议和廉政监督工作,多层次、多角度了解依法行政、廉洁自律情况,提高教育的针对性。四是解决廉政勤政建设问题,处理好教育成果向工作实绩转化的关系。引导职工牢固树立恪尽职守、勤勉尽职的责任意识,正确对待执法监察,推动现场检查工作的合规性和实效性建设,努力实现"强化有效监管"的目标。在强化党风廉政建设的同时,严肃财经纪律,节俭办事,严把财务制度关,从分局大局出发,避免浪费,用有限的资金确保了监管中心工作的有序开展。进一步完善制度,规范程序,做到按规章办事,按工作程序办事,按职责要求办事,优质高效地做好分局机关服务管理工作。

〔基层党建〕 2011年,西双版纳银监分局以建党90周年为契机,不断加强基层党组织建设和干部队伍建设,为辖区银行业监管工作在"十二五"开好局、起好步提供坚强的组织保证。一是立足岗位,典型引路,加强党员教育。继续深入开展"讲党性、重品行、作表率"活动,制定了《西双版纳银监分局深入开展向杨善洲同志学习的实施方案》,组织广大党员认真观看了杨善洲同志电视专题片,全面了解和掌握杨善洲同志的先进事迹和精神实质,并号召全体党员立足岗位,学习杨善洲同志永葆本色、矢志不移的坚定信念,做一个拥有正确人生观、世界观和价值观,有理想有抱负的银行监管者。二是公开承诺,激发党员干部争创热情。根据云南银监局党委的工作部署,积极准备基层党组织和党员公开承诺相关工作。紧密联系工作实际,努力体现"带头学习提高、带头争创佳绩、带头服务群众、带头遵守纪律、带头弘扬正气"五带头要求,认真制定审核承诺事项。为确保承诺事项件件落实,以实际行动取信于民,无论是党支部或党员的公开承诺书,既考虑了共性和个性的内容。各党支部统一提出了4项公开承诺事项,全体党员统一提出了8项公开承诺事项。

(《银监局》撰稿人:张琳)

人民银行西双版纳州中心支行

〔金融运行情况〕

1. 各项存款增速居全省第一位。

2011年全州金融机构各项存款保持快速增长,存款余额突破300亿元大关、全年存款增量创历史新高、增速位居全省第一位。截止2011年末,全州银行业金融机构各项人民币存款余额320.34亿元,同比增长24.7%;全年新增存款63.46亿元,比上年多增8.5亿元。其中,单位存款余额128.04亿元,比年初增加25.74亿元,增长25.2%;个人储蓄存款187.69亿元,比年初增加38.02亿元,增长25.4%。

2. 信贷资金投放量创历史新高。

2011年全州银行金融机构累计投放信贷资金89.3亿元,比上年多投放信贷资金13亿元,年度信贷资金投放量创历史新高,强有力的信贷资金投入为全州经济快速增长发挥重要支撑作用,为全州实施"十二五"规划起好步、开好局做出重要贡献。2011年全州银行业金融机构新增融资资金27.2亿元,其中,新增贷款资金22.4亿元,新增其他融资资金4.83亿元。继续发挥信贷融资主渠道作用,2011年全州银行业金融机构新增贷款22.4亿元,占全年银行业新增融资的82.2%,截止2011年末全州各项贷款余额167.7亿元,同比增长15.42%,继续保持对地方经济发展的信贷支持力度;着力拓宽其他融资渠道,2011年全州银行业金融机构积极开展委托贷款、银团贷款、信托融资等其他融资业务,千方百计支持辖内企业拓展融资渠道,增加融资规模、改善融资结构、破解融资难题,并支持帮助州金孔雀集团、勐海茶厂、光明集团石斛生物科技有限公司等行业龙头企业完成其他融资8.43亿元,截止2011年末实际到位资金4.83亿元。

3. 银行业经营效益有新提高。

2011年全州银行业金融机构正确处理好改革、发展与稳定的关系,实现了又好又快发展,经营利润快速增长,不良贷款"双降",金融运行安全稳定。2011年全州银行业金融机构不良贷款绝对额下降1770万元,不良贷款率下降0.34个百分点,不良贷款连续七年实现"双降",信贷资产质量显著提高。2011年全州地方性银行业利润总额首次突破亿大关,实现利润总额增长39.2%,地方性金融企业抗风险能力和自我发展能力明显增强;2011年全州银行业实现经营净利润增长33.0%,全州银行业金融机构运行总体稳定,实现了经济效益和社会效益双赢。

〔金融监管〕

1. 强化监督意识,加强金融服务与管理工作取得新突破

一是建立领导机制和工作制度,成立了"金融服务与管理领导小组",负责全州人民银行对外金

融服务与管理工作的组织领导，统筹协调解决对外金融服务与管理工作进程中的重要事项；建立银行业金融机构重大事项报告制度和重大事项执行制度执行情况定期通报制度，并通报了2011年前三季度各银行业报告重大事项情况。通过加强金融管理，促进银行业金融机构规范经营，稳健运行。

二是认真扎实开展对金融机构的综合执法检查。按照昆明中支党委在全省开展对金融机构综合执法交叉检查的统一部署和要求，西双版纳中支党委高度重视，加强组织领导，统筹协调，周密部署，健全工作机制，采取积极措施，派出检查组于2011年5月6日至6月30日对文山辖区9家金融机构19个网点机构2010年度的货币信贷业务、金融统计业务、支付结算业务、货币金银业务、国库业务、征信管理业务、反洗钱业务、外汇业务等8项业务进行了综合执法现场检查。同时，积极协调、配合红河中支对西双版纳州辖区9家金融机构17个网点机构的综合执法检查。对州辖内9家金融机构进行了行政处罚。通过检查，进一步强化了人民银行对金融机构的管理，重塑了基层人民银行的监管理念，开创了基层人民银行服务与管理并重的新局面，进一步强化了人民银行对金融机构政策和业务的指导，进一步规范了金融机构的经营行为；进一步培训、锻炼了基层人民银行队伍素质，对外履职能力明显提高。

2. 外汇管理：强化监管，严防“热钱”，维护外汇秩序有成效

2011年，在复杂严峻的周边国家政治经济形势下，从维护边疆地区经济金融安全角度出发，始终把“防热钱”作为工作重点，强化了外汇监管职能，年内较好完成了各项检查任务。一是加强现场检查力度，促进银行、企业合规经营。主要对辖内2家外汇指定银行开展了银行外汇业务合规性检查，1家外汇指定银行开展了个人结售汇业务回访抽查，5家企业开展了房地产行业外汇收支情况专项调查。通过检查，查出存在问题9个，提出整改意见及建议8条。对贸易收付汇核查系统筛选出的15家三级关注进口企业进行现场核查，并对1家风险企业进行重点监管。二是强化非现场检查，及时排查可疑情况。利用个人外汇业务非现场监管软件，发现和处理了41笔错误购汇数据和23笔错误结汇数据；运用非现场检查系统进行数据分析，及时监测，排查跨境资金流动异常情况。三是通过宣传培训，有序开展完成了外商投资企业以及境外投资企业的外汇年检工作，并得到了省分局的肯定，被省分局表彰为“2011年云南省外商投资企业外汇年检工作先进支局”，具体经办人员被表彰为“2011年全国外汇年检工作先进个人”。四是完善银行考核工作办法，强化银行代位监管意识。制定和完善《国家外汇管理局西双版纳州中心支局对银行执行外汇管理情况工作考核办法》，顺利完成对各外汇指定银行2011年半年及全年执行外汇管理规定情况的考核及统计汇总工作，配合省分局完成全州银行执行外汇管理政策的考核意见，督促银行自觉执行外汇政策及相关规定。

〔货币信贷政策传导〕 准确把握货币政策宣传口径，做好稳健货币政策的宣传解释工作，州人民银行领导分别在西双版纳州、景洪市人大代表会议上向参会代表宣传、解读稳健货币政策内涵；组织召开全州金融联席会议和季度金融运行分析会议等多种形式，加强对地方政府、金融机构和社会公众的货币政策宣传；指导辖内金融机构贯彻落实《云南省2011年信贷指导意见》，及时制定下发《西双版纳州2011年信贷指导意见》、《关于2011年全州人民银行货币信贷工作意见》等指导性文件，明确全年信贷增长目标、信贷支持重点。完善信贷工作机制，贯彻好各项信贷政策。进一步深化银政合作，继续完善和执行西双版纳州2011年金融联席暨项目推荐会议制度，推动地方政府完善信贷增长考核奖励机制；完善涉农、中小企业信贷政策导向效果评估制度，建立农村金融产品和服务方式创新联席会议制度等信贷工作机制；坚持“有扶有控”，抓好“民生”金融服务，全力做好小额担保贷款推进工作，有效发挥小额担保贷款支持创业和再就业的作用，督促金融机构落实对民族贷款执行优惠利率的优惠政策，落实差别化房地产信贷政策，积极支持农垦职工危房改造等保障性住房建设；建立与州发改委等部门的信息共享机制，积极配合地方政府做好金融支持西双版纳州“桥头堡”主阵地建设。进一步完善监测分析制度，及时反馈货币政策实施效应。2011年西双版纳中支新建立了《农村金融产品和服务方式创新监测报告制度》、《小额贷款公司利率监测制度》、《财政性缴存款交存按旬监测报告制度》、《金融支持西双版纳桥头堡建设主阵地建设进展情况报告制度》、《地方法人金融机构差别存款准备金参数测算报告制度》等五项新制度，继续做好涉农贷款、中小企业贷款、地方政府融资平台贷款、全州20项重大建设项目贷款、边境口岸人民币汇率、边境口岸金融机构人民币现金流量、林权抵押贷款、房地产贷款、创业促就业小额担保贷款等信贷资金投向监测工作，密切关注地方经

济金融运行动态，加强信息收集反馈工作，其中有19篇次信息被上级行和地方党委政府采用。

人民银行西双版纳州中心支行把全面贯彻落实好稳健的货币政策作为2011年工作的重中之重，把贯彻落实稳健的货币政策与谋划金融支持地方经济发展紧密结构起来，把各种有利于地方经济发展的调控政策和货币政策工具用好、用活、用足，在狠抓落实稳健货币政策的同时，积极采取有效的措施支持地方经济发展。一是用好货币政策工具。用好用足支农再贷款政策。2011年全州人民银行向辖内农村信用社累计投放支农再贷款资金3.52亿元，支持"三农"信贷投放；加强支农再贷款管理，建立了"支农再贷款贷前报告制度"，进一步完善支农再贷款的贷前调查、贷中审查和贷后检查工作，支农再贷款检查做到"三个百分之百"，支农再贷款使用基社100%进场、再贷使用台账及控制卡100%核实、用支农再贷款资金发放的贷款合同100%查阅，确保支农再贷款资金安全；约见农村信用社负责人进行风险提示，进一步明确支农再贷款资金使用管理的相关要求，要求严格按照国家宏观调控政策把握好信贷投放的节奏、力度和投向，保持贷款合理、适度增长，在支农再贷款政策的有力扶持下，全州农村信用社全面实现涉农贷款增量、增幅、占比"三个高于"目标。二是加强存款准备金管理，认真执行差别存款准备金动态调整政策，组织辖内货币信贷人员开展差别存款准备金动态调整政策的学习培训，学习把握宏观审慎管理和差别存款准备金政策内涵；加强监测和准确计算相关指标参数，及时提示地方法人金融机构合理把握信贷投放总量、结构和节奏，引导信贷投放合理适度增长。认真落实好存款准备金率调整政策，加强对辖区法人金融机构头寸的监测分析，及时上报存款准备金率调整后的情况反映；三是落实好对上年度新增存款一定比例用于当地贷款考核达标或农村信用社改革试点专项央行票据兑付后续监测考核达标的县域法人金融机构，人民币法定存款准备金率降低一个百分点执行的政策，鼓励辖内县域法人金融机构将吸收存款用于当地经济建设与发展，继续推进农村信用社深化改革；五是加强利率管理和监测工作，及时转发利率调整文件，及时上报利率政策调整后的情况反映，对景洪市农村信用社开展利率风险定价评估，引导地方中小法人金融机构推进利率风险防范机制建设。

〔**支持地方经济发展**〕

1. 民生金融服务切实改善。

2011年全州银行业金融机构把改善民生金融作为贯彻落实各项信贷政策的着力点，促进构建和谐社会。全面落实促进就业鼓励创业小额担保贷款政策，小额担保贷款维护社会稳定的促进作用进一步提升，2011年全州农村信用社累计发放小额担保贷款14394万元，带动就业创业5094人，2011年12月末全州小额担保贷款余额22951万元，同比增长52.0%。2011年全州累计发放农垦职工危房改造贷款2233万元，支持1467户职工完成改造危房，累计发放廉租住房贷款2500万元，截止2011年末全州个人住房贷款余额25.63亿元，比上年末增加5.4亿元，增长26.88%，增幅高于全州各项贷款平均增长11.5个百分点，积极支持居民改善居住环境。大力推广"惠农支付服务"，农业银行在乡镇设立"新农保"代理支付服务点10个，2011年共发生业务12658笔、累计取现金额207.41万元，同比增长100%；农村信用社在乡镇设立了2个"惠农支付服务点"，2011年共发生业务8804笔、累计取现金额486.9万元，分别增长9.12倍和26.2倍。"惠农支付服务"使更多农民"足不出村、足不出乡"就能领取养老金、涉农直补资金等各种政府补贴，有效缓解了山区农民小额取现难问题，受到农民的广泛称赞。

2. 农村金融创新取得新成效。

2011年全州银行业金融机构积极探索、立足辖区实际，大力开展农村金融产品和服务方式创新，并取得了新成效：农村金融创新产品带动社会融资快速增长，截止2011年末全州金融机构创新推广农村金融产品共计20项、涉及融资余额43.18亿元，比上年末增加11.34亿元，增长35.63%。林权抵押贷款得到大力推广，2011年全州金融机构把推广林权抵押贷款作为推进农村金融产品创新工作重点，并实现了林权抵押贷款快速增长，截止2011年末全州10家银行业金融机构中有8家办理了林权抵押贷款，林权抵押贷款余额达11.83亿元，比上年末增长82%，林权抵押贷款已覆盖全州31个乡镇中的28个乡镇，林权抵押贷款余额位居全省前列，有力支持了集体林权制度改革和林业产业发展，创新了"三农"信贷投入机制。

〔**各金融机构的经营管理**〕中国农业发展银行西双版纳州分行2011年继续强化信贷支农，实施"两轮驱动"战略，着力加强"两基"建设，重视防控信贷风险，全面加强队伍建设，积极开展纪念建党90周年系列活动，较好地完成了各项工作。截至年末各项存款余额达64699万元，比年初增加22841万元，增长54.57%。各项贷款余额108105万元，比年初增加1591万元，增长

1.49%。中间业务收入57.54万元，比年初增加1.63万元，增长2.91%。

中国工商银行西双版纳州分行2011年转变观念和工作作风，敢于创新，积极抢抓发展机遇，努力拓展优质客户市场，不断增强整体竞争力，全行经营效益、存贷款、中间业务等经营指标任务实现了新的突破，连续两个季度在全省二级分行行长综合绩效考核中名列第三名，圆满完成了全年各项目标任务。截至年末，人民币存款余额394971万元，比年初增加61446万元，增长18.42%。人民币各项贷款余额245060万元，比年初增加47987万元，增长24.35%。中间业务完成2722万元，比年初增加1230万元，增长82.48%。

中国农业银行西双版纳分行2011年在国家宏观经济形势十分严峻的大背景下，西双版纳分行坚决贯彻执行国家宏观调控政策，迎难而上，在不断调整区域结构、客户结构和业务结构，优化全行资源配置，实施差异化发展战略过程中，进一步加大营销力度，继续实施"四重"营销策略，积极做好金融服务"三农"工作，保持了各项业务的持续发展态势。截至年末各项存款余额达1003136万元，比年初增加118804万元，增长13.43%。各项贷款余额456143万元，比年初增加31221万元，增长7.35%。中间业务收入5080万元，增长41.11%。

中国银行西双版纳州分行2011年认真贯彻省分行"保先争位再翻番"的战略规划，积极投身"1331"和"客户倍增发展"工程，落实"提速度、调结构、防风险、练内功、夯基础、上水平"总体要求，全行紧紧围绕发展、管理、内控、服务等目标，找准工作切入点，促进了各项业务的持续健康发展。截至年末，人民币各项存款215717万元，较年初增加5805万元，增长2.77%。人民币各项贷款110020万元，较年初增加21431万元，增长24.19%。

中国建设银行西双版纳州分行2011年，以加快发展、提升管理为主线，抓住西部在开发和云南"桥头堡"建设的机遇，进一步转变观念，继续遵循"一个道理、两个标准、三个重点、四个提升、五个狠抓"的工作要求，以"六看"作为检验各项工作成效的标准，实现了各项业务又好又快发展。截至年末，各项存款余额424779万元，比年初增长116483万元，增幅37.78%。各项贷款余额220925万元，比年初增加25175万元，增长12.86%。中间业务收入1950.81万元，同比增加447万元，增长29.72 %。

中国邮政储蓄银行西双版纳州分行 围绕2011年全年目标任务，紧紧抓住"错位经营、特色发展"的定位，主动转变经营理念和实施精细管理，全面推动各项业务快速健康发展。截至年末，各项存款余额235510万元，比年初增加43605万元，增长22.72%。各项贷款29027万元，比年初增加16352万元，增长129.02%。

富滇银行西双版纳分行2011年以提高经营效益为目标，以控制全行风险为前提，以发展为主线，以提高经营质量为重点，着力转变经营思想、创新营销手段，把加快发展的各项措施落到实处，树立以内抓管理、外抢市场、主动出击、求得生存的市场竞争理念，做大做强各项业务，各项工作全面推进。截至年末，人民币各项存款余额65829万元，比年初增加17635万元，增长36.59%，各项贷款余额48775万元，比年初增加6440万元，增长15.21%，中间业务收入61万元，完成总行下达任务数110万元的55%。

农村信用社2011年按照"立足三农，服务城乡，支持中小企业，促进地方经济社会健康发展"的市场定位。坚持以服务"三农"为宗旨，加大对"三农"和本土特色化产业橡胶、茶叶龙头小企业发展的资金投入，为我州农业的增产和农民的增收注入了强劲的动力，确保了全州各项存贷款规模的强势增长，截至年末，各项存款余额达762237万元，比年初增加248802万元，增长48.46%。各项贷款余额达458928万元，比年初增加73852万元，增长19.18%。中间业务收入950万元。同比多增355万元，中间业务收入占比2.04%，呈现逐年增长的趋势。

〔**证券业务**〕 2011年西双版纳州证券业完成总成交金额765900万元，同比减少237900万元，减少23.7%。

〔**保险业务**〕 2011年西双版纳州保险机构保险费收入72437万元，同比增加13295万元，增长22.5%，保险赔款支出15768万元，同比增加4424万元，增长39.1% 。

〔**行业大事记**〕 （按照时间顺序表述）

1."十一五"期间西双版纳州存款、贷款余额实现翻番。

五年间，金融机构各项存款余额突破200亿元、各项贷款余额突破100亿元，2010年12月末，全州各项人民币存款余额256.88亿元，各项贷款余额145.29亿元，存款、贷款余额比2005年末实现翻番，"十一五"期间存款、贷款增量超过了前55年的存款、贷款增量总和；五年间，全州金融机构各项存款累计增加151亿元，存款年均增长

19.5%；各项贷款累计增加100.2亿元，贷款年均增长26.4%，高于“十五”期间贷款增长近11个百分点，高于同期经济增长近13个百分点，2007年、2008年贷款增幅曾连续两年位居全省第一。金融机构信贷资金强劲投入有力地支持了全州经济快速发展，绿色金融、民生金融、反贫困金融开始发挥日益显著的作用。

2. 2011年2月20日，人民银行西双版纳州中心支行马咏洪行长参加州十一届人大六次会议。

3. 2011年4月21日，国家外汇管理局西双版纳州中心支局举办2011年进出口企业培训，来自西双版纳州47家进出口企业50名企业代表参加了此次培训交流会。

4. 2011年5月4日按照全省2011年综合执法检查要求，西双版纳中支检查组赴文山开展检查，并配合红河中支检查组开展西双版纳州综合执法检查工作。

5. 勐海县创新金融服务开通“一站式”林权抵押贷款便民服务窗口。10月28日，勐海县林权抵押贷款“一站式”服务窗口在勐海县便民服务中心挂牌成立，勐海县农行和勐海县农村信用社成为首批入驻机构，为勐海县各族群众提供全方位的高效、便捷服务和融资通道，得到地方党委政府和老百姓的认可。

6. 11月23～24日，云南省跨境人民币结算工作会议在西双版纳州举行。昆明中支刘莹副行长、昆明中支跨境办、各州(市)中心支行分管副行长及跨境人民币业务骨干共计36人参加了会议。

7. 西双版纳州首次正式成立人民币兑换老挝基普、缅甸缅币、泰国泰铢的汇率监测点。2011年11月29日，西双版纳州边境口岸汇率监测工作会议暨汇率监测点授牌仪式在中国人民银行西双版纳州中心支行举行。

8. 人民银行西双版纳州中心支行提出的“‘十二五’时期加快金融业发展的建议”被纳入《西双版纳州“十二五”规划纲要》。

2011年西双版纳(州、市)主要经济、金融指标

单位:万元人民币

项 目	金 额	比上年增减额	比上年增减幅度(%)
国内生产总值	1976842	373647	13.6%
工业增加值	322543	50229	18.8%
地方财政收入	175998	63412	56.3%
地方财政支出	671304	247003	58.2%
社会消费品零售总额	607030	101027	20.0%
金融机构各项存款	3207012	636331	24.8%
财政存款	36504	-851	-2.3%
单位存款	1280361		
储蓄存款	1879716	381235	25.4%
金融机构各项贷款	1676984	224048	15.4%
短期贷款	304086	34339	12.7%
中长期贷款	1369001	186018	15.7%
现金投放(+)回笼(-)	446500	-112043	-20.06%
证券业:			
市场总成交金额	765900	-237900	-23.7%
累计开户数(户)	2450	-1939	-44.18%
保险业:			
保费总收入	72437	13295	22.5%
保险赔付总支出	15768	4424	39.1%

(《人行》撰稿人:岩坎糯)

中国工商银行西双版纳分行

〔概况〕 2011年，中国工商银行西双版纳分行在职员工170人，设内部机构9个部室，6个中心；对外营业网点7个(其中：一级支行2个、二级支行4个、分理处1个)。分行认真践行“强行”战略目标，牢固树立“四硬”经营理念，坚定“三个没有”的发展信念，强化“三个主动”的工作方法，转变观念和工作作风，敢于创新，积极抢抓发展机遇，努力拓展优质客户市场，不断增强整体竞争力，全行经营效益、存贷款、中间业务等经营指标任务实现了新的突破，圆满完成了全年各项目标任务，在全省二级分行行长综合绩效考核中名列第三名好成绩。

〔存款业务〕 该行为确保全年存款稳定增长，党委高度重视，认真分析研究，制定全年总体目标任务，始终坚持抓稳存增存工作不松懈。一是实施“一把手”负责制。开展上下联动，落实层层分解任务；二是定期召开存款分析会，认真研究工作措施，制定竞争策略和考核办法，以确保各项任务指标的完成；三是采取主管行长亲自抓，个金部门具体抓，各支行、网点负责人协同抓、全行员工整体抓的营销功能；四是建立客户服务机制。以拓展中高端客户为突破口，细分客户群，抓大户稳小户，主动寻找新客户，努力寻找新的存款增长点。积极开展离柜业务活动，分流柜面业务，缓解柜面压力，集中服务优质客户，提升网点核心竞争力；五是抓各项业务协调发展。以代发工资、第三方存管、灵通卡等为源头性业务，加强对财政、社保、军队等系统核心客户群的营销和维护，全力做好代理国库集中支付、公务用卡、城镇居民医疗保险等业务，不断深化与核心客户的合作关系，努力增加机构和同业存款，积极争揽投资专项、民生工程、环保等项目资金，增加机构存款的市场份额；六是加大项目联动挖掘工作，积极营销公司存款，强化以贷引存效应的营销措施，确定目标客户，落实专人负责，制定对策，及时跟踪，上门营销攻关，不断深入挖掘重点客户的存款增长潜力。2011年末，人民币各项存款增加61998万元（含同业存款），其中：公司存款增加14203万元，机构存款增加20281万元，储蓄存款增加27513万元，外币存款增加178万美元。

〔**贷款业务**〕 该行以推进信贷结构调整为主线，按照“三个明显增加，两个明显下降，一个不下降”的结构调整总体要求，积极调整信贷结构，健全和完善信贷管理体系和监督体系，不断提高信贷风险分析水平和风险监控、预警能力，动态控制信贷风险，主动服务前台，严格把控信贷投向，稳步提高信贷资产质量，推进绿色信贷建设，推动全行信贷业务全面、协调、稳健发展。一是推进信贷结构调整。抓住国家西部大开发和中国—东盟自由贸易区的启动带来的机会，加大优质项目和客户营销力度，积极竞争信贷市场份额；二是加快小企业拓展力度。大力营销小企业贷款业务，积极做好小企业网络循环贷款（网贷通）业务推广，对茶叶加工及橡胶行业、边境贸易、矿产加工、旅游行业等一批特色产业、行业作为重点支持和扶持发展对象，择优确定目标客户群，在风险可控的前提下尽量简化审议程序，提高审批效率，不断开展贷款投放；三是结合西双版纳经济产业特点，大力推进橡胶林权抵押贷款业务；四是积极发展个人信贷业务。通过研究、制定和落实有利于扩大个人信贷业务的措施，加强市场营销，促进个人住房贷款、个人消费贷款、个人经营性贷款业务的发展，完善个人住房贷款与住房开发贷款经营联动机制，确保个人贷款市场领先地位。加大与重点优质单位的联系，有侧重发展个人贷款客户的集团营销，积极向开发商宣传工行个贷新政策，密切与开发商的合作，了解开发意向，努力扩大市场营销广度和深度。督促客户经理对一些资金实力雄厚、发展潜力大、市民热点关注楼盘的开发商，开展上门走访、进驻楼盘等形式展开重点营销，不失时机地与其签订住房按揭贷款合作协议，抢抓优质按揭资源。2011年末，各项贷款增加47987万元。其中：公司类贷款增加27485万元（小企业贷款增加20675万元）；个人贷款增加20502万元；票据贴现增加1170万元。

〔**中间业务**〕 中间业务是该行经营发展的工作重点，是提高全行利润来源之一，也是提高全行员工绩效收入有效保障。因此，该行非常重视此项工作，把中间业务作为发展重点之一，坚持“在发展中调整经营结构，在调整中提升发展层次”的个人金融业务经营理念，以打造一流的国内零售银行、提高核心竞争力为契机，不断开辟中间业务收入新的增长点。一是以中小企业为依托，大力开展电子银行、法人理财产品、基金、贵金属买卖、国际结算、银行卡、代理财产保险等多种产品的组合营销和交叉销售，满足中小企业客户多样化的金融需求，努力提高我行金融业务综合收益水平；二是突出对灵通卡、信用卡、理财产品、汇款、代客理财等结算相关产品的全面整合营销；三是加强债券营销服务。开展与证券公司合作，大力发展证券公司第三方存管客户，增加第三方存管业务手续费收入；四是代理电视收视费业务。2011年，实现中间业务收入2722万元，较上年同期多增1230万元，增长82.48%。

〔**资产质量**〕 该行以狠抓资产质量不放松，不断完善全面风险管理体系，加强信用风险、市场风险、操作风险和道德风险的管理。以不良贷款重点大户为突破口，采取针对性措施，运用催收、诉讼等法律手段清收处置转化不良贷款，使全行信贷资产质量保持在较好的水平。2011年，法人客户不良贷款率为零，全行不良贷款均为个人客户，不良余额仅为143万元，较上年增加39万元，占贷款总额的0.06%。

〔**经营效益**〕 该行从强化财务管理入手，不断提高经营管理水平，完善财务审查制度，加强财务支出项目的审查力度，规范报批程序和审议流程。年末，实现各项收入47991万元，较上年增加15060万元，增长45.73%；各项支出41014万元，较上年增加13288万元，增长47.93%。

〔**服务工作**〕 该行以推行服务为根本的经营理念，突出以市场为导向，紧扣“服务价值年”、

"改革流程、改进服务年"活动主题，不断加强服务基础管理，切实解决服务工作中存在的各项问题。一是制定全年服务工作计划。明确领导分工责任制，行领导分别定期到一线网点进行调研，了解员工思想动态，倾听员工心声，解决网点服务中存在的问题；二是抓行长坐班制工作。以行领导、机关各部室经理、副经理、主任、副主任，各支行行长、副行长进行每月一次坐班，主要以抓服务管理、影响业务发展和服务质量提升的问题为重点，积极参加网点展会，向网点提出指导性意见，与员工进行工作交流，倾听员工的意见，引导和分流客户，解答客户咨询，向客户宣传、营销我行金融产品，维护和拓展客户资源。并在工作中认真填写工作日志，解决员工和客户提出的问题，对网点进行总体评价，提出发现的问题和存在的不足，建议解决的办法和工作措施；三是推行内部服务承诺制。从内部服务机制、服务内容、服务流程、服务标准和服务时限等方面，在全行16个部室制定服务承诺书，建立二线为一线服务的考核监督机制，本着"一线也是客户"、"一切为了客户"的宗旨，按照"务实承诺，高效履行"的原则，通过开展内部服务满意度测评，将部门服务情况纳入部门季度绩效考核；四是加强网点服务规范。按照《营业网点规范化服务标准》要求，全行实行统一服装上岗，规范统一员工工作胸牌，对网点客户意见簿、填单指南和分流引导指示牌等服务配套设施实行统一规范，对全行的服务环境、服务态度、服务效率以及服务纪律等各个环节进行定期督导，合理分配柜员窗口，促进快速操作流程，以减少客户等后时间；五是抓服务监督检查。重点以营业环境、仪容仪表、大堂经理、柜员、贵宾客户服务、自助设备、网点硬件和客户满意度等为主要内容，定期组织服务大检查，并将在全辖进行通报。通过全行员工共同努力，全行服务质量得到明显增强，员工工作效率得到明显提高，柜面"三声"服务得到明显改善，网点环境维护工作得到明显改进。

〔**内控管理**〕 2011年，中国工商银行西双版纳分行认真坚持依法合规、稳健经营的指导思想，以效益、质量、管理、效率、操作风险防控为工作重心，正确处理业务发展与风险防范的关系，不断加强对全行合规管理、操作风险管理，认真组织进行各项审计检查工作，督促全行落实各项内控管理规定，促进内控管理水平的提升。一是落实岗位责任制。认真抓好内控管理的各项工作措施，加强全行内控管理，行长与各部门、各网点负责人签订了内控管理责任书，以明确各机构、各部门负责人和各岗位人员的内控管理职责，确保各项规章制度的贯彻落实，切实防范和化解经营风险，进一步完善了内控管理机制；二是组织开展各项审计检查。全年开展反洗钱、制度执行力、信用卡、不良贷款处置业务、岗位轮换、营运风险管理等进行督导、离任审计和检查，对发现的问题，及时提出整改意见，并督促落实工作；三是组织开展"提升素质，远离违规"主题教育活动和深化内控和案防制度执行年活动。以内控合规中心作为牵头部门，制定了《西双版纳分行"提升素质远离违规"主题教育活动实施方案》和《西双版纳分行深化银行业内控和案防制度执行年活动具体实施方案》，深入广泛进行宣传动员，开展形式多样的业务学习与培训，提高全行干部员工对各类产品知识、操作流程、规章制度的掌握熟练程度，规范行为，远离违规，并在全行范围内树立学习标兵和远离违规行为的典范，通过树立典范、以点带面，激励全行员工提升素质，立足本职，完善自身，个人成长与企业共同发展，同时加强业务风险点梳理排查，对重点领域和关键环节的防控治理，有效防范操作风险损失，促进各项业务安全稳健运行；四是抓反洗钱工作。加强反洗钱非现场监管管理，认真落实大额、可疑交易报告的确认，及时转发上级行系统运行的相关要求，开展反洗钱宣传周活动，并向客户、群众发放反洗钱宣传资料300份，接受反洗钱咨询共186人次，取得了较好效果。2011年，组织离任审计7个，累计完成各项审计检查项目27个，累计投入439人天，发现问题涉及县级以上单位18个，发现问题80条，针对问题提出整改意见54条，已整改52条，整改率为96.3%。

〔**安全防范**〕 2011年，中国工商银行西双版纳分行紧紧围绕省分行和当地公安机关、综治办、银监分局的工作部署，不断更新观念，转变作风，真抓实干，加强思想、制度、设施三道防线建设，严格执行日常安全管理制度，着力提升科技防范水平，强化守押公司的检查、监督，不断增强风险控制能力，加快实现治安保卫工作精细化管理，以保障全行无可防性外抢、外盗、爆炸、火灾等案件事故的发生。一是落实层层签定治安保卫工作责任书。为强化责任制度的落实，用制度的刚性约束，用责任书的形式明确从行长到一线员工的治安保卫工作职责，强化各级领导负责、人人参与的治安保卫工作机制，2011年全行共签订责任书105份，签订率达100%；二是落实安全检查制度。为不断发现和整改各种安全隐患，州分行坚持每季度对全辖行处进行一次全面安全检查，每月对城区支行网点进行一次全面安全大检查，节假日根据情况适时组织抽查和全面检查,每天晚上加强对自助机具进行巡查。年末,组织开展全辖机构、网点、库点、运钞等环节检查32人次,检查发现问题29个,针对检查定期召开分析会,制定措施抓整改,及时消除隐患;三是狠抓安防教育。该行始终把提高员工的安防意、内控意识、自我保护意识及风险意识用为重要内容,不断强化各项规章制度和规范操作流程教育,坚持及时转发上级行及当地银监、公安部门的各类案件通报和总行《金融案件信息摘报》、《案件管理动态》等教育材料,组织员工进行相关的法律法规,观看电教片等学习教育,通过教育,增强员工主动防范案件的自觉性。2011年,通过有效防控重大外部案件和事故,进一步强化制度执行力,落实安全责任,着力加强对守押公司的监督,全面巩固安全防范设施建设,积极参与地方政府、公安部门保障了全行无可防性外抢、外盗、爆炸、火灾等重大案件和事故的发生,实现了全行安全经营的目标。

〔**党建工作**〕 2011年,中国工商银行西双版纳分行党委以贯彻学习党的十七届四中、五中全会精神,紧紧围绕全行中心任务,认真做好党的基础管理工作。一是抓好党委中心组学习制度。根据总、行党委要求,制定了《党委中心组2010年学习计划》,明确了全年党委中心组和各党支部的学习重点,坚持每月一次集中学习和专题讨论,全年开展党委中心组集中学习13次;二是加强领导干部履职能力,认真开好民主生活会。按照省分行党委的统一部署,围绕民主生活会主题,认真查找班子和班子成员之间存在的不足,开展批评与自我批评,并针对存在问题认真进行分析,制定整改措施,建立和完善领导班子思想政治建设的长效机制,为全行业务发展提供强有力的组织保障;三是积极开展创先争优活动。认真学习杨善洲同志先进事迹,以共产党员为树立学先进、讲奉献、争一流、比贡献的新风尚,通过学习先进落实行动,积极开展共产党员抗旱救灾特别捐献活动,给网点解决实际困难问题6件,给员工群众做实事做好事29件;四是开展基层党组织建设。以各党支部牵头,抓党员教育培训,开展每月1次政治理论学习制度,抓党员发展工作,按期转正6名预备党员,发展了5名预备党员;在建党九十周年之际,举办了庆祝建党九十周年大会,开展党史教育课,表彰了1个优秀基层党支部、3名优秀共产党员、3名优秀党支部书记、2名优秀党务工作者。

〔**队伍建设**〕 2011年,中国工商银行西双版纳分行为进一步加强员工队伍建设,提高员工综合素质,有针对性地做好员工定向培养与管理,帮助新入行员工尽快实现从个人导向到团队导向、从情感导向到职业导向、从成长导向到责任导向的转变,增强新员工的团队意识与合作精神,增强对工行的归属感与认同感。一是按照企业和员工和谐发展的要求,推进教育培训工作。以职业发展培训、岗位资格培训、履岗能力培训为主体,拓宽员工培训参与面,丰富培训内容,有针对性地开展岗位专业培训和职称、职业资格培训工作,提升专业技术人员的专业能力和专业素养;二是认真做好人力资源系统基础数据的维护。严格按劳动法和劳动合同法规定办理了在职员工、解除合同人员的信息采集、导入、修改、维护、劳动合同终止解除、变更、续签,五险二金申报、衔接、缴费等工作。确保人员变动信息量与系统中数据一致,保证员工工资集中发放的顺利进行。办理了1名区域调整人员调回原单位、1名申请调到普洱工行本系统内工作的员工、省行干部交流1人、6名内退转退休员工的相关手续、6名柜员合同工录用劳动合同签订、95588回行9名员工的相关手续和各种保险的缴纳申请工作;三是加强岗位轮换和强制休假工作管理。结合全行业务发展实际和岗位风险点变动情况,建立完善了关键岗位台账,规范二级分行(含)以下机构关键岗位设置、完善我行前、中、后台岗位轮换制度。对提拔的2名支行行长进行了离任审计,全年计划轮岗人数9人,已按计划轮岗8人。对岗位任职期限届满的牡丹支行行长、财务会计部经理进行了岗位轮换,确因工作需要暂不能轮岗的个金部经理1人实行了离岗休假;四是做好客服类岗位员工薪酬调整工作。通过宣传引导、公开当事人工龄、岗位、职责等的基础上,对客服类岗位员工进行界定,择优晋升条件进行统计、审核、公示。召开网点负责人和客服类岗位员工大会宣传客服类岗位转制工作政策,完成了58名客服类岗位员工薪酬调整,并按要求及时发放薪酬调整告知书。让网点负责人熟知客服类岗位员工薪酬调整工作,做好对客服类岗位转制和非转制员工的政治思想工作,认真做好转制质疑人员的政策解释工作,营造和谐、充满干劲、充满活力的干部员工队伍。

〔**企业文化**〕 2011年,中国工商银行西双版纳分行在构建和谐银行的过程中,不断加强企业文化,积极开展各种形式的活动,以增强企业的凝聚力和向心力,激发全行员工的自信心和工作热情,不断推进企业文化建设。一是积极开展《企业文化手册》学习宣传活动。在全行营造浓厚的学习氛围,引导全行员工加深对我行企业文化体系和价值理念的理解,做到思想上认同、行动上合拍，将价值理念融入到本职工作、渗透到经营管理中，不断提升服务品质、服务能力和服务形象，推进各项工作持续健康发展；二是开展“建设一流企业文化培育服务价值理念”主题教育活动。以推动我行企业文化的传播，反映全行员工与工行共同发展的精神风貌，激发全行员工的责任感和荣誉感；三是培育和谐企业文化，打造优秀企业形象。组织开展“送温暖”活动，全年共慰问特困员工25人次，慰问金53000元，体现州分行党委对特困员工的关爱。组织开展献爱心活动，全行157名员工，纷纷解囊相助，共募集捐款10755元，大力弘扬了“一方有难　八方支援”的精神。开展职工医疗互助活动，全行181名职工参与，募捐基金30800元，充分体现了全行员工对爱心扶贫公益活动积极参与的热情；四是积极参加上级行组织的各类活动。组织全行员工参与“铁人杯”、“工会在我身边”等知识竞赛活动，取得较好成绩，荣获省分行“最佳组织奖”。开展员工的普法教育和“依法合规经营防范操作风险”箴言征集教育活动，获普法征文二等奖1篇，被评为优秀组织单位，征集箴言推荐上报省行10条优秀作品，获得一等奖2条、二等奖2条、三等奖3条，荣获省分行“最佳组织奖”。五是组织开展丰富多彩的业余文化生活。组织员工开展庆“三八”趣味运动会、户外爬山运动、门球比赛、才艺展示、太极拳普及培训、建党90周年纪念、户外体验式拓展训练等活动，增进员工之间的沟通、交流和互助，丰富企业文化内涵，增强女员工凝聚力，增强员工体质、陶冶情操，展现广大员工良好的精神风貌，培养了员工的团队意识和荣誉感，用饱满的热情为广大客户服务。随着全行企业文化体系的逐步推广，“工于至诚，行以致远”的企业文化理念将逐渐深入人心，在增强团队凝聚力、提高我行核心竞争力等多个方面起到非常重要的积极作用，为实现我行综合效益的稳步提升提供强有力的支持。

（《工行》撰稿：田茂海）

中国农业银行西双版纳分行

〔**概述**〕　2011年，西双版纳分行认真学习贯彻十七大精神，认真贯彻落实省分行工作会议和州委六届十一次全会精神，以“3510”发展战略为总纲，以提升价值创造力和可持续发展能力为核心，继续实施“发展、转型、创新、控险、强管、增效”的业务经营方针，夯实管理基础，促进有效发展。按照农总行提出的“打造优秀大型上市银行”，以及省分行提出的“横向提升、纵向进位”的目标，认真分析面临的形势和任务，结合实际，研究确定了全行2011年工作的总体要求，制定了全行的综合业务经营计划、风险管理等5项主要工作目标和工作措施，各项工作有序开展。

〔**存款业务**〕　各项存款平稳增长。至2011年末，各项人民币存款余额达1003136万元，存量市场份额在当地同业中继续保持第一；存款比年初增加118804万元，完成计划的95.04%，其中：储蓄存款721322万元，比年初增加112815万元，完成计划的146.51%。全行各项存款余额突破佰亿元，成为版纳州内首家存款突破100亿元的银行，这是农行自身经营和资金实力持续快速壮大的反映，也是作为版纳州内有影响力大型银行的积极表现，标志着农行服务全州经济的资金实力进一步增强，服务客户的能力显著提高。其中，储蓄存款继续保持高速增长态势。

1. 把握经济发展趋势，突出营销重点。

州分行牢固树立“存款立行、存款强行”的理念，突出重点，坚持不懈地抓好存款工作：针对全州农产品上市季节性强的特点，在一季度各行抓住香蕉、西瓜、咖啡等等农副产品市场价格好的机遇，通过积极发卡、改进服务等手段营销个人存款，取得了显著效果，二季度以后，则紧抓橡胶开割、茶叶上市和农垦改制原农垦职工收入大幅增长的有利时机。全辖各网点以“春天行动”和“激情仲夏”等个人业务的综合营销活动的开展和网点转型等为契机，狠抓服务和综合营销，保持了储蓄业务的持续快速增长。继续加强与重点工程项目、大客户的联谊和沟通，继续做好电力、矿业等具有垄断优势的行业客户的维护和拓展工作；继续锁定一个沧江新区、两个边境口岸和三个工业园区的外来投资企业等优质客户作为重点营销目标，实施源头营销。

2. 以加快网点转型促进存款业务的发展。

认真落实好省分行网点调整转型实施意见，擦亮牌子，提升形象；加强柜面服务，落实各项规范化服务制度，优化服务环境，以调整营业时间的方式弥补营业网点人手不足的困难，基本配齐了城区网点的大堂经理，切实落实“赢在大堂”的经营策略；密切关注营业网点存款增长动态，加强对基层网点指导、服务，确保各项存款增长达到预期目标。加快网点转型建设步伐，促进网点环境的改善和业务竞争力的提升。全年交付使用完成硬转型的网点5个，完成26个网点新LOGO标识的门楣安装，完成州分行办公楼、景洪支行、港口支行亮化工程，完成已转型网点LED显示屏安装6

个,并对2011年建设的6个转型网点已全部完成配套设施建设。加快电子渠道建设,以强有力的科技支撑促进负债业务的高速发展。完成11台存取一体机的报备和安装外,积极争取了38台现金类自助设备,新增转账电话33台。同时加强对自助设备的维护和管理,降低设备故障率,加强自助设备的业务分流作用,全行电子渠道分流率达50.21%,继续保持全省第三,比上年提高了7.29个百分点。

〔**贷款业务**〕 各项贷款稳步增长。各项贷款余额456143万元,比年初增加31221万元,控制在信贷规模以内;存量贷款市场份额在当地同业中屈居第二,略低于农信社0.18个百分点。各项贷款增长速度放缓,全年增长7.35%,同比少增10904万元。其中:法人贷款增加2835万元,个人贷款增加26481万元;个贷的增长对全行各项贷款的平稳增长起到了强有力的支撑作用,从其增长结构来看,个人房贷对全行贷款市场份额的贡献日益突出,比年初增长了32120万元,比上年多增21676万元,占全行贷款增量的102.88%。

1. 积极做好金融服务"三农"工作。

州分行全年将工作重点由惠农卡的推广普及调整至控制和化解小额农户贷款风险上,坚持审慎授信,加强内外部检查和整改,保证了农户小额贷款风险可控。累计发放惠农卡124644张,惠农卡存款余额16441万元,较年初增3077万元;激活率达99.42%;新增发卡量12404张,完成全年经营计划的112%;农户小额贷款授信户数为11978户,新增授信户数480户;贷款余额为17796万元,比年初减少2240万元,贷款户数为7034户。农村个人生产经营贷款全州余额为2612万元,较年初增2024万元。

2. 继续支持传统优良客户。

上半年对橡胶种植和加工行业发放贷款5000万元,其中天正公司2000万元,禹龙公司放贷1200万元,英华公司放贷1800万元;对茶叶行业的陈升茶厂投放400万元流动资金贷款。做好项目贷款发放,发放曼听公园项目贷款1500万元。支持旅游行业的转行工作,发放湄公河投资有限公司贸易流动资金2000万元。做好农场客户维护和贷款划转的前期准备工作,做好调研,为后期的业务发展和风险控制作准备。

3. 继续以房地产个人按揭业务为重点,以抓楼盘为核心促进个贷业务发展。

年内发放一手住房按揭贷款44335万元,主要的客户是滨江果园公司(即世纪金源)33336.8万元,立丰公司9号公馆项目3801万元,勐腊海诚公司1970万元,勐腊创绩公司辉煌广场1092万元等;重点是在景洪抓住了总行级核心客户世纪金源集团下属企业的滨江果园项目,全年滨江果园的住房按揭量占到全行住房贷款发放量的75.19%。与此同时,州分行还积极关注、跟进了来版纳开发项目的总、分行级核心客户及有实力的房地产大公司,与大连万达、雅居乐、保利、平安集团等加强了联系,为争取合作开展了一系列前期工作。此外,抓大不放小,继续因地制宜地做好辖内其他房地产楼盘营销,与鸿曦、天瑞、美地嘉业、晟华、红泰、南天、云江等公司均初步建立了意向合作。

4. 积极拓展住房按揭以外的个贷业务,努力完善个贷产品链。

积极拓展房抵贷贷款、个人助业贷款、置换式贷款、个人汽车贷款和个人质押贷款等个贷品种,虽然投放量不大,但为后期扩大投放,丰富全行的个贷产品链,提高个贷业务竞争力具有积极意义。

〔**中间业务**〕 中间业务收入实现突破性增长。全年实现中间业务收入5080万元,较上年3600万元增加1480万元,增长41.11%,完成计划4600万元的110.43%。中间业务收入在当地同业中名列首位。各项收入中排名靠前的几项业务分别是:银行卡业务收入2054万元,投资银行业务收入1167万元,电子银行业务收入923万元,代理保险手续费收入391万元。

1. 进一步完善激励考核机制,激发全员营销积极性。

州分行借助"春天行动"、"激情仲夏"综合个人业务营销活动的开展,全行认真总结以往的经验和不足,继续制定并认真贯彻了活动的零售业务综合营销实施方案及考核办法,并兑现了考核奖惩。对综合考核达不到60分、各项指标完成率达不到50%、重点基金销售为零的网点及其行长均兑现了惩处,对营销效果突出,任务完成较好的单位和个人进行了表彰奖励。通过制定相关激励办法、奖罚措施及时下达年度及阶段性任务数指导网各营业机构开展各项业务营销,克服了人员不到位、人手不足对业务发展的不利影响,促进了全行中间业务的稳定发展。州分行因此获得了省分行的"金e顺营销奖"和"金钥匙营销创意奖",并在"点滴积累－成就梦想"基金定投营销竞赛活动中取得定投每月扣款位居全省第2位的好成绩。

2. 积极做好各项业务的培训指导工作。

认真组织、参加各种视频会议及开展多种方式的业务培训,对全州网点主任和部分员工进行了电子银行、基金营销、理财产品营销、PCRM(贵宾客户系统)培训等。年内,积极从客户和网点两方面来做好产品的营销、指导和服务,通过解决日常客户和基层反映的问题以及开展尽职检查等方式,加强了对业务的指导与服务。两县支行的网点,还进行了营销技能提升的培训。

〔**经营利润**〕 利润实现大幅增长。全年实现拨备前利润21379万元,完成计划(指省分行下达的工作计划,下同)的112.52%,拨备后利润20888万元,完成计划的122.87%;全行实现经济增加值11142万元,增加2668万元,完成计划的159.17%。利润在当地同业中名列首位。

〔**风险资产管理**〕 清收处置工作成效明显。不良贷款实现"双降":累计清收自营不良贷款6453万元,完成计划的208.48%;委托资产现金收回2325万元,完成计划的116.25%;年末不良贷款余额比年初减少1741万元,余额控制在限额以内;不良占比比年初下降0.63个百分点。

1. 自营贷款方面。

一是版纳分行年初就对不良贷款大户作出了一户多策的处置预案,将清收处置任务及时分解落实到各行部,重点加强对不良贷款大户本息的清收;二是加大对自营不良资产的清收处置力度,按照既定的清收方案,各行部积极采取和行业主管部门、政府主管部门、州市法院协助清收等多种措施进行清收;三是适时启动法律程序,加大依法清收力度;四是加大对到期贷款、不良贷款清收、余额控制等指标考核奖惩力度,不良资产清收及信用风险控制工作取得了成效。

2. 委托资产方面。

一是继续做好一户一策分析,落实还贷计划和措施,做到早计划早安排。为切实抓好不良贷款清收处置工作,年初及时召开委托资产处置分析工作会议,按照精细化管理的要求,认真分析不良客户情况,逐户排队,根据不良资产形态、清收难易程度、区别不同情况,提出了处置方案;二是督促债务人严格按还款协议执行,确保协议履行到位;三是加强与债务人的沟通与协商,促使债务人加快履行了还款协议;四是对不良客户要求管户经理作出尽职调查核查工作报告。

〔**基础管理**〕 全行紧紧围绕总行"基础管理提升年"活动,切实加强全行的基础管理工作。继续树立全面风险管理的理念,把部门分散管理的单一风险管理方式向流程管理和系统管理逐步转变,进一步完善内部控制系统,做到覆盖事前、事中、事后各个风险管理关键环节。进一步推行精细化管理,不断改变粗放经营的管理模式,优化操作流程,提高了工作效率,防范了经营风险,确保实现了全年安全经营无事故,连续十一年无经济、刑事案件及重大责任事故发生,州分行及所辖两县支行被农总行表彰为案件防控先进单位。基础管理得到进一步夯实。州分行机关档案通过省分行专家组考核验收,成为全省农行第二家达到一级标的二级分行;保密工作荣获"西双版纳州保密工作先进集体"称号。

1. 优化了资源配置。

一是优化了财务资源配置。按照"总量控制、保障营运、战略引导、价值激励"原则,根据省分行费用配置办法,结合推进三农事业部改革实际,调整费用管理办法,加大了对县支行的财务核算及考核力度;同时,突出战略引导作用,完善了战略激励费用政策,加大对中间业务、"三农"业务等战略性业务的激励力度,推进战略转型。二是优化了人力资源配置。在人力资源极度紧张的前提下,进一步调整优化前中后台人员结构,加大存量人力资源盘活力度,提高人力资源使用效能;积极稳妥推进岗位体系改革,制定了初步改革方案。

2. 强化了计划管理。

一是强化信贷计划管理,确保全行信贷业务的发展。全行信贷计划实行按月下达、按月额度控制。强化信贷计划预测预报和信贷计划的执行力,严格执行省分行信贷计划惩处办法,严控超月度计划的发生。二是强化综合经营计划管理,促进业务持续稳健发展。根据省分行下达的综合经营计划,结合全行实际,分支行、营业网点、州分行前台部门,分解下达了全行2011年综合经营计划;同时加强对计划执行的监测、通报和分析,确保各项综合经营计划任务的实现。

3. 推进了信贷管理机制改革。

一是在二级分行所在地景洪实现个贷集中经营,全面落实了个贷集中经营的各项要求,将原来一个人负责从贷前到贷后的营销、管理,转变为根据业务流程实施分段负责,对流程实施专业化运作。特别是专业化管理后,流程各环节工作效能得到了提升,营销与清收等均取得了较好的业务效果。二是深化信贷审批制度改革。上收了两县支行派驻独立审批人,在州分行本部设立两名中级独立审批人,并加强对独立审批人的转授权及管理工作,全行的信贷业务严格按新的审批制度运作,从运作情况来看,贷审会次数大幅减少,信贷运作效率和审查、审批质量大幅提高。

〔**风险管理**〕 强化了风险管理。全行围绕上级行"基础管理提升年"活动各项部署,深入开展好"基础管理提升年"活动;落实案防责任,层层签订了“党风廉政建设”、“合规经营”等8项责任书；认真开展案件风险排查工作并督促落实整改，消除风险隐患。深入推进全面风险管理。围绕风险管理理念的深植、风险管理工具的创新、风险管理文化的培育等方面，深入推进全面风险管理体系建设，进一步夯实风险管理基础，提高风险管理水平。严格按照省分行制定的风险管理指引，采取针对性措施，进一步强化全面风险管理，对风险定期进行分析，认真落实并不断完善按季全面风险分析会议制度，发现风险漏洞隐患并研究解决方案，并对风险进行通报，督促各行（部）切实提高风险管控能力，促进和保障全行业务经营健康、持续发展。一是强化信用风险管理。加强信贷基础管理，通过加强授信、评级管理以及进一步深化信贷审批制度改革以提升信贷运作效率和审查、审批质量，把好信贷准入关；强化贷后管理工作，对全行的贷后管理工作进行在线监测和现场检查，并按季通报贷后管理工作情况；组织召开季度贷后管理分析会议，对全行风险状况进行监测；按省分行安排部署，州分行组织了全行上半年贷后管理巡检专项检查，促进了贷后管理工作的进一步规范；加强贷后检查和对到逾期贷款的催收管理，围绕资产质量的考核目标序时计划，各级行普遍加大了工作力度，通过合理优化人员，加强任务指导、督促，重点盯好大户、难户，均取得了较好的效果，切实防范了信用风险。二是强化操作风险管理。以“集中作业、集中监控、集中授权”三大集中为重点，强化运营基础管理、持续提升运营风险管控能力。运营管理三大中心建设取得初步成效，运营主管的第一道防线的职能得到夯实，风险防控能力得到提高，操作风险得到有效控制。认真开展营业机构“三化三铁”创建工作，提升运营基础管理水平，加强运营操作风险防范与控制。2011年全行向省分行申报“三铁”机构3家，“良好”机构7家，网点申报达标18家，无放弃申报的机构。其中“三铁”申报率达10.71%，居全省16个二级分行前列。组织专题学习讨论，增强运营条线业务人员合规意识、风险防范意识。以制度流程化为基础，细化操作规范，持续提高运营业务精细化管理水平。狠抓银监会“防范操作风险13条”的落实，对重点业务环节如金库、重空、现金箱管理、ATM钥匙及密码管理进行了专题业务培训指导和工作提示。做好运营监管平台监控值班和预警信息核销工作，加强集中对账催收及督办管理。突出重点，认真开展尽职监督检查，及时纠偏，消除风险隐患。三是强化安全保卫工作。认真贯彻落实安全防范责任制，层层签订安全责任书；大力推进全行视频监控联网建设，不断完善网点安防设施建设；加强枪支弹药管理和消防工作“四个能力”建设。四是强化内控监督工作。建立健全合规监督机制，确保各部门尽职监督管理职责履行；加强内控合规工作质量管理，综合利用非现场监测、现场检查、专项排查以及投诉举报等多种手段和方法，切实防范化解案件风险；始终保持案件防控高压态势，坚持从严治行，坚持从严执纪。强化对内外检查发现问题的整改和责任追究，认真做好案件风险排查专项工作，对检查发现的各类问题进行深入分析研究，进一步整章建制，防范各业务条线风险。

〔**党风廉政建设**〕 认真开展各项专项活动，加强党风廉政建设。一是积极深入开展“创先争优”活动，以纪念建党90周年为契机，继续把创先争优活动作为党建工作的重要抓手，建立健全党建工作长效机制；二是按要求开展好领导班子和领导干部履职监督检查及教育活动，提高领导班子和领导干部履职能力。组织召开了一次全辖科级以上领导干部参加的党委中心组专题学习讨论会，开展了党课教育活动，州分行党委班子成员还分别组织了分管部门开展了一次专题学习讨论，组织副科以上级领导干部和县支行综合办主任等到重要岗位人员共50人到普文监狱参加警示教育。三是以加大制度执行力度为核心，扎实推进党风廉政建设工作。认真贯彻落实中央《关于实行党风廉政建设责任制的规定》，积极推进惩治和预防腐败体系建设；切实落实好党风廉政建设责任制，逐级签订了《党风廉政建设责任书》，形成了一级抓一级，层层抓落实的责任网络；四是进一步抓好思想教育，在县支行以上领导干部中开展了“学规定、强素质、作表率”学习教育活动，进一步增强了领导干部廉洁自律意识。全年共有领导干部上缴礼金10人次，金额180000元，高档烟价值2400元，购物券2000元。

〔**队伍建设**〕 加强队伍建设，提升全行干部员工队伍素质。加强领导班子和干部队伍建设，始终坚持正确的导向和科学的机制配备、考核干部，提高各单位领导班子和干部队伍科学发展的能力。加强领导干部廉政建设，坚决履行廉政承诺，严格执行《廉政准则》及廉洁自律其他规定，做好表率；落实重大事项报告、礼品登记、廉政提示、述职述廉等制度。为加强对各单位负责人任职管理，规范经营管理行为，制定下发了《州分行科级干部和网点行长绩效考核办法》，并按西双版纳银监分局《西双版纳州银行业金融机构高级管理人员动态管理考核办法》的考核扣分项目，将各考核扣分项目与各单位负责人挂钩考核。进一步做好员工管理工作。以适应业务发展需要为导向,把员工队伍建设的重点放在调整结构、优化配置、提高素质上,切实加强员工管理工作。认真抓好人才培养和员工培训工作;组织员工岗位资格考试;做好用工管理工作,强化劳动合同的规范及期限管理;认真做好员工行为排查工作,按季度对全行干部员工进行排查;认真贯彻落实"四项制度",做好关键岗位人员落实"四项制度"信息台账,对关键岗位人员轮岗。

〔**企业文化建设**〕 企业文化建设取得新成效。以合规文化建设为重点,深入推进企业文化建设。合规文化作为"立行之本、经营之本",是打造优秀大型上市银行的基石和保障。州分行高度重视合规文化建设,将其作为"基础管理提升年"的一项重要工作,深入推进合规文化建设,认真开展合规文化"推广根植年"活动和"中国农业银行员工违反规章制度处理办法"的学习教育活动,有效提升制度执行力;组织开展合规文化暨案防制度宣讲活动。州分行合规文化宣讲团6人先后深入到所辖2个县支行和辖属28个营业网点进行合规文化宣讲。真正使合规文化理念和内控合规制度"内化于心、固化于制、外化于形",将版纳分行的合规文化建设推上了一个新的台阶。

(《农行》撰稿人:高建军)

中国银行股份有限公司西双版纳州分行

〔**概述**〕 2011年,中国银行股份有限公司西双版纳州分行(下称中国银行西双版纳州分行),认真贯彻省分行"保先争位再翻番"的战略规划,积极投身"1331"和"客户倍增发展"工程,落实"提速度、调结构、防风险、练内功、夯基础、上水平"总体要求,全行上下紧紧围绕发展、管理、内控、服务等目标,全力以赴、攻坚克难,各项业务持续健康发展,经营效益稳步提升。

〔**负债业务**〕 2011年,中国银行西双版纳州分行始终坚持"存款兴行、效益强行"的思想不动摇。从年初开始,采取多种形式全力拓展存款业务。至年末,实现本外币存款239330万元,较年初增加27418万元,增幅12.94%;实现人民币存款237276万元,较年初增加26717万元,增幅12.69%。其中,人民币公司存款142701万元,较年初增加9182万元;增幅6.88%,人民币个人存款94575万元,较年初增加17534万元;增幅22.76%,各项外币存款325万美元,较年初增加121万美元,其中:公司存款111万美元,较年初增加106万美元,储蓄存款214万美元,较年初增长15万美元。各项人民币存款在全州市场占有率为6.81%,各项外币存款在全州市场占有率为56.42%。

〔**资产业务**〕 2011年,中国银行西双版纳州分行充分利用西双版纳经济快速发展的大好机遇,密切银政合作和银企合作,加大信贷投放,积极支持地方经济建设,重点支持基础设施、民生工程和重大产业项目建设,包括华新红塔水泥技术改造项目、景洪市第四中学新建项目、景洪市人民医院住院综合楼新建项目等,以实际行动全力助推西双版纳经济的腾飞。2011年末,中国银行西双版纳州分行各项贷款余额为110020万元,较年初新增21431万元,增幅为24.19%。其中,人民币公司贷款63300万元,较年初增加12830万元,增幅为25.42%;零售贷款46720万元,较年初增加8601万元,增幅为22.56%。各项人民币贷款在全州市场占有率为6.56%。

〔**资产质量**〕 2011年末,中国银行西双版纳州分行各项贷款余额110020万元,不良贷款余额为22万元,较年初减少22万元,不良率为0.02%,不良率下降了0.03个百分点,圆满实现了上级行下达的"双降"目标。

〔**经营效益**〕 截止2011年末,中国银行西双版纳州分行的资产总额为221763万元,负债总额218971万元,较年初分别增长2.11%和3.15%。全行实现拨备前利润本外币合计7449万元,同比增加3150万元,增幅73.27%;实现净利润5063万元,同比增加2848万元,增幅为103.38%。

〔**渠道建设**〕 2011年,中国银行西双版纳州分行根据金融业务创新发展和服务客户的需求,认真落实网点转型管理要求,不断提高网点质效。一是加速网点功能布局建设,按照省分行的发展规划,积极开展"破冰行动",努力推进网点对公转型和等级进升工作。通过努力,中国银行西双版纳州分行下属四个经营性支行顺利完成了对公业务转型,两个网点实现了等级进升,网点渠道营销和服务中小企业客户的作用得到了较大发挥。二是立足中行外汇特许业务特色,率先开办人民币对泰铢银行间市场区域交易,进一步扩大了人民币结算空间,促进了人民币周边化、区域化和国际化发展进程。三是坚持与时俱进,加快电子银行业务发展步伐,至年末,中国银行西双版纳州分行企业网银覆盖率达55.21%,个人网银网银覆盖率为13.78%,手机银行覆盖率达6.34%。同时更换了2台使用达10年之久的ATM为存取款一体机，新增了6台离行式自助设备的安装，为全行提升服务能力，扩大金融服务范围产生积极地促推作用。

〔**内控管理**〕 2011年，中国银行西双版纳州分行认真贯彻依法经营、合规经营和稳健经营的指导思想，正确处理发展与风险控制之间的关系。①强化教育：从防范意识入手，先后十六次组织员工开展金融法规、各项业务规章、岗位职责、职业道德等法律法规的学习，并紧紧围绕省分行“平安中行创建”、“2011年内控在行动”等活动，从根本上筑牢员工思想防线。②从严管理：按照“两手抓，两手都要硬”的基本要求，紧抓各项制度措施和责任追究的贯彻落实，通过不断完善违规问责，强化惩处力度和“抓两头、带中间”，各种违规违章行为得到了有效控制，风险差错和发案率保持为零。③加强监督检查：2011年，中国银行西双版纳州分行先后11次接受了省分行、省人民银行、省外管局、州银监分局、州人行、州外管局、州档案局等多个职能部门的现场检查。同时，对高风险岗位、案件易发部位及重要业务环节进行了6次专项自查和26次例行检查，自查和检查的覆盖面达到了100%。通过各种形式地检查，风险内控管理得到了强化，员工合规意识明显增强。④对重要特殊岗位推行强制性休假和离岗检查制度，全年安排了82人离岗休假检查，完成离岗检查率97.62%，有效防范了重要岗位的操作风险和道德风险。

〔**队伍建设**〕 2011年，中国银行西双版纳州分行坚持以人为本，大力实施人才兴行战略，不断提高人力资源管理水平。①加强员工招聘配置管理。为缓解全行用工紧缺困难，2011年该行加大了员工招聘配置力度，全年共招聘10名派遣员工和2名应届高校毕业生，同时加大2012年校园招聘宣传，通过在各种媒体刊登广告，广泛宣传动员，引起了社会广泛的关注，共有数百名学生参与报名，其中24名大学生入围选拔。②加大员工学习培训力度。2011年，参加中国银行云南省分行及部门培训员工64人次，参加当地相关部门培训20人次，全行组织业务培训36次、参培人员达330人次。各经营性支行在新业务上线前，均以不同形式组织员工认真开展新业务知识和相关制度的学习培训工作。11月上旬，为提高员工的综合业务能力，特邀请州人民银行和州外汇管理局专家就现金收付、假币识别、反洗钱、账户管理、国际结算业务等前来培训授课。通过专家授课培训后，员工的基本业务知识、业务技能得到了进一步充实、提高。③在提升网点服务功能的同时，将业务精、能力强，善于沟通客户的5名优秀人才充实到客户经理队伍，提升网点营销和服务能力。④严格按照标准和《党政领导干部选拔任用工作条例》，以及《中国银行云南省分行职位聘任管理工作实施细则》等规定选拔任用中层以上管理人员。2011年，通过考核考察、民主评议和上榜公示后，聘任了2名中层管理人员、2名中级经理、3名助理经理和3名前台客户经理。⑤抓稳定，促发展。按照领导分工和责任追究，不断完善员工思想动态分析和矛盾排查制度，进一步强化思想政治疏导工作，及时有效化解员工与员工之间、员工与领导之间、员工与客户和社会之间的各种矛盾，使中行的发展有了一个和谐稳定的环境。

〔**党建工作**〕 2011年，中国银行西双版纳州分行党委坚持以邓小平理论、“三个代表”重要思想和科学发展观为指导，紧紧围绕全年中心工作，认真贯彻落实年初经济工作及其他会议精神，更新观念，转变作风，确立为民服务，为发展服务的思想，狠抓党委班子、下属党组织和党员队伍的自身学习建设，严格按照“政治素质好、经营业绩好、团结协作好、作风形象好”的基本要求，建设驾驭和统领中国银行西双版纳州分行改革发展的坚强领导班子。①组织建设：为加强基层党组织建设，发挥基层党组织战斗堡垒作用，2011年中国银行西双版纳州分行党委将现有党员分设成为四个党支部。各党支部称谓为：第一党支部；第二党支部；第三党支部；第四党支部。各党支部分别设置3－5名委员。②党员发展：2011年新发展预备党员2名，有3名预备党员转为正式党员。③党员的教育管理：坚持党课制度、个人思想汇报制度和群众评议制度，组织党员率先学习掌握党和国家不同时期的大政方针、政策，教育党员牢记职责和使命，严格按照党章和党内若干准则行使人个权利及义务，在日常工作、个人生活及重要关键时刻，为社会和群众做出好榜样。④党委班子的自身建设：坚持党委理论中心学习组的学习制度，结合业务及其他工作进展情况，每月末组织中层以上管理人员进行一次政治理论、廉洁自律、领导科学、先进人物，以及创新业务知识方面的学习，立足从思想、能力、道德、行为各个方面能够得到强化和提升。同时，严格按照《党员领导干部廉洁从政若干准则》规范中层管理人员及领导干部的行为，认真落实《中国银行云南省分行2011年惩防体系建设工作任务分解》条规，将“三重一大”（重大决策、重要人事任免、重大项目安排和大额资金运作）作为防腐的重点，进一步完善权力制约机制和措施，在中层管理人员以上领导干部中认真推行问责制和责任追究终身制,并成立由行领导、各部门负责人组成的监察领导小组对行内各种指标分配、采购评审、资产处置、网点搬迁装修、大额授信、员工绩效考核等进行全方位跟踪监督,有力地推进了党风廉政建设在中国银行西双版纳州分行顺利开展。

〔**企业文化建设**〕 2011 年,中国银行西双版纳州分行围绕增强员工凝聚力,激发员工工作热情这一主题,党、政、工、青并举,组织员工开展多种积极健康、奋发向上的企业文化活动。①一季度开展"开门红"业务竞赛活动,各网点积极响应争市场,扩客户,促存款。首战下来,全行新增存款数 4.09 亿元,3 名员工获得了"存款名星"奖励。中国银行西双版纳州分行获得中国银行云南省分行人民币储蓄存款开门红"标王"称号和"人民币存款优秀奖"。②每月开展文明优质服务流动红旗竞赛,通过每月的服务标兵评比、总结,使员工的服务意识、服务态度、服务技能得到了提升。③召开职工代表大会,充分调动员工参政议政的积极性,会议统一了全行的思想,明确了工作任务和奋斗目标充,为全年工作指明了方向。④通过开展篮球友谊赛、羽毛球友谊赛、登山、拓展训练等形式多样的联谊活动,进一步增进客户对我行感情和忠诚度,营造和谐、良好的银企氛围。⑤组织员工开展以"迎百年行庆——财富之星,展我风采"为主题的演讲比赛,进一步激发了员工热爱中行、建设中行的工作热情。⑥为庆祝建党 90 周年,举办全行员工参加的"唱红歌·颂党恩"主题红歌大家唱歌咏晚会。⑦组织员工开展"户外拓展训练",通过系列活动增进员工间的交流,提高沟通协调能力、团队协作与支持配合意识,增强了团队荣誉感、责任心。⑧为迎接中国银行成立 100 周年,开展了系列"百年中行"行庆活动,宣传百年中行所走过的光辉历程和取得的非凡成就,展示全行员工丰富的精神文化生活和积极构建和谐健康的企业文化,树立中国银行良好的品牌形象。

(领导名录)

党委书记、行长:储飞

党委委员、副行长:陈涛

党委委员、纪委书记:郭艳明

党委委员、副行长:武天钰

(《中行》撰稿人:徐淑兰)

中国建设银行股份有限公司西双版纳傣族自治州分行

〔**概况**〕 2011 年,中国建设银行股份有限公司西双版纳傣族自治州分行(以下简称建行版纳州分行)以科学发展观为统领,以加快发展、提升管理为主线,紧紧抓住西部大开发和云南"桥头堡"建设的机遇,进一步转变观念,坚持"一个道理(发展是硬道理)、两个标准(市场表现和价值创造)、三个重点(资产、负债、中间业务)、四个提升(电子渠道、电子银行业务、产品覆盖度、产品使用率)、五个狠抓(抓学习、练本领,抓管理、打基础,抓服务、提质量,抓合规、促稳健,抓案防、保平安)"的工作思路,以"六看"(思想统一看工作责任心是否得到加强,学习成效看业务技能是否得到提高,工作作风转变看工作效率是否提高,合规经营看差错是否减少,业务发展看市场占比和系统位次是否上升,风险管理看是否实现"四无",即:无经济案件、无领导人员违法违纪案件、无重大违规事件、无重大责任事故)作为检验工作成效的标准,实现了各项业务又好又快发展。

〔**机构人员**〕 截止 2011 年末,建行版纳州分行下辖 6 个营业网点,其中,支行 3 个:即景洪民航路支行、景洪西路支行、勐海支行;分理处 3 个:即景洪东路分理处、景洪旅游度假区分理处、景洪城南分理处。州分行本部内设 8 个部门,全行在职员工 128 人。

〔**负债业务**〕 2011 年,建行版纳州分行负债业务实现高速增长,一举突破 40 亿元大关,全行一般性存款余额达 42.49 亿元,提前一年超额完成三年规划(41.54 亿元)的目标,比年初新增 11.65 亿元,增幅 37.77%。其中,对公存款余额 27.41 亿元,新增 8.74 亿元,增幅 46.78 %,高出全省平均水平 30.21 个百分点,完成计划的 306.51%;个人存款余额 15.08 亿元,新增 2.91 亿元,增幅 23.93%,高出全省平均水平 12.54 个百分点,完成计划的 132.33%。为促进负债业务发展,采取了以下措施:①对公存款方面:一是谋定而后动,科学合理部署全年计划和工作措施。结合市场调查和员工座谈会征集到的合理化建议,反复研究,及早制定了旺季营销方案,出台了《对公条线绩效综合考核办法》和"首兔争功·开门红"营销活动方案,为完成全年任务打下了良好基础。二是通过开展"增账户、增存款、增产品"创先争优活动,充分发挥团队协同作战能力,抓源头,抢信息。三是通过对客户提供网银、贷记卡、电子回单柜等全面的金融服务，加强客户回笼资金的管理。四是提升服务水平，积极发展和维系客户。通过举办高端客户答谢会、开展对军警的建军节慰问活动、对州医院等重点单位的优质服务，较好的维系了客户群体。五是加强房金业务的营销，巩固“建”字号业务的优势地位。②个人存款方面：持续开展“龙贺天下，玉兔呈祥好彩头”等一系列营销活动，围绕个人存款、银行卡、个人黄金业务等重点产品，对外通过网点装饰、广告宣传和开展一系列对客户的联谊活动进行营销。对内依托个人金融产品营销服务系统，充分发挥零售网点转型的优势，开展一对一 VIP 客户营销和维护工作，为全年个人存款业务、个人客户新增及其他个人业务的健康发展奠定坚实基础。

〔**资产业务**〕 2011 年，建行版纳州分行紧盯市场变化，抢抓发展机遇，资产总量稳步增长。年末全行各项贷款余额为 22.09 亿元，比年初新增 2.52 亿元，增长 12.86%。其中：对公贷款投放 3.33 亿元，收回 3.23 亿元，余额为 14.91 亿元，净新增 0.10 亿元，增长 0.65%；个人类贷款余额 7.19 亿元，比年初新增 2.42 亿元，增幅 50.80%，高出全省平均水平 29.11 个百分点。①对公贷款方面：一是加大对民生领域信贷支持力度。利用“民本通达 - 医疗健民”服务方案加大了对西双版纳州人民医院和勐海县人民医院的信贷投放。二是积极支持全州旅游景区景点建设，为中国科学院西双版纳热带植物园提供 1.1 亿元额度授信，共投放 5000 万元贷款支持其园区改造提升，促成其顺利荣膺国家 5A 级景区。三是进一步加大了对小微企业和“三农”的支持力度，实现全行小企业贷款余额 4660 万元，比年初增长 1200 万元，增幅 34.68%。②个人贷款方面：对内完善经办人员的绩效考核，认真梳理岗位和业务流程，提高办理效率，加快权限内的审批速度，积极拼抢市场，共经办滨江果园、告庄西双景等 15 个楼盘项目，个人资产业务市场份额进一步扩大。

〔**经营利润**〕 2011 年，建行版纳州分行经营利润再创历史新高，实现账面利润 8903.83 万元，同比增加 2542.46 万元，增速 28.56%。人均利润突破 70 万元，当地四大国有商业银行排名第一位。

〔**资产质量**〕 2011 年，建行版纳州分行资产质量保持优良，不良贷款率为 0.92%。

〔**战略性业务**〕 2011 年，建行版纳州分行积极开展产品联动、交叉营销，形成基础业务与战略业务的联动。①对公业务方面：一是做大做强传统产品。在传统审价业务和房地产评估业务基础上，开办了工程项目资金监管业务，共实现造价咨询业务收入 78 万元，同比增长 45.19%；完成国际结算量 3270 万美元，比上年增加 773 万美元，增幅 30.96%，完成结售汇业务量 2676 万美元，比上年增加 1167 万美元，增幅 77.34%，实现外汇中间业务收入 33.47 万元。为光明食品集团云南石斛生物科技开发有限公司发放委托贷款 7070 万元。二是新产品应用取得突破，开辟了创收新渠道。投行业务取得新突破：配合省分行和兄弟行，为云南农投食品开发股份有限公司发行期限为 3 年的理财产品，融资 4 亿元投资西双版纳州橡胶产业。国际业务的贸易融资、资本金结汇实现新突破：9 月，我行成功为西双版纳顺达进出口贸易有限责任公司开立进口信用证，11 月，为西双版纳京港水泥制品制造有限公司办理我行首笔外商投资企业资本金汇入及结汇业务。②个人业务产品方面：一是大力发展借记卡业务，全年发放借记卡 26040 张。二是加大对理财产品的拓展力度，全年理财产品募集金额达 10404 万元，账户金及贵金属销售 10932 万元，基金销售额为 3265 万元，代理发行国债 377 万元。三是努力拓展 POS 商户，全年发展 POS 商户 174 户。四是扩大信用卡发卡规模，信用卡净增客户 1695 户。

〔**渠道建设**〕 2011 年，建行版纳州分行渠道建设驶入快车道。

①大力发展电子银行业务，持续提高电子银行交易量比。一是对内在员工中广泛开展“从我做起使用电子银行”活动。对外，借助外力，与版纳移动公司合作，在广大移动公司客户中推广电子银行，同时积极开展电子银行进军营、进校园活动。二是开展“增客户、促应用、提能力”营销活动，掀起了全行营销、应用电子银行的热潮。年末实现电子银行交易量比 46.87%，比全省平均水平高出 1.2 个百分点；提升值为 18.55%，全省排位第 13 位。个人网上银行完成新增 11709 户，计划完成率 130%；手机银行完成新增 7914 户，计划完成率 132%；对公电子银行活动客户数新增 320 户，计划完成率 128%。②大力推动渠道分流，有效缓解柜面压力。全年新增自助设备 5 台，截至年末自助设备总量达 34 台。同时，通过加强对客户的引导和对自助设备的开机率考核，截至年末，自助设备账务性交易量比 69.49%，高于全省平均水平 5.51 个百分点，全省排名第 1 位。③加强网点建设，完善服务功能。年内顺利完成了度假区分理处和东路分理处的装修，使度假区分理处的营业面积增加了 336 平方米，同时安装了两部自助扶梯，大大方便了客户；东路分理处的营业面积

也从120平方米增加到610多平方米。使得我行的对外形象和客户服务能力得到大幅度的提升，成为当地金融行业的一大亮点，有力地促进了业务发展。

〔**内部管理**〕 2011年，建行版纳州分行深入开展案件专项治理与稽查督导，全年实现“四无”目标。①认真落实党风廉政建设和案件防范责任制和工作机制，逐级签订了责任书，落实“一岗双责”。②认真开展先进性教育和廉政思想教育，筑牢思想道德防线，在全行开展了“规范行为、关爱自己”主题教育和“法制与责任”、“珍惜岗位、远离犯罪”等警示教育活动，进一步增强了全员爱岗敬业，遵纪守法的意识。③着力抓行为引导，基础管理水平明显提升。加强员工行为动态管理工作，按照管理权限，严格落实层级负责制，做到全员覆盖，台账规范、注重实效，得到了省分行的好评，被列为云南行工作亮点；切实整改内外部审计检查发现问题，对审计发现问题实行严格问责，持续跟踪，提高整改实效；加大技防设施的投入，对重点部位、要害环节实施监控管理，坚持每天对城区营业网点、自助设备进行巡查，及时解决自助设备张贴的小广告、安装卡槽、卡扣等问题，全年自助设备未发生一起异常情况。④强化合规监督，严肃问责。实行诫勉谈话1人，轻微违规积分49人次共105分，积分覆盖面29.46%，比上年同期分别上升28人次、65分，主动积分比85.71%。全行有章不循、违章操作行为得到有效控制。

〔**风险管理**〕 2011年，建行版纳州分行扎实做好信贷管理和操作风险管理，风险管理水平得到进一步提升。①开展信贷基础管理专项检查，信贷基础管理水平得到提高，2011年获全省对公信贷业务贷后管理先进集体三等奖。②加强平行作业，加快储备项目的评级、申报，同时完成了17户公司类客户信用等级评级工作，评级覆盖率达100%。③完善了风险条线的考核制度，按期开展基层行关键风险点监控检查工作，对兼职风险经理履职情况定期进行考核通报。④完成了深化内控和案防制度执行年自查自纠工作，对落实防范操作风险“13”条开展专项检查，全行防范操作风险意识明显提高。

〔**会计运营管理**〕 2011年，建行版纳州分行狠抓会计基础管理，会计核算水平得到提高。①会计工作综合考核方面，2011年上半年全省建行平均得分为93.58分，我行94.07分，在全省27家二级分行中排名第10。②会计达标方面，已有城南分理处和度假区分理处2个网点已达一级单位资格，一级机构占比33%，达到了全省平均水平。③会计稽核差错率方面，年平均差错率为万分之0.12，低于全省万分之0.20的平均水平，全省排名第4位，与上年同期万分之0.36相比，差错率大幅度下降，其中：1月、7月、10月三个月份取得了零差错的成绩。

〔**服务质量**〕 2011年，建行版纳州分行以网点转型为契机，服务质量不断提高，受到了社会的广泛赞誉。①在持续做好民航路支行转型工作固化的同时，对4个待转型网点进行专业培训，狠抓二代转型6大方面49项措施的落实。②是通过现场检查和调阅监控录像对员工日常服务进行抽查，整治服务质量不稳定的问题。对检查不及格的网点负责人约见谈话并给予通报批评，对评选出来的优秀服务标兵，及时给予通报鼓励。10月份我行5个转型网点以优秀成绩顺利通过总分行验收，服务水平大幅提升。

〔**企业文化**〕 2011年，建行版纳州分行企业文化建设得到持续加强，员工精神面貌发生了根本变化。①以人为本，关爱员工。积极倡导各级管理人员学会关心员工、爱护员工、帮助员工，在政策范围内解决员工的实际困难，为员工营造舒适的工作和生活环境。②尊重员工、培养员工、提升员工，加强对员工的学习培训，完善员工职业生涯规划。全年共举办各类培训班147期，培训人数2305人次。③通过认真落实员工定期体检，对生病员工进行看望慰问，邀请农垦医院专家上门讲授健康知识，节日期间对离退休人员进行看望和慰问，举办职工趣味运动会，在建党90周年之际举办“党在我心中”职工文艺晚会等丰富多彩、内容多样的活动，不断丰富员工的业余文化生活，在全行形成了爱行敬业的氛围，全年获总行级先进个人表彰2人次，省分行级先进单位表彰15次、先进个人表彰13人次。

〔**综合保障**〕 2011年，建行版纳州分行支持保障平台日趋完善，给力业务发展。①在原已集中管理离行式自助设备的基础上，将景洪辖区所有附行式自助设备上收后台管理，由后台进行清机、加钞和机器维护，集中管理的自助设备达23台，大大减轻了一线人员的工作量，增加了服务客户的时间。②完成了州分行办公楼装修改造，办公基础设施得到较大改善。全年完成了包括视频室、消防设施、电力线路、计算机网络、通信线路等项目的装修改造。同时完成了对发电机、变压器、防雷系统的更新扩容。以上项目的实施，改善了办公环境，提升了企业形象，为安全稳健运营打下了坚实的基础。

（《建行》撰稿：曾和平　李辉）

中国农业发展银行西双版纳州分行

〔**概况**〕 2011年,中国农业发展银行西双版纳州分行(以下简称州农发行)强化信贷支农,实施“两轮驱动”战略,加强“两基”建设,重视防控信贷风险,全面加强队伍建设,积极开展纪念建党90周年系列活动,较好地完成了各项工作任务。截止12月31日,全行各项贷款余额108105万元,比年初增加1590万元,增长1.49%;各项存款余额达70106万元,比年初增加11665万元,增长19.96%。各项经营绩效考核指标完成情况为:不良贷款额为零,不良贷款比例为零;资产利润率为2.64%,同比提高0.35个百分点;成本收入比为32.54%;人均日均存款699万元,比年初增加62万元;人均中间业务收入为0.822万元,同比增加0.006万元;人均利润31.47万元,同比增盈5.4万元。

〔**机构及人员**〕 2011年末,州农发行下辖勐海、勐腊两个县支行,州分行机关内设9个部室。全州农发行系统在职职工71人,内退职工9人,退休职工10人,在岗社会化用工2人。在职职工中,本科学历29人,专科学历29人,中专及以下学历13人;高级职称2人,中级职称27人,初级职称36人;党员36人,团员2人。

〔**粮油信贷业务**〕 2011年,该行严格履行政策性银行职能,切实抓好粮油收购、储备、调销传统信贷工作,有力促进地方粮油市场购销稳定。2011年,州农发行累计发放各类粮油贷款6037万元,用于支持中央、省、州、县(市)级储备粮油的轮换和粮油收购,支持企业入库粮油6684万公斤。至12月末,粮油类贷款余额24310万元,比年初增加2355万元,占全行贷款余额的22.49%。

〔**非粮油商业性业务**〕 2011年,州农发行充分利用好地方政府“基本建设年”的发展机遇,深入研究政府“十二五”规划及项目发展计划,结合地方经济发展重点,进一步加强与党委政府的汇报请示,巩固和扩大银政合作成果,突出重点,大力支持新农村建设,积极营销储备统筹城乡发展、实现“三化同步”的新农村建设项目,优先支持能够显著改善农民生产生活条件、增加有效耕地面积、提高农业综合生产能力、优化城乡用地结构的项目。截止12月末,非粮油商业性贷款余额达83795万元,占全行贷款余额的77.51%,全年累计发放非粮油贷款19476万元,分别为农村土地整治中长期贷款1300万元、产业化龙头及加工企业短期贷款15600万元、银行承兑汇票贴现2576万元。

〔**存款业务**〕 2011年,州农发行突出“立行之本”理念,全力抓好存款工作,一是在年初就及时下发了《关于进一步加强存款组织工作的通知》、《关于进一步加强中间业务工作的通知》,成立各类业务领导小组,树立综合营销和全员营销理念,把存款组织作为降低经营成本、提高经营效益的重要途径,将存款组织贯穿贷款营销、结算办理等环节,形成多部门协同组织存款的工作机制。二是突出重点,拓展营销渠道,转变理念主动出击,采取“高端营销”,抓好各类存款的组织,尤其是加大对低成本资金存款的吸纳,依托“以贷引存”,增强吸收财政支农存款和企业存款的竞争力。三是加大营销的力度。年内全州新开户头28户,余额11751万元;在资金价格上涨的情况下,行领导积极与信用社协商,全年营销同业存款10笔,累计金额16000万元,年末余额保持了4000万元的同业存款。四是严格现金管理,资金计划部、客户部、财会部密切配合,切实管理好开户企事业单位存款、派生性存款、销货回笼款和结算资金等存款,落实客户经理对企业资金的管理责任,严格按用款进度逐步拨付,防止资金流失。截止12月末,各项存款余额70106万元,比年初增加11665万元,增长19.96%。人均日均存款699万元,比年初增加62万元,增长9.73%,实现了存款余额与人日均存款双增目标。

〔**中间业务**〕 2011年,州农发行通过成立咨询顾问业务中心、国际业务推进领导小组、制定奖励办法、加大宣传力度等有效措施,全力抓好中间业务,形成了以代理保险业务收入为主,其他业务收入为辅的中间业务收入格局,截止12月末,实现中间业务收入57.54万元,同比增加1.63万元,增幅2.91%,其中:代理保险手续费收入30.72万元、资信评级业务收入19万元、专项协作服务收入1.14万元、外币汇兑收益1.62万元、结算手续费收入5.06万元。全年共代理保险1229笔,代收保费312.1万元。中间业务多元化格局初步显现。

〔**财政补贴**〕 2011年,州农发行主动与财政部门加强沟通,配合做好各项利费补贴及粮食风险基金规模测算,全程跟踪补贴资金的筹措和拨付,及时掌握财补调整变化情况,切实履行监督拨付职责,确保各项补贴资金按时足额拨付到位。2011年,各级财政累计应拨补13970万元,实际拨补13932万元,财政补贴到位率达99.73%,同比提高0.11个百分点,其中:州、(市)县财政应承担的补贴为 844 万元，实际到位 844 万元，到位率100%。

〔**财务状况**〕 2011 年，州农发行依托科技手段，推行银行承兑汇票等新的结算品种，丰富结算手段，柜台服务水平进一步提高。各部门紧密协作，实施存、贷、卡、网银业务的“捆绑”式营销，拓展推进非现金结算的渠道和方式。全年共办理银行承兑汇票贴现业务 4 笔，实现贴现利息收入 79.7 万元；累计使用财务 POS 结算资金 1031 笔，金额 197.42 万元；通过网银汇划资金 3804 万元。截止 12 月末全年各项财务收入 8402 万元，各项支出 5465 万元，账面利润 2937 万元，同比增盈 556 万元，增幅为 23.35%，完成省分行下达任务数的 137.05%。人均利润 31.47 万元，同比增盈 5.4 万元，增幅 20.71%，经营利润再创历史新高。成本收入比为 32.54%，同比降低 1.75 个百分点。资产利润率 2.64%，同比提高 0.35 个百分点。

〔**资金计划管理**〕 2011 年，州农发行进一步落实资金分类管理的各项措施，强化对资金流动性的管理，加大借款计划、信贷计划及项目上报、审批等综合分析力度，坚持准确匡算和勤借勤还的做法，充分发挥资金的效益性，有效控制资金成本。全年执行信贷计划 1591 万元，完成省分行下达进度的 100%；信贷资金运用率为 105.48%，共调入资金 123 笔 45439 万元，归还资金 56 笔 59016 万元，大额支付 199 笔 98138 万元，资金头寸严格控制在核定范围内。

〔**不良贷款**〕 2011 年，州农发行贷款质量良好，按对外披露口径统计，无不良贷款。按报送银监局口径统计，正常贷款 94517 万元，占贷款总额 87.43%；次级贷款 13331 万元，占 12.33%；可疑贷款 257 万元，占 0.24%；无损失贷款。

〔**风险防控**〕 2011 年，州农发行加强信贷管理，有效防范和化解贷款风险。一是进一步增强政策制度观念，狠抓各项信贷和风险政策、制度和规定、办法的贯彻落实，采取自查和抽查方式，督促全辖各项信贷工作制度有效落实，执行力进一步提升。二是强化信贷业务的合规性建设。加大省分行序时审计查出问题的整改工作力度，坚持信贷业务调查、审查、审议、审批责任制，严把贷款审查关口，充分利用 CM2006 和企业征信系统资源，加大项目风险审查力度，确保增量贷款的风险控制。2011 年共审查、审议各类贷款项目 53 个，金额 15792 万元。三是认真做好客户评级授信工作。全年完成评级授信企业 25 家，其中：AAA 级 1 户、AA + 级 2 户、AA - 级 1 户、A + 级 3 户、A 级 12 户、A - 级 5 户、BBB 级 1 户；25 家客户授信总额度为 167039.77 万元。四是充分利用人行企业征信系统、银监局非现场监管系统、CM2006 系统等电子化手段，不断加强风险预警监测，有效防范风险。五是认真贯彻落实银监会“三个办法一个指引”，提高制度执行力，进一步做好地方政府融资平台贷款自查工作，缓释项目贷款风险。六是做好信贷和风险的电子系统建设应用工作，不断规范系统操作流程和发挥系统作用。州分行不良贷款始终保持为“零”，信贷风险防控成效显著。

〔**内部改革**〕 2011 年，制定下发《西双版纳州分行机关和县支行有职数控制业务岗位到期重新竞聘实施方案》、《西双版纳州分行行务值班制度》、《西双版纳州分行信息调研及新闻宣传工作考核办法》、《西双版纳州分行差旅费管理办法和会议费管理办法》等制度办法，进一步拓宽员工发展渠道、规范机关办公秩序、不断提高内控机制建设，发挥二级分行经营管理基础平台功效。

〔**内控制度**〕 2011 年，州农发行进一步完善内控制度建设。一是加大全辖专业条线检查力度，进一步落实专业部门的检查督导职责，保证各项管理制度的有效落实。全年共开展信贷、财会、资金利率、安保、信息等检查督导达 20 余次。二是强化建章建设，对现行制度办法进行清理整合和学习掌握，增强执行力。全年共制定印发各项办法、规定、工作方案 14 个。

〔**安全保卫**〕 2011 年，州农发行通过层层签订责任书认真落实安全保卫工作责任制，强化重点部位和重要环节的防范，加强安全生产管理，同时，抓好全员安全教育，组织员工开展防抢劫、防火、防爆等安全演练，不断提高员工的安全防范意识和处置突发事件和问题的能力。

〔**电子化建设**〕 强化信息化建设工作，做好州分行新办公楼中心机房管理，进一步优化各行、各部室电子化手段，确保各类系统运行平稳、顺畅。按照上级行统一部署，完成“综合报表平台”系统推广应用、标准化网络配置、防病毒 SEP 系统的升级改造等工作，使各业务系统网络运行更加顺畅，充分发挥信息科技的支撑作用。

〔**宣传报道**〕 2011 年，州农发行加大信息宣传力度，为全行业务发展营造良好舆论环境。全年在各类新闻媒体刊登新闻稿件 38 篇，其中：《粮油市场报》1 篇、《农村金融时报》4 篇、《西双版纳报》12 篇、西双版纳电视台 1 篇、西双版纳州政务信息 7 篇等，有力地宣传了全行在支持地方“三农”建设中的显著作用，提高了全行的知名度。

〔**党建**〕 2011 年，州农发行认真开展创先争优活动，进一步加强党的建设。按照上级行的安排部署，统一思想，提高认识，结合实际制定创先争优活动实施方案，扎实推进活动深入开展，做到创先争优工作和当前工作“两不误、两促进”。坚持党内各类学习制度，加大调查研究和指导力度，加强党内教育和监督，密切党群联系，充分发挥党员的先锋模范带头作用和党组织的战斗堡垒作用。坚持党委成员联系制度，密切党群联系，班子成员多次深入基层，加大调查研究和指导力度，有力促进全辖工作整体推进。坚持党委中心组和支部学习活动，强化党内教育和监督，进一步增强党的自身建设，充分发挥党员的先锋模范带头作用和党组织的战斗堡垒作用。狠抓作风建设，认真学习党的十七届五中、六中全会精神，广泛开展意见征求，全面总结和剖析作风中存在的不足，提出整改措施，有力促进党委班子及成员谋发展、带队伍的合力。

〔**廉政建设**〕 2011年，州农发行加强反腐倡廉建设，深入学习第十七届中纪委六次全会、国务院廉政工作会议和省分行纪检监察会议精神，制定《西双版纳版纳州分行2011年反腐倡廉学习教育计划》，层层签订反腐倡廉和案件防控责任书、党风廉政建设和“四无”创建责任书，分解落实《建立健全惩治和预防腐败体系2008~2012年工作规划》。加强与司法机关联动，与州检察院联合成立了预防职务犯罪协调小组，并制定《预防职务犯罪领导小组工作规则》。执行行务公开制度，定期开展执法监察，不断推进保持共产党员先进性长效机制的有效落实。全年实现“无经济案件、无刑事案件、无重大责任事故、无严重违规违纪行为发生”的“四无”目标。

〔**队伍建设**〕 2011年，州农发行以“合规管理年”活动为契机，进一步加强队伍建设。一是结合实际，成立领导小组，研究制定活动实施方案，通过“合规管理年”活动的有效开展，进一步加强内控机制建设，强化合规风险意识，完善合规管理制度，优化外部发展环境，规范员工职业行为，防范经营风险和道德风险，防控大案要案的发生。二是坚持党委中心组、职工大会集中学习制度，深入学习有关规章制度办法，不断增强干部职工遵章守纪、爱岗敬业的事业心和责任感。三是进一步推进合规管理工作，严格执行总行《员工违规积分管理办法(试行)》及标准，建立了违规积分卡和违规积分管理台账，对违规行为进行积分认定。四是履行组织和人力资源管理职能，积极选派员工到省分行相关部室跟班学习，并积极推荐干部职工参加上级行开展的各类培训和行外的相关资格考试。全年，共组织员工参加视频培训19次135人次，参加行内培训2次32人次及外部业务培训37人次，通过多渠道的培养锻炼干部，不断提高干部队伍素质。

〔**企业文化建设**〕 2011年，州农发行积极投身企业文化建设。全辖实现统一着装，形象标识得到统一，树立各条线专业文化理念，并形成标准牌匾进入部室，达到牢记于心、外化于行的目的。以“讴歌党的伟绩、深化创先争优”为主题，开展读党史、谈体会、唱红歌等主题鲜明、形式多样纪念建党90周年系列活动。充分发挥工青妇组织桥梁纽带作用。顺利召开全州三届二次职工代表大会，不断增强员工主人翁意识和参政议政的能力；积极开展“我与祖国共奋进”形势政策教育活动；开展向杨善洲、严斌同志学习活动等，为营造全行学习氛围，打造学习型团队，提高员工业务素质发挥了积极作用。各机构积极组织职工开展丰富多彩的户外活动，丰富职工业余文化生活的同时，进一步增强员工之间、部门之间的交流与沟通。坚持送温暖机制，对生病职工、困难职工及时关注和慰问，在各大节假日前夕开展走访慰问活动，起到暖人心、稳人心、聚人心的作用，不断增强员工的归属感和凝聚力。

〔**荣誉**〕 2011年，州农发行客户部被省分行评为金融服务先进集体。州分行机关党支部分别被总行和省分行评为先进基层党组织。勐海县支行被省分行评为先进职工之家。

(《农发行》撰稿人：龙静)

中国人民财产保险股份有限公司西双版纳分公司

〔**概况**〕 2011年，人保财险版纳分公司深入贯彻落实总、省公司关于“转方式促发展，强合规增效益”工作主基调，全力推进“速度、效益、服务”领先市场的三大战略，以赶上市场增速、实现市场份额止跌回升为目标，扎实推进各阶段工作战略部署，取得了良好的经营业绩。

业务规模首次突破亿元大关；公司发展速度连续第五年实现两位数增长；2011年保费同比增长率达到了18.05%；实收保费收入增长17.03%，超过系统平均水平3.31个百分点；主要产品市场和区域市场份额继续保持领先，增长速度正在赶上和超越竞争对手；新兴电销渠道业务实现突飞猛进，保持着全省系统领先地位；农网发展形势看好，公司通过打造政策性平台，努力为“三农”服务提供更多保险产品，巩固和提升了公司在行业的引领地位。

〔**保险业务**〕 公司综合实力增强，保费收入实现历史性突破，业务发展增速与当地行业增速差距进一步缩小，市场份额基本稳定，稳固了公司的市场主导地位；公司业务总量突破亿元大关，服务领域不断扩大，关乎社会民生的产品实现了全覆盖（政策性能繁母猪险、全州农房保险实现了统保）；利润率保持在9%以上，继续领先全省系统平均水平；新兴电销渠道快速发展，电销收入2719万元，占车险业务的33.2%，所占比率位居全省前列；理赔服务指标在全国、全省排列座次大幅前移，从6月份全国排名中的248位前移至11月份的212位，全省17个经营单位中排名上升2位。

〔**明确目标，以市场为导向**〕 公司按照所制定的工作要求和主要经营指标，紧紧围绕国家全面建设小康社会的新一轮西部大开发战略，以及省委、省政府实施的“两强一堡”战略，结合版纳地域特色，全面推进进取性市场发展战略，以市场为导向，发挥人保财险品牌、机构、网络、人才、技术、人脉等优势，突出特色、提升服务水平；同时落实激励政策、完善激励机制，坚定了全州系统决战决胜的信心，激发了广大员工的积极性，在全员努力下，公司业绩实现了2011年四季度的跨越式发展，同比增长44.43%（其中车险增长达34%以上），赶上和超过了市场增速，对2011年度的业务发展和各项经营目标的完成起到了强劲的推动作用，巩固了市场领先地位。

〔**突重点、抓特色**〕 突重点：分公司业务发展紧紧围绕以“车险主战场”的发展理念，坚定车险在总业务65%以上份额的经营主渠道理念，强抓车险不放松，同时大力度发展财产险、政策性大项目和分散性业务。

抓特色：分、支公司两级班子认真分析西双版纳州保险市场，认真对标抓特色，创新发展方式，在巩固原有续保业务的基础上，大力发展适销对路产品，积极拓展业务新领域，如在橡胶树保险、农房保险、低保户保险等领域均有可喜的突破。另外，公司加强与各级政府等有关部门的交流互动，提出为当地经济社会发展中能提供保险保障的思路，为政府决策的实施分忧解难，公司积极发挥独一无二的农村网络，把适销对路的保险产品逐步向乡镇农村渗透，抓好各项政策性保险带动商业性保险的发展。

〔**经营管理**〕 围绕系统升级，分公司认真落实各项系统应用水平的提高，完善机制建设。2011年，完成了上级公司统一部署的财务共享服务中心建设，实现省级财务集中运行，强化了财务风险管控；车险、非车险第三代业务处理系统顺利上线，保证了前后台的信息共享和行动统一，提升了对业务风险的识别和管控能力；推进理赔机构改制，落实“万元以下一天赔付”等服务承诺，开展“客户节”创建活动，深化理赔事业部改革，全州系统理赔垂直管控能力显著增强，理赔效率显著提升，数据质量全面改善，综合赔付率指标创历史以来最优，居全省系统前列。

〔**队伍建设**〕 公司始终坚持以人为本的理念，全面加强领导力、执行力建设。在领导班子建设方面，着力体现“抓领顺衣”的方式；在员工队伍建设中，以“做人民满意的保险公司”共同愿景为指导，着眼构建和谐奋进的企业文化，在系统内实施了“千人工程”，同时继续完善人力资源管理系统。2011年度在分公司班子强有力的领导下，公司党员及干部队伍无一人受到党纪政纪处分，现全系统员工队伍凝聚力增强，思想稳定、工作积极，公司核心竞争力得到了较大的发挥。

〔**企业文化建设**〕 分公司领导班子把学习型党组织建设和创先争优活动融入到“建一流班子、带一流队伍、创一流业绩”的实际工作之中。分公司党委制定年度学习计划并作出阶段性安排，积极参加上级或地方组织的各类讲座和学习。同时，认真执行民主集中制，按照规定召开民主生活会；重大事件第一时间赶赴现场，靠前指挥，全面落实领导干部诉职诉廉报告等有关事项制度。促进一流队伍方面，分公司党委从强化政治理论学习、日常作风养成、对外宣传公关、以人为本理念等几个方面，使队伍的综合能力得以提升，积极营造企业优秀文化。

（《中保》撰稿：钱季林）

中国人寿保险股份有限公司西双版纳分公司

〔**概况**〕 2011年，中国人寿保险股份有限公司西双版纳分公司实现总保费达19095万元，期中新单保费8186万元，比2010年同期增长119%。团险保费达1460万元，提前完成全年任务116.7%，首次突破千万元大关；银保期交保费930万元超额完成全年任务116%，同期增长66%，在云南省公司系统提前全面超额完成个险、团险、银保全年任务指标。西双版纳分公司所辖的景洪市支公司、勐腊县支公司个险期交新单总保费全省系统排名第一、第二名，勐腊县支公司十年期交保费是全省系统唯一越过千万元的支公司；景洪市支公司东风、勐罕和勐腊县支公司勐捧营销服务部创建考核全部达成五星级营销服务部，分别排名全省系统前三甲；创建保险先进村达标134个，全省排名第一，综合完成率全省第一，业务超越发展一直领跑全省系统，成为省公司系统内保费增速最快的分公司。与此同时，业务结构调整明显优化，发展内涵价值不断提升。注重开源节流，坚持低成本推进，预算费用有节余。

〔业务理赔〕 赔付支出5438万元，短期险综合赔付率29.58%。

〔部门设置及人员〕 中国人寿西双版纳分公司内设总经理室，下设办公室、财务部、个险部、团险部、银行保险部、客户服务中心、监察合规部、人力资源部、教育培训部等9个部门。辖内有景洪、勐海、勐腊3个县支公司，7个乡镇营销服务部，共有在编员工101人，科以上管理干部21人，党员26名，大专以上文化程度87人，专业技术职称22人。

〔领导班子成员〕

姓名	性别	出生年月	民族	政治面貌	学历	职称	职务
卢　勇	男	1969.10	汉	中共党员	本科	高级政工师	党委书记、总经理
刘伟章	男	1962.11	汉	中共党员	本科	助理经济师	党委委员、副总经理
陈洪勇	男	1966.5	汉	中共党员	本科	助理经济师	党委委员、纪委副书记、总经理助理

〔分公司直属销售单位两县支公司经（副）理副科以上人员〕

单　位	姓名	职务
景洪市支公司	王　玮	经理
勐腊县支公司	孙庆华	经理
勐腊县支公司	李国云	副经理
勐腊县支公司	郑丽萍	副经理
勐海县支公司	马昭琴	经理
勐海县支公司	尹正平	副经理

〔分公司部门经（副）理人员〕

部　门	姓名	职务
办公室	王开文	经理
财务部	尹丽芳	经理
客户服务中心	蒋雪梅	经理
监察合规部	杨秀琳	经理
银行保险部	许志华	副经理
团险销售部	唐渭鸿	副经理
信息技术部	刀建林	副经理
个险部	管炜琪	经理
人力资源部	罗洋	经理
教育培训部	周丽萍	负责人

〔渠道发展〕 个险渠道全面落实新《基本法》、三个育成体系制度、《团队经营与管理》手册工作和相关待遇，通过“甘露行动”增员模式大胆创新，坚持常态化增员，强化有效人力的育成工作，强化营销员队伍建设；银保渠道：注重业务销售转型发展工作，加快银保专业化队伍建设、强化网点经营。充分挖掘利用银行高端客户资源，采取产说会、特训营、网点沙龙销售方式与推进“511”工作模式相结合，加快银保业务发展。团险渠道：细化阶段目标，精心维护“口子”业务，积极主动挖掘市场潜力，理顺代理合作关系，加大与“龙头”运输公司的沟通、协作，续签合同。强力公关，先后拓展州计生委、州移动公司、农村信用社等单位，竭力促成短期意外险新的增长点。

〔廉政建设〕 班子成员按照《党风廉政责任书》、中纪委《国有企业领导人员廉洁从业若干规定》精神和总公司党委《关于中国人寿领导人员职务消费行为暂行规定》的相关要求约束高管人员，有效防止领导干部利用职务进行消费。

〔内控合规〕 分公司纪委按照党风廉政建设和反腐倡廉工作要求，与各支公司签订《财务数据真实性》、《依法合规经营》、《党风廉政责任书》、《社会治安综合治理责任书》等八个责任书。保证党风廉政建设责任制落实；开展防范经营风险主题教育、诚信我为先——心连心教育活动、保险销售人员职业道德与行为规范教育、开展内控标准执行、普及反洗钱常识等教育活动，增强全员的风险防范意识；建立2011年各级领导干部和副科以上干部廉政档案；认真开展效能监察工作，严格实施监督检查，化解经营风险隐患，保证效能监察工作的质量。

〔内部管理〕 一是综合管理部门加强单证管理和印章管理，运用信息技术手段重点管控单证领用人员和核销系统使用情况，印章管理严格遵守总公司统一规定，实行分级分类管理和印章实行“上机管理”。印章刻制遵循“总公司统一审批、省公司统一制作”管理原则。严格按《两个议事规则》做好相关工作。二是财务部门严格执行各项财务制度，参与相关部门进行“小金库”专项自查、财务业务数据真实性自查、内控合规等检查工作。三是人力资源部按省公司要求，进行深化体制改革工作，确定岗位人员薪酬待遇，进一步稳定管理人员队伍。

〔客户服务〕 2011 年，西双版纳分公司举办“牵手国寿　精彩生活”客户服务系列活动，3 月 15 日，召开“牵手国寿 3. 15”为主题的客户座谈会。举行通过开展各种专题附加值服务等形式，不断提升公司品牌形象，确保客户服务工作优质、高效。

〔社会公益〕 (1)2011 年 2 月，西双版纳州人大、政协‘两会’召开期间，中国人寿西双版纳分公司特别为各位人大代表、政协委员及列席人员投保一份意外伤害保险保障：保障金额为 12 万元，财产保险金额 1 万元，保险期限自会议报到之日起至会议结束之日止。

(2)2011 年 3 月，西双版纳分公司系统组织员工积极为西双版纳州受旱灾影响的群众捐款 26000 元。

(3)2011 年 6 月 21 日上午，勐海县支公司积极响应勐海县委、县政府号召，积极组织公司员工到指定地点参加植树活动。

〔表彰情况〕 2011 年度王开文同志被评为省公司系统先进个人。

〔保险大事记〕 (1)2011 年 4 月 26 日，中国人寿西双版纳分公司与州人口计划生育协会联合召开“西双版纳州计划生育家庭意外伤害”保险总经表彰会议，西双版纳州计划生育委员会李洁主任、中国人寿西双版纳分公司卢勇总经理及州、县(市)、乡镇、农场等计划生育干部 48 人参会。

(2)西双版纳分公司按照省公司有关机构调整要求，于 2011 年 7 月 25 日决定成立西双版纳分公司个险营销一部，走个险专业化营销之路，原景洪市支公司个险业务全部并入西双版纳分公司个险营销一部，管理景洪市辖区个险业务。同时，竞聘王玮同志为西双版纳分公司个险营销一部经理。

(3)2011 年 8 月 17 日，勐腊县支公司与勐腊信用合作社联合在该县勐满镇中心小学召开“小额信贷”理赔现场会。被保险人刘某于 2011 年 2 月 17 日，在该县勐满镇信用社贷款 20 万元时，缴纳 400 元保费投保《国寿小额贷款借款人意外伤害保险》。于 2 月 20 日因驾驶车辆失控导致意外事故身亡，经公司核查属于保险责任范围内，决定现场理赔 20 万元。

(《中国人寿西双版纳分公司》撰稿人　王开文)

农林水利

责任编辑：李　跃

农　业

〔**概况**〕 2011年，州农业局以科学发展观为统领，抢抓国家实施新一轮西部大开发和加快建设面向西南开放重要桥头堡的战略机遇，落实全省农业工作会议和州委农村工作"一揽子"会议精神，按"突出特色，优化布局，提高效益"思路，齐心协力，开拓创新，扎实开展农业农村工作，多渠道筹集资金，夯实农业和农村发展基础，加快产业结构调整，全州农业和农村经济实现了稳定、快速、健康发展，实现"十二五"开门红。

〔**政策落实**〕 州继续实行粮食直补、农资综合补助等强农惠农富农政策以及粮食生产责任状、农民技能培训、农村能源建设、新兴产业培植等工作，粮食生产喜获丰收，养殖业生产平稳向好，冬季农业量增价高，推动农民收入较快增长，农村改革迈出重大步伐，农村社会事业取得重要进展。

〔**农业增长**〕 农业总产值预计95.5亿元，同比增7.9%；农业增加值达57.39亿，增30.94%；畜牧业产值6.9亿元，增20.9%；渔业产值预计2.52亿元，增36%；农机总动力达100.36万千瓦，增长11%；农民人均纯收入5327元，增22.3%，继续保持全省先进行列，增幅连续超过城镇居民人均可支配收入。

〔**粮食丰收**〕 全年粮食丰收是多种有利因素共同作用的结果。州委、州政府高度重视"三农"工作。州委农村工作一揽子会议全面部署。各级政府实行粮食行政首长责任制，层层签订责任状，明确目标责任。继续实施粮食直补、良种补贴、农机购机补贴、农资综合补助等惠农政策。农业部门科学领导，有关部门积极配合，满栽满插落实及十大科技增粮措施的。共推广粮食高产创建21片21万亩，完成105%（其中超级稻完成10.3万亩，完成103%），增产粮食0.55万吨，平均亩增产274.4公斤，亩增产值658.6元；粮食作物间套种完成60.2万亩，完成100.3%，增产粮食0.24万吨，增产值576万元；中低产田地改造完成1.03万亩；测土配方施肥完成248万亩。实现良种统供，技术集成，提高单产及经济效益，确保粮食安全，全面提升粮食作物综合生产能力和市场竞争力。

〔**科技进步**〕 农资市场监管及病虫草鼠害的预警预报防治工作加强，共发生病虫草鼠害461.2万亩次，防治532.9万亩次，损失控制在4%以内。

2011年，全州粮豆播种面积达136.96万亩，同比增0.5%；粮食总产量达39.38万吨，同比增2.8%；总产值9.16亿元，超额完成全年粮食生产目标任务。

〔**冬季农业**〕 作为重点产业、农民增收的"钱袋子"，"大春损失，小春补"的后备"粮仓"和独特的热区优势，全州冬季农业开发和小春生产48万亩，增长4.7%，完成106.7%；总产26.7万吨，比上年增30.9%；总产值5.87亿元，比上年增49.4%。其中，夏粮种植22.14万亩，增6.9%；总产6.8万吨，同比增28.3%。项目区农民人均收入917.2元，增32.5%。

〔**经济作物**〕 全州橡胶面积431.6万亩，产干胶28.1万吨，增长10%。其中：民营橡胶种植264.5万亩，开割115.5万亩，产干胶17.2万吨，同比增14.51%，完成年计划106%；产值53.6亿元，同比增36%。甘蔗种植22万亩（不含境外种植），比上年增增5.8%，重点实施3.7万亩高产创建、8万亩吨糖田建设和15万亩高优蔗园建设，全州甘蔗良种覆盖率达70%以上。茶叶面积75.54万亩，同比增1.88%，采摘面积60万亩，干毛茶总产量2.9万吨，同比增5.1%，产值预计5.57亿元，同比增25.73%，低产茶园改造62720亩，完成104.5%，建成大渡岗茶厂540亩节水灌溉示范点，完成景洪、勐海全国标准茶园创建。云麻种植

2.23万亩，产麻皮1456吨，单产81公斤，增17.3公斤，增幅27.2%。水果34.19万亩，产量55.17万吨，总产值16.38亿元，其中：香蕉种植29.5万亩。蔬菜瓜果种植25.8万亩（蔬菜种植19.2万亩），产量23.07万吨，增11.5%。特色糯玉米种植2.1万亩，完成105%。

〔**畜牧业**〕 州、县农业部门围绕“稳生产、调结构、保安全”方针，发展生猪生产，按政府引导，产业化经营，农民参与的思路，推行规模化养殖和产业化经营。全州有存栏200头以上生猪规模养殖场（小区）403个，存栏生猪21.09万头，占全州生猪存栏的40.9%；生猪出栏23.8万头，占全州生猪出栏的67%；饲养5000只以上肉鸡的规模养殖户60户，出笼152万只，占全州出笼的41.9%。畜牧业生产增势平稳，畜产品质量安全水平稳步提高。畜牧业产值6.83亿元，同比增19.4%。完成：生猪存栏51.6万头，同比增1.2%；出栏肥猪35.2万头，同比增4.9%；大牲畜存栏9.12万头，出栏4.2万头，同比减12%和减6%。家禽存笼376.3万只，出笼352万只，同比增3.6%和增12.4%。全州肉蛋总产量3.6万吨，增5.8%。

〔**渔业**〕 渔业经济运行平稳向好，水产品产量稳定增长。全州水产养殖6.79万亩，渔业产值2.52亿元，同比增36.3%，水产品产量2.4万吨，同比增10%。全雄性罗非鱼标准化养殖10363亩，产量1万吨。罗非鱼良种标准化生产体系初步形成。开展大规模增殖放流活动，水生生物资源养护加大，全州共放流云南华鲮、鲤鱼、鲢鱼、丝尾鱼蒦（长胡子鱼）等鱼苗277.55万尾。在第十四届西双版纳边境贸易旅游交易会期间，邀老、缅、泰、越等澜沧江—湄公河沿岸国家驻华领事进行增殖放流，扩大国际影响，生态效益、社会效益显著。

〔**省优产品**〕 参加全省“六大名猪、六大名鸡、六大名牛、六大名鱼、六大名羊”活动，丝尾鱼蒦（长胡子鱼）、茶花鸡、小耳猪被评为全省“六大名鱼、六大名鸡、六大名猪”。

〔**农业机械化**〕 全州执行补贴资金1600万元（其中国补1528万元，省补48万元，州补24万元），带动农户购置补贴机具7167台，受益农户7103人。2011年，在国补省补基础上，州级累加补贴水稻插秧机10%，全州农民享受60%的补贴，新增插秧机120台，达160台，机插水稻7225亩，增4201亩，增139%。全州拖拉机拥有量60669台，增长1%（其中大中型拖拉机5766台，小型拖拉机54903台），水稻联合收割机685台增长26%，耕整机26031台，增长10%，农用运输车620台，增长22%。农机总作业量285.54万亩，增10.78万亩，增4%。农业机械化率达35%，高于全省平均水平。签订机手责任书100%。全年未发生重特大农机安全事故。

〔**“三农”工作**〕 把支农惠农富农政策作为“三农”工作的“重中之重”。不折不扣落实中央支农惠农政策，继续对全雄性罗非鱼产业和红魔芋产业化开发补贴，首次对水稻插秧机在国补、省补外累加补助。

对农民的各种补贴25952.64万元，其中，农资综合补贴6830万元、粮食直补1138万元、农作物良种补贴2063.22万元、油菜良种补贴2.5万元、甘蔗保险补贴219万元、橡胶良种苗木推广项目补贴214.6万元、农业机械购置补贴1600万元、退耕还林补贴2699.74万元、能繁母猪补贴402.43万元、能繁母猪保险补贴211.03万元、草原生态补偿110万元。全州农民人均享受农业补贴246元，比上年增72元。

〔**农业产业化**〕 实施农业产业化开发，培育扶持农产品加工龙头企业，加强农产品市场建设，抓好农产品标准化生产（无公害农产品、绿色食品、有机食品），“三品”覆盖率、市场占有率提高。建立2个部级农产品质量安全检测中心（勐海县、景洪市已完成化验室建设，明年可运行）5个速测站（勐海县打洛镇、勐满乡，景洪市勐养镇、普文镇，勐腊县勐仑镇）。全州没有发生农产品质量安全事件。

〔**乡镇企业**〕 完成增加值16亿元，总产56亿元，营业收入45.2亿元，实缴税金1.6亿元，支付劳动者报酬1.1亿元。全州农产品外销量98.83万吨，增长22.34%。全州农业产业化重点州级龙头企业70个，其中：国家级1个、省级9个。农民专业合作社和专业协会134个。产业涉及种植业、畜牧业、渔业、林业、服务和其他产业。龙头企业销售收入40亿元以上，同比增20.5%。带动农户13.6万户次，同比增5%，带动种养殖690万亩以上，带动农民增收17亿元，增61.7%。勐海曼根优质米生产专业合作社、景洪曼迈食用菌专业合作社、勐腊联丰生猪饲养专业合作社为州首批命名示范社。勐海曼根优质米生产专业合作社获全国示范社称号。

〔**优质产品认证**〕 2家企业的5个产品通过无公害农产品的产品认证，认证产量3825吨；有1家企业的4个产品通过绿色食品认证，认证面积7300亩、产量600吨；有4家茶叶企业的6个产品通过有机食品认证、面积6200亩、批准茶叶产量266吨。全州拥有中国名牌农产品3个，云南名牌农产品 6 个，云南省著名商标 23 个。通过认证的无公害农产品、绿色食品、有机食品共 55 个，完成农产品例行监测和抽样监测任务数 3166 个，抽检合格率达 93.8%。

〔提高素质〕 集中培训、示范基地培训、现场培训等，推进农村实用技术及职业技术培训，抓农村劳动力转移培训，促农村劳动力向非农产业和城镇转移，农民劳务收入持续较快增长，完成农村劳动力转移培训 8492 人，完成 106.15%；实现转移就业 7868 人，完成 98.35%。召开现场招聘会 5 场、招聘就业 1327 人，完成 100%。

〔培训〕 按州政府"继续实施万名胶农、茶农培训，启动汉麻、石斛、澳洲坚果等特色产业万名农民培训工程"计划，完成胶农、茶农及汉麻、石斛、澳洲坚果等特色产业培训 32693 人。其中：培训胶农 10677 人，完成 106.77%；培训茶农 10457 人，完成 104.57%；汉麻产业培训 5812 人、石斛产业培训 345 人、澳洲坚果产业培训 210 人、特色养殖培训 5192 人，完成 115%。共举办各种农业实用技术培训 3770 期，培训农民 32.2 万人次。

〔农村能源建设〕 提高农民环保节能意识。全州新建农村户用沼气池 2009 口，完成 100.45%。节柴改灶完成 1100 户，完成 110%。

〔交流与合作〕 按州委、州政府"开放活州"战略，推进农业走出去战略，去年 10 月与老挝丰沙里省农林厅签订合作备忘录，今年 4 月，又与老挝乌多姆赛省农林厅续签 10 年示范项目合作协议，中老农业科技示范园面积由初建的 1 公顷增加到 6.5 公顷。示范园引进企业，扩大新品种、新技术、新机械促进所在地的农业发展。与老挝丰沙里省农林厅合作在丰沙里省奔怒县共建农业科技服务中心，开展版纳印奇果试验、示范培训当地农民 8483 人次，推广粮食作物 12 万亩、蔬菜 1 万亩。承担农业部对外经济合作中心项目，在景洪市举办老挝农业科技及管理人员培训班，培训老挝农业管理技术员 32 人。

开展州院、州校合作，推动州内新兴产业发展。组织农业龙头企业参加云南省特色农业发展（北京）推介展、第七届昆明泛亚国际农博会、第九届中国国际农交会等。州农产品形象提高，社会效益显著。

〔农民收入〕 全州农民人均纯收入预计 5220 元，同比增 866 元。其中：农民家庭经营现金收入 3855 元，增 490 元；人均工资性收入 375 元，增 74 元；人均转移性收入 454 元，增 50 元；人均财产性收入 299 元，增 15 元。

〔村级会计〕 实现代理全覆盖全州 221 个村委会，2214 个村小组实现村级会计委托代理。景洪、勐海实现村级会计委托代理电算化管理服务。全州共代管农村集体资金 1.34 亿元。减轻农民负担、"一事一议"筹资筹劳管理制度、强农惠农政策，发展壮大农村集体经济。

〔农业行政执法〕 坚持以人为本，依法规范管理农资市场，维护农民利益。利用"放心农资下乡宣传周"、"12·4"普法日以及农资打假、种子执法年等活动，整合执法资源，市场监管力度不断提高。按农业部要求，景洪、勐海、勐腊三县市均成立农业行政综合执法大队。2011 年，农业行政执法出动人数 3524 人次，出动车辆 1102 辆/次、渔政执法船 34 艘/次，全年累计发放各类宣传材料 5.34 万份，检查农资企业 684 家，检查市场 80 个次，检查渔船 66 艘，查处违法人员 263 人次，收缴电鱼机 24 台，非法渔获物 40 公斤，各类网具 256 件，查处污染水体案 4 起，强制拆出违法拦鱼坝 3 个，在做好州内不合格畜产品无害化处理的同时，销毁境外走私冻品 44 吨，查处动物卫生监督违法案件 13 件，比上年增长 38%。

〔党建工作〕 加强广大党员和干部职工的政治思想教育，抓干部职工政治理论和业务学习，开展创先争优活动。完善工作制度，规范工作行为。加强党风廉政建设，层层签定责任状。按一岗双责要求，加强纪检监察工作。

〔特点、亮点〕 风调雨顺，粮食生产顺利，各项措施落实到位，粮食喜获丰收。橡胶、茶叶、水果（香蕉）、蔬菜等农产品价格总体平稳上涨，农产品市场供应充足，品种丰富，农民增收。生猪、家禽规模化养殖提高，蛋鸡存笼突破 20 万羽。农机具推广快，水稻插秧机推广快速，提高生产效率，减轻劳动强度，提升农业物质装备水平。争取部、省项目资金 8616 万元，增加 3284 万元，为历史上最多。

（段怡敏据《年度总结》撰写）

林　业

〔概况〕 2011 年全州广大林业干部职工坚持生态建设产业化、产业发展生态化，以"兴林富民"为目标，按照建设完备的森林生态体系、发达的森林产业体系、繁荣的森林文化体系的要求，为"十二五"林业发展打牢基础。进一步深化集体林权制度改革，完善各项配套改革措施，着力构建五大林业制度，加快发展社会化服务。着力完善林业六大支撑体系，加快林业生态建设，改善生态环境，提升林业产业发展水平，转变林业产业发展方式,使林业在全州贯彻可持续发展战略中的重要地位得到进一步加强,在生态建设中的首要地位得到进一步体现。

〔**依法保护森林资源**〕 坚持依法保护,实现生态保护与建设有法可依。在严格执行《西双版纳傣族自治州森林资源保护条例》、《西双版纳傣族自治州野生动物保护管理条例》、《西双版纳傣族自治州自然保护区管理条例》等地方性法规的同时,积极协助州人大修订完善了《西双版纳傣族自治州澜沧江保护管理条例》,颁布实施了《西双版纳傣族自治州古茶树保护条例》,进一步建立健全了生态文明建设法律体系。

〔**资源林政管理**〕 继续深入贯彻落实资源林政管理目标责任制。2011 年 12 月 7~14 日,由州人民政府抽调州监察局、州林业局、西双版纳国家级自然保护区管理局、州森林公安局相关人员组成检查考核组,对全州各级、各部门 2011 年度贯彻落实资源林政管理目标责任制的情况进行了全面检查考核。认真组织开展了全州林业系统森林资源保护宣传月活动。2 月 10 日至 3 月 10 日,州林业局党组组织各县市林业局、州自然保护区管理局干部职工,各级森林公安民警和武警西双版纳森林大队官兵 700 余人,深入全州 31 个乡镇、184 个村委会、1513 个村民小组,2 个国家级口岸,4 个国营农场,开展了以"保护热带雨林,呵护绿色家园"为主题的森林资源保护宣传月活动。在全州区划国家、省、州、县市级公益林 1367.4 万亩,建立起了完备的四级公益林体系。加强了对全州生态效益补偿工作的监督、指导和检查考核力度,组织开展了国家级公益林生态效益补偿县级实施方案的编制及省级公益林生态效益补偿县级实施方案的修编工作;快速推进林地保护利用规划编制工作,严格按有关技术规程的要求,实行倒逼式管理,督促各县市将省级林地保护利用规划下达各县市的林地保护利用指标按分类、分区、分级、分等的要求,落实到山头地块。积极协助各类项目建设单位申报征占用林地项目 16 起、申请使用林地 149.2505 公顷,依法收取植被恢复费 429.9434 万元;已得到批准 9 起、同意使用林地面积 90.4899 公顷。不断强化对林木采伐、运输及加工经营的监督管理。规范了橡胶木加工经营行政许可的审批行为。《西双版纳州橡胶木加工经营管理办法》已经州人民政府正式颁布实施。1—11 月,全州共核发林木采伐许可证 1236 份,采伐木材 152914.61 立方米;核发木材运输证 9231 份。积极探索松脂采集规范化管理的有效措施,下发了《西双版纳州林业局关于进一步加强全州松脂采集活动监督管理的通知》,明确了松脂采集管理的相关要求。

〔**集体林权制度主体改革扫尾和配套改革推进**〕 至 2011 年 11 月底,全州共完成林地 35.34 万宗,确权面积 512.57 万亩,占应确权林地面积 513.18 万亩(确权率)的 99.88%;发放林权证 34.64 万宗,面积 506.38 万亩,发放林权证 12.64 万本,发证率 98%;签订管护到户责任书面积 185.49 万亩 12.01 万户;排查林地权属纠纷 2113 起,涉及面积 86.2 万亩,已调处 2091 起,调处面积 85.59 万亩。共核实农地 72.7 万宗,确权面积 567.49 万亩,占应确权农地 569.2 万亩的 99.7%;核发农村土地承包经营权证书 11.43 万本,发证率 93.3%;排查农地权属纠纷 1435 起,涉及面积 11 万亩,已调处 1400 起,调处面积 9.94 万亩。

〔**配套改革工作**〕 出台了《中共西双版纳州委办公室 西双版纳州人民政府办公室关于印发西双版纳州集体林权制度配套改革实施方案的通知》、《西双版纳州人民政府关于加快推进林权抵押贷款先试先行工作指导意见》、《西双版纳傣族自治州古茶树保护条例》、《西双版纳州橡胶木经营加工管理办法》等;州、县级林业行政主管部门均成立了相应的配套改革管理机构,形成了与上级林业行政主管部门的对口和统一;引入市场竞争机制,建立"一站式"服务窗口。为有效促进林产业发展,方便林农(企)融资,勐腊县和勐海县分别于 2011 年 3 月 22 日和 10 月 28 日建立了银行业林权抵押贷款服务点,为林农(企)提供了便捷、高效"一站式"服务窗口。开展森林资源资产评估工作。全州成立森林资源资产评估咨询机构 1 个,取得森林资源资产评估咨询人员证书 9 人。与西双版纳州银行业金融机构密切配合,认真贯彻执行《云南银行业林权抵押贷款管理暂行办法》,根据相关风险管控要求,协助州人民政府创新性地制定了《西双版纳州人民政府关于加快推进林权抵押贷款先试先行工作指导意见》和林权抵押贷款实施细则。全州林权抵押贷款户数 1312 户,发放贷款总额近 15 亿元,贷款余额 11.95 亿元,占全省贷款余额 56.5 亿元的 21.2%,居全省第二位。为此,勐腊县、景洪市被列入了全省推进林权抵押贷款的重点县。认真开展创建农民林业专业合作社工作。2011 年,全州涉林专业合作社共有 18 个,其中有 13 个林业专业合作社已在工商部门注册。

〔**生态工程建设**〕 2011 年完成天然林保护工程人工造林项目 2 万亩、封山育林项目 2 万亩,

1700万亩天然林资源得到了有效保护。完成6个生态示范村绿化美化工程建设,种植树木8000多株;全民义务植树达170余万株;完成州、县(市)、乡(镇)三级样板林建设任务1360亩。在214公路沿线开展了植树,共种植苗木1.3万株。

〔**森林防火和林业有害生物防治**〕 加强组织领导,落实森林防火责任制,加大宣传教育,严格执行5个百分之百的管理制度和边境森林防火联防等措施,2011年森林防火工作取得了一定的成绩,全州共发生森林火灾3起(入境火1起),全为地表火,无林木损失。森林火灾次数、有林地受害面积、森林受害率低于省下达指标。同时,进一步加强了对林业有害生物的监测和防治工作。积极采取措施,做好防治工作使椰心叶甲、刚竹毒蛾和思茅松小蠹虫等危害得到了及时遏制。产地检疫苗木应检数8827.3亩,实检8827亩,检疫率99.5%;调运检疫苗木51.3万株,木材8.7万立方米,药材190.57吨,其他林产品79.1吨。

〔**野生动物保护和野生动物肇事补偿**〕 2011年共收容救护野生动物34头(只);放生58头(只);开展了2010年野生动物肇事面上及国家试点补偿工作,共补偿兑现350万元。2011年经州人民政府批准同意,在全州实施野生动物公众责任保险,将投保野生动物种类扩展到全部受保护的野生动物,野生动物公众责任保险工作稳步推进成效显著,共投入保费660万元,已查勘、定损530万元,已赔付280余万元,全年预计将赔付900万元。

〔**林区治安**〕 加强保护区建设,继续构筑边境一线森林生态安全屏障。加快保护区三期工程建设,完善和提升保护区的巡护、监测和保护手段。2011年已完成项目投资任务795.97万元,占投资总额的86.5%。布龙州级自然保护区建设进展顺利,基础设施建设、保护区管理等各项工作有序推进。全州已划定国家、州、县市级自然保护区共计503.7万亩,占全州国土面积的17.6%。同时,跨境联合保护工作取得新进展,在与老挝南塔省达成联合保护协议,共同划定54700公顷"联合保护区域"的基础上,2011年与老挝丰沙里省签订联合保护协议,并新划定"联合保护区域"55000公顷,为构筑祖国面向西南重要的生态安全屏障迈出了新的一步,进一步加大了中老双方警务合作和森林防火合作力度。

始终对各类破坏森林资源违法活动保持高压态势,采取最严厉的措施打击破坏森林资源违法犯罪行为,维护了林区治安稳定。2010年12月至2011年11月,全州森林公安机关共受理各类破坏森林和野生动物案件1487起,查处1469起,查处各类违法犯罪嫌疑人1583名。收缴林木树木133.8立方米;野生植物3491株;木材109.68立方米;野生动物8209头/只,制品110件;猎枪猎具749支。

〔**中低产林改造**〕 根据省林业厅下达全州2011年度中低产林改造任务和《西双版纳州2010~2020年中低产林改造实施方案》,全州2011年中低产林改造总任务为20万亩,其中:省级6万亩,州级14万亩;编制完成了《西双版纳州2011年度中低产林改造实施方案》,并上报州政府批准实施,工程总投资为4580.9万元,县级实施方案也已全面完成;组织技术人员开展2011年度省级中低产林改造作业设计的编制工作,将各项任务落实到了山头地块,至2011年11月,全州共完成2011年中低产林改造任务21.51万亩,占总任务20万亩的108%。按改造分式分:抚育完成5.04万亩,更替完成1万亩,更新完成1万亩,补植完成7.69万亩,调整7300亩,复壮完成4000亩,综合改造完成1500亩,封山育林完成5.5万亩。按任务来源分,省级任务完成6万亩,占计划的100%;州级任务完成15.51万亩,占计划的111%。

〔**培育扶持和推进林产业发展**〕 竹产业的原料林种植任务提前完成。2011年全州计划完成农户"四旁"种植竹苗4万亩,已定植"四旁"竹苗71.5万株,合4.2万亩。同时,在各县市开展竹种植栽培技术培训班,培训竹种植栽培技术骨干1300余人。加快发展生态旅游产业,各景区规划、建设等相关工作正逐步推进;石斛种植超额完成。2011年,州委、州政府下达石斛种植总任务为1100亩。1~11月,全州共有324户企业或群众新种植石斛共计1395亩。全州石斛总种植面积已达3254亩,共建立石斛专业合作社11家;完成澳洲坚果种植0.25万亩,并采取"公司+农户"的模式扩大野生动物驯养繁殖规模,存栏数达4.6万头(只),出栏2.2万头(只)。

全州森林覆盖率达78.3%,比1994年增长了14.6%。保护区面积由1958年的85万亩增加到了现在的500余万亩,占全州国土面积的17.6%。根据专家评估,西双版纳州森林生态系统服务功能总价值达1406.90亿元,相当于同期西双版纳州GDP的10倍。单位面积森林生态系统服务功能价值为9.73万元/公顷·年,高于全省的6.77万元/公顷·年,更高于全国的5.52万元/公顷·年。

〔**政治理论和业务知识学习**〕 2011年西双

版纳州林业局通过召开党组理论中心组学习会议、例会和职工大会等形式，认真组织干部职工学习国家、省、州有关会议精神和各项政策、文件精神。同时，进一步加大教育培训力度，积极组织开展专项业务培训和综合能力培训，强化对各项林业法律、法规的学习，进一步增强了林业系统干部职工的责任意识，提高了依法行政能力和综合素质。

西双版纳州林业局继续深入开展创先争优和"三个一"主题实践活动，认真组织动员广大党员按照"五个好"、"五带头"的要求，明确先进基层党组织和优秀共产党员的具体条件和内容，促使党员时刻保持紧迫感，时刻保持争创动力。紧扣中心工作、服务中心工作、推动中心工作，带动林业干部职工争当先进、争创优秀。每个月每个党员写一篇思想工作总结，每个季度开展一次授旗评星活动，有力地促进了全州森林资源保护和林业产业发展，形成了以上带下、以下促上、上下联动，各级党组织相互衔接、相互促进、环环紧扣、整体提高的工作格局。

〔**党风廉政建设教育**〕 结合工作实际，按照"标本兼治、综合治理、惩防并举、注重预防"的方针，坚持把党风廉政建设和反腐败斗争纳入各项工作的布局之中，认真落实"一岗双责"。局党组书记与局党组成员、各成员与各分管科室负责人签订了党风廉政建设责任书，明确了各自职责，层层抓好落实。

6月10日至7月11日，为迎接中国共产党建党90周年的到来和践行杨善洲精神，州林业局党组组织全州林业系统各级党组织认真开展了以"加强党风廉政建设、争当廉洁勤政表率"为主题的党风廉政建设宣传教育月活动。全州林业系统各单位认真组织开展了召开动员大会、上一堂廉政辅导课、观看一套警示教育片、进行一次廉政法律法规知识测试、进行一次廉政文化进基层活动、开展廉政谈心活动、召开党风廉政建设工作会议、举办业务综合培训班、认真组织开展义务植树、召开总结暨表彰大会"十个一"活动。在活动中，全系统参加各单位组织的动员大会人数达到了405人；参加听廉政辅导课的人数达到了385人；观看警示教育片的人数达到了800余人；廉政文化进基层活动覆盖了全州31个乡镇林业站；廉政法律知识测试人数达500余人；参加党风廉政建设工作会议和业务综合培训班的人数达到了150余人；参加义务植树活动315人次，植树3.5万多株。通过在全系统开展党风廉政建设教育活动，使广大林业干部职工的爱林护林的责任意识和反腐倡廉意识进一步增强，依法行政和拒腐防变能力得到了进一步提高。

〔**老干部工作和维稳工作**〕 在老干部工作中做到了三个到位和三个落实，把老干部工作列为了局里的重要议事日程，真正让老同志"老有所养，老有所乐"。在建党90周年之际，局党组对州直林业系统70岁以上的16名老党员进行了看望和慰问。积极组织州林业局老年体协，参加了由省林业厅组织在德宏举办的云南省林业系统第二十届"德林杯"老年人体育运动会，代表队获得太极拳(剑)团体赛第三名和太极拳个人赛第五名的较好成绩；认真做好综治维稳和信访工作。适时与原国有改制企业离职人员交心谈心，及时解决合理诉求，维护社会稳定，同时做好信访工作，2011年共办理信访件25件，每件信访件都落实到了具体领导、责任人身上，限期答复解决；积极推进经济适用房建设，解决离职人员的住房难问题。

〔**林业系统文化事业建设**〕 在抓好各项业务工作的同时，州林业局组织林业系统干部职工积极参与和开展了各项精神文明建设活动。一是组织举办了全州林业系统第六届"林业杯"职工运动会，全州林业系统8家单位共派出260名运动员参加。运动会为大家搭建了交流的平台，增进了了解，加深了友谊，以此为纽带共同为建设西双版纳林业贡献力量。二是积极组织参加省、州组织的庆祝建党90周年等一系列活动。在云南省林业厅组织的庆祝"中国共产党成立90周年读书征文竞赛及美术书法摄影作品大赛"中，森林公安的《解救》组图获摄影一等奖。在省森林公安局、州政法委、州直机关工委举办的庆祝中国共产党成立90周年活动中，州森林公安局获省森林公安局演讲比赛二等奖、合唱二等奖、独唱三等奖、团体二等奖及歌曲创作奖，州政法系统红歌比赛二等奖。

〔**党组动态**〕 1月18日，西双版纳州林业局党组组织召开了理论中心组集中学习会议。州林业局、西双版纳国家级自然保护区管理局、州森林公安局科以上领导干部(含非领导职务)，武警西双版纳森林大队大队长，各县(市)林业局局长、州直林业企业党支部书记共69人参加了会议。

会议传达学习了省委白恩培书记题为《加快建设桥头堡 推动云南新跨越》和在省委八届十次全会上题为《求真务实 真抓实干》的讲话，州委江普生书记在六届十一次全会上题为《抢抓机遇 开拓创新 奋发有为》的讲话，州人民政府刀林荫州长、罗红江副州长在十一届州人民政府第七次全体会议上的讲话，以及省林业厅陈玉侯厅长在全省林业局长会议上的讲话；通报了《西双版纳州2011年林业工作要点》；签订了2011年党风廉政建设工作责任书。

3月7日，西双版纳州林业局党组组织召开了党风廉政建设工作暨创先争优活动推进会。参加会议的有州林业局、西双版纳国家级自然保护区管理局、州森林公安局副处级以上领导干部、党总支书记(副书记)、办公室主任，清山、青松、明远三个林业企业党支部书记，州第四纪工委领导应邀参加会议。并讨论通过了《西双版纳州林业局党组2011年党风廉政建设工作计划》和《西双版纳州林业系统党风廉政建设教育活动实施方案》。

3月中旬州纪委审核通过《西双版纳州林业系统预防职务犯罪工作方案》，西双版纳州林业局党组于2011年4月19日下发了《关于印发西双版纳州林业系统预防职务犯罪工作方案的通知》文件，要求西双版纳州林业系统进一步加强党风廉政建设和惩防体系建设，切实做好预防职务犯罪。

3月25日下午，州林业局党组组织召开了理论学习中心组2011年第一次集中学习会议暨深入开展向杨善洲同志学习推进会。州林业局、州自然保护区管理局(含保护所所长)、州森林公安局(含派出所所长)科以上领导共60人参加了会议。会议由局党组书记、局长杨松海主持。

4月8日全州林业系统将计划在2011年6～7月开展为期一个月的主题为“加强党风廉政建设，争做廉洁勤政表率”的党风廉政建设教育活动。

6月10日至7月11日开展为期一个月的主题为“加强党风廉政建设、争做廉洁勤政表率”的党风廉政建设教育活动。西双版纳州林业局党组组织召开了西双版纳州林业系统党风廉政建设教育活动动员大会，州直林业系统机关全体干部职工、各县、市林业局局长、党总支书记、保护区各管理所、森林公安派出所领导、办公室主任及州直林业三个改制企业党支部书记共150人参加了会议。

6月10日上午，根据西双版纳州林业系统党风廉政建设教育活动安排以及动员大会要求，西双版纳州林业局党组邀请州纪委惠大栓副书记给全州林业系统共150名干部职工上了一堂生动的廉政辅导课。

6月26日，西双版纳州林业局党组联合州第四纪工委领导，分为三个小组，分别到景洪市、勐海县和勐腊县部分乡镇林业站走访座谈，向基层林业站干部职工讲授林业工作中廉政建设注意事项，通过案例分析等方式作警示教育，把廉政文化带到了林业基层一线。

6月27日上午，州林业局党组在西双版纳州委党校组织召开全州林业系统党风廉政建设工作会议，州林业局、西双版纳国家级自然保护区管理局、州森林公安局科以上领导干部；清山、青松、明远林业公司支部书记；各县市林业局书记、局长，森林公安局局长，林业局股(室)负责人，林业站长，各木材检查站站长；自然保护区管理所所长，森林公安派出所所长，共150余人参加了会议。

7月25日下午，西双版纳州林业局认真开展了权力运行风险排查和“听、谈、查”工作情况汇报会。州林业局党组书记、局长杨松海，局领导班子成员和科以上领导干部17人，州第四纪工委熊新发书记一行4人到会指导。

8月2日下午，州林业局党组组织召开了理论学习中心组2011年第二次集中学习会议。州林业局、州自然保护区管理局、州森林公安局科以上领导、各县市林业局局长、州直三个林业改制企业支部书记60余人参加了会议。

12月21日，西双版纳州纪委第四纪工委熊新发书记一行4人到州林业局检查考核2011年度党风廉政建设工作，并与州林业局领导班子交心谈心，州林业局、西双版纳国家级自然保护区管理局、州森林公安局领导、办公室主任及相关工作人员参加了汇报会。

〔**业务建设**〕 4月28日上午，西双版纳州林业局党组书记、局长杨松海带队，携全体党员及全体职工30余人共同参观了在州民族博物馆举办“法制与责任——全国检察机关惩治和预防渎职侵权犯罪展览·云南西双版纳”巡展。

6月16日上午，西双版纳州林业局组织全体干部职工进行了廉政法律法规知识测试，观看了名为《欲之祸》警示教育片。

6月11～20日上午，全州林业系统各单位按照以考促学的原则，分别组织干部职工进行了廉政法律法规知识测试。参加测试的有州林业局全体干部职工，西双版纳国家级自然保护区管理局局机关、科研所、生态所和布龙所干部职工和5个管理所所领导，森林公安系统全体干警，各县市林业局局机关、事业单位干部职工，各乡镇林业站站长，三个林业企业党支部全体党员共470余人。

6月27下午～28日，西双版纳州林业局党组组织全州林业系统部分干部职工在州委党校组织开展了业务综合培训班。州林业局、西双版纳国家级自然保护区管理局、州森林公安局科以上领导干部；清山、青松、明远林业公司支部书记；各县市林业局书记、局长，森林公安局局长，林业局股（室）负责人，林业站长，各木材检查站站长；自然保护区管理所所长，森林公安派出所所长共150余人参加了培训。

8月2日，举办了全州林业执法证换发及申领工作培训班。州林业局、州自然保护区管理局、州森林公安局、纳板河流域自然保护区管理局、各县市林业局相关负责人参加了培训。

〔**林业宣传**〕 2月17日上午，由州林业局党组组织，州林业局、西双版纳国家级自然保护区管理局、州森林公安局、武警西双版纳森林大队参与，各县市林业局实施的以"保护热带雨林，呵护绿色家园"为主题的"森林资源保护宣传月活动"分别在景洪市孔雀湖畔、勐海县和勐腊县中心广场启动。州林业局、西双版纳国家级自然保护区管理局、州森林公安局、武警西双版纳森林大队、各县市党委政府和林业局主要领导、林业系统干部职工、森林公安民警、森林武警官兵及各族群众近2500人参加了启动仪式。

本次宣传月活动从2011年2月10日开始，至3月10日结束。活动分准备、实施、总结三个阶段进行。为确保此次活动的顺利开展，西双版纳州林业局党组成立了全州林业系统森林资源保护宣传月活动协调领导小组，领导小组下设办公室。并于2月17日前将精心准备的宣传资料分发到了各县市；同时从州直林业部门抽调50人组成3个宣传指导组，于2月15日深入各县市指导工作，各县市也相应成立了10个宣传小组开展工作。

2月17日在各县市的启动仪式上，共设立了林业政策咨询点3个，为群众解答各类问题30余个；向过往群众发放各种宣传资料10030份（册），其中：发放"保护森林，爱我家园"宣传手册4500份、"珍爱绿洲，保护家园"宣传单4830份；"保护亚洲象是我们共同的责任"和"保护热带雨林，建设美好家园"200册；"共同的家园，共同的未来"宣传年历400张；展出宣传展板68块；用傣、汉和哈尼三种语言广播宣传12次；林业案例警示教育12次；焚烧猎枪641支、铁夹918个、野生动物（麂子、锦鸡等）制品16公斤。

2月17日开展全州森林资源保护宣传月活动启动仪式后，景洪、勐海、勐腊片区10个宣传小组便马不停蹄分别深入景洪市勐养、大勐龙、勐旺，勐海县勐往、勐海、西定，勐腊县勐捧、勐满等乡（镇）辖区40余个村委会的村民小组继续开展"森林资源保护宣传月"活动。

2月18～21日，全州共出动宣传车辆210余台（次），利用广播宣传185小时、放映电影2场，展板宣传108块次，发放宣传资料46569份，其中：发放宣传册4291册，宣传单35499份，森林防火宣传环保袋100个，粘贴布告、标语、通告6678张，召开群众大会16次。通过宣传，受教育人数达到了13.05万人次。

2月22～28日，全州一市两县10个宣传小组，共出动宣传车辆393台次；发放亚洲象保护和森林防火等宣传手册、宣传单、宣传画等宣传资料75820份、环保宣传袋2570个；粘贴通告、标语17570张；播放宣传广播350余小时；召开群众大会81场次；放映电影2场；展板宣传620块（次）。整个宣传活动，覆盖了全州24个乡镇、2个国家级口岸及几个重要边境通道、4个农场、140个村委会、1102个村民小组，受教育人数达到246970人。

3月10日上午，西双版纳州林业局局长、西双版纳国家级自然保护区管理局局长杨松海和领导班子成员做客主题为："保护森林资源，构筑绿色屏障"的《广播会客室·政风行风热线》直播现场。

2月10日至3月10日，由州林业局党组组织，各县市林业局实施的以"保护热带雨林，呵护绿色家园"为主题，旨在全面提高全州各族群众生态文明意识和野生动植物保护意识，州林业局、西双版纳国家级自然保护区管理局、州森林公安局、武警西双版纳森林大队、护林员和乡镇干部、社区群众共同参与的"森林资源保护宣传月活动"圆满结束。

活动实施期间，各宣传小组分别奔赴全州31个乡镇184个村委会1513个村民小组，2个国家级口岸，4个国营农场开展宣传，把森林资源保护的宣传窗口前移到各个林区和千家万户。向群众发放各种宣传资料89280份（册），其中：发放"珍爱绿洲，保护家园"宣传单55380份；"保护森林，爱我家园"宣传手册33300份、"保护亚洲象是我们共同的责任"和"保护热带雨林，建设美好家园"200册；"共同的家园，共同的未来"宣传年历400张；展出宣传展板892块/次；用傣、汉和哈尼三种语言广播宣传702小时；放电影宣传9场/次；发放森林防火环保袋2100个；粘贴标语、通告29600张；召开群众大会568次；林业案例警示教育片宣传192次；宣传启动仪式上共设立了林业政策咨询点3个，为群众解答各类问题30余个；焚烧猎枪759支、铁夹918个、野生动物（麂子、锦鸡等）制品16公斤。本次宣传受教育人数达到了全州人口的50%，实现了预期的宣传目标。

3月25日，州直林业系统森林资源保护协调领导小组组织召开了森林资源保护宣传月活动总结会议。会议由州林业局党组书记、局长杨松海主持。州直森林资源保护协调领导小组各成员单位负责人及成员共15人参加了会议。

〔**考察调研**〕 3月22~25日，省林业厅王德祥巡视员以及省林业厅种苗站、能源办负责人等一行6人到西双版纳州检查林业改革、中低产林改造、木本油料产业发展、重点生态工程建设、林业政策性保险、森林防火、农村能源建设、林业棚户区及国有林场危旧房改造等八项工作。

3月26~28日，国家林业局野生动植物保护与自然保护区管理司刘亚文副司长一行在云南省林业厅郭辉军副厅长陪同下，对西双版纳州极小种群生物保护、珍稀濒危物种繁衍工作进行调研。州林业局、州自然保护区管理局、云南省林业科学院热带林业研究所、勐腊县林业局、勐腊保护所领导和相关工作人员参加了调研。

4月22~24日，国家林业局驻云南专员办副专员连文海、国家濒管办驻昆办事处副主任黄海魁一行到西双版纳州检查野生动植物保护管理工作。

5月11~14日，西双版纳州林业局党组书记、局长杨松海，副局长张有才，以及西双版纳州国家级自然保护区管理局有关领导一行9人，深入到布龙州级自然保护区域及景洪市勐龙镇勐宋村委会布巴、丫口、阿克等周边村寨，查看了布龙州级自然保护区森林资源保护、标志牌埋设、布朗山乡中心管护站和勐龙镇勐宋管护站建设情况。并于5月14日在布朗山乡组织州保护局、州森林公安局、景洪市林业局、勐海县林业局、布朗山乡人民政府、布龙州级自然保护区管理所相关领导和工作人员共22人召开了“西双版纳州布龙州级自然保护区建设推进会”。

6月13~15日，由省政协副主席管国忠带队，调研组组长、省林业厅厅长陈玉侯，省政协提案委主任聂华等一行26人组成的调研组，到西双版纳州调研生态保护与建设情况。西双版纳州委副书记、州长刀林荫，州政协主席杨志祥，州委常委、常务副州长罗红江，州委常委、景洪市委书记陈学刚，副州长唐家华等陪同调研。

6月22日，省人大民族委员会立法调研组一行10人到州调研《云南省西双版纳傣族自治州澜沧江保护条例》(以下简称《条例》)执行情况。

7月5~7日，州林业局副局长苟斌带队前往勐腊、景洪、勐海检查全州石斛产业发展情况。

7月6日，州林业局副局长苟斌带队到瑶区乡走访人大代表依应罕和黄学新。州十一届人代会期间，勐腊县瑶区乡人大代表依应罕和黄学新分别提出了《关于要求帮助瑶区瑶族乡种植石斛补助的建议》和《关于要求瑶区瑶族乡种植澳洲坚果种苗补助的建议》。在瑶区乡，州林业局相关科室负责人分别向依应罕、黄学新代表和瑶区乡政府领导介绍了西双版纳州在石斛和澳洲坚果产业发展现状、项目申报、“十二五”发展目标、种植技术和产业贴息贷款等方面的情况。

7月19~22日，国家濒管办昆明办事处黄海魁副主任一行到州检查野生动物保护边境巡查及土沉香保护工作。

7月26日，西双版纳州林业局局长杨松海，副局长李忠清、苟斌，州林业局副局长、州森林公安局局长王超，州林业局部分科室负责人一行组成调研组，到大渡岗乡西双版纳明远林业有限公司管护区进行调研。西双版纳清山、青松和明远林业有限公司负责人陪同调研。调研组一行先后到了明远林业有限公司茶叶加工厂、小水井等地进行了实地调研。

9月15~16日，省林科院杨宇明院长、张裕农研究员，中科院昆明植物所研究员裴盛基、彭华，西南林业大学纪委书记王映平，巴西竹藤协会主席 Fernnado 博士等一行6人到西双版纳州调研林业工作。

〔**资源林政**〕 1月19日，西双版纳州“十一五”资源林政管理工作会议在景洪召开。各县、市分管林业的副县(市)长、乡(镇)分管副乡(镇)长，县(市)林业局领导及相关股室领导、各县(市)乡(镇)林业站站长、州林业局、州森林公安局、州自然保护区管理局领导及保护区管理所所长、森林公安局派出所所长共130参加了会议。会上，还对“十一五”期间全州森林资源保护暨资源林政管理工作方面涌现出的先进单位、先进个人进行了表彰。州人民政府与县、市人民政府还签订《西双版纳州森林资源林政管理目标责任书》。

1月20日，西双版纳州林业局于近期在景洪召开了由各县(市)林业局分管领导和分类办主任参加的全州省级公益林修编情况汇报及促进会。

2月14日至3月1日对全州一市两县2010年度森林生态效益补偿工作进行了检查考核。

2月25日，在州十一届人大六次会议闭幕大会上，经过与会代表认真审议修改后，举手表决通过了《云南省西双版纳傣族自治州古茶树保护条例(草案)》。获得表决通过的古茶树保护条例上报省人大常委会批准后，即可颁布施行。这意味着自治州立法保护古茶树资源取得了重大进展。

3月17～18日,组织各县、市林业局分管领导及公益林管理人员前往普洱市进行了森林生态效益补偿的考察、交流活动。

4月27日下午,在州政府法制办的指导下,西双版纳州林业局在景洪召开了《西双版纳州橡胶木加工经营管理办法》听证会。来自州发改、土地、环保、安全生产监督管理及基层林业部门、木材加工经营从业人员、申请人等各方面的17名听证代表参加了听证会。

6月8日,为了加强全州木材(含林副产品)加工、经营行业的管理,规范市场秩序,保护和合理利用森林资源,根据木材加工、经营管理的有关规定,于2011年1～5月州林业局开展了木材加工经营许可证的年度检审及换证工作,全州共501户加工经营户通过了年检、换证。

7月2～8日对全州2010年度森林生态效益补偿工作进行了检查考评。

8月22日,西双版纳州林业局组织召开了州直林业系统森林资源保护协调领导小组工作会议暨全州"平安林区"创建活动推进会,对全州上半年森林资源保护工作进行了总结,并对下一步全州森林资源保护和"平安林区"创建工作作了具体的安排和部署。

10月21日,西双版纳州资源林政管理工作暨林业专项规划推进会议在景洪召开。州林业局、州自然保护区管理局、州森林公安局领导及相关负责人、武警西双版纳森警大队大队长、各县市林业局局长、分管副局长及林政股、分类办、磨憨管委会林业站、云南省林业调查规划设计院领导共33人参加了会议。

10月24～26日,对州林业局、州自然保护区管理局、州森林公安局及各县市林业局的林业行政执法工作开展情况进行了检查。

12月7～15日,西双版纳州组织开展2011年度森林资源林政管理目标责任制检查考核工作。西双版纳州人民政府抽调州纪检监察局、州林业局、西双版纳国家级自然保护区管理局、州森林公安局及各县市林业局有关人员组成检查考核组,对各县市人民政府、各县市林业局及西双版纳国家级自然保护区管理局、州森林公安局等相关责任单位2011年度贯彻落实森林资源林政管理目标责任制的情况进行了全面检查考核。

〔集体林权制度改革〕 7月22日上午,州林业局主持召开了"全州林业改革与产业发展工作会议"。会议通报了全州集体林权制度改革和林业产业发展工作情况,分析了存在的问题,并安排部署了下一步的工作。参加会议的有:州林业局林业改革与产业发展科、各县市林业局分管副局长、县市林业综合服务中心负责人等,会议由州林业局副局长苟斌主持。

7月22日下午,州林业局、州银监局就林业产业贴息贷款扶持对象、林业资产评估、贷款操作流程、资金使用监管和双方如何分工合作展开了讨论。各县市林业局、州农业发展银行、州工商银行、各县市信用社等26人应邀参加磋商会,会议由州林业局副局长苟斌主持。

9月18～25日,云南省林业调查规划院生态分院的张逊恒、陈林、康波三位工程师在州林业改革与产业科同志的陪同下分别到全州各县市林权流转服务中心开展了"云南省林权流转交易信息平台"客户端操作的技术培培训。此次培训共70人次参加,历时8天。

9月28日,西双版纳州林业局组织召开集体林权制度配套改革工作促进会,参加会议的有州林业局局长杨松海、副局长苟斌、林业改革与产业发展科相关人员、各县市林业局分管林改副局长及各县市林业综合服务中心负责人共15人,会议由州林业局副局长苟斌主持。

11月21日,州林改办及时召开州林改办主任扩大会,安排、部署集体林权制度主体改革扫尾工作,特别是针对主体改革还存在的林权证联户发证,部分林权证存在人、地、证不符、树种林种不清等现象以及林改方案、档案管理、统计数据不规范、纠纷调处等问题要进行整改和处理。会议由州林改办常务副主任李忠清主持,州林改办副主任苟斌、苏明和工作人员共17人参加了会议。

〔野生动物保护〕 1月19日饲养在野象谷亚洲象繁育中心的3头收容救护亚洲象"然然"、"平平"和"昆六"相续出现异常反应,为防止病情进一步恶化和扩散,州野生动植物保护管理站组织兽医和相关人员3头象进行治疗和体检。

2月14～19日,采取交叉互审的形式,对三县市统计资料进行审核,确保统计资料真实准确,2月20～23日进行州级汇总。2010年全州共发生野生动物肇事案9923起,直接经济损失达1258.89万元。

2月28日,中国太平洋财产保险股份有限公司西双版纳中心支公司立报案总数为41件,查勘253户,已定损金额400291元;其中景洪市查勘6个村寨,42户,定损金额155320元;勐海县查勘8个村寨,43户,定损金额44850元;勐腊县查勘11个村寨,168户,定损金额200121元。未查勘定损村寨12个,未查勘定损的主要原因是肇事野生动物尚未离开肇事现场。2011 年首批赔偿金,将于 3 月中下旬兑付。

3 月 2 日,勐海县林业局野生动植物保护管理站将收容救护的一头熊狸移交给西双版纳州林业局野生动植物保护管理站,工作人员对该头熊狸进行了认真细致的体格检查,该头熊狸为雄性,3.2 公斤,外观正常,健康状况良好。熊狸,别名熊灵描,俗称糯米熊,属于灵猫科,貌似小黑熊。国内仅分布于云南西南部和南部的部分边境地区,我国熊狸的数量估计已不及 200 只,处于高度濒危状态,是珍贵的国家一级保护动物。

3 月 22 日,西双版纳州林业局工作人员将 4.8 万元首期勐海县野生亚洲象公众责任险理赔款送到了勐海县勐宋乡糯有村委会大糯有村,开展 2011 年首期野生动物众责任险理赔工作,涉及受灾群众 53 户,实际赔付金额 48410.57 元。赔案范围涉及勐往乡 24600 元、勐宋乡 18700 元、勐满镇 2460.57 元、西定乡 850 元、打洛镇 1800 元。

4 月 26 ~ 29 日,西双版纳州林业局会同中国太平洋财产保险有限公司西双版纳中心支公司、安诺保险经纪有限公司深入到景洪市勐旺乡鑫盛种植畜牧业有限公司进行野生动物公众责任险的野外现场查勘工作。本次现场查勘,查勘了部分受损地块,经过 4 天的现场查勘,鑫盛种植畜牧业有限公司遭受野生亚洲象肇事严重,本次查勘采用抽样调查的方法,确定沙松、松树共受损面积为 305.6 亩,受损率分别为 29.5% 和 40%,定损金额为 252320 元,并现场开具了西双版纳州野生动物危害粮食作物、经济作物现场损失确认书。保险公司表示将尽快地将理赔款发放到受损业主手中。

7 月 18 日,中国太平洋财产保险股份有限公司西双版纳中心支公司已按时向西双版纳州林业局支付第二季度野生动物肇事赔偿金。第二季度全州野生动物肇事查勘估损金额为 862371.04 元,免赔额 3400 元,实际赔偿金额 858971.04 元。其中:景洪市 6 个村寨 23 户,279060 元;勐海县 2 个村寨 2 户,4245.77 元;勐腊县 19 个村寨 279 户,147688.27 元;国家级自然保护区管理局 17 个村寨 283 户,427977 元。各县市林业局、国家级自然保护区管理局将在 7 月内将全部赔偿金兑现到受灾户手中。

8 月 27 日,昆明市林业局一行 18 人在曾令衡局长的带领下到西双版纳野象谷进行野生动物野外放生活动。这次放生的野生动物主要是分布在云南的国家一、二级保护动物及云南省重点保护的动物,共 13 种 54 头(只),包括国家一级保护动物蜂猴 2 只、蟒蛇 1 条、孟加拉巨蜥 1 只;国家二级保护动物凹甲陆龟 1 只、领角鸮 1 只、褐林鸮 1 只、红隼 3 只及 44 头(只)三有野生动物。

2011 年野生动物公众责任保险工作稳步推进,1 ~ 3 季度,中国太平洋财产保险股份有限公司西双版纳中心支公司已立案 260 起,结案 121 起,理赔野生动物肇事损失 2812049.31 元,第四季度,已报案 27 件,定损 757981 元,未结案 106 件,预估损失金额 400 万元,11 ~ 12 月预计新产生赔款 150 万元左右,全年预计赔付总额将达到 900 万元左右。

12 月 28 日,西双版纳州林业局与中国太平洋财产保险股份有限公司云南分公司、安诺保险经纪有限公司正式签订《2012 年度野生动物公众责任保险服务协议》,该协议是继 2011 年度西双版纳野生动物公众责任保险期满后,在分析和总结 2011 年度野生动物公众责任险的基础上对保险服务协议进行了完善后续签的保险服务协议。

〔造林绿化〕 2 月 14 日至 20 日,西双版纳州林业局造林绿化科组织各县(市)林业局竹产业管理站对全州竹种苗繁育基地进行检查。检查组分别对勐海县南糯山 1000 亩竹种苗基地及景讷、勐遮、勐混、格朗和乡等竹资源丰富的乡镇增设的 1400 多亩临时苗圃地育苗分株上袋情况进行了检查。截至 2 月中旬,全州共完成竹苗分株上袋 92 万株,预计 2 月底,全州将完成竹苗分株上袋 110 万株,为 2011 年政府扶持农户种植 4 万亩竹原料林基地建设提供了种苗保障。

5 月 26 日西双版纳州 2009 年、2010 年造林绿化年度考核及"十一五"造林绿化目标责任考核意见反馈会在景洪召开。参加会议的有云南省林业调查规划院大理分院的检查组成员、州林业局领导及相关科室负责人共计 20 人。通过云南省林业调查规划院大理分院检查组 8 名工程师历经 25 天对勐海县、勐腊县的天保工程项目、巩固退耕还林项目、竹产业等项目实地实查,2009 年全州造林绿化考核合格面积 40530.2 亩,合格率为 94.8%,2010 年全州造林绿化考核合格面积 25968.2 亩,合格率为 94.6%。

7 月 15 ~ 18 日到西双版纳州对勐腊县雨季造林种苗质量进行检查。

〔中低产林改造工作〕 4 月底,州林业局编制完成了《西双版纳州 2011 年中低产林改造实施方案》。该方案确定全州 2011 年度的改造任务为 20 万亩,其中省级 6 万亩,州级 14 万亩。改造方式分别为:树种更替 1 万亩,更新改造 1 万亩,中幼林抚育 5.04 万亩,补植 6.18 万亩,调整改造 0.73 万亩,复壮改造0.4万亩、综合改造0.15万亩,封山育林5.5万亩。工程总投资为4580.9万元。

6月9日,州林业局组织州发改委、州财政局的有关专家在景洪召开了全州2011年中低产林改造作业设计评审会。随着评审的顺利通过,我州2011年中低产林改造工作将积极抓住当前雨季造林这一有利时机,全面完成更新和更替改造工作,力争12月底以前全面完成20万亩的改造任务。

7月5~20日,州林业局副局长苟斌带队深入两县一市开展了中低产林改造检查工作。检查组先后对关累、勐腊、普文、大渡岗、勐养、勐龙、勐阿、勐遮等乡镇中低产林改造作业地块进行了现地检查。上半年,全州已完成中低产林改造99668亩,占总任务20万亩的49.8%。

8月30~31日,省林业厅督查组刘全英一行3人到我州检查指导中低产林改造工作。在州、县林业局相关负责人的陪同下,督查组抽查了景洪市勐养农场,查看树种更新情况并核实了地块和面积。截至8月底我州已完成省级改造任务19153亩,占省级任务6万亩的32%,其中:树种更替完成7918亩,更新完成9965亩,抚育完成1270亩。

〔**退耕地还检查验收**〕 4月25日至5月16日,历时21天,西双版纳州对国家计划安排并实施的2003年和2006年退耕还林面积进行验收,本次核查验收实际面积17378.7亩,占全面检查验收上报保存面积的51%,共涉及全州7个乡镇,31个村,389个小班。经核查验收,面积保存率、林权证发证率、建档率、管护率、成林率均达到100%,顺利通过国家退耕还林阶段性核查验收。

5月3~26日,由省林业厅组织造林绿化年度考核及目标责任考核组对全州2004~2008年天保工程封山育林81167亩、人工造林16186亩及2005~2010年退耕还林工程人工造林25452亩、荒山荒地造林10790亩;巩固退耕还林成果特色经济林14140.7亩进行了检查。通过检查全州天保工程封山育林、人工造林以及2005~2010年实施的退耕还林工程人工造林、荒山荒地造林面积、巩固退耕还林成果特色经济林的面积核实率、合格率均为100%。

12月8日,州绩效办考核组对州林业局天保工程公益林建设项目(人工造林、封山育林)及石斛产业项目进行行政绩效考核。人工造林、封山育林是今年全州重点督查的20个重大建设项目目标任务,建设任务4万亩,总投资540万元,到位504万元,支出258万元,目前《作业设计》已通过州、县级专家评审、落实了地块、资金和种苗,签订了合同,并开始施工。

〔**产业发展**〕 2月15日,州林业局组织一市两县林业局和州内部分石斛种植以及野生动物养殖企业召开了林业产业项目申报会议。

11月10日,由西双版纳州发展生物产业办、西双版纳州林业局共同主办,各县市林业局承办,中国医学科学院药用植物研究所云南分所协办的石斛种植技术培训暨表彰会在各县市成功举办。

会议主办方邀请中国医学科学院药用植物研究所云南分所和光明食品集团云南石斛生物科技开发有限公司授课教师分别到勐海、勐腊和景洪对林业、科技、农业、农委办、乡镇技术人员和种植户代表等360多人进行石斛种植技术培训,同时,会议对各县市林业局近年来涌现出的石斛种植先进企业和个人进行颁奖。

12月2日,由州生物产业办、州林业局、州民政局主办,光明食品集团云南石斛生物科技开发有限公司承办,州石斛产业协会会员单位协办的西双版纳州石斛产业协会挂牌仪式在景洪隆重举行。我州党政领导江普生、刀林荫、杨志祥、刀琼平、唐家华、江建成等出席仪式。

2011年全州石斛产业协会入会企业和农户100余家,涉及全州两县一市石斛种植龙头企业和种植大户。协会在景洪设石斛会所,在景洪、勐海、勐腊均有参观展示基地。全州种植铁皮、兜唇、金钗石斛、鼓槌、马鞭、齿瓣等各种石斛总面积3253.9亩,综合产值3.5亿元。通过协会这个平台,各种植企业可以互通有无、资源共享、形成合力,做大做强我州石斛产业。

全州从事林产业人员达30万人。除了传统的橡胶和茶叶产业外,我州有:竹原料基地23.61万亩;森林生态旅游景点7个,年接待游客215万人;石斛种植面积3047亩,年产石斛鲜草650吨;木材加工企业210户,年生产国内材16.8万立方米,进口材5.75万立方米;野生动物养殖单位52家,存栏野生动物5万头,全州共有花卉苗木生产单位98家,年生产种苗5000万株。自2008年以来,全州还启动了木本油料林建设和中低产林改造工作,现已完成沉香造林6万亩,膏桐基地建设2万亩,千年桐2万亩,核桃2万亩,截止2010年底,完成中低产林改造20万亩。通过多年的培育和发展,全州现有林业龙头企业8家,其中,省级企业2家,州级企业6家。根据西双版纳州2010年林业产业统计综合分析报告,全州林业总产值达到77.98亿元,林业产业发展形势喜人。

〔**森林防火和森林病虫害防治**〕 2月28日

上午，州森林防火指挥部办公室召开森林防火业务工作会议，会议由常务副指挥长、州林业局局长、指挥部办公室主任杨松海主持。州防火办全体工作人员和州林业局办公室主任参加了会议。

7月10～12日，省林业厅党组成员森林防火专职副指挥长万勇率省林业有害生物防治检疫局和农业厅相关人员组成的联合调查组到我州，对西双版纳州森林病虫害防治情况进行调查核实。

〔**精神文明建设**〕 1月30日组织召开了州直林业系统离退休干部代表座谈会。州林业局党组书记、局长杨松海，州林业局党组成员，州林业局、西双版纳国家级自然保护区管理局、州森林公安局分管老干部工作领导、办公室主任、相关工作人员和部分离退休干部，以及原州属林业企业离退休干部代表工共26人参加了会议。

4月28日上午，西双版纳州林业局党组书记、局长杨松海带队，携全体党员及全体职工30余人共同参观了在州民族博物馆举办"法制与责任—全国检察机关惩治和预防渎职侵权犯罪展览·云南西双版纳"巡展。

6月15日，西双版纳州委创先争优活动领导小组办公室与西双版纳州绿化委员会共同组织州委深入开展创先争优活动领导小组各成员单位，勐海县委、县人民政府及有关部门、单位共400余人(其中州、县林业部门70人)在西双版纳州国道214线勐海—打洛9公里处开展营建西双版纳州"杨善洲纪念林"暨义务植树活动。共种植桃花心木、海南黄花梨、印度紫檀等珍贵树种11000株。

6月23日，西双版纳州直属机关老年体协举行了热烈庆祝中国共产党建党90周年联欢庆祝活动。

6月28日，为庆祝中国共产党成立90周年，州林业局老年体育协会在局健身活动场举行了庆祝活动。

6月19～30日，西双版纳州林业局、西双版纳国家级自然保护区管理局、州森林公安局、各县市林业局分别开展了廉政谈心活动。

7月11日，州林业系统党风廉政建设教育活动总结暨表彰大会隆重召开，标志着为期一个月的主题为"加强党风廉政建设、争做廉洁勤政表率"的党风廉政建设教育活动圆满结束。州、县(市)林业局，西双版纳国家级自然保护区管理局，州、县(市)森林公安局；州直林业三个改制企业干部职工共150人参加了会议。会议还邀请了州第四纪工委熊新发书记到会指导。会议还表彰了2010年6月至2011年6月州直林业系统在党风廉政建设中涌现出1个先进党总支、3个先进党支部和30名优秀党员。据统计，在"十个一"活动中，全系统参加各单位组织的动员大会人数达405人；参加听廉政辅导课的人数达385人；观看警示教育片的人数达800余人；廉政文化进基层活动覆盖了全州32个乡镇林业站；廉政法律知识测试人数达500余人；参加党风廉政建设工作会议和综合业务培训班人数达150余人；参加义务植树活动315人次，植树3.5万株。用"十个一"活动这一实际行动，特殊的举措来弘扬杨善洲精神，为中国共产党建党90周年献礼。

至7月31日，全州已圆满完成了6个生态新社区庭院植树工作，生态新社区涉及1个街道办事处，1个旅游度假区管委会，1个工业园区，受益农户共计490户，提供绿化苗木品种6种，苗木3100余株，其中：街道办事处3个村民小组，受益农户240户；旅游度假区管委会2个村民小组，受益农户130户；嘎栋工业园区1个村民小组，受益农户120户；富裕文明和谐生态新社区建设采取将苗木管护任务分解到户；对种植的苗木管护采取严格的监督管理机制。

9月2～3日，西双版纳州林业局党总支副书记王顺清及办公室工作人员一行看望了居住在昆明的熊如昆、徐为山、周伟贤3名离退休老干部。

11月1～5日，云南省林业系统第二十届老年人体育运动会"德林杯"在德宏州芒市举行，参加本届运动会的有省林业厅机关、省直林业单位、国家林业局驻昆单位及各地州、市林业局等共32支老年运动代表队，参赛队员500余人。经过多轮次的激烈竞争，西双版纳州林业局代表队获得太极拳(剑)团体赛第三名和太极拳个人赛第五名的较好成绩。

〔**2011年度表彰情况**〕

1. 西双版纳州被云南省人民政府授予2011年度森林防火目标责任奖

2. 西双版纳州林业局被云南省林业厅授予2011年度宣传工作先进单位 二等奖

3. 西双版纳州林业局党总支被州直机关工委授予纪念建党90周年暨传先争优活动先进基层党组织

4. 西双版纳州林业局被州委组织部、州委老干部局授予2011年度全州老干部工作目标管理责任制考评优秀单位

5. 西双版纳州林业局被州人民政府办公室通报表彰为2011年度人大代表建议和政协提案办理工作先进单位 三等奖

(《林业》撰稿：杨　南)

水　利

〔**概况**〕 2011 年,全州要完成水利建设投资目标任务 4.5 亿元,为 2010 年完成投资 3.6 亿元的 1.25 倍,占整个“十一五”完成投资 10.67 亿元的 42.17%。面对艰巨繁重的任务,全州水利部门,认真贯彻落实中央一号文件和省委、省政府“兴水强滇”战略,紧紧抓住千载难逢的历史发展机遇,坚持以人为本执政为民理念,坚持科学发展主题和加快转变经济发展方式主线,积极践行可持续发展治水思路,围绕扭转城乡供水保障不足和推进传统水利向现代水利转变两个根本目标,突出加快水资源配置建设、加强农田水利建设、增强防洪抗旱减灾能力建设三项重点任务,采取进一步加快水利建设、落实最严格的水资源管理制度、深化重点领域和关键环节改革、提升水利行业服务能力建设四项根本举措,团结协作,攻坚克难,大力发展民生水利,加快推进水利重大项目建设,全力打好新一轮水利建设攻坚战,使水利工作取得了良好开局。2011 年全州共完成水利建设投资 4.58 亿元,新增有效灌溉面积 4 万亩,完成中低产田改造 0.92 万亩,解决农村饮水安全人口 6.09 万人,治理水土流失面积 40 平方公里,进一步增强了水利对全州经济社会的支撑和保障能力。

〔**贯彻落实中央一号文件和省“兴水强滇”战略**〕 一是组织起草相关文件。由州水利局牵头组织相关部门起草了《中共西双版纳州委 西双版纳州人民政府贯彻〈中共云南省委 云南省人民政府关于实施“兴水强滇”战略的决定〉的实施意见》,并经州人民政府党组讨论通过、州委常委会审批后下发各县市党委、政府,州县各相关部门贯彻实施。二是各级各部门协作配合。州委办、州政府办下发了《关于印发中共西双版纳州委 西双版纳州人民政府贯彻〈中共云南省委 云南省人民政府关于实施“兴水强滇”战略的决定〉的实施意见有关政策措施分工的通知》,州政府办下发了《西双版纳州人民政府办公室关于成立西双版纳州水利项目前期工作领导协调小组的通知》,州纪委下发了《关于印发〈西双版纳州 2011 年党风廉政建设和反腐败工作主要任务分解〉的通知》,制定完善了各项配套措施和办法,落实了各级各部门责任分工。三是联合开展监督检查。州水利局与州监察局共同拟定下发了《西双版纳州监察局、西双版纳州水利局关于加强对加快实施“兴水强滇”战略决定监督检查的实施方案》和《关于开展对全州重点水利建设项目监督检查的通知》。州水利局同时下发了《西双版纳州水利局关于成立水利建设督查工作领导小组的通知》,并于 8 月中旬由州监察局、州水利局、州发改委等六部门组成联合检查组,对全州重点水利建设项目进行了监督检查。四是建立水利投入稳定增长机制。《中共西双版纳州委 西双版纳州人民政府贯彻〈中共云南省委 云南省人民政府关于实施“兴水强滇”战略的决定〉的实施意见》中明确提出了加大财政预算对水利的投入,做到水利投入增长与财政收入增长同步,确保今后 10 年水利年平均投入比 2010 年高出一倍;足额提取征收财政专项水利资金,从土地出让总收入中提取 5% 的资金专项用于农田水利项目建设,确保水土保持设施补偿费全部纳入水利部门预算;从城市建设维护税本地留用部分中划出 15% 以上资金专项用作城市防洪排涝和水源工程建设;从地方留用政府性基金中提取 3% 专项用于水利建设。为切实加快水利建设,州政府在 2009 年政府工作报告中明确提出连续 3 年安排 50% 的州级水资源费作为水利项目前期工作经费和项目配套建设经费的基础上,决定从 2011 年起的整个“十二五”期间,州县地方留用的水资源费将全额返回水利部门专项用于农田水利建设、水资源管理和前期工作经费支出;对列入全省 100 件骨干水源工程已开工的曼满水库、黄草岭水库、勐仑水库和其他重点项目的配套资金将采取州县政府财政担保贷款的方式来解决,在州级财政预算上,2011 年已下达到位水利建设切块资金 1000 万元,比上一年增加了 1 倍。五是召开会议部署落实。州水利局协助配合州政府于 2011 年 3 月 2 日召开了全州水利工作暨“十一五”水利表彰会议,深入贯彻落实党的十七届五中全会、中央农村工作会议、中央一号文件和省委农村工作会议及州委六届十一次全会、州委农村工作会议精神,系统总结“十一五”全州水利发展改革工作取得的成就和经验,深入分析全州水利建设面临的机遇和形势,科学谋划“十二五”水利改革发展目标任务,安排部署 2011 年工作,动员全州上下一致抢抓历史机遇,狠抓措施落实,奋力开创西双版纳水利发展改革新局面。

〔**水利规划计划前期工作**〕 发展规划编制,除完成《西双版纳州“十二五”水利建设规划》编制、《西双版纳州高效节水灌溉项目“十二五”实施方案》编制和已列入《西南五省水源规划》的景洪市曼典新建中型水库项目建议书编制外,还完成了《西双版纳傣族自治州节水型社会建设“十二五”规划》编制并通过州级评审,待上报州人民政府批准执行；项目前期工作，除完成2011年开工的14件小（一）型病险水库以及24件小（二）型病险水库除险加固工程前期工作外，还完成了景洪市凉水箐小（一）型水库可研审查并在修改中，勐海县曼桂中型水库和勐满小（一）型水库前期工作也在加紧进行。

〔农田水利建设〕 2011年，全州共完成新建和岁修各类大小水利工程2241件，累计完成投资45854万元，完成省水利厅下达目标任务45000万元的102%，其中：基建投资完成30394万元，完成目标任务30000万元的101.3%，农水投资完成15460万元，完成目标任务15000万元的103.1%。全州共投入劳动积累工176.5万个，出动机械3.88万台，累计完成土石方149.3万立方米，修复水毁工程673处，新增防渗渠道干支渠68.2公里、田间渠道131.5公里，疏浚河道165公里，清淤渠道563公里，新增小型水源工程196处，新增蓄水能力173万立方米；新增旱涝保收面积0.92万亩，新增有效灌溉面积4万亩，完成省厅下达任务的100%；改善灌溉面积5.62万亩，改造中低产田0.92万亩，新增节水面积1.66万亩，年新增节水能力581万立方米；治理水土流失面积40平方公里，完成省厅下达任务的100%；解决农村饮水安全人口6.09万人，完成省厅下达任务的102%。

〔洪灾及防汛救灾〕 针对2011年西双版纳州雨季偏早的实际情况，州防汛抗旱指挥部办公室从六个方面积极做好防汛抗旱工作。一是以水库防洪工程为重点，4月下旬组织水利、发改等8个部门对全州重要水利设施开展汛前检查，及时排查安全隐患，确保安全度汛。二是落实好防汛物资的储备，共储备防汛抢险冲锋舟14艘，机动船6艘，编织袋8.8万条，桩木600立方米，铁钉、铅丝3.5吨，锄头、铁铲、救生衣等其他物资0.7万件，总价值达76.7万元。州内还配有10名专业潜水员可随时投入抢险。三是落实各级防汛首长负责制，在报刊、电台、电视台公布重点江河、城市、水库防汛行政首长《责任人名单》，接受人民群众和社会的监督。四是及时修复水毁水利工程，共修复完成水坝、闸涵等工程58件（座/处）；修复堤防、护岸8.78公里，沟渠18.5公里；修复小型水库3座，最大限度的发挥工程的防洪效益。五是加强应急值守和灾情上报工作，从5月1日至10月31日汛期执行24小时值班制，各级防汛抗旱指挥部办公室、气象、水文、水库管理单位密切监视水、雨、工、灾情，做好各种灾情的及时上报和信息的上传下达，确保信息畅通。六是加强监测和气象部门的会商协调，及时准确地对旱情、雨情和水情进行预测预报，为防汛抗旱和库塘蓄水等工作提供科学依据。2011年入汛后，州内局部区域出现"7·14"、"8·24"等洪涝灾害，其主要特征是区域性单点暴雨突出，景洪市、勐海县、勐腊县不同程度受灾，勐海县受灾较为严重。受灾人口2.03万人，被水围困人数0.06万人，紧急转移0.07万人；农作物受灾面积0.91千公顷，成灾面积0.46千公顷，绝收面积0.13千公顷，粮食减产0.06万吨，经济作物损失350.34万元；公路中断6条次，供电中断1条次，通讯中断1条次。因洪涝灾害造成的直接经济损失7901万元，其中：农业直接经济损失913万元，工业交通业直接经济损失394万元，水利工程水毁直接经济损失865万元，城市民房、基础设施损失5729万元。各级党委、政府及时组织群众开展抗灾救灾，投入抢险人数0.29万人次；投入动力52台班；投入编织袋3.4万条，编织布0.14万平方米，砂石料0.18万立方米，木材0.7万立方米，抗灾用油9.43吨，总物资消耗折算资金99.4万元。由于抢险及时，减淹面积0.05千公顷，避免粮食减收0.05万吨，减少受灾人口0.1万人，解救洪水围困群众0.05万人，减灾经济效益1300万元。

〔库塘蓄水〕 2011年省水利厅下达蓄水任务2.4亿立方米，州水利局根据省水利厅要求并结合州内实际，将任务进一步分解到一市两县，要求抓住后汛期有效降雨时段，因地制宜，千方百计采取有效措施增加库塘蓄水，确保城乡供水和人畜饮水安全。截至12月31日，全州库塘蓄水总量为2.4194亿立方米，其中：景洪市6276万立方米，勐海县10045万立方米，勐腊县7873万立方米。

〔水政水资源管理〕 1. 认真开展水法律法规宣传教育。

除利用广播电视和宣传标语等传统方式开展宣传外，还创新突破，通过采取水利与水文部门联合、州县(市)联合、召开座谈会、建立水法制专栏、送法进村入户、发送水法规短信等方式，开展以“严格管理水资源、推进水利新跨越”为主题的系列宣传活动。全州共投入宣传经费5.2万元，发放宣传材料11000余份，编印发放水法律法规册子8000份，粘贴宣传画及宣传标语600幅，制作黑板报11块，在州、县城主要街道、路口及各乡镇悬挂横幅42条，接受群众现场咨询100人次。通过广泛宣传，进一步增强了全社会爱水，护水、节水的意识。

2. 切实加强水资源管理和保护工作。

一是建立和完善了全州取水许可、采砂许可、入河排污口设置和水资源费征缴等明细台账，为做好水资源管理和保护及开展水行政执法工作提供了翔实的基础数据。二是制定了《西双版纳州落实最严格水资源管理制度经费保障方案》；上报了《2011年省级水资源费项目申报计划和国家级水资源监控基本点项目计划》；发布了《2010年西双版纳傣族自治州水资源公报》；组织编制了《西双版纳傣族自治州节水型社会建设“十二五”规划》，已通过州级评审，待上报州人民政府批准执行；拟定了《西双版纳傣族自治州水资源费征收使用管理办法》，将由财政、发改、水利等部门联文上报州人民政府批准执行；参与了州人民政府法制办对《西双版纳傣族自治州澜沧江保护条例》的修订工作。三是组织开展跨州市河流水量分配试点工作和集中饮用水水源地水资源质量监测工作。四是配合财政部、省水政监察总队对全州2008年至2010年度的水资源费征收情况进行了调研检查。清理上报了《全州水资源费征管专项清查情况报告》。截至12月31日，全州征收水资源费426.09万元，完成省厅年度指标任务250万元的170.44%。自2010年11月起，全州水资源费征缴已全部采用电子票据系统征收。

3. 严格水行政执法监督管理工作。

一是对全州水行政审批事项进行了清理统计上报，向社会公布了水行政审批事项的设定依据、法定办理时限、承诺办理时限和办理责任科室。二是全面开展水行政执法监督管理工作，围绕取水许可管理、节约用水管理、水资源保护、水资源费征缴和西双版纳州境内澜沧江干流、南阿河、普文河、南果河、流沙河、南览河，补远江、南腊河等集水面积在1000平方公里以上的主要河流开展河道管理范围内建设项目管理、河道采砂及其他涉及河湖安全的管理工作，认真组织开展了全州2011年度水资源专项执法检查和河湖管理执法检查活动，对全州范围内的涉水违法事件进行了清理整顿和严厉打击。三是加强对河道采砂的规范监督管理，拟定了《景洪电站水库库区保护办法》并经州人民政府印发执行，与国土资源局、环境保护局等六部门联合印发了《关于规范州境内江河道采砂行为的紧急通知》，并联合开展了对非法采砂的打击活动，对发现的非法采砂案件进行严厉查处。四是对全州高耗水服务业用水情况进行了专项检查。截至2011年12月31日，全州已查处世纪金源滨江果园项目部景洪大沙坝采砂点、拓普集团龙舟广场项目景洪大沙坝采砂点、楠景新城项目部勐罕大沙坝采砂点等水事违法案件22件，其中查处河道采砂案15件，清理违法采砂户15户，调处河道纠纷案件3起，其他案件2起，警告5件，责令限期拆除9件，责令采取补救措施5件，当事人自动履行7件，对华润石场非法采砂案处以3万元的罚款，并责令拆除阻河建筑物。

〔**重点水利工程建设管理**〕 2011年重点监督管理的水利工程建设项目主要有：景洪市续建的曼岭水库、曼么耐水库、曼桂一水库、勐宋光明水库等13件小(一)型水库除险加固工程，勐宋中型水库工程；新建的有景洪市的黄草岭中型水库，勐海县的曼兴、曼给(一)、曼西等7件小(一)型水库除险加固工程和曼满中型水库，勐腊县的勐仑小(一)型水库和曼过龙水库除险加固工程。

1. 坚持以“四项制度”为主线，抓好工程项目建设管理。

一是针对水利工程建设存在的问题及实际情况，进一步落实了项目法人责任制和施工安全生产责任制；二是加强和配合水利、财政、发展和改革委派出的水利工程建设稽查特派员、检查组对项目施工现场、投资计划下达及资金使用、资料编制等方面的稽查、监督、检查、指导工作，对工程项目建设中发现的问题及时进行监督整改、落实，确保工程建设顺利进行；三是定期不定期地对各项目工程进行现场检查，特别是对项目工程质量、工期、度汛安全及施工安全进行检查，落实项目施工度汛方案及施工安全措施，确保了各项重点工程项目的顺利实施。景洪市的勐宋光明水库于2011年6月24日通过州级竣工验收，其余3件小(一)型病险水库除险加固工程于2011年8月30日完成竣工验收；勐宋水库于2011年2月23日完成下闸蓄水验收，水库整体竣工验收报告已于12月26日专题上报省发改委和省水利厅。

2. 开展工程建设领域突出问题专项治理工作。

按照中央、省、州关于开展工程建设领域突出问题专项治理工作的有关部署和要求，有计划、有步骤地开展水利工程建设领域突出问题专项治理工作，并结合全州水利工作实际，制定下发了《西双版纳州水利工程建设领域突出问题专项治理工作实施方案》，按照核准、备案、用地、规划、环评、质量、安全生产的要求，对2008年1月以来，以政府投资和使用国有资金的项目为重点，200万元以上和其他投资3000万元以上所有在建、拟建、竣工的51件水利建设项目，特别是扩大内需水利项目、病险水库除险加固工程、大型灌区续建配套与节水改造2008年度、2008年新增投资工程及2009年第三批扩大内需农村饮水安全工程的前期工作、招标投标、建设实施和质量安全管理、资金使用、违法乱纪案件查处、稽查审计监察等整改意见落实情况重新进行逐一排查、抽查和治理、整改。

〔**水土保持**〕 (1)加强组织领导，强化职能行为。成立了由局长任组长的州水利局水土保持工作领导小组，并在县乡机构改革中进一步健全完善了水土保持领导机构和办事机构。同时加强部门协作，搭建水保生态建设平台，根据西双版纳州创建世界宜居城市、创建国家环保城市的工作部署，开展水土保持工作。

(2)加大水法规宣传力度，营造良好氛围。充分利用“3·22”世界水日、中国水周、《水土保持法》颁布实施纪念日等时机，宣传水土保持生态环境建设的重要意义和紧迫性，全年共发放宣传材料1.4万份，投入经费15万元，通过宣传，全社会的生态环境意识和水土保持观念明显增强。

(3)加强监督执法，规范建设项目水土保持工作。抓好对开发建设项目水土保持方案审批、收费、监督检查“三权”管理，使水土保持“三同时”制度得到全面落实，水土保持方案审批列入政府行政并联审批。全年共审批了54件水土保持方案，征收水土保持设施补偿费136.1万元，完成水土流失治理面积40平方公里，专项检查开发建设项目125项。

(4)开展小流域水土保持治理工程。2011年，完成勐海县那达勐小流域治理工程作业便道及排水沟400米，水保林种植17.79hm^3，经果树种植20.84hm^3，封禁治理285.79hm^3。

〔**水利普查**〕 为贯彻落实科学发展观，全面了解水利发展状况，提高水利服务经济社会发展能力，实现水资源可持续开发、利用和保护，国务院决定于2010年至2012年开展第一次全国水利普查，并于2010年1月21日下达《国务院关于开展第一次全国水利普查的通知》国发〔2010〕4号文。西双版纳州人民政府于2010年10月成立西双版纳州第一次全国水利普查领导小组，并在州水利局设立水利普查办公室，具体负责全州第一次全国水利普查工作。自开展水利普查工作以来，州水利普查办公室按照国务院水利普查领导小组办公室的统一部署和云南省水利普查办公室的具体安排和要求，及时召开相关会议，协调落实经费，开展人员培训，做好宣传发动，扎实推进水利普查工作。2011年1月至3月全州组织培训普查员及普查指导员582人；3月18日正式启动水利普查清查登记工作；6月底，基本完成了水利普查清查表的填报、录入、数据审核、汇总工作，并于7月15日上报省水利普查办，圆满完成了水利普查清查登记阶段的各项工作任务。

〔**安全生产**〕 坚持“安全第一、预防为主，综合治理”的方针，全面加强水利安全生产工作，预防各类安全生产事故，全年对开工的14件水库工程进行全面排查，查出并治理有隐患的高边坡5处，地下洞室6处，已落实工程度汛方案和事故应急预案6件，正在落实8件。

〔**水利水电勘测设计**〕 (1)开展水利工程设计。2011年，州水利水电勘测设计队完成新建小(一)型水库项目勐腊县勐仑水库技施设计、勐海县勐满水库可行性研究报告修编、勐腊县纳甲河水库地勘工作和现场测量工作；完成新建小(二)型水库项目勐海县帕龙水库坝址地勘和项目区的测量外业工作，现进入可研内业编制阶段；开展大勐龙镇供水工程前期工作，提交可行性研究报告；与普洱市水利水电勘测设计研究院合作，完成了勐海县曼西良、曼兴、曼给(一)小(一)型水库和景洪市八一、前卫、景哈、曼洪小(一)型水库除险加固工程安全评价和初步设计工作，并独立完成了技术施工设计，开展了工程现场设计服务；与勐海县水利水电勘测设计队合作，共同承接了勐海县丰收、巴娥、浓捧、贺松、章朗、坝丙新寨、曼给(二)、曼迈、三队、大新寨10件小(二)型水库项目的安全评价和初步设计内容，年内完成初步设计工作。

(2)开展水土保持方案编制。承接林语半山项目、勐腊县7.5万吨/年橡胶生产项目、勐海县勐遮镇广电综合楼项目等10余件开发建设项目的水土保持方案编制，部分项目已完成编制送审并顺利通过评审获得批复。

〔**水利水电工程质量监督管理**〕 (1)开展质量监督工作。依据国家和水利部现行的法律、法规和工程建设强制性技术标准，州水利水电工程质量监督站认真执行政府对工程建设质量管理的职能行为，对正在建设的工程实施工程质量监督。

一是与云南省水利水电基本建设工程质量与安全监督中心站联合承担景洪市勐宋水库工程、黄草岭水库工程、勐海县曼满水库工程、勐海县大型灌区2010年度续建配套工程、勐海县打洛南览河一期综合治理工程、景洪市南阿河河道治理工程建设的质量监督工作,委派专职质量监督员,在工程建设期间多次到工地巡查,对参建各方的组织管理机构进行检查,对工程存在的问题提出处理意见,并对工程提出合理化建议。二是独立承担勐海县曼兴、曼各、曼西良、曼海、帕迫、平湖六座小(一)型水库,景洪市曼岭、曼桂一、曼么耐、光明、曼章、曼桂二、曼戈龙、曼洪、八一、前卫、景哈共十一座小(一)型水库和勐腊县曼过龙小(一)型水库以及州内一些小(二)型水库除险加固工程、干支渠防渗工程、集镇供水、人畜饮水等小型水利工程的质量监督工作。

(2)开展检测试验工作。州水利水电工程质量检测中心积极开展第三方质量检验工作,2011年度开展质量检测工作的主要工程有:景洪市勐宋水库工程、黄草岭水库工程,勐海县曼满水库工程,勐海县大型灌区2010年度续建配套工程、打洛南览河一期综合治理工程,景洪市南阿河河道治理工程,勐海县曼兴、曼各、曼西良、曼海、帕迫、平湖六座小(一)水库除险加固工程,景洪市曼岭、曼桂一、曼么耐、光明、曼章、曼桂二、曼戈龙、曼洪、八一、前卫、景哈共十一座小(一)水库除险加固工程,勐腊县曼过龙小(一)水库除险加固工程等。中心根据现场的工作强度与合作单位适时调配现场工作人员,在保证工程正常进度的前提下向水利工程建设单位、监理单位和监督部门提供了科学、客观、准确的检测试验数据,为工程质量管理决策提供了可靠依据。

〔农村饮水安全工程〕 2011年省级下达解决西双版纳农村饮水不安全人口6.09万人,其中:农村居民5.86万人,农村学校0.22万人,计划投资3025万元。其中:景洪市解决饮水不安全人口2.7765万人,计划完成投资1395万元;勐海县解决饮水不安全人口1.5811万人,计划完成投资782万元;勐腊县解决饮水不安全人口1.7324万人,计划完成投资848万元。工程于2011年10月相继动工建设,2011年底,全州207件饮水工程已全面动工,预计2012年上半年全部完成。

〔黄草岭水库工程〕 黄草岭水库为中型水库,位于景洪市景讷乡南昆河上游支流黄草岭河的中游,水库控制径流面积39.60平方公里,总库容1396.50万立方米。黄草岭水库工程于2010年8月2日开工,是2010年全省100件重点骨干水源工程开工建设项目,也是2011年全州重点督查的20个重大建设项目中的水利续建项目。工程批复概算总投资为14285.38万元,已到位12950万元(中央到位资金4000万元,省级补助资金到位5100万元,景洪市到位资金3850万元)。2011年底已完成"三通一平"及永久征占用地及补偿工作;完成导流(输水)隧洞;大坝于11月28日实现截流,大坝两岸及大坝基础于12月27日通过省验收,即将实施灌浆盖板浇筑;料场剥离已完成。累计完成投资7020万元。

〔曼满水库加固扩建工程〕 曼满水库为中型水库,位于勐遮镇附近的澜沧江水系流沙河一级支流南哈河的支流南木央河上游,水库坝址以上控制径流面积为47.1平方公里。曼满水库始建于1958年,1977年建成蓄水。现状大坝高46米,总库容1520万立方米,灌溉面积3.08万亩。加固扩建后,大坝加高11米,总库容增加到2794.50万立方米,灌溉面积达到6.16万亩,其中新增灌溉面积3.08万亩,改灌0.88万亩,并提供工业用水228万立方米。曼满水库加固扩建工程于2010年6月21日开工,是2010年全省100件重点骨干水源工程开工建设项目,也是2011年全州重点督查的20个重大建设项目中的水利续建项目。工程批复概算总投资为6359.08万元,已到位3809万元(省级补助资金到位2949万元,县级到位资金860万元)。2011年底已完成输水隧洞改建、大坝老涵洞封堵,闸门下闸蓄水;坝体充填灌浆、大坝右岸帷幕灌浆已完成,现正进行大坝左岸帷幕灌浆工作;大坝坝基、岸坡开挖、坝基基础回填已完成;溢洪洞钢筋混凝土浇筑已完成;前坝护坡已铺设至1310米高程。累计完成投资4750万元。

〔勐仑水库工程〕 勐仑水库位于勐腊县勐仑镇回勒河下游段,设计总库容608万立方米,属小(一)型水库。勐仑水库工程主要解决0.5万亩农田的农业灌溉用水和勐仑镇居民3万人的生活用水及勐仑植物园生产生活用水问题。勐仑水库工程于2010年12月22日开工，是2010年全省100件重点骨干水源工程开工建设项目，也是2011年全州重点督查的20个重大建设项目中的水利续建项目。工程批复概算总投资为5391.18万元，已到位资金4714.8万元(省级到位资金2696.00万元，州、县到位资金2018.8万元)。2011年底已完成项目输变电线路、进场道路、管理房、供水工程和通信工程；隧洞工程于2011年10月27日贯通，并完成混凝土衬砌，正在浇筑竖井混凝土和大坝基础截水槽阻浆盖板；2011年12月2日完成大坝截流，正在实施大坝基础灌浆工作。累计完成投资3140万元。

〔17座小(一)型病险水库除险加固工程〕 2010年12月开工建设的勐海县曼西良、曼兴、曼给(一)3座小(一)型病险水库除险加固工程，2011年底已全部完工并下闸蓄水，并已经过审计，待验收。工程批复概算总投资为1495.88万元，累计完成投资1494万元。2011年计划开工的14座小(一)型病险水库除险加固工程，是全州最后剩下的小(一)型病险水库除险加固工程，其中：景洪市9座(曼桂二水库、曼章水库、八一水库、前卫水库、曼戈龙水库、龙帕水库、曼洪水库、景哈水库、曼灯河水库)，勐海县4座(平湖水库、帕迫水库、曼海水库、曼老水库)，勐腊县1座(曼过龙水库)，2011年底已完成全部报件审核批准工作，并下达资金4771万元，已开工建设13座，其余1座12月底已完成招投标工作。

〔24座小(二)型病险水库除险加固工程〕 2011年计划开工的24座小(二)型病险水库除险加固工程(景洪市8座，勐海县13座，勐腊县3座)，在完成招投标工作后均已开工建设，已到位资金4600万元。

〔勐海大型灌区续建配套与节水改造工程〕 2011年度已下达计划投资1500万元(中央资金1200万元，省资金150万元、州级20万元已到位)。计划建设①那达勐水库西干渠首段7.6公里；②曼满水库西干渠5#支渠4.6公里；③勐邦水库西干渠1#支渠4.7公里；配套渠系建筑物42座。2011年底实施方案已通过省水利厅、省发改委评审，计划2012年4月底完成。

〔干支渠防渗工程〕 2011年，省水利厅下达两批水库干支渠防渗工程项目。第一批：景洪市嘎洒镇曼迈干渠防渗工程、曼岭水库左右干渠防渗工程、勐海县坝散水库干支渠防渗工程、黑龙潭水库干支渠防渗工程、勐阿镇勐康农田灌溉渠道防渗工程、勐腊县大沙坝水库勐捧灌区大树脚大沟左干渠防渗工程和上中良水库右干渠防渗工程，以上7个项目，计划完成渠道防渗56.03公里，完成投资2686万元，其中：省级补助870万元，州市自筹1816万元，项目建设后，新增灌溉面积0.45万亩，改善灌溉面积0.7万亩。第一批项目初步设计已经州水利局审查批复，并报省水利厅复核通过，于2011年11月相继开工建设，预计2012年汛前全部完工。第二批：景洪市勐龙镇曼别干渠防渗工程，计划完成渠道7.3公里的“三面光”防渗处理及配套渠系建筑物，计划投资436万元，其中省级补助160万元，州市自筹276万元，项目建设后，新增灌溉面积0.2万亩，改善灌溉面积0.3万亩；现已完成审批工作，待复核后进行招投标，预计2012年汛前全部完工。

〔中小河流治理工程〕 景洪市南阿河治理一期工程7.28公里治理河段，截至2011年10月25日主体工程已全部完成，累计完成投资2670万元，12月29日完成验收。勐海县打洛南览河一期综合治理工程，2010年11月25日开工，总投资375万元，已完成投资337.5万元(中央资金300万元，省资金37.5万元已全部下达)，工程已完工，2011年12月30日完成初验。南腊河勐腊县城段治理一期工程(勐腊县城曼庄大桥～曼么塔河道段)，河道3.406公里。批复总投资2796.89万元，到位2268万元(中央资金1968万元已全部到位、省级689万元到位300万元)。工程于2011年5月27日完成招投标，12月9日开工建设。流沙河勐海县城段治理一期工程，概算总投资2189万元，中央、省级投资已到位，州级配套到位10万元。工程于2011年11月11日进行公开招标，于12月20日开工建设。南腊河勐腊县曼龙代段治理工程，于2011年12月6日完成初步设计修改，12月11日通过省咨询中心审查。

〔中央财政小型农田水利建设项目〕 勐腊县列为全省第三批中央财政小型农田水利重点县，2011年度计划渠道防渗建设71.15公里，配套渠系建筑物182座,计划完成投资2114.48万元,工程建设后,改善灌溉面积2.1万亩,新增灌溉面积0.79万亩。2011年建设方案已经省水利厅审批,并已下达资金1600万元,现正进行招投标工作。景洪市大渡岗2011年度中央财政小型农田水利专项工程,计划渠道防渗建设12.31公里,配套渠系建设物48座,计划投资507.33万元,工程建设后,改善灌溉面积0.15万亩,新增灌溉面积0.25万亩。专项工程建设方案已经省水利厅审批,并已下达资金250万元,现正进行招投标工作。

〔**党风廉政建设**〕 年初召开了全州水利系统党风廉政建设工作会议,总结了2010年全州水利系统党风廉政建设工作,部署了2011年水利党风廉政建设和反腐败工作任务,与各科室和各县(市)水务局签订了2011年全州水利系统党风廉政建设任务责任书。认真传达学习了州纪委六届六次全会精神,制定下发了《西双版纳州水利局2011年党风廉政建设和反腐败工作意见》。同时,在班子成员配齐的基础上,重新调整了局党风廉政建设责任制工作领导小组,并根据分工制定了新的领导干部四重分片包干负责党风廉政建设责任制工作办法。"七一"前夕,举办了庆祝建党90周年党风廉政建设学习讲座,表彰了先进基层党组织、优秀共产党员和优秀党务工作者。下半年召开了领导干部四重分片包干负责党风廉政建设责任制听、谈、查工作会议,认真进行了领导干部权力运行风险排查;召开了2011年度党员领导干部民主生活会,切实加强了领导班子和党员领导干部思想、组织、作风和党风廉政建设。年底召开了2011年领导干部履行"一岗双责"落实党风廉政建设责任制情况汇报暨集体廉政谈话会,对全年党风廉政建设和反腐败工作进行了总结检查,对班子成员和分管科室及直属单位负责人进行了廉政谈话。

〔**创先争优活动**〕 年初制定实施方案并开展了创先争优活动领导点评工作。春节前夕开展了"创先争优·服务群众"主题活动,看望慰问了离退休老同志、困难职工和节日坚守岗位的施工人员。党员按照设岗定责、依岗承诺,签订了2011年承诺书。为营造良好的创先争优活动舆论氛围和社会氛围,在单位悬挂了创先争优宣传标语。制定实施方案,在创先争优活动中全面开展了授旗评星活动。制定推进学习型党组织建设工作方案,坚持每周一学习制度,组织党员干部职工认真学习党的方针政策。组织开展向杨善洲同志学习活动,并召开以"学习杨善洲精神做人民满意的好党员好干部"为主题的领导干部学习生活会。在开展创先争优学习杨善洲活动中,党员干部不仅撰写了学习心得体会,而且将学习成果落实到行动上,积极深入基层、工地,努力推进水利工程建设,破解水利发展难题。全州水利系统围绕"创先争优促民生水利发展,扎实办事让人民群众得实惠"这一主题,在推进水利建设中做好利民便民工作,较好地解决了曼满水库加固扩建工程施工与灌溉用水的矛盾,确保了灌区3.6万多亩农田的灌溉和黎明糖厂今年榨季生产用水。

〔**其他工作情况**〕 认真抓好老干部工作目标管理各项任务的落实,把老干部工作纳入重要议事日程,调整充实了老干部工作领导小组;建立了在职领导干部联系离退休老干部工作制度和定期向离退休干部通报工作开展情况制度;重要会议邀请老干部参加;节假日及时走访慰问老干部;组织老干部参观西双版纳民族博物馆和新建水利设施,开展健康有益的文体活动;发挥老干部作用,老干部编撰的《西双版纳州水利志》(评审稿)已通过州级专家评审,目前正在修编。老干部工作取得了明显成效,迈上了新台阶。认真开展行政机关推行效能政府四项制度建设工作;认真办理群众来信来访,按照要求办理答复州党代表提议共2件;对交水利局办理的州政协十届五次会议委员提案2件进行了面商,研究了解决办法;参加《行风政风热线》直播,认真听取群众意见并帮助解决了群众反映的有关问题。全年在州水利局网站共发布水利工作信息97条,公告、公示11条,在省水利厅网站共发布西双版纳州水利工作信息79条。上半年印发公文共387号,报送督查专报14期,水利工作简报14期。

〔**人事变动**〕

2011年1月28日,西双版纳州人民政府《关于却建明等19位同志任免职的通知》任岩庄香同志为州水利局副局长。

2011年4月1日,州人力资源和社会保障局《关于苏亚梅同志聘任职的通知》,苏亚梅从景洪市幼儿园调入澜沧江景洪堤防管理所。

2011年4月18日,州人力资源和社会保障局《关于柳冠春等三同志任免职备案的通知》任柳冠春为办公室主任,免去农村水利科科长职务。

2011年4月18日,州人力资源和社会保障局《关于柳冠春等三同志任免职备案的通知》任黄翠云为水政水资源科科长,免去办公室主任职务。

2011年4月18日,州人力资源和社会保障局《关于柳冠春等三同志任免职备案的通知》任张芯荣为水土保持科科长,免去水政水资源科科长职务。

2011年9月2日，州人力资源和社会保障局《关于张志勇等五位同志任免职的通知》任张志勇为州水利水电勘测设计队队长，免去州水利水电工程质量监督站站长职务。

2011年9月2日，州人力资源和社会保障局《关于张志勇等五位同志任免职的通知》任陈毓为州水利水电勘测设计队总工程师，免去州水利水电勘测设计队队长职务。

2011年9月2日，州人力资源和社会保障局《关于张志勇等五位同志任免职的通知》任王勇为州水土保持生态环境监测站站长，免去州水土保持生态环境监测站副站长职务。

2011年9月2日，州人力资源和社会保障局《关于张志勇等五位同志任免职的通知》任熊云川为州水利水电工程质量监督站站长，免去州水利水电工程质量监督站副站长职务。

2011年9月2日，州人力资源和社会保障局《关于张志勇等五位同志任免职的通知》任聂素娥为州水利水电工程质量监督站副站长。

2011年9月2日，州人力资源和社会保障局《关于同意段鸿锋等三位同志辞职的批复》，州水勘队段鸿锋、肖顺文、李绍锋辞职。

2011年10月25日，州水利水电勘测设计队人才引进研究生学历应届毕业生郭颖良。

2011年10月25日，州水利水电工程质量监督站招聘本科毕业生李富强。

2011年10月26日，州人力资源和社会保障局《关于李翠兰同志任免职备案的通知》任李翠兰水政水资源科主任科员，免去副主任科员职务。

2011年11月10日，州人力资源和社会保障局《关于张志勇同志任职的通知》任张志勇规划计划科科长。

2011年11月21日，州人力资源和社会保障局《关于同意侯云贵同志解除聘用合同的批复》，侯云贵与澜沧江景洪堤防管理所解除聘用合同。

2011年11月22日，西双版纳州人民政府《关于阮佳等28位同志任免职的通知》任白丽清副调研员。

2011年12月19日，州人力资源和社会保障局《关于李勤龙同志聘任职的通知》，李勤龙从勐海县水利勘测设计队调入州水利水电勘测设计队。

2011年12月20日，州人力资源和社会保障局《关于李茜同志任免职备案的通知》任李茜为办公室副主任，免去副主任科员职务。

2011年12月28日，州人力资源和社会保障局《关于袁学友同志聘任职的通知》聘任袁学友为州水利水电工程质量监督站副站长。

2011年12月30日，州人力资源和社会保障局《关于同意李喜忠同志退休的批复》，李喜忠退休。

（《水利》撰稿人：周润康）

工业 交通

责任编辑：管 霏

工业和信息化

〔**概述**〕 2011年，西双版纳州积极应对国际经济环境新变化和国内经济运行新情况，努力克服生产要素紧张局面，工业经济取得显著成绩，超额完成省、州人民政府确定的工业经济发展目标任务，实现了"十二五"良好开局。工业经济总量迈上新台阶。1～12月，全州全部工业增加值达到40亿元，同比增长20.6%，其中规模以上工业增加值突破30亿元，达到32.25亿元，其中：轻工业累计完成增加值10.32亿元，同比增长28.8%；重工业累计完成增加值21.93亿元，同比增长14.3%。全州规模以上工业增加值增速达到18.8%，比2010年加快8.7个百分点，高于全省平均增速1.2百分点。工业经济效益明显提升。全州规模以上工业实现主营业务收入53.33亿元，同比增长18.6%；利税总额18.24亿元，同比增长31.5%；利润总额12.61亿元，同比增长45.3%。全州纳入统计的规模以上工业企业37户，亏损企业6户，亏损额0.87亿元，同比增长2.4%。规模以上工业产销率为97.2%，同比提高2个百分点。重点行业支撑作用进一步凸显。支撑全州工业经济发展的电力、制糖、制茶、矿冶四个重点行业累计完成工业增加值28.24亿元，占全州规模以上工业增加值比重87.5%。

〔**机构改革**〕 州政府办于2011年3月30日下发《关于印发西双版纳州工业和信息化委员会主要职责内设机构和人员编制规定的通知》，组建西双版纳州工业和信息化委员会（简称"州工业信息化委"），为州政府工作部门，正处级，加挂西双版纳州无线电管理办公室、西双版纳州中小企业局牌子。职责调整8项，主要职责13项，其他事项9项，并明确了州工业和信息化委的行政审批事项18项。委机关设10个内设机构，正科级。委机关行政编制17名，暂定编制10名，后勤服务编制2名，合计29名。其中主任1名，副主任4名，科级领导职数10名。

〔**技术创新与技术改造**〕 全州工业发展后劲不断加强。随着光明食品集团云南石斛生物科技开发有限公司、华坤生物、众联天然橡胶等一批新建项目建成投产，华新红塔水泥、勐棒、景真、勐阿糖厂等一批以产业结构调整和优化升级为主的重点技改项目顺利实施，蓝景新能源、雨林傣香农业科技公司等一批在建项目的积极推进，强有力拉动了全州工业投资的快速增长。全年完成非电工业投资9.5亿元，同比增长32%，完成省下达目标9亿元的105%。

技术进步实现重大突破。培育8户州级企业技术中心，新增产学研合作项目20项，申请专利58项，37项专利已授权，1户企业通过高新技术企业认定，获中国驰名商标1户，实现零的突破，获云南省著名商标企业5户，创历史新高，同比增4户，有注册商标260件。2户企业参与制定地方标准5项、1户企业参与制定国家标准3项、地方农业标准规范项和企业标准7项。新增备案企业产品标准73个，登记企业产品执行标准97个，标准覆盖率为97.2%。有4户企业申报标准化良好行为企业。重要工业产品质量监督抽查合格率达到95.4%以上，食品获证生产企业产品质量监督抽查合格率达到89.8%以上。

〔**重点行业发展**〕 制茶业 受2010年干旱影响，茶叶产量有所减少。茶叶价格比上年同期上涨10%～15%，普通干毛茶平均价在25元/公斤左右，古树茶价格依然坚挺，每公斤在100～1800元不等。全年全州精制茶产量21695吨，同比下降7.2%；行业累计完成工业总产值93549万元，同比增长21.6%；工业增加值52921万元，同比增长21.3%；实现主营业务收入82409万元，同比增长27.1%；利润35646万元，同比增长49.4%。

〔**制糖业**〕 2010/2011年榨季，全州累计甘蔗入榨量119.3万吨，同比增长17.2%；生产食糖

15.2 万吨，同比增长 14.4%；平均出糖率 12.72%，同比下降 0.37 个百分点。行业累计完成工业增加值 37401 万元，同比增长 49.1%。在食糖高价位强劲拉动下，行业实现主营业务收入 94423 万元，同比增长 55.7%；利润 35210 万元，同比增长 123.3%。

〔**铁矿石采选业**〕 全年铁矿石原矿产量 262.63 万吨，同比下降 28.5%；行业累计完成工业总产值 76696 万元，同比下降 21.6%；工业增加值 40772 万元，同比下降 21.1%；实现主营业务收入 107268 万元，同比下降 5.3%；实现利润 398 万元，同比下降 96.7%。铁矿石原矿平均销售价 240 元/吨，比上年同期下降 20%。

〔**电力生产与供应业**〕 全年全州发电量 541075 万度，同比增长 11.8%，分别比前一、三季度下降 21.3 和 15.3 个百分点。行业累计完成工业增加值 151279 万元，同比增长 24.1%；实现主营业务收入 177313 万元，同比增长 14.7%；实现利润 36259 万元，同比增长 73.7%。规模以上工业企业用电量 24183 万度，同比增长 3.2%。

〔**水泥制造业**〕 全年全州生产水泥 35.24 万吨，同比增长 8.5%；行业累计完成工业增加值 3875 万元，同比增长 13.9%；实现利润 125 万元，同比下降 54.5%；水泥平均销售价（含税）402 元/吨，与上年同期减少 28 元/吨。

〔**铁合金冶炼业**〕 全年全州铁合金产量 8133 吨，同比下降 27.1%。行业累计完成工业增加值 1025 万元，同比下降 12.7%；实现利润 90 万元，同比下降 86.6%。

〔**非公经济和中小企业发展**〕 积极改善投资环境，鼓励民间投资，加大财税扶持力度，开拓融资路子，实施“走出去”战略，提高企业管理水平，促进了非公经济和中小企业发展。截至年底，全州非公有制经济组织户数达到 4.5 万户（其中私营企业 0.43 万户，个体工商户 4.1 万户）；当年实现经济增加值 71.9 亿元，同比增长 22.2%，完成省下达目标任务的 110.6%，占全州 GDP 的 36.4%，同比上升 2 个百分点；从业人员 10.8 万人（其中私营企业 4.2 万人，个体工商户 6.6 万人），比上年同期增长 4%，完成省下达目标任务的 103%；上缴税金 13.2 亿元，同比增长 69%（其中私营企业 6.5 亿元，同比增长 103%，个体工商户 3.2 亿元，同比增长 28%）

〔**产业结构调整**〕 年内，通过坚持科学发展，示范带动，以重大项目建设带动工业投资增长，强化工业投资项目库建设和预测分析，加大培训力度，打牢工作基础，改造提升现有产业，培育壮大后续产业，一批生态、节能、绿色型优势工业产业迅速发展，精制茶、云麻、啤酒等一批工业企业相继建成投产，有力地促进了产业结构的优化调整。全州三次产业结构由 2010 年末的 27.62%、29.61%、42.77% 调整为 28.8%、30.3%、40.9%。轻重工业的比重由 2010 年期末的 35∶65 调整为 42∶58。水电业跃居支柱产业之首。精制茶加工业、矿产采选业、制糖业等重点产业实力进一步增强。

〔**信息化建设与安全管理**〕 全年全州信息化建设取得长足进步。近 400 家单位已经采用光纤专线接入电子政务网络，最低接入带宽达到 10M。电子公文交换项目建设已经取得成功。144 家单位的非涉密文件通过系统传输。截止 12 月 31 日，系统共计登记各类发文 5986 份，收文份数达到 14829 份，电子公文交换系统存储的交换文件达到 8200M。州政府办公自动化系统对政府办日常办公的支撑作用更加明显，通过 OA 办公自动化系统收文达到 16519 份，发文 4293 份。视频会议系统得到充分运用。共召开各类视频会议 100 余次，参会人数近 3 万人次。其中省到州县（市）视频会议 56 次，参会 11060 人次；州级主办会议 12 次，参会 900 人次。工程建设领域项目信息公开和诚信体系建设工作取得进展，派专人参加了省工信委组织的培训，组织了三县市 30 个部门、约 80 人的专栏使用操作培训班。同时，与州监察局配合，督促指导全州相关部门较好完成了全州工程建设领域项目信息和信用信息的发布工作。96128 电话专线应答次数 1453 次，转接 631 次，转接成功率 75.8%，满意率为 94.9%。

顺利完成了全州电子政务网络平台和州机关互联网接入平台的运维工作。对互联网接入服务器进行了升级改选，更换了部分老旧设备，选用国家电子政务外网工程配备的服务器，提高了互联网网络访问的速率和稳定性。组织政府信息系统安全检查工作，提高了各单位信息安全意识有所提高，建立了信息安全责任制，健全了信息发布体系。涉密计算机设有密码，由专人负责，上外网的计算机均安装杀毒软件和防火墙。

〔**无线电管理与监督检查**〕 主要工作：①把无线电频率台站数据库（2006 版）建设纳入 2011 年上半年的主要工作。州无线电管理办公室通过组织三大通信运营商及公安、林业、广电、民航等 7 家重点台站部门举办无线电台站数据填报培训和工作安排会议，并经过两个月的努力工作，完成了各用户数据采集、填报、录入工作，全部工作按时保质完成。②完成了公务员考试和高考保障。2011年度全省公务员考试和高考期间，先后共派出监测保障人员17人、监测保障车6辆及固定、移动监测设备、无线电干扰设备9台(套)，全程参与了考试期间的防无线电设备作弊监测保障工作，经过严密防范和监测，圆满完成了防范和打击公务员考试和高考期间利用无线电设备作弊任务，考试保障期间未发现作弊信号。③加强边境频率调查和测试，完成了中缅、中老边境频率调查和电磁环境测试工作，并根据工作实际，向省无委提出了建议。④排除了某县卫星遥控遥测站干扰，确保卫星遥控遥测工作顺利开展。

〔**安全生产管理**〕 根据国家、省、州2011年安全生产工作要点，深入贯彻科学发展观，坚持以人为本，牢固树立安全发展理念，全面落实“安全第一、预防为主、综合治理”的方针，从源头治本着眼，从基层基础着手，以继续深入开展“安全生产年”活动为主线，以有效防范和坚决遏制重特大事故为目标，认真排查电力、非煤矿山、民爆行业安全隐患，为促进全州工业经济平稳较快发展创造良好的安全发展环境。一是认真宣传贯彻落实。将省、州有关加强安全生产的一系列指示精神迅速传达到企业，传达到基层，加大宣传力度，要求各县市、各企业树立安全发展理念，并结合全州工业经济运行实际，为确保“十二五”开局之年全州工业经济实现平稳较快增长提出了具体要求。二是加强对工业行业安全生产指导。针对工业经济运行、安全生产工作的特点，主抓安全生产管理指导工作的领导亲自带队，组织各县市采取“听、查、询、看”方式重点对电力、非煤矿山、民爆等工业行业进行安全生产指导，特别是生产车间、电站大坝、尾矿库和矿山等重点领域，要求认真组织隐患排查，坚决防范和遏制重特大事故发生，对指导检查后发现的问题提出整改意见，要求企业限期整改。三是认真落实“一岗双责”责任制，指导全州工业企业做好安全生产工作。认真落实值班制度，完善信息报送渠道，确保信息畅通。

〔**节能减排**〕 围绕确保完成全州2011年单位GDP能耗下降1.7%的目标任务，州、县(市)政府、各部门、重点企业按照国家、省《关于加强节能工作决定》的统一部署，加强领导，统一认识，结合实际，制定措施，真抓实干，务求实效，节能降耗工作取得新进展。2011年，全州组织实施重点节能示范项目3项，项目总投资近亿元，年均节能量折合1万吨标准煤。全州以能源消费年增长8.76%支撑了GDP年增长22.8%，在经济总量翻番的情况下，全社会实现节能量约5.3万吨标准煤，扭转了全州工业化、城镇化加快发展阶段能源消耗强度大幅上升的势头。2011年单位GDP能耗下降4.23%，比省下达目标多下降2.53个百分点，完成“十二五”节能目标进度的52%，规模以上工业企业增加值能耗下降5.06%。

〔**工业园区建设**〕 通过完善和落实工业园区土地利用政策，保障园区发展用地。建立园区土地收储制度，优先开发利用废弃、闲置和低效率土地，提高土地利用效率。优化园区投资服务环境，加大财税扶持力度。从2009年起安排州级“新型工业化发展专项资金”按不低于40%比例，重点用于支持工业园区建设发展。按照上缴包干、新增返还的原则，以2009年为基数，5年内工业园区内新增税收，依照现行财政体制规定上缴州级财政的部分，按照一定比例留给工业园区，用于基础设施建设。提高园区管理效能，实行简政放权。授予园区相应的项目核准、审批管理权限，承担项目审批主体责任。实行园区动态管理，强化考核评价。对工业园区固定资产投资、入园企业户数、工业增加值、非电工业投资等实行年度目标责任制考核，工业园区建设取得较快发展。截至年末，全州工业园区累计入园企业107户，其中：景洪工业园区24户、勐海工业园区42户、磨憨进出口贸易加工园区41户。累计完成投资30.27亿元，全年实现工业总产值6.18亿元，同比增长41%；实现工业增加值2.75亿元，同比增长17%；年末实现就业人数2998人，同比增长8.8%。

〔**要事简记**〕 2月24日，全省墙改工作会议在州召开。省工信委党组副书记、副主任、省墙改协调领导小组组长宋嘉林出席会议并做重要讲话。会议通报表彰了全省墙材革新工作先进单位和先进个人。

3月1日，正式启用全州电子公文交换系统，全州共计144家单位间的非涉密公文传输交换全部采用电子信息网络传输。

3月，商务部认定公布了第二批中华老字号，全省有15家企业入选，西双版纳勐海茶业有限责任公司勐海茶厂的注册商标“大益牌”榜上有名，成为建州以来首家荣获“中华老字号”殊荣的企业。

4月26日，召开贯彻全省低碳经济节能减排、工业产品质量工作会议精神座谈会，传达省工业产品质量管理工作会议精神，安排布置下步工作。

5月5日，全州工业和信息化工作会议在景洪召开。会议表彰奖励了“十一五”期间全州节能减排工作先进单位和先进个人；州政府与各县市区、各责任单位和企业签订了2011年度工业经济发展、节能目标责任书。总结了“十一五”全州工业和信息化工作取得的成绩，明确了“十二五”工作要求和目标，安排部署了2011年工作任务，并对干部队伍和党风廉政建设提出了明确要求。

5月9日，副州长李江虹代表州政府为勐海茶厂“大益牌”商标获得“中华老字号”这一荣誉授牌。

5月10日，西双版纳景阳橡胶有限责任公司勐捧第二制胶厂启动利用太阳能辅助干燥天然橡胶节能示范项目建设，标志着全州利用太阳能辅助干燥零的突破。

6～12月，全州近400家单位分批采用光纤专线接入了电子政务外网，最低接入带宽达到10M，同时州机关办公大楼和景咏办公区高速局域网改造建设完成。

8月18～19日，州工信委举办银河工程中小(非公)企业经营管理人员培训班。全州中小企业董事长、厂长(经理)、管理人员100参加了培训。

9月15日，“云南省工业和信息化前沿知识巡回讲座”在州举办。全州中小企业经营管理人员和州直有关部门200余人参加了讲座。

10月9～10日，省政府督查室副厅级督查专员李石松一行通过实地走访、听取汇报等方式，对全州节能减排工作进行专项检查。

11月10日，州工信委召集全州工业企业及节能责任单位参加工业和信息化部召开的全国工业系统节能减排工作电视电话会议。

11月，州无线电监测站协助中国西安卫星测控中心第二活动站成功排除占用卫星测控频率干扰源，顺利完成了卫星测控的安全保障工作。

12月5～9日，全省无线电监测月报工作经验交流暨边境电磁环境监测评估培训会在州召开。

12月21日，州工信委举行《西双版纳州“十二五”节能规划》听证会。

12月26～28日，州工信委组织有关部门和专家召开州级技术中心申请认定答辩会，西双版纳药业有限责任公司等8户企业通过州级企业技术中心认定。

12月28日，华新红塔水泥(景洪)有限公司日产2000吨新型干法水泥熟料技改项目完成，正式点火投入运行。副州长杨沙、州政协副主席依甩出席生产线竣工投产仪式。

(《工业和信息化》撰稿：张仁明)

交通事业

〔概述〕 2011年全州交通运输工作紧紧抓住新一轮西部大开发和“两强一堡”建设的重大机遇，紧紧围绕“六大战略”以及“两个率先”、“两个为主”、“两个定位”目标，着力于转变发展方式，调整运输结构，深化改革开放，强化行业管理。坚持建、管、养、运、安并重，坚持规模、速度、质量、效益、能力和水平统一协调发展，为全州经济社会发展提供安全、畅通、便捷、绿色的交通运输保障。

全年全州交通基础设施完成固定资产投资5.1亿元，超额完成省厅下达的任务数。列入州20项重点工程之一的勐罕至关累沿江公路路基工程基本完工；景洪至橄榄坝澜沧江右岸旅游观光道、景洪至勐宽二级公路、西双版纳职业技术学院新校区道路、行政村道路硬化工程、自然村“村村通”公路工程、勐罕多功能码头等项目实现了建设计划目标；全州农村公路、渡改桥工程开工建设项目35个，完工23个，在建12个，新改建农村公路里程1540公里；小磨高速公路、橄榄坝至景哈大桥、国道213线普文至磨憨二级公路、象庄至勐腊至岔河二级公路建设项目列入“十二五”建设规划。

全州新增农村客运班线4条，新增农村客运班车9辆，农村客运班线达195条，投入农村客运车辆达883辆。国际道路运输合作关系进一步巩固，出入境人员连续3年增长50%以上。全州完成公路运输客运量1688万人次，旅客周转量148100万人公里；完成公路运输货运量1151万吨，货物周转量76974万吨公里，全州公路运输保持强劲的增长态势。

〔全州交通运输工作会〕 于2月28日在景洪市锦都酒店召开。会议开到乡镇一级，共计120余人参加。会议由州政府副秘书长岩罕恩主持，州交通运输局党组书记、局长刘俊杰代表局党组作《承前启后，继往开来，为开创交通运输科学发展新局面而奋斗》工作报告，副州长杨沙出席会议并作重要讲话。28日下午，套开了全州交通运输系统党风廉政工作会。

〔交通运输部考察澜沧江——湄公河航运工作〕 4月19～20日，交通运输部副部长翁孟勇一行20人到州考察澜沧江——湄公河航道和航运工作。省交通运输厅厅长杨光成、副州长杨沙、州交通运输局局长刘俊杰陪同考察。考察团沿江而下,考察昆明至曼谷公路大通道,以及澜沧江—湄公河航道、港口和航运的发展情况,并作了重要讲话。考察团从磨憨口岸出境,继续下段考察。

〔**景混及景大二级公路竣工验收**〕 7月30日,省交通运输厅二级公路竣工验收组对国道214线景洪至勐混、景洪至大勐龙两条二级公路组织竣工验收。景混二级公路于1999年7月开工建设,2004年1月交工验收。景大二级公路2004年12月开工建设,2009年4月交工验收。经验收组综合打分评价:景混二级公路工程质量评分为90.73分,项目建设综合得分90.92分;景大二级公路工程质量评分为92.85分,项目建设综合得分90.20分,两条二级公路评定为优良工程。

〔**全州二级公路锁定债务**〕 8月底,全州完成景混、惠勐、佛打、景大二级公路的债务锁定相关准备工作。12月31日零时全州取消二级公路收费7条,取消收费里程451公里。

〔**州交通运输系统职工运动会**〕 9月23~27日,全州交通运输系统第十四届职工运动会在勐海县举行,共11个代表队360余人参加,运动会设集体及个人共11个比赛项目。

〔**西双版纳大桥竣工验收**〕 9月28日,省交通运输厅在昆明召开西双版纳大桥竣工验收会。西双版纳大桥质量等级被评定为优良,大桥全长600.24米,桥型为独塔双索面斜拉桥,该项目1995年11月开工,1999年9月交工验收,9月30日举行通车仪式。建设总投资1.7亿元,其中省交通运输厅补助80%,即1.36亿元,其余为地方配套。

〔**全州乡镇交通运输管理站更名**〕 年内,全州乡镇交通运输管理站根据县市政府编办通知,先后更名为交通和安全生产服务中心。

(《交通事业》撰稿人:陈兆贤)

公路养护

〔**综述**〕 2011年是"十二五"开局之年,总段紧紧围绕公路养护这一中心任务,结合实际认真制定总段"十二五"发展规划,以高效发展、安全发展、绿色发展为主线,立足主业、强化管理、突出重点、锐意改革,圆满完成了2011年确定的各项任务目标。全年完成小修保养工程2902.92万元,占计划的100%;完成中修和灾害防治工程420万元,干线优良路率60.85%,平均优良路率62.48%。参建的二级公路均提前完成建设任务。绩效工资改革稳步推进,三级管理体制得到巩固,基层基础不断夯实,安全生产状况持续稳定,节能减排取得实效,超限超载得到有效控制,通行费征收任务超额完成,单位内部社会治安稳定,文明创建成效显著,党建工作、廉政建设和行业文化建设取得显著成绩。全总段呈现出单位发展、队伍稳定、干群关系和谐的良好态势,为全面完成"十二五"目标任务奠定了坚实的基础。

〔**巩固养护主业**〕 全年总段切实履行服务职责,养护主业核心地位不断巩固。全体干部职工始终坚持抓好养护主业不动摇,全年完成小修保养工程2902.92万元,占计划的100%;完成勐景二级路K10~K13沥青路面中修工程3公里共计300万元,路网改造完成国道213线灾害防治工程120万元,占计划的100%。

切实抓好沥青路面预防性养护,多渠道筹措资金769.5万元,实施上封层43公里、微表处20公里;增设路基拦水带249.5米、水沟跌水坎51道,修复水毁路基缺口7处;修复涵洞5道、修复挡土墙322立方米、增设护栏墩12个。加大次差等路处治力度,G213线、S328线共计65.7公里次差等路路面质量有较大幅度提升,经公科所检测,路面使用性能指数(PQI)和优良路率分别比2009年检测数上升49.56和16.67%。

全总段小修保养完成修补坑塘沉陷140715.9平方米、罩面271921.74平方米、刮油44915.58平方米、贯裂缝26879米,整修路肩201324.2平方米,清挖水沟2398.638千米,清挖坍方8098立方米。由于认真开展沥青路面预防性养护竞赛活动,推动了公路养护工作,促进了路况质量和养护管理水平的不断提高,水毁损失大幅度下降,有效提升了路况质量。2011年底经省公路科研所使用快速检测车检测评定,沥青路面破损率(DR)1.22%、平整度(IRI)5.15、路面使用性能指数(PQI)84.85、路面优良率79.35%,管养里程路面使用性能技术状况综合等级评定结果为良,路况和路容路貌有了明显改观,为提高公路养护质量提供了较好的保证。

〔**圆满完成二级公路建设任务**〕 年内,按照省交通运输厅"二级公路决战年"的部署,总段全力推进参建二级公路建设,顺利完成惠勐二级公路收费站建设、收费、取消收费以及交竣工资料的收集整理及债务锁定审计工作;提前完成永临线淹没段路基复建工程二合同段、按期完成小澜线第二合同段和思江线第九合同段建设任务;另完成小澜线第三、四合同段1公里水稳层、12公里油面层，小澜线淹没段5公里水稳层、10公里油面层。

〔**完善各项规章制度**〕 年内，总段先后制定完善了《公路小修保养管理实施细则》、《公路养护工程管理实施细则》、《公路桥涵养护管理实施细则》、《总段财务管理办法》、《总段行政监察工作实施办法》、《总段内部审计工作实施办法（试行）》、《总段节能减排工作管理考核办法》、《总段机关科室人员竞聘办法》，《国有固定资产和机械设备管理办法》、《设备调度管理实施细则》以及涵盖"小金库"专项治理、节能减排、反恐防暴和消防安全应急预案等内容的规章制度和实施方案，管理工作得到进一步强化。

〔**三级管理体制改革成效明显**〕 年内，总段正确处理好改革、发展、稳定的关系，按照省交通运输厅和公路局的要求，加快推进和完善三级管理体制改革，保持了县级管理机构按一县一段规范设置后职工队伍的稳定，理顺了总段、管理段、管理所之间的关系。全面实施预算资金直拨管理段，总段转变职能，以行业管理为主，对预算资金履行审查、管理、和监督职能，管理效率得到有效提升。

〔**提升公路养护机械化水平**〕 年内，总段多渠道筹集资金，新增养护机械设备68台（件），使全总段各类机械设备达147台（件），原值2962.68万元，净值1403万元，设备总功率8092千瓦，确保了公路养护生产对机械设备的需求。在提高公路养护机械化水平的同时，按照建立资产管理信息系统的要求加强设备物资管理，对机械设备等国有固定资产进行了全面盘点，建立和完善了相关资产档案，做到账实相符。

〔**巩固节能减排成果**〕年内，总段开展公路养护新技术、新材料及新检测方法培训，普及节能知识和方法，进一步增强节能降耗意识；推广使用热沥青，实行单车、单机考核，做好材料的回收利用工作；加强技术改造，对勐腊段南贡山机化站拌合机炉膛进行二次改造，取得了明显的节能效果。开展节电、节油、节水、节约办公耗材活动，油耗指标比局下达定额指标下降2.12%，办公用水、用电分别下降2.3%和2.1%，实现了节能降耗目标，巩固了节能减排成果。

〔**规范预算编制和财务监管**〕 实施财政预算管理是合理运筹公共财政的有效方式，是提高政府公共决策能力的科学手段，它可以把有限的财政资源有效地配置于最适宜的方面和方向上，避免因资源配置不公而造成行业或单位之间的不公平待遇。全年总段通过加强支出预算事前评审和预算编制管理，财务审计规范化管理全面加强。充分发挥审计监督效能，对所属5个单位进行了财务审计，配合审计中介机构完成了总段长陶华的离任审计和勐腊段段长王平的任中审计工作。

〔**绩效工资改革稳步推进**〕 年内，总段按照"积极、稳妥、有序、规范"的原则，完成了绩效工资改革。按时足额发放离退休人员生活补贴，初步建立事业单位工作人员绩效考核体系，制定了奖励性绩效工资试行办法和实施细则并严格执行。

〔**预防措施保障公路运营安全**〕 年内，总段按照省交通运输厅、公路局"安全生产年"活动的总体部署，建立完善了安全生产管理体系并顺利通过验收；共投入安全经费77万元，对5座桥涵进行加固，整治路肩缺口7处，制作和恢复道路等各类标志、标牌487块，发放施工锥形标志1790支，安全标志服、帽3600套（顶）；认真推行"一岗双责"和安全生产责任制的落实，加强对《公路安全保护条例》等法律、法规的宣传，干部职工的安全意识明显增强，安全生产态势平稳。规范治超成效明显。积极参加厅、局举办的行政执法培训，队伍素质进一步提升；认真履职，坚持文明执法，全年投入执法人员15575人次，检测载货车辆1013163辆次，查处超限车辆50416辆次，卸载车辆10076辆次，卸载吨位27956.2吨，收取公路赔（补）偿费675.8438万元。车辆超限超载行为得到有效控制，全年车辆超限率为4.97%，公路运营安全得到保障。

〔**超额完成征费任务**〕 年内，总段坚持"应征不漏，应免不征"原则进行文明征费。2011年上级下达征费计划950万元，实际完成车辆通行费征收任务1184.8918万元，完成计划的124.73%。通行费都严格按照财务制度每日按时存汇，未发生挪用、贪污票款和票据丢失现象。

〔**提升党建科学化水平**〕 年内，总段组织开展形势政策宣讲活动，学习贯彻党的十七届五中、六中全会精神和省委八届十次全会精神。认真贯彻落实好全国党的基层组织党务公开会议精神，制定了《总段党务公开实施方案》。为进一步加强总段党委工作的制度化、规范化和科学化，修订完善了《党委会议议事制度》、《民主生活会制度》等五项党委工作制度。做好基层党组织调整、设置工作，完成新设立的4个党总支部第一届总支委员和总支书记选举工作。认真执行《党政领导干部选拔任用工作条例》，提任科级干部1名，对

9名试用期满的科级干部按组织程序正式任职。密切联系群众，党委组织开展了“见一面、聊一聊”民情恳谈活动，找谈职工163人，找谈党员125人，其中在职党员108人，在职党员谈话面达77%。通过活动的开展，全面掌握职工思想脉络，促进了基层组织建设，提升了党建水平。

〔创先争优〕 年内，总段党委以“创先争优示范年”为契机，扎实开展了“授旗评星”、“四亮四评”、学习杨善洲先进事迹等主题实践活动，各级党组织的凝聚力、战斗力明显增强。为庆祝建党90周年，组织开展了红歌大家唱、党史知识竞赛、“十一五”发展成就征文、摄影和书画、艺术藏品展等系列活动。在“七一”前夕对新涌现的2个先进党支部、9个先进党小组、41名优秀共产党员进行表彰奖励。认真做好宣传工作，在西双版纳电视台播放新闻4条，全年在国家级、省级和州级媒体发表新闻稿件43篇。由于宣传工作成绩突出，被省交通运输厅评为省交通运输行业“十一五”新闻宣传工作先进单位。高度重视文明创建工作，总段至今保持着省级文明单位荣誉称号。由于文明创建工作扎实、内容丰富、效能突出，顺利通过省级文明行业复查考评并受到考评组高度评价。

〔社会管理工作〕 年内，总段党委、行政始终把社会管理工作列为全年工作的重要内容，扎实抓好矛盾化解、社会管理创新、公正廉洁执法“三项重点”，认真落实社会管理工作责任制，层层签订责任书46份，做到了齐抓共管；深入开展“平安家庭”、“平安工地”创建活动，全面完成平安家庭创建工作；扎实开展安全大检查和矛盾纠纷排查，及时调处各类矛盾纠纷；高度重视群众来信来访，共办理上级转办的信访件5件。

〔党风廉政建设〕 年内，总段严格执行党风廉政建设责任制，与下属各单位签订了党风廉政建设责任书，管理段增设纪检组长；认真贯彻执行《廉政准则》，对5个单位的领导班子和59名副科级以上领导干部进行了民主测评，廉政谈话108人次，对新提拔的7名领导干部进行了任前廉政谈话；先后开展了公务用车、工程建设领域和清查“小金库”等专项治理工作，把二级公路建设项目纳入总段党风廉政建设责任制考核，推进工程建设领域廉政建设，全年未发生违规违纪行为。

〔离退休人员管理〕 年内，总段按政策规定及时为退休人员增加生活补贴，认真落实离休干部、建国前工作的老工人提高生活补贴和扩大发放范围政策。定期或不定期地召开座谈会，倾听离退休人员的心声和想法。开展多种形式的慰问活动，对20名党龄满50年以上的老党员和6名离休人员、13名工龄满40年以上的退休人员进行了慰问。结合实际，因地制宜地开展小型多样、有益于老年人身心健康的文体活动，丰富了离退休人员的晚年生活。

〔工会民主管理工作〕 年内，总段顺利完成两级工会换届选举工作，总段工会代表职工与行政签订《集体合同》，使维权落到实处。开展“安康杯”竞赛、节能减排竞赛和创建“工人先锋号”、“模范职工小家”活动，促进公路养护与管理。开展“送温暖”工程，慰问困难职工32户，省部级劳模及离退休干部17人；为德宏盈江地震及其他捐款23900余元。继续组织在职和离退休人员1246人参加第八期职工医疗互助活动，全年有163人次领取互助补助金77291.44元，为女职工办理了安康保险。积极开展文娱活动，在庆祝建党90周年活动中，组织参加局文艺汇演并取得歌唱类一等奖的好成绩。参加州交通系统第十四届职工运动会取得气排球第一名，女子乒乓球第一名的好成绩；成功举办了总段第十届届职工运动会，营造了“团结拼搏、积极向上”的行业氛围。

〔二级公路建设按期完工〕 总段承建的小黑江至澜沧第二合同段、思茅至江城第九合同段均于3月31日前全面完成。

〔召开职代会〕 3月26～27日，总段召开十届一次职工会员代表大会，88名职工代表参与单位的民主决策、民主管理和民主监督，为单位改革发展建言献策。

〔国家交通运输部检查全州国省干线公路〕 4月13～15日，中国交通运输部对总段管养的国道213、214线中236公里的国省干线公路进行检查，并不断给予好评。

〔安全生产管理体系运行并通过省验收〕 8月22日，总段安全生产管理体系正式试运行。12月22日，总段安全生产管理体系通过省公路局安全生产管理体系验收组验收。

〔主要党政领导人事变动〕 8月30日，省交通运输厅党组成员、省公路局党委书记黄玉峰，省公路局党委委员、组织部部长李仁和到总段宣布党政主要领导职务任免决定，陶华任总段党委书记，施德武任总段长。

〔第十届职工运动会召开〕 12月16～20日，由总段主办，景洪段承办的总段第十届职工运动会召开。

（《公路养护》撰稿：雷锦华）

澜沧江航运

〔**景洪港概况**〕 景洪港是澜沧江·湄公河国际航线上的一个重要港口,是国务院批准建设的国家一类口岸,按照口岸功能的设置要求,分别由景洪港中心码头、橄榄坝码头、关累码头三个点组成。

景洪港中心码头规划占地面积为165亩,位于景洪市澜沧江北岸,上距思茅港87公里,距中老缅交界处101公里,距泰国清盛港344公里,距老挝琅勃拉邦701公里。港口与昆明至景洪的高速公路相连,距景洪机场仅5公里,是一个水、陆、空连接的枢纽港。景洪港设计规模为两个泊位,一个客运泊位和一个货运泊位,以客运为主,货运为辅,近期规划年货物吞吐量10万吨,客运量40万人次;远期规划年货物吞吐量40万吨,客运量150万人次。规划建成一个集航运、贸易、商业、旅游、休闲、娱乐为一体的多功能的花园式港口。1994年12月开工,现建设有水工码头以及陆域配套设施货物堆场、仓库、联检楼、客运综合楼、绿化等。2004年6月26日景洪港通过部、省港口竣工验收,工程总体评为优良。累计完成投资6500万元,现港口已初具规模,能够满足国内外游客上下、船舶进出港和货物装卸的要求。

关累码头:关累码头是景洪港的一个重要码头,位于澜沧江下游勐腊县境内中缅界河中方一侧,地处中、老、缅、泰四国毗邻地区的结合部,是中国航运出境最后一个码头和国外入境的第一个码头,具有良好区位优势,搞好关累码头的建设对促进航运、边贸的发展具有重要意义。

扩建项目:在州委、州政府的领导和支持下,通过各方努力,交通部、省、州加大对关累码头的投资,扩建三个泊位,建设规模为年货物吞吐量15万吨,客运吞吐量10万人次,概算总投资3674万元。2000年5月2日,关累码头扩建工程正式开工,到2011年底,码头水工(即洪水泊位、中水泊位、枯水泊位)已全部完工,陆域附属设施也已完成进港道路、给排水、仓储、客运综合楼等工程,共完成概算资金3300万元。

续建项目:为完善配套装卸工艺,满足多种类货物装卸作业的要求,国家、省级有关部门批准同意在关累码头现有件杂货码头上游新建1个多功能装卸作业泊位工程,建设规模为:300吨级多用途装卸作业泊位1个,泊位长度:120米,设计吞吐量1.5万TEU/年,工程概算总投资3956万元。项目分为五个合同段,A标为航务建筑工程,B标为起重设备(含钢箱梁)设计制造与安装,其他为供电照明及、进港道路及陆域附属设施。工程于2008年4月20日开工建设,截止2011年底,关累码头续建项目共完成投资3600万元。

橄榄坝码头:目前勐罕码头只是景洪港下设的国际航行船舶停靠的一个港点设施,距离景洪港27公里。因在距离景洪市21公里的航道上规划建设橄榄坝电站,所以景洪港中心码头客、货运吞吐能力将受到因橄榄坝电站施工期断航影响以及电站建成后闸坝通过能力的限制。为保证景洪港对外开放口岸体系的正常有效发挥,进一步扩大全州对外开放水平,国家、省、州批准同意立项建设勐罕多用途码头。其中一期建设工程于2009年9月开工建设分为A(货运区)、B标段(客运区)的施工,其中:分别由航务建筑工程、大型土石方工程、炸礁工程、供电照明工程、其他工程(给排水以及室外消防设施、暖通工程、通信、导航工程、控制、管理工程)等五个单位工程组成。预算投资11892万元。

截止2011年12底,累计完成工程投资7545万元,完成工程形象进度42%。

〔**景洪港发展和对外开放**〕 景洪港码头基础设施的不断完善,为澜沧江航运健康、有序发展创造了良好环境。2001年5月景洪港口岸通过国家验收,正式对外开放,2001年6月26日,中、老、缅、泰四国商船通航典礼在景洪港举行,更是将澜沧江·湄公河国际航运发展推上一个新的台阶。澜沧江上从事航运的企业,从1990年仅有的一家国营航运公司,到目前的40余家航运贸易公司,运力从1990年的300吨增长到1.6万吨,船舶吨位从50~80吨增加到100~300吨,船舶从3艘货船增加到现在的个体私营船舶107艘。港口建设为航运发展创造了条件,航运发展为澜沧江·湄公河旅游、边贸增长注入了新的活力。

2011年景洪港完成外贸货物吞吐量25.85万吨,其中进港15.39万吨、出港10.46万吨。

2011年景洪港完成旅客吞吐量37.17万人次,其中进港18.59万人次、出港18.58万人次。

2011年全州渡口、水库(湖泊)、漂流完成国内客运量152.7万人次,同比增长6.3%。全年州内完成货运量77.57万吨,同比增长93.4%。

(《澜沧江航运》撰稿:郑东)

民用航空

〔概述〕 2011年，西双版纳机场紧紧围绕云南机场集团有限责任公司战略目标，努力提升机场安全管理水平、服务品质、整体经济效益，全面推进平安、诚信、文明、和谐机场的建设，实现了机场平稳、有序发展。

〔运输生产任务完成情况〕

项　目	1月1日至12月31日	上年同期	同比增长率%
总周转量(万吨公里)	3714.9	3786.6	-1.9%
运输起降架次(架次)	17658	17738	-0.5%
1、旅客吞吐量(人)	1917833	1887362	1.6%
2、货邮吞吐量(吨)	4815.2	7400.7	-34.9%
3、行李吞吐量(吨)	11151.0	10475.1	6.5%

〔春节廉政建设座谈会〕 1月14日，机场党委组织改扩建工程指挥部、参建单位、机场特许经营商以及机场各级管理层，召开春节前廉政建设座谈会，进一步夯实廉政工作基础。

〔2011年度工作会议〕 于3月3日召开。会议传达贯彻了云南机场集团有限责任公司2011年工作会议精神及总结部署年度工作。会上，机场与相关部门及单位签订了2011年度《航空安全责任书》、《社会治安综合治理维稳工作责任书》、《安全防控责任书》和《消防安全责任书》。

〔综治维稳宣传月〕 3月7日，机场举行2011年"综治维稳宣传月活动"启动仪式。机场各部门领导及综治联络员、机场公安分局、驻场单位、特许经营商、改扩建施工单位、监理单位等主要负责人共40余人参加了此次活动。

〔3·15宣传〕 3月15日，机场开展"3·15"宣传活动，积极营造"安全和谐、健康文明"的消费环境，维护消费者合法权益。

〔培训〕 3月25日，老挝航空公司对西双版纳机场地服部值机班组进行配载业务知识培训。

〔航班恢复〕 3月27日，东方航空公司武汉分公司恢复武汉—昆明—西双版纳航班。

〔傣历新年节座谈会〕 4月8日，机场邀请周边村寨召开1373傣历新年节座谈会，就机场净空环境保护等安全管理工作建言献策。座谈会邀请到了景洪市泼办、景洪工业园区管委会、嘎洒镇政府等单位领导以及机场周边30多个村寨负责人参会。机场领导、机场公安分局和机场各部门负责人也参加了会议。

〔第三届工会委员会暨首届职工代表、工会会员代表大会〕 于4月11日召开。会议选举产生工会委员会委员11人、经费审查委员会委员3人、女工委员会委员3人。

〔航务标兵班组建设经验交流会〕 4月21日,云南机场集团有限责任公司2011年航务标兵班组建设经验交流会在西双版纳召开。

〔省发改委稽查改扩建工程〕 5月10日,云南省发改委特派员李世新在云南机场集团有限责任公司副总工张怀明的陪同下率稽查组一行到西双版纳机场对改扩建工程进行稽查。稽查组对改扩建工程施工现场进行了详细的检查并听取了指挥部、监理公司、设计驻场代表及各施工单位对改扩建工程项目建设、安全管理、质量控制、工程进度、概算投资、土地征用及拆迁、廉政建设等情况的汇报。稽查组还分组分别对指挥部、监理、施工单位的档案资料进行了认真细致的检查,对各单位的工作提出了意见和建议。

〔民航西南地区管理局验收消防工程〕 8月26日,民航西南地区管理局公安局黄冬冬一行2人组成消防专项验收组,对西双版纳机场改扩建工程飞行区消防工程实施消防专项验收。验收范围包括消防管网工程、地下消火栓、消防井。验收组认真检查了工程的建设情况,并对飞行区消防工程试运行情况进行了打压测试。专项验收组还察看飞行区消防工程建设的相关资料,并在机场会议室主持召开机场改扩建工程飞行区消防工程消防专项验收会议,听取机场改扩建工程指挥部、施工、监理、设计单位关于飞行区消防工程建设情况的相关汇报,认为机场改扩建工程飞行区消防工程建设符合设计要求,各项指标和内容满足设计文件和国家相关要求,满足使用单位功能需求,同意通过消防专项验收。

〔飞行区工程通过使用前检查〕 11月4日,民航西南地区管理局委托民航云南监管局对西双版纳机场改扩建飞行区工程开展使用前检查工作。机场改扩建飞行区工程包括飞行区排水工程、飞行区助航灯光工程、飞行区场道工程、飞行区消防工程、新建停机坪工程。检查组由民航云南监管局局长助理闫值林博士任组长,民航云南监管局空防处、机场处组成,云南机场集团有限责任公司相关职能部门参加了检查。检查组在听取了机场改扩建指挥部关于飞行区工程项目实施情况的汇报及设计、施工单位的补充汇报后,分为工程组和运行组进行现场检查。经过检查,认为机场改扩建飞行区工程通过各参建单位的共同努力,基本完成了批准的各项设计内容,工程质量达到设计要求,符合国家和行业现行的有关标准及规范,主要设备的安装、调试和联合试运行情况基本良好,能满足机场运行安全和生产使用需要,工程档案资料基本齐全,检查合格,同意通过使用前检查。

〔卫生机场〕 6月1日，机场顺利通过云南省“卫生机场”复查检查，继续命名为云南省“卫生机场”。

〔安全生产宣传咨询日〕 6月12日，机场组织开展主题为“安全责任，重在落实”的“安全生产宣传咨询日”活动，并在市区和机场内设置了宣传展区，同时结合总经理安全生产承诺，丰富了宣传内容。机场员工向市区居民和机场乘机旅客赠送安全宣传资料和云南省民用运输机场保护条例，同时还在展区摆放大幅宣传机场企业文化的展板，展示航空安全文化建设成果，并向公众提供安全乘机等方面的咨询服务，进一步体现了安全宣传深入群众、面向大众、贴近乘客的理念。

〔党建工作〕 年内，在党建管理工作中，机场认真贯彻落实科学发展观，深入开展创先争优活动和学习型党组织建设，贯彻落实“三重一大”，持续推进集团公司《党建工作行动计划》，全面加强党的思想、组织、作风、制度和反腐倡廉建设，努力建设“五好”领导班子、“四强”基层党组织，培养“四优”共产党员、“四有”职工队伍，有力促进党建工作的深入开展。一是加强党风廉政建设，构造廉洁自律队伍。年初，机场党委严格落实党风建设和领导人员廉洁从业责任制，强化“一岗双责”，按照党风廉政建设和反腐败工作任务做好工作分解，与4个党支部签订《党建工作目标责任书》，与21名管理层签订了《党风建设和领导人员廉洁从业责任制责任书》，与机场扩建工程领导干部签订《建设工程领导人员廉洁从业责任书》，努力构建党员干部教育、管理、监督机制，加强对管理人员党风党纪监督检查，认真抓好干部队伍廉洁自律工作。不定期地开展党风廉政教育，组织参观了全国检察机关惩治和预防渎职侵权犯罪“法制与责任”巡展、召开节前廉政建设座谈会、认真开展“小金库”治理工作及理论研讨和效能监察工作，并对新任管理人员进行任前集体廉政谈话。二是在深入推进创先争优活动中，机场党委立足机场工作实际，以增强基层党组织的凝聚力、战斗力、向心力为着眼点和出发点，通过积极开展系列活动，不断加强基层党组织建设，为机场科学发展提供思想、政治和组织保证。三是在开展企业创新工作中，从贯彻落实科学发展观的高度，以解决制约机场发展的主要矛盾为着力点，以员工基础创新活动为基石，推动了创新工作有序、有力、有效发展。7月1日，机场举行了庆祝建党90周年重温入党誓词活动。

〔三标一体工作〕 5月19日，集团公司三标办内审组依据质量管理体系、环境管理体系、职业健康安全管理体系标准和集团公司管理手册、程序文件、机场各部门作业文件要求，对体系覆盖的西双版纳机场各部门进行了现场审核。

7月25日，根据集团公司对内审员进行考核换证的要求，为进一步提高内审员业务能力和审核质量，不断加强内审员的管理，确保机场“三标一体”管理体系持续、有效运行，机场组织全体内审员开展了换证考核工作。通过考核，进一步提高了内审员的业务能力和综合素质，为“三标一体”管理体系的有效运行奠定了坚实的基础。

〔**安全生产知识竞赛**〕 10月12日，机场举办由机场工会委员会、航空安全服务管理部主办，机场团总支承办的2011年安全生产知识竞赛。团州委副书记邱晓灵、景洪市安全生产监督局副局长李天伟、景洪市总工会办公室主任岩应主任作为特邀嘉宾出席了竞赛。来自机场航务部、安检站、地服部、机场部、护卫部、运管部、百事特和航宇公司等8支参赛队参加了比赛，机场160余名员工为选手加油鼓劲。经过激烈角逐，航务部荣获竞赛一等奖，地服部荣获二等奖，护卫部和航宇公司荣获三等奖。

〔**演练**〕 10月26日，西双版纳机场开展医疗救护应急演练。市医院、州医院、农垦医院急救中心参与本次演练，西双版纳州卫生局领导、州疾病预防控制中心领导、机场领导到场观摩。

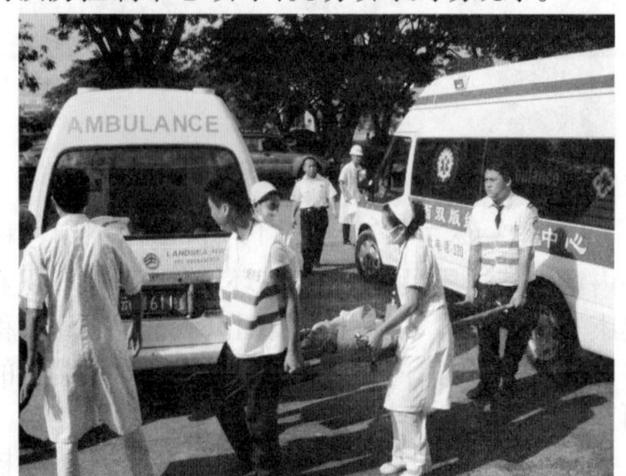

〔**民航应急管理联席会**〕 10月28日，2011年民航应急管理联席会在机场召开。副州长、机场应急救援领导小组组长王方荣，州政府副秘书长、机场总经理、军分区、州公安局、州交通局、州卫生局、州消防支队等成员单位负责人以及机场领导、各部门、驻场单位等40多人参加了会议。会议由州政府副秘书长主持。会上，机场分管安全的副总经理对机场“十一五”及2011年度应急管理工作做了汇报，同时对2012年应急救援管理工作的思路进行了分析，对2012年机场应急管理工作进行了安排和部署。应急救援互助协议单位对《应急救援互助协议书》内容进行了审核确认并签字，4家应急救援互助协议单位就相关问题作了交流发言，为全面履行互助协议内容奠定了基础。

〔**省检查组检查机场改扩建工程**〕 11月3日，根据省政府办《云南省人民政府办公厅关于开展治大隐患防大事故安全隐患排查治理专项行动的通知》通知精神，省治大隐患防大事故第七督查组在省交通厅副厅长杨廷仁的带领下到西双版纳机场改扩建工程进行了全面的安全检查。督查组一行在机场改扩建工程指挥部相关人员的陪同下对改扩建工程施工现场进行了详细的检查。现场听取了改扩建工程指挥部、监理公司、施工单位开展隐患排查行动工作的情况以及安全风险评估、安全防范措施、应急预案落实等工作情况的汇报。杨廷仁对工程建设采取的各项安全措施给予了充分的肯定，同时强调，一定要认真贯彻党中央、国务院关于安全生产工作的方针政策，切实加强安全生产管理、全面消除安全隐患，推动西双版纳机场改扩建工程各项安全工作措施落实到位，保证改扩建工程安全、优质完成。

〔**航班增飞**〕 自11月8日起,由老挝航空公司执飞的西双版纳－琅勃拉邦国际航线,由每周二班增至每周三班。

〔**开通航线**〕 12月1日,成都航空公司首航开通成都—西双版纳直飞航线。该公司计划每天执行一班。

〔**军运保障**〕 12月1日,机场圆满完成2011年军运保障任务。

(《民用航空》撰稿:王泳)

邮电通信

责任编辑：管　霏

邮　　政

〔概述〕 2011年，全州邮政干部职工用科学发展观统领各项工作，把发展作为第一要务，认真落实上级部署，稳步推进改革，不断调整业务结构，加快业务发展速度，加强企业管理，围绕新的任务目标，坚持改革创新的精神，突出发展质量和效益，邮政业务趋于健康发展，经营质量和效益逐步改善，推动了全州邮政跨各项工作迈上新台阶。

〔全州邮政工作会〕 于2012年1月17日在州邮政局召开。州邮政局党委书记、局长徐建中作题为《科学发展促转型 创新思路谋跨越 为实现西双版纳邮政跨越式发展而努力奋斗》报告。

会议认真学习贯彻了全省邮政工作会议精神，全面总结了2011年全州邮政工作，部署了2012年各项工作任务。

〔各板块业务发展情况〕 2011年，全州邮政共完成业务收入6040万元，完成省公司下达预算目标5843万元的103.7%，同比增长绝对值956.64万元，增幅达18.82%。

邮务类业务完成收入1468.1万元，比上年同期的1518.02万元减少49.92万，减幅为3.52%，其中函件业务完成412.31万元，较上年同期的524.43万元减少112.12万元，降幅为21.38%；包裹业务完成195.81万元，较上年同期的250.82万元同比减少55.01万元，降幅为21.93%；集邮业务完成230万元，较上年同期的113.18万元增长116.82万元，增幅为103.21%；报刊业务完成290.88万元，较上年同期280.6万元同比增长10.28万元，增幅3.66%；代理信息业务共完成329.61万元，较上年同期340.32万元减少10.71万元，减幅3.15%。

代理金融业务完成收入2930.67万元，较上年同期的1914.48万元增长1016.19万元，增幅53.08%，其中代理邮政储蓄业务收入2708.3万元、代理保险业务收入96.9万元、代理其他金融业务收入107.18万元。

速递物流业务完成收入1440.2万元，较上年同期的1488.74万元负增长48.54万元，降幅为3.26%，其中速递业务完成1044.04万元，较上年同期的1003.75万元增加绝对值40.29万元，增幅为4%；物流业务完成396.16万元，较上年同期484.99万元负增长88.83万元，降幅为18.31%。

各项业务除函件、包裹、物流、代理信息业务收入有所下降外，其他业务均有所增长，其中代理金融、集邮等业务均实现了两位数的快速增长，为全局完成全年预算目标起到了积极的推动作用。

〔重点营销项目成效显著〕 代理金融业务快速发展，全年全州邮政新增余额3.28亿元，同比增长32.48%，总余额达到13.42亿元，活期占比为57.76%；定向开发《脉脉傣乡》景洪市政府形象宣传册500册，实现收入124万元；教辅征订取得突破性进展，全州一市两县均有征订，共征订教辅码洋106万；顺利开展中石化、中石油18座加油站营收款的代收工作；实现新增代理保费2479万元，同比增长960.75万元，增幅158.03%；开展大型图书展销活动，共销售图书码洋53.18万。

〔县域邮政经济快速发展〕 通过打造千万县局、培育百万支局战略，全年全州3个县局均顺利实现收入过千万的目标，全州已有16个百万支局、2个邮储余额过亿元网点。重点乡镇市场得到进一步开发，农村支局网点的收入贡献率日益增长，使县域邮政成为全州邮政经济发展的重要推手。

〔企业管理〕 年内，州邮政局根据“双定”实施方案，结合精细化管理的相关要求，大力开展人力资源配置优化工作，做好了四类岗位“双定”的具体实施工作，理顺了各部门的岗位职责，合理界定了岗位与人员的匹配关系。按照能级对应、优势定位、动态调节的原则，为9个业务发展势头好的代理金融营业网点配置了大堂经理，有效解决了业务宣传、业务引导及用户排队难、等待时间长的服务难点。通过对营业网点、封发等岗位的现场写实，科学地采取阶梯排班法调整各岗位的设置和上班时间，既解决了人员不足的现状，又保证了员工的休息时间，提高了组织运行的整体劳动效率和工时利用率。

继续强化财务管理。继2010年对部分营业网点开展损益核算试点工作取得一定的效果后，2011年在全州所有营业网点全面开展了损益核算，重点加强了有效收入的核算管理，通过对核算数据的分析，全面准确地核算出各项业务的效益，清晰准确反映营业网点的结算收入和成本费用，为州局确定业务发展的方向提供可靠的财务参考信息。一是根据网点效益、区域位置和业务发展规模的不同制定了差别成本支撑政策，充分体现成本效益；二是通过差异化的绩效政策鼓励网点转变经营发展的思路，加强高效业务的发展，不断提高网点效益。

继续做好《西双版纳州邮政企业干部考核制度》、《西双版纳州邮政局员工岗位履职考核办法》相关考核，通过对干部、员工"德、能、勤、绩、廉"的考核，建立了以转变工作作风和工作业绩为依据的考核机制，为干部、员工在"薪酬调整、奖励、培训"等方面提供了有效、直观的考核依据。

营投能力建设得到进一步的发展。全州一市两县投递站均按省公司标准进行了装修改造，现正进行速递揽投点的建设。

营销体系建设取得新成绩。根据省公司《专职营销人员评聘办法》，结合全州邮政实际情况，对《西双版纳州邮政局专职营销人员管理办法》和《营销人员绩效考核办法》进行了重新修订，明确了工作职责与考核激励机制，营销人员的工作积极性得到了进一步的提高，逐步建立起一支综合素质优秀，营销能力较强的营销队伍。

基础管理水平进一步提高。全年未发生金(票)库、运钞车被盗被抢、枪弹丢失、机要文件失密和丢损等重特大安全生产事故和邮政通信案件。

〔和谐企业建设〕 年内，州邮政局开展了创先争优活动，充分发挥了基层党组织的战斗堡垒和党员先锋模范作用。与景洪市白象湖社区党总支部结成党建共建单位，通过共建活动平台、解决实际问题等途径，进一步转变工作作风，巩固党建带社区建设工作结果，提高基层党组织的整体建设水平。

认真落实党风廉政建设责任制，对工程建设领域突出问题、治理商业贿赂和清理"小金库"等进行专项治理。州局党委与各单位、各部室签订了《党风廉政责任书》，全年无违法违纪事件发生。

开展了以"规范管理、合规经营、科学发展"为主题的专项活动，把合规经营、规范管理工作作为全州邮政企业领导班子的执政能力建设和作风建设的一项重要任务来抓，增强工作的紧迫感，激发工作的积极性和主动性，确保工作取得成效。

扎实推进精神文明创建工作。资助允景洪中学贫困学生4名；组织开展"倡导全民读书 关爱贫困学生"普及惠民助学活动大型图书展销活动，捐赠10万码洋图书给6所学校，并对10名贫困学生捐赠4000元现金。

组织开展了文艺汇演等形式多样的职工文化娱乐活动，为职工创造了良好的生产生活环境。

(《邮政》管霏根据州邮政局工作报告整理)

电　信

〔综述〕 2011年，西双版纳分公司(以下简称"州分公司")全面聚焦全业务有效益规模发展，规模拓展持续提速，结构调整逐步向好，企业风险有序释放，发展后劲不断增强，企业与员工价值同步提升，为继续深化转型，在新形势下保持全业务有效益规模发展迈出了坚实的步伐。收入市场份额高于全省平均水平，全业务收入增长较快，在把握效益和规模全业务发展中取得较好成效。

〔经营与发展〕 全年州分公司移动用户发展提速，宽带用户稳步规模发展。通过3G引领移动发展，3G用户结构明显优化；推动流量经营，进一步丰富天翼互联网手机内涵，带动3G用户和3G业务快速增长。通过宽带差异化经营和宽带社会渠道工作的推进，有线宽带用户市场份额保持稳定。以"无线播种，有线耕耘，融合收获"方针有效指导农村市场拓展。承接省公司信息化建设项目，政企客户规模持续增长。

〔网络建设与维护〕 年内，通过持续建设和优化，3G网络优势增强，DO站点占比达到72.18%，县乡网络的覆盖品质得到改善。城区1X、DO网络覆盖率由98.8%提升至99.4%；高速公路覆盖得到持续优化，DT测试全程无掉话；DO网络覆盖以重点乡镇镇政府所在地为中心，实现连片覆盖。

通过FTTH薄覆盖、千村行动、宽带大提速、IP网扩容等项目的实施，支撑全业务融合发展的能力进一步增强。宽带接入网络开始从"铜"到

"光"转变,宽带接入网竞争优势保持行业领先。

〔**提升服务质量**〕 年内,州分公司前后端部门联动,着重从营业受理、外包管理、预处理以及服务管控、打10000号装宽带的全流程的贯通等四个环节抓好服务工作。聚焦端到端的客户感知,启动宽带装移维服务质量提升专项工作,从"宽带用户装移机履约准时率"、"宽带用户故障查修及时率"和"宽带用户重复申告率"三项影响客户感知的指标入手,进一步提升基础服务能力,不断增强网络服务支撑能力,装维服务水平得到有效提高。认真整改服务热点难点问题,使客户投诉逐步下降,投诉处理效率和质量明显提高。通过全方位提升服务水平,服务效果逐步显现,有利促进全业务有效益规模发展。

〔**企业管理**〕 年内,州分公司完善和优化绩效管理机制,以量化考核、加分考核和专项奖励三种形式互为补充,有效引导员工聚焦工作重点、高效协同,提升全业务整体协同的战略执行能力,促进了公司战略的有效承接和落地执行;按省公司要求持续推进人力资源管理机制创新,充分发挥人工成本配置效益和激励作用,加快实施干部队伍领导力提升计划和员工能力与素质提升计划,为有效的规模发展提供人力资源保障。

〔**企业文化建设**〕 年内,州分公司各级部门围绕全业务有效益的规模发展这个中心,通过宣传贯彻和发展实践,"只争朝夕,追赶跨越"的特色企业文化更加深入人心;"党员业绩 提升计划"的实施进一步发挥了党员示范带头作用;强化惩防并举的长效机制,反腐倡廉工作得到进一步加强;坚持"服务企业,服务员工",工会工作的服务支撑能力进一步提升;安全、保密和信访工作进一步加强,促进了企业健康发展。

〔**机构设置**〕 州分公司下辖一市、两县3个分公司,全州有在职员工288人,离退休员工261人。州分公司下设办公室、市场部、网络部、党群工作部、财务部、审计部、人力资源部、政企客户部8个部门。

〔**2011年工作会暨三届一次职工代表大会**〕 于2011年1月6~7日在州分公司召开。总经理邹联合代表公司管理层做题为《追赶跨越、快速发展,实现全业务有效益规模发展的新突破》年度工作报告,并与主席杨武斌签订了集体合同。公司党组、总经理班子与州分公司各部门、市县分公司主要负责人签订了党风廉政建设责任书、安全生责任书和保密工作责任书。

〔**中国电信州工会第三次会员代表大会及第三届一次代表大会**〕 于1月6~7日在州分公司召开。州分公司副总经理、工会主席杨武斌,党群工作部主任、工会副主席刘曦以及全州会员代表等44人参加了大会。

会议审议通过了杨武斌代表第二届委员会所作的题为《坚定发展信心、发挥工会职能,团结动员全州各族员工在实现全业务有效益规模发展新突破中建功立业》工会工作报告,审议通过了《工会财务工作报告》和《经费审查工作报告》;选举产生了第三届委员会委员和经费审查委员会委员,审议通过了第三届女职工委员会委员;表彰了先进分工会、优秀工会工作者和优秀工会积极分子。

会议审议并通过了总经理邹联合《追赶跨越、快速发展,实现全业务有效益规模发展的新突破》的工作报告,财务部经理杨琴《价值引领、深化转型,支撑企业有效益规模发展实现新突破》的财务工作报告。会议听取了企务公开工作报告,通报了2009年民主测评中层以上领导干部的情况,同时民主测评了4名州分公司领导和29名中层管理干部。邹联合与杨武斌签订了2010年《西双版纳州电信分公司集体合同》。

〔**省公司总经理赵俊达到分公司听取四岗领导述职**〕 1月9日上午,州分公司组织开展了对四岗以上领导人员的述职测评。省公司总经理赵俊达率领人力资源部主任彭剑明、工会副主席饶楷铭等领导参加了分公司述职测评工作。分公司副主任以上人员及部分员工代表共60多人参加了测评。

述职结束后,1月8~10日,赵俊达一行5人又深入城区和乡镇,详细了解农村维护管理和渠道建设情况,并进行节前慰问。

〔**与西双版纳广电网络签约宽带业务合作**〕 2010年12月29日下午,州分公司和西双版纳广电网络公司签署了宽带业务合作协议。正式合作从2011年1月1日开始实行,合作的宽带产品将以"广信宽带"的品牌向公众推广。

〔开展寒假学生社会实践活动〕 1月,州分公司开展了寒假天翼3G小能手社会实践活动,共有20名学生参加了活动。这是分公司组织的第五期学生假期社会实践活动。

〔参与"青春温暖献傣乡·真情助困进万家"启动仪式〕 1月12日上午,州分公司参加团州委在孔雀湖边组织的西双版纳州2011年"青春温暖献傣乡·真情助困进万家"启动仪式,并向州小二年级学生王先才捐赠了学习文化用品和300元现金。

〔分公司2010年网络工作获省公司多项奖励〕 2010年,州分公司网络部聚焦客户感知,主动服务客户、服务前端的意识进一步增强,网络运行能力和支撑服务能力持续改善,网络工作取得了突出成绩。喜获省公司12项奖励,获奖数全省第一,并获得了"2010年网络维护和服务支撑工作卓越奖"第一名的好成绩,得到了省公司的表彰。同时,网络运行绩效考核指标得分2009、2010年连续两年排名全省第一,分公司在网络维护及服务支撑工作取得的成绩得到省公司充分肯定。

〔员工陶世学被州直机关工委评为党内统计工作"先进个人"〕 3月2日上午,州直机关工委召开州直机关党的工作会议。会上对在2010年度州直机关党内统计工作先进集体和先进个人进行了表彰奖励。州分公司员工陶世学被评为2010年度州直机关党内统计工作"先进个人"。

〔全州网络工作会〕 于3月9日在州分公司召开。会议贯彻落实了省公司网络工作会议及分公司工作会议精神,明确全业务经营下网络维护、建设工作的思路,部署2011年网络支撑任务,同时动员全州网络支撑战线上的电信员工发挥网络支撑体系的整体协同效应,快速提升网络的支撑能力和运行质量,持续提高客户服务水平,全力支撑企业全业务经营发展与战略转型。

〔合作伙伴联谊会〕 于3月3日在景洪市金地酒店举办。省终端公司、终端厂商、四级合作代理伙伴共150余人参加了联谊会,各厂商、终端代理商共参展天翼手机终端200余款。

〔基层工作调研〕 3月22~24日,州分公司副总经理刘小平、安保部主任王德明、线路维护告急主管汝明昌一行4人对勐腊分公司在服务质量管控提升、设备维护、资源需求情况和生产安全工作进行检查和调研。

〔勐海分公司成功签约勐满平安小镇项目〕 3月25日,勐海分公司签订了由勐满政府投资建设、电信公司维护接入平台的"平安小镇"监控及城市报警合作使用协议,实现了勐海县首个"平安小镇"建设,为今后其他乡镇的平安建设积累了经验。

〔花伴里合作营业厅开业〕 4月2日,景洪市花伴里合作营业厅开业。州分公司书记刀洪英、总经理邹联合、副总经理杨武斌及市场部主任朱珠等领导到场祝贺。开业当天就放号190户,开业促销3天共放号321户,实现开门红。

花伴里合作营业厅的开业,更加增强了合作商做大做强的信心,同时也为城区其他合作营业厅的开业奠定了良好的基础。

〔开展泼水节"玩全天翼3G生活"体验宣传营销活动〕 4月,为充分利用节日契机开展3G应用宣传活动,州分公司借助景洪酒吧一条街及联盟商家的特殊渠道,开展泼水节"玩全天翼3G生活"的业务体验和宣传活动。

〔举办知识产权知识培训〕 4月8日上午,州分公司邀请州司法局普法员龙思海到分公司,围绕公司业务发展涉及的知识产权法律知识进行普法培训。综合部、市场部、网络部及一市两县分公司工作内容涉及知识产权问题的12人参与了培训。普法员为参培人员详细梳理了知识产权相关知识,提高了参培人员对知识产权纠纷的防范意识。

〔114号码百事通泼水节期间咨询话务量翻番〕 4月,州分公司积极与州政府泼水节系列活动筹备组联系,了解各项活动的时间、地点及主要内容,通过114平台展现给广大市民及外来游客,活动期间共接到咨询活动的电话12000余通,话务量同比增长84.97%。

州分公司114自建台以来年年为用户提供泼水节活动日程查询，近年更延伸至机票酒店预定，旅游线路推荐等服务，为西双版纳州打造节日品牌，提高知名度起到了积极作用。

〔召开庆“五·一”表彰先进座谈会〕 4月26日下午，州分公司召开庆祝“五·一”国际劳动节暨表彰先进座谈会。州分公司党组书记刀洪英、总经理邹联合出席会议并作重要讲话。参加表彰先进座谈会的有荣获“全国五一巾帼标兵岗”先进集体和荣获2010年度集团公司“天翼腾飞”优秀员工及评为州分公司2010年度“优秀经营管理者”、“优秀员工”的先进集体、优秀员工和员工代表以及历届劳模等共45人。

〔省公司政企客户部总经理王瑾伟到分公司调研政企工作〕

4月29日，省公司政企客户部总经理王瑾伟一行2人对州分公司政企工作进行调研。王瑾伟针对分公司一季度考核指标不达标的问题提出要求，希望分公司认真领会省公司政企工作精神，全面做好省公司政企工作计划承接，努力实现在指标考核当中取得好的成绩。

〔省公司副总经理马杉到公司检查指导工作〕 5月13～14日，省公司副总经理马杉带领市场部总经理吕睿、公众客户部总经理曾群和客户服务部总经理李继勇一行4人到西双版纳州县镇基层营业部和村寨渠道代办点检查指导电信经营发展工作。

〔举办营业厅营销能力和服务能力提升培训〕 为了提升营业厅营业员服务和销售能力，根据省公司“通渠制胜”社会渠道能力提升项目的要求，州分公司于5月4～6日举办营业厅营销能力和服务能力提升培训，全州营业厅主管和渠道营业厅骨干共43人参加培训。

〔开展儿童绘画比赛〕 5月1日至6月1日，州分公司联合团州委、州教育局等共同开展“庆六一，让梦想‘翼’起飞翔”绘画比赛。全州3～14岁的少年儿童可根据自己的年龄参加不同组别的比赛，参赛作品可以“飞”、“梦想”、“新生活”、“网络”等为主题，大小、形式不限。

〔宣传贯彻全州加快推进惩防体系建设工作会精神〕 5月17日，州分公司纪检监察领导小组组长、州分公司党组纪检组组长、副总经理刘小平召集分公司纪检监察领导小组相关人员研究部署2011年州分公司纪检监察工作。对深入开展反腐倡廉教育，增强领导人员和广大员工廉洁意识；认真落实《中国共产党党内监督条例（试行）》和企业的相关制度，加强对领导人员、关键岗位、重要环节的监督；加强作风建设；加大信访案件查处力度，推动企业健康发展；强化专项治理和重点监督，确保经营管理有序运行；抓好党风廉政建设责任制的落实；抓好效能监察工作等七个方面的工作进行了安排。

〔组织员工参加中国电信“十二五”公益性扶贫援藏项目员工捐款仪式活动〕 5月20日上午，州分公司组织员工参加省公司召开的电视电话会议——启动中国电信云南公司“十二五”公益性扶贫援藏项目员工现场捐款仪式活动。分公司共有130人参加捐款，共捐款9050元。

〔中国电信iTV走进TCL全国厂价展销现场〕 4月23～24日东方电器与中国电信携手在景洪财鑫大酒店开展“TCL电视机全国厂价展销”活动。共有22人办理了中国电信的iTV业务，获得了较好的宣传效果。

〔中国电信宽带走进克木人家庭〕 勐腊分公司到回伞克木人村架设光纤，安装宽带设备，宣传安装宽带优惠政策，在村小组进行上互联网知识培训，5月20日建成克木人宽带信息村，村民一次性安装宽带用户22户，受到当地政府的好评。

〔天翼3G智能手机旗舰店开业〕 6月16日，西双版纳电信天翼3G智能手机旗舰店开业。该旗舰店的开业，是通信行业在版纳市场的一项重大举措，也将成为版纳通信市场的新标杆，成为移动消费者通信工具的首选卖场。

〔提升宽带用户装移维服务质量〕 为提升宽带装维服务质量和用户感知，4月州分公司成立了装维服务质量提升工作团队，指导、帮扶、监督、检查全州装维工作的开展情况，对问题严重的区域进行现场指导、帮扶；通过分析各装维单位存在的问题，提出整改措施及要求，明确考核办法；建立日管控、周通报、月分析机制，有效引导各责

任单位的整改方向。

5月,州分公司全面完成宽带用户装、移、维五项省公司成本激励考核指标,较上月同期相比有明显提升,完成值优于全省平均水平,取得全省排名第一的好成绩。

〔举办D阶领导力课程转训〕 根据省公司“D阶领导力课程授权讲师”培训的要求,州分公司4名参加省公司培训的内训师分别在6月22、23日举办两期小范围D阶课程转训,州分公司网络部、景洪分公司和勐海分公司城区部门主任、主管和班组长共44人参加培训。

〔召开纪念建党90周年“七一”表彰暨创先争优推进会〕 6月24日下午,州分公司党委组织召开纪念建党90周年“七一”表彰暨创先争优推进会。表彰先进基层党组织、优秀共产党员和优秀党务工作者;安排布置创先争优党员业绩提升计划活动、党风廉政和反腐倡廉、深入开展学习杨善洲精神活动等工作。

〔开展2011年暑期天翼3G小能手活动〕 7月,州分公司开展了2011年暑期“天翼3G小能手”社会实践活动。全州18名中学生参加此次活动,参与电信街头营销、电话营销、扫街等多种营销活动。

〔开展微博营销活动〕 为充分利用微博影响力和互动性强的特点,迅速切入中国电信业务的营销推广及应用推广,州分公司注册了“版纳天翼啃哆哩”和“版纳天翼客户俱乐部”微博,要求全体员工注册新浪微博,形成互动,通过微博向受众推介中国电信3G应用和3G终端、宣传促销政策,加强客户维系,增强客户黏性。其中“版纳天翼啃哆哩”主要向是介绍中国电信的3G应用和3G营销活动,让人们更多了解关于中国电信3G的资讯。“版纳天翼客户俱乐部”主要是作为中国电信钻金银卡会员提供服务及关怀活动等的互动交流平台。分公司官方微博与员工微博相互关注、相互转发及评论,不断提升电信3G微博信息与受众的接触面。

微博活动开展以来,对用户了解电信3G业务起到了促进作用,通过利用微博与客户即时交流的优势,加强了对电信业务的宣传及推广力度,形成了新型的网上客户群。

〔州分公司荣获州“五五”法制宣传教育工作先进集体称号〕 7月13日,州分公司被州委、州政府授予“2006~2010年法制宣传教育工作先进集体”称号。

〔开展“情定七夕·爱是天翼”主题活动〕 8月5~7日,分公司开展“情定七夕、爱是天翼”主题宣传营销活动。活动期间共计发展3G用户209户,其中七夕当天发展用户64户,创造了3G发展的小高峰。

〔开展移动网络优化工作〕 4月,州分公司针对全州行政村开展主题为“给力农村”的移动网质量提升专项工作。共完成全州254个行政村中114个行政村和2136个自然村中105个自然村的优化工作,进度处于云南省前列,其中通信良好行政村有100个,其他存在弱覆盖。测试中共发现问题32个,通过网优解决20个,其他主要是弱覆盖和弱覆盖造成掉话问题,无法通过网优解决。

〔西双版纳天翼客户俱乐部获新浪微博官方认证〕

在新浪微博诞生两周年之际,中国电信西双版纳分公司天翼客户俱乐部微博获新浪微博官方认证。

“版纳天翼客户俱乐部”;微博地址:http://weibo.com/2131730580。

〔州司法局与州分公司签订社区矫正系统合作协议〕 9月1日,州司法局与州分公司社区矫正系统合作协议签约仪式在电信办公大楼一楼会议室顺利举行。总经理邹联合及司法局局长孔树华出席签约仪式并在签约仪式上致辞。双方总结了合作历程,同时对合作前景给予厚望。

〔“团圆中秋 共同发展”银行电信联谊活动〕

9月4日,州分公司举办了“团圆中秋,共同发展”银行电信联谊活动,来自全州各银行业的特邀嘉宾代表共58人参加了联谊活动。

〔举办反腐倡廉廉洁从业专题知识讲座〕 10月24日下午,州公司党组邀请州纪委领导、专家在公司一楼大会议室讲授反腐倡廉廉洁从业知识讲座。分公司总经理邹联合、书记刀洪英与各部门领导、景洪分公司领导、专业七岗人员以及州、市分公司关键岗位人员参加了反腐倡廉宣传教育活动。

〔州委和州政府通报表彰州分公司〕 2010年度在州委、州政府的团结带领下,我公司广大党员干部和全体员工一道坚定信心、迎难而上。在高速发展的城乡基础建设工作中，我公司顾全大局，充分发挥电信基础运营商的作用，在应对突发事件等危机处置中及时响应、积极有效，为保持西双版纳经济平稳较快发展和社会稳定做出了积极贡献。我公司在抓好本企业经营发展的同时，以科学发展作为首要任务，将上级主管部门的工作部署与州委、州政府的中心工作紧密结合，讲政治、顾大局、求真务实、真抓实干，党风廉政建设工作卓有成效，为全州经济社会科学发展和跨越发展作出了突出的贡献。

西双版纳州州委、州政府对各项工作成绩突出的中国电信西双版纳分公司等中央、省属单位以文件形式进行通报表彰。

〔**全州司法e通2011年度基层司法行政业务培训**〕 于10月19~21日在州分公司举行。州司法局组织市县司法局及各乡镇司法所人员、两县分公司负责司法E通的客户经理参加了培训。

〔**组织参观“州反腐倡廉警示教育基地”**〕 州分公司围绕“自觉廉洁从业，珍惜职业生涯”宣传月活动主题，在州纪委的安排下，于10月26日上午，继反腐倡廉——廉洁从业专题知识讲座后，公司党组组织州、市公司领导、中层管理人员、专业七岗人员以及州市公司关键岗位人员参观西双版纳警示教育基地，接受警示教育。

〔**集团公司采购部总监张洪涛到分公司调研**〕 11月16~17日，集团公司采购部总监张洪涛、处长周能、处长孔祥华以及省公司副总经理李洪、采购部总经理许利民等一行5人到州分公司调研，并深入到勐腊分公司进行具体的指导工作。

〔**州分公司网络部在全省维护技能竞赛中屡获佳绩**〕 年内，州分公司IT支撑中心在巡检和比武中综合评定位列全省第二，喜获4A级评定，在省电信工会联合举办的“天翼飞扬”BSS岗位技能劳动竞赛中，IT支撑中心在团体赛中荣获二等奖，陈智丽和李春夺得“CRM技能竞赛”的一、二等奖，马丽娜和刘佳夺得“计费技能竞赛”个人奖(不分等级)。

在全省装维及接入网维护技能竞赛中，操作维护中心李鄢荣获接入网专业个人三等奖。

无线维护中心在全省网优平台二期应用技术竞赛中获得冠军，张楠获得个人赛一等奖。

〔**勐海县城市报警与监控系统工程通过验收**〕 11月18日下午，投资178万元的“勐海县城市报警与监控系统工程”在县政府办的组织下，顺利通过验收。该工程于2010年11月17日正式开工，于2011年3月30日投入试运行。

〔**州委学习型党组织建设工作组到州分公司检查工作**〕 12月5日，州委学习型党组织建设工作检查组黄文学、刘大江一行，到州分公司创建学习型党组织建设活动进行检查。州公司书记刀洪英书记、总经理邹联合及相关部门人员参加了会议。

〔**开展年末客户回馈活动培训**〕 为实现2011年客户维系各项工作的顺利收官，为2012年的客户维系工作打下坚实的基础，11月23日，州分公司举办了“暖暖春翼 感恩千万用户——中国电信龙年回馈送好礼”岁末客户回馈活动培训。

〔**举办健康大行走活动**〕 11月18日，州分公司客户中心全体员工举行了“阳光生活，展现自我”健康大行走活动，行程从电信公司出发沿勐泐大道行走至“勐泐大佛寺”，行程5公里左右。

〔**顺利完成四国湄公河联合巡逻执法首航仪式应急通信保障任务**〕 12月10日，中国、老挝、缅甸、泰国湄公河联合巡逻执法首航仪式在云南西双版纳关累港举行，州分公司圆满完成通信保障任务。

〔**2012年工作会暨三届二次职工代表大会**〕 12月26日，州分公司召开2012年工作会暨三届二次职工代表大会。总经理邹联合代表公司管理层做题为《实施双领先战略，坚持十六字方针推动全业务有效益规模发展》的年度工作报告。财务部、市场部、网络部进行了专题发言。

在职代会上，工会主席杨武斌作了工会工作报告，李俊通报了2010年干部测评结果，并对工会工作情况进行了说明。会议还对副经理以上的领导干部进行了2011年度工作情况的民主测评。

邹联合代表公司党组、总经理班子与市县分公司主要负责人代表签订了全业务超常规发展责任书。

〔**开展天之翼摄影大赛**〕 为进一步提升天翼客户俱乐部的影响力，州分公司全面承接集团公司和省公司开展了“尊享10000，翼览无余”第二届天之翼摄影大赛活动。

(《电信》撰稿:刘海英)

移　动

〔**概况**〕 中国移动通信集团云南有限公司西双版纳分公司(以下简称“版纳移动”)于1999年8月从邮电系统分营成立(属外商投资企业分支机构),内设工会、党群部、综合部、人力资源部、财务部、市场经营部、集团客户中心、贵宾客户中心、网络部、景洪市分公司、勐海县分公司及勐腊县分公司等12个机构,共有在职员工471人,平均年龄30岁,其中大专本科以上学历占22%;专科学历占50%。

2011年,版纳移动认真贯彻集团公司和省公司总体工作要求,全面分析当地内外部环境,深刻领会战略方向,借“十二五”开局之机,以“稳定”为重点,以“发展”为动力,通过广大干部员工真抓实干,确保各项工作取得新突破,实现了超越百万客户的梦想。

〔**网络建设和维护**〕 版纳移动继续深化落实“人无我有,人有我优”的建网方针,按照“城市做深做精,农村做广做细”的要求抓好网络建设和维护,持续扩大核心网络,加快传输光缆线路和WLAN热点建设步伐,到2011年底全州基站总数已经达到1000多个,全州31个乡镇、1个街道办事处,219个行政村的移动信号已达到100%的覆盖,300人以上自然村的覆盖率达到99%以上,主要干道、风景区道路的覆盖率达95%以上,实现了城区深度覆盖、乡村广度覆盖、交通干线连续覆盖、热点地区重点覆盖,让移动网络“无所不在”。

重视应急体系建设,为全年春节、泼水节、五一劳动节、中秋节、国庆节等节假日实施有效的应急通信安全保障工作。12月6日成功在勐海县打洛口岸组织了边境口岸突发事件通信保障应急演练,增强公司维护人员在边境突发事件发生时的应对能力,以加强在边境突发事件中协助政府部门做好维稳安置工作的能力。12月10日,为澜沧江复航仪式出动应急通信保障车开赴现场进行通信保障,及时做好了通信保障工作。(注意:附件3放在此处,不要文字说明)

〔**市场发展**〕 年内,全州移动用户超过100万户。版纳移动以加快发展为第一要务,围绕“新客户,新话务、新业务”不断拓展新增空间,提升服务质量,强化精细管理,创新营销,大力发展新业务,提高渠道掌控能力。在公众市场、集团客户市场、中高端客户市场积极开展阶段性营销工作,组织了双节营销、“欢乐泼水节,好礼惠万家”、“手机下乡”、整村营销、“校园迎新”、“阵地营销”、“预存话费送话费”、“打多少送多少”、“动感向前冲”、“i我家”等活动,全力打造中国移动动感地带、神州行及全球通深入人心的品牌形象。

版纳移动在县(市)分公司成立了农村营销服务部,在全州31个乡镇成立了中国移动乡镇客户服务中心,完善了“县、乡、村”三位一体的农村服务营销体系,提升了版纳移动对农村市场的服务能力,“136移动信息富民工程”得到进一步深化。同时,全力调动村委会及村级服务站积极性,加大宣传推广惠农网、短号、农信通等惠农业务,在“136农村移动信息富民工程”深入实施的基础上,发挥“农信通”的先导作用,扩大“农信通”信息服务工作的覆盖面,做好以热线为核心的服务体系建设,提升农村信息化服务水平,继续营造政府得政绩、农民得实惠、经济得发展的多赢局面。在各级政府的支持下,进行了年度移动信息富民村创建先进集体和个人的表彰。

8月29日,“动感地带MM就业创业基地”在西双版纳职业技术学院正式开启。该创业基地是中国移动通信集团云南有限公司与省团委、省学生联合会三家合作,为高校学生搭建的一个创业就业学习及实践的平台。高校学生可以通过创业就业课程、文化沙龙课程、职业生涯规划指导等课程学习来提升就业创业的理论水平,同时基地也将给予学生营销实战演练、MM软件项目开发等社会实践的工作机会,让学生积累创业就业实践的经验,受到了职业技术学院师生的一致好评。(注意:附件1放在此处,不要图片说明)

〔**服务提升**〕 版纳移动紧紧围绕理念树立、短板改善、服务传播三项重点,以“我服务,我快乐”为传播主题,服务领先工程为导向,通过“让员工满意”、“让客户满意”和“固化长效机制”,为未来全面服务竞争打好基础,牢固树立服务竞争意识,同时建立服务质量检测机制,严格过程管理和考核,全面推进服务提升工作开展。按季度在度假区沟通100服务厅等多个营业窗口开展流程穿越活动,了解员工业务及服务综合能力;设立服务质量社会监督员,聘任35名热爱中国移动、支持关心中国移动事业发展的服务质量社会监督员,完善和扩大社会监督网络,不断提高全州服务工作质量。

自1月起,版纳移动开展了以“我服务,我快乐”为主题的系列服务传播活动,全年完成服务明星/明星厅(班组)评选、服务理念宣讲、有奖征集活动、演讲比赛、服务巡讲活动等,在活动中共有3个班组荣获明星班组称号,5人获得版纳移动服务明星称号,30人在有奖征集活动中获奖,6人在

“我服务 我快乐”主题演讲比赛场中获奖，充分调动了一线员工的服务积极性，增强了主动服务意识。（注意：附件2放在此处，不要图片说明）

持续开展“139贴心服务工程”，以10088贵宾客户专属电话经理作为第一服务界面，向贵宾客户提供缴费、协议到期、积分清零提醒短信、特权服务、生日关怀、业务申请办理、营销活动告知和产品资费推荐等服务，并着力构建贵宾客户延伸服务体系，创建商家联盟、全球通机场VIP绿色通道俱乐部、高尔夫VIP俱乐部等服务阵地，2011年机场VIP绿色通道俱乐部接待了逾万位客户，提供了舒适便捷的登机服务；同时，还开展中高端积分兑换电影票、航空意外伤害保险、高尔夫频道等各类服务项目，截至9月31日，共有7100位客户参与了中高端积分兑换电影票活动，极大地丰富了版纳移动中高端客户的精神文化生活。

〔**新业务及信息化建设**〕 版纳移动紧紧围绕数据业务“收入和健康度”及“重点业务发展”两方面开展工作，继续推广飞信、短信、彩信、彩铃、移动秘书、手机报、手机邮箱、手机证券、手机阅读、手机电视、手机地图、号簿管家、银讯通、移动MM应用商场、Mofi、WLAN、儿童机、老人机等新业务。

版纳移动逐步践行从“移动通信专家”转变为“移动信息专家”，以自身的移动信息技术优势为依托，深入挖掘客户需求、不断引进前沿技术、革新产品、提升服务，推进行业信息化发展：与州市公安局合作开发建设了集团手机快讯业务、警务手机对讲系统等公安信息化项目；为州交警支队升级开发了移动警务通系统并申请了独立的警务通VPN；与勐海县教育局合作，为勐海县下属9所单位安装了校园视频监控系统、互联网专线接入，以及校讯通等信息化业务；与州建设局合作建设了“移动OA办公”系统；积极推进教育专网、数字云青平台、全省电子政务网、云南道路物流公共信息平台、12366地税信息平台、云南省应急救援指挥通信光缆网、移动战旗TD卡、96166云南省公安交通管理综合信息服务平台、老龄服务等信息化项目落地实施；大力发展物联网，与云南省道协合作发展车辆GPS定位监控卡，与供电局合作发展电力远程数据采集卡，与州气象局合作发展气象数据采集卡，与州农业局合作发展动物溯源数据卡，与州银联中心合作积极开展无线POS刷卡应用，移动信息化的应用深入各行各业。

版纳移动根据集团公司制定的“无线城市”发展计划和省公司相关部署，加快与州委、州政府、州工信委、州网管中心的汇报、沟通、协调，由工信委牵头，组织了重要集团成员前往厦门进行无线城市项目考察。11月，促成州政府与中国移动通信集团云南有限公司签署了《无线城市建设战略合作协议》，并对业务内容、网络支撑开展了前期筹备，为推进无线城市建设创造了良好的条件。

〔**创先争优**〕 版纳移动贯彻落实胡锦涛总书记“七一”重要讲话精神，深入推进创先争优活动。以“四亮四评”主题实践活动为载体，把创先争优活动融入“我服务、我快乐”服务文化建设活动、“139贴心服务工程”、“136农村移动信息富民工程”、网络质量提升劳动竞赛、业务发展劳动竞赛和“增强责任心、事业心、进取心，创先争优、唯旗必夺”文化实践活动等重点工作之中，不断争创群众满意窗口、争创优质服务品牌、争创优秀服务标兵。在持续不断的努力下，打造一张精品网络，树立“透明消费、诚心服务、关爱客户”的企业形象，落实各项惠民举措，逐步提高为民服务的品质。2012年初，景洪市分公司金地“沟通100”服务厅荣获2010～2011年度省级“青年文明号”称号。

〔**党建工作**〕 版纳移动坚持把党建工作的重心放在基层党支部建设，围绕中心抓党建，加强思想政治学习，积极开展学习实践活动，深入开展“创先争优”活动，加强廉政教育，以党建工作推动精神文明建设，努力推动公司发展再上新台阶。组织干部员工观看了“杨善洲同志先进事迹报告会”的视频报告，倡导以杨善洲为榜样，努力做人民满意的好党员、好干部、好员工；开展评先推优活动，2个基层党支部被授予流动红旗，16名党员被评为星级党员。

在建党90周年之际，版纳移动组织了78人参加州直机关工委主办的纪念建党90周年歌咏比赛，并获得了优秀奖；组织新老党员进行入党宣誓，预备党员开展党性教育；举办了“纪念建党90周年”图片展，开展党史教育；选送摄影作品参加了州直机关工委主办的“纪念建党90周年”作品展，共有四幅作品获奖。（注意：附件5放在此处，不要图片说明）

〔**践行企业责任**〕 版纳移动继续秉承“正德厚生，臻于至善”的核心价值观，追求企业、社会与环境的和谐发展，认真履行企业的社会责任、经济责任、环境责任，自觉投身于教育、环保事业和扶贫济困等公益慈善事业：全面推进“绿色行动计划”等节能环保主题活动，实现移动通信基站节能减排目标；响应政府“节能减排”号召，积极推进西双版纳地区电信基础设施共建共享工作开展，减少通信基础设施重复建设;为景洪市大渡岗乡大干坝村、景讷乡曼散村,勐海县勐混曼国村,勐腊县勐腊镇曼哈伞村投资建设的蓄水池均修建完工,解决了4个村500人饮水困难等问题;派出志愿者前往景洪市勐养中心敬老院慰问敬老院的老人和工作人员,以实际行动承担和实践社会责任。

〔加强安全生产〕 版纳移动进一步加强法制和安全教育,不断增强员工的法制观念和安全意识。组织开展了全国"安全生产日"、"安全生产周"、"安全生产月"等活动,利用张贴大幅标语、举办宣传栏、开展安全知识竞赛等形式大力开展宣传教育。联合地方消防部门做好消防检查,组织员工开展消防训练,提高消防技能。邀请了消防、交警进行安全知识的培训。(注意:附件6放在此处,不要图片说明)

(《移动》撰稿:向筱璇)

联　通

〔概况〕 2011年,中国联通西双版纳州分公司(以下简称"州分公司")实现了发展的重要一年。3G智能机体验厅的开放,让联通变得不一样,更加深入地走进大家的视线。

〔机构设置〕 经过2010年部门整合后,州分公司共有综合部、人力资源部、财务部、市场销售部、客户服务部等共8个部门,另外还拥有景洪市、勐海县和勐腊县三个分公司。

〔招贤纳士〕 全年州分公司员工共计200余人。为了"人尽其才"的目标,公司人力资源部制定了"人岗匹配"的用人制度,并组织相关人员进行培训,做到科学管理,人尽其才。人力资源部还积极组织招募人员进行应届毕业生招聘,积极为公司的发展招揽贤士。

〔网络建设维护工作〕 州分公司建设维护工作深入贯彻落实集团公司"3G领先与一体化创新战略",按照"经营要有新突破、服务要上新台阶、管理要上新水平、队伍要有新活力"的要求,实现网络运行维护质量和维护管理水平的稳步提升。各通信网络运行正常,互联互通、共建共享工作得到了进一步加强。网络服务能力的提升,GSM网、WCDMA网,以及新建基站先后完成了多项优化工作,使州分公司网络优化得到了一定的提升,尤其是WCDMA网为智能机功能发挥起到举足轻重的作用。

〔党委和纪委完成换届选举〕 年初,州分公司完成了党委成员的换届选举工作,最终通过民主选举和评议后,徐冰、顾斌、姚定祥、刘志湘和蒙桂云成为公司党委成员,其中,徐冰任州分公司党委书记。另外还组成了以纪委书记姚定祥为核心的公司纪委,朱瑜和张杰为纪委委员。

〔建党九十周年纪念活动〕 州分公司党委十分重视党务工作的开展,一直将反腐倡廉工作作为公司的党务工作重心,在建党九十周年来临之际,州分公司党委员召开了"反腐倡廉警示宣讲会",切实将反腐倡廉工作落到实处。另外为了加强党员的党性培养,发扬党的优良作风,在建党节时,州分公司还组织党员开展了"重温入党誓词,慰问老党员"等党组织活动。

〔党建工作调研〕 根据州委工作安排,9月19日,由州直机关工委带队组成的调研工作组到州分公司开展党建工作调研。检查主要是通过听取情况汇报、召开座谈会、实地调查、查阅资料等方式进行。在座谈会上州分公司党委书记徐冰向调研组汇报了近年来公司党建工作开展的情况,总结了取得的经验及存在的不足,调研组也对公司在流动党员管理、新党员发展及创先争优等工作进行了经验交流。座谈会后,调研组查阅了公司近年的党建基础台账,参观党员活动中心。最后调研组对公司近年来的党建工作给予了充分的肯定,并提出了表扬,鼓励公司要继续做好党建工作,将党建工作与企业经营发展紧密联系,充分发挥党组织的政治核心作用,不断推动企业党建工作再上新台阶。

〔职代会〕 1月18日,州分公司召开2011年工作会暨职代会一届三次会议。职代会由州分公司工会主席刘志祥主持,会上通过了2011年工会工作报告,另外,工会还对2010年工会积极小组进行了表彰和奖励。

〔工会公益活动〕 8月,在血站O型血使用告急时,州公司工会积极响应社会号召,组织动员公司员工积极参与献血,踊跃参加社会公益活动,增强公司员工的社会责任感。

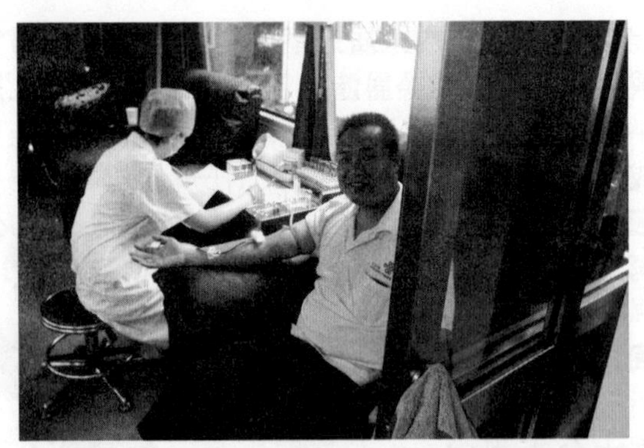

〔**趣味运动会**〕 州分公司工会在中秋节举行了趣味运动会,整个公司的员工分别加入了“灰太郎队”、“‘wo’快乐队”、“必胜队”等队伍参加趣味比赛,各队在“齐心协力”、“集体呼啦圈”等活动中快乐地比赛,让2011年的中秋节变得有点“联通味”,有点“wo精彩”!

〔**安全生产工作**〕 年内,州分公司在公司综合部的牵头下,联合公司安全生产重点部门建设维护部、施工单位等其他组织,开展了全州范围内的安全生产检查工作,及时排除各种安全隐患,将灾害和危险防患于未然,杜绝安全事故的发生。另外,州分公司还诚邀交通部门人员在公司举办了安全知识讲座,提高了公司员工的安全意识。

〔**精彩“沃”体验活动**〕 8月22日,州分公司一市两县的主营业厅内置“沃3G”智能手机和无线上网卡等体验设备,提供多款操作系统的30多款终端和3G上网免费体验台,与全国2300个联通营业厅同步开展“精彩沃体验”的现场体验活动。受邀而来用户和慕名而来的用户亲身体验3G带来的高速无线上网、可视电话、手机电视、游戏软件、电子政务、移动商务、移动办公等3G业务应用,真切感受wo3G给生活、工作带来的变革。

这次活动受到社会的关注,西双版纳电视台还为此活动做了特别报道。

〔**真情回馈**〕 年内,州分公司为感谢用户对“联通”长期以来的支持与信任,对连续在网7年以上的会员用户开展了“沃爱我”健康体检活动。

针对全州上百名老会员,州分公司开展了免费赠送常规体检项目,另外还组织了专业的医护人员免费上门体检、帮助用户整理家庭药箱,为用户送去了健康、温暖和祝福,拉近了用户与“联通”的距离,树立了联通友好、贴心的形象,迅速提升了客户服务的新品牌。

〔**会员圣诞节狂欢夜**〕 12月圣诞前夕,州分公司开展了“联通VIP会员圣诞狂欢会”,共300余个会员家庭参加了活动。来自会员家庭的小朋友们展示了自己的才艺,活动现场气氛活跃,再加上现场“烧烤汇”,更是提升了冬天活动的激情和温暖。

〔**协助完成航天任务**〕 应中国人民解放军总装备部要求,经批准,州分公司参与了2011年的重要航天任务。州分公司协助该次航天任务并取得圆满成功,得到了州委、州政府、工信委等部门的肯定和表扬。任务完成后,州分公司与西安卫星测控中心第二活动站互赠了锦旗，以示友好和感谢。

〔与广电共迎新春〕 年末，州分公司与版纳广电共同举办“网连万家，服务大众”迎新文艺汇演，州分公司表演了《开门红》等节目。

（《联通》撰稿：麦蓉）

城建环保

责任编辑:李　跃

住房和城乡建设

〔**概况**〕　西双版纳州住房和城乡建设局2011年有编制数31人,实有干部职工30人;设有办公室、计划财务科、住房保障和住房公积金监管科、房地产市场和物业服务监管科、城乡规划科、城乡建设科、科技和标准定额科(工程造价概预结算编审办公室)、建筑市场监管科(招标投标管理办公室)、工程质量安全监管科(抗震防震办公室)、勘察设计科(施工图审查办公室)等10个科室。局长崔云青,副局长曾志海、易德军、杨建玲(女,彝族)、刘伟(2011年10月任职)。西双版纳州建设局下设风景名胜区管理所、建筑规划设计研究院、建设工程质量监督管理站、建设工程交易中心、荔园管理所、经济适用住房开发中心等6个事业单位。

景洪市住房和城乡建设局2011年有编制数40人,实有干部职工35人,设有行政办公室、综合计财股、住房保障管理股、城乡规划管理股、城乡建设管理股、建筑业管理股、市容风景名胜区管理股、法规股、阳光数字城管办等9个职能股室。党委书记王开平,局长贾胜生,副局长李达、伍晓军、陈光新。景洪市建设局下设城建监察大队、公用服务中心、园林绿化管理处、环境卫生管理站、城区路灯管理所、工程质量监督管理站、市政工程队、房地产管理处、房地产交易所等9个事业单位及市第二建筑有限责任公司。

勐海县住房和城乡建设局2011年有编制数16人,实有干部职工15人,设有办公室、规划建设股、房产管理股等3个股室。党委书记马志华,局长苏伟,副局长付开明、李春兰。下设建筑管理站、城建监察大队、建筑工程质量监督站、环境卫生管理站、住房交易中心(自收自支)等5个事业单位。

勐腊县建设局2011年有编制数21人,实有干部职工22人,设有秘书股、城建监察法规股、规划建设管理股、房地产管理股、建筑业管理股等5个股室。局长周琪,副局长余守祥、胡乔斌、杨虎翼。下设园林绿化管理所、建筑工程质量监督站、环境卫生管理站、房地产交易中心等4个事业单位。

西双版纳旅游度假区管委会建设局2011年有编制数7人,实有干部职工7人;局长刘伟,副局长杨进明。

景洪工业园区管委会规划建设局2011年有编制数8人,实有干部职工8人;局长付昆。

磨憨边境贸易区规划建设局2011年实有干部职工6人。局长徐正科,副局长陈建兵。设有西双版纳州建筑质量监督站磨憨分站、磨憨边境贸易区环境卫生管理站2个事业单位。

〔**保障性住房建设进展顺利**〕　2011年,围绕国家、省、州关于加快保障性住房建设的总体目标,按照“廉租保底、公租解困、农村改危、抗震安居”四大工作重点,加快廉租房建设,突出公租房发展,扩大农村民房改造范围,推动垦区危房改造。全州保障性住房共争取到中央和省级补助资金3.54亿元。各项目累计完成投资7.4亿元,其中廉租房和公共租赁住房项目完成投16875万元,占总投资45%;垦区危房改造项目完成投资7125万元,占总投资47.5%;国有工矿棚户区改造项目完成投资60万元,占总投资5%;农村危房改造和地震安居工程完成投资5亿元,占总投资56.56%。全国扩大农村危房改造农户档案信息系统显示,全州农村危房改造开工率和竣工率均排名全省第1。年内启动乡镇干部与教师住房建设工作,将2349套乡镇干部职工和教师住房建设一并纳入2011年城镇住房保障体系。

〔**落实配套政策,建立完善保障制度**〕　按照以满足低收入家庭基本住房需要为核心,坚持统筹规划,分步实施;政府主导,社会参与;适时调整,动态管理的原则,科学合理编制全州“十二五”住房保障发展规划和年度计划。各县市先后制定出台解决城市低收入家庭住房困难实施意见、城镇廉租住房管理细则、保障对象申请受理办法和先租后售管理办法等相关政策，明确保障方式、保障范围，落实保障经费，全州的住房保障工作更加系统化、规范化。各县市还建立了社区居委会、乡镇（街道办事处）和市县住建、民政、财政联合审查的三级审核制度，确保真正需要保障的对象按政策得到保障。

〔引导调控，房地产开发增速平稳〕 全州制定和公布了新建住房价格控制目标，加大房地产市场秩序整治力度，在促投资、增供应、调需求和稳房价等各个方面引导调控。2011 年，全州有房地产企业 155 家（其中年内新增房地产开发公司 31 家）。完成房地产开发投资 26.56 亿元，增长 35.4%；房地产开发投资占全社会固定资产投资比重达 23.54%，房地产业上缴地方税收 4.75 亿元，同比增长 155.86%，占全州地方税收收入的 32.47%，同比增长 19.94 个百分点。批准商品房预售面积 180.23 万平方米，同比减少 7.77%，其中：商品住宅 134.41 万平方米，同比减少 11.2%，商铺 40.41 万平方米，同比增长 48.4%。商品房实际销售面积 88.29 万平方米，同比增长 21.6%。其中：现房销售 9.12 万平方米，同比增长 636%，期房销售面积 79.17 万平方米，同比增长 10.9%；商品房销售额达 31.93 亿元，同比增长 36.3%，其中：现房销售额 2.71 亿元，同比增长 259.9%，期房销售额 29.22 亿元，同比增长 28.9%。商品房价格稳中略涨，景洪市新建商品房住房均价为 3566 元/平方米，勐海县 2920 元/平方米，勐腊县 2900 元/平方米，均在各县市年初确定的新建住房控制目标内运行。

〔强化房地产市场行业管理〕 建立房地产市场定期巡查制度，落实一房一价制度，动态巡查监管责任制，加强对商品房预售许可、商品房销售管理，规范全州房地产市场秩序。采取措施坚决贯彻落实国家、省、州各项房地产市场调控政策有效遏制投资投机性购房，切实将房价控制在合理水平范围内。加快发展二手房市场和住房租赁市场，满足多层次住房需求。建立运行全省房产估价机构资质管理系统，强化政府对房地产市场的监管和调控能力。认真组织开展 2011 西双版纳（第三届）房地产展示交易会，搭建房地产业展示、销售和交流沟通的平台。提高房地产从业人员业务水平，组织全州房地产从业人员 150 余人参加全省房地产经纪人协理考前培训，40 余人参加全省房屋登记审核人员培训考核和年度全国房地产估价师执业资格考试。

〔规范新建居住区物业管理〕 按照“从体制上理顺，从制度上完善，从管理上加强，从机制上激活”的原则，推进物业服务行业规范发展，提高物业服务覆盖面。新建居住小区物业管理覆盖率达 100%，小区物业服务率达 100%。做好小区业主成立业主委员会工作的指导与备案登记工作，加强对物业服务企业的管理，规范物业服务收费行为，积极协调业主与物业管理公司之间的矛盾纠纷。全州新增物业服务企业 4 家，共有物业服务企业 41 家。物业服务从业人员 2000 余人。本年度住宅专项维修资金缴交总额 2415.91 万元，批准使用支出 21.31 万元，移交业主委员会自主管理 1 项，金额 54.68 万元，专户结余 7213.51 万元。

〔整体推进城乡规划编制〕 2011 年，景洪市完成了城市中心中央片区、傣乡水城、流沙河新区、江北片区及嘎洒旅游小镇曼景康、曼么协控规的编制工作，普文、勐龙、勐养、大渡岗、勐罕、基诺山等乡镇总体规划修编；勐腊县完成勐仑旅游小镇南片区（大学城）控规的编制；西双版纳州城镇特色专项规划编制工作进展顺利，已编制完成勐养、普文、基诺山、大渡岗、勐旺、景讷、布朗山、勐往等乡镇城镇特色专项规划；勐罕、勐龙规划正在编制中。

〔村庄规划编制工作全面铺开〕 2011 年全州村庄规划编制任务为 1074 个、农场规划编制任务为 301 个（其中：行政村 96 个、自然村 978 个，分场 39 个、生产队 262 个）。年内全州完成 1165 个村庄规划，完成率为 108.5%。落实省级补助资金 114.2 万元；州级配套资金 161.9 万元；县市区配套资金 289 万元。

〔西双版纳风景名胜区总体规划修编报批及景点规划编制〕 《西双版纳风景名胜区总体规划（2011—2025 年）》自 2006 年启动编制报批，经过五年的修改、完善，于 2011 年 10 月获国务院批准实施。各景区景点详细规划编制工作也相继开展，已完成孔明山、基诺山和勐景来 3 个景点规划编制，原始森林公园景点规划编制年内启动，勐罕、勐腊景区曼岭片区、曼竜代片区规划前期工作相继开展。

〔推进城镇近期建设规划编制〕 根据云南省人民政府 185 号《关于加强耕地保护促进城镇化科学发展的意见》和省委、省政府大理现场办公会议精神以及州委、政府关于城镇近期建设规划编制的部署及要求，为确保年内完成规划编制、审批、备案工作，及时安排部署，细化目标任务、责任主体、工作进度和时限要求。景洪市、勐海县、勐腊县、磨憨经济开发区城镇近期建设规划,以及景洪市普文镇、勐养镇、勐罕镇、勐龙镇、景讷乡、勐旺乡、景哈乡、基诺山乡、大渡岗乡,勐海县打洛镇、勐混镇、勐遮镇、勐阿镇、勐满镇、布朗山乡、格朗和乡、西定乡、勐宋乡、勐往乡,勐腊县勐仑镇、勐满镇、勐伴镇、关累镇、勐捧镇、易武乡、瑶区乡、象明乡共27个乡镇近期建设规划已通过州规委办审查和当地人民政府审批后报省住房和城乡建设厅备案。

〔**建设项目设计方案审查**〕 坚持专家评审无记名票决等制度,从源头把好每个项目的规划设计审查关。州城乡规划委员会办公室对全州重要建设项目的规划及建筑设计方案进行审查,共对77个项目进行审查并下达审查意见,其中对32个重点项目及房地产项目召开了专家评审会;对15个不符合审查要求项目给予退件。在项目设计和审查过程中,探索和研究傣民族建筑特色化与现代建筑完美结合的表现形式和手法,以确保傣民族建筑特色在建设项目中得以充分运用和体现。

〔**高层建筑布局和高层建筑特色化研究**〕 由西双版纳州城乡规划委员会办公室牵头组织技术人员深入研究景洪城市高层建筑布局和高层建筑特色化,对已建高层建筑的特色化进行评析,提出高层建筑时代性与特色化有机结合应注意的问题,2011年6月举办了高层建筑特色方案设计竞赛活动,8个参赛设计单位提供16个设计作品,为高层建筑的特色化如何体现开拓了思路、创新了理念。在多次征求市、区住建部门意见后,形成了《景洪城市建筑高度控制规划方案》和《高层建筑特色化的基本思路》,并得到州委专题会议认可。

〔**城镇基础设施建设**〕 加快推进以市政道路和绿化改造、城镇污水生活垃圾处理设施为重点的市政基础设施建设。完成了景洪市宣慰大道江北段二期改造、景兰大道、北环路、江南水厂扩建、城市供水新水源、龙舟广场、傣泐金湾;勐海县鑫海公园、214线过境路绿化亮化;勐腊县北入城口、曼庄入城口道路;旅游度假区3号、8号路、勐泐大道改造;磨憨经济开发区8号路、小磨路沿线绿化亮化、水厂二期扩建等项目建设。景洪市江南污水处理二期及配套管网工程建设已完成投资4676万元,于今年9月28日投入试运行;勐海县污水处理厂及配套管网工程已完成管道铺设8公里,厂区由云南水务产业投资有限公司按照BOT模式进行建设,项目现已完成三通一平工作;勐腊县污水处理厂配套管网工程已完成铺设5公里,厂区工程已正式开工;县城生活垃圾处理场主体工程项目已建设完成并投入试运营。截止11月底,全州完成城镇基础设施投资8.5亿元,全州城镇化率达到40%,城市污水处理率达70%,垃圾处理率达到100%,城市绿地率达到35%。

〔**城镇环境**〕 以净化、绿化、亮化、美化为重点,管养并重,改善城镇环境。净化工程:按照清扫、保洁、清运、管理、执行、监督"六位一体"的管理模式,加大主次干道、集贸市场、广场等公共场所的清扫力度,实行定点、定时巡回洒水保洁清运制,做到垃圾定点堆放,及时清运,全天保洁。绿化工程:围绕生态立州战略的实施,树立热带雨林文化理念,按照防洪线、交通线、风景线、经济线的"四线"建设要求,认真坚持"城区园林化、城郊森林化、道路林荫化、庭院花园化"的绿化方针,着力打造澜沧江两岸景观,大力实施城镇拆围透绿、街头造绿、见缝插绿的工程。亮化工程:把城市亮化工程的建设作为改善和美化城市环境的重要措施。以城镇主次干道、沿江两岸(桥梁)、路灯及建筑物亮化为基础,以标志性建筑物及大型灯箱广告亮化为点缀,以门店、公园及绿地亮化为补充,大力实施点、线、面相结合的光彩工程。同时,实行定期巡查检修制度,通过抢修恢复被盗路灯设施、抢修和排除路灯故障、安装和清洗路灯、路灯数字化管理等措施,确保城市亮化率。美化工程:以整治乱搭乱建、乱停乱放、乱涂乱画、乱丢乱撒的"四乱"现象为重点,落实责任、重拳出击,大力整治乱涂乱画行为,加大乱搭乱建查处力度,取缔违规占道经营,纠正乱停乱放车辆,规范户外广告设置,营造优美的城市环境。

2011年,全州先后对澜沧江两岸、景洪思小路口、市政府新区办公区、嘎栋休闲区、西双十二城前、江北大转盘、城区四大街,勐海214线两侧、城区主干道象山大街、景养路、景观路、佛双路、南海路等,勐腊雨林大道、山榕路、相思路、平安路、南腊路、中心路等实施道路景观、绿化亮化美化工程、城市绿地生态水景观和绿化管养工程,全州城镇环境进一步改观。

〔**突出创建工作,提升城镇形象**〕 自2011年4月启动景洪市创建"中国人居环境奖"工作,州及景洪市分别成立创建工作领导小组及办公室,对照《中国人居环境奖评价指标体系》和《节水型城市主要指标》,完成《西双版纳州景洪市创建中国人居环境奖工作实施方案》和任务分解表拟定工作。21家责任单位按照要求成立创建工作领导小组及办公室并细化责任目标,确保创建目标推进。对2011年全州省级园林单位、园林小区、园林城镇创建工作进行安排部署,推进勐海、勐腊县创建“省级园林县城”工作;完成勐腊县27个单位申报省级园林单位、小区材料审查及勐罕镇申报国家级园林城镇的材料准备及上报。

〔**建筑业管理**〕 按建设程序办理工程项目报建、发放施工许可证、入州企业资质备案,开展了资质审查、从业人员资格证书换证和安全生产许可证核查延期工作,认真协助处理拖欠农民工工资纠纷。办理工程项目报建185项,总投资36.24亿元,面积266.47万平方米。发放施工许可证213项,总投资(合同价)20.59亿元,建筑面积151.43万平方米。办理637起入州企业资质审验备案,完成31家企业的资质审查及安全生产许可证的延期工作,审查从业人员证书862本,核发建筑业从业人员资格证书630本。完成州内1家预拌商品混凝土资质申报的初审工作以及1家建筑业企业资质升级申报的初审工作。协调解决拖欠农民工工资案件11起(其中一起直接为农民工协商解决所拖欠工资9万元)。

〔**建筑安全生产监管**〕 按照“关于继续深化安全生产年活动的实施意见”及2011年关于开展严厉打击非法违法生产经营建设行为、继续深化安全生产年活动、重点稽查执法、建筑安全生产专项整治等工作要求,与16家州内外建筑业企业和监理单位签订2011年度安全生产责任状。有针对性地制定下发《关于集中开展严厉打击非法违法建筑施工行为专项行动实施方案》、《西双版纳州2011年建筑安全生产专项整治实施方案》,深入开展建筑安全生产隐患排查治理各项专项行动。专项整治期间,全州各级住建部门在各施工、监理企业自查的基础上,对50家企业的60个施工现场进行了拉网式检查,查出各类安全隐患102条,现场督促整改95条,整改率93%。先后3次组织建筑施工企业项目负责人安全教育培训,培训人员达400余人次。组织开展2次安全质量标准化工地现场观摩会,观摩人数150余人次。

〔**工程质量安全监督**〕 全州建筑工程质量监督站及时掌握受监工程的质量安全动态,不断规范建设各方主体的质量安全行为,保证工程的质量安全。共办理监督手续39项,建筑面积34.72万平方米,工程竣工验收36项,一次验收合格率和竣工验收备案率均达到100%。

〔**全州中小学校舍安全工程建设指导**〕 协助州校安办同云南昆钢力信钢结构有限公司就校安钢结构工程造价、拨付款等方面进行谈判;编写了《西双版纳州住房和城乡建设局关于加强全州中小学校舍安全工程质量安全的措施》。开展西双版纳州中小学校舍安全工程技术指导,专家组对景洪市校安办报送的57份变更资料、勐海县校安办报送的3份变更资料、勐腊县校安办报送的1份变更资料进行审核确认;对各县市校安办和设计单位提交的校安工程加固改造设计方案进行审查。截止12月20日,共完成并审查通过抗震加固改造设计施工图共37个,共62单体,建筑面积54473m²。

〔**加强初步设计施工图审查监管**〕 抓好抗震设防、建筑节能等在初步设计中的落实,使审批后的设计方案和概算投资得到了进一步的优化和控制。共进行初步设计审查15项,总建筑面积为446090.246m²,总投资102819.67万元。做好建设工程施工图设计文件审查备案管理,共委托施工图设计文件审查256份(送省勘察设计处13份),对审查合格的248个建设项目施工图设计文件进行备案。加强外来勘察设计单位及分支机构的监督管理,对州外勘察设计单位在我州承接的349个建设项目进行资质验证登记。组织全州勘察设计单位完成2010年度全州勘察设计行业统计年报工作并做出分析。

〔**投标活动监督监管**〕 认真执行《中华人民共和国招标投标法》等法律法规和规定,依法监督,做到招标投标为招商引资服务,为全州经济持续发展服务。州招标办招标工程项目58项,工程造价128735.26万元,节约投资872.03万元。其中:公开招标35项,工程造价61181.21万元;邀请招标23项,工程造价67554.05万元。全州招标工程项目共154项,工程造价207882.06万元,节约投资1094.77万元。其中:公开招标78项,工程造价89694.15万元;邀请招标76项,工程造价118187.91万元。

〔**建筑节能**〕 建设局及相关部门签订《2011年西双版纳州建筑节能目标责任书》,将建筑节能推进到具体的单位和部门。大力推广新型建筑节能环保材料,鼓励新建建筑使用新型墙体材料。年内在勐养农场福纳小区一栋商住楼开展混凝土多孔砖、加气混凝土砌块、FGC轻质五防板三种新型墙材施工工法应用研究。研究推广太阳能热利用与建筑一体化工程,在冠嘉冠城和九号公馆2个项目启动住宅小区小高层太阳能热水器利用示范。强化新建建筑执行节能强制性标准的监督管理,把好施工图审查、施工许可、工程质量监管及竣工验收等环节标准执行关。建立行政审批责任制和问责制,按照“谁审批、谁监督、谁负责”的原则,不按规定办理开工和竣工验收备案手续的,依法追究相关人员责任。建筑节能设计和建筑节能施工图审查执行率达到95%，竣工验收阶段执行建筑节能设计标准比例达到90%。

〔加快标准定额管理信息化建设进程〕 按照“政府主导、企业参与、市场运作”的原则，筹建“西双版纳州建设工程造价信息网”，对全州标准定额、工程造价及材料价格实现信息化管理。运行造价员考试管理网络报名系统和造价员网络管理，完成全州280余人继续教育和续期验证、换章工作。做好建筑材料价格信息的采集、测算，完成景洪地区建筑材料《价格信息》的编制、发行及景洪地区建筑造价指数的测定。

〔景洪开展推进争创中国人居环境奖及国家节水型城市建设〕 创建“中国人居环境奖”和“节水型城市”对于提升城市生活品质，增强景洪知名度和美誉度，打造宜业、宜居、宜游的国际生态旅游文化名城具有重要意义。为推进“两创”相关的各项工作，强化管理，编制《景洪市城市节水规划》，制定景洪市创建“中国人居环境奖”任务进展计划和分解横道图。举行城市节水管理办法听证会，推进城市基础设施建设。41家单位签订了目标责任书。发放宣传材料200余份，营造全民参与的局面和氛围。与昆明市乐城市政设计有限公司和西南林业大学对接，设计“再生水泵站”和“雨水回用泵站”方案，并进行“国家节水型城市”申报材料编制。

〔景洪市推进信息化管理建设〕 为推动城市管理精细化、数字化管理，景洪市加强建设事业电子政务系统和重点行业信息化业务监管系统建设，推进阳光数字城管、OA办公系统和路灯节能监控建设，启动了供水、污水处理自动化控制系统。

〔景洪市强化监察执法〕 年内，景洪市成立了规划管理中队，共查处违法违章行为2167起，罚款135.14万元，查处违法建筑物208起，组织并参与违法（违章）建筑的拆除行动12次，拆除面积1820㎡。加强环卫绿化监察，查处损坏公用设施、践踏绿化带等不文明行为375起，小额处罚2.06万元。街道巡查中，开展执法检查41000余人次，出动执法车辆9000辆次，纠正违章违法行为15668起，清理占道摊点13292个，暂扣各类物品2600余件，清理户外广告条幅1000余条，处理群众投诉543起，查处违章停放车辆514起，强制清理整治80余次。二是执法工作。针对路灯及电缆设施被盗严重的现象，与公安部门紧密配合，加强巡查，派出人员72人次，抓获盗贼3人。建立监控、自动报警系统，及时发现被盗、被损现象，打击了盗窃行为，及时修复了被盗设施，共恢复被盗电缆320起11450米，恢复率100%。

〔勐海县污水处理厂及配套管网建设〕 勐海县污水处理厂位于县城西北侧（勐海县曼兴村老景勐公路西侧）约4公里处，项目于2008年批准立项。至2011年，完成管网施工约9km（含顶管300m），其中：污水管网7.1km；雨水管1.9km；厂区部分：由云南省水务产业投资有限公司按照BOT模式进行建设并运营管理（30年）。云南省水务产业投资有限公司下属项目公司（勐海水务产业有限公司）已办理完注册手续，完成施工招标工作。勐海县污水处理厂及配套管网工程共完成投资约1500万元（含前期费、征地补偿费等）。

〔勐海县完善“三价备案”制度〕 强化工程造价监管，做好工程造价信息的采集、整理和发布，加强工程造价信息数据的共享和互联，及时发布本地造价工作信息，提高文字信息的质量和实用性。全年共编制预算25个，建筑面积8.83万㎡，工程预算总造价2125.55万元；编制工程结算6个，工程结算总造价516.63万元；编制概算共4个，概算总造价1083.73万元；审核工程预结算24个，送审工程总造价766.44万元，核定工程总造价672.14万元，净核减工程总造价94.30万元。

〔勐腊县创建省级园林县城〕 根据《云南省创建省级园林城市实施方案》和《云南省省级园林县城标准》的要求，制定《勐腊县创建省级园林县城实施方案》，成立组织机构，召开全县创园工作动员大会，与创建单位签订责任书。有7个单位获得省级园林单位称号，27个单位（小区）通过县级园林单位的评审。创建工作着力打造勐腊绿色品牌，改善城市生态环境，营造良好的人居环境。

（《住建局》撰稿人：李建幸）

环境保护

〔综述〕 2011年，西双版纳州环境保护工作，重点围绕生态创建和节能减排等重点工作，全州生态农业、新型生物工业、生态旅游业建设不断取得新进展，健康产业逐步壮大；生态文化与理念不断得到普及与提高；通过构建节约型和集约型的水、林、土地、矿产等资源保障体系，全州森林覆盖率达78.3%（天然林覆盖率占54.9%）；通过实施环境工程、环境结构和环境管理三大减排措施，全面完成省下达的污染减排任务；通过实施城镇绿化工程、环境综合整治工程、社会主义新农村建设和饮用水源地保护等工作，全州城镇化率达40%，城市建成区绿化覆盖率达35%；城市集中式饮用水达标率100%；州医疗废物集中处置工程的完成，景洪江南污水处理厂二期工程的投运，勐海、勐腊县城生活垃圾处理厂的运行，以及园林县(市)、乡(镇)环保模范城市、节水型城市等创建工作的开展，和谐型的人居环境不断得到提升；通过建立健全政绩考核体系与科学决策机制、生态建设与可持续发展法律保障体系、环境管理能力和环境基础设施建设体系，全州环境保护综合能力保障体系不断得到完善。

〔**地表水环境质量**〕 全州地表水水质基本稳定，三县(市)城市集中式饮用水源地水质符合国家集中式饮用水源要求。影响地表水水质的主要指标为总磷、生化需氧量、氨氮。

主要河流水质 澜沧江、普文河、小黑江、流沙河、南阿河、南腊河、南览河、南果河等8条主要河流的12个监测断面中，符合Ⅰ类标准的有2个监测断面，占16.7%；符合Ⅱ类标准的有3个监测断面，占25.0%；水质符合Ⅲ类标准的有7个监测断面，占58.3%。按《云南省地面水功能区划分类》的规定评价，2011年12个断面全部达到水功能要求。与上年相比，水质有所好转。

澜沧江 澜沧江水质为优，州水文站、勐罕码头、2个监测断面水质为Ⅰ类，关累码头监测断面水质均为Ⅱ类，均优于水功能要求。与2010年相比，水质好转。

普文河 普文河水质为优，监测断面水质为Ⅱ类，优于水功能要求。与2010年相比，水质好转。

小黑江 小黑江水质为优，监测断面水质为Ⅱ类，优于水功能要求。与2010年相比，水质稳定。

流沙河 流沙河水质良好，勐海水文站断面、民族风情园断面水质均为Ⅲ类，达到水功能要求。主要影响指标为总磷、高锰酸盐指数、生化需氧量。与2010年相比，水质稳定。

南阿河 南阿河水质良好，监测断面水质为Ⅲ类，达到水功能要求。与2010年相比，水质稳定，主要影响指标为总磷。

南腊河 南腊河水质良好，勐腊水文站、勐捧岔河两个监测断面水质均为Ⅲ类，达到水功能要求。与2010年相比，水质稳定，主要影响指标为总磷。

南览河 南览河水质良好，打洛江大桥监测断面水质为Ⅲ类，达到水功能要求。与2010年相比，水质有所下降，主要影响指标为总磷。

南果河 南果河水质良好，勐阿水文站监测断面水质为Ⅲ类，达到水功能要求。主要影响指标为总磷、生化需氧量。与2010年相比，水质稳定。

〔**城市水环境质量**〕 城市饮用水水源 景洪市城区饮用水源(澜沧江)12期监测中5期满足Ⅱ类标准，7期满足Ⅲ类标准，水质为良；勐海县城区饮用水源(那达勐水库)、12期监测中11期满足Ⅱ类标准，1期满足Ⅲ类标准，水质为优；勐腊县城区饮用水源(南细河)12期监测中11期满足Ⅱ类标准，1期满足Ⅲ类标准，水质为优。三县(市)饮用水源水质均符合国家集中式饮用水源水质Ⅲ类标准要求。与2010年相比，景洪城区饮用水源水质有所下降，勐海、勐腊两城区饮用水源水质基本稳定。

城市生活污水处理 景洪江南污水处理厂日处理废水量在2.6万吨左右，处理后外排水质基本满足GB18918—2002《城镇污水处理厂污染物排放标准》表1中一级B标准要求。与2010年相比，日处理废水量增加0.8万吨、处理效率有所提高。

澜沧江国控出境自动监测断面水质 澜沧江橄榄坝水质自动监测站，主要监测水温、酸碱度、电导率、溶解氧、浊度、总有机碳、氨氮七项指标，2011年共获有效数据12342个，各项指标均达Ⅱ类水质标准，满足澜沧江出境水质要求。与2010年相比，水质稳定。

城市景观水体 每月对景洪城区内的景观水体(孔雀湖、白象湖)进行监测。孔雀湖有6次监测结果为Ⅲ类水体，4次监测结果为Ⅳ类水体，2次为Ⅴ类水体，基本满足景观要求，与2010年相比，水质有所改善。白象湖水质9次监测中类别均为劣Ⅴ类，呈重度污染，不能满足景观用水要求，与2010年相比，水质基本一致。

〔**城市大气环境质量**〕 景洪市城区环境空气质量大幅下降，主要污染物为小于10微米的可吸入颗粒。

城市空气 景洪城区环境空气污染指数(API)为优的天数为256天，占70.1%，为良的天数为109天占29.9%(集中出现在1～3月份，首要污染物为小于10微米的可吸入颗粒)。与2010年相比，环境空气污染指数为优的天数增加49天，环境空气质量有所改善。勐海县城区大气环境质量满足GB3095－1996《环境空气质量标准》一级标准，质量为优。勐腊县城区大气环境质量满足GB3095－1996《环境空气质量标准》一级标准，质量为优。

酸雨 景洪市区全年监测降水量1523.5毫米，监测降水样品74个，没有出现酸雨样品，与2010

年一致。

〔**城市声环境质量**〕 2010年景洪市城市声环境质量与上年相比,交通声环境质量基本稳定,区域声环境和功能区声环境质量有所下降。

交通声环境 景洪市城区道路交通噪声平均等效声级范围在61.9~70.6dB(A)之间,最高点为70.6dB(A),超过国家标准0.6 dB(A),全市平均道路交通噪声等效声级为66.7 dB(A),按国家声环境质量评价方法评价,景洪市交通噪声质量等级为"较好",交通场环境基本稳定。

功能区声环境 景洪市中心城区功能区噪声24小时等效声级监测结果显示:2、4类区白天等效声级均能满足功能区声环境要求,夜间2类区夜间偶尔超标,最大超标率为6.0%,而4类区夜间等效声级是100%超标。与2010年相比,2类区有所好转,4类区有所下降。

区域声环境 景洪市区域环境噪声等效声级范围在39.5~66.4dB(A)之间,平均等效声级为52.2dB(A),区域环境噪声质量等级为"较好"。与2010年相比,2011年景洪市区域环境噪声质量略有上升。

〔**固体废物**〕 工业固废 全州工业固体废物产生量878万吨,其中:存贮量为425万吨,存贮率为48%;综合利用量453万吨,综合利用率52%。

医疗废物 2011年全州年产生医疗废物约890吨。我州医疗废物集中处置项目已建成。

生活垃圾 全州生活垃圾产生量为34.7万吨,其中:城镇生活垃圾产生量为13.9万吨,无害化处置量为13.9万吨,无害化处置率为40%。

〔**自然生态环境保护**〕 自然保护区建设 全州有森林生态系统与濒危野生动植物类型综合性自然保护区4个,面积353013公顷,占全州总面积的18.46%。其中:国家级保护区2个(西双版纳国家级自然保护区和西双版纳纳板河流域国家级自然保护区),面积269110公顷,占全州面积14.1%;"布龙"州级保护区1个,面积35333公顷,占全州总面积1.8%;景洪市级保护区1个,面积48543公顷,占全州总面积2.5%。积极推动建立跨境联合保护区域,与老挝开展"西双版纳州与老挝边境生态保护长廊和国际生物廊道"建设。中老双方正式确定了共同建设5.47万公顷"中国西双版纳尚勇老挝南塔南木哈联合保护区域"(中方3.13万公顷,老方2.34万公顷)和5.5万公顷"中国西双版纳与老挝丰沙里边境联合保护区域"(中方2万公顷,老方3.5万公顷)。目前,"中国西双版纳磨憨老挝南塔省磨丁跨境经济合作区生态保护区域规划"前期工作基本完成,即将步入实质性合作阶段。州内还有2个内陆水域生态系统类型自然保护区,保护河段总长103.5千米。另有3个野生稻原位保护点和1个引种繁殖示范园,保护面积为5.8公顷。

建设生物多样性保护廊道恢复生态完整性 西双版纳生物多样性保护廊道建设示范一期及增资项目推进迅速并取得显著成绩,将勐腊—尚勇保护区和纳板河—曼稿保护区两条示范廊道1.79万公顷(面积26万多亩)纳入示范建设。完成勐腊—勐养生物廊道规划、布龙保护区综合科考及二期项目前期工作。

ADBGMS(亚行—大湄公河)西双版纳生物多样性保护廊道建设示范项目 建设纳板河—曼稿和勐腊—尚勇2条生物多样性保护廊道1.79万公顷,一期项目和一期增资项目顺利完成,二期项目即将启动。

森林资源和野生动物保护 1700万亩天然林资源得到了有效保护,完成天然林保护工程人工造林项目2万亩、封山育林项目2万亩。全民义务植树达170余万株;完成中低产林改造任务15.99万亩,全州森林覆盖率达78.3%。(其中天然林覆盖率为54.9%)。全州森林公安机关共受理各类破坏森林和野生动物案件1487起,查处1469起,查处各类违法犯罪嫌疑人1583名。收容救护野生动物34头(只),放生58头(只)。

矿山生态环境保护 加强矿山生态环境保护和治理工作,累计收取矿山环境地质恢复治理保证金1920万元。全年共征缴矿产资源有偿使用费1809万元、矿产资源补偿费2088万元。

气候 年内气象要素时空差异显著,暖冬突出,全州三县市的年平均气温正常略偏高,在19.4~22.4℃,较常年偏高0.4~0.9℃。全州各地年总日照时数在1745.4~2131.1小时之间,与上年相比有所偏少。全州各地年总降雨量偏少,在1003.8~1536.9毫米之间。

水土流失防治 完成水土流失治理40平方公里,收取水土保持设施补偿费136.1万元,开展水土保持专项检查建设项目125项,完成勐海县那达勐小流域治理工程。

自然灾害 全州共发生旱灾、地震、风雹、洪涝、病虫害、山体滑坡和泥石流等自然灾害52次。累计受灾人口达13.05万人次,因灾死亡1人(雷击)、受伤12人,紧急转移安置10248人次,饮水困难人口2033人次,死亡大牲畜409头,农作物累计受灾面积4347公顷,损坏房屋19199间,倒塌房屋25间,造成直接经济损失6.1亿元。

〔**生态创建与农村生态环境保护**〕 生态建设 继续保持“西双版纳国家级生态示范区”本色,巩固提升全州创建成果。2011 年,在全州保持已建成的 1 个国家级生态乡镇(勐罕)、29 个省级生态乡镇(占全州乡镇总数的 93.5%,创建比例位居全省州市首位)的基础上,加大国家级生态州、县(市、区)、乡(镇)、村“四级联创”工作力度,积极组织 5 个乡(镇)开展国家级生态乡镇申报工作,大渡岗乡和勐旺乡通过了国家级生态乡镇省级现场检查验收,已公示上报环保部待批。91 个村委会被命名为“州级生态村”。

农村环境保护 建立生态创建工作目标责任制,夯实生态创建基础。州、县(市)人民政府及磨憨管委会多次召开专题会议,层层签订生态创建目标责任书,三县市挂牌成立乡镇环境保护管理所,启动勐腊和勐海国家重点生态环境保护功能区县域生态环境质量监测与考核工作,积极开展农村环境综合整治示范项目。完成勐仑镇曼边村环境综合整治项目建设,关累镇关累村的农村环境综合整治试点工作取得明显成效。积极实施勐罕镇曼嘎俭(6 个自然村)和勐海镇曼尾(5 个自然村)两个全省首批农村连片环境综合整治示范项目。

全州共有 4 家茶叶企业的 6 个产品(认证面积 6200 亩、产品 266 吨)通过了有机食品认证,1 家企业的 4 个产品(认证面积 7300 亩、产品 600 吨)通过了绿色食品认证,2 家企业的 5 个产品(认证产品 3825 吨)通过了无公害农产品的产品认证。测土配方施肥完成 248 万亩,化肥施用量(折纯数)为 46569 吨,比 2010 年增加 3565 吨,上升 8.3%;全州农药使用量为 3078 吨,比 2010 年减少 918 吨,下降 23%;全州农用塑料薄膜使用量为 439 吨,比 2010 年增加 6 吨,上升 1.4%。化肥和农用塑料薄膜使用量的增加因种植面积扩大、复种指数提高有所增加,通过测土配方施肥等有效控制,农药使用量有所减少。通过实施农村能源建设,提高了农民环保节能意识。全州新建农村户用沼气池达 2009 口,节柴改灶完成 1100 户。完成中低产田地改造 1.03 万亩,新增有效灌溉面积 4 万亩,解决农村饮水安全 6 万人。

〔**环境管理**〕 生态建设 启动勐腊和勐海县国家重点生态环境功能区县域生态环境质量监测和考核工作;在全州环境保护工作会议和实施生态立州战略领导小组工作会议上,州政府与各县(市、区)、各州直有关责任单位签订了七彩云南·西双版纳保护行动年度工作目标考核责任书、主要污染物总量削减目标责任书和创建国家生态州、生态县(市、区)目标责任书;景洪市、勐腊县召开了生态县建设工作会议,县(市)政府与各乡镇签订了创建国家级生态乡镇目标责任书。三县市乡镇环境保护管理所挂牌成立。

主要污染物减排 全年完成 8 个省级污染减排重点项目,对 221 家省、州、县(市)各级重点排污企业的排污许可证进行了审核和年检;共有 175 家企业进行了排污申报,其中 149 家企业取得了排污申报登记注册证。首次在全州开展第三产业排污许可证的发放工作,共对 31 家星级宾馆酒店(州级 4 家、县级 27 家)发放了排污许可证。全州清洁生产审核企业 70 家,验收 54 家。“十一五”期间,关、停、并、转企业 32 家;共投入污染治理资金 7466 万元,削减化学需氧量 5569 吨(2007 年削减 2400 吨、2008 年削减 1106 吨、2009 年削减 833 吨、2010 年削减 1230 吨),化学需氧量排放总量控制在省政府下达的 19000 吨以内;二氧化硫排放总量控制在 1000 吨以内。

环保专项行动 制定并实施《西双版纳州 2011 年整治违法排污企业保障群众健康环保专项行动实施方案》,在各项专项检查工作中,对全州辖区 523 家相关企业和建设项目进行了检查,累计出动执法人员 4256 人次,现场执法 3841 余人次,出动车辆 395 辆次;检查污染治理设施 408 台(套),处置突发环境事件 4 起,立案 19 起,执行罚款 65 万元。实行绿色信贷,与金融部门建立了落实环保政策法规防范信贷风险联席会议制度,向州人民银行的企业信用信息基础数据库提供了 130 家建设项目环评审批企业和 50 家建设项目环保设施竣工验收企业的相关信息。

辐射安全管理 开展核技术应用单位和放射性物品运输工作辐射安全检查。全州申请办理辐射安全许可证的涉源单位共 77 家,已办理辐射安全许可证的放射源和射线装置共 142 枚/台/套。其中医疗机构 62 家,非医用机构 15 家。Ⅳ类放射源共 20 枚,Ⅴ类放射源共 7 枚;Ⅱ类射线装置共 5 台/套,Ⅲ类射线装置共 108 台/套,非密封性同位素工作场所丙级数量 2 台。开展了安保用 X 射线装置专项检查,全州安保用 X 射线装置 33 台,其中正常使用的 24 台,闲置 9 台,均属Ⅲ类射线装置,其中已办理辐射安全许可证的 17 台,未办理辐射安全许可证的 16 台。

排污收费 全年共征收排污费 401 万元,超额完成计划数 250 万元的 160.4%,按规定解缴中央国库 40.1 万元,解缴省级国库 80.2 万元,解缴州、县(市)级国库 280.7 万元。

环境宣教 景洪市创建绿色学校 6 所、绿色社区4个,勐腊县创建绿色社区4个。世界环境日,对我州"国家级生态乡镇"、"第五批云南省生态乡镇"和"西双版纳生态村"进行了表彰,多形式广泛开展共建生态文明·共享绿色未来等宣传活动,在全州城区主要街道悬挂宣传标语7幅,发放各类宣传资料1.52万份,环保袋8000个,宣传人数达1.5万余人次。拨款2000元支持西双版纳职业技术学院青树环保志愿团举办"心系环保·服务社会"环境保护主题晚会。制定了《西双版纳州开展环境法制宣传教育的第六个五年规划》。编发《西双版纳环保信息》和《西双版纳生态州创建工作信息》共36期(2996份),信息169条,其中环保部采用11条,省环保厅采用101条,州委州政府信息以及《西双版纳报》采用10条。以全州乡镇长培训为契机,对全州乡镇生态基础创建进行专题培训;组织全州环保系统干部开展业务和行政强制法集中培训;举办全州木材和茶叶加工企业(100家148人)环境管理与污染防治培训班。

环境影响评价制度 全年共对671个建设项目的环境影响评价进行了审批,完成了112个建设项目的竣工环保验收。

人大建议政协提案及信访 全年共答复人大代表建议6件,政协委员提案4件,党代表提议1件,全州共受理环境信访316件,办结率100%。

环境能力建设 全州所有乡镇都成立了环境保护所。州环保局按"三定"方案调整了科室,内设办公室、政策法规与监测科、污染防治科、环评与辐射管理科、自然生态保护科。下设西双版纳州环境监察支队、西双版纳州环境监测站。

环境污染事故 全年全州无特大污染事故、重大污染事故发生,及时处理一般污染事故5起。

环保目标责任制 "七彩云南·西双版纳保护行动"领导小组办公室、实施"生态立州"战略领导小组办公室和亚行西双版纳生物多样性保护廊道建设示范项目办公室均设在州环保局,通过努力,圆满地完成了州政府与省政府签订的《七彩云南保护行动2011年度工作责任书》和《2011年主要污染物减排责任书》的各项目标任务,被省政府表彰为"十一五"节能减排工作先进单位,在2011年12月第七次全国环境保护大会上,州环保局被授予"十一五"全国环境保护系统先进集体,是全省唯一连续两次被授予全国环保系统最高荣誉的单位。

城市环境建设 2010年景洪市城市环境综合整治和定量考核获全省县(市)组排名第二。西双版纳医疗废物集中处置工程完成了设备安装和调试,管理办法已出台,收费标准已提交州政府研究确定。澜沧江橄榄坝水质自动监测站搬迁项目完成建设。完成35辆提前报废的"黄标车"审核工作。完成2010年污染源普查动态更新调查工作。

〔**环境监测与科研**〕 2011年完成全州各项环境监测工作,全年共获环境质量监测有效监测数据24802个,其中水环境监测数据19684个,环境空气监测数据4662个,声环境监测数据456个。全年共获污染源有效监测数据6227个,其中,环境空气监测数据101个,废水监测数据5030个,废气监测数据929个,噪声监测数据133个,粉尘监测数据24个,烟尘监测数据10个。

独立和参与完成130个建设项目的环境影响评价报告表(书)。完成勐海县、勐腊县、磨憨经济开发区管委会的环境空气标准实用区域划分和城市区域环境噪声标准实用区域划分工作。

〔**机构简介**〕 2011年西双版纳州环境保护局通过局机关内设机构负责人竞争上岗,选拔产生科级领导7名(其中,新提拔2名正科级,1名副科级)。局机关内设四科一室(污染防治科、自然生态保护科、政策法规与监测科、环评与辐射管理科、办公室)。机关定编16人,局领导5人,科级领导5人。州环境监察支队(2009年9月参照公务员法管理)定编8人,支队领导2人;下属事业单位州环境监测站定编18人,站领导4人。2011年底,西双版纳州环境保护局在职职工40人、退休5人,其中局机关16人,州环境监察支队6人,州环境监测站18人;有局领导4人,副调研员1人,科级领导11人,专业技术人员22人,其中高级工程师6人、工程师14人、助理工程师2人。

(《环保》撰稿人:李蔚兰)

自然保护区管理

〔**概况**〕 2011年,西双版纳国家级自然保护区(以下简称:保护区)管理局认真履行与州人民政府签订的《森林资源保护目标责任书》各项责任内容,通过全体保护区职工团结拼搏、开拓创新、严格执法、依法行政、在"创先争优"、职工素质提高、生物多样性保护、社区共管与发展、科研对外合作项目、国家公园建设、布龙州级自然保护区建设等方面做了大量工作,为生物多样性宝库与西南绿色生态安全屏障建设、加快推进"森林云南"建设、实现"生态立州"和可持续发展中发挥了重要作用。全区生物多样性保护工作实现了连续20年无森林火灾；西双版纳布龙州级自然保护区建设进展顺利，布朗山中心管理站及附属工程全部竣工验收，动植物科考工作完成，勘界核权工作进展顺利；《雨林中的西双版纳》、《问象》和《双团棘胸蛙亲缘地理学研究》书籍出版；《双团棘胸蛙亲缘地理学研究》、《景洪电站建设期对库周陆生生态的影响监测》、《生物防火隔离带对西双版纳自然保护区管理的影响》、《计划烧除对野生动植物的影响》分获州科技进步一、二、三等奖。2011年保护区管理局先后被云南省林业厅评为"2011年度平安林区创建活动先进单位"，州委州人民政府评为"2006～2010年法制宣传教育先进集体"，州直机关工委评为"五五"普法先进集体；曼稿管理所被州人民政府表彰为"西双版纳州天然林资源保护一期工程建设先进单位"。

〔**生物多样性保护**〕 严防森林火灾。一是严格落实行政首长负责制，将森林防火工作摆在更加突出的位置，认真贯彻落实《云南省人民政府2011年森林防火命令》及有关文件精神，按照森林防火工作"三个力争"、"三个确保"的工作目标，成立森林防火领导小组，加强监督检查，提高组织保障能力，抓好责任落实，层层签订森林防火责任状446份。做到山有人管、林有人护、责有人担。二是加强野外火源管理，及时消除火灾隐患。坚持实施"准烧证"制度，严格执行"五烧"规定，公布火源管理制度，教育警示群众注意用火安全，把握防火主动权。三是抓好队伍建设和物资储备，提高救灾保障能力。坚持以"防"为主，着力推进"预防、扑救、保障"三大体系建设，加强专业队伍建设，抓好预警监测，充实物资储备，加强防火资金管理，提高应急处突能力，强化火源管控，抓好隐患排查，建立联防联控机制，有效防止和减少了森林火灾的发生。四是抓好试点，科学计划烧除。分别在勐养、勐腊、尚勇、曼稿4个子保护区实施了3578公顷的计划烧除工作，并率先在曼稿子保护区建成总长32公里的云南省首个自然保护区生物防火隔离带。五是整合多方力量，搭建防火平台。与县、市、乡镇党委政府合作，加强与森林防火挂钩单位的沟通联系，共建森林防火工作平台。选派业务骨干派驻勐伴镇任新农村指导员兼党委副书记，加强对森林防火和资源保护工作的沟通联系，支持勐伴镇4万元，用于购置镇民兵应急分队的防火装备、培训人员。六是建立防火组织，提高应急能力。建立健全各级森林防火组织，成立由保护区管理所、派出所、保护站及村委会、村民小组等组成的各级森林防火领导小组252个906人，建立各类扑火队伍259支3276人，组建2支60人的森林防火专业扑火队，提高保护区森林防火应急处置能力。全年仅发生2起地表火、燃烧物为林下草本和枯枝落叶的火情，森林资源受害率低于1‰、当日扑灭率100%，实现连续20年无重大森林火灾的好成绩。

巡护管理。有针对性地制定巡护计划，开展各种巡护工作，有效维护保护区界线，林区治安稳定，案件明显下降，蚕食林地行为得到控制。全年开展巡护1404余次，其中武装巡护42次、日常巡护702次、稽查巡护610次、监测巡护50次，出动巡护人员5929人次、车辆2425台次，徒步巡护里程达78466公里，投入巡护管理工作经费约106万元。

专项行动。积极配合各级执法机构开展"春季攻势"、"亮剑行动"、"全省集中打击冷冻野生动物制品走私专项联合行动"、"禁毒人民战争"和"整治非法民用枪支"等专项行动，震慑了犯罪分子，遏制了破坏森林和野生动物资源违法犯罪的势头。行动期间办理刑事案件4起、行政案件44起，治安案件69起（收缴非法民用枪支70支）、处理违法人员105人。

〔**跨境联合保护**〕 2月25日，在磨憨举行2011年首次"中老联合保护区域项目合作推进会"。

5月12日，在中国云南西双版纳州勐腊县勐满镇上中良村召开了"2011中老联合保护区域第三次村民交流会"。中老双方联合保护区域内7个村寨（老挝的曼坝、回烈、坝回、曼布告和南乐村，中国的上中良和河图村）的20位村民参加了交流会。交流活动旨在：加强中老联合保护区域内村民间的感情交流，相互学习，共同促进中老联合保护区域的发展，携手促进全球生物多样性保护。上午8点，中老联合保护区域第三次村民交流会筹备小组从勐腊出发，按计划分头准备。10点抵达勐满上中良后，中老项目办和尚勇管理所的工作人员又马不停蹄的赶往岔河边防检查站迎接老方村民。上中良村用特有的哈尼族迎宾方式在村口迎接老方客人。交流会于下午2点在中方勐腊县勐满镇上中良村支书二查家拉开了序幕。西双版纳国家级自然保护区中老项目办负责人罗爱东主持了会议，尚勇管理所所长王利繁致欢迎词，中老村民代表分别介绍了村寨情况及发展。20位村民通过抽签方式，结成了对子。村民间相互交流，共叙友谊、并就如何关爱自然、促进发展、携手保护展开了交流讨论。上中良村民还将结对的老方村民领进了家中深入交流。期间，与会村民还参观了上中良村石斛种植基地、尚勇子保护区和上中良水库。13 日上午,老方村民还考察了勐满小城镇建设。中方工作人员还将老方村民及相关人员送至岔河检查站,并为他们赠送了日常工作巡护所需的背壶。南木哈国家级自然保护区副主任对(Dui)先生代表老方向中方表示感谢,临别时还说:“这次交流让我们开拓了眼界,学到了石斛种植技术,也看到了中方自然资源保护和城镇建设所取得成效,我们回去也要做好保护和村寨的建设发展工作,同时也希望这样的交流活动今后还能继续开展下去。”中方西双版纳国家级自然保护区管理局副局长汤忠明、南木哈国家级自然保护区副主任诺角(Normkeo)共同见证了本次交流活动。

7 月 20 ~22 日,应老挝南木哈国家级自然保护区邀请,西双版纳国家级自然保护区项目工作人员一行 10 人,前往老挝南木哈国家级自然保护区,与老方组成 22 人的联合巡护监测小组,在老挝南木哈保护区内开展了中老第二次联合监测巡护。在中老双方的精心筹划和准备下,中老联合巡护监测小组于 21 日上午到达老挝南木哈国家级保护区南木哈保护站,在听取老方相关人员对南木哈保护区及保护站情况介绍后,中老联合巡护监测小组进入南木哈保护区。中老双方项目人员一道穿越河谷、翻山越岭,认真记录巡护线路中的动植物分布状况。在历时近 5 个小时的巡护监测过程中,中方人员对南木哈保护区的森林植被类型及资源保护现状有了更全面了解。途经南木哈保护区边缘阔松村时,巡护人员认真地询问了该村的基本情况、保护区建立对村民生产生活方式的影响,保护区社区工作的开展方式和成效;以及村寨周边野生动物的分布及保护现状。通过联合巡护,增强了双方项目工作人员对联合保护区域现状更深入的了解。特别对中方项目工作人员而言,首次深入老挝南木哈国家级自然保护区,实地踏查南木哈国家级自然保护区,学习了解老挝保护区开展资源监测巡护工作的方法,为中老双方下一步联合开展生物多样性和社区经济本底调查奠定了基础,促进了双方项目工作人员跨境保护意识的进一步加强。开展联合巡护,亚洲象种群数量、分布及栖息地现状调查。

10 月 27 日,与老挝丰沙里省农林厅在景洪召开的“中老边境联合保护第六次交流年会”上签订了中老边境联合保护区域框架协议,共建面积约 5.5 万公顷(中方 2 万公顷,老方 3.5 万公顷)的“中国西双版纳与老挝丰沙里边境联合保护区域”。联合保护区域协议的签订,标志着中老边境第二个生物多样性联合保护区域的建立,进一步拓展了双方的合作领域,对中老边境生物多样性绿色长廊建设和国家生态安全具有重要的意义。

〔平安林区创建设〕 认真贯彻省委、省政府和州委州政府关于建设“平安林区”的部署,积极开展以“资源增长、农民增收、生态良好、林区和谐”为目标的平安林区创建活动,明确指导思想、完善组织领导、制定工作方案、突出工作重点、建立考评机制,加强宣传教育,筑牢群众基础,提高预防森林火灾和扑灭能力,严厉打击涉林违法犯罪,扎实推进“平安林区”创建工作,有效地维护林区治安,促进生态保护。西双版纳国家级自然保护区被云南省林业厅评为“2011 年度平安林区创建活动先进单位”,勐腊、勐仑、尚勇和曼稿子保护区被西双版纳州林业局、州综治办评为“(县市级)平安林区创建先进单位”

〔素质培训〕 3 月 1 日,由云南省林业厅和云南省国家公园管理办公室主办,TNC 支持,西双版纳热带雨林国家公园管理局承办的为期 4 天的“云南省自然资源培训项目环境教育培训班”在景洪开班。全省 22 个国家级自然保护区 52 名宣传员参加了培训。期间,学员系统学习环境教育基本知识、环境解说技巧和标识系统设计原理等相关知识,实地到野象谷景区、植物园进行考察实习。

3 月 7 ~12 日,管理局为进一步加强西双版纳国家级自然保护区森林防火专业扑火队伍建设,提高自然保护区森林防火应急处置能力,确保自然保护区森林资源得到有效保护,分别在勐养、勐腊 2 个子保护区的关坪、勐伴站对新组建的 2 支 60 人森林防火专业扑火队开展为期 6 天的业务集训。学员系统学习森林火灾扑救、扑火机具使用、扑火安全常识等理论知识,同时进行体能训练。培训班还邀请了武警西双版纳森林大队官兵为教员,现场指导学员开展扑火演练,火场紧急避险等方面的训练。

3 月 29 日至 4 月 1 日,由云南省林业厅和云南省国家公园管理办公室主办、TNC 支持、西双版纳国家级自然保护区管理局/西双版纳热带雨林国家公园管理局承办的为期 4 天的“云南省国家公园和自然保护区志愿者管理培训班”在景洪市举办。美国国家公园管理局/环球公园协会专家 Gary Cummins、绿色昆明专家梅念蜀、大自然保护协会项目官员及全省各个国家级自然保护区代表共计 40 人参加了开班仪式。

5 月 12 日,由西双版纳州林业工程系列中级职称评委会主办,州人力资源和社会保障局协办的“全州林业系统专业技术职称申报培训班”在西双版纳国家级自然保护区管理局国际学术报告厅举办。全州一市二县林业局、保护区管理所、科研所、生态旅游管理所共计67位专业技术人员参加了培训。

5月30日至6月1日，由云南省林业厅组织、西双版纳国家级自然保护区生态旅游管理所承办的《云南省自然保护区管理计划编写和项目实施培训班》在西双版纳国家级自然保护区科研所国际报告厅举办。省林业厅保护处处长司志超、副处长钟明川和西双版纳国家级自然保护区管理局局长杨松海、副局长刘林云、世界自然基金会(WWF)云南办公室主任吴於松、美国大自然保护协会(TNC)项目监测与评估主任刘大昌和来自全省各个国家级自然保护区的领导共60余人参加了本次培训。

6月27～28日，由州林业局党组组织的全州林业系统综合业务技能培训班在州委党校举行。州林业局、州自然保护区管理局、州森林公安局、森林武警大队、各县市林业局、基层林业站及州直林业三个改制企业干部职工150人参加培训。保护区系统派18名干部参加了业务培训。

8月23～26日，管理局在布龙管理所布朗山中心管理站举办了“布龙州级自然保护区勘界核权技术培训班”。各管理所技术人员及布朗山乡与大勐龙镇林业站技术人员共30人参加了培训。

10月21日，首次全州林业系统宣传报道培训班在保护区科研所三楼国际报告厅举办。来自州林业局、州自然保护局、州森林公安局、各县市林业局、森警大队及生态旅游景区等28个单位部门负责宣传报道的相关人员共43人参加培训。

11月17日，由国家林业局主办、云南省林业厅协办、西双版纳国家级自然保护区管理局承办的我国国家级自然保护区第五期生物多样性保护与可持续发展培训班在西双版纳开班。来自我国内蒙古、黑龙江、山东、湖南、四川、西藏、陕西、甘肃、宁夏、新疆等10省区30个国家级自然保护区管理人员及业务主管部门负责人共70人参加为期一周的培训。培训班旨在保护好人类珍贵自然资源和遗产，提高国家级自然保护区管理人员的自然保护新理念、新技术，实现增强个人业务能力、满足工作需要、促进国家级自然保护区管理水平提高的目标。17日上午，开班仪式由国家林业局保护司自然保护处郭红艳处长主持。西双版纳国家级自然保护区管理局局长杨松海致欢迎辞，西双版纳州人民政府副秘书长岩罕恩受常务副州长罗红江委托代表州人民政府向培训班开班表示热烈祝贺，云南省林业厅副厅长郭辉军到培训班祝贺并讲话，国家林业局保护司副司长孟沙就我国自然保护区建设、发展的形势、取得的成就和经验、面临的机遇和挑战进行了全面、系统的介绍和总结，并就今后的努力方向提出了具体的工作和任务。西双版纳州人大环资委主任杨文明、州政协环资委主任何云及州林业、自然保护、森林公安、森林武警等领导到会祝贺并参加了开班仪式。期间，云南省林科院李玉媛教授、云南大学杨桂华教授、中科院西双版纳植物园研究员王西敏将为学员们系统传授“中国自然保护区建设与管理生物多样性保护及监测”、“生态旅游理念与国内外案例点评”、“生态教育解说系统”等知识，西双版纳国家级自然保护区科研所所长、正高级工程师、博士陈明勇和生态旅游管理所所长沈庆仲为培训班作西双版纳国家级保护区“生物多样性监测与亚洲象保护”和“生态旅游管理”经验交流。全体学员深入西双版纳国家级自然保护区勐养、勐腊子保护区和中科院勐仑植物园进行实地考察。全年共参加学习培训人员达400余人次。

〔**生态文明教育**〕 坚持围绕资源保护这一中心加强和改进宣教工作，立足推进生态州建设，牢牢把握正确的舆论导向，积极开展形式多样的宣传活动。一是组织开展五进(进社区、进乡村、进学校、进景区、进机关)宣传、“森林资源保护宣传月”、“保护热带雨林，呵护绿色家园宣传月”、“平安林区创建”、“12·4法制宣传日”等宣传活动。二是参与全州千名干部走基层大走访活动，并为宣传活动顺利开展做好宣传单设计制作服务。三是利用上级部门检查、调研、林业杯运动会等有利时机，广泛开展宣传活动。四是与州教育局和国际爱护动物基金会(IFAW)合作举办“国际爱护动物行动周(AAW)教师培训班”，培训全州中小学校教师30名。五是加强与新华社、央视科教节目等11家新闻媒体合作，接待来访记者23人，拍摄完成了《寻找野象家族》等专题片拍摄宣传工作；与州电台合作开办了《绿海潮》、《跨跃时空》栏目，共播出节目100期。六是积极应对媒体。主动处理“7·03”索道、“8·16”野象肇事、“8·19”、“10·30”“11·05”野象伤人等突发事件。七是以保护区网站、信息公开网、保护区信息、自然和亚洲象博物馆为平台，充分发挥全国、全省科普教育基地和云南省生物多样性保护基地作用。八是选送12幅职工摄影作品参加全州庆祝中国共产党成立90周年美术、书法、摄影作品大赛，其中2幅作品获摄影类优秀奖。九是统印“林区平安创建”宣传单、年历、宣传标语等资料1.4万份、《走进神秘的热带雨林》宣传册2万份、鸟类保护宣传画3万份、动植物保护宣传书签8万张、2012宣传年历、挂历3300份，为各项宣传活动顺利开展提供了保证。

全年共投入宣传经费60余万元。编辑《自然保护区信息》27期，对外发送信息1755份；各种宣传活动出动宣传车460台次，召开群众大会、播放音像制品等宣传会议403场次，粘贴、发放森林防火户主通知书、森林防火宣传标语布告、挂历、宣传单（画）、宣传册等宣传材料56538份，法律咨询100余次，受教育人数116056人次，宣传面达95%。

截止2011年11月，在《中国绿色时报》、《云南日报》、《西双版纳报》等国家、省、州相关媒体、报刊、网站上发表和刊登有关保护区文章376余篇（次），其中：国家级100篇（次）、省部级235篇（次）、州级41篇（次），作品《野生动物肇事，保险公司理赔》获西双版纳报2010年度好新闻一等奖，《水鹿误闯村寨，村民尽力保护》和《两头觅食野象，不幸触电身亡》分获2010年度西双版纳报好新闻三等奖。三名职工分别被省林业厅表彰为全省林业宣传工作先进个人、被省林业厅和州政府办评为2010年度优秀通讯员和信息员、被州直机关工委评为了"五五"普法先进个人。管理局被州委州人民政府评为"十一五"法制宣传先进集体、被州直机关工委评为"五五"普法先进集体。

〔社区共管〕 开展社区扶持，对辖区村寨道路、饮用水、沟渠等基础设施建设给予扶持，修建村民活动室，帮助提高农产品产值等。全区累计扶持村寨30余个，投入资金近50万元，水泥14吨，抽水机1台，砖2000块，石棉瓦120片。挂钩贫困村，扶持茨菜塘村养殖的小冬瓜猪第一批、第二批已全部出栏，平均每户增收500元；争取经费12万元，与中国科学院昆明热带植物分院合作扶持勐仑所曼俄村种植染布植物、棉花5.2亩，开展染布植物的保护与传承项目研究。

〔野生动物公众责任保险〕 完成2010年西双版纳亚洲象公众责任保险的兑现收尾工作，共受理群众报案3785起，定损3785起，赔款合计4391533.63元，兑现其他野生动物肇事补偿金439919.7元（其中：勐养所276135.7元，尚勇所107454元，勐腊所56330元）；完成2011年辖区内第1～3季度野生动物公众责任保险赔偿1540384.75元。

〔三期建设〕 勐满管理站624平方米的危旧房提升改造工程通过验收交付使用；投资148.3万元的江边管理站、党片管理点、关坪野生动物观测点工程完成施工建设任务；关坪瞭望塔主体工程完工，已进入室内装饰阶段，预计年底可以竣工验收；安装大型宣传牌5块、警示牌70块；130多万元的巡护、宣教等设备采购已完成，并配发到相关科室和基层所站；勐仑管理所基础设施建设总体规划评审和施工建设场地平整工作已完成，正办理施工审批手续；投资计划340.98万元的勐仑办公楼业务用房、南坪管理站、龙门管理站、曼稿管理点基础设施建设及勐腊、勐养子保护区55公里巡护道路的招投标和建设施工报建工作已完成。

〔布龙州级自然保护区建设〕 按照《布龙保护区规划》，精心筹备，认真施工，投资144.57万元的布龙保护区管理所布朗山中心管理站及附属工程已全部竣工验收并交付使用；勐宋管理站筹建工作正在进行中；布龙州级保护区动植物科考工作已完成，勘界核权工作进展顺利。

〔科研合作〕 中科院昆明植物所与西双版纳国家级自然保护区管理局合作开展的《染料植物保护与传承项目》于2010年6月启动，项目为期3年，该项目由勐仑管理所承担实施。4月19～20日，勐仑管理所正式与勐仑镇曼勒村小组、勐罕镇曼法龙村小组5户示范户签订《染料植物保护与传承合作协议》，确保傣族的纺布、染布工艺得到传承与发扬，文化多样性保护与生物多样性保护能够相互依存、协同发展。该项目种植用地占用示范户土地面积4.8亩，勐仑管理所按照协议规定以每年每户1200元/亩标准进行补偿，共兑现补偿款5760元。示范户按照传统种植方式种植野青树（*Indigofera suffruticosa* Mill.）、马蓝（*Baphicacanthus cusia*（Ness）Bremek.）、热带山地棉等三种染料及原生布料植物，并向农户提供栽培与管理技术，开展示范村寨基本情况调查、明确示范户、种植用地确定、种子来源、野外染料植物调查等一系列工作。

4月7日，在中科院西双版纳热带植物园，西双版纳国家级自然保护区管理局和中科院西双版纳热带植物园领导与越南科学院热带生物学研究所副所长Vu Ngoc Long为团长的代表团，就热带林保护方面商谈合作事宜。中越双方在友好的气氛中对开展合作的框架进行了认真的讨论，拟定了5年期的合作《谅解备忘录》，合作内容包括：中越双方科研、管理人员互访交流；人才互换培养；生态旅游能力建设；科研项目合作；跨境区域生物多样性联合调查；研究材料及信息交换；相互需要的其他合作。中科院西双版纳热带植物园陈进主任和保护区管理局局长杨松海与越南科学院热带生物学研究所副所长Vu Ngoc Long和越南农业和农村发展部 Cat Tien 国家公园副主任 Pran Van Thanh 共同签订了合作《谅解备忘录》，这标志着中越生物多样性保护正式落户我州。保护区管理局刘林云副局长、生态旅游管理所沈庆仲所长和科研所陈明勇所长参加了商谈和签字仪式。8日，越方代表团一行实地考察了西双版纳国家级自然保护区。

10月24日，西双版纳国家级自然保护区管理局与中科院西双版纳热带植物园第六次科技合作交流年会在植物园召开。管理局领导、科研所、生态所、各管理所所长，植物园领导、专家及相关部门负责人近40人参加了会议。植物园主任陈进和管理局局长杨松海出席并讲话。上午，双方进入勐仑子保护区石灰山片区进行了野外考察，对石灰山热带雨林恢复样地、兰花回归样地进行实地踏查，详细了解项目进展情况。下午进行交流座谈。双方就部分项目工作进行了总结汇报，中科院西双版纳植物园高江云研究员、Rhett Harrison 副研究员、林华博士、西双版纳国家级自然保护区科研所郭贤明高级工程师分别介绍了西双版纳石灰山热带雨林恢复、兰花回归、布龙州级自然保护区科学考察、兰科植物多样性调查和濒危状态评估、勐腊－勐养生物廊道建设等项目进展情况并作了讨论。对6年来科技合作所取得的成果给予了充分肯定，分析了双方在合作过程中所存在的问题，对下一年度合作从3个方面重点推进，即开展建立新的州级保护区的申报工作、兰花回归和自然圣境现状调查及廊道规划。并希望在科技合作交流机制下促进双方交流合作，有效推进，步步深入，结出丰硕的果实。

另，管理局完成了丽江老君山国家公园生物多样性监测体系建设项目和布龙州级自然保护区动物调查报告的编写；开展思小高速公路亚洲象监测、国际爱护动物基金会（IFAW）亚洲象保护，国家林业重点工程社会经济效益监测及三期建设工程—动物样线、植物固定监测样地建设等项目；亚行增资通过省环保厅外经处组织的评审，《走进野象谷》和《野象谷绿色导游手册》等科普读物编写完成；景洪电站项目工作结题，完成《计划烧除对野生动植物影响报告》、云南蓝果树保护与回归、关坪综合示范保护站兰花保育等项目；组织申报的“西双版纳热带雨林与水资源保护”、“西双版纳自然圣境现状调查”和出版《西双版纳布龙州级自然保护区综合科学考察专著》等3个项目已通过有关专家的评审；严格实行野生动物疫源疫病监测，鉴定送检动、植物样品54批次，为公安部门依法打击破坏国家重点保护野生动植物资源行为提供技术支持。

〔科研成果〕 6月20日，由州人民政府组织，云南省林业调查规划院负责的西双版纳州森林生态系统服务功能价值评估项目（以下简称《价值评估》）评审会在景洪财鑫酒店二楼会议室召开。州人大、州政协、州发改委、州财政局、州环保局、州农业局、州水利局、州国土资源局、州政府研究室、州林业局等单位领导及中科院昆明植物所、中科院西双版纳热带植物园、云南省林科院、云南林业职业技术学院、西双版纳国家级自然保护区管理局、州环保局等单位专家共39人参加了会议。评审组7位专家，在仔细审阅了送审材料，听取项目组（云南省林业调查规划院）总工程师温庆忠汇报后，经过认真讨论后，评审组一致同意《价值评估》通过评审。

7月20日，由州科技局组织的西双版纳国家级自然保护区管理局2011年度科技成果鉴定会在保护区科研所召开。中科院西双版纳植物园、州林业局、州环境保护局、纳版纳流域国家级自然保护区管理局、西双版纳国家级自然保护区管理局及保护区科研所等单位23名领导、专家及项目负责人参加了鉴定会。来自中科院西双版纳植物园、州林业局、州环境保护局、纳版纳流域国家级自然保护区管理局的7位专家，通过听取项目完成人员的情况汇报、查看有关资料、现场质询和讨论后，《双团棘胸蛙及近缘地理学研究》、《景洪电站建设期对库周陆生生态影响监测》、《生物防火隔离带对西双版纳自然保护区管理的影响》、《计划烧除对野生动植物的影响项目》成果，通过州级鉴定。

9月26日，由省科技厅和州科技局组织有关专家对西双版纳国家级自然保护区科研所与中科院西双版纳热带植物园共同承担的云南省科技厅省院省校科技合作计划“西双版纳国家级自然保护区生物走廊带规划与退化生态系统修复示范研究”项目顺利通过验收。该项目填补了我国自然保护区在生物走廊带规划与建设研究的空白。

2011年11月24日西双版纳州科技奖励委员会召开全体委员会议，对申报请奖项目进行评审。2012年4月23日州科技局发布2011年度西双版纳州科技进步奖奖励项目公告：评出2011年度西双版纳州科技进步奖奖励项目33项（一等奖5项，二等奖11项，三等奖17项），其中保护区管理局陈明勇等完成的《双团棘胸蛙亲缘地理学研究》获州科技进步一等奖；杨正斌等完成的〈景洪电站建设期对库周陆生生态的影响监测〉获州科技进步二等奖；杨鸿培等完成的〈生物防火隔离带对西双版纳自然保护区管理的影响〉和郭贤明等完成的〈计划烧除对野生动植物的影响〉获州科技进步三等奖。

〔**新发现**〕 6月1日，经西双版纳自然保护区研究所科研人员确定：野生绿孔雀野外消失近20年后，重现勐海森林。5月31日下午4点30分，春城晚报记者戴振华打电话到保护区管理局宣传中心称："他随勐海县森林公安局民警，来到了距离县城2.5公里的桥头新村。在村民何万江家见到了一只约4公斤重、头部和颈部毛色翠绿的大孔雀，认为酷似绿孔雀。由于勐海当地没有权威的鉴定专家，请你们协助请专家鉴定，并发来图片"当日，经保护区科研所所长陈明勇初步确认，它就是国家一级动物保护动物绿孔雀。6月1日一早，从事野生绿孔雀项目研究负责人罗爱东带领科研人员赶赴勐海，实地查看实物、野性测试，走访发现孔雀的村民何万江和发现孔雀的森林等，逐一进行了严谨的考证调查，经分析鉴定，确认这是已从科研人员视线中消失了20余年的国家一级保护动物——野生绿孔雀。消失20年后的西双版纳野生绿孔雀重现，对保护区从事野生绿孔雀项目研究有着里程碑式的重大意义。

〔**国家公园建设**〕 《西双版纳热带雨林国家公园绿石林景区改造提升详细规划》通过州人民政府批准，曼旦景区曼那电站回购工作完成，勐远景区详规调整及二期工程建设进度加快，野象谷景区二期建设项目通过审批，野象谷栈道环评验收达标，望天树景区晋升"国家AAAA级景区"，"热带雨林保护基地科普展览馆"开馆，完成望天树监测样地调查，与西南林业大学国家公园研究所签订《西双版纳热带雨林国家公园资源补充调查协议书》等。加强对生态旅游活动的统一管理，实行动态监管，重大节假日挂钩景区值班，检查、督促、落实安全措施，加强节日安全管理，消除安全隐患；指导帮助景区制作解说牌、布展游客中心；妥善处理野象谷索道"7·3"意外伤亡事故；严肃查处野象谷虐待动物事件等。据统计，2011年，各景区共接待游客214.37万人次，经营收入13607.31万元。

〔**交流学习**〕 3月4日，以曾宪文为组长的江西省井冈山国家级保护区工作人员一行4人，在中科院教授汪松的陪同下到西双版纳国家级自然保护区考察学习。

9月27日，保护国际基金会(美国)北京代表处组织四川省荥经县大相岭自然保护区的工作人员到西双版纳国家级自然保护区开展为期3天的考察交流活动。副局长汤忠明带领保护科、科研所负责人与保护国际基金会的1名协调员和四川省荥经县大相岭自然保护区的9名工作人员在局会议室交流座谈。

8月19日，文山国家级保护区管理局老君山分局考察团20人抵达西双版纳国家级自然保护区，期间对保护区进行了为期3天的交流学习。分别深入西双版纳国家级自然保护区勐养子保护区、勐腊子保护区考察了野象谷和望天树生态旅游建设情况，同时还参观了尚勇管理所和磨憨国家级口岸建设。并与管理局领导干部座谈。

〔**领导调研**〕 3月15日，以省科技厅人事处处长黄庆为组长的调研组一行4人在州科技局领导陪同下，到西双版纳国家级自然保护区进行人才调研。西双版纳国家级自然保护区管理局副局长刘林云和科研所9名高级工程师参加调研座谈会。

3月23日，云南省林业厅副厅长王德强一行3人，在州林业局副局长苟斌、曼稿管理所所长杨鸿培等陪同下，实地深入西双版纳国家级自然保护区曼稿子保护区检查指导森林防火工作。

6月13日，以云南省林业厅陈玉侯为组长，由民革、民建、民盟、民进、农工党等8个民主党及省政协、省林业厅、省发改委、省科技厅、省国土资源厅、省卫生厅等部门组成的26人调研组到西双版纳。期间，对我州生态保护与建设进行了为期3天的调研。调研组实地考察了中科院西双版纳热带植物园和西双版纳国家级自然保护区勐腊子保护区、勐养子保护区，对生态保护、生态旅游业发展和关坪食物源基地建设、野生亚洲象救护及思小高速百花山两侧生态景观修复等进行了调研。

6月22日，全州森林防火检查组一行6人，在组长州林业局副局长张有才的率领下，到西双版纳国家级自然保护区尚勇子保护区检查2011年森林防火工作。

11月17日，国家林业局保护司副司长孟沙在西双版纳国家级自然保护区管理局局长杨松海的陪同下，对勐养子保护区关坪管理站、关坪食物源基地、亚洲象繁育基地、亚洲象博物馆等地进行视察。

11月29日，以PES动植物保护国际柬埔寨办公室高级项目经理陈洁为团长，由柬埔寨环境部自然、生物多样性和保护司常务司长Ken Serirotha、国家林业局生境与自然旅游办公室主任Chheang Dany、工矿能源部地质司司长Chheang Dany等9人代表团一行应中国发改委和亚洲开发银行邀请，在结束江西九江的生态补偿国际会议后，抵达西双版纳州进行为期3天的生态旅游可持续发展和自然保护区建设管理交流考察。

11月30日，柬埔寨考察团一行实地考察了野象谷景区和西双版纳州自然博物馆，并与西双版纳国家级自然保护区管理局进行了交流座谈。西双版纳国家级自然保护区科研所所长、高级工程师、博士陈明勇代表西双版纳国家级自然保护区为柬埔寨考察团作了自然保护区管理、野象保护和可持续发展经验交流。双方人员还就生态旅游建设与管理进行了深入的探讨。

（《自然保护区管理》撰稿人：张国英）

纳板河保护区

〔**概况**〕 2011年，管理局在建设与发展中坚持以落实科学发展观为宗旨，深入贯彻落实党的十七届五中、六中全会精神，深入开展创先争优活动，积极发挥各项职能作用，打牢自然保护工作的坚实基础，对资源实施了有效的保护，在资源林政管理、森林防火、科研监测和社区发展等各项工作中，夯基础，强素质、壮业务，扎实推进了保护区各项事业的健康发展。

〔**思想教育**〕 1. 深入创先争优活动。

中共西双版纳州委做出开展创先争优活动的部署后，管理局高度重视，积极响应，坚持“与上级党组织同步、紧密结合工作职责、体现保护区特色”的工作原则，确立“五个一”（召开一次专题研究会、成立一个领导小组、制定一个活动方案、召开一次动员大会、进行一次调查研究）工作思路。活动开展以来召开动员会6次，组织集中学习8次，参加学习党员164人（次），编发简报19期，开展每月的党员评星、每季度的科室评先活动，创先争优活动取得显著效果。

2. 发扬民主，不断提高解决实际问题的能力。

坚持开好每月两次的局务会，听取上两周完成工作情况的汇报，布置安排下一阶段工作任务，沟通工作上遇到的实际情况，研究工作上存在问题的解决办法。坚持在人、财、物上集体研究决定，充分发扬民主，会上大家能够充分发表各自的意见和建议，对意见不统一的、条件不成熟的问题和事不做决定。班子成员在生活上相互关心，工作上相互支持、积极配合、互相搭台，班子研究决定的事对外始终保持一个声音。

3. 加强教育，培养适应工作需要的职工队伍。

加大了对干部、职工队伍的培训工作，采取“送出去，请进来”的方式，加大对全体职工的业务理论培训力度，先后派出4人参加全国自然保护区管理培训，2人次参加世界自然基金会组织的相关管理培训，1人到国外参加学习培训。通过多种培训，加强了干部队伍的管理能力和工作能力，使全局的整体管理水平得到了提高。

4. 团结干事，为资源保护工作创造良好的内外部环境。

团结是事业成功的生命线。地处他乡，远离省厅机关，团结问题处理好坏将直接影响到保护区的建设和发展。管理局始终本着与人为善的态度，竭力搞好保护区管理局内部，以及保护区与其他部门、单位之间的团结，竭力维护领导班子的团结协作。为了保护区的保护事业，尽力团结一切可以团结的力量，形成干事创业的良好工作环境。

5. 反腐倡廉，坚守廉政建设的底线。

把党风廉政建设工作纳入局年度目标管理之中，与业务工作一起部署，一起落实，一起检查，一起考核，支部多次召开专题会议，对党风廉政建设和反腐败工作进行研究，客观分析我局反腐工作形势，建立健全党风廉政建设责任制，做到谁主管、谁负责，一级抓一级，层层抓落实，有效杜绝了腐败现象的发生。

6. 开展有益活动，激发职工集体荣誉感。

2011年10月18～21日，西双版纳州第七届环保系统职工运动会由我局承办，11月7～12日参与西双版纳州林业系统第六届职工运动会，通过精心组织，热情参与，展示了良好的保护区干部职工精神面貌，提高了广大干部职工的凝聚力和集体荣誉感。

〔**森林防火**〕 1. 及时召开了森林防火工作会议。

面对今年严峻的森林防火形势，为了切实加强森林防火工作，保护好森林资源，纳板河流域国家级自然保护区管理局于1月6、7两日召开了包括管理局工作人员、8个村委会领导、三个乡镇林业工作站和全体护林员共86人次的“纳板河保护区2011年森林防火工作会议”，对森林防火工作再动员、再部署、再落实。

2. 及时签订责任状。

为了加大宣传面和加强宣传效果，从1月份起，管理局就分别派出工作组，在保护区内5个村委会和33个村民小组召开森林防火工作会议，一共召开森林防火会议38场次，宣传教育群众6000余人次，帮助2个村委会建立完善防火责任制、16个村民小组建立防火责任制、6个村民小组修改完善了森林防火值班制度。并制作了“森林防火值班”袖套80只，发放到每一个村寨，作为防火值班员专门佩戴。

3. 组织开展了区内5所学校的森林防火和环境意识教育"五个一工程"。

管理局组织专门工作小组,在保护区内的5所完小开展了"森林防火和环境意识教育五个一工程",组织学生上一堂森林防火知识课、写一封森林防火公开信、一条森林防火标语、一篇森林防火作文、出一期森林防火黑板报,并为每所学校放映一场环境意识教育和森林防火知识宣传电影,一共有5所学校的35个老师、165名学生参加了这次活动,为学生授课20个课时,为学校发放《森林防火知识》小册子55份,收集了学生图画和作文作品165篇,从每所学校中评选出了10个学生的优秀作品进行特别奖励,并选登在《纳板河》通讯上发表。

4. 参与全州"保护热带雨林,呵护绿色家园"行动。

为了有效的保护热带雨林,做好森林防火工作,同时严厉打击破坏森林资源的违法行为,2011年2月10日~3月10日,管理局参与了西双版纳州在全州范围内开展了名为"保护热带雨林,呵护绿色家园"的声势浩大的宣传行动,效果显著。

5. 举办了保护区应急扑火队培训班和实战演练。

2011年2月24~25日,管理局在举办了"纳板河流域国家级自然保护区应急扑火队培训班",保护区应急扑火队47名队员和资源保护部9名工作人员参加了培训。通过培训,进一步加强了扑火队员的森林防火理论知识。2月26日,管理局在过门山站实验区内开展了应急扑火队实战演练。通过演练,扑火队员学习了风力灭火机、汽油点火器、灭火水衣等机具的使用,提高了扑火队员的实际操作能力。

6. 开展了林下计划烧除工作。

为及时的清除林下可燃物,降低火险等级,经与州县市森林防火指挥部协调,管理局研究决定,2011年在保护区实验区内对7片、总面积2586.46亩林区开展了林下计划烧除工作,烧除时间为2月26日至28日。经过3天的烧除,预烧面积全部烧除完毕。为做好计划烧除工作,管理局一共出动工作人员21人次,护林员63人次,调动应急扑火队146人次,组织村民民工361人次;出动车辆12车次,调动村民车辆4车次、拖拉机4车次,摩托车160车次。

7. 强化值班管理,确保信息通畅。

从2011年1月1日起,管理局机关、曼点管理站、水上管理站、过门山管理站和防火瞭望塔5个点同时开始实行了森林防火24小时值班制度,每天4个基层值班点向管理局机关报防火情况,确保了森林火情每日有人监管,各种信息畅通无阻。

通过努力,克服困难,全年森林防火取得了连续16年无森林火灾的好成绩,有效地保护了区内的野生动植物资源。

〔**资源林政管理**〕 1. 积极开展各种巡护活动。

全年开展稽查巡护2次,各个管理站开展辖区稽查巡护共16次,组织护林员开展辖区巡护300多次,至2011年11月,一共移交派出所各类案件11起,有力的打击和预防了各种破坏保护区动植物资源案件的发生。

2. 做好保护区内野生动物肇事管理。

保护区工作人员以高度的责任感来开展此项工作,做到了每一块地都到实地进行勘测,确保每一个受灾户都能得到补偿。2010年野生动物肇事一共造成保护区内124户农户受到损害,损失作物玉米36675公斤、橡胶1078株、稻谷6亩1200公斤,蛇咬1人补偿1266元。共计补偿金额44858.29元。这些补偿费全部都全额及时的补偿到了农户手中。

3. 开展了"清除林下违法种植"行动。

在经济利益的驱动下,区内村民侵蚀侵占林地种植橡胶和其他经济作物的现象不断发生。为了遏制这种现象的发生,有效的保护好区内的国有林资源,管理局从2011年6月开始,用半年的时间开展了"清除林下违法种植"行动,一共清除9个村寨、39户村民的5790株橡胶、5亩玉米。

4. 做好林下可再生资源管理。

竹笋的采伐管理是资源保护工作的一个重点,也是一个难点,管理局一直在探索有效管理的模式。管死了群众得不到实惠,管松了保护区内的资源又会受到损失,因此,怎样才是适度的管理,一直是保护部需要摸索的问题。今年的竹笋采伐管理,规定了采伐时限、采伐地点,同时,管理站工作人员加强了巡护和堵卡的力度,使今年的竹笋管理取得了比较好的效果。

〔**科研合作**〕 1. 常规监测工作。

完成保护区2011年度野生动物监测、社会经济监测工作、商饮点和医疗点监测、水资源监测(纳板河、糯有河、南回蚌河、曼点河、南征河、喃木嘎河六个断面流速、流量的每月常规监测)、气象监测(温度、湿度两项气象因子的每月常规监测)、植物固定样地监测(16块)。

2. 国家级专项资金项目

(1)水文监测点:在纳板河中游建立保护区第一个水文监测点,监测指标有流速、流量、PH值、温度、溶解氧、悬浮物、污泥浓度。

(2)生态定位监测系统:在曼点宣教中心、过门山管理站分别建立1套自动气象站,监测指标有温度、湿度、气压、雨量、风向、风速;在过门山建立监测土壤温湿度、植物叶绿素含量和叶面温湿度的台站。

(3)野生动物监控设施:购置20台红外数码照相机安放在保护区核心区、缓冲区,对野生动物开始实施红外成像系统监测,同时监测人为偷猎、盗伐等违法行为。

(4)综合科学考察:联合云南大学科技咨询发展中心开始实施保护区综合科学考察。

(5)地理信息系统:完成保护区地理信息系统的改进及更新,并添置了支持该系统建设需要的正版软件和高分辨率的卫星影像图。

3. 对外合作

(1)植物物种资源调查项目:完成由环保部南京环科所资助的保护区植物物种资源调查项目,编制出《植物物种资源调查报告》及保护区最新《维管束植物名录》。

(2)昆虫补充调查:联合华南农业大学昆虫系进行保护区昆虫补充调查。

〔社区共管〕 2011年,分别与勐宋乡、勐往乡、嘎洒镇召开了社区共管联系会议,就社区发展与资源保护进行了沟通,与州林业局、州林业公安局、勐海县林业局、景洪市林业局等有关部位进行了工作交流,对保护区的森林防火、资源林政管理及科研监测具有积极的促进作用。

并且多方争取项目,切实为社区发展做实事:

(1)组织完成了由汇丰银行资助,世界自然(香港)基金会技术支持的"纳板河保护区小学校生态环境意识教育"项目。该项目对区内五所小学近400名学生进行了外来入侵植物识别、观鸟、垃圾处理、植物标本制作等培训,增强了小学生的生态保护意识,为今后开展类似的活动摸索了一条路子。

(2)完成了由世界自然基金会资助、云南社科院技术支持的"保护区妇女能力建设"项目的结题,并进行跟踪检查管理。该项目自2009年启动以来,开展了家畜养殖、家庭理财、茶叶管理、石斛种植等培训与示范活动,在取得了一定成效的基础上,2011年主要对该项目进行跟踪检查,并对后续的一些存在问题进行指导解决,使项目的成果得以延续。

(3)与香港米埔自然保护区联合举办了"保护区教师工作坊"活动。在完成好世界自然(香港)基金会的"纳板河保护区小学校生态环境意识教育"项目的基础上,社区部及时与香港米埔自然保护区取得联系,并争取到活动资金,在保护区内举办了"教师工作坊",通过活动的开展,一是增强了教师开展环境意识教育所需的能力,如沟通能力,团队合作能力,时间管理能力等;二是来自不同学校的教师在教学方法和手段上得到了借鉴与分享,学习是以团队为单位开展的,有讨论、比较和借鉴的机会,开阔了教师的眼界。

(4)完成了亚行廊道项目以下几项工作。社会经济数据收集或更新;重点村寨的需求评估及发展规划;村级技能培训;重点村滚动资金的运行及管理;廊道延伸区范围划定;廊道延伸区恢复方案的制定。

〔基础建设〕 一是完成了曼点宣传教育中心附属设施建设。主要有道路改造、停车场建设、自来水安装、输思线路架设等工程。二是完成了江边水上管理站的基础建设工作。漂浮码头、管理站码头防浪堤、码头道路及防护挡墙建设。三是完成了过门山管理站改扩建工程。增加了120平方米四间住宿办公用房。四是对曼点管理站进行改扩建。曼点管理站的改扩建工程九月开始动工,工程年内可以交付使用。五是完成了大型宣传牌的制作。年内制作了曼点、江边管理站、纳板河公路桥、曼费路口、橘子地五块大型宣传牌,极大地宣传了纳板河保护区。六是完成蚌岗站建设,解决了蚌岗片区的巡护管理条件。

(《纳板河保护区》撰稿人:何彩周)

商贸旅游

责任编辑:管　霏

供销合作

〔**概述**〕　2011年是实施《全州乡村流通工程建设“十二五”规划》、供销社“二次创业”的重要之年。西双版纳州供销社按照有关文件的总体要求,统一部署、统一安排,狠抓落实,稳步推进“两个服务体系”建设。全州供销合作社系统共有核算企业49户,其中社属企业16户、基层供销社33户;年末职工1123人,其中在职职工273人、离退休职工774人。

〔**两个体系建设**〕　农村现代流通经营服务体系。年内,全州供销社着力建设配送中心,形成了“配送中心+超市+综合服务社”的农资、日用工业品网络服务体系。新建、改扩建3个物流配送中心,其中:景洪市供销社投资50万元,建成500平方米的顺清日用品配送中心;勐海县供销社投资197万元,建成2000平方米的顺清日用品区域配送中心;勐腊县供销社投资450万元,建成2000平方米民兴乡村日用消费品区域配送中心。改扩建6个乡镇网络终端超市,其中:景洪市供销社完成勐龙镇六分场顺清超市、嘎洒民兴超市改扩建;勐海县供销社完成勐遮镇23公里综合超市、勐阿镇供销超市建设;勐腊县供销社完成勐满镇日用百货超市、勐捧供销社日用百货超市建设。农村合作经济组织指导服务体系。全年已组建15个农村合作经济组织指导服务站,其中景洪市10个、勐海县3个、勐腊县2个。农村合作经济组织指导服务站对做好农村合作经济组织的发展和管理工作,制定乡镇农村合作经济组织扶持措施和发展规划,解决农村合作经济组织发展中的新情况、新问题,为农村合作经济组织提供业务指导、人员培训、项目申报、注册登记、决策建议、信息咨询等服务起到了积极推动作用。

〔**乡村流通工程建设**〕　年内,全州供销社利用土地资源,盘活社有资产,按照乡镇小城镇规划及乡村流通工程建设要求,积极引资、合资、合作等方式建设乡镇供销社商业中心。全州已开工建成3个项目,其中景洪市供销社引资建设了勐罕镇供销社“金橄榄”财富中心和“金色佳园”项目,总投资7046万元,建筑面积34035平方米,新增供销社营业设施面积1742平方米,社有资产保值增值1145万元;勐腊县供销社引资900万元,建成1200平方米的勐润供销社商业中心,社有资产得到保值增值。按照州委、州政府“双二十项”工作要求,投资150万元,建成了景洪市的基诺山、勐龙镇曼龙扣曼养村、勐养镇思茅寨、勐龙镇南盆中寨、勐龙镇坝卡村;勐海县的勐满镇曼贺东村、勐满镇城子村、西定巴达大街、勐混镇曼赛村、格朗和乡苏湖村、勐阿镇南朗和村、勐宋乡曼方村;勐腊县的尚勇镇龙门村、勐伴镇曼燕村、尚勇镇磨歇、象明曼赛村、象明龙谷村等17个乡村农贸市场。

〔**“两社一会”发展情况**〕　全州供销社把发展“两社一会”作为实现供销社“二次创业”的重要抓手,强力推进和打造服务“三农”网络终端平台。年内,新发展农村综合服务社59个、标准化30个、规范化30个;新发展农民专业合作社35个、示范15个、规范30个。累计发展“两社一会”896个,覆盖了全州种植、养殖、农产品流通与加工等领域。

〔**经营情况**〕　全州供销社系统资产总额25291万元(流动资产12666万元),负债总额12151万元,资产负债率48.04%,所有者权益13140万元,上缴各种税费448万元,实现社会贡献总额4183万元。年实现销售各类化肥76406吨,其中:尿素27222吨、复合肥32679吨、普钙7342吨,其他9163吨;农药3567吨,农膜249吨;累计发展农村综合服务社754个,实现经营总额2.6亿元,服务农户近10万户,帮助农民实现收入1700万元,经营网点覆盖全州乡镇村寨;累计发展农民专业合作社129个,行业协会13个,入社农户8400户，带动农户11140户，帮助农民实现收入1600万元。

〔**教育培训**〕　全州供销社系统坚持把农村流通人才培养作为行业发展的根本，以培训农产品经纪人、农民专业合作社理事长和提高系统干部职工素质为重点，不断创新培训方法，积极扩大培训范围，推进州、县（市）二级组织培训；联合民宗、妇联、共青团创造性地开展培训工作。全年举办各类培训班66期，培训人员3805人次，其中农产品经纪人2100人次、持证人数406人、女经纪人520人次，人口较少及特困民族200人；组织外出学习培训7期，学习人次70人次，农村流通人才队伍不断壮大，系统干部职工整体素质得到明显提高。

〔**龙头企业培育**〕　年内，根据全省供销合作社改革发展工作大理现场推进会会议精神，组织2户企业参加了全省供销社职业教育集团的组建；组织17户企业（其中13户为农民专业合作社）参股到云南省千社千品经贸有限公司；完成了景洪市亚达供销集团及勐腊县殷实（集团）经贸有限公司的筹建工作。

〔**要事简记**〕

1月21日，州供销社组织全体党员及干部职工开展学习"杨善洲同志先进事迹，争做优秀共产党员"活动。

1月10～18日，州供销社党组本着"以人为本、和谐创业"的原则，拨出39200元慰问金，组成2个春节慰问组，分别对全州供销社离休老同志、离休遗孀、副处以上退休干部、特困党员、在职、退休、下岗困难职工164人进行慰问。

2月14～17日，为做好防灾减灾物资（硫黄粉）储备供应工作，州供销社组成检查组对二县一市农资公司及销售网点进行检查。

3月17日，州政府在景洪市召开全州商务、外事侨务、政务中心、招商、供销工作会议。会议由州政府副秘书长李兵主持。省供销社副主任段继红、州政府副州长李江虹出席会议并做重要讲话。各县（市）政府分管领导、州、县（市）农委办领导、全州供销合作社"二次创业"联席会议成员等相关单位参加会议。州供销社主任彭哲作《打造网络增实力，服务"三农"求发展》工作报告。

3月18～21日，省供销社副主任段继红对州供销社系统"乡村现代流通项目"建设的3个农资（烟花）配送中心、1个专业合作社、2个农村客运站、3个乡镇供销社商业中心进行检查。分别到勐海县委、景洪市政府召开交流座谈会，对召开2011年勐海县、景洪市推进会工作作了具体部署。

4月6日，州供销社荣获省供销社颁发的综合业绩考核一等奖和云南省发展"两社一会"贡献奖。

4月28日，州供销社组织中层以上干部8人参观在州民族博物馆举办的"法制与责任——全国检察机关惩治和预防渎职侵权犯罪展览·云南西双版纳"巡展活动。

4月29日，州供销社党支部开展迎"七·一"纪念中国共产党成立90周年植树活动，组织在职党员及全体职工23人，投入资金3000元，到勐海县南糯山（烟花公司仓库）开展义务植树活动。

5月13日，由州供销社党组主办，党支部承办，开展党风廉政建设和廉政党课教育活动。邀请州第三纪工委刀玲到会授课，州供销社全体党员及干部职工24人参加了活动。

7月8日，景洪市委、市政府在景洪锦都酒店国际报告厅召开景洪市供销合作社改革发展现场推进会，省供销社副主任段继红、州政府副州长李江虹以及景洪市市委、政府、人大、政协主要领导、各乡镇党委、政府主要领导以及勐海县、勐腊县供销社主任出席了会议。

7月12～13日，州供销主任社彭哲、副主任刀永祥分别带领检查组，同勐海县、景洪市供销社领导班子一起分别深入到8个乡镇、13个村委会，对8个村级农产品交易市场、6个农民专业合作社、10个综合服务社进行工作检查。

7月20～21日，州人大副主任兰昌华、副州长李江虹等领导在州供销主人社彭哲、副主任刀永祥及各县市政府分管供销社领导的陪同下，到两县一市供销社视察"一个龙头企业和两个体系"建设情况。

7月28日，勐海县勐遮镇农村合作经济组织指导服务站正式挂牌。

8月7～8日，中华全国供销合作总社合作指导部部长刘崇高在省供销社合作指导处处长何志勇陪同下，对勐腊县勐仑供销社、景洪市勐罕供销社、勐养供销社、基诺山供销社的"乡村流通工程"建设情况进行视察。

8月22～23日，州供销合作社与州民宗局、团州委、州妇联联合举办了全州第二届农民专业合作社理事长培训班，来自全州的农民专业合作社理事长50多人参加了培训，并组织学员参观了勐海县勐遮曼根优质稻米专业合作社和勐海县茗艳山区茶业专业合作社。

8月24～26日，州供销合作社与州民宗局、团州委、州妇联联合举办了全州首届农产品经纪人中级培训班。来自全州的傣、哈尼、拉祜、基诺等民族的50多人参加了培训,并组织学员进行了农产品经纪人基础知识及技能知识(中级)的考试。

9月3~10日,云南省供销合作社成立60周年暨第二届“千社千品”农特产品展示展销会召开,州供销合作社组织西双版纳傣乡食用菌专业合作社等4家企业以及6个系列的70余种农产品进行了参展,实现农产品现场交易额10余万元,为全州农民专业合作社产品提供了展示和交流的平台。展会上,中华全国供销合作总社合作指导部部长刘崇高、副省长孔垂柱、省供销社主任和润培、副州长唐家华先后视察了西双版纳展区,给予了高度评价。

9月22日,勐海县委、县政府在县政府礼堂召开勐海县供销合作社改革发展现场推进会,省供销社副巡视员张建平、州政府副州长马维纲、勐海县县委书记许家福、县长岩总以及县人大、政协主要领导、各乡镇党委、政府主要领导以及景洪市、勐腊县供销社主任出席了会议。

(《供销合作》撰稿:薛才文)

粮油购销

〔**概述**〕 2011年,全州粮食系统以邓小平理论和“三个代表”重要思想为指导,深入贯彻落实科学发展观,紧紧围绕州委州政府的中心工作,以保障粮食安全为目标,以科学发展为主题,以加快经济发展方式转变为主线,认真履行职责,各项工作取得了显著成效。

〔**主要经济指标完成情况**〕 粮食收购:全州各类企业直接从种粮农民收购粮食(原粮,下同)69750吨,与上年同期收购入库粮食57392吨相比增加12358吨,增幅为21.5%,其中国有企业收购7952吨,与上年同期8674吨相比减少722吨,减幅为8.3%;非国有企业及个体工商户收购60455吨,与上年同比多收12790吨,增幅为26.8%;转化用粮企业收购1343吨,与上年同比增加290吨,增幅为27.5%。

粮食销售:全州销售粮食(原粮)120196吨,与上年同期98462吨相比增加21734吨,增幅为22.1%,其中国有企业销售粮食11837吨,与上年同比减少2793吨,减幅为19.1%;非国有销售粮食101205吨,与上年同比增加32385吨,增幅为47.1%;转化用粮7154吨,与上年同比减少7858吨,减幅为52.3%。食用植物油销售2054吨,与上年同比增加914吨,增幅为80.2%。

销往州外与州外调入:在销售粮食(原粮)120196吨中,销往州外43219吨、省州外粮食调入38457吨、进口粮食2085吨。省州外食用植物油调入1837吨。

粮食库存:全州粮食库存剔除各级储备粮后,商品粮库存(原粮)14019吨,比上年同期的8596吨增加粮食库存数量5423吨,增幅为63.1%,其中:国有企业库存商品粮4614吨,与上年同比减少187吨,减幅3.89%;非国有企业库存粮食8491吨,与上年同比增加4997吨,增幅为143%;转化用粮企业库存粮食914吨,同比增加613吨,增幅为203.7%。

国有粮食企业经营状况:全州国有粮食企业五个核算单位二盈三亏,汇总后亏损90.3万元,与上年同期亏损94.2万元比较减亏3.9万元,其中国有粮食购销企业亏损90.8万元,与上年同期亏损91.8万元减亏1万元。盈利的核算单位是景洪市粮食局、州军粮供应中心;亏损的3家单位是州直属企业云南景洪国家粮食储备库、勐海县粮食局、勐腊县粮食局。

〔**推进学习型党组织建设**〕 年内,州粮食局党组把推进学习型党组织建设作为机关建设的头等大事,认真坚持学习制度,及时组织干部职工收看胡锦涛总书记“七一”重要讲话,组织机关集体学习、提供学习资料督促个人自学等多种方式,联系粮食工作实际认真学习、深刻领会十七届三中、四中、五中、六中全会精神,胡锦涛总书记“七一”重要讲话精神,省第九次党代会精神和州第七次党代会精神,把思想和行动统一到中央、省委和州委和决策部署上来,加强理论武装。按照州委州政府的“当好公仆,做实干家”的要求,带好队伍,干好工作。

〔**开展“创先争优”活动**〕 州粮食局按照州委州政府的统一安排部署,继续深入开展创先争优活动,深入向杨善洲学习。学习他坚定信念、对党忠诚的政治品格;学习他牢记宗旨、一心为民的公仆情怀;学习他鞠躬尽瘁、不懈奋斗的崇高境界;学习他不计个人得失、无私奉献的高尚情操;学习他大公无私、淡泊名利的奉献精神。通过学习,引导广大干部职工以杨善洲为榜样,不断加强公仆意识,引导广大干部职工学先进,找差距,当表率,促工作,用杨善洲精神推动全州粮食流通各项工作任务的完成。

〔**粮油保供稳价**〕 粮油保供稳价调控目标是确保粮油有效供给,确保粮油市场基本稳定,确保粮食质量安全,确保各级政府的调控应急需要,做到让居民满意,让党委政府放心。2010年入秋以来,出现了谷熟米涨价反常现象,价格上涨一直持续到2012年。面对严峻形势,为防止出现价格暴涨、主食品种断供的非常局面出现,全州粮食部门在州委州政府的统一领导下,按照省粮食局粮油稳价保供的工作部署,认真落实宏观调控的各项措施:①认真做好粮情粮价的监测分析。监测分析立足州内,放眼世界,准确把握粮食市场行情和价格走势,为州委州政府调控决策提供准确的参考依据。②以储备轮换出的粮食为主要调控手段,把经济效益放在第二位,把握粮食出库节奏,调控州内市场粮价。③积极督促和落实国有粮食购销企业平价挂牌售粮。按照省粮食局的要求,已在全州三个市县城4个国有粮食企业安排4个平价售粮点,开展以略低于市场的价格销售粮油。据不完全统计,挂牌售粮22795公斤、挂牌销售食用植物油1551.2公斤。并进一步加大工作力度,在原来4个平价售粮点的基础上增加12个。④充分发挥市场机制在配置粮食资源中的基础作用,鼓励粮食经营企业从州外、国外调入粮食,增加供应量,1~11月调入38457吨,进口粮食2085吨,有效地缓解了全州粮油价格上涨的势头。

〔**落实粮食行政首长负责制**〕 根据《西双版纳州粮食行政首长负责制考核指标和奖惩办法的通知》,年内,州政府对州级有关部门、三市县政府2010年度贯彻行政首长负责制情况进行了考核、奖惩。

〔**粮食收购工作**〕 全州粮食部门加强组织协调,规范市场秩序,特别是加强对粮食收购市场的监督检查,指导监督企业不折不扣执行粮食收购政策,即不压级压价,也不抬级抬价,鼓励、引导企业增强服务意识,完善服务措施,改善服务方式,提高服务质量,方便农民卖粮售粮,力所能及地保护种粮农民利益和积极性,并积极引导企业特别是国有粮食购销企业开展订单收购;加强市场监测,准确把握粮食市场行情和价格走势,做好服务指导;及时公布宣传国家的最低收购价格政策信息。2011年中晚籼稻最低收购价格从每公斤1.94元提高到2.24元,提价幅度达到15.5%,粳稻达到30%;引导企业合理确定收购价格,依质论价,优质优价保护农民利益。

〔**开展粮油库存检查**〕 按照省粮食局关于开展2011年粮食库存检查工作通知,全州粮食系统于3月未开展了国有粮食购销企业库存的储备粮、政策性用粮、商品粮数量、质量进行检查。按照国家粮食局等四部委的统一部署和省粮食局的工作要求,在州财政局、州发改委、州农发行的协同下,成立检查领导小组和各专项工作机构,按照拟定的检查方案,开展了全州食用植物油库存进行检查,经过县查州验省核实,全州粮油库存真实、质量良好。对检查出来的存在问题进行了认真进行整改。

〔**军粮供应体制改革**〕 按照州政府《关于批转西双版纳州军粮供应工作改革实施方案的通知》,完成了三市县军供站审计核定,合并组建了州军粮供应中心,完成了人、财、物统一收并管理。改革中保障了人心不乱、工作正常进行,同时完成了全州军粮中心项目的建设。

〔**粮食物流基础设施建设**〕 迁建云南景洪国家粮食储备库功能提升项目对提升全州现代粮食流通产业,保障全州粮食安全,促进粮食事业又好又快发展意义重大,也符合国家的投资政策。云南景洪国家粮食储备库老库土地已交国土局以6060万元拍卖,新库建设用地尚未落实,在推进当中。

〔**粮食流通统计工作**〕 为进一步做好全州粮食流通统计工作,全州粮食部门建立统计制度和统计网络,做好粮食流通统计工作,定期收集上报粮油流通统计报表,按时按质按量完成全州社会粮油供需平衡调查工作,积极开展粮食统计制度检查;开展了对持有《粮食收购许可证》的粮食经营企业核查年审,督促其自觉报送粮食经营基本数据,不断提高粮食流通统计质量,保持全州粮食行政执法和粮食行政监督检查的工作措施常态化。

〔**食品安全监督检查和宣传教育**〕 按照州食品药品安全委员会的安排和要求,为保障2011年元旦、春节、泼水节、“五一”劳动节、中秋国庆节期间的食品安全和市场秩序,全州组织人员重点对国有粮食企业库存粮油和部分个体粮食加工经营户粮食库存质量进行检查,有效预防重大食品安全事故发生。

开展了2011年粮食科技活动周和《粮食流通管理条例》颁布实施七周年宣传活动,以“保障食品安全、普及粮油知识、关注大众健康”为主要内容,以“你了解大米吗?”为宣传主题,以发放宣传资料为主要形式,宣传国家粮食宏观调控的政策措施,宣传有关粮食的法律法规,宣传大米产品的科学知识,引导群众科学消费,发放宣传资料近万份。按照州政府的统一安排,州粮食局主要领导在西双版纳政风行风热线上与广大听众直接对话,宣传粮食政策,解答听众疑问。

〔**粮油产品质量检验站建成**〕 年内,“西双版纳州粮油产品质量检验站”机构成立,隶属于州粮食局管理的自收自支事业单位。粮油产品质量检验站招聘了工作人员,并进行了学习培训。质

检站还通过了上级有关部门的资格认证，具备了开展粮油产品质量检验检测的前提条件，面向社会开展粮油质量检验。对话

〔党廉政建设和机关作风建设〕 州粮食局高度重视廉政教育，坚持把反腐倡廉教育融入机关的日常工作之中。①坚持正面教育为主，突出廉政主题，深入开展反腐倡廉学习宣传教育；组织机关全体工作人员和直属单位领导干部参观警示教育基地，开展警示教育；坚持机关学习制度，按照学习型党组织建设的要求，把反腐倡廉作为学习的重要内容，组织干部职工集体学习；深刻领会精神实质和党和国家党风廉政建设和反腐败工作的部署要求，深入学习贯彻《廉政准则》和《国有企业领导人员廉洁从业若干规定》，使党员领导干部人人知晓并自觉执行反腐倡廉的各项规定，不断增强领导干部和机关公务人员廉洁从政的自觉性。②坚持"一岗双责"，认真落实反腐倡廉责任。研究拟定了《局领导干部包干负责党风廉政建设责任制度》、《州粮食局关于进一步加强关键岗位和重点环节监督管理的意见》、《落实"三重一大"制度实施办法》、《落实惩防体系》，《实行党风廉政建设责任制的实施办法》、《州粮食局2011年党风廉政建设和反腐败工作实施意见》、《州粮食局2011年党风廉政建设和反腐败工作任务责任分解意见》等制度文件，并层层签订了2011年度《党风廉政建设责任书》9份，明确了机关各级领导干部在反腐倡廉工作的目标、责任和各自承担的任务，将对任务完成情况进行追踪检查。③认真排查，认真实施行政行为监督。根据《西双版纳州监察局关于转发云南省监察厅关于印发〈关于进一步加强关键岗位和重点环节行政行为监督的工作意见〉的通知的通知》、《西双版纳州监察局派出第二监察分局关于进一步做好关键岗位和重点环节监督管理工作的通知》要求，在上年的基础上，继续排查州局行政权力运行中的风险点，将领导班子、领导班子成员个人和"云南景洪国家粮食储备库迁建项目"和"西双版纳州军粮供应中心建设项目"作为关键岗位、重点环节进行排查；将风险排查到局机关每一个工作人员。通过排查分析，共确定关键岗位20个，重点环节46个，风险表现形式39种，制定监督防范措施54条，确定了风险防范责任人，加强行政行为监督。④开展专项治理工作。深化工程建设领域突出问题专项治理；继续治理"小金库"，推动完善防治"小金库"长效机制；认真落实党政机关和领导干部公务用车配备使用管理办法；按州政府的安排部署进行机关公务用车专项治理清理登记。⑤努力做好群众工作。以春节、"七一"慰问为载体，进家入户看望了困难职工和党员，了解他们的困难和所想所盼；及时高效地为粮食企业改革下岗离岗职工提供政策允许的服务，为他们解决现实困难；派出人员参加"千名干部大走访"，宣传形势政策和调研农村经济；千方百计为挂勾的扶贫村勐腊县大龙山、过甲山争取项目资金，改善村民们的生产生活条件；按照两年一届的惯例，召开了全州粮食系统第八届职工运动会，5个代表队100多名运动员聚集勐腊，参加了10个项目的比赛角逐。

（《粮油购销》管霏根据州粮食局工作总结整理）

烟草专卖

〔概况〕 2011年，西双版纳州烟草专卖局（公司）（以下简称"州局"或"州公司"）紧紧围绕行业"卷烟上水平"基本方针和战略任务，坚持"转变增长方式，立足做强做优，努力实现卷烟上水平"的发展思路，扎实开展各项工作，圆满完成了年度各项目标任务，取得了较好的经营业绩。全年实现卷烟销售收入10.14亿元，同比增长36.11%；卷烟含税单箱销售收入24045.95元，同比增长19.95%；上缴税金1.12亿元，同比增长36.59%。为当地经济社会发展作出了积极的贡献，也为企业的发展奠定了坚实的基础。

〔卷烟营销和网建工作〕 州公司以"打牢基础，创新营销，突出重点，全面提升"为工作思路，进一步增强网建软实力，加快推进传统商业向现代流通转变，全面推进卷烟营销上水平。全年销售卷烟24.65亿支（4.93万箱），同比增长13.33%，增长率排名全省第一。全年全州烟草通过开发完善"按客户订单组织货源"管理信息系统，利用现代化信息手段开展精准营销工作，努力做到需求预测为品牌培育提供决策分析，货源组织为品牌培育提供保障基础，精准投放为品牌培育提供有效途径，品牌培育突显成效。以培育"532、461"知名品牌为重点，充分发挥市场营销对培育知名品牌的基础和引领作用，在营造公平竞争的市场环境基础上，把品牌培育的着力点由订单供货向品牌精准营销纵深推进，逐步提升培育品牌的能力。以"发展同向、工作同心、服务同步、利益同体"为引领，打造"七彩服务"品牌和终端店面形象，制作发放6640个卷烟零售柜台，占有效客户的86.85%。积极推广"新商盟"网上订货，提高卷烟订货效率和精准度，"新商盟"网上订货客户达到6311户，网上订货率达82.55%。深入乡镇农村，加强市场调研，在此基础上科学合

理地制定营销方针策略，尽可能全方位满足客户和市场的需求。按照“有消费群体的地方就有我们的客户，有客户的地方就有我们的服务”的建网原则，通过合理布局规划，不断扩大网络覆盖面，共有持证户8084户，占常驻人口的7.08‰。

〔专卖管理〕 州局按照“打源头、端窝点、破网络、抓主犯、清市场、守边境”的工作方针，持续推动打击涉烟违法犯罪工作从遏制型向全面综合治理型转变。进一步加强行政执法与刑事司法的有效衔接工作，召开联席会议，情况互通，信息共享，共同解决疑难问题，加大对涉烟违法犯罪分子的打击追刑力度，打击非法涉烟网络水平不断提升。年内打掉一起被公安部、国家烟草专卖局列为督办案件的案值为700余万元的非法分销假冒伪劣雪茄烟网络案；加强与公安、工商部门的协调配合，建立市场监管协作机制，有效组织市场清理检查联合行动，打击违规违法经营行为，取缔无证经营。建立有效的市场监管体系，深化卷烟市场管理。高度重视边境地区打击涉烟违法犯罪工作。密切关注境外烟厂及烟叶种植情况，掌握生产经营动向，并积极采取应对措施，严防涉烟原辅材料、走私烟、假冒卷烟非法出入境。全年全州共查处各类涉烟违法案件229起，查获违法卷烟524.2万支，烟叶308.2担，雪茄烟32046.8条，案值合计870.74万元，已结案上缴财政罚没款42.93万元。达到追刑标准移送公安机关的涉烟刑事案件9起，拘留17人，逮捕11人，判刑4人。

〔内部管理〕 州局（公司）以“九大”管理体系建设为抓手，以信息化深度融合为途径，以全面预算管理、贯标、对标和基层创优工作为重点，稳步推进各项基础管理工作。制订月度预算考核办法，前移成本费用控制点，将各部门每月预算执行与绩效挂钩，充分发挥预算“硬约束”作用。全年成本费用率为81.20%。在全省烟草对标工作中，单箱卷烟经营费用和总资产贡献率处于全省领先水平，好于全省平均水平的指标有14项，在4个卷烟纯销区处于领先水平有15项。通过权力制约联席会议制度的执行，实现了州局（公司）各级、各部门有效行使监督职能，确保了各层级权力运行的规范、廉洁、高效；通过“全覆盖”式的大督察和与工效挂钩的绩效考评，大大提高各级各部门的执行力和工作效率；推广专卖内管子系统的运用，提升内管信息技术应用水平，加强对卷烟营销监督检查，建立了事前、事中、事后的全过程监管体制，确保卷烟经营的各个环节监管到位。大力推进“两项工作”深入开展，严格执行办事公开民主管理工作制度，将规范建设贯穿到工作的各个方面、各个环节。加强工程建设和物资采购管理，以推进公开招标为主要方式，严格执行国家和行业相关招投标的法律法规以及“三项工作”程序和廉政监督的规定，确保招投标工作公开、公平、公正。年内，实施“工程投资、物资采购、宣传促销”项目共119项。制定了危机管理工作方案和危机处置应急预案，有效化解对企业可能造成的危害。

〔企业文化建设〕 扎实开展“大成”文化宣贯，以“大成之光”等五项系列活动来开展落实。推行“大成文化论坛”宣贯新形式，以论谈“大成文化”为核心，向员工传递大成文化知识，达到共同营造企业文化良好氛围的效果。努力做好企业文化“落地”工作，通过文明单位创建活动、党组织创先争优活动、“讲责任、讲奉献、讲纪律”活动、“七大”竞赛活动和“三个全心全意”活动使大成文化内化于心，外化于形。切实将“七彩服务”品牌全面融入到卷烟营销、专卖管理、日常管理等三大领域，以“七彩服务”理念为引领，拓展服务内涵，将服务品牌建设转化为推动各项工作的重要内在动力。开展企业文化故事征集活动，做好大成文化室的建设工作，将其作为对内对外展示版纳烟草建设历程、重要成果、文化故事和崭新风貌的一个重要平台。通过“大成”文化宣贯和“七彩服务”品牌的打造工作，促进了各项工作落到实处，取得实效。年内，州局（公司）顺利通过“州级文明单位”复评，创“省级文明单位”活动全面启动。景洪市局获得“州级文明单位”荣誉称号，勐腊县局获得“县级文明单位”荣誉称号。

〔基层组织建设〕 州局（公司）直属机关党委的成立，标志着州局（公司）党建工作上迈了一个新的台阶。为加强机关党委制度建设，制定了《发展党员工作细则》等9个工作制度，进一步明确了党建工作目标。同时按照“把业务骨干发展成党员，把党员培养成业务骨干”的思路和“坚持标准、保证质量、严格程序、慎重发展”的原则，进一步做好党员发展工作。年内，由入党积极分子培养为发展对象有6人，发展预备党员25人，并有5名预备党员按期转为正式党员，直属机关党委共有中共党员109名。“创先争优、永攀高峰”活动全面展开。开展“党的光辉历程”征文活动、“党在我心中”演讲比赛等建党90周年一系列活动，丰富“创先争优”活动内容。扎实开展基层党组织创先争优活动，一线服务窗口设立共产党员示范岗，要求党员亮出身份，接受监督，同时开展流动红旗、评星挂星和岗位争先活动，充分发挥党员的先锋模范作用。

〔**社会公益**〕 年内，州公司向景洪市基诺乡亚诺村修建农民文化室捐助20万元；向州生物资源保护基金会捐助10万元；向景洪市勐旺乡中心小学、嘎栋中心小学、景讷中心小学各捐助3万元；勐腊县局向挂钩扶贫点勐腊县象明乡红土坡村捐助5万元；零星捐赠2.64万元。总计共捐助46.64万元。以实际行动履行了企业的社会责任。

〔**表彰奖励**〕 年内，州公司获省烟草专卖局"卷烟营销创新上水平先进单位一等奖"荣誉，勐腊市场部获"卷烟营销创新上水平先进县级营销部"荣誉，张怡、刘云、刀雪莹被授予"卷烟营销创新上水平先进个人"称号；州局（公司）监察部被省局授予"2011年度纪检监察惩防监管平台应用先进集体"称号，贾军被授予"2011年度纪检监察惩防监管平台应用先进个人"称号；《西双版纳烟草志》在《云南省烟草志丛书》评比中荣获三等奖，受到省局、云南中烟工业公司表彰；州局（公司）因业绩突出，受到州委、州政府通报表彰奖励，玉金拉因维护国家保密工作安全做出积极贡献，被评为西双版纳州保密工作先进工作者；州局（公司）党总支被州直机关工委授予"创先争优"活动优秀基层党组织称号；州局（公司）直属机关党委被州直机关工委授予"'五五'法制宣传教育先进集体"称号，孙运枯被省局授予"'五五'普法依法治理先进个人"称号；公司员工王兴邦参加云南省"红土地之歌"演讲大赛获一等奖；州烟草学会被州社会科学联合会授予"2009年~2011年先进学会"称号，江晓青被州社会科学联合会授予"2009年~2011年优秀社科工作者"称号；曾艳萍被西双版纳州科协授予"'十一五'期间科普工作先进个人"称号。

〔**干部任职**〕 3月，省烟草专卖局党组下文，段开忠离任州烟草专卖局副局长；8月，省烟草专卖局党组下文，孙运枯就任州烟草专卖局副调研员。其他几位领导干部继续留任。

（《烟草专卖》撰稿：宁旭）

旅游管理

〔**概况**〕 2011年是全州实施"旅游强州"战略，推进旅游"二次创业、转型升级"的重要一年。按照全省旅游产业发展大会、全省旅游工作会和全州第六次旅游产业发展大会的部署，全州旅游行业在州委、州政府的统一领导和省旅游局的指导支持下，深入学习实践科学发展观，按照州委、州政府"两个率先"、"两个为主"、"两个定位"的战略要求，全力实施"旅游强州"战略行动方案，积极推动各项工作落实，较好地完成了各项工作目标和任务，有力地推进了旅游业健康有序发展。

〔**旅游业主要经济指标完成情况**〕 全年全州接待国内外旅游者1012.7万人次，同比增长18.7%，完成州发展目标968.38万人次的104.6%，其中：接待海外旅游者29.44万人次，同比增长35.9%，完成州发展目标25.6万人次的115%，完成省责任目标25.57万人次的115.19%；接待口岸入境一日游人数47.23万人次，同比增长31.7%，完成州发展目标41.24万人次的112.9%；接待国内旅游者935.98万人次，同比增长17.6%，完成州发展目标901.55万人次的103.8%，完成省责任目标883.13万人次的106%；旅游总收入100.24亿元，同比增长24.8%，完成州发展目标92.37亿元的108.5%，完成省责任目标90.16亿元的111.2%；完成旅游相关行业税收10006.7万元，同比增长14.1%。

〔**旅游重大项目完成情况**〕 年内，全州确定旅游重大（点）投资项目50个，计划投资总额697.52亿元，全年计划投资不低于30亿元，实际完成投资51.2亿元，累计完成投资112.09亿元。

省政府旅游重大责任项目完成情况。州政府与省政府签订旅游重大责任项目12个，计划投资总额334.35亿元，全年计划完成投资13.5亿元。实际9个在建项目已完成投资171.85亿元，完成年目标任务13.5亿元的127.3%，其中西双版纳滨江果园避寒度假山庄、告庄西双景一期、西双版纳普洱茶文化博览园、避寒山庄、国际会展中心、楠景新城（勐罕）、勐仑旅游小镇等7个项目进展顺利，已超额完成年度投资任务。前期类3个项目总投资162.5亿元。

州政府旅游重大责任项目完成情况。州政府确定旅游重大责任项目25个，计划投资总额371.8亿元，年计划完成投资17.78亿元。在建类项目19个，已完成投资38.89亿元，完成目标任务17.78亿元的218.73%。前期类项目6个，正在做开工建设前期准备工作。

〔**学习贯彻落实各级旅游产业发展大会精神**〕 年内，州旅游局围绕贯彻落实科学发展观，推动旅游业科学发展主题，认真学习贯彻省、州旅游产业发展大会精神，深入开展学习和实践活动。一是以局党组中心学习组为中心，按照州委、州政府的统一部署，切实加强理论学习，认真领会省、州推进旅游"二次创业"方针政策，分析研究全州旅游业发展中面临的机遇与挑战，把思想确实统一到州委、州政府实施"旅游强州"战略部署上来。二是认真贯彻落实会议精神，确实把思想统一到全省、全州战略发展思路上来。按照2月19～21日全省旅游工作会和4月29日全州第六次旅游产业发展大会的要求，州旅游局召开了2011年全州旅游系统工作会，及时传达了全州第六次旅游产业大会的精神，总结了2010年全州旅游主要工作，安排部署了2011年全州旅游发展任务和工作重点，签订了2011年目标责任书，并要求全州旅游行业结合所面临的形势和发展要求，按照确定的奋斗目标，努力推进旅游产业健康发展。通过一系列的学习贯彻活动，使旅游行业干部职工对全力推进传统旅游向现代旅游转变，锲而不舍地把西双版纳建设成为"中国一流、世界知名"的国际生态旅游州的目标要求有了更深刻认识。

〔旅游基础设施建设取得新成效〕 年内，在全州旅游强州战略领导小组的统一部署下，各成员单位和各旅游重大项目责任县市区坚定不移实施旅游强州战略，着力推进旅游重大项目建设，推动旅游城镇化建设，促进旅游业转型升级。以景洪市为中心、旅游小镇为依托的旅游城镇化建设步伐加快。西双版纳滨江果园避寒度假山庄、告庄西双景一期、西双版纳普洱茶文化博览园、避寒山庄、国际会展中心、楠景新城、大渡岗雨林景观休闲区等一批康体休闲度假基地建设取得新进展，世纪金源大饭店、景兰国际会展大酒店已建成营业。避寒山庄、勐仑安纳塔度假酒店、浩宇豪廷大酒店、安厦大酒店等一批高星级酒店正在建设，国际旅游度假区、"天一王国"一期等项目正在做开工建设前期准备。特色精品旅游景区提升改造取得新进展，中科院西双版纳热带植物园景区成功创建全州首个国家5A级景区，澜沧江新老大桥间南北景观工程、普洱茶文化博览园、西双版纳滨江果园避寒度假山庄一期、景洪市区特色化改造工程等一批旅游公共服务设施和场所向游客开放，勐仑、勐罕、大渡岗、嘎洒等一批旅游小镇和曼景法、勐景来、曼龙勒等一批旅游特色村初具规模，旅游功能不断完善和提升，旅游"转型升级"取得了阶段性成果。目前，以西双版纳滨江果园避寒度假山庄、告庄西双景、避寒山庄、勐仑旅游小镇、曼旦景区、曼景法旅游特色村等一批高星级度假酒店、一批旅游小镇、一批旅游特色村、一批旅游公共服务设施旅游重大项目正在稳步推进。旅游重大项目的建设极大改善了全州的旅游基础设施，接待服务功能得到提升完善。

〔区域合作和旅游市场营销〕 年内，州旅游局紧紧围绕西双版纳"热带雨林、避寒胜地、和谐家园、神秘风情"和"国内外游客亲近自然、追求健康的好地方，北方人避寒过冬的好地方，东南亚傣民族寻根访源的好地方"的旅游品牌和宣传主题，加速推进旅游品牌创立与宣传促销工程，以建设云南面向东南亚开放的桥头堡为契机，依托"三国六方"合作机制，进一步加大旅游对外开放，加强与澜沧江·湄公河次区域国家地区以及国内主要客源地的旅游合作，拓展国内外旅游市场。一是创新营销举措，继续实施西双版纳旅游营销网络建设工程。在四川、重庆、上海等国内省市和国外的老挝琅勃拉邦、会晒，泰国清莱、清迈设立西双版纳旅游形象店和营销中心的基础上，又在陕西西安、湖北武汉、山西太原，泰国曼谷以及美国奥斯汀建立西双版纳驻外旅游营销中心和形象店，全州驻外营销网络扩大到了19家，初步构建起了一个覆盖全国东西南北、东南亚国家及美国的营销网络，建立了西双版纳州与国内外主要客源地之间政府与企业、企业与企业的点对点的营销平台，为西双版纳旅游品牌宣传和客源拓展奠定基础。二是坚持"政府主导、企业主体"营销方式，实施"走出去、请进来"营销战略，推进西双版纳旅游品牌提升。充分利用节庆会展平台，展示西双版纳形象，推进国内旅游宣传促销；利用中国(重庆)第二届中国西部旅游产业博览会、2011中国国内(西安)旅游交易会、2011中国昆明国际文化旅游节(昆明狂欢节)、云南精品旅游产品山东市场推介会、"七彩云南 魅力香港行"、"2011中国旅游产业节暨北方旅游交易会"、第二届中国国际(成都)自驾车交易博览会、2011中国(昆明)国际旅游交易会、州内"泼水节"暨"第十四届西双版纳边境旅游贸易交易会"等活动平台，积极组织全州旅游行业针对国内外旅游市场进行宣传推介。三是发挥行业协会作用，利用报刊媒体网络，做好西双版纳形象宣传。在CCTV1新闻联播节目作2秒的全年形象广告，与CCTV4合作在《远方的家》节目中播放西双版纳民族风情，与《云南卫视》、《旅游卫视》、《中国旅游报》、俄罗斯《伙伴》、意大利《CINA》杂志等国内外40多家新闻媒体和报刊杂志进行了合作，加强西双版纳旅游形象宣传和旅游产品线路推介。发挥西双版纳旅游网、云游网对外宣传平台优势，加大全州旅游信息发布力度，扩大影响力。四是加强区域合作，推动国际旅游圈建设。在"三国六方"合作机制的框架下，发挥旅游区域合作的基础优势，加强与泰国清迈府、清莱府和老挝琅勃拉邦、南塔、波乔省合作，在建立西双版纳驻外旅游营销中心的基础上，不断深化旅游部门和旅游企业之间的交流合作，在人才培养、市场拓展、旅游安全保障、旅游团队通关便利等方面初步建立了合作机制，促进了区域旅游发展。同时,针对边境旅游和出境旅游环线的问题,积极向国家有关部门进行了申报,西双版纳至老挝琅勃拉邦边境旅游环线申报工作取得了新进展,有力推动了西双版纳、老北、泰北、缅北“金四角”国际旅游圈的建设。泰国已成为全州最主要境外客源市场,全年接待泰国游客12.6万人次,同比增长14.23%。

〔**整顿和规范旅游市场**〕 州旅游局按照州政府办关于贯彻落实《全省旅游市场综合整治工作的实施意见》的精神和《西双版纳州2011年旅游市场整治工作重点》及《西双版纳州旅游市场监督管理工作方案》的要求,针对全州旅游市场中“四黑”问题,深入开展整治工作。一是开展旅游联合执法。按照州政府部署,州旅游行政执法支队与州运政处、州交警支队共同组成联合执法工作组,开展旅游市场联合执法检查,对旅行社、旅游团队行程、导游服务、司导标准化上岗、旅游交通、景区(点)、宾馆、购物等经营行为以及从事旅游经营业务行为进行检查。同时监督指导好县(市)开展辖区联合整治,充分发挥辖区管理的职能作用,有效地维护了全州旅游市场秩序。全年州旅游联合执法共出动人员2755人次,车辆678辆次;检查景区(点)565家次;检查司导人员6134人次,检查车辆3585辆次;检查旅游购物店343家次;为游客提供旅游咨询服务404次,发放宣传资料1760份;查处各类违法违规案149起,同比减少5起,结案率93.5%。其中:旅行社违规案44起、导游违规案件60起、车辆违规案件40起(移送州运政处理)、其他案件5起。另外,查处上年积案18起。二是及时受理旅游投诉和调解旅游纠纷。坚持“公开、公平、公正”的原则,认真做好旅游投诉受理和矛盾纠纷化解工作,维护旅游者和经营者合法权益。全年共受理游客投诉30起,结案30起,处结率100%,为游客挽回经济损失9.4万余元。按案件性质分:投诉旅行社服务质量不达标5起,投诉导游服务质量9起,投诉宾馆酒店4起,投诉购物欺诈案件9起,其他投诉案件3起。三是充分发挥旅游协会行业自律作用,指导并督促各行业协会之间签订了行业合作协议,各行业协会会员签订行业自律公约,开展了行业自律,重点对旅游团队是否规范操作进行监督检查,促进旅游市场秩序稳定。

〔**抓好行业内部管理**〕 州旅游局结合行业管理实际,切实加强了对旅行社、旅游饭店、旅游景区和旅游汽车的日常管理工作。一是推进旅游行业标准化建设,强化对旅行社、星级酒店、旅游汽车的管理。根据省政府关于实施标准化发展战略的意见和州政府实施质量兴州战略的意见的总体要求,结合《旅行社条例》和《旅行社条例实施细则》等相关法规贯彻,积极推进旅行社、旅游景区、旅游饭店、旅游汽车、旅游购物、导游等行业的标准化建设。全州共有17家旅游景区、45家旅游饭店实施了等级评定和标准化管理,选择3家旅行社、25家旅游购物、1家旅游汽车开展行业等级评定,推进标准化建设。同时,开展日常管理工作,完成5家旅行社审核推荐,会同工商、财政、劳动保障等部门组成联合检查组,对全州26家旅行社经营管理工作,严肃用工制度进行了检查,规范旅行社从业人员管理。开展了导游年检,共有990名导游报名,其中838人通过年检考核,完成2011年全国中高级导游员等级考试及2011年全国导游人员考试的相关工作,开展“导游大赛”参赛导游的选拔培训工作,积极参加省局主办的2011年导游服务大赛。开展旅游饭店标准化管理,按照属地管理原则,州、市县开展星级饭店申报、评定、复核工作,加强日常监督管理,举办全州旅游星级饭店中、高级管理人员的培训,共有89人参加培训,经营管理水平和服务质量有一定提高。加强对旅游汽车公司及从业人员的行业管理,从接待服务行为方面加强教育,开展了一期旅游车驾驶员上岗培训,培训驾驶员487名。二是努力推进旅游景区精品化工程建设,不断提高全州旅游景区的质量和水平。在全州各级各部门的共同努力下,中科院西双版纳热带植物园创建国家5A级旅游景区取得成功。望天树景区获得国家4A级景区的荣誉称号。积极指导茶马古道(云茶源)景区、勐泐大佛寺开展国家4A级旅游景区的创建工作,并通过省等级旅游景区评定委员会初步评定。三是以特色村建设为契机,推进乡村旅游发展。对乡村旅游服务实施规范化、标准化管理,按照制定的《西双版纳州乡村旅游接待服务质量等级划分与评定标准》,指导县市旅游局对星级“傣家乐”餐饮、住宿经营户进行管理,加强对等级特色旅游村的规范化管理。继续按照州政府《关于发展乡村旅游的实施意见》,指导县市旅游局分三批有序推进全州30个旅游特色村的规划及开发建设,完成第二批省级旅游特色村的验收工作和第四批省级旅游特色村的申报工作。完成特色村经营户16户的评定挂牌工作。四是推进全州旅游咨询服务中心建设。积极向国家、省争取“西双版纳国际旅游咨询服务中心”项目支持,已设立思小路、傣江南、西双版纳机场等旅游咨询服务中心,在各主要旅游景区、旅游饭店设立了旅游咨询台。黄金周期间,各旅游景区入口,各县市主要公路交叉路口等都设有旅游咨询服务点。五是加强旅游安全生产管理工作。切实把旅游安全生产、消防安全作为日常重要工作来落实，根据州政府与州旅游局局签订的《西双版纳州工作目标责任书》的要求，在认真总结上年工作的基础上，及时与三县市旅游局签订《西双版纳州旅游系统2011年安全生产责任状》，《西双版纳州旅游系统2011年消防生产责任状》，在旅游全行业形成了旅游安全、消防工作层层管理的局面。六是加强统计工作。按照旅游统计有关规定，及时完成客源市场拓展分析报告和《西双版纳州旅游统计电讯月报》。七是强化了社会治安综合治理和禁毒防艾工作，按照社会治安综合治理和禁毒防艾的工作要求，有计划有步骤的开展了工作，确保各项工作落实到位。八是进一步巩固规范了旅游信息管理系统运作体系，继续加强西双版纳旅游网站建设，发挥对外宣传和对内管理的功能，真正成为政府主导旅游产业发展的有力抓手。

〔**党风廉政建设和政风行风建设**〕 州旅游局认真贯彻落实中央、省、州关于廉政建设和政风行风工作会议精神和政策规定，结合"旅游强州"战略的实施，开展党风廉政建设和政风行风建设。一是加强党风廉政建设和反腐败工作。认真贯彻执行建立健全惩治与预防腐败体系2008～2012年工作规划、领导干部四重分片包干负责党风廉政建设责任制，切实把党风廉政建设工作纳入领导班子议事日程，成立领导小组，制定了工作方案，层层签订党风廉政责任书，结合工作岗位职责，加强了关键岗位和重点环节行政行为监督，制定了防范措施，认真组织召开了以"坚持以人为本执政为民理念发扬密切联系群众优良作风"为主题民主生活会，结合"听、谈、查"活动开展，查找领导班子和党风廉政建设工作中存在的不足和问题，制定了整改措施，认真进行整改落实。二是加强党支队建设。积极开展创先争优活动，开展了党建考核、党员评议、党员"五带头"专项考核、领导点评、群众评议、表彰创先争优优秀共产党员、学习杨善洲先进事迹、"四亮四评"、"三亮四进"、"授红旗评星"等工作。进行了党支部换届，开展庆祝建党90周年活动，慰问结对帮扶贫困党员，组织党员重温入党誓词，参加"党在我心中"知识竞赛，切实发挥党支部战斗堡垒作用。三是推进旅游行业政风行风建设。积极参加《政风行风热线》，围绕"加强管理，科学谋划，推进旅游产业健康发展"主题，与听众进行直接的沟通和交流，接受社会监督，听取大家的意见和建议。认真贯彻落实"四项制度"、"阳光政府"、"效能政府"各项规定，积极推行重大决策听证、重要事项公示、重点工作通报、政务信息查询等制度落实，有效促进了机关效能建设。推行了政务公开，将行政方面的机构职能、办事程序、职责分工、政策法规、政务监督、信息统计等内容，通过网站或公示栏进行公开，做到亮证上岗，接受社会的监督，推进依法行政。制定了《工作职责工作制度与工作规范（试行）》、《工作目标倒逼管理实施方案》、《"一线工作法"实施方案》、《规范行政处罚自由裁量权工作实施方案》、《行政处罚案例指导制度》等规范管理制度措施，推进机关制度化管理，促进政风行风建设。

〔**黄金周接待情况**〕 2011年"春节"黄金周全州共接待游客30.08万人次，同比增长12%，其中过夜游客6.22万人次、一日游客23.86万人次；实现旅游收入3.09亿元，同比增长46.1%；民航起降航班265个，同比下降5%；进港旅客30242人次，同比增长0.1%；州内宾馆平均住宿率77.2%，同比增长20.5%；旅行社接待844个团，同比下降5.6%；接待游客13469人次，同比增长4.2%；景区接待游客29.27万人次，同比增长15.7%；旅游自驾车45024辆，自驾车游客22.5万人次，同比均增长37.2%；农家乐接待游客55934人次，同比增长12.1%。勐巴拉娜西超级歌舞秀晚会和澜湄之夜篝火晚会两台大型旅游文娱演艺项目共接待游客27182人次，同比增长5.6%。

"十一"国庆节黄金周假日旅游期间，全州共接待旅游者41.31万人次，同比增长28.8%；全州实现旅游收入21478.89万元，同比增长35.6%；民航飞行227驾次，同比增长9.7%，进港旅客24613人次，同比增长4.4%。旅行社接待2440个团135774人次，同比增长188.8%和988.6%。自驾车42856辆，同比增长60.6，游客192240人次，同比增长55.4%；床位平均住宿率66.35%，同期比增长10.6%。A级景点入园225772人次，同比增长17.2%。全州共接待农家乐旅游者3.59万人，同比增长了59.7%，其中在农家乐用餐2.2万人次，同比增长36.9%；在农家乐住宿1.38万人次，同比增长117.7%。晚会共接待游客27737人次，同比增长30.3%。

〔**"创先争优"活动**〕 根据州委《西双版纳州在基层党组织和共产党员中深入开展创先争优活动推进指导方案》，2010年6月至2011年6月为"创先争优"活动全面推进阶段，州旅游局结合旅游工作特点，认真开展了该阶段的各项工作。

首先，局党支部制定了2010年和2011年公开承诺，党员也制定了公开承诺，提出参加活动的具体计划和承诺。党员还制定了即时承诺，对遇到临时性、突发性事件时的表现做出了承诺。以上各项承诺均在单位公示栏内进行了公示，明确了承诺内容、承诺日期、完成时限，接受大家的监督。州旅游局还建立了目标管理考核台账和如实登记制度，如实记录了创先争优活动开展过程的所做的具体事项的过程、时间、重大事项和效果等内容。

其次，全局每位党员开展了“入党为什么、为党做什么”大讨论并撰写心得体会，从自己的工作实际进行了认真剖析。还学习了杨善洲先进事迹，把对杨善洲的感动和崇敬转化为为全州旅游业发展做出积极贡献的强大动力。局党支部还要求全体党员佩戴党徽上班，设立党员示范户、党员先锋岗、党员责任区，积极推进以创建“五个好”先进基层党组织、争做“五带头”优秀共产党员为主要内容的创先争优活动，促进各项工作正常开展。采取集中授课、以会代训、党员自学等方式加强学习，认真学习上级创先争优会议文件精神、十七届四中、五中全会精神等理论知识。开展大学习大讨论，建立不懈学习的长效机制，努力争创“学习型”党组织和“勤民型”党组织。

再次，党员积极落实“五带头”情况专项考核，从带头学习提高、带头争创佳绩、带头服务群众、带头遵纪守法、带头弘扬正气几个方面进行打分测评，均取得了较好成绩。严格按照年度公务员和党员考核要求，坚持公开、公平、公正原则，并在单位进行公示。内部考核年度党风廉政建设责任制落实情况均达到了优秀，在全州旅游系统工作会上通报了考核结果，并兑现了奖励。每个月在全体党员中进行一次创先争优活动的“每月之星”评选活动，每个季度在各个科室中进行一次“流动红旗”评选活动，并进行公示。

最后，州旅游局根据省旅游局出台的《全省旅游行业窗口服务单位在创先争优活动中全面开展“四亮四创四评”活动实施方案》以及各级创先争优的要求，以“创先争优当先锋，‘四亮四评’作表率”为抓手，以提升服务质量为目标，充分发挥服务行业服务群众的示范引领作用，在公示栏中亮出了领导和各科室的职责、工作流程和服务承诺；制作了工作岗位牌摆放在每位领导和干部职工的桌子上，亮出了姓名、政治面貌、职务、工作部门等内容；召开了组织生活会和公务员年度考核会，党员和公务员对履职情况进行了自评，党员之间和公务员之间进行了互评；召开民主生活会，以填写评价表等形式，让旅游企业、涉旅行政管理部门、旅游从业人员等群众对州旅游局工作进行评价；州人大领导对州旅游局进行了评议，实事求是肯定取得的成绩，指出问题，提出改进意见，明确努力方向；组织部门根据考核评价办法将对州旅游局领导班子进行考评；旅游企业亮出了一些职责、服务流程等内容。州旅游局党支部与新城社区签订了党建共建协议书，开展结对帮扶工作。认真开展大接访大走访工作，制定了《2011 年州旅游局领导干部大接访大走访群众工作实施方案》，明确了指导思想、目标任务、组织领导、接访走访群众的方式及时间安排、相关要求。认真制作了《2011 年州旅游局领导干部接访日程安排表》，分 4 个组，每个组由一名局领导带队，相关科室负责人参与接访走访工作，每月 1 号和 15 号为接访日。接访方式有定点接访和网站信访。定点接访前在《西双版纳旅游网》上公开接访日程表，并在单位公示栏中粘贴，让大家知道领导干部接访时间、地点、形式以及领导干部的姓名、职务、分管工作等情况，方便信访群众了解和参与。查处上年积案 18 起，确保上年案件查处率达 100%。及时办理答复信访件和各种咨询。开展旅游行业经营性矛盾纠纷排查调研工作。听取各企业代表的意见和建议，针对全州旅游行业存在的经营性矛盾纠纷进行排查调研，保持旅游系统的稳定和发展。

〔建党节系列活动〕 在“七一”建党节前夕，州旅游局开展了一系列活动：一是州旅游局党支部和工会于 6 月 17 ~ 18 日与勐海县旅游局联合开展“七一”建党节活动，以座谈、交流、联欢等形式共同庆祝建党 90 岁周年。二是安排党员于 6 月 22 日参加州创先办组织的“傣乡先锋 创先争优——重大先进典型事迹巡回报告会”，安排党员于 6 月 24 日参加州直机关组织的纪念中国共产党成立 90 周年暨创先争优表彰大会。三是召开党员大会，开展评选表彰优秀共产党员、重温入党誓词、学习交流等活动。党支部对 5 名优秀共产党员进行了表彰，全体党员面对党旗重温了入党誓词。四是在全州第六次旅游产业发展大会上，州委、州政府表彰奖励了“十一五”期间为促进全州旅游产业发展作出突出贡献的 76 个先进集体 76 名和 135 名先进个人。

〔旅游联动执法机制建设及行政执法监督〕 年内，按照《云南省人民政府办公厅关于加强全省旅游市场综合整治工作的意见》，州政府成立了全州整顿和规范旅游市场秩序领导小组，由分管旅游的副州长任组长，州旅游局局长任副组长，成员单位由州属各县（市）人民政府及公安、交警、运政、工商、物价、技术监督、文化、药监、旅游等职能部门组成。领导小组下设办公室，办公室主任由州旅游局局长兼任，整规办组成旅游市场联合检查组，人员由各成员单位抽调人员组成，负责全州旅游市场联合整治工作。基本构建了州、市(县)两级旅游行政综合执法体系，旅游综合执法得到规范和提升，围绕旅游市场中存在的突出问题，有针对性开展旅游市场的联合整治工作。

按照州整顿和规范旅游市场秩序领导小组下发的《关于加强全州整治和规范旅游市场秩序联合监管工作的通知》，各成员单位确定了各自工作职责，积极主动开展旅游市场综合整治工作；建立联络员制度和信息通报机制；建立案件督查通报机制，由州政府督查室及相关部门监督旅游行政执法工作。

各单位还按照“强化责任、属地管理、部门协作、各司其职、齐抓共管”的工作方针，以“突出重点、带动全面、联合整治、务求实效”的工作思路，建立了以部门管理为主导、各职能单位协作、行业配合、行业协会自律的旅游行业动态监管平台。

〔**要事简记**〕 1月18日，州旅游局与中国国际广播电台采访团就西双版纳非物质文化遗产的保护与传承进行专题座谈，并组织了考察。

1月21~23日，国家旅游局人事司副司长刘桐茂、省旅游局巡视员袁光瀚一行11人到州进行调研，并于23日上午在活发酒店召开调研座谈会。

3月14~24日，组织开展全州导游年检培训考核，共有986名导游员参加年检培训考核。

3月24~27日，州旅游局组织邀请四川省中国青年旅行社有限公司考察团到州考察旅游项目。

4月13~22日，州旅游局组织景洪市旅游局、西双版纳景区协会、云南金孔雀旅游集团、望天树景区、西双版纳金三角旅游航运有限公司、西双版纳海外国际旅行社以及媒体记者、演出人员共40人，参加了在西安曲江国际会展中心举行的2011中国国内旅交会。

4月13~17日，第十四届西双版纳边境贸易旅游交易会与西双版纳傣历新年节同期举办。

4月13日，州旅游局与昆明航空公司在KY8006厦门至昆明航班上开展了“欢乐傣家年”空中宣传活动。

4月21日，在中国旅游品牌世界之旅·香港峰会暨中国旅游投融资洽谈会上，西双版纳州荣获“中国最具国际影响力旅游目的地”荣誉称号。

4月29日，全州第六次旅游产业发展大会在西双版纳国际会展中心召开。

5月2日，西双版纳组团参加2011中国·昆明国际文化旅游节昆明狂欢节的音乐舞蹈大巡游、广场民族歌舞表演以及泼水狂欢等各项活动，向国内外游客展示西双版纳州的原生态民族文化。

5月3日，应州旅游局邀请，俄罗斯海参崴双胞胎才艺表演团到州开展才艺表演和考察观光。

5月6~8日，州旅游局举办了全州旅游星级饭店中、高级管理人员培训班，共有89人参加培训。

5月19日，按照国家旅游局、云南省旅游局《关于组织开展2011年中国旅游日活动的预备通知》，围绕“读万卷书、行万里路”的活动主题，西双版纳州精心组织了首届“中国旅游日”活动。

5月26~28日，第27次GMS旅游工作组会议在老挝占巴色省召开。州旅游局组织旅游形象店工作人员参加了会议的促销活动。

5月27、29日，由省旅游局和云南华夏国际旅行社有限公司发起的“携手同行品中华文化·畅游云南精品旅游线”山东推介会在山东济南和青岛两地举办。州旅游局应省旅游局特邀参加推介，并为西双版纳(济南)旅游营销中心和西双版纳(青岛)旅游营销中心举行了授牌仪式。

6月24~26日，举办全州旅游客运从业人员上岗培训班，共有498名旅游客运从业人员参加培训。

7月25~26日，举办全州旅行社从业人员上岗培训班，共有217人参加培训和考核。

8月28~29日，应州旅游局邀请，北京云南旅游联盟体考察西双版纳州东线旅游，并进行座谈。

9月1~4日，州旅游局组团参加由国家旅游局和天津市政府在天津梅江会展中心共同举办的“2011中国旅游产业节暨北方旅游交易会”。

10月18~22日，全州首次派出自驾游俱乐部代表参加在成都举行的第二届中国国际自驾车交易博览会，并获得“精品自驾游线路”和“优秀自驾游俱乐部”、“优秀自驾游达人”3个奖项。

10月27~31日，西双版纳展团参加在昆明举办的2011中国国际旅游交易会，并荣获“优秀组织奖”和“优秀展台奖”。

11月22~27日，首次西双版纳驻外旅游营销网络工作座谈会在景洪召开。

(《旅游管理》管霏根据州旅游局上报资料整理)

商务管理

〔**概况**〕 2011年，全州商务工作紧紧围绕“拉动消费、促进投资、扩大出口”中心工作，牢牢把握国家新一轮西部大开发和云南省实施“两强一堡”战略的重大机遇，以“拉动国内消费增长，扩大外贸进出口规模，提升对外经济合作质量，拓展利用外资领域，实现口岸通关便捷”为重点，统筹“引进来”和“走出去”，深入贯彻落实科学发展观，全州商务发展呈现平稳较快增长态势。

——国内贸易：以“扩大内需、促进消费”为重点，进一步加快城乡市场流通体系建设，深入实施“家电下乡”等重点工程，加快推进餐饮业发展，深入开展打击生猪私屠滥宰等专项治理及清理整顿大型零售企业违规收费行为，抓好药品流通行业管理，强化市场监管和监测，保障重要商品市场供应稳定，市场经济秩序逐步规范，流通现代化进程有效推进，社会消费稳步增长。

全州社会消费品零售总额完成60.70亿元，比上年增长20.0%。居民消费价格指数上涨4.8%，商品零售价格指数上涨4.8%，农业生产资料价格指数上涨2.5%。全州完成80个“农家店”和1个“配送中心”的新建和改扩建任务，完成4个乡（镇）和3个县（市）城区农（集）贸市场的提升改造工作。全州“家电下乡”销售网点备案达260个，销售产品7.15万台，完成销售额1.74亿元，兑付财政补贴0.20亿元。全州家电“以旧换新”备案企业达20户，销售五类新家电3312台，完成销售额1377.8万元；回收五类旧家电3328台，支付回收款5.81万元；兑付财政补贴87.13万元。

——对外经济贸易：认真做好重点外贸企业和重点进出口商品的协调服务工作，引导企业增加进口、扩大出口，外贸发展呈现进出口商品结构明显改善、市场多元化战略成效显现、外贸经营队伍逐步壮大、出口商品生产基地培育步伐加快的局面。积极与毗邻老、缅两国开展工程承包、资源开发、市场建设，以及农经作物替代罂粟种植与加工等项目合作，“走出去”步伐日渐加快，合作领域逐步扩大，替代种植企业和项目管理逐步规范，“外经”与“外贸”相互促进、协调发展日趋明显。

全州对外经济贸易总额完成11.60亿美元（口岸数），比上年增长12.2%；其中，外贸进出口完成9.80亿美元，增长5.9%；边民互市贸易完成1.24亿美元，增长113.1%；对外经济技术合作完成0.56亿美元，增长11.8%。外贸企业缴纳关税、增值税、消费税等达1.97亿元，比上年增长5.6%。对老、缅、泰三国外贸进出口完成9.36亿美元，比上年增长5.7%，占全州口岸完成额的95.5%。州属外贸企业完成进出口总值3.02亿美元，比上年增长19.5%，完成省商务厅下达任务的106.7%；其中，出口完成0.95亿美元、增长24.6%、完成省下达任务的111.3%，进口2.07亿美元、增长17.3%。全州共有55户外经企业从事境外79个项目的投资合作，其中，有45户企业、58个项目实施替代种植；全州替代人员出入境登记备案企业达21户，登记备案人员达3204人、同比增长3.3倍。

——外国投资：紧紧围绕全州“六大战略”实施和“两个率先”、“两个为主”、“两个定位”、“四大板块”发展目标，以“四轮驱动”为前提，以“七大基地”建设为依托，利用节庆、会展、网络等平台，开展多种形式外商投资促进活动，做好外商投资政策宣传、项目咨询、审批服务和企业联合年检工作，健全企业走访、项目调研等跟踪问效制度，利用外资有序推进。

全州新批外商投资项目8个，实际利用外资543万美元，比上年增长55.1%，完成省政府下达500万美元任务的108.6%。外商投资新批项目涉及旅游开发、茶叶种植与加工、咨询服务、商业流通、水电开发等行业。

〔第14届边交会〕 经国家商务部和省政府批准，由省商务厅、省旅游局、州政府联合主办，由州商务局、州旅游局、州工商联、西双版纳进出口商会、西双版纳海诚投资有限公司具体承办，由州发改委、州招商局、西双版纳旅游度假区管委会参与协办的“第十四届澜沧江·湄公河次区域经济合作西双版纳边境贸易旅游交易会”于4月13～17日在景洪“西双版纳国际会议展览中心”举行。边交会开幕式13日上午在西双版纳国际会议展览中心举行，开幕式由副州长李江虹主持，州长刀林荫致开幕辞，省人大副主任江巴吉才宣布“第十四届西双版纳边境贸易旅游交易会”开幕。老挝国家旅游局副局长索卡孙·杜荷盛、缅甸商务部边境贸易厅处长吴貌貌吞、泰国碧差汶府府尹功叶·维拉·鲁吉瓦塔纳蓬、越南驻昆明总领事馆副总领事武氏银芳、韩国韩中文化经济友好协会会长金英爱、中国驻老挝万象大使馆大使布建国、省外事办主任周红、云南出入境检验检疫局局长范国珍、省旅游局巡视员袁光翰、省商务厅副厅长朱晓阳、州委书记江普生、州委副书记胡志寿、州政协主席杨志祥以及省委政法委、省财政厅、省农业厅、省民委、省招商合作局、省地税局、省国家安全厅、工商银行云南省分行、富滇银行的领导，玉溪、大理等兄弟州（市）和州委、州人大、州政府、州政协、各县（市、区）、州直相关部门的领导，还有来自上海、河南、广西、山东、重庆、郑州的嘉宾，来自雅居乐、云南省城投、大连万达集团、光明食品集团、中国平安保险等实力企业的朋友及知名艺术家和记者朋友出席了开幕式。

此届边交会有来自泰国、老挝、缅甸、越南等国家的185家厂商使用展位226个；来自北京、上海等8个省(市、区)和省内昆明、保山等12个州(市)及州内部份企业共计156家厂商使用展位230个；参展商品主要有工艺品、傣药南药等30余类、3000余个品种。共计完成期现货成交额9100万元，比上届增长20.1%，其中现货960万元、期货8140万元；签订项目开发与经贸合作协议22个，签约总投资金额上百亿元；边交会期间，超过10万人次到展馆进行洽谈、观光和购物。

〔组团参加第19届昆交会〕 2011年第19届中国昆明进出口商品交易会暨第4届南亚国家商品展于6月6～10日在昆明国际会展中心举行。西双版纳州代表团由副州长李江虹带队，州政府驻昆办、州发改委、商务局、招商局、生物产业办、三县(市)政府和商务局及发改委、旅游度假区管委会、磨憨边境贸易区管委会、景洪工业园区、西双版纳电视台、西双版纳报社及10家企业共60余人组成，共计使用展位15个，参展商品主要有石斛制品、茶叶、橡胶制品、药材、水果、风味食品、工艺品等8大类200多个品种。代表团完成贸易成交额627万元人民币，签定贸易和经济合作项目13个，签约金额达438.14亿元人民币，并荣获昆交会组委会颁发的“优秀布展奖”荣誉称号。

〔组团参加2011年泰国(清莱)GMS商品贸易交易会〕 应泰国清莱府尹邀请，由副州长李江虹为团长的西双版纳代表团参加于1月14～19日在泰国清莱举行的“2011年泰国(清莱)GMS商品贸易交易会暨文化艺术节”。代表团由政府代表团、企业参展团和艺术表演团共计50余人组成。州商务局组织由西双版纳进出口商会以及西双版纳云南纳西泉饮料有限公司等8家企业，共计20余人组成的企业参展团参加“2011年泰国(清莱)GMS商品贸易交易会”。企业参展团共计使用展位20个，参展商品主要有建筑机械、农副土特产品、服装饰品等。展洽期间，共计完成现货交易额26万元，签订建筑机械购销意向性协议1项，纳西泉饮料有限公司与曼谷客商成功达成代理协议。李江虹一行出席了“2011年GMS大湄公河流域经济研讨会”，并就中、老、缅、泰、柬、越6国在贸易、旅游(一证六国通)、投资、运输物流的平台和渠道以及加强文化艺术交流等方面进行广泛交流，同时在清莱府尹陪同下，出席了“GMS贸易交易会暨文化艺术节开幕式”，观看了中、老、缅、泰、柬、越6国艺术家精彩的文艺表演。州商务局和西双版纳进出口商会与清莱商会、清迈商会等广泛接触，邀请协助做好“2011年西双版纳边交会”招商招展工作，共同推动双边会展发展。在“GMS文化艺术节”展演期间，由州民族歌舞团展演的具有西双版纳特色的《柔情傣乡》、《布朗欢歌》、《基诺大鼓舞》、《爱伲姑娘采茶忙》等歌舞受到泰国各界人士的赞美，观众人数达3万余人次。

〔组团参加(泰国)中南半岛国际商品旅游展销会〕 9月9～18日泰国彭世洛府举办中南半岛国际商品旅游展销会。西双版纳进出口商会应邀组团前往参加展销。西双版纳组织15家公司参加展洽，使用展位30个，展销的产品有电磁炉、电炒锅、光波炉等产品，共计完成现货销售额20万元人民币。

〔组团参加2011年泰国(兰纳)大湄公河次区域博览会〕 11月4～13日，按照州政府批示和州商务局工作要求，由州贸促会组织企业参加由泰国清迈、南奔、南邦和夜丰颂4府主办，清迈商务厅和清迈商会承办，在清迈府罗宾逊商场中环广场展馆举行的“2011年泰国(兰纳)大湄公河次区域博览会”。西双版纳参展团共有10户企业参展，使用展位11个，参展商品主要有小家电、普洱茶、中草药等6大类，共计完成现货交易额33万元人民币。

〔举办餐饮美食系列活动〕 1月31日，由州商务局主办，州餐饮与美食行业协会承办的首届西双版纳特色菜、特色点心、特色小吃烹饪比赛在景洪市金沙滩曼湄公傣餐饮楼开赛。来自州内两县一市27个代表队，45名选手参加风味特色菜、特色点心、特色小吃等3个项目的比赛。参赛作品共有 129 个，其中特色菜 110 个、特色点心 9 个、特色小吃 10 个。比赛特邀州内 4 名高级烹饪技师担任评委，特邀 2 名州劳动人事与社会保障局专业职称督导员现场督导公证。评委从菜品的“色泽、口味、质地、造型、营养、卫生、器皿、文化”等八个方面进行打分评判。通过比赛评选出特色菜一等奖 10 个、二等奖 20 个、三等奖 20 个；特色点心一等奖 5 个、二等奖 2 个；特色小吃一等奖 5 个、二等奖 4 个。原州政协副主席征鹏、州商务局局长刀宏、副局长邓绍华、州总工会副主席朱平华、州工商联副主席冯兆昌、州食品药品监督管理局副局长许永华、州劳动人事与社会保障局培训科科长薛志等出席了开赛仪式。

2 月 3 ~ 13 日，由州商务局主办，州餐饮与美食行业协会承办，景洪市城市投资开发有限公司独家冠名赞助的“首届西双版纳湄公河国际烧烤节”在景洪市傣江南澜沧江边赶摆场举行烧烤节，共有 23 家企业参展，参展商品有 28 类，118 个品种。展会内设展位 60 个，其中西双版纳傣味、老挝等特色烧烤展位 16 个，其他商品展位 44 个。

12 月 27 日，由州商务局主办，州餐饮与美食行业协会承办的“2011 澜沧江 · 湄公河流域国家文化艺术节”系列活动之——“西双版纳首届民族传统特色佳肴展示大会”在景洪市龙舟广场举办。来自景洪市嘎洒镇、景哈乡、基诺乡，勐海县勐阿镇、打洛镇，勐腊县瑶区乡的各少数民族群众组成 6 个代表队展示了喃咪帕、蒸扫把尖、白生敲汤、瑶族粽子、芝麻鸡、得荣、橄榄剁等各 6 桌共 36 桌各少数民族独具特色的传统美食。通过省、州美食专家专家评委现场评分，景洪市嘎洒镇傣族传统美食获得一等奖，景洪市景哈乡哈尼族特色美食、勐腊县瑶区乡瑶族特色美食获得二等奖，景洪市基诺乡基诺族特色美食、勐海县勐阿镇拉祜族特色美食、打洛镇布朗族特色美食获得鼓励奖。

12 月 28 日，由州商务局主办，州餐饮与美食行业协会承办的“2011 澜沧江 · 湄公河流域国家文化艺术节”系列活动之——“酒店、餐厅特色菜和厨师技艺大赛”在景洪市龙舟广场举行。来自州内的恒盯宅傣家乐、阿卡老寨风味餐厅等 10 家餐饮企业参加活动。10 支代表队各推出 5 桌共计 50 桌佳肴，每桌 16 至 18 道菜，6 荤 10 素或 7 荤 11 素。活动设一等奖 1 名、二等奖 3 名、鼓励奖 6 名；烹调厨师一等奖 1 名、二等奖 3 名、鼓励奖 6 名。经过省、州美食专家评选，恒盯宅傣家乐餐厅获得一等奖，恒盯宅傣家乐餐厅厨师玉罕摘得烹调厨师桂冠。

〔**国际友好往来与合作**〕 7 月 21 ~ 22 日，应老挝南塔省工业与贸易厅厅长朋赛 · 占塔孙的邀请，州商务局局长刀宏率队访问南塔省工业与贸易厅，围绕双方建立商务合作工作机制举行第一次会议。会上，双方同意本着平等、互利共赢的原则，朋赛 · 占塔孙与刀宏共同签署《中华人民共和国云南省西双版纳州商务局与老挝人民民主共和国南塔省工业与贸易厅商务合作备忘录》，明确了双方合作的机制与合作的重点。

8 月 29 日，泰国南府农业与合作局局长率团到州商务局进行座谈。会上，南府代表团介绍了南府的基本情况，特别对龙眼、橡胶、酸角等南府农特产的种植、加工、销售进行了详细的说明，希望西双版纳州企业到泰国南府投资，特别是农业方面的投资。州商务局副局长李建设向南府代表团介绍了州情及对泰贸易的总体情况，希望双方加强合作，完善磋商机制，共同推进贸易发展。西双版纳海关、西双版纳出入境检验检疫局、西双版纳进出口商会负责人及部分企业代表参加了座谈会。

〔**2011 年全州商务工作会议**〕 3 月 17 日，州政府组织召开全州商务、外事侨务、政务中心、招商、供销工作会议，会议由州政府副秘书长李兵主持。副州长李江虹出席会议并做重要讲话，省商务厅巡视员陈汉皋、省供销社副主任段继红以及州人大副主任张美兰、州政协副主席玉甩亲临会议指导，三县（市）人民政府、州内相关单位、中央和省驻州单位及军警负责人共 168 人参加会议。会上，州商务局局长刀宏作《团结拼搏，乘势

而上,确保“十二五”商务工作实现开门红》工作报告,《报告》总结了“十一五”及2010年全州商务工作取得的成绩和经验,深刻分析“十二五”商务发展面临的机遇和挑战,明确“十二五”及2011年商务发展思路和工作目标,提出“推进流通业发展,提升流通现代化水平;扩大对外贸易,转变增长方式;积极‘走出去’,更广泛地参与国际经济合作;积极有效利用外资,提高利用外资质量;完善口岸服务动能,提高口岸综合效益;办好‘边交会’,发展‘会展经济’;加强部门协调配合,形成发展合力;加强自身建设,打造高效商务队伍”等八项措施,确保“十二五”商务发展开局良好。李江虹在肯定“十一五”商务工作取得明显成效的同时,对努力实现全州商务“十二五”良好开局提出“要提升保障内贸流通水平,要提高外贸发展水平,要继续完善口岸基础设施,要促进境外投资合作”等工作要求,并强调要加强领导、落实责任,确保商务工作顺利推进。陈汉皋在充分肯定西双版纳“十一五”,特别是2010年商务工作取得较大成绩的同时,希望西双版纳再接再厉,用科学发展观统领开放大局,并建议商务工作既要维饶GDP,更要解决民生问题,改善民众生活,要加强与周边的联通,发展服务经济,提升西双版纳经济实力。

〔**全州商务新闻发布会**〕 5月9日,州商务局组织召开全州商务新闻发布会。新闻发布会由副局长李建设主持。云南日报、云南信息报、民族时报、春城晚报等8家省驻州及州内主要新闻媒体记者,浙江商会、湖南商会、重庆商会等8家省外驻州及州内商会、协会,西双版纳华美进出口贸易有限公司、西双版纳精谷边贸有限责任公司、西双版纳大兴有限公司等10家外贸、外经、商贸流通企业及勐海县政府等有关部门负责人共计50余人参加了发布会。会上,州商务局局长刀宏和副局长邓绍华分别向新闻媒体及参会人员介绍了州商务局的工作职责、近期将开展的东盟展会以及“十二五”期间全州口岸规划建设项目情况,并对记者提问进行解答。副州长李江虹,州委宣传部副部长、州委外宣办主任、州政府新闻办主任段金华应邀出席了发布会。

〔**成立西双版纳州贸促会**〕 9月16日,中国国际贸易促进委员会云南省分会西双版纳州支会(简称“西双版纳州贸促会”)挂牌成立大会在景洪召开,会议由州政府副秘书长肖华主持,省贸促会副会长范道同、州人大副主任张美兰、副州长李江虹、州政协副主席李永义、州商务局局长刀宏及州有关部门、商会、企业代表参加会议。李江虹指出,贸促会是推动外向型经济发展和开展对外交流合作的重要平台,在促进对外贸易、实施“引进来,走出去”战略和开展对外经济贸易交流与合作等方面,具有独特优势和重要作用。范道同就州贸促会如何开展工作提出了意见和建议,并同张美兰、李江虹、李永义等州领导一起为州贸促会成立揭牌。

〔**办公自动化系统项目建设通过验收**〕 11月2日,州商务局邀请州工信委、州纪委第三纪工委、州保密局、州档案局和IT产业专家组成鉴定小组对州商务局协同办公系统项目建设进行验收鉴定。会上,州商务局局长刀宏向鉴定小组介绍了项目建设背景和取得的实效。项目建设开发商(西双版纳恒创信息科技有限公司)向鉴定小组演示了协同办公系统操作流程。鉴定小组在听取项目承建商及建设单位的报告,查阅相关文档,现场查看系统各项功能模块演示的基础上,一致认为该项目建设理念先进,系统运行正常、安全、稳定;工作流程清晰、简洁;系统与office、电子交换系统无缝连接;具有文稿修改痕迹、灾难恢复功能;同时建设投资节约,打破了传统的办公模式,显著提高了办公效率,项目的工程实施思想和取得的实践经验具有示范意义,是全州近几年网络办公自动化实施项目成功的典型案例,取得的成功经验具有很好的推广价值,建议项目通过验收。

〔**全州2011年农超对接会**〕 11月18日,由州商务局、州农业局、州供销社主办,金版纳酒店协办的全州2011年农超对接会在景洪举行。州长助理刘鸿章、州政协副主席玉香伦和州检验检疫局、州工商联等部门领导应邀参加了对接会。刘鸿章指出,举办农超对接会,旨在通过产品展销、对接洽谈的形式,为农超双方搭建交流合作的平台,其对建设现代流通体系,统筹城乡市场发展,具有十分重要的意义。此次农超对接会吸引了来自州内三县(市)的89家超市、重要农产品生产及流通企业、餐饮企业和农民专业合作社的代表近200余人参加,其中超市4家、餐饮企业30家、农业重点龙头企业12家、农村专业合作社43家。对接产品有生鲜蔬菜类、瓜果类、粮油类、水产、家禽、养生保健食品类、山货等13个类别,近

300个品种的农产品及加工制品。对接会上，现场签约项目3项，签约金额530万元；另有数家餐饮企业与农民专业合作社达成了购销协议，协议金额200万元。

〔**州政府与省商务厅签署《共同实施“桥头堡”战略合作协议》**〕 11月26日，州政府与省商务厅在昆明签署《云南省商务厅与西双版纳州人民政府共同实施“桥头堡”战略合作协议》。州长刀林荫出席签字仪式并致辞。省商务厅厅长熊清华出席签字仪式并作《省州携手共建桥头堡》重要讲话。根据《合作协议》，省商务厅与西双版纳州将在“商务基础设施建设、现代流通体系、外贸转型升级、对外投资和经济技术合作、招商引资、

外向型特色产业发展基地建设、对外交流平台、窗口建设”等方面开展广泛的战略合作。签字仪式由省商务厅副厅长李极明主持。副州长李江虹代表州政府与副厅长朱晓阳代表的省商务厅签署了《云南省商务厅与西双版纳州人民政府共同实施“桥头堡”战略合作协议》。省商务厅主要领导及各处室主要负责人、州纪委书记李庆元、景洪市委书记马力勇、州人副主任张美兰等领导及州政府相关部门负责人出席了签字仪式。

〔**全州首批“家政服务工程”培训通过验收**〕 12月19日，州商务局、州财政局、州总工会等单位抽调人员组成“家政服务工程”验收小组对全州“家政服务工程”培训工作进行验收。州商务局副局长张林辉、州财政局副局长王琴芬、州总工会副主席朱平华、州商务局商贸服务管理科科长刘春丽、州财政局企业科科长周萍及“家政服务工程”培训工作承办单位西双版纳经济管理学校和州餐饮与美食行业协会负责人等人员参加了项目验收。验收组认真听取承办单位培训工作开展情况汇报，现场查阅了培训资料，并随机电话联系参训人员了解培训情况。通过检查，验收组认为，全州首次开展的家政服务培训内容全面丰富，符合培训大纲要求；培训学员信息资料真实齐全；抽查学员基本掌握有关专业技能操作，能够满足家政服务工作的实际需要；参训的340名学员均签订了劳动合同，95%以上的学员通过不同渠道实现了就业，符合验收要求。验收组要求，对照验收组提出的意见建议及时做好材料的细化审核修改完善工作；对培训学员建立档案，并对学员的就业情况做好跟踪了解；积极拓宽培训宣传渠道，多途径宣传培训宗旨，让更多的家政服务人员、待业人员参与到培训活动中来；积极开展培训需求调查，创新培训内容，结合地方民族特色、餐饮美食等开展独具西双版纳特色的家政培训。

（《商务管理》撰稿：杨家祥）

口岸管理

责任编辑:李　跃

口岸建设

〔**口岸管理**〕　认真贯彻落实有关加快推进通关便利化的政策措施,加快口岸(通道)基础设施建设,理顺口岸管理体制,发挥州、县(市)两级口岸工作联席会议制度功能,加强部门配合协作,制订和实施口岸工作激励机制和考核办法,推行“5+2”工作制度、24小时预约通关或备勤工作机制,以外向型经济为龙头的口岸经济持续发展。

2011年,州内4个国家一类口岸(含240通道)进出口货运量累计达147.07万吨,比上年下降9.8%;其中,出口36.61万吨,增长13.8%;进口110.46万吨,下降15.5%。口岸出入境人员累计达128.75万人次,比上年下降8.3%;其中,出境64.46万人次,下降8.5%;入境64.29万人次,下降8.2%。口岸出入境交通工具累计达43.56万艘(辆、架)次,比上年增长3.6%;其中,出境22.00万艘(辆、架)次,增长2.9%;入境21.56万艘(辆、架)次,增长4.3%。

〔**口岸联席会议第三次全体会议**〕　3月9日,州口岸办组织召开口岸联席会议第三次全体会议,会议由州委秘书长李记臣主持,副州长李江虹、副州长马维纲以及州、县(市)口岸办、三县(市)政府、州委办、州商务局等部门负责人共计40余人参加会议。会上,州商务局局长刀宏代表州口岸办作《西双版纳州对外经济贸易和口岸发展情况》主题报告,并对《第二次中老泰边境地区三国六方合作会议》、《全州口岸联席会议第一、二次全体会议有关决定事项落实情况》和《2010年度西双版纳州口岸目标考核情况》等进行通报。李江虹就“边民互市场建设、西双版纳机场国际客货运输、加工基地建设、口岸通关便利化”等4大版块、7个方面、11个小项《议题》提交会议讨论。州发改委、三县(市)政府等部门负责人对涉及部门《议题》进行讨论,并提出具体的意见或建议。李记臣要求,认清形势,增强信心,要看到发展的优势,增强进一步做好口岸工作的信心,增强筑牢桥头堡主阵地的信心;突出重点,狠抓落实,要认真做好3个规划(开放活州、口岸发展、对外经济贸易等3个规划),要抓好3个建设(四个基地建设、边境贸易圈和边境旅游圈建设),要抓好5个边民互市场建设(今年动工3个、明年动工2个),要落实好3项政策(边民互市的优惠政策、国家对边境地区转移支付政策、通关便利化措施的落实);团结协作,狠抓落实,树立创新意识,增强开拓创新的力度,树立责任意识,增强发展的紧迫感,增强团结意识,形成整体合力。

〔**口岸联席会议第四次全体会议**〕　11月29日,州政府组织召开西双版纳州口岸联席会第四次全体会议,会议由副州长李江虹主持,州委秘书长杨涛出席会议并作重要讲话,三县(市)政府及口岸办、磨憨经济开发区管委会、景洪工业园区管委会等36个部门、50余人参加了会议。会上,州商务局局长刀宏作《西双版纳州对外经济贸易和口岸工作发展情况报告》,总结了2011年1~10月全州对外经济贸易和口岸发展取得的业绩,阐述了下一步工作的思路和重点。勐海县政府、磨憨经济开发区管委会、勐腊海关、勐腊出入境检验检疫局、人民银行西双版纳中心支行等单位负责人针对出口农产品质量安全示范区及边民互市场建设、中老跨境经济合作区建设、中泰水果贸易发展情况、进口植物种苗指定入境口岸申报工作、进出口货物人民币结算退(免)税试点等工作进行交流发言。景洪市政府、勐腊县政府、景洪工业园区、州港务局、州发改委、州财政局、西双版纳机场等单位负责人对各自负责的重点项目推进情况作了通报。杨涛强调,各级各部门要紧紧抓住国家新一轮西部大开发的深入推进和桥头堡建设的全面实施,围绕桥头堡主阵地建设,抢占先机、先行先试,着力做好“通道、基地、平台、窗口”四篇文章;要突出重点,狠抓落实,确保今年各项任务的圆满完成。李江虹要求,力争全年对外经济贸易总量保持两位数增长,力争完成双20项目确定的目标,力争抓好联席会议确定事项的落实,力争启动磨憨—磨丁跨境经济合作区建设、推动跨境经济合作区建设取得实质性进展;超前谋划好2012年工作意见,抓紧做好"十二五"全州口岸建设规划的报批及印发工作;成立进口植物种苗指定入境口岸申报工作领导小组;州口岸办要与州财政局对接,讨论修改《西双版纳州促进对外贸易发展奖励(试行)办法》(征求意见稿);各级各部门要紧密配合,各司其职、各负其责,形成全力,共同把口岸工作做好。

(《口岸建设》撰稿人:杨家祥)

西双版纳出入境检验检疫局

〔概况〕 2011年,西双版纳检验检疫局围绕云南局党组提出的抓住云南"两强一堡"建设的重大机遇,持续推行"一岗双责"责任制,深入推进"3+1"防线、风险分析长效机制和综合行政管理体系建设,坚持"在提高六个方面有效性上下功夫见实效"工作思路。以从严治检、强化监管为着力点,抓质量、保安全、促发展、强质检,大力推进法制质检、科技质检、和谐质检建设,较好地完成了各项工作任务,为促进地方经济社会全面协调可持续发展做出了积极的贡献。

2011年1~12月,共完成出入境货物检验检疫2818批次,货值9306万美元,其中,出境货物检验检疫705批次、货值1787万美元,入境货物检验检疫2113批次、货值7519万美元。检验检疫不合格货物45批次,789万美元。

共检验检疫边民互市贸易货物22090批次,货值11765万元。其中,出境15302批次,货值7630万元;入境6788批次,货值4134万元。

查验出入境人员36.73万人次,其中出境18.23万人次,入境18.50万人次,发现发热症状个案2例,均排除甲流感嫌疑。对出入境人员健康检查3666人次,进行艾滋病监测3723人次,发现病例325例,其中检出澳抗阳性294例,检出艾滋病8例,性病5例,其他传染病18例。预防服药10127人次。

检疫出入境交通工具113834辆次/艘次/架次,其中,汽车113315辆次,船舶208艘次,飞机311架次。

口岸卫生监督食品经营单位、餐饮单位和服务行业46家,签发卫生许可证46份;对口岸卫生监督进行从业人员体检58人次,发现病例2例,发放从业人员健康证58份。口岸辖区无食品投诉及食品中毒事件。

实验室检测业务:技术中心实验室2011年对各部门送样、企业委托样共计检测255批次、检测样品624(个)、检测项目1337(项)。其中化矿检验室检测115批次、116(个)样品、142(项)项目;食品检验检测103批次、448(个)样品、1095(项)项目;植物检疫检测37批次、60(个)样品、100(项)项目。

〔"创先争优"活动〕 围绕"人民质检、为民服务,以质取胜、创先争优"主题实践活动,创先争优活动有序推进。扎实有效地开展"四亮四创四评"(即:亮流程、亮身份、亮职责、亮承诺;创优质服务之星、创流动红旗标兵、创党员示范窗口、创人民满意支部;自己评、群众评、领导评、组织评),学习杨善洲事迹,与新城社区签署党建共建协议,走访慰问社区生活困难党员等为民服务创先争优一系列活动。建党90周年活动中,西双版纳局党支部被州直机关工委授予2011年先进基层党组织称号,1名支部委员荣获优秀党员称号;4名党员受到云南局党组授予的优秀党员、优秀党务工作者荣誉称号。完成3次"授旗评星"活动,5个部门获流动红旗,15名干部职工评为星级。

〔《合作备忘录》的签署和落实〕

(1)认真推进云南检验检疫局与西双版纳州政府签署的《合作备忘录》落实,主动向政府分管领导请示汇报,加强与商务等部门商议,形成《合作备忘录实施意见》,2011年5月27日以政府文件形式发文执行。在备忘录框架下,检验检疫部门有效地支持地方外贸发展,得到了地方政府和企业的好评,同时地方政府在经费等方面也给检验检疫部门支持,如,基本建设项目资金100万元、协检员补助47万元。

(2)与西双版纳职业学院,农垦医院,海事、港务局签署了《合作备忘录》,加强合作,优势互补,提高了工作质量。与海事、港务局合作,进一步推动了"两个平台"建设。

(3)开展质量月活动,深入出口生产企业开展一对一的法律法规、产品质量安全培训,全面帮扶、指导出口生产企业建立食品安全信用档案,落实企业主体责任,确保食品安全。

(4)认真开展好2个专项工作,一是开展严厉打击食品非法添加和滥用食品添加剂专项工作;二是开展打击侵犯知识产权和制售假冒伪劣商品专项行动。主动向地方政府汇报,加强与成员单位合作,及时上报开展专项工作情况,特别是在食品市场监管和打击食品非法添加和滥用食品添加剂专项整治工作中，工作作风扎实，成效显著，得到地方政府的肯定。同时在西双版纳州《食品安全信息》中，每期都刊登西双版纳检验检疫局提供的信息。

〔“3＋1”疫情疫病防线建设〕 西双版纳检验检疫局把云南边境疫情疫病“3＋1”防线机制建设作为当前重要工作来抓，一是加强“3＋1”理论的学习和宣传，主动向地方党委、政府及相关部门宣传“3＋1”理论和送专著，先后向有关部门和领导赠送《“3＋1”防线建设》读本50余本，同时加强对边境地区村民法律法规宣传教育，提高边民法律法规意识；二是主动加强与相关部门合作，建立联防联控协作机制，与西双版纳州卫生局联合下发《关于加强边境口岸疾病预防控制工作合作的通知》、《关于加强入境发热病例或可疑传染病病人应急处置、转诊、接收工作的通知》，组织开展霍乱、疟疾、登革热、伊蚊监测等与“3＋1”有关项目工作，参与并落实景洪市、勐海县兴边富民工程防治艾滋病项目工作；三是联防联控，各司其职，开展严厉打击非法入境动物及其产品行为，配合公安部门做好境外遣返人员工作。

1～12月，对境外遣返的38批共105名贩吸毒人员进行免费传染病监测，检出乙肝阳性6例、丙肝3例、梅毒1例、HIV初筛阳性5例（确诊1例）。有效促进了西双版纳州对外贸易健康、有序、持续发展，极大保护了地方经济安全和人民群众健康。

1～12月，口岸截获非法入境物及旅/邮检截获违禁物327批次、512头/1022吨、1483万元，其中非法入境动物及其产品50批次、512头/758吨、1357万元；非法入境植物产品26批次、180吨、49.33万元；其他非法入境柴油、废旧塑料、废铁、废纸、摩托车、臭胶、食用油、化妆品26批次、82吨、72.96万元；旅/邮检截获入境违禁物225批次、2.2吨、3.6万元。

共截获进境植物疫情881批次41种类1058种次，其中，截获检疫性有害生物1种41种次，主要是进口木材截获赤材小蠹蠹41种次。

〔出入境监管机制建设〕 一是重点抓源头和重防范的检验检疫监管机制；二是帮扶建立以企业为责任主体的责任机制；三是重点探索建立社会关注机制，努力形成人人关心质量安全、维护质量安全、监督质量安全和享受质量安全的社会环境；四是重点探索建立口岸和内地局（如：红河局）协作机制，进一步加强检查合作，形成口岸和内地联合执法、共同把关的格局，严厉打击逃避检验检疫监管行为。

〔服务国家西部大开发和云南推进“桥头堡”建设〕一是积极争取地方政府资金支持，加大检验检疫基础设施建设，提高服务“桥头堡”建设能力，提升检验检疫对外服务形象；二是加强对外贸企业人员培训工作，提高企业竞争能力，2011年10月27日，举办了一期以贸易及生产企业为对象的原产地证知识、检验检疫政策法规培训班。对帮助企业用好各项优惠贸易政策，获得国外减免关税待遇，使自贸区优惠政策落到实处起到了积极的推动作用；三是对进出口重点商品（香蕉）质量状况进行分析，提供决策依据。

〔法治质检建设〕 一是开展好口岸卫生行政许可工作，协助省局做好一般贸易进境动植物及其产品的检疫审批和替代种植特许审批工作；二是深入开展纪律月教育活动，邀请西双版纳州纪委第三纪工委书记刀玲给全局干部职工上廉政党课，加强对党员干部廉政从政教育；三是贯彻落实好中央惠企政策，严格执行出口农产品、纺织品的减免收费规定。1～12月份减免出口农产品收费184批次，减免费用25412.00元；停收入境锰矿检疫处理费1389996.00元。

〔和谐质检建设〕（1）加强窗口建设。以报检受理窗口为平台，从基础设施建设、服务能力和内部管理三方面入手开展窗口建设。在全国质检系统开展的“窗口建设和证单质量提升”活动中，西双版纳局综合业务科检务窗口和1名检务人员分别被国家质检总局授予全国检验检疫系统“文明服务窗口”、“窗口服务文明标兵”荣誉称号。

（2）把检验检疫工作和维护边疆稳定，支持边防建设作为强素质、严把关、谋发展的核心工作，不断提高队伍整体素质和服务水平，树立了良好的检验检疫对外形象。在成都军区边防委员会第四次全体（扩大）会议上，打洛办事处主任荣获“十一五”期间边防建设“卫国戍边”先进个人荣誉称号。

（3）积极开展构建平安和谐西双版纳活动，在景洪市2010年度社会治安综合治理考核中，受到景洪市综治委表彰。

（4）深入开展精神文明创建活动，不断增强队伍凝聚力，树立良好的对外形象。一是开展公民道德规范教育和支持打洛办事处争创全国青年文明号活动；二是成功举办滇南片区（普洱、勐腊、西双版纳）检验检疫职工运动会，得到与会领导和同志们的肯定和好评；三是积极参加系统内、外组织召开的文体活动，取得优异成绩，提升单位形象。

〔监管服务〕（1）完善口岸通关查验监管模式。主要方式是简化办事程序，优化查验流程，改进检验检疫监管模式。针对国家质检总局对外经项下和境外罂粟替代种植项下出入境人员、物资和交通运输工具采取通关便利政策，对替代种植项下返销植物产品采取“境外预检、一次检验、分批放行”的管理模式，并积极推进“属地申报、口岸放行”的监管模式。

(2)结合企业诚信体系建设，加强对自理报检企业、代理报检企业和报检员的管理，做好报检差错评分登记工作和企业诚信评定工作。1～12月，西双版纳检验检疫局辖区新增自理报检单位备案30家，共计292家，完成企业诚信管理首次评定新增企业46家，共计完成175家，有电子申报企业26家；进口食品企业(收货人)备案23家；西双版纳局境外罂粟替代种植企业备案13家；出口食品卫生注册16家，出口食品基地备案15家。

(3)完成2011年报检员资格全国统一考核西双版纳分考区工作任务。

〔**公益活动**〕 ①云南省盈江发生了5.8级地震。干部职工积极参与捐款献爱心行动，捐款共计4550元。②认真开展挂钩扶贫工作。2011年，帮助解决大勐龙镇曼伞村委会布掌村民小组修建进村道路资金一万元，干部职工资助该村3名困难学生读书费用3600元。通过几年的共同努力，布掌村民的日子过得越来越好，居住环境一天天得到了改善，村民得到了实惠。

(《西双版纳检验检疫局》撰稿人：窦微静)

勐腊出入境检验检疫局

〔**概述**〕 2011年，勐腊出入境检验检疫局(以下简称勐腊局)围绕“抓质量、保安全、促发展、强质检”十二字方针和云南检验检疫局部署要求，大力贯彻落实“3+1”联防联控机制，深入开展创先争优活动，优化服务，狠抓落实，积极服务“桥头堡”建设，努力完成全年各项工作任务。

2011年1月至12月，勐腊局共检验检疫出入境货物1.46万批，货值6.06亿美元，批次和货值分别较去年同期增加41.7%和40.6%。其中出境货物9100批，货值2.9亿美元，批次和货值较去年同期分别增加56.8%和53.3%；入境货物3600批，货值1.7亿美元，较去年同期分别增加80%和71%。检验检疫不合格1167批，不合格金额0.73亿美元，较去年同期分别增加48.5%和52%。核查货证1858批，查验货值1.45亿美元，分别减少16%和增加11%。

〔**创先争优活动**〕 创先争优活动开展以来，勐腊局着力加强窗口建设，设立“党员先锋岗”、“党员示范岗”，举行“三亮三创”、“授旗评星”、“流动红旗”“多读书、读好书”活动，进行“三比三评”工作，使全体干部职工融入活动，形成你追我赶，创先争优的良好氛围，提高了服务质量和效率，推动了全局各项工作的向前发展。

2011年6月25日，勐腊局举办了热烈庆祝中国共产党成立90周年系列活动，“学党史，跟党走”知识竞赛，“青春献给党”演讲比赛等活动的开展温故了党的光辉历史，激励了干部职工的斗志，增强了加快发展的信心和合力。

〔**监管服务**〕 为加强出入境货物的监督管理，勐腊局积极探索，总结出报检、查验、监管和监测、监控相结合的监管模式，形成了强化产品质量管理，促进通关便利的具有勐腊特色的检验检疫监管新模式。为适应口岸对外贸易发展新形势，提升检验检疫管理水平，2011年6月1日至3日，勐腊局举办了有150多名对外贸易关系人参加的检验检疫管理培训班，通过培训，企业对检验检疫的相关法律法规及操作要求有了更深了解，对规范管理、共同把好进出口货物质量关、防止疫情疫病传进传出，维护国门安全起到了积极作用。

通过积极争取，2011年7月，勐腊局磨憨办事处配置了2只检疫犬，正式对磨憨口岸入境旅客携带物进行检疫查验，自此办事处建成了“人、机、犬”查验新模式，极大提升了通关的速度，提高了旅客携带物违法物品检出率。

通过委派专家对进境木材、粮谷、木薯、香蕉等植物产品实施进境前的技术咨询服务和除害处理工作，起到了从源头把好检疫关、有效拒疫情疫病于国门之外及缩短货物入境后检验检疫周期的良好效果。

〔**疫情监管**〕 2011年5月，老挝境内爆发椰心叶甲疫情，勐腊局在第一时间采取防范措施的同时及时向上级作了汇报，引起省政府和国家质检总局高度重视，省政府及时作出在全省积极开展防患椰心叶甲疫情的重要批示，国家质检总局也向检验检疫系统发布了警示通报。在上级指导下，勐腊局积极联合地方政府和驻区各单位，开展各项疫情防控工作，使防控椰心叶甲疫情取得了成效。

针对磨憨口岸国际赶摆场存在非法进境野生动物产品交易现象，为防止疫情疫病传入，勐腊局积极配合相关部门，加强了对非法野生动物产品交易行为的查处力度，经过近一个月的整治，磨憨口岸野生动物产品交易行为基本得到了遏制。

2011年，勐腊局联合海关、边防等部门公开销毁了冻鸡爪、鸡肫、冻牛肉、猪肚等非法进境动物及其产品共3批70.08吨，货值163.2万元。截获走私活水牛1批，共6头，2.25吨，案值2.25万元，经处罚教育后退运出境。

2011年5月18日，勐腊局与老挝农林厅启动了中国云南勐腊—老挝南塔边境地区实蝇监测项目。实蝇监测合作是云南边境“3+1”防线建设的重要内容之一，它的实施有助于了解和掌握中老边境地区检疫性实蝇发生情况，对加强边境地区疫情防控，保护双方农业生产和生态安全能起到有效的防范作用。

〔**服务地方经济发展**〕 1. 落实中泰水果协议，提高把关服务能力。

2011年2月，国家质检总局和泰国农业合作部草签了《关于双方经昆曼公路进出口水果检验检疫要求的议定书》，标志着中泰水果以一般贸易形式进出口，为确保议定书顺利落实，勐腊局做了大量工作：召开相关单位负责人座谈会，介绍议定书内容和有关要求，促成相关公司办理泰国水果进口检疫许可手续；制定进出口水果检验检疫工作程序，并在磨憨口岸增加了植检实验室，充实必要的仪器设备和植检人员；加强对口岸进出口水果生产、加工、存放单位及场地实施检疫备案管理，完善提升现场检验检疫场所、冷藏库和检疫除害处理设施等。1~12月，经磨憨口岸进出境的水果达15.54万吨、货值2.08亿美元，创历史新高。

2. 推动老挝玉米输华，促进地方贸易发展。

2011年8月15日，国家质检总局动植司与老挝农林部种植司顺利草签了《中老关于老挝玉米输华的植物检疫议定书》，同意老挝玉米按照议定书要求试行从磨憨口岸输往中国。在议定书草签之前，勐腊局做了大量工作，完成了老挝玉米输华的风险评估报告，制定检疫议定书等系列文件，并促成国家质检总局成立专家组赴老挝玉米产区进行实地考察，经双方多次会谈，最终对议定书达成共识。允许老挝玉米从磨憨口岸进口，对促进西双版纳对外贸易发展和磨憨口岸的繁荣发展具有积极意义。针对老挝玉米输华，勐腊局还开展对企业执行议定书的培训工作，如检疫许可证的办理、检验检疫有关要求等，确保了老挝玉米顺利安全进口。

3. 加强能力弥补不足，力促种苗口岸获批。

2011年8月，西双版纳州政府提出使磨憨口岸成为植物种苗指定入境口岸的目标。为推动该目标的早日实现，勐腊局按《进口植物种苗指定入境口岸条件和专业技术要求》，积极做好实验室建设、人员培训及实验室的认可评审准备、协助地方政府做好进口种苗指定口岸的规划建设，为磨憨口岸成为植物种苗指定入境口岸做了大量的前期准备工作。

4. 前移保健中心，促进口岸通关便利。

2011年10月，在上级有关部门及地方政府的支持配合下，勐腊局保健中心顺利迁移至磨憨口岸开展工作，为磨憨口岸出入境人员快速通关创造了有利条件，同时提高了口岸应对突发公共卫生事件的能力。 （撰稿人：曾建林）

西双版纳边防检查站

〔**概况**〕 2011年，西双版纳边防检查站，全面加强组织建设，深入贯彻落实《公安部关于进一步提高边检服务水平工作的意见》，扎实推进提高边检服务水平工作，深化正规化管理，深入推进爱民固边战略，加强执法规范化建设、信息化建设等工作，部队内部和谐、安全稳定，圆满完成了以边防检查为中心的各项工作任务。

〔**党建工作**〕 以创建模范党组织生活活动为契机，狠抓制度落实，加强组织建设，增强了党内生活的组织性和原则性，全面提升了党委（支部）领导部队建设的能力和水平。一是抓好“三学”活动。围绕强化党员干部党性观念，扎实开展“学党章、学党的文件、学经典著作”的“三学”活动，将“三学”作为党委中心组学习的重点内容，在学用结合上下功夫。二是丰富创建活动载体。在创建活动中，创新思路、丰富形式，以“五个一”深入推进创建活动，即一堂党课、一次党日活动、一次大讨论、一项实践活动、读一本“红书”，强化了党员意识，促进了组织建设。三是落实组织生活制度。严格落实党委（支部）各项制度，重点在创建模范党委（支部）会、民主生活会、党日活动上下功夫。细化了《模范党组织创建标准》，修改完善了《党委议事规则》，提升了落实组织生活的质量和水平。四是切实规范基本动作。从“规范党费缴纳、党员称谓、领导干部过双重组织生活”等基本动作做起，以具体动作、基本制度的逐项规范促进活动的深入开展。落实党务公开，不断拓宽党内监督渠道。

〔**思想政治工作**〕 西双版纳边防检查站根据新的形势和任务，结合部队全面建设、边防执法执勤、服务边疆经济社会发展中出现的新特点，认真贯彻落实科学发展观，高度重视政治建警，始终把思想政治建设放在部队各项建设的首位，坚持实事求是，与时俱进，坚持与人为本，增强工作的针对性和有效性，切实做到为保证部队安全、完成各项公安边防任务，为构建社会主义和谐社会提供强大精神动力和可靠政治保证。一是树立思想政治建设的首位意识。站党委高度重视加强思想政治建设，提高抓思想政治建设的责任感和紧迫感，把思想政治建设放在各项工作的首位，牢固树立首位意识，树立长期抓好思想政治建设的观念，长久打牢部队的思想政治基础。二是加强领导班子和各级党组织的自身建设。教育党委领导班子和领导干部肩负起加强部队思想政治建设的重大责任，重视思想政治建设，抓好思想政治建设。特别是党委书记要肩负起抓好部队思想政治建设、打牢部队思想政治基础、确保部队安全稳定的重大政治责任，持之以恒地抓下去，形成坚强政治领导核心，形成坚强的指挥部和战斗堡垒。三是加强思想政治教育。坚持主题教育和随机专题教育相结合；坚持用正确的思想理论教育官兵，加强对官兵进行革命理想信念和高尚道德情操的思想灌输，深入开展"四个教育"，抵制拜金主义、享乐主义、极端个人主义等各种错误思潮和腐朽思想文化对官兵精神支柱的冲击与影响，用正确的思想占领官兵的头脑，强化官兵的精神支柱，树牢自觉扎根边疆、立足本职、爱岗敬业、执法为民的牺牲奉献精神。

〔**部队管理**〕 2011 年，西双版纳边防检查站以科学发展观为指导，加强部队建设，提高部队战斗力，全面指导以边防检查为中心的各项公安边防工作健康发展。一是在精准落实上狠下功夫。严格对照规定，对部队"四个秩序"进行规范和统一，同时深入查找分析制约部队正规化建设的"瓶颈"和"短板"，从思想教育、条令学习、机关管理、安全工作、军事训练等五个方面入手，认真制定整改措施，坚持常抓不懈，有效促进了部队正规化管理水平的提升。二是在夯实基础上狠下功夫。以打基础、抓经常、求实效为主线，用条令"镜子"对照作风建设、用条令"尺子"衡量日常养成，切实将贯彻新条令推进正规化贯穿于各项工作的始终。同时，充分发挥督察、纠察效力，坚持"随时排查，就地整改"原则，认真规范会议、请销假、留营住宿、查铺查哨、点验等制度。三是在确保安全上狠下功夫。突出"人、车、酒、密"等重点环节的安全管控，以安全分析、安全检查为切入点，以消除部队安全隐患为关键点，狠抓事故预防，确保管理不脱节、监督不断层、管理不失控。进一步明确安全工作目标和责任，层层签订责任状，督促官兵绷紧安全"弦"，守牢安全"线"。在全范围内部署开展保密安全大检查活动，筑牢保密、网络信息安全"防火墙"，严防"一机两用"和失泄密问题发生。四是在深化效果上狠下功夫。按照"试点先行、梯次推进、以点带面、推动全局"的思路，紧密结合实际，坚持"把握共性规律，实施分类指导"原则，边试点，边研究，边规范，积极研究探索各类型单位正规化硬件、软件建设的指导标准，提高了部队正规化管理水平，为进一步推动部队全面建设奠定了坚实基础。

〔**边防检查**〕 扎实开展提高边检服务水平"大学习、大讨论、大宣传"活动和边检职业文化建设，不断提升服务标准、创新服务模式，强化定式养成，为出入境旅客提供更加人本、专业、安全的服务，口岸建设和边检工作取得了较大发展，实现了执勤零差错、执法零复议、服务零投诉。一是加强边检职业文化建设。把职业文化建设作为深化提高边检服务水平的重要举措，认真总结提炼"机场边检人精神"，征集"边检之歌"、彩铃、站训、誓词、服务箴言等，建立了"七位一体"的边检职业文化体系，每月进行"文明使者"评比活动，增强职业认同感，推动边检工作向更高层次迈进。二是优化通关环境，提供精细服务。积极应对云南"桥头堡"建设对大通关、大服务的要求，加大对硬件设施的改造，投入经费 12 万元，完善硬件设施，规范各类标识标牌，优化服务环境。同时，深入开展职业精神教育和"情景模拟"活动，不断强化服务意识和定式养成。在口岸执勤现场设立"边检网吧"，配设连接互联网计算机，为旅客查询出入境相关信息提供方便。结合口岸实际，开设"绿色通道"、首问服务、公开服务、监督服务、弹性服务等服务承诺，为出入境旅客提供人性化、亲情化、个性化服务。三是严密口岸查控。针对今年重大敏感节日较多的实际，加强口岸安全形势教育和风险评估，加强口岸处突演练，严格查控程序，严把人证对照关、录入关和监管关，杜绝了漏检漏控和错阻错放事件发生，有效防止了各种违法犯罪分子潜入潜出。全年未发生任何违法违纪案件和执勤事故，出入境旅客满意率达到 99.98%。

〔**爱民固边战略**〕 积极开展"大走访开门评警"活动。主动走访驻地党委政府和人民群众，向驻地群众及出入境旅客发放法律法规宣传单 500 余份，现场解答群众疑难问题 100 余人次，收集对边检工作有建设性的建议 6 条。投入 20000 余元为曼丢"爱民固边模范村"捐赠了六台电脑、两台打印机。深入驻地周边慰问困难老党员、孤寡老人等 21 人次，向特困家庭赠送慰问品并捐款 6000 余元；组织官兵为因家庭困难，无法支付巨额手术费的祈某捐款 5000 余元；为结对帮扶的景洪一中学生赵建华捐款6000余元。

〔禁毒工作〕 加强机场阵地控制，加大情报信息收集，积极加强毒品查控工作。先后在版纳机场成功查获毒品案件3起，抓获贩毒嫌疑人3人，缴获毒品6449克。

〔边防维稳〕 西双版纳边防检查站围绕“两节”、“两会”及重大敏感节点，精心组织、周密安排，全警动员，以边防检查勤务实用训练为突破口，掀起军事业务训练和岗位练兵高潮，提高官兵的素质技能。加强与驻地公安机关、国家安全部门和口岸联检单位的合作，全力维护好口岸的安全稳定，圆满完成了“两会”、大运会、西藏解放60周年、昆交会、版纳边交会等重大安保工作。

（《西双版纳边防检查站》撰稿人：达英姿）

景洪港边防检查站

〔概况〕 2011年，全站认真做好深圳大运会、建党90周年等重大节点边防安保，妥善处置湄公河“10·5”事件，优质高效完成“12·10”湄公河四国联合巡逻执法等边检工作，应对缅甸“3·24”地震，侦破“11·17”特大毒品案件，创建活动、正规化管理、军事业务训练、后勤保障、爱民固边等成效明显，公安部孟建柱部长、孟宏伟副部长，部局郭铁男局长、傅宏裕政委，总队王洪光总队长、刘本红政委，云南省李纪恒省长、省政法委孟苏铁书记等视察、慰问官兵，充分肯定工作。

〔维护和谐稳定〕 妥善处置湄公河“10·5”事件。快速反应、高效指挥，领导靠前指挥，强化情报收集研判。协助做好水上支队组建，完成孟建柱部长等领导视察警卫和联合巡逻执法边检。总队简报反映了处置“10·5”事件的突出成绩。配齐执法队伍，加强法制培训宣传，严格规范办案程序，强化内外部监督，确保公正廉洁执法。聘请法制监督员11人，办理行政案件6起17人，查获自制火药枪1支，抓获嫌疑人1人。缉毒工作再创新高。查获毒品案件5起，缴获各类精制毒品72.611千克，抓获犯罪嫌疑人22人，缉毒数量全省边检站排名第二，其中“11·17”特大毒品案件为全总队当年单宗毒品案件缴毒数最高。

〔圆满完成湄公河联合巡逻执法边检工作〕 圆满完成湄公河四国联合巡逻执法边检，加强边检业务建设，提高边检服务水平，确保顺畅通关。加强学习教育培训。开展“大学习、大讨论、大宣传”活动，贯彻公安部《意见》精神。加强业务培训考核和勤务督察，营造边检职业文化浓厚氛围，夯实边检业务工作根基。打造水港边检服务品牌。结合实际规范服务流程，固化服务定式养成。发放《出入境须知》、《告船长书》、《登陆指南》等服务手册。与国保、国安、海事、检验检疫等部门建立协作机制。以大走访开门评警和创建爱民固边模范船企活动为载体，加强与服务对象交流互动，广泛走访征求意见，服务水平明显提高。扎实做好重大活动边检工作。先后优质高效完成了湄公河“10·5”事件滞留泰国船舶回国、湄公河四国联合巡逻执法等重大活动边检工作。2011年检查出入境人员28531人次、船舶4722艘次、货物20万吨。边检工作实现零事故，口岸安全畅通。

〔爱民固边战略成绩突出〕 参与社会主义新农村和澜沧江——湄公河文明航道建设。开展大走访开门评警活动和“大回访”，固化走访服务群众长效机制。召开开门评警法制监督员座谈会。建爱民书屋免费开放。与金三角旅游航运公司、景洪红星航贸有限公司签订共建协议，开展全省首批“爱民固边模范船企”创建，打造水港特色爱民固边品牌。义务疏通站部营区附近居民水渠100米。七一前慰问驻地老党员2名，发放慰问金1000元。走访群众618人次、出入境旅客820人次、船商79人次、船员88人次，党委成员参与走访18次。发放春雨助学基金8人4500元，无偿献血9300毫升，处理突发事故20余起，救助受伤群众30余人，发放评议表220份，群众满意率达100%，感谢信4封。围绕“感恩伟大祖国、维护民族团结、共建和谐校园”这一主题，与关累国门小学开展“警营开放日”、“法制教育”、“爱国主义教育”等共建活动，开展校园安全检查及法制教育19场次、帮教问题学生6名。

〔部队全面建设成效明显〕 以创建活动和正规化管理为主要抓手，加强政治政治建警和综合保障能力建设，狠抓两防工作，加强政治建警和综合保障，狠抓两防工作。党委、支部建设进一步规范，核心领导作用和战斗堡垒作用充分发挥。加强思想政治建设。开展“发扬传统、坚定信念、执法为民，践行军人核心价值观”主题教育活动和反腐倡廉主题教育集中整治活动，狠抓干部队伍建设和纪检监督，部队零违纪、零案件。举行纪念建党90周年文艺晚会等文化活动10场次。篮球队成功晋级总队“边防杯”甲级队。深化正规化管理。开展试点建设，召开正规化管理现场会，严格规范日常管理。开展大练兵活动，举行新条令知识竞赛和军事大练兵。狠抓综合保障建设。严格执行财务管理规定，部队经费标准化管理提升，经费保障作用发挥明显。抓好机要、保密、通信、技术、枪弹、车辆、军需、卫生等日常保障，确保绝对安全和工作需要。抓两防工作。落实安防制度措施，“人、车、枪、酒、财、章、水、火、雷、电、网络、机要、保密”等为重点，确保安全稳定。

（撰稿人：杨　骞）

磨憨边防检查站

〔**边检服务**〕　2011年，按照《公安边防部队提高边检服务水平三年规划》的要求，大力开展提高边检服务水平活动，围绕“桥头堡”建设，多项措施促进通关便利化，努力提高服务地方政府和经济发展的能力。先后被西双版纳州州委、州政府授予“文明单位”荣誉称号，被磨憨管委会授予2010年度“支持磨憨口岸工作先进单位”。

1. 深刻学习《公安部关于进一步提高边检服务水平的意见》精神，大力加强“三大支柱”建设。

采取到站部集中上大课与小组学习、科队自行上小课相结合的方式开展教学；印制了《意见应知应会手册》和《意见解读本》，适时开展小组讨论，以答题竞赛、知识竞赛、征文比赛、主题演讲、辩论赛等形式，不断掀起学习贯彻公安部《意见》的高潮，确保学习在内容和效果上的落实。

2. 建立和完善提服长效机制。

坚持每月对口岸安全风险进行评估、预测，每月召开一次业务研讨会；积极改进业务培训机制，实行执勤科队换勤自主学习和全站集中培训相结合的模式；不断创新服务新举措，实行24小时通关、5+2工作日、每日19时至21时晚加班、口岸流量适时通报制度，设立“应急通道”、“亲情通道”、“绿色生命通道”、“大型旅游团通道”，向社会公布边检服务热线和服务承诺；推行网上报检制度，不断提高口岸通关效率和通关便利化。截至2011年10月31日，共检查出入境人员63万余人次，车辆18万余辆次，旅游团队1200余团3万余人次，团队人数与去年同期相比上升了0.81%。

3. 营造边检职业文化建设浓厚氛围。

积极开展边检职业文化试点工作，广泛征集边检职业文化建设金点子，确立了“绿色磨憨、和谐边检”的职业文化理念和站徽、站训、誓词等文化要件，创办了边检职业文化报、边检职业文化广播站，制作了边检职业文化宣传画册、文化衫，组建了边检职业文化运动队、文艺小分队、兴趣小组，开设了边检职业文化论坛和专栏，设置了边检职业文化电话彩铃，建造了边检职业文化宣传栏、灯箱、板报，形成了网络、报纸、广播三位一体的宣传阵地，营造了浓厚的边检职业文化氛围。并成功承办了在勐腊召开的云南省推进边检职业文化建设座谈会，学习了友邻单位的先进经验，展示了全站边检职业文化建设的成果。

4. 拓展边检合作机制。

在坚持与老挝磨丁公安检查站每季度召开一次业务会谈、适时会晤、定期会哨和边检联合巡逻的基础上，全面加强与老挝警方执法工作合作的广度与深度；组织了两期对老挝北部四省警察边防检查业务干部培训，加强了中老两国边检机关业务交流，巩固和增进了中老两国传统友谊。

〔**禁毒斗争**〕　针对毒品由滇西南向滇南渗透的新形势，站党委高度重视，周密部署，准确调整斗争策略，科学调配警力，加强口岸阵地控制，始终保持打击毒品犯罪的高压态势。大力加强与公安、解放军边防部队、安全机关的协调合作，建立健全联动机制，形成了点、线、面三位一体的立体毒品防护网。2011年全年，查处和劝返各类非法出入境人员120余人，破获毒品案件4起5人，缴获毒品共32.911千克。被勐腊县县委、县政府评为“2008～2010年禁毒人民战争先进集体”。

〔**“大走访”开门评警活动**〕　以走访评议为契机，主动向地方党委、政府汇报工作，通过召开社会监督员座谈会、组织开展“警营开放日”、边检工作问卷调查等形式，主动征求意见和建议，及时完善和改进存在的不足，不断满足地方党委政府和人民群众的新要求、新期待。共走访县委、县政府10人次，磨憨管委会16人次，出入境旅客412人次，商户42家78人次，发放大走访开门评警活动征求意见表308份，召开社会监督员座谈会3次，收集群众对边检工作的意见和建议5条，整改5条。

〔**爱民固边工作**〕　2011年，磨憨管委会将爱民固边战略纳入“平安磨憨”创建规划，继续资助磨憨小学、勐腊民族中学20名贫困学生，为驻地中学800余人次义务开展军训7天，为辖区和驻地700余人次开展法制、毒品宣传，联合磨憨医院为300余群众开展送医送药义诊活动。

（《磨憨边检站》李跃根据磨憨边检站上报资料整理）

打洛边防检查站

〔**党建工作**〕　坚持抓创建带队建，以创建模范党组织生活活动为突破口，进一步加强部队党建工作，各级班子能力建设得到有力加强。党组织的先进性、战斗性、原则性得到充分体现，党员主体意识和党性观念明显增强，党委核心领导、党支部战斗堡垒和党员的先锋模范作用充分发挥，以党建为龙头引领部队全面建设成效凸显。站党委班子被总队评为优秀支队级党委班子，2 个基层党支部分别被公安部边防局评为创建活动标兵党支部和先进党组织，3 名个人分别被总队评为优秀主官、优秀党务工作者和优秀党员，1 个单位被公安部边防局评为基层建设标兵单位并荣记集体三等功，一个单位被公安部边防局荣记集体二等功一次。

〔**边境安全工作**〕 以维护边境和口岸安全稳定为总目标，严格落实边检勤务规范和查控工作规范，严格人证对照、证件甄别和信息资料录入，大力推行“弹性”执勤模式，适时增派执勤警力，加强出入境人员、行李物品、交通运输工具及其载运货物的双向查缉，严防漏检、漏控，严防枪支弹药、爆炸违禁物品走私入境，严防违禁物资偷运出境，共查获网上追逃人员 4 名、民运分子 1 名。加大边境整治力度，坚决打击涉枪涉爆、涉毒涉赌等各类跨境犯罪活动，共查获非法出入境案件 409 起 501 人；查获民用火药枪 2 支、射钉枪 1 支、射钉弹 196 发、军用手枪弹 14 发；查获国家一、二类保护动物 3 吨，为“十二五”开局之年打造了平安和谐的边境社会环境。严厉打击毒品犯罪活动，全年共出动警力 334 组 2253 人次，查获毒品案件 96 起，抓获犯罪嫌疑人 113 人，缴获毒品 182.9179 千克，同比去年分别上升 24.68%、3.67%、74.33%，缉毒成绩创历史新高，全年缉毒成绩在全省边检站排名第一，被省委省政府评为禁毒人民战争先进单位。省公安厅和总队领导先后 5 次作出重要批示，对全站禁毒和边境维稳工作给予了充分肯定。

〔**边检服务**〕 立足服务“桥头堡”建设大局，深入学习贯彻公安部《意见》，大力加强“三大支柱”建设，不断创新边检管理模式，积极推行近距离温馨服务模式和“阳光早市”、“橄榄绿导游”和“求学直通车”等服务举措，深受旅客欢迎，共出动警力 2516 组 18249 人次，查验出入境旅客 40.3 万余人次、交通运输工具 13.4 万余辆次、货物 7.5 万余吨；共服务早市边民 4 万余人次，境外求学儿童 2 万余人次；为 1200 余吨鲜活农产品提供优先检录和开通“鲜货优先”绿色通道，为急、难、危、重病旅客提供“绿色通道”服务 41 起 57 人次，旅客满意率达 99.98%，1 个单位被总队评为边防执勤先进单位。

〔**警政警民工作**〕 紧紧围绕党委政府满意，人民群众满意的目标，以大走访“开门评警”活动为平台，全面深化爱民固边战略，站党委成员先后 20 余次到州、县、镇党委政府及口岸联检部门走访汇报工作，走访出入境旅客 300 余人、沿边村寨群众 115 户 413 人，开展法制宣传 14 场次，发放法律法规宣传单 4000 余份，赢得了党委政府和出入境旅客对边检工作的肯定和支持。走访慰问困难老党员、孤寡老人、残疾人和贫困儿童 21 人，赠送慰问品和慰问金价值 3 万余元；为勐海县友谊学校赠送了 40 套价值 3 万元的课桌椅，为驻地学校师生军训 800 余人次，搭建防震帐篷 30 余顶，受到驻地党委政府和人民群众的好评，获赠锦旗 2 面，被州委、州政府授予“文明单位”称号。

〔**部队建设**〕 坚持按纲建队，坚持从严治警，建立和完善各项规章制度 27 个，投入经费 20 余万元用于部队正规化建设，召开“贯彻新条令深化正规化管理现场会”，深入开展贯彻新条令深化正规化“大练兵”活动，使条令条例从制度形态的要求转变为官兵的思想观念和行为习惯，部队“四个秩序”进一步正规，安全局面进一步巩固，正规化管理水平不断提升，被总队评为支队级安全工作达标单位。大力培树“严格公正规范、理性平和文明”的执法理念，严格案件审核审批，规范执法办案程序，落实执法监督检查。邀请公安机关、检察院业务骨干开展培训授课 4 期 275 人次，60 名干部通过了省公安厅组织的执法资格等级考试，执法规范化建设得到进一步加强。投入经费 13 万余元，开通了高清会议系统和数字专网电话，安装了程控交换机和装备车辆 GPS 卫星定位系统，在营区重要部位安装了监控器，在口岸执勤现场和执法办案区安装了 16 套拾音装置，科技强警和信息化建设水平明显提高。

〔**政治工作**〕 坚持政治建警、文化育警、素质强警，深入开展“发扬传统、坚定信念、执法为民、践行军人核心价值观”主题教育，认真学习十七届六中全会和胡锦涛总书记在庆祝建党 90 周年大会上的重要讲话精神，广泛开展向姚元军和陈锡华烈士学习活动，引导官兵始终做党和人民的忠诚卫士，被总队评为主题教育先进单位。积极开展心理疏导和“个别人”帮扶教育工作，健全完善官兵心理健康档案，建立部队、家庭、社会三位一体的思想政治网络，准确把握官兵思想脉搏。投入经费 8 万余元，建成“警营绿色”网吧、电话吧和多功能厅并投入使用，添置部分生活和文化娱乐设施，举办警民联欢晚会 2 场次，着力加强警营文化建设。建立干部竞争激励机制，搭建干部积极向上的平台，全年共提拔使用年轻干部 8 人，4 名入警大学生干部走上科队领导岗位，干部队伍整体素质明显提升。紧紧围绕中心和重点工作开展新闻宣传工作，不断扩大部队影响力，连续三年被总队评为政工信息先进单位，连续两年被总队评为新闻宣传工作先进单位。严格落实领导干部述职述廉和重大事项报告制度，建立军政主官责任制和党委成员联系点责任机制，落实"一岗双责"廉政责任，站军政主官与党委、纪委班子成员集体谈心谈话4次，为5名团以上领导干部建立廉政档案，对8名新任领导干部和6名学员进行任前廉政谈话。建立廉政文化长廊，播放警示教育片12场次，受教育官兵750余人次，进一步筑牢官兵拒腐防变和廉政勤政的思想防线。充分发挥典型示范引领作用，全年共有10个集体立功受奖，41名官兵分别荣立二、三等功，14名官兵受到上级表彰，政治工作的"生命线"作用进一步凸显。

〔**后勤保障**〕 争取地方经费支持100余万元，调整家底经费10万余元，为基层办理了6件实事。加强成本核算，大力发展农副业生产，自产蔬菜3500余公斤，养猪40余头、鸡鸭鹅300余只，鱼25000余尾。大力加强基础设施建设，新站部迁建项目正在稳步推进，项目建设地点已得到落实，相关手续和建设经费正在协调办理之中；口岸执勤生活用房建设项目已完成了地质勘探和土地平整工作，油库建设项目正在上级的指导下进行规划建设，部队造血功能不断增强。投入经费54万余元，改建装修干部公寓房，组织88名官兵到县(镇)医院进行健康检查，栽种果树400余株，加强营区绿化和硬件建设，解决口岸执勤官兵就餐问题，努力改善、提高官兵生活条件和质量。

(打洛边检站供稿)

西双版纳海关

〔**概况**〕 2011年，西双版纳海关共征收税款5639.58万元，比上年同期少收3822.73万元，同比下降40.77%，完成年度税收计划(5500万元)。共监管进出口货物459982吨，同比下降36.7%；进出口贸易额8782.3万美元，同比下降19.7%。共监管进出境货运车辆43954辆次，货运船舶139艘次，进出境客船27艘次，旅客1101人次，进出境航班267架次，航空旅客18948人。边民互市进出境货运量18960吨，同比增长4.62%；贸易额3734万元人民币同比增长17.35%；办理替代种植减免税证明表779份同比增长259%，涉及货物进出口总值为1234.24万美元，减免两税共计2672.47万元人民币。

2011年共受理案件101起，同比增长87%，刑事案件13起，行政案件88起，毒品案件8起，采取强制措施犯罪嫌疑人24人。查获毒品共计63073.8克，同比增长46%，其中海洛因796克，冰毒54886克。普通货物案件案值约1625.59万元，同比增长3%，偷逃税款约284.773万元，同比增长6%。

〔**通关服务**〕 认真落实国家宏观调控政策，强化服务西南开放桥头堡建设，积极促进西双版纳州经济平稳较快发展。发挥统计预警检测作用，提高统计服务水平，为地方党委政府科学决策提供参考；通过《西双版纳海关工作简报》和《西双版纳海关工作专报》，构建与地方政府和相关部门交流沟通的平台；积极建议支持海关特殊监管区域建设和发展以及橡胶加工贸易和其他保税业务发展，使其成为西双版纳州扩大对外开放、推动"桥头堡"建设的突破口，发挥特殊监管区的窗口、示范、辐射作用和效益；抓住海关辖区进出口贸易中具有特色的商品进行选题和研究，积极为地方经济的发展谏言献策；突出海关特色，加强政策法规的外宣工作。结合各阶段工作特点，积极开展各类法制宣传活动，通过深入企业、村寨、社区，积极开展形式多样的送法上门和业务咨询等工作，引导企业诚信守法，积极创造良好的行政执法环境。优化监管点资源配置，提高口岸通道管理综合效能。结合口岸通道特点科学调配管理资源、优化整合一线监管点管理资源配置。主动沟通总关职能部门、地方党政和口岸部门，完善辖区口岸基础设施建设，规范业务执法。

〔**打击走私**〕 西双版纳海关继续围绕"打私促税"工作重心，结合辖区走私活动特点，突出重点，加大整顿和规范进出口秩序的力度，发挥综合治理平台作用，始终保持打私高压态势。围绕"情报为先导"的工作理念，加强缉私情报基础工作；适时开展专项行动，严厉打击利用私开通道走私违法犯罪活动；继续深入开展禁毒人民战争，严厉打击毒品走私犯罪；继续推进与境外执法部门的国际执法合作；继续严厉打击非涉税走私活动，切实加强海关非传统职能的履职能力建设；继续加强反走私综合治理工作。紧紧依靠地方党委、政府和执法友邻部门的大力配合，不断加强打私综合治理力度。西双版纳海关结合辖区走私活动特点，突出重点，加大整顿和规范进出口秩序的力度，发挥综合治理平台作用，始终保持打私高压态势。

〔**税收监管**〕 不断推进关警融合，继续加强基层基础建设，重点抓好规范业务执法工作，以各项指标作为衡量业务工作质量的依据，通过对各项业务数据的持续关注,确保对业务工作质量管理的实现,圆满地完成税收任务 。围绕税收这一“轴心”,加强价格水平、审价、归类、取样送检、减免税审批、原产地管理等税收征管业务基础性工作,提高税收征管工作质量,同时,加强税收形势分析,认真做好税收测算和进度监测工作,整个税收进度与年初预测数基本吻合。针对曼栋(240)监管点存在地质灾害的搬迁问题,及时向总关请示汇报,并积极联系地方政府相关部门,实现监管点搬迁平稳过渡,7 月,正式搬迁至曼费监管点开展工作。搬迁后,海关积极研究,有效化解矛盾,降低执法和渎职侵权风险。同时,西双版纳海关围绕各项业务指标开展工作,按照两级质量管理和查验工作指导方案的要求加强监管。查验各项指标均达到总关要求;通关效率进一步提高;知识产权保护取得新进展,实现零突破;保税油库的监管进一步加强;旅检制度建设进一步完善,旅游航运企业和航空公司的营运行为不断规范,营造和谐、高效、安全的旅检工作环境;风险和后续管理进一步加强。

〔**党风廉政建设和反腐败工作**〕 以防控执法风险和廉政风险为主线,加大教育预防工作力度,完善制度建设,强化并落实“一岗双责”,同步推进党风廉政建设和海关业务建设,从根本上、整体上提高队伍拒腐防变和抵御风险的能力。年初,组织签订了岗位目标管理责任制责任书。全年,西双版纳海关严格执行季度廉政思想动态暨党风廉政形势分析制度,找准在业务执法和日常管理中执法风险和廉政风险的关键环节和部位,对高风险环节做到心中有数;组织填报《海关领导干部配偶、子女从业情况登记表》,按要求报送个人重大事项报告和海关系统党风建设工作情况。坚持节假日前以大会、科会、短信等多种形式开展廉政提醒,并在节后第一时间落实报告制度。坚持每季度的“三个一”活动,按总关要求不定期及时上报执行“海关人员六项禁令”情况。完善内控监督机制。找准业务执法和日常管理中执法风险和廉政风险的关键环节和部位,对通关、监管、财务等高风险环节做到心中有数,通过科长带班及处级领导巡视、及时请示报告等制度的落实,及时纠正不规范执法行为,有效避免违纪、违法以及渎职行为的发生。发挥了 HL2008 系统预警功能的作用。年内,海关共发现各类异常数据 123 条,核查问题 16 个,发现有效问题 13 个,纠正业务差错 2 个。有效防范了执法风险向廉政风险的转变。严格按照《西双版纳海关与特派员沟通联系配合办法》自觉接受特派员的监督。认真落实《西双版纳海关与西双版纳州人民检察院预防海关人员职务犯罪领导小组联系配合办法》。落实监督员制度,认真开展纠风工作。深入开展与口岸联检部门廉政共建活动,进一步完善协调配合机制,认真执行特邀监督员制度,积极参加地方行风评议,不断改善西双版纳海关行风状况。认真开展问卷调查,正确评估行风状况。从问卷调查情况看,西双版纳海关行风状况总体评价呈良好态势,关务公开取得初步成效,工作对象对海关关、警员工作效率和工作质量认可度上升。认真组织开展“预防渎职风险,规范执法行为”主题教育活动,广大关警员预防渎职风险的意识和能力得到提高。按照主题教育活动的要求,海关组织法律专业的关警员成立专家小组,开展课题研究并邀请州纪委副书记为全体关(警)员作主题讲座。通过召开座谈会、从规章制度、作业流程等方面入手,认真梳理业务各个环节可能发生渎职侵权的风险点,深入查找渎职侵权风险点。共分析查找出 34 个渎职风险点,制定相应的整改措施 34 项。同时,海关对 2011 年 4 月前自行制定的涉及业务工作方面的内部规章制度进行清理。共清理各项规章制度 61 份,其中保留 34 份,修改完善 22 份,废止 5 份。

(《版纳海关》撰稿人:陈虹希)

勐腊海关

〔**监管通关**〕 2011 年监管进出口货物 88.74 万吨,进出口货物价值 8.31 亿美元,征收进出口关税及进口环节代征税 1.33 亿元,首次突破亿元大关,创历史新高。办理替代种植减免税报关单 451 票,实际减免税款 1.06 亿元。监管进出境车辆 15.9 万辆次,监管进出境船舶 0.58 万艘次。

〔**打私**〕 2011 年共查获各类案件 60 起,其中刑事案件 3 起,行政案件 57 起,总案值 710.48 万元,涉嫌偷逃税款 115.78 万元,实现罚没收入 200.85 万元。

〔**报关企业及报关员管理**〕 2011 年,勐腊海关严格规范报关企业及报关员管理,有效促进了企业遵纪守法、通关快捷便利。共召开关企座谈会 7 次;办理报关员注册 30 名,报关员资格延续 5 名,报关员注销 16 名;进出口货物收发货人注册 9 家、换证 14 家、注销 6 家、注册信息变更 5 家;企业巡查 7 家;报关企业注册登记许可 3 家;关区内分支机构注册企业 5 家;临时报关单位注册 78 家;走访企业 10 家。

截至 2011 年 12 月 31 日,勐腊海关共有在册报关员38名，进出口收发货人80家，报关企业5家，外商投资企业2家，保税仓库2家。

〔**知识产权海关保护**〕 2011年，共办理知识产权案件29起，涉案价值136万元。查获侵权商品数量15947件，主要包括LV、CHANEL、GUCCI、NIKE等20多个品牌的服装、箱包、鞋子、皮带10458件，盗版光碟4175张，诺基亚、苹果、摩托罗拉等品牌手机668部，劳力士、欧米茄等品牌手表250块等。

〔**禁毒**〕 2011年4月12日磨憨口岸入境旅检现场首次查获走私毒品案，查获鸦片247.8克。

〔**外事工作**〕 2011年7月8日，勐腊海关组队到老挝南塔省参加中老海关足球友谊赛。

〔**新闻宣传**〕 2011年，对海关服务中泰果蔬贸易、助推口岸通关便利化、全国海关打击侵犯知识产权和制售假冒伪劣商品专项行动、应对湄公河"10·5"涉外事件影响等热点话题进行宣传，多篇稿件被多家媒体、网站采用和转载，取得良好社会效应。中央2台《经济半小时》栏目、中央电视台财经频道《穿越过境线》栏目、新华社云南分社、云南日报社等多家新闻媒体到磨憨口岸进行宣传报道。

〔**服务措施**〕 全力支持云南省桥头堡建设，落实《昆明海关关于支持面向西南开放重要桥头堡建设的若干意见》，增强服务发展的针对性和有效性，不断优化服务措施，促进贸易便利化。执行首问负责制、"5+2"工作制、对鲜活易腐商品实行优先办理、快速验放等服务措施，不断优化作业流程，提高通关效率，推动中泰冷链物流、"蔬菜换石油"、"鲜花换热果"、"冷果换热果"项目发展，扶持云南农产品企业提升国际市场竞争力。

〔**扶贫帮困**〕 2011年3月22日，向盈江地震灾区捐款5250元。6月13日，为职工患病家属捐款13370元。11月8日，向河口海关捐肝救父的周扬同志进行捐款共7800元。

（《勐腊海关》撰稿人：邓韦祎）

打洛海关

〔**概况**〕 打洛海关驻地云南省西双版纳傣族自治州勐海县，辖区国境线长146公里，与缅甸禅邦东部第四特区接壤。打洛海关现内设办公室、综合业务科、行邮物品监管科、缉私科四个科室，监管区辖打洛国家级口岸和西定、巴达、布朗山通道。2010年，打洛海关以科学发展观为指导，认真贯彻落实党的十七大、十七届五中全会精神，按照年初两级关长会议的部署，立足辖区实情，采取有效措施，认真抓好"三个重点"、"五项建设"各项工作的落实，把建设"让中央放心、让人民满意"现代新边关的宏伟目标融入日常工作，较好地完成了全年各项工作任务。

〔**班子建设**〕 2010年打洛海关新班子成立后，强化班子成员的分工协作，强调既有分工，又不分家，相互理解支持，相互监督，并采取有效措施，推动各项工作不断向前发展。一是认真学习党的十七届五中全会精神，牢固树立科学治关理念，努力建设学习型班子，强化政治理论和管理知识学习，并坚持理论联系实际，把促进工作质量、效率的全面提升作为学习的出发点和落脚点，不断提高两级班子带队伍、抓管理和驾驭复杂局面的能力。二是完善领导班子议事规则，加强集体领导和集体审议，提高民主科学决策水平和抓大事、议大事能力。三是加强班子廉政建设，班子成员带头遵守各项廉政规定，树立领导干部清正廉洁、作风正派良好形象。四是坚持工作周报制度，每周召开一次班子会，互通上周工作情况，及时研判工作形势，研究解决有关困难问题，明确本周工作重点，提高班子掌控全局能力。

〔**党风廉政建设**〕 把反腐倡廉工作放在首要位置来抓，认真研究和布置党风廉政建设和反腐败工作，处、科两级班子层层签订《党风廉政建设责任制目标责任书》，进行责任分解，明确职责任务，增强领导干部"一岗双责"责任意识。建立预警机制，严格执行"月清、季查、半年审"工作制度，加强对业务现场执法行为的执行控制，及时发现和解决工作中存在的风险和隐患。运用海关廉政风险预警处置系统（HL2008系统），及时处理了税款核销、保证金即将超期等问题。完善外部监督机制，认真开展政风行风和纠风专项治理活动，从地方党政和联检单位聘请特邀监督员7名，认真听取各界对海关工作的意见建议，畅通外部监督渠道。2010年，全关共拒吃请5人次，拒收礼品高档白酒2瓶，拒收"红包"2个，全年未发生违法违纪案件，树立了良好形象。

〔**促进和服务地方经济发展**〕 打洛海关按照勐海县委、县政府作出关于发展口岸经济的战略目标，抓住国家批准打洛口岸升格为一类口岸的历史机遇，支持口岸建设。着眼地方发展外向型经济的强烈诉求，积极利用自身统计优势，在遵守海关相关工作制度的基础上，适时向勐海县委、县政府及商务部门提供数据信息11次，为口岸经济发展提供依据和参考。主动参与口岸规划与建设，以口岸货场建设为契机，主动调研论证，积极建言献策，并积极促成其规范建设，从根本上改善口岸基础设施，保障物流监管到位，显现口岸功能和效益，迎接国家有关部门的验收，为发展对外贸易创造良好的环境。2010 年，打洛海关共监管进出口货物 49167 吨，同比下降 7.58%，进出口总值 3894 万美元，同比增长 19.89%；办理进出口报关单 1621 份，同比减少 3%；监管进出境人员 39.89 万人次，车辆 3.32 万辆次，同比分别增长 32% 和 24%。

〔边民互市继续保持良好增长势头〕 打洛海关在严格执行互市贸易相关操作规程的基础上，采取有力措施，加强综合治理工作，加大政策宣传力度，主动为当地边民送政策上门，宣传国家对互市贸易的优惠政策，引导并规范辖区边民用好用足优惠政策，真正惠及边民，推动边民互市贸易健康发展。2010 年，打洛海关共办理边民互市业务申报单 28016 份，监管边民互市货物 51287 吨，货值 20970 万元人民币，同比分别增长 71%、69% 和 79%，边民互市贸易继续保持良好增长势头。

〔打击走私〕 打洛海关坚决打击危害国家经济安全和破坏进出境秩序的走私违法行为，完善正面监管与二线查缉相结合的监管模式，适时监控掌握境内外走私动向，强化对口岸货运渠道、"偷渡绕越"、"蚂蚁搬家"等走私活动的打击和惩处。推动打私综合治理，联合公安、边防、交警等部门开展打击绕越走私公开查缉行动、打击活体牲畜走私等专项行动，形成打击走私整体合力，有效遏制走私活动，维护公平竞争的进出口贸易秩序。2010 年，打洛海关共查获、受理各类走私案件 39 起，总案值 159 万元，涉税金额 87 万元。查获粮食 28.35 吨、无进口证明右舵汽车 9 辆、左舵悍马越野车 1 辆、摩托车 10 辆、红牛饮料 32466 升等，缴获毒品"冰毒"439 克。

〔保护濒危野生动植物〕 针对境外野生动物制品零星走私入境情况较为突出，在打洛口岸旅检现场开展专项行动，加大对该类物品的查缉力度，取得明显成效，查获穿山甲甲片、熊胆粉、亚洲象象皮粉等濒危野生动物制品一批，一名关员被评为 2010 年度云南省打击濒危野生动植物走私专项行动先进个人。

〔优化监管与服务〕 结合构建海关大监管体系提出的思路、原则和目标任务，科学分析关情、县情，以有效解决严密监管高效运作与管理资源相对不足的问题为出发点，进一步提升有效监管的能力和水平，提升把关层次。主动服务企业和当地边民，不断提升服务质量。针对企业在节假日缴税不便的实际情况，主动协调银行部门在业务现场安装 POS 机，为企业节假日正常报关纳税提供便利。针对当地边民(菜农)有每日凌晨出关卖菜、境外侨民子女凌晨入境上学的诉求，采取每天提前开关的措施，以实际行动支持"三农"和教育工作，得到辖区群众一致肯定。

(《打洛海关》撰稿人:马 坚)

海 事

〔综述〕 2011 年，西双版纳海事局围绕"抓安全、促畅通、带队伍、上水平、促发展"的工作思路以及大力发展澜沧江国际航运，立足服务于"桥头堡"建设、服务于地方经济又好又快发展这一中心工作，坚持"以人为本、安全发展、科学发展"的理念，加强水上交通安全监管，加强航道管理与维护，加强运输市场的管理和服务，加强精神文明和政治文明建设，在局领导班子的坚强领导和全局海事人员共同的努力下，全年辖区水上交通事故起数、死亡人数、沉船艘数均为零，未发生等级以上交通事故。澜沧江国际货运量实现 25.13 万吨，比上年同期增长 4.2%；客运量 27.20 万人次，比上年同期增长 183.9%，澜沧江国际航运得到了较大幅度发展。由于成绩显著，被交通运输部授予"全国海事系统行政执法先进单位"。

〔全面履行海事管理职责〕 西双版纳海事局在履行海事职责中，坚持"船舶适航、船员适任、安全畅通、有效监管、优质服务"方针，在实施管理中，一是全面落实安全管理责任，包括企业安全的主体责任和海事管理部门监管责任。根据《安全生产责任书》的要求，结合全局的工作实际，把安全生产管理责任进行了分解，把考核指标和安全生产责任落实到各个责任部门，为海事管理工作开展提供了有力的制度保障；二是结合实际，扎实有效地开展了"安全生产年"、"安全生产月"、"治大隐患防大事故安全隐患排查治理专项行动"等专项活动，把强化安全隐患排查治理作为落实"预防为主"的主要手段，健全各项安全专项活动的组织机构、制定工作方案、深入宣传动员，消除各类安全隐患，着力解决了影响水运行业安全的突出问题；三是立足源头控制，强化现场管理。进一步规范现场签证行为，通过现场巡查、重点检查等方式，对船舶适航状态、船员配备等关键信息进行全面掌握，准确高效地实施船舶现场签证，牢牢把住源头管理这一关键环节；四是确保施工水域的通航安全。加大对施工水域的现场管理和巡航检查力度，根据施工方式和范围，科学评价对船舶通航的影响程度，对"景洪沙坝炸礁"、"海事码头"、

"勐罕多功能码头"施工水域等通航条件受限的水域进行及时的控制维护,有效地保障了施工水域的通航安全;五是充分利用"春运"、"六月安全生产月"活动等全社会关注安全的有利时机,积极开展面向航运从业人员和社会公众的安全宣传、教育活动。在景洪城区和关累码头共印发宣传资料500份,接受安全咨询百余人。

2011年共组织专项检查9次,出动海事人员127人次,船艇15艘次,车辆40台次,检查船舶108艘次,现场签证2060艘次,及时发现和消除各类隐患60项,检查运营船舶覆盖率达80%以上,隐患缺陷整改率达100%;确保了全年辖区无重大水上交通安全事故、无重大机损事故和人员伤亡事故发生,为澜沧江—湄公河国际航行船舶安全营运创造了良好的条件。

〔圆满完成联合考察团水上交通安全保障任务〕 4月20日,交通运输部副部长、澜沧江-湄公河航道和航运管理工作领导小组组长翁孟勇,率领交通运输部、国家发展改革委、财政部、商务部、云南省交通运输厅、西双版纳州政府考察团一行20余人来到景洪港,开始对澜沧江—湄公河航道和航运进行实地考察。

西双版纳海事局承担了考察团考察澜沧江—湄公河航道水上交通及安全保障的任务。接到任务后,及时成立了领导小组,召开专题会议研究部署、落实各项工作。分析掌握近期水情及航道滩险情况,制定应急预案和航行过程的安保措施;对船舶设备进行全面细致的检查检修。全局海事人员全力以赴地投入到工作中,做到工作有布置、有检查,确保接待任务万无一失,通过辛勤努力,圆满完成了此次高规格的接待任务,获得了上级的好评。

〔船舶安保事件〕 2011年10月5日,发生了震惊国内外的"10·5"湄公河惨案。"10·5"事件发生后,西双版纳海事局全体党员干部心系遇难及被困的船舶、船员,按照上级的要求和统一部署,尽心竭力解难事。认真做好境外信息收集上报,及时提出建设性的意见和建议,为各级领导科学决策提供可行性和正确性信息;认真做好维护稳定工作,认真听取船员和船方企业的诉求,并积极向上级部门汇报;深入码头、公司,遇难船员家属临时安置点,参与做好遇难船员家属及停航船员的安抚解释工作,合理疏导因事件产生的不利影响,维护行业稳定;按照省委、省政府、省交通运输厅、澜沧江海事局的要求,派出精兵强将配合政府工作组,前往泰国做好遇难船员的尸体打捞、吊唁、安抚等工作;并克服千难万险,组织了26艘滞留泰国货船及164名船员同时返航,救援工作得到了上级领导的高度赞扬。

〔船舶检验〕 西双版纳海事船检工作坚持"质量第一、服务为本"的业务指导思想,认真执行船检规范。2011年,一是根据辖区船舶建造及营运实际情况,按照年初制定的工作计划,有条不紊地开展好各项检验。共完成船舶检验67艘次、12016总吨。其中:改建检验1艘次、696总吨,换证检验4艘次、440总吨,中间检验7艘次、1733总吨,年度检验48艘次、7439总吨。另完成了初次检验1艘、300总吨,附加检验6艘次、1408总吨。二是在新(改)建船舶检验中,帮助船舶修造厂完善各种管理制度,确保新(改)建船舶质量和施工的安全,进一步规范船舶修造厂在新(改)建船舶时所提交的报检资料,从源头上防止不合格的船舶建造产品流向下游环节;三是在船舶检验中,做好检验节点的控制,规范验船师的船舶检验行为,提高检验服务,把好检验质量关。在认真运行《云南省船舶法定检验质量管理体系》的同时,及时升级更新"船舶检验发证管理系统",按上级船检部门要求,及时做好船舶检验数据信息的上报工作。

〔船员管理〕 西双版纳海事局高度重视船员管理工作,为提高船员的安全意识和业务技术水平,一是利用安全检查、现场签证、安全学习等时机,组织广大船员开展形式多样、内容丰富的安全教育和宣传学习。结合"安全生产年"的深入开展,分别在景洪港、关累码头组织在港船舶船员共9个批次700人次的安全教育学习,认真学习安全生产各项法规政策。二是对船员培训考试发证组织机构进行了充实和加强,进一步细化了相应的工作措施和程序,明确了工作纪律,完善了监督制度,全面规范了船员管理工作。三是做好船员培训考试工作,按照交通部海事局新修订的《中华人民共和国内河船舶船员考试发证规则》和相关规范性文件规定,2011年共组织船员培训考试9期,共有256人参加培训。其中:开展船员换证培训五期,149人参加;船员适任培训考试1期,36人参加培训考试,29人取得相应的资格证书;内河客船船员特殊培训考试1期,27人参加培训考试,全部合格;基本安全培训考试2期,44人参加培训考试全部合格。四是开展了船员注册工作。根据交通运输部海事局的要求,认真开展了船员注册和船员新版船员服务簿的换发工作。已注册船员496人,签发新版船员服务簿496份。

〔科技和信息化工作〕 西双版纳海事局按科学发展观的要求,认真做好澜沧江科技创新工作,2011 年顺利推进了“澜沧江 – 上湄公河船舶航行诱导系统关键技术推广应用研究”及“澜沧江边境河流码头一站式通关服务科技示范应用研究”两个科研项目。其中“澜沧江边境河流码头一站式通关服务科技示范应用研究”项目已初步研究完成并投入试运行。2011 年新申报的“澜沧江船舶综合管理系统”及“澜沧江交通应急仿真演练与评价系统关键技术研究”已报省交通运输厅立项。

〔水路运输管理〕 西双版纳海事局在水路运输管理中,一是严格实施水运企业年度核查,严把水路运输市场准入关。水路运输年度核查是行业主管部门对水运行业实施宏观调控和制定运力计划的基础,也是指导航运企业调整运力结构和优化船型的根本。2011 年共受理核查 21 家企业,营运船舶 52 艘,通过核查的企业 21 家,船舶 48 艘。培训企业管理人员 42 人次,进一步规范了国际水路运输市场,提升了航运企业安全生产管理能力;二是根据市场需要引导水运企业大力发展航运。调结构(如发展货运、客运,推进成品油试运输,推进旅游客船夜景游);三是优化船型,引导企业提高科学技术含量,实施科学管理,节能增效。

〔航道管理〕 西双版纳海事局承担着澜沧江普洱市大杆河至西双版纳州南腊河口 182 公里的航道日常管养任务。2011 年通航保障工作重点是景洪大沙坝维护工程、橄榄坝多功能码头建设工程和海事码头建设工程的监管。为维护澜沧江航道和岸线,针对澜沧江沿江偷采、强采江沙的行为,西双版纳海事局与地方水利、国土等相关部门建立了联动机制,本着及时发现、及时制止、及时协调、及时上报的原则,配合地方相关主管部门进行了专项治理,避免了澜沧江航道遭受严重破坏。对各涉水施工项目实施动态的跟踪管理,最大限度地降低了水上水下施工对航运造成的不利影响。为落实重点养护和日常养护项目,在枯水期间,利用作业船舶较少的有利时期,采取了科学的通航管制措施,委托云南路港工程公司对辖区的航标实施了统一维护保养工程。督促景洪电站建管局对景洪大沙坝实施了炸礁清槽工程,协助省航务管理局对猴山水域实施了重点维护,对景洪大沙坝右岸的整治建筑物进行了修复维护。加大了对中缅界河的航道检查力度,深入企业和船员充分调研了解辖区航道及滩险情况,为制定重点养护和日常养护项目计划提供基础依据。配合五级航道指挥部开展了二期建设工程的前期工作,保障了澜沧江航道重点养护和日常养护项目的顺利实施。年内,在航务及航道管理中,共出动车辆 40 余台次,人员 150 余人次,船艇全程巡航检查 5 次,对辖区航道及航道设施设备实施现场检查,开具了“水上水下施工现场检查通知书”12 份,依法取缔 6 个非法采沙作业点,配合地方水利、国土相关部门开展了有针对性的河道私挖乱采专项治理工作,有效地保障了航道安全畅通。

〔汛期航道管养〕 为加强汛期航道管养,西双版纳海事局制定了《西双版纳海事局汛期灾害防御应急预案》,成立了组织机构,明确了工作职责,落实了响应队伍,建立了通讯联系和信息报送机制,组织了响应预演。并与西双版纳州防汛抗旱指挥部建立了联系机制,做到信息互通,响应及时;加强了与景洪电厂的协调联系,建立了航电水情信息通报和水情预警预报长效机制,每天通过公示栏分别在关累和景洪对水情进行公示,2011 年澜沧江干流的流量相对稳定,电站下泄流量集中在(670—3300)M3/S 左右运行,电站枢纽初步发挥了流量的调节功能。

〔节能减排〕 西双版纳海事局以实现“资源节约、环境友好、实现低碳水路交通运输”工作为目标,积极发挥职能作用,把做好节能减排工作作为促进澜沧江国际航运科学发展的重要抓手。严格源头管理,抓好水路运输节能减排重点环节。针对澜沧江水路运输船舶运营活动特点和规律,充分利用安全教育、现场检查、水路运输核查等时机,在关累码头、景洪港加大对船员环保、节能知识的宣传教育。组织开展了“节能我行动、低碳新生活”的节能宣传周活动,进一步提高澜沧江水路运输从业人员忧患意识和节约意识,增强节能减排、发展循环经济、建设节约型行业的紧迫感和责任感,营造节约的良好范围;进一步加强船舶排污监管,加大查处力度。对污染排放不达标的船舶责令其停航整改。加强船舶使用防污染设备监督检查,减少船舶废弃物对环境的污染,对检查发现达不到排放和能耗标准的船舶不准予其进入澜沧江水运市场。同时加强对新建、改建船舶和老旧运输船舶管理,引导船舶多使用新型节能环保材料和产品。对不符合国家行业能耗限值和污染排放标准的船舶将不许可其投入水路运输市场,共改建船舶 3 艘,淘汰高耗能柴油机 6 台。

2011 年,澜沧江干流国际运输西双版纳港籍船舶共消耗燃油 1310.2 吨,营运船舶单耗为每千吨公里 43.97 公斤。实现今年节能目标,与上年同期相比,每千吨公里单耗下降 0.93 公斤,燃油消耗下降 2.1%,共节约燃油 23 吨,节约运输成本 20 余万元。

〔**职工教育**〕 西双版纳海事局把精神文明建设主动融入到海事中心工作之中,做到与中心工作同步研究,同步考评。在精神文明建设中,一是抓好队伍建设,按照交通运输部“十二五”精神文明建设“三提高、两建设、一领先”的目标,认真抓好职工的思想建设和业务培训。开展了中国特色社会主义理论体系、社会主义核心价值体系、法律法规以及专业知识技能的学习教育,2011 年,共外送职工 22 人次分别到昆明、武汉、广州、西安、江西、苏州等地参加行政法规、海事业务等业务培训;二是开展了学习杨善洲同志的先进事迹活动,教育和引导海事人员以杨善洲同志为榜样,始终牢记和遵守“立党为公、执政为民”的职业操守和行为规范。思想是行动的先导,通过学习教育,进一步激发了海事人员爱岗敬业,无私奉献的精神,并体现在工作中,保证了各项工作任务的完成。

〔**落实“四项制度”**〕 西双版纳海事局认真贯彻落实责任政府、阳光政府、效能政府“四项制度”,对行政服务的内容、办事程序、办理时限等相关具体事项,做到公开、公平、公正、便民。全局海事人员严格按照《西双版纳海事局行政机关四项制度实施办法》规定,严格执法,主动为广大水运企业和船舶服务,严格遵循公开、公平、公正原则,对行政审批、许可项目,严格按照《海事行政许可条件规定》和《交通行政许可实施程序规定》实施许可,未出现擅自增加或减少许可条件,违反海事行政许可行为。2011 年,海事人员严格执法,主动为广大水运企业和船舶服务。共受理船舶签证、船舶检验、船舶登记、海损事故认定等服务承诺事项 2314 项,限时办结数 2314 件,均为首问首办,办结率 100%。为接受广大船员和服务对象的监督与评价,分别在景洪港办公楼和关累海事处签证大厅及时设置安装了窗口服务信息统计系统—电子评价器,让办事群众对工作质量、服务态度进行客观评价。自运行以来,满意率为 100%,未受到任何投诉,得到了广大水运企业和行政相对人的一致好评。

〔**文明创建活动**〕 按照省交通运输厅、西双版纳州、澜沧江海事局精神文明建设领导小组的要求,西双版纳海事局扎实有效地开展了文明创建活动。一是根据以高效便民服务船员为中心,在景洪港办公楼和关累海事处签证大厅内,除了设置了政务公开公示栏,水情预备栏外,将海事人员服务承诺上墙,自觉接受社会监督。为方便行政相对人办事。将《政务公开办事指南》,通过印发宣传手册、网站等形式,对行政服务的内容、办事程序、办理时限等相关具体事项进行公示,做到公开、公平、公正、便民;二是通过《局长接待日》制度,做好群众来信来访工作,为群众解决实际问题,为了让船舶尽快投入航运,海事、船舶检验、航行保障人员加班加点,用最短的时间为为水运企业解决了枯水期盐类产品、绿色食品的运输问题,为船舶公司调解了船员与公司的纠纷,及时疏通化解了矛盾。为了让远航归来的船员及时了解国家大事和安全方面的知识,在签证大厅设立了文化活动室,为船员提供《西双版纳报》、《云南日报》、《中国水运报》等党报党刊和安全宣传杂志等读物及清凉的饮用水,为船员创建一个良好的学习环境。执法为民、热情服务的态度得到了水运企业、船员和货主的好评。一面面“为企业排忧解难 做人民满意公仆”、“热情服务,廉明高效”的锦旗送到了该局;三是开展了丰富多彩的文体活动和社会公益性活动。开展了多次职工运动会;举办了党的基本知识、法律法规、反腐倡廉等知识竞赛活动;参加了建党、建国征文、摄影大赛,荣获省纪委、交通运输系统党建理论征文三等奖,荣获澜沧江海事局摄影奖若干;四是完成了澜沧江文明航道创建工作。澜沧江文明活动始于 2004 年 6 月,西双版纳海事局承担着文明船舶的创建工作,经过六年的努力,文明船舶创建工作取得了实效,38 船舶被命名为文明船舶,达到了 100% 的运营客船和 60% 的国际运输货船创建为“文明船舶”的目标。在各级领导及各相关部门的努力下,澜沧江文明航道于 2011 年 2 月通过了省文明委的验收,圆满完成了文明航道的创建工作。

〔**党风廉政建设**〕 2011 年,西双版纳海事局进一步加强了党风廉政建设和反腐败工作,扎实推进海事廉政文化建设,提高全局干部职工拒腐防变意识。落实党风廉政责任制,签订《党风廉政建设责任书》,形成一级抓一级,一级对一级负责,层层抓落实的廉政工作责任体系;二是扎实推进海事廉政文化建设,开展廉政专题教育活动,采取集中学习讨论、组织收看廉政教育录像、交流廉政教育学习心得体会等方法对全体人员进行廉政教育;三是强化廉洁自律,扎实推进领导干部勤政建设,严格执行领导干部重大事项报告制度,坚持科学民主决策,凡事关全局的专项资金、工程项目审批、工程建设招投标、大额资金使用、人事任免等重大事项重大问题都要经过反复研究,集体讨论通过。为海事事业的发展提供了坚强的组织和思想保障。

〔**社会治安综合治理**〕 西双版纳海事局按照社会治安综合治理工作要求,把社会治安综合治理维护稳定工作摆上重要议事日程，一是单位内保组织健全落实人防、物防、技防措施，做到综治安全工作与全局工作同布置，同检查，同落实，经常研究和部署综治安全工作。年初签订社会治安综合治理维护稳定目标管理责任书22份，签订率100%。达到“三无”案件（无刑事、治安案件和内部职工违法犯罪，无因内部矛盾激化引发的群体事件）；二是健全排查化解整治机制，对矛盾纠纷和治安混乱地区、突出治安问题定期排查、定期研判；坚持“边排查、边化解整治和滚动排查、滚动化解整治”的原则，着力在化解整治并收到实效上下功夫，确保各种隐患和问题早发现、早控制、早解决，促进交通运输系统的和谐与稳定。三是认真开展好对本单位的禁毒工作，党、政、工、团齐抓共管，加强对职工、子女的宣传教育。并经常组织开展积极健康的文体活动，坚决杜绝“黄、赌、毒”等社会丑恶现象的发生。全局职工、家属均无人吸食、注射毒品，无毒品犯罪行为发生；四是对本辖区水上从业人员进行禁毒宣传教育，全年分别在景洪港和关累码头开展宣传教育2次，受教育人数上千人；三是积极配合水上公安机关、海关对港口、码头、船舶禁毒的查缉工作，防止毒品从澜沧江—湄公河流入。

〔“创先争优”活动〕 在深入开展创先争优活动中，西双版纳海事局把创先争优活动与促进澜沧江国际航运结合起来，与提高履职能力结合起来，与推动澜沧江国际航运发展结合起来，转变机关作风，努力建设人民满意海事。通过走访水运企业、船员，召开茶话座谈会、充分听取广大船户对发展澜沧江国际航运的意见和建议，制定措施，解决问题，服务广大船户。

澜沧江—湄公河国际旅游客运近年来由于受境外环境的影响而回落，部分客船闲置不动，给企业带来了损失。如何帮助企业解决难题，使旅游客运走出困境，推动澜沧江旅游客运的发展，领导班子成员按照创先争优“四个一”的要求抓落实，想方设法积极为企业出谋划策，帮助企业寻找出路：一是帮助企业分析旅游客运市场，在国际客运旅游不景气的情况下，充分利用国内旅游客运资源，将国际旅游客运转为国内旅游客运。为吸引更多游客乘船观光，目前正在积极谋划开展澜沧江景洪段夜景游新项目，创新思路，增加收入；二是指导企业建立安全管理体系及适应国内客运需要完善的软、硬件设施；三是做好与上级部门的协调，把西双版纳非水网地区的特殊性和企业的实际情况上报，积极争取上级部门的支持，尽快把澜沧江国内段客运旅游发展起来，让企业感受到创先争优的实惠。

（《海事》撰写人：张克敏）

科 技

责任编辑:杨福清

科技管理

〔**概况**〕 2011 年全州科技工作以党的十七大和十七届六中全会精神为指导,按照州委州政府年度工作部署和省科技厅工作要求,深入学习科技发展观,以加快实施创新型西双版纳为核心,以提升传统优势产业、培植特色新兴产业为重点,组织实施支撑我州产业结构优化和产业技术升级的重大科技项目,加大民生科技工作力度,深化科技管理体制和机制改革创新,扩大科技开放合作与交流,促进经济结构调整和发展方式转变,加快科技成果转化与应用,促进经济社会的全面发展。

全州(含驻州科研单位)组织实施国家级、省级项目、州级项目 138 项。州级科技计划项目 50 项,其中:星火燎原计划 7 项、科技攻关 3 项、软科学计划 3 项、企业技术创新及应用 7 项、其他 2 项,科学普及 7 项、科技专项 11 项、州院州校合作 8 项,党政"一把手"科技工程配套项目 2 项;安排项目经费 550 万元。全州科技系统获得国家、省级立项支持 33 项,经费支持 2089 万元,其中:国家级立项 5 项,经费支持 377 万元;省科技厅、省科协、省知识产权局科技项目 28 项,项目补助资金 1712 万元。

2011 年地方财政科学技术拨款 4105 万元,州财政安排州科技管理部门掌握经费 550 万元(其中科技三项费 150 万元,科技专项经费 90 万元,科学普及经费 60 万元,州院州校合作经费 50 万元,党政"一把手"科技工程配套经费 200 万元),比上年增加 50 万元,同比增长 11.1%。争取省级项目补助资金 1712 万元,比上年增加 163 万元,比上年增长 10.5%。

西双版纳州与上海交通大学、省农科院、云南农业大学、四川农业大学建立了长期稳定的合作关系,将高校和科研院所的新技术、新成果,以技术转让、咨询、股份制合作等多种形式进行科技成果转化。以科技项目为纽带,全州开展了科技攻关、实用技术推广、科技成果转化 2011 年全州开展了科技攻关、实用技术推广等 10 项州院州校科技合作项目,与中科院西双版纳植物园合作开展千年桐、星油藤等木本油料植物开发利用,橡胶林复合生态系统的研究和建立;与省茶科所开展生态茶园研究,太阳能在制茶杀青应用;与省热作所开展橡胶籽仁风味食品研究;与普文林科所开展采矿区生态环境保护和植被恢复研究;与中医科院药植所云南分所开展西双版纳重要珍稀傣药材种质资源保存和繁育利用技术研究等,通过开展合作,提高我州科技进步水平,为社会各领域提供科技支撑。与老挝合作建立了"中老农业科技示范园",进行各种农作物实验示范,按照州委、州政府部署,在南塔和波乔两省进行 60 亩西双版纳印奇果(星油藤)实验示范工作,在境外五个示范点中,南塔省示范点名列第一。有力促进两国之间特别是老挝北部与本州的科技交流。

2011 年全州共有各类专业技术人员 18938 人(含农垦、驻州科研院所),其中高级职称 1328 人,中级职称 8334 人,初级职称 8622 人,其他 716 人。州属各类专业技术人员 16300 人,其中具有高级职称的 1197 人,占 7.34%,中级职称 7696 人,占 47.21%;初级职称 7020 人,占 43.07%,在岗未评聘 387 人,占 2.38%。获省政府特殊津贴 3 人。引进高端科技人才 2 人,培育省中青年学术和技术带头人及云南省技术创新人才 4 人。

2011 年在科技成果方面全州辖区内登记科技成果 35 项;受理州科技进步奖申报请奖项目 35 项,经州评委会评审评出奖励项目 33 项,其中:(其中:一等奖 5 项,二等奖 11 项,三等奖 17 项)。获得 2011 年度州科技进步奖的 33 个项目中有 8 个项目是州科技三项费支持的项目,占获奖项目的 24%。获省级科技进步奖 3 项,其中:二等奖 1 项,三等奖 2 项。

〔**知识产权工作**〕 2011 年,州科林局一是利用知识产权宣传周、知识产权进企业、进校园等活动开展知识产权宣传，发放《专利法》、《知识产权基本知识》等宣传资料8000余份；本州在3所中小学开展了知识产权进校园活动，并取得了成效。二是建立了西双版纳州知识产权战略联席会议制度，召开了西双版纳州知识产权战略实施工作联席会议第一次会议，32家成员单位的负责人出席会议并讨论了《2011年西双版纳州知识产权宣传周活动方案（草案）》。三专利申请稳步增长，2011年全州专利申请74件，完成目标任务139.6%。其中，发明专利申请数33件；专利授权数达46件，其中，发明专利授权数16件。有效发明专利33件，万人发明专利拥有量达0.32项/万人，完成目标任务177.8%。专利申请质量明显提升，结构更为合理。四是积极争取申请费用和年费资助，全州共办理省知识产权局专利申请费用和年费资助10项，获专利申请资助金10740元。办理国外专利申请1项，获专利申请资助金2万元。

〔科协工作〕 2011年，全州科协工作在州委、州政府的领导和省科协的指导下，紧紧围绕州委、州政府的中心工作和年度工作目标任务，以深入学习实践科学发展观活动为契机，进一步解放思想，开拓进取，取得以下成绩：①精心组织开展“科技活动周”、“全国科普日”活动、科普大篷车宣传活动，累计发放各种宣传资料119080余份，展出科普展板204块、科普挂图395幅，悬挂宣传横幅40条，接受科技咨询1560人次，义诊763人次，受益近3.87万人次，参加活动的专家、工作人员387人。②农村实用技术培训，全州32个乡镇（办事处）教学点共开办28个专业121个教学班，全州共招收农函大学员6271人（统办专业4652人，自办专业1619人），完成我州年初下达计划数的125%；其中在农村中学招生人数为3178人，占招生人数的51%。统办专业招生比省农函大下达我州3000人的指标增加了1652人，超额完成招生任务。③青少年科技教育，共选送56件作品参加第二十六届云南省青少年科技创新大赛，有22件获奖；景洪市一小《贴近生活，注重体验，促进发展——校园小菜园行动科技实践活动》被选送参加在内蒙古呼和浩特市举办的全国第二十六届青少年科技创新大赛，获优秀科技实践活动三等奖。全州有34所中小学校组织1877人参加了2011年青少年科技创新大赛。共收到参赛作品1473件，其中：科幻绘画作品641幅、科幻作文750篇、创新成果项目13项、科技实践活动2项，教师科技论文67篇。通过认真评选，全州255件作品获州级科技创新大赛奖，其中创新成果竞赛项目9项；优秀实践活动2项；科幻绘画110幅；科幻作文110篇；教师科技论文24篇。并评选出优秀组织奖11个和优秀辅导教师6名。④认真组织实施“科普惠农兴村计划”及省级科普项目，获国家级、省级项目17项，经费补助157万元。其中：中国科协和财政部表彰奖励项目3个，获奖补资金45万元．省科普惠农兴村计划项目3个，经费支持15万，省科协科普项目9个，经费97万元，⑤2011年，州级科普专项经费投入70万元，人均达到0.65元，并将科学素质工作、农函大工作、学会工作、青少年科技创新大赛等专项经费列入了部门预算。2011年景洪市科普专项经费投入50万元，人均达到1.25元，勐腊县科普专项经费投入15万元，人均达到0.58元，勐海县科普专项经费投入20万元，人均达到0.62元。

〔党政一把手项目〕 继续实施好2008～2010年党政一把手项目的同时，新增2011年西双版纳州党政“一把手”科技工程项目，“西双版纳印奇果（星油藤）开发与产业化示范”全州已完成种植面积近3000亩，企业自建核心基地1800亩；境外试验种植95亩，利用3年时间带动全州种植3万亩，建成年产1000吨高档植物油的加工厂，已在景洪工业园区征地60亩用于加工厂建设。“汉麻功能性生态制品产业化开发研究”通过对汉麻新品种选育、汉麻高产栽培技术研究、汉麻杆芯的综合利用研究以及汉麻纤维新产品的开发，解决汉麻产业发展中产量低、秆芯综合利用率低等关键技术问题，提高汉麻的综合利用率，延长产业链，增加产值。

〔专利申请〕 2011年全州专利申请74件，完成目标任务139.6%。其中，发明专利申请数33件；专利授权数达46件，其中，发明专利授权数16件。有效发明专利33件，万人发明专利拥有量达0.32项/万人，完成目标任务177.8%。专利申请质量明显提升，结构更为合理。共办理省知识产权局专利申请费用和年费资助10项，获专利申请资助金10740元。办理国外专利申请1项，获专利申请资助金2万元。

〔科技成果与奖励〕 2011年全州辖区内登记科技成果35项；受理州科技进步奖申报请奖项目35项，经州评委会评审评出奖励项目33项，其中：（其中：一等奖5项，二等奖11项，三等奖17项）。获得2011年度州科技进步奖的33个项目中有8个项目是州科技三项费支持的项目，占获奖项目的24%。获省级科技进步奖3项，其中：二等奖1项，三等奖2项。

〔创新平台建设〕 2011年认定1家高新技术企业，认定8家州级企业技术中心。累计认定高新技术企业4家，创新型企业1家，省级企业技术中心1家，州级企业技术中心11家。全州获得中国名牌农产品3个、云南省6个，省著名商标23个，认证无公害、绿色食品、有机食品55个。培育了一批具有自主创新品牌和拥有知识产权的科技企业，提高了企业竞争力。

〔建设创新型云南行动计划年度目标任务〕 2011年州科技局完成建设创新型云南行动计划7项年度目标责任中的5项，①地方财政科学技术拨款4105万元，地方财政科技拨款占地方财政支出0.91%，完成目标任务118.2%。②全社会研究与试验发展(R&D)经费支出15666万元，占GDP比例0.98%，完成目标任务75.4%。比上年增长-0.13%。③规模以上企业研究与实验发展(R&D)经费支出占主营业务收入比重0.31%，完成目标任务83.8%，比上年增长-0.03%。④省级以上科技创新平台现已完成2家，较上年增长100%。⑤高新企业、省级创新型试点企业数已达5家，已完成目标任务。⑥全州已完成专利申请74件，完成目标任务139.6%。⑦有效发明专利33件，万人发明专利拥有量达0.32项/万人，完成目标任务177.8%。

〔科技人才培引〕 2011年有2名获得云南省引进高层次人才培养(汉麻产业投资控股有限公司引进郝新敏博士)，经费支持300万元。云南西双版纳灵长类模式动物中心钱卓教授获国家千人人才引进，经费支持200万元。这是本州近年来引进高端科技人才的重大突破。获得云南省中青年学术和技术带头人后备人才及云南省技术创新人才培养4名，经费支持每人6万元。

〔全州教育、科技工作会〕 3月4日，2011全州2011年教育、科技工作会在景洪召开，会议认真贯彻落实州委六届十一次全会、十一届州政府七次、八次全会精神和贯彻落实全省教育、科技工作会议精神，总结“十一五”以来全州教育、科技工作，安排部署2011年工作任务。罕文荣局长作了题为《开拓进取 勇于创新 努力开创科技工作新局面》的工作报告，唐家华副州长作了重要讲话，他在肯定“十一五”期间教育、科技工作所取得成绩的同时，对2011年工作提出以下要求：一是要深化认识，理清思路，开创教育、科技工作新局面。二是要求真务实，改革创新，千方百计推进教育现代化，振兴科技事业。三是要抓紧部署，精心组织，确保教育、科技工作落到实处。会上，州政府分别与三县(市)政府签订了2011年科技、教育工作目标责任书。

〔全州科技局局长(主席)会议工作会议〕 2011年3月18日下午，全州科技局局长(主席)会议在景洪召开，会议贯彻落实全国、全省科技工作会议、知识产权会议、省科协七届四次全委会会议和全州教育科技工作会议精神，总结2010年全州科技工作，安排部署2011年全州科技工作。会上罕文荣局长作了重要讲话；颁发2009年度州级科技进步奖、2010年农函大先进集体(先进个人、优秀辅导教师及学员)、州属各学会先进集体及工作者、2010年全州青少年创新大赛获奖单位和个人。

〔政风行风热线〕 3月24日上午，州科技局领导做客西双版纳人民广播电台“广播会客室·政风行风热线”直播节目，副局长鲁愿兵、钟智灵、柏力微在直播间与听众进行交流，州科技局负责人向听众介绍了“十一五”以来西双版纳州科技工作的成绩。听众对怎样才能成为科技明白人、十二五期间是否继续实施解“学科技难”、科普工作如何开展、我州“十二五”期间科技扶持的重点领域、转基因食品是否对人体有害、西双版纳州是否栽培转基因作物等问题进行了咨询。共接到和接听热线电话3个，接到短信11条。处理纠风办转来的群众咨询件1件。

〔科学普及与宣传〕 长期与州电视台联合开办了《科普大篷车》电视栏目；与《云南广播电视报·西双版纳版》合办了《科普天地》栏目；在《西双版纳报》合办了《西双版纳报·科技月刊》；“西双版纳科技信息网站”点击率每年达2.2万余

人次，编辑发放《西双版纳科技信息》30 期，发布信息 44 条，省科技厅网站采用 20 条。

〔**云南省青少年科技创新大赛**〕 本次大赛西双版纳州选送了 56 件作品参加 1 月 25 日至 27 日在玉溪市举行的第二十六届云南省青少年科技创新大赛，有 22 件获奖；其中：获创新成果竞赛项目二等奖 1 项，三等奖 3 项；优秀科技实践活动二等奖 1 项，三等奖 2 项；科幻绘画三等奖 9 项；教师创新成果项目三等奖 1 项；教师研究论文三等奖 5 项；优秀科技教师 1 名。景洪市一小《贴近生活，注重体验，促进发展——校园小菜园行动科技实践活动》被选送参加在内蒙古呼和浩特市举办的全国第二十六届青少年科技创新大赛，获优秀科技实践活动三等奖。

〔**全州青少年科技创新大赛**〕 全州有 34 所中小学校组织 1877 人参加了 2011 年青少年科技创新大赛。共收到参赛作品 1473 件，其中：科幻绘画作品 641 幅、科幻作文 750 篇、创新成果项目 13 项、科技实践活动 2 项，教师科技论文 67 篇。通过认真评选，全州 255 件作品获州级科技创新大赛奖，其中：创新成果竞赛项目一等奖 1 项，二等奖 2 项，三等奖 3 项，鼓励奖 3 项；优秀实践活动一等奖 1 项，二等奖 1 项；科幻绘画一等奖 10 幅、二等奖 20 幅、三等奖 30 幅，鼓励奖 50 幅；科幻作文一等奖 10 篇、二等奖 20 篇、三等奖 30 篇，鼓励奖 50 篇；其中创新成果竞赛项目 9 项；优秀实践活动 2 项；科幻绘画 110 幅；科幻作文 110 篇；教师科技论文一等奖 2 篇、二等奖 4 篇、三等奖 6 篇，鼓励奖 12 篇。并评选出优秀组织奖 11 个和优秀辅导教师 6 名。同时从本次大赛获奖的优胜作品中推选出 54 件作品参加全省第二十七届青少年科技创新大赛。

〔**科技培训**〕 全州组织各类农村实用技术培训 3041 期，培训农村劳动力 25.68 万人次。逐步建立农村实用技术和职业技能培训体系。新建科普惠农服务站 4 个，配备专兼职科普宣传员 76 名，发展各类农村专业技术协会 6 个。全州共招收农函大学员 6271 人（统办专业 4652 人，自办专业 1619 人），完成我州年初下达计划数的 125%。统办专业招生比省农函大下达全州 3000 人的指标增加了 1652 人，超额完成招生任务；招收农村综合初中班学员达 3178 人，占全州招生人数的 51%。为本州农村培育更多有文化、懂技术、会经营的新型农民作出了积极贡献。

〔**解“五难”（学科技难）惠民工程**〕 继续组织实施勐海县、勐腊县、景洪市“云南边疆解‘五难’（学科技难）惠民工程”，按照“六个一”的要求，在全州边境一线自然村已建成科技活动室 123 个，培训农村劳动力 25.68 万人次，新培养科技辅导员 123 名，培训新型农民 6271 人，发展专业技术协会 6 个。在每个县实施一个特色产业培育项目，落实省、州、县（市）财政配套资金 140 万元，企业投入 840 万元。

〔**2011 年科技周活动**〕 2011 年全州科技活动周 5 月 15 日（5 月 15 日 ~22 日）在景洪市孔雀湖畔正式拉开了帷幕。此次科技活动周的主题是“增强自主创新能力，携手建设创新型国家”，西双版纳州把“科普进校园活动”作为科技活动周的重要活动内容。活动周期间，科普大篷车相继开进了勐海县三中、勐海县民中、景洪市一小、勐腊县民中、允景洪小学，州气象学会的科技人员借助人工增雨相关设备给学生们讲解了人工降雨以及防灾减灾方面的知识。活动周累计参加活动的领导、技术人员和科普志愿者共 387 人次；发放各种宣传资料 72980 余份，展出科普展板 171 块、科普挂图 375 幅，悬挂宣传横幅 40 条，接受科技咨询 1560 人次，为群众义诊 763 人次。整个活动周受益群众和学生近 20000 人。

州科协主席鲁愿兵（右一）为学生发放科技资料

〔**全国科普日活动**〕 9 月 15 日至 23 日组织开展了以“节约能源资源、保护生态环境、保障安全健康、促进创新创造”为主题的科普日活动。州科协科普大篷车相继开进勐海县黎明中学、州一中、州二中开展“科普进校园”宣传活动，共展出科普展品 25 件，挂图 20 块，发放宣传资料 10000 余册，《割胶技术》光碟 100 份，受益学生、群众多达 5600 人；州气象学会把人工影响天气火箭发射车开进校园，为同学们讲解了人工影响天气的原理、有关雷电基础知识、个人和建筑物防雷方法等内容；西双版纳亚洲象保护协会根据自身的特点和优势，协会与会员单位野象谷景区利用旅游景区游客量大宣传面广的优势，组织开展了“保护热带雨林、保护亚洲象”为主题的科普宣传活动，共发放宣传画册 1000 余份，展出保护亚洲象宣传展板八幅。

〔积极组织参与“三下乡”活动〕 1月10日至13日，组织州少数民族科普工作队、州气象学会、州畜牧兽医学会、州环境科学学会、州亚洲象保护学会的科技人员组成服务工作队，先后深入到景洪市嘎洒镇、勐腊县勐捧镇景坎回落一组和勐满镇曼赛囡小组、勐海县打洛镇和勐混镇曼召村5个乡镇开展服务工作。共发放《云南农村科普报》10000份，《专利法》1000份，《防雷避险知识手册》和《防雷知识》各10000册、《生态鸡的饲养技术要点》、《养猪技术要点》、《重大动物疫病防控要点》、《冬春时节常见动物疫病的防治要点》各2000份、《保护亚洲象我们共同的责任》1500份、生物环保剂400包和环保剂宣传资料500份。受益村民13100余人。

州科技局2011年“三下乡”活动启动仪式现场

〔州科技局领导看望新农村建设指导员〕 2001年7月11日，州科技局副局长柏力微率州科技局老领导及有关单位负责人到嘎洒镇曼景罕村看望下派的新农村建设指导员纪文燕，了解指导员的生活、学习、工作情况，听取村委会领导对指导员的意见和建议。指导员汇报了半年来的工作情况、工作体会以及下阶段工作设想，曼景罕村村委会党总支书记、主任岩恩和各村民小组组长介绍了该村委会经济社会发展情况和新农村建设情况。柏副局长代表州科技局对村委会和各村民小组对指导员的关心帮助表示感谢，对指导员的前阶段工作给予了充分肯定。同时，要求指导员要加强理论学习和实践学习，虚心向村、组干部、村民学习，不断提高适应各种环境的工作能力；要按照州委的要求，认真履行自己的工作职责，积极参与所驻村委会工作，深入村、组和农户调查研究，充分发挥新农村建设指导员的表率作用，树立新农村建设指导员的良好形象；并表示科技局今后将一如既往地支持下派指导员的工作。

〔全省知识产权进校园工作经验交流会〕 11月17日，全省知识产权进校园工作经验交流会在景洪召开。云南省自2008年开展知识产权进校园工作以来，全省大部分州市都不同程度的开展了知识产权进校园工作。副州长唐家华出席交流会并致辞。会上，昆明、德宏、西双版纳知识产权局及昆明市第五中学、大理弥渡县寅街一中的代表做了交流发言。西双版纳州对约4890名学生进行了知识产权教育，使知识产权教育活动常态化、具体化，并形成了特色的教育模式。与会代表观摩了西双版纳州允景洪小学组织开展的学习《知识产权教育读本》汇报“主题班队会”活动，生动的游戏、小品等内容，充分反映了允景洪小学学生学习知识产权知识的成果。云南省知识产权局局长高颂山、各州市知识产权局负责人和学校代表100余人参加了交流会。

全省知识产权进校园工作经验交流会在西双版纳召开

〔省知识产权局局长一行赴州调研〕 8月8日至9日，云南省知识产权局高颂山局长、到西双版纳汉麻产业投资控股有限公司调研专利转化实施工作。在州知识产权局局长罕文荣陪同下，考察了公司产品陈列室、生产车间等，并听取了公司主要领导对企业基本情况、发展规划的介绍，详细了解企业专利转化项目实施情况。高局长对公司这几年的发展给予了充分肯定，认为公司的发展定位清晰，目标明确。同时提出三点建议，一是企业在科技创新、新产品研发的同时，要把知识产权同科技创新、新产品开发有机结合在一起。二是要结合科技项目的实施，逐步建立和完善企业知识产权制度，形成与科技创新相结合的制度，降低研发成本，提高研发水平。三是企业在科技创新中，根据西双版纳实际尽快开发有民族特色的新产品投放市场。

〔知识产权宣传周系列活动〕 4月10日，由州政府牵头召开了西双版纳州知识产权战略实施工作联席会议第一次会议，32家联席会议成员单位的负责人出席会议，省知识产权局副局长徐永忠、州人民政府副州长唐家华出席会议并做重要讲话，徐副局长介绍全省知识产权工作及各州市推进知识产权战略工作情况，并就下一步工作提出了要求：一是求得党委政府的支持是推进知识产权战略实施的关键。二是实施知识产权战略一定要有明确的方向和目标，要有顶层设计。三是推进知识产权战略要各成员单位的共同努力、协调配合、齐抓共管。四是企业是我们推进知识产权战略的落脚点。唐副州长强调要突出三个重点：一是对全社会进行知识产权知识的普及和推广；二是围绕本州中心工作，结合本部门实际，开展专项行动工作；三是要促进企业创新，做好知识产权相关工作。

4月22日，由州人民政府主办，州知识产权局承办的“2011年西双版纳州知识产权宣传周”活动启动仪式在景洪市孔雀湖畔举行。州知识产权战略实施工作联席会议成员单位的干部职工以及州、县(市)知识产权管理工作者、专家和部分企业代表100多人参加了启动仪式，发放宣传资料6000余份，现场咨询人数达200人次。宣传周期间，重点查处涉及假冒专利产品、假冒注册商标以及违反质量标准等侵权商品。

〔**科技调研**〕 为了确保省、州科技计划项目实施的质量和水平，充分发挥政府资金的引导作用，加强项目经费监督管理，州科技局分阶段、分步骤对“十一五”期间科技计划项目，特别是在研的党政“一把手”科技工程项目进行检查评估和调研，撰写调研报告《西双版纳州“十一五”科技计划项目执行情况报告》上报政府。报告从“十一五”科技经费投入情况、科技计划项目实施取得的主要成绩、科技计划管理主要做法和存在的不足、抓好科技计划项目管理的意见和建议四个方面深度分析了科技项目实施和管理所取得的经验和教训，为更好的做好科技管理工作奠定夯实基础。为整合资源，充分发挥政府资金引导作用，对全州科技培训工作状况进行调研，研究统筹、整合科技培训资源的有效途径和办法，进一步推动全州科技培训工作健康有序发展，撰写《关于西双版纳州开展农村科技培训情况的调研报告》上报州政府。

〔**“一法一条例”的执法检查**〕 。9月21～26日，完成州人大对全州各级政府贯彻执行《中华人民共和国科技进步法》、《云南省科技进步条例》情况以及本辖区内各级科研单位参与和支持科学技术进步活动情况进行实地调研，形成《西双版纳州“一法一条例”贯彻执行情况报告》。10月26日，《报告》顺利通过了州十一届人大常委会第三十五次会议审议。

〔**西双版纳州“十二五”科技发展规划**〕 被列入全州经济社会特定领域需编制20个重点专项规划，由州科技局牵头编制，于2010年3月全面启动规划编制的各项工作，先后成立了规划编制小组，经过多次深入调研，在反复征求意见和多次修改完善的基础上，通过初评、听证会、专家咨询评审会等程序，八易其稿，9月19日，《科技规划》顺利通过第44次州政府常务会议，并于10月11日正式出台。

〔**首次新闻发布会**〕 11月30日州科技局首次召开新闻发布会，来自西双版纳报社、州电台、西双版纳电视台、云南日报、春城晚报、云南信息报等州内外8家新闻媒体10名记者参加了发布会；通报了2011年西双版纳州重点科技工作开展情况、“十一五”期间我州科技工作取得的主要成绩、“十二五”科技规划发展的目标和主要任务；记者围绕本州新一轮解“学科技难”惠民工程和“科普惠农兴村计划”的实施情况、科技成果的转化应用以及与老挝、缅甸、泰国等东南亚国家的国际科技合作情况等进行提问，州科技局相关人员针对记者提问进行了解答和说明。

新闻发布会现场

〔**国家科技进步考核**〕 根据国家科技部《关于开展2011年全国县市科技进步考核的通知》和省科技厅《云南省2011年全国县市科技进步考核工作方案》要求，州科技局组织由科技、财政、统计等部门组成的考核专家组，对全州2009～2010年两县一市科技进步进行考核，两县一市各项考核指标均达到要求，通过州级和省级考核；只有勐腊县最终通过国家科技进步考核。

〔**省科协副主席赖永良一行赴州调研**〕 9月19日，云南省科协副主席赖永良一行就州科协实施“桥头堡”战略情况进行了调研，在州科协主席鲁愿兵的陪同下分别到勐海县、勐腊县进行了实地考察，鲁愿兵主席介绍了西双版纳州近年来开展科普工作情况，并汇报了本州今后围绕实施“桥头堡”战略的工作设想，赖永良主席在实地考察和听取工作汇报后，对西双版纳州在围绕“桥头堡”建设工作中取得的成绩和今后工作的设想给予了充分的肯定和认可。介绍了省科协在“桥头堡”建设工作中的新思路“建基地、搭平台、送服务”的具体内容，建议州科协今后围绕实施“桥头堡”战略工作中打开思路，面向东南亚，开展对老挝、缅甸的科技合作交流、搭建民间联合协会平台，加强国际民间的科技传统交流，坚持“两服务，一发展”的方针，为云南科协系统在“桥头堡”建设工作中做出榜样。

〔州政府副州长唐家华到州科技局调研〕 8月11日下午，唐家华副州长、州政府办公室主任黄志高和州第四纪工委书记熊新发一行到州科技局调研、检查指导工作，并与干部职工进行了座谈。州科技局党组书记、局长罕文荣代表局领导班子就上半年的科技工作、“双20”工作、建设创新型云南行动计划年度目标责任书、立项督查工作和领导干部四重分片包干负责党风廉政建设责任制等工作落实情况以及工作中存在的问题和下半年工作安排进行了详细的汇报。唐家华副州长对上半年工作取得的成绩，给予充分肯定，针对下一步的工作作了明确指示，①筛选以党政“一把手”项目为主的5~7个科技项目进行调研，剖析项目管理情况，并做出书面报告。②对全州科技培训经费的使用、绩效评估进行调研并做出书面报告。同时提出四点要求：一是领导干部要树立表率，做好标杆作用，自觉做好各项工作，进一步树立科技工作的形象；二是进一步贯彻落实民主集中制原则，对重大事项要做到集体讨论决定、公开、透明；三是完善防止腐败发生的工作机制，找准风险点，认真制定采取防范的措施。四是狠抓落实，进一步转变工作作风，忠实履职，凝聚战斗力，加强党的建设工作，促进科技工作的健康有序发展。

〔州科技局到勐海县进行科技项目检查和调研〕 10月9日，州科技局副局长柏力微一行到勐海县就省、州科技计划项目实施情况进行中期检查。同时，对申报2012年项目进行调研，分别实地察看了实施科技成果转化基地的六家企业的基地建设情况，在听取企业负责人及勐海县副局长肖平的汇报后，检查组认为企业的发展定位清晰，目标明确。柏副局长要求企业：要以科技为支撑，打造特色产品，提高产品的市场竞争力，使企业发展成为高新技术企业，同时对县科技局今后工作提出了四点建议：一是要密切科技部门与企业的关系，了解企业的需求和困难，为企业排忧解难；二是抓好科技项目管理工作，认真履行监理单位职责，确保项目顺利实施。三是加强项目的申报工作；四是县级科技局要重视科技档案的管理，以签订的年度目标任务为重点，抓好各项工作的落实。

〔州政府副秘书长检查境外项目〕 10月2~5日，州人民政府副秘书长、办公室主任黄志高一行在州科技局局长罕文荣陪同下实地检查了老挝南塔、波乔省西双版纳印奇果项目的落实情况。同时与波乔省科技厅具体协商共建老中农业科技示范园的合作协议，10月3日在波乔省科技厅会议室，双方就共建老中农业科技示范园合作协议条款进行协商，4日对位于距离会晒50公里的波乔省敦蓬县偏安村示范园地址进行实地考察，双方并修改完善了合作协议。两省已完成60亩版纳印奇果种植与搭架工作，长势良好。

〔州科技局到景洪市进行项目检查和调研〕 10月12日，州科技局柏力微副局长一行在景洪市科技局领导的陪同下对西双版纳同庆号茶业有限公司、嘎洒炬燃五金加工厂、西双版纳版纳药业有限公司、西双版纳金星啤酒有限公司进行项目检查及调研，检查组在听取了项目实施单位的情况的总体汇报，并实地查看了项目实施现场后。检查组对承担单位做出的成绩给以充分肯定，同时柏副局长强调：一要严格按照项目合同书认真实施，按质、按量、按时完成任务指标；二是加强科研队伍建设，充分发挥科技团队精神；三是要继续申报科研项目，开展科技自主创新活动，为全州科技发展做出应有的贡献。

〔西双版纳州热区无公害肉牛养殖产业化〕 8月19日，“西双版纳州热区无公害肉牛养殖产业化”项目顺利通过省级验收。该项目是2008年省科技厅立项支持，由西双版纳蓝山农牧有限公司承担的党政“一把手”科技工程项目，通过项目实施，建立存栏4000头的肉牛健康养殖核心示范区一个，建成肉牛精深加工厂一个，创建“爱伲牌”肉牛系列产品品牌，扶持3个村民小组117户农户建立6个标准化养殖小区，通过培训辐射带动周边四个乡镇53个村民小组，受惠农户达2652户，项目区内肉牛养殖效率明显提高，个体增重效率提高80%，养殖周期缩短50%，获得较好的经济效益和社会效益，有力促进了当地肉牛养殖向标准化，规模化的发展，加快肉牛产业化生产。同时还制定了一套《热区肉牛养殖技术操作规程》。

〔"西双版纳小耳猪品种选育及产业化"项目进展〕 为加快"西双版纳小耳猪品种选育及产业化"的实施进程，7 月 20 日，州委江普生书记主持召开了由唐副州长、昆明动物研究所、西双版纳职业技术学院、州科技局、州农业局参加的"西双版纳小耳猪品种选育及产业化"项目推进情况汇报会。会议听取昆明动物研究所在开展"西双版纳小耳猪品种选育及产业化"项目工作的进展情况，具体实施中遇到的问题和困难，会议通过协商、讨论，对目前需要解决和协调的问题达成一致意见。江书记明确由唐家华副州长担任西双版纳小耳猪产业联盟和基地建设领导小组组长，负责小耳猪分子育种基地建设、资源调查和品种选育等项目推进过程中的组织协调工作。州委、州政府同意在勐仑镇西双版纳学院新建校区规划用地中向昆明动物研究所提供不少于 240 亩土地，用于建设"中国科学院昆明动物研究所热带特色生物资源研究开发中心"和小耳猪分子育种及产业化基地，青贮饲料种植和中心的辅助设施建设；并请共建各方尽快落实规划，划定地块边界，办理相关手续。

小耳猪品种选育汇报会场

〔全国首家香蕉茎秆造纸技术在州内取得成功〕 该技术采用无污染磨浆助剂解决香蕉茎秆的磨浆难题，以助剂的物化作用解决香蕉纤维的离解，以废水污染的絮凝和生化处理、循环利用解决制浆过程的废水污染问题。在造纸过程中实施免蒸煮，无需安装锅炉和使用烧碱助剂亦能实现抄纸的新技术，打破了传统的制浆工艺，比传统工艺降低能耗 23.61%；免除了洗浆工序，比传统的工艺吨浆减少耗水 60%，节约了水资源。整个工艺流程无污染，废水处理后循环使用，达到了节能减排、清洁生产的目的。有显著的经济、社会和生态效益。项目技术及其应用处于国内领先水平，2010 年 12 月 22 号通过省科技厅组织并主持的省级科技成果鉴定。截止 2011 年 12 月 31 日止已生产香蕉果用垫板纸 200 万片，香蕉果遮阳袋 60 万只，完成产值 62 万元，实现利润 27 万元，利润占产值的 45 %。

香蕉茎秆生产的纸浆板

〔成立石斛产业技术创新战略联盟〕 为进一步促进本州石斛产业稳步有序发展，提高西双版纳石斛在市场上的影响力和知名度，光明食品集团云南石斛生物科技开发有限公司牵头成立了"石斛产业技术创新战略联盟"，该联盟被认定为省科技厅第一批开展试点的云南省产业技术创新战略联盟，也是州第一个省级产业技术创新战略联盟。12 月 3 日石斛产业技术创新战略联盟扩大会议在景洪召开，有 18 家理事会成员单位，形成了联合开发、优势互补、利益共享、风险共担的技术创新战略联盟。会议进行了组织机构新增选举及专家论坛等会议议程事项。

〔"农业综合配套技术示范"项目通过验收〕 为充分利用州境光热条件较好的优质冬闲田，提高农作物亩产量，增加农民收入，科技人员积极开展农业综合配套技术研究示范工作，充分利用西双版纳"天然温室"的优势，在秋冬季开展甘蔗（新植）—玉米、幼龄茶园—西定小糯洋芋、麻—秋黄豆间套种的种植模式，取得了一定成效，经济效益和社会效益得到显著提高。通过试验、示范、培训相结合，提高了示范区广大农民的科学种植水平。同时为全州新品种的引进，提高冬黄豆、马铃薯的产量和质量起重大作用，为全州秋冬季农业发展打下坚实基础。该项目专家组一致通过验收。

玉米和甘蔗套种

〔**全国科普惠农兴村表彰西双版纳州榜上有名**〕 中国科协和财政部联合表彰2011年全国科普惠农兴村先进单位和带头人,西双版纳州2个农技协和1名个人榜上有名。景洪市渔业协会、勐腊县尚勇镇磨憨冬季蔬菜瓜果协会被评为"全国科普惠农兴村先进单位",分别获奖补资金各20万元;勐腊县勐仑镇曼俄村波光理被评为"全国科普惠农兴村带头人",获奖补资金5万元。2011年获奖数量为历年之最。2006年启动国家科普惠农兴村计划以来,全州已有3个农技协、1个农村科普示范基地和2名个人获国家"科普惠农兴村计划"表彰,累计获奖补资金90万元。这些惠农典型在促进农民科学素质提升,服务全州经济社会发展中发挥了很好的示范带动作用。

〔**获奖情况**〕 州科技局获省政府颁发2010年度创新型云南行动计划考核优秀奖励,获省科技厅颁发的云南省"十一五"科技计划组织管理先进集体,州知识产权局获省知识产权双打先进集体称号,州科协获省农函大工作先进集体称号。

〔**西双版纳州科学技术协会表彰先进单位**〕 西双版纳州科学技术协会表彰2011年度受表彰的全州农函大工作先进集体12个,先进工作者18名,优秀辅导教师6名,农函大优秀学员24名。

2011年末中央、省驻州研究单位人员统计

单位:人

单　　位	职工总数	从事科技活动人	高级职称	中级职称	初级职称	其他
云南省热带作物研究所	378	321	28	70	66	157
中国医学科学院药用植物研究所云南分所	105	29	4	7	11	7
云南省林科院热带林业研究所	28	17	5	5	7	11
云南省农科院茶叶研究所	129	78	9	37	32	51
中国科学院西双版纳热带植物园	307	211	68	97	35	11
合　　计	947	656	114	216	151	237

2011年全州专业技术人员数

单位:人

单　　位	总数	高级职称	中级职称	初级职称	在岗未聘(其他)
州属	16300	1197	7696	7020	387
中央、驻州	656	114	216	151	237
农垦	1982	17	422	1451	92
合计	18938	1328	8334	8622	716

2011年西双版纳州有效专利

序号	专利名称	申请人姓名	申请日	入库日	有效状况	专利类型
1	一种用于治疗胃病的药物	西双版纳傣族自治州民族医药研究所	2010-5-13	2011-9-15	有效	发明
2	一种暗褐网柄牛肝菌液体菌种的培养方法	云南省热带作物科学研究所	2008-10-22	2011-2-26	有效	发明
3	肾茶保健茶	吴锦华	2008-4-28	2011-7-27	有效	发明

序号	专利名称	申请人姓名	申请日	入库日	有效状况	专利类型
4	一种中药烧、烫伤外用散剂及制备方法	苟高平	2009－7－29	2011－12－30	有效	发明
5	一种治疗糖尿病的药物	西双版纳傣族自治州民族医药研究所	2010－5－13	2011－9－15	有效	发明
6	一种能治疗烫伤的药物组合物	黄斌	2006－8－29	2011－3－12	有效	发明
7	一种大型丛生竹营养钵苗造林的方法	云南勐象竹业有限公司	2009－8－28	2011－5－11	有效	发明
8	一种治疗疔疮的外搽酊剂	西双版纳傣族自治州民族医药研究所	2010－5－13	2011－10－18	有效	发明
9	一种治疗乳腺病的药物	西双版纳傣族自治州民族医药研究所	2010－5－13	2011－10－18	有效	发明
10	一种大型丛生竹分蘖移栽培育营养钵苗的方法	云南勐象竹业有限公司	2009－8－28	2011－8－22	有效	发明
11	一种麻纤维精梳分理方法及装置	汉麻产业投资控股有限公司	2010－1－22	2011－11－3	有效	发明
12	一种韧皮纤维的牵切梳理方法及装置	汉麻产业投资控股有限公司	2010－1－22	2011－9－29	有效	发明
13	一种韧皮纤维机械软麻方法及装置	汉麻产业投资控股有限公司	2010－1－22	2011－12－1	有效	发明
14	一种挂纱装置	汉麻产业投资控股有限公司	2010－1－22	2011－12－1	有效	发明
15	一种治疗肝病的药物	西双版纳傣族自治州民族医药研究所	2010－5－13	2011－10－18	有效	发明
16	傣族民间风湿药	桂兰仙	2010－9－20	2011－10－18	有效	发明
17	一种方便手机袋	李星志	2011－5－20	2011－12－10	有效	实用新型
18	一种悬挂式双行甘蔗种植机	唐凤平	2011－3－20	2011－7－19	有效	实用新型
19	防尘挂衣架	赵延华	2010－4－2	2011－1－1	有效	实用新型
20	仿形刷式洗鞋机	刘丰	2011－5－13	2011－9－21	有效	实用新型
21	弹性挂衣架	赵延华	2010－4－2	2011－1－1	有效	实用新型
22	装配式绉片机辊筒	王跃强	2011－2－23	2011－9－15	有效	实用新型
23	壁挂式衣架	赵延华	2010－4－2	2011－1－1	有效	实用新型
24	一种摩托车轮胎气嘴防泄气螺母	李星志	2010－12－27	2011－6－17	有效	实用新型
25	平行转动式割胶防雨罩装置	魏泽洪	2011－5－18	2011－11－3	有效	实用新型
26	推式割胶刀刀载割胶灯	赵文寿	2010－7－22	2011－3－5	有效	实用新型
27	天然橡胶绉片机	王跃强	2011－2－23	2011－11－3	有效	实用新型

序号	专利名称	申请人姓名	申请日	入库日	有效状况	专利类型
28	割胶用树身防雨裙	汪琇琳	2010－12－15	2011－6－17	有效	实用新型
29	一种带翻盖的割胶碗	彭拥军	2010－8－4	2011－3－5	有效	实用新型
30	一种截面锯齿形紧压茶	杨成军	2011－1－26	2011－7－25	有效	实用新型
31	一种能让茶叶均匀下料的储料分料装置	勐海茶业有限责任公司	2011－5－3	2011－10－19	有效	实用新型
32	包装盒(女儿贡饼)	勐海茶业有限责任公司	2011－5－30	2011－8－24	有效	外观设计
33	包装盒(宫廷普洱茶)	勐海茶业有限责任公司	2011－5－30	2011－8－22	有效	外观设计
34	茶包装袋	云南西双版纳大渡岗茶叶实业总公司	2011－3－4	2011－8－13	有效	外观设计
35	饮料罐(1)	云南纳西泉食品饮料有限责任公司	2010－8－16	2011－9－3	有效	外观设计
36	包装盒(孔雀沱茶)	勐海茶业有限责任公司	2011－5－30	2011－8－22	有效	外观设计
37	包装筒围帖	云南西双版纳大渡岗茶叶实业总公司	2011－3－4	2011－8－22	有效	外观设计
38	茶包装纸	云南西双版纳大渡岗茶叶实业总公司	2011－3－4	2011－8－24	有效	外观设计
39	包装盒(五子登科)	勐海茶业有限责任公司	2011－5－30	2011－8－24	有效	外观设计
40	饮料罐(2)	云南纳西泉食品饮料有限责任公司	2010－8－16	2011－7－1	有效	外观设计
41	食物包装袋	云南省热带作物科学研究所	2011－7－26	2011－11－11	有效	外观设计
42	手镯(牡丹龙凤)	周金桦	2011－4－1	2011－6－13	有效	外观设计
43	橡胶树防雨帽	李红艳	2011－5－24	2011－11－18	有效	外观设计
44	大红袍包装罐	翁财祥	2010－11－1	2011－4－29	有效	外观设计
45	工艺品(百鸟朝凤杯)	周金桦	2011－3－12	2011－5－11	有效	外观设计
46	橡胶树割胶防雨帽	陈林	2010－12－13	2011－4－29	有效	外观设计

(《科技》撰稿:高丽洪　陈昌莉　王爱梅　王霞　王学云　彭家义)

中国科学院西双版纳热带植物园

〔**概述**〕　中国科学院西双版纳热带植物园(以下简称"版纳植物园")成立于1959年1月1日。1970年7月经国务院批准更名为"云南省热带植物研究所"。1978年3月经国务院批准更名为"中国科学院云南热带植物研究所"。1987年1月恢复现名。1996年9月经中央机构编制委员会办公室批准,版纳植物园与原昆明生态研究所整合为中国科学院的独立研究机构,沿用现名。1998年底首批成为中国科学院知识创新工程试点单位之一。

版纳植物园占地面积约1125hm²,收集活植物12000多种,建立植物专类区38个(新建成野生蔬菜园、能源植物园),保存一片面积约250hm²的原始热带雨林,是中国面积最大、收集物种最丰富、植物专类园区最多的植物园,也是世界上户外保存植物种数和向公众展示的植物类群数最多的植物园。版纳植物园是集科学研究、物种保存、科普教育和科技开发为一体的综合性研究机构和国内外知名的风景名胜区。版纳植物园与50多个国家(地区、国际组织)有着广泛的交流与合作,其国际影响不断扩大。现已成为“国家知识创新基地”、“全国科学普及教育基地”、“全国青少年科技教育基地”、全国“ AAAAA 级旅游景区(点)”、“全国文明单位”“全国文明风景旅游区示范点”。

版纳植物园主要发展目标和任务是:立足中国云南,面向中国西南(主要是热区)和东南亚,以热带、亚热带过渡区生物群落和生态系统为基础,探讨人类活动和环境变化对生态系统结构与功能的影响及物种濒危机制,为知识创新和知识传播以及社会经济发展做贡献。其学科方向是:保护生物学、森林生态系统生态学和资源植物学。

版纳植物园设有“中国科学院热带森林生态学重点实验室”、资源植物研究中心,共有20个研究组,建有热带植物种质资源库、中国科学院西双版纳热带雨林生态系统研究站、中国科学院哀牢山森林生态系统研究站、GIS实验室、热带植物标本馆、公共技术服务中心等科学实验支撑系统。公共技术服务中心拥有电感耦合等离子体原子发射光谱仪、原子吸收光谱仪、全自动连续流动分析仪、气质联用仪、同位素质谱仪、碳氮分析系统等大型仪器。标本馆现有植物标本135206份。种质资源库现保存有种子数1170种7396份。

截至2011年底,版纳植物园共有在职职工321人。其中科技人员94人、科技支撑人员108人,包括研究员及正高级工程技术人员25人、副研究员及高级工程技术人员51人。版纳植物园共有中国科学院“百人计划”入选者9人,“西部之光”人才入选者46人(新增6人);国家杰出青年科学基金获得者1人。

版纳植物园是1986年、2000年、2001年、2006年、2011年国务院学位委员会分别批准的生态学硕士学位、植物学硕士学位、生态学博士学位、植物学博士学位等授予权单位之一。现设有植物学、生态学和生物工程三个专业二级学科硕士研究生培养点,生态学、植物学两个专业二级学科博士研究生培养点,2011年对应调整并获得“生态学”一级学科博士培养点。并设有生物学专业一级学科博士后流动站。在学研究生208人(其中硕士生132人、博士生76人)、在站博士后9人。

〔在研与新增项目〕 2011年,版纳植物园共有在研项目182项(包括新增项目65项)。其中,承担(或参加)国家重点基础研究发展计划(973)课题3项;主持(或承担)国家自然科学基金重点项目1项、主任基金项目1项(新增)、面上项目22项(新增16项);主持(或承担)知识创新工程重要方向项目4项(新增2项),承担国际合作项目6项(新增3项);承担院地合作项目16项(新增8项)。2011年新增项目65项,累计到位科研经费4265.96万元,院外争取经费2115.32万元。

〔科技成果与获奖〕 2011年,版纳植物园全年共发表学术论文198篇,其中SCI论文122篇,当年被引用73篇次,总的影响因子400.799,在本领域Top 30% 的文章77篇;申请专利9项,其中发明专利8项、国际发明专利(PCT)1项,授权专利11项,其中发明专利10项。申请云南省植物新品种2项,并获得授权,申请云南省林木良种2项,星油藤获得云南省林木良种证,出版专著2部。朱华研究员主持的“云南热带森林植被与植物区系研究”项目获得2011年度云南省自然科学二等奖;杨清副研究员主持的“热带优良竹浆(材)竹种的筛选与繁殖关键技术研究”项目获得2011年度云南省科学技术进步三等奖。

面向国家需求的研究工作取得重要进展。以星油藤、小桐子产业化关键技术问为核心,对生物质能与高档油料植物产业化核心技术开展集团攻关,从新品种培育、高产栽培关键技术研究、绿色、连续“溶解—水解—发酵”生物冶炼新工艺的建立,着力突破小桐子、星油藤的产业技术瓶颈,促进产业结构调整和战略性新兴产业发展的前沿科学问题和关键核心技术。

〔院地合作与成果转移转化〕 2011年,版纳植物园开展院地合作与成果转移转化工作稳步推进。普洱绿洲科技有限公司(原名思茅绿洲咖啡有限公司)利用版纳植物园咖啡优质高产综合利用配套技术开发的咖啡产品,2011年年度销售收入350万元,社会效益500万元;云南龙生茶业股份有限公司利用植物园思茅茶园建设与茶园小绿叶蝉防治技术开发的生态茶叶产品,2011年度销售收入6000万元,有效地促进思茅茶业的发展。据西双版纳州旅游局资料显示,通过版纳植物园“万种植物园及国家级科普旅游基地”平台,获得38920万元销售收入,社会效益达126080万元,有力地推动云南省旅游第二次创业的发展。版纳植物园投资建立的西双版纳雨林制药有限责任公司,共有在职员工50人,2011年产值达860万元。

〔国际合作〕 2011年,版纳植物园承担的科技部国际合作重点项目和技术项目1项和中科院国际合作重点项目1项，取得很好的进展。特聘美国弗吉尼亚大学环境科学系教授 Manuel Lerdau 教授作为版纳植物园的海外咨询专家。2011年，主办和承办4次国际会议和培训班，包括第四届东南亚植物园主任会议和热带基因组学国际会议等；全年举办学术报告72场，其中英文报告65场(含 XTBG Seminar44 场)；XTBG Seminar 已逐渐成为版纳植物园的学术活动品牌，已在园内外产生了较大影响，使版纳植物园海外流动人员或来园学术交流的海外专家人数和承担国际学术会议、国际培训班的次数都越来越多，国际化态势初见端倪。全年出访人员50人次，来访人员230人次。承担国际学术组织职务5人。

〔学术机构任职和享受政府特殊津贴〕 2011年，版纳植物园主任陈进研究员担任中国科学院植物园工作委员会主任。2011年，余迪求研究员荣获度国务院政府特殊津贴；张一平研究员荣获云南省政府特殊津贴。

〔科研条件改善〕 2011年，新增固定资产1157件(套)，价值1680.27万元。修购专项实施进展顺利，所级中心实验室的建设稳步推进，稳定同位素质谱仪、碳氮分析系统、等离子发射光谱仪、中央纯水系统、多通道土壤碳通量自动测量系统、气质联用仪、液质联用仪、高效逆流色谱仪及组合式多因子人工气候模拟系统已完成安装。西双版纳热带雨林生态系统研究站补蚌工作站、元江干热河谷生态站建成并投入使用。

〔科普教育工作〕 2011年7月，版纳植物园被国家旅游局授予“国家5A级旅游景区”称号，成为西双版纳州唯一一家国家5A级旅游景区。11月，版纳植物园作为全国文明风景旅游区(全国文明单位)的候选单位在中央文明网上公示。版纳植物园荣获2011年云南省和中科院“十一五”科普工作先进集体；“神奇雨林，多彩民族”科普展板和《来自雨林的故事》音像制品分别获中国环境科学学会第三届“环保科普创新奖”三等奖和优秀奖。2011年接待来宾54万人次。

〔创建国家5A级旅游景区工作圆满收官〕 7月6日，版纳植物园被国家旅游局授予“国家5A级旅游景区”称号，成为西双版纳州唯一一家国家5A级旅游景区。7月12日，版纳植物园举行“国家5A级旅游景区”揭牌仪式。当天实行“免票入园”以回馈社会，接待入园人数20513人次。并召开“西双版纳热带植物园荣膺国家5A级旅游景区座谈会”。7月15日，参加云南省旅游局在昆明召开的云南省新增国家5A级旅游景区情况通报会，在会上就该园成功荣膺国家5A级旅游景区进行通报和说明，接受中国旅游研究院、新浪网、中国新闻社等记者的专访。27～29日，该园5A建设的长篇通讯《热带天堂责实笃和—写在中科院版纳植物园荣膺国家5A级旅游景区之际》，连续3天在《科学时报》头版推出。

〔科普项目申报取得重大突破，科普活动品质进一步提升〕 首次获得国家自然基金资助。2011年共获得科普活动项目经费约33万元，其中《西部青少年早期人才培养计划》获国家基金3万元；科普专著《热带雨林的故事》获得国家自然科学基金科普专项资助18万元；《中科院植物园稀有濒危植物保护资源包》获得中国科协7万元资助。《热带雨林保护科学考察活动——大手拉小手》获中国科协2万元奖励。《植物园社区鸟类教育计划》获香港观鸟会资助0.9万元。

以旅游带动科普、以科普丰富旅游，积极尝试科普活动与旅游有机结合。稀有濒危植物主题成为年度科普活动亮点。该园围绕“国际森林年”的宗旨，通过“走近珍稀植物，写下森林祝福”，以及专家带您认识濒危植物、“生态之美”摄影展、重点实验室科学体验之旅、园主任专家为您导游等系列活动，彰显稀有濒危植物主题。制作完成的“稀有濒危植物主题科普活动参与式体验资源包”，包括濒危植物展板、互动游戏、宣传折页以及部分游戏视频等内容，进一步展示我园科普活动的水平。针对植物园夜晚的特色，新推出“乌兰魅影”夜游植物园活动，共开展活动16次，约190人参，部分游客甚至根据夜游活动来安排行程。

通过冬夏令营及节假日活动，进一步完善“绿岛探奇”、“大手拉小手”、“植物与艺术”和“秘密花园”等四大科普品牌。共举办冬夏令营等活动24场次，参与者近4万人，接待咨询近1万人次，发放奖状、活动纪念品4200多份。

〔物种保育、园林园艺〕 2011年植物园共完成植物引种591种次，其中国内464种次，国外127种次，完成植物出圃296种，294种号，共新定植出圃苗木3655株。全年完成2056种号的植物物候资料的采集。包括新建能源园、野生食用植物园。1200多种号的年生长量数据采集。采集活植物标本843种号，1637份。

〔园区改造与基本建设〕 1月，版纳植物园举行科研中心启用仪式，中科院副院长李家洋等出席仪式。5月，版纳植物园申报的“生物能源及保护生物学综合研究平台”建设项目被评为2011年度国家优质投资项目，该建设项目是“十一五”期间经国家发展与改革委员会批准的科教基础设施项目，占地面积9.78公顷，建筑面积27762.2

平方米，批复概算总投资8746万元。9月，西双版纳热带雨林生态系统研究站补蚌工作站、元江干热河谷生态站建成并投入使用；版纳植物园与景东彝族自治县人民政府签署《景东亚热带植物园建设合作框架协议》，共建景东亚热带植物园。

2011年，能源植物园与野生蔬菜园建设完成、藤本植物园建设正式启动。积极努力落实推进野生蔬菜园景观提升、优化工作，完成部分园林设施的维修维护，增加到餐厅道路工程780平方米，完成专类园后期的建设与管理工作，完成需挂引种号牌的植物资料的清理。

〔人才培养与队伍建设〕 根据各部门的用人需求，2011年在院人教局网站、科学网、中国博士人才网、研究生招聘网等网站进行宣传，全年共组织各类人才的招聘面试/答辩近20次，经园主任办公会议审定，同意接收和引进各类人才30人。博士后进站5人，目前在站博士后9人，接收4位高级访问学者。2011年，版纳植物园方真研究员、刘爱忠研究员、徐增富研究员、Chuck Cannon研究员4人入选“云南省首批百名海外高层次人才”。

〔联合办学、社会办学〕 顺利完成第十七期“园林园艺技工”的培训及鉴定工作，共培训、鉴定81人；“云南热带园艺人才培养基地”思茅师范高等专科学校园林班37位同学在中科院西双版纳热带植物园学习和实习。

〔新一届团委换届选举〕 9月8日，共青团中国科学院西双版纳热带植物园第四次团员大会顺利召开，大会选举产生第四届团委书记、副书记和团委委员，吴毅、万金鹏同志分别当选为共青团中国科学院西双版纳热带植物园新一届团委书记、副书记。

〔省部级及以上领导调研〕 2011年，中共中央政治局常委、中央纪委书记贺国强，全国人大副委员长李建国、全国人大副委员长司马义·铁力瓦尔地、全国人大常委会副委员长路甬祥院士，中国科学院党组书记、院长白春礼院士等领导先后来园视察。2月26日，中共中央政治局常委、中央纪委书记贺国强在云南省委副书记、省长秦光荣、云南省委纪委书记李汉柏的陪同下到中科院西双版纳热带植物园视察；3月6日，云南省人民政府副省长刘平一行，在中共西双版州委书记江普生、州委常委、州人民政府副州长罗红江等陪同下到中科院西双版纳热带植物园视察；5月15日，国土资源部部长、国家土地总督察徐绍史，国土资源部副部长、中国地质调查局局长汪民一行在云南省委书记、省人大常委会主任白恩培，云南省副省长刘平，西双版纳州委副书记、州长刀林荫的陪同下到中科院西双版纳热带植物园视察；6月25日，全国人大副委员长李建国一行在州人大主任杨建明，州委常委、州委秘书长杨涛等陪同下到中科院西双版纳热带植物园视察；5月21日，全国人大副委员长司马义铁力瓦尔一行到中科院西双版纳热带植物园考察；6月18日，全国人大常委会副委员长路甬祥院士在云南省人常委会副主任杨保建，西双版纳州委书记江普生以及全国人大常委会委员、西双版纳州人大常委会副主任张美兰等相关领导的陪同下到中科院西双版纳热带植物园视察；12月24日，中国科学院党组书记、院长白春礼院士视察中科院西双版纳热带植物园。

〔荣誉〕 2011年，中央文明委决定评选表彰第三批全国文明单位、文明城市（区）、文明村镇，西双版纳热带植物园被评为“全国文明单位”；2011年7月，单位被国家旅游局授予“国家5A级旅游景区”称号，成为云南省西双版纳州唯一一家国家5A级旅游景区；单位荣获2011年云南省和中科院“十一五”科普工作先进集体，西双版纳州“十一五”旅游产业先进集体；中科院西双版纳热带植物园申报的“生物能源及保护生物学综合研究平台”建设项目被评为2011年度国家优质投资项目；单位被评为“中国科学院2011年度信息宣传先进单位”。

中国科学院西双版纳热带植物园是云南生态学会挂靠单位。2011年出版电子期刊《雨林故事》第6期“大榕树，小榕蜂”专题；在蔡希陶教授诞辰一百周年（1911－2011年）之际，推出“蔡希陶与热带雨林”专题。通过与中科院计算机网络中心合作，基于ipad新媒体平台，选择《雨林故事》“亚洲象专题”，在2011年中国科学院科学传播工作研讨及网络科普培训会上作为示范产品亮相会议现场，实现在线发布。编撰西双版纳热带植物园精品读物《葫芦岛之恋》，首印1万册，投递西双版纳三星级以上酒店，以及昆明部分三星级酒店、银行、4S店等，积极尝试科普与旅游的有机结合。

获省级以上表彰奖励模范先进人物

统计范围:2011.01.01－2011－12.31

姓　名	工作单位	荣誉称号	表彰部门	表彰时间
张石宝	中国科学院西双版纳热带植物园	“中国科学院王宽诚西部学者突出贡献奖”	中国科学院	2011
星耀武	中国科学院西双版纳热带植物园	“中国科学院王宽诚博士后工作奖励基金”	中国科学院	2011
王平元	中国科学院西双版纳热带植物园	2011年度中科院信息先进个人	中国科学院	2011
陈志云	中国科学院西双版纳热带植物园	优秀党员	中共中科院昆明分院党组	2011
邓晓保	中国科学院西双版纳热带植物园	优秀党员	中共中科院昆明分院党组	2011
黄加元	中国科学院西双版纳热带植物园	优秀党务工作者	中共中科院昆明分院党组	2011
石凤平	中国科学院西双版纳热带植物园	优秀党务工作者	中共中科院昆明分院党组	2011
张教林	中国科学院西双版纳热带植物园	优秀党员	中共中科院昆明分院党组	2011
陈文有	中国科学院西双版纳热带植物园	优秀党员	中共中科院昆明分院党组	2011
彭艳琼	中国科学院西双版纳热带植物园	优秀党员	中共中科院昆明分院党组	2011
段世新	中国科学院西双版纳热带植物园	优秀党员	中共中科院昆明分院党组	2011
杨大荣	中国科学院西双版纳热带植物园	优秀党员	中共中科院昆明分院党组	2011
何瑞华	中国科学院西双版纳热带植物园	美术作品工笔画《红睡莲》、《白睡莲》组画荣获二等奖	中共中科院昆明分院党组	2011
陈文有	中国科学院西双版纳热带植物园	美术作品工笔画《旅人蕉》荣获三等奖	中共中科院昆明分院党组	2011

2011年申请授权专利

申请(授权)号	专利名称	授权日
ZL 200910094015.8	一种小桐子毒蛋白的连续化提取方法	2011.5.25
ZL 200910094892.5	一种水解木质纤维素的方法（酸）	2011.4.20
ZL200910094893.X	一种水解木质纤维素的方法（碱）	2011.4.13
ZL 200910095108.2	一种仿野生条件人工栽培天麻的病虫害综合防治方法	2011.2.9
ZL 201010101700.1	一种星油藤的扦插繁殖方法	2011.3.25
ZL201019144007.X	一种星油藤的育苗方法	2011.4.26
ZL 201020562302.5	低能耗木质纤维素水解装置	2011.1.28
ZL200810058974.X	以小桐子油为原料连续化生产生物柴油的方法及其装置	2011.8.8

申请(授权)号	专利名称	授权日
ZL 200910094541.4	诱导蜜蜂为不育系制种的亲本间进行授粉的方法	2011.8.4
ZL 201010521946.4	一种 Omega-3 脂肪酸油润肤霜及其制备方法	2011.8.23
ZL 201010521949.8	一种 Omega-3 脂肪酸油护肤乳液及其制备方法	2011.10.11

(《热带植物园》撰稿:黄加元、万金鹏)

中国医学科学院药用植物研究所云南分所

〔概况〕 中国医学科学院药用植物研究所云南分所(简称药植所云南分所),创建于1959年,隶属于中国医学科学院药用植物研究所,地处西双版纳州首府景洪市中心,占地320余亩。主要从事热带、亚热带药用植物的引种驯化与栽培、珍稀濒危药用植物的保护以及民族民间医药的发掘整理和利用等研究,并作为药用植物科普教学基地开展活动,是我国南药生物种质资源保护和研究的重要基地。

2011年末职工总数105人(在职职工55人,离退休职工50人),专业技术人员44人(高职15人,中职17人,初职12人)。设党委1个,有基层党支部2个,党员28人;行政管理机构设有党委办公室、人事科、行政办公室、科研保障中心、财务科、产业办公室、保卫科等7个职能部门;科研机构设有热带药用植物资源研究中心、热带药用植物栽培研究中心和热带药用植物研发中心;直属经济实体有西双版纳東龙制药厂。

〔党建工作〕 中共中国医学科学院药用植物研究所云南分所委员会高举中国特色社会主义伟大旗帜,坚持以邓小平理论和"三个代表"重要思想为指导,深入贯彻落实科学发展观,按照建设马克思主义学习型政党的要求,以所党委中心组为核心,带动所属支部、党员及广大职工多种方式开展学习活动,全面提升干部职工队伍素质。同时,抓好党风廉政建设不放松,强化党风廉政建设,认真落实党风廉政建设责任制,并根据单位实际,对权力运行情况以及重点岗位、重要环节进一步进行廉政风险排查,并对关键岗位和重点环节的监督防范措施进行了补充和修订,把关键岗位、重点环节和防范措施细化到了普通职工,进一步完善了党风廉政监督管理体系,为研究所科学发展保驾护航。

〔深入开展创先争优活动〕 为切实抓好在全所党的基层组织和共产党员中深入开展以创建"五个好"先进基层党组织、争做"五带头"优秀共产党员为主要内容的创先争优活动,充分发挥党支部的战斗堡垒作用和党员的先锋模范作用,所党委根据州委的统一部署和要求,强化管理、积极争创,开展了"学习杨善洲先进事迹、争做优秀共产党员"活动,组织职工到挂钩扶贫点义务植树,所党委召开了以"学习杨善洲精神做人民满意的好党员好干部"为主题的学习生活会,并按照程序向州委组织部推荐了一名"优秀共产党员",受到了州委的表彰。同时,为贯彻落实中央、省委和州委关于深入开展创先争优活动的总体部署,引导广大党员积极主动参加创先争优活动,在迎接建党90周年之际,开展了"职工心目中的好党员"、"老有所为好党员"评选活动,评选出了4名"职工心目中的好党员","2名老有所为好党员",并在6月29日召开的中国共产党成立90周年庆祝大会上进行了表彰。为了突出党员先锋模范作用,强化党员宗旨意识,进一步修订完善党组织和党员公开承诺内容,以先进为榜样,坚持在推动科学发展、构建和谐平安研究所、服务人民群众、加强基层组织建设上创先争优,增强基层党组织的创造力、凝聚力和战斗力。

〔人事工作〕 根据人力资源和社会保障部《关于规范京外中央事业单位退休人员津贴补贴的通知》精神,及时召集退休人员开会,把政策落实情况公开,倾听退休人员心声,并依据分所实际情况做好解释工作,争取退休职工的理解和支持,同时对规范退休人员津贴补贴改革后所需经费进行了测算并报总所审批,通过所领导的积极努力以及在总所的关心下,规范退休人员津贴补贴得到了顺利落实。在干部培养方面,选派了1名后备干部到勐腊县易武乡曼腊村委会担任新农村建设工作指导员,使后备干部在艰苦环境中得到了锻炼。

〔科研课题〕 重点开展的科研项目有:国家中医药管理局"云南省第四次中药资源普查"项目正式启动,已完成项目前期筹备工作;云南省生物产业办资助项目"复方龙血竭口服凝胶防治应激性溃疡的新药研发",开展了制剂工艺及质量研究工作;云南省科技厅项目“云药之乡”,目前已建立10亩优良种苗繁育基地,培育优良种苗2万余株;西双版纳州生物产业办资助项目“特色傣药肾茶深入开发研究”,该项目已完成提取工艺优化、质量标准建立及产品的剂型设计;西双版纳州科技局资助项目“ 西双版纳重要珍稀傣药材种质保存及可持续利用研究”,开展了资源调查与收集工作。2011年全年共申报项目29项(包括所长基金项目11项),获资助12项(所级8项),全年到位科研经费543.8万元。开展在研项目27项(包括合作项目及所长基金),其中国家级4项,省级4项,合作6项,州(市)级5项,所长基金8项。申报成果1项,申请专利3项,发表论文36篇(其中核心17篇,参加SCI论文2篇,其他2篇)。

〔**工会工作**〕 药植物工会在所党委领导下,充分发挥桥梁纽带作用,切实维护职工利益,不断增强职工凝聚力。在年初举办了冬季职工运动会,并利用“三八”、“五一”、“中秋”、“重阳”等节假日开展职工活动,丰富职工的文化生活。同时,加强民主制度建设,切实维护职工利益,于1月13日召开了六届八次工会会员暨职工大会,听取了分所工作报告、财务工作报告及工会工作报告,使所务公开落在了实处,充分保障了职工的知情权、参与权和监督权。在第八期职工医疗互助活动中,给参加活动的职工每人补助从10元提高到了20元,鼓励广大职工积极参与,做到“无病我帮人、有病人帮我”,充分体现人帮人的和谐氛围。2011年参加医疗互助活动人数仍达到76人,上交医疗互助款9200.00元(其中职工交医疗互助款7680.00元,工会补助1520.00元)。兑付医疗互助补助金11人(次),合计金额3871.00元。为帮助勐腊县易武乡曼腊村委会的新农村建设筹集款项,10月份组织分所职工举行“扶贫帮困献爱心”捐款活动,得到了各企业、实体以及广大干部职工的大力支持,共募集资金37500元,用实际行动支持分所的扶贫工作。

〔**产业开发**〕 2011年药植所在领导班子分工上进行调整,把产业工作作为一个重点由一名领导具体分管,着力抓好柬龙制药厂以及云海众健版纳分公司的发展壮大工作。同时,由总所下派一名任实职的副所长,专门负责产品研发以及药厂的生产、经营和发展,切实加强对药厂工作的领导,按GMP的管理要求,对龙血竭生产工艺规程、龙血竭胶囊生产工艺规程以及相关的文件、记录表格重新进行了修改,组织完成了各项验证及开展了员工GMP培训等工作,顺利通过了西双版纳州药品食品监督管理局组织的3次GMP例行检查。在生产上通过减员增效、节能降耗、加强核算、控制成本等一系列办法,使药厂在短期内取得了较大发展。云海众健版纳分公司运转情况基本平稳,主要是抓好南药园管理、旅游产品的生产和销售等工作,全年收支相抵略有赢利。

〔**基础建设**〕 2011年药植所顺利申报了由国家财政部部门预算修缮购置专项资金支持的“西双版纳民族药种质库”项目。为确保项目顺利完成,保证专项资金使用合理,结合云南分所实际,成立了由所领导牵头,行政办、国资财务科、纪检等人员组成的项目执行领导小组及工作小组,在总所相关领导和专家的指导下开展工作,负责整个项目的实施与监管。该项目已于11月10日招标,并于11月18日开工。为解决住房困难职工的住房问题,分所多方筹措资金,利用国家大力扶持保障性住房建设这一契机,申报了“城镇保障性安居工程”项目,并于12月6日进行了公开招标。

(《药物所》撰稿人:唐红荣)

云南省热带作物科学研究所

〔**概述**〕 云南省热带作物科学研究所(简称省热作所),位于西双版纳傣族自治州景洪市区。成立于1953年9月,是省属独立的、从事热带农业资源的合理开发与可持续发展研究的农业科研机构。经过近60年的发展,热作所已成为目前云南省唯一系统从事天然橡胶栽培技术、选育种、初级产品加工和综合利用研究的科研单位。围绕云南省绿色经济强省战略的实施,云南省热作所加强了天然橡胶、澳洲坚果、热带水果、红掌、辣木等热带生物资源的开发利用研究。主要开展橡胶树良种选育、山地胶园高产稳产配套技术、热带作物种质资源保存与利用、澳洲坚果良种选育及优质丰产栽培技术、红掌优良品种选育及配套栽培技术、辣木和诺丽等多功能热带植物资源的开发利用、橡胶及澳洲坚果等热作产品加工技术等研究,为云南热带农业可持续发展提供理论和技术支撑。

至2011年末,所内拥有HP-1100型高效液相色谱仪、GC-14A型气相色谱仪、ICPS-7500型电感耦合等离子发射光谱仪、AA-6200型原子吸收分光光度计、台式高速冷冻离心机、真空印迹转移系统、大型电泳系统、三槽PCR仪、高级梯度PCR仪、等科研仪器设备1032台(套)和100多台微机,其中50万以上的设备有4台(套)、20万以上的有17台(套)、10万以上的有41台(套)。当年新购进流式细胞仪、离心机、冷冻切片机等118台(套)。2011年末馆藏图书61045册,其中,中文图书56445册,电子图书132册,英文图书3788册,其他文种680册。藏期刊约900种1.7万册(合订本,其中中文700余种11938册,外文170余种5100多册),文摘、索引等二次文献逾80种5000多册(其中外文近30种4100多册)。面向全国出版发行《热带农业科技》季刊。

建有面积达2000亩的热带作物种质资源库,收集保存各类热带经济作物近1000个种、10000余份种质。拥有试验示范基地7000余亩。2011年末,全所有离退休人员848人,在职职工380人,其中专业技术人员189人,具有高中级职称人员106人,博士和硕士42人。下设6个研究室和2个中心(即热带作物资源收集与应用、遗传育种、热带作物栽培、热带作物保护与微生物利用、热带作物产品贮藏与加工、土壤与植物营养等研究室及生物技术中心和热作科技信息中心)。

2011年热作所有15个课题通过主管部门组织的项目验收和评估。获云南省科学技术进步奖1项、地州科技进步奖3项;发表文章45篇,其中核心期刊论文24篇、被SCI收录1篇;申报新品种保护5项,参与标准制定4项,申请专利9项。

2011年,在广大干部职工的积极努力下,科研条件得到了极大改善,为“十二五”科技工作开了一个好头。省热作所所申报的“热带农业研究中心”项目获农业部批准;申报的“云南省天然橡胶农业工程研究中心”项目获省发改委批准。今年共获得3个国家级项目资助,分别是国家支撑项目、国家成果转化资金项目和国家自然科学基金项目。今年有1人成为云南省技术创新人才培养对象,人才培养取得突破。知识产权申报实现量的巨大提升,从去年的11项上升到今年的19项。

〔课题申报与立项〕 2011年热作所共申报课题54项,批准立项25项(国家级3项、省部级14项、地厅级2项、县市级2项、其他4项),资助率达44%,资助经费2500多万元。①国家自然科学基金共申报5项。其中橡胶树在西双版纳引种区的种子捕食机制与自然逸生扩散潜力研究获经费资助;②国家科技支撑计划项目与国家公益性行业专项:云南天然橡胶产业关键技术研究与集成示范(国家科技支撑);黑牛肝菌仿生栽培发明专利技术成果转化与示范(国家农业成果转化资金);中国和古巴辣木产业化合作开发(国际交流与合作);抗寒高产育种(国家天然橡胶产业技术体系);云南省西双版纳综合试验站(国家天然橡胶产业技术体系)。③省院所技术开发专项:辣木产业化开发及配套技术研究;季节性干旱下西双版纳主要热带经济作物精简高效用水技术集成与示范;红掌新品种种苗生产技术研究及产业化示范;热作种质资源收集、保存与利用研究实验室建设;暗褐网柄牛肝菌人工栽培产业化开发与示范。④省基金项目:高光谱信息在橡胶树叶片氮素营养快速诊断中的应用研究;澳洲坚果突变体新种质的创制。⑤省社会事业发展专项:西双版纳热带花卉园科普基地建设。⑥农业部南亚热带作物专项:油棕品种区域适应性试种热带作物病虫害监测防治;云南环境友好型生态胶园建设;澳洲坚果种质资源圃;热作项目网络管理系统;景洪橡胶树种质资源圃;橡胶树胶木兼优品系适应性试种保护。⑦省农垦总局科技项目:红掌新品种的产业化应用研究;暗褐网柄牛肝菌人工与仿生栽培技术研究。⑧景洪市科技项目橡胶树新品种云研77-2、云研77-4代谢类型研究;菠萝新品种的引种和优质高产栽培技术研究。⑨横向项目:天然香原料开发研究(烟科院);天然降糖植物明月草栽培技术与产品研发(州发改委);橡胶林固碳增汇技术实验示范(中院子课题);诺丽产业化开发(百果洲)。⑩所自立项目巴西橡胶树三倍体材料的筛选及初步评价;澳洲坚果幼苗抗旱机理初探。

〔在研项目情况〕 2011年,在研课题88个(项),其中原有课题63个(项)、新增课题26个(项)。其中国家基金1项;科技支撑1项;国家农业成果转化基金1项,院所合作6项,国际合作交流1项;南亚办7项;省基金1项;省科技厅1项;州发改委1项;景洪市2项;农垦总局2项;所自立2项。

〔结题验收〕 2011年,热作所共结题验收15项,其中国家级3项、省部级2项、地厅级5项、其他5项。具体情况如下:云南农垦课题巴西橡胶树新品种前哨苗圃抗寒试验、橡胶树主要农艺性状鉴定及其方法研究、高产抗寒橡胶自根幼态无性系的培育研究和云南省橡胶树棒孢霉落叶病防控技术研究;省国际合作课题油棕引种试验及商业化种植技术:国家支撑子课题高产速生中抗橡胶树种质创新和新品种选育;国家公益项目云南植胶区橡胶树抗寒、高产、高效生产技术研究和热带花卉种质资源收集、评价和新品种研发(红掌);省基金课题巴西橡胶树自然三倍体的遗传变异研究;省发改委课题澳洲坚果精深加工工艺设备改进;傣药产业办课题天然降糖植物辣木系列产品研发。

〔获奖成果〕 当年科技奖励申报4项，获奖4项，获奖率100%。①"西双版纳地区橡胶树胶乳的生理诊断"获云南省科技进步奖三等奖。主要完成人：肖再云、李明谦、何长贵、宁连云、刘忠亮、伍雪梅、和丽岗。②"云南胶园优良经济绿肥筛选及覆盖试验示范"获西双版纳州科技进步二等奖。主要完成：杨春霞、赵志平、李春丽、杨丽萍、倪书邦、贺明鑫、刘葵花、黎小清、丁华平；③"柚子良种筛选及优质高产栽培技术研究"获西双版纳州科技进步二等奖。主要完成：高世德、李国华、张阳梅、赵志平、王丽华、张祖兵、李柏霖、原慧芳、曾建生；④"西双版纳地区橡胶树介壳虫寄生蜂的资源调查及应用评价" 获西双版纳州科技进步三等奖。主要完成：吴忠华、杨友兰、李国华、周明、阿红昌、王进强、张祖兵。

〔论文发表与获奖〕 2011年，热作所，科研成果显著。发表论文45篇，其中核心期刊25篇、SCI收录1篇。Cultivation of Phlebopus portentosus in southern China. Mycol Progress SCI收录。

〔新品种申报〕 2011年申报5项，红掌新品种申报：醉蝶恋红、冰姿、暮雨、傅香雪、舞裙红。

〔新资源食品申报〕 辣木申报材料卫生部已经受理。

〔标准制定〕 2011年热作所标准制定4项：橡胶树胶乳生理诊断技术标准；与海南大学环植学院联合修订农业部行业标准《橡胶树白粉病预测预报技术规程》；与中国热带农业科学院环植所联合撰写农业部行业标准《橡胶树棒孢霉落叶病监测技术规范》；与中国热带农业科学院环植所联合撰写农业部行业标准《橡胶树病虫害防治技术规程》。

〔专利申请〕 2011年，通过申请专利7项：一种暗褐网柄牛肝菌栽培菌棒；一种暗褐网柄牛肝菌人工栽培覆土材料；一种优雅岐脉跳小蜂的人工繁殖方法；一组多功能天然保健品；一种具有调节血压和血糖的功能饮品；食物包装袋；辣木无土栽培方法，均属于发明专利，获得专利权。

〔学术交流〕 作为云南省高职高专院校"示范实习实训教学基地"、国家自然科学基金委"国家级大学生野外实践基地"当年为各类院校开展实习、实训共7次，138人；接待国内外专家、学者来访10次。组织参加省内外各类成果交流展览，参加国内外各类学术会议、交流26次；参加国际学术交流与考察4次15人，参加各类科技业务培训30余次，举办学术专题报告5次。

〔单位及个人获奖情况〕 2011年省热作所荣获云南省"十一五"计划执行先进集体称号和景洪市科技先进集体称号。西双版纳热带花卉园荣获云南省第三批省级文明风景旅游区和云南省旅游业协会旅游景区分会2011年度优秀会员单位。2011年省热作所个人荣获的奖项：李国华荣云南省"十一五"先进工作者称号和云南省"十一五"计划执行先进个人称号；倪书邦荣获云南省"十一五"计划执行先进个人称号。

〔对外技术培训与服务〕 热作所依托"国家天然橡胶产业技术体系西双版纳综合试验站"的建设，配合地方"解五难"中的"学科技难"、科技入户等活动。2011年组织相关专家在所内外共开展各类技术培训与服务35场次，培训人员2959人。着重开展了"橡胶栽培管理及割胶基础知识"、"磨胶刀和割胶技术"、"橡胶树营养诊断指导施肥采样方法"、"云南澳洲坚果栽培技术"、"云南省垦区橡胶树主要病虫害监测及防治方法"、"橡胶树主要病虫害测报知识"、"橡胶树主要病虫害防治技术"、"本年度橡胶树主要病虫害的发生情况预测"、"橡胶树气刺微割技术"、"柚子栽培技术"、"火龙果栽培技术"、"橡胶树籽苗芽接与苗木质量管理"等培训和技术服务。

省热作所专家在基诺乡开展澳洲坚果实用技术培训

〔重要会议〕 2011年3月28日至29日，云南省热作所第十九届一次职代会在所学术厅隆重召开。职工代表59人、列席代表17人齐聚一堂，共商省热作所发展大计。

2011年省热作职工代表合影

会议审议并通过了所党委书记、所长李国华同志所作的《坚持科学发展 夯实创新条件 力争"十二五"科研工作再上新台阶》的工作报告；通过了副所长杨庄同志所作的《2011年产业经营管理实施办法》的报告;通过了财务科副科长王芬同志所作的《2010 年度财务决算报告》。

〔视察"保障性住房"建设〕 2011 年 11 月 21 日下午,中共西双版纳州委副书记、州长刀林荫,州委常委、副州长陈启忠及州有关部门人员一行,在州委常委、市委书记马力勇及有关部门等陪同下,到云南省热带作物科学研究所视察保障性住房建设项目进展情况。云南省热作所保障性住房建设项目共有 360 套危旧房改造和 156 套廉租房,项目全部开工建设,进展顺利。

在省热作保障性住房建设项目施工现场,刀林荫州长一行首先听取了省热作所党委书记、所长李国华对保障性住房建设情况汇报。李国华就保障性住房建设内容、项目进度等情况进行全面汇报,听完汇报后,刀林荫州长一行在施工现场进行视察,还走进刚封顶的保障房中对户型的设计和用途进行了解,并详细询问了省热作所保障房责任落实情况、资金管理使用情况、执行政策规定情况和保障性住房管理情况,要求所里切实落实工作责任,加快保障性安居工程建设,确保全面完成工作年度目标任务。

〔云南农垦总局领导到省热作所调研〕 2011 年 10 月 23 日,云南农垦总局党委书记(局长)白建坤、云南农垦集团公司总经理苏维凡、纪委书记丁文勇、总经理助理徐红、办公室主任尤伟琼、政工部副主任和春煌、纪监办王涛一行,到云南省热带作物科学研究所就保障性住房建设进展和科研工作进行调研。调研组一行在省热作所党委书记、所长李国华的陪同下,查看了保障性住房建设工地;深入橡胶树不同密度栽培试验区、橡胶树有性初级系比区、橡胶树胶木兼优高级系比区,印尼小叶丁香、辣木、诺丽栽培试验区,牛肝菌人工栽培以及农业部景洪橡胶种质资源圃等科研试验基地,了解项目研究进展。随后进行了座谈,白建坤书记肯定了省热作所科研工作取得的成绩,要求继续努力,不断提高科技创新能力,抓住机遇做好种苗繁育基地的建设。

〔互助医疗〕 职工医疗互助活动从 2004 年 7 月开展以来,在所党委和各有关部门的大力支持、配合下,历经八年时间,取得较好的效果,进一步发扬了新时期广大职工群众团结友爱、互助互济的精神,解决部分职工因病致贫的实际问题。职工医疗互助活动从第一期至第七期,全所参保人数 7964 人次、缴纳互助金 51.1336 万元、补助人数 1340 人次、补助金额 58.9086 万元。2011 年经省总工会和省职工医疗互助活动管理委员会研究决定,为进一步加强职工医疗互助活动规范化管理,第八期活动的互助期限比第七期延长半年,第八期活动互助期限为一年半。

省热作所第八期职工医疗互助活动自 2011 年 5 月份开展,通过所工会的大力宣传和工会工作人员的辛勤努力,在全所各级部门和广大职工的支持和配合下,第八期职工医疗互助活动的收缴工作顺利完成。全所参保人数 1204 人,缴纳医疗互助金 144840 元,其中:初保人数 18 人、续保人数 1186 人;退休人员参保人数 817 人、在职参保人数 387 人。

〔送温暖活动〕 2011 年全年,由所党政工领导、所工会和相关部门负责人组成慰问小组,深入到基层单位、职工家里,慰问离退休干部、生病住院职工、困难职工、低保户、军烈属、孤儿及 80 岁以上高龄老人、入党 50 周年的老党员共 99 人,送去慰问金 24600 元。

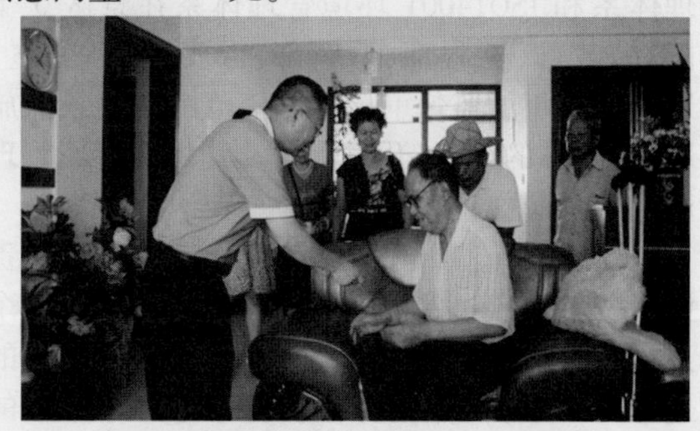

省热作所党政工领导慰问老党员

〔"目标与时间管理"考试〕 为提升全省专业技术人员和企事业单位管理人员的时间利用效率和工作效率,帮助大家掌握科学的目标管理流程和时间管理方法,云南省在专业技术人员和企事业单位管理人员中组织开展以"目标与时间管理"为主题的公需科目培训并考试。省热作所共有专业技术人员和管理人员 179 人参加考试,所党委办公室人员为每一位参考人员发放《目标与时间管理》教材。通过考试,希望能使全所所有专业技术人员和管理人员了解和掌握"目标与时间管理"理论及相关知识,不断提升其工作效率。

〔示范点检查〕 2011 年 5 月 18 ~ 23 日热作所试推办和科办有关人员到景哈乡和基诺乡试验基地进行民营橡胶产业提升关键技术集成应用示范点检查。在检查过程中种植户对相关人员说:"仅施肥这技术推广应用就让我们增产了 10%,原来只有几户人家挖肥坑施肥,现在有 30 多户都采用这技术,你们真是为我们当地种植户办了一件好事。我们非常感谢你们热作所科技人员,感谢你们为我们送来这些先进的技术。"

省热作所相关人员在民营橡胶产业提升关键技术集成应用示范点进行检查

〔**花卉园顺利通过两个管理体系年度监督审核**〕 2011 年 4 月 19 日 ~21 日,WSC(世标认证)公司审核组对西双版纳热带花卉园 ISO9001 质量管理体系和 ISO14001 环境管理体系在景区 5 个部门(园艺部、工程部、营销部、保安部、办公室)的运行进行年度监督审核。审核范围涉及景点旅游服务、园林的设计、开发活动及其相关环境管理活动。

审核期间,专家通过与园领导及各部门负责人沟通、查阅资料、现场巡视等方法,对景点两个体系运行过程中的各项服务活动,提出了较好的改进意见。本次会议上,专家组对花卉园体系的运行给出了较好的评价:领导重视,员工的质量、环境意识较高,体现在园林花卉管理技术,生态环境较好;对进入景区的项目检查控制较好;游客满意度较高,品牌意识较强,旅游资料充分,能持续有效地为国内外游客提供优质的旅游服务,未发生安全责任事故 ,未发生环境污染事故。同时专家组提出了今后需要改进的方面:环境因素识别需进一步加强;完善游客高峰期预案;加强个别部门方案评审工作。

〔**旅游景区调研**〕 3 月 14 日上午 9:00,云南省旅游业协会旅游景区分会秘书长杜婷一行 8 人到花卉园进行景区调研。调研组成员参观了周总理纪念碑、稀树草坪区、叶子花园、科技陈列馆、百果园、割胶表演、特色花卉展厅,在参观过程中并详细询问了花卉园的游客入园情况,经营管理情况,门票收入以及员工工作等方面的情况。这次省旅游景区分会调研组对版纳 11 个景区点进行调研,主要目的是加强协会与景区,景区与景区间的沟通与合作,充分发挥协会自身的“协助、协调、协商、协作”的桥梁和纽带作用,积极加强行业自律,维护市场秩序,以促进旅游业的和谐,把广大会员单位紧密地团结在一起,不断开创全省景区行业及协会工作的新局面,共同创造更加美好的明天。

省旅游业协会旅游景区分会调研组成员在花卉园观看割胶表演

〔**考察候选人考察**〕 2011 年 11 月 16 号,西双版纳州十大杰出青年候选人考察组到热作所考察“十大杰出青年候选人——周程”。

考察组一行共四人,在州委宣传部副部长李金秀的带队,对热作所进行考察。考察组首先对周程同志的基本情况进行了了解,并查看了他的各种证书及荣誉证书原件,其次分别与所领导、坚果基地领导及与周程同志奋战在生产一线的同事们共 7 人进行的了谈话。通过谈话,从不同角度进一步了解了周程同志各方面的情况。

(《热作所》撰稿人:于静娟)

茶 科 所

〔**概况**〕 省茶科所始建于 1938 年 4 月,位于西双版纳州勐海县,占地面积 1300 亩,是云南省唯一从事茶树种质资源、茶树新品种选育、茶树栽培、茶叶加工、茶文化等综合研究为一体的科研单位。2004 年与西双版纳州政府合作办院,成立了“西双版纳普洱茶研究院”,2006 年被农业部认定为“南亚热带作物良种苗木繁育基地”和“南亚热带作物名优基地”,2007 年被认定为“国家茶叶加工技术研发中心”,2008 年进入国家茶叶产业技术体系。

建所以来,围绕云南大叶茶科技发展需求,先后共承担完成了 200 余项研究课题,获得了各级科技成果奖 60 余项,其中国家级 2 项,省部级 20 项。经过几十年的发展,省茶科所已成为云南省重要的茶叶科技创新基地。现有省技术创新人才 2 人,院学术技术带头人后备人才 2 人,首届“云南省农业科技十大青年标兵”1 人;硕士生导师 2 人。拥有科研示范茶园基地 500 亩,建立占地面积 30 亩的《国家种质勐海茶树分圃》,目前已保存各类资源2000余份。选育出国家级、省级茶树良种18个,研制开发出了"云海白毫"、"佛香茶"、"滇红金针"等30多个国家级、省部级名优新产品。申请新品种保护4个,已获植物新品种权2个(云茶1号、紫娟),受理中2个(云茶普蕊、云茶香1号);申请发明专利2项(受理中),获外观设计专利1项。编写出版专著5部:《普洱茶科技探究》、《云南茶树栽培技术》、《云南茶叶初制技术》、《云南滇红》由云南科技出版社出版,《普洱茶文化》由云南教育出版社出版。发表论文600余篇(其中,核心期刊95篇,SCI收录2篇)。

现设所办公室、科技管理科、科技产业管理科、财务科4个二级机构,内设4个研究中心(茶树种质创新与改良中心、茶树种植工程中心、茶叶加工工程与检测中心、茶业经济与文化研究中心。)设基层党委1个,党支部4个,党员总数82人,群团组织设工、青、妇、离退休职工管委会。科技型企业有勐海县云茶科技有限责任公司,培训机构有云南省第165职业技能鉴定所。

2011年末职工总数247人,其中在职职工129人,离退休职工118人。在职职工中,专业技术人员72人(其中高级职称9人、中级职称33人;博士2人、硕士9人、本科31人)、管理人员7人、工勤人员51人。

〔项目申报〕 申报国家、省部、地厅级项目共20项,其中平台项目3项、国家地区基金项目2项、省级财政项目及生物产业项目3项目,省农发项目1项。新增合同经费544.9万元,到位经费273.1万元。

〔在研项目〕 共开展44个研究项目(课题)和试验示范项目,其中,国家科技项目1项,科技部项目3项,农业部项目2项,农业部开放基金项目2项,国家青年科学基金项目1项,国家茶产业技术体系项目4项,省科技项目1项,省科技厅项目3项,省农业综合开发项目2项,州科技项目4项,景洪市科技项目1项,援老挝农业示范中心项目1项,横向项目16项,所列项目3项。

〔科技成果〕 获得省科技进步三等奖1项,州科技进步一等奖、二等奖各1项;发表科技论文47篇,其中核心期刊33篇,SCI收录1篇;出版专著《云南滇红》1部;新增茶树资源45份;研制获奖新产品2个("云红峰毫"荣获第九届"中茶杯"名优茶评比一等奖,"紫云红"荣获云南茶界庆祝中国共产党成立90周年"辉煌杯"云南名优茶金奖);重点基金项目"云南茶树种质资源及遗传多样性研究"和景洪市科技项目"景洪市茶园有害元素调查"结题验收;"高效、卫生、优质普洱茶加工工艺研究"项目通过成果鉴定和成果登记。"白参菌发酵茶的制备方法"申请了发明专利,"不同区域普洱茶晒青毛茶的分子鉴别方法"获发明专利;示范推广茶树新品种、新技术共完成23.52万亩(新品种3.36万亩,新技术20.16万亩)。

〔科技交流与科技服务〕 组织召开所学术会9次;邀请安徽农大教授来所进行学术交流一次;承办了第三届"勐海茶王节"暨"西双版纳老班章研究会成立大会";针对文山州茶树冻害、勐海县布朗山乡章家村茶园大面积虫害、澜沧县景迈乡曼景村病虫害,组织科技人员进行了调研,提出了针对性解决方案和防治措施,并发放了相关资料,及时制止了茶园灾情的进一步蔓延;派出1名科技人员到埃塞俄比亚执教;安排2名科技人员到老挝开展茶叶示范园建设工作;派出5名科技人员驻扎在七彩云南班章基地进行技术服务指导;派出4名科技人员到贵州省普安县宏鑫茶叶有限公司进行茶区规划技术指导及资源鉴评;派出科技骨干到云南普洱茶(集团)公司、西双版纳州紫娟南糯山茶叶专业合作社、云南六大茶山茶业股份有限公司、勐连茗邦生态茶业有限公司开展茶叶生产加工技术指导。此外,与北京大学、安徽农业大学、云南师范大学、中科院昆明植物研究所、中科院西双版纳热带植物园、中茶所等开展了交流与合作。

〔科技培训与人才队伍建设〕 云南省第165职业鉴定所举办培训班3期,共培训266人,开展鉴定1期,鉴定茶叶加工工初级技能118人,参与西双版纳州培训鉴定协会(247所)鉴定6期共317人。为地方举办茶叶技术培训共22期2205人次(含茶产业管理人才和技术人才105人次),发放资料220份。入选云南省技术创新人才培养对象1人,晋升高级工程师1人,引进硕士、本科7人。

〔国家茶产业技术体系建设—云南西双版纳综合试验站〕 按照国家茶叶产业技术体系会议精神要求,召开西双版纳综合试验站成员工作会议,研究制定了本站"十二五"目标任务并报首席科学家审核,召开了2011年西双版纳州茶叶初制企业规范达标工作交叉检查技术交流会;对新增的勐腊、景洪五个示范县开展了茶叶产业发展基本情况存在问题和技术需求、产业组织基本情况、代表性绿茶加工企业的调调研,为今后有针对性开展技术示范推广和科技培训奠定基础;开展了名优红茶品种(系)引进和筛选工作,引进丹霞1号、2号、8号和龙井长叶等红茶、绿茶良种,繁育苗木70000余穗(株);以办培训班、现场培训等多种形式开展了二十八期培训工作,共计培训4636人次;开展了省级以上茶树良种制样、物候期观测及不同茶园茶小绿叶蝉、茶黄蓟马、茶园蜘蛛等的调查,在勐海县曼袄村、曼真村茶园开展了7个不同处理的田间防治假眼小绿叶蝉农药药效试验与示范,为各地防治茶假眼小绿叶蝉、替代水溶性农药、减缓抗药性提供了新的农药品种。

〔**科技产业**〕 按照《云南省农业科学院关于印发2011年科技产业工作计划和指标的通知》和《关于进一步加快科技产业发展的实施意见》文件要求,2011年省茶科所产业工作坚持以市场为导向,科研与产业紧密结合,大力推广新品种、新技术,开发新产品,促进科技成果在茶区的转化,以增强经济活力为中心,突出经营科技成果、经营科技资源、经营科技产品三项重点,狠抓品牌、市场、服务、管理,全面推进产业开发持续健康发展。2011年完成科技成果转化应用面积21.9万亩,社会效益4396万元;科技产业开发总收入846.4万元,院、所可支配收入238.1万元。

〔**八百双倍增工程**〕 2011年共派出核心人员209人次,科技人员495人次到勐海县、勐腊县、景洪市、思茅区、宁洱县、澜沧县、南涧县、双江县、保山市等县(市、区)开展茶树良种栽培技术、茶树病虫害防治技术、名优红茶加工技术、名优绿茶加工技术及普洱茶清洁化加工技术等5项实用技术示范及推广工作,在勐海县格朗和乡南糯山村、勐海县布朗山乡新班章村、宁洱县勐先乡板山村等推广佛香3号、紫娟、勐海大叶种等茶树良种;完成百亩核心区1500亩,千亩展示区8500亩,万亩示范区30000亩,辐射区160000亩;培养6个州(市)级农业科技学术技术带头人。在勐海县(七彩云南勐海茶业有限公司、西双版纳南糯山专业合作社、天朴号手工制茶坊、勐海茶厂、勐海县茗苑山区茶叶专业合作社)、宁洱县(云南普洱茶集团)4家茶叶龙头企业和2家农村合作经济组织开展茶叶生产实用技术帮扶。培训茶农及茶叶加工工10100余人次,培训州市级技术带头人和科技骨干12人,发放茶叶技术资料10000多份。

〔**基本建设**〕 (1)云南农业科技园茶叶展示园建设工作。积极主动配合园区管委会全面完成茶叶展示园区建设任务,完成茶叶展示园水、路等基础设施建设;2011年共补茶苗136个品种315株,覆荫树6个品种91株;启动了景观、绿化工程建设,在展示园种植200余株绿化树及1800余株匍匐草,现成活情况和长势良好,基本达到规划效果。

(2)科研试验基地建设工作。积极协助茶马古道景区对茶文化科技园进行改造提升为“茶马古道主题文化公园”,2011年改造提升工程已结束,目前正在组织实施“茶马古道主题文化公园”创“AAAA”的申报工作。

(3)勐海班章科技成果展示基地建设工作。派出5名科技人员驻扎在七彩云南班章基地进行技术指导服务,开展了幼龄茶园管理技术、病虫综合防治技术、无公害茶园栽培技术示范推广工作。2011年开垦、种植新茶园562亩,使基地茶园达到1378亩。加强对2008年至2010年种植的813亩茶园管理。完成除草、施肥、种植绿肥、浅耕培土,喷施叶面肥和病虫害防治等管理措施。2010年种植的一足龄茶苗成活率达90%以上,2008年种植的304亩三足龄茶树树高达60~70厘米,树幅达80~120厘米,已进行了试投产,并于3月通过杭州中农质量认证中心的有机复认证。

(4)西双版纳紫娟南糯山茶叶专业合作社示范基地建设工作。派出30余人次对基地进行技术指导工作,制定了茶树病虫害防治措施和茶树早春茶采摘标准,对早春晒青茶和紫娟茶加工、车间机械设备安装及厂区规划进行指导。

(5)云南省茶叶科技创新中心筹备工作。自院、市签订云南省茶叶科技创新中心战略性合作协议以来,在院、市双方有关部门的共同努力下,筹建工作积极推进,2011年具体开展了十一个方面的工作:一是谋划出台云南省茶叶科技创新中心建设指挥部,明确指挥部各个工作组的职能职责,以便为建设工作顺利开展提供强有力的组织保障;二是完成了筹建指挥部综合组办公场所搬迁至普洱市茶树良种场的相关工作;三是拆迁安置方面,成立了四个工作小组,分别对普洱市茶树良种场涉及搬迁的茶农基本情况及资产进行了详细的摸底调查,涉及搬迁茶农238户,总人数723人。并制定了拆迁安置的初步方案;四是对国家茶树改良云南分中心建设地址变更进行申报,已获得普洱市人民政府的正式批复,创新中心大楼建设前期工作已得到普洱市发展和改革委员会的支持;五是对木乃河工业园区至科研试验基地12.7公里的道路进行改造和路面硬化,该项工程仍在进行中;六是在科研试验基地修建了3m^{3}和100m^{3}的蓄水池各一座,解决了茶农居住点的饮水问题;七是架通了曼歇坝农场四队至科研试验基地3千余米的高压输电线路;八是启动了科研试验基地规划建设前期相关工作,完成木乃河科研试验地1∶500的数字化地形测绘;九是院市共同向省政府上报了共建云南省茶叶科技创新中心的请示并已获签批；十是与思茅区、普洱市水务局就申报木乃河科研基地水利设施项目进行了接洽，根据院计财处安排按时完成基地水利设施项目可行性研究报告的编制和上报。同时，按照国家“十二五”高效节水灌溉规划相关政策，争取了木乃河科研试验基地高效节水灌溉进入普洱市高效节水灌溉“十二五”规划；十一是多次到普洱市建设局、国土资源局咨询创新中心大楼及职工住房建设用地相关手续并已开始着手准备相关材料。

(6)其他基本建设工作。完成省茶科所120余户职工住宅区和办公区、生产区自来水管道的更新安装改造工程，工程预算造价22.9万元，结算造价20万元。

〔**创先争优活动**〕 2011年，省茶科所党委高度重视，加强领导，精心组织，扎实开展“学习杨善洲先进事迹，争做优秀党员”活动，组织干部、职工理论学习5次，开展义务植树活动3次。形成了学习先进、争当先进、赶超先进的浓厚氛围。年初所党委结合本所2011年目标任务对党建与班子建设、廉政建设、关注民生、三项重点工作、八百双倍增工程等向院党委和职工群众进行了承诺。各党支部、群团组织结合本部门的工作特点对加强思想建设、提高党员干部素质以及本部门的科技创新、管理服务等本职工作进行了具体指标的量化。党员结合《党章》中规定的权利义务以及本人本年度的目标任务对做好本职工作进行了承诺。所党委委员每半年对联系的党支部开展创先争优活动的情况进行一次点评，提出指导意见。年终结合党员民主评议对全所党员同志进行评星，给评议为优秀的党支部进行授旗。并对开展创先争优的活动情况及时上传到院网站上或是张贴宣传，营造创先争优的良好氛围。向院评先工作小组推荐上报了一批工作业绩突出的职工，其中10位同志分别获得了优秀党员、优秀党务工作者、先进工作者和生产者的称号。下属的科研党支部还获得了先进基层党组织的称号。为广大干部职工树立了良好的学习榜样，所内初步形成了“比、学、赶、帮、超”的良好氛围。为全所职工适应时代发展要求，更新思想观念，切实转变工作作风奠定了坚实基础。

〔**党建工作**〕 ①认真贯彻落实三会一课制度，推动学习型党组织建设。②以学习杨善洲精神为主线，深入开展创先争优活动。③开展党委和支部换届，加强组织建设。④开展庆祝建党90周年系列活动。⑤加强反腐倡廉建设，营造风清气正的良好环境。

〔**中国科学院院士、原中国科协副主席曾庆存到省茶科所考察**〕 2011年10月28日，中国科学院院士、原中国科协副主席曾庆存到省茶科所考察。西双版纳州气象局副局长凌升海等陪同考察。

曾庆存院士是我国著名的气象学家，在大气动力学、地球流体力学、数值天气预告理论、气候数值模拟和预测理论、计算数学、大气遥感理论以及自然控制论等方面都有创造性的贡献。此次到省茶科所考察，旨在了解同一茶树种质资源在不同气候带上的产量、品质、抗性、植物学、生物学等性状的变化情况。在听取相关情况汇报后，曾庆存院士一行深入到省茶科所科研实验基地和“国家种质勐海茶树分圃”，实地查看了征集保存的非本地大叶种群体种资源的生长情况。

曾庆存院士与该所陪同考察人员合影留念

〔**国家外国专家局机关党委专职副书记柳忠三到省茶科所调研指导工作**〕 2011年10月28日，国家外国专家局机关党委专职副书记柳忠三到省茶科所调研指导工作。省外专局外国专家处阮朝奇处长等陪同调研。

在听取省茶科所党委书记陈啸云、副所长何青元相关情况汇报后，柳书记一行先后深入到省茶科所科研实验基地和普洱茶加工车间调研。实地查看了省茶科所筛选出的12份茶树特异资源、36份茶树优质资源和选育出的22个国家级、省级茶树良种在基地的种植展示情况，以及收集保存在“国家种质勐海茶树分圃”的包含有28种茶组植物、7种非茶组植物的1500余份资源的生长情况；亲自体验了普洱茶手工压饼制茶工艺和品饮了省茶科所研制的普洱茶、红茶和绿茶产品，对云南大叶种茶的栽培技术、品质特征、加工工艺、茶文化和贸易流通等情况进行详细的了解。

调研过程中，柳书记一行对省茶科所在茶树种质资源、茶树新品种选育、茶树栽培植保、茶叶加工、茶文化研究等领域取得的成绩给予了充分肯定，并要求省茶科所积极争取国家引智项目支持，采取“引进来”和“走出去”相结合，进一步提升科技创新能力，加大科技创新和科技服务力度，为我国从茶叶种植面积大国、产量大国向茶叶效益大国转变做出更大的贡献。

柳书记一行实地查看基地有机茶园建设情况

〔韩国全罗南道农业技术研究院专家到省茶科所考察交流〕 2011年10月9日至11日，韩国全罗南道农业技术研究院茶叶研究所崔正博士、任太坤研究员一行5人到省茶科所考察交流。在副所长梁名志研究员陪同下，韩国专家先后参观了省茶科所科研实验基地和普洱茶生产车间，对云南大叶种茶的栽培技术、加工工艺和贸易流通进行了详细的了解。参观结束后，中韩专家举行了简要的会谈，共同探讨了中韩茶叶科技的发展方向，品饮了省茶科所研制的普洱茶、红茶和绿茶产品，交流了中韩茶叶贸易面临的机遇与挑战。

参观普洱茶加工车间

〔农业部联合调研组到省茶科所开展农业“走出去”调研〕 为切实贯彻中央提出的关于农业“走出去”战略，加快推进境外农业资源开发合作，2011年6月29日，农业部对外经济合作中心杨易主任率农业部农业“走出去”联合调研组到省茶科所调研。在省农业厅、州县农业局和省茶科所相关领导陪同下，调研组一行先后参观了省茶科所科研实验基地、国家种质勐海茶树分圃和云茶茶史馆，听取了省茶科所副所长梁名志、纪委书记浦绍柳关于云茶“走出去”工作情况汇报。

调研组一行在听取汇报后认为，省茶科所在执行国家农业“走出去”战略和与东南亚各国农业合作中，充分利用自身的区位、资源和技术优势，积极开展对外科技交流与合作，先后与越南北方山区农林业科学院、韩国农村振兴厅建立了合作关系。尤其是在对外援教援建方面，依托中国——埃塞俄比亚农业职业技术教育项目和“老挝北方农业示范推广中心”，开展了茶叶栽培示范、新技术培训等科技服务，取得了明显成效。希望省茶科所在今后与东南亚各国农业合作中继续发扬好的经验和做法，为促进中国与东南亚的农业合作，以及国家实施周边外交战略作出更大的贡献。

参加此次调研的领导还有农业部对外经济合作中心研究室张倩副处长，云南省农业厅对外交流合作处王磊副处长、刘庆生副处长、董皓星副调研员及西双版纳州州县农业局长、茶办主任。

调研组实地查看该所栽培技术示范园并现场交流

〔安徽农大茶学院韦朝领博士一行到省茶科所考察交流〕 2011年3月31日至4月2日，安徽农业大学茶学院韦朝领博士、李叶云博士、杨华博士一行三人到省茶科所考察交流，并于3月31日下午参加了省茶科所召开的科技合作交流座谈会。省茶科所党委书记陈啸云、副所长何青元出席交流会，各研究室主要负责人及青年科技工作者20余人参加交流。

在3月31日召开的座谈会上，韦博士一行与参会所领导就双方关心的顶端科技问题进行了探讨，就双方在科技资源、人才资源、生物资源等方面的优势及存在的问题进行了分析，就双方如何充分发挥各自优势、互通有无、优势互补交换了意见，为下步院所双方开展科技合作、人才培养奠定了基础。就分子标记在茶树种质资源遗传多样性和亲源关系研究、高密度的茶树遗传连锁图谱构建及辅助茶树遗传育种等方面的运用，韦博士一行与省茶科所科技人员进行了深入的交流。

4月1日至4月2日，在省茶科所科技人员陪同下，韦博士一行先后参观了省茶科所品种陈列园、科研实验基地和国家茶树种质资源勐海分圃，实地考察了勐海巴达野生型“茶树王”和布朗山古茶园，为下步开展茶树基因组测序、分子育种、优质高效功能基因良种选育奠定了基础。

学术交流

〔**省茶科所积极承办“第三届勐海茶王节”暨“西双版纳老班章茶研究会成立大会”**〕 由勐海县委、县人民政府主办，西双版纳州政府生物产业办、州茶业协会、省茶科所等单位承办的第三届“勐海茶王节”暨“西双版纳老班章茶研究会成立大会”于2011年4月8日至10日在勐海县格朗和乡南糯山半坡老寨古茶山举办。省茶科所作为本次活动的主要承办单位，所党委、行政高度重视，先后派出党委书记陈啸云、工会主席石照祥、副所长梁名志、罗向前、研究员王平盛等领导、专家全力支持相关工作，并委派副所长何青元具体负责省茶科所承担的组织协调、相关材料准备、茶叶大赛评审方案和各项大赛组织评比工作，为本次茶王节的成功举办提供了坚实的科技保障。在大会庆典仪式上，党委书记陈啸云主持了“思普茶业试验场遗址揭牌仪式”，副所长何青元全程参加了手工制茶技艺大赛、初制所制茶技艺大赛和茶王大赛的评审。

云南普洱茶协会会长原省人大副主任张宝三、中国茶叶流通协会副会长王庆、秘书长吴锡端、西双版纳州州委常委、常务副州长罗红江、昆明民族茶文化促进会会长张顺高等省、州、县领导，还有来自韩国、日本、马来西亚、俄罗斯等国和香港、台湾地区的茶界专家、学者及茶商出席了茶王节大会。

〔**重要活动**〕

(1)2011年1月6日至8日，省茶科所隆重召开第十二届暨首届合作单位职工运动会。运动会以“团结协作、振奋精神、抢抓机遇、加快发展”为主题，以增进所企友谊，展示所企职工“团结协作、顽强拼搏、积极进取”的精神风貌为目标。运动会共设置团体比赛项目13个，个人比赛项目30个。参加本届运动会的合作单位有七彩云南勐海茶厂、龙园茶厂和茶马古道景区。

(2)2011年2月12日，省茶科所召开全所职工大会，传达学习《中共云南省农业科学院委员会关于认真做好研究所党组织换届工作的通知》(院党字〔2011〕6号)文件精神。所党委副书记、副所长陈啸云结合本所工作实际，通报了党委换届实施方案，安排部署党委换届主要工作、人员分工和明确新一届党组织的人员设置。所党委书记石照祥出席会议并讲话。所党委副书记汪云刚、纪委书记浦绍柳、副所长何青元出席会议。

(3)为更好地继承和发扬杨善洲同志全心全意为人民服务的崇高精神和纪念3月8日这个特殊的日子，给党员干部上一节生动的课，给妇女同志们过一个特殊的节，2011年3月7日上午，省茶科所以“恪守职责，树木树人，共谱时代华章”为主题开展义务植树活动，并以此为契机，举办庆妇运“三八红旗手”植树技能大赛。

(4)2011年3月15日上午，省茶科所召开会议，传达学习云南省农业科学院2011年工作会、职代会精神。会议由所长王家金主持。所党委书记陈啸云传达了何书记关于《统筹兼顾，突出重点，全力开创农业科技事业发展新局面》的重要讲话、黄院长关于《继往开来，勇往直前，为推进全省农业现代化作出新贡献》的行政工作报告和唐副院长关于《深刻领会，狠抓落实，以科学发展为主题在新起点上实现新发展》的总结讲话。所级领导、科室领导、中高级专业技术人员及在职职工100余人参加学习。

(5)2011年3月18日，省茶科所召开党员大会，审议中共云南省农业科学院茶叶研究所党委工作报告和纪委工作报告，选举产生新一届党委委员和纪委委员。来自科研党支部、行政党支部、产业党支部、离退休党支部的72名党员参加了大会。大会由所党委副书记、所长王家金主持。所党委书记陈啸云代表所党委作《凝心聚力，求真务实，为建设云南省茶叶科技创新中心而努力奋斗》的党委工作报告，所纪委书记浦绍柳代表所纪委作《围绕中心，服务大局，努力开创茶叶所党风廉政建设新局面》的纪委工作报告。院机关党委副书记郑雯到会指导。

(6)2011年4月22日，省茶科所组织科研、党群部门干部职工80余人深入基地一线，到田间地头与基地管理维护队队员交流实践经验、比拼运用技能、推广实用技术，并对基地及周边茶农进行了鲜叶人工采摘和机械采摘技能培训。

(7)5月5日，省茶科所纪委组织所级领导、中层干部、党支部书记20人，参观“法治与责任——全国检察机关惩治和预防渎职侵权犯罪展览·云南西双版纳”巡展，接受警示教育。

(8)2011 年 6 月 10 日,省茶科所工会、共青团、女工委共同举办"建党 90 周年"职工业务技能(硬笔书法)比赛,传承华夏悠久历史,弘扬中华优秀文化,培养职工爱国主义情怀,丰富职工文化生活,提高职工综合素质。比赛共有来自科研、行政和产业的 26 名选手参加。所党委书记陈啸云、纪委书记浦绍柳、工会主席石照祥亲临比赛现场指导并担任大赛评委。

(9)2011 年 6 月 22 日,省茶科所以"学习善洲精神,绿化和谐家园"为主题,在勐海县格朗和乡南糯山,开展了纪念建党 90 周年义务植树活动。全所 70 余名党员干部自带锄头、水桶,来到南糯山勐海县与景洪市交界处国道旁,亲手栽下一棵棵三角梅,以实际行动践行杨善洲精神,掀起了党员干部义务植树热潮,为纪念建党 90 周年献礼。所党委书记陈啸云,所党委副书记、所长王家金,所纪委书记浦绍柳,副所长何青元和工会主席石照祥带头参加了此次植树活动。

(10)6 月 24 日,省茶科所党委召开学习杨善洲精神专题学习生活会,所党政领导、各科室(公司)负责人、党支部书记、群团组织负责 25 人参加学习会。

(11)2011 年 7 月 1 日至 7 月 2 日,省茶科所举办系列活动纪念中国共产党成立 90 周年。7 月 1 日上午,组织党员观看了胡锦涛总书记在建党 90 周年大会上的讲话;下午,举行了纪念建党 90 周年庆祝大会及红诗红歌会。7 月 2 日,又组织党员到景洪市参观了民族博物馆和曼听公园。所党委委员,党支部书记,在职党员及离退休党员共计 82 人参加了活动。

(12)2011 年 8 月 5 日,省茶科所召开党风廉政建设专题学习会议。所纪委书记浦绍柳主持会议并作《清正廉洁,克己奉公,推动全所各项事业向前发展》的专题发言。所党委书记陈啸云、副所长罗向前出席会议并和全所党员一起观看了《贪之害—贪权、贪财、贪色警示录》反腐倡廉专题片。

(13)11 月 18 日下午,省茶科所组织科级以上领导干部和纪委委员到勐海茶厂大益礼堂参观了由勐海县纪委组织的廉政书画展,接受了一次形象、生动的反腐倡廉教育。据了解,此次书画展共展出 98 幅优秀书画作品(绘画 33 幅、毛笔 36 幅、硬笔书法 29 幅)。

(《云南省农业科学院茶叶研究所》撰稿人:李慧)

云南省林业科学院
热带林业研究所

〔**概述**〕 云南省林业科学院热带林业研究所(下简称热林所),隶属于云南省林业科学院,前身为始建于 1960 年 12 月的勐旺试验林场。1996 年经相关部门批准成立热林所。现热林所实行一套班子,三块牌子:即热带林业研究所、试验林场、热带树木园。主要任务是收集、保护热区珍稀树种资源并对其进行相关研究和开发,同时开展相关森林生态功能监测和研究。热林所坐落于景洪市普文镇东南方,位于东经 101°06′,北纬 22°25′,北距普洱市 46 公里,南距景洪市 95 公里,距国道 213 线 4 公里。

热林所总面积 16835 亩,森林覆盖率 98%,拥有各类试验及人工林近 6000 亩。最低海拔 840 米,最高海拔 1354 米,正好处于北热带与南亚热带的交界处,气候条件较好,植物资源异常丰富,年平均气温 20.2℃,年平均降水 1673.5mm,极端低温 -0.7℃,极端高温 38.5℃,平均湿度 80%,主要植被类型为山地雨林、沟谷雨林和季风常绿阔叶林。土壤为砖红性土壤,土层深厚,大多为轻沙质壤土。

2011 年末职工总数 52 人,(在职职工 27 人,离退休职工 25 人),专业技术人员 19 人(高中职 9 人,初职 10 人)。设基层党支部 1 个,有党员 14 人。

〔**科研课题**〕 2011 年开展的主要科研项目有:

1."橡胶林固碳增汇技术实验示范"

南方人工林面积 3100 万公顷,占全国人工林的 46%。但是,南方人工林总体质量低,表现在生态和经济效益差、固碳功能弱,形成了大面积的低效林、导致其蓄积量显著比欧美森林低、相应的"碳汇"功能较弱,严重影响了我国森林生态系统的"碳汇"功能以及在"碳汇"外交谈判中的主动权。由此可见,对这些低效人工林进行结构改造、建立和推广兼顾生态、经济、固碳和社会效益的可持续发展经营模式势在必行。

本课题将通过野外调查和野外控制实验,获取我国南方橡胶林群落结构特征、生物多样性、植被、土壤、凋落物碳库以及气候、水文、土壤环境要素和经济效益等科学数据;了解南方典型橡胶林总体健康状况,建立人工林健康评价指标体系;明确我国南方低效橡胶人工林的树种及其面积比例,并根据生态学、经济学的基本原理,找到不同低效橡胶林固碳增汇的技术途径和模式；综合评价不同条件下各种改造措施的生态、经济与碳汇效益。在此基础上，筛选出南方低效橡胶林改造的物种和优化模式，建立推广示范区1个，达到橡胶人工林固碳增汇和可持续发展的目的。

2.“云南省景洪市普文试验林场国家思茅松良种基地建设”

项目于2010年6月经云南省林业厅批准启动，至2015年6月结题，历时6年，同时得到国家重点林木良种基地补贴资金支持。

普文试验林场思茅松种子园不仅是云南省第一个思茅松种子园，而且是第一批国家重点林木良种基地。良种基地始建于1989年，权属国有，为无性系初级种子园。建设单位为云南省林业科学院普文试验林场，基地2000年进入正常结实期，目前年可产思茅松种子50公斤。

本项目以抚育管理(施肥、修枝整形、疏伐、除草)、人工授粉等技术措施来提高思茅松种子园产量，以杂交育种技术措施来提高思茅松良种基地种子质量，以试验示范林来促进思茅松良种的推广应用。通过改善思茅松良种基地的条件与设施来建立现代化的思茅松林木良种基地，建设成为云南省思茅松优良种质资源保存、良种创新研发、良种示范推广繁育基地。最终达到提高思茅松良种基地的建设水平和科研水平，促进思茅松良种基地建设与发展，促进思茅松良种基地大量生产良种供生产推广应用，实现思茅松造林良种化。

3. 国家林业局(948)项目“热区主要造林树种无土育苗技术引进”

云南热区面积占全省的四分之一，经过科研人员长期的研究试验，已筛选出了一些不同用途的林木品种，其中有些品种从采种、常规育苗到栽培都已形成一套适用的培育技术。这些技术已为云南省各类林业项目的建设起到了较好的支撑作用。但随着云南林业建设的发展，对热区主要用苗的育苗技术，也提出了越来越高的要求。云南省热区一般是雨季造林，雨热同期，须用容器苗，当前容器苗多为土壤塑料袋苗，养分不均衡，土传病害等因素严重影响了培育的质量。因此，开展基质无土育苗及苗期土传病害防治等的研究，对于林业生产具有十分现实的意义。

堆肥化处理用作育苗基质，属固体无土育苗技术。无土育苗幼苗根系比土壤育苗多1倍以上，主根长，侧根多，总根量重，从而增加了幼苗吸水吸肥能力；传统育苗，每年需要大量土壤，加上育苗周期长，人工管理和材料消耗都比较大。而无土育苗改善了育苗环境，可实行多层架式育苗，因而使育苗场所的利用率大大提高，而且育苗周期缩短，人工管理费和材料费均有所下降，从而降低了育苗成本。

从长远看，随着农村科学技术水平的提高，无土育苗可以使林、农育苗实现机械化，并向工厂化育苗方向发展。

本研究采用蔗渣和咖啡壳为主要原料，通过设计和添加不同的配比的调理剂，进行堆肥化处理制备对热区主要苗木培育的适宜基质，筛选出既有良好生长表现，又具有高抗病能力的基质配方，明确蔗渣、咖啡壳堆肥化处理以及热区主要抗病基质育苗制备的技术方法。

4.“西双版纳采矿区环境保护与植被恢复技术研究”

项目主要是筛选出8～10种适合当地采矿区植被恢复的植物种类，同时研发出一套适合当地采矿区植被恢复的具体技术。建成15亩采矿区植被恢复试验示范区，为今后当地采矿区植被恢复提供示范。

(《林研所》撰稿：陈　勇)

云南省水文水资源局西双版纳分局

〔**综述**〕 2011年是“两五”交接承上启下的重要一年，也是中央1号文件颁布出台及“兴水强滇”战略推进实施的重要一年，对水利建设和发展来说可谓影响巨大，意义深远。西双版纳水文分局在推进全年工作的过程中，始终坚持把贯彻落实中央1号文件精神和“兴水强滇”战略的推进实施作为工作重心和目标来抓，在省水利厅、省水文局和地方党委、政府的正确领导下，在全局干部职工的不懈努力下，实现了分局全盘工作的平稳有序推进，为分局“十二五”建设规划的顺利推进实施开了个好头，分局各项职能工作取得了可喜的成绩。

〔**精神文明建设**〕 2011年，西双版纳水文分局继续紧抓精神文明建设工作不放松，结合分局实际积极推进精神文明建设。一是组织人员参加了州内水利系统第五届“水利杯”职工运动会并取得佳绩；二是再次被评为州级文明单位，文明创建活动保持良好势头；三是组织举办了“情系夕阳”联欢晚会，与各分局前来参加全省老干部工作会议的人员开展了丰富精彩的联欢活动；四是在全局范围内推进开展学习游泳健身活动，形成了良好的学习活动氛围；五是在“建党节”和“重阳节”等节日期间组织职工开展庆祝娱乐活动中开展丰富多彩文化活动;六、组织全体在职职工到省外考察学习,进一步拓宽了职工的眼界,提高了职工的创新进取意识。

〔**党风廉政建设常抓不懈**〕 2011年,西双版纳水文分局对党风廉政建设工作高度重视,在各种局办公会学习和党组织生活会活动中,始终将廉洁从政这一教育活动贯穿于其中,时刻做到警钟长鸣,将党风廉政工作落到实处。一是进一步加强党风廉政宣传教育,把党风廉政建设列入重要议事日程。建立了"一把手"负总责,一级抓一级,层层抓落实的工作机制。根据分局的实际情况,将党风廉政建设和反腐败工作任务具体落实到了各科室,分局党委与分局内部各科室和测站均签订了党风廉政建设工作责任书,将党风廉政建设纳入到水文工作的各个环节;二是通过各种形式,组织开展各项学习活动,并通过反面典型和案例作警示教育,教育分局广大干部群众在复杂的环境中,能够树立正确的世界观、人生观和价值观;三是强化单位内部管理,健全完善单位管理制度,从制度上预防腐败;四是积极推行领导决策民主化,分局里的重大决策、干部任免、重大项目安排和大额度资金的使用等,都经过集体讨论后才作出决定,严格按规定程序运作;五是严格遵照行政问责制的有关要求,对领导班子及职工中存在的问题,能做到及时发现,及时处理,班子成员能按照科学发展观的要求,虚心听取下属的意见,接受监督,鼓励干部职工教育好子女亲属。班子成员能够积极主动地按照各自的工作分工,坚持经常下到基层调查研究,帮助、指导基层单位抓好工作并解决一些实际问题,尤其是涉及到群众的根本利益问题,能够努力想办法尽力加以解决。

〔**党建和创先争优活动持续推进**〕 2011年,西双版纳水文分局始终坚持"抓组织建设,促水文工作"的工作方针,继续加强了党建工作,并通过健全完善学习制度、认真组织全局干部职工学习十七届四中、五中、六中全会精神及省、州全会精神等举措,不断加大党员队伍建设力度;严格遵照州直机关工委要求,积极开展与社区党组织的共建活动,切实加强了相互间的交流;积极在分局各部门中推进开展创先争优活动,通过活动的持续深入开展起到了聚人心、促和谐的良好作用,党员干部中的先进典型不断涌现。

〔**各项常规业务工作有序推进**〕 2011年,西双版纳水文分局进一步加强了对水文监测、站网建设、水情测报和水环境监测等各项分局常规业务工作的组织和领导,通过开展业务技能培训、优化设备及人员配置和加强汛前汛后维护检查等多项措施,努力改进业务工作中存在的不足,使分局各项常规业务工作始终得以有序推进和开展,在一些方面还取得了突破性进展。

〔**对外科技咨询服务力度加大**〕 2011年,在圆满完成各项常规监测工作任务的同时,西双版纳水文分局充分利用自身资质、技术和设备优势,以对外科技咨询服务公司为平台,紧密结合社会发展需求,及时调整工作思路,进一步加大了对外科技咨询服务工作力度,积极开展对外咨询服务工作,使分局服务于经济社会建设的能力不断增强,科技人才队伍综合素质不断得到提高,增强了单位在社会上的知名度和影响力。

〔**安全生产和综合治理**〕 2011年,西双版纳水文分局严格遵照省水利厅、省水文局和地方州市党委、政府对综治维稳工作的安排和部署,认真贯彻执行"安全第一、预防为主"的方针,坚持以经济建设为中心,以控制重大事故,杜绝一般事故为主线,以提高职工的安全生产意识为重点,通过强化领导和责任目标管理、完善各项规章制度及内部约束机制、加强宣传教育工作、开展流动人口清理排查、做好节假日值班巡查及应急防范等多项积极有效的措施,不断改进和加强安全生产和综治工作,努力消除各种安全隐患,为分局水文工作的顺利开展创造出了一个稳定、良好的工作环境,取得了全年无安全生产事故的良好成绩,分局也被景洪市综治委评为综治维稳工作良好单位。

〔**基地改造建设**〕 基地建设一直是西双版纳水文分局近年来亟待解决的"瓶颈性"问题,分局为此也做了大量的基础筹备工作。2011年底,结合景洪市沧江新区建设的加快推进,西双版纳水文分局在反复征求职工意见及征得省水文局同意的基础上,通过艰苦努力,终于将分局基地改造建设纳入景洪市沧江新区改造建设范畴,并与地方政府部门及具体承建开发单位达成了一致意见,使分局基地改造建设得以顺利启动实施,分局有望在两到三年内实现回迁安置。

〔**服务能力建设步伐加快**〕 2011年是"十二五"开局之年,西双版纳水文分局按照分局"十二五"及水文事业发展规划的设定目标,进一步加强了水文、水情、水质测报体系建设,新建和改造了一大批水文监测站点,使分局站网分布率和自动化、遥测化水平得到了极大提高,水文服务能力不断提升,在地方政府推进抗旱减灾工作及水环境保护中的支撑作用更加突出和明显。

〔**宣传工作**〕 2011年,结合"世界水日"、"中国水周"、"12·4"法制宣传日宣传活动和云南省水文条例颁布实施一周年及"安全生产月"等宣传活动的开展，西双版纳水文分局组织开展了一系列卓有成效的公益宣传活动，产生了良好的社会效应，分局也被评为全省水文系统信息宣传先进集体；分局总工办所报送州科技委的参评项目被评为科技成果二等奖；在年底省水利厅组织开展的"春风行动"征文活动中，西双版纳水文分局所报送文稿获得了三等奖。

〔**表彰奖励**〕 2011 年，西双版纳水文分局被评为景洪市"社会治安综合治理"良好单位；分局被评为全省水文系统"十一五"信息宣传先进集体，1 名职工被评为全省水文系统"十一五"信息宣传先进个人；5 位职工被省水利厅和省水文水资源局评为全省水文系统"先进个人"。

（《云南省水文水资源局西双版纳分局》撰稿：黄启胜）

西双版纳州地震局

〔**概况**〕 2011 年，州地震局紧紧围绕州委、州政府的工作部署，加强党风廉政建设，牢固树立震情第一观念，把防震减灾工作作为事关全州人民群众切身利益，事关全州经济社会科学发展的大事抓紧抓好。认真做好地震监测预报和震情跟踪工作，制定震情跟踪工作方案，落实工作责任，建全全州宏观观测网络，及时保障观测仪器正常运行，及时进行震情分析会商。积极配合农委办、建设局继续抓好农村民居抗震设防管理工作。加强震害防御宣传工作，提高全民防震减灾意识，强化宣传长效机制。圆满完成"3·24"缅甸 7.2 级地震应急工作。

〔**地震预测预报**〕 2011 年，州、县地震局坚持震情月、季度会商制度，出现异常情况及时组织分析会商。上报《震情跟踪工作月报》11 期、《震情跟踪预测意见》6 期，按时完成云南省年中震情趋势预测意见和年度地震趋势研究报告的编写工作。州内出现震情时，及时组织分析会商，形成震情汇报材料，上报州委、政府和省地震局，并通报县、市人民政府，及时为政府部门提供决策依据。

〔**制定震情跟踪工作方案**〕 按照省地震关于做好震情跟踪工作的相关要求和部署，州地震局结合州内情况制定《西双版纳州 2011 年度震情跟踪工作方案》。方案主要内容包括震情跟踪预测技术方案和组织管理措施两个部分。技术方案以西双版纳州及滇西南地区作为重点跟踪工作区，建立地震三要素预测指标和决策体系。组织管理措施包括组织机构、管理措施、强化震情监测预报及异常核实上报工作等内容。《工作方案》于 2 月 12 日下发到县地震局，要求各县地震局结合本单位实际，制定具体可行的工作措施或方案，认真做好 2011 年度的各项震情跟踪工作。

〔**召开季度全州防震减灾工作暨震情会商会议**〕 2011 年 1 月 11 日，西双版纳州地震局召开 2011 年一季度震情会商及防震减灾工作会议。全州地震系统 17 名专业技术人员参加了会议。这次会议的主要任务是传达学习《云南省人民政府关于贯彻落实国务院进一步加强防震减灾工作意见的实施意见》和云南省地震局皇甫岗局长在云南省地震局震情跟踪领导小组暨地震预报评审委员会会议上的讲话精神，回顾总结 2010 年防震减灾工作，研究部署 2011 年防震减灾工作。会议重点对西双版纳州及滇西南地区的地震活动水平、前兆观测异常、宏观异常等观测资料进行了分析会商，得出了明确的会商结论。根据第一季度西双版纳州地震趋势会商意见，州地震局张文虎局长对第一季度的防震减灾工作进行了安排部署。2011 年 5 月 17 日，州地震局在勐腊召开西双版纳州防震减灾工作会议及第二季度震情会商会，州地震局、勐海县地震局、勐腊县地震局和景洪市地震办的领导和技术人员共 21 人参加会议，会议传达学习省州县三级地震局长会议精神，对二季度滇西南地区的地震活动趋势进行会商，安排布置全州第二季度防震减灾工作。2011 年 7 月 2 日，州地震局在勐海召开西双版纳州第三季度防震减灾工作会议，州地震局、勐海县地震局、勐腊县地震局和景洪市住房和城乡建设局抗震办的领导和技术人员共 20 人参加会议。会议对三季度滇西南地区的地震活动趋势进行会商，张文虎局长对全州第三季度地震监测设施的检查整治、年度趋势报告的编写、宏观观测队伍的建设和培训、地震救援志愿者的组建培训等各项工作进行了部署安排。

〔**地震活动情况**〕 根据云南测震台网测定，2011 年西双版纳州境内共发生 1.0 级以上地震 101 次，其中，1.0～1.9 级地震 65 次、2.0～2.9 级地震 23 次、3.0 级以上地震 13 次，最大地震是 2011 年 5 月 13 日发生在景洪市大渡岗乡官坪附近的 3.4 级地震，州内的地震活动主要分布在勐养至勐腊一带。2011 年，州内发生的地震没有造成人员伤亡和财产损失，临近地区仅有"3·24"缅甸 7.2 级地震对西双版纳州造成破坏。

〔**地震监测台网建设**〕 ①西双版纳州的地震监测系统主要由三个前兆观测台站（勐海县观测台、勐腊地震台、勐海县勐遮水化观测站）、强震动观测台网（16 个台站）、测震台网（7 个台站）和国家局地壳运动观测网(7个台站)组成。勐海观测台位于县地震局内,观测项目有深井水温、水位、测震和土地电四个项目。勐海县勐遮水化观测站观测项目有地热、水位、气氡、气汞和气象三要素。勐腊地震台位于县城南侧八公里,台站内现有水管倾斜、石英伸缩、石英水平摆、钻孔应变、气象三要素、重力、水温、水位、气氡、气汞、测震、强震等十二个数字化观测项目。②勐海县勐遮水化观测站建成投入使用。在省、州地震局和各级政府的大力支持下,2011年1月14日,勐遮水化观测站观测深井完成钻探工作,6月30日,台站的机房及配套设施的建设已完工,9月27~29日,安装了先进的数字化地热、水位、气氡、气汞和气象三要素观测仪器。该井位于勐海县勐遮镇黎明农场一分场八队,距离勐遮镇人民政府2公里,井深250米,自流井,套管孔径最小为108毫米。③做好中国地震科学台阵观测项目的西双版纳州14个地震台站的建设工作。9月份,州、县地震局积极配合省地震局完成了14个地震台站的勘选、建设工作,10月底完成仪器设备的架设工作。④加快勐腊地震台电磁观测项目建设。在省地震局和上级部门的支持下,上半年勐腊地震台新安装了一台测震仪器和一台强震动仪器,勐腊地磁观测项目的征地工作已完成。勐海县地震局在"3·24"缅甸7.2级地震后新安装了一台强震动仪器。

〔**强震动观测及台站质量管理**〕 根据《云南省强震动台站管理规定(试行)》和云南省防灾研究所2011年强震动台网管理工作任务书的工作要求,西双版纳州地震局认真做好强震动台站的质量管理工作,针对当地的气候及环境情况,及时制定强震动台站管理办法,成立强震动观测工作领导小组,落实工作责任,加强强震动台站的巡查和工作环境维护工作,及时排除仪器故障,确保仪器正常运行。在防灾研究所的领导和专家的大力支持帮助下,经过州、县地震局领导及工作人员的努力,西双版纳州强震动观测的运行质量和维护管理等都取得了较大的进步,特别可喜的是,州内的15个台站全部记录到"3·24"缅甸7.2级地震的地震动信息。

〔**地震应急工作受灾情况**〕 2011年3月24日21时55分,在缅甸的勐帕亚发生7.2级地震,西双版纳州三县(市)震感强烈。地震发生后,州委、州政府高度重视,州委常委、州委宣传部长、州人民政府副州长陈启忠在地震后第一时间到州地震局指挥地震应急工作。云南省地震局立即启动二级应急响应,以陈勤副局长为指挥长的一行25人现场工作组于3月25日凌晨5时20分到达西双版纳后,立即召开省、州地震应急救援工作会议,听取西双版纳州地震局张文虎局长介绍"3·24"缅甸7.2级地震灾情初步核查情况和西双版纳人民政府启动的四级地震应急预案汇报,陈勤副局长提出这次缅甸7.2级地震省局启动二级地震应急预案,派出地震现场工作组25人,为受灾地区主要做好三件事:一是震情的监视和地震趋势判断;二是开展地震灾害损失评估,尽快拿出灾情损失报告;三是开展地震科普知识宣传。成立省、州、县地震系统地震应急现场工作指挥部,指挥部下设6个组(秘书组、监测预报组、宣传组、灾害评估组、测震组、后勤保障组)45人组成,紧张有序、规范、高效开展好"3·24"缅甸7.2级地震应急工作。

1. 地震情况

据中国地震台网测定,2011年3月24日21时55分,在缅甸(北纬:20.8°,东经:99.8°)发生了7.2级地震,震源深度20千米,震中距勐海布朗山乡约86千米,距景洪城约180千米。截止2011年3月27日20时,云南地震台网共计录到4级以上余震22次,其中4~4.9级18次,5~5.9级3次,6~6.9级地震1次。最大是24日23时54分发生的6.0级地震。

(1)灾情特点

省地震局专家初步确定:缅甸7.2地震发生在北东东向勐龙断裂构造带缅甸境内,震中距西双版纳州勐海县布朗山乡南端边境最近,约为86千米,西双版纳州境内达VI度破坏。

省地震局专家推算:缅甸7.2级地震长轴长度348千米,比丽江7.0级地震长153千米,比玉树7.1级地震长104千米。VI度区范围面积为68330平方千米,比丽江7.0级地震灾区大48497平方千米,比玉树7.1级地震灾区大41830平方千米。西双版纳州地震受灾范围为:东起勐腊县勐满镇政府驻地以东,西北至勐海县西定乡曼迈村至曼马三组一带,北到勐混镇曼列以北,南边为中缅边境,面积约4280平方千米。本次地震全州3县市震感强烈,地震造成西双版纳州人员受伤、房屋倒塌、基础设施受损严重。一是震灾波及范围广。这次地震灾害波及范围广,全州勐海县、景洪市、勐腊县的11个乡镇、64个行政村(居委会)受灾。二是地震区地表破坏明显。由于震级高、震源较浅、烈度强、损失大,余震频繁,民房、基础设施等受损失严重,地表建筑物破坏明显,灾害造成的损失很大。三是地震灾区自救能力弱。全州三县市是少数民族聚居的贫困地区,其中,勐海县、勐腊县属于国家和云南省扶贫开发重点县,财政困难，勐海、勐腊两县财政收入分别占财政支出的18.4%、20.7%，群众收入水平低，水利、交通、通讯等基础设施薄弱，医疗设备不配套，自救能力很弱，抗震自救能力有限。四是地震灾区基础设施“内伤严重”。由于水利和交通设施薄弱，这次地震对本已陈旧的基础设施造成了一定破坏。

(2)受灾情况

经初步调查核实，截至3月28日19时32分，本次地震共造成本州勐海县、景洪市、勐腊县的11个乡镇、64个行政村(居委会)受灾；造成12人受伤，其中，3人重伤(无生命危险)，9人轻伤，9691户受灾，受灾人口50340人，损坏房屋15332间，其中，倒塌9间，共紧急转移安置9496人，直接经济损失约4.7788亿元，间接经济损失约3.202亿元。

景洪市：受灾户数1041户，受灾人数3222人，损坏房屋2615间，紧急安置转移31人，受伤人数4人，水库、坝塘受损37座，桥梁受损12座，造成直接经济损失约1.2445亿元。

勐海县：受灾户数4250户，受灾人数18887人，损坏房屋5874间(其中，倒塌民房9间)，紧急安置转移9460人，受伤人数6人，水库、坝塘受损96座，水闸28个，桥梁受损20座，其中：严重受损3座，公路受损75条，市政管网受损18000米，造成直接经济损失约1.568亿元，间接经济损失约3.202亿元。

勐腊县：受灾户数达3891户，受灾人口26016人，损坏房屋6350间，紧急转移安置5人，受伤人数2人，水库、坝塘受损3座，桥梁受损3座，其中，严重受损3座，造成直接经济损失达1.88亿元。

西双版纳旅游度假区：受灾户数达201户，受灾人口641人，损坏房屋201间，直接经济损失达0.06亿元。

磨憨边境经济开发区：受灾户数达147户，受灾人口608人，损坏房屋131间，直接经济损失达0.016亿元。

景洪工业园区：受灾户数达161户，受灾人口966人，损坏房屋161间，直接经济损失达0.0103亿元。

2. 救灾工作情况

3月24日21时55分，缅甸发生了7.2级地震。24日22时，省地震局启动了地震应急二级响应，并派出云南地震专家组于24日22时30分从昆明出发，25日5时20分到达西双版纳，立即成立了省、州、县地震现场工作指挥部，加强地震监测，密切关注地震趋势，与我州现场工作队赶赴受灾地区，实地察看受损房屋，了解受灾情况。

地震发生后，西双版纳州委、州政府反应迅速，及时启动应急预案，州委书记江普生、州长刀林荫在第一时间坐阵指挥，安排部署应急救灾工作。副州长陈启忠、杨沙、王方荣迅速赶往州地震局、州应急办、州救灾办指挥救灾工作：

(1)加强组织领导。州委、州政府及时成立了以州委书记江普生为指挥长，州长刀林荫为常务副指挥长，三县市党委政府负责人和相关部门负责人为成员的“3·24”缅甸7.2级地震抗震救灾指挥部，全面组织开展抗震救灾协调指挥工作。指挥部还设立了州防震应急办公室、州抗震救灾办公室、州抗震防震(恢复重建)办公室，具体负责收集和汇总震情，指导抗震救灾工作。

(2)及时派出工作组。24日当晚，州委、州政府派出现场工作队赶赴勐海县打洛镇了解受灾情况。25日上午，州政府分别由副州长陈启忠、杨沙、王方荣带领3个工作组与省地震局专家一道赶赴三县市及乡镇开展实地调查，掌握灾情，指导抗震救灾工作。

(3)搞好灾害排查。在普遍排查的基础上，突出五个重点搞好排查：一是突出边境一线民居这个重点，对全州三县市11个乡镇、64个行政村进行了排查；二是突出学校这个重点，对全州三县市26所学校教学楼、学生宿舍进行排查，紧急疏散学生；三是突出地质灾害这个重点，对158个地质灾害(含5所学校、7个矿山企业)，62个地质灾害隐患监测点和16个矿山进行排查，加强值班和监测，要求需搬迁点采取避让措施。四是突出电站、水利、交通等基础设施这个重点，对重点电站、水利、道路桥梁等设施受损情况进行排查和监测，对受损较重的水利设施和桥涵及时进行处理，防止重大安全事故发生。地震发生后，景洪水电站第一时间组织人员对大坝坝体及发电机组进行排检，未发现坝体出现因地震开裂情况，各发电机组运行正常。五是突出医院、车站、机场等人员密集场所这个重点，派出警力进行有序疏导，重点指导，排查安全隐患，防止秩序混乱。尤其是西双版纳机场，地震发生时正是航班起降高峰期，机场采取有力措施，及时疏导、有序应对，没有一个航班因地震而延误，没有一名游客因地震受伤。

(4)保障信息畅通。通讯、电力部门行动非常迅速，安排网络保障人员前往全州三县市查看通讯、电力设施受损情况，及时进行了排查，排除地震影响的隐患，确保通信、电力畅通，电信部门用最快的速度免费给省、州、县地震系统现场工作指挥部架设两条专用通信线路供指挥部使用。

(5)维护社会稳定。州、县有关部门及时组织公安等各部门,对县城、乡镇各街道开展巡逻工作,加大防控力度,做好维稳工作,保持正常的生产生活秩序。

(6)及时通报情况。广播、电视、报刊等新闻媒体通过手机信息等方式及时向群众通报震情,稳定群众情绪;迅速组织报道人员深入抗震救灾一线,及时报道宣传抗震救灾工作,以正确的舆论引导干部群众,切实做好稳定人心的工作。州地震局积极印制和发放防震避震、自救互救知识手册11600本、地震知识挂图6100余套,并安排专家、宣传组解答公众疑问,向州委、政府上报"3·24"震情汇报13期(其中现场工作指挥部现场工作简报4期),反馈群众电话解答上万个,回答群众提问上万次。

(7)做好灾情统计。受灾县市、乡镇和民政部门抓紧调查,做好灾情统计上报,为救灾工作和恢复重建工作提供科学依据,迅速组织力量开展排危工作,避免了因次生灾害发生人员伤亡。

(8)加强地震监测。省、州、县地震部门切实加强余震监测和趋势分析,密切注视震情发展,落实余震防范措施,及时研判、报告震情。向州委、州政府上报震情简报4期。

〔**震害防御**〕 2011年,西双版纳州地震局着重开展《中华人民共和国防震减灾法》学习宣传教育活动,落实省政府全面加强预防和处置地震灾害能力建设10项重大措施实施方案中有关地震部门负责事项的落实工作,主抓防震减灾科普知识进机关、校园、企业、社区、农村等五进工作,共发放地震防震避震科普知识宣传资料42600万本,DVD防震减灾科普知识光碟1800碟,地震知识挂图8100余套,防震减灾科普知识宣传经费投入6万元。西双版纳州地震局积极配合农委办、住建、财政开展农村民居地震安全工程建设,为校安工程提供良好的服务。

〔**防震减灾知识宣传**〕 西双版纳州地震局2011年,一是组织开展"5·12"防震减灾科普宣传周、"11·6"防震减灾日宣传活动。2011年5月12日,州地震局会同州民政局、州政府应急办、州卫生局等12个部门在景洪城区集中开展防灾减灾宣传活动,宣传《突发事件应对法》、《防震减灾法》、《防震避震常识》等法律法规和应急知识,发放宣传资料,接受现场咨询。同年11月6日,州地震局在景洪勐泐广场组织开展"11·6"防震减灾日宣传活动。各县地震局也同时在县城中心广场和主要街道开展了"5·12"、"11·6"防震减灾日的宣传活动。2011年州、县地震局向全州的学校、乡村、机关等单位共发放防震减灾科普知识宣传手册5万份。二是加强全州各级领导干部的防震减灾知识普及宣传。2011年,勐海县地震局和勐腊县地震局与县委党校联合开设地震灾害应急处置讲座,将地震灾害应急处置讲座纳入乡、镇领导干部的培训内容,加强对乡镇领导干部的灾害应急处置能力培训,提高各级领导干部组织指挥水平和应急处置能力。2011年,勐腊县有350名乡村干部在党校听取了防震避震讲座,勐海县有200名乡村干部在党校听取了防震避震讲座。三是做好缅甸"3·24"7.2级地震震后防震避震知识宣传。2011年3月24日缅甸7.2级地震发生后,州、县地震局协同省地震局现场宣传组,前往城镇主要街道和灾区村寨宣传防震避震知识,利用广播、电视、报刊等新闻媒体通过各种方式及时向群众通报震情,稳定群众情绪,及时报道宣传抗震救灾工作,以正确的舆论引导干部群众,切实做好稳定人心的工作。发放防震避震、自救互救知识手册18600本、地震知识挂图6100余套,并安排专家、宣传组解答公众疑问。四是加强学校防震减灾知识的普及宣传。2011年3月17日至18日,州地震局前往景洪市景哈乡中学、中心小学和曼洪小学开展地震知识讲座和地震紧急疏散演练,几天之后,缅甸边境发生"3·24"缅甸7.2级地震,景哈乡及景洪市的各所学校平稳、有序、安全应对此次地震,充分显示了学校防震减灾知识的宣传普及在地震应急中的巨大作用。五是州地震局在全州开展防震减灾科普知识进学校的同时,积极前往华能景洪水电厂、景洪港边防检查站、州消防支队、州财政局、州市供电局和州银监局等单位举办防震减灾知识讲座宣传。

〔**党风廉政建设**〕 州地震局认真加强党风廉政建设宣传教育,积极开展典型性教育和警示教育,深入开展"五.五"普法宣传教育和廉政文化"六进"活动,进一步筑牢了党员领导干部拒腐防变的思想防线。认真贯彻执行党风廉政建设"一岗双责"责任制,严格执行"收支两条线"制度和大型开支必须经班子集体研究方可开支。严格财务管理,会议经费,公务接待经费、出国、出境经费,从源头上预防腐败现象发生,年初局领导班子对党风廉政建设有安排有部署,把党风廉政建设纳入防震减灾工作同安排同部署。在开展创先争优活动中,始终把建设学习型党组织,培养学习型党员与创先争优活动同安排同部署,结合地震行业的特点和实际,积极引导党员干部想学习、爱学习、会学习、用先进的理论和思想武装党员干部头脑,以良好的业务知识提高党员干部素质,使党员干部学有所获,学有所成,学有所长,形成党组织重视学习,党员干部,真心学习的良好氛围。

(《地震》撰稿　李仕豪)

西双版纳气象局

〔**概况**〕 2011 年是“十二五”规划的开局之年,全州气象部门全面贯彻落实党的十七届五中、六中全会精神,深入贯彻落实科学发展观,积极开展创先争优活动,按照省气象局和州委、州政府的工作部署,全州气象部门解放思想,坚持科学发展,着力改革创新,不断增强气象业务与服务能力,提高气象科技水平,大力加强公共气象服务能力建设,全力做好气象防灾减灾服务工作,各项工作任务扎实稳步推进,为全州防灾减灾、促进经济社会发展做出了积极贡献。

〔**深入贯彻落实州政府一号文件**〕 州政府首次以一号文件下发《西双版纳州人民政府关于进一步加强气象防灾减灾能力建设的意见》,充分体现了州政府对气象防灾减灾工作的高度重视。切实做到在精神上吃透、行动上落实、工作上创新,真正使《意见》成为指导和做好当前和今后一个时期气象防灾减灾工作之“魂”、加快气象事业改革发展之“纲”。要坚持从实际出发,突出重点,善于抓住问题的本质,做到审时度势、顺势而为、乘势而上。善于用新的视角、新的思路、新的途径抓好落实。在调查研究的基础上,结合实际,深入思考,理出一些推进气象防灾减灾工作的思路和设想,提出一些确实需要解决的困难和问题,争取地方政府更大支持,为“十二五”加快发展开好局、起好步。

〔**重点抓好气象灾害监测预报预警和应急处置**〕 努力做好灾害性、关键性、转折性天气的监测预报预警及突发灾害性天气的短临预警,重点加强河流、山洪地质灾害易发区气象监测预报预警服务,提高基层气象台站预警信息发布和服务能力。加强极端气候事件以及旱涝、冷暖等气候趋势预测,切实做好气象灾害应急准备,全力做好突发公共事件的应急气象保障服务。加强灾情的收集和上报,推进气象灾害影响定量评估和气象灾害风险评估业务试点。加强气象防灾减灾科普知识宣传,积极做好防灾减灾知识进农村、进学校、进企业、进社区工作。

〔**深入推进气象防灾减灾体系建设**〕 认真贯彻落实《气象灾害防御条例》、《国家气象灾害防御规划》、《云南省气象灾害应急预案》,编制出台《西双版纳州气象灾害应急预案》,进一步健全“政府领导、部门联动、社会参与”的气象灾害防御机制,完善气象灾害预警信息发布机制和各部门应急联动机制,实现预警服务与各部门防灾减灾工作的有效衔接。继续搞好州、县(市)级地方气象灾害防御规划编制工作,积极探索将气象防灾减灾纳入到地方政府对公共服务的财政投入渠道。积极开展乡镇和社区气象防灾减灾建设,探索建立气象信息员建设和管理的新机制。

〔**切实做好决策、公众、专业气象服务和重大活动气象保障**〕 强化面向政府及其相关部门的防灾减灾决策气象服务,进一步优化决策服务流程,提高服务的针对性、时效性。着重加强公众生活健康和安全出行的服务,继续丰富公众气象服务产品,改进服务内容和服务产品表述方式。加快发展电力、热作、旅游、交通等重点领域专业气象服务业务,加强重点领域专业气象服务上下互动。继续开展公众和行业气象服务效益调查。全力做好各项重大活动的气象保障服务。

〔**全面做好气象为农服务工作**〕 按照中央农村工作会议,以及地方农村工作要求,大力加强农业气象服务体系和农村气象灾害防御体系建设,为“三农”发展提供全方位气象服务。推动各级政府加强对气象为农服务工作的组织领导、政策支持和资金投入。推进农业气象灾害监测预警系统建设,提高干旱、暴雨、冰雹等农业高影响天气预测预报的准确率和精细化水平。加强农业气象灾害监测,完善州、县(市)二级农业气象灾害监测预报预警服务平台。积极探索新形势下橡胶气象服务体制机制,深化与茶科所合作,加快特色农业气象服务体系建设,增强气象为农服务能力。继续做好我州主要粮食作物产量预报。开展精细化农业气候区划和农业气象灾害风险区划。积极推进州、县(市)级人工影响天气基础设施建设,提高人工影响天气的科技支撑水平。扩大农村公共气象服务覆盖面,为农民生产生活提供及时有效的气象信息。畅通气象为农服务信息发布渠道,继续大力推进农村气象综合信息服务系统建设,推进基层气象信息服务站建设,充分发挥乡村气象信息员的作用。加强与移动、电信合作,推进气象灾害预警手机短信发布工作,与通讯运营部门联合建立“全网预警信息发布机制”,提高预警信息发布时效,实现预警信息对地方政府应急责任人、基层应急队伍负责人和气象信息员的手机短信发布全覆盖,着力推动预警信息的手机短信全网发布。

〔**科学推进气象预报预测业务建设**〕 完善短时临近预报系统,提高精细化预报服务能力。

做好灾害性天气监测预警研究，稳步提高灾害性天气的预报能力和水平。建立健全与气象预报预测相适应的业务流程、规范和规章制度，强化科学管理，为预报预测业务发展创造良好条件。有针对性地开展数值预报模式产品的检验评估业务，提高预报员对数值预报模式产品的误差订正能力和数值预报产品的释用水平。

〔大力推进综合气象观测系统建设〕 按照规划及方案要求，精心组织实施好西双版纳 713 雷达建设，确保高质量、高标准、高效率完成建设任务，进一步增强灾害性天气的监测预报预警能力，提升气象服务水平和防灾减灾能力。

〔加强基层台站建设〕 基层气象工作的状况直接关系到西双版纳气象事业发展的质量和气象现代化的进程。要立足于基层气象台站的发展与稳定，更加重视基层气象工作，不断改善基层台站环境和生活水平。按照“一流台站”的目标，加快基层气象现代化建设，提高基层气象台站观测自动化水平，提升基层气象台站的气象服务能力。按照西双版纳基层气象台站基础设施建设规划，高标准、高起点，重点做好勐腊县局业务搬迁工作和勐海县局办公楼建设及观测场搬迁工作，加快基层气象台站基础设施综合改善步伐，改善职工工作生活环境。加大基层气象台站文化设施投入力度，促进全州气象部门协调发展。

〔加强党风廉政建设〕 深入贯彻第十七届中央纪委第六次全会精神，进一步落实《建立健全惩治和预防腐败体系 2008—2012 年工作规划》各项任务，大力推进纪检监察和内部审计工作的科学化、制度化、规范化建设，切实把以人为本、执政为民贯彻到党风廉政建设和反腐败斗争之中。进一步增强反腐倡廉建设的整体合力，全面深入落实《关于实行党风廉政建设责任制的规定》，继续加强对中央重大决策和州局党组工作部署贯彻落实情况的监督检查。积极组织开展好气象部门第十个党风廉政宣传教育月的各项活动。全面推进局务公开和基层党组织党务公开工作，继续强化县(市)气象局“三人决策”制度和民主管理。积极探索“加强廉政风险和效能风险管理、健全内部控制机制”的途径和方法。加强资金、资产、资源管理并提高其使用效益，重点做好对科技服务、基本建设和人工影响天气等有关专项经费管理、使用情况的监督。认真执行中国气象局重新修订的气象部门领导干部经济责任审计办法，做好领导干部离任和任中经济责任审计。深化“小金库”和工程建设领域突出问题等专项治理工作。坚持信访举报督办、报告制度，及时纠正存在的问题，严肃查处违纪违法案件。

〔大力推进先进气象文化建设〕 深入开展气象文化建设。继续开展精神文明创建活动，重点做好勐腊县局申报“全国文明单位”工作。积极组队参加上级气象部门组织的行业运动会。搞好文明建设结对共建合作。大力开展理想信念和优良传统教育，加强思想道德建设，努力发扬优良作风、弘扬优良传统、树立优良形象。着力加强学习型部门建设，巩固全部门良好学风。加强气象新闻宣传工作，正确引导舆论。着力构建和谐部门，妥善解决干部职工关心的突出问题，大力提高气象部门干部职工的待遇。继续做好全部门离退休干部服务管理工作。充分发挥工青妇等在推动事业发展中的作用。积极开展挂钩扶贫工作。

〔加强气象防灾减灾能力建设〕 2011 年州政府下发《西双版纳州人民政府关于进一步加强气象防灾减灾能力建设的实施意见》(以下简称《意见》)，明确提出了加强气象防灾减灾能力建设的指导思想、基本原则、目标任务以及具体措施。

《意见》强调，各级政府及有关部门要从全局和战略的高度，提高对做好气象防灾减灾能力建设工作重要性的认识，切实加强领导和组织协调。《意见》提出了加强气象防灾减灾能力建设六项重点任务：一是以提高覆盖率和满意度为目标，完善公共气象服务体系，建立覆盖全州城乡的气象综合信息服务系统；二是以准确率和精细化为重点，建立健全气象灾害预测预报系统和突发公共预警信息发布系统，着力提高气象预测预报预警能力；三是以强化基础建设为重点，建立完善天气雷达、区域气象观测站和移动应急气象系统，努力提高综合气象观测能力；四是按照需求牵引、服务引领、突出社会效益的要求，加快推进橡胶、茶叶等特色农业气象服务系统建设；五是根据生态环境保护、抗旱防雹、森林扑火等需要，建立科学有序的人工影响天气系统；六是把应对气候变化和气象防灾减灾知识纳入国民教育体系，深入推进气象防灾减灾宣传教育，增强全社会气象防灾减灾意识和能力。

《意见》还明确提出，到“十二五”末，努力实现西双版纳气象防灾减灾服务手段不断完善、服务质量不断提高、气象预测预报预警水平不断提升、气象防灾减灾基础设施不断加强、气象防灾减灾机构健全完善、气象防灾减灾综合效益日益显著，形成与全州经济发展、社会进步相适应的气象防灾减灾体系。

〔**州气象局党支部参加社区基层组织党建工作共建共驻活动启动仪式**〕 1月18日，州气象局党员参加州直机关工委与允景洪街道社区基层党组织党建工作共建共驻活动启动仪式，有1名党员被聘为党建工作监督员，3名同志加入社区志愿者队伍。州气象局隶属允景洪街道黎明社区管辖，近年来，我局积极支持和配合黎明社区组织的各项活动，出资、出场地支持社区老年人文体活动、为社区开会无偿提供会议室、组织单位青年人参加社区禁毒防艾志愿者宣传活动等，受到社区领导的好评，多次被评为社区工作共建共创先进集体。在今后的社区党建工作共建共驻活动中，州气象局党支部将发挥战斗堡垒作用和党员的先锋模范作用，积极投身到创先争优活动中，为建设平安和谐社区尽气象部门的一份力。

〔**州局与唐山市局结成对口交流合作单位**〕 2月21日，州气象局与河北省唐山市气象局签定精神文明对口交流合作协议，双方本着“优势互补、互惠互利、注重实效、共同发展”的原则，开展全方位、多层次、宽领域的精神文明建设对口交流合作活动。协议明确，合作交流期限为三年，每年第一季度提出活动要求，确定合作内容与目标，以及具体落实的措施；每年互访1~2次，研究共建计划、总结与交流共建经验。对口交流活动的开展，将有力地促进双方在气象业务、气象服务和科研、气象现代化建设、技术装备、信息交流、人才培养、气象文化建设、气象业务技术体制改革等各方面的共建与共赢，必将对双方气象事业的科学发展和更大发展产生积极而深远的影响。

〔**西双版纳首个气象水位自动监测站建成**〕 2月27日，西双版纳州首个气象水位监测站落户勐腊县农垦电力公司金凤电厂，成为气象部门拓展与电力部门合作互赢的又一项目。该项目是西双版纳州气象局橡胶中心为做好水库水位自动监测服务工作，引进的成风大气水位GPRS在线监测系统，该系统实现了监测数据通过GPRS方式直接传输到气象局橡胶中心数据库，能让气象部门及时掌握水位情况，增强服务能力。目前该设备运行正常，气象部门将根据系统运行情况和客户需求，做好软件开发应用工作。

〔**全州气象部门参加州政府2011年橡胶白粉病防治工作检查**〕 3月1日至3日，西双版纳州政府办公室开展2011年橡胶白粉病防治工作检查，全州气象部门参加了此产供销检查工作。检查的工作要点是：实地查看橡胶白粉病发病情况；听取所到乡镇、橡胶分公司防治工作情况。为期3天的检查，共查看了景洪市和勐腊县内8个乡镇、4个橡胶分公司的25个橡胶种植点，每到一处州局首席预报员都讲解了今年以来的气候特点及后期天气预测。

此次检查正值全州橡胶产业改革的关键时期，白粉病防治工作没有因改革而受到影响，会议总结时，各领导和专家以及橡胶种植户都充分认识到气象信息在橡胶生产中的重要地位，一致认为：农业靠天吃饭气象信息是关键，今后在提高预测预报准确率的同时，应加强气象信息的及时传递工作，快捷、高效、准确地发送到各胶农手上，为打好西双版纳州白粉病防治工作保驾护航。

〔**州气象局青年志愿者参加社区活动**〕 3月7日，景洪黎明社区组织辖区内青年志愿者义务清扫大街，州气象局3名青年志愿者参加了活动。州气象局隶属黎明社区管辖，近年来积极支持和配合社区工作，经常保持与社区联系，为社区提供会议场所和一定的活动经费，选派职工参加社区举办的各项公益活动。去年以来，该局还参加了社区共驻共建活动，有3名职工被社区推荐当选青年志愿者，1名同志被推选为党建工作监督员，受到社区领导的肯定和赞誉。

〔**州气象学会参加“三下乡”活动**〕 在州委、州政府主办的2011年元旦、春节期间文化、科技、卫生“三下乡”活动中，科技下乡活动由州科技局组织，因参加名额有限，仅四个学会10人有机会参加活动，州气象学会被州科技局重点指定参加，并分配给3个名额，这是西双版纳州气象学会首次参加“三下乡”活动。三下乡活动先后到景洪市嘎洒镇，勐腊县的勐捧镇贺落一组、曼囡小组，勐海县的打洛镇、曼召村等开展咨询服务活动。此次活动，气象科技人员共发放防雷避险知识手册近1000册，防雷知识宣传单2500份，解答咨询服务近100人次。

〔**州政府充实完善人工影响天气领导小组**〕 州政府下发《关于充实完善人工影响天气领导小组的通知》，成立了由分管州长为组长，相关部门领导为成员的人工影响天气工作领导小组，在州气象局设立了人工增雨防雹办公室，各县(市)人民政府也相继成立了以分管县(市)长为组长的人工影响天气工作领导小组，在当地气象部门也设立了人工增雨防雹办公室，形成了州、县(市)二级管理体制。这些组织的建立，对于加强人工影响天气工作领导、协调有关事宜、保证人工影响天气工作的顺利开展，发挥了重要作用。

〔举办2011年人工影响天气作业技术培训〕 3月15日，2011年全州人工影响天气技术培训班在勐腊举办。来自全州各县(市)气象局人工影响天气管理及作业人员共28人参加了培训。此次培训邀请9815火箭厂专家就人工增雨火箭弹的结构、工作原理、作业规程、故障处理、安全操作、弹药存储等基础知识进行了讲解，对人影作业中易出现的问题进行解答，并组织受训人员现场进行火箭增雨作业操作演练。

〔省文明行业复查组检查文明创建工作〕 3月17日，省文明行业复查组一行到气象局，以听汇报、查台账、实地走访等形式对州气象局2008年以来文明行业创建工作进行复查。该局作为全省气象部门省级文明行业的一个成员单位，近年来十分重视精神文明建设工作，把文明创建工作同业务工作一起同规划、同布置、同查检、同落实。自开展文明行业创建工作以来，职工整体素质得到较大提升，单位环境得到明显改善，业务服务水平显著增强，服务成效日益明显，多次受到地方党委政府和上级部门的表彰奖励。目前，全州气象部门已获地级文明行业称号，三个单位被省政府命名为第十二批省级文明单位。

通过检查，复查组认为，州气象局文明创建工作领导重视，措施具体，工作扎实，成效明显，对气象事业发展有较强的促进作用，为全省气象文明行业顺利通过复查添上了浓墨重彩的一笔。同时指出，随着“十二五”规划的逐步实施，精神文明建设工作必将面临新的形势和新的任务，只有不断创新文明创建工作内涵，克服重建设轻管理思想，通过长期坚持不懈的努力，才能使文明创建工作常抓常新，才能使气象事业取得更大发展。

〔缅甸发生地震州气象部门迅速启动相关气象服务工作〕 3月24日21时55分缅甸发生7.2级地震，受其影响，西双版纳州震感强烈。地震发生后，省气象局局长丁凤育在接到州气象局报告的第一时间，要求确保人员安全，及时上报灾情，做好气象服务工作。24日22时，州气象局领导迅速安排部署相关工作，要求全州气象部门要以实际行动认真做好地震救灾气象服务，及时收集上报灾情，确保人员安全稳定，确保业务正常运行。同时，全州气象部门启动相关应急预案，要求广大干部职工坚守岗位，做好各项气象业务工作，确保了气象业务不中断。并加强气象监测预报预警，制作气象服务专题材料发送到地方各级政府及相关部门。

州、县(市)两级气象部门严格执行24小时应急值班制度，加强天气会商，全力以赴做好各项气象保障服务工作。

〔勐海县首个农村防雷工程建成〕 4月2日，勐海县格朗和乡南糯山村委会石头老寨村小组防雷工程通过州防雷专家组验收。石头老寨村小组所在地属强雷暴区域，人民群众的生命和财产安全受到威胁。勐海县气象局实地调查该村雷灾情况后，立即向上级主管部门进行申报并获得立项。该防雷工程由云南省气象局、勐海县政府共同筹资20万元，勐海县气象局组织实施。经工程技术人员多次调查了解和实地考察，制定了详细的建设方案。工程于去年11月中旬动工，今年1月底完工，共安装7座19米高的独立避雷针，为每户人家做了防感应雷和防静电接地。州防雷专家验收组经现场检测、查阅相关资料后认为，工程严格按照设计方案和国家有关技术规范要求施工，质量合格，同意通过验收。

〔勐腊县出现风灾〕 4月9日，勐腊县辖区内受西太平洋副热带高压外围云系影响，出现强对流(雷雨大风)天气。20时16分至21时46分县城降水量51.2毫米(暴雨)，勐仑51.0毫米，龙林38.6毫米(大雨)。县城出现7级大风，瞬间最大风速达14.8米/秒，风向为西西北(WNW)。据初步了解，截至4月10日16时30分，共计经济损失450.9万元。

〔州气象局党员干部学习杨善洲先进事迹〕 4月22日，州气象局召开支部会议，组织全体党员学习杨善洲先进事迹。州气象局党支部把“学习杨善洲精神，我为气象作奉献”作为创先争优活动和迎接建党90周年活动的重要内容之一，在党员干部中掀起学习杨善洲先进事迹的热潮。在集中学习的同时，党员干部个人还到网上搜索有关杨善洲同志先进事迹自觉学习。通过学习，大家认为，作为气象部门的党员干部，一定要学习杨善洲同志恪守信念、对党忠诚的政治品质；牢记宗旨,一心为民的公仆情怀;献身党的事业、鞠躬尽瘁的革命精神;不计个人得失、无私奉献的高尚情操;艰苦朴素、勤俭节约的优良作风,自觉做好本职工作,在气象为地方经济和社会发展服务工作中再创佳绩,在创先争优活动中形成学习先进、争当先进、赶超先进的浓厚氛围,努力实现全州气象事业的更大发展。

〔气象防灾减灾体系建设列入勐腊“十二五”规划〕 在勐腊县政府下发的《勐腊县国民经济和社会发展第十二个五年规划纲要》中,气象防灾减灾体系建设(雷电定位系统、气象会商系统、新农村气象服务系统、气象灾害应急、人降作业系统和车载气象雷达)和国家基准气候站迁站建设列入勐腊县“十二五”规划。

〔州委书记批示应对气候变化工作〕 州委书记江普生在州气象局谭应中报送的《充分发挥科技优势 为傣乡应对气候变化献计献策》上批示:请庆元、杨沙同志及“生态立州”领导小组办公室阅办。由州委书记亲自批示应对气候变化工作这在本州尚属首次。

近年来,在全球气候变暖的气候背景下,西双版纳气候异常,气象灾害频繁发生。针对异常的气候特点和频发的自然灾害,州气象局谭应中带领气象科技人员充分发挥自身特色和优势,围绕科学发展观和加快经济发展方式转变的主线与应对气候变化结合起来,特别是在面对2009年秋末至2010年初夏出现的严重旱情中,深入调研,先后提出了具有前瞻性、预见性的对策建议,如:《西双版纳气候环境恶化 改善生态环境迫在眉睫》、《关于加强防灾减灾应急体系建设的建议》、《遏制我州橡胶面积盲目扩大、高海拔种植已刻不容缓》、《水资源匮乏已成为新农村建设面临的新问题应纳入规划统筹解决》、《为抗旱救灾建睿智之言献务实之策》等应对气候变化的提案,为地方各级政府领导科学合理安排和指挥好防灾减灾工作,最大限度地减轻自然灾害造成的损失提供科学的决策依据。

〔召开2011年度气象、水文会商会〕 5月25日下午,西双版纳州2011年度气象、水文会商会在州气象局召开,州气象局、州防汛抗旱办公室和州水文局三部门共27人参加了会议。这次会议是在2011年主汛期到来之前召开的一次重要气象、水情预报会商会议,会议主要内容是通报西双版纳州2010年度雨情、水情整体情况,对2011年全州汛期间雨情水情进行全面科学的预测预报,并就全州旱涝灾害监测和科学防灾减灾充分交换了意见。会议做出2011年汛期气象水文预报会商会的预测结论,并由双方业务主管领导签署后提交州防汛抗旱指挥部门进行发布。

会上,州气象台对2010年天气气候状况进行了全面回顾,并对今年汛期雨情及主要气象灾害进行了分析预测。然后由州水文局水情科对2010年度西双版纳州内主要江河水情、雨情整体情况进行了通报,并对今年汛期全州主要江河水情做出了分析预测结论。会议还就全州旱涝灾情影响评估和科学防灾减灾工作进行了探讨。双方一致认为应进一步加强交流合作,努力构建资源共享,实现最大限度的资源整合,尤其是在技术方面加强交流,进行科研协作,实现优势互补,不断提高预测预报准确率,从而提升测报预报精度,更好地为防汛抢险做好保障服务。

〔橡胶气象服务获农业部领导好评〕 6月8~10日,农业部南亚办在湖南省长沙市召开热作病虫害监测防治工作座谈会,西双版纳州气象局受邀参加会议。会上,州橡胶中心负责人就云南天然橡胶气象服务体系工作情况作了题为《科技融合 提升能力 为橡胶防灾减灾提供有力保障》汇报,详细介绍了西双版纳州橡胶气象中心近年来服务橡胶生产的情况,获得与会人员的欢迎和高度评价,农业部领导在会上对西双版纳州的橡胶气象服务工作给予了高度的评价。

〔开展汛期服务“党员奉献在岗位”活动〕 州气象局下发《关于开展汛期气象服务“党员奉献在岗位”活动的通知》,在全州气象部门开展汛期气象服务“党员奉献在岗位”活动。活动要求全州气象部门广大党员干部要进一步提高做好汛期气象服务工作重要性的认识,加强学习,巩固“创先争优”活动成果,为汛期服务提供组织保证,深入学习中国气象局和省气象局汛期气象服务电视电话会议精神,以及地方政府对汛期气象服务的要求,积极投身汛期气象服务,团结带领全体职工,战斗在防灾减灾的第一线。要进一步提高认识,增强使命感,坚决克服麻痹侥幸心理,在思想上、行动上统一到汛期气象服务要求上来,确保“一年四季不放松,每个过程不放过”的气象服务理念扎根于党员心中,充分发挥广大党员的先锋模范作用,用优异的汛期气象服务成绩,向建党90周年献礼。

〔**勐腊县出现高温天气**〕 受西太平洋副热带高压影响,6月26日勐腊县城出现34.8℃的高温天气,为今年以来县城出现的极端最高气温(与4月17日持平)。乡镇区域自动站中,勐仑气温高达38.1℃、勐捧36.7℃、象明35.9℃,均为今年以来的高温天气。

〔**勐海县格朗和乡发生雷击灾害造成一人死亡**〕 7月28日14时30分,勐海县格朗和哈尼族乡帕沙村委会中寨一组发生雷击灾害,造成一人死亡,房屋及电器受损。接到消息后,勐海县气象局迅速派出技术人员进行了调查,死者系直击雷击中身亡。据统计,勐海县年平均雷暴日数96.6天,是全国强雷暴地区,广大市民在雷雨季节应该加强防雷意识。

〔**组建首批气象业务服务科技创新团队**〕 经过层层筛选,州气象局正式组建了首批气象业务服务科技创新团队。首批气象业务服务科技创新团队由全州气象部门各领域专家十余人组成。此次气象业务服务科技创新团队的组建将进一步增强我州气象防灾减灾能力,使气象工作更好地为地方经济社会发展服务。州局气象业务服务科技创新团队的建立以增强自主创新能力为主线,以"科技创新、增强能力、促进服务、提升成效"为理念,旨在加强气象业务服务能力建设,提升气象为地方经济社会发展的服务能力。该团队在今后的工作中将大力加强气象业务服务科技创新体系建设,研发、引进和推广气象业务服务先进实用技术,尤其攻克迫切需要解决的气象业务服务科技难题,为地方防灾减灾提供强有力的科技支撑。

〔**与海南橡胶气象台联手加强橡胶气象服务**〕 州气象局与海南省橡胶气象台在海口举行交流会,双方就联合加强橡胶气象服务达成了共识,将建立全方位、紧密的合作关系;建立橡胶资料和资源信息共享机制;建立良好的合作研发机制;建立定期的学术交流机制;加强橡胶气象监测网络、橡胶气象服务系统、橡胶气象预警服务平台和橡胶气象服务中心建设等方面沟通联系,实现信息、技术等方面的合作与共享。双方均强调,海南和云南均为我国天然橡胶主产区,气象科技服务对割胶生产、橡胶病虫害监测预警、橡胶科研,抗旱定植以及防灾减灾、科学决策等方面均具有重要的作用。下一步将加强橡胶气象服务合作力度,深入进行交流和探讨,以共同提高橡胶气象服务能力,更好地为橡胶生产及防灾减灾提供优质服务,促进我国橡胶产业发展。

〔**开展重大气象灾害应急演练**〕 8月31日,州气象部门举行了重大气象灾害应急演练。演练模拟暴雨引发城市洪涝、滑坡和泥石流等灾害,启动了州局气象灾害应急预案Ⅳ级应急响应。演练过程中,州局气象灾害应急指挥领导小组成员、各相关科室和直属单位、各县(市)局进入Ⅳ级应急响应状态,积极做好暴雨应急服务工作。并派工作组赶赴灾害现场,展开实地监测和服务保障工作。准确搜集灾情,通过灾情直报系统及时上报。向省气象局应急办和州政府应急办报告此次暴雨灾害应急处置工作情况。通过演练,各单位进一步熟悉了《西双版纳州气象局气象灾害应急预案》及响应标准。各单位积极配合、紧张有序,做到了人员到位迅速、后勤保障及时、通讯畅通、设备运转正常、数据传输完整、服务材料制作准确及时,演练取得圆满成功。本次演练检验了气象应急联动指挥机制和处置突发气象灾害的工作水平,进一步提高了全州气象部门应急响应实战能力。

〔**气象电子显示屏宣传创先争优活动**〕 9月27日,西双版纳州召开创先争优活动推进会,会议特别强调指出,创新宣传方式,通过覆盖全州乡村的300余块气象信息电子显示屏广泛宣传创先争优活动信息,极大地提升了创先争优活动成效,有力地促进了创先争优活动的深入开展。2010年底,西双版纳州委创先争优领导小组与州气象局向全州各单位联合下发《关于使用农村气象信息电子显示屏开展创先争优活动宣传的通知》,要求各单位积极配合州气象局,利用农村气象信息电子显示屏这一全新宣传平台大力加强创先争优活动宣传工作,确保见成效。西双版纳州气象部门按照州委创先争优领导小组的统一部署和要求,制订工作方案和时间进度,并认真组织实施,充分发挥农村气象信息电子显示屏辐射面广、传递快捷、醒目直观、贴近群众、影响力强等优势,及时滚动在农村气象信息电子显示屏上发布各类创先争优活动信息,受到农村党员群众的广泛欢迎和好评。

〔**表彰奖励**〕 州委、州人民政府联合下发

《关于给予2010年度中央、省属驻州单位表彰奖励的通报》,对2010年度为全州经济社会发展作出突出贡献的中央、省属驻州单位进行表彰奖励,州气象局榜上有名,受到州委、州人民政府表彰奖励。

〔**州人大专项检查农村防雷减灾工作**〕 11月24日,州人大常委会组成检查组对农村防雷减灾工作进行了专项检查。检查组在听取了州气象局有关农村防雷减灾工作情况汇报,并深入勐海县南糯山石头寨实地察看了农村防雷设施建设情况后,检查组特别指出,全社会都要关心农村防雷减灾工作。要进一步加大宣传力度,提高农村及农民防雷减灾意识;进一步加大投入力度,加快农村防雷设施建设步伐,使广大农民群众有一个安全的生产生活环境;要建立“政府主导、部门联动、群众参与”的农村防雷减灾工作机制,进一步提升农村防雷减灾成效。

〔**获奖情况**〕

西双版纳州政府发文表彰“十一五”期间森林防火先进单位和先进个人,州气象局荣获先进单位,勐腊县气象局李伟堂荣获先进个人。

州政府下发《关于表彰“十一五”期间水利工作先进集体和先进个人的决定》,州气象局谭志坚同志被授予西双版纳水利工作先进个人称号,受到表彰奖励。

在州政协十届五次会议上,州气象局谭应中同志因在担任州十届政协委员期间,认真履行职责,积极建言献策,为促进全州经济发展和社会进步作出了贡献,被评为“优秀政协委员”。

州委州直机关工委下发《关于表彰州直机关先进基层党组织、优秀共产党员、优秀党务工作者的通知》,对近年来在工作中取得优异成绩的先进基层党组织、优秀共产党员、优秀党务工作者予以表彰,州气象局李湘云同志被授予优秀共产党员称号,受到表彰奖励。

(《气象》撰稿人　自学能)

责任编辑：杨福清

教　育

〔综述〕 2011年，西双版纳州共有各级各类学校286所，教学点86个，在校生180736人。其中，西双版纳职业技术学院1所，在校大专学生3016人；普通中专3所、成人中专3所，在校生3055人；普通高完中16所，在校学生11161人，高中阶段毛入学率57.65%；职业高中4所，在校学生7360人；普通初中40所，在校学生40955人，初中学龄人口入学率80.93%；职业初中1所，在校学生731人；有小学169所，教学点86个，在校学生87733人，小学学龄儿童入学率99.9%；有幼儿园49所，在园幼儿26725人，学龄儿童入园率77.83%。

全州有教职工11537人，其中专任教师9705人。专任教师的具体情况是：高等教育专任教师162人，普通中专、成人中专专任教师101人，普通高中专任教师701人，职业高中专任教师218人，职业初中专任教师39人，普通初中专任教师2446人，小学专任教师5236人，学前教育专任教师802人。

全州各级各类学校占地面积642.95万平方米，校舍建筑面积121.56万平方米。

2011年，全州教育系统坚持科学发展观，深入实施科教兴州战略，不断探索和实践现代教育发展的新思路、新举措，进一步深化教育改革，全州教育事业发展取得新成就。

1. 编制规划，推动教育优先发展。

州教育局在深入学习贯彻国家、省教育工作会议精神的基础上，形成推动教育发展新共识，科学谋划西双版纳州教育发展新蓝图，编制了《西双版纳傣族自治州中长期教育改革和发展规划纲要》、《“十二五”教育事业发展规划》、《促进义务教育均衡发展“十二五”行动计划》、《促进高中阶段教育发展“十二五”行动计划》、《加强教师队伍建设“十二五”行动计划》、《促进学前教育发展“十二五”行动计划》、《高等教育“十二五”发展规划》等，为全州基础教育的长远发展奠定了基础。

2. 各类教育协调发展。

（1）义务教育得到巩固提高。结合“两基”国检后整改工作的落实，巩固和提高九年义务教育，小学、初中辍学率均控制在国家规定的范围内；启动了“无青壮年文盲”乡（镇）创建试点工作。

（2）进一步扩大优质高中资源，加大普通高中的改扩建力度，扶助薄弱普通高中发展；扩大中等职业教育办学规模，中等职业学校的基础设施得到改善，启动了西双版纳职教中心筹建工作。

（3）高等教育迈出新步伐。西双版纳职业技术学院争创省级示范性高职院校中期建设任务基本完成，重点、特色专业建设进度加快，定位为云南一流、在中国和东南亚知名的高职本科院校新校区建设启动实施。

（4）学前教育快速发展。探索政府举办和鼓励社会力量办园的制度和措施，将富余教育资源提供给社会力量举办幼儿园，成功引进中国音乐学院附属艺术幼儿园到州内办园。积极支持公办省级示范幼儿园和优质民办幼儿园牵头组建学前教育集团，改扩建县（市）政府所在地公办幼儿园，启动允景洪幼儿园改造工程和15所乡（镇）公办幼儿园建设，全州学龄儿童入园率为77.83%，比上年提高6.73个百分点。

（5）民办教育持续发展，在州内各级政府关心下，全州民办学校达到38所。

（6）特殊教育实现突破。投资新建的景洪市特殊教育学校于2011年11月1日正式开学，改写了西双版纳州无特殊教育学校的历史。

（7）进一步加强了民族教育。双语教学面逐步扩大，全州开展“双语”教学的学校有194所，367个班级，13436名学生。民语教材编写取得新成果。

3. 教育保障能力不断增强。

(1)教育惠民政策体系建设得到加强。农村义务教育经费保障机制改革政策得到全面落实,城乡免费义务教育全面实现,向52449名义务教育阶段寄宿生补助生活费4600.49万元。实施高校和职业学校奖学金、助学金、助学贷款制度,向8806名中职学校学生发放国家助学金953.73万元。大力实施“春蕾计划”、“金秋助学”等工程,贫困生资助政策初步实现全覆盖,确保不让一个孩子因家庭经济困难而失学。全面实施招生“阳光工程”,采取公办普通高中招生实行“三限”政策、高等学校稳定收费标准等措施,规范教育收费行为,推进了教育公平。

(2)教育重点工程建设强力推进。全州中小学校舍安全工程累计排除危房21.18万平方米,新建项目累计开工52.1万平方米,完工33.85万平方米,工程建设走在全省前列。

(3)现代教育技术设备进一步完善。实施农村义务教育薄弱学校改造标准化多媒体建设,乡镇中心小学以上学校逐步实现了10M光纤上网,缩小了城乡数字化差距。覆盖全州教育部门和学校的教育化应用平台已投入使用,实现了电子政务与办公自动化。投入584万元为州直学校配置计算机教室和多媒体教学设备,改善了教师办公设施。

4. 教育改革不断深化。

州内五级党政“一把手”共同抓教育的格局初步形成,以财政为主,多渠道筹措教育经费的体制逐步建立。中小学人事制度改革不断深化,教职工岗位设置管理入轨运行,教师职称结构进一步优化。全面实施初中学生学业水平考试和综合素质评价制度,探索初中学生学业水平考试和综合素质评价制度相结合的高中阶段招生制度改革,继续实行将优质高中阶段学校招生指标按一定比例分配到各初中学校的招生政策。农村综合初中办学改革取得积极进展。制定《西双版纳州实施云南省教育改革试点方案》,成立了办公室,抽调专人负责,积极稳妥推进教育改革试点项目,成效突出。

5. 素质教育全面推进。

积极开展以实施“三生教育”为载体的素质教育,基本构筑了现代教育价值体系。重视德育工作阵地建设,积极推进乡村学校青少年宫和勐海县青少年校外活动中心建设,指导勐腊县做好云南省艺术教育示范县申报工作;在落实德育常规工作的基础上,广泛开展建党90周年庆祝活动、民族精神教育、文明习惯教育、心理健康教育、禁毒防艾教育等主题实践活动,进一步提高学生的思想道德素养和文明素养;评选省级“三好学生”100名、“优秀学生干部”25名、“先进班集体”7个、“优秀学生”1名,树立全面发展典型;开展学校阳光体育运动,落实学生每天锻炼一小时的规定,成功举办全州中小学生篮球运动会,组队参加了全省中学生运动会取得好成绩;印发《西双版纳州教学常规管理实施细则》和《西双版纳州中小学教学常规管理考核办法》,积极实施学校精细化管理工作,建立起了科学合理、公正公平的中小学教学质量监测评价机制。

6. 教师队伍建设得到加强。

完善全州中小学校长选拔任用制度,推进公开选拔为主要形式的校长任用机制,通过不定期考核和年终定期考核,增强学校领导班子和领导干部的考核力度,加强了基层班子建设和校长队伍建设。严把教师入口关,组织州属学校面向全国重点师范院校现场招聘本科以上学历教师85人,继续实施农村教师特设岗位计划,全州招聘“特岗计划”教师153人,面向社会公开招聘州直学校教师19人。加强了以“国培计划”为重点的多层次、多形式的教师培训,鼓励教师成长的奖励机制已基本形成。

7. 干部廉洁自律工作进一步增强。

组织党员践行“五好五带头”要求,开展“四亮四创四评”活动,加强干部廉洁从政教育和监督,制定出台西双版纳州教育局“三重一大”事项决策制度,规范权力运行,有效促进了领导干部的廉洁自律。在党员先锋模范带头作用下,全州教育系统形成“抓学习引领发展、抓投入保障发展、抓改革促进发展、抓项目带动发展、抓管理服务发展、抓队伍支撑发展”的良好氛围。

〔**州教育局在全省2011年度目标管理综合考评中荣获一等奖**〕云南省教育厅对全省16个州市教育局2011年度工作目标完成情况及所申报的39项教育创新性工作进行考评,州教育局荣获年度目标管理综合考评一等奖和年度创新工作——创新农村寄宿制学校管理模式全面提高学校科学管理水平二等奖。

2011年,全州教育系统大力加快现代化教育建设步伐,以抓建设、抓管理、抓队伍、抓保障、抓改革、抓考评的“六抓”为推手,启动了3县(市)教师周转房和廉租房的建设规划;各级政府把教育摆在优先发展的位置,投入更多的财力、物力、精力来支持教育事业的发展;不断完善教师队伍建设机制,促进教育教学质量稳步提升;解放思想,勇于创新,科学发展,建立了以干部群众的满意率为根本标准的教学质量与办学水平量化指标体系和考核办法及奖惩机制,圆满完成了全年教育工作各项任务,全州教育改革发展呈现新局面。

〔**西双版纳州教育、科技工作会召开**〕 2011年3月4日,西双版纳州2011年教育、科技工作会在景洪召开。会议贯彻落实州委六届十一次全会、十一届州政府七次、八次全会精神和贯彻落实全省教育、科技工作会议精神,总结“十一五”以来全州教育、科技工作,安排部署2011年工作任务。州政府分别与3县(市)政府签订了2011年工作目标责任书。州人大副主任刀金芬、州政府副州长唐家华、州政协副主席李永义及州政府有关部门领导、中央、省属驻州有关单位领导、县市政府分管领导、州直学校负责人、县(市)教育、科技部门领导等90多人出席会议。

〔**召开全州教育系统党风廉政建设暨县(市)教育局长、州直学校校(院、园)长工作会**〕 2011年3月25日,全州教育系统党风廉政建设暨县(市)教育局长、州直学校校(院、园)长工作会在景洪财鑫酒店召开。州教育局党政领导及局机关干部职工、3县(市)教育局领导班子、州直学校领导等70余人参加会议。州第四纪工委书记熊新发出席会议并讲话。

会议回顾2010年党风廉政建设和反腐败工作的成功经验,部署2011年全面加强教育系统党风廉政建设的工作任务,对完成2010年党风廉政建设工作目标和教育工作目标的优秀单位进行了表彰。依拉罕书记、李健局长分别与3县(市)教育局、州直学校(院、园)签订《州教育局与州直学校党风廉政工作责任书》、《州教育局与县市教育局、州直学校2011年教育工作目标责任书》。

〔**《西双版纳州“十二五”教育发展规划》通过专家初审**〕 2011年4月22日,在州教育局召开《西双版纳州“十二五”教育发展规划》(以下简称《规划》)评审会。州发改委、人事局、财政局等部门专家、《规划》编制工作领导小组全体成员共44人参加评审。会议由发改委却建明副主任主持。

参会的各专家听取了《规划》编制工作的基本情况汇报和相关各项指标的测算及来源的介绍,从不同角度对《规划》的全文进行评审。专家认为:《规划》文本规范、结构合理、内容全面、目标明确,予以肯定。并对其中涉及的指标及保障措施等方面提出修改意见和建议。

〔**召开西双版纳州小学教学管理现场会**〕 2011年5月6日,全州小学教学管理小街小学现场会召开。会议旨在通过现场参观、经验交流、更新观念,进一步推进全州小学教学管理的规范化、精细化,推动办学水平的提升。州教育局、县市教育局局长及相关科室领导、全州各小学校长、副校长共117人参加会议。李健局长、凌升华副局长就扎实推进和深化小学教学管理分别作重要讲话。景洪市小街小学、勐海县打洛小学、勐腊县勐捧小学分别就加强学校全面管理进行交流发言。会议确定了抓教育质量首先从抓教学常规管理精细化入手的工作思路,明确了“制定一个细则——常规管理实施细则、树立一个标杆——发挥引领示范作用、制定一个标准——量化考核标准、建立一项机制——考核奖惩机制”的管理实施程序。

〔**西双版纳州与美国奥斯汀市举行教育交流座谈会**〕 2011年6月2日,美国奥斯汀市及西双版纳城市委员会代表一行3人来到州教育局,就双方教育合作的有关事项进行交流商讨。州教育局副局长凌升华及相关科室领导、校长、幼儿园园长代表与之进行座谈,双方就教育旅游、互派学生进行长假寄宿交流学习、幼儿早期教育交流合作等事宜交换了意见。

美国奥斯汀市代表及西双版纳城市委员会主席陈胜亭就双方举办中英文学校的问题进行了深入洽谈,最后达成美方先到中方办英文学校的初步协议,依托州第一中学(西双版纳州国际学校),美方选派英文教师到中方任教,以此促进西双版纳州英文的教学,为中方培养优秀的英文人才。

〔**召开庆祝建党90周年暨创先争优活动表彰大会**〕 2011年6月24日,中共西双版纳州教育局直属机关委员会在允景洪小学召开庆祝建党90周年暨创先争优活动表彰大会。会上,州教育局直属机关党委书记依拉罕作了题为《表彰先进 凝聚力量 努力开创西双版纳教育事业科学发展新局面》的讲话。她回顾了党的辉煌历史及“十一五”时期全州教育发展取得的成果,认真分析了全州教育发展现状,并对下一步工作进行安排部署。大会对州第一中学党总支部委员会等4个先进基层党组织、徐海云等22名优秀共产党员、李雄飞等7名优秀党务工作者予以表彰奖励。州直各中小学校、幼儿园284名党员参会。州教育局直属机关党委副书记陶红荣主持会议。

〔**召开学校安全工作会议** 〕 2011年7月8日,西双版纳州教育系统学校安全工作会议在州教育局召开,3县(市)教育局分管副局长及州直属学校(园)有关负责人参加会议。会议对2010年学校安全工作进行了总结,对2011年校园安全工作进行了安排。在会上,州教育局与景洪市、勐腊县、勐海县教育局、州直学校(院、园)分别签订了《西双版纳州教育局2011创建“平安校园”目标管理责任书》、《西双版纳州教育局2011食品安全工作目标管理责任书》、《西双版纳州教育局2011学校及周边治安综合治理和安全维稳责任书》和《西双版纳州教育局2011年消防安全责任书》。

〔**实施教师队伍建设“百千万”工程**〕 2011年9月2日,州教育局在景洪市金版纳酒店举行庆祝第27个教师节座谈会。李健局长首先代表州教育局向全州广大教师和教育工作者致以节日的祝贺和诚挚的问候,并就实施教师队伍建设“百千万”工程作重要讲话,号召全州教育系统全面加强校长、教师队伍建设,推动全州教育事业的新发展。

“百千万”工程即到2015年,培养100名学科带头人、100名州级名校长、100名校级后备干部、100名教育硕士研究生、100名兼职教研员、100名双师型教师、100名民汉双语骨干教师;引进和招聘1000名教师;培训1000名骨干教师对象;开展10000名教师专题培训。

〔**召开全州教育工作会议**〕 2011年9月9日,全州教育工作会议在景洪召开。会议对全州“十一五”以来的教育工作进行了全面总结,会议要求深入贯彻落实全国、全省教育工作会议精神,全面实施国家、省、州中长期教育改革和发展规划纲要(2010~2020年),研究部署新形势下全州教育改革发展任务,加快推进教育事业科学发展。会议还表彰了40个“两基”先进单位和150名先进个人。

州长刀林荫在题为《切实肩负办好人民满意教育的崇高使命 在更高的起点上谱写全州教育事业发展的新篇章》的报告中指出,改革开放以来特别是“十一五”以来,西双版纳州始终坚持把教育摆在优先发展的战略地位,深入实施科教兴州和人才强州战略,持续加大投入,着力深化改革,积极探索边疆民族地区办教育的新途径,圆满完成了“两基”攻坚目标,实现了教育发展的新跨越。她强调,“十二五”时期,推动西双版纳教育改革和发展,需做到“七个坚持、七个着力”,即:①坚持育人为本,着力实施素质教育,坚持德育为先,强化能力培养,促进学生全面发展;②坚持教育公平,着力解决突出问题,通过优化教育资源配置,推进标准化学校建设,大力发展学前教育、提高义务教育质量,完善制度保障等措施解决教育不均衡、入园难、“上好学”难的问题;③坚持“普职”协调,着力普及高中阶段教育,扩大普通高中规模和提高教育质量,大力发展中等职业教育;④坚持特色办学,着力提升职院影响力;⑤坚持统筹协调,着力完善现代教育体系,建立开放式终身教育学习的平台,整合教育资源,建设更具特色的民族教育体系;⑥坚持深化改革,着力增强发展活力,推进教育管理体制、人才培养体制、办学体制等改革,推进现代学校管理和教育对外开放水平,形成教育事业科学发展的体制机制;⑦坚持队伍建设,着力提高师资水平,重视师德建设,加强教师队伍管理,提高教师业务水平和教师待遇。

州委书记江普生围绕如何实现西双版纳州教育改革发展目标,从三个方面提出了要求。一是加快转变观念,牢固树立教育优先发展的理念;二是深化改革创新,完善教育科学发展跨越发展体制机制;三是凝聚各方力量,确保教育改革发展目标的实现。他说,教育是一项复杂的社会系统工程,推进教育事业改革发展是一项长期艰巨的任务,需要全州上下齐心协力、密切配合,形成全社会共同推动教育事业科学发展跨越发展的强大合力。

州委常委,州人大常委会、州政府、州政协领导班子成员,各县(市)党委、政府及有关方面负责人,州委和州级国家机关各部委办局、各人民团体、大专院校,中央、省属驻州各单位主要负责人,州教育局长李健率局机关全体成员,3县(市)教育局局长,州属学校校(园)长及教师代表约800人参加会议。

〔**云南省“零障碍双语教育”首届国际学术研究会在景洪召开**〕 2011年10月26日,云南省“零障碍双语教育”首届国际学术研讨会在景洪市召开,云南省民委副主任曹孟良、省教育厅副厅长罗嘉福出席会议并讲话。会议旨在总结云南省少数民族地区双语教学取得的成绩和经验,探讨双语教学工作中出现的困难和问题,学习借鉴世界各国特别是亚洲地区各国少数民族开展双语教育的经验,加快云南少数民族双语教育的发展。

会议由云南省教育厅、云南省民语委办公室、世界少数民族语文研究院(简称SIL)共同主办,州教育局承办。来自中国少数民族双语教学研究会、中央民族大学、云南省少数民族语言学专家,美国、澳大利亚、韩国、新加坡、尼泊尔等国的双语教育专家,全省各州市县教育局长、双语教师代表等150余人参加会议。

〔**西双版纳州关心保护未成年人工作委员会成立**〕 2011年10月28日,根据《中共西双版纳州委办公室 西双版纳州人民政府办公室关于成立西双版纳州关心保护未成年人工作委员会的通知》精神,西双版纳州关心保护未成年人工作委员会正式成立。委员会办公室设在州教育局,办公室主任由陶红荣兼任。

11月，在全州范围公开选调关保办工作人员，配备未成年人保护工作机构干部，任命廖建伟为办公室副主任，余娜为办公室工作人员，负责开展日常工作。

〔西双版纳州第一所特殊教育学校建成〕 西双版纳州第一所特殊教育学校——景洪市特殊教育学校于2011年11月1日建成开学，结束了西双版纳州无特殊教育学校的历史。学校位于景洪工业园区，按照容纳学生360人的规模建设，占地26亩，建筑面积5250平方米，总投资2856万元，主要是针对残疾、聋哑、盲人三类学生。学校设施齐备，环境优美，具有良好的学习、生活和康复功能。正式录取的学生享受国家"两免一补"政策，并对特困生给予一定优惠，同时享受中央、省、市县财政对特殊教育学校的残疾儿童给予的其他生活补助。

〔州教育局举行首次新闻发布会〕 2011年12月7日，州教育局在景洪市举行2011年新闻发布会，向新闻媒体介绍《西双版纳傣族自治州中长期教育改革和发展规划纲要(2010～2020年)》(以下简称《纲要》)的主要内容情况，并回答记者提问。州委外宣办(州政府新闻办)副主任董国昌，州教育局党组书记依拉罕、局长李健、副局长陶红荣、李超，州关心保护未成年人工作委员会办公室副主任廖建伟等领导出席。

新闻发布会上，州教育局向媒体介绍了《纲要》编制的依据、编制过程和主要内容，并回答了《云南日报》、《云南信息报》、《民族时报》、州电视台、州报社等多家媒体提出的教育发展目标保障措施、校安工程、校园安全、幼儿园入园难、特殊教育、德育等教育的热点难点问题。

〔老挝乌多姆赛省代表团来西双版纳州进行教育交流与考察〕

2011年12月7日，以老挝乌多姆赛省教育厅副厅长宋理·西拉托为团长的教育代表团一行17人，到西双版纳州进行为期5天的教育交流与考察。代表团一行先后参观了景洪市一小、景洪市一中、景洪市民族中学、西双版纳职业技术学院、中国音乐学院西双版纳附属幼儿园、勐腊县民族中学、勐腊县职业高中等七所学校。并与西双版纳职业技术学院、景洪市教育局、勐腊县教育局分别座谈，双方就教育教学管理、办学情况进行经验交流，为共同推进友好合作向更深层次发展。

〔全国扫盲教育工作座谈会暨扫盲教育专委会年会在景洪召开〕 2011年12月16日，全国扫盲教育工作座谈会暨扫盲教育专业委员会2011年年会在景洪召开。来自全国20多个省市的扫盲教育工作者、出版社及研究员等参加会议。国家教育部基础教育一司副司长王定华、云南省教育厅副厅长王建颖、州政府副州长唐家华出席会议并讲话。唐家华对会议在景洪召开表示欢迎和祝贺，并汇报了西双版纳州扫盲教育工作情况。省教育厅副厅长王建颖就云南省关于扫盲教育工作的情况进行了通报。

〔全州小学教学常规管理经过抽考〕 2011年12月18～25日，依据《西双版纳州中小学教学常规管理考核办法(试行)》的规定，州教育局组织两个考核组，在凌升华副局长的带领下对景洪市、勐海县、勐腊县教育局2011年评定为优秀的各级各类小学进行教学常规管理抽查考核。考核组先后随机抽考了3县(市)14所小学的教学常规管理、教师教学常规管理、教育科研常规管理、教学质量监控等方面的工作，共听(评)课58节，查阅了28名正副校长、书记的听课笔记、教案，抽查了200余名教师的备、教、批、辅、测、评、研等教学过程资料。

考核组充分肯定了各县(市)教育局在抓教学常规管理上所做出的努力和取得的成绩。对个别学校存在的教学常规管理重视程度不够、教学档案管理不系统、不规范等问题提出了意见和建议，并提出新要求：思想观念要有新转变，教研活动要有新路子，教育管理要有新亮点，教育教学质量要上新台阶。

教育管理

〔普通高校报考录取〕 (1)报考情况：2011年全州共有3184人报名参加普通高校招生考试，比去年增加188人，其中景洪市报考2075人，勐腊县报考759人，勐海县报考350人。全州普高报考2727人，其中文史类1622人、理工类1105人、"三校生"457人。少数民族考生报名情况：傣族考生517人，占考生总数的16.24%；哈尼族考生766人,占考生总数的24.06%;彝族考生334人,占考生总数的10.49%;拉祜族考生106人,占考生总数的3.33%;基诺族考生83人,占考生总数的2.61%;布朗族考生52人,占考生总数的1.63%;瑶族考生报考36人,占考生总数的1.13%。

(2)普通高校招生考试考生上线情况(不含三校生):2011年,全州共有2727名高中毕业生参加全国高校招生考试,共上线2299人,上线率84.31%,比2010年提高6.1个百分点,总上线数和二本上线数增幅已连续4年超过全省平均水平增幅且高于全省水平的2.65%。其中一本上线129人,比去年增加53人;二本上线606人,比去年增加201人;三本上线471人,比去年增加258人;一专上线308人,比去年减少15人;二专上线785人,比去年减少240人。

(3)少数民族上线情况:傣族考生上线率为85.78%;哈尼族考生上线率为81.45%;彝族考生上线率为80.67%;拉祜族考生上线率为88.04%;布朗族考生上线率为82.50%;基诺族考生上线率为86.21%。

〔中考情况〕 2011年全州有8265考生报名参加中考,其中景洪市4164人,勐腊县2147人,勐海县1954人。中考成绩平均分大幅提高,平均分394.74分,比2010年增加20.64分;及格率48.55%,比去年增加7.78个百分点。文化成绩600分以上244人,比2010年增加10人,500分以上1924人,比2010年增加395人;低分段(299分以下)人数下降6.92个百分点。

〔自学考试报考情况〕 2011年西双版纳州参加全国自学考试,1月份报考522科次;4月份报考934科次;10月份报考1004科次。1月份教师资格证报考467科次;10月份教师资格证报考579科次。

2011年全州参加成人高考1231人,上线录取情况待定。

〔高中会考情况〕 2011年1月份全州高中生报考文化课17905科次、信息技术课1880科次;6月份全州高中生报考文化课24501科次,信息技术课1871科次。

〔中小学校舍安全工程各项指标完成率居全省前列〕 2011年,西双版纳州中小学校舍安全工程在各级相关部门共同努力下,狠抓工程质量和工程进度跟踪督促工作,加快推进53.9万平方米校舍规划重建工作。据云南省校舍安全办通报,按照已经开工校舍面积占2009~2011年下达改造任务比例,西双版纳州排名全省第一,单体建筑物基本数据完成率、校安工程校园规划数据完成情况、校安工程单体建筑物规划数据完成率、校园视频完成率、单体建筑物照片完成率、单体建筑物平面图完成率、单体建筑物视频完成率等多项指标在全省处于前列。

2011年12月,全州校安工程累计到位资金8.16亿。其中:中央资金1.7亿元,省级资金1.06亿元,州、县市自筹及其他资金5.4亿元(含州、县市贷款)。全州累计排除危房27.3万㎡,建盖过渡房6.4万㎡;开工学校90所,占规划建设学校的98.9%;开工单体303幢,占规划建设单体的97.43%;已完工单体225幢,占规划建设单体的72.35%;累计开工面积520982㎡,占规划建设总面积的96.63%;已完工面积361024㎡,占规划建设面积的66.96%。中小学布局调整工作和校安工程紧密结合,全州共撤并初中2所、小学9所、教学点43个。

〔义务教育经费保障机制及国家资助政策全面落实〕 (1)中小学公用经费补助情况:2011年中央和省补助123942人农村义务教育阶段学生公用经费,补助资金6988.2万元(其中农村小学学生84385人,补助标准500元/生·年,共补助资金4219.25万元,农村初中学生38736人,补助标准700元/生·年,共补助资金2711.52万元,职业初中学生821人,补助标准700元/生·年,共补助资金57.47万元)。免除城市义务教育阶段学生学杂费补助资金73.87万元(含校方责任保险,城市小学学生2682人,初中2335人,补助标准小学110元/生·年,初中190元/生·年)。

(2)贫困家庭寄宿学生生活费补助情况:2011年中央和省补助西双版纳州家庭经济困难寄宿生生活补助资金3680.49万元(中央:2300.31万元,省1380.18万元)。3县(市)及州级配套资金920.09万元,补助全州52449中小学生(小学学生25772人,初中学生26677人)家庭经济困难寄宿生生活费(补助标准小学750元/生·年,初中1000元/生·年)。

(3)免费教科书情况:2011年上级下达西双版纳州免费教科书资金1195.87万元,为123942名义务教育阶段中小学提供了免费教科书。

(4)人口较少民族生活补助情况:2011年上级下达西双版纳州人口较少民族(布朗族、基诺族)生活补助资金238.84万元。为9553名人口较少民族中小学生提供了生活补助。布朗族、基诺族中小学学生生活补助标准达到了小学1000元/生·年,初中1250元/生·年。

(5)2011年,发放普通高中国家助学金

475.45 万元;中等职业学校免学费 681.20 万元,发放国家助学金 1048.82 万元;发放普通高校省政府奖学金和励志金 11.4 万元,发放普通高校国家春季助学金 115.6 万元,发放秋季助学金 64 万元。

〔**开展学校及学校周边环境综合整治**〕 2011 年,各相关部门联合执法,在全州范围内深入开展学校及周边突出治安问题排查整治和矛盾纠纷排查化解。公安局清理排查和管控校园周边高危人员 20 人,学校复杂地段出动巡逻警力 387 人次,维护上学、放学交通秩序 1452 人次,开展消防检查 46 次,改善火灾隐患 7 处,并通过开展校车专项整治行动,对全州校车进行清理排查,与学校协调利用校讯通将交通安全教育传达给每一位学生家长,保证孩子出行安全。检察机关严厉打击侵犯未成年人权益的各类刑事犯罪分子,全年共批捕严重刑事犯罪嫌疑人 80 人,起诉 45 人。质监、卫生、食药监、工商等单位组织开展了学校及学校周边食品安全专项整治、眼镜制配店专项计量执法检查、学校特种设备专项检查、学生棉絮、文具用品、学校电脑质量监督检查,积极维护未成年人消费者的合法权益。文化局加强校园周边文化市场监管,发放、悬挂“娱乐场所禁止接纳未成年人”等安全警示牌,积极开展“扫黄扫非”行动,查处取缔无证经营“黑网吧”6 户,现场查扣电脑 70 台,检查涉嫌违法经营小型赌博机(水果机、老虎机)的临街商铺 317 户,收缴违法游戏机 358 台。

教育教学研究

〔**教育教学研究工作简况**〕 2011 年,州教育研究所以“办人民群众满意的教育”为宗旨,优化机构,规范管理,充分发挥引领、辐射、帮扶作用,制定了《西双版纳州中小学教学常规管理细则(试行)》、《西双版纳州普通高中教育教学质量提升方案》等规章,进一步规范学校的教育教学管理,不断提高教学质量和办学水平。充分发挥高中兼职教研员和高中学科工作室的教学服务功能,多种形式开展教研活动,促进全州中青年教师的专业发展和提高高考备考能力。全年开展教研活动 80 多次,8000 余人次的学生参与了化学、语文、英语、物理、数学竞赛和模拟检测。参加高三省统测及中高考质量分析会主题讲座的教师 700 余人次,积极组织 469 名初高中教师参加新课程教材培训。组织在职及兼职教研员多次深入到勐海县、勐腊县城区及勐满、关累、勐遮等 15 所边远乡镇中小学校开展送教下乡活动,培训教师 1200 千余人。坚持科学、严肃、公平、公正的原则,顺利完成全州初中升学考试和学业水平考试各学科试卷命题工作和阅卷工作。

〔**全州教研工作会召开**〕 2011 年 3 月 1 日,州教育局在景洪市召开 2011 年全州教研工作会议。各县(市)教育局主管教育科研工作的局领导和教研员共 40 人参会。州教育局凌升华副局长出席会议并作讲话。会议明确了 2011 年教研工作思路,部署了 2011 年教研工作目标任务,动员全州广大教研工作者以高度的政治责任感、无私的奉献精神,扎实把全州中小学教学教研工作推向新阶段,并就全州教学工作如何“提质”、“增效”进行了研讨。

〔**组织举办全州中高考研讨会**〕 2011 年 3 月 20 日,州教育研究所在景洪举办全州中考学科质量分析会,中考六学科毕业班的 700 多名教师参加会议;4 月 23 日,在州一中举办全州高三省统测质量分析会,全州高三年级九个学科教师共计 220 人参加会议;10 月 30 日在州一中举办高考学科质量分析会,240 名教师参加会议。以上会议的召开,进一步增强了毕业班教师的责任感,明确了中高考目标任务,并帮助指导教师找准学生复习的重点和难点,提高备考能力。

〔**举行全州普通高中课程改革工作推进会**〕 2011 年 4 月 29 日,州教育局举行的全州普通高中课程改革工作推进会在州一中召开。会议对如何进一步深化普通高中课程改革工作,全面提高普通高中教育教学质量和水平进行了研讨。州教育局、3 县(市)教育局分管领导及相关科(室)负责人,各高中学校校长、主管教学副校长及相关工作人员共 47 人参加会议。会议邀请到上海浦东新区在州一中挂职的牟靖副校长从“新课改的终极目标、成人的标准解读、新课改的意义、新课改的两大理念、新课改实施过程中的问题探究”等角度作了专题讲座;州一中、景洪市一中、勐海县一中等 3 所高完中校长就新课改工作的推进情况分别作交流发言;州教育局凌升华副局长就下一步推进课改工作提出了要求。

〔**召开 2011 年度中高考质量分析会暨 2012 年备考启动会**〕 2011 年 9 月 2 日,西双版纳州教育局召开 2011 年中高考质量分析会暨 2012 年中高考备考启动会。州教育研究所教研员分别对 2011 年高、中考质量进行了全面分析,凌升华副局长对 2011 年高考、中考工作进行了总结,并对 2012 年高考、初中学业水平测试工作进行部署。会上,还对 2011 年中考、高考被表彰学校颁发了教育教学综合效益奖。

州教育局党组书记依拉罕、局长李健、副局长陶红荣、凌升华及各科(室)负责人、县(市)教育局领导、基教股股长、教研室主任、全州各中学校长、教学副校长、教务主任,州属初、高中兼职教研员、高中学科工作室成员和州教育研究所教研员共200余人参加会议。

〔举办首届高中新课程课堂教学竞赛〕 2011年10月18~20日,州教育研究所在州第一中学举办西双版纳州首届高中新课程课堂教学竞赛。这次竞赛旨在促进全州高中新课程改革健康顺利开展,指导和鼓励高中学校以课堂教学改革为重点,积极探索新课改理念下教师的教学方式和学生的学习方式,鼓励教师主动迎接挑战。此次课堂教学竞赛共有9个学科45名教师参加。通过竞赛检验了2009年以来全州进入高中新课程改革的实验效果。赛后推选出9名教师参加云南省2011年高中新课程课堂教学竞赛及教学展示活动,均取得优异成绩。参赛7门学科的7名教师,1名教师获特等奖,5名教师获一等奖,1名教师获二等奖。

远程教育

〔加快教育信息化基础设施建设〕 2011年,全州积极推进教育信息化进程,州人民政府投入350万元为州直学校配置计算机教室和多媒体教学设备。同时,采取政府投入一点、学校投入一点、教师自己出一点的方式为每一位州直中小学教师配备了笔记本电脑。通过农村义务教育薄弱学校改造计划标准化建设的多媒体建设项目,加强农村学校信息基础设施建设,缩小城乡数字化差距,乡镇中心小学以上的学校逐步实现了10M光纤上网,提高了教育系统网络的互联互通水平。全州按照"统一网络、统一应用和统一维护"的方式、采用VPN组网方式,建设完成了西双版纳教育专网,并依托教育专网建设了西双版纳州基础教育教学资源库,引进了国家基础教育资源中心的教学资源,供全州中小学共享。

〔信息化管理和技术培训有实效〕 2011年,州教育局现代教育技术中心制定下发了《关于进一步加强中小学远程教育三种模式应用和管理的指导意见》,加大了远程教育的督查和指导力度。州直学校开展中小学实验教学的交叉检查,帮助学校提升实验室的管理和应用水平;组织全州中小学参加2011年云南省优秀多媒体教育软件评审活动,推荐115件作品参加全省的比赛,获得全省一等奖5件,二等奖11件,三等奖43件,优秀奖53件,4件作品被选送参加全国比赛。

在推进中小学教师的教育技术能力培训中,全州共有2590名中小学教师参加云南省组织的教育技术培训和对296名高中新课程教师的通识培训,并组织6个网络平台的1070名教师参与国培计划培训。

〔西双版纳教育专网开通暨教育信息化应用平台启用〕 2011年6月20日,州教育局与中国电信西双版纳分公司合作创建的西双版纳教育专网开通暨教育信息化应用平台启用。西双版纳教育专网按照"统一网络、统一应用、统一维护"的要求,采用VPN账号进行二次拨号,确保信息资源在互联网应用中的安全。西双版纳州教育信息化应用平台是一个覆盖全州各级教育部门和学校的应用平台,它汇集教育办公系统、校务管理、西双版纳州基础教育资源网、敏特英语学习平台、教师远程培训平台、平安校园全球眼视频监控为一体。该平台可实现教育系统办公管理信息化和办公无纸化,实现优质教育资源的普及和共享。在应用平台上已引进了国家基础教育资源中心义务教育阶段的教学资源,供全州中小学共享。同时在全州中小学建设全球眼视频监控系统,对校园的安全管理提供可靠保障。

〔举办远程多媒体教学设备项目培训〕 2011年12月21~24日,州教育局在景洪市教师进修学校举办了2010年农村义务教育薄弱学校改造计划——远程多媒体教学设备项目人员培训班,完成对全州3县市16所项目学校38名校长和骨干教师的培训工作。州教育局聘请州内在教育技术与多媒体课堂教学研究中有经验的教师授课,同时还组织参加培训教师到允景洪小学随堂听课、开展信息技术与学科教学整合及其相应的教学实例分析和研讨。通过培训,参加培训的人员在项目建设与管理、多媒体技术理论和应用方法、多媒体教育资源开发与利用、多媒体教学与教学改革等方面获得经验,提高了教师的操作水平。

〔州教育局举办全州初中理化生实验员培

训〕 州教育局于2011年11月25～28日在景洪举办全州初中理化生实验员培训班，全州56所中学的170余名理化生实验教师参加培训。在培训中，主要对如何科学规范管理使用教学仪器、重难点实验操作等进行研讨。并邀请全州理化生的学科带头人对培训教师讲授《新课程理念下的实验教学》、《生物实验在教学中的应用》、《实验在初中物理课堂教学中的重要作用》等课程。

基础教育

〔**继续巩固"两基"成果**〕 2011年，州教育局认真贯彻《义务教育法》，把"两免一补"政策和对少小民族的照顾政策认真落实到每个学生、每个家庭，积极推进校舍安全工程建设。2县1市以及学校打破行政区域，实行学期办学，采取多种措施加强控辍保学，让所有的适龄儿童都能上学。年内小学升学率为95.59%，比上年提高3.05%；初中升学率提高到63.03%，比上年提高11.91%；残疾儿童入学率为90.42%，增长4.53%；青壮年文盲率下降到0.29%，全州"普九"人口覆盖率达100%。

〔**学前教育取得新突破**〕 2011年，国家支持中西部地区发展学前教育试点项目顺利推进，州政府启动新建15所公办农村幼儿园，安排项目资金750万元，每所新建园给予50万元补助。年内完成新建景洪市大勐龙镇曼栋幼儿园、景洪市勐旺中心幼儿园、景洪市景哈乡中心幼儿园3所公办幼儿园的任务并招生。创建省一级一等示范幼儿园1所(景洪市幼儿园)，创建一级二等示范幼儿园1所(景洪市民族幼儿园)。学前教育三年毛入园率达到77.8%，比上年提高了6.7个百分点。

〔**"双语"教育取得新成果**〕 2011年，全州开展"双语"教育的学校有194所，367个班级，13436名学生，有316名教师从事"双语"教学工作。其中"双语双文"57所，149个班级，5659名学生，有98名教师从事"双语双文"教学工作；"双语单文"137所，218个班级，7777名学生，有218名教师兼任"双语单文"教学工作。在教学中主要采取学前傣汉双语教学模式、傣语文传承教学模式、民语辅助教学模式三类课堂教学模式。为配合"双语"教学的开展，州教育局民汉双语教材编译室编写、出版了《西双版纳傣文小学教材》第三册，完成西双版纳傣汉双语电子文本教材《跟我学傣文》第一册的编制工作，标志着全州民语课堂教学进入了电脑教学的行列。与世界少数民族语文研究院合作以傣汉双语教学实验为科研课题进行试点的研究进展顺利，该项目于年内6月通过云南省教育厅的评估验收。

〔**民办教育迅速发展**〕 2011年，全州各级政府根据《中华人民共和国民办教育促进法》及《云南省人民政府关于加快民办教育发展的决定》精神，本着"积极鼓励，大力支持，正确引导，依法管理"的原则，各县市民办教育得到较快发展。

全州各级各类民办学校39所，其中中等职业学校1所，中小学5所，幼儿园33所。民办幼儿园占全州幼儿园总数的67%。全州民办学校在校生数13932人，其中景洪10045人，勐海1748人，勐腊2139人，与2010年相比，在校生人数增长率为26.5%。民办学校有教职工1228人，其中幼儿园教职工846人，占全州幼儿园教职工的68%；全州民办专任教师798人，其中民办幼儿园专任教师505人。

〔**推进中小学德育工作**〕 2011年，全州各级各类学校积极发挥教育主阵地、主渠道作用，广泛开展青少年思想道德教育活动。在州教育局指导下以社会主义核心价值体系教育为主线，以本地爱国主义教育基地、各类英雄人物、中小学德育教材为资源，加强对青少年的理想信念、爱国、法制、健康、安全等教育。全州通过专题演讲、征文、文艺汇演、帮扶贫困生等系列活动，进一步加快了青少年思想道德教育和法制教育。在"中华魂"(颂歌献给党)主题教育活动中，全州2142名教职工、13659名中、小学生参加，以主题班会、国旗下演讲、红歌歌咏比赛等形式，掀起"学党史、颂党恩、跟党走"的教育活动热潮。在教育部关工委主办的全国青少年五好小公民主题教育"光辉的旗帜"读书征文活动中，全州63所中小学、3万多名中小学生参加，写出优秀征文1309篇，100多名学生获全国或州级的表彰。州教育局还注重发挥"双合格优秀家长示范学校"、"流动人口子女、农村留守流动儿童示范家长学校"、"学习型家庭"、"优秀小公民"、"文明学校"等典型示范作用，引导社会关心和支持青少年思想道德建设，激励青少年奋发向上，健康成长。

〔**三生教育成绩突出**〕 2011年初，州教育局对全州中小学"三生教育"工作进行部署。依托历次省"三生教育"骨干评选和骨干培训，建立州级"三生教育"骨干队伍；改版西双版纳教育信息网，拓展德育教育板块，增加"三生教育"板块；转发中共云南省委高校工委 云南省教育厅关于印发"三生教育"百项体验行动项目的通知，明确工作要求。各学校利用开办家长学校、召开家长会等形式对家长开展"三生教育"培训，刻录"三生教育”光盘资料259碟,发县(市)教育局和州直学校使用;推荐3名教师参加云南省第三届“三生教育”说课大赛,6名教师被评为云南省“三生教育”骨干教师,9人被评为云南省“三生教育”先进工作者;推荐7位教师为云南省“三生教育”演讲志愿者。

〔**语言文字工作**〕 2011年,州教育局推进西双版纳州计算机辅助普通话水平测试工作,全年按质按量完成2500余人的测试任务。

在工作中,对各县(市)创建的3所语言文字规范化示范学校进行了评估验收,推荐上报景洪市第一小学为省级语言文字规范化示范校,西双版纳州允景洪小学为第三批国家级语言文字规范化示范校、西双版纳州允景洪小学、景洪市第一小学、勐海县第一小学3所学校为规范汉字书写特色学校。圆满完成第14届全国推广普通话宣传周活动任务,景洪市作为全国推普周的重点活动城市,在勐泐文化广场组织了隆重的推普周宣传教育活动开幕式。推普周期间,县市学校都组织了丰富多彩的语言文字活动。州教育局组织学生参加“中华诵2011全球华人学生暨全国学生规范汉字书写大赛”,全州有4名学生作品获奖,并代表云南省参加国家级角逐。

〔**在全省第十二届中学生运动会上取得好成绩**〕 2011年2月14~19日,州教育局举办全州中小学生篮球、足球运动会,全州850中小学生参加篮球、足球比赛。在此基础上遴选优秀学生运动员65人参加全省第十二届中学生运动会。“省运会”设有篮球、田径、体育舞蹈和健美操共四个项目。经过两个月的比赛,西双版纳州获篮球中学生B组第三名;获田径中学生B组团体第二名,个人单项获5金、6银、4铜;获体育舞蹈中学生B组团体第一名,个人单项获5金、1银;获健美操中学生B组团体第一,个人单项获5金、1银。本次参加全省中学生运动会是西双版纳州学生参加省级比赛人数最多、项目最多、成绩最好的一次比赛。

〔**禁毒防艾工作**〕 2011年,州教育局根据第三轮禁毒防艾人民战争的工作要求,制定了西双版纳州教育部门的工作实施方案,明确各校禁毒防艾工作目标和任务,联合禁毒部门在全州各级各类学校开展了禁毒案例宣传活动、新型毒品展示活动,参观学生约1万人次,发放宣传挂图400套。在6月份禁毒集中宣传周,州教育局与州禁毒支队组织州直学校禁毒宣传黑板报评比活动。拍摄班级黑板报照片120张,评出一等奖1个,二等奖1个,三等奖3个。并对景洪市二小等13所学校申报禁毒示范校进行了评估验收。

〔**召开破解景洪城区入园入学难专题会议**〕

2011年7月25日,州政府在州教育局组织召开专题会议,研究破解景洪城区幼儿入园难、入园贵,中小学生入学难的对策和措施。州政府副州长唐家华,州政府办公室主任黄志高,州教育局党组书记依拉罕,副局长陶红荣、李超、凌升华,景洪市副市长侯炳霞,市教育局张苏云、廖邦顺及州、市教育局相关科室负责人参加会议。

会上,州教育局副局长凌升华,景洪市副市长侯炳霞分别对景洪城区幼儿入园难、入园贵,中小学生入学难的原因进行了分析,并提出解决的思路、措施和建议。参会人员就这一专题进行讨论,并提出相应的解决对策。会议要求尽快成立专项工作领导班子,从全市的角度统筹谋划学前教育、中小学发展规划,制定相应规章,标本兼治缓解入学、入园难的问题,同时加强对民办中小学、幼儿园的服务和监管,引导民办教育健康发展。

〔**西双版纳州首个体育舞蹈考级站挂牌成立**〕 2011年8月16日,云南省教育厅、云南省体育舞蹈协会的体育舞蹈考级西双版纳分站在景洪市青少年校外活动中心正式挂牌成立。云南省教育厅体卫艺处处长、云南省学生体育协会秘书长董一凡,景洪市政府副市长侯炳霞和州、市教育局的领导出席了当天的挂牌仪式。

〔**景洪市傣汉双语教学实验项目通过验收**〕

2011年6月,云南省教育厅民教处处长常德民带领省教育科学研究院项目专家组一行到景洪市勐龙镇小街小学曼别完小,对景洪市傣汉双语教学实验项目进行验收。专家组通过听取汇报、查阅资料、实地考察等方式,对项目进行综合评估,同意景洪市傣汉双语教学实验项目通过省教育厅评估验收。

傣汉双语教学实验项目是景洪市教育局与世界少数民族语文研究院合作的一个科研课题。该项目于2005年7月开始筹备,2007年9月正式启动,在嘎洒镇、勐龙镇、勐罕镇选择5所小学进行试点。实验阶段从学前班5岁儿童开始教育,已有23个班级504名小学生参加双语培训,参与试点培训的学生已熟练地会傣语的“听、说、读、写”,母语的思维能力得到加强,同时也提高了少数民族儿童学习汉语言文字的能力。

〔**全国著名演讲家蔡朝东来州进行“三生教育”演讲**〕 2011年11月22日,我国十大演讲家、中国演讲与口才协会第一副会长蔡朝东先生在州一中足球场进行“三生教育”演讲。蔡先生紧紧围绕当代青年走向成功应具备的德商、智商、情商三要素，展开生动、充满激情的报告，赢得阵阵热烈的掌声。州一中、市一中2300多名师生聆听报告，享受了一次思想的洗礼和人生启迪的盛宴。

〔勐旺乡中心幼儿园建成开学〕 2011年11月25日，勐旺乡中心幼儿园举行开园揭牌仪式。市教育局、勐旺乡党委有关负责人出席揭牌仪式并为幼儿园揭牌。勐旺乡中心幼儿园位于勐旺中心小学校园内，总投资209万元，占地面积4373平方米。幼儿园环境优美、设计新颖、设施齐全，是勐旺乡首个也是唯一一个设施完善、设备优良的幼儿园。该幼儿园首次招收6个教学班共247名幼儿，解决了该乡农村幼儿接受幼儿教育困难的问题。

〔举办首次全州关心保护未成年人工作培训〕 2011年12月1～2日，州关心保护未成年人委员会举办全州关心保护未成年人工作培训班，来自全州各部门的240余名关心保护未成年人工作人员参加了培训。云南大学法学院仇永胜教授、云南省特级教师肖平和西双版纳州司法局龙思海分别作专题讲座，州公安局、州工商局、景洪市文化体育广播电视局、景洪市妇联、勐海县司法局、勐腊县教育局、勐遮镇妇联、允景洪小学分别作交流发言。

职业教育

〔职业教育概况〕 2011年，州教育局贯彻执行《中共西双版纳州委、西双版纳州人民政府关于大力推进职业教育改革与发展的实施意见》、《西双版纳州加快中等职业教育发展行动计划》、《西双版纳州关于农村综合初中改革试点实施意见》和《西双版纳州关于培养农村和本地少数民族实用人才的实施意见》，继续推进职业教育的改革，探索职业教育办学新模式，加强“送教下乡”的教学工作和农村综合初中改革试点，增强职业教育社会服务功能，稳步推进西双版纳职教中心建设，职业教育办学规模不断扩大，办学水平进一步提高。全州职业院、校共9所，各类职业学校招生2402人，高职在校生3016人，中职在校生11043人。

〔举办农村综合初中班有新进展〕 2011年，州教育局积极探索在农村中小学教育中渗透职业技能教育因素的多元化教育模式，以服务“三农”、建设社会主义新农村为宗旨，在全州农村初级中学举办综合初中班有新发展。全州农村初中综合班3011人参加学习，3011人经考核合格拿到“农民技术资格证书”。其中，景洪市1195人，获证1195人；勐海县1316人，获证1316人；勐腊县500人，获证500人。

〔开展各类技能性人才培训〕 2011年，在教育局统一部署下，西双版纳职业技术学院、各职业中学为农业、劳动就业、旅游、卫生、安监、扶贫等部门培训实用技术人员7856人次，其中农村劳动力转移培训2420人次。以乡（镇）成人文化技术学校为依托，开展各种短期实用技术培训5260人次。

〔指导中职学校毕业生就业〕 2011年，在州教育局安排下，全州各中职学校加强学生就业指导工作，多渠道推荐学生就业。全州中职毕业生1636人，推荐就业1531人，就业率93.6%，是近年最好的一年。

〔师资培训效果好〕 2011年，经州教育局职成教科具体安排，全州完成高中新课改远程通识培训289人；教育技术能力培训2590人；傣文培训60人；中小学教师履职晋级培训2461人；校（园）长参加各类250人；送出校长和骨干教师到上海浦东新区中小学培训学习20人，上海市浦东新区教育局派出中小学骨干教师到西双版纳州培训教师190人；云南教育基金会、云南省教育卫生科研工会共同组办的云南省第十四届小学特级（优秀）教师讲学团到勐腊县培训小学教师380人；州直学校接收乡镇中小学幼儿园教师到校跟班学习83人；全州中小学教师参加学历提高培训672人。

勐海县教师进修学校培训小学骨干教师46名和新小学教师70人，西双版纳职业技术学院和景洪、勐海、勐腊3县教师进修学校“英特尔○R未来教育”项目培训教师360人。

〔农村扫盲教育〕 2011年，在州教育局职成教科指导下，全州傣文脱盲后学汉文脱盲的2052人；开展成人小学教学，585人结业；开展科技培训954期，受训人数77382人次；为减少复盲人数，巩固扫盲成果，全州开办巩固提高班结业3379人，并在景洪市普文镇和大渡岗乡开展特色扫盲——“创建无文盲乡（镇）活动”试点工作。

〔教育对外交流结硕果〕 2011年，州教育局开展教育对外交流合作工作不断加强，与上海市浦东新区教育局达成的新一轮对口帮扶和卢湾区对勐海县的对口帮扶工作继续开展，与省、州市级教育组织（机构）或学校之间广泛开展交流合作。各职业院校利用区位优势，充分发挥“国家汉语国际推广中小学基地”职能，深入开展与周边国家的国际交流与合作，主要在西双版纳职业技术学院、景洪市职中、勐腊县职中等职业院校中开展。全州职业院校2011年外籍在校生(全日制)213人,其中老挝207人,泰国6人;短期培训外籍学生249人;培训老挝汉语教师34人、泰国教师5人;派出短期交流学生88人,长期交流学生21人;西双版纳职业技术学院派出实习实训学生103人(老挝25人,泰国78人)和2名对外汉语推广志愿者。

捐资助学

〔"关爱贫困学生 倡导全民读书"活动〕 2011年,州教育局和州委宣传部组织了"关爱贫困学生,倡导全民读书"正版图书报刊普及惠民助学活动。经牵线搭桥,杭州图文天下图书有限公司对6所学校(西双版纳州民中、州第二中学、景洪市小街中学、景讷中学、勐罕镇中学、景洪市四小)共10万元的图书捐赠,并对石蕊嘉等10位学生4000元的现金资助。

〔爱心人士到勐海县勐混镇开展捐资助学〕 2011年12月2日,景洪嘎兰社区居委会奎亚华主任率领州内外爱心人士到勐海县勐混镇曼国小学开展爱心捐赠活动,现场捐赠款物5.3万元。其中,嘎兰社区居委会和来自北京的王燕春女士、马晶女士捐赠现金1万元;呈贡丰乐经贸有限公司董事长晋文明捐赠现金2万元;西双版纳州庆元房地产开发公司董事长阮兵莲捐赠现金1万元;云南省春巢房地产勐海分公司捐赠价值1.3万元的多媒体设备一套。

在捐赠仪式结束后,爱心人士一行又到勐混镇贺开小学参观。看到学校破旧的教师住房,晋文明先生表示再捐款进行修缮。

〔宁波一企业到勐海县开展捐资助学活动〕 2011年9月23日,浙江宁波纯生电子有限公司派员到勐海县开展捐资助学活动。该公司总经理张忠立先生得知勐海县西定乡有部分学生因家庭贫困而失学,表示愿意资助一些品学兼优的孩子完成学业。在西双版纳汽车旅游公司员工的协调帮助下,该公司与西定乡中学领导取得联系,派出陈盛女士于9月23日到勐海县西定乡中学和县一中,代表公司对40名在读的西定乡初高中学生发放每人每年1000元的助学金。

〔上海宋庆龄爱心书库送爱心〕 2011年10月17日,上海宋庆龄基金会、中国福利出版社捐赠"宋庆龄爱心书库"仪式在允景洪小学举行。儿童出版社社长顾琳敏、省关工委常务副主任莫泰尧、州人民政府副州长唐家华、州政协副主席依甩等参加捐赠仪式。

在州教育局关工委、州关工委的共同努力下,多方联系,得到支持,"宋庆龄爱心书库"为全州10所小学赠送了价值20万元的图书和价值10余万元的50个图书架。

〔中国关工委捐赠及挂牌活动〕 2011年12月12日,由中国关工委和中国社会福利基金会关心下一代基金共同设立的又一个"关心下一代教育示范基地",在勐海县曼贺九义学校举行捐赠和揭牌仪式。

当日,中国关工委常务副主任、关心下一代基金理事长武韬,中国福利基金会副理事长兼秘书长缪力,州人民政府副州长唐家华、省关工委常务副主任莫泰尧、勐海县县委副书记、代理县长岩总以及州关保委、州关工委、州教育局关工委领导来到曼贺九义学校,共同出席此次的捐赠和"关心下一代教育示范基地"揭牌仪式。

此次,关心下一代基金向曼贺九义学校捐赠50万元,用于兴建学校操场和篮球场,给孩子们创造一个良好又健康的成长环境。

(《教育》撰稿　刘巧玲　李文郁)

西双版纳职业技术学院

〔综 述〕 西双版纳职业技术学院是云南省政府批准具有高等教育招生资格的公办全日制普通高等院校,占地200余亩,校舍建筑面积62088㎡,实验室、实习场所13652㎡,馆藏图书23.68万册,电子图书28(GB)。学院教师队伍逐年壮大,学院规模不断扩大,截止2011年底在职教职工324人次,其中专任教师235人,享受国务院政府特殊津贴1人,享受"省贴"、"省突"3人,云南省高校教学名师2名,教授、副教授57人,院级教学团队3个,具有硕士学位教师39人,在读硕士、博士学位教师12人,聘请外籍教师5人。在校学生达8905人次,老挝籍、泰国籍留学生125人。建有3个中央财政支持的国家紧缺人才建设基地(旅游管理专业人才培养基地、应用泰国语专业人才培养基地和小语种专业人才培养基地),1个省级国际技能型人才培训中心,设有云南省第124国家职业技能鉴定所和全国计算机等级考试、全国英语等级考试、全国HSK等级考试、云南省全国医师资格实践技能考试等多个考点。学院新校区占地2000余亩,规划建设工作正在全面推进。学院设基础教育系、语言文学系、艺术体育系系、农业系、医学系、旅游财经系和继续教育部、电大分校等八个系部,29个大专专业和15个中专专业。

〔**全面加强党建和党风廉政建设工作**〕 2011年学院高度重视党建工作，深入开展创先争优活动，建设学习型党组织、学习杨善洲同志、纪念建党九十周年等系列活动。学院党委被评为西双版纳州直机关工委先进基层党组织，3名教师党员分别被评为西双版纳州优秀教师和优秀教育工作者，5名党员分别荣获省、州优秀共产党员和优秀党务工作者称号。学院内表彰了机关第一党支部等2个先进基层党组织、16名优秀共产党员、9名优秀党务工作者。此外，学院党委积极做好入党分子培训工作，着力抓好发展新党员工作，共发展预备党员151人，转正党员98人。5月份，学院开展了“廉政文化进校园暨校风建设系列活动”，举办“反腐倡廉建设”专题讲座，层层领导签订党风廉政责任书等活动，加大廉政宣传力度，营造了党风廉政建设的浓厚氛围。

〔**努力开展特色优势建设工作**〕 按照西双版纳州委、州政府提出的建设“特色名校，一流专业”的目标，着力培植和建设园林园艺类、生物科技与环境保护类等特色专业；着力培植和建设民族民间艺术、民族民间音乐、旅游工艺品设计与制作等特色专业；着力将旅游管理、物流管理、商务旅游英语、东南亚语等专业培植建设为特色专业。已经建成《泰语口音》等3门省级精品课程、《傣族织锦》等14门院级精品课程、《模拟导游(中泰)》等2门双语示范课程，应用泰国语等3个重点专业及专业群建设、3个省级小语种教研室建设成效明显。

〔**狠抓学生思想政治教育工作**〕 坚持“育人为本，德育为先”，扎实开展“三生教育”活动，切实做好“三进”工作，全面推进社会主义核心价值体系建设。积极开展“10·10”世界精神卫生日系列教育、“五四”爱国运动、“十一”国庆、纪念建党九十周年等活动，积极宣传社会主义的核心价值观、激发学生的爱国热情、牢固树立学生的共产主义信念。创新教育方法与手段，深入开展社会实践活动，拓宽思想政治教育途径，做好大学生心理健康教育工作，完善心理健康教育体系。加强学生党团组织建设，做好贫困学生资助工作，学院团委多次荣获“五四红旗团委”光荣称号。

〔**全面开展校园文化建设工作**〕 2011年学院获云南省高校校园文化建设优秀成果三等奖、获云南省高校“党在我心中”歌咏比赛铜奖、教师普光琼获州十大杰出青年光荣称号；学院团委于7月9日在勐腊县勐满镇举行暑假“三下乡”社会实践活动启动仪式并开展了为期10天的“三下乡”社会实践活动，荣获团省委“三下乡”实践活动先进单位。12月28日，学生玉香应在首届澜沧江·湄公河流域六国艺术节“鸾沾芭”选美大赛活动中荣获冠军。

〔**加强师资队伍建设和师德师风建设**〕 采用引进、聘用等办法，吸纳高学历人才充实教师队伍，充实师资力量，努力打造素质优良、结构优化的教师队伍。截至11月，本年度共引进58名优秀中青年教师，选派21名教师进修培训。根据各专业的需求，注重对教师进行转型培训，选派多名教师到国内及国外大学进修，提高教师素质，实现了教师质量的稳步提高。做好对新教师的培训工作，开展教学技能竞赛活动，促进教师基本功训练，使新教师更快、更好地成长。开展师德教育实践活动，加强师德师风建设。

〔**统筹抓好招生与就业工作**〕 职业技术部认真编制2011年招生章程，签订招生就业任务书，拓宽生源渠道，较好完成招生计划，学院被州教育局评为2010年度中职教育招生先进单位。2011年，大专招生计划1330人，实际招生1086人；中专招生计划900人，实际招生1086人(含五年制大专)。实施“畅流工程”，开拓就业市场，构建招生就业良性互动体系，广泛拓宽就业渠道。2011年毕业生年终就业率达到97.4%。表彰2个就业工作先进集体和12名先进个人。

〔**积极推进科研工作**〕 深入实施“科研兴校”战略，坚持“抓项目、促科研”的工作思路，实现了科研项目立项、科研成果转化及科研人才培养的新突破。完成了《西双版纳论坛》的组稿和出版工作、第4批院级课题的结题验收工作，积极组织申报地5批院级课题。2011年5月21日～23日成功与泰国清莱大学合作举办了首届“湄公河流域傣—泰文化学术交流会”，共有3个国家、8所高校及2个学术团体参会，共交流了13项研究成果，较好地实现了“交流学术、增进友谊、加强合作”的目的。《热区农村实用技术系列校本教材》等10本教材正在出版并投入使用；《实用泰语语音》、《陶艺设计与制作》、傣医学专业系列校本教材(8册)等教材的前期编写工作基本完成。

〔**加强社会服务**〕 坚持“教育为经济建设和社会发展服务、为边疆繁荣稳定服务”的办学方向，努力为社会提供技术服务、管理咨询、人才培养等服务工作，较好地完成劳动力转移培训、职业技能培训鉴定、旅游从业人员培训、对口支援学校帮扶活动及送教下乡工作等工作。

〔**继续推进对外合作交流**〕 抓住国家建设面向大西南“桥头堡”的重大发展机遇，深入实施教育国际化和“走出去”战略，与泰、老、缅等国开展全方位、多层次的教育交流与合作，与泰国南邦国际技术大学等多所国外高校和中国音乐学院等多所国内知名高校建立合作关系；2011 年 1 月与泰国玛希隆大学签订科研合作备忘录；4 月 14 日中老建交 50 周年青年友好交流活动走进学院；5 月承办首届湄公河流域傣—泰文化学术交流会；7 月 18 日学院与泰国曼谷曼颂德昭帕亚皇家师范大学签订合作交流谅解备忘录。2011 年继续与老挝、缅甸华文教师举办汉语培训及老挝中文翻译人员培训。

〔**新校区建设**〕 在 2010 年新校区项目任务完成的基础上，根据州委、州政府对学院新校区建设的各项工作部署，本着“抓项目、促科研”的工作原则，上下联动、积极筹措。主要开展了建设项目的设备采购、安装、调试；制定《示范院校建设项目书》、《西双版纳职业技术学院新校区施工进度计划》、《西双版纳职业技术学院新校区前期工作进度计划》等文件；上报前期施工进度计划；讨论、通过并邀请同济大学设计院设计建筑规划方案；确定了三期建设项目等工作。2 月份开工的新校区校园道路工程主道路基工程已完成，于 11 月 15 日开始进行路面及配碎石铺筑，计划将于 2012 年 2 月完工。10 月 17 日学院举行中科院昆明动物所入住新校区科技示范园项目协议书签订仪式。学院根据有关高校建设要求，层层抓落实、步步扣细节，为确保学院 2012 年新校区建设奠定了坚实的基础。

〔**省级示范院校建设**〕 今年是省级示范院校建设工作收尾的一年，学院在总结 2009 年、2010 年工作的基础上，查缺补漏，做最后攻坚工作。4～11 月主要对 3 个重点建设专业共一百多个子项目，其他建设项目共 19 个子项目进行建设。5～7 月进行各项目设备的安装、调试工作；10 月对照《示范院校建设任务书》的各项指标要求，在对前期工作自查的基础上，查找工作问题并及时整改完善。

〔**科研上水平**〕 科研处处长王军健，二级教授，荣获“国务院政府特殊津贴”，为学院学术科研的后续发展树立了标杆，发挥了重要的榜样带动作用。

（《西双版纳职业技术学院》撰稿：朱元芬）

西双版纳州第一中学

〔**概 述**〕 2011 年，西双版纳州第一中学有 37 个教学班（初中 12 个班，高中 25 个班），在校生 1918 人，有少数民族学生 1013 人，占在校生人数 53%；教职工 151 人，专任教师 133 人，特级教师 3 人，高级教师 56 人，一级教师 32 人，高中级职务教师占教师总数 66%。学校坚持以科学发展为指导，以创办人民满意的教育为目标，以高、中考为抓手，以新课程改革为重点，圆满完成了 2011 年教育教学工作任务。2011 年高考，州一中又创新佳绩，再续新辉煌：一是学校继续蝉联本地培养的全州文理科状元，理科上 500 分的考生有 34 名，文科上 500 分的考生有 17 名，全州理科前十名中州一中有 7 名，全州文科前十名中州一中有 8 名；二是本科上线首次突破 400 人大关，本科以上上线达 405 人，比去年增加 204 人，增幅达 101.5%；三是理科重本率达 26.64%，理科二本以上上线率达 79.1%，高考总上线率 99.8%；四是直播教学班全班上二本以上线，其中一本上线率 87.22%。州一中彰显了全州窗口学校、示范学校的实力与功能，以辉煌业绩向党的 90 华诞真情献礼。

〔**第三、四届景洪城区“教职工”运动会获奖**〕 2011 年 1 月 6 日，在州教育局教育工会组织的景洪城区教育系统第三届教职工运动会上，学校中老年气排球队获“第一名”；大众广播体操获“第五名”、男子乒乓球获“第四名”。11 月，在第四届景洪城区教育系统教职工运动会上，学校也取得了较好成绩：中老年气排球队获“第一名”；大众广播体操、女子篮球队、卡拉 OK 比赛均获“第二名”；羽毛球队获“第三名”；男子乒乓于获“第四名”。

〔**赵建华评为省级优秀学生**〕 2011 年 1 月 20 日，西双版纳州一中高三理（5）班学生赵建华被云南省教育厅评为 2010～2011 学年云南省级优秀学生。

〔**州中小学生球类运动会获奖**〕 2011 年 2 月 19 日，西双版纳州一中在西双版纳州中小学生篮球、足球运动会上获高中组男子篮球“第一名”；获高中组女子篮球“第二名”；并获得“体育道德风尚奖”。

〔**庆“三八”聚人心**〕 西双版纳州第一中学以“三八”妇女节为契机，以创先争优为动力，以丰富教职工的业余生活为宗旨，以展现教职工的精神面貌、增强凝聚力为主旋律，组织开展了全校性的庆祝国际“三八”妇女节活动。

〔**重组党支部 发挥战斗堡垒作用**〕 学校党总支 3 月 14 日在全体党员会议上宣布保留原离退休教职工支部，撤去原来在职党员所在的 3 个党支部，重新组建了州一中高中第一党支部（高一年级)、第二党支部(高二年级)、第三党支部(高三年级)和初中党支部。西双版纳州一中党总支发扬中国共产党"把支部建在连队上"的光荣传统,结合学校工作实际以及党建工作需要,在创先争优活动中,充分发挥战斗堡垒作用。

〔**教学展示周活动**〕 2011年3月21至25日,西双版纳州第一中学举行以"教学有效性探索"为主题的高中新课程背景下教学展示周活动。本次教学展示周,由高中10个学科,在教改中堪称先锋的12名教师,面向全州教育系统展示自己的教学风采,展示第一中学的教改成果。

〔**唐圣林在拳王争霸赛中获奖**〕 2011年3月,州一中高三文(2)班学生唐圣林参加香港48公斤级拳王争霸赛荣获"冠军"。

〔**恒源祥文学之星**〕 2011年4月18日,第六届"恒源祥文学之星"中国中学生作文大赛在南京落下帷幕。州一中高二学生石秋前、初三学生先珂瑶在学校小记者站指导老师牛东院、王湖云的全程陪同下飞往南京,与包括香港、澳门、台湾地区在内的20多个省市区的选手现场比拼,分别荣获中国中学生作文大赛高中组、初中组一等奖。

〔**学校获奖**〕 2011年5月,学校团委被共青团西双版纳州委评为"五四红旗团委"。2011年6月,庆祝中国共产党成立90周年之际,学校党总支被中共西双版纳州教育局直属机关委员会评为"先进基层党组织"。同月,州一中在云南省第三届阳光体育冬季长跑活动中被省教育厅表彰为"优秀组织奖"。2011年8月26日,在州教育局2011年综合办学效益突出的中学和招生就业工作成绩突出的职业学校进行奖励决定中,学校获"初中办学效益奖"、"高中办学效益奖"、"初中高分奖"、"高中进步奖"、"州直中学目标奖"。

〔**教师获奖**〕 西双版纳州第一中党总支书记王海波被中共云南省委高校工委、中共云南省教育厅党组评为"云南省教育系统优秀共产党员"。教师党员刘玉辉被州委州直机关工委评为"优秀共产党员"。退休党员殷嘉珍,在职党员教师杨蕊芳、康丽华、鲁静萍、吴少英、刘黎黎被州教育局直属机关委员会评为"优秀共产党员";党总支副书记李雄飞、总支委员李晓春被评为"优秀党务工作者"。2011年8月26日,在"两基"工作中,教师王凌红、李晓春、吴少英、朱梅君被评为州级"两基先进个人";周德学、陶冬梅被评为市级"两基先进个人"。

〔**纪念"五四"运动九十周年庆祝大会**〕 5月6日晚7:30,学校在运动场隆重召开纪念"五四"运动九十周年庆祝大会。校党总支副书记、校工会主席李雄飞,副校长牟靖,副校长李英昌,党政办主任李晓春,党总支青年委员鲁静萍,政教处主任金旌,副主任唐文军,总务处副主任杨松青等学校领导出席了本次庆祝大会。初三年级、高一、高二年级班主任老师及全体学生团员和青年参加本次大会。会议由校团委副书记朱丽萍主持。

〔**建党90周年系列活动**〕 为庆祝建党90周年,进一步培养爱党爱国情感,西双版纳州第一中学党总支在开展"快乐健身,迎接九十华诞"系列活动的同时,又开展了"学历史、唱红歌"活动。5月7日晚,全体教职工聚集在阶梯教室,隆重举行"纪念建党九十周年红歌大赛"。5月8日早上,还沉浸在红歌声中的党员教师,又哼着红歌登上中巴,集体前往州民族博物馆,了解西双版纳州各族人民在党的领导下,由刀耕火种、结绳记事走到社会主小康社会的今天的发展历程。

〔**学生成人宣誓仪式**〕 为进一步增强广大青年学生的公民意识、道德意识和公民责任意识,帮助他们树立正确的世界观、人生观、价值观,5月30日上午,州一中年满18岁的学生在西双版纳州解放纪念碑前举行18岁成人宣誓仪式。州关工委主任王贵生、团州委办公室副主任顾标强、学生家长代表、校长王海波、副校长涂克怀、牟靖等出席成人宣誓仪式。

〔**童心向党"六一"文艺汇演**〕 2011年6月1日,学校"六一"庆祝大会暨初二年级少先队员退队、新团员宣誓仪式、"童心向党"六一文艺汇演在学校阶梯教室隆重举行。

〔**党建共建座谈会**〕 2011年6月13日,白象湖社区在州一中召开了党建共建座谈会。辖区共建单位、社区"两委"班子成员、州一中、市一中、市一小的学生共27人参加了座谈会。

〔**开展党组织培训工作**〕 2011年6月18日,学校对10多名总支委员、支部书记、支部委员开展了学习培训活动。本次学习培训活动,使党组织成员进一步明确了组织工作的职责和程序,了解了革命史、奋斗史,加强了对党的认识,提高了自己的思想境界,增强了党总支及党支部的凝聚力和战斗力,为进一步搞好组织工作打下了坚实的组织基础和思想基础。

〔**公开招聘中层干部**〕 2011年9月9日,根据学校教育教学管理和服务的需要,在本校范围内公开招聘空缺的中层干部,经过大会动员、个人申报、民主推荐、组织考核、领导小组集中研究并无记名投票。学校聘用:牛东院任党政办副主任、梁有珍莺任教务处副主任、张虹任教科处主任、李萍任政教处副主任、朱丹任安保办主任。聘期为2011年9月8日~2013年9月16日(含试用期一年)。

〔李雄飞获"云南教育功勋奖"〕 2011年9月10日,党总支副书记李雄飞在推进云南省教育事业改革和发展中成绩显著,被云南省教育厅授予第二届"云南教育功勋奖"。

〔高考誓师大会〕 2011年10月15日,西双版纳州第一中学召开了"2012届高考动员誓师大会",高三年级全体师生及家长代表参加了会议。

〔高三开展集体备课制度〕 2011年10月17日,经过学校行政会议研究决定,高三年级实行新的集体备课制度。力求通过集体备课,营造一种交流、合作、研究的学术氛围,快速精确地找出新旧课程的差异,把握新课程,新高考的脉动,进一步提高教育教学水平。

〔州、省教学大赛创佳绩〕 2011年10月19日-20日,在西双版纳州高中新课程课堂教学大赛上,来自两县一市及州直高中的9个学科45名教师参加比赛,经过全程激烈角逐,州一中囊括了9个学科8个第一名的好成绩。11月15日~12月6日云南省高中新课程教学大赛分9个学科在不同地点分别开赛。按州教育局安排,州一中派出在州高中新课程教学竞赛中获奖的8个学科第一名的8名年轻教师,代表州教育局前往省级赛场参加8个学科的竞赛,一举夺得1个特等奖、6个一等奖、一个2等奖的喜人佳绩。

〔校长王海波赴上海培训〕 2011年10月10日~2011年12月19日,学校党总支书记、校长王海波赴浦东新区跟岗研修学习培训,经过三个月的培训,考核为"优秀"。

〔学校第39届运动会召开〕 2011年10月22日,西双版纳州第一中学第39届田径运动会召开。本届运动会我们倡导一种观念——发展阳光体育,创造健康生活,创建和谐校园,为当代中学生提供尽情展示运动风采、拼搏精神的运动平台。

〔著名演讲家蔡朝东公益演讲〕 2011年11月22日下午3:00,全国著名演讲家蔡朝东到州一中进行了"三生教育"公益演讲,演讲内容是当代青年的德商、智商、情商。州一中及市一中的广大师生都参与了此次活动。

〔先锋杯运动会获奖〕 12月,在中共州直机关工委组织的第三届先锋杯中,共有27支队伍参加比赛。州一中男子气排球获"第一名",女子气排球、女子篮球获"第二名"。

(《州一中》撰稿　连燕)

西双版纳州第二中学

〔概述〕 2011年度,西双版纳州第二中学在职在岗教职工95人,其中管理人员6人,工勤人员9人,教师80人(中学高级教师25名,一级教师27名,二级教师28名);教学班25个,学生1355名。学校围绕"团结、奉献、创新、提升"的工作思路,贯彻科学发展"以人为本"的现代管理思想,推进教育创新,提升教育教学质量。教育教学受到上级的表彰。

2011年1月获得"云南省第三届阳光体育冬季长跑优秀组织奖"(云南省教育厅颁发);2011年6月,被州直属机关工作委员会表彰为"先进基层党组织";9月,被景洪市委市政府表彰为"两基先进学校",并获得第十届"希望之星"英语口语大赛优秀组织奖(团州委和州教育局联合颁发)和"第二届民族团结进步征文活动优秀组织奖"(西双版纳州民宗局和州教育局联合颁发);12月,获得州科技局举办的西双版纳州科技创新大赛"优秀组织奖"。在西双版纳州教育局对州属学校进行2011年年度工作考核中,西双版纳州第二中学目标管理、党建、党风廉政建设三项考核均为"优秀"。

2011年7月,罗云红、张琼华、李雄晖被州教育局表彰为优秀共产党员,王海新被表彰为优秀党务工作者。

〔教职工运动会〕 2011年3月1日~3月7日,西双版纳州第二中学召开首届教职工运动会,设集体和个人项目共10个,整过运动会开得团结、热烈,展现出教职工快乐、健康、和谐、文明的形象。

〔组建"乐活骑士村"〕 自2009年以来,西双版纳州第二中学陆续从全国各地引进了大量应届本科毕业生和研究生,为丰富年轻人生活,在学校的倡议下,2011年3月12日,该校新进的年轻教职师34人组建了"乐活骑士村",推举李光裕担任村长,组成快乐生活、互帮互助、团结奋进的青年活动团体,并以青春的名义植下纪念树。

〔人才引进〕 2011年4月,在州教育局、州人事局的组织下,西双版纳州第二中学从四川师范大学、哈尔滨师范大学、东北师范大学、云南师范大学等高校引进教师9人,其中:东北师范大学1位、四川师范大学2位、哈尔滨师范大学1位、云南师范大学5位。

〔教师专业技术职务晋升〕 2011年5月,西双版纳州第二中学杨金春、涂霞、冉江红取得中学一级教师职务资格,7月,罗云红、黄蓓、高海蓉、董焕云取得中学高级教师任职资格,9月,王浩飞、王成顺、华吉川、刘兴波、米琳娟、杜井宁、李国文、李晓伟、李光裕、何泽娟、张金凤、邬昌谋、常青、彭玉娇、雷远康、鲜莹16人通过考核转正并确定具有中学二级教师任职资格。

〔**微格教学竞赛**〕 2011年5月27日,西双版纳州第二中学举行了青年教师微格教学竞赛。39名35岁以下的青年教师经过紧张角逐,决出9名优胜者,魏必亮获得一等奖,何莉和官文琴获得二等奖,雷远康、米林娟、杜井宁、华吉川、付家云、李光裕6人获得三等奖。

〔**教职工减员**〕 2011年6月,西双版纳州第二中学教师李海云调出(调至州民族中学),青年教师邢姗姗因病死亡,张丽琼退休;7月,朱昌身、官文琴离职,童静华退休;10月,牟妍玫退休,12月,杨舒红退休。全年减员8人。

〔**发展新党员**〕 2011年6月18日,经西双版纳州第二中学党支部表决通过,张勇、牟智蜀两位同志成为中国共产党一名正式党员,杨金春成为预备党员,至此,西双版纳州第二中学党支部党员人数为44人。

〔**为教职工配备笔记本电脑**〕 为普及现代教育技术手段,2011年6月24日,西双版纳州第二中学根据州教育局相关要求,由个人和学校共同出资(个人出资2000.00元,其余由学校承担),通过政府采购方式,为92位教职工配备了笔记本电脑,并在各年级办公室安装了路由器方便教师无线上网。电脑品牌:联想T1640。

〔**2011届学生毕业**〕 2011年6月30日,西双版纳州第二中学335名学生顺利完成初中学业,取得初中毕业证书。毕业班级为初92至97班。

〔**中考成绩**〕 2011年7月,在校园排危改造施工嘈杂的恶劣环境中中,西双版纳州第二中学师生员工上下一心,共渡难关,中考取得了优异的成绩:总分600分以上人数113人,蝉联全州第一;其他学科成绩综合评定为全州第二。

〔**家访**〕 2011年7~8月,西双版纳州第二中学学校领导和初三年级全体教师,利用暑假时间,深入到景洪、勐海、勐腊城镇乡村的学生家中进行家访,交流思想,辅导学业。受访学生达220余名,拉近了学校与家庭、社会的距离,增进了教师和家长、学生间的了解。

〔**教职工补充**〕 2011年8月,引进教师李海林(语文)、刘静若(语文)、白寿升(数学)、徐轩(数学)、卞星百(英语)、李燕红(化学)、陶永芳(历史)、李红清(政治)、吴昊(音乐)等9人;政策性安置退伍军人岳强、张立峰2人,聘在安全保卫岗位。10月,选调教师席保华(语文)、胡启明(物理)2人,选调会计叶海1人。全年补充人员14人。

〔**招生**〕 2011年8月,西双版纳州第二中学共招收8个初中教学班,学生448人,班级排序为初19班至初26班。经州教育局批准同意,西双版纳州第二中学2012年开始增招高中班4个班,学生200名,此后每年招收四个班,三年后达到12个高中教学班的规模。

〔**启用临时校门**〕 西双版纳州第二中学正对南路派出所的校门,因学校排危改造建盖学生宿舍和学生食堂,自2011年8月18日开始封闭,临时启用版纳海关斜对面原州民族中学老校门。

〔**军训**〕 2011年8月28日~9月1日,西双版纳州第二中学对2011级新生进行了为期五天的军训,增强学生国防意识,磨炼学生意志,强健学生体魄,给初中学习生活开启了一个良好的开端。

〔**教工男子篮球队连连夺冠**〕 西双版纳州第二中学教工男子篮球队继景洪城区教育系统第三届教职工运动会上夺冠后,2011年10月又夺得第四届教职工运动会教工男子篮球冠军,11月夺得西双版纳州"先锋杯"冠军,队员参与州教育局代表队参加景洪市"天立杯"篮球运动会获得亚军。

〔**学生篮球男女队双双夺冠**〕 2011年11月,在景洪市初中生"飞翔杯"篮球运动会上,西双版纳州第二中学男、女队双双夺冠。

〔**排危改造建设**〕 西双版纳州第二中学全面排危改造建设于2009年启动,2010年8月,教学楼、综合楼已交付使用,学生宿舍、食堂、校园广场于2011年11月1日正式开工,建设进展顺利。

〔**深入开展创先争优活动**〕 西双版纳州第二中学党支部深入开展创先争优活动自2010年5月启动后,创新活动形式,丰富活动内容,2011年,创先争优活动更加注重与教育教学工作结合,更加注重实效,公开承诺、廉政谈话、授旗评星、民主评议和召开民主专题会、观看警示长廊和教育片、发展新党员、走访慰问老党员、举行《廉政准则》知识竞赛、参观了民族工艺制作、精读好书、推选先进等活动,在构建和谐校园、服务师生员工、加强基层组织、推动学校发展中都起到了重要的助推作用。截止2011年12月底,西双版纳州第二中学发布创先争优简报46期,在西双版纳电视台、西双版纳教育信息港、州委创先争优媒体发表信息、简报和被宣传报道19次。

（撰稿人：彭孟菊）

西双版纳州允景洪幼儿园

〔概述〕 允景洪幼儿园建于1982年7月，隶属西双版纳州教育局管理，全园占地面积11864平方米，是一所全日制公办幼儿园、云南省一级二等幼儿园。建园以来先后荣获“省级文明学校”、“州级文明学校”、“市级文明单位”、“西双版纳州语言文字示范学校”、“西双版纳州环境友好示范单位”、“云南省示范家长学校”、“西双版纳州三生教育示范学校”等称号。2011年1～8月有13个教学班，幼儿598人，9～12月因为改造教学楼未招收小班，幼儿减少为371人。2011年有教职工51人，其中教师40人，工勤人员7人，财务、医务人员各2人。全园教师100%均为大专以上学历。近年来，幼儿园一批教职工先后获得州级优秀教师、州级优秀共产党员等称号，并在各类专业比赛中获奖，有多篇科研论文在全国、省、市交流获奖，并发表在幼教报刊杂志上，幼儿园集体也多次获奖。

〔基本工作思路〕 继续围绕一个中心——以幼儿、教师、家长的共同发展为中心；抓住两个特色——以本土文化入手，挖掘艺术特色，以教研组为阵地，从民族传统文化着手，从培养幼儿良好行为习惯出发，挖掘和发展幼儿园园本课程，发展幼儿园传统文化特色。找准三个定位——把幼儿园的发展定位为办优质的、放心的幼儿园；把幼儿的发展定位为培养健康的、快乐的、乐学好问的幼儿；把老师的发展定位为培养有良好师德师风，敬业好学，努力钻研的现代教师。抓好四项建设——加强校园文化建设，进一步挖掘校园文化内涵，提升办园品质；加强领导班子建设，建立一个和谐的、高效的、向上的领导班子；加强教师队伍建设，进一步完善各种激励机制，努力调动教师工作积极性；加大园本课程建设，根据幼儿发展特点，结合地方特色和我园办园情况，做好园本课程的开发和使用。认真落实幼儿园各项工作，努力办人民满意的幼儿教育。

〔领导班子精干务实 党建工作较有建树〕

允景洪幼儿园领导班子成员共3人，由园党支部书记、园长陈庆安，副园长徐红云和副园长罕富珍（借调到州教育局工作）组成，是一个朝气蓬勃、素质全面、开拓进取、团结务实、精干的领导集体。幼儿园领导班子坚持以“聚智慧，显特色，团结奋进升品质；强管理，促发展，开拓进取创一流”为发展目标，保持并提高了我园的工作质量和工作水平。副园长徐红云9月～12月到昆明参加园长培训班培训，系统地学习了新的教育理念和管理理论。在州教育局组织的2010年幼儿园目标管理、党建工作、党风廉政建设三项工作考核中均获优秀，园党支部被州教育局表彰为“优秀基层党组织”；发展了杨洁梅、陈琛、代燕3名预备党员，改变了多年未发展党员的局面。

〔强化师德师风〕 针对幼儿园实际，采取切实有效的措施，加强对全体教职工的政治思想教育和业务培训，提高教师队伍整体水平。把教师的政治思想和职业道德教育作为幼儿园师资队伍建设的重要抓手，将师德规范作为幼儿园精神文明建设的重中之重来抓。认真学习《幼儿园教育指导纲要》及相关的文件，坚持依法办园，依法治教，认真落实州委、州政府和州教育局各项工作部署要求，坚持每双周二集中进行政治理论和业务知识学习，强化教师的政治理论素质和爱岗敬业意识。结合师德师风精神，组织教师学习幼儿教师先进事迹，开展师德竞赛活动，帮助教师树立正确的人生观、世界观、价值观，大力弘扬求真务实、爱岗敬业的高尚师德。

〔加强园本培训〕 一是构建学习平台，提高教师园本研修意识。开展了书香进校园活动，“走出去、请进来”活动以及“自我剖析，共同反思”活动。二是构建引领平台，推动教师专业发展。幼儿园领导班子成员积极带头，引领教师主动投入学习培训。三是构建展示平台，提高教师素质。要求每个教师结合自身实际制定三年发展规划和逐年目标，教师对个人发展计划的执行过程和发展情况每年要进行总结。4月开展多媒体操作培训，5月开展教职工普通话培训，多次开展了写反思笔记、写观察记录、编排幼儿舞蹈等业务培训，切实有效地提高了教师的业务水平。7月，组织举行了幼儿园教师业务竞赛（手工），40位教师参加了此次比赛。一方面为教师们提供了一个自我展示的舞台，充分展示了教师业务水平，另一方面也起到了鼓励教师不断学习，努力提高自身的基本技能和综合素质的作用。

〔构建平安和谐校园〕 严格按州教育局和相关部门的要求健全各项安全制度，规范了各项安全工作。加强卫生保健工作，对各班幼儿生活常规培养工作进行了定期检查与指导，定期检查幼儿食堂的食品采购和操作过程，严防食物中毒发生。各年龄班根据其年龄特点制定出恰当的安全教育内容，在每周工作计划中安排一节安全教育课，有效的开展了安全教育活动，每月进行一次安全演练活动，增强了幼儿安全知识，使幼儿的自我保护意识和能力得到提高。积极进行环境改造工作，2月，为幼儿园4号教学楼增盖了隔热层，重新做了防水处理；6月，为各班幼儿添置了桌面玩具，给3号教学楼的4个班级配备了储物柜；并进行了幼儿园的绿化美化工作。11月，为中一班、大一班新增了多媒体教学设备，更换了部分室外活动场地的塑胶地垫等。

〔获奖情况〕 (1)参加景洪城区教育系统第三届教职工运动会，获大众广播操第二名和"道德风尚奖"。

(2)参加景洪城区教育系统第四届教职工运动会，获健身操比赛第一名、大众广播操(幼儿组)第二名。

(3)被景洪市孔雀湖社区评为"文明小区"、"文明楼院"。

(4)获州财政局2010年度全州财政决算结算报表三等奖。

〔教研教学成果丰硕〕 2011年7月，5名教师的论文分别荣获国家教师科研基金"十二五"阶段性成果贰等奖。9月，张丽萍的书法作品入选"盛世中华"首届全国优秀教师美术书法摄影作品邀请展，作品《曼陀罗》在"盛世中华"首届全国优秀教师美术书法摄影作品邀请展中荣获优秀奖，书法作品、美术作品分别荣获"州直机关纪念建党90周年美术、书法、摄影作品展"三等奖和优秀奖；书法作品还获得了州委宣传部、州文学艺术联合会共同举办的"庆祝中国共产党成立90周年美术书法摄影大赛"优秀奖。徐然波、陈琛、丁凤华在云南省幼儿教师教学技能竞赛"儿童主题画"、"讲故事"、"儿童歌曲弹唱"比赛中各荣获二等奖；徐然波美术作品荣获"州直机关纪念建党90周年美术、书法、摄影作品展"优秀奖。徐红云在参加七色童年·全国儿童书画美术大赛活动中，荣获集体三等奖。何智梅荣获指导一等奖。参加七色童年．全国儿童书画美术大赛活动中，有14名幼儿荣获"明日之星"一等奖，14名幼儿荣获二等奖，56名幼儿荣获三等奖。参加全国幼儿创意美术大赛——成长的足迹，共有89名幼儿获奖。其中特金奖9名，金奖17名，银奖60名，铜奖3名。教师赖丽娟获组织三等奖，吴钊获指导教师三等奖。9月，参加《云南省中小学生书画大赛》，共有15名幼儿参赛，均获一等奖。教师张丽萍、何智梅、王雪娟、吴钊、段文娟、徐然波、王景玲获指导教师一等奖，幼儿园获集体一等奖。

〔重建工作正式开始〕 3月，西双版纳州人民政府2011年第16次州长办公会议上〔会议纪要(第1期)〕，原则同意州教育局提出的《州直学校标准化建设发展规划》，至此，允景洪幼儿园重建工作全面开始。

〔创建工作启动〕 9月，园领导班子研究部署创建云南省一级一等幼儿园相关工作。

〔积极做好帮扶工作〕 充分发挥示范园辐射作用，积极开展送教下乡活动，促进幼儿教育城乡均衡发展。先后接待帮助勐腊县幼儿园、景洪市勐龙镇幼儿园、勐海县勐遮幼儿园、勐哈幼儿园等多所基层幼儿园教师到我园挂职学习，接待县职教中心幼师学员观摩我园半日活动；7月，王雪娟老师为全省开展礼仪教育的部分幼儿园教师上示范课；6月和11月，邓翠兰、徐然波、张美老师分别到东风农场幼儿园、南国帝景幼儿园开展了送教下乡活动；12月，与景洪市小街乡小学附属幼儿园签订长期帮扶协议。

〔组织幼儿参与各种大型节庆活动〕 3月，开展"爱妈妈"的活动；4月，开展以"爱家乡"为主题系列活动；6月，开展了庆"六一"游园活动和文艺演出；7月，举办了题为"党是太阳我是花"的大班毕业汇报演出；10月，举办了教师和幼儿的"经典诵读"活动；12月，举行了允景洪幼儿园第26届幼儿运动会。

〔开展家园共育活动〕 举行家长开放日活动，让家长了解幼儿教育的内容和方法，取得家长对允景洪幼儿园工作的支持；举办各类家教讲座，向家长宣传新的教育理念，宣传科学育儿的方法。

〔开展幼儿年度大体检活动〕 6月，请西双版纳州妇幼保健院的医生为全园幼儿进行儿童体检，对孩子的"身高、体重、口腔、头围，血色素、微量元素"等生长指标进行了测评，幼儿还加做了氟化泡沫防治龋齿、视力筛查等体检内容。体检后，给幼儿家长发放了体检回执单，使家长详细了解到各自幼儿的身心发育状况，有效地促进了幼儿身心的发展。

〔实施绩效工资〕 8月至10月，按照上级部门的部署和要求，允景洪幼儿园顺利平稳有序地完成了绩效工资的实施工作，教职工的工作的主动性、积极性、创造性得到进一步激发。

(《允景洪幼儿园》撰稿：陈庆安)

西双版纳州机关幼儿园

〔概述〕 州机关幼儿园位于景洪市勐泐大道22号，始建于1957年6月，占地面积11303平方米，建筑面积5198平方米，绿化面积3416平方米，固定资产882万元。2010年，州机关幼儿园有

17 个全日制教学班、其中蒙台梭利实验班 4 个、小班 5 个、中班 3 个、大班 3 个、学前班 2 个，在园幼儿 719 名，是云南省教育委员会首批认定的省一级二等幼儿园。现有教职工 79 名（正式在编教职工 47 人，代课教师 15 人，临时工勤人员 17 人），其中高级教师 28 人，一级教师 6 人，二级教师 16 人。本科学历 16 人，专科学历 25 人，教师学历合格率达 100%。

州机关幼儿园坚持以人为本、依法办园、依法治教。以《幼儿园管理条例》、《幼儿园工作规程》、《幼儿园教育指导纲要》为依据。以"保教并重"、"一切为了孩子"为宗旨。以"发展人格、促进能力、培养兴趣、激励创造"为教育目的。该园有一支开拓进取、规范管理、师德高尚的教职工队伍，为西双版纳州幼儿教育的可持续发展努力工作。

〔注重幼儿阅读培养，提高幼儿语言运用能力〕 语言是社会交往的重要工具之一，也是教育重点。幼儿园语言教育的一个突出特点，就是以多种活动形式来帮助幼儿学习语言，要求教师糅合多种儿童发展因素，促使幼儿在外界环境因素的刺激和强化作用下，产生积极地运用语言与人、事、物、交往的需要、愿望和关系，在生动活泼的操作实践中动脑、动嘴、动手，成为主动探求并积极参与作用的语言加工创造者。机关幼儿园非常重视幼儿语言教育，同时还注重家园合作，共同促进幼儿语言发展，该园于 2011. 1. 6，邀请武汉亿童早期教育研究中心教研员马丽亚到园对教师进行"走进儿童的阅读世界"的分级阅读培训以及家长进行分级阅读的家长学校培训。幼儿园举办了幼儿卡拉 OK 大赛、幼儿故事大王、阅读小冠军等，为幼儿搭建交流、变现、运用语言的平台，做到学以致用。

〔继续开展"三生教育"活动，进行爱国教育〕 机关幼儿园自 2009 年开展"三生教育"以来，幼儿、家长、教师通过学会，认识到早期教育对幼儿一生发展的重要性。在"学会学习、学会生活、学会做人、学会创新"、"珍惜生命、学会生存、热爱生活"的教育前提下，对幼儿进行了"爱祖国、爱家乡、爱我自己"的为教育，从小培养幼儿民族自豪感、责任感。

幼儿园以《生命 生存 生活》为教材，从孩子的兴趣出发，密切与家庭、社区联系，开展一系列教育教学活动，让孩子们走进社区，走近自然，提高对自然的认识。同时定期不定期地进行各类安全演练，提高幼儿自救意识和技能。

各班还组织形式多样的活动，如：亲子郊游、看望生病的同伴、教师；家长进班讲课等活动，通过教师、家长、社会三个载体，让幼儿从听、看、做、讲中体会、感受到生命的意义与价值。

〔通过节日，开展主题教学活动〕 节庆，是幼儿较为喜爱的日子，而每一个节庆，都有其不同的教育意义和价值。因此，该园长期以来都利用各种节日，对幼儿进行德育、社会、技能等方面的教育。如："三八"妇女节，开展《我爱妈妈》的主题活动，让幼儿了解母亲的辛苦和付出，从而教育幼儿尊重父母，学会分担家庭责任。

四月，是西双版纳最热闹的月份。也是让幼儿认识本土文化，激发幼儿民族自豪感的最佳时间。我园在四月制定了"爱家乡"的主题教育活动。在幼儿园课程中，选择、制定了适合各年龄层次孩子们认知发展需要的，有关西双版纳风土人情、民俗文化及社会发展变化等方面的内容，让孩子们在系列主题活动中加深对自己家乡的了解、认识，从而培养对家乡的热爱之情，激发幼儿民族自豪感和爱国情感。

"五一"劳动节期间，让孩子们通过参观不同行业的工作，亲自制作饮食等活动，体验劳动带来的成果和快乐。

十月国庆节开展"我爱祖国"亲子美工活动。在活动中，各班级的教师们按照统一主题"我爱祖国"有序地组织开展活动。有的班级做剪贴国旗；有的班级绘画家乡美；还有的班级进行儿歌表演和美工结合在一起，把活动组织得丰富而有意义。通过活动不仅让小朋友了解了祖国的美好河山、民族文化，引发孩子们的爱国热情和民族自豪感，在大班组织的亲子活动中，爸爸妈妈和小朋友共同制作了小国旗，把教室打扮得格外美丽，让家长和孩子感受了共同学习的乐趣。

"敬老节"，带幼儿看望退休老教师，并和聊教师没一同表演节目，各班级还让孩子制作贺卡、花等手工送给爷爷奶奶、外公外婆。

〔被评为云南省"平安校园"〕 2011 年 12 月 1 日，云南省"平安校园"检查组到园检查，在检查过程中，检查组通过"听、查、看"等方式听取了园长的汇报，查看了幼儿园各个部门和环节，在对园舍环境进行仔细检查后，检查组进入到幼儿食堂，对幼儿伙食进行了严格、认真、仔细的检查。对幼儿园的环境、设施、幼儿饮食、保健等方面进行了全面的检查，对幼儿园做出高度评价，并一致同意通过认定西双版纳州机关幼儿园为云南省"平安校园"。

〔获奖情况〕 幼儿园参加 2011 年全国中小学生幼儿优秀美术书法摄影作品大赛：有 416 名

幼儿获奖，其中特等奖3人，金奖70人，银奖105人，铜奖227人，优秀奖11人。19名教师获奖，其中有1人获辅导教师特等奖，6人获一等奖，8人获二等奖，4人获三等奖。

2011年11月，参加云南省教育厅主办的“第二届云南省中小学生书画大赛”活动，获集体一等奖。6名教师获指导教师一等奖，5名教师获指导教师二等奖，1名教师获指导教师三等奖；7名幼儿的作品获一等奖，8名幼儿的作品获二等奖，2名幼儿的作品获三等奖。

〔通过课题研究，丰富幼儿园园本课程资源〕

2009年州机关幼儿园申报的云南省规划办“十一五”第三批课题《西双版纳少数民族民间体育游戏在幼儿园体育活动中的开发与利用》，并已2011年11月，向云南省教育规划领导小组递交了结题报告和相关资料等待结题。

〔加强教师培训，提高教师专业素质和能力〕

2011年州机关幼儿园共外派教师学习56人次，请进专家到园培训7余次。

3月，幼儿园12名教师5名管理人员分三批到云南省政府圆通幼儿园跟班学习蒙氏课程；4名教师到大理参加奥尔夫音乐培训；5月，幼儿园10名教工到普洱参加亿童教育幼儿园音乐、美术教育课程实施研讨会、1名教师参加由云南省教育厅组织的云南省骨干教师及一线教师培训；7月，两位老师到张家界参加一杰早期教育机构的家长工作艺术专题的培训；8月，6名教师参加北京师范大学儿童阅读与学习研究中心、奕阳教育研究院组织的2011早期教育教学研究与实践高级研讨会；11月，该园园长带4名教工到红河州机关幼儿园，建水县机关幼儿园、蓝天幼儿园、敏华幼儿园交流学习。

该园还邀请武汉亿童早期教育研究中心教研员马丽亚到园对教师进行“走进儿童的阅读世界”的分级阅读培训；2月，到允景洪小学参加云南师范大学心理学博士后陶云教授关于《教师心理问题的表现与调适》心理健康讲座；3月，云南省家庭教育研究会家庭教育专家杨德军老师，到该园对全园教师进行“教师礼仪”的讲座；5月，全园教师到允景洪小学参加徐桥老师“教师专业成长”的讲座；8月，18名教师到允景洪小学参加PPT教程培训(1天)；9月，30名教师参加一杰早期教育班级管理研修班、武汉亿童教育研究中心刘少瑾老师到我园对全园教师进行美术教育方法的培训。

(《西双版纳机关幼儿园》撰稿人：聂晓华)

卫　生

责任编辑:杨福清

卫　生

〔**概述**〕　截止2011年12月,全州共有公立医疗卫生机构121个,其中:县级以上医院4个,乡镇卫生院34个,疾病预防控制中心4个,妇幼保健院4个,卫生监督所4个,民族医药研究所(傣医医院)1个,中医医院1个;农垦移交医疗机构69个(医院11个,分场卫生院58个)。共有病床4900张。有在职职工4468人,其中卫生专业技术人员3924人,占职工数的87.83%。在卫技人员中,正高级职称41人,占1.06%;副高级职称164人,占4.23%;中级职稍:1106人,占28.5%;初级职称2615人,占67.23%。行政后勤人员544人,占职工数12.17%。编外临时聘用人员2023人。

全州有社区卫生服务中心6个,社区卫生服务站14个;村卫生室270个,有乡村医生769人;民营医院14家;个体诊所378家。

每千人口拥有病床4.3张,拥有卫生人员3.95人。

〔**食品安全联合检查**〕　2011年1月12日,西双版纳州组织开展了州庆、春节前食品安全联合检查。本次检查由李江虹副州长带队,有州卫生局、州农业局、州质监局、州工商局、州商务局、州粮食局、州食品药品监督管理局等单位参加。检查以粮、油、肉、蛋、酒类、饮料、豆制品、奶制品、水产品、蔬菜、水果、散装食品等内容为主,以农产品质量、食品生产加工、流通、餐饮服务、生猪屠宰、药品零售等环节为检查重点,主要检查食品加工、运输、储备等是否符合食品安全要求及食品安全制度制定、落实情况,进货渠道及采购索证情况,药品零售经营规范情况,从业人员健康证持证上岗及卫生状况。检查组走访了西双版纳就业有限公司、奥力饮料厂、香溢蛋糕店3家生产型企业,查看了生产车间的卫生情况,了解了生产原料的进货渠道及加工过程的安全保质措施。抽查了企业的各类证照手续、员工是否持有健康合格证;走访了州医药公司二门市、大兴量贩、江北米线和豆腐加工店,景洪农贸市场,并对检查中发现的一些问题,向经营业主提出了整改要求。

〔**勐腊县中医院挂牌成立**〕　按照云南农垦改革有关精神,勐腊农场职工医院及下属的6个分院,于2010年12月成建制划由勐腊县政府管理。为更好地发挥职工医院的医疗、预防、保健、康复、急救等优势,变压力为动力,经过医院和各部门的共同努力,县政府决定将原勐腊农场职工医院更名为"勐腊县中医院",并于2011年1月18日挂牌成立。至年末全州有中医院2所。

〔**食品安全监管职能移交**〕　根据《食品安全法》有关规定,食品安全综合协调职责由卫生部承担。按照机构改革有关精神,把原设在州食品药品监督管理局的州食品安全委员会办公室调整到州卫生局;把原由州卫生局承担的餐饮服务、化妆品、保健品安全管理职能划归到州食品药品监督管理局,为理顺职能,2011年1月20日,进行了职能职责移交。副州长李江虹参加移交会并指出,通过各级各部门的共同努力,全州食品综合监管工作成效显著,确保了全州没有发生任何重大食品药品安全事故,为促进全州经济社会又好又快发展,推进"保民生、保增长、保稳定"做出了积极贡献。各级各部门要高度重视食品安全综合监管职能移交工作,确实将食品安全监管各项职责落到实处,保障人民群众身体健康和生命安全。州食品安全委员会办公室要切实履行食品安全综合协调职能,食品药品监督管理部门要切实强化日常监管,进一步建立健全相关管理制度,切实加强对执法人员的教育管理和培训,加强自身建设,不断提升食品安全监管水平,适应新形势、新需要,为做好食品安全工作打牢基础。

〔**省卫生厅长到州调研**〕　2011年2月28日至3月1日,省卫生厅厅长陈觉民一行到西双版纳州调研指导工作,副州长李江虹和州、市卫生局领导陪同调研。

调研组先后到州人民医院、景洪市卫生局、农垦第一职工医院、景洪农场医院(州精神病院、州麻风病院)、州傣医医院等医疗卫生机构详细了解医改工作进展、北京大学人民医院与州人民医院建立的医疗服务共同体运行情况、州人民医院电子病历的开展情况,农垦医疗机构移交情况以及各医院的基础设施建设、目前发展情况及今后的发展规划等。调研组还在景洪市卫生局认真听取了全市基层医疗卫生机构综合改革、实施国家基本药物制度和公立医院改革进展等工作情况汇报。

调研组对西双版纳州医疗卫生工作取得的成绩给予肯定,认为西双版纳州能结合实际,积极争取各方面支持,大力加强医院基础设施建设,切实改善边疆人民群众的就医环境;借助卫生部开展城市医院对口援助的契机,在州委、州政府的大力支持和州卫生局的努力下,促成了北京大学人民医院对州人民医院和上海市六院对景洪市人民医院的帮扶,大大提高了当地医疗机构的医疗救治水平,为患者创造了更优质的医疗服务条件;景洪市在实施国家基本药物上做了扎实的工作,特别是在全市实施国际基本药物制度的乡镇卫生院实行财政全额供养,对村医加大了补助力度,稳定了队伍,有力地保障了卫生工作的网底,抓住了发展农村卫生的关键点,符合国家医改“强基层”的方向,对下一步在全州基层医疗卫生机构全面推行基本药物制度有示范作用。

调研组指出,西双版纳的农垦医疗机构摊子大、人员多,在移交后,州、县(市)卫生行政部门要认真做好区域卫生规划,采取多种形式,指导各农垦医疗机构找准定位,争取更好发展,在基层医疗机构和公共卫生机构实行绩效工资,是医改的一项重要内容。深化医改工作能否取得实效,广大群众能否获得满意服务,政府投入能否产生良好效益,很大程度上取决于医务人员的认同和参与拥护程度。建立科学合理的考核办法和方案,充分调动基层医务人员的积极性,保证政府投入变成人民群众的实际利益,使人民群众得到更多的实惠。

〔省政府考评卫生工作责任目标〕 2011 年 2 月 24～29 日,省政府考评组对州政府与省政府签订的 2010 年卫生工作责任目标进行检查考评。通过听汇报、查阅资料、座谈、咨询调查、现场抽查等方式,对景洪市、勐腊县、州卫生局、州人民医院、州疾病预防控制中心和市民政局、市广电局及部分市县级医疗机构、乡镇卫生院、村卫生室、娱乐场所等单位进行了检查考评。考评组认为,西双版纳州在推进医药卫生体制改革、加快基层医疗卫生基础设施建设、发展民族医药、规范医药医疗质量管理、强化人才培训、预防与控制传染病、降低孕产妇和婴儿死亡率、提高住院分娩率等方面取得了明显的成效。针对我州医疗卫生资源配置不够合理,卫生经费投入不足,医药卫生体制改革政策有待进一步落实,卫生人才总量不足等问题提出了四点建议和意见:一是积极整合现有的卫生资源,优化卫生资源配置和利用,改善卫生综合服务能力,提高人民健康水平,促进卫生事业可持续发展;二是积极落实医药卫生体制改革政策,推进公共卫生基本均等化服务,使人民群众真正享受到改革成果;三是继续加大卫生事业经费的投入,保障基层卫生人员的工资待遇,在改善乡村医生的待遇问题上,要认真贯彻执行国家、省的有关政策,努力提高乡村医生的待遇,使他们安心扎根于最基层为人民群众服务;四是大力加强卫生人才培养,全面提高人才队伍整体素质和服务能力。

〔全州卫生计生食品药品监管工作会议召开〕 3 月 10 日,州政府召开了全州卫生、计生和食品药品监督管理工作会议,上午主会场,副州长李江虹作了重要讲话,并代表州政府与三县市政府、三区签订 2011 年卫生、计生、鼠害联防、食品药品安全监管工作目标责任书,会议总结了“十一五"期间卫生、计生和食品药品监管工作取得的成绩,安排部署 2011 的各项工作。会议要求,卫生事业要进一步完善医疗卫生服务体系,积极促进基本公共卫生服务均等化,巩固和发展新型农村合作医疗制度,进一步落实国家基本药物制度和鼠害联防责任制,积极探索推进公立医院改革试点,努力推进傣医药事业繁荣发展。人口与计生工作要统筹解决人口问题,稳定低生育水平,提高计生服务管理能力,全面落实计划生育利益导向政策,进一步加强流动人口服务管理工作。食品药品工作要理顺监管体制,加大监管力度,健全监管长效机制,进一步推动医药产业加快发展,各相关部门要紧紧围绕我州“十二五”规划的目标任务,加强领导,强化责任,保障全州卫生、计生和食品药品安全监管各项工作顺利推进。

在下午全州卫生暨党风廉政工作分会场上,刀爱武局长与各县市卫生局、州属各医疗卫生单位签订了卫生工作暨医改工作责任书,张建书记就卫生系统党风廉政建设和纠风工作进行安排部署,进一步明确了 2011 年卫生系统党风廉政建设和反腐败工作。会议对2011年全州中医药工作、卫生应急、疾病防控暨爱国卫生工作、食品安全与卫生监督工作、卫生规划财务工作、医疗管理工作、卫生基本建设和基本药物制度工作进行了全面安排部署。会议邀请了州第四纪工委书记熊新发参加,他在充分肯定州卫生系统党风廉政建设工作取得成绩的同时,提出了三点建议:一是认清形势,提高认识,进一步增强做好卫生系统党风廉政建设和反腐败工作的重要性;二是建立健全卫生系统惩治预防腐败体系建设;三是加强领导,确保党风廉政建设责任制落实。

〔**州卫生局安排党风廉政建设和反腐败工作**〕 为贯彻落实全国、全省卫生工作和纪检监察工作会议精神,全州卫生、计生和食品药品监管工作会议后,州卫生局3月10日召开了全州卫生暨党风廉政工作会议,就2011年全州卫生系统党风廉政建设和反腐败工作进行安排部署,并与州直各医疗卫生单位签订了责任书,要求各级卫生行政部门和各级医疗卫生单位要按照"保稳定、惠民生、强服务、促统筹和服务好、质量好、医德好、群众满意"的目标要求,进一步提高思想认识,增强责任感和紧迫感,自觉把反腐倡廉工作与卫生工作紧密结合起来,狠抓落实,为卫生工作发展创造良好的政治环境;要围绕中心工作,加大监督检查力度,全面推进州委、州政府重大决策部署和各项卫生工作的贯彻落实,扎实推进卫生系统廉政建设和反腐败工作;要加强制度建设,进一步强化权力运行风险防范,整体推进反腐倡廉和行风建设各项任务落实。

〔**州卫生局开展反腐倡廉警示教育**〕 3月14日,州卫生局组织州直各医疗卫生单位党政领导和局机关全体干部职工观看了由中纪委监察部驻卫生部纪检组监察局、卫生部办公厅制作的"治理医药购销领域商业贿赂警示教育片",深入开展纪律教育、法制教育和警示教育,坚持标本兼治,做到警钟长鸣,进一步提高廉洁从业自觉性,切实推进卫生系统反腐倡廉和行业纠风建设。

〔**卫生部纪检组赴州调研**〕 2011年4月21~22日,卫生部党组成员,中纪委驻卫生部纪检组组长李熙在省卫生厅纪检组长周天让陪同下一行6人到西双版纳州就卫生纠风、治理医药购销领域商业贿赂和药品集中采购工作开展情况进行调查研究。期间,实地考察了州傣医医院等州、市医疗机构,并与州直有关部门、州市医疗卫生机构负责人座谈,调研组听取我州卫生纠风和治理医药购销领域商业贿赂工作情况汇报后,在充分肯定成绩的同时,对下一步工作提出了要求。

〔**部署打击食品非法食品添加专项工作**〕 2011年6月10日,全州严厉打击食品非法添加和滥用食品添加剂专项工作暨食品安全委员会成员单位会议在景洪召开。会议听取州食品安全委员会成员单位相关工作汇报后,李江虹副州长指出,要高度重视严厉打击非法添加和滥用食品添加剂专项工作,把食品安全工作放在更加突出的位置,增强紧迫感和责任感,确保各项工作落到实处;要突出重点,把国家及省的相关工作要求落实到位,加强对农产品,食品生产加工、流通、进出口环节及餐饮行业的监管、整治力度,进一步加大执法力度,加强日常监管工作。各食品安全委员会成员单位要加强联系,密切配合,切实履行好工作职责,并做好信息报送工作;各相关部门要积极争取上级支持,保障工作经费,积极应对各类食品安全突发事件,加强对食品安全风险的预测工作,确保全州食品安全。会议就进一步完善西双版纳州2011年食品安全宣传周活动方案(征求意见稿)、西双版纳州人民政府关于进一步加强食品安全工作意见(征求意见稿)听取了州食品安全委员会各成员单位负责人的意见,并就全州今后一段时期严厉打击非法添加和滥用食品添加剂专项工作进行了安排部署。

〔**成立无偿献血志愿者服务队**〕 2011年6月14日,在第八个"世界献血者日"来临之际,西双版纳州无偿献血志愿者服务队成立仪式在景洪举行。在成立大会上,志愿者服务队(60人)宣誓:承诺尽己所能,不计报酬,帮助他人,服务社会。践行志愿者精神,履行志愿者医务,关爱生命,积极参加无偿献血,开展志愿者服务,积极宣传推广无偿献血,为推动无偿献血事业的发展贡献力量。参会领导分别向西双版纳州无偿献血志愿者服务队授旗,全体队员在队旗上签名,并参加了志愿者服务培训。

无偿献血志愿者服务队是在西双版纳州中心血站的领导和指导下,以推动无偿献血这一社会公益事业为目的的志愿者组织。服务队由志愿从事无偿献血公益事业的社会各界人士,按照一定程序,自愿奉献个人的时间和能力,在不为任何报酬的情况下为无偿献血工作提供志愿服务。其行为表现为志愿性、无偿性、公益性和组织性。全州献血人数从2009年的7573人上升到2011年的8252人,献血增长率为9%,而临床用血增长率为12.16%,供需矛盾仍然很突出。活动当天,中国新时代健康产业集团国珍专卖店和财鑫大酒店的37名员工参加了无偿献血,累计献血10100毫升。

〔**开展食品安全宣传周活动**〕 2011年6月

15日，州食品安全委员会组织各成员单位，在景洪市区孔雀湖边开展“人人关心食品安全，家家享受健康生活”为主题的2011年食品安全宣传周活动和食品安全进学校、进社区、进农村、进企业的“四进”活动，州卫生局、州农业局、州质监局、州工商局、州商务局、州粮食局、州食品药品监督管理局、州疾控中心等8家单位，向群众广泛宣传《中华人民共和国食品安全法》和《中华人民共和国农产品质量安全法》及配套法律法规、食品安全监管体制和部门职责、严厉打击食品非法添加剂行为、严格规范食品添加剂生产经营使用、食品生产经营者的义务和法律责任、消费者权益、义务及举报投诉的途径等，并向市民发放辨别假冒伪劣食品和有毒有害食品、食物中毒应急处置与预防相关知识等材料2000多份。

〔**省卫生厅到州调研**〕 2011年6月14日～6月17日，省卫生厅纪检组长周天让一行3人到我州就省八次党代会以来全州扩大城乡居民医疗保障覆盖面，缓解看病难看病贵的成绩、经验、问题及今后5年工作思路和举措进行调解，同时对我州医改工作进展情况进行督查。调研组先后深入勐腊县人民医院、尚勇镇卫生院、尚勇曼庄村卫生室、勐海县人民医院、勐混镇卫生院、勐混曼国村卫生室、州人民医院进行了调查研究。调研期间，调研组认真听取汇报、查阅相关文件资料；仔细询问基层医务人员的待遇及对实施医改的认识和感受；并同就医的患者进行交谈，了解他们的治疗及费用情况。

通过调研，调研组对全州卫生及医改工作取得的成绩给予了充分肯定。认为全州各级党委、政府高度重视卫生及医改工作，认真开展调研、统筹规划、全力实施，特别是在推进实施国家基本药物制度工作中，克服了财政紧张的困难，州县级财政拿出大笔资金对基层医疗卫生机构进行了补偿，确保了全州政府办的基层医疗卫生机构自6月1日起全部实施国家基本药物制度，药品实行零差率销售，保证子全省实施国家基本药物制度工作顺利进行。

对于西双版纳州卫生及医改工作，调研组要求：一是要认真学习中央和省医改工作会议精神，深刻领会云南省提出的“实现全省基本医疗保障全覆盖，医疗卫生事业大发展，医疗服务水平新提高”医改目标，增强工作的责任感和主动性；二是要全力推进基层医疗卫生单位综合改革。按照“保基本、强基层、建机制”的医改思路，对当前医改工作中遇到的基层医疗机构的人员编制不足，实行绩效工资后基层医务人员积极性降低等困难和问题，要多向各级党委、政府反映，并加强同相关部门的沟通协调，同时调研组也会将问题向上反映，争取政策支持；三是要坚定不移的实施国家基本药物制度，建立国家基本药物制度。保障广大人民群众的基本医疗用药需求，维护广大人民的健康权益是这次医改的一项重要任务，各级医疗卫生单位要坚定不移的实施国家基本药物制度，要努力在基层医务人员的培训上下功夫，加强基层医务人员合理合用基本药物的水平，切实提高基层卫生医疗机构服务公共卫生能力，要高度重视实施基本药物制度过程中出现的新问题，积极采取有效的措施加以解决；四是要把当前的医改工作与卫生系统开展的“三好一满意”活动紧密结合起来，加强行风建设，切实提高人民群众对卫生工作的满意度。

〔**超声诊疗技术学习班在景洪举行**〕 为提高全州医疗单位超声诊断专业人员基础诊断水平，不断更新超声诊疗技术，6月18日，由上海市超声医学培训中心、上海交通大学附属第六人民医院主办，景洪市人民医院协办的国家级医学继续教育项目——现代超声诊疗技术进展及基础学习办在景洪市人民医院举行。在为期两天的学习班上，被誉为“中国超声诊断发源地”的上海交通大学附属第六人民医院超声科的专家教授们，为来自全州46家医疗单位的140位学员讲授了临床超声技术进展、泌尿系疾病超声诊断、超声下肿瘤微创治疗、甲状腺结节超声鉴别诊断、颈动脉和下肢静脉超声、肩关节超声、周围神经超声、心肌病的超声诊断、冠心病超声以及子宫病变的超声诊断，产科畸形筛查、女性盆底超声等内容，促进了我州超声诊疗技术水平的提高。

〔**全州第三轮禁毒防艾工作会议召开**〕 由州委、州政府组织召开的全州第三轮禁毒和防治艾滋病人民战争会议于2011年7月12日在景洪召开。会议要求进一步汇集全州各族人民的力量，构筑广泛深厚的打赢根基，奋力夺取第三轮禁毒防艾人民战争的全面胜利。

州委副书记、州长刀林荫在总结过去3年禁毒防艾工作时说，3年来，州委、州政府始终坚持把禁毒防艾作为保障人民群众健康、维护边疆稳定、促进社会和谐的头等大事来抓，把推进禁毒防艾人民战争作为民心工程，加强领导，加大投入，精心组织，全力推进，较好地完成了第二轮禁毒防艾人民战争各项目标任务，禁毒工作成效显著，艾滋病疫情上升的势头得到有效遏制。

刀林荫州长指出，随着“十二五”规划的实施，西双版纳进入一个崭新的发展阶段，继续打好第三轮禁毒防艾人民战争，是巩固和扩大禁毒防艾人民战争成果的需要；是构建平安和谐西双版纳的需要；是关注民生，提升西双版纳对外开放形象的需要；是推动桥头堡建设，加快推进西双版纳经济社会跨越发展的需要。要进一步认识禁毒防艾人民战争的长期性、艰巨性、复杂性，进一步增强为民意识、责任意识、危机意识，更加坚定信息，更加细化和落实政策措施，更加广泛动员人民群众，更加积极主动、扎实有力地开展工作，坚决打赢第三轮禁毒防艾人民战争。

刀林荫州长要求，各级党委、政府要紧紧围绕第三轮禁毒防艾人民战争的各项目标任务，切实加强对禁毒防艾工作的组织领导，落实责任，为打好第三轮禁毒防艾人民战争提供坚强保障。一是要加强领导，齐抓共管。各级党委、政府主要领导要切实担负起禁毒防艾第一责任人的责任，转变作风抓落实，将禁毒防艾工作作为社会治安综合治理的重要内容，明确标准，层层考评，奖优罚劣，问责罚过；要着力构建协调配合、齐抓共管的禁毒防艾工作格局，建立县保乡、乡保村、村保组、单位保干部职工、学校保教师学生、家长保子女的“六保”责任制，着力形成禁毒防艾的强大合力。二是要广泛宣传，发动群众。要以村镇、社区、学校以及高危人群集中的公共场所为重点，加大禁毒防艾的宣传力度，有效动员各方力量主动参与防治工作。三是要加大投入，改善禁毒防艾工作条件。各级党委、政府要将禁毒防艾工作经费列入各级财政预算，确保及时足额到位；要加快禁毒防艾基础设施建设步伐，尽力配备禁毒防艾工作所需的技术设备和交通、通讯、药品、防护等装备，保障禁毒防艾工作有效开展。四是要加强队伍建设，提高战斗力。要加强思想教育，努力建设一支忠诚可靠、纪律严明、作风过硬、秉公执法、业务精通的禁毒防艾队伍；要加强业务培训，提高禁毒防艾队伍的业务水平，整体素质和综合能力；努力做到在政治上关怀、工作上关爱、生活上关心禁毒防艾工作者，使他们能全身心投入到第三轮禁毒防艾人民战争中。

会议就全州第三轮禁毒防艾人民战争各项工作任务进行了安排部署，对 2008 年至 2010 年禁毒防艾工作先进集体、先进个人进行了表彰。州政府与各县市政府分别签订了禁毒和防治艾滋病责任书。

〔云南医务管理研讨会在州召开〕 2011 年 8 月 19～20 日，由云南省医院协会医务管理专业委员会主办，西双版纳州人民医院协办的云南省首届“医务管理暨医疗质量与安全持续改进”研讨会在我西双版纳州召开。研讨会上，李江虹副州长介绍了西双版纳州卫生事业发展情况及面临的问题。本次会议邀请了中国医院协会、北京政法大学、云南省卫生厅、云南省医院协会、昆明医学院附二院等多名全国知名专家授课，成功搭建了一个医务管理交流的平台，全省 150 多名代表参会，会议的内容分别从医疗技术应用管理、医院重点学科建设相关问题、卫生部三级综合医院评审标准、难点问题做了详细的解读。研讨会为全州卫生系统的医务管理带来了新的理念，新的方法和新模式，同时将医改的最新动向带到了西双版纳。通过 2 天的交流与学习，医务管理者学习了国内及省内先进的管理经验，对推行公立医院改革的重要意义有了进一步认识，明确了下一步的医务管理思路。研讨会的召开有助于提高西双版纳州卫生系统的创新管理能力，对深入开展医疗质量万里行活动及“三好一满意”活动，促进西双版纳州卫生事业的发展有重要意义。

〔开展“全球洗手日”宣传活动〕 为了响应联合国改善世界亿万人卫生状况的倡议，国际知名健康促进组织把每年 10 月 15 日定为“全球洗手日”。2011 年 10 月 15 日是第四个“全球洗手日”，为加强正确洗手的宣传教育，促进全民健康生活方式，养成良好的卫生习惯，形成正确洗手的健康行为，预防和控制疾病的发生传播，提高健康文化素质，西双版纳州开展了“人人洗手，大家健康，大家洗手，文明风尚”为主题的宣传活动，并以“洗手日活动”为契机，结合城乡环境卫生整洁行动、全民健康生活方式促进活动、农村改厕项目和卫生城市创建等爱国卫生工作，全面开展宣传。参加活动人数达 20000 余人，发放宣传资料 5000 余份，制作宣传橱窗专栏 25 处，悬挂宣传标语 30 幅。

大力开展“全球洗手日”宣传活动，加强对正确洗手的宣传教育，促进广大群众养成洗手的良好卫生习惯，形成正确洗手的健康行为，对于预防和控制疾病发生传播，提高人民群众健康文明素质具有十分重要的意义。

〔开展第 24 个“世界艾滋病日”宣传活动〕 2011 年 12 月 1 日上午，州防艾办在景洪市孔雀湖畔开展“世界艾滋病日”宣传活动，州疾控中心和州、市妇联、州总工会、州公安局、州团市委等成员单位和佛教人士志愿者参加了宣传咨询活动。景洪市医院还派出医务人员，免费为群众测血压，义务看病。12 月 1 日是第 24 个“世界艾滋病日”，宣传主题是“行动起来，向零艾滋迈进”，副题是“全面预防，积极治疗，消除歧视”。在宣传日当天,共展出禁毒防艾宣传挂画40余幅,散发预防艾滋病、妇女权利保障法等方面宣传资料33种2.5万份,免费送出安全套2000多支,100多人观看了图片展览,深受教育。

〔开发"傣药谷",助推傣药发展〕 勐海县蕴藏着丰富的动植物药材资源,据初步统计,境内有中草药资源1000多种,常用药材180多种,是一座"天然大药房",药物附加值高,适宜深度开发,发展傣药、南药产业资源优势得天独厚。"十二五"期间,全州继续把发展傣药、南药产业列为着力推进的"六大支柱产业"之一,大力建设"傣药、南药基地"。为助推傣药发展,勐海县与上海汉德食品有限公司签订"傣药谷"开发项目投资框架协议,预计总投资为3亿元。"傣药谷"项目对西双版纳傣医药文化的保护、传承和发展具有重要意义。

〔中国—老挝边境地区疟疾和登革热联防联控研讨会在勐腊举行〕 "中国—老挝边境地区疟疾和登革热联防联控研讨会"于2011年12月11日在勐腊县举行。国家卫生部疾控局、省卫生厅和本州州、县市卫生局、疾控机构和来自老挝南塔省、丰沙里省、琅勃拉邦省、乌多姆塞省、波乔省卫生厅领导、专家共35人参加研讨会。

疟疾和登革热是大湄公河次区域地区(GMS)流行最严重的主要传染病。2006年以来,卫生部国际合作司和云南省、广西壮族自治区卫生厅在大湄公河区域合作框架下,分别在云南、广西逐步开展了中缅、中越、中老边境地区疟疾和登革热疾病预防控制相关合作项目。西双版纳州勐腊县作为2011年中老边境项目试点实施单位,认真开展了老挝南塔省疟疾、登革热联防联控合作项目,并完成了2010~2011年项目任务。建立了合作机制,增强了疫情监测和处置能力。随着项目的不断推进,有效地促进了中、老双方边境地区疟疾和登革热防控领域的合作,项目的影响和效益日益显现。

本次研讨会合作区域扩大到老挝北部五省,目标是通过建立双边疟疾和登革热联防联控机制,有效控制中国云南省和老挝北部五省双边合作区域疟疾和登革热的流行,探索出双边疟疾预防控制合作有效模式,为两国边境地区人民群众的健康提供保障。会议期间双方就前期合作项目开展情况进行了坦诚友好的介绍和交流,对下一步合作意向提出了建设性的意见和建议,通过充分的沟通与磋商达成一致,与老挝南塔省、丰沙里省、琅勃拉邦省、乌多姆塞省和波乔省签订了2012年中国—老挝边境地区疟疾和登革热联防联控合作项目备忘录。

随着国际边贸和旅游业及东盟自由贸易区的建设发展,中—老两国边境地区边民跨国人员不断增加,货物流通频繁,边境地区疟疾和登革热疫情输入问题日趋严峻,通过项目的实施,建立和加强了双方边境地区疟疾预防控制合作机制及疫情交换信息平台,为突发疫情的有效处置奠定了基础,实现两国边境地区疟疾和登革热疫情及共防治成果共享。关口前移,对境外重点疫区的防控措施、处理能力给予重点指导或技术帮扶,加强境外卫生防疫机构的防治能力建设,建立边境一线传染病防控屏障,使传染源在源头得到及时有效遏制,减少疫情输入境内的压力。

〔州政府领导调研农垦医疗机构〕 2011年12月14~15日,李江虹副州长在州、市卫生局领导陪同下,前往大渡岗茶场医院、景洪农场医院和农垦总局第一职工医院就农垦医疗机构移交、改革、管理、发展等方面进行专题调研。李江虹副州长深入到各医院住院部,医技楼实地调研了医院基础建设、医疗设备等情况。调研期间,在各医院召开了座谈会,听取了各医院主要负责人情况汇报,在肯定近年医院发展取得成绩同时,李副州长强调,要找准医院定位,在各科室协调发展同时,做好重点科室的发展,把医院优势科室做好做强,突出特色专科建设;要推进医院基础设施建设,要加强医疗设备管理,要做好人才培养工作。条件成熟医院可与乡镇卫生院整合,实现资源共享,促进全面发展。

〔医药卫生体制改革顺利推进〕 根据《西双版纳州深化医药卫生体制改革实施意见》和《2009—2011年3年医改工作方案》,按照州委、州政府安排部署,完成了年度医改任务。一是组织召开了医改工作会议,制定出台《西双版纳州基本医疗卫生体制改革综合改革试点实施意见》、《西双版纳州国家基本药物制度实施方案》等政策文件,州政府与三县市政府、州卫生局与县市卫生局签订了医改责任目标书,全面推进医改工作。二是初步建立国家基本药物制度。2011年6月1日起,全州所有政府举办的基层医疗机构均实施了国家基本药物制度,基本药物实行零差价销售,价格下降比例为13%。三是全面实施重大公共卫生服务项目,推进公立医院改革,建立了社区首诊、双向转诊的分级诊疗制度,二级以上医院开展了临床路径试点管理,其中:州人民医院开展80个病种临床路径管理,100%村卫生室实行了乡村一体化管理。四是为推进医改工作,对146名乡镇卫生院骨干人员和乡村医生进行全员医改政策培训。五是根据国家、省、州相关政策,在人社、财政等部门的指导下,全州医疗卫生事业单位认真组织实施了岗位聘任制和绩效工资制,有力促进人事、工资制度改革。

〔**稳步推进卫生基础设施项目建设**〕 州卫生局以抓好州委、州政府确定的20项重大建设项目为重点,稳步推进卫生基础设施建设。2011年,全州共有续建和开工新建卫生项目31个,国家、省、州共安排项目建设经费2360万元。完成了州傣医院搬迁项目和3个乡镇卫生院建设及7个村卫生室建设。州人民医院外科住院楼已开工建设;勐海县医院、勐腊县医院、州精神防治中心和4个乡镇卫生院、12个村卫生室建设正按计划组织实施;医疗服务共同体项目进展顺利,有6个乡镇卫生院开通了北京大学人民医院——西双版纳州人民医院——乡镇卫生院医疗服务共同体,人民群众就医条件明显改善。

〔**不断健全完善新农合制度**〕 2011年全州参合农民646316人,参合率为97.66%,参合率高于全省平均水平1.48个百分点。到12月31日,全州共130.28万人得到补偿,补偿基金为11087.93万元,其中:住院补偿57.37万人次,补偿金额8914.8万元;门诊补偿124.07万人次,补偿金额1931.73万元;分娩补偿和特殊病种大额门诊补偿0.47万人次、补偿金额241.39万元。

为切实巩固新农合工作,提高农村医疗卫生能力和治疗水平,一方面加强定点医疗机构监管,规范医疗服务行为,提高医疗服务水平。另一方面在新农合基金的管理和使用上,严格实行收支两条线管理机制,建立基金分析预警机制。同时,与财政、审计部门联合,逐级对新农合基金使用情况进行审计,实行舆论监督、社会监督和制度监督相结合的监督机制,确保基金运行安全。另外,还积极安排部署新农合定点医疗机构即时结报工作,切实方便群众就医。

〔**全面抓好疾病预防控制工作**〕 ①传染病发病率得到有效控制。2011年1~12月共报告乙类传染病17种,3025例,死亡42例。发病率为266.87/10万,与2010年同期相比下降11.8%,死亡率为3.70/10万,病死率为1.39%,死亡数与2010年同期相比上升6.82%。发病前5位的病种分别是:肝炎、肺结核、伤寒副伤寒、梅毒、淋病,占发病数的88.72%。②及时有效处置突发公共卫生事他2011年1~12月,全州共发生4起突发公共卫生事件,发病51例,死亡3例。按性质分类,乙类传染病突发2起;食物中毒事件2起(其中:一起为景讷乡中学食物中毒),4起均按应急处置方案的时限及原则进行及时、有效处置。③切实抓好常规计划免疫工作。积极推进国家扩大免疫规划,进一步加强基础免疫接种工作。基础免疫接种各项指标均达95%以上;15岁以下人群乙肝疫苗查漏补种完成率达100%。同时,积极开展了两轮消除脊灰强化免疫和麻疹疫苗查漏补种工作。④有序推进第三轮防艾人民战争。为进一步加强艾滋病防治工作,组织召开了“第三轮禁毒和防艾人民战争启动会”,与各县市人民政府和州直15个防艾成员部门签订了《2011年防艾工作责任目标书》,制定下发了《西双版纳州第三轮防治艾滋病人民战争实施方案(2011~2015年)》,有序推进防艾工作。2011年1~12月全州共监测检测各类人群167212人份,新报告艾滋病感染者和病人361例,阳性检出率为0.22%;累计免费抗病毒治疗558人;报告阳性孕产妇45例,分娩14例,实施母婴阻断14例;在美沙酮门诊维持治疗154人。全年共开展各种防艾宣传活动500余次,群众防艾知识知晓率城市居民达96.4%,农村居民92.1%。五是爱国卫生深入开展。农村改厕项目顺利推进,2011年1~12月完成户厕3000座。⑤不断加强重点疾病防治。一是加强了对结核病、疟疾、麻风病、手足口病、麻疹病、流感、登革热、狂犬病等重点传染病的防治和监测。二是加强了鼠害联防工作,与农业、粮食等部门密切配合,落实措施,严密监测,防鼠灭蚤,全年无鼠疫疫情发生。三是对三县市、6个乡镇卫生院、社区卫生服务中心、12个村卫生室进行基本公共卫生服务绩效考核评估,有力促进各项卫生防疫工作措施落实。

〔**妇幼卫生和社区卫生工作有新突破**〕 全州妇幼卫生工作紧紧抓住降低孕产妇死亡率、婴幼儿死亡率、消除新生儿破伤风等重点工作,进一步加强领导、强化措施,推动全州妇幼卫生工作全面发展。据统计:2011年全州孕产妇死亡率为33.91/10万,婴儿死亡率为13‰,与2010年相比分别下降33.17个十万分点和0.97个千分点;新法接生率为91.30%,比2010年提高了4.48个百分点,各项指标均超额完成省下达任务。新生儿破伤风发病率有效控制,1~12月,全州新生儿破伤风发病4例,发病率为0.25‰,与2010年同期相比下降0.5‰。全年共补助农村住院分娩产妇6737人,补助金额286.21万元;全面开展了景洪市农村宫颈癌检查试点工作,共免费检查1.9万人。目前,全州共有7个社区卫生服务中心、11个社区卫生服务站开展工作,1~12月,共建立城镇居民健康档案244483人份,建档率达71.9%,其中电子建档 184991 人,建档率为 54.41%;农村居民 570583 人份,建档率为 71.85%,其中电子建档 430527 人,建档率为 54.22%。

〔切实加强医院管理和卫生监督执法工作〕

(1)继续开展医院管理年活动和"创建平安医院"活动,进一步规范医院管理,提高医院管理水平,县级以上医院病床使用率达95%以上,平均住院日比 2010 年降低 0.5 天。同时加强了血液管理,开展大型无偿献血宣传活动 12 次,并认真组织实施无偿献血月活动。1~12 月共有 9213 人次参加无偿献血,采集血液 258.4 万毫升,自愿无偿献血占临床用血 100%,保证了临床用血安全。

(2)加大人才培训和卫生科技创新力度。2011 年 1~12 月,共引进和推广卫生适宜技术 50 多项,开展继续医学教育 4 项,共培训各类卫生技术人员 564 人和乡村医生 746 人;有 8 项卫生科技成果获州级以上科技进步奖。

(3)全面实施"万名医师支援农村卫生工程"及对口帮扶工作。有 2 个县医院和 15 个乡镇卫生院得到州、市县医院支援;州人民医院、景洪市人民医院和勐腊县人民医院分别得到北京大学人民医院、上海市第六人民医院和上海瑞金医院的支援,就医难问题得到缓解。

(4)加强食品卫生监督,确保饮食卫生安全。根据工作职责调整,完成了职能的移交工作。1~12 月共开展食品安全综合大检查 5 次,开展专项整治工作和重大食品安全保障 27 次,取缔非法经营户 8 家。

(5)深入开展了"医疗质量万里行"、"优质护理"、"中医和民族医医院管理年"、"临床抗生素专项整治"等活动,继续推进二级及以上综合医院质量和服务管理。加强对医疗机构、人员资质、诊疗科目审核校验和技术、人员准入。推进了白内障复明工程,完成白内障复明手术 561 例(完成省任务数 280.5%)。

(6)继续加强公共场所、医疗机构、学校卫生、放射卫生、职业卫生、饮用水卫生的监督力度。同时,开展了传染病防治、非法行医、医疗广告、医疗美容、消毒质量、特殊处方专项监督检查整治工作。1~12 月,全州共受理、审核、发放各类经营户卫生许可证 1508 户,开展卫生监督执法 400 多次,下达卫生监督意见书 470 份,行政处罚 36 起,罚款 2.43 万元。

(7)认真落实安全生产和消防安全责任制。认真开展了安全生产和消防安全知识教育,州卫生与州直各医疗卫生单位签订了《消防安全责任书》,并对各项措施落实情况和安全隐患进行了督查,全年无安全事故发生。

〔傣医药事业发展〕 州政府出台了《关于扶持和促进中医傣医药事业发展的实施意见》,完成了 10 种傣药制剂的专利申报和国家科技部"十一五"科技支撑项目"傣族有毒药材内凹规范化技术研究"、"傣医胆汁病特色诊法规范化研究"、"傣医睡药特色疗法规范化研究"及中管局项目"傣医药标准类目及示范研究"、州科技局项目"10 种傣药材的抗肝细胞纤维研究"。有力促进了传统医药发展。顺利完成了傣医医院搬迁工作。

〔党风廉政建设和卫生行业作风建设〕 州卫生局党委支部:

(1)加强廉政建设。坚持把党风廉政建设和反腐败工作列入重要议事日程,与卫生工作通盘考虑,层层签定《党风廉政建设责任书》,并实施了领导干部分片包干责任制,加强对重点领域和重点环节的监督,有 19 户家庭签定了助廉承诺书。全年未出现重要工作决策失策问题。

(2)严格执行医药购销政策。进一步加强采购工作管理,药品、医疗设备、医用耗材继续实行集中招标采购,集中采购药品已占医院用药的 92.68%,药品价降幅约 3%;医用耗材降幅约 15%,减轻了患者负担。

(3)结合创先争优活动,认真抓好职业道德规范教育,积极开展民主评议行风工作,州卫生局第六次参加了"政风行风"热线直播,并把厉行节约八要求贯穿到各项工作中,基本做到了"绿色办公,低碳生活"要求和接待费用压缩的目标。

(4)强化措施,明确职责,认真做好综治维稳工作。州卫生局与州直各医疗卫生单位签定了责任书,将综治维稳工作与卫生工作同部署、同考核,为全州安全稳定工作作出了应有贡献。

(5)全州各级医疗机构认真开展了"服务好、质量好、医德好,群众满意"的三好一满意活动,有力促进了医疗服务质量提高和行业作风好转。

(6)认真做好信访和代表、委员提案建议的答复工作,确保社会稳定。1~12 月,共受理群众来信来访 16 件次,党代表、人大代表、政协委员提案、建议 6 件,做到了件件有答复、事事有回音。同时,受理、调解、处理医疗争议 36 起,促进了医患关系的和谐。

(《医疗卫生》撰稿:唐保成)

防　疫

2011 年的疾病预防控制工作,在以邓小平理论、“三个代表”重要思想和科学发展观为指导下，深入贯彻落实十七大和十七届五中、六中全会精神，认真贯彻全省、全州卫生工作会议精神，在州委、州政府、州卫生局的领导下，在上级业务部门的指导下，认真履行公共卫生服务职责，以和谐发展为主题，以科学管理为核心，以能力建设为重点，以优质质量为目标，结合2011年《卫生工作责任目标》、《鼠害联防责任目标》和《艾滋病防治工作责任目标》的要求，坚持“重点地区、重点防制，重点疾病、重点预防，重点人群、重点保护”的原则，全面推进疾病预防控制工作科学发展。

〔基本情况〕

2011年10月，西双版纳州编制办公室下发《关于增加西双版纳州疾病预防控制中心事业编制的批复》文件，增加西双版纳州疾病预防控制中心事业编制4名，增编后州疾控中心事业编制为58名。

止2011年12月，中心现有在职职工51人，其中：管理人员3人，专业技术人员43人，工勤人员5人。专业技术人员中：副高级职称5人（含管理2人）、中级职称20人、初级职称21人。学历层次是：大学本科14人、大专17人，中专及其以下20人。

〔突发公共卫生事件管理〕

（一）突发公共卫生事件

1～12月全州共发生4起突发公共卫生事件，发病51例，死亡3例。按性质分，乙类传染病暴发2起；食物中毒事件2起。发生在学校的突发公共卫生事件1起（景讷乡中学食物中毒），占报告数的25.00%。

以上4起突发公共卫生事件，均按照突发公共卫生事件应急处置方案的时限及处理原则进行处置。

（二）救灾防病应急演练

为快速、高效、规范、有序地开展灾害事件应急救援工作，提高州疾控中心应对灾害事件的反应速度，最大限度地降低灾害事件及次生灾害可能造成的人员伤亡和健康危害，预防和减少灾区各类突发公共卫生事件发生，保护灾区公众的身体健康和生命安全，维护社会稳定，中心制定了以地震灾害为事故的应急演练预案，6月11日联合勐腊县疾控中心和勐仑卫生院在勐腊县勐仑镇曼俄村开展地震灾卫生防疫应急演练，此次演练按照预定方案圆满完成了任务，并取得预期成效，应急队伍也得到不同程度的锻炼，应急处置能力也得到一定的提高。州政府分管副州长李江红、州卫生局局长刀爱武、州疾控中心范建华、勐腊县卫生局副局长李树林和勐腊县疾控中心蒋云春等领导的到现场进行观摩。

〔疫情报告及监测〕

（一）传染病疫情报告（审核日期统计数据）

2011年，全州共报告乙类传染病17种3456例，死亡47例（艾滋病33例、狂犬病7例、病毒性肝炎3例、肺结核3例、新生儿破伤风1例）。发病率304.89/10万，死亡率为4.15/10万，病死率1.36%。无鼠疫、霍乱、传染性非典型肺炎、脊髓灰质炎、人禽流感、出血热、流脑、炭疽、白喉、布病、和血吸虫病报告。发病数与去年同期3725例相比减少269例，发病率下降7.22%，死亡数与去年同期44例相比上升6.82%。

发病前五位的病种分别是：(1)肝炎1423例，(2)肺结核958例，(3)伤寒副伤寒362例，(4)梅毒186例，(5)淋病137例，共计发病3066例，占发病总数的88.72%。

（二）传染病报告质量检查

在传染报告质量检查工作中，对14家医疗机构采取查阅门诊日志、住院登记本及化验登记本形式共查法定传染病492例，报告487例，报告率98.98%，漏报率1.02%。其中：勐腊县人民医院上半年共查法定传染病病例50例，查出漏报5例，为流行性腮腺炎3例，手足口病1例，斑疹伤寒1例。漏报原因是门诊医生未填传染病报告卡；下半年勐腊县人民医院查法定传染病92例，无漏报。其他医疗机构无漏报。

〔重点传染病防治〕

（一）鼠疫

鼠疫防治工作是西双版纳州六大重点防治传染病之一，多年来我们始终坚持鼠害联防和鼠疫防治联防两个一起抓，坚持专业监测和群众性监测相结合，积极主动发现疫情。做到疫情早发现、早诊断、早处理，使疫情遏制在最小范围，杜绝人间疫情的发生。今年完成了全州鼠疫防治联防检查工作任务。安排全州鼠疫疫情、鼠情和蚤情监测工作任务，对各县（市）开展鼠疫疫情、鼠情和蚤情监测工作督促指导4次，收集统计上报全州监测工作情况,一年来全州无鼠疫疫情发生。

(二)霍乱

1. 制定2011年霍乱防治计划,并按计划开展督导和监测工作。

2. 开展腹泻病为重点包括外环境水源的霍乱病原学监测。下发西疾控〔2011〕14号“关于开展2011年霍乱等急性传染病监测工作的通知”和根据省中心业务工作建议,开展全年监测工作。2011年5~10月,全州霍乱外环境监测共206份,海产品26份,均未检出霍乱弧菌。

3. 在辖区内医疗机构开展肠道门诊腹泻病例监测,监测病例99例,未监测到霍乱病例。

(三)疟疾

1. 疟疾疫情报告

2011年全州共报告疟疾病例14例,无死亡病例。其中间日疟13例,占92.85%;恶性疟1例,占7.14%,发病率为1.30/10万。发病比2010年同期减少17例,发病率下降54.83%。其中,景洪市报告4例;勐腊县报告8例;勐海县报告2例。

2. 抗疟措施执行情况

对两县一市结合实际情况,进行分类指导,对两年内有疟史者进行休止期根治。计划220人次,实际完成247人次,完成率为112.27%。

3. 发热病人血检

开展发热病人血检10095例(含流动人员发热病人血检),其中景洪市血检5195例,勐海血检451例,勐腊血检4449例。全州共检出阳性15例,血检阳性为率0.14%。

4. 季节性预防服药

全州季节性预防服药计划3000例,实际完成567例,完成率为18.9%。州疾控中心计划1000例,实际完成567例,完成率为56.7%,勐海县计划2000例,未开展此项工作。

5. 全球基金疟疾项目执行情况

按照全球基金疟疾项目的要求对三县市开展督导工作。全州共完成疟疾现症病人规范治疗168例;对乡防保及村医进行培训共计28个班,500余人次;州对县级督导2次,各县市对所属乡镇督导34次,各乡镇对所属村卫生室督导300次;流行病学调查/主动病例侦察45次;杀虫剂浸泡蚊帐11015顶。

6. 宣传教育

4月26日“全国疟疾日”,州疾病预防控制中心联合勐腊县、勐海县和景洪市疾控中心分别在勐腊县勐伴镇赶摆场、勐海县勐遮镇农贸市场和景洪市农贸市场等地开展宣传咨询活动。

(四)肺结核

为加强对项目药品的管理,杜绝变质造成浪费,按《规划》及结核项目实施要求,统一收发,做到专人、专账、专库、专管。

1. 上一年结存药品:HREZ-100盒,HR-304盒,HRE-15盒,SM-0支,注射用水14支,注射器190支。

2. 年内接收和下发情况:

全年共接收省中心板式组合抗结核药品:HREZ~1500盒,HR-2200盒,HRE-42盒。下发各县(市):HREZ-1440盒,HR-2354盒,HRE-51盒,注射用水14支,注射器190支。

3. 痰检质控工作

为加强我州痰检质控工作,保证项目实施质量,我中心先后4次对三县(市)痰涂片做了盲法抽检工作,共抽取痰涂片162张(景洪51张、勐海51张、勐腊60张),经三县市交叉复检,涂片质量合格数为:景洪45张,勐海45张,勐腊53张。全州合格数143张,合格率为88.27%(143/162)。

4. 归口管理和双向转诊制度落实情况

1~12月,全州肺结核或疑似肺结核病人1991例;应转诊人数1986例;其中转诊到位人数735例;转诊到位率37.01%(735/1986)。应追踪人数1079例,实际追踪人数1136例,追踪到位832例,追踪到位率73.24%;主动到位人数112例;住院人数8例(勐海8例);因住址不详和其他等原因造成无法追踪57例;总体到位1679例,总体到位率87.04%。

5. 宣传教育

3月24日,第16个“世界防治结核病日”,其宣传主题:“遏制结核,共享健康”。州疾控中心联合景洪市疾控中心、允景洪街道办及允景洪卫生服务中心,在景洪市农贸市场门口,以宣传挂图展览、设点咨询和发放宣传材料等形式开展一次“世界结核病防治日”宣传展览咨询活动。

(五)性病、艾滋病

1. 艾滋病监测

2011年1~12月共完成HIV抗体筛查检测

167212 人份，检测出艾滋病病毒感染者/病人 361 人。其中：

(1)哨点筛查:3206 人份，检出阳性数 89 份；

(2)自愿咨询检测(VCT)1693 人份，检出阳性数 68 份；

(3)从业人员体检:19644 人份，检出阳性数 9 人份；

(4)公安司法新入监人员 HIV 抗体筛查检测 3730 人份(含吸毒哨点)，检出阳性数 116 份(含吸毒哨点)；

2. 确认实验室

全年共完成全州各筛查实验室送检的 HIV 抗体确认血清标本 404 份。确认新感染艾滋病毒的 361 份。

3. CD4—T 淋巴细胞检测

419 人份。其中：CD4—T 淋巴细胞 <350 个的 153 份、CD4—T 淋巴细胞在 350 ~ 400 个的 38 份、CD4—T 淋巴细胞 >400 个的 228 份。

4. 梅毒抗体检测

全年完成从业人员健康体检及全州各筛查实验室送检的梅毒抗体筛查血清 6645 份，确认梅毒抗体阳性 217 份。

5. 实验室质量控制

全年接受国家疾病预防控制中心艾滋病参比实验室对西双版纳州疾控中心艾滋病确认实验室进行盲样血清学检测能力验证考核。共接受盲样血清 20 份，结果已报国家疾病预防控制中心。

6. 艾滋病病毒感染者/病人综合管理

2011 年 1 ~ 12 月全州共完成首次个案流调 355 人，完成率为 98.9%；艾滋病病毒感染者/病人随访 1235 人次，随访率为 85.9%；艾滋病病毒感染者/病人 CD4 细胞检测 364 人，检测率为 71.4%；艾滋病病毒感染者/病人配偶检测 309 人，检测率为 75.0%；CD4 细胞小于 350 应转介抗病毒治疗人数 149 人，占完成数的 80.5%。

7. 高危行为干预

1 ~ 12 月全州共开展行为干预：暗娼干预 187 人，占应完成的 52.4%。男男性行为干预 77 人，占应完成数的 93.9%。吸毒者干预人数 417 人，占应完成数的 66.1%，性病就诊者干预人数 1013 人。外来务工人员干预人数 465 人，占应完成数的 0.6%。

8. 信息网络直报

全年，按质按量做好性病艾滋病疫情的查询、收集、整理、统计和网络直报工作。

9. 宣传教育

11 月 23 日，由州人力资源和社会保障局、卫生局防艾办、州疾控中心、州计生委、州公安禁毒办等部门联合组成二十余人的禁毒防艾宣传组深入景洪城区金象盛景和农贸市场两个建筑工地开展“关爱农民工、服务农民工”的禁毒防艾宣传活动。

11 月 30 日，副州长李江虹率州卫生局艾滋病防治办公室相关领导，到州疾控中心看望慰问艾滋病防治工作的一线医务人员。

12 月 1 日，第 24 个“世界艾滋病日”，州艾滋病防治办、州疾病预防控制中心、州检验检疫局、州妇联、州公局禁毒办、州工会、州佛教协会、景洪市防艾办、市团委、市工会、市疾控中心和景洪市人民医院等部门单位联合，在景洪城中心孔雀湖沿街面，设点开展禁毒艾滋病防治宣传展览咨询宣传活动。

(六)麻风病

1. 按照《2011 年云南省西双版纳州疾病预防控制工作指导意见》的要求，制订了 2011 年西双版纳州麻风病防治工作计划和中央补助麻风病防治项目实施方案。截止 12 月底全州共发现新病人 14 例(景洪 4、勐海 6、勐腊 4)，确诊率达 100%；联合化疗治疗 43 例达 100%，规则服药率达98%以上；监测病人、家属检查、疫点村调查、线索调查等各项工作均按中央补助麻风病防治实施方案和年初工作计划要求，基本完成任务指标。

2. 根据《西双版纳州卫生局关于认真开展 2011 年“国际麻风节”暨“中国麻风节”宣传慰问活动的通知》要求，1 月 24 ~ 31 日州、县(市)疾病预防控制中心开展以“关爱麻风患者，共享和谐家园”为主题的麻风病防治知识宣传咨询活动。29日，州、市卫生局、疾控中心领导及相关人员，随同副州长李江虹深入到景洪市普文镇曼飞龙村委会曼燕村小组，看望慰问麻风病治愈病人，并在该村组织开展宣传咨询活动。宣传活动共发放麻风病防治宣传单9000余份，宣传画1000幅，宣传挂历300份，宣传环保袋200只。展出麻风病防治和其他传染病防治知识挂图50幅，工作人员用当地民族语言进行现场讲解，深受广大村民的欢迎，受宣观众近千余人次。

3. 对县级防治工作进行督导2次，及时发现问题，及时处置并掌握全州防治动态。

4. 根据云南省卫生厅疾控局关于《新建或扩建麻风村院建设及使用情况调查方案》要求，开展我州新建或扩建麻风村院建设及使用情况专项调查，并形成书面报告《西双版纳州麻风病院（村）建设及使用情况调查报告》按时上报省疾控中心。

5. 按上级主管部门的要求，认真组织全州麻防资料的收集、整理、核对、汇总、分类归档等工作，完善了全州麻风疫情监测系统，准确、按时的完成各种季报、年报上报工作，同时逐步完善了全国麻风病防治信息管理系统。

6. 11月21~24日，中国麻风防治协会潘春枝秘书长、杨京和马海德基金会申鹏章秘书长组成的中国麻风防治协会信息采集组到西双版纳州就对李桓英教授在上世纪80年代在西双版纳州麻风村，同当地麻风防治人员同甘共苦，开展短程联合化疗的研究，并取得了卓著的工作成绩的事迹进行现场采集。

〔其他疾病监测〕

（一）职业暴露人群人感染高致病性禽流感监测

根据《云南省卫生厅关于印发2010年中央补助云南省其他重点疾病（SARS和人禽流感）防控项目实施方案的通知》要求，共进行流行病学调查、采集标本50人份，流感实验室完成监测工作。

（二）手足口病防控

1. 制定了《西双版纳州2011年手足口病防控方案》，按方案开展工作，并做好突发公共卫生事件应急准备。

2. 培训及督导：3月16日，举办全州手足口病防治培训班，共培训各乡镇级以上医疗机构医务人员80人。同时根据西卫发《关于开展全州手足口病防控工作督导及培训的通知》，2011年5月16日–20日，由州卫生局带队，州疾控中心、州人民医院领导及专家组成督导培训组，到各县（市）进行督导及基层防治知识培训。共督导疾控机构3家，各级医疗卫生机构6家，其中县级医疗机构2家，乡镇级医疗机构4家；培训基层医务人员145人次。

3. 项目执行：根据云南省疾控中心手足口病例经济负担调查研究项目要求，我州在12月底以前完成80例手足口病例疾病经济负担调查，其中普通门诊病例完成30例，普通住院病例完成30例，重症病例完成20例，截止到11月30日已全部完成。

4. 流行病学：3月份，对全州手足口病疫情进行分析，并下发预警通知；从4月25日起，每周对全州手口足病疫情及防控工作开展情况进行汇总，并形成周报上报省疾控，共上报周报26期。对所有上报的手足口病重症病例进行流行病学个案调查及管理随访，共管理重症手足口病例31例。

（三）登革热监测

根据国家级监测及省级监点工作方案要求，我州有国家级和省级监测点，国家级监测点是勐海县的打落、布朗山；省级监测点是勐腊县的尚勇、勐满和勐海县的打落、布朗山；景洪市的景哈、大勐龙。

今年全州共报告登革热确诊病例3例，均为境外输入病例。

12月11日，中国—老挝边境地区疟疾和登革热联防联控研讨会在西双版纳州勐腊县召开。会议就两国边境地区疟疾和登革热防治的合作进行协商，并就今后中老双方疟疾和登革热防控工作的合作目标、合作区域、合作内容、合作原则与合

作时限等内容签署了合作会议纪要。

(四)人体肠道寄生虫防治

配合省寄生虫病防治所对布朗山乡章家村委会的五所村小学 6~12 岁的学生进行肠道调查 208 人感染率为 100%。

〔免疫规划管理〕

(一)疫苗管理

严格按照《计划免疫技术管理规范程序》进行操作,对冷链的运转和疫苗出入库实行专人专职专管,并定期检查核实疫苗的出入账,发现问题及时处理,对基础免疫疫苗认真进行测算,保障了全州基础免疫疫苗的供给。

8 月 1~3 日,国家卫生部扩大免疫规划和疫苗管理工作检查组在我州检查指导工作,副州长李江虹、副秘书长肖华、州卫生局长刀爱武、副局长胡永建等陪同检查。

(二)AFP 监测

每年对辖区内各大医院及诊所进行 AFP 监测,今年共报告 2 例疑似 AFP 病例。其中一例为老挝病例,在中国首诊时间超过 14 天,所以标本为不合格。为全面防止脊髓灰质炎野毒株由境外的输入,今年加强了对三县市的监测检测,对全州县级以上医院及重点乡镇卫生院 2011 年 1 月 1 日以来就诊病例进行调查,共查门诊日志 172694 病例,出入院登记病例 16016 例,未发现疑似 AFP 病例漏报。

(三)新生儿破伤风监测

新生儿破伤风监测:今年新生儿破伤风监测系统共报告发病 4 例。即:勐腊县报告 1 例,死亡 1 例。景洪市 3 例,无死亡。

(四)麻疹监测

共报告 11 例实验室确诊病例,其中:景洪市 3 例,勐腊县 2 例,勐海县 6 例,境外缅甸输入 2 例。对州内 11 例患者居住地辖区内 8 月龄~35 岁人群进行麻疹应急接种工作,应急接种麻疹疫苗 14373 人次。对先后发生 2 例病例的乡镇,根据国家监测方案,对该乡所有 5 岁以下儿童 457 人进行了麻疹疫苗普种。同时全州加强麻疹监测工作,做到疫情早发现,早处理,及时控制疫情的传播、蔓延。

(五)其他工作

1. 乙肝单病专报系统

通过不断的加强培训,提高病例报告标准,全州共报告 15 岁以下人群乙肝病例 169 例,其中:景洪 53 例,勐海 58 例,勐腊 58 例。

2. 按时完成乙肝疫苗查漏补种工作

完成了 96~98 年出生人群乙肝疫苗三针补种工作,全州共补种 96~98 年出生儿童 101050 针次。其中:96 年出生补种 34044 针次;97 年出生补种 34145 针次;98 年出生补种 32861 针次。

对 99~2001 年出生儿童的乙肝疫苗补种。全州应种 34833 人,合计 104499 针次,实际接种 102261 针次,接种率为 97.86%。完成 2002 年出生儿童 55 人的 165 针次的接种工作。

3. 落实卫生部/GAVI 项目结余资金的督查工作,按照《西双版纳州 2010 年卫生部/GAVI 项目结余资金工作实施方案的通知》要求,认真开展工作。

(1)以县为单位在医院出生的新生儿乙肝疫苗首针及时接种率>95%;

(2)以县为单位在家出生的新生儿乙肝疫苗首针及时接种率>75%;

(3)接种点月报告接种率达 100%;

(4)孕妇级婴儿母亲乙肝疫苗及时接种知识知晓率>90%;

(5)及时采集 69 份乙肝表面抗原阳性母亲血液标本和 33 份儿童血液标本送省中心做母婴阻断效果观察。

4. 人群麻疹抗体水平监测工作

根据《云南省卫生厅关于开展麻疹等疫苗针对疾病人群抗体水平监测的通知》和《云南省 2011 年麻疹等疫苗针对疾病人群抗体水平监测实施方案》要求,我州根据省麻疹抗体监测方案要求,认真组织、统一安排,于 2011 年 6 月分别开展了麻疹抗体监测工作。

监测对象分 8 个年龄组即:<1 岁、1~2 岁、3~4 岁、5~6 岁、7~10 岁、11~14 岁、15~19 岁、≥20 岁,每个年龄组 45~54 人,全州共调查 1268 人,阳性 773 人,阳性率 60.96%。

5. 4 月 25 日,"全国儿童预防接种宣传日",州疾控中心联合勐腊县、勐海县和景洪市疾控中心分别在勐腊县勐伴镇赶摆场、勐海县勐遮镇农贸市场和景洪市农贸市场等地开展宣传咨询活动。

〔地方病防治〕

(一)中央财政转移支付地方病防治项目(碘缺乏病)

根据《云南省2011年中央转移支付地方病项目实施方案》的要求,完成了包括碘缺乏病病情监测8~10岁儿童40人、孕妇及哺乳期妇女30人、8~10岁儿童尿碘水平监测242人;碘缺乏病健康教育项目基线调查、效果评价等。

5月15日,是我国第十八届"防治碘缺乏病日",州及三县(市)疾控中心均组织开展卫生、盐业、商务和广电等多部门联合的碘缺乏病宣传日的宣传活动。参加活动共68人,共发放碘缺乏病防治知识宣传单19300份,宣传册5100份,宣传挂图17份,粘贴宣传画2500余幅,接受咨询480余人次,受教人数达十万余人次。

三县(市)完成了地方病防治健康教育项目的基线调查、二级培训和效果评价工作;完成全州居民用户盐抽样监测工作。

(二)慢性非传染性疾病

按计划完成了对三县(市)慢性非传染性疾病防治工作的督导工作;各项目县完成了1000名城镇人口和1000名农村人口的随访;200例的"高血压正常高值项目"调查监测;1000例心血管危险因素监测、3000例的高血压监测及资料录入及23031人的高血压病人管理和3356人的Ⅱ型糖尿病病人的管理工作。

(三)狂犬病

根据《云南省中央转移支付重点疾病狂犬病监测防治项目技术方案》要求,下发了《2011年西双版纳州关于进一步加强狂犬病预防控制工作的通知》。

2月21日勐腊县勐醒农场三分场新六队发生了首例狂犬病疫情;12月2日勐海县曼真村委会曼喝村发生了首例狂犬病疫情;截止12月30日,全州共发生狂犬病疫情7起,其中勐腊县3起、景洪市3起、勐海县1起。7起疫情发生后,在州及县政府的大力支持下,在各级专业人员及各村群众的共同努力下,完成了狂犬病疫区处置工作。

〔卫生检验与监测〕

(一)食品卫生

1. 食品安全风险监测:

今年按照省卫生厅的要求开展全州范围内的食品安全风险监测,其中化学污染物及有害因素监测方面:完成监测检测205份样品890项次,检测6项指标,结果:污染物超标8份;食源性致病菌监测方面:完成检测106份样品834项次,8项指标,结果:检出致病菌1份,所有样品信息及检测结果均按省级要求按时上报云南省疾控中心。

2. 食品卫生检验

食品检验:共收检品4份,共20项次;

餐具监测:共监测8户次,监测400份餐具。

(二)公共卫生监测

完成水质卫生检测:55户80份水样,共1680项次;

公共场所监测:监测14户共246项次。

(三)医院消毒监测

对123家医疗单位进行了医院消毒效果监测,共监测1372份样品,出具123份监测报告。对消毒灭菌不符合的单位,结果提供州卫生监督所,为卫生执法提供技术支持。

(四)实验室质控考核

完成省疾控中心下达的麻疹(20份)盲样质控考核;省地病所下发的尿碘、盐碘各2份盲样考核;参加了云南省环境监测中心组织的水中铜、铅、锌镉的盲样考核和中国疾病预防控制中心组织的食源性致病菌的盲样考核;接受了省疾控中心组织的"云南省麻疹网络实验室2011年度现场考核",省疾控中心下发的食品标准样品中铝、镉及水质亚硝酸盐的考核盲样;完成国家疾控中心下发的流感盲样考核。

(五)预防性健康体检

共完成5363人体检,其中从药人员224人,共672项次;两对半39人,共195项次;从业人员体检5100人,共20400项次。

(六)流感监测

共收流感样标本754份的检测,结果以上报省中心。

〔公共卫生〕

(一)职业卫生监测

1. 对雨林制药厂进行制药业人员健康体检,体检项目包括内科体检、病毒性肝炎检测、肠道致病菌检测、胸部X线透视等内容,共体检115人。

2. 对勐养水泥厂和华新水泥厂进行职业健康检查,共体检278人。

3. 对勐海茶厂、普文茶厂、大渡岗茶厂、大渡岗古茶山有限公司、华大珠茶分厂等茶厂进行作业场所职业病危害因素监测。

4. 对景洪电站疑似职业中毒进行调查处置。

5. 参加"云南省职业病危害基本情况调查培训",并完成"西双版纳州职业病危害基本情况调查方案"。按项目要求,对三县(市)进行场所督导。

完成"全国职业病防治机构能力状况调查

表”的资料收集、整理和上报工作。

（二）放射卫生监测

1. 医用 X 射线监测 8 家，30 台次。

2. 预评价 1 家、控制效果评价 5 家。

3. 为开展我州个人放射剂量监测，派 2 人到省疾控中心放射卫生科进修，进修评定为优秀。参加 2011 年全国放射卫生技术服务机构检测能力考核，取得了“放射工作人员剂量监测检测能力考核”合格证。

（三）学校卫生工作

1. 完成 2010 年度 7689 人学生健康监测上机处理，对州级的中小学生健康监测进行综合评价。完成州级大、中、小学校 1100 人学生健康监测工作和数据录入工作。

2. 参加州教育局、州卫生局组织的城区 6 所大、中、小学校、幼儿园的传染病防治、食品安全和饮用水卫生的检查工作。对州民中、州一中疑似食物中毒进行调查处置。

3. 组织州直学校召开 2010 年学生健康监测及学校传染病疫情会议，对 2011 年的学生健康监测工作提出要求，并对学校卫生工作的重要性进行了强调，要求学校认真做好晨检和加强与疾控部门的联系，加强学校传染病的防控工作。

4. 完成 2011 年度各种资料的收集整理和上报工作。

〔质量管理〕

1. 实验室生物安全管理

年内组织开展了 1 次《实验室生物安全管理》的检查工作。对检查出得问题及时提出整改意见和要求。

2、质量体系运行质量管理

按照《实验室资质认定评审准则》、《食品检验机构资质认定评审准则》和中心《西双版纳州 CDC 实验室资质认定复评审工作计划》，完成中心质量管理体系文件第 3 版《管理手册》、《程序文件》的编写工作。起草了《西双版纳州 CDC 实验室资质认定复评审工作计划》，对实验室《内审》、《管理内评审》工作的开展进行了计划安排。

〔健康教育与科研培训〕

（一）健康教育

1. 为提高我州各族群众对各种传染病防治知识的了解，增强对各种传染病的防病意识，今年利用麻风病宣传日；“三下乡”、“三、八”妇女节；“3・24”结核病防治宣传日；“4・7”世界卫生日；“4・25”计划免疫宣传日；“4・26”全国疟疾日；“5・15”防治碘缺乏病宣传日等在景洪城区及乡镇，人口密集，流动人口较集中的公共场所、村寨、学校进行各种传染病防治知识宣传、咨询及展览共 13 次，发放宣传单 65300 人份，宣传画及各种挂图 4545 份，宣传小册子及小折页 11650 份，作业本 7500 本，咨询人数 2000 余人，宣传纸杯 4000 个，其他：17600 份，咨询 1470 人次，受教 53100 多人。

2. 利用广播电视及网络进行宣传，共计电视宣传累计 17 次，网络 22 页，短信宣传 10 万条。通过宣传教育增加了广大群众对传染病防治知识的认知度，扩大了对公众的宣传力度和宣传面。

3. 编辑印制了各种宣传挂图 54 幅，宣传单 75000 份，宣传纸杯 50000 个，宣传横幅 19 条，宣传稿 32 篇次，作业本 15000 本。

（二）继续教育与科研培训

全年在州卫生局的督促指导和有关专业科室及省中心的配合下共举办了 24 期全州县级疾控中心、州县级各医疗卫生部门、乡镇卫生院和各大国营农场卫生防报人员参加的培训班，共培训 875 人次。共送云南省疾控中心及省级有关站所和省外各专业以会代训培训班 90 批次共 159 人次参训。

（三）科研项目及管理

1. 科技成果奖

2011 年，中心共申报 2 个科研课题（项目），其中《西双版纳州肠出血性大肠杆菌 O157：H7 动物宿主带菌情况调查研究》科研课题（项目），获西双版纳州科技成果二等奖。

2. 科研课题（项目）的管理

西双版纳州科技局审批立项的《西双版纳地区版纳病毒与疾病关系的调查研究》已进入结题总结阶段；由中心自筹经费申报的《西双版纳州鼠疫疫源地景观特征研究》（西双版纳州鼠疫地理信息系统的建立与应用研究）科研课题（项目），已完成鼠疫疫源地现场 GPS 定位、地理景观的调查工作和数据库建立，科研课题正按课题设计书有序进行；由寄防科承担的《西双版纳州高疟区少数民族人红细胞葡萄糖－6－磷酸脱氢酶（G6PD）

缺乏筛查》科研课题（项目）已进入结题总结阶段,《南瓜子和槟榔治疗绦虫病的效果评价》科研课题（项目）正按课题设计书有序进行。

由公卫科参与的国家 CDC《少数民族地区学龄前儿童营养状况调查》、《我国母乳成分数据库建立》2 项课题研究,课题研究工作正按课题计划有序进行。

3. 科技论文发表情况

2011 年共发表 10 篇科技论文在国家级和省级专业杂志上发表。

4. 先进与表彰

获得省卫生厅表彰的《2005 - 2010 年全省疟疾防治工作先进集体》和省卫生厅、省民政厅、省残联、省红十字会表彰的《全省麻风病防治工作先进集体》2 个;有 11 人次获得省、州级表彰的先进个人;摄影作品《我也要卫生厕所》在云南省卫生厅举办"我身边的社区卫生服务"摄影比赛活动荣获二等奖,《老年保健进傣乡》和《健康使者进社区》两幅作品获优秀奖。

〔其他工作〕

（一）政治思想教育

中心党支部在州委、州政府及州卫生局的领导下,以邓小平理论和"三个代表"重要思想为指导,全面贯彻落实党的十七大和十七届五中、六中全会精神,省委、州委全会精神,求真务实,改革创新,为推动科学发展、构建和谐西双版纳、维护边疆安宁、服务人民群众,积极打造一支思想稳定、人员素质较高的疾控队伍。

中心党支部在加强业务培训的基础上,不断加强党员职工的政治思想教育。今年继续按照中央、省委和州委的统一部署,在党的基层组织和党员中深入开展创建先进基层党组织、争当优秀共产党员的创先争优活动。结合中心工作实际,积极组织召开中层干部和全体职工大会,广泛动员和全面部署创先争优活动。按计划、按步骤抓好各个阶段的工作落实,确保创先争优活动的顺利进行。在创先争优活动中,中心蔡清华同志荣获优秀党务工作者表彰,岩罕叫同志荣获优秀共产党员表彰。

（二）党风廉政建设

年初,中心党支部组织召开中心党风廉政建设和反腐败工作会议。要求全体党员干部,要按照"保稳定、惠民生、强服务、促统筹和服务好、质量好、医德好、群众满意"的目标要求 ,进一步提高思想认识,增强责任感和紧迫感,自觉把反腐倡廉工作与疾控工作紧密结合起来,狠抓落实,为疾控工作发展创造良好的环境。

2011 年,制定了中心党支部党风廉政建设工作计划和党支部工作计划,完成了年度工作总结及各种材料的报送工作。

（三）职业道德教育和行业作风建设

中心党支部在抓思想教育的同时,结合行业作风建设和职业道德教育,从各方面深入加强职工的思想教育和职业道德教育。把职工的职业道德教育纳入日常工作来抓,在结合中心工作定位的基础上,以实现组织创先进、党员争优秀、群众得实惠的新举措。深入开展职工职业道德和行业作风教育。并将此项工作纳入年终考核,与每位职工的年终考核结果挂钩,今年评出 6 个优秀共产党员,9 个优秀工作者,10 个工作表现突出人员,2 个先进科室并对以上人员进行了表彰。一年来窗口科室及个人未受到群众的举报和任何不良工作作风及吃拿卡要现象。

（四）行政与后勤保障

1. 保障业务科室各项经费的正常运行,全年财政补助收入 422 万元,支出 580 万元。

2. 保障各业务科室下乡、出差人员的车辆调度和使用,全年无交通事故发生。

3. 定期不定期对工作及生活区进行安全隐患排查,全年无各种灾害事故发生。

（《卫生防预》撰稿:岩罕）

西双版纳州人民医院

〔综述〕 2011 年西双版纳州人民医院有 7 项科研成果获州科技进步奖;在医务人员中有 7 人晋升高级职称;其中刘海燕同志获国家食品药品监督管理局通报表彰;有 5 人次荣获州级以上荣誉称号;医院荣获州级以上表彰 2 次;神经外科副主任医师岩亮被中央组织部确定为 2011 年"西部之光"访问学者;医院信息化建设工作取得进展;与北京大学人民医院医疗服务共同体工作顺利推进;在人才引进和人才培养方面有很大进展;州医院积极推进绩效工资改革工作;人员编制得到突破性增加;2011 年圆满完成团委换届选举工作;州医院住院医技综合楼和行政综合楼建设;正在建设中在评选首届患者满意医务人员活动中评出 10 名患者满意的医生;在医疗设备构置上医院

引进大型医疗设备64排螺旋CT和1.5T磁共振成像系统。2011年州医院还开展志愿者活动。

〔**州医院7项科研成果获州科技进步奖**〕 西双版纳州科技进步奖评定委员会于2011年11月24日召开全体委员会议,评出2011年度西双版纳州科技进步奖33项,州医院有7项,其中"外伤性颈内动脉海绵窦瘘血管内介入治疗临床应用"、"血栓抽吸导管在冠脉介入中的应用"、"应用鼻内窥镜切除巨大鼻纤维血管瘤"获二等奖;"全反式维甲酸和亚砷酸治疗急性早幼粒细胞性白血病效果评价"、"数字化X线钼钯检查对女性乳腺疾病诊断的应用"、"西双版纳州艾滋病感染者/艾滋病患者HAART治疗临床应用"、"心脏同步治疗慢性心力衰竭"获三等奖。

〔**州医院7人晋升高级职称**〕 2011年8月经云南省卫生系统主任医师副主任医师评审委员会会议评审通过,西双版纳州人民医院白建宁、王勇同志具有主任医师任职资格;魏文学、陶英、张荣、张先云、段跃武具有副主医师任职资格。

〔**州医院刘海燕获国家食品药品监督局通报表扬**〕 刘海燕,女,1965年7月生,汉族,本科学历,副主任药师,云南省医院协会药事专业委员会委员。1985年8月参加工作,先后从事药品调配、药品检验及医院临床药学工作,自1990年开始从事药品不良反应监测工作。该同志工作认真细致,兢兢业业,其药品不良反应报表被云南省药品不良反应监测中心当成范本在全省推广。多次被评为州医院先进工作者。获州科技成果二等奖2项,州医院科技术进步三等奖2项,州医院科学技术创先奖4项;共有40篇论文(第一作者)发表在省级以上杂志,其中国家级论文35篇,省级论文5篇。有关药品不良反应论文28篇。2011年被评为云南省唯一的全国不良反应报告先进个人,国家食品药品监督管理局发布《国食药监安〔2011〕433号》文件通报表扬。

〔**州医院5人次荣获州级以上荣誉称号**〕 2011年6月,州人民医院许丽坤获全省卫生系统创先争优活动"优秀党务工作者"荣誉称号。

5月,同年五官科主治医师金靖荣获西双版纳州"优秀共青团干部"称号。

7月,外一科主任医师王震荣获州委"全州优秀共产党员"称号。4月,重症医学科副主任医师林兆恒荣获云南省"平安家庭"示范户称号。7月,门诊医技党支部书记批德荣获州直机关工委"优秀党务工作者"称号。

〔**州医院获州级表彰**〕 2011年4月,州医院荣获云南省卫生厅"2010年度全省艾滋病抗病毒治疗优秀单位"称号。

同年6月,荣获州委、州政府表彰"全州先进基层党组织"称号。

〔**州医院积极推进绩效工资改革工作**〕 根据《关于其他事业单位实施绩效工资的通知》、《西双版纳州人民政府办公室关于转发西双版纳州其他事业单位绩效工资实施意见(试行)的通知》的规定,医院召开职工代表大会审议通过了《西双版纳州人民医院职工收入分配办法》,对奖励性绩效工资和奖金实行综合考核发放,每月一次,并以工作责任目标考核挂钩,同时实行单项考核和单项否决制度,使绩效工资和奖金发放更科学合理。

〔**岩亮被中央组织部确定为2011年"西部之光"访问学者**〕 2011年9月,州医院神经外科副主任医师岩亮被中央组织部确定为2011年"西部之光"访问学者,该同志已成为云南省18名"西部之光"访问学者之一。

〔**信息化建设**〕 2011年医院信息化建设工作进入承前启后的阶段,为医生工作站的推行为基本药物的应用、临床路径的推广、抗菌药物的控制等医改措施奠定了基础。现已开通43个门诊医生工作站点,7个住院医生工作站点。完成北京大学人民医院—西双版纳州人民医院—县市乡医院的医疗服务共同体筹建工作。完成中心药房摆药机与HIS系统链接,实现自动化摆药。完成PASS系统、LIS系统与HIS系统、医生工作站的链接,实现自动查询检查结果。

〔**北京大学人民医院医对口支援州医院**〕 在国家卫生部、云南省卫生厅、西双版纳州委州政府、西双版纳州卫生局的大力支持下,州医院于2010年12月23日与北京大学人民医院建立对口支援关系,并启动"北京大学人民医院—西双版纳州人民医院医疗卫生服务共同体"。在州委、州政府的支持下,2011年3月州人民医院与北京大学人民医院医疗服务共同体延伸到景洪市基诺乡、勐腊县向明乡、尚勇镇、勐海县打洛镇、布朗山乡、西定乡等,为全州少数民族聚居地和边境口岸乡镇卫生院提供便捷医疗服务。2011年9月确定建设"北京大学人民医院—西双版纳州人民医院—乡镇医疗单位医疗卫生服务共同体",将医疗卫生服务共同体最终覆盖到全州其他全部乡镇医疗单位,该项目建成后全州将率先在云南省实现州、县、乡医疗机构远程医疗视频的全覆盖。各县(市)、乡镇和农场各医疗机构将借助医疗卫生服务共同体数字化网络信息交互平台,实现与北京大学人民医院和州人民医院的视频病例讨论、远程教学和培训,实现双向转诊、预约检查、预约专家及查询检查结果等功能。

〔**人才引进与培养**〕 2011年州医院引进硕士研究生3名,优秀医技专业本科毕业生24名,护理本科毕业生10名,公开招聘各专业毕业生4名。2011年州医院在人才培养方面稳步推进,派出人员到国内、省级医院进修31人;参加短期学术会议、培训104人次;加强对医护人员的继续教育,对医护人员进行学分验证190人;选派29名医护人员参加"西双版纳州职业技术学院—西双版纳州人民医院联合举办泰、缅、老语培训班",通过半年的学习培训,29名学员全部通过考核,圆满结束培训。

〔**团委换届选举**〕医院团委换届选举工作经州直机关团工委同意后,按照《团章》规定和换届选举工作的要求,经过充分准备,于2011年12月30日召开了共青团西双版纳州人民医院第二届团员大会,选举产生了新一届医院团委委员。

〔**州医院住院医技综合楼和行政综合楼建设**〕 2010年2月26日,州长刀林荫主持召开十一届州人民政府第12次州长办公会议,会议同意立项实施州医院改扩建项目,并列入"2011年全州重点建设项目"。2010年5月7日,《西双版纳州人民医院住院医技综合楼、行政综合楼、地下停车场建设可行性研究报告》通过州发改委的评审。2011年1月30日,州发改委下发《关于州人民医院住院医技综合楼及行政综合楼建设投资计划的通知》,建设规模:1、住院医技综合楼:39110.9平方米;2、行政楼及室外地下停车场:12464.11平方米。投资规模:1、住院医技综合楼:13022.35万元;2、行政楼及室外地下停车场:4976.82万元。2011年6月8日,通过施工招标确定云南玉溪市荣玉建筑工程有限公司中标,中标总价人民币:143511959.53元,建筑面积:51575.012平方米,日历工期:780天。签定施工合同,工期为2011年7月至2013年9月。

〔**评选首届患者满意医务人员**〕 为进一步加强医院精神文明建设和医德医风建设,表彰在医疗服务中做出突出成绩的医务人员,激励广大医务人员爱岗敬业、无私奉献、文明行医,营造"在本职岗位上争先进,在日常工作中创优秀,争当患者满意医务人员"的良好氛围。在全院5年工龄以上医务人员中开展评选"患者满意医务人员"活动。最终评选出冯满芝、白建宁、仇爱武、佘春平、白卫荣、苏发新、黄兆惠、林兆恒、王震、马艳萍10名患者满意医务人员,到了院党委的表彰和奖励。

〔**引进大型医疗设备64排螺旋CT和1.5T磁共振成像系统**〕 2011年5月,代表核磁共振、CT技术未来发展方向和高端影像学诊断水平的两大设备正式投入使用。这是目前本州第一台国际先进的核磁共振,首台国际先进的螺旋CT,性能远远超出了传统产品,填补了西双版纳州高档核磁共振、高档CT的空白。

〔**州医院志愿者工作有序推进**〕 州医院于2010年12月3日启动了以"奉献爱心,爱在医院"为主题的志愿服务活动。志愿者工作开展以来,得到了院党委的高度重视,志愿者工作部积极开展志愿服务进科室、进社区、进村寨等活动。一年来医院组织志愿者到院外开展服务活动10次,其中与黎明社区开展志愿服务活动4次,组织到社区义诊1次,到村寨义诊1次,到敬老院1次。在开展志愿服务活动中,诊疗、咨询656人次,发放各种健康教育宣传单895份,免费赠送1500元的常用药品,按照"全国免费发放脊髓灰质炎疫苗强化免疫活动"统一行动,组织60余名志愿者到社区、街道为儿童免费发放脊髓灰质炎疫苗,受益群众达5000余人次。目前医院有志愿者262名,参加志愿服务活动222人次,服务时间2821小时。

〔**医院巡查迎检工作**〕 2011年11月10~13日,云南省大型医院巡查组到州医院进行检查,13个检查组通过查阅资料、现场考核、实地察看、抽查病历、暗访等方式,重点围绕医院管理、医务管理、急门诊管理、外科管理、医疗器械安全和固定资产管理、麻醉科管理、医院感染管理、护理工作、检验管理、药事管理、经济管理、行风建设、依法执业等进行了全面检查。

(《州人民医院》撰稿:吴　华)

西双版纳州傣医医院

〔**概述**〕 傣族传统医药是我国四大民族医药之一,具有2500多年的悠久历史,是傣族贝叶文化和祖国传统医药的重要组成部分,傣族传统医药是以"四塔"、"五蕴"为理论核心,具有自己独特的诊疗方法、方药的传统医药。在党和国家的高度重视下,于1977年成立西双版纳州民族医药调研办公室;1979年成立西双版纳州民族医药研究所;1988年4月建立西双版纳州傣医医院,占地19亩,建筑面积4000m,床位100张。2007年,经云南省教育厅、省卫生厅批准为非直属云南中医学院附属傣医医院。2007年12月,国家中医药管理局批准为国家重点建设的10家民族医院之一。2011 年 12 月 30 日新建泰医院搬迁至曼弄枫开发新区。是傣医临床、科研、教学为一体的综合性民族医院。

州傣医医院职能科室设有:院办公室、财务科、医务科、农合办、信息网络办、护理部、防保科;临床科室有:急诊科、内科、风湿病科、外科、骨伤科、妇产科、药剂科、麻醉科、医技科、肛肠科、口腔科、五官科、中医科、针灸科、推拿科、皮肤科、科研科和傣药制剂室。国家重点专科有:传统特色治疗专科、骨伤科、风湿病科。

医院编制 150 人,于 2011 年 10 月州编办重新核定事业编制 255 人。2011 年,全院现有在职职工 136 人,本科 48 人,大专 67 人,中专 12 人。其中卫生技术人员 113 人,占职工总数的 83%,卫生技术人员中有高级专业技术职称 14 人,正高 3 人,副高 11 人;中级职称 49 人。

〔**医院建设情况**〕 州傣医医院是国家中医药管理局确定为重点建设民族医院之一,在国家中医药管理局、省发改委、省卫生厅,州卫生局的大力支持下,州傣医医院建设项目被列入国家扩大内需 2008 年新增投资建设项目。为保证使用好中央扩大内需资金,同时又借助这一次难得的机遇加快州傣医医院的发展,州人民政府研究将州傣医医院搬迁至度假区,新医院用地面积 50 亩,建筑面积 19000 多平方米。

州傣医医院搬迁工程由西双版纳城乡建设投资开发有限公司组织于 2009 年 8 月 20 日正式动工建设。住院楼于 2009 年 8 月 20 日动工 ~2011 年 9 月 21 日竣工并通过验收。门诊—医技楼于 2010 年 3 月 8 日动工 ~2011 年 6 月 29 日竣工并通过验收。行政后勤综合楼于 2010 年 4 月 6 日动工 ~2011 年 11 月 10 日竣工并通过验收。科研综合楼于 2010 年 5 月动工,2011 年 9 月 21 日竣工并通过验收。

2011 年 3 月 1 日,云南省卫生厅厅长陈觉民,在州人民政府副州长李江虹,州卫生局局长刀爱武陪同下,视察新傣医医院建设情况。

2011 年 3 月 25 日,省卫生厅副厅长杨鸿生,在州卫生局局长刀爱武陪同下,视察新傣医医院建设情况。

2011 年 7 月 7 日下午,州人民政府副州长李江虹、州卫生局局长刀爱武到新傣医医院视察项目进展情况,并听取了院长汇报,医院搬迁前的准备工作。

该院于 2011 年 11 月 26 日 ~27 日,完成医院的整体搬迁工作。

〔**新院落成庆典**〕 2011 年 12 月 30 日国家中医药管理局科技司李昱副司长、中国民族医药协会会长陈虹、云南省卫生厅副厅长郑进、州人民政府副州长李江虹、州人大副主任刀金芬、州政协副主席玉香伦等领导嘉宾参与州傣医医院落成典礼,庆典由李江虹副州长致欢迎词,李昱副司长、郑进副厅长分别为西双版纳州傣医医院的建成致辞,陈虹会长为西双版纳州傣医医院题词:“开发民族文化资源,重视傣医傣药建设;医术精湛除疾患,品德高尚利万民。”在各级政府的关心支持下,西双版纳州傣医医院圆满完成建设,为发展傣医傣药开启新的篇章。

〔**业务开展情况**〕 2011 年州傣医院完成了医疗质量检查:同时在国家“民族医院管理年”活动中,顺利通过了云南省中医药管理局的验收评估检查工作。在执行各种医疗制度,医疗安全核心制度,考核制度中。各项考核均达到上级主管部门的要求,2011 年共抽查病历 240 份,门诊及住院处方共 6000 张,病历合格率为 97%,处方合格率为 99%。

在护理质量方面:该院加强和规范临床护理工作,护理部对护理论知识和操作进行了定期培训,培训率 95%,考核合格率达 100%。

2011 年顺利完成中医、傣医执业医师(执业助理)技能的考试工作。其中中医类别:助理 62 人、医师 33 人;傣医类别:助理 68 人、医师 102 人,共 265 人。

圆满完成了由州卫生局举办、州傣医医院承办的全州乡镇卫生院妇产科医师培训班,参加学习 32 人次,通过理论考试及临床实习,成绩合格率达 100% 以予结业。

2011 年该院继续与勐腊县瑶区卫生院签订对口支援帮扶协议,并派出妇产科、内科、护理等医务人员到瑶区卫生院工作,并投入经费帮助卫生院放射科的建设,使该院开展了化验、B 超放射工作。同时,积极开展各种义诊活动以及州级会议医疗服务。

〔**傣医药发展及科研工作**〕 2011 年傣医院完成了国家科技部十一五科技支撑项目“傣族有毒药材内凹规范化炮制剂术研究”;“波燕傣医药医技医术的抢救性传承研究”;“傣医睡药特色疗法规范化研究”;“傣医胆汁病特色诊法规范化研究”;“康朗香傣医药医技医术的抢救性传承研究”工作。以上项目已结题验收。

完成了国家中医药管理局政策与法规司项目“傣医药标准类目及示范研究”工作;完成了云南省科技厅项目“中国傣医药传统方药收集整理研究”中“200 个傣医药传统经方目录”和“2000 个

傣医单验秘方大全”的收集整理工作,已申请验收;西双版纳州科技局项目“10 种傣药材的抗肝细胞纤维化研究”,待结题验收。

完成了10 种傣药医院制剂(15 个品种)的专利申报工作,现已被授予国家专利发明5 项:一种治疗肝病的药物(含保肝胶囊、肝康胶囊、护肝散三个制剂品种);一种治疗带状疱疹、黄水疮或急性湿疹的外搽酊剂。原为一种治疗疔疮的外搽酊剂(疮毒酊);一种用于治疗胃病的药物(含健胃止痛胶囊、健胃止痛散两个制剂品种);一种治疗糖尿病的药物(含尿糖消胶囊、消渴散两个制剂品种);一种治疗乳腺病的药物(乳结消胶囊)。

〔重点专科建设工作〕 2011 年州傣医院着力推进傣医骨伤科、傣医妇科、传统特色专科和风湿病专科建设。充分发挥傣医药独特疗法优势,积极探索解决病种难点;按照要求制定专科建设发展规划,制定本专科常见病及重点病种的傣医诊疗方案,及时观察临床疗效,对运用傣医治疗难点进行研究探索;对诊疗方案中的治疗方法进行疗效评价和总结。于同年6 月22 日,通过了省级专家检查组的评估。

〔人才培养及引进情况〕 2011 年,州傣医院一是送出医护人员9 人次到昆明医学院第一附属医院、云南省中医院、昆明市中医医院进修学习;二是送出国家“创新人才、访问学者”到加拿大访问学习1 人;三是带教乡镇卫生院进修、西双版纳州职业技术学院傣医大专班实习、见习学生59 人次;四是承担傣医大专班的教学工作,该所(院)有20 人被聘为西双版纳职业技术学院傣医大专班的教师;五是全年医护人员共参加各种短期培训学习56 次,参加人员135 人次。进修人员均与院方签订进修协议,做到学有所用,逐步形成人才梯队建设的发展模式。

〔获奖情况〕 2011 年1 月州傣医院研究所编著的《傣医常用名词术语解释》荣获中华中医药学会颁发的中华中医药学会学术著作奖三等奖。2011 年4 月7 日云南省地方习用药材标准和饮片标准的研究项目荣获云南省政府颁发云南省科学技术进步二等奖。2011 年10 月荣获国家中医药管理局授予的“全国中医药文化建设工作先进单位”称号。2011 年在云南省卫生系统“创先争优”活动中,被中共云南省卫生厅党组授予“先进基层党组织”称号。

〔承办全国民族医重点专科临床诊疗方案验证工作会〕

2011 年1 月7 日至9 日,由国家中医药管理局医政司、国家民委文宣司、国家中医药管理局重点专科项目办公室、民族医药处主办,我所(院)承办了“全国民族医重点专科临床诊疗方案验证工作会”。出席此次会议的领导有国家中医药管理局医政司杨龙会副司长、国家民委文宣司王居副司长、国家中医药管理局重点专科项目办公室崔咏梅主任、国家中医药管理局民族医药处王瑾;西双版纳傣族自治州人民政府李江虹副州长、西双版纳傣族自治州卫生局刀爱武局长。参加此次会议的有来自全国各地的藏、蒙、维、傣、壮、朝鲜、彝、苗、瑶、土家、土族等民族医的48 家民族医院的重点专科建设单位、96 位民族医药专家、学者。此次会议的召开,将对全国各地推广应用方法简便、疗效稳定、安全可靠的民族医诊疗方法方药,加强民族医药的宣传力度、扩大民族医药普及范围、共商民族医药发展大计,起到积极的促进作用。

〔参与承办第四届湄公河次区域传统医药交流会〕

5 月17 ~20 日,该所(院)一行6 人到昆明参加由云南省科协、云南中医学院、泰国清莱皇家大学主办,由我所(院)与云南省学会研究会、云南省民族民间医药学会、云南中医学院民族医药研究发展中心、云南生物与文化多样性保护中心共同承办的“大湄公河民族医药发展论坛——暨第四届湄公河次区域传统医药交流会”。参加此次会议的有中国、泰国、缅甸、老挝、越南、柬埔寨等6 个国家。本届交流会围绕湄公河次区域传统医药“交流、合作、传承、发展”的主题,开展传统医药教育产业等方面的交流与合作,加强与沟通,共同研究发展进步,共享发展成果。

〔国家中医药管理局重点民族医医院建设项目评估验收〕

2011 年8 月12 日上午,国家重点民族医医院建设项目“西双版纳州傣医医院重点民族医医院建设项目评估会”在金版纳酒店2 号厅会议室召开。国家中医药管理局副局长马建中,国家中医药管理局办公室副主任徐皖生,国家中医药管理局医政司副司长杨龙会,甘肃省中医药管理局副局长崔庆荣,云南省卫生厅副巡视员张雅琴,云南省卫生厅中医处调研员杨镔,西双版纳州卫生局局长刀爱武,云南省中医院副院长彭江云及专家组一行16 人参加了此次会议。会议听取了段立纲所(院)长对傣医院如何开展重点民族医医建设工作从医院基本情况、发挥中傣医药特色优势的措施、人员配备与培训、临床科室建设、重点专科建设、民族药药事管理、民族医护理、民族医药文化建设和临床综合等九个方面向中管局领导及专家进行了汇报。同时,借此机会,又将近年来,我所(院)发展的情况、所取得的成绩及目前所面临的困难和问题作了汇报。马建中副局长在会上充分肯定了傣医医院重点民族医院建设的成绩,强调了傣医发展的意义,要求医院要自强、自信、自立、自爱地发展傣医医院。在视察新院后,马建中副局长对新傣医医院的建设感到十分满意。

〔**对外交流与合作**〕

2011 年 12 月 30 日与云南良方制药有限公司开展傣药项目合作。

〔**适宜技术推广**〕

1 月 24 日,该院组织召开了云南省民族医药适宜技术筛选推广会议:会议组织学习省的实施方案,介绍各单位制定的实施方案,楚雄州彝医院、普洱民族医药研究所参加会议。

(《州傣医医院(所)》撰稿:段立刚)

西双版纳农垦医院

西双版纳农垦医院,是一家集医疗、预防、科研、教学为一体的综合性医院。它坐落在西双版纳州景洪市澜沧江畔。1971 年,在上海静安区中心医院的鼎力帮助下建院,占地面积为 234.8 亩,固定资产 6700 余万元。1992 年,被云南省政府命为"全省精神文明单位",1995 年 12 月被云南省卫生厅评为"国家三级乙等医院"。

2011 年,医院有职工 568 人,专业技术人员 505 人,有高级职称 30 人,中级职称 142 人。开设病床 450 张,2011 年门诊病人 84126 人次,出院病人 9118 人次,同比上升 11.3 %,手术 4087 台次,病床使用率 99.6%,周转次数 20.3 次,平均住院日 18 日。入院与出院诊断符合率 97%,临床与病理诊断符合率 97.9%,入院三日确诊率 92.79%,手术前后诊断符合率 98.77%。2011 年全院总收入 12783.15 万元,总支出 13059.53 万元。医院固定资产 8536.79 万元。

〔**年度工作总结大会**〕 2011 年 1 月 4 日,西双版纳农垦医院在大会议室召开 2010 年度工作总结大会。2010 年,医院设有病床 450 张。截止 11 月 30 日,门诊病人 78678 人次,较去年同期上升 7.7%,住院病人 7282 人次,上升 7.8 %,手术 3305 台次,病床使用率 96.9%,平均住院日 19 日,平均住院日、药品比例较上年同期有所下降。

会上,医院院长冯伟临提出 5 点要求:一是各医务人员要加强对业务知识、专业技能的学习,不断提高自身专业素质;二是各科室要加强痕迹管理,尤其是对病历书写、病程记录、手术记录等的规范管理,避免医疗纠纷的发生;三是要不断创新服务理念,提升服务意识,提高患者满意度;四是严格按照三级医院要求,继续督促医疗核心制度的执行;五是各部门科室要加强合作,做到团结、协调、沟通。医院党委书记谭远香强调 4 点:一是各科室要科学管理,增强医护技术水平,提升软实力;二是逐步推进基础设施建设;三是平稳过渡,支持协调做好移交的各项具体工作;四是 2011 年是"十二五规划"开局之年,也是医院迎来属地化管理的第一年,要把握机遇,更加务实工作,取得新佳绩。医院中层干部、机关工作人员共 73 人参加了会议。

〔**迎新春座谈会**〕 2011 年 1 月 30 日,西双版纳农垦医院举行2011 年迎新春座谈会,邀请西双版纳州农垦局局长陈喜民、副局长岩康和十大农场医院负责人欢聚一堂,畅叙友情,增进协作,共谋发展。

座谈会上,医院党委书记谭远香介绍了医院党建等方面取得的新成绩,医院院长冯伟临就 2010 年医院业务发展情况做了重点说明。会上,陈喜民局长指出:西双版纳垦区卫生系统移交地方属地化管理是发展机遇。现阶段,垦区各医疗机构重点是抓好自身业务质量建设,提升服务水平,维护好卫生队伍的稳定;在"十二五规划"中,积极争取项目立项,多方面筹措资金,促进医院全面建设发展。

〔**召开中心组理论学习会**〕 2011 年 2 月 21 日,西双版纳农垦医院党委组织召开中心组理论学习会。

会议先全文学习了州委书记江普生在州委六届十一次全会上作的题为《加快转变经济发展方式 全力推进"十二五"科学发展和跨越发展》工作报告,认真学习了中纪委贺国强同志在中纪委十七届第六次全会上的讲话精神。随后,医院党委书记谭远香提出了 2 点要求:一是各党支部、部门科室、要严格 2011 年党委工作安排意见,制定具体工作计划,坚决贯彻执行,重点抓落实;二是加强党风廉政教育,开展好一次廉洁从政、廉洁行医教育会;要对医院各项工作进行目标管理考核,规范医院工作;协调好医院内外部关系,尤其要加强与市卫生局等上级管理部门的协调沟通,积极争取医院发展的政策支持和良好外部环境;做好召开职代会的准备工作。

〔**云南省卫生厅厅长莅临医院考察调研**〕 2011 年 2 月 28 日下午,省卫生厅厅长陈觉民,在州卫生局局长刀爱武、市政府副市长张江红等州、市领导的陪同下,一行专程来到西双版纳农垦医院考察调研。

陈觉民厅长实地考察了医院核磁共振、螺旋CT等大型医疗诊断设备，仔细询问了医院人力资源、业务发展、专科特色等具体情况，认真听取了医院领导就医院项目建设存在资金缺口等实际困难的汇报。陈厅长提出了3点要求：1、医院移交景洪市管理，作为地方卫生系统的新成员，要继续维护好队伍的稳定；2、把握区位优势，要做好项目规划，加快推进医院基础建设；3、激发潜力，提高医疗服务水平，重点推进医院业务发展。陈厅长指明了医院今后发展的方向，鼓舞了全院职工的信心，医院班子成员表示要认真贯彻落实，努力推动医院各项工作迈上新台阶。

〔召开第九届一次职工代表大会〕 2011年3月17日，西双版纳农垦医院第九届一次职工代表大会召开，医院领导和来自各基层科室的88名职工代表齐聚一堂，共商发展大计。

大会上，医院院长冯伟临作了题为《统一思想 振奋精神 强化管理 提高质量 努力实现农垦医院发展的新跨越》的工作报告，报告总结了2010年医院工作取得的成绩和经验，分析当前的形势，安排部署了2011年的工作任务，指出2011年是医院落实属地化管理的关键一年，医院必须未雨绸缪，夯实医护质量基础，抓好品牌建设和医疗安全，齐心协力共同开创发展新局面。医院分管领导做了相关制度的修改说明。闭幕会上，院党委书记谭远香强调2011年全院工作总体要求是“加强管理、锐意进取、创新思维、科学发展”，各科室要坚决贯彻落实职代会精神，严格按照“三级医院”标准开展工作，促进医院全面进步。此次职代会共收到建议30余条，讨论采纳10余条。大会审议并修改通过了《2010年医院工作报告》、《医疗质量考核标准制定的说明》、《医院2011－2015年人才培训方案的说明》等6项内容，圆满地完成了各项预定任务，为医院2011年的科学发展和跨越发展打下了坚实的基础。

〔捐款救助〕 2011年4月28日，西双版纳农垦医院工会向全院职工发出献爱心捐款倡议书，号召向患结肠癌的医院保安宗某捐款，倡议得到了职工的积极响应，全院共有447人次捐款24260元，刷新医院为个人爱心捐款新纪录。

〔演讲比赛〕 2011年5月10日晚，西双版纳农垦医院举行5·12护士节“优质服务 从我做起”演讲比赛，热烈庆祝第99个“5·12”国际护士节。

来自全院各临床科室的15名选手分别演讲了“天使在微笑”、“最可爱的人”、“优质护理 从我做起”等精彩篇目，护士们结合岗位实际的讲演，充分展现“燃烧自己 照亮他人”无私奉献的南丁格尔精神，把晚会气氛不断推向高潮。经过激烈角逐，最终来自ICU重症加强护理病房的杨丽萍艺高一筹，获得本次大赛一等奖。

〔正式启动三级医院“优质护理服务示范工程”〕 2011年5月12日国际护士节，西双版纳农垦医院在全院护理单元正式启动三级医院“优质护理服务示范工程”。

农垦医院的优质护理服务示范工程以“夯实基础护理，提供满意服务”为主题，组织全院12个临床护理单元全程参与，以深化“以病人为中心”服务理念为契机，做到贴近患者、贴近临床、贴近社会的“三贴近”，实施开放式和零距离服务，耐心处理患者咨询和诊疗，做到事事有人管，件件有落实，提供“入院有人帮，住院有人办，检查有人陪，出院有人送，回家有人访”帮、办、陪、送、访的优质护理服务。此项“优质护理服务示范工程”是卫生部于今年初提出在全国1000多家三级医院实施，旨在加强临床护理工作，保障医疗安全，为人民群众提供优质护理服务的重点专项工程。启动会上，还对妇产科、外科等6个护理单元进行了“优质护理服务示范病房”授牌。

〔举办2011年党风廉政建设学习班〕 2011年6月10日，西双版纳农垦医院2011年党风廉政建设学习班开班。学习班邀请州纪委第四纪工委书记熊新发来院作党风廉政教育专题讲座。医院党委、院领导班子、中层干部及机关工作人员共70余人参加了学习。

〔召开“七一”党员大会隆重庆祝建党90周年〕 2011年7月1日下午，西双版纳农垦医院党委召开“七一”党员大会隆重庆祝建党90周年。

大会上，医院党委书记谭远香作了题为《回顾光辉历程 弘扬奋斗精神 集中力量推进农垦医院发展》重要讲话。回顾了一年来，医院党委认真贯彻落实科学发展观，以“创先争优”为契机，大力加强医院党建工作，以“五好五带头”为要求，狠抓班子和中层干部队伍建设，强化党员队伍素质教育，基层党组织的整体功能进一步得到增强。院党委带领全体党员，全院干部职工以党员素质提高、医护质量提升、医院各项管理加强为抓手，以科学发展观实践活动为推手，促进医疗主业发展，加强品牌科室建设，拓宽医疗服务市场，医院各项工作呈现上升的良好态势。医院11个党支部进行了红歌演唱比赛，大会还对2010年，2011年医院先进党组织和优秀共产党员进行了表彰奖励。

〔1 号住院楼顺利通过验收〕 2011 年 7 月 20 日，西双版纳州质量技术监督站、云南农垦总局设计院、建筑监理、地质勘探、工程建设等多个单位部门联合对西双版纳农垦医院 1 号住院楼进行了现场验收。各单位通过查验建设施工资料，实地查看建筑现场等程序，提出了部分还需要进一步完善的细节内容，参加验收的各方现场签字确认了 1 号住院楼整体验收合格，标志着 1 号住院楼即将投入使用，医院的改扩建任务进入新的阶段。

〔召开 2011 年首次党政联席会议〕 2011 年 7 月 25 日，西双版纳农垦医院召开了 2011 年首次党政联席会议。医院党委书记谭远香首先强调了要加强机关部门作风建设，说明了医院当前建立党政联席会议制度的重要性，党政联席会议由党政领导牵头召集，由办公室负责通知，一周召开一次，主要是对各职能部门的工作进行汇报小结，对下周的工作进行安排部署和督促落实。

〔医护人员积极参加无偿献血〕 2011 年 7 月 28 日，西双版纳州中心血站的采血车来到西双版纳农垦医院采血，广大医护员工和部分患者家属积极参加了无偿献血，有 23 人成功完成献血 5800 毫升。

〔下乡送药、义诊进敬老院〕 2011 年 8 月 6 日，西双版纳农垦医院党员志愿服务队在党委书记谭远香，副院长谢建云的带领下，一行 14 人专程来到景洪市勐罕镇中心敬老院，开展送药下乡、现场义诊志愿服务活动。活动为每位老人精心地准备了“爱心水果礼包”，并依据老人发病特点，向敬老院赠送了 2 箱价值千元的医疗药品。活动当天，服务队共免费为老人们义诊 30 余人次，提出诊疗建议 20 多条。

〔“优质护理服务月”竞赛活动圆满落幕〕 2011 年 8 月 11 日，西双版纳农垦医院召开“优质护理服务月”竞赛活动表彰大会，对活动中获奖科室进行表彰奖励。至此，由西双版纳州农垦局工会举办，医院工会、女工、护理部具体承办，从 7 月 1 日至 7 月 31 日，为期一个月的医院“优质护理服务月”竞赛活动圆满落下帷幕。全院骨科、肿瘤、妇产科等 10 个临床科室的护理单元参加了竞赛。此次活动共分为宣传动员、具体实施、考查评比三个阶段。经过严格细致的考核，共评出一等奖 1 名、二等奖 2 名、三等奖 3 名、鼓励奖 4 名。其中妇产科护理单元荣获第一名。

〔医院工会慰问高考升学职工子女〕 2011 年 8 月 18 日，西双版纳农垦医院工会组织开展“高考升学慰问”活动。医院工会慰问小组在医院党委书记、工会主席谭远香的带领下，对医院今年子女高考升学的 17 户职工家庭进行登门祝贺慰问，并送去慰问金共 17300 元，院女工委也送去“爱心慰问基金”共 7200 元。今年，医院职工子女共 24 人参加高考，二本上线率达 70.8%，高考上线人数及上线率均为历年来最高。在升学的职工子女中，谢皐明同学以 589 分的优异成绩成为医院高考状元，被重庆医科大学录取。

〔召开中层干部会议强调严把 4 个“关”〕 2011 年 10 月 26 日，西双版纳农垦医院召开中层干部大会，指出了当前医院发展面临的新挑战，重点部署下一步工作，强调要严把四个“关”。

医院党委书记谭远香主持会议。大会首先通报了医院近期发展的新动态，要求齐心协力共度新难关。对下一步工作，强调严把 4 个“关”：一是严把质量关。要狠抓医疗核心制度的执行，严格按照三级医院质量管理年活动的规定全和优质护理服务承诺面贯彻落实，各科室主任要对各科工作负总责，努力改善服务态度和服务流程，提升病人满意度。二是严把劳动纪律关。严格请销假制度，外出学习培训要有计划进行，并事先请假批准。全院职工要坚守岗位，敬业工作，做好年底医疗高峰的攻坚战。三是严把队伍稳定关。医院处在发展的特殊关键期，要做到人心不乱，思想不松，队伍不散。四是严把财务制度管理关。要按照医院财务管理制度，努力做好资金回收、开支管理，支出要分批次、分轻重缓急，列出计划上报班子会通过执行。

〔启动“2011 年大型医院巡查暨医疗质量万里行”活动〕 2011 年 11 月 3 日下午，西双版纳农垦医院召开“2011 年大型医院巡查暨医疗质量万里行”活动启动会，启动医院的“医疗质量万里行”活动。启动会上，副院长谭中伟对活动的开展，提出 3 点具体要求：一是转变思想，集中精力攻质量。二是认真学习，分解任务抓落实。三是大力宣传，督促检查促提高。医院领导和全院中层干部、机关工作人员参加了动员会。

〔市卫生局对医院进行 2011 年卫生计生工作责任目标考核检查〕 2011 年 12 月 2 日，景洪市卫生局组织城区考核组，对西双版纳农垦医院进行 2011 年卫生计生工作责任目标考核检查。

考核组由景洪市卫生局副局长郭慧芳带队一行 10 人，来院主要检查考核医院的《卫生工作暨深化医药卫生体制改革任务》、《基本药物制度执行情况》、《城市城区卫生服务绩效》、《党风廉政》等 13 个目标书的落实情况。考核组采取听汇报、查阅资料、现场检查、个别访谈、问卷调查等方式，对医院2011年开展的各项工作和目标责任书的落实进行了详细检查,肯定了医院一年来的工作成绩,并对存在的问题和建议进行了反馈,促进了医院工作的开展。

〔**西双版纳州副州长到医院调研**〕 2011年12月15日,西双版纳州政府副州长李江虹一行7人,来到西双版纳农垦医院就医院基础设施建设、医疗服务质量进行专题调研。

考察组一行深入到医院住院部、医技楼实地调研了医院基础设施建设,医疗设备配备等情况,李江虹副州长在座谈会上听取了医院领导汇报后,提出了4点要求:一是找准医院定位。在做到科室均衡发展的同时做好重点科室的发展,把医院优势科室做特做强,在综合医院基础上突出特色专科的建设;二是推进医院基础设施建设。医院住院部、职工住宿小区等建筑设施较为陈旧,医院的改扩建工程要积极争取立项,多方协调筹集资金,分期分步改善住院条件;三是加强医疗设备管理。依据十二五期间国家、省重点对医疗设备进行重点扶持的机会,做好医疗设备引进使用和管理,争取政策支持;四是做好人才培养工作。要将人才培养纳入到州、市统筹规划,分层次、分批次做好人才的引进、培养和培训。医院机关各职能部门负责人参加了座谈。

〔**启动"四群"教育和部署十八大代表推荐工作**〕 2011年12月30日,西双版纳农垦医院党委召开中层干部和全体党员大会,同时启动"四群"教育和部署十八大代表推荐两项工作。

"四群"工作会议指出,医院开展"四群"教育工作,实行干部直接联系群众制度,是积极响应省委、州委、市委号召开展的一项重要工作。在会上,医院党委书记谭书记就如何开展好"四群"工作,做出了具体要求。医院推荐提名云南省出席党十八大代表工作分两步走,第一步是医院党委召开动员大会,各党支部召开支部会议,认真推荐等于或少于53名代表名单报党总支;第二步是医院党总支对代表名单进行核实后报医院党委审核,确定医院推荐名单,上报市委组织部。

(《西双版纳农垦医院》撰写　王得雄)

州妇幼保健院

〔**概况**〕 2011年全院有职工114人(其中:在编职工49人,临时聘用合同工60人,临时用工1人,退休返聘3人,借调1人)。在编职工中:卫技人员42人,占职工总数的85.70%,财会专业技术人员5人,占职工总数的10.20%,工勤人员2人,占职工总数的4.0%。在编职工49人中:执业医师22人,未评定职称1人,注册护士13人,检验技师3人,药剂师1人,影像技师2人,财会人员5人,工勤人员2人;人员学历结构本科11人,专科21人,中专13人,高中以下4人;女职工43人,男职工6人;少数民族27人;人员职称构成:正高职1人,副高职5人,中职25人(有3人未聘),初职医师1人,初职医士1人,未取得职称1人。院内设院办公室、总务后勤科、财务科、医务科、护理部、信息统计科、健康教育科、基层保健指导科8个职能科室和妇产科、儿科、儿童保健科、麻醉科、药剂科、检验科、功能科、7个专业科室。业务用房,面积1421.64平方米,编制床位100张,实有开放床位66张,门诊观察床25张。有万元以上医疗设备、设施36种48件。2011年门诊总人次95797人次,其中:保健门诊25866人次,临床门诊69931人次。保健门诊中:产科保健8287人次、妇保1032人次、儿保16547人次。临床门诊中:妇产科13787人次、儿科56144人次,住院3287人,其中:产科1165人、妇科381人、儿科1741人。业务总收入1775万元,药品收入占总收入的42%。

〔**基层妇幼卫生工作**〕 西双版纳州基层妇幼卫生工作以"以提高全州妇女、儿童健康水平为目标",进一步统一思想、提高认识、加强协调、强化督导,结合日常妇幼保健工作,重点强化农村孕产妇住院分娩补助和预防艾滋病、梅毒和乙肝母婴传播工作指导;进一步规范县级以上医院出生缺陷监测网络,完善妇幼卫生监测体系;组织实施上海宋庆龄基金会援助的"母婴平安项目",积极指导开展重大公共卫生和基本公共卫生项目妇幼卫生项目工作;加强妇幼卫生监测质量控制,为各级政府提供有效的决策依据,突出系统服务,系列服务,追踪服务和人性化服务的现代服务模式,建立与社会发展水平相一致的妇幼保健服务网络。全州有妇幼保健院4所,病床141张,职工总数139人,其中:卫生技术人员116人,管理人员8人,工勤人员10人,其他技术人员5人。卫生技术人员中:执业医师64人,执业助理医师6人,注册护士35人,检验7人,药剂1人,其他3人;有乡防保组35个,乡镇妇幼专干46人,村医卫生员665人,其中:女村医318人,接生员771人。建立健全了覆盖州、县、乡、村四级的妇幼保健网络。一支吃苦耐劳、兢兢业业、作风踏实的妇幼保健队伍为各项妇幼保健服务的开展提供了组织和技术保障。

〔妇幼卫生指标〕

2010—2011 年妇女儿童健康指标

	孕产妇死亡		婴儿死亡		5 岁以下儿童死亡		新生儿破伤风死亡	
	数	率/10万	数	率‰	数	率‰	数	率‰
2010 年	6	67.08	125	13.97	155	17.33	3	0.34
2011 年	3	33.91	115	13.00	135	15.26	3	0.34
2011 年较 2010 年	↓3	↓33.17	↓6	↓0.97	↓20	↓2.07	—	—

〔孕产妇保健〕 2011 年,全州活产 8847 人,产妇总数 8766 人。孕产妇管理:建卡 8225 人,建卡率 93.83%,产前检查 8218 人,检查率 92.89%,孕早期检查 6465 人,检查率 73.08%,产后访视 7918 人,访视率 89.50%,系统管理 6445 人,管理率为 72.85%。接生情况:住院分娩 8077 人,住院分娩率 91.30%,非住院分娩中新法接生 458 人,非住院分娩中新法接生率 96.47%。高危管理:高危产妇 1501 人,占产妇的 17.12%,高危产妇管理 1500 人,占高危产妇的 99.93%,高危住院分娩 1485 人,高危产妇住院分娩率 98.93%。孕产妇死亡情况:孕产妇死亡 3 人(内科合并症 3 人,占 100%),死亡率 33.91/10 万。围产儿情况:围产儿死亡 84 人,死亡率 9.46‰,出生体重 < 2500g 337 人,低出生体重发生率 3.81%。新生儿破伤风:发病 4 人,发病率 0.45‰,死亡 3 人,死亡率为 0.34‰。

〔儿童保健〕 2011 年,全州有 7 岁以下儿童 57874 人,其中:5 岁以下儿童 43877 人,占 75.81%,3 岁以下儿童 26634 人,占 46.02%。7 岁以下儿童保健服务:新生儿访视 7840 人,新生儿访视率 88.62%,7 岁以下儿童保健管理 46079 人,管理率 79.62%,3 岁以下系统管理 21321 人,3 岁以下系统管理率 80.05%,6 个月母乳喂养情况:实查 6496 人,其中:母乳喂养 6177 人,占 95.09%,纯母乳喂养 3935 人,占 60.58%。5 岁以下儿童营养评价:实查 33155 人,体重 < 中位数 -2SD 2441 人,营养不良患病率 7.36%。

〔婚前保健〕 2011 年,全州婚前医学检查男、女各应检 9948 人,实际检查男 0 人,女 0 人。

〔妇女病查治〕 2011 年,全州妇女病查治情况:应查人数 188890 人,实查 24494 人,普查率 12.97%,查出妇科病 10333 人,占实查人数的 42.19%,其中:患阴道炎 7234 人,患病率 29.53%;宫颈炎 2349 人,患病率 9.59%;尖锐湿疣 1 人,患病率 4.08/10 万;宫颈癌 4 人,患病率 16.33/10 万;乳腺癌 2 人,患病率 8.17/10 万。

〔健康教育〕 2011 年,全州全年共悬挂永久性宣传牌 368 块,发放宣传材料 6.88 万份,每县平均 2.29 万份;电视、广播 4 次,每县平均 1 次,制作宣传栏 556 期,每县平均为 185 期;标语 271 条,每县平均为 90 条。

〔举办培训班〕 2011 年 7 月 26 日 ~29 日,为推进 2011 年全州基本公共卫生服务项目妇幼项目管理,规范 0 ~6 岁儿童健康管理服务工作,提高全州 6 岁以下儿童健康管理率,降低儿童死亡率和儿童疾病患病率。根据《国家基本公共卫生服务规范(2011 年版)》要求,举办了全州基本公共卫生服务“0 ~6 岁儿童健康管理服务规范”培训班,应培 40 人,实培 67 人。

8 月 29 日 ~9 月 2 日,为认真贯彻落实《艾滋病防治条例》,实现《中国遏制与防治艾滋病行动计划(2011—2015)》、《中国预防与控制梅毒规划(2010—2020)》、《2006—2010 年全国乙型病毒性肝炎防治规划》的目标,进一步做好我州预防艾滋病、梅毒和乙肝母婴传播工作,提高专业人员技术服务能力,举办了西双版纳州预防艾滋病、梅毒和乙肝母婴传播师资培训班,应培 42 人,实培 140 人。

〔荣誉称号〕

单位荣誉:

获云南省妇幼卫生工作先进单位

个人荣誉:

罗云支院长在贯彻落实中国妇女儿童发展纲要和云南妇女儿童发展规划,推动妇幼卫生工作中作出突出贡献,授予“先进个人”称号;云南省政府特殊津贴荣誉证书。

马丽在 2008 ~2010 年云南省防治艾滋病人民战争中评为先进个人(中共云南省委、人民政府颁发)

卢祖玉在 2008 ~2010 年云南省防治艾滋病人民战争中评为先进个人(西双版纳州委、州人民政府颁发)

(稿件撰写人:马　丽)

文化体育

责任编辑:杨福清

文化体育和新闻出版

〔**综述**〕 2011年1月10~13日,文体局在景洪市嘎洒镇、勐腊县贺罗村和曼赛囡村、勐海县打洛镇和曼召村,开展了西双版纳州文化科技卫生"三下乡"集中示范活动,为当地村民送文化送科技送卫生。

2月25~28日,国家文化部直属院团中国东方演艺集团到西双版纳州开展文化科技卫生"三下乡"活动。

3月10~4月10日,楠景新城成功举办了全国女子垒球冬训赛、全国青年女子垒球锦标赛、全国女子垒球冠军赛、国际慢投垒球邀请赛、"海峡杯"两岸女子垒球赛等5个国家级赛事。

4月8~17日,2011年泼水节系列活动隆重举行。系列活动以提升泼水节传统文化内涵为主线,以纪念周恩来总理参加西双版纳泼水节50周年和中老建交50周年中老青年联谊为亮点,充分突出了"激情四月、深切缅怀、睦邻友好、共同繁荣发展,充分展示多彩西双版纳"这一主题,着力打造了"东方狂欢节—西双版纳泼水节"国际品牌。系列活动共有四个活动版块,大小32个子内容,既有傣族泼水节传统活动,又有边交会等商贸活动;既有明星演唱会,又有露天电影晚会;既有傣家少女头饰展演、傣族服装秀展示,又有作家采风、摄影、书法、图片等展览。与东方演艺集团共同筹备的《印迹西双版纳》,是西双版纳州建州以来举办一台最高规格文艺晚会;民族文化大展演和万人傣族手式集体舞场景壮观、独具魅力,是历年来参与人数最多的一年,创造了西双版纳泼水节之最。

5月17~18日,组织歌舞团编排了大型舞剧《让我听懂你的语言》参加云南省第十一届新剧(节)目展演,荣获银奖。

8月4~9日,"盛璟新城杯"海峡两岸棒球对抗赛在楠景新城举行。对抗赛赛程为5天,来自天津、广东、江苏、四川,以及来自台湾的台北市、新台北市、台北市合作金库、高雄市台湾电力共8支队伍的300名运动员和教练员参赛。本次比赛采取特殊的赛制,采用单循环对抗赛加同名次决赛的形式进行,即每支大陆队将和4支属于中华台北的棒球队各交手一场,以局数得失分率决定大陆四支球队的1、2、3、4排名,台湾的四支球队也以这样的排名决定名次。随后大陆的第一名对抗中华台北的第一名,第二名对抗第二名,这样捉对厮杀,决出最后的冠军。赛制的特点是,大陆的四支球队自己并不交锋,而来自台湾的四支球队也并不内部厮杀。比赛结果,第一名是台湾合作金库代表队、第二名是天津代表队、第三名是台湾电力代表队、第四名是四川代表队、第五名是台北代表队、第六名是广东代表队、第七名是新北市代表队、第八名是江苏代表队。

10月19日,与省体育局签订了推进体育事业发展合作协议,体育局从4个方面支持西双版纳州体育事业发展:一是将西双版纳州体育基地纳入"中国云南高原体育基地"项目规划建设,定位为"云南体育冬季训练基地",从规划、技术等方面给予指导。二是支持西双版纳州"楠景新城"棒垒球训练基地发展,在"楠景新城"棒垒球训练基地成立云南省女子垒球队,培养云南省垒球高水平运动员和后备人才,并引导田径、自行车、高尔夫球等项目逐步落地西双版纳州。三是按照"集中使用、突出重点、奖补结合"的原则,支持西双版纳州实施"七彩云南全民健身工程",加快县、乡、村体育基础设施建设,开展全民健身活动。四是积极引进、引导高水平棒垒球赛事落户西双版纳州,支持将"中国西双版纳澜沧江(湄公河)亚洲公开水域游泳挑战赛"打造成为面向东南亚的精品赛事。

10月26~30日,全省第二届"大家乐"群众文化广场舞大赛决赛在景洪市举行。共有16个州市48个节目参加,演员达到600人,共评出金奖9个,银奖16个,铜奖23个,优秀组织奖9个,我州荣获金奖1个,银奖1个,铜奖1个和优秀组织奖。

10月27日,省文化厅组织全省16个州市文化局主要领导到勐海县曼召村现场考察推广"文化惠民示范村"创建工作。

10月31日~11月7日,全国部分城市第22届中老年篮球赛有来自全国8个省市30个城市的55支中老年代表队700余名运动员参加。

11月10~20日,为老挝琅勃拉邦省男女篮球队30人进行了为期10天的篮球培训。

11月20~25日,组织参加了全省第七届少数民族歌舞乐展,荣获优秀组织奖和银奖、铜奖和优秀奖各2个。

12月1~4日,全州第二届新农村篮球运动会有来自各乡镇的18支男女代表队300余名运动员参加,勐腊县勐捧镇代表队、景洪市景讷乡代表队、勐海县勐宋乡代表队分获女子组一、二、三名,勐腊县勐捧镇代表队、景洪市勐龙镇代表队、景洪市街道办代表队分获男子组一、二、三名,勐腊县勐满镇代表、度假区管委会代表队获女子组体育道德风尚奖,勐海县勐海镇代表队、景洪工业园区代表队获男子组体育道德风尚奖。

12月26~30日,澜沧江·湄公河流域国家文化艺术节在景洪市隆重举行。从2011年开始,由本州和泰国轮流主办的澜沧江·湄公河流域六国边境地区文化艺术节更名为澜沧江·湄公河流域国家文化艺术节,提升由省委宣传部、省文化厅与州委、州政府共同主办。艺术节包括开闭幕式、傣族服装创意设计大赛、选美大赛、网络征文大赛、非物质文化遗产展销会、普洱茶文化展销会、民族民间音乐晚会、西双版纳暨东南亚电影展等精彩纷呈、亮点十足、特色浓郁的文化活动,让来自流域各国的中外嘉宾享受了一顿丰富的文化套餐,澜沧江·湄公河流域国家文化艺术节以"两强一堡"战略实施为主线,以全面深化文化体制改革,繁荣和发展文化产业,加快推进民族文化强省为宗旨,以提高文化产业对全州经济的贡献率为目标,通过高规格、宽领域、多层次的文化艺术交流形式,向世界展示了中国云南在澜沧江·湄公河流域中独具特色的资源优势和文化魅力,推出了大湄公河次区域最具影响力的文化艺术节。

2011年6月18日~8月7日,举行云南省"冠军杯"足球联赛暨西双版纳赛区"体彩杯"足球业余联赛,共有14支足球队参加,运动员达300余人,勐海代表队获冠军,东风代表队获亚军,市场代表队获季军。12月23日,勐海代表队代表版纳州参加了云南省"冠军杯"足球联赛总决赛。

〔**文化体育和新闻出版**〕 州文体局2011年切实加强自身建设,扎实开展"创先争优"活动,深入开展了向杨善洲同志学习活动,开展了组织和党员个人公开承诺,其中机关党支部承诺4项,党员承诺49项;歌舞团杨洪安同志被州委和州直机关工委评为优秀党员,机关支部被州直机关工委评为先进基层党组织,体育科徐云坤同志被州直机关工委评为优秀党员。开展了以"学习杨善洲精神做人民满意的好党员好干部"为主题的学习生活会和以"坚持以人为本执政为民理念发扬密切联系群众优良作风"为主题的民主生活会。确定了全局2011年党风廉政建设和反腐败工作要点,制定了《加强关键岗位和重点环节行政行为监督的防范措施》,将局机关办公室、市场科和体育科确定为具有风险点的关键岗位和重点环节。加强"阳光政府四项制度"建设,在省政府重要事项公示网站发布听证、公示、通报信息30条,在州政府信息公开网站发布信息91条,编发文体工作简讯19期,在云南民族时报发表2篇,在西双版纳报发表通讯10篇,向州政府报送信息12条,被采用3条,被省上采用2条。

〔**文化活动**〕 2011年成功承办了澜沧江·湄公河流域国家文化艺术节和全省第二届"大家乐"群众文化广场舞大赛决赛,认真筹备和组织西双版纳2011年泼水节系列活动、纪念中国共产党成立90周年大型文艺晚会、"三下乡"活动,举办了西双版纳州第二届"大家乐"群众文化广场舞大赛和"魅力西双版纳-勐海、勐腊、景洪篇"广场文化活动。民族文化大展演和万人傣族手式集体舞场景壮观、独具魅力,是历年来参与人数最多的一年,创造了西双版纳泼水节之最。全省第二届"大家乐"群众文化广场舞大赛决赛有16个州市48个节目参加,演员达到600人,共评出金奖9个,银奖16个,铜奖23个,优秀组织奖9个,西双版纳州荣获金奖1个,银奖1个,铜奖1个和优秀组织奖。扎实开展"三下乡"活动,2011年全州共组织开展送戏下乡近126场。

大型舞剧《让我听懂你的语言》参加云南省第十一届新剧(节)目展演,荣获银奖。组织参加全省第七届少数民族歌舞乐展,荣获优秀组织奖和银奖、铜奖和优秀奖各2个。组队代表省政府参加了西安世界园艺博览会。在第九届云南省少数民族传统体育运动会表演项目比赛中,布朗族舞蹈《波腊》荣获金奖,傣族舞蹈《孔雀飞来》、基诺大鼓舞《司吐国呐》、哈尼族健身操《银铃》等荣获银奖，布朗族舞蹈《波腊》被选送参加第九届全国少数民族传统体育运动会的比赛。组团赴泰国参加了“四国艺术节”，赴老挝参加了“木棉花节”。

〔**群众体育**〕 2011年州文体局与省体育局签订了推进体育事业发展合作协议，全省只有3个州市得到了省体育局的支持合作。成功举办了全州第二届新农村篮球运动会、“闽商杯”全国部分城市第22届中老年篮球赛、2011年云南省“冠军杯”足球联赛暨西双版纳赛区“体彩杯”足球业余联赛等一系列体育赛事。楠景新城成功举办了全国女子垒球冬训赛、全国青年女子垒球锦标赛、全国女子垒球冠军赛、国际慢投垒球邀请赛、“海峡杯”两岸女子垒球赛、“盛璟新城杯”海峡两岸棒球对抗赛等6个国家级赛事。一年来，命名7个少数民族传统体育基地（陀螺2个、射弩2个、秋千2个，高脚竞速1个），7个传统体育学校（勐腊县2个、勐海县2个、景洪市1个、州直学校2个），争取了“七彩云南全民健身工程”43项，共新建100块农村篮球场、4个文化体育活动广场、3个村级体育广场、8个农民体育健身工程项目和35条健身路径，全州体育场地达2800余个，达到人均1.1平方米。3县（市）组织开展了近154次各类体育运动会。

〔**文化市场和新闻出版**〕 2011年州文体局以实施“双打”专项行动、加强印刷业管理、开展严防政治性非法出版物、打击有害出版物、打击盗版教材教辅读物、治理非法报刊等为重点，在全州范围内开展了打击侵犯知识产权和打击假冒伪劣商品专项行动、泼水节文化市场大检查、全州电子游艺市场专项整治行动、全州印刷复制企业检查行动等文化市场整治专项行动，全州共出动执法人员5032人次，车辆1819辆（次），检查音像制品经营场所、出版物市场、印刷复制企业、演出经营单位、娱乐场所经营单位、网吧经营单位2602家（次），受理各类举报23次，办结案件17件。举行了集中销毁侵权盗版及各类非法出版物活动，销毁盗版及非法图书、盗版音像制品、盗版软件、非法报纸期刊等，总量达9400多册（盘）。加强校园周边文化市场监管，清除校园周边“文化垃圾”，坚决打击“黑网吧”“黑电玩”，在全州开展了整治行动，查处取缔无证经营“黑网吧”6户，现场查扣电脑70台，检查涉嫌违法经营小型赌博机（水果机、老虎机）的临街商铺317户，收缴违法游戏机358台。积极组织参加省新闻出版局主办的“版权保护知识竞赛”，并获得一个优秀组织奖及三个个人奖项。

〔**文博工作**〕 西双版纳民族博物馆坚持对公众实行免费开放，共接待观众21600多人次。中共中央纪委书记贺国强，全国人大常委会副委员长司马义·铁力瓦尔，全国人大常委会副委员长、中国科学院院长路甬祥，全国人大常委会副委员长兼秘书长李建国等党和国家领导人先后视察了西双版纳民族博物馆，并给予了高度评价。举办了“法律与责任—全国检察机关惩治和预防渎职侵权犯罪展”和“西双版纳新姿——美术书法摄影艺术作品展”等2个临时性展览。顺利完成了第三次全国文物普查第二阶段的工作任务，文物普查数据已顺利通过了云南省文物局和国家文物局组织的验收，最终确认的不可移动文物80处，其中新发现63处，复查16处，消失文物1处。广泛向社会开展了文物征集工作，共征集文物100多件（套）。完成第七批云南省重点文物保护单位的申报工作，有7个项目通过了专家评审。开展了“第三个文化遗产日”活动，在曼飞龙村挂牌成立了3个国家级非物质文化遗产名录“傣族慢轮制陶技艺传习所”。举办国家级非物质文化遗产保护名录“贝叶经制作技艺”传承人培训班4期，培训学员240人，建立“贝叶经制作技艺传习所”2个。配合州电视台摄制了35分钟的电视专题片《贝叶古韵》在中央电视台10频道播出，拍摄了《叶上和谐》在中国教育频道《华夏文化之旅》播出。

〔**群众文化**〕 深入开展“文化惠民示范村”创建工作，启动并实施了一、二、三批共6个“文化惠民示范村”建设，通过公司+合作社+农户的经营模式，组织村民开发文化产业项目，“文化乐民”、“文化育民”和“文化富民”初显成效，并得到省文化厅领导的高度赞扬，于10月27日组织全省16个州市文化局主要领导到现场进行考察推广。举办了2期全州乡镇文化站站长培训交流会。协助云南艺术学院开设了2个艺术函授班，培训中心招收了1个舞蹈培训班。安排专业技术人员对艺术团体、老年体协、社区、学校、村委会和单位等开展第二套民族集体舞辅导培训40余次，人数30000余人次，开展了大游演方阵、大合唱等辅导140余次，人数6500余人次。完成了《西双版纳州第二套民族集体舞》、《西双版纳州中老年民族舞蹈集锦》两盘光碟的拍摄制作。承办了州直机关工委“庆祝建党90周年美术、书法、摄影展览”，共展出作品219幅。组织参加在德宏州举办的《最美孔雀公主大赛》荣获1个亚军、1个季军、1个最佳魅力奖和3个优秀奖；组织州人大代表队参加全省人大系统《为人民歌唱》演唱比赛，获团体铜奖;组织参加全省公路系统文艺调演荣获一等奖;州文化馆荣获云南省"十一五"文化遗产保护先进单位。全面开展了"两馆一站"免费开放工作,州和3县市文化馆、图书馆和文化站全部实现对外免费开放。进一步加强"共享工程"建设管理,圆满完成了省文化厅下达的州级支中心建设任务,州级支中心"共享工程"专用机房和阅览室于1月份对外开放。全部完成省文化厅下达32所"农文网培学校"建设任务,实现乡镇全覆盖。新建了14个农家书屋,全州农家书屋达到244个,实现行政村全覆盖。组织开展2011年度"图书馆服务宣传周活动",举办图书阅览专场4场。共完成图书采集、分编、加工各类图书资料3944种6260册,完成报、期刊入藏567种1474册。

〔**文化体制改革**〕 州文体局2011年10月~2012年6月完成州民族歌舞团转为州民族文化工作团,3县市民族歌舞团转为民族文化工作队的国有院团体制改革工作。制定了《西双版纳州国有文艺院团体制改革实施方案》,严格按照省上确定的工作流程开展工作,确保院团改革有条不紊进行。

(《文化体育》撰稿:李志兴)

群众文艺

〔**举办"贝叶经制作技艺"传承人培训班**〕 西双版纳州文化馆分别于2011年2月20~25日、3月6~12日、3月17~22日,在景洪市勐罕镇曼春满村、景洪市勐罕镇曼乍村和勐海县勐遮镇曼章岭佛寺,举办第二期、第三期、第四期国家级非物质文化遗产保护名录"贝叶经制作技艺"传承人培训班,共培训来自西双版纳州各村寨及佛寺的学员175人,学员们参加了砍贝叶、选叶片、煮、晒、刻写贝叶及装饰贝叶的贝叶经制作全过程,培训结束时每个学员均完成三片以上贝叶经文的刻写。

〔**举办个人摄影作品展**〕 2011年4月10日~5月10日,由西双版纳州文化馆和西双版纳州摄影家协会共同举办的"傣乡神韵—邱开培摄影作品展",在州文化馆一楼展厅展出,共展出邱开培摄影作品50幅,参观人数500余人。

〔**举行西双版纳州第六个文化遗产活动日**〕 2011年6月11日,西双版纳州第六个文化遗产活动日在景洪市勐龙镇曼飞龙村举行,西双版纳州文化馆授予傣族民间制陶艺人玉南罕、玉问、玉叫家为国家级非物质文化遗产保护名录"傣族慢轮制陶技艺"传习户,并在三家举行传习户挂牌仪式,100多名傣族群众参加了活动。

〔**协助组织纪念建党90周年系列活动**〕 2011年6月,西双版纳州文化馆协助组织纪念建党90周年系列活动:20~22日协助西双版纳州直机关工委组织"纪念建党90周年歌咏比赛"2场,17支代表队、1500余人参加演唱,观众1600余人;21日协助西双版纳州政法委组织"纪念建党90周年歌咏比赛",15支代表队、1000余人参加演唱;27~28日协助西双版纳州委宣传部组织"纪念建党90周年歌咏比赛"2场,19支代表队、1600余人参加演唱,观众5000余人;30日协助西双版纳州委宣传部、西双版纳州文化体育和新闻出版局组织纪念建党90周年大型文艺晚会《永远跟党走》,演出《绣红旗》、《永远跟党走》等节目12个,观众10000人。

〔**举办"庆祝建党90周年美术、书法、摄影作品展"**〕 由西双版纳州机关工委主办,西双版纳州文化馆承办的西双版纳州直机关"庆祝建党90周年美术、书法、摄影作品展",于2011年6月25日~7月5日在州文化馆一楼、二楼展厅展出,展出州直机关各单位参展的美术作品41幅、书法作品40幅、摄影作品138,参观人数2000余人。

〔**申报第四批国家级非物质文化遗产项目代表性传承人**〕 根据《文化部办公厅关于推荐第四批国家级非物质文化遗产项目代表性传承人的通知》文件精神,2011年9月,按逐级申报的要求,西双版纳州文化馆协同景洪市文化馆、勐海县文化馆、勐腊县文化馆,完成了西双版纳州申报和推荐"傣族慢轮制陶技艺"省级代表性传承人玉南恩、"贝叶经制作技艺"省级代表性传承人波空论、"傣族象脚鼓舞"省级代表性传承人波罕丙、"傣族织锦技艺"省级代表性传承人玉儿甩、"傣族章哈"省级代表性传承人岩帕为第四批国家级非物质文化遗产项目代表性传承人的工作,并向省非物质文化遗产保护中心报送传承人申报文本、照片、视频、辅助材料125份。

〔**承办全州文化馆(站)专业人员培训班**〕 2011年10月9~14日,西双版纳州文化馆承办西双版纳州文化体育和新闻出版局安排的全州文化馆(站)专业人员培训班,共培训学员54人,培训了"民族民间歌舞乐编排(分析)、活动策划、群文理论文章撰写与交流、广场舞编排、非物质文化遗产保护资料收集与整理、西双版纳州第二套民族集体舞、资源共享工程、农网学校培训、文化馆站档案、图书管理、文化执法、文化市场管理、彩票管理、体育知识培训、文化馆站的职能与作用"等16个内容。培训班邀请了省文化厅社文处领导和省文化馆具有丰富辅导经验的老师前来讲课。

〔**协助组织全省第二届"大家乐"群众文化广场舞蹈大赛**〕 西双版纳州文化馆2011年10月26日至30日,协助云南省文化厅在西双版纳州景洪市勐泐文化广场举办全省第二届"大家乐"群众文化广场舞蹈大赛,来自全省16个地、州、市的代表队参加比赛,参赛节目48个,参赛人数600余名,大赛最终评出金奖9个,银奖16个,铜奖23个,优秀组织奖9个,观众人数达十万人。

〔**群文辅导、培训**〕 西双版纳州文化馆2011年全年辅导景洪城区业余演出队180余次,累计辅导人数36000余人;举办美术培训班3期,培训学员20余名;举办舞蹈培训班13期,培训学员1100名;举办声乐表演班8期,培训学员50名;举办器乐培训班17期,培训学员500余名。

〔**获奖情况**〕 2011年1月,西双版纳州文化馆荣获云南省"十一五"文化遗产保护先进单位;段其儒同志荣获云南省"十一五"文化遗产保护先进个人;张燕同志荣获云南省"十一五"文化先进工作者。1月段其儒的论文《让我州丰富的文化遗产成为旅游强州的可持续发展资源》获西双版纳州发展和改革委员会、西双版纳报主办的"科学发展—我为西双版纳'十二·五'发展规划献计策"征文三等奖。6月在"庆祝建党90周年西双版纳州州直机关美术、书法、摄影展"中,刀军同志的作品《团结的力量》获摄影类二等奖、施雪梅同志的作品《传承》及杨雁同志的作品《传承千年的技艺》获摄影类三等奖、宋敏同志的作品《外面的世界》获摄影类优秀奖、黄征宇同志的作品《夕阳下的版纳田野》获美术类优秀奖。11月李剑波同志、姜琳同志、玉香容同志参加第七届云南省民族民间歌舞乐展演,展演节目"基诺大鼓舞"获铜奖、"迁徙"获优秀奖。12月段其儒同志的摄影作品《傣家人的新生活》获西双版纳州文联主办的"西双版纳新农村建设摄影比赛"三等奖。

〔**论文发表情况**〕 2011年3月,段其儒同志的论文《文化遗产对经济发展的贡献与作用》发表在云南省文化厅、云南省文物局主编出版的《云南省首届文化遗产保护与发展论坛》论文集;10月段其儒同志的论文《论傣族壁画与宗教的关系》、《傣族壁画的形式与内容》、《浅析傣族苏玛的道德规范及对傣族人生的影响》入选《西双版纳傣学会论文征集》。

(《西双版纳州文化馆》撰稿人　施雪梅)

公共图书

〔**西双版纳州图书馆工会委员会成立**〕 2011年4月8日,经西双版纳州总工会批准,西双版纳州图书馆工会委员会正式成立。选举赵云惠为工会主席、依旺叫为工会女工委员、刘燕波为财务委员,同年9月2日,工会组织全馆职工开展了一次丰富多彩的文体活动,跳绳、乒乓球接力赛、踢毽子、棋牌活动等。

〔**西双版纳州图书馆绩效工资顺利实施**〕 根据国家深化事业单位的收入分配制度改革的有关规定及《西双版纳州人力资源和社会保障局 西双版纳州直其他事业单位绩效工资实施办法(试行)的通知》文件精神要求,西双版纳州图书馆结合单位实际情况,按时完成了《西双版纳州图书馆绩效工资分配方案》的制定和上报,并于6月22日经州事业单位实施绩效工作领导小组办公室审核同意备案后顺利实施。

〔**西双版纳州图书馆为读者全面实现免费开放**〕 为深入贯彻落实党中央、国务院关于进一步推进公共文化机构免费开放的重要部署,按照《文化部 财政部关于推进全国美术馆公共图书馆

(站)免费开放工作的意见》文件精神和《云南文化厅关于做好美术馆、公共图书馆、文化馆(站)免费开放有关工作的紧急通知》通知要求,西双版纳州图书馆分别于2月19日停止了外借图书办理借书证工本费收费;9月18日停止了多媒体电子阅览室上机收费。自2011年9月18日起,率先在西双版纳州实行了零门槛、无障碍对全州各族读者实行了免费开放。

〔文化信息资源共享工程建设稳中有进〕 为能按时完成云南省文化厅下达的共享工程西双版纳州支中心建设工作任务,西双版纳州图书馆在一无地方财政配套经费(场地装修、桌椅购置、网络布线、设备安装等费用60万元),二无专用机房及阅览室的困难条件下,图书馆领导班子没有坐等经费,而是带领和团结全体职工迎难而上,多方筹集资金,全馆职工自己动手,加班加点对图书馆总体布局进行了全面调整,并进行局域网络的布线和设备安装调试。2011年1月26日,州图书馆全面完成了州级支中心改扩建工程,并正式对外开放。按时按质圆满完成了省文化厅下达的州级支中心建设任务。

〔西双版纳州图书馆数据资源库初步形成〕 为确保西双版纳州图书馆"共享工程"建设工作顺利开展,充分发挥文化信息资源在西双版纳州发展经济、提高人民群众思想道德的科学文化素质等方面的重要作用。2011年,州图书馆加大了可用数字资源建设力度,在积极采购外部数字资源的同时对图书馆现有资源进行了整合。截止11月30日,西双版纳州图书馆共拥有可利用各类数字资源:电子图书68万册、电子期刊3600种、电子优秀连环画1万册、影视1481部、地方戏曲156种、图片37万幅,地方少数民族文艺版51部。数据总量达到20.413TB(其中:州图书馆建数据1.760TB)。

〔西双版纳"农文网培学校"建设顺利通过检查验收〕 根据《云南省文化厅关于开展云南省2010年全国文化信息资源共享工程乡镇基层建设暨云南省文化共享农民素质教育网络培训学校建设检查验收的通知》的要求,2011年11月10日,州图书馆派出人员协同省文化厅验收组一起,对西双版纳州两县一市乡镇文化站"农文网培学校"进行检查验收。参加验收的乡镇共有15个,即:景洪市5个(普文镇文化站、大渡岗乡文化站、勐养镇文化站、勐龙镇文化站、东风农场管委会文化体育广播站);勐海县4个(勐往乡文化站、勐满镇文化站、勐阿镇文化站、布朗山乡文化站);勐腊县6个(勐仑镇文化站、瑶区乡文化站、关累镇文化站、象明乡文化站、勐捧农场管委会、曼庄村委会曼炸村民小组)。此次检查于11月15日顺利完成,省验收组一行对西双版纳州文化共享工程在资源建设、技术力量、服务保障这三方面工作上不断开拓创新、扎实稳固发展表示赞许,并对西双版纳州支中心、县市支中心及乡镇站点的工作给予了肯定。通过这次检查,为进一步管理好、使用好文化信息资源共享工程设备和充分发挥乡镇文化站"农文网培学校"的教育职能作用奠定了良好的基础。

〔景洪市图书馆被文化部授予"国家三级公共图书馆"〕 景洪市图书馆被国家文化部授予"国家三级公共图书馆"称号,并于2011年7月正式挂牌。自此,景洪市图书馆的工作又上了一个新台阶。

〔景洪市图书馆在农家书屋工作〕 景洪市图书馆在农家书屋工作建设中表现突出,于2011年1月获得"云南省农家书屋工程建设先进集体"的光荣称号。

〔景洪市图书馆全面更新办公设备〕 2011年4月,景洪市图书馆对馆舍进行了全面的维修改造,馆舍面貌焕然一新。景洪市图书馆通过政府统一采购,对馆内所有设备进行了更新,共更新书架76节,期刊架20节,密集架79立方米,阅览桌4张,阅览椅44张,卡片柜8节,办公桌8套,办公室沙发1套,空调3台,电扇2台,文件柜2台,2012年1月6日,通过相关单位验收合格后全面投入使用。

〔景洪市图书馆实行免费开放〕 2011年5月,景洪市图书馆积极响应党中央号召,实行免费借阅,取消原有的收费项目,如办证工本费,资料查询费、上网阅览查询费等。为读者实现了无障碍、零门槛进入,从而真正体现出公共图书馆的公益性和社会性。

〔景洪市完成了共享工程2011年基层点的建设〕 景洪市图书馆完成2011年5个共享工程基层点的建设任务。至此,实现了文化共享工程在景洪市所有乡镇的全面覆盖。

〔景洪市农家书屋建设工作〕 景洪市图书馆于2011年完成6个农家书屋的建设任务,共配送图书9000余册,报刊120册,音像600册,配送和安装书架25组,阅览桌5张,阅览椅40把。现在,农家书屋已遍布景洪市所有行政村,为丰富景洪市农村文化生活和精神文明建设发挥着积极的作用。

〔勐海县图书馆实行免费开放〕 根据文化部、财政部联合下发的文财务发〔2011〕5号文件要求，结合勐海县图书馆实际，勐海县图书馆电子阅览室从2011年11月21日起对读者实行免费开放。读者实名登记制度，读者凭身份证等有效证件登记上机，未成年人凭学生证登记上机。

〔勐海县图书馆为4个乡镇基层站点配发设备〕 国家资源共享工程2011年8月配发给勐海县图书馆县支中心4个乡镇基层站点(勐满镇、勐往乡、勐阿镇、布朗山乡)共20万元设备，每个基层站点5万元设备，设备所有权归勐海县图书馆县支中心所有，乡镇基层站点只有使用和维护设备的权利。11月12日，勐海县乡镇文化信息资源共享工程基层服务点已全部建成，通过覆盖全县的文化信息资源网络传输系统，满足勐海县基层农村、农民阅读图书、获得知识与科技信息的愿望和观看戏曲、电影等优秀文化作品的需求，实现优秀文化信息资源的共建共享，为广大农民群众提供了丰富多彩的文化信息资源建设是一个行之有效的平台。

〔勐海县图书馆为12个村级点配送设备〕 2011年8月，国家资源共享工程配发给勐海县12个村级点电脑设备，每个村级点5千元设备；村级点设备属国有资产，设备所有权归勐海县图书馆县支中心所有，村级点拥有使用权和管理权。

〔勐海县"农家书屋"业务培训〕 为切实解决广大农民群众"买书难、借书难、看书难"的问题，从提高农民文化素质入手，促进新时期农村经济社会协调发展。根据《国家"十一五"时期文化发展规划纲要》的部署，勐海县从2007年开始在全县范围内实施"农家书屋"工程。2011年5月16至30日，勐海县图书馆抽调图书馆专业人员对全县11个乡镇的86个书屋管理员87个、文化站工作人员41个、县城社区3人，共131人进行业务培训。截止2011年9月16日，勐海县建成了86个的"农家书屋"、4个"爱民书屋"、2个社区阅览室共92个书屋。

〔农民素质教育网络培训〕 2011年9月17日，勐海县图书馆派出2名人员，4个乡镇基层站点(勐满镇、勐往乡、勐阿镇、布朗山乡)各一名，到临沧参加"2011年云南省文化共享工程农民素质教育网络培训建设培训班"学习，希望通过培训把勐海县的农民素质教育网络培训学校的工作开展得有声有色，让农民从网络学校中学到农业实用技术，真正得到实惠。

〔勐海县开展"全国图书馆服务宣传周活动"〕 2011年5月27日，勐海县图书馆联合新华书店在勐海县城主街道开展"图书宣传周"活动。现场设有读者咨询台、办理借书证等相关业务，工作人员还认真解答了前来咨询的每一位读者疑问；发放宣传单2000多份，参展图书200多册，现场办理借书证3个，现场借书5册。5月30日勐海县图书馆工作人员在勐宋乡开展"图书宣传周"活动，发放宣传单500多份，参展图书100多册。此次活动共发放宣传单3000多份，图书300多册，办理借书证3个。

〔勐腊县图书馆与部队共建立了五个流通站点〕 2011年，勐腊县图书馆与勐腊路政中队、勐腊消防大队、森林武警中队、小磨公路巡警大队建立图书流动点5个，全年共流通图书1256册次。

〔农文网培学校的建设工作〕 2011年5月，根据省文化厅的安排，在西双版纳州图书馆的帮助下勐腊县图书馆与勐仑镇、关累镇、瑶区乡、象明乡4个乡镇文化站完成了全国文化信息资源共享工程"农文网培学校"的建设工作。11月，勐腊县图书馆与勐腊县新华书店一起完成了勐腊镇曼岭村小组、曼旦村小组；磨憨镇回力村小组"农家书屋"图书配送建设。

〔勐腊县图书馆顺利完成了共享工程村级点设备的配送工作〕 2011年9月，勐腊县图书馆完成了勐伴镇回落村委会、金厂河村委会；尚勇镇磨憨村委会；关累镇藤蔑山村委会；象明乡龙谷村委会、倚邦村委会、安乐村委会；易武乡纳么田村委会；瑶区乡新山村委会、黄连山村委会；磨憨镇回力村小组文化信息资源共享工程村级点设备配送和建设。

〔勐腊县图书馆免费开放工作〕 根据省厅有关文件精神和通知，勐腊县图书馆各室厅于

2011年11月16日实行零门槛无障碍的向广大读者免费开放。免费开放的内容有：成人报刊阅览室、图书外借室、地方文献资料特藏室、多媒体电子阅览室、讲座厅等免费为读者开放。服务项目有：全部馆藏纸质文献借阅、图文电子文献浏览查阅、检索与咨询、文献资料代查、计算机上机、各类业务培训与辅导、图书流动服务、基层业务培训与辅导、借书证办理全部为读者免费。

（撰稿：州图书馆赵云惠、景洪市图书馆尹卫华、勐海县图书馆邹海玲、勐腊县图书馆依波）

文物博物

〔第三次全国文物普查工作〕 西双版纳州第三次全国文物普查工作分三个阶段完成。2007年7月至10月为第一阶段，主要完成《西双版纳州第三次全国文物普查实施方案》的编制和培训试点工作；2007年10月至2010年12月是普查的第二阶段。主要任务是以县域为基本单元，实地开展文物调查。2011年1月至2011年12月，主要任务是整理普查资料、建立文物档案数据库和公布普查成果。普查队员深入到全州31个乡镇和1个街道办事处，220个村委会，2221个村民小组，调查登记不可移动文物80处，其中新发现63处，复查16处，消失文物1处。在完成田野调查工作后，组织工作人员对第三次全国文物普查数据进行整理，编撰了西双版纳州第三次全国文物普查工作报告。至此，历时五年的第三次全国文物普查工作圆满结束。

〔完成第七批云南省重点文物保护单位的申报工作〕 2011年2月，顺利完成了云南省第七批重点文物保护单位的申报工作，共推荐上报了十个项目，分别为：塔庄莫、景真中心塔、曼崩铜塔、曼岭佛寺、曼宰龙佛寺壁画、白云洞摩崖、景哈洞穴遗址、勐龙烈士陵园、塔布兰、黎明农场办公楼。

2011年9月5至10日，云南省文物局在石屏县召开云南省第七批省级文物保护单位申报项目评审会，西双版纳州有三个项目被公布为第七批云南省重点文物保单位分别为：景哈洞穴遗址、塔庄莫、云南茶马古道勐腊段。

〔田野考古调查〕 2011年11月，云南省考古研究所和西双版纳民族博物馆及景洪市文化馆组成野外考古发掘队，对景哈洞穴遗址进行再次发掘，此次发掘通过严格田野发掘布方，采用干筛法和浮选法，分选出常容易忽略的细小物件和环境及文化遗物和遗迹的更多信息。该洞的洞穴堆积，从剖面层理和人为挖掘过的弃土含有大量动物骨骼残骸和文化遗物及遗迹看，无疑是一处古人类及其文化遗物所堆积的历史悠久的场所，考古学上称之为“洞穴文化堆积地点”，景哈洞穴遗址从时代上可能属于旧石器时代中期或是早期，在西双版纳首次发现，把本州的文明史至少向前推到万年以上。

〔做好西双版纳民族博物馆对外开放和接待工作〕 西双版纳民族博物馆坚持“贴近社会、贴近生活、贴近群众”的方针，坚持寓教于乐的理念，努力将西双版纳民族博物馆建成集休闲娱乐、体验西双版纳民族风情、感受西双版纳厚重的历史文化和多姿多彩的民族文化的阵地，以及进行爱国主义教育的基地和对外文化交流、宣传的窗口。截至7月份(7月以后博物馆闭馆整顿)就接待观众21600多人次，取得了较好的社会效益。广泛向社会开展了文物征集工作，共征集文物100多件/套。

〔配合州检察院和宣传部举办了两个临时展览〕 2011年4月26日~2011年5月2日，西双版纳民族博物馆配合州检察院举办“法律与责任—全国检察机关惩治和预防渎职侵权犯罪展”。2011年6月28日至7月5日，为了庆祝中国共产党建党九十周年，西双版纳民族博物馆配合西双版纳州委宣传部举办了“西双版纳新姿—美术书法摄影艺术作品展”。

〔重大接待〕

2011年1月3日，州委副书记胡志寿陪同云南省省委组织部长辛桂梓一行8人参观了博物馆。2011年2月25日，中共中央纪委书记贺国强一行20人在云南省省长秦光荣、省委副书记李纪恒、州委书记江普生、州长刀林荫等省、州级领导的陪同下视察了博物馆。2011年4月14日，老挝团中央书记带领老挝青年团员一行240人参加纪念中老建交50州年系列活动到博物馆参观。2011年5月21日，全国人大常委会副委员长司马义．铁力瓦尔在云南省人大常委会副主任程映萱，西双版纳州人大常委会主任杨建明，西双版纳州人大常委会副主任张美兰等的陪同下视察了西双版纳民族博物馆。2011年5月28日，武汉空军首长一行5人参观了西双版纳民族博物馆。2011年6月2日，全国政协科教文卫体委员会副主任、原国家新闻出版总署副署长永湛一行25人参观博物馆。2011年6月9日，国家文化部体育司胡主任一行5人参观博物馆。2011年6月19日，全国人大常委会副委员长，中国科学院院长路甬祥一行35人，在州人大常委会副主任张美兰的陪同下参观了西双版纳民族博物馆。路甬祥对西双版纳民族博物馆展示的丰富灿烂的民族文化成果给予了高度赞扬，并提出了殷切的期望，希望西双版纳民族博物馆成为促进西双版纳与东南亚各国文化交流的重要平台。2011年6月24日，全国人大常委会副委员长兼秘书长李建国、省人大副主任晏友琼等领导在州有关领导陪同下参观了西双版纳民族博物馆。

（撰稿：西双版纳民族博物馆）

民族歌舞

2011年间，州民族歌舞团（现更名为西双版纳傣族自治州民族文化工作团）。在州委、州人民政府的关心支持下，在州文化体育和新闻出版局的直接领导下，认真贯彻落实党的文艺方针政策，抓好全体演职员的政治思想工作，积极组织学习各种基础知识，不断提高演员的专业技能，以科学发展观为指导思想，认真落实文化体制改革精神，圆满完成上级交给的各项工作任务，为西双版纳州民族文化发展做出了积极贡献。

〔歌舞团〕 为了更好宣传党的方针政策、法制、法规，丰富群众文化生活，一月初该团组织演出分队到勐腊、勐海县的乡镇、企业、村寨慰问，得到了广大人民群众的热烈欢迎。

4月参加一年一度的“泼水节”晚会和东方歌舞团同台献艺。大型歌舞《印迹西双版纳》得到了来自全国至世界来宾的一致好评。

5月大型民族歌舞《让我听懂你的语言》终于搬上舞台，剧情有四个乐章，“山的语言”、“水的语言”、“佛的语言”、“共同的语言”。人类有着成百上千种不同语言，与大自然和谐相处，营造一个良好的生态环境，山相连人相亲，共饮一江水的澜沧江——湄公河流域各国人民，心怀和谐相处，世代友好的真诚祝福，共同发展，共同繁荣的美好愿望，参加第十一届全省新剧目展演，得到评委专家一至好评。

6月参加由省政府主办，云南省世博旅游集团公司邀请，赴西安参加世界园艺博览会演出历时半个多月。演出深受世界各地观众热烈欢迎。

7月为党的九十二周年生日专场演出。8月为海峡两岸棒球运动会演出，文化体育的相互交流活动，增加了两岸同胞的友谊。同月为州党代会专场演出，歌颂了在中国共产党的领导下，我们伟大的祖国繁荣昌盛，人民生活幸福美好。11月参加云南省歌舞乐展演，传统傣族《章哈》演唱，得到专家评委的高度评价。12月参加六国艺术节大型活动。省歌舞剧院和我团共同打造了一台反映六国风貌不同风格的歌舞节目，得到国内外观众的好评。

〔对外交流〕 2011年1月中受泰国清莱市政府邀请，出访泰国参加“四国艺术节”演出。出访老挝参加“木棉花节”演出。

〔获奖情况〕 2011年5月参加全省新剧目展演，该团新创作编排的大型民族歌舞《让我听懂你的语言》荣获银奖。

2011年11月参加云南省歌舞乐展演，传统傣族《章哈》演唱，荣获铜奖。

〔体制改革情况〕 随着体制改革的不断深化，社会主义市场经济的发展，传统的管理和用人制度，已不能适应新时期的发展需要。根据云南省和本州文化体制改革有关文件精神，该团于2009年开始着手工作。结合我单位的实际情况，安排部署了改革的岗位设置方案和步骤，认真做好用人制度改革的岗位设置方法和实施办法。岗位说明书，确保了该单位改革工作顺利进行。在文艺团体改革中，全省自治州级专业文艺团体保留，西双版纳州歌舞团属保留之一。

〔全年演出〕 2011年1月至12月，州民族文化工作团全体演职员团结一致努力工作，共演出148场。其中：农村:58场；部 队:5场；城市:85场，观众人数达30多万。

〔对外交流演出〕 1月中旬，受泰国清莱市政府邀请，赴泰国参加“四国艺术节”演出，不同风格的傣、爱伲、布朗族歌舞节目表演，得到国外友人的喜爱和好评，为增进国际友谊，相互交流学习做出了积极努力。同月底赴老挝参加“木棉花节”，为本州经济旅游发展起到了很好的推动作用。6月，代表省政府赴西安参加世界园艺博览会演出，时间长达半个月，带去一台反映我州民族特点及东南亚风格的歌舞节目，深受世界各地观众的热烈欢迎，为宣传我州的文化旅游发展做出了积极贡献。

〔开展演出活动〕 1月初，州歌舞团组织演出分队到勐腊、勐海县的乡镇、村寨慰问，宣传党的方针政策，新创作一批新节目，用说唱、相声的表演方式，加深老百姓对法律法规的进一步认识，得到广大人民群众的热烈欢迎。4月，参加一年一度的“泼水节”，与东方歌舞团同台献艺，在演出中，互相交流了技艺，看到了不足。5月，经过两个多月的紧张创作、排练，在全州创作者和演员的努力下，一台反映本州民族文化艺术的大型歌舞《让我听懂你的语言》参加全省第十一届新剧目展演中，荣获银奖，为西双版纳州争得了荣誉。

7月，参加建党92周年专场演出，为党的生日献上了一份祝福。8月，为"盛璟新城杯"2011海峡两岸棒球对抗赛闭幕式演出，文化体育的相互交流，增加了两岸同胞的友谊。同月为全州党代会专场演出。9月，为在州内召开的全国少数民族自治州统计会献上了一台大型歌舞《让我听懂你的语言》。同月为全省广场集体舞厉大赛开幕、闭幕式演出，这次大型演艺活动，给艺术家们提供了一个相互学习提高的平台。同月为全国部分城市篮球运动会开幕、闭幕式演出，得到来自许多省外朋友的一致好评。11月，参加云南省歌舞乐展演，传统的傣族《章哈》演唱，得到专家评委的高度评价，荣获铜奖。同月参加云南省交通系统文艺汇演，荣获铜奖。12月，为西双版纳州傣学会会议专场演出。

〔**自身建设**〕 根据中央、省和州关于国有文艺院团体制改革的要求，开展了歌舞团转化为民族文化工作团的体制改革工作，转化后的民族文化工作团承担宣传党的方针、政策和辅导基层文化、组织农村文艺汇演等公益性文化服务职能。完成了对办公室、排练厅、各队基训室的整体改造，于2011年4月中旬回迁正常工作。认真抓好全体演职员的政治思想教育，学习贯彻党的方针政策，学习各门基础知识，严格按个人的工作能力实行竞争上岗。2011年共演出420场(农村10场，城市50场，篝火360场)。

(《民族歌舞》撰稿人：郎晓凡)

老年人体育

〔**综述**〕 2011年，是中国共产党建党90周年，是十二五计划开局之年，州老体协在州委、州人民政府的领导下，在省老体协、州文化体育和新闻出版局、州委老干局、州老龄办的关心指导下，坚持以邓小平理论和"三个代表"思想为指导，认真学习十七大和十七届六中全会精神，深入贯彻学习《全民健身条例》、《全民健身计划(2011—2015年)》积极参加省七届老运会，争金夺银，举办各项赛事，推广新的运动项目，加强场地建设，扩大农村团队，会同各团体会员单位，大家共同努力，促使全州老年体育事业持续健康协调发展。

〔**勐海县推进农村老年体育发展**〕 勐海县勐遮镇老体班子在认真学习贯彻落实省委办公厅、省政府办公厅《关于进一步加强老年体育工作的意见》和在澄江县、富源县召开"全省农村老年体育工作现场会"的精神后，老体协主席、副主席、秘书长踏着三轮车，跑遍了全镇13个村委会和160多村民小组，宣传党的方针政策，宣传老龄工作、老年体育工作的目标任务，宣传《老年法》、老年体协《章程》。通过他们不懈的努力，现全镇13个村委会有11个挂牌成立老体协，169个村民小组有136个成立老体协组织，会员发展到11200多人。全镇有门球场13块，地掷球场15块，气排球场7块，各村民小组都建有老年文体活动小广场，是我州乡镇一级组织健全，会员超万人，文体活动开展的红红火火，场地建设较好的乡镇之一，老年体育工作是新农村建设中的一道亮丽风景线。

〔**景洪市农村老年体育工作成绩斐然**〕 市老体协认真贯彻老年体育工作方针，坚持成熟一个发展一个，发展一个巩固一个、搞活一个，截止到2011年底止，发展农村老体协组织169个，农民会员14343人。各乡镇老体协在组织建设发展巩固的同时，乡镇、村委会、村民小组多渠道筹措资金，兴建老年人健身活动场地。条件较好的嘎洒镇投资70余万元新建9块带雨棚老年健身场地，总面积达8870平方米。曼贺乱村民小组投资70万元，把老年人活动场地全部加盖防雨棚，为老年人提供了全天候更加舒适的健身环境。

〔**勐腊县老年体育工作的新亮点**〕 2011年，该县富裕起来的农民求知、求健、求乐呼声越来越高，在县老体年协的帮助指导下，全县又有1个乡镇、12个村民小组挂牌成立老体协组织，这当中有哈尼族村、瑶族村和人口较少的克木人居住的曼暖远、曼蚌学村民小组，全县会员发展到6452人，成为县老年体育工作新的亮点。县委、县政府对老年体育工作十分重视，为满足老年人健身活动的需求，县财政安排50万元专款改造老年人活动中心，工程于2011年11月23日开工，预计2012年3月月交付使用。

〔**科学健身活动丰富多彩**〕 随着我国政治、经济、文化、社会的不断发展，老年人科学健身活动丰富多彩，热情高涨，晨练晚练养成习惯。门球、地掷球、老年排球、打陀螺、各种健身操舞等项活动涌动雨林傣乡。2011年，各团体会员单位共组织综合性运动会4次，参加人数2027人。单项比赛564次，参加人数33526人，满足了老年人对参与体育比赛的渴望和需求。

〔**全民健身日活动**〕 在第三个"全民健身日"到来之际，两县一市、州直、省热作所、勐满农场、勐醒农场、勐养农场、总段等老体协，积极响应《州老体协关于开展"全民健身日"活动的通知》精神，悬挂宣传标语，组织开展了"阳光、低碳、迎省第七届老运会"，健步走、游园、展演、比赛等项活动,据不完全统计约有4万多老体协会员参与全民健身日健身活动。

〔**举办桥牌培训班**〕 2月份,州老体协与州桥牌协会联合举办了桥牌入门培训班,来自县市、州直、农场的30多名桥牌爱好者参加培训学习,通过培训为在全州中老年人推广桥牌项目的开展打下了基础。

〔**举办中冠门球选拔赛**〕 4月下旬,州老体协、州门协再次联合举办了中国门球冠军赛西双版纳分赛区第七届选拔赛,有12个单位120多名运动员参加,经过60多场激烈较量,勐海县获得冠军,黎明农场获得亚军,他们将代表州参加全省中冠门球选拔赛。

〔**举办地掷球赛**〕 5月中旬,州老体协组织举办全州地掷球比赛,有十个会员单位派出19支男女队伍参赛,经过53场激烈争夺名次各归其主。各参赛队在赛场上敢打敢拼,赛出了风格和水平,涌现出一批新手,达到了我运动、我快乐、我健康和选拔队员出席省七届老运会的目的。

〔**参加全国老年人健身球操交流活动**〕 11月7日至11日,全国老年人健身球操交流活动在厦门市举行,景洪市健身球操队受省老体协委派代云南省参加。这是继门球、太极拳项目之后,又一次代表省参加全国比赛。经过努力,景洪市代表队获规定套路、自选套路两个优秀奖,及"体育道德风尚奖"。

〔**参加省第七届老年人体育健身运动会**〕 云南省第七届老年人体育健身运动会设13项目、38个单项比赛。西双版纳州结合实际,遵循"安全第一、淡化锦标,重在参与、重在健康、重在快乐、重在交流"的大会宗旨,精心组织,严格训练,先后派出124人代表团(队),参加了省第七届老年人体育健身运动会11个项目、17个单项比赛。获得金奖4个、银奖12个、铜奖21个,2队次获体育道德风尚奖。在参加省七届老运会中,坚持"面向基层、面向全体"老年体育工作方针,把部分项目的组队参赛任务安排在县(市)、农场老体协,由他们选拔组队代表州参赛,调动了基层老体协协同作战的积极性。

〔**成功承办了省第七届老运会"健身球操"项目的比赛**〕 由本州承办的云南省第七届老年人体育健身运动会"健身球操"比赛于9月6日至8日在景洪举行。有18个单位19支代表队220余名运动员参加。在"团结、友好、欢乐、和谐"的氛围中,各州市、省委机关、省级国家机关、省高校代表队争相亮相。红河州、玉溪市、保山市、西双版纳州一队获金奖;德宏州、大理州、楚雄州、昭通市、省级国家机关、西双版纳州二队获银奖;其余的9支代表队获铜奖。西双版纳州一队和怒江州代表队被大会评为"体育道德风尚奖"。

(《老年体育》撰稿:张林生)

档案和地方志

〔**概述**〕 州档案局在十七届六中全精神的指导下,始终坚持以邓小平理论和"三个代表"重要思想为指导,全面贯彻落实科学发展观,坚持档案地方志工作主动服务的原则,以服务州委、州政府中心工作和人民群众需要为主题,以深化管理模式改革和推进新馆建设为重点,充分发挥档案地方志资源效益,不断加强业务建设,进一步深化《档案法》、《地方志管理条例》的宣传贯彻力度,抢抓机遇、奋力进取,全面推进我州档案地方志事业稳步发展。

一年来,全州各级档案地方志部门以"三个代表"重要思想为指导,认真贯彻落实科学发展观,进一步增强工作紧迫感和责任感,围绕党和政府的工作大局,根据全州档案年度工作计划,按照"依法治档、科技兴档、强化服务、发挥效益"和地方志工作"一纳入、五到位"(即纳入各地经济社会发展和各级政府的任务中,做到领导到位、机构到位、经费到位、队伍到位、条件到位)的工作思路,以创新为先导,以执法为手段,加强档案基础业务建设,拓展档案服务领域,大力推进第二轮修志工作。

〔**深入开展学习党的十七届六中全会精神活动**〕 为了认真贯彻落实党的十七届六中全会会议精神,把广大干部职工的思想统一到会议精神上,我局把学习贯彻会议精神促进当前档案地方志工作相结合,与学习贯彻州第七次党代会精神结合起来,掀起了学习十七届六中全会精神的热潮,取得了好的效果。具体做法是于11月11日召开了局机关全体干部大会,进行全面动员和部署,局长何志伟就《中共中央关于深化文化体制改革推动社会主义文化大发展大繁荣若干重大问题的决定》作了专题辅导,阐述了学习贯彻党的十七届六中全会精神的重大意义,提出了学习宣传、深入贯彻落实会议精神的任务、要求、方法步骤和活动安排。要求干部职工认真学习好决定内容,对重点部分进行重点研读反复学,悉心体会,领会实质,通过消化吸收,转化为搞好本职工作的能力,以适应新形势的需要。学习方法上,采用集中学习与自学相结合,领导主讲和报告内容通读相结合,促进机关干部先学一步,多学一点,学深一点,力求学有所悟，学有所得。局领导班子成员还积极参加州委党校举办的十七届六中全会精神学习班，更加增强了以管理好档案地方志工作来促进全州文化事业大发展大繁荣的信心。达到了全体干部职工进一步深化对深化文化体制改革、推动社会主义文化发展认识，明确了本州文化事业全面发展的方向和重点。

〔开展少数民族历史档案和古茶树资源档案的抢救与保护〕 2011年，省档案局开展全省少数民族历史档案和古茶树资源档案的抢救与保护工作，州档案局认真组织实施基诺族历史档案和古茶树资源档案的抢救与保护工作，经过半年来的工作已征集到有关基诺族民风民俗生产生活等各类照2000余张，征集各种反映基诺族文化的影视资料10部，实物档案26件，文字图书资料16部，古茶树资料10多卷，古六大茶山茶叶实物档案25件，圆满完成了省下达的项目任务。拓展了档案馆馆藏，为下一步档案开发利用打下更坚实基础。

〔县级综合档案馆新馆建设进展加快〕 2009年，国家发改委、国家档案局将在中西部实施县级综合档案馆建设工程，云南省被选为第一批试点省份。为了改善馆护条件，科学整合档案资源，提升服务功能，推进传统档案馆向现代新型档案馆的转变，州档案局(馆)抓住这个机遇，积极申报新馆建设，把新馆建设工作放在全局工作的重要位置去抓。经过州县共同努力，并在州委、州政府和各县(市)党委、政府的大力支持下和相关部门积极配合下，勐海县综合档案馆于2011年1月5日开工建设，截止11月30日，完成内外墙砖砌工作，正在进行外墙粉刷工作，已完成工程总量的85%。勐腊县档案馆建设已完成设计，正在进行招投标。州档案馆、景洪市档案馆建设项目正在申报。

〔档案管理体制改革进一步深化〕 根据事业发展和工作需要，州档案局积极报申请完善机构编制工作，州委编制办公室下发的西编发(2011)21号文件，给州档案局增加了2个编制，共计18名(包含工勤岗1名)，增加一个档案信息科，增加一名科级领导职数，进一步理顺和加强了该局的机构人员编制。

〔加强档案方志业务建设，提高综合管理水平〕 2011年州档案局重点抓了档案法治宣传和档案规范化管理工作，加强基础业务建设。一是认真贯彻"依法治档、修志"工作方针，加强对档案地方志法律、法规的宣传力度。为了贯彻落实好《中华人民共和国档案法》、《中华人民共和国档案法实施办法》、《云南省档案条例》以及《地方志工作条例》，推进依法治档、依法修志进程，提高档案管理和修志编纂质量，州档案局借助"五五"普法加强档案执法检查，尤其是在重点工程档案管理上实现了突破性进展，切实增强了社会的档案地方志法制观念及意识。二是加强了应进馆档案的接收征集力度。2011年全州各级档案馆共接收档案11658卷和58006件，征收特色档案254卷和27件。三是根据《云南省人民政府办公厅关于进一步做好档案馆公共图书馆政务信息查询工作的通知》精神，以《州委办、州政府办关于做好现行公开文件送交工作的通知》为依据，充分发挥州现行公开文件查阅中心的作用，进一步加强信息资源开发利用，向社会开放了政策性、法规性、公益性、服务性现行文件6013件，资料629册，查阅人员1624人次，更好地为社会公众查阅、获取政务公开信息提供服务。四是积极推进档案地方志信息化建设。着重加强了档案数字化加工，全年共完成档案录入目录55万条，全文扫描146万幅。五是继续认真开展业务指导工作，认真开展机关、企事单位档案业务指导工作，年内帮助州政府办公室、州交警支队、景洪工业园区管委会等单位清理档案，共立卷1千余卷，接收进馆200多卷。七是认真抓好爱国主义教育基地建设。积极主动地配合协助团州委、州教委开展好青少参观教育活动，做好讲解接待工作，截止2011年11月底共接待146多人参观。

〔加强指导，加快推进二轮修志工作〕 西双版纳州2011年地方志工作加快推进，二轮修志和年鉴编辑工作均取得长足发展。全州地方志工作机构和史志工作人员认真贯彻《地方志工作条例》和《云南省地方志工作规定》，积极促进依法修志，使全州地方志工作逐步走上规范化、法制化轨道。年内，州志续修工作方面加强联系指导和督促检查，催收政府志、城建志、劳动人事志、质量技术监督志、住房公积金志、统计志、民政志、政法志、检察志、公安边防支队志、气象志、水文志、热作所志、茶科所志、组织志、党校志、州直机关工委志、文联志、西双版纳报社志等20多家分志稿；评审验收林业志、卫生志、交通志、水利志、检察志等5个部门志。150家州志二轮续修承写单位中，已有60%的单位完成编写志稿的任务。景洪市、勐海县、勐腊县的县级志书二轮续修工作进展顺利，其中景洪市志已总纂成稿，勐海、勐腊县志已完成志稿的收集，很快就进入总纂阶段。年鉴编辑出版，《西双版纳州年鉴(2011)》已出版发行。2011年，州档案局尝试和清华大学在中国知网合作出版发行网络版《西双版纳年鉴》,扩大了西双版纳年鉴的知名度。

〔**加强学习,提升素质**〕 2011 年,注重党员干部的学习和提高,全面提升党员干部的综合素质。结合开展的深入学习实践科学发展观活动,增强党员干部的发展意识、创新意识,同时结合胡锦涛总书记就学习杨善洲同志先进事迹作出的重要指示精神,学习杨善洲同志的先进事迹和崇高精神。学习内容涉及面广,注重实效,及时学习领会上级的方针、政策,随时研究解决遇到的业务难题。学习方法灵活多样,坚持集中学习,鼓励个人自学,建立终身学习的长效机制,打造复合型人才,塑造学习型单位,打牢档案地方志事业发展的人才保障。

(《州档案局》撰稿:罗睿)

西双版纳报社

〔**概述**〕 2011 年,西双版纳报社在州委、州政府的领导下,高举中国特色社会主义伟大旗帜,以邓小平理论、"三个代表"重要思想为指导,深入贯彻落实科学发展观,坚持新闻宣传的党性原则,坚持正确的舆论导向,坚持"三贴近"方针,围绕中心,服务大局,精心组织了州第七次党代会、"两会"、"一节一会"、创先争优、庆祝建党 90 周年等州内重大活动的宣传报道工作。

《西双版纳报》社以学习宣传贯彻党的十七届六中全会精神为契机,引导鼓励广大干部群众为建设社会主义文化强国而努力奋斗;《西双版纳报》坚持以人为本、服务人民,贴近实际、贴近生活、贴近群众,不断提高新闻宣传的亲和力、吸引力、感染力;不断提高对外传播水平和能力,努力营造边境安宁、社会稳定、人民安居乐业的舆论环境。根据宣传报道的需要和读者的需求,遵循团结、鼓劲、正面宣传为主的方针,开辟了"深入学习贯彻十七届六中全会精神"、"来自'两会'的报道"、"创先争优 · 创建学习型党组织"、"云岭楷模风采录"、"党旗飘飘"等专栏,开展了系列宣传报道活动,多侧面多角度报道了全州各族人民战胜各种困难,稳步推进经济社会不断向前发展的波澜壮阔的社会画面。党报的影响力、公信力、传播力不断提升,党报宣传群众、引导群众、动员群众、服务群众的作用进一步凸显。同时,西双版纳报社着力开展科技攻关,傣文数字化研发取得新进展;以制定"十二五"规划为契机,谋划推动报业科学发展新思路。

〔**制定报社"十二五"发展规划**〕 2010 年底,报社开始撰拟报社"十二五"发展规划,2011 年上半年经过反复修改完善后,将《规划》上报州、省和国家相关部门,积极争取项目支持。《规划》中确定的报社三大发展项目均写进了州政府工作报告,列入了《西双版纳州国民经济和社会发展第十二个五年规划》、《西双版纳"桥头堡"建设方案》;"报网一体化"和傣文数字化研发推广暨境外服务项目被列入新闻出版总署的文化体制改革和发展项目库。

〔**四项软件获国家著作权保护**〕 2010 年 11 月 11 日,中央政治局常委李长春到西双版纳报社视察时强调:总署要支持西双版纳报、特别是傣文版的出版,国家版权局要对全国也是全球首个傣文网站的软件开发成果争取世界标准,并实行版权保护。在新闻出版总署的帮助下,西双版纳报社和山东潍坊北大青鸟华光照排有限公司联合向国家版权局提出了傣文网站内容管理系统软件、傣文采编系统、傣文标准键盘输入法、傣文语音选择输入法 4 项软件保护申请。2011 年 1 月 20 日,上述四项软件获得国家版权局颁发的计算机软件著作权登记证书,使软件版权得到国家的有效保护。

〔**傣文计算机操作系统研制成功**〕 傣文计算机研究是西双版纳报社的工作重点之一。从 1996 年起,西双版纳报社和山东潍坊北大青鸟华光照排有限公司在傣文信息技术领域开展了长达 15 年的密切合作。双方联合开展科技攻关,开发了"西双版纳新傣文计算机组版系统"、"西双版纳新老傣文计算机组版系统"。2009 年,双方成功研发了中国第一个傣文网站系统,创造了我国的"五个第一"。傣文数字化技术的研究成果,为傣文计算机操作系统的研发打下了良好的技术基础。

为完善傣文数字化技术,向民众普及傣文计算机知识,从 2010 年开始,西双版纳报社和山东潍坊北大青鸟华光照排有限公司合作开展傣文计算机操作系统界面可行性技术研究、傣文计算机操作系统专用词语研究、傣文计算机操作系统技术研究和新老傣文计算机操作切换技术研究。经过傣文专家和计算机专家一年多的共同努力,2011 年 6 月 29 日,建成了西双版纳傣文计算机操作系统。

西双版纳傣文计算机操作系统的建成,标志着西双版纳傣文数字化技术研究上升到一个新的水平,傣族人民从此可用傣文操作计算机。对未来普及傣文计算机科学技术,传承民族文化,扩大西双版纳的知名度和影响力将产生一定的社会影响。

〔**西双版纳民族文化网络传习馆开通**〕 2011年4月10日，西双版纳民族文化网络传习馆正式开通。2009年2月，西双版纳报社傣文新闻网站的创建，使傣文数字化技术研究上了一个新台阶，具备了运用现代信息网络技术传承和弘扬民族文化的条件。因此，州委宣传部于2010年7月出台了利用傣文新闻网站这一平台，开设西双版纳民族文化网络传习馆的项目实施方案。西双版纳民族文化网络传习馆由州委宣传部牵头，西双版纳报社、州民宗局、州教育局、州文体局、州电台、州电视台等单位负责完成网络传习馆的各个子项目建设，设有西双版纳傣族简介、中国贝叶经全集概览、西双版纳非物质文化遗产、西双版纳民间传承人简介、跟我学傣文、傣乡科技、傣语故事等12个栏目。目前，西双版纳傣族简介、中国贝叶经全集概览等10个栏目内容已添加。

专家学者认为，民族文化网络传习馆的建成开通，将更好地为我国傣族人民及东南亚周边的傣族同胞服务，便于喜爱傣族文化的专家学者研究民族民间文化，对于扩大西双版纳的知名度和影响力，增强边疆地区文化"软实力"，促进经济社会科学发展和跨越发展有着重要意义。

〔**傣文网站系统研发获"王选新闻科学技术奖"二等奖**〕 2011年7月21～22日，第五届"王选新闻科学技术奖"颁奖大会在成都召开。会上，西双版纳报与山东潍坊北大青鸟华光照排有限公司合作开展的"西双版纳傣文新闻网站研发"项目荣获"王选新闻科学技术奖"二等奖。这是继《基于ISO10646傣文电子出版系统研发》项目荣获2007年第三届"王选新闻科学技术奖"一等奖后，西双版纳报社再次荣获的"王选奖"殊荣。"王选奖"是经国家科技部和国家奖励办公室批准设立的新闻界唯一的科技奖项，以推动新闻传媒办的科技进步、服务于广大相关从业为宗旨，每两年评审一次。

〔**抓好党风廉政建设工作**〕 一是制订工作计划，明确全年工作任务。二是调整领导小组成员，签订党风廉政建设责任书。三是及时兑现上年的党风廉政建设责任奖。四是进一步开展领导干部风险点排查，制订《报社"三重一大"制度实施暂行办法》及风险防范措施。班子成员与分管部室开展了廉政责任制"听、谈、查"。五是重要决策坚持民主集中制原则。无论是2010年绩效工资补发方案，还是2011年以后的奖励性绩效工资分配办法，西双版纳报社都反复多次召开职工大会通过后才上报实施，关系职工切身利益的重大决策做到了透明、公开。六是节约经费开支。严格执行中央、省委、省政府及州委、州政府厉行节约有关要求，严格执行财务管理制度，从严控制行政成本。一年来，没有发生违反财务制度的情况。

〔**联办《西双版纳供电》专刊**〕 2011年1月，经过西双版纳报与西双版纳供电局领导反复磋商，西双版纳供电局内刊——《西双版纳供电》报并入《西双版纳报》，每月出版一期，每期四版。这是本报自《科技月刊》、《傣乡楼市》之后，党报新闻事业围绕中心，拓宽宣传的又一次大胆探索，是党报新闻事业融合资源、做强报业的又一次成功尝试。

〔**加强学习型党组织建设**〕 西双版纳报社结合新闻系统"三项学习教育活动"，积极探索和创新学习机制，不断完善学习措施，推进学习型党组织建设。成立了学习领导小组，制定了学习方案和学习考勤制度。规定了学习时间。出台了《干部职工学习考核办法》，要求处级干部一年阅读12本书，科级干部10本，党员8本，一般职工6本。2011年，报社为每位职工购买了7本书籍，订阅了《中国记者》和《中国地市报人》等业务刊物，供大家学习。

利用投影技术、在线学习等方式组织全社职工进行学习。重点学习了"三个代表"重要思想、党风廉政建设知识、十七大精神、胡锦涛"七一"讲话、十七届六中全会精神、科学发展观、创先争优、中国政党政治研究的几个问题、领导干部礼仪知识讲座等理论知识。坚持带领全体职工学习全国全省新闻出版工作会议、州七次党代会、全州"两会"、州委理论学习中心组会议等中央、省、州相关文件精神。每月集体学习达1次以上。通过学习，不断提高党员干部的政治素质和业务水平。

〔**州第七次党代会宣传报道**〕 州党代会是全州各族人民政治生活中的一件大事。报社对宣传工作高度重视，精心筹划，制订宣传方案，组织精干采编力量进行报道。会前，开辟"喜迎州第七次党代会"专栏，推出反映全州政治、经济和社会发展取得的成就及党代会筹备情况的报道，为会议召开营造氛围。会议期间，设置"来自党代会的报道"栏目，在重要版面、显著位置发布消息、决议，刊发江普生书记所作的工作报告。会后，及时报道全州各地宣传、学习、贯彻全会精神的情况，策划并推出本报记者采写的"学习贯彻州第七次党代会精神系列报道"13篇，达到了较好的学习宣传效果。这一阶段共刊发相关稿件近100篇。

〔**"两会"宣传报道**〕 提前成立"两会"宣传

报道领导小组，拟订宣传报道计划，投入全部采编力量，对社论、专题报道、专题摄影、网络新闻等相关报道任务进行分配和细化，将责任落实到每位采编人员。在“两会”召开前，开设“喜迎‘两会’”专栏，采访、编发有关单位积极筹备“两会”的动态消息，积极营造良好氛围。“两会”期间，设立“来自‘两会’的报道”等专栏、专版，采取社论、消息、通讯、特写、专访、解读、聚焦等形式，全方位多角度宣传报道“两会”盛况，编发新闻70多篇（幅），为全州各族干部群众及时学习、领会“两会”精神创造了条件。

〔学习杨善洲先进事迹报道〕 杨善洲作为云南省的重大先进典型人物，2010年《西双版纳报》就给予了特别关注，转发了《云南日报》和新华社的多篇长篇通讯。特别是2011年3月份胡锦涛总书记作出向杨善洲同志学习的重要指示后，全省上下掀起了学习热潮。《西双版纳报》及时跟进，以社论、专访、评论、学习动态、学习体会等多种形式宣传报道；2月11日用一个专版转发了《人民日报》记者采写的杨善洲同志先进事迹。一年来，《西双版纳报》累计刊发相关稿件90多篇，营造了良好的学习氛围。

〔“一节一会”宣传报道〕 2011年正值周恩来总理参加西双版纳泼水节50周年，又是中国老挝建交50周年，两项重大纪念活动均安排在“一节一会”期间进行。为圆满完成各项活动的报道任务，报社及时制订宣传计划，抽出精兵强将，任务落实到人。节前开设“喜迎‘一节一会’”栏目，及时报道活动筹备进展情况。活动期间除进行正常报道外，推出了“一节一会剪影”和“摄影报道”两个专版，着力报道活动盛况。同时，分别推出周恩来总理参加西双版纳泼水节50周年纪念专刊和中老建交50周年纪念专刊，突出宣传主题，掀起报道高潮，营造节庆氛围，达到了较好的宣传效果。累计刊发相关稿件150多篇（幅）。

〔党风廉政建设宣传报道〕 加强党风廉政建设和廉政文化宣传是党报不可或缺、常抓不懈的一项重要工作。报社在《西双版纳报》上安排重要版面，及时转载中央主要新闻媒体有关重要文章、消息、评论，报道全州相关工作的开展情况。刊发《农村基层干部廉洁履行职责若干规定（试行）》及问答。同时，还与州纪委合作推出系列报道，对纪委工作有针对性地进行重点宣传。2011年，共刊登相关新闻稿件120多篇，在营造“大宣教”宣传格局方面做出了应有的贡献。

〔创先争优宣传报道〕 创先争优是2011年党报宣传的一项重点工作之一。《西双版纳报》继续办好“云岭先锋　创先争优”等栏目，宣传先进典型以及各级各部门开展创先争优活动的经验、做法和实施进展情况。根据上级有关要求，报社在一版开设了“创先争优·创建学习型党组织”专栏，宣传报道我州各地创先争优和开展创建学习型党组织活动取得的成绩和经验做法。5月中旬，在二版开设“云岭楷模风采录”，陆续刊发省委党史研究室提供的建党以来，本省优秀共产党员代表的先进事迹，至8月中旬结束共刊发92位。同时，用二个版面刊发了我州岩三炳、岩帕和依香甩三位同志的创先争优先进事迹报告摘登。全年，共刊发创先争优文章200多篇。

〔建党90周年宣传工作〕 为完成好这一宣传工作，报社及早研究制定报道方案，安排记者进行相关采访报道。在《西双版纳报》一版开设“党旗飘飘”专栏，报道全州各级各部门开展的庆祝中国共产党成立90周年的各种活动情况。在二版开设“伟大历程”栏目，及时转载“七一”前后新华社刊发的有关庆祝中国共产党成立90周年的重要稿件、重要活动的报道，努力营造庆祝中国共产党成立90周年的浓厚氛围。期间，还用一个专版刊登了云南省纪念中国共产党成立90周年知识竞赛题。这一阶段共刊发相关稿件近100篇。

〔十七届六中全会精神宣传报道〕 开幕前及会议期间，《西双版纳报》陆续组织刊发了全国、全省和全州文化体制改革和文化产业发展方面的长篇通讯报道，突出主题，为全会召开营造浓厚氛围。会议闭幕后，制订宣传报道方案。在一版开设“深入学习贯彻十七届六中全会精神”专栏，及时刊发六中全会《公报》、《决定》，人民日报社论、新华社特约评论员文章，中央、省、州贯彻全会精神的重点报道，全州各级党委、政府以及各部门学习贯彻全会精神的新举措、新思路等动态新闻。二版开设“十七届六中全会《决定》解读”专栏，转载新华社的相关文章，帮助读者深入学习全会精神。共刊发相关稿件80多篇。

〔突发事件追踪报道〕 2011年发生了与本州密切相关的“湄公河惨案”和“广电路凶杀案”，引起广大民众关注。两起事件发生后，《西双版纳报》开辟“关注‘湄公河惨案’”、“‘广电路凶杀案’追踪”等专栏，派出记者跟踪采访，及时报道案情侦破进展情况，以党报的公信力正确引导舆论，消除社会种种不实传闻及猜测，促进社会和谐稳定。这一阶段共刊发相关报道40多篇。

〔开展新闻宣传“走、转、改”活动〕 制订西双版纳报社“走基层、转作风、改文风”活动实施方案，建立了全社采编人员联系基层的长效机制，陆续安排记者开展了一些宣传报道活动。

〔**报纸发行稳中有升**〕 为扩大报纸覆盖面，提高发行量，让党报更好地服务于傣乡民众，西双版纳报社采取多种方式促发行。《西双版纳报》汉文报发行每年稳步增长，2011 年邮局发行 14079 份，同比增长 3.34%；《傣文报》从 2010 年起争取到州级财政每年 20 万元的办报发行支持，实行免费赠阅。2011 年赠阅发行 13600 份，增长 11.76%。傣文报发行量一直位居全省民文报首位。

〔**多件作品获奖**〕《西双版纳报》长期致力于新闻精品力作的打造，建立机制、完善制度、注重精采细编，不断有作品在云南新闻奖、中国地市报好新闻奖、云南报协好新闻奖评选中获奖。2011 年度，本报共有 5 篇次作品获得云南新闻奖、云南报协好新闻奖。其中，云南新闻奖 2 篇，云南报协好新闻奖 3 篇。

〔**高级职称专业技术人员**〕 截至 2011 年，西双版纳报社获高级职称专业技术人员有 8 人，列表如下：

姓名	性别	民族	工作单位	职称	资格认定时间
刀福祥	男	傣族	西双版纳报社	主任编辑	2008.7
丹　洛	男	哈尼族	西双版纳报社	高级记者	2008.7
曾崇明	男	汉族	西双版纳报社	主任编辑	2001.8
赵志华	男	白族	西双版纳报社	主任编辑	2003.1
汪　涛	男	汉族	西双版纳报社	主任记者	2003.1
夏文燕	女	汉族	西双版纳报社	主任编辑	2004.9
刘云辉	女	汉族	西双版纳报社	主任记者	2005.11
玉康龙	女	傣族	西双版纳报社	主任编辑	2007.12

（《报社》撰稿：普荣明）

广播电视局

〔**概述**〕 2011 年西双版纳人民广播电台民语广播节目分为：新闻、专题和文艺等三大块节目，新闻版块主要有：《西双版纳新闻》和中央台新闻译播。《西双版纳新闻》以翻译本台汉语新闻稿为主、以自采稿和通讯员来稿为辅；中央台新闻译播以翻译中央人民广播电台新闻节目为稿源。专题节目有傣语的：《好曼勐傣》、《卫生与健康》和《法制与社会》；哈尼语的：《哈尼天地》、《田野金桥》和《道德与法制》。

傣语文艺节目主要有赞哈及傣语歌曲。开设的傣语文艺节目有《章哈集萃》、《傣乡之花》、《密林歌声》、《周末文艺》；哈尼语文艺节目有《咚叭查》、《快乐山寨》、《新歌快送》等。每天安排播出傣语、哈尼语文艺节目共四小时十分钟。

〔**民语广播**〕 2011 年哈尼语文艺直播节目《滇航唱》于 2011 年 2 月 15 日正式开播。节目每周二、四、六晚 20:00 至 21:00 直播，节目得到了广大哈尼族听众的喜爱和青睐，周边国家缅甸的勐勇、勐拉、和老挝的勐醒、景康等境外地区也有很多听众群，每期节目均收到该地区听众的来电、来函点歌参与互动，取得了良好的社会效益。

走出去开展与听众见面和禁毒防艾宣传活动是民语广播的重点。3 月 4 日、7 月 22 日分别在勐海县勐混镇、普文镇成功举办《多歌水》文艺直播节目开播一周年庆祝文艺晚会和与听众见面文艺晚会。5 月 7 日在景洪市勐龙镇、6 月 17 日在勐海县南糯山、6 月 25 曰在景洪市景哈乡分别发放哈尼语广播剧《流泪的山风》，开展禁毒防艾宣传活动。

广播在广播剧制作和电影配音在宣传非物质文化工作中发挥重要作用。2011 年完成了国家级非物质文化遗产保护名录傣语广播剧《召树屯与喃木诺娜》和禁毒防艾题材哈尼语广播剧《流泪的山风》的制作和播出工作任务；协同电视台完成了电影《建国大业》、《风声》、《拉贝日记》的配音工作。

西双版纳人民广播电台在 2011 年广播中多次获得国家级二等奖以上、省级一等奖。

(1)消息：《“红色窗口”造福中老边民》——勐腊县在开展创先争优活动中，提出了加强基层党支部建设，使远程教育手段，成为宣传党的政策的“红色窗口",传授知识的课堂,凝聚党员的阵地,联系群众的桥梁。活动不仅使当地群众从中受益,也让三百多老挝学员学习到了先进的科学种植养殖技术。作者:欧美华,西双版纳人民广播电台制作播出,作品时长3分40秒,于2010年7月1日18:00在新闻中播出,获得2010年度云南广播电视政府奖一等奖。

(2)论文:《办出特色 走出特色》——兼谈民族语广播电视的发展。结合西双版纳的实际,傣语、哈尼语广播电视节目,一直是傣族、哈尼族群众最喜爱的节目。原因有三:一是及时翻译传达党和国家的声音,向广大少数民族群众宣传党的方针政策,让少数民族群众认识和了解世界。二是办好民族文艺节目,寓教于乐。三是办好农业科普节目和法制节目,让群众了解农业科普知识、致富信息和法律知识,提高群众的意识,更好地建设新农村。办好民族文艺节目,让老百姓走进电视、走进广播,为群众建立一个展现自我、宣传新农村建设的平台,是民族语广播电视发展所必须坚持的方向和特色。发挥民族语广播电视优势,维护边疆稳定,强化对外传播。作者:李向忠、李伟雄。单位:西双版纳人民广播电台,作品字数:3000,获得2010年度云南广播电视政府奖一等奖。

(3)专题节目:《教育广场》——作为一档教育类栏目,西双版纳人民广播电台的《教育广场》栏目开办于2000年,开办至今已安全播出十多年,节目涉及国家教育方面的方针政策、边疆地区教育事业发展现状,校园文化资讯、教书育人模范、青少年的健康成长等内容。节目首播时段选择在午间12点到13点,节目时长50分钟,节目覆盖全州及周边地区,受众主要集中于各学校。节目被评为2010年度云南广播电视政府奖十佳栏目。

〔西双版纳电视台〕 2011年,西双版纳电视台围绕州委州政府的中心工作,组织抓好新闻宣传工作,为全州各项工作的开展创造良好的舆论环境。围绕中国共产党建党九十周年和州第七次党代会的召开,抓好党建工作的宣传,推出《创先争优》、《建设学习型党组织》、《喜迎建党九十周年》、《学习贯彻“七·一”讲话精神》、《喜迎党代会》、《贯彻落实州党代会精神》等专栏;在人大、政协“两会”召开之际,围绕对“十一·五”成就和“十二·五”规划开展宣传,推出《辉煌“十一·五”》、《“十二·五”规划解读》专栏;抓好经济工作、农村工作、民生工作和泼水节、艺术节等各种活动的宣传,推出《走基层、看民生》等一系列主题报道;西双版纳电视台在民语节目译制中继续抓好《西双版纳新闻》、《新闻联播》节目的译制,不断提升民族语文艺栏目《欢乐傣乡行》、《咚吧嚓》的质量。在用傣语和哈尼语译制电影方面也进行了尝试。

在专题节目制作上,力求办好《记录西双版纳》栏目,继续配合州委组织部办好《西双版纳党建》栏目。组织拍摄制作了《非物质文化》系列片、《党的光辉照傣乡》、《桥头堡建设汇报片》、《西双版纳旅游推介片》、《西双版纳招商片》、《石斛种植技术》等20多部专题片、科教片;与英国BBC电视台合作完成了纪录片《神秘西双版纳》的拍摄和制作;与中央文献研究室合作拍摄了纪录片《创世诗篇》;对西双版纳州举行的《魅力勐腊》、《魅力勐海》、全省广场文化“大家乐”活动等各种文艺活动进行现场录制;特别在12月26~29日举行的“澜沧江·湄公河流域国家文化艺术节”期间,对文化艺术节开幕式、闭幕式、东南亚民族服装秀、选美大赛、民族民间音乐会等活动进行现场录制,并于12月28~31日连续播出。

2011年在对外宣传上有较大的突破,州电视台与云南电视台合作于2011年4月13~15日,对“泼水节”进行了两场现场直播;录制中老建交50年文艺晚会《印迹西双版纳》在云南卫视播出;10月16日与云南电视台、中央电视台合作对中国船员在湄公河遇袭后、滞留泰国的中国船员和船只返回国内进行现场直播,在云南电视台卫视频道和公共频道播出时间特别节目《归航》2小时45分钟;12月9~10日,与云南电视台、中央电视台合作对中老缅泰四国在湄公河联合执法行动进行现场直播,中央台、云南台两天的播出特别节目《启航》达到2个多小时;配合云南电视台对湄公河流域国家文化艺术节开幕式、闭幕式进行现场录制,负责编辑了80分钟的节目在云南卫视播出。

西双版纳电视台2011年获得省级一等奖的作品有:

(1)电视长消息(民族语):《农民扎堆办护照出国旅游成为傣乡新时尚》——出国旅游,在过去对傣乡农民来说简直是天方夜谭,而如今,却成为了老百姓生活中的一种新时尚。在采访交谈中,一位近60岁的老波涛说:“做梦都没想到会拥有现在这样的幸福生活,过去,觉得大城市都离我们很遥远,就别说是国外了。现在生活好了、腰包鼓了,出门不在话下,坐飞机、坐轮船,想去哪里都可以,也很方便——”从老波涛的言谈举止当中,我们有了很多的感慨,也领略到了傣乡人民对现在美好生活的高度赞扬。这则新闻以村民扎堆办护照为由头,既反映了新一代农民走出国门、开拓眼见的消费理念,从中又折射出党的富民政策给边陲带来的实惠,体现出了边疆人民的幸福美好生活。作者:依金坎、刀江萍、熊国辉、岩旺。时长:3 分36 秒,2010 年12 月7 日8:00 播出。获得2010 年度云南广播电视奖“电视新闻奖”一等奖。

(2)长纪录片:《野象历险记》——该片真实记录了由西双版纳州林业局、西双版纳自然保护区管理局、西双版纳州森林公安局、西双版纳野象谷亚洲象繁衍中心的干部职工、专家、森林公安民警及社区群众组成的营救队,经过一场惊心动魄的战斗,成功解救了一头因发情打架而跌落80 余米深箐的野生亚洲象。该纪录片画面真实、剪辑流畅、具有较强的可视性,是西双版纳电视台社教部2010 年度,重点摄制的电视纪录片。时长:15 分钟。该纪录片于2010 年6 月16 日8:45 播出。

作者:刁佳顺、周利民、张赞、王斌、杨建、常中波、张俊朝。该作品获得2010 年度云南广播电视奖“电视社教奖”一等奖。

(3)系列片:非物质文化遗产系列片《傣族贝叶经、傣族象脚鼓舞、傣族医药》——该系列片以被列为国务院公布的西双版纳非物质文化遗产为选题精心摄制。该系列片画面优美、解说精炼、剪辑流畅、具有较强的可视性,是西双版纳电视台社教部2010 年度,为了弘扬西双版纳少数民族文化摄制的大型电视系列片。时长:12 分,傣族贝叶经于2010 年11 月4 曰19:35 播出。傣族象脚鼓舞于2010 年11 月11 日19:35 播出。傣族医药于2010 年i2 月9 日19:35 播出。该作品(集体)获得2010 年度云南广播电视奖“电视社教奖”一等奖。

(4)公益广告:《懂得欣赏也要学会保护》——经济的快速发展,大大提高了人们的物质生活水平,但与此同时也造成了严重的环境破坏。为了解决环境问题,唤起人们的环保意识,创作者通过摄像机镜头把一群年轻人在公园里游玩、嬉耍,随后造成一片狼藉的这一事实得以一一再现,告诫人们要在懂得欣赏的同时也要学会保护环境。作者:谢伟、姚秀云、罕茜、岩说罕邦、岩刚、赵燕飞。时长:30 秒。2010 年7 月7:55 播出。播出时间是一个月。该广告获得2010 年度云南广播电视奖“广告奖”一等奖。

(5)栏目:《欢乐傣乡行》于2009 年开播,一直深受老百姓喜爱。该栏目贴近生活,贴近百姓,是老百姓自己的舞台,因此栏目本身就充满着亲和力。由于栏目立足于农村,着力于展示西双版纳少数民族文化,突出浓郁的地方特色,尽情展示西双版纳各民族文化娱乐生活。因而,栏目一直深受广大农村老百姓的喜爱。作者:谢伟、岩说罕邦、岩刚、岩尖、岩松勐、玉旺叫、依金坎、玉香儿。时长:30 分钟。该条是2010 年5 月3 日8:20 播出的。获得2010 年度云南广播电视奖“十佳栏目”。

(《广播电视局》撰稿人:罕秋云)

社会生活

责任编辑：管　霏

民族宗教

〔概述〕 2011年，全州民族工作牢牢把握“共同团结奋斗，共同繁荣发展”的民族工作主题和“依法管理、确保稳定”的宗教工作主线，切实加强民族宗教事务管理。年内，州民宗局获得了全省民委系统实施民族团结目标管理责任制一等奖和全省宗教工作目标管理责任制考核二等奖，并获得了全省民族信息工作先进单位称号。全年向省民委争取落实资金突破5000万元，比上年增加2000万元，资金总额和增长幅度均为历年最高。

〔全州“十一五”期间扶持人口较少民族发展成效显著〕 “十一五”期间，各级共投入扶持人口较少民族发展资金28256.64万元，对西双版纳州基诺族、布朗族聚居的38个村委会268个自然村进行扶持，其中省民委安排扶持人口较少民族发展资金7432万元，整合交通、发改、扶贫、水利、教育、省电网公司、科技等部门资金17410.28万元，地方资金及群众自筹3414.36万元，实施了基础设施、社会公益事业、综合示范村、生态环境、科技培训、产业开发、特色村寨、基诺族博物馆等建设项目。38个村委会全部实现了“四通五有三达到”目标；新建设完成了村委会一级校点22个、文化室10个、卫生室10个。268个自然村全部通公路、通电话，265个自然村通电、262个自然村能够接收广播电视、有安全饮用水。农民人均占有粮、人均纯收入分别从2005年的392公斤、1045元增加到550公斤、2632元。

〔实行季度工作总结通报暨民族宗教团结稳定形势分析研判会议制度〕 州民宗局自2011年起实行每个季度召开一次全州民族宗教工作总结通报暨民族宗教团结稳定形势分析研判会议制度。由州民宗局及州民研所、西双版纳佛学分院全体干部职工、三县市民宗局班子及办公室主任、三区社会事业局局长等人参加了会议。会上，州民宗局各科、室、所、院和分管领导、三县市民宗局及三区社会事业局分别总结通报本季度民族宗教工作，安排部署下一步主要工作，分别研判三县市、三区辖区民族宗教团结稳定形势。

〔2010年全州民族专项资金项目全部实施完成〕 2010年，省民委共安排西双版纳州民族专项资金3039.43万元，其中人口较少民族发展资金1535万元、兴边富民重点县建设资金1075万元、民族传统文化抢救保护专项资金78万元、人口较少民族寄宿制学生生活补助245.43万元、其他106万元，并重点实施了45个人口较少民族、兴边富民示范村、2个人口较少民族特色村寨及1个基诺族博物馆。截至2011年底，三县市项目已实施完成，基诺族博物馆已动工建设。

〔全州民族发展项目资金大幅增长〕 省民委下达西双版纳州2011年民族专项资金共计3828.23万元，并预拨2012年兴边富民项目资金1200万元。2011年项目资金比2010年增加788.8万元，增长25.95%，为历年最高。其中，扶持人口较少民族发展项目资金1100万元，兴边富民重点县建设项目资金1500万元，项目涉及交通、种植、养殖、文化、体育、卫生、人畜饮水、科技培训、产业发展等种类，惠及全州所有31个乡镇1个街道办事处以及西双版纳旅游度假区、景洪工业园区和磨憨经济开发区。

〔“老品人”和“八甲人”民族归属问题得到解决〕 居住在全州的“老品人”、“八甲人”是整个云南省一直未解决民族归属问题的最后两种“人”。从2007年以来，在国家民委和省民委的关心支持下，州民宗局和勐海县民宗局深入勐海县勐阿、勐遮、勐混等“老品人”、“八甲人”村寨调查研究，在群众中广泛开展党的民族政策，特别是国家民族识别的相关法律法规的宣传教育，各方形成了共识。2011年初，省政府下发文件，确定了“老品人”、“八甲人”的民族归属，即勐遮“老品人”、勐阿“八甲人”归属傣族；勐混“八甲人”归属布朗族。

〔第二届全州中小学生民族团结进步征文活动〕 年内，西双版纳州举办第二届中小学生民族团结进步征文活动，活动共收到征文稿350份，评出中学组和小学组特等奖、一等奖、二等奖、三等奖及优秀奖共计75名，并在景洪市民族中学及勐腊县民族中学分别举行了“民族团结进步宣传月暨民族团结进步征文颁奖晚会”。

〔首次实施全州少数民族传统文化保护项目〕 自2011年起，州财政资金每年安排200万少数民族传统文化保护经费。2011年组织实施双语教育等16项州级少数民族传统文化保护项目。

〔与孔雀湖社区党总支开展“结对共建”活动〕 年内，州民宗局党支部与孔雀湖社区党总支开展“结对共建”活动，并签订了《社区党建共建协议书》。“结对共建”的目的是通过共建活动进一步增强党组织和广大党员服务群众的意识，牢固树立“驻在社区、关心社区、建设社区”的意识，积极支持所驻社区党组织的工作，推进社区建设健康发展，共建和谐新社区。

〔领导调研〕 3月7~9日，副省长刘平率省民委副主任张慧星、省住房和城乡建设厅副厅长周鸿、省交通运输厅副厅长杨延、省扶贫办副主任欧志明等省级有关部门负责人到州就扶持人口较少民族发展工作进行调研。调研组一行在州委书记江普生、常务副州长罗红江、景洪市委书记陈学刚以及相关职能部门负责人的陪同下，先后察看了景洪市基诺山乡洛特新寨、巴坡村基诺族发展情况，察看了勐海县打洛镇曼芽村、巴哈村和布朗山乡吉良村布朗族发展情况。刘平强调，各级各部门要提高认识，充分认识到全省人口较少民族贫困面大、贫困程度深、扶贫工作任务艰巨的严峻形势，以及做好该项工作的重要性和重大意义，进一步增强扶持人口较少民族发展的使命感和责任感，加强领导，明确职责，确保扶持人口较少民族发展工作取得新突破。要认真贯彻落实胡锦涛总书记在云南考察时的重要指示和全国、全省扶持人口较少民族发展工作会议精神，统一思想，结合实际，踏踏实实做好工作。要编制好“十二五”扶持人口较少民族发展规划，整合资源，加大投入，建立健全科学合理的工作机制，确保扶持项目有效实施。要按照新农村建设的需要，适当提高标准，打牢基础，增强发展后劲；狠抓产业扶持，稳步增加群众收入；加强科技培训和劳务输出，提高人口素质。要把教育放在优先发展的位置，继续加强医疗卫生、文化事业等社会事业的扶持。要认真做好对口帮扶工作，抓好对口帮扶项目的组织实施，争取进一步扩大对口帮扶人口较少民族发展的范围。要进一步认真总结和提炼工作中取得的先进经验、鲜活例子，多渠道、多层次、多形式进行宣传，营造良好的发展氛围。要坚持标准、因地制宜、分类指导，进一步完善机制、落实责任、加强管理，确保各项任务如期圆满完成。

3月3日，中央统战部二局局长赵学义率调研组一行到云南佛学院西双版纳分院调研，了解佛学院学僧的学习生活情况及学院的办学情况，并在西双版纳总佛寺召开座谈会。省委统战部二处调研员赵成龙，西双版纳州委统战部副部长、州民宗局局长岩亮，州委统战部常务副部长张卫国、云南佛学院西双版纳分院副院长都罕听等参加了座谈。岩亮、都罕听向调研组介绍了西双版纳佛教的基本情况，佛学院的办学情况，未来的办学思路及现在面临的困难和问题。调研组听取汇报后要求，宗教院校要全面贯彻执行党和国家的民族宗教政策和民族法律法规，积极引导宗教与社会主义社会相适应，充分发挥宗教界人士和信众在促进经济发展、社会进步中的积极作用，为维护边疆安宁，增进民族团结，构建和谐西双版纳作出新贡献。座谈会结束后，调研组一行参观了佛学院的教学设施，并看望了佛学院的学僧。

6月4~5日，以国家民委党组书记、副主任杨传堂为组长，国家民委、中央统战部、求是杂志社组成的“中央三部门赴云南总结各民族共同团结奋斗、共同繁荣发展经验联合调研组”一行9人在省政府副秘书长王俊强、省民委主任王承才等陪同下到州调研。调研组在副州长王方荣的陪同下，深入景洪市基诺山乡巴破村、勐罕镇傣族园调研了解民族工作情况。杨传堂指出，州委、州政府认真贯彻党和国家的民族政策和民族法律法规，采取切实有效的政策措施，推动少数民族经济社会发展，各族群众生产方式和生活水平实现了历史性飞跃，平等团结互助和谐的社会主义民族关系不断巩固和发展。西双版纳在民族工作中探索积累的经验值得肯定，希望在国家、省的大力支持下，积极工作，努力把西双版纳建设成为更加富裕、民主、文明、和谐的社会主义西双版纳。州委副书记胡志寿看望宴请了调研组一行，州委秘书长杨涛到机场迎接调研组。州政府副秘书长岩应，州委外宣办、州政府新闻办副主任董国昌，州委统战部常务副部长张卫国、州民宗局局长岩亮、副局长奚云华陪同调研。

6月20~23日，省人大常委会民族委员会副主任委员李兴旺和省宗教局副巡视员王爱国等到州调研宗教工作。调研组一行先后到勐泐大佛寺、云南佛学院西双版纳分院和勐腊县实地调研，并听取了州政府的宗教工作汇报。州人大副主任召亚平，州政协副主席、州佛教协会会长祜巴龙庄勐及州民宗局局长岩亮等陪同调研。副州长马维纲向调研组汇报了全州宗教基本情况、贯彻落实党和国家宗教方针政策和法律法规情况、云南佛学院西双版纳分院建设和教学情况、宗教工作"三支队伍"建设情况等。调研组对全州宗教工作给予了充分肯定，并对佛学院的教学和发展、佛寺教育等方面提出了意见建议。

10 月 10 ~ 12 日，国家民委文化宣传司司长武翠英、中国社科院文化研究中心常务副主任张晓明等联合调研组一行在省民委副巡视员张宝安陪同下到州就"加强边疆民族地区文化安全"课题开展调研。调研组以实地走访、召开座谈会、问卷调查等形式开展调研，先后到勐海县的曼恋回村小组进行实地走访；与景洪市和勐腊县相关部门进行座谈、交流，到磨憨经济开发区参观考察，了解全州边境民族地区经济、公共文化服务、新闻、广电、少数民族文化遗产保护、文化产业、旅游产业、义务教育（双语教育）等领域的发展状况和存在的问题，以及境外宗教、文化对边境地区少数民族群众的影响。州民宗局局长岩亮等陪同调研。

8 月 1 日，州委书记江普生率州直及景洪市有关部门负责人到景洪市基诺族乡调研。江普生一行首先查看了洛特村委会洛特老寨村民小组村寨基础设施建设情况，并与干部群众亲切交谈，详细询问村民生产生活、孩子读书、村寨产业发展和农民增收计划等情况，一起研究加快推进产业发展和农民增收的新路子和新办法。江普生一行还前往茄玛村委会少妞村民小组，察看了小耳朵猪养殖示范项目情况，并沿途察看了乡村道路建设和管护等情况。在与乡党政领导班子座谈时，江普生充分肯定了"十一五"期间基诺山乡经济社会发展所取得的成绩，强调在"十二五"时期，要毫不动摇地把"三农"工作摆在重中之重的位置，坚持和完善"三级联动"、"三个依靠"、"六大工程"长效机制，尤其要抓好新农村建设"五件大事"，扎实推进农业现代化，在更高起点上建设社会主义新农村。他还详细了解了 2010 年省民委在基诺山乡建设的基诺族博物馆项目和巴坡基诺族特色村寨建设及 2011 年省民委在基诺山乡实施的整乡推进情况，要求州、市民宗部门及乡党委、政府要围绕国家、省扶持人口较少民族发展"十二五"规划，认真做好整乡推进项目规划的申报、组织和实施工作，做好基诺山乡的扶持发展工作。对建设的基诺族博物馆项目和巴坡基诺族特色村寨建设，要求景洪市政府专门成立领导小组，加强领导，加快进度，确保两个项目按期按质完成。

〔全州少数民族优秀民营企业家和少数民族农民科技致富带头人受省有关部门表彰〕 在 1 月 13 日召开的全省民族工作会议上，西双版纳州少数民族优秀民营企业家、少数民族农民科技致富带头人受到省有关部门表彰。陈祖江、杜琼芝、周波等 3 位少数民族优秀民营企业家被授予"云南省首届少数民族优秀民营企业家"称号，受到省民委、省工业和信息化委员会表彰；岩罕么、先资、玉香药、李宏伟有等 4 位少数民族农民科技致富带头人被授予"云南省少数民族农民科技致富带头人"称号，受到省民委、省科技厅表彰。

〔启动民族团结进步示范社区创建活动〕 2 月 11 日，州民宗局在景洪市曼阁社区曼斗居民小组举行民族团结进步示范社区创建活动启动仪式。州民宗局、景洪市政府、市民宗局以及允景洪街道办事处各社区负责人参加了启动仪式。

〔六省市区藏文古籍工作第十一次协作会议〕 六省市区藏文古籍工作第十一次协作会议于 3 月 25 ~ 29 日在西双版纳召开。国家民委全国少数民族古籍整理研究室主任李冬生、副主任李晓东、北京市民委副主任金毓嶂、西藏社科院副院长云丹次仁、云南省民委副主任木桢、西双版纳州副州长马维纲以及来自西藏、青海、甘肃、四川、北京、云南六省市区的相关领导及从事古籍工作的专家、学者 40 余人出席会议。马维纲代表州委、州政府参加会议并致欢迎词，向与会代表介绍了西双版纳州州情及民族古籍整理出版、《中国贝叶经全集》100 卷出版情况。李冬生对全州少数民族古籍工作取得的成绩给予肯定，特别是对《中国贝叶经全集》的出版发行给予了高度评价和赞誉。木桢作了"六协"第十一次协作会议工作报告，充分肯定了各协作省区《中国少数民族古籍总目提要·藏族卷》的编纂和藏文古籍抢救、整理、出版、研究工作所取得的成绩和经验。各省市区古籍办负责人介绍了《中国少数民族古籍总目提要·藏族卷》各省分卷的编纂情况，以及藏文古籍抢救、整理、出版、研究工作取得的成果。与会专家学者在会上作了交流发言。

〔全州佛教界到德宏盈江县为灾区捐款〕 3 月 25 ~ 30 日，由州佛教协会及三县市佛教协会会长、副会长组成的全州佛教界赈灾慰问团一行 13 人，在州佛教协会副会长都香达的带领下，将 83000 元赈灾款送到盈江县，并与德宏州佛教协会、盈江县佛教协会共同为灾区人民诵经祈福。

〔州傣学会应邀到泰国参加学术交流〕 4月7~15日,应泰国多萨格地区政府傣民族文化组委会的邀请,州傣学会副会长、傣学研究专家玉康龙等一行到泰国多萨格地区参加傣民族文化遗产学术交流研讨会。研讨会上,玉康龙向与会专家学者介绍了西双版纳州傣学会近年来开展的主要工作和取得的学术成果,重点介绍了《中国贝叶经全集(100卷)》整理发行和傣文网络推广、傣文网站建设等情况。

〔中澳公共服务与少数民族文化保护学术研讨会〕 4月8~10日,中国——澳大利亚公共服务与少数民族文化保护学术研讨会在西双版纳州召开。国家民委政策法规司副司长张若璞、澳大利亚人权委员会国际项目部副主管娜塔莎、省民委副主任马春、副州长王方荣和外交部、国务院法制办,上海、重庆、内蒙古、新疆、福建等省市区民委及中央民族大学、中国民族博物馆等学术机构的有关负责人和专家学者参加了研讨会。研讨会上,张若璞作重要讲话。马春介绍了云南省在少数民族文化保护方面的实践和民族工作取得的成就。王方荣代表州政府对前来参加学术研讨会的领导和专家表示欢迎,并介绍了西双版纳州州情和西双版纳在保护少数民族文化方面取得的成绩。中澳公共服务与少数民族文化保护学术研讨会是中国与澳大利亚政府间在人权对话框架下的2011年合作项目,得到了国家民委的高度重视和外交部的大力支持。研讨会分为“公共服务与少数民族文化保护:澳大利亚与中国的实践”、“公益性民族博物馆与少数民族文化保护”、“澳大利亚与中国的比较”和“中国少数民族特色村寨的保护政策与实践”四个主题,来自澳大利亚和中国的各位政府官员和专家学者围绕主题,分别介绍了各自的工作实践和学术成果。

〔西双版纳总佛寺举行傣历1373年浴佛法会〕 傣历1373年6月14日(公历2011年4月14日),西双版纳总佛寺举行“傣历1373年浴佛法会”。法会由祜巴龙庄勐大长老主持。法会上,祜巴龙庄勐大长老和众僧侣为大家诵经祈福,并带领大家进行浴佛仪式,共同祈愿各族人民生活安康、社会稳定、佛日增辉。活动当天,还举行了丰富多彩的宗教文化大游演,并在西双版纳总佛寺内举行放生、浴佛活动,信众自发进行了精彩的文艺表演。

〔2011年全州民族宗教工作会议〕 于5月6日在景洪召开。会议传达了全省民族工作会议和全省宗教工作会议精神,全面总结了2010年民族宗教工作情况,安排部署了2011年工作,兑现了2010年全州民族团结和宗教工作目标管理责任奖,签订了2011年责任书。会议由副州长王方荣主持,州委副书记胡志寿出席会议并作重要讲话,州民宗局局长岩亮在会上作工作报告。州人大副主任召亚平、州政协副主席依甩等领导出席了会议,各县市政府、各区管委会分管民族宗教工作的领导、州委民族宗教工作领导小组成员单位及相关部门负责人,州宗教团体负责人,各县市民宗局局长、副局长、办公室副主任,各区管委会社会事业局局长,各乡镇政府乡镇长、街道办事处主任等100余人参加了会议。

〔全州3个宗教活动场所和7名宗教界人士受省表彰〕 在7月18~22日召开的首届云南省创建和谐寺观教堂先进集体和先进个人表彰大会上,西双版纳州景洪市嘎洒镇曼景保村佛寺、勐海县勐遮镇曼吕景村佛寺、景洪市允景洪街道办事处曼允村基督教教堂3个宗教活动场所被授予“首届全省创建和谐寺观教堂先进集体”荣誉称号,宗教界人士祜巴龙庄勐、都罕听、都温叫遮、都罕福、岩康唐、牟少林、岩温被授予“首届全省创建和谐寺观教堂先进个人”荣誉称号,受到省委统战部和省宗教局表彰。

〔全州20名少数民族干部参加国家民委“边境地区民族工作专题研讨班”学习培训〕 7月23~31日,全州20名少数民族干部参加国家民委在北京中央民族干部学院举办的“边境地区民族工作专题研讨班”,集中学习了“关于推进边境地区发展的思考”、“兴边富民行动规划(2011—2015)解读”、“我国周边国家民族问题”等专题,进一步理解掌握了党的民族政策,对做好新形势下边疆民族工作的重要性和必要性有了更高的认识,提高了理论素养和政治素质,为做好下一步民族工作注入了新的动力。

〔西双版纳佛学院学僧开展社会实践活动〕 为提高佛学院学僧的社会实践能力,帮助学僧了解民情社情、弘扬佛法、成为引导佛教与社会主义社会和谐发展的后备僧才。7月,佛学院组织16名“傣汉双语”中专班的优秀学僧到景洪市允景洪街道办事处、普文镇、勐海县勐海镇、勐腊县勐满镇的8所佛寺开展社会实践活动。活动内容包括教授信众傣文、汉文基础知识、佛教礼仪、佛学基础知识等,在为信众教授文化知识的同时,也满足了信众在7~10月守夏安居节的宗教活动需要,缓解了全州部分佛寺“有寺无僧”而无法正常开展宗教活动的困难。

〔基诺族学会举行2011年圆梦大学助学金发放仪式〕 8月30日,基诺族学会为即将跨入大学校门的全州47名基诺族学生发放了共计8万余元的"圆梦大学"助学金。州人大副主任、基诺族学会会长袁发先出席发放仪式并讲话。

〔**布朗族节目《赛席欢》在第九届全国少数民族传统体育运动会上获表演项目金牌**〕 9月10~18日,第九届全国少数民族传统体育运动会在贵州省贵阳市举行。西双版纳州选送的布朗族节目《赛席欢》获表演项目金牌。这是西双版纳州项目第三次在全国性少数民族运动会上获金牌。

〔**西双版纳总佛寺举行佛历2555年解夏安居节托钵法会**〕 10月13日,西双版纳总佛寺举行佛历2555年解夏安居节托钵法会,近2万名信众参加了法会。西双版纳总佛寺住持祜巴龙庄勐大长老带领州内238位高僧参加了托钵动。

〔**云南省扶持人口较少民族发展工作会议**〕 于11月12日在西双版纳召开。会议强调,要坚定信心,整合资源,加大投入,促进人口较少民族聚居区实现跨越发展,实现各民族共同团结进步、共同繁荣发展。代省长李纪恒发表书面讲话。国家民委党组成员、驻委纪检组组长李小满出席会议并讲话。省委统战部部长黄毅主持会议。副省长刘平部署全省"十二五"扶持人口较少民族发展工作。省直36个部门的领导和相关处室负责人,人口较少民族涉及的10个州市政府分管领导及民委(民宗局)、发改委、财政局、扶贫办、人民银行负责人等参加了会议。与会代表实地考察了基诺山乡基础设施建设、文化特色旅游项目发展和整村推进情况,并与基诺族群众进行了座谈。省扶持人口较少民族发展工作领导小组副组长、省民委主任王承才作了工作汇报,西双版纳州州长刀林荫和省发改委、省交通运输厅负责人作大会交流发言。

〔**州佛教协会"佛光之家"开展禁毒防艾工作**〕 一是开展宣传培训。1月19日,州佛教协会"佛光之家"到景洪市嘎洒镇曼播村委会曼湾村开展禁毒防艾宣传活动。2月23日,"佛光之家"到景洪市勐龙镇开展"景龙村委会禁毒防艾宣传晚会"。晚会采取培训和文艺表演相结合的方式进行,表演过程中穿插禁毒品防艾知识的宣传,并向村民发放傣汉双语相结合的禁毒防艾宣传画报和宣传手册。此次宣传活动共人1000余名村发参与,发放了2000余份宣传画报和宣传手册。4月9日,"佛光之家"到景洪市嘎洒镇曼迈村委会曼乱典村开展防艾宣传活动。5月10~18日"佛光之家"与景洪市民宗局一起在勐龙镇曼康湾村委会开展了两期"景洪市兴边富民工程防艾知识骨干培训班"。来自勐龙镇曼康湾村委会曼康湾、曼井湾、曼将3个村民小组的94名佛寺住持、村组长、妇女组长等村干部参加了培训。

7月12~22日,"佛光之家"与景洪市民宗局到勐龙镇曼康湾村委会开展景洪市兴边富民工程禁毒防艾知识入村入寨宣传活动,分别到曼康湾村委会的曼帅村、曼老村、曼亮伞代村、曼帕扎村、曼将村、曼景湾村、曼康湾村7个自然村开展宣传活动。此次宣传活动共有2600余名村民参与,发放了3000余份宣传画报和宣传手册。11月25日,"佛光之家"与勐海镇政府到勐海镇曼短村委会举办"曼短村委会禁毒防艾知识骨干培训班"。勐海镇曼短村委会13个村民小组的60余名佛寺住持、村组长、两委委员、妇女组长等村干部参加了培训。

12月1日,组织20名佛学院学僧到上街开展"2011年世界艾滋病日"宣传活动,共发放25000余份禁毒防艾的宣传材料。"佛光之家"还出版了以傣语歌曲的形式宣传禁毒防艾知识的《傣语禁毒防艾CD》。二是开展关怀与帮助活动。1月30日,在西双版纳总佛寺召开了"关怀对象2011年春节座谈会",中国佛教协会副会长、云南佛教协会副会长、西双版纳佛教协会会长祜巴龙庄勐,"佛光之家"僧人主管都温扁等等人与24名艾滋病感染者一起参加了座谈,并给每位关怀对象发放100元生活补助费。3月6日,组织30名关怀对象到澜沧江景洪水电站上游参观,并在感染者家共同庆祝"2011年三八国际妇女节"。4月8日,"佛光之家"在总佛寺召开座谈会。"佛光之家"僧人主管、志愿者及22名关怀对象参加了座谈会,"佛光之家"还给每位关怀对象发放了每人100元的节日慰问金。9月30日,在西双版纳总佛寺召开了"2011年国庆节座谈会",佛学院副院长都罕听、"佛光之家"僧人主管都温扁、项目负责人岩罕恩及16名艾滋病感染者参加了座谈。座谈会上,岩罕恩通报了2011年上半年工作情况和下半年工作计划;都罕听建议"佛光之家"加大帮助关怀对象开展生产自救的工作力度。三是积极开展对外交流。3、6、9月,"佛光之家"先后到昆明参加云南省艾滋病季度网络会议,并在会议上作交流发言。11月份,"佛光之家"接受了新华社记者的采访,新华网发表了"云南宗教界人士积极参与禁毒防艾工作"的文章。

(《民族宗教》撰稿:俞新科)

劳动和社会保障

〔**概述**〕 2011年是实施"十二五"规划的开

局之年。州人力资源和社会保障系统的干部职工在州委州政府的正确领导和省人力资源社会保障厅的有力指导下,以科学发展观为指导,紧紧围绕中心、服务大局,坚持民生为本、人才优先的工作主线,大力实施充分就业战略和人才强州战略,以就业、社会保障、收入分配、人事、人才、劳动关系、公共服务平台为抓手,攻坚克难求突破,集中精力抓落实,圆满完成了各项目标任务,实现了"十二五"人力资源社会保障工作的良好开局。

〔**就业工作**〕 州人力资源和社会保障局始终把就业再就业工作作为事关改革、发展、稳定的第一要务来抓,全面贯彻落实各项就业政策,大力实施就业促进行动计划,各项指标均超额完成任务。2011 年,全州城镇新增就业人数 7154 人,完成目标任务 6500 人的 110.06%;下岗失业人员再就业 4455 人,完成目标任务 4000 人的 111.37%;就业困难人员实现就业 3319 人,完成目标任务 3200 人的 103.72%;新增转移农村劳动力就业 6198 人,完成目标任务 6000 人的 103%;开发公益性岗位 2156 个,完成目标任务 2100 个的 102.7%;小额担保贷款扶持创业 878 人,完成目标任务 860 人的 102.1%;"贷免扶补" 扶持创业 798 人,完成目标任务 760 人的 105%;扶持劳动密集型小企业贷款 20 户,完成目标任务 20 户的 100%;帮助 17 户 20 人"零就业家庭"成员实现就业,保持动态清零;城镇登记失业率为 2.2%,控制在 3.5% 的目标范围内。

就业政策扶持、创业服务、创业培训三位一体的促进就业机制效果明显。全年共发放 1.5 亿元鼓励创业促进就业小额担保贷款资金,扶持 2054 人创业,带动 4744 人就业。充分发挥失业保险调稳作用,努力扩大失业保险覆盖面。全州累计领取失业救济金 7848 人次,按时足额发放失业救济金 553.08 万元,保障了失业人员失业期间的基本生活。积极兑现灵活就业人员社会保险补贴,向 2733 人支付社会保险补贴 563 万元。扎实开展专项活动,帮助就业困难人员尽快实现就业。全州各级就业部门组织开展了"2011 年就业援助月"、"春风行动"、"民营企业招聘周"、"退役士兵专场招聘会"、"高校毕业生就业服务月"等专项活动,共举办了 16 场专场招聘会和 12 场定期招聘会,帮助 6976 人实现就业,鼓励全州 25 户企业吸纳了就业困难人员 231 人。认真组织开展 2011 年高校毕业生就业见习工作,共有 113 名高校毕业生到岗参加见习,完成目标任务的 113%。抓好失地农民安置就业工作,为机场改扩建工程中搬迁的景洪市嘎洒镇曼喃村 15 位村民安置到机场就业。

〔**社会保障工作**〕 年内,全州各项社会保险参保人数达 102.05 万人,完成全年目标任务 91.6 万人次的 111.4%,其中:城镇职工基本养老保险 127766 人,完成全年目标任务 12.74 万人的 100.3%;工伤保险 71449 人,完成全年目标任务 7.05 万人的 101.3%;生育保险 52639 人,完成全年目标任务 5.25 万人的 100.26%;失业保险 71636 人,完成全年目标任务 7.1 万人的 100.9%;城镇基本医疗保险 259899 人,完成全年目标任务 255100 人的 101.9%;新型农村社会养老保险 420321 人,完成全年目标任务 26.32 万人的 159.6%;城镇居民社会养老保险 14414 人。

社会保险待遇水平进一步提高。为全州 34791 名企业退休人员调整基本养老保险待遇,月人均增资 151 元。积极做好参统企业"老工伤"纳入统筹工作,统筹外 1131 人"老工伤"人员享受工伤保险待遇。认真开展数据测算,逐步提高参保人员医疗待遇水平。城镇职工基本医疗保险统筹基金最高支付限额为 5 万元,城镇职工大病补充医疗保险最高支付限额 15 万元。城镇居民基本医疗保险统筹基金最高支付限额 3 万元,城镇居民大病补充医疗保险最高支付限额为 6 万元。城镇居民门诊每年最高可报销 200 元。城镇职工、城镇居民医保平均最高支付限额均已分别达到上年度职工平均工资和居民可支配收入的 6 倍,建立了城镇职工基本医疗保险"特殊慢性病"、"特殊疾病"门诊报销制度。

经办服务能力不断提高。退休人员社会化管理服务人数 37876 人,服务率 100%,其中社区服务人数 30967 人,服务率 82%,完成省目标考核任务。离退休费用社会化发放率继续保持 100%。全州参统企业离退休人员养老金按时足额发放,37929 名离退休人员按时领取了基本养老金。认真解决未参保集体企业退休人员基本养老保障等遗留问题,有力促进社会和谐稳定。继续扩大和巩固"两定机构"异地持卡就医联网结算,完善异地持卡就医购药联网结算经办服务管理,保障异地就医购药清算资金及时准确划拨。

新农保和城镇居民养老保险顺利推进。在景洪市、勐腊县启动新型农村社会养老保险的基础上,于 9 月全面启动全州城镇居民社会养老保险和勐海县新型农村社会养老保险试点工作,制定出台了《西双版纳傣族自治州新型农村社会养老保险和城镇居民社会养老保险试点实施细则(试行)》,建成了新农保、养老、医保社会保障州级中心数据库,业务专网覆盖三县市和 21 个乡镇(社区)。实现了养老保险制度全面覆盖,是全省率先实现人人享有社会保障目标的州市之一。

农场社会保险移交工作顺利推进。积极落实农场各类人员的养老、医疗、失业、工伤、生育保险,按《农垦企业职工和退休人员基本养老保险关系移交属地管理协议书》,接收参保职工45924人,退休人员30228人,总计76152人。全年农场实际参保人数68880人,累计发放基本养老金47142万元。及时办理养老、工伤、生育保险申报缴费工作。为农垦企业27359人退休人员调整待遇,人均增资152元。67753人农垦系统参保人员已纳入属地城镇职工基本医疗保险统筹,其中在职职工38799人,退休人员28954人。同时还接收了农垦企业离休人员212人的相关手续。

社保基金监管有力。全州5项社会保险基金管理规范,基金安全完整。社会保险基金应收尽收,应支尽支,充分发挥了社会保险的"稳定器"作用。

〔**事业单位管理工作**〕 年内,全州683个事业单位完成了岗位设置管理工作,完成率达100%,核准岗位18321个,事业单位聘用合同签订率达100%。继续加强事业单位岗位设置日常管理工作,建立事业单位岗位设置管理档案,加强聘用管理,进一步提高审批效率。在原有考核制度的基础上,注重对履行岗位职责、完成岗位工作任务情况的考核。全面推行事业单位招聘人员"凡进必考"制度,全年新进人员公开招聘率100%。依法办理事业单位工作人员辞职、解聘和开除手续,共办理辞职29人,解除聘用合同19人,开除1人。

〔**工资福利工作**〕 年内,圆满完成其他事业单位实施绩效工资工作。州级其他事业单位在职2265人纳入实施绩效工资,人均月增资268元;严格执行国家和省各项工资制度改革的配套政策,确保全州工资福利工作正常运行;严格执行云南省最低工资标准,健全企业工资正常增长机制和支付保障机制;根据全州2010年度企业工资指导线和2010~2012年度部分职位(工种)劳动力市场工资指导价位,指导企业做好职工工资的正常增长;与州总工会联合开展企业工资集体协商工作;建立健全农民工工资保证金制度。

〔**公务员管理工作**〕 全年完成考试录用252名公务员任务,通过按人口比例设置少数民族岗位和少数民族语言测试,确保年度考录少数民族公务员达70%;继续对新录用公务员实行全州统一集中"先培训,后上岗"和"州级机关新录用公务员下基层锻炼1年再转正任职"制度;大力推行干部任前考试、廉政审查、职数审批、竞争上岗、公开选调、群众公认等制度,做到不超职数、不超编制配备干部,全面选拔德才兼备、群众公认的干部。年内,州级行政机关19个部门85个职位开展竞争上岗工作,共有242人参加了竞争上岗;18个部门60个职位开展公开选调工作。按照干管权限,推荐政府系统副调研员1人,审核任免职备案科级干部职务255人(其中3名调任),办理开除备案1人,辞职备案4人。完成森林公安机关执法勤务机构人民警察警员职务套改和公安机关执法勤务机构警员职务套改审批及上报工作,顺利完成尚勇镇更名后划归磨憨经济开发区管理的人事移交工作,督促各县市区及时稳妥推进农垦管理人员职级确定工作。

〔**人才工作**〕 全年共有787人获得中级专业技术职务资格,166人获得高级专业技术职务资格,3人获得"省贴",6名优秀基层专业技术人员获"第五届全省科技兴乡贡献奖",3人获云南省第四批"拔尖农村乡土人才"的表彰;组织开展年度"少数民族特殊培养"项目申报,有5人分别到云南省农大、省农科院、理工大进修;组织全州11819人专业技术人员开展"目标与时间管理"等继续教育培训;完成勐海县布朗山乡曼囡小学教学楼日本援助项目。

进一步加大人才引进力度,会同教育、卫生等部门到省内外重点高校引进紧缺急需人才132人,其中硕士研究生11人、本科毕业生111人;登记高校毕业生1017人,就业946人,就业率93.02%;积极做好人才流动服务,共办理事业单位人员调动手续81人;选聘村官43名,目前在岗的191名大学生村官中有28名进入乡镇党委班子;定向招聘农村基层服务项目服务期满高校毕业生20名到事业单位工作;精心组织实施2011年城镇退役士兵的安置考试;为州直事业单位公开招聘工作人员44名。

在职业教育中推行学历证书与职业资格证书"双证书"制度;在5所职业院校建立职业培训学校,其中2所学校设立职业技能鉴定所;组织开展各类职业技能培训班61期,培训6064人,合格4974人,其中技师32人、高级工825人、中级工2121人、初级工1996人;高技能人才857人(含技师和高级工),完成全年目标任务430人的200%;技校招生完成120人。

〔**人事劳动关系工作**〕 年内,对全州3684户用工单位开展劳动保障执法年审,其中州直1046户;共受理案件200起,结案191起,结案率95.5%,其中州直共受理案件74起,结案71起,结案率96%；制定出台《西双版纳州农民工工资保证金管理办法》和《西双版纳州建设领域农民工工资支付管理办法》，依法启动农民工工资保证金106万元。

严格依照法定权限和程序，加大劳动争议案件的调处力度。全年全州共受理劳动争议案件159件，涉及劳动者人数278人，案件结案率99%，调解率64%，为劳动者追索经济补偿、工伤待遇等208.2万元，劳动者合法权益得到有效保护。

认真贯彻落实《劳动合同法》，全年新签劳动合同19769人，解除终止劳动合同21801人，累计签订劳动合同98902人，劳动合同签订率达92%，超额完成省下达85%的目标任务。

〔**军官转业安置工作**〕 圆满完成了2011年军转干部44人的安置工作；做好327人企业军转干部解困维稳工作，及时对企业军转干部数据库进行维护更新，坚持和完善"零"报告制度；扎实做好自主择业军转干部的管理服务工作，积极开展集中学习和组织各种活动，全州184名自主择业军转干部，再就业率达92%。

〔**人事考试**〕 严肃人事考试考风考纪，各类人事考试安全有序，全年累计参加各类考试8015人次，发放合格证书509人。

〔**来信来访**〕 全年办理涉及人力资源社会保障问题信访件及群众来信532件次，接待群众来访846人次，直复率达100%；高度重视人大法律监督和政协的民主监督，办理、答复人大代表建议和政协委员提案5件。

（《人力资源和社会保障》撰稿：朱家保）

人民生活

〔**价格监管**〕 一是丰富完善价格调控监管手段。加强价格监测预警，继续做好粮油肉蛋菜等重要商品价格实时监测报告工作，加强市场调查巡视，及时发现、跟踪、报告重要商品和服务价格的异常波动。二是加强农业生产价格的管理。积极贯彻落实关于提高2011年稻谷最低收购价格政策，继续完善蔗糖收购价格政策；积极支持蔬菜生产和流通，认真配合好农业和商务部门扩大蔬菜种植面积、蔬菜商业直销网点设置、农超对接等销售方式减少中间环节和降低经营成本费用；三是加强民生价格管理。针对民生关注的热点难点问题，及时启动价格监测预警机制，平息了3月初出现的州内抢购加碘食盐的风波；实行燃油联动价格措施，调整州内及跨区旅客道路运输价格，保障正常客运顺利进行；审核批准了景洪农场管理委员会日月康城经济适用住房基准价格；出台了《西双版纳州宾馆酒店客房价格异常波动应急预案》、《西双版纳州机动车驾驶员培训收费标准调整方案》规范了行业秩序。四是加强了价格基础性工作。对全州殡葬服务收费行为、小水电企业生产经营情况、流通环节收费情况进行了调研，加强了农产品成本调查和价格调整项目的成本监审工作，为制定出台价格政策提供科学合理的成本依据。五是开展价格专项检查。抓好涉农、涉企、医疗卫生服务价格收费等专项检查工作。六是加强节假日市场价格监管。组成检查组深入到景区、商场、个体经营户、农贸市场进行检查。七是进一步推进明码标价工作。重点对全州主要街道的商铺、旅游商品定点销售点、商品房进行检查，规范了不明码标价或标价不规范的价格违法行为。八是做好价格投诉、举报工作。2011年全州共受理涉案物品鉴证848件，涉案标的额4278.97万元，其中刑事案件535件，涉案标的1213.26万元；其他案件313件，涉案标的3065.71万元；查处价格违法案件76件，经济制裁总额84.716万元，其中没收价格违法所得金额74.875万元、退还5.942万元、罚款3.899万元、上缴财政78.774万元；受理群众价格政策咨询221件次，违法行为举报54件次，共计查处价格违法案件24件，退还消费者款6.303万元，罚款3.006万元。

〔**社会事业建设**〕 一是配合推进校安工程建设、职教中心建设、西双版纳职业技术学院新校区建设、州幼儿园建设前期工作，圆满完成一中、二中项目建设前期工作。启动15所乡镇幼儿园建设，适龄儿童入园率达71%。高中教育发展加快，高中阶段毛入学率达54.5%。校安工程有序推进，全年排除中小学危房6.7万平方米，新建校舍18.3万平方米。配合通过了"两基"迎国检。二是配合做好农垦博物馆、傣王宫恢复重建项目前期工作。三是拟定西双版纳国际旅游度假区医院合作意见、西双版纳州科技馆建设审核意见、广电网络文化广场建设初步意见、泰国正大制药集团投资事宜初步意见上报州政府。四是完成各项清理整治工作。根据《云南省人民政府办公厅关于切实做好全省高尔夫球场综合清理整治工作的通知》要求，对全州已建1个、在建2个高尔夫球场开展全面清理和整治，针对清理出的违法违规球场提出整治意见，并按省清理整治办的要求上报整全州高尔夫球场清理整治工作情况；按照省发改委《转发国家发改委等三部委关于暂停新开工建设主题公园项目文件的通知》要求，对全州涉及主题公园的建设项目开展清理；根据《云南省人民政府办公厅关于印发云南省清理化解基层医疗卫生机构债务工作实施方案的通知》和省医改办《关于请提前开展清理化解基层医疗卫生机构债务相关工作的通知》等文件精神，配合相关部门积极开展清理化解基层医疗卫生机构债务工作，共清理出债务余额5338.71万元（三县市地方1740.26万元、农垦系统3598.45万元）。

〔民生状况持续改善〕 大力推进就业工作，提供有效就业岗位近1.4万个，城镇新增就业7154人；农村劳动力培训1903人，转移6198人。社会保险覆盖面不断扩大，参加城镇失业、基本养老和职工基本医疗保险人数分别达7.1万人、12.8万人和15.6万人；参加新型农村养老保险人数达63万人，参合率达97.8%。保障性住房建设顺利推进，建设廉租房1500套，公租房3500套，棚户区改造116套，垦区危房改造1810套，农村保障性安居工程1.3万套，新增发放租赁补贴3210户，解决2.3万户城镇中低收入家庭的住房问题。

（《人民生活》撰稿：王忠明）

人口与计划生育

〔概述〕 2011年，西双版纳州人口和计划生育工作认真贯彻落实人口和计划生育政策，坚持以人为本，执政为民，以稳定低生育水平为首要任务，不断加大领导力度，强化基层基础工作，主攻重点难点，狠抓督办落实，各项工作取得新成效。

〔基本情况统计〕 （一）人口基本情况：2011年末总人口（常驻）114.2万人、当年出生人口13532人、出生率11.85‰、死亡人口6315人、死亡率5.53‰、自然增长人口7217人、自然增长率6.32‰。

（二）计划生育基本情况：2011年计划生育率95.24%、选用各种避孕方法人数198869人、综合避孕率90.11%、采取三术180325例、三术率81.71%。

〔生育水平继续保持稳定〕 各级党委、政府重视人口在经济社会发展中的基础性、战略性作用，千方百计稳定了基层人口计生机构和队伍，建立健全党委领导、政府负责、社会协同、公众参与的工作格局。全州各级人口计生部门积极发挥参谋助手作用，科学把握人口发展趋势，围绕影响和制约人口计生科学发展的突出问题，建立统筹解决人口问题协调机制，把责任考核作为落实工作任务的重要抓手，认真落实“一把手”亲自抓、负总责责任，明确工作任务要求，强化保障措施，加强督促检查，圆满完成年初确定的人口控制目标。全年全州总人口114.2万人（户籍人口95.18万人），人口出生率控制在11.85‰，人口自然增长率控制在6.3‰以内，生育水平保持稳定，实现了“十二五”良好开局。

〔增强统筹解决人口问题的责任意识〕 年内，全州各级各部门坚定不移地贯彻落实中央、省、州关于人口计生工作的决策部署，坚持把经济增长指标同人口、资源、环境、社会发展指标有机结合起来，进一步完善目标管理责任制和“黄牌警告”制度，确保责任到位、措施到位、投入到位、落实到位，并把人口计生工作摆在重要议事日程，认真抓责任目标落实，全面提升了人口计生工作水平。各级人口计生部门围绕中心，服务大局，积极应对农场属地化管理和三区管委会人口计生工作中出现的新情况、新问题，不断增强做好人口工作的自觉性和主动性，加强研究，加强政策统筹，加强工作协调，加强任务落实，着力在抓班子、带队伍上下功夫，形成理想上同心、目标上同向、行动上同步、事业上同干，共同筑牢心齐、气顺、干劲足的思想基础，不断开创人口计生工作新局面。

〔加强宣传教育舆论氛围〕 各级计生部门以创建村（居）级人口文化大院和开展人口和计划生育基层群众自治村（居）示范活动为载体，深入开展婚育新风进万家活动和生育关怀行动，大力开展国情国策的宣传教育，寓宣传教育于服务之中，不断创新宣传教育的形式和方法，增进宣传教育的针对性、实效性，切实提高群众对人口计生政策的知晓率，转变生育观念。全年共开展各类计划生育专项宣传386场/次，发放宣传品17.6万份，参与人数近22万人，设置固定性宣传标语13276条，宣传品入户率达96%，群众对计划生育奖励政策、生育政策、处罚政策知晓率达96%以上；勐腊县委党校挂牌设立“国家人口和计划生育远程宣传教育工作站”；注重挖掘和培养先进人物和典型事例，加强媒体宣传，《中国人口报》对景洪市勐罕镇计生服务所所长玉香腊先进事迹进行专访报道，配合国家计划生育药具中心在西双版纳州拍摄宣传片。

〔稳步实施计划生育优质服务和优生促进工程〕 全州各级党委、政府和人口计生部门坚持把计划生育优质服务创建活动作为关注民生的实事来抓，从群众满意的事情做起，从群众不满意的地方改起，加快推进计划生育优质服务先进单位创建活动步伐。继续支持勐海县巩固提升“国优”

成果；指导勐腊县为争创"国优"打基础，勐腊县勐捧镇计生服务所被命名为全省计划生育优质服务示范站；帮助景洪市争创省级计划生育优质服务先进单位。按照"环境优美、技术优良、管理优秀、服务优质、群众满意"标准，加强基层服务体系建设，加大投入，截至年底，全州共完成3个县级服务站、28个乡镇计生服务所建设，为满足育龄群众计划生育优质服务需求打下坚实的基础。认真组织实施优生促进工程，全州目标人群免费服用叶酸5748人，完成任务的117.3%，勐腊县作为全省孕前免费优生检查重点县，切实抓好项目实施，使1242对夫妻2442人受益，目标人群检查率达93.4%。加强队伍职业化建设，建立全州生殖健康咨询师师资培训队伍，有2人通过全国生殖健康咨询师统考，有9人通过全国育婴师统考，并取得执业资格。稳步推进计划生育药具优质服务工作，进一步规范药具管理，完成勐腊县计划生育药具标准化建设。

〔育龄妇女及家庭成员数据库建设取得突破〕 年内完成云南省育龄妇女及家庭成员数据库由离线到在线运转升级转换，加强县乡两级育龄妇女及家庭成员数据库在线运行培训工作。全州32个乡镇（街道）全面开展育龄妇女及家庭成员数据库信息去重、补缺及审核工作，数据库共录入29.21万户102.83万人，入库率达90.72%。为确保数据库信息及时变更，为3个县级服务站、31个乡镇计生服务所、三区管委会社会事业局计生办各配备电脑1台，共配置37台，全州育龄妇女及家庭成员数据库硬件建设进一步得到加强。

〔全面推行计划生育依法行政工作〕 各级计生部门认真贯彻"一法三规"，坚持以人为本，坚持依法履职，逐步推进人口计生行政执法工作制度化、规范化。搞好人口计生政务公开，做到计划生育政策公开，计划生育办事程序公开，计划生育行政执法人员工作职责、联系电话、监督电话公开，计划生育服务项目公开，接受群众监督，切实提高工作透明度。加大社会抚养费的征收力度，提高征收到位率，全年共查处违法生育案件3923起，征收社会抚养费778.35万元，认真落实社会抚养费收支两条线的管理规定，严格财务管理。认真开展计划生育行政执法和案件评查工作，全州案件评审合格率达95%，勐海县打洛镇获得了"第一批全国人口和计划生育依法行政示范镇"称号。扎实开展"阳光计生行动"，认真开展"请农民兄弟姐妹评计生"和"请流动人口评计生"双评活动。开展集中整治"两非"专项行动，严防出生性别比偏高。

〔综合治理流动人口计划生育服务管理工作〕 各级计生部门严格执行目标管理责任制，建立相关部门密切配合、信息互通、共同管理的长效机制。组织教育、公安、人社、住建、卫生、工商等多部门共同参与的"西双版纳州统筹流动人口计划生育服务管理"的课题研究，并取得初步成效。严格按照《云南省2011年流动人口计划生育全国"一盘棋"工作方案》的要求，以实现流动人口计划生育服务管理全国"一盘棋"为目标，坚持"流入地为主、流出流入地共同管理"的管理机制，加大综合治理力度，依托国家流动人口管理系统，积极开展流动人口信息交换和查询工作。全年全州已完成流动人口育龄妇女及家庭成员登记建档人数17.6万人，流动人口建档率为83%；录入全国流动人口育龄妇女数据库41102人。组织召开全州流动人口计划生育服务管理"一盘棋"推进会，落实责任，推进综合治理，规范管理行为，加大服务力度，保障流动人口合法权益，建立完善流动人口计划生育工作新机制。

〔计划生育利益导向政策惠及千家万户〕 各级各部门认真落实农村计划生育奖励扶助、"少生快富"工程、特别扶助"三项制度"和"奖优免补"政策，做好"半边户"纳入奖励扶助和三级以上计划生育手术并发症人员纳入特别扶助摸底调查工作。截至年底，全州办理农业人口独生子女父母光荣证15055户，当年新增办理农业人口《独生子女父母光荣证》634户，累计发放各种奖励金967.56万元，其中发放符合农村60周岁以上独生子女父母奖励扶助2399人185.028万元；半边户奖励扶助6人0.456万元；独生子女户和双女户"少生快富工程"对象1104户331.1万元；独生子女父母特别扶助492人57.216万元；补助独生子女户和双女户参加新农合资金55034人275.18万元；农村独生子女升学奖励212人22.71万元；城镇居民独生子女父母养老扶助56人3.62万元；发放农村和城镇无业人员独生子女成保健费14359人92.2465万元。景洪市不断完善计划生育利益导向机制，对农村独生子女家庭参加新农合医疗费用报销比例提高10%；对农村独生子女及父母参加养老保险费用财政补助30元。积极开展计划生育家庭意外伤害保险工作，实现推动目标38.2万元，参保11588户34648人，为计划生育家庭提供7.3亿元保险保障；全年累计理赔216人次23.6万元，赔付率达61.78%，极大地增强计划生育家庭抵御风险的能力。以实施国家"幸福工程"项目为载体，帮助计划生育困难家庭提高发展能力。节日期间开展"走出机关、服务基层”活动，并筹集4万元资金慰问计划生育困难家庭和基层计生工作者。

〔**人口和计划生育综合改革深入推进**〕 年内，全州计生部门深化人口计生综合改革，创新体制机制，着力抓好“统筹协调、科学管理、优质服务、群众自治、人财保障”六大机制建设，推进州级综合改革试点。勐海县作为州级综合改革试点县，通过全县各级、各部门的共同努力，已通过州人口计生委评估验收，并授予“综合改革示范县”称号。组织开展人口和计划生育基层群众自治示范村(居)活动，勐海县勐满镇纳包村委会申报国家级示范村；景洪市基诺族乡新司土村委会、勐海县打洛镇曼夕村委会和勐腊县勐捧镇勐捧村委会、勐仑镇曼边村委会申报省级示范村。

〔**加强廉政风险防范管理和队伍作风建设**〕 年内，全州结合人口计生工作实际，针对容易滋生腐败的关键岗位和重点环节，在人口和计划生育系统开展廉政风险防范管理工作，加强制度建设，形成用制度规范从政行为、按制度办事、靠制度管人的长效机制。在廉政风险防范管理工作中做到“三个下功夫”(即在找准风险点上下功夫、在找全风险点上下功夫、在找实风险点上下功夫)，重点查找“三类风险”(即查找思想道德风险、查找制度机制风险、查找岗位职责风险)，并按职能划分印制了《西双版纳州人口计生委廉政风险及防控措施汇编》、《西双版纳州人口计生委岗位廉政风险防控措施汇编》，针对个人所在的岗位及从事的具体工作，个人制定《廉政风险及防控措施一览表》44张，查找风险点147个，制定防控措施146条。各级人口计生部门加强队伍培训，不断提高管理服务的能力和水平，举办了全州人口计生干部培训班，参加培训185人；各市县组织培训56场次，受训干部达1200余人。

(《人口和计划生育》撰稿：鲁怀)

民政事务

〔**概述**〕 2011年，西双版纳州民政局深入学习贯彻党的十七届六中全会、省第九次党代会、州第七次党代会和州政府全会精神，紧紧围绕州委、州政府中心工作，以科学发展观为统领、创先争优为动力，坚持抓班子、带队伍、促工作，有力推动了领导班子建设、队伍建设和民政事业共同发展，充分发挥了民政在构建和谐社会中的基础性作用，促进了全州民政事业又好又快发展。

州民政局内设办公室、救灾科、社会福利和社会事务科、优抚安置科(州拥军优属拥政爱民领导小组办公室)、社会救助科、基层政权和社区建设科、民间组织管理科、区划地名科共8个科室，有人员编制28名，实有工作人员28人。有党组书记、局长1名，副局长4名，调研员4名。下设州老龄工作委员会办公室、州社会福利院、州军队离退休干部休养所、州救助管理站、州殡仪馆、州福利彩票管理中心6个事业单位，工作人员45名。

〔**救灾工作**〕 年内，全州共发生旱灾、地震、风雹、洪涝、病虫害、山体滑坡和泥石流等自然灾害52次。累计受灾人口13.05万人次，因灾死亡1人、受伤12人，紧急转移安置10248人次，饮水困难人口2033人次，死亡大牲畜409头，农作物累计受灾面积4347公顷，损坏房屋19199间，倒塌房屋25间，造成直接经济损失6.1亿元。共安排各项救灾资金1180万元(其中：中央财政850万元，州、县(市)抗震救灾专项资金330万元)，发放粮食532吨，救助缺粮人口38368人次；发放衣被2.77万件；发放帐蓬144顶、救灾棉被315床。修订完善了全州222个村(居)委会《重特大自然灾害救助应急预案》，实现灾害应急预案州、县、乡、村四级全覆盖。积极开展“三小”工程，全州各级各部门开展大小应急演练195次，发放防灾应急小册子26.6万本，应急包26.6万个。

〔**城乡低保工作**〕 制定出台《西双版纳州城乡居民最低生活保障标准动态机制实施意见》，从10月份提高全州城乡居民最低生活保障标准，具体为：城市低保标准景洪市从月190元提高到300元、勐海县、勐腊县从176元提高到286元；农村低保标准全州从年720元提高到1500元，实际平均补助标准从月70元提高到82元。截止12月底，全州共有城市低保对象14263户26298人，月支出保障金495.31万元，全年累计保障32.41万人次，支出保障金6645.75万元(含春节慰问金138.54万元、价格补贴226.03万元及一次性生活补贴415.61万元)，月人均补差181元；农村低保对象再次扩面7058人，达到29372户92958人，月支出保障金762.26万元，累计支出10045.18万元(含春节慰问金429.5万元、价格补贴278.87万元及一次性生活补贴859万元)，人均月补助82元。

〔城乡医疗救助工作〕 制定出台《西双版纳州城乡困难居民医疗救助办法》,统一全州救助标准,提高救助比例和封顶线。医疗救助"一站式"即时结算服务模式在全州全面实施,使医疗救助方式更加便捷、高效。全年救助城市困难居民1738人次(住院1546人次、门诊192人次),支出救助金453.85万元;救助农村困难群众11249人次(住院10956人次、门诊293人次),支出农村医疗救助资金2009.35万元;资助13713名城镇困难居民缴纳基本医疗保险基本费,支出资金78.79万元,资助223010名农村低保对象、农村五保对象和边民参加2011年新型农村合作医疗,共计支出资金669.03万元。

〔农村五保供养工作〕 截止12月,全州有农村五保供养对象2374人(其中集中供养142人),全年共发放供养金418.07万元。全州有11所农村敬老院投入使用,供养床位数达到720床,基本能满足全州五保老人集中供养需求。

〔城乡临时救助工作〕 全年救助城市困难群众516人,支出救助金81. 65万元;救助农村困难群众6070人,支出救助金443.71万元。

〔流浪乞讨人员救助工作〕 全年全州共救助生活无着流浪乞讨人员865人次,其中外省715人、省内150人,未成年人14人、精神病人和危重病人13人,帮助接转家中汇款25人,护送本地区离家走失人员寻找亲属16人。

〔涉诉特困人员救助工作〕 全年对14件19人涉诉涉案困难群众实施救助,支出救助金6.671万元。

〔基层政权建设〕 加强学习培训,大力宣传新修订的《村民委员会组织法》,全州共组织村组干部各类学习培训70余次,参训人员达3500余人次。加大村务公开指导力度,对57个村小组给予村务公开和民主管理建设补助经费,州级财政投入农村基层党风廉政建设"三公开"工作补助资金127.5万元,勐海县荣获全省村务公开和民主管理工作示范单位。

〔创建富裕文明和谐生态试点村〕 州民政局建立了局领导、局党总支和机关支部委员联系试点村的工作机制,为10个试点村各安排了5万元经费,指导试点村完善工作制度,改善和促进村组组织活动及村务公开、民主管理工作。为使村组干部相互借鉴发展经验,年内4次组织不同形式的座谈会、观摩会、交流总结会,并根据试点村发展需要,于9月组织村干部、党员、村代表等共33人到玉溪大营村、昆明金马社区、丽江大研古镇社区等地参观考察学习,开拓村干部视野,坚定了创建富裕文明和谐生态新社区试点工作的信心。

〔城市社区建设〕 继续推进社区办公服务场所建设,全年再争取项目资金310万元(省级90万元、州级120万元、景洪市100万元)用于景洪市1个社区服务中心14个社区服务站建设,到年底投入使用4个、在装修即将投入使用6个、在建5个。认真落实干部待遇,全年各级投入社区办公经费、社区干部生活补贴及社会保险补助、培训经费等资金467万元,切实保障了社区各项工作的正常开展。和谐社区建设有效推进,指导社区深入开展"创先争优"活动,大力促进社区实现"自治好、管理好、服务好、治安好、环境好、风尚好"的"六好"发展目标,组织18个社区23名社区支书、主任赴民政部培训中心参加云南省城乡社区建设学习培训班。

〔优抚工作〕 对全州优抚对象数据库进行更新录入,优抚对象的抚恤和生活补助标准进行了调整并及时兑现,共发放各类优抚资金759.8万元,医疗补助资金9.8万元。从10月1日起,残疾人员(残疾军人、伤残人民警察、伤残国家机关工作人员、伤残民兵民工)残疾抚恤金标准,"三属"定期抚恤金标准、生活补助标准,在原基础上提高了15%。对633名60岁以上的农村籍退役士兵发放了老年生活补助金16.4万元。开展辖区范围内的烈士纪念设施的调查核实工作,对州内3个烈士陵园(景洪市大勐龙烈士陵园、勐海县勐混烈士陵园、勐腊县尚勇烈士陵园)、5个零散烈士墓地、1个烈士纪念塔、4个纪念碑、251名烈士墓(实名烈士244名、无名烈士7名)进行了登记备案。投入99万元对勐海县勐混、景洪市大勐龙、勐腊县尚勇烈士陵园进行了修缮维护。

〔退役士兵安置工作〕 接收2010年冬季退役士兵228人,其中城镇退役士兵75人(含转业士官12人)、农村90人、农场63人。根据"以自谋职业货币安置为主、'双考'就业安置为辅"的安置办法,落实退役士兵安置岗位14个(省属驻州单位5个、州直单位3个、景洪市4个、勐海县2个),于6月11日组织56名符合条件的退役士兵进行全省统一的文化考试,择优选岗,14名退役士兵顺利走上就业岗位。根据《西双版纳州人民政府关于印发西双版纳傣族自治州退役士兵安置管理暂行办法的通知》规定,2011年全州共发放一次性自谋职业补助金59人2693437元(州直14人592030元、景洪市21人999537元、勐海9人424971元、勐腊县15人676899元)。同时,对待安置期间的城镇退役士兵,以每人每月176元的标准发放1～6月的生活补助费79200元。对参加退役士兵职业技能培训的41人补助培训经费30750元。各县(市)按政策规定对153名农村、农场籍退役士兵发放了一次性安家费499650元。

〔军休工作〕 截止12月共有移交政府安置的军队离退休干部22人(集中安置7人、分散安置15人,离休干部3人、退休干部19人)。认真落实了军休干部的军粮差补贴、生活补贴、离休干部的服装费补助及每年多发一个月离休干部生活补贴政策。投入100多万元的军休所老干部活动中心及所区绿化项目于4月6日正式开工建设,年底进入装修阶段,建成后将为广大军休干部开展各种学习、文体、健身等活动提供良好场所。

〔双拥工作〕 调整充实了州双拥工作领导小组成员单位和职责。全州组织16个元旦春节慰问团,对驻州军警部队、边防连队(站)和军队离退休干部进行了慰问,共召开双拥座谈会、联欢会47场次,慰问演出11场,慰问活动中送予边防连队(站)电视机5台,发放慰问品、慰问金共合人民币126万元,全年共投入军警各部队建设保障性经费1284万元。

〔社会福利工作〕 对全州散居、机构供养孤儿以及事实无人抚养儿童、艾滋病致孤儿童进行了全面的摸底排查、建档、信息系统录入工作,共登记孤儿277名(散居孤儿260名、机构供养17名),对其中181名事实无人抚养儿童、20名艾滋病致孤儿童给予了城乡低保救助。与州财政局共同制定了西双版纳州孤儿最低养育标准(社会散居孤儿每人每月600元、福利机构养育孤儿每人每月1000元),对2010年在册的243名孤儿发放了生活救助金145.8万元,对艾滋病致孤儿童发放生活救助金3.96万元。"重生行动"资助15名贫困家庭儿童唇腭裂手术,"治疝项目"帮助93名患儿成功进行了手术康复治疗,"义肢助残活动"为全州22名困难家庭残疾人免费安装了假肢。年度共办理收养登记70件、收养公告56人。

〔殡葬工作〕 认真开展清明节暨"行风建设月"活动,在各公墓、乡镇村寨、集中祭祀点和交通要道悬挂殡葬改革宣传布标87条、发放宣传单50000份,大力宣传殡葬改革的重大意义,引导人民群众逐步树立科学文明的殡葬习俗新风尚。与工商、建设、交通等部门组成联合检查组对三县(市)公路沿线堆放陵墓石碑厂家进行了清理,有效打击违规生产经营的26户商家。州殡仪馆全年火化遗体1937具,对全州五保供养对象、低保对象、重点优抚对象、无名尸体火化补助25万元。

〔婚姻登记工作〕 举办婚姻登记员培训班,32个婚姻登记点的42名婚姻登记员参加了培训,确保了全省联网登记系统的启用。全年办理结婚登记13662对27324人,离婚1556对3112人,补领结婚证4132本,补领离婚证34本,边民结婚200人,边民离婚2人,涉外结婚14人,涉外离婚2人,出具无婚姻登记证明3998份。

〔社会组织管理工作〕 全州有社会组织241个,全年依法登记新社会组织19个(其中民办非企业单位4个),注销登记4个,撤销登记1个,完成换届选举工作5个,因不符政策规定未获批准2个,暂缓登记1个,发出责令整改通知书1份。做好新社会组织的监督管理,从社会组织的遵纪守法、机构设置、人员变动、财务运作、业务活动等方面进行监督检查,并将社会组织开展党建创先争优、"小金库"专项整治工作、与境外非政府组织合作、交流情况纳入年检范围,新社会组织章程核准率达到100%。

〔区划地名工作〕 第二次地名普查工作有序进行,对全州9323条(景洪市4440条、勐海县2480条、勐腊县2403条)地名信息进行了采集,新增地名2588条。建立全州平安边界建设工作联席会议制度,制定《西双版纳州平安边界建设工作联席会议制度工作方案》,签订了与普洱市、州内县(市)间、乡(镇)间的创建平安边界协议。

〔福利彩票发行工作〕 根据《西双版纳州机构编制委员会办公室关于成立西双版纳州福利彩票管理中心的批复》,成立的州福利彩票管理中心为正科级自收自支事业单位,编制5名。全年发行销售福利彩票2.51亿元(电脑彩票23573.6万元、即开型1600万元)。

〔开展"关爱救助"专项行动〕 1月19日,州、市民政局和州救助站组织开展"关爱救助"专项行动,重点走访繁华商业街、桥梁涵洞等生活无着人员集中活动和露宿区域,积极劝说、引导街头生活无着人员接受救助,对未成年人、残疾人、老人及时安排护送,对精神病人、危重病人先救治后救助,对不愿到州救助站接受救助的人员提供必要的御寒物品、食品和详细的求助方式。活动当天共救助16名。

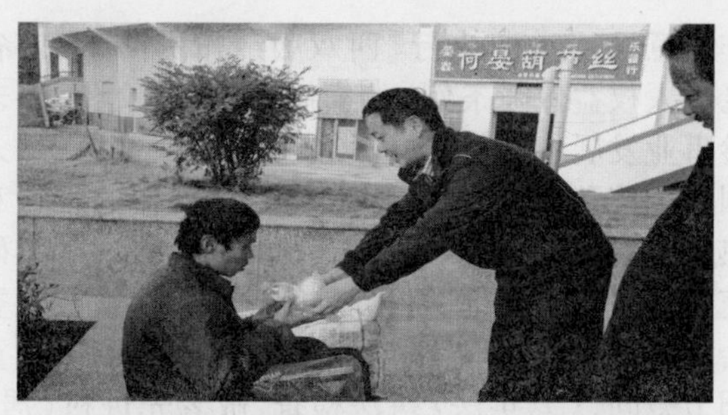

〔**州长刀林荫检查指导“3·24”抗震救灾工作**〕 2011年3月24日21时55分，缅甸东北部发生7.2级地震，西双版纳境内有明显震感，居民房屋等公共设施遭受不同程度的损坏，截止25日15时统计，地震已造成受灾人口566人，损坏房屋339间，直接经济损失156万元。3月25日，州长刀林荫到州民政局检查指导抗震救灾工作，要求民政、地震、应急办三部门加强沟通联系，互通灾情信息，及时核实灾情。要求民政部门主动联系交通、水利部门了解公路、桥梁、水利设施损毁情况，积极向省民政厅汇报，及时调运帐篷、棉被等救灾物资，重点用于临时安置就读于边境一线小学的住校学生。

〔**退休干部座谈会**〕 3月30日下午，州民政局召开退休干部座谈会，向退休老干部传达学习了全州老干工作会议精神，通报了2010年州民政局工作、2011年的工作计划和“3·24”地震救灾等情况，征求收集了老干部对民政工作以及对老干部管理服务工作的意见和建议。州民政局党组成员、各科室长以及州民政局退休干部参加了会议。

〔**全州福利彩票营销暨2010年总结表彰会议**〕 4月23日，州民政局召开全州福利彩票营销暨2010年总结表彰会议。会上，局长刘云坤对2010年福利彩票销售工作取得的成绩给予充分肯定，同时也指出了工作中存在的不足和问题，并针对福彩发行工作面临的形势，要求落实好《云南省福彩中心关于做好2011年即开型福利彩票销售工作的通知》文件精神，加大福利彩票公益宣传力度，严厉打击和抵制“私彩”，提升“刮刮乐”即开票销量。会议对2010年电脑福利彩票优秀投注站、百强投注站和2010年网点即开型彩票优秀中心站、百强销售站进行了表彰奖励。

〔**举行纪念中国共产党建党90周年暨创先争优活动表彰大会**〕 6月23日，州民政局举行纪念中国共产党建党90周年暨创先争优活动表彰大会。会议对近年来在工作中取得优异成绩的机关党支部等2个先进基层党组织、6名优秀党务工作者和12名优秀共产党员进行了表彰。局长刘云坤要求大家要牢记党的宗旨，始终保持共产党员的先进性，确保政治上、工作上、作风上的先进性；要求立足本职岗位，解放思想，创先争优，坚持学习，提高素质，改善作风，争创一流业绩；要求切实增强党性，发挥先锋模范作用，做解放思想的模范，做无私奉献的模范，做艰苦奋斗的模范，做廉洁自律的模范。

〔**全州民政工作年中分析会**〕 8月5日，全州民政工作年中分析会在景洪市召开。会议对全州上半年民政工作进行了总结，对下半年推进工作的难点问题、重点业务工作进行讨论，对下半年

的工作进行安排部署。州纪委第二纪工委副书记孔洪、三县(市)民政局局长、副局长和办公室主任以及州民政局全体干部职工参加了会议。

〔**贫困大学生资助金发放仪式**〕 8月30日上午,州民政局举行2011年贫困大学生资助金发放仪式,对48名贫困大学生每人资助2000元。副局长曹荣清在仪式中发言,希望学子们珍惜得来不易的上学机会,学好知识,掌握新技能,立志成为真才实学、德才兼备的复合型人才,将来回报家乡、建设家乡。

〔**全州民政系统第七届职工运动会**〕 于12月1~4日在勐海县举行。全州民政系统各运动代表团共参加了篮球、乒乓球、跳绳、象棋、飞镖等项目的竞赛,共决出了21个奖项。

〔**社会福利机构护理人员岗前培训班**〕 于12月20~28日举办,培训班邀请昆明颐康职业培训学校的老师,以《养老护理员基础知识》教材为基础,对62名州社会福利院及县(市)敬(养)老院工作人员给予了老年人护理的基本常识和技能培训。

〔**表彰获奖**〕 年内,州民政局被省人力资源和社会保障厅、省民政厅授予"云南省民政工作先进集体"荣誉称号。

(《民政事务》撰稿:李海华)

老龄工作

〔**综述**〕 2011年,全州各级党委政府认真贯彻落实《中共中央、国务院关于加强老龄工作的决定》和《云南省人民政府关于进一步加强老龄工作的意见》,贯彻执行《西双版纳州贯彻〈云南省老年人权益保障条例〉的实施意见》等文件,将老龄事业发展作为社会事业的重要组成部分,纳入国民经济和社会发展规划,将老龄工作的难点和热点问题列入州委、州政府议事日程,及时加以研究解决。州委书记、州长、分管副州长多次在常委会和办公会上听取福利院、老年活动场所建设、重阳节慰问、《老年法》执法检查、敬老先进村(居)创建等老龄工作汇报。3月、5月分别召开了全州老龄办主任会议和老龄委工作会议,对全州老龄工作进行了研究和部署。5月、9月州委专题会和常委会分别研究了老龄办机构设置、经费保障等工作。在州委、州政府的领导和省老龄办的指导下,州老龄办发挥"综合协调、督促检查、参谋助手"的职责,围绕"六个老有"工作目标,创新老龄工作,加强老年人基层组织建设,为老年人办实事,努力推进全州老龄事业发展,为完成全年老龄工作目标打下了坚实的基础。

2011年末全州60岁以上户籍老年人口10.85万人,占户籍总人口的11.3% ,其中60~79岁老年人94475人(城镇19815人、农村74660人)、80~99岁老年人14238人(城镇1941人、农村12297人)、100周岁以上老年人52人(城镇4人、农村48人;男14人、女38人)。纯老年人家庭人口1808人。

全州共有老年人协会1052个,其中州级2个,县级4个,乡(镇)、村(社区)、厂矿553个,会员4.2万人;农垦系统493个,会员2.45万人。有老年学校30所,按照老年人的需要开设有书法、绘画、声乐等课程。

〔**老龄工作机构**〕 根据《西双版纳州机构编制委员会关于印发西双版纳州老龄工作委员会办公室主要职责内设机构和人员编制规定的通知》,明确州老龄办副处级参公事业单位,设主任1名(正处级)、副主任1名(副处级),人员编制5名。三县(市)都成立有老龄委办公室,设有专职副主任,县(市)级在编工作人员10人。全州32个乡(镇、街道)都成立了老龄委及其办公室,有老龄专兼职工作人员48名。

〔**落实高龄补助政策**〕 按照属地管理的原则,给予80至99周岁的老年人每人每年发放500元的保健补助,100周岁以上老年人长寿补贴由原来的每人每年1000元提高至每人每年2400元。农垦系统高龄老人纳入全州高龄保健制度。全年发放80岁以上老人保健补助金11819人590.95万元,长寿补助54人12.96万元,发放60岁以上完全失地农民生活补助957人114.84

万元。

〔“便老”服务工作〕 年内，严格按照法定年龄，热情为60岁以上老年人办理《云南省老年人优待证》4306本，累计持证人数达46480人，占全州老年人口的44%。落实了老年人持《老年人优待证》免费进入文化馆、旅游景点等优待政策，景洪市、勐海县落实了老年人持证免费乘坐城市公交车。

〔特困老年人帮扶工作〕 全年助养特困老年人1011人共计支出资金23.05万元、助医1859人共计支出资金261.523万元，14045名城乡特困老年人纳入低保。继续开展为农村“五老”解决住房难等实际困难，全年投入帮扶资金52万元，帮助18户五老对象解决了长期困扰他们的住房难问题，其中建成砖木平房10户、傣式木楼5户、砖混楼房3户，总建筑面积1760平方米，造价135万元。

〔加强基层老年活动场所建设〕 继续实施新建30个老年活动场所建设项目，全年新建门球场15个、气排球场7个、地掷球场1个、老年活动室7个。积极申报社区老年人日间照料中心和州、市(县)老年人活动中心建设项目。积极争取省老龄事业发展基金会补助40个基层老年协会添置活动设施经费40万元，改善老年人活动条件。

〔开展春节慰问活动〕 新春佳节来临之际，为把党和政府的关怀和温暖送到敬老院和特困老人、百岁老人、五保老人的家中，1月18～20日，州委、州政府组成由州级领导带队的3个春节慰问团分赴景洪市、勐海县、勐腊县进行走访慰问。全州共走访慰问敬老院3个，五保户30户，特困老人30人，百岁老人54人，赠送慰问金43200元。

〔开展敬老节慰问活动〕 为弘扬中华民族敬老、爱老、助老的传统美德，9月下旬，全州组成慰问组，分赴三县市敬老院、部分孤寡老人和五保老人家中，了解他们的生活状况，发放慰问金，把党和政府的温暖送给老年人。9月30日，州长刀林荫，副州长、州老龄工作委员会主任杨沙在相关部门负责人的陪同下，到景洪市嘎洒敬老院、嘎洒镇曼达村委会曼达村民小组、嘎洒镇曼占宰村委会曼景保村民小组和曼凹村民小组，代表州委、州政府向老人们表示亲切问候。

〔举办重阳节文艺晚会〕 为庆祝九九重阳节，弘扬中华民族敬老、爱老、助老的传统美德，丰富广大老年人的文化生活，9月29日，由州老龄工作委员会主办，州民政局、州老龄委办公室承办的西双版纳州2011年重阳节文艺晚会在景洪剧院举行。来自州老年艺术团、景洪市夕阳红歌舞团、勐腊县老龄协会文艺队、勐海县夕阳红艺术团等文艺团体的老年朋友，为观众献上了《为新世纪喝彩》、《欢乐傣乡行》、《歌唱傣家人的好生活》等歌舞表演。州委组织部部长赵刚，州人大副主任刀金芬，副州长、州老龄工作委员会主任杨沙，州政协副主席依甩以及部分退休老领导观看了演出。

(《老龄工作》撰稿：李海华)

扶贫开发

〔概述〕 2011年，全州扶贫工作以贫困村为主战场，以减少贫困人口和增加贫困农民收入为主攻方向，以整村推进、产业化扶贫和劳动力培训转移为工作重点，加大投入，明确任务，创新机制，狠抓落实，顺利完成了各项重点工作任务，有力地推进贫困地区社会主义新农村建设，较好地完成了年初预定的各项工作目标和工作任务。全年全州累计投入中央、省、州扶贫资金1.1亿元，有效解决了5000多农村贫困人口的脱贫问题，实现“十二五”扶贫开发开门红。

〔整村推进〕 年内，州扶贫办把整村推进项目作为扶贫的一项重要工作来抓，在项目实施中，把最贫困村寨、最贫困人群作为扶贫对象，使安排的每笔资金、实施的每个项目真正用于最贫困群众，确保最贫困的村寨、最贫困的人群得到优先扶持。以实施扶贫规划为切入点，全面推进重点村建设；以“参与式”扶贫的为主要方式，推进村级组织和贫困群众自我发展;以基础设施建设为着力点,增强贫困地区发展后劲。全年全州整村推进投入财政扶贫资金2850万元,通过整村推进的工作,全州57个贫困自然村基础设施条件明显改善,面貌发生了根本性变化,经济社会各项事业得到了长足进步和发展。

〔**整乡推进**〕 年内,省扶贫办将布朗山乡列为云南省2011年度整乡推进扶贫开发试点乡。在勐腊县勐捧镇"整乡推进"扶贫开发试点工作走出了一条以"村为基础、整乡推进、区域规划、产业培育、科学发展"的扶贫开发路子的基础上,州、县党委政府以及扶贫办进一步加强组织领导,强化资金项目管理,硬化措施,创新机制,突出重点,明确责任,加强督促检查,有力推进整乡推进试点工作的开展。年内,布朗山乡规划总投资6657.1万元,其中省级补助投资500万元、整合资金6157.1万元。到11月份已完成各项投资1892.2469万元,完成计划6657.1万元的28.4%。目前,各级各部门积极帮助布朗山乡开展产业扶贫、基础设施、社会事业、生态能源建设、科技推广和农村基层组织建设等六大类建设,种植了西南桦2500亩、木薯1200亩、海床957.3亩、杉松2200亩,完成了土地平整276.6公顷,农田水利工程20732米,田间道路20103米,沟渠1000米,人畜饮水11000米等。

〔**连片特困地区综合扶贫**〕 勐腊县被列为全省2011年11个连片综合扶贫示范项目县之一,为全州今后十年加大扶贫开发力度、争取国家、省的支持奠定了重要基础。州委、州政府成立了集中连片特困地区综合扶贫开发领导小组,州长刀林荫任组长。勐腊县按照"县为单位、整合资金、整村推进、连片开发"要求,组织有关行业部门实地踏勘选点,积极开展连片特困地区扶贫攻坚规划编制工作。

〔**产业扶贫开发**〕 州扶贫办把产业开发作为扶贫开发的重点,在实施产业扶贫项目中,充分发挥扶贫项目资金"黏和剂"的作用,整合财政产业扶贫资金、扶贫项目贷款、扶贫到户贷款,围绕各县市的优势产业,因地制宜扶持开展种植橡胶、茶叶、水产养殖等产业,发展龙头企业,强化企民利益联结机制,提高贫困农民组织化程度,辐射带动贫困户发展生产,为贫困群众增加收入,稳定脱贫打下了坚实的基础。全年争取财政产业扶持资金和专项扶持资金600万元,争取到扶贫信贷资金8500万元,全州29个乡镇2398户12735人受益。

〔**易地搬迁**〕 州扶贫办积极推进易地扶贫开发,深入各县市做好整体搬迁点调查摸底和宣传发动工作,使搬迁群众的思想从"要我搬"变为"我要搬";以"整体搬得出,长期稳得住,逐步能致富"为目标,在开发区和安置点集中建设了水、电、路、通信、基本农田地、教育、卫生等基础设施项目建设,既从根本上改善了贫困群众的生产生活和教育卫生条件,又极大地提高了扶贫资金使用效益,有力地促进了贫困地区经济社会发展。全年全州实施易地扶贫搬迁规模1365人(景洪市500人、勐海县360人、勐腊县505人),投入财政扶贫资金480万元。

〔**农村劳动力转移培训**〕 州扶贫办把提高贫困地区劳动力技能、素质作为扶贫工作一项重要工作,把开展贫困地区劳动力技能培训转移作为增加农民收入的新渠道,积极整合资源,与职业培训学校合作,建立起2个"云南省贫困地区劳动办转移培训示范基地"。围绕着全州产业布局对贫困农民开展多种形式的技能培训,把富民、富产业与富州紧密结合起来,开展了茶叶、甘蔗、橡胶、竹业、畜牧养殖等农业产业化技术及技能培训;把实施劳动办开发与劳动力转移培训结合起来,开展进城务工常识、卫生知识、安全意识、实用技能技术等培训,使劳动者素质得到了提高。全年全州共培训2800人,其中技能培训2000人、引导培训800人,投入专项资金176万元。

〔**深度贫困群体扶贫攻坚**〕 贯彻落实《中共云南省委 云南省人民政府关于加快边远少数民族贫困地区深度贫困群体脱贫进程的决定》,州委、政府制定出台了《中共西双版纳州委 西双版纳州人民政府关于贯彻〈中共云南省委 云南省人民政府关于加快边远少数民族贫困地区深度贫困群体脱贫进程的决定〉的意见》,州有关部门已上报了2011年度100个深度贫困村脱贫发展实施方案,上报项目受益人口25806人,其中深度贫困人口13691人,项目总投资21026.42万元。省下达西双版纳州34个边境县扶贫重点村资金1700万元,其中80%安排在深度贫困地区。全州扶贫系统按照省委、省政府的安排部署,采取了制定规划、筹措资金、整乡推进连片开发、创新扶贫开发机制等一系列有力措施,积极实施了安居温饱工程、产业发展工程、基础设施工程、素质提高工程、服务体系建设工程、整村推进工程等六项工程,进一步加大全州边远少数民族贫困地区扶贫开发力度,尽快帮助深度贫困群体摆脱贫困。

〔**革命老区建设**〕 州扶贫办对革命老区的扶贫开发工作,不仅在思想上重视,措施到位,而且在政策上、资金上给予倾斜,坚持以革命老区的核心区为主、逐步向其他贫困区域延伸，以解决安居为主、向其他扶贫项目未能覆盖的建设项目延伸的原则，在充分尊重群众意愿的基础上，精心组织实施了革命老区建设项目，加大革命老区的基础设施建设力度，解决党群科技文化活动室、党群文化活动场所等，增强老区和贫困地区的“造血”功能，发展养猪、种茶等项目，投入项目扶贫资金33万元，项目覆盖58户、228人，使革命老区贫困问题得到根本缓解。

〔**安居工程**〕 州扶贫办高度重视扶贫安居工程工作，并将其作为深入贯彻落实科学发展观，关注和改善民生的重要抓手，以改善贫困地区人民群众的生产、生活条件，尽快解决特困农户的安居温饱问题为中心任务，通过整合资金、联手推进，因地制宜、分类指导，严格管理、加强监督等有力措施，确保扶贫安居工程建设工作的顺利推进。计划安排380户，专项扶持资金380万元（每户1万元），其中景洪市38户，资金38万元；勐海县187户，资金187万元；勐腊县155户，资金155万元。正组织实施项目。

〔**挂钩帮扶**〕 州扶贫办积极主动与扶贫挂钩单位和企业沟通联系，共同以农民增收为中心，以项目扶贫为抓手，以增强自身发展能力为重点，帮助帮扶挂钩点强化班子建设、完善基础设施、坚持帮扶到户，最大限度地激发和调动广大农民创业热情，组织和支持农民艰苦创业，促进农民尽快增收致富。年内，州级党政机关、社会团体和企事业单位参加挂钩扶贫，共帮扶12个乡镇，128个村委会，部门直接投入资金143万元。

〔**勐仑镇大卡老寨扶贫综合开发**〕 为将中央和省、州领导关于“加快大卡老寨脱贫发展建设”等重要指示落到实处，州扶贫办按照“省级补助、州县负责、工作到村、扶持到户”的帮扶机制，积极推进，项目于2011年3月31日正式启动。项目总投资540.36成万元，其中申请省财政扶贫资金补助200万元、州级配套50万元、部门整合和统筹173.32万元、群众投工投劳和自筹117.37万元。目前，已完成投资400多万元，建设项目包括扶贫安居、进村道路、综合场地平整、文化活动室、球场、卫生公厕、特色产业发展、村卫生室、村内道路硬化和村内排水沟改造等，项目的实施将使大卡老寨发生根本变化，达到规划合理、村容整洁、民居舒适、产业发展、组织坚强、民族团结、生活宽裕的文明村、生态村和小康村的目标。

（《扶贫开发》撰稿：张燕）

开发区建设

责任编辑:段怡敏

西双版纳旅游度假区管委会

〔**概述**〕 2011年,围绕州委、州人民政府加快建设国际生态旅游州,争创世界级宜居城市,创建"中国人居环境奖"、"联合国人居环境奖"的要求,加快挺进"国家级"旅游度假区;大项目推进,经济社会各项事业取得新成绩。全年,完成固定资产投资174152万元,同比增长13%;完成财政总收入7978万元,增192%;地方一般预算收入6808万元,增219%;一般预算支出7767万元,增355%;农民年人均收入7283元,增17%;引进到位资金82600万元;景区景点接待游客60.95万人次,增29.3%,实现旅游总收入14700万元,增34.9%。

〔**规划工作**〕 按州委、州人民政府关于全州综合经济实力、人民生活水平和质量、生态环境保护"跨上三个大台阶"的要求,"加快挺进国家级旅游度假区"。累计完成基础设施建设投资5700万元、勐泐大道(曼弄枫段1000余米)改造、建成全州首条双向10车道城市干道,9号路东下段、10号路东段等城市道路建设3440米村寨道路建设300余米;建成电力电缆沟5500余米,各种管线入地铺设9000余米;绿化工程9900平方米。曼庄些新村建设完成,曼贺蚌新村建设进入施工阶段,曼贺纳新村开展项目前期工作,曼英商住楼、南联山农场五队一居民点饮水工程等民生项目按期建成。修编度假区《二期规划》,组织专家组评审通过辖区《"十二五"经济社会发展规划》,调整完善《土地利用总体规划》、《林地保护利用规划》、《城镇近期建设规划》和《山地综合开发利用规划》。

〔**项目建设**〕 落实州委、州人民政府加快旅游产业发展的一系列决策部署,提高优质服务,加大招商引资力度,"大项目带动大发展" 打造低碳、绿色、佛文化气息强烈的特色文化旅游产业,推动辖区经济社会加快转型升级。①累计完成立项、审批、备案项目14个(其中基础设施项目1项,保障性住房2项,文化项目2项,旅游项目8项,其他项目1项),总投资285800万元;开展项目前期工作16个;编制储备项目30个,其中旅游项目26项、社会公益项目4项按行业分类建档、建库。②在2011年4月13日至17日召开"第十四届西双版纳边境贸易旅游交易会",度假区分别与2家国家级大型企业集团——北京中青旅、上海电影(集团)有限公司——签署合作协议。其中,与中青旅等签订"西双版纳佛文化旅游度假区"项目,规划占地5500亩,建筑面积280万平方米,总投资70000万元,可供长期就业岗位5000个以上,每年创造税收10000万元以上。③抓好州政府下达固定资产投资指标考核"旅游开发"项目6个(50000万元)、"文化"项目1个(8000万元),由于征地工作滞后,实际完成投资39500万元,完成目标任务的68.2%。④新启动避寒山庄、安厦大酒店、低海拔体育训练中心、天一王国、勐泐大酒店、九洲国际酒店、皇城珠宝文化中心以及南联山农场、曼弄枫农村保障性住房等9个项目建设。⑤推进城市电力工程建设,三期电网规划正在设计当中。逐步开展流沙河新区建设、勐泐故宫恢复重建。

〔**固定资产投资**〕 完成174156万元,占全年任务的100.61%。①旅游项目投资69619万元,其中,避寒山庄项目投资16877万元,南传佛教文化苑投资5030万元,国际会展酒店项目投资4507万元,安厦大酒店项目投资14749万元,天一王国项目投资1615万元,曼景勐旅游购物广场项目投资3978万元,勐泐悦城项目投资8350万元。②公益项目投资14773万元,其中,度假区二期路网工程投资5705万元,新民中二期项目投资5975万元,州医药检查所项目投资559万元,度假区廉租住房项目投资372万元,国际家居城项目投资16970万元,低海拔体训中心项目投资6308万元,新傣医院项目完成投资1754万元,中国音乐学院艺术学院幼儿园西双版纳园项目投资3400万元。③失地农民产业项目投资46008万元,其中,全顺·曼弄枫情项目投资4270万元,会展中心商业区投资6977万元,心脑血管专科医院项目投资600万元,三佳天隆汽车服务中心项目投资1900万元。④旅游地产项目投资43752万元,其中,林语半山项目投资4463万元,丽水景苑二期项目投资2765万元,曼景法商住楼项目投资2355万元,会展商住项目投资4300万元,宏信·曼依丽都项目投资6200万元。

〔**招商引资**〕 按“引进大项目、培育大产业、建设大基地、促进大发展”思路,加强组织领导,优化投资软、硬件环境,利用区位优势、资源优势和产业发展基础,引进战略投资者推进度假区旅游产业转型升级,培育壮大旅游战略性支柱产业。共引进资金82509万元,占总任务数100.6%。其中,省外到位资金32370万元,占任务数的101.2%;州外省内到位资金50139万元,占任务数的100.3。成功签订投资协议3项,协议总投资750000万元。

〔**征地拆迁**〕 一手抓土地法规政策宣传,一手抓征地拆迁安置,规范土地市场秩序,保证征地拆迁。①做好规划调整和预审工作,按建设项目用地需求和省厅有关规定,确保度假区建设用地预留指标不增加,完成曼弄枫国际家居城、中国音乐学院西双版纳附属幼儿园、曼景法产业用地、州傣医院等项目预审工作。对辖区内的北京大展酒店、珠宝文化中心、江南污水处理厂、曼贺纳新村项目涉及到用地不符合规划问题,协调市国土资源局调整土地利用规划,备案省国土资源厅,保证州级重点项目报批工作。②完成景洪市城镇建设用地第五批次农用地报批工作,省政府批复用地共涉及5个项目44.6788公顷,组织具体项目供地相关手续。完成景洪市城镇建设用地第八批次用地报件工作,由于州上报的批次建设用地面积已超省厅下达指标,省国土资源厅未接件,该批次用地涉及12个项目65公顷土地。③加快已批2010年一批次具体项目用地供应工作。2011年底,已公告挂牌三宗,其中,曼贡农民产业置换用地30亩、中国音乐学院附属幼儿园培训中心6.6亩、曼庄些农民产业置换用地45亩;上报省厅批准1宗(天人汽车城62亩)。④应收尽收土地出让金33000万元(含2010年出让到期应收),为历年最多。⑤规范登记发证工作,首次实行网上登记发证制度,土地登记自动化。办理土地登记1259宗,其中,国有土地1181宗,抵押登记70宗,为历年最多。⑥加大测绘工作,完成地形测绘及勘测定界3689.7亩的测绘,涉及曼贺纳、曼贺蚌、曼景法、曼弄枫、曼景勐、曼贡、曼听村小组土地。⑦国土资源法制宣传,召开村小组干部会议和征地协调会。⑧查处土地违法行为,定期巡查规划区和村寨周边,填写巡查日志,建立巡查台账,制止土地违法行为20起,面积150亩。⑨征地补偿费做到应补尽补,2011年共征地1063亩,兑现征地补偿费6909.5万元。

〔**教育工作**〕 组织召开辖区大中专学生代表50余人迎春座谈会,为辖区在读37名大中专学竹颁发奖金63000元,据州委、州政府关于在度假区二、三期范围内新建一所高规格小学的指示,在调研起草《西双版纳旅游度假区实验小学建设实施方案(征求意见稿)》。

〔**旅游工作**〕 州委、州政府决定在西双版纳旅游度假区、磨憨边贸区、景洪市工业园区等三区设旅游机构,6月8日,州机构编制委员会《关于西双版纳旅游度假区管理委员会设立旅游局的批复》(西编办〔2011〕10号文件),在度假区内设旅游局,为正科级机构,设局长1人。2011年底,度假区有酒店宾馆32家(其中星级酒店1家),景区景点3家,旅游购物点8家,电子游戏室1家,夜总会6家。加强对景区景点、宾馆酒店、旅游购物点等旅游经营场所的巡视检查,督促旅游经营户遵纪守法、文明经营、礼貌待客,参与州市旅游局指导勐泐大佛寺项目开展4A级景区评定,经省旅游局查验组现场查验,原则通过上报国家旅游局。

〔**新农村建设**〕 “生产发展、生活宽裕、乡风文明、村容整洁、管理民主”为目标,推进社会主义新农村建设。对曼弄枫村委会各村民小组建设摸底调查,撰写调研报告。建成曼弄枫国际家居城、曼英商住楼、曼景法商住楼等新一批失地农民第三产业项目,辖区农民人均收入达7283元,比上年增长17%。为曼庄些村争取州图书馆赠书3120册,其中,杂志246册,图书2874册。申报曼弄枫村委会为州级生态村、曼景勐村为州民宗局兴边富民示范村。辖区9个村小组被列为全州“新农保”试点,群众广泛参与“州级生态村”、“兴边富民示范村”等创建活动,低保、五保供养、高龄补助政策全面落实。

〔**南联山农场建设**〕 省、市农垦改革部署,保增长、保民生、保稳定,坚持“三不两要”和“三自理、四统一”原则,紧扣南联山农场国有橡胶资产少人员多实际,落实“努力消除失业、待业现象”,推行橡胶资产和土地资源分别承包的“双轨承包”,“政企分开”,完成南联山农场改革,在全州率先挂牌成立农垦局,完成家庭承包合同签订,首家启动年度割胶工作。农场全年累计产干胶3534.56 吨，比 2010 年增产 469.68 吨，增长15.3%。年平均割胶技术分 85.9 分。全场橡胶产品严格统购统销，实现销售收入 10770.4 万元，兑现割胶承包人收益 5492.9 万元，收取承包费5277.5 万元。割胶承包人户均收入达 6.73 万元，比 2010 年增加 3.2 万元，增长 90.5%。按《承包实施方案》向符合条件的职工群众兑现土地收益金(3500 元/人·年)935.4 万元，惠及 2695 人，向1410 名离退休人员每人增发一个月养老生活费203.8 万元。

〔**精神文明建设**〕 曼弄枫村委会举办第四届"农乐杯"运动会，有 9 个村民小组、454 名运动员参加，共设拔河、篮球、长跑、跳远、射弩等 9 个运动项目，为该村历史最多。组织好泼水节活动，安排花车制作，抽调群众演员和划龙舟人员 300余人，完成政府组织的赛龙舟、民族文化大游演等泼水节系列活动。参加州纪念建党 90 周年歌咏比赛获"三等奖"。

〔**劳动和社会保障**〕 完成南联山农场各项社会保险移交衔接，年度新农保个人缴费及基础信息采集。完成曼英、曼庄些村初中学历以上，18～35 周岁人员统计。与州市民政局低保科协商，解决过渡时期南联山农场城镇居民低保及 80岁以上老人高龄补助。按老龄委要求，检查《老年人权益保障法》实施情况。做好计划生育，组织辖区 40 余名计划生育宣传员、信息员参加培训，按要求填报常住人口、流动人口季报表及育龄妇女基础台账，开展计划生育宣传和防艾活动，免费发放计生及保健知识宣传单 5000 余份、短期口吸取避孕药具 40 余盒、避孕套 1269 支，义务咨询 82次。加快度假区农垦医疗机构改革。受理农民工投诉 42 起 197 人次，涉及拖欠工资 594.896 万元，协调解决 39 起、兑现拖欠工资 511.542 万元，3 起涉拖欠工资 8.34 万元尚在调处。

〔**城市管理**〕 城监大队坚持依法行政、严格执法、文明管理，结合开展"五创"活动，加强对度假区的监察管理。办理临时占道 8 起，清除主干道乱粘贴广告 150 余张，查处违章搭建遮雨棚和违章建筑 50 余起、搭建工棚 40 余起、未取得建筑施工许可证擅自搭建房 10 起、损坏基础设施 17起、乱堆放建筑垃圾 15 余起。加强对户外广告牌设置管理，办理门头广告许可证 40 起、户外广告10 起，新设置灯箱广告位 84 个，协调修复广告受损 60 余个，查处不按统一规定安装门头广告牌 80余起，拆除陈旧布标 10 块，立案处理被盗灯箱电缆线 8 起。专项整治城市摊点，教育流动摊贩 300人次，依法清理流动摊点 200 余起。强化建筑工地管理，配备冲洗设备和安排人员做好沿途保洁，警告处罚违反规定车辆 800 余次。

〔**综治维稳**〕 围绕州委、州人民政府中心工作，加大综治工作，"打防结合、预防为主"，开展打黄扫非、整治治安环境、严打追逃等专项行动。接处警 218 起，受理治安案件 224 起，查处 211起，收缴毒资 5143 元，罚没款 41.12 万元，治安拘留 131 人，刑事拘留 19 人，发案率比去年下降5%。①抓综治责任落实。调整成立综治领导小组、综治信访平安建设工作办公室，设立办事机构。按"属地管理"与"谁主管、谁负责"，与南联山农场、曼弄枫村委以及 19 家重点企业单位签订综治维稳工作目标管理责任状。全区综治办干部由原来 2 人兼职增改为 5 人专职，综治维稳信访工作专项经费 10 万元。②抓专项整治严打斗争。度假区公安分局和工商分局开展"反扒窃"、"打击黄毒赌"、"打击盗窃摩托车"、"边境地区社会治安集中整治"、"打击假冒伪劣商品"和"生产安全大检查"等 6 个专项行动，抓获吸毒人员 92 人，缴获各类毒品 20 克；查获涉赌案件 42 起，处理违法人员 393 人；破获盗窃摩托车案件 23 起，刑拘12 人，收缴摩托车 23 辆；抓获扒窃人员 5 人；行政处罚假冒伪劣商品 1 人。③开展学校周边治安环境整治。度假区综治办、公安分局组成安全工作组，入辖区学校、幼儿园安全检查，协助学校建立护校队，加强对学生宿舍、校园内的治安巡逻，开展禁毒宣传，清除学校周边治安隐患点 3 处。④抓矛盾纠纷排查。组织听证、部门联手、多方协调、法律援助等，加大解决信访老难户问题力度，大型下访 2 批 80 人次，化解矛盾纠纷 11 起；排查各类民事矛盾纠纷 120 起，接访 34 起 280 人次，办结 32 起，结访率 98%。重点化解土地征用、拆迁、企业改制、劳资纠纷等难点、热点和信访问题。⑤各村小组、农场生产队选配治保调解员，配齐综治信息员，组建治安联防队 25 个。加强流动人口管理。流动人口信息采集入网，采集实有人口信息 7052 人，建筑工地及住宅 1627 栋、其他设施496 处。⑥开展民族宗教政策法律宣传和普及。发放《党和国家民族政策宣传教育提纲》60 余份、《西双版纳州扶持人口较少民族发展工作纪实》和《西双版纳州少数民族法制宣传小品专辑》光碟 30 余份。

〔**安全工作**〕 ①调整充实安全生产、消防工作、食品安全工作领导小组，修改完善重特大事故应急救援处置预案。②落实工作责任制。度假区分别与州政府和辖区各企业单位、村委会和施工队签订年度安全生产、消防工作、食品安全工作责任书。③开展治大隐患防大事故建筑安全隐患排查治理专项行动。下达建设施工整改通知书4份,实现建筑施工安全生产"零事故、零伤亡"。④加大规避招标监管力度。共处罚未办理招投标手续项目4个,处罚金额37.37万元。⑤加大食品安全专项整治力度。把好食品生产、销售、入口"三关",深入辖区学校、集贸市场、超市、小卖部等重点区域和薄弱环节检查指导食品安全,宣传《食品安全法》,整改食品安全隐患,营造诚信经营、放心消费的食品市场环境。⑥辖区南联由农场四队四居民点发生重人疫病口蹄疫,深入农场宣传疫病危害,上门服务打疫苗,动员捕杀带病仔猪71头,有效控制疫情再度传播及带病猪肉流入市场,为养殖户争取相关部门补助资金1.95万元。

〔**党建工作**〕 ①全面加强领导班子和干部队伍建设。坚持抓龙头带全局,把党委班子建设作为党建首要任务,落实党委中心组学习考评制。大力倡导"民主、团结"之风,坚持重大事项党委集体决策,领导班子凝聚力、战斗力明显增强。建立党委委员包村(农场、企业)制度,针对各村组、农场、企业具体情况,党委委员包干负责,定期走访,帮助基层党组织理清工作思路,制定党建工作计划,协调解决具体困难。围绕"抓住关键、强基固本、构筑堡垒"的工作思路,强力推进辖区农村(农场)两个"三基"建设,对"三基"建设全面调研指导,开展想作风教育和后进村整顿建设,抓党员发展工作,培养入党积极分子51名,发展党员7名。②开展创先争优。开展学习杨善洲先进事迹活动,开展"四亮四创四评"、"评星授旗"活动,1个基层党组织被州委表彰,10个优秀党组织、13名优秀党务工作者、31名优秀共产党员被度假区党委表彰。③开展学习型党组织创建。健全完善党委中心组学习、党内学习培训、调研走访、考核评价和奖惩激励等八项制度,推出"三个一"、"一个班子一个龙头"、"一个支部一个堡垒"主题实践活动和创先争优、学习杨善洲等十个学习品牌,"围绕发展抓党建,抓好党建促发展"探索组织领富、党员带富、部门促富、干部帮富"四富"工作模式。建成曼弄枫国际家居城、曼英商住楼、曼景法商住楼等新一批失地农民第三产业项目,辖区农民人均收入6847元,比上年增10%;建设村寨道路300余米、电力电缆沟5500余米,完成各种管线入地铺设9000余米,实施绿化工程9900平方米,完成南联山农场五队一居民点饮水工程建设。保增长、保民生、保稳定,坚持"三不两要"和"三自理、四统一",稳步推进南联山农场改革,在《改革方案》中对社会弱势群体政策倾斜,落实"收益大头归职工",割胶承包人户均收入67315元,比上年增31983元,增长90.5%,实现群众增收、企业增效。

〔**廉政建设**〕 教育引导党员干部守得住清贫、耐得住寂寞、抵得住诱惑。抓好党风廉政建设责任制和反腐倡廉分解任务落实,配齐配强各级纪检委员和纪检监督员,建立健全"四重包干"、民主议事、"一事一议"、财务管理、集体资产管理、基层选举和干部任用等廉政制度。纠风、专项治理,层层签订责任书,用制度管人、管事,规范领导干部廉洁从政行为,增强自律意识。从规范工程项目建设、机关接待、财务收支入手,勤俭节约,实行"责任追究",形成"党委统一领导、党政齐抓共管、部门各负其责"廉政领导体制和工作机制。

〔**团支部建设**〕 3月31日,度假区团委正式成立,设1个团总支,有19个团支部(含8个非公有制企业团组织),有团员354名,其中,农村团员113名,农场团员5名,企业团员220名,机关团员16名。探索"依托度假区党建,活跃度假区团建"新思路,围绕区党委中心工作,实行区域联动,有50名团员申请入党,5名团员入党。应用网络、QQ群等交流平台,促青年团员间交流和工作。组织曼弄枫村各团支部集中学习收看"我与祖国共奋进"形势政策教育专题片、各企业团支部书记观看第三届"云南青年创业省长奖"表彰暨云南省纪念五四运动92周年庆祝大会,开展"爱党爱国爱家乡"演讲比赛。关爱农民工子女志愿服务行动,在曼弄枫小学举办"爱心帮扶"捐赠,为79名农民工子女购买各种文具和图书0.6万元,筹集社会各界捐款1.36万元。

〔**增设机构**〕 6月8日,度假区旅游局成立,为正科级机构,设局长1人。

(撰稿人:苏金贵)

磨憨经济开发区

2012年以来,磨憨经济开发区管委会在州委、州政府的正确领导下,积极主动应对各种困难和挑战,深入贯彻落实科学发展观,以履行职责为着力点,增强实效检验,科学合理地构建党政一体化目标绩效管理体系,围绕州委六届提出的"四个基地"建设把握发展机遇,创新发展方式,破解发展难题,推进基础设施、招商引资、项目建设、产业发展、社会事业,全区经济社会又好又快发展。

〔**固定资产投资情况**〕 2012年1~9月,在建项目25个,完成固定资产投资2.67亿元,完成目标任务的72%。磨憨商贸步行街、磨憨原矿交易中心、磨憨锦苑花卉酒店、磨憨中劲物流仓储商贸中心、曲靖大丰商贸城、磨憨南北水果交易中心、磨憨中设“南国春天”等招商引资项目有序建设,项目推动投资,发展成效明显。

〔**财税情况**〕 2012年1~9月,财政总收入7692万元,比去年同期增长46%,其中一般预算收入1398万元;财政总支出6897万元,比去年同期5308万元增30%。

〔**进出口贸易及出入境人员等情况**〕 2012年1~9月进出口货物完成675887吨,同比增35.6%,其中进口完成428453吨,增23.5%;出口完成247433吨,增63.5%。贸易额完成70758万美元,增82.8%,其中进口完成17158万美元,增58.1%;出口完成53599万美元,增92.4%。出入境580687人次,同比上升27.5%,其中出境291647人次,升27.8%;入境289040人次,升27.6%;第三国人员43264人次,下降12.4%。出入境车辆188008辆次,同比增43.7%,其中出境93868辆次,增42.3%;入境94140辆次,增45.1%。进口货物新鲜水果(鲜山竹、鲜龙眼、香蕉等),甘蔗、玉米木材、烟胶片等,出口货物机电产品(包括货车、内燃机、摩托车等)、各种通讯设备、蔬菜、钢材、活动房屋等。

〔**工业生产基本情况**〕 1—9月引进招商项目3个,项目协议资金41.2亿元。入园企业49户,从业人员668人,完成工业投资7530万元,完成工业总产值2310万元,比去年同期增21%,实现工业增加值780万元,增40%。

〔**基础设施建设情况**〕 坚持把投资作为拉动经济增长的重要力量,把“项目落地”作为今年工作的重要举措,全力服务、支持项目建设,督促一批重点项目尽快开工,促进投资增长。1~9月,落实新民口岸联络线、市政道路、勐腊县税务局、磨憨分局综合办公用房、保障性住房等14个(其中:新开工项目3个),在建基础设施项目加快推进,累计完成投资4296.52万元。

〔**有效利用土地资源**〕 保护与开发并举,正确处理生态环境与经济发展的关系,严格土地管理,规范用地报批程序,加大土地储备,加强项目用地预审,办理用地报件,严格征地程序,搞好征地、安置、补偿。1~9月,全区挂牌出让土地6宗,16.6225公顷,土地出让金3733.23万元;核发国有土地使用权证44宗,他项权证10本。

(《磨憨经济开发区管理委员会》)

关累边贸区

〔**概述**〕 负责领导和管理边贸区政治、行政、经济文化和社会事务。负责边贸区招商引资、商贸洽谈、投资项目的审批工作,编制边贸区建设发展规划和投资计划,组织实施。负责边贸区经济贸易、国土资源、集镇建设、旅游、房地产、环保、宣传、治安、市场、劳务管理等工作。负责与驻边贸区的联检部门的协调工作;监督、督促联检单位按各自的职责进行出入境人员、货物及物品的监管查验。据边贸区发展需要,必要时可办理向县委、政府请示同意的事项,实现边贸区快速发展。涉及边贸区内的重大方针、政策等问题,事前报告,确保区域内经济发展和各项工作顺利进行。承办县委、县人民政府交办其他事项。关累港位于澜沧江与湄公河的结合部,西与缅甸隔江相望,南与老挝陆地相连,是中南半岛腹地和东南亚各国经湄公河进入我国的第一港,是中国与缅、老、泰三国直接进行经贸交往的重要水路通道,云南省唯一的水运口岸。

〔**基础设施建设**〕 据总体规划,分“三区”规划建设。一区以物流、商贸、教育卫生、宾馆酒店、生活服务、娱乐设施为主;二区以船舶修造、集装箱码头、旅游服务、仓储为主;三区将利用沿江滩涂、怪石、原始森林等旅游资源,以观光、休闲、娱乐等沿江旅游景点建设为主。开发建设资金3.65亿元,其中,地方政府投入0.25亿元、国家投入1.2亿元、招商引资完成2.2亿元。地方投入用于建设启动,完成总体规划和中心区详规,实现“四通一平”,改善能源、通讯、供水、街道铺设、美化亮化等市镇基础设施。国家投入用于码头、后方公路和查验设施。完成枯水、中水、洪水泊位的扩建、集装箱码头泊位工程建设及后方公路油路改造。完成联检楼、海关综合楼、国家海事办公楼、边防检查站营房及口岸查验货场建设。招商引资,建成宾馆、酒店、储油库、仓储等生活及贸易服务设施。

〔成效〕 参与次区域经济合作，建设节约型社会，发展循环经济，提高"大通关"效率，建设"高效便捷、服务优良"口岸通道。2011年，货物吞吐量20多万吨（含过境货物），其中，进出口总量12.3万吨，货值1.6亿美元。

〔前沿阵地〕 云南省加快建设面向西南开放重要"桥头堡"战略的实施，关累港作为云南和东南亚各国水路交通运输大通道地位突显。"澜沧江·湄公河10·5"事件后，党中央、国务院高度重视，中、老、缅、泰四国湄公河联合巡逻执法，迅速在西双版纳成立云南公安边防总队水上支队，一、二大队2011年11月25日进驻关累港，12月9日中、老、缅、泰四国湄公河联合巡逻执法指挥部在关累港揭牌，12月10日，中、老、缅、泰四国湄公河联合巡逻执法首航式在关累港举行。

〔社会事业〕 总投资900余万元关累国门小学建成249个缅甸籍学生。总投资580万的关累顺裕集贸市场投入使用。

（胡志利）

〔成效〕 2011年关累码头查验货场扩建工程准备工作，协助关累集装箱泊位建设扫尾工作。交通部门施工橄榄坝至关累道路；关累码头联检楼改造及周边环境整治工程；做好关累边贸区第二批廉租房建设的各项工作；协助关累边贸区顺裕集贸市场项目建成使用；协助省路港公司对联检楼旁山包土石方清运，按规划尽快开发使用；完成整个港区门牌及路标制作安装。

〔加大招商引资〕 争取3000万元亚行贷款扶持口岸建设（启动边贸区二区开发）；引进外资在已整治好的港区入口地块开发建设；引进关累边贸区饮水净化工程；争取项目资金修筑延布里河城镇段至查验货场护堤扩建。

〔扩大对外开放〕 "大通关"效率原则，加强口岸管理，促口岸便利化建设，构建便捷高效、服务优良通关机制，利用国内外两种资源、两个市场，扩大对外开放，发展对外贸易，促区域经济发展。开通边民互市点，开展边民互市，改变关累边境贸易日趋下滑，航运企业经营困难，边贸区市场萎缩、企业利润下滑、经营困难现状。

〔各项工作有成效〕 抓好社会维稳，稳定民生保障不断改善，各项社会事业和谐发展，确保边境防线和边贸区和谐。落实科学发展观，加强干部职工政治理论和业务知识学习，提高整体素质。做好接待服务，加强与部门及周边村寨的协调联系。做好对外宣传、社会各项事业发展，完成上级部门交办任务。

〔概述〕 以大湄公河国际航运为依托，抓住次区域经济合作、国家西部大开发等机遇，加快基础服务设施建设，改善投资经营环境，提高服务管理质量及水平，不断加快物流人流的通关速度，提高客商经济效益，发挥地理区位优势，加快边贸区经济和全面建设小康社会发展步伐，加强政治文明、精神文明和物质文明建设，促经济和社会各项事业全面健康协调发展。

（段怡敏据有关资料撰写）

景洪工业园区

〔概述〕 2011年，是发展中"迈步跨越，奋力崛起"关键年，在州委、州政府领导下，在各级相关部门的大力支持下，景洪工业园区以科学发展观为指导，以招商引资为重点，项目建设为核心，城乡统筹为依托，组织建设为保障，团结带领广大干部群众，解放思想、真抓实干，着力发展新型工业，构建和谐家园，强力推进园区快速、高效发展，各项工作"发展快、效益好、后劲足"。

〔经济总量增长迅速〕 2011年，预计全年生产总产值5.04亿元，同比增长368%；工业总产值2.92亿元，增6.2%；规模以上工业总产值2.1亿元，增41.9%；工业增加值1.05亿元，增26.5%；完成财政一般预算收入4284万元，增92%；新增入园项目7个，实际到位资金7.45亿元，增6.1%；完成全社会固定资产投资13.6亿元，增100%，其中工业投资完成2.8亿元，增83%；农民人均纯收入5606元。园区企业运行平稳,经济总量总体增长较快,实现"十二五"开局良好。

〔**项目建设有序推进**〕 以推进项目建设为核心。2011年,新增入园项目7个,累计28个,总投资额约219亿元。园区围绕签约项目抓开工,开工项目抓投产,投产项目抓增效的思路,针对项目不同的进展情况,采取不同的措施促进项目建设。抓西双版纳国际旅游度假区、长安汽车、玉柴机器、罗非鱼加工、绿恒橡胶等重点项目的开工建设准备工作;抓好佛兴家具、众联橡胶等在建项目推进工作;抓好金星啤酒、天胶木业等骨干企业增资扩产、扩大经营规模工作,让企业尽快成为了园区经济的重要支撑。

〔**基础设施日渐完善**〕 坚持加强基础设施建设就是优化发展平台、优化投资环境,全力加大基础建设投资力度,绘制园区内西双版纳国际旅游度假区、安厦等项目的强、弱电现状图,强、弱电线路改迁示意图,做出改迁概算;完成园区6号路2公里弱电管沟建设。完成11号、7号、14号路桥建设;完成园区新办公楼建设验收;修复17号路河东段;完成6号路1公里绿化工程初验、基路灯座建设和490米结构层及雨、污管等地下管网铺设。对"西双版纳国际旅游区"项目用地1期开发地块地上附着物进行了登记调查,完成项目用地范围14个地块林业使用可行性研究报告和林地资源实地查验报告,2238亩办理采伐许可证;进行原A1、A2示范区清表工作,完成599个点的地勘勘测,完成市政道路及桥梁工程地勘招标,办理用地规划许可证及工程规划许可证。

〔**规划编制不断完善**〕 贯彻《云南省人民政府关于加强耕地保护,促进城镇化科学发展的意见》州委第15期专题会议要求,开展"3+1"规划编制完善工作,完成土地利用总体规划调整、林地保护利用规划、城镇近期建设规划调整修编。新的土地利用总体规划11345.4亩,其中,耕地2645.4亩,园地8317.35亩,林地14.1亩,其他农用地300.3亩,自然保留地68.1亩;林地保护利用规划53100亩,其中,二级保护57.45亩,三级保护33亩,四级保护53009.55亩;城镇近期建设规划9.67平方公里。以《景洪工业园区嘎栋片区控制性详细规划》修改为重点,深化近期项目建设规划及村庄规划编制,对现有村庄和生产队分类,明确规划发展目标。对临近西双版纳国际旅游度假区项目规划区8个村民小组和1个综合队编制"十图一书"规划;对距规划区较远的2个村民小组编制"三图一书"规划;对18个农场生产队编制"三图一书"规划。坚持"高度、深度、精度"原则,编制园区"十二五"规划,按"突出工业、突破工业"要求修改上报州级审查。

〔**发展环境持续稳定**〕 园区社会事务繁多,平安建设任务重。在发展经济同时,始终坚持以人为本、执政为民,全力促各项事业全面进步。建昼夜巡逻守护队伍,构建"打、防、控、管"一体治安防控体系;开展集"严打、严管、严防、严治"于一体的治安综合整治行动,参与景洪市"长安杯"创建,开展"大排查"、"大下访"、"大接访",有效预防和妥善处置突发性及群体性事件,为不同类型企业编制不同的安全生产目标管理责任书,明确各自安全生产工作重点;以宣传治理为重点,开展好"安全生产月"活动;以预防为主,定期排查事故隐患,有效防止安全生产事故发生。调解完善增收计划,让失地农民长远生计有保障;安排45名失地农民到入园企业工作;抓好新型农村养老保险、新型农村合作医疗工作,参保率92%,参合率93%;顺利完成曼沙医院移交,成立曼沙医院党支部,健全医院领导班子和各种规章制度;规范农村建设工程招投标工作,提高建设工程质量,有效改善村容村貌,保证农村各项公共事业顺利发展。做好生态工业园区创建,督促园区企业加大环保设施投入,提升园区整体形象。抓好新农村、新农场建设。实施曼龙罕、曼贺勐创建富裕、和谐、文明、生态新社区试点村工作,把曼贺勐村民小组申报为省级重点建设村和州生态村;按省州要求,结合农场实际,制定《曼沙农场普遍实行家庭承包经营实施方案》,妥善进行承包、分配和转岗安置,狠抓承包经营管理环节,保障生产不乱,运转有序。针对部分农场群众土地将被征用情况,在调研基础上形成《划拨转用曼沙农场国有土地一次性补偿安置方案(讨论稿)》和《划拨转用曼沙农场国有土地转岗人员安置补偿方案(讨论稿)》,加大与农场职工群众沟通协调,探索失地农场职工群众生活更美好新途径。

〔**党建工作互动发展**〕 辖1个农场党委、1个村党总支、28个党支部,500名党员。把党建作为事关成败的基础性工作抓,全面推进机关、企业、农场、农村等各领域组织建设。坚持把学习理论和提高素质作为干部职工思想建设的关键,制定学习计划,规定每周五为学习日,由园区党委领导班子成员轮流带领学习,每次学习安排1名以上局室负责人交流发言,既学习理论又交流心得,做到理论联系实际,学习推动工作。扎实开展"创先争优"活动,不断创新管理体制,全面加强制度建设。分门别类制定了农村、农场、机关、企业"创先争优"活动方案,以开展"公开承诺"、"授旗评星”、“领导点评”、“干部大走访”、“学习杨善洲”五项活动,与园区招商引资、改善民生、加强基层组织建设、创建和谐社区、失地农民增收、农垦改革发展六项工作相结合,不断把“创先争优”活动推向深入。针对园区实际,建立健全一系列规章制度和办法,使各方面工作有章可循、按章办事,走上科学管理、规范管理轨道。加强农场党(总)支部、农场居民小组“两委”班子建设。按“三基本”要求,落实村党支部办公场所,配齐“村两委”成员,建立健全相关制度,调整充实班子成员,使“村两委”班子凝聚力、战斗力明显增强;将曼沙农场原10个生产队23个居民点建制改为20个居民小组建制,选举配齐党支部和居民小组班子成员,理顺关系、完善管理决策程序,建立以党支部为核心的管理体制机制;根非公企业情况,组建金星啤酒厂党支部。贯彻《廉政准则》,开展廉政文化建设,树立党员干部良好形象,发挥基层党组织的战斗堡垒作用和党员先锋模范作用,引领、推进、带动园区经济社会又好又快发展。

〔**大事记**〕 2011年1月28日至30日,开展春节慰问。园区党委书记、管委会主任马力勇带班子成员慰问辖区内困难职工、住院病人、离退休老干部、全国劳模、省级劳模、军烈属、五保户、退役军、建国前参加工作老同志402人,发放慰问金71200元。

2011年2月17日上午,召开“学习杨善洲先进事迹,争做优秀共产党员”部署暨机关作风推进会。副书记、纪委书记陈文作动员讲话,党委委员、管委会副主任马正云主持,党委委员、管委会主任助理张明君宣读实施方案。园区领导、机关干部职工、曼沙农场党委班子成员、曼沙村两委班子成员、非公企业党支部委员57人参会。

2011年3月3日,召开党委(扩大)会议,总结2010年及“十一五”的成绩,研究部署2011年及“十二五”目标任务,通报2010年目标责任考核情况,与10个部门签订《2011年西双版纳景洪工业园区目标管理责任书》。3月22日上午,州委常委、州委政法委书记刘功华带州检查考核组检查考核。3月30日上午,中共西双版纳景洪工业园区纪委召开工作会议。州纪委副书记惠大栓作重要讲话,园区党委副书记、管委会常务副主任李忠华主持会议,园区党委副书记、纪委书记陈文代表园区纪委作工作报告,州纪委案件检查一室主任郭光庆通报有关违纪案件情况并为园区干部作廉政教育专题报告。

4月13日,在第十一届州边境贸易旅游交易会项目签约仪式暨项目签约仪式暨项目推介座谈会上,园区党委书记、管委会主任马力勇分别与云南柏明城房地产开发有限公司、西双版纳金谷农业开发有限公司、云南日报报业集团房地产开发有限公司、西双版纳浙商投资集团、云南枫林红木家具有限公司等企业签约,柏明城珠宝玉石交易中心、“七彩傣乡”糯玉米产业化、环球记者村、彩印包装生产线、枫林红木家具生产线等项目落户景洪工业园区,总投资规模达13.2亿元。

4月18日上午,云南省委副书记李纪恒一行在州委书记江普生的陪同下,到园区调研。江普生就西双版纳近期招商引资、开发建设情况详细汇报。李纪恒对西双版纳在招商引资、开发建设等方面取得的成绩予以肯定,他强调,今后要完善规划和建设,搞好配套设施和配套服务,加大招商引资力度,加快实现工业园区化、园区城市化、现代化、生态化、园林化。州委副书记胡志寿,州政府副州长陈启忠,州委秘书长李记臣,州委组织部部长赵刚,州政府副州长杨沙,园区党委书记、管委会主任马力勇,园区党委副书记、管委会常务副主任李忠华出席了会议。

4月18日下午,勐海县委书记许家福、代理县长岩总带领勐海县委、人大、政府、政协四套班子一行23人到景洪工业园区进行学习考察。

5月19日,景洪市市长岩温才一行5人到景洪工业园区调研。

5月20日,州政府副州长杨沙到景洪工业园区调研入园重点项目推进情况。

5月27日上午,州委书记江普生在州政府副州长杨沙的陪同下,到景洪工业园区调研西双版纳国际旅游度假区项目进展情况。

5月27日下午,州创先争优检查组到景洪工业园区检查开展创先争优活动情况

6月10日,州党史系统办到景洪工业园区调研党的建设情况。

6月21日上午,景洪工业园区召开“学习杨善洲精神做人民满意的好党员好干部”为主题学习生活会。

6月24日上午,州委研究室副主任唐扬率州委调研组到景洪工业园区,就州委六次党代会以来工业园区经济社会和党的建设情况进行调研。园区党委副书记、管委会常务副主任李忠华主持汇报会。

6月28日晚上,景洪工业园区参加州委、州政府举办“爱党爱国爱家乡”歌咏比赛。

6月27日至28日,景洪工业园区开展“建党90周年”慰问活动。园区党委书记、管委会主任马力勇带领班子成员分别对辖区141名老党员、

50名困难党员看望慰问。

7月1日，景洪工业园区隆重举行庆祝中国共产党成立90周年大会。园区党委班子、机关干部职工、曼沙农场党委委员、曼沙村党总支书记、副书记、金星啤酒厂党支部书记及优秀共产党员获得者共80人参加了会议。园区党委书记、管委会主任马力勇作重要讲话，园区党委副书记、管委会常务副主任李忠华主持庆祝大会。

8月10日上午，州农垦局岩康副局长一行3人来到景洪工业园区曼沙农场，就普遍实行家庭承包经营工作的推进情况进行调研。

8月11日上午，省招商合作局杨军副局长一行6人在州招商局张志勇副局长的陪同下，来到景洪工业园区，就昆曼大通道招商引资工作进行调研，还实地参观了园区佛兴红木家具厂。

8月22日，州信访局局长朱杰一行4人到景洪工业园区调研“六五”普法工作情况。园区党委委员、管委会副主任罗承辉主持汇报会。

9月1日至2日，景洪工业园区举办2011年办公室业务工作培训班。园区党委书记、纪委书记陈文作了动员讲话，州政府研究室副主任罗伟、州档案局业务管理与督导科科长袁新平、西双版纳报社副主编曾崇明分别进行了公文处理、档案管理、新闻写作等培训。

9月8日上午，州委常委、州委组织部部长赵刚到景洪工业园区宣读了《关于赵毅等十三位同志任免职的决定》（西委〔2011〕71号）。州委决定，马力勇同志免去西双版纳景洪工业园区党委书记、委员、管委会主任职务；狄建民同志任西双版纳景洪工业园区党委委员、书记、管委会主任，免去州委副秘书长、办公室主任职务。

9月8日下午，州政府副州长杨沙到景洪工业园区调研西双版纳国际旅游度假项目征地拆迁的进展情况。园区党委、管委会主任狄建民主持汇报会。

9月16日，州政府副州长杨沙一行3人到景洪工业园区调研西双版纳国际旅游度假项目征地拆迁的进展情况。园区党委、管委会主任狄建民主持并汇报项目进展情况。

9月26日上午，州驻昆退休老干部一行26人在州委老干局局长廖红祥的陪同下，到园区参观。

10月14日，勐腊县委退休老干部一行25人到园区参观。

11月17日，省人民政府发展生物产业办公室程达处长一行7人到景洪工业园区调研生物产业发展情况。园区党委副书记、管委会常务副主任李忠华主持汇报会。

12月2日，园区召开2011年度民主生活会。党委书记、管委会主任狄建民主持会议，州纪委副书记惠大栓、园区领导班子成员、各局室负责人出席。

〔任职领导名单〕

党委书记、管委会主任　狄建民

党委副书记、管委会常务副主任　李忠华

党委副书记、纪委书记　陈　文

党委委员、管委会副主任　邹云贵

党委委员、管委会副主任　马正云

党委委员、管委会副主任　罗承辉

党委委员、管委会副主任　玉娜嫩

（《景洪工业园区》撰稿人：唐丽）

勐海工业园区

〔基本工作情况〕　勐海工业园区以汉麻产品加工为主、茶叶加工和其他农林产品加工为辅的新型化工业园区。位于勐海县城东北方向，流沙河北岸，国道214线旁，距勐海县城8公里，距州府所在地景洪市区37公里。勐海工业园区规划面积7平方公里，经六年建设发展，部分片区已初具备水、电、路、电讯、邮政、电视等“六通”基础条件，完成开发建设4平方公里，成功引入汉麻、石斛、茶多酚、精制茶、竹产品、木薯燃料酒精、新型墙体材料等工业加工项目。2011年，园区管委会在县委、政府、州工业和信息化委员会领导下，贯彻落实科学发展观，以“农业强县、工业富县”为目标，以“企业入园、项目入园、品牌入园、失地农民入园”为主要任务，加强园区基础设施建设、努力改善投资环境，营造良好发展氛围。有入园企业42户，新增3户，完成工业总产值3.1亿元，同比增长15.2%；工业增加值1.7亿元，增19.7%；完成固定资产投资1.31亿元。

〔主要做法〕　抓规划编制，增强园区科学发展的能力。为规划建设好勐海工业园区，园区管委会委托云南省城乡规划设计院规划编制了《勐海工业园区总体规划》、《勐海工业园区控制性详细规划》，把打造“环境友好型园区”、“园林式园区”作为发展建设的目标，在产业布局、管网建设、园区美化、景观设计等。

抓基础设施建设，提升招商引资环境。为了营造更加优良的园区发展环境，园区管委会以完善配套功能为重点，加大基础设施建设力度，累计投入资金近3500万元，相继完成园区联络线、工业用水拦河坝、茶叶加工区主干道、10kv供电线路、县城至园区供水管道等一批工程项目，同时还积极争取南方电网、移动、电信、县自来水厂等企业入园建设配套设施，电力线路、自来水管网基本达到最近接入企业，宽带网络覆盖率达到100%，园区“三通一平”条件改善。

抓产业建设，增强园区发展活力。勐海工业园区自建园以来，坚持特色发展这一主题，加大招商引资，引进农产品精深加工企业，以工业项目带动农业基地建设，做强、做大、做优龙头企业，促进农业增效、财政增长、农民增收。引进雅戈尔集团、光明集团、勐象公司、郎河茶厂、陈升茶厂、版纳普洱等一批农产品精深加工企业入园发展，中粮集团10万吨木薯燃料乙醇项目即将入住园区。积极支持企业开展创新改造，增强发展活力，2010年，入园企业累计投入科研经费76万多元，拥有专利16项。同时管委会在各级各部门大力支持下，通过向上争取项目扶持入园企业发展，汉麻、华冠、天翔、勐象等企业得到了上级专项资金补助，极大鼓舞了企业的生产、建设积极性。

抓节能减排，努力打造绿色园区。勐海工业园区的一直在致力于创造环境友好型、资源节约型园区，在入园企业的审核上始终注重环保、节能等关键性因素，园内企业“三废”实现达标排放，目前已有4家企业完成清洁生产审核，华冠酒精公司沼气厌氧发酵工艺改造降低企业燃煤消耗达50%以上；勐象公司竹木废料燃烧改造，既实现了废物再利用，又为生产提供了热能动力。

抓安全生产，重视园区民生。管委会高度重视劳动生产安全工作，从企业规划建设开始，督促企业认真执行安全生产、消防安全要求，协助企业完善各项审批手续，确保项目工程安全开工建设。建立完善安全生产巡视制度，安排管委会安全生产专员定期深入企业车间、工地检查，针对企业存在的安全隐患提出要求限期整改，几年未发生重大安全事故。管委会积极协调县级劳动主管部门，促企业完善劳动用工制度，使入园打工的人员得到较好的保障。

六是抓服务质量，不断优化园区投资环境。一直以来，园区管委会强化服务理念，为企业规划、建设、投产提供全程高效“贴身式”服务。每一个入园项目都安排专人负责，协调好建设、发改、国土、环保、经济商务、工商、税务、质监等职能部门，完善企业各项审批、备案手续，为企业入园创造良好的环境。与入园企业建立良好的沟通协调机制，及时掌握企业生产经营情况，切实解决企业建设发展中的实际困难。同时牵线搭桥，支持企业通过合作、转让等方式做大做强，既盘活了园区土地，又引进了有实力的企业，壮大了园区总体规模。

〔存在的问题〕 一是建设资金缺乏。这几年来，园区管委会多方筹措资金，投入近3500万元，建设完善了部分基础设施，但是与日趋扩大的园区规模相比，仍然不相适应。园区管委会融资能力弱，缺乏建设资金，硬件条件滞后一定程度影响了园区招商引资。

二是经济总量仍然偏小。入园企业虽然达41家，但是上规模、上档次的企业不多，产业关联度低，产品缺乏市场竞争力，效益不高，没有形成强有力的产业集群。

三是宣传推介力度和投入不够。一方面是企业自身资金困难，对品牌宣传投入不够。另一方面是政府主导的宣传推介力度也不够，这与西双版纳和勐海作为普洱茶故乡、茶叶主产地的身份不配套。

四是基地建设制约了园区企业发展。勐海工业园区入园企业大多是农产品加工企业，随着农村地区种植业多元化发展，农民选择余地较大，部分企业基地建设不能满足企业规划设计需要，影响了企业的投资决策。

五是建设用地指标导致项目落地难。随着国家土地宏观调控政策日趋严格，工业用地报批难、报批时间长等问题，影响了项目入园，不利于工业园区健康快速发展。

〔下步工作打算〕 “十二五”期间，园区管委会将认真总结“十一五”期间发展的经验得失，科学规划好园区“十二五”期间发展蓝图，紧紧抓住国家西部大开发和云南省实施“桥头堡战略”的有利时机，按照“固基础、上台阶、扩规模、升规格”的指导思想，加快基础设施建设，加强对企业的服务，强化招商引资，推动勐海工业园区建设迈上一个新的台阶。

一是抓住机构改革的机遇，建立健全园区管理体制。充实完备相关工作人员，理顺工作关系，尽快制定出台园区相关管理制度，以制度管人，以机制管事，使工业园区宏观指导职能得到充分发挥。

二是立足勐海实际，始终坚持走特色发展的道路，不断提升壮大园区总体经济实力，带动广大农村地区繁荣发展。要围绕大项目切实做好服务协调工作，确保省、州、县重点的项目顺利落地产生效益。全力做好光明石斛、汉麻产品综合加工、竹地板加工、10万吨燃料乙醇、茶多酚、山药粉、天然香料等项目的落地和建设工作。要结合县委、县政府产业发展规划，储备一批工业建设项目，增强园区发展后劲。

三是围绕“招商、安商、稳商”的思路,进一步改善园区招商引资条件,为入园企业健康稳定发展营造良好的氛围。做好工业园区“路、水、电”等管网的规划调整工作,做好项目储备,加大向上争取支持的力度,逐步建设完善园区配套基础设施,为勐海工业园区健康持续发展奠定坚实的基础。

四是围绕重点项目,积极开展项目工作督察,使列入建设计划的项目顺利动工,有意向性投资计划的项目尽早落地建设。

人 物

责任编辑:李国云

先进人物简介

余迪求(国务院特殊津贴)

余迪求,男,1964年6月生,博士,1990年至2002年在中山大学任助教、讲师、副教授,期间1996年至1997年和1999年至2002年在美国Idaho大学做博士后;2003年至今在中科院西双版纳热带植物园任研究员,博士生导师。西双版纳热带植物园创新基地"植物基因资源与基因功能组学研究组"组长、中国遗传学会会员,中国生物工程学会会员,云南省遗传学会理事,云南省生态学会理事,云南省细胞生物学会理事,"云南植物研究"编委。主要研究领域:综合采用分子生物学、分子遗传学、生物化学、植物生理学、基因组学和基因功能分析等学科领域的研究方法和研究技术,系统研究植物抵抗生物和非生物逆境胁迫的分子生物学机制及其信号通路,试图揭示植物逆境胁迫反应建立的分子生物学网络,从中挖掘能有效地改良农作物抵抗外源逆境因子胁迫的重要功能基因及其信号分子。目前主要从事一类参与调控植物逆境胁迫反应的植物特有转录因子WRKY基因家族的分子生物学功能及其所介导的信号通路的研究。同时,系统开展参与调控植物逆境胁迫反应的MicroRNAs的分子生物学功能分析。2011年获国务院特殊津贴。

张一平(云南省政府特殊津贴)

张一平,男,1957年8月生,博士,中国科学院西双版纳热带植物园全球变化创新研究组组长,博士生导师,曾担任中国林学会林业气象专业委员会常务委员;中国农学会农业气象分会理事;《应用生态学报》编委;《云南植物研究》编委;云南省气象学会常务理事;云南省生态学会常务理事;云南省地理学会常务理事等。主要研究方向:全球变化,区域气候变化、森林气候、城市气候、山地气候、森林水文。2006年以来,作为负责人,承担了国家973项目3项(课题1项,专题2项)、中国科学院战略性先导科技专项(应对气候变化的碳收支认证及相关问题)子(专)课题2项;国家自然科学基金面上项目3项;中国科学院重大项目子课题2项、中国科学院植物园专项1项,国家野外台站和CERN台站建设项目7项。作为主要参加者,承当了其他相关研究项目5项。在973项目,科学院创新重大项目和国家基金项目的支持下,对热带、亚热带森林碳平衡特征、变化规律及其控制因子等方面开展了深入研究,取得了可喜成绩,部分成果作为申报内容,获得2010年国家科技进步二等奖(单位奖);在973项目的支持下,针对纵向岭谷区通道—阻隔作用的生态效应开展了研究,其成果已在申报云南省自然科学特等奖;在科学院项目、国家基金项目和云南省自然科学基金项目支持下,开展了西双版纳引种植物物候长期变化特征及其对植物迁地保护贡献研究,成果已经鉴定,正在申报云南省科技进步奖;在国家基金重点项目和云南省自然科学基金项目以及科学院、国家教委等相关项目资助下,对昆明城市气候开展了研究,其成果获得2008年云南省自然科学二等奖(排名第1)。2006年以来,已发表论文70余篇,其中SCI论文22篇(第1作者或通讯作者11篇),专类I、II区间论文8篇,含Top Journal 3篇。有关老龄森林碳汇效应的研究成果,受到各界的关注。培养博士研究生13人(毕业6人);硕士研究生12人(毕业或转博8人)。2011年获云南省政府特殊津贴。

受省级以上表彰先进人物表

姓　名	性别	民族	工作单位	职务	所获荣誉称号	表彰部门	获奖时间
郭光庆	男	哈尼族	州纪委、州监察局	州纪委常委、州监察局副局长	全国纪检监察先进工作者标兵	中共中央纪律检查委员会、监察部、人力资源和社会保障部	2011.06
惠大栓	男	汉族	州纪委	调研员	全省纪检监察系统先进工作者	中共云南省纪律检查委员会、云南省监察厅、云南省人力资源和社会保障厅	2011.06
代　昆	女	汉族	州纪委	副调研员	全省纪检监察系统先进工作者	中共云南省纪律检查委员会、云南省监察厅、云南省人力资源和社会保障厅	2011.06
惠大栓	男	汉族	州纪委	调研员	“10·22”专案查办个人嘉奖	中共云南省纪律检查委员会、云南省监察厅	2011.09
刀美珍	女	傣族	州纪委监察局派出第二纪工委监察分局	正科级纪检监察员	“10·22”专案查办个人嘉奖	中共云南省纪律检查委员会、云南省监察厅	2011.09
田　波	男	土家族	州纪委	正科级纪检监察员	“10·22”专案查办个人三等功	中共云南省纪律检查委员会、云南省监察厅	2011.09
王海东	男	哈尼族	州纪委	副科级纪检监察员	2010年度全省纪检监察系统信息工作先进个人	中共云南省纪律检查委员会办公厅	2011.04
李永辉	男	拉祜	药植所云南分所		优秀共产党员	中共西双版纳州委员会	2011.6
王军健	男		西双版纳职业技术学院	教授	国务院政府特殊津贴	国务院	2011
杨晓琼	女		西双版纳职业技术学院		云南省政府特殊津贴	云南省政府	2011
罗云支	女		西双版纳州妇幼保健院	院长 主任医师	云南省政府特殊津贴	云南省政府	2011
李国华	男	汉族	云南省热带作物科学研究所	所长 研究员	云南省政府特殊津贴	云南省政府	2011
张一平			中科院西双版纳热带植物园	博士生导师	云南省政府特殊津贴	云南省政府	2011

姓　名	性别	民族	工作单位	职务	所获荣誉称号	表彰部门	获奖时间
郭贤明			西双版纳州国家级自然保护区科研所		云南省政府特殊津贴	云南省政府	2011
蒋云东	男			研究员	云南省政府特殊津贴	云南省政府	2011
杨德军	男			高级工程师	云南省科技创新人才	云南省政府	2011
余迪求	男		中科院西双版纳热带植物园	研究员	国务院政府特殊津贴	国务院	2011
董加相			云南省委		2008—2010 年度禁毒工作先进个人		
武瑞玲			总行老干局		2011 年“尊老敬老服务明星”		2011. 12. 19
梁芳芳			国家外汇管理局资本司		2011 年外汇年检先进个人		2011. 11. 21
徐　娟			总行内审司		2010 年优秀内审项目先进个人(三等奖)		2011. 4. 26
李向磊			总行内审司		2010 年内审业务综合管理系统先进个人(三等奖)		2011. 4. 26
周　洪			成都分行		2005—2010 年度成都分行保密密码先进个人		2011. 3. 22
黄　俊			成都分行		2010 年度成都分行青年岗位能手		2011. 4. 14
李　莉			成都分行		“党在我心中,奉献在央行”征文活动二等奖		2011. 6. 27
彭宝云			成都分行		“党在我心中,奉献在央行”征文活动三等奖		2011. 6. 27
何立忠			成都分行		“党在我心中,奉献在央行”征文活动三等奖		2011. 6. 27

姓　名	性别	民族	工作单位	职务	所获荣誉称号	表彰部门	获奖时间
岩坎糯					“党在我心中，奉献在央行”征文活动三等奖	成都分行	2011.6.27
聂晓梅					成都分行职工书法美术摄影比赛：摄影一等奖	成都分行	2011.7.11
余　玲					成都分行职工书法美术摄影比赛：摄影一等奖	成都分行	2011.7.11
薛　云					成都分行职工书法美术摄影比赛：摄影三等奖	成都分行	2011.7.11
江　林					成都分行职工书法美术摄影比赛：摄影优秀奖	成都分行	2011.7.11
官姝婧					“回顾党的光辉历程 讴歌央行发展成就”征文活动：二等奖	成都分行	2011.9.5
杨作彬					2010 年优秀内审项目先进个人（一等奖）	成都分行	2011.4.26
黄莉娟					成都分行优秀组织人事干部	成都分行	2011.12.30
何　勇					2011 年云南省支付系统网络竞赛个人二等奖	昆中支	2011.11.24
刘闽云					2011 年度云南省支付清算系统运行先进个人	昆明中支	2012.2.1
黄　俊					2011 年全省综合执法检查先进个人	昆明中支	2011.11.4
张建辉					2011 年全省综合执法检查先进个人	昆明中支	2011.11.4
石兆敬	男	汉			金融服务能手	省农发行	2011.4
刘豫滇	女	汉			金融服务能手	省农发行	2011.4

姓　名	性别	民族	工作单位	职务	所获荣誉称号	表彰部门	获奖时间
马永杰	男	汉			金融服务能手	省农发行	2011.4
任　丽	女	汉			先进职工之友	省农发行	2011.5
刘起武	男	汉			优秀工会干部	省农发行	2011.5
玉叫甩	女	傣			“十一五”期间财务会计先进工作者	省农发行	2011.6
岩伦	男	傣			优秀党务工作者	省农发行	2011.6
李德梅	女	汉			优秀共产党员	省农发行	2011.6
王有华	女	汉			优秀共产党员	省农发行	2011.6
苏　华					中国建设银行个人存款能手	中国建设银行总行	2011.3.15
李　铀					中国建设银行住房金融业务标兵	中国建设银行总行	2011.8.23
唐雪梅					中国建设银行云南省分行2010年度反洗钱工作先进个人	建行云南省分行	2011.3.4
沐海燕					2009－2010年度云南省分行“巾帼建功标兵”	建行云南省分行	2011.3.15
周泯涵					2010年度云南省分行对公业务“贷后管理年”先进工作者	建行云南省分行	2011.3.28
陈启松					2010年资金结算业务营销竞赛活动个人营销能手奖	建行云南省分行	2011.4.2
刘晓红					2010年资金结算业务营销竞赛活动个人营销能手奖	建行云南省分行	2011.4.2
彭赵良					2010年资金结算业务营销竞赛活动个人营销能手奖	建行云南省分行	2011.4.2
张婵媛					2010年度优秀共青团员	建行云南省分行	2011.4.20

姓　名	性别	民族	工作单位	职务	所获荣誉称号	表彰部门	获奖时间
岩　温					2010 年度优秀共青团干部	建行云南省分行	2011. 4. 20
王　东					建行云南省分行优秀共产党员	建行云南省分行	2011. 7. 4
赵建国					建行云南省分行优秀党务工作者	建行云南省分行	2011. 7. 4
雷洪海					云南省分行 2011 年住房金融与个人信贷业务“比收益　比质量强基础　固优势”营销活动房金服务能手	建行云南省分行	2011. 12. 15
张　辉					云南省分行 2012 年住房金融与个人信贷业务“比收益　比质量强基础　固优势”营销活动房金服务能手	建行云南省分行	2011. 12. 15
杨翠华					云南省分行财务会计、营运、个金条线优秀检查辅导人员	建行云南省分行	2011. 12. 23
王　东					2010 年度优秀管理人员	建行版纳州分行	2011. 3. 17
王正贵					2010 年度优秀管理人员	建行版纳州分行	2011. 3. 17
马晰玲					2010 年度优秀管理人员	建行版纳州分行	2011. 3. 17
郭　焰					2010 年度优秀管理人员	建行版纳州分行	2011. 3. 17
曾和平					2010 年度优秀管理人员	建行版纳州分行	2011. 3. 17
杨　京					2010 年度优秀经办人员	建行版纳州分行	2011. 3. 17
李　军					2010 年度优秀经办人员	建行版纳州分行	2011. 3. 17
夏　蓉					2010 年度优秀经办人员	建行版纳州分行	2011. 3. 17

姓 名	性别	民族	工作单位	职务	所获荣誉称号	表彰部门	获奖时间
李新艳					2010 年度优秀经办人员	建行版纳州分行	2011. 3. 17
陈永红					2010 年度优秀委派人员	建行版纳州分行	2011. 3. 17
孙一清					2010 年度优秀客户经理	建行版纳州分行	2011. 3. 17
周泯涵					2010 年度优秀客户经理	建行版纳州分行	2011. 3. 17
李 铀					2010 年度优秀客户经理	建行版纳州分行	2011. 3. 17
李跃文					2010 年度优秀大堂经理	建行版纳州分行	2011. 3. 17
李海英					2010 年度优秀大堂经理	建行版纳州分行	2011. 3. 17
刘志琴					2010 年度优秀大堂经理	建行版纳州分行	2011. 3. 17
矣敏娇					2010 年度优秀柜员	建行版纳州分行	2011. 3. 17
彭忠华					2010 年度优秀柜员	建行版纳州分行	2011. 3. 17
魏祎云					2010 年度优秀柜员	建行版纳州分行	2011. 3. 17
沐海燕					2010 年度优秀柜员	建行版纳州分行	2011. 3. 17
杨春燕					2010 年度优秀柜员	建行版纳州分行	2011. 3. 17
刘星群					2010 年度优秀柜员	建行版纳州分行	2011. 3. 17
李 青					2010 年度优秀柜员	建行版纳州分行	2011. 3. 17
牛万代					2010 年度优秀柜员	建行版纳州分行	2011. 3. 17
张 蓟					2010 年度优秀柜员	建行版纳州分行	2011. 3. 17
谭 芳					2010 年度优秀通讯员	建行版纳州分行	2011. 3. 18
潘星光					2010 年度优秀通讯员	建行版纳州分行	2011. 3. 18

姓　名	性别	民族	工作单位	职务	所获荣誉称号	表彰部门	获奖时间
李新艳					2010 年度优秀通讯员	建行版纳州分行	2011. 3. 18
袁苏娅					2010 年度优秀通讯员	建行版纳州分行	2011. 3. 18
蒋海宁					2010 年度优秀通讯员	建行版纳州分行	2011. 3. 18
夏　蓉					2010 年度优秀通讯员	建行版纳州分行	2011. 3. 18
王正贵					2010 年度兼职风险经理先进个人	建行版纳州分行	2011. 3. 18
谭　芳					2010 年度兼职风险经理先进个人	建行版纳州分行	2011. 3. 18
杨春燕					2010 年度优秀服务明星	建行版纳州分行	2011. 3. 18
刘星群					2010 年度优秀服务明星	建行版纳州分行	2011. 3. 18
沙丽娜					2010 年度优秀服务明星	建行版纳州分行	2011. 3. 18
李　青					2010 年度优秀服务明星	建行版纳州分行	2011. 3. 18
寇丽萍					2010 年度优秀服务明星	建行版纳州分行	2011. 3. 18
玉　章					2010 年度优秀服务明星	建行版纳州分行	2011. 3. 18
苏　华					2010 年度优秀营销能手	建行版纳州分行	2011. 3. 18
郭　琦					2010 年度优秀营销能手	建行版纳州分行	2011. 3. 18
李海英					2010 年度优秀营销能手	建行版纳州分行	2011. 3. 18
许称玲					2010 年度优秀营销能手	建行版纳州分行	2011. 3. 18
李国燕					2010 年度优秀营销能手	建行版纳州分行	2011. 3. 18
玉　章					2010 年度优秀营销能手	建行版纳州分行	2011. 3. 18

职 官 表

▲党政机关

●中共西双版纳州委

书　记　江普生
副书记　刀林荫
　　　　罗红江
常　委　江普生
　　　　刀林荫
　　　　罗红江
　　　　陈启忠
　　　　杨　沙
　　　　赵　毅
　　　　李庆元
　　　　赵　刚
　　　　徐德清
　　　　杨　涛
　　　　马力勇
秘书长　杨　涛
副秘书长　李校荣
　　　　　张建荣
　　　　　李晋兵
　　　　　刀世民

●州人大常委会

主　任　杨建明
副主任　张美兰
　　　　召亚平
　　　　袁发光
　　　　刀金芬
　　　　刀琼平
　　　　黄志高
秘书长　郑维兴
副秘书长　岩香宰
　　　　　周为民
　　　　　王俊鹏
办公室主任　岩香宰

州人民政府

州　长　刀林荫
副州长　陈启忠
　　　　杨　沙
　　　　唐家华
　　　　王方荣
　　　　吕永和
州长助理　王　娟
　　　　　金四军
秘书长　李　萍
副秘书长　王玉坤
　　　　　岩罕恩
　　　　　岩罕恩
　　　　　李　兵
　　　　　白云波
　　　　　岩　应
　　　　　肖　华
　　　　　阮　佳

●州政协

主　席　胡志寿
副主席　依　甩
　　　　祜巴龙庄勐
　　　　李永义
　　　　玉香伦
　　　　权继能
　　　　江建成
秘书长　岩罕滇
副秘书长　王云照
　　　　　玉　金
　　　　　龚海莲

●州纪委

书　记　李庆元
副书记　李洪武
　　　　李德富
秘书长　陈　文

▲部委办局

●州委各部门

组织部
部　长　赵　刚
常务副部长　喻　宏
副部长　兆勇军
　　　　廖红祥
　　　　娥　三
　　　　依腊约

宣传部
部　长　陈启忠
副部长　段金华
　　　　李金秀
　　　　黄文学
　　　　廖国荣

统战部
部　长　杨　涛
副部长　张卫国
　　　　岩　亮

玉坎嫩
飘　三
政法委
书　记　赵　毅
常务副书记　张　兴
副书记　陈跃平
阿　吴
综治维稳办主任　罗青华
政治部主任　杨天伟
综治维稳办副主任　游　江
李晋兵
罗双友
农委办
主　任　樊高潮
副主任　王　沛
席卫国
州直机关工委
书　记　罗丹阳
副书记
纪工委书记
老干部局
局　长　廖红祥
副局长　桑　服
魏存芬
保密局
局　长　邓美春
副局长　二　罗
机要局
局　长　查焕江
副局长　李江红

党校
校　长　胡志寿　邹乔忠
党委书记、常务副校长　苏　明
党委委员、副校长　游启道
党史研究室
主　任　杨文武
副主任　陈严芬
机构编制办
常务副主任　吴昌云
副主任　罗家志

●州人大各专委

民族宗教工作委员会
主　任　岩温才
法制委员会
主　任　岩　燕
副主任　刀丽萍
教科文卫委员会
主　任　张志贤
副主任
财经委员会
主　任　岩　温
副主任　张兆文
选举联络工作委员会
主　任　孙　燕
农业环境资源工作委员会
主　任　杨文明
副主任

●州政协各专委

提案委
主　任　吴　彬
副主任　杨福忠
经济委
主　任　召亚伟
副主任
民宗委
主　任　刀忠祥
副主任　岩　恩
科教文卫体委
主　任　张永和
副主任
环资委
主　任　何　云
副主任　李正聿
文史委
主　任　李桂英
副主任　常　生

●州纪委监察局各室各分局

州纪委党风室主任　王恒康
州纪委宣教室主任　刘杰豪
州纪委信访室主任　陈　刚
州纪委办公室主任　付开云
州纪委干部室　李子昌
案件管理室主任　杨生发
执法监督室主任　自宏斌
监察综合室主任　岩　亮
案件监督管理室主任　廖通军
纠风室主任　李诚忠
案件检查室主任　刘义祥
州纪委监察综合室主任　岩　亮
州纪委第一纪工委书记　刁发顺
副书记　李绍民
州纪委第二纪工委书记　纳志刚
副书记　温颜才

州纪委第三纪工委书记　刀　玲
副书记　周学昌
州纪委第四纪工委书记　熊兴发
副书记　张　强
州纪委第五纪工委书记　吴　娟
副书记　李再林
州监察局局长　岩罕滇
副局长　刘亚萍
易江北
州监察局第一监察分局局长　刁发顺
副局长　李绍民
州监察局第二监察分局局长　纳志刚
副局长　温颜才
州监察局第三监察分局局长　刀　玲
副局长　周学昌
州监察局第四监察分局局长　熊兴发
副局长　张　强
州监察局第五监察分局局长　吴　娟
副局长　李再林

▲法检两院

●州中级人民法院

院　长　董国权
副院长　王丽萍
刀志宏
政治部主任　李剑波
政治部副主任　朱昌献
纪检组组长　杨川云
执行局局长　姬海春
执行局副局长　马　云
行管局局长　张　民
办公室主任　史亚奎
民一庭庭长　李德智
民二庭庭长　龚知贵
行政庭庭长　左　璐
立案庭庭长　陈尤春
审监庭庭长　魏　炜
刑二庭庭长　王　翔
监察室主任　刀忠民
法警支队队长　黎昌举
审委会专委　胡志坚
杨　斌

●州人民检察院

党组书记检察长　胡　跃
副书记、副检察长　王云祥
党组成员、副检察长　马　伟
党组成员、副检察长　刀　鹏
党组成员　孙绍勇
党组成员、反贪局局长　沈　云
纪检组副组长、监察处处长　刘　辉
专职检委会委员　马　进
政治部副主任　唐红军
办公室主任　刘希俊
公诉处处长　魏亚萍
侦监处处长　李新华
调研室主任　王广平
预防处处长　罗庆江
技术处处长　田　堃
反渎局局长　武跃月
民行处处长　周志勇
反贪局副局长　寇文华
法警支队队长　徐泳能
监所处处长　牛家法
控申处处长　李　瑜
景洪市检察院检察长　杨　锋
勐海县检察院检察长　李　青
勐腊县检察院检察长　高文佳

▲人民团体

州总工会
主　席　刀金芬
常务副主席　何天伦
副主席　朱平华
团州委
书　记　李萍芳
副书记　杨　华
州妇联
主　席　玉香伦
副主席　陈爱林
王红斌
州工商联(商会)
会　长　刀福祥
副会长　冯兆昌
州社科联
主　席　游启道
副主席
州文联
主　席　李志明
副主任　刀洪勇
车智玖
州侨联
主　席　陈卫东
副主任　周春阳
州残联
理事长　刀忠祥

副理事长　张学杰
州红十字会
会　长　盘有明
副会长　玉　先
州科协
主　席　鲁愿兵
副主席　张永明
民盟州委
主　委　谭应中
副主委　玉香约
　　　　曾振新
九三学社西双版纳支社
主　席　周浙昆
副主任　杨　馗
　　　　曹光宏
　　　　周　明
秘书长　张　玲

●政府各部门

州政府办
主　任
州政府研究室
主　任
副主任　周亮生
　　　　罗　伟
州发改委
主　任　崔云青
副主任　却建明
　　　　武　静
　　　　刀军华
州工信委
主　任　赵洪中
副主任　张　腾
　　　　赵宇智
　　　　郭　勇
　　　　兰　燕
州教育局
书　记　依拉罕
局　长　李　键
副局长　陶红荣
　　　　李　超
　　　　凌升华
　　　　廖建伟
州科技局、州知识产权局、州科协
书记、局长　罕文荣
主席副局长　鲁愿兵
副局长副主席　钟智灵
副局长副主席　伯力微

州民宗局
局　长　岩　亮
副局长　奚云华
　　　　岩　勐
　　　　乙　冰
州民政局
局　长　刘云坤
副局长　曹荣清
　　　　龙海云
　　　　高美兰
州司法局
局　长　孔树华
副局长　张成雄
　　　　朱秀芬
　　　　李遵华
　　　　张坤义
　　　　刘正雄
　　　　许永志
　　　　刘文祥
州财政局
局　长　洪国正
副局长　刀金海
　　　　王琴芬
　　　　王龄松
　　　　周　娜
总会计师　李　旻
州旅游局
局　长　袁松青
副局长　彭　勃
　　　　刘　忠
　　　　马　波
州人力资源和社会保障局
党组书记、局长、编办主任　兆勇军
副局长　纳忠云
副局长　普小保
人才服务中心主任　罗红英
副局长　江　萍
副局长　郭俊宏
州安全生产监督管理局
局　长　苟　彪
副局长　代昌明
州信访局
局　长　朱　杰
副局长　李向元
　　　　周跃昆
　　　　岩罕应
　　　　樊　茜

州扶贫办
常务副主任　赵　昱
副主任　盘晶亮
　　　　李　国
州政务管理局
主　任　浦　玲
副主任　洪显月
州政府招商局
局　长　邹乔忠
副局长　王红斌
　　　　张志勇
州移民开发局
局　长　杨　杰
副局长　游先琼
州农垦局
局　长　陈喜民
副局长　尹忠明
　　　　何建云
　　　　匡公元
　　　　燕　沙
州商务局
党组书记、局长　刀　宏
副局长　邓绍华
　　　　李建设
　　　　张林辉
州工商行政管理局
局　长　岩温扁
副局长　李忠平
纪检组长　张海燕
州质量技术监督局
局　长　吴勇刚
副局长　张孙宝
　　　　杨利民
　　　　洪德忠
州国土资源局
局　长　杨　辉
副局长　刘德忠
州国税局
党组书记、局长　赵明
党组副书记、副局长　尹为志
　　　　　　　　　　陈兴华
党组成员、纪检组长　阿　资
稽查局长　谢建华
州地税局
局　长　梁正勇
副局长　王　刚
　　　　雷　兵

纪检组长　段　平
州建设局
局　长　钱　敏
副局长　曾志海
　　　　罗　力
　　　　易德军
州环保局
局　长　张云洪
副局长　贾　红
　　　　阳　勇
　　　　刀亚斌
州农业局
局　长　李　军
副局长　苏　明
　　　　龚云宏
　　　　徐　昕
州林业局
局　长　杨松海
副局长　李忠清
　　　　苟　斌
　　　　张有才
州水利局
局　长　杨　群
副局长　刘敦华
纪检组长　岩庄香
总工程师　杨明德
州交通运输局
局　长　李忠清
副局长　饶　莉
　　　　刀加强
　　　　陈　景
　　　　翟智春
州港务局(地方海事局)
局　长　陈达明
副局长　谭钧华
州审计局
局　长　吴江玲
副局长　安永祥
　　　　蒋凌云
州统计局
局　长　杨文武
副局长　李　勇
国家统计局西双版纳调查队
党组书记　队　长　李远龙
党组成员　副队长　史汉云
党组成员　纪检组长　车智琼
党组成员　副队长　解　云

州外事侨务办
主　任　艾　真
副主任　陈金强
　　　　马成玲
州供销合作社
主　任　彭　哲
副主任　刀永祥
州粮食局
局　长　杨建成
副局长　唐燕飞
　　　　胡志忠
州文体局
局　长　杨洪雯
副局长　李进元
州卫生局
书　记　张　健
局　长　刀爱武
副局长　盘有明
　　　　刘　明
　　　　胡永健
州计生委
主　任　李　洁
副主任　冯秀兰
　　　　肖　江
州食品药品监督管理局
局　长　王玉才
副局长　许永华
　　　　孙世勇
州广电局
局　长　刀　文
副局长　纳志红
　　　　王正聪
广播电台台长　宋　云
电视台台长　刁佳顺
西双版纳报社
社　长　丹　洛
总　编　丹　络
副总编　曾崇明
　　　　玉康龙
州档案局
局　长　何志伟
副局长　段怡敏
　　　　刘德生
州地震局
局　长　张文虎
副局长　飘　周
　　　　潘云湖

州人民防空办
主　任　肖云康
州重大标志性文化建设项目办
主　任　罕华兴
州发展生物产业办
主　任　李庆友
副主任　校　甲
　　　　刀建红
　　　　方凌志
州政府接待处
处　长
常务副处长　李　波
副处长　马灿宏
　　　　刀　奕
州政府法制办
主　任　许　安
副主任　郎　迁
州政府驻京联络处
主　任　王宏志
州政府驻沪联络处
主　任　周尧仁
州政府驻昆明办事处
主　任　方云洪
州住房公积金管理中心
主　任　邓云华
副主任　彭延湘
州政府应急办
主　任　周国庆
州机关事务管理处
处长　刘　瑛
西双版纳旅游度假区
管委会书记　纪开龙
管委会主任　柳壹华
管委会副主任　赵永疆
　　　　　　　岩糯香
　　　　　　　许　艺
　　　　　　　王　旅
　　　　　　　付开伟
景洪工业园区
党委书记、管委会主任　狄建民
党委副书记、管委会副主任　李忠华
　　　　　　　　　　　　陈　文
　　　　　　　　　　　　邹云贵
　　　　　　　　　　　　罗承辉
　　　　　　　　　　　　玉娜嫩
磨憨经济开发区
管委会主任　杨　辉

管委会副主任　马正云
张志印
唐志荣
罗　骏
浦　翔
胡平杰
李　杰
纳板河保护区管理局
局　长　杨　云
副局长　王东升
刘　峰
李子阳
景洪水电工程建设管理局
党委书记 局长　杜灿勋
副局长　胡晓林
饶文华
西双版纳公路路政管理支队
支队长　段跃星
政　委　张达智

▲口岸检验机构

西双版纳海关
片区海关党组书记、关长　杨　磊
片区海关党组成员、副关长　刀　楠
片区海关党组成员、副关长　李　军
片区海关党组成员、副关长　黄志勇
浦同斌
乔利东
缉私分局政委
缉私分局局长　葛文英
勐腊海关
关　长　师　轶
副关长　徐开良
李　斌
宋传宝
打洛海关
关　长　刘豫南
副关长　飘　查
金　海
西双版纳出入境检验检疫局
局　长　王学玉
副局长　许　坚
勐腊出入境检验检疫局
局　长　刘文斌
白　松
副局长　杨绍华
赵　文
西双版纳海事局
局　长　杨永林
秦宗模
副局长　艾建伟
刘荣明

▲科研机构

植物园
党委书记、园主任　陈　进
园副主任　曹　敏
园副主任、纪委书记　彭代军
园副主任、党委副书记　李宏伟
园主任助理、党政办主任　殷寿华
党政办副主任　马　铭
勐腊县人民政府副县长　黄加元
人事教育处处长　余宇平
人事教育处副处长　陈志云
科技外事处处长　胡华斌
科技外事处副处长　胡华斌
科技外事处事副处长　施　捍
科普网络信息中心主任　朱鸿祥
科普网络信息中心副主任　付永能
国有资产管理处副处长　杨海莲
园区建设办公室副主任　李德飞
昆明分部综合办主任　章　建
科普旅游部部长　赵越宁
园林园艺部副部长　胡建湘
经济植物推广站站长　唐寿贤
后勤中心主任　邓继武
后勤中心副主任　苏　飞
药植所
所　长　马小军
副书记、副所长　里　二
副所长　段立胜
副所长　陈　晓
鄢　姗
灵长类动物中心
主　任　阚友刚
副主任　尹联盛
茶科所
党委副书记、所长　王家金
党委书记、工会主席　陈啸云
纪委书记　浦绍柳
副所长　梁名志
何青元
罗向前
热作所
书　记、所长　李国华
副所长　倪书邦

杨　庄
李治松
陈克难
胡雪琼
杨旦红
党委副书记、纪委书记、工会主席　李存生
普文热带林业研究所
书　记　杨德军
所　长　陈宏伟
副所长　文　进
蒋云东
唐社云
普文实验林场场长　赵永红
西双版纳水文水资源局
书记、局长　陈　军
州气象局
局　长　谭志坚
副局长　凌升海
李湘云
李伟堂

▲学校医院

西双版纳职业技术学院
书　记　唐家华
院　长　李永义
常务副院长　聂　曲
副院长　王永坤
曾　勇
孔广学
方长生
李洪文
副书记　岩温胆
纪委书记　谢文灿
州第一中学
党总支书记、校长　王海波
党总支副书记　李雄飞
副校长　涂克怀
王凌红
王屯粮
崔马东
州第二中学
校　长　杨天云
副校长　胡　生
尹　峰
李雄晖
周海梅
州民族中学
书　记　李英昌
校　长　冯建伟
副校长　计永坤
刘正萍
州机关幼儿园
支部书记 园长　王惠玲
副园长　雷桂英
聂晓华
支部副书记　刀红英
州人民医院
党委书记、院长　马志强
副院长　张大勇
单西云
刘平华
党委副书记　许丽坤
州傣医院
院　长　段立纲
副院长　依腊波
谭志刚
州妇幼保健院
院　长　罗云支
副院长　蔡　骊
州疾控中心
主　任　范建华
副主任　来明月
李园园

▲金融部门

州人民银行
行　长　马咏洪
副行长　董加相
黄秀云
孙　翌
纪委书记　朱云贵
工委主　任　陈家奎
西双版纳银监分局
局　长　唐东宁
副局长　马　云
郑华宁
纪委书记　万跃斌
监管副调研员　黄文松
州工商银行
行　长　庞　东
副行长　李　芸
杨江平
陈丽华
纪委书记　向　明
州建设银行
党委书记、行长　赵建国

纪委书记　赵云盟
副行长　官树宝
　　　　江　文
风险主管　伍象征 2011.4～
工会主席　赵云盟(兼)
办公室主任　曾和平
人力资源部经理　马淑兰(女,回族)
人力资源部副经理　袁苏娅(女,彝族)
财务会计部经理　马晰玲(女)
财务会计部副经理　李美玉(女)
公司业务部经理　孙一清
公司业务部副经理　刀文凌(傣族)
个人金融部经理　郭　焰(女)
个人贷款中心经理　李云峰
风险管理部经理　练雪艳(女)
纪检监察部经理　庞江华(女)
纪检监察部副经理　李　振
工会副主席(正科级)　吕永平(傣族)
景洪辖区各网点
民航路支行
行　长　王　东
副行长　苏　华
营业主管　陈永红
西路支行
行　长　彭　湃
副行长　郭　琦(女)
营业主管　包纪军(女)
东路分理处
主　任　苏　丹
营业主管　李易玲(女)
旅游度假区分理处
主　任　王正贵
旅游度假区分理处营业
主　管　唐雪梅(女)
城南分理处
主　任　刘晓红(女)
营业主管　杨秀丽(女)
州中国银行
行　长　储　飞
副行长　陈　涛
　　　　郭艳明
纪委书记　武天钰
州农业银行
行　长　江崇云
副行长　陶　慧
　　　　尤新玲
　　　　杨　逵
　　　　尤新玲
　　　　赵立波
　　　　布文宇
州农发行
行　长　祁利华
副行长　李建昆
　　　　康万钟
州农村信用社
总经理　张建祥
州人民财产保险公司
总经理　易　清
副总经理　韦　元
　　　　　刘　军
中国人寿保险西双版纳分公司
党委书记、总经理　刘伟章
党委委员、副总经理　陈洪勇
党委委员、纪委书记、副总经理　王　玮
党委委员、总经理助理　魏　楠
富滇银行西双版纳分行
党委书记　行长　彭义伟
副行长　罗　荣
　　　　周　兴
　　　　孟　杰

企业单位

州烟草专卖局
党组书记、局长　彭　川
副局长、副经理　孙成国
副经理　陶建华
　　　　高贵云
西双版纳供电局
副书记、局长　洪　波
副书记、副局长　李绍奎
副局长　肖大舜
　　　　凌征仲
　　　　王昆林
纪委书记、工会主席　代桂民
州邮政局
局　长　徐建中
副局长　叶　才
　　　　白云春
中国电信股份有限公司西双版纳分公司
书　记　刀洪英
总经理　邹联合
副总经理　刘小平
　　　　　杨武斌
中国移动云南公司西双版纳分公司
总经理　武发虎

常务副总经理　高卫红
副总经理　韩庆华
中国联通西双版纳分公司
总经理　徐　冰
副总经理　顾　斌
　　　　　姚定祥
　　　　　刘志湘
西双版纳机场
党委书记　岩忠罕
总经理　马渝昆
副总经理　林鸿珊
　　　　　刀　宏
　　　　　王志军
　　　　　康　影
西双版纳公路总段
总段长　陶　华
纪委书记　段忠元
工会主席　穆柱辉
总工程师　杨江芳
副总段长　施德武
　　　　　金家荣
　　　　　韩树荣
昆曼交通运输集团总公司
董事长　吉建华
党委书记、总经理　徐龙福
副总经理　黄鼎泽
　　　　　吴其荣
　　　　　赵家学
党委副书记　赵建林
董　事　鲁建荣
监事会主席　陶　云
工会主席　钱京京

华能景洪水电厂
厂长　杜灿勋
云南广电网络西双版纳分公司
总经理　李建伟
副总理　谭绪耀
　　　　任文清
　　　　和桥寿
　　　　刘　娟

▲军警部队

西双版纳军分区
司令员　樊焕祥
政　委　徐德清
武警支队
支队长　郭　方
第一政委　王方荣
政　委　冯贵富
副支队长　刘乔艳
副政委　韦永会
参谋长　肖红中
政治部主任　刘文来
后勤处处长　彭路生
武警公安边防支队
支队长　金尚文
政　委　张舜华
副支队长　张志学
　　　　　卓　军
副政委　张宏文
参谋长　杨正友
政治处主任　李永先
后勤处处长　李　团
武警景洪港边防检查站
站　长　田文乾
政　委　冉国成
副政委　刘勇军
副站长　杨国锋
办公室主任　刘传宝
武警西双版纳机场边防检查站
站　长　陆定才
政　委　刘先锋
副站长　张宝顺
　　　　张宝顺
　　　　和东惠
　　　　邱志刚
　　　　李浩亮
武警磨憨边防检查站
站　长　陈文广
政　委　谢万军
副政委　肖永谊
副站长　姜　兵
　　　　李荣发
　　　　付绍发
　　　　陈洪三
　　　　杜其伦
武警打洛边防检查站
站　长　赵永奇
政　委　徐章谷
副站长　吴文俊
业务处处长　赵兴杰
办公室主任　朱绍平
武警消防支队
支队长　吴惠民

政　委　洪振华
副支队长　曹　卿
参谋长　刁春林
政治处主任　黎艳华
　　农为群
后勤处处长　何文春
防火处处长　康　林
州森警大队
大队支　周东辉
正　委　温树彬
州公安局
党委书记、局长　王方荣
党委副书记、党务副局长　王　超
党委委员、副局长　张坤义　李晋鸿　岩　香
党委委员、副局长、交警支队长　李立新
党委委员、纪委书记　游建华
党委委员、政治部主任　张晓明
警卫处
处　长　黄　健
州公安交警支队
支队长　李立新
副支队长　朱国庆
　　聂咏忠
州森林公安局
局　长　王　超
副局长　李志平
政治处主任　李小泉
州禁毒劳教所
所　长　张坤义
副所长　崔庆黎
　　王新胜
　　陶家伟
政治处主任　王先荣
景洪监狱
书记、政委　周德华
副书记、监狱长　周智育
副政委　王若愚
副监狱长　周立权
　　黄履健
　　杨继田
　　邓长明
　　石崇会
纪委书记　文建刚
总农艺师　陈小祥
工会主席　马光斌
州国家安全局
局　长　张凌云

● **非公企业和民间社团负责人**

杨君华　西双版纳浙商集团董事长、州浙江商会会长
黄康雄　西双版纳乾龙房地产公司董事长、州湖南商会会长
李建国　西双版纳鼎鑫房地产公司董事长、州重庆商会会长
王　魏　云南金版纳翡翠有限责任公司董事长、州珠宝协会会长
彭天生　景洪恒信对外贸易有限责任公司董事长
李建良　景洪浩宇房地产开发有限公司总经理
岩罕么　景洪市勐罕镇曼列胶厂董事长
张世定　光明食品集团云南石斛生物科技开发有限公司副总经理

● **驻州新闻媒体及民间经合组织负责人**

张建祥　云南省农村信用社联合社西双版纳办事处主任
彭义伟　富滇银行股份有限公司西双版纳分行行长
赵汝碧　云南日报社驻西双版纳分社社长
赵建军　民族时报西双版纳周刊负责人

职　称　表

2011 年在职高级职称人员

姓　名	性别	民族	工作单位	职　　称	任职时间
陈　进	男	汉	中国科学院西双版纳热带植物园	研究员	2000. 11
曹　敏	男	汉	中国科学院西双版纳热带植物园	研究员	1997. 12
周浙昆	男	汉	中国科学院西双版纳热带植物园	研究员	2010. 1
杨大荣	男	汉	中国科学院西双版纳热带植物园	研究员	1995. 10

姓　名	性别	民族	工作单位	职　　称	任职时间
朱　华	男	汉	中国科学院西双版纳热带植物园	研究员	1996. 12
刘文耀	男	汉	中国科学院西双版纳热带植物园	研究员	1997. 12
马友鑫	男	汉	中国科学院西双版纳热带植物园	研究员	1997. 12
张一平	男	汉	中国科学院西双版纳热带植物园	研究员	1998. 12
曹坤芳	男	汉	中国科学院西双版纳热带植物园	研究员	1999. 12
李庆军	男	白	中国科学院西双版纳热带植物园	研究员	2001. 6
邹晓明	男	汉	中国科学院西双版纳热带植物园	研究员	2002. 9
余迪求	男	汉	中国科学院西双版纳热带植物园	研究员	2002. 12
宋启示	男	汉	中国科学院西双版纳热带植物园	研究员	2003. 10
李　捷	男	汉	中国科学院西双版纳热带植物园	研究员	2003. 10
刘文杰	男	汉	中国科学院西双版纳热带植物园	研究员	2009. 6
高江云	男	汉	中国科学院西双版纳热带植物园	研究员	2009. 6
胡华斌	男	汉	中国科学院西双版纳热带植物园	高级工程师（正高级）	2003. 10
付　昀	女	汉	中国科学院西双版纳热带植物园	高级工程师（正高级）	2011. 1
刘爱忠	男	汉	中国科学院西双版纳热带植物园	研究员	2008. 6
刘方邻	男	汉	中国科学院西双版纳热带植物园	研究员	2008. 1
徐增富	男	汉	中国科学院西双版纳热带植物园	研究员	2007. 11
杨效东	男	汉	中国科学院西双版纳热带植物园	研究员	2009. 6
ZHEN FANG	男		中国科学院西双版纳热带植物园	研究员	2007. 4
Charles Harvey Cannon	男		中国科学院西双版纳热带植物园	研究员	2007. 7
Johan Willem Frederik Slik	男		中国科学院西双版纳热带植物园	研究员	2009. 6
郑　征	男	汉	中国科学院西双版纳热带植物园	副研究员	1994. 12
殷寿华	男	汉	中国科学院西双版纳热带植物园	副研究员	1995. 8
杨成源	男	汉	中国科学院西双版纳热带植物园	副研究员	1997. 7
沙丽清	男	汉	中国科学院西双版纳热带植物园	副研究员	1997. 10
陈爱国	男	汉	中国科学院西双版纳热带植物园	副研究员	1997. 10
唐建维	男	汉	中国科学院西双版纳热带植物园	副研究员	1997. 10
夏永梅	女	白	中国科学院西双版纳热带植物园	副研究员	1997. 10
任新军	男	汉	中国科学院西双版纳热带植物园	副研究员	2000. 11
盛才余	男	汉	中国科学院西双版纳热带植物园	副研究员	2000. 11

姓　名	性别	民族	工作单位	职　称	任职时间
杨　清	男	汉	中国科学院西双版纳热带植物园	副研究员	2002. 1
纳　智	男	回	中国科学院西双版纳热带植物园	副研究员	2004. 1
张　玲	女	汉	中国科学院西双版纳热带植物园	副研究员	2004. 1
许又凯	男	汉	中国科学院西双版纳热带植物园	副研究员	2004. 1
蔡传涛	男	汉	中国科学院西双版纳热带植物园	副研究员	2004. 1
李巧明	女	汉	中国科学院西双版纳热带植物园	副研究员	2005. 1
彭艳琼	女	汉	中国科学院西双版纳热带植物园	副研究员	2006. 2
唐　勇	男	汉	中国科学院西双版纳热带植物园	副研究员	2006. 2
沈有信	男	汉	中国科学院西双版纳热带植物园	副研究员	2006. 2
蔡志全	男	汉	中国科学院西双版纳热带植物园	副研究员	2007. 6
权锐昌	男	汉	中国科学院西双版纳热带植物园	副研究员	2007. 8
张石宝	男	汉	中国科学院西双版纳热带植物园	副研究员	2006. 7
李红梅	女	汉	中国科学院西双版纳热带植物园	副研究员	2009. 6
文　彬	男	汉	中国科学院西双版纳热带植物园	副研究员	2009. 6
李黎明	女	白	中国科学院西双版纳热带植物园	副 译 审	1997. 12
张　音	女	汉	中国科学院西双版纳热带植物园	副主任医师	2003. 8
刘玉洪	男	汉	中国科学院西双版纳热带植物园	高级工程师	1997. 10
王　洪	男	汉	中国科学院西双版纳热带植物园	高级实验师	1997. 10
甘建民	男	汉	中国科学院西双版纳热带植物园	高级工程师	2000. 11
王　玲	女	汉	中国科学院西双版纳热带植物园	高级工程师	2000. 11
邓晓保	男	瑶	中国科学院西双版纳热带植物园	高级实验师	1993. 6
李保贵	男	汉	中国科学院西双版纳热带植物园	高级实验师	2000. 11
唐寿贤	男	汉	中国科学院西双版纳热带植物园	高级实验师	2001. 9
朱鸿祥	男	汉	中国科学院西双版纳热带植物园	高级实验师	2002. 1
周双云	女	汉	中国科学院西双版纳热带植物园	高级实验师	2002. 1
胡建湘	女	汉	中国科学院西双版纳热带植物园	高级实验师	2002. 1
兰芹英	女	汉	中国科学院西双版纳热带植物园	高级实验师	2006. 1
张远辉	男	汉	中国科学院西双版纳热带植物园	高级实验师	2009. 6
陈吉岳	男	汉	中国科学院西双版纳热带植物园	副研究员	2010. 10
何瑞华	男	汉	中国科学院西双版纳热带植物园	高级实验师	2010. 4
郎天戈	男	汉	中国科学院西双版纳热带植物园	副研究员	2011. 3
类延宝	男	汉	中国科学院西双版纳热带植物园	副研究员	2010. 8
林露湘	男	汉	中国科学院西双版纳热带植物园	副研究员	2010. 10

姓　名	性别	民族	工作单位	职　称	任职时间
施济普	男	汉	中国科学院西双版纳热带植物园	高级实验师	2010. 4
王西敏	男	汉	中国科学院西双版纳热带植物园	高级实验师	2011. 10
肖龙骞	男	汉	中国科学院西双版纳热带植物园	副研究员	2010. 10
许　勇	男	汉	中国科学院西双版纳热带植物园	高级实验师	2010. 10
杨海鸥	男	汉	中国科学院西双版纳热带植物园	高级实验师	2010. 10
张教林	男	汉	中国科学院西双版纳热带植物园	副研究员	2010. 8
Douglas Allen Schaefer	男		中国科学院西双版纳热带植物园	副研究员	2008. 1
Rhett D. Harrison	男		中国科学院西双版纳热带植物园	副研究员	2009. 4
Frederic Marie Bernard Jacques	男		中国科学院西双版纳热带植物园	副研究员	2011. 10
王云花	女	汉	西双版纳水文分局	副高级工程师	2007. 8
卢　海	男	汉	西双版纳水文分局	副高级工程师	2005. 8
唐誉俊	男	汉	西双版纳水文分局	副高级工程师	2010. 8
李彦科	男	傣	西双版纳水文分局	副高级工程师	2011. 8
刘永胜	男	汉	西双版纳州教育研究所	高级	2011. 7
李　萍	女	拉祜	西双版纳州第一中学	高级	2011. 7
张　祥	男	汉	西双版纳州第一中学	高级	2011. 7
董焕云	女	汉	西双版纳州第二中学	高级	2011. 7
罗云红	女	汉	西双版纳州第二中学	高级	2011. 7
高海蓉	女	汉	西双版纳州第二中学	高级	2011. 7
黄　蓓	女	汉	西双版纳州第二中学	高级	2011. 7
毕金花	女	哈尼	景洪市大渡岗中学	高级	2011. 7
李永红	男	汉	景洪市大渡岗中学	高级	2011. 7
苏　荣	男	汉	景洪市大渡岗中学	高级	2011. 7
杨家权	男	汉	景洪市第二中学	高级	2011. 7
石　林	男	汉	景洪市第二中学	高级	2011. 7
董建满	男	汉	景洪市第二中学	高级	2011. 7
潘祯聪	男	哈尼	景洪市第二中学	高级	2011. 7
刘　宇	男	汉	景洪市第二中学	高级	2011. 7
钟　敏	男	汉	景洪市第二中学	高级	2011. 7
张云芬	女	彝	景洪市第二中学	高级	2011. 7

姓　名	性别	民族	工作单位	职　称	任职时间
罗　丹	女	汉	景洪市第三中学	高级	2011.7
刘崇华	男	汉	景洪市第三中学	高级	2011.7
夏培衔	男	汉	景洪市第三中学	高级	2011.7
邱翠环	女	汉	景洪市第三中学	高级	2011.7
汪中云	男	汉	景洪市第三中学	高级	2011.7
周智勇	男	汉	景洪市第三中学	高级	2011.7
蔡汝忠	男	彝	景洪市第三中学	高级	2011.7
王国明	男	汉	景洪市第三中学	高级	2011.7
范幸生	男	汉	景洪市第四中学	高级	2011.7
周训海	男	汉	景洪市第四中学	高级	2011.7
李　勇	男	汉	景洪市第四中学	高级	2011.7
陈德甫	男	汉	景洪市第四中学	高级	2011.7
宁跃云	男	汉	景洪市第四中学	高级	2011.7
张丽霞	女	白	景洪市第四中学	高级	2011.7
邹湘春	女	汉	景洪市第五中学	高级	2011.7
王　云	女	汉	景洪市第五中学	高级	2011.7
邹彩虹	女	汉	景洪市嘎洒镇嘎栋中学	高级	2011.7
陈建伟	男	基诺	景洪市景哈乡中学	高级	2011.7
刘千秋	男	汉	景洪市勐罕镇中学	高级	2011.7
李艳华	女	汉	景洪市勐罕镇中学	高级	2011.7
周晓梅	女	汉	景洪市勐罕镇中学	高级	2011.7
叶振新	男	汉	景洪市勐罕镇中学	高级	2011.7
宋银辉	女	哈尼	景洪市勐罕镇中学	高级	2011.7
姜明吉	男	汉	景洪市勐罕镇中学	高级	2011.7
邹高和	男	汉	景洪市勐罕镇中学	高级	2011.7
匡　麟	男	汉	景洪市勐龙镇小街中学	高级	2011.7
李春围	男	汉	景洪市勐龙镇小街中学	高级	2011.7
李定发	男	汉	景洪市勐旺乡中学	高级	2011.7
黄明芬	女	汉	景洪市民族中学	高级	2011.7
姚家元	男	彝	景洪市民族中学	高级	2011.7
蒋建华	男	汉	景洪市普文中学	高级	2011.7
何　华	女	汉	景洪市职业中学	高级	2011.7

姓 名	性别	民族	工作单位	职 称	任职时间
何 琳	女	汉	景洪市职业中学	高级	2011.7
刘 伟	男	汉	景洪市职业中学	高级	2011.7
曹 红	女	汉	景洪市职业中学	高级	2011.7
刘瑞琼	女	拉祜	景洪市职业中学	高级	2011.7
罗平健	女	彝	景洪市职业中学	高级	2011.7
杨德清	男	哈尼	景洪市职业中学	高级	2011.7
罗华君	女	汉	景洪市职业中学	高级	2011.7
高咏梅	女	拉祜	景洪市职业中学	高级	2011.7
何川江	男	汉	勐海县打洛镇中学	高级	2011.7
胡 凌	女	汉	勐海县第三中学	高级	2011.7
冯 云	女	哈尼	勐海县第三中学	高级	2011.7
王秀芳	女	傣	勐海县第一中学	高级	2011.7
段 平	男	汉	勐海县第一中学	高级	2011.7
罗永惠	女	汉	勐海县第一中学	高级	2011.7
罗 彬	女	傣	勐海县第一中学	高级	2011.7
李国营	男	汉	勐海县第一中学	高级	2011.7
万文军	女	汉	勐海县黎明中学	高级	2011.7
徐建萍	女	汉	勐海县黎明中学	高级	2011.7
郭勇敢	男	汉	勐海县黎明中学	高级	2011.7
文国红	女	汉	勐海县黎明中学	高级	2011.7
高伟琼	女	汉	勐海县黎明中学	高级	2011.7
林建辉	女	汉	勐海县黎明中学	高级	2011.7
曹雪燕	女	汉	勐海县勐阿镇中学	高级	2011.7
吴春光	女	汉	勐海县勐海镇曼贺九义学校	高级	2011.7
陈 龙	男	拉祜	勐海县勐海镇中学	高级	2011.7
周桂仙	女	傈僳	勐海县勐往乡中学	高级	2011.7
叶向高	男	彝	勐海县勐遮镇嘎拱九义学校	高级	2011.7
苏有阳	男	汉	勐海县勐遮镇曼恩九义学校	高级	2011.7
娄成美	女	汉	勐海县民族中学	高级	2011.7
张 健	男	汉	勐海县民族中学	高级	2011.7
欧阳如蓉	女	汉	勐海县民族中学	高级	2011.7
李建华	男	拉祜	勐海县职业高级中学	高级	2011.7

姓　名	性别	民族	工作单位	职　称	任职时间
徐声明	男	汉	勐海县职业高级中学	高级	2011.7
陈小聪	女	汉	勐腊县第二中学	高级	2011.7
郑运超	男	汉	勐腊县第二中学	高级	2011.7
陈　瑜	女	汉	勐腊县第二中学	高级	2011.7
周延锋	男	汉	勐腊县第一中学	高级	2011.7
肖　芸	女	汉	勐腊县第一中学	高级	2011.7
王立新	男	汉	勐腊县第一中学	高级	2011.7
李艳云	女	汉	勐腊县第一中学	高级	2011.7
周世云	女	汉	勐腊县第一中学	高级	2011.7
张文军	男	汉	勐腊县第一中学	高级	2011.7
岩　对	男	傣	勐腊县勐哈中学	高级	2011.7
黄建南	女	汉	勐腊县勐哈中学	高级	2011.7
黄建华	男	汉	勐腊县勐哈中学	高级	2011.7
朱康林	男	汉	勐腊县勐腊镇中学	高级	2011.7
曾燕丽	女	汉	勐腊县勐仑中学	高级	2011.7
凌升云	男	汉	勐腊县勐仑中学	高级	2011.7
王忠明	男	汉	勐腊县勐仑中学	高级	2011.7
屈立新	男	汉	勐腊县勐满中学	高级	2011.7
蒋建红	男	汉	勐腊县勐满中学	高级	2011.7
张宗能	男	汉	勐腊县勐捧中学	高级	2011.7
雷明英	女	汉	勐腊县勐捧中学	高级	2011.7
陈顺强	男	汉	勐腊县勐润中学	高级	2011.7
王　勇	男	汉	勐腊县勐醒九年一贯制学校	高级	2011.7
朱庆云	女	汉	勐腊县民族中学	高级	2011.7
王阳生	男	汉	勐腊县南腊中学	高级	2011.7
王荣华	女	汉	勐腊县南腊中学	高级	2011.7
叶美琼	女	佤	勐腊县南腊中学	高级	2011.7
邓兴文	男	汉	勐腊县象明中学	高级	2011.7
高发倡	男	彝	勐腊县易武中学	高级	2011.7
马丽明	女	哈尼	勐腊县职业高级中学	高级	2011.7
周新强	男	汉	勐腊县职业高级中学	高级	2011.7
陈　俊	女	汉	勐腊县职业高级中学	高级	2011.7

姓 名	性别	民族	工作单位	职 称	任职时间
马志强	男	汉	西双版纳州人民医院	党委书记、院长	1998. 10 至今
张大勇	男	汉	西双版纳州人民医院	副院长	1993. 10 至今
单西云	男	布朗	西双版纳州人民医院	副院长	1996. 8 至今
许丽坤	女	傣	西双版纳州人民医院	党委副书记、纪委书记	2003. 1 至今
刘平华	男	汉	西双版纳州人民医院	副院长	2008. 5 至今
李学兰	女	彝	药植所	所长	2005. 3
里 二	男	哈尼	药植所	副书记	2005. 3
里 二	男	哈尼	药植所	副所长	2005. 3
里 二	男	哈尼	药植所	工会主席	2007. 6
里 二	男	哈尼	药植所	人事科长	2003. 1
段立胜	男	傣	药植所	副所长	2005. 5
唐红荣	男	汉	药植所	党办主任	2011. 3
鄢 姗	女	汉	药植所	所办主任	2010. 4
李永辉	男	拉祜	药植所	保卫科科长	2005. 8
童 弘	女	傣	药植所	科研保障中心主任	2005. 8
李 戈	男	汉	药植所	栽培中心主任	2010. 4
张丽霞	女	汉	药植所	资源中心主任	2010. 4
汪云刚	男	汉	云南省农业科学院茶叶研究所	副研究员	2001. 8
梁名志	男	汉	云南省农业科学院茶叶研究所	研究员	2010. 7
浦绍柳	男	汉	云南省农业科学院茶叶研究所	副研究员	2007. 7
季鹏章	男	壮	云南省农业科学院茶叶研究所	副研究员	2007. 7
何青元	男	汉	云南省农业科学院茶叶研究所	副研究员	2007. 9
唐一春	男	汉	云南省农业科学院茶叶研究所	副研究员	2009. 7
刘德和	男	汉	云南省农业科学院茶叶研究所	副研究员	2009. 7
刘本英	男	汉	云南省农业科学院茶叶研究所	副研究员	2010. 9
罗琼仙	女	汉	云南省农业科学院茶叶研究所	高级工程师	2011. 9
李训伟	男	汉	州质监站	高级工程师	1997. 9
吴寿琼	女	苗	州设计院	高级工程师	2001. 8
严 彬	男	汉	州设计院	高级工程师	2003. 8
肖云吉	男	回	州设计院	高级工程师	2004. 8
张定华	男	白	州质监站	高级工程师	2005. 8
黄渝娥	女	汉	州设计院	高级工程师	2006. 8

姓　名	性别	民族	工作单位	职　称	任职时间
曾远华	男	汉	州设计院	高级工程师	2007.8
邹明生	男	汉	州设计院	高级工程师	2008.8
胡　军	男	汉	州质监站	高级工程师	2008.8
李　水	女	汉	州设计院	高级工程师	2008.8
旷　飞	男	汉	州质监站	高级工程师	2008.8
杨　勇	男	汉	州设计院	高级工程师	2009.8
李建幸	男	汉	州风景所	高级工程师	2011.8
李云君	女	汉	州质监站	高级工程师	2011.8
罗晓刚	男	拉祜	州设计院	高级工程师	2011.8
董国权	男	白族	西双版纳州中级人民法院	三级高级法官	2009.9
线东明	男	傣族	西双版纳州中级人民法院	一级高级法官	2005.6
杨　永	男	汉族	西双版纳州中级人民法院	二级高级法官	2009.1
王丽萍	女	汉族	西双版纳州中级人民法院	三级高级法官	2005.3
刀志宏	男	傣族	西双版纳州中级人民法院	三级高级法官	2004.11
吴邦胜	男	汉	西双版纳州中级人民法院	三级高级法官	2011.4
杨川云	男	彝族	西双版纳州中级人民法院	三级高级法官	2005.8
沈　云	男	汉	西双版纳州中级人民法院	三级高级法官	2008.11
岩罕巴	男	傣族	西双版纳州中级人民法院	三级高级法官	2002.11
姬海春	男	汉族	西双版纳州中级人民法院	三级高级法官	2009.3
龚知贵	男	汉族	西双版纳州中级人民法院	三级高级法官	2010.11
左　璐	女	基诺	西双版纳州中级人民法院	三级高级法官	2006.6
陈尤春	男	汉族	西双版纳州中级人民法院	三级高级法官	2010.11
王　翔	女	傣族	西双版纳州中级人民法院	四级高级法官	2002.11
刀忠民	男	傣族	西双版纳州中级人民法院	三级高级法官	2011.6
胡志坚	男	汉族	西双版纳州中级人民法院	三级高级法官	2010.11
杨　斌	男	哈尼	西双版纳州中级人民法院	三级高级法官	2011.5
史亚奎	男	汉族	西双版纳州中级人民法院	四级高级法官	2006.11
唐立生	男	汉族	西双版纳州中级人民法院	三级高级法官	2008.11
马　云	男	汉族	西双版纳州中级人民法院	四级高级法官	2006.11
奚　玲	女	汉族	西双版纳州中级人民法院	四级高级法官	2006.11
昝爱民	男	汉族	西双版纳州中级人民法院	四级高级法官	2006.11
刀俊成	男	哈尼	西双版纳州中级人民法院	四级高级法官	2006.11

姓　名	性别	民族	工作单位	职　称	任职时间
张少明	男	汉族	西双版纳州中级人民法院	四级高级法官	2006. 11
岩　永	男	傣族	西双版纳州中级人民法院	四级高级法官	2006. 11
岩　对	男	傣族	西双版纳州中级人民法院	四级高级法官	2006. 11
谢建军	男	汉族	西双版纳州中级人民法院	四级高级法官	2010. 11
李　燕	女	布依族	西双版纳州中级人民法院	四级高级法官	2009. 4
姚丽诚	男	壮族	西双版纳州中级人民法院	三级高级法官	2011. 5
谢　飞	男	傣族	西双版纳州中级人民法院	四级高级法官	2004. 9
刘树华	女	壮族	西双版纳州中级人民法院	四级高级法官	2010. 5
陈福兴	男	汉族	西双版纳州中级人民法院	四级高级法官	2010. 5
李学兰			药植所云南分所	研究员	2008. 11
朱　涛			药植所云南分所	副研究员	1998. 3
彭建明			药植所云南分所	副研究员	2000. 7
唐德英			药植所云南分所	副研究员	2003. 10
马　洁			药植所云南分所	副研究员	2005. 12
王云娇			药植所云南分所	副研究员	2006. 8
段立胜			药植所云南分所	副研究员	2008. 11
里　二			药植所云南分所	副主任技师	2006. 8
李荣英			药植所云南分所	副主任技师	2005. 12
林　威			药植所云南分所	助理研究员	1990. 12
兰　军			药植所云南分所	助理研究员	1995. 4
王云强			药植所云南分所	助理研究员	2003. 10
管燕红			药植所云南分所	副研究员	2011. 7
张丽霞			药植所云南分所	副研究员	2010. 7
管志斌			药植所云南分所	助理研究员	2004. 7
游建军			药植所云南分所	主管技师	1998. 3
彭朝忠			药植所云南分所	主管技师	2001. 9
张永云			药植所云南分所	主管技师	2006. 8
李　戈			药植所云南分所	助理研究员	2010. 9
赵俊凌			药植所云南分所	助理研究员	2010. 9
杨春勇			药植所云南分所	助理研究员	2010. 7
张忠廉			药植所云南分所	助理研究员	2011. 9
李昌松			药植所云南分所	助理研究员	2011. 4
张苏琼			药植所云南分所	会计师	2003. 9

姓　名	性别	民族	工作单位	职　　称	任职时间
吴　裕			省热作所	副研究员	2011.7.8
肖春云			省热作所	高级农艺师	2011.7.27
周红龙			省热作所	高级农艺师	2011.7.27
李发昌			省热作所	农艺师	2011.7.27
胡永华			省热作所	农艺师	2011.7.27
蒙桂萍			省热作所	农艺师	2011.7.27
郭刚军			省热作所	助理研究员	2011.10.1
殷振华			省热作所	助理研究员	2011.10.1
宫丽丹			省热作所	助理研究员	2011.11.1
曹　暘			省热作所	助理研究员	2011.10.1
祁　娴			省热作所	会计师	2011.5.14

附　录

责任编辑：周琼华

政府工作报告

——2012年3月24日在西双版纳傣族自治州第十二届人民代表大会第一次会议上

州长　刀林荫

各位代表：

现在，我代表州人民政府，向大会报告政府工作，请予审议，并请州政协委员和列席人员提出意见。

一、过去5年工作回顾

州十一届人大一次会议以来的5年，是我州改革发展进程中极不平凡的5年。5年来，在省委、省政府和州委的领导下，在州人大及其常委会、州政协的监督支持下，在历届州政府打下的良好基础上，我们以邓小平理论和"三个代表"重要思想为指导，深入贯彻落实科学发展观，积极应对国际金融危机，努力克服物价上涨压力较大、自然灾害严重等困难，全力以赴保增长、控物价、调结构、惠民生、抓改革、促和谐，圆满完成了"十一五"规划和州十一届人大一次会议确定的各项目标任务，实现了"十二五"良好开局，为加快推进科学发展、和谐发展、跨越发展奠定了坚实基础。

5年来，我们主要做了以下工作：

（一）聚精会神抓发展，综合实力跨上新台阶

10项主要经济指标实现了翻番。生产总值从91.5亿元增加到197.7亿元，年均增长12.3%；财政总收入从7.2亿元增加到28.3亿元，年均增长31.6%；财政一般预算收入从4.8亿元增加到17.6亿元，年均增长29.6%；财政一般预算支出从16.6亿元增加到67.1亿元，年均增长32.3%；固定资产投资从63.4亿元增加到138.5亿元，年均增长17%；农民人均纯收入从2412元增加到5327元，年均增长17.2%；社会消费品零售总额从24.9亿元增加到60.7亿元，年均增长19.5%；对外经济贸易总额从3.2亿美元增加到11.6亿美元，年均增长29.3%；接待国内外游客从359.7万人次增加到1012.7万人次，年均增长23%；旅游综合收入从27.3亿元增加到100亿元，年均增长28%；规模以上工业增加值从13.3亿元增加到32亿元，年均增长18.4%。城镇居民人均可支配收入保持较快增长，从8425元增加到14815元，年均增长12%。人口自然增长率控制在6.3‰以内，城镇登记失业率控制在3%以内，单位生产总值能耗下降21%。

经济结构战略性调整取得突破。新型工业化加快推进。3个工业园区建设取得重大进展，启动实施了128个非电工业项目，总投资达到31.8亿元。非公有制经济增加值达到72亿元，在生产总值中的比重由31%提高到36.4%，实现了三分天下有其一的目标。以旅游业为龙头的第三产业加快发展。旅游二次创业成效显著，植物园成功创建国家5A级景区，4A级景区达到7个，三星级以上酒店达到20个。西双版纳至老挝琅勃拉邦旅游环线得到国家旅游局批准，滨江果园避寒度假山庄等一批旅游重大基础设施项目建成投入使用，西双版纳国际旅游度假区等一批重大项目加快推进。勐罕镇、嘎洒镇曼景法村分别被评为全国特色景观旅游名镇和名村，全省旅游产业发展大会在我州召开。城乡消费市场活跃，移动电话

用户达到102万户，互联网用户达到13万户，新建、改扩建8个物流配送中心、14个城乡农集贸市场、754个农家店和便民店。三次产业结构由2006年的34.3:25.9:39.8调整为2011年的28.8:30.3:40.9。

(二)推动大项目带动大发展，发展基础得到新提升

重点项目建设强力推进，每年扎实抓好20个重大建设项目，保持了重点领域投资较快增长。累计完成交通建设投资24亿元，年均增长17.3%。小磨、景大、佛打、勐海至惠民高等级公路建成通车，西双版纳机场改扩建加快推进，澜沧江码头建设全面提速，新建农村柏油路506公里，县(市)、口岸公路实现高等级化，乡(镇)公路实现油路化，行政村道路全部完成晴雨通车改造。累计完成水利建设投资14亿元，年均增长33%。大沙坝、勐宋水库等一批骨干水源工程相继建成，曼飞龙、曼岭等14座病险水库除险加固全面完成，黄草岭、曼满、勐仑水库等一批重大水利项目启动实施，新建防渗沟渠360公里，新增水库库容8900万立方米，水利化程度达到47%。累计完成能源建设投资90亿元，景洪电站、流沙河梯级电站等投产发电，景洪至墨江等一批骨干电网工程建成投入使用，小黑江流域水电资源综合开发加快推进。累计完成城镇基础设施建设投资28亿元，年均增长15%。城乡规划实现全覆盖，《西双版纳风景名胜区规划》修编得到国务院批准；推进澜沧江景洪段沿江开发，沧江新区建设初见成效，启动引水入城、沙河新区等一批重大城市建设项目，景洪中心城市的地位进一步提升；勐海、勐腊县城建设成效显著，西双版纳旅游度假区、磨憨经济开发区建设步伐加快；“热、傣、水、边”的城镇民族特色和地域特色进一步彰显，城镇化率达到40%。建设资金来源多渠道，累计争取中央、省各项补助140亿元，年均增长32.6%；金融为地方经济发展作出了积极贡献，5年累计新增贷款112.5亿元。

(三)加快社会主义新农村建设，广大农村展现新面貌

“三农”工作不断加强。全面落实强农惠农富农政策，兑现各类涉农补贴19.8亿元，农林水事务支出28亿元，年均增长37.5%。大规模培训胶农、茶农和特色种养殖能手，培训农村劳动力12万人次，转移农村劳动力9.5万人。加快推进农业产业化，粮食生产保持稳定，冬季农业开发达到48万亩，发展农业产业化经营组织568个、农业产业化龙头企业70个、农民专业合作社134个，培育中国名牌产品3个、云南名牌农产品6个、云南著名商标23个。“大益”商标被认定为中国驰名商标，勐海茶厂被列为国家农业产业化重点龙头企业，农业产业化龙头企业销售收入突破40亿元。橡胶、茶叶、蔗糖等传统产业进一步巩固提升，汉麻、石斛等新兴产业加快发展，生物产业总产值达到113亿元，年均增长18%。推进500个新农村示范村建设，实施9个乡(镇)的山区综合开发。完成农村电网改造8.6万户，改造中低产田地28万亩、中低产林41万亩，解决了30万农村人口饮水困难和饮水安全问题。5年投入农村基础设施建设资金13.4亿元。

“兴边富民”工程和边疆解“五难”惠民工程成效显著。建设农村科技活动室233个、村卫生室115个，新建和改扩建34个乡(镇)级卫生院、23个计生服务站和乡(镇)计生服务所。累计投入扶贫资金6亿元，解决4.56万贫困人口的温饱问题，“兴边富民”工程让边境沿线各民族村寨的47.8万群众受益。实施贫困村整村推进，加大山区综合开发，大力扶持人口较少民族和库区移民发展，克木人整体达到当地中等以上生活水平，38个人口较少民族行政村全部实现“四通五有三达到”目标，投入库区移民扶持发展资金7800万元，库区移民生产生活条件大幅改善。

(四)大力推进改革开放，经济社会发展迸发新活力

各项改革统筹推进。顺利完成乡(镇)机构改革、政府机构改革、集体林权制度主体改革、农村土地承包经营权证补换发工作。启动实施医药卫生体制改革，国家基本药物制度初步建立。农垦改革稳步推进，农场承包户人均收入大幅增加。预算管理制度、国库集中支付改革不断推进，农村公益事业“一事一议”财政奖补全面实施。推进供销社二次创业，供销社整体实现扭亏为盈。金融、投融资体制改革不断深化，科技、教育、文化、水利等各项改革加快推进。

对外开放不断扩大。启动磨憨—磨丁中老跨境经济合作区建设，建立中老泰“三国六方”合作机制，澜沧江·湄公河流域国家文化艺术节提升为省级艺术节。打洛口岸升格为国家一类口岸，磨憨联检楼等一批口岸基础设施建成投入使用，启动实施蔬菜换石油、花卉换水果、冷果换热果“三换贸易”。配合国家有关部门妥善处理“10·5”中国船只湄公河遇袭事件，开展中老缅泰湄公河联合巡逻执法。企业“走出去”工作取得新成效，在老挝北部五省建立5个农业科技试验示范园。推进央企、民企入州，累计引进州外到位资金

188.2 亿元,实际利用外资 2645 万美元。

(五)更加注重社会事业发展,民生保障得到新改善

社会事业加快推进。公共财政优先投向民生领域,全州各级财政用于民生领域的支出达 130 亿元,占财政一般预算支出的 70%。科技进步通过国家考核,科技对经济增长的贡献率达 50.3%。"两基"教育通过国家检查验收,免除农村寄宿制学生住宿费,享受生活补助的学生达 43.3 万人次。州民中新校区和景洪特殊教育学校建成投入使用,启动西双版纳职业技术学院新校区、州一中、州二中标准化建设和 15 所乡(镇)幼儿园建设,高中阶段毛入学率达到 54.5%,适龄幼儿入园率达到 71%。中小学校安工程和区域布局调整取得重大进展,累计投入 20 亿元,排除中小学危房 21.2 万平方米,新建校舍 52.1 万平方米。州傣医院完成搬迁重建,州、县(市)、乡(镇)卫生基础设施大幅改善。新型农村合作医疗参合率达到 97.8%,高于全省平均水平 1.8 个百分点,累计补贴资金 3.2 亿元。城镇职工、城镇居民基本医疗保险提标扩面,最高支付限额达到职工平均工资和居民可支配收入的 6 倍。疾病预防控制体系进一步完善,孕产妇死亡率、婴儿死亡率、传染病发病率分别下降到 33.9/10 万、13‰和 267/10 万。傣药材标准研究取得新成果,食品药品安全监管不断加强。全面落实计划生育惠民政策,保持了稳定的低生育水平。文化事业繁荣发展。民族博物馆建成投入使用,《中国贝叶经》100 卷出版发行,11 个项目被列入国家非物质文化遗产保护名录。傣文数字化研发取得新进展,《西双版纳傣文报》居全省民族文报发行之首。文化体育基础设施大幅改善,新建和改扩建 400 块篮球场、40 个村文化室、244 个农家书屋、31 个乡(镇)文化站。有线数字电视用户突破 25 万户,入网比例全省第一,广播电视覆盖率达到 99%。

社会保障体系进一步完善。就业再就业工作成效显著,5 年累计城镇新增就业 3.04 万人,下岗失业人员再就业 1.6 万人,实现了零就业家庭至少有 1 人就业。社会保障体系进一步健全,9.3 万农村贫困人口和 2.6 万城镇低收入人群实现应保尽保。全面启动实施城镇居民社会养老保险和新型农村社会养老保险试点工作,参加各类社会保险的人数达到 102.9 万人次,在全省率先实现社会养老保险制度全覆盖。对 60 周岁以上失地农民发放生活补助,为 80 周岁以上老年人发放保健补助和长寿补贴,对 6700 名残疾人实施救助。州社会福利院建成投入使用,新建 9 个农村敬老院和 120 个老年活动场所。投入救助资金 6.1 亿元、救灾资金 6740 万元,保障了困难群众和弱势群体的基本生活。大力推进保障性安居工程建设,住房公积金为 1.5 万职工发放住房贷款 18 亿元,5 年累计建设廉租住房、经济适用住房、公共租赁住房 2.8 万套,垦区危旧房改造 2.2 万套,解决 4 万户城镇中低收入家庭的住房问题,完成 3.4 万户农村民居地震安全工程和危旧房改造。

(六)实施生态立州战略,生态文明建设取得新成效

生态保护成果丰硕。坚持在保护中发展,建立森林资源保护责任制,严厉打击破坏森林资源的违法犯罪行为,西双版纳国家级自然保护区被评为省级"平安林区"。新建 53 万亩"布龙"州级自然保护区,与老挝南塔、丰沙里共建 164 万亩联合保护区域。国家、州、县(市)级自然保护区面积达 503.7 万亩,保护区面积占全州国土面积的 17.6%。实施野生动物公众责任保险,建立热带雨林保护基金会,完成亚行西双版纳生物多样性保护廊道一期项目建设。将 310 万亩集体天然林和有林轮歇地全部纳入公益林管理并实施生态补偿,森林覆盖率提高到 78.3%。景洪市被评为"国家园林城市",勐海县被列为"全国农村环境保护试点县",勐腊县荣获"全国绿化模范县"称号,勐罕镇被评为国家级生态乡(镇)和国家级园林城镇,创建 29 个省级园林单位和园林小区,29 个乡(镇)被评为省级生态乡(镇),省级生态乡(镇)比例居全省首位。

强力推进"七彩云南・西双版纳保护行动"。划定县(市)、乡(镇)集中式饮用水源地保护区,在全省率先启动实施农村连片环境综合整治,景洪江南污水处理厂二期工程、州医疗废弃物集中处置中心、勐腊和勐海县城垃圾处理场等一批环境保护项目建成投入使用。加强耕地保护和土地整治,严格审批矿产勘查和矿产资源开发利用。实施橡胶加工行业污染治理示范工程建设,对机场周边 11 个小胶厂进行搬迁重组,依法关停并转 32 户高污染、高耗能企业,全面完成省政府下达的节能减排目标。

(七)加强民主法治建设,平安和谐建设迈出新步伐

自觉接受州人大及其常委会的法律监督、工作监督和州政协的民主监督,认真听取人大代表和政协委员的意见、建议,办理人大代表建议和政协提案 954 件,提请州人大常委会审议民族自治地方法规 4 件。"五五"普法顺利完成,"六五"普法启动实施,完成 29 个基层司法所规范化建设。

强化行政监察、审计监督和政务督查，纪检监察机关派驻机构改革全面完成。认真落实党风廉政建设“一岗双责”责任制，严厉查处了一批腐败案件。高度重视人民群众监督和新闻舆论监督，密切与工会、共青团、妇联等人民团体的联系，认真听取社会各界的意见和建议。建立州公共资源交易中心，深化行政审批制度改革，取消和调整行政审批项目479项。法治政府、责任政府、阳光政府、效能政府建设扎实推进，政务、厂务、村务及公共企事业单位办事公开全面实施，基层民主建设不断加强。

精神文明建设进一步加强。大力弘扬以爱国主义为核心的民族精神和以改革创新为核心的时代精神，深入学习杨善洲精神，广泛开展创先争优活动，全面加强公务员队伍建设。精神文明创建活动广泛开展，“十星级文明户”达8.2万户，占全州农村总户数的61.5%，500支农村篮球队和2200支农村业余文艺队活跃在广大农村的文化体育舞台。把隆重庆祝改革开放30年、新中国成立60年、中国共产党诞生90周年纪念活动与民族团结进步宣传结合起来，“三个离不开”思想更加深入人心，州委、州政府被国务院授予“全国民族团结进步模范集体”称号。加强和改进信访工作，开展领导干部大走访、大接访活动，信访工作被省委、省政府授予一等功。安全生产、道路交通和消防安全工作进一步加强，禁毒防艾人民战争深入推进。部队、民兵正规化建设不断加强，双拥共建和平安创建取得新成效，一市两县被省政府命名为“双拥模范城”、“双拥工作先进县”和“平安县市”。

2011年，我们抢抓桥头堡建设等重大历史机遇，乘势助推经济社会又好又快发展，实现了“十二五”发展的良好开局。生产总值比上年增长13.6%，固定资产投资增长24.6%，地方财政一般预算收入增长56.3%，地方财政一般预算支出增长58.2%，社会消费品零售总额增长20%，对外经济贸易总额增长12.2%，接待国内外游客增长18.7%，旅游综合收入增长26%，城镇居民人均可支配收入增长10.7%，农民人均纯收入增长22.3%，单位生产总值能耗下降4.2%，居民消费价格总水平上涨4.8%，略高于年初确定的调控目标。

各位代表，5年的成绩来之不易。这是在省委、省政府和州委的坚强领导下，全州各族人民团结拼搏的结果，凝聚了各级各部门各方面的智慧、心血和汗水。我谨代表州人民政府，向全州各族干部群众、离退休老同志，向人大代表、政协委员、民主党派、工商联、无党派人士、各人民团体，向驻州军警部队、公安政法干警、中央省属驻州单位，向各企业和所有关心、支持西双版纳建设的国内外朋友表示诚挚的感谢和崇高的敬意！

5年来，我们在推动科学发展的实践中，积累了极其宝贵的经验。一是坚持把加快发展作为主旋律；二是坚持把解放思想、深化改革和扩大开放作为强大动力；三是坚持把各民族共同团结奋斗、共同繁荣发展作为重大政治任务；四是坚持把保障和改善民生作为出发点和落脚点；五是坚持把求真务实、真抓实干的作风作为重要保障；六是坚持把加强政府自身建设作为推动发展的坚实基础。这些实践经验是极其宝贵的财富，我们一定要倍加珍惜和运用。

同时，我们也清醒地认识到，我州仍然是一个欠发达的边疆少数民族自治州，改革发展的任务依然十分繁重和艰巨，在科学发展、和谐发展、跨越发展的新征程中，还面临许多困难和挑战。一是发展不充分、发展不平衡、发展速度不够快仍然是最大的问题，自主创新能力不强和经济结构单一、发展基础脆弱、增长方式粗放等问题尚未根本改变。二是城乡之间、山区与坝区之间、人口较少民族特困民族与其他民族之间发展不平衡的情况还很突出，农村与农场基础设施建设滞后，尤其是水利化程度和山区自然村公路通达率偏低，扶贫攻坚和山区开发任务艰巨。三是以改善民生为重点的社会事业发展滞后，社会保障制度不够完善，公共卫生服务体系建设亟待加强，教育的质量和水平相对较低，人均受教育年限低于全国全省平均水平，人才匮乏，劳动者素质偏低。维护社会稳定和边境安宁、禁毒和防艾任务依然繁重。四是干部队伍的素质与推动科学发展、和谐发展、跨越发展还有一定差距，在思想观念、工作作风以及体制机制等方面还存在不适应、不符合科学发展观要求的问题。

我们将正视差距与不足，以对党和人民高度负责的精神，采取更加有力的措施，切实解决存在的问题，努力把各项工作做得更好，决不辜负人大代表、政协委员和全州各族人民的信任与重托！

二、今后5年的奋斗目标

今后5年，是我州承前启后、继往开来、为全面建设小康社会打下具有决定性意义的5年，是加快转变经济发展方式的攻坚期，是全面建设小康社会和新一轮西部大开发的关键期，是加快建设“两强一堡”和实施跨越发展“六大战略”的黄金期，也是缩小差距、追赶先进的机遇期。在新的历史起点上，省委、省政府对西双版纳的发展寄予厚望,全州各族人民对西双版纳的未来充满期待,我们肩负的使命重大而光荣。我们一定要牢牢把握桥头堡建设等重大历史机遇,坚持把科学发展观的要求与西双版纳的具体实际紧密结合,恪尽职守、锐意进取、攻坚克难、决不懈怠,交出一份人民满意的答卷,谱写科学发展、和谐发展、跨越发展的新篇章。

根据州第七次党代会确定的奋斗目标和主要任务,今后5年经济社会发展的指导思想是:高举中国特色社会主义伟大旗帜,以邓小平理论和"三个代表"重要思想为指导,深入贯彻落实科学发展观和胡锦涛总书记关于"建设更加富裕民主文明和谐的社会主义西双版纳"的重要指示,以科学发展为主题,以加快转变经济发展方式为主线,紧紧围绕经济社会跨越发展"六大战略"及"两个率先"、"两个为主"、"两个定位"目标,大力推进农业产业化、新型工业化、特色城镇化和教育现代化,加快改革创新,加大开放步伐,加强统筹协调,强基础、快发展,调结构、上水平,惠民生、促和谐,加快推进建设富裕民主文明和谐西双版纳进程,为全面建成小康社会打下具有决定性意义的基础。

今后5年的奋斗目标建议为:

——综合经济实力上一个大台阶。到2016年,全州生产总值年均增长10%以上,财政总收入、地方财政一般预算收入和地方财政一般预算支出年均增长16%以上,全社会固定资产投资年均增长15%以上,与全省同步实现生产总值、人均生产总值、财政总收入、全社会固定资产投资"四个翻番"目标。

——人民生活水平和质量上一个大台阶。农民人均纯收入年均增长10%左右、保持在全省先进行列,农场承包户人均收入年均增长10%左右、力争进入全省先进行列,城镇居民人均可支配收入年均增长9%左右、从全省偏低转到中等水平,与全省同步实现城镇居民人均可支配收入、农民人均纯收入"两个倍增"目标;在地方财政一般预算中用于科技、教育、卫生、文化、社会保障等民生领域的支出占三分之二以上,实现学有所教、劳有所得、病有所医、老有所养、住有所居、难有所帮;人口自然增长率控制在6‰左右,城镇登记失业率控制在3.5%左右,居民消费价格总水平涨幅控制在3.5%左右。

——生态建设与环境保护上一个大台阶。率先建成生态州,有效解决浪费资源、污染环境、破坏生态的问题,完成节能减排约束性指标,森林覆盖率达到80%左右,努力实现生态经济发达、生态环境优美、生态文化繁荣、生态兴边睦邻的目标。

围绕今后5年的奋斗目标,我们将努力在10个方面取得新突破。

(一)着力在加快产业发展上取得新突破

推进农业产业化。落实"米袋子"和"菜篮子"责任制,稳定粮食生产,提高本地应季蔬菜自给水平。重视农业新品种、新技术研发推广,建设农业产业化示范基地。推进农业科技对外交流合作,大力扶持发展龙头企业,打造优势特色农产品品牌,促进农业增产、农民增收、农村发展。推进新型工业化。以生物产业为重点,以工业园区为平台,以大企业带动为支撑,集中力量培育壮大天然橡胶、傣药南药、生态食品、生态用品、文化旅游、电力等六大支柱产业,全力推进橡胶、傣药南药、生态食品、生态用品"四个百亿元产业"发展,全面改善3个工业园区的基础条件,培育一批销售收入上亿元的工业企业,成为全省生物产业特色基地。创新和落实对非公有制经济发展的扶持政策,促进非公有制经济大发展,力争非公有制经济占生产总值的比重达到50%。用好用足桥头堡战略差别化产业政策,在保护生态的前提下,积极承接东部产业转移。提高信息网络传输能力和覆盖率,促进三网融合。加快旅游转型升级。打造澜沧江·湄公河国际旅游区和"金四角"旅游圈,改造提升一批景区景点,推进建设20个五星级酒店,旅游产业主要指标增幅高于全省平均水平并进入全省领先地位,成为云南旅游二次创业的主战场。大力发展现代服务业。推进以景洪为中心,勐海、勐腊为重点,口岸、码头、通道为支撑的物流中心建设,完善城乡市场体系。发展金融保险、信息咨询、电子商务等现代服务业,增强消费对经济增长的拉动作用。

(二)着力在构建更加完善的基础设施上取得新突破

坚持基础先行,适度超前谋划和推进一批重大基础设施项目,实施固定资产投资冲千亿元大关行动方案,完成固定资产投资1000亿元以上。以高速公路、玉溪至磨憨铁路、农村公路、港口码头、机场等为重点,推动形成航空、铁路、公路、水运相互衔接的现代综合交通运输体系,高速公路总里程达到300公里,高等级公路总里程达到580公里,农村公路总里程达到9000公里,所有行政村实现道路硬化,力争小磨新半幅高速公路和景洪至打洛高速公路进入国家公路网规划。贯彻落实"兴水强滇"战略,推进"润滇工程"项目的实施,加大水利投入,统筹推进骨干水源、病险水库除险加固、江河堤防治理、"五小水利"、灌区配套、节水改造等水利建设，每年启动实施一批重大水利工程项目，完成1500件"五小水利工程"建设，新建250公里干支渠防渗工程，新增农田有效灌溉面积10万亩，消除小(二)型以上病险水库，水利化程度达到51%以上，基本解决农村饮水安全问题。开工建设橄榄坝电站，推进西电东送、云电外送基地建设，加快城乡电网建设步伐，配合做好澜沧江水能资源开发，装机容量达到250万千瓦以上。

(三)着力在加快城镇化进程上取得新突破

完善城镇基础设施，加快"1266"城镇体系建设，打造生态宜居城市，城镇化率达到47%。创新城镇发展思路，按照土地利用、林地保护和城镇建设近期规划及村寨规划，严格保护耕地和林地，引导城镇、村庄、工业向适建山地发展，努力走出一条具有西双版纳特色的山地城镇建设之路。坚持以特色化引领城镇发展，彰显"热、傣、水、边"民族特色和地域特色。推进澜沧江沿岸开发，实施引水入城、沙河新区等项目，新建和改扩建景洪城市停车场和道路。加大勐海、勐腊和6个旅游小镇建设力度，改善人居环境，加强管理服务，提升城镇化质量和水平。继续推进保障性安居工程建设，增加普通商品住房供给，促进房地产市场长期平稳健康发展。

(四)着力在深化改革扩大开放上取得新突破

坚定不移地深化改革。进一步转变政府职能，完善宏观调控体系，理顺政府与市场的关系，更好地发挥市场配置资源的基础性作用。坚持农村基本经营制度，稳定和完善土地承包关系，在依法自愿有偿基础上完善土地承包经营权流转市场。推进农垦改革发展，实现垦区加快发展、民生改善和社会稳定的改革目标。深化财税、金融、投融资体制改革。加快文化体制改革，推动经营性文化单位转企改制。推进医药卫生体制改革，鼓励社会资本以多种形式兴办医疗机构。充分调动医务工作者积极性，建立和谐的医患关系。坚定不移地扩大开放。用好用足桥头堡建设各项政策，大胆先行先试，力求成为开放云南和桥头堡建设的主阵地。推进中老泰三国边境地区"六方合作"机制务实发展，打造西双版纳边境贸易旅游交易会和澜沧江·湄公河流域国家文化艺术节两个品牌，加快磨憨—磨丁中老跨境经济合作区、景洪口岸保税物流区建设，推动打洛边境旅游经济发展，构建中老缅泰"边境贸易圈"和"金四角"旅游圈。加快口岸基础设施建设，促进一批口岸升格，提升口岸通关便利化水平。培育和发展商贸物流、边境旅游，建设外向型产业基地，成为全省"走出去"与"引进来"的先行区。

(五)着力在生态州建设上取得新突破

全面实施西双版纳热带雨林保护行动计划和绿水青山计划，全力保护森林资源和生物多样性，把西双版纳建设成为生态宜居的幸福家园。规划建设一批新的州级、县(市)级自然保护区，保护区面积再增加60万亩左右。巩固跨境联合保护成果，推动建立一批新的跨境联合保护区域，构建国家绿色生态屏障，力求在跨境联合保护生态环境上走在全省前列。推进景洪创建"国家环保模范城市"，在全省率先建成生态州，摘取"中国人居环境奖"。坚持环境优先，绿色发展，加大节能减排力度，全面完成节能减排目标。提高资源综合利用效率，推行清洁生产，大力发展循环经济和低碳经济。强化新上项目节能评估审查和环境影响评估，严格控制污染物排放，有效防范环境风险和妥善处置突发环境事件。全面推进公共机构节能，发展绿色制造，引导绿色出行，倡导绿色消费。

(六)着力在加快社会事业全面进步上取得新突破

坚持科技先行。推进企业成为科技创新主体，支持企业加强研发中心建设，引导科研机构为企业服务，提高科技成果转化和产业化水平。完善科技评价和奖励制度，加强科技推广和普及运用，提高科技对经济发展的贡献率。坚持教育优先发展。巩固"两基"成果，促进义务教育均衡发展。加快发展幼儿教育、高中教育，统筹推进高等教育、职业教育、继续教育、民族教育、特殊教育、民办教育发展。实施中小学校、幼儿园标准化建设，西双版纳职业技术学院新校区建成投入使用。学前一年毛入学率达到96%以上，高中阶段毛入学率达到86%以上，人均受教育年限达到9年以上，力争全州科教总体水平处于云南边疆地区领先地位。坚持大办卫生、多建医院。全面提升州、县(市)、乡(镇)、村医疗卫生基础条件和医疗水平，加快妇幼保健体系建设，提高突发公共卫生事件防控和应急处置能力，建立覆盖城乡的基本医疗服务体系。加快健全全民医保体系，巩固扩大基本医保覆盖面，提高基本医疗保障水平和管理服务水平。加强药品安全工作。促进傣医药和中医药开发利用。坚持计划生育基本国策，稳定低生育水平，提高出生人口质量，加快实现计划生育优质服务全覆盖。做好妇女儿童工作，提高妇女儿童发展和权益保障水平。积极发展老龄事业，加快建设社会养老服务体系，努力让城乡老年人都老有所养，幸福安度晚年。

(七)着力在保障和改善民生上取得新突破

加强以水电路房为重点的农村、农场基础设施建设，深入实施"兴边富民"工程、边疆解"五难"惠民工程、"兴地睦边"土地整治工程，推进500个新农村、新农场建设，实施15个乡(镇)山区综合开发。加大扶贫攻坚力度，扶持人口较少民族发展，基本解决农村深度贫困人口的脱贫致富问题。启动实施"居民收入增长计划"，建立与经济增长相适应的收入增长机制。实施更加积极的就业政策，以创业促就业，引导和促进就业能力强的产业与企业加快发展，力争全社会就业率高于全省平均水平。建立健全惠及各族群众的社会保障体系，加快实现人人享有社会保障的目标。加强社会救助体系建设，抓好社会福利、慈善和残疾人事业。

(八)着力在建设民族文化名州上取得新突破

加强社会主义核心价值体系建设，深入推进社会公德、职业道德、家庭美德和个人品德教育，做好青少年思想道德教育工作，努力形成知荣辱、讲正气、守诚信、作奉献、促和谐的良好风尚。大力发展公益性文化事业。推进州文化馆、州图书馆、农垦博物馆、禁毒教育馆、州老年人文化体育活动中心、青少年科技文体活动中心、低海拔体育训练中心、西双版纳民族语广播影视节目译制中心、东盟大剧院、西双版纳大剧院10大州级标志性文化设施建设，实施县(市)级图书馆、文化馆、青少年活动中心、老年人活动中心、影视剧院、文化广场、运动场等项目。大力推进综合文化室、广播电视村村通、文化信息资源共享、农家书屋、农村电影放映等文化惠民工程建设，加快傣文网络文化建设，完成行政村农家书屋和村级文化信息资源共享服务点建设，20户以上通电自然村有线电视村村通，广播电视人口100%全覆盖。大力开展群众性文化体育活动，定期举办农民运动会和农村文艺调演。加强非物质文化遗产保护宣传工作，积极申报国家历史文化名城名镇名村和全国重点文物保护单位。抓好文化人才队伍建设，加强新闻出版、广播影视、文学艺术和档案史志事业，推进文艺精品创作，打造节庆文化品牌。大力发展文化产业，文化产业增加值在全州生产总值中的比重达到10%以上，在全省要处于领先地位。

(九)着力在平安和谐州建设上取得新突破

坚持人民代表大会制度、中国共产党领导的多党合作与政治协商制度、民族区域自治制度、基层群众自治制度，推进社会主义民主法治建设。加强与各民主党派、工商联、无党派人士的联系，支持工会、共青团、妇联等人民团体的工作。牢牢把握共同团结奋斗、共同繁荣发展的主题，巩固和发展平等、团结、互助、和谐的社会主义民族关系，努力把西双版纳建设成为民族团结进步、边疆繁荣稳定的示范区。创新社会管理，加强和改进信访工作，切实做好新形势下群众工作。深入开展平安创建，努力形成平安创建人人参与、平安和谐人人共享的生动局面。

(十)着力在提高政府执行力公信力上取得新突破

全面贯彻依法治国基本方略，严格依法行政，坚决纠正有法不依、执法不严、违法不究、粗暴执法、渎职失职和执法腐败等行为。加强廉政建设，着力解决人民群众反映强烈的突出问题。建立政府绩效考核制度，鼓励各级各部门争先进位、创先争优。建立抓落实工作制度，强化政务督查，确保各项政策措施落到实处。建立干部直接联系群众制度，进村入户体察民情，坚持每年为人民群众办一批实事、好事。积极推进学习型机关和学习型政府建设，加强公务员队伍建设，提高各级干部履行职责、促进发展、服务人民的能力。开展诚信政府建设，做到言必信、行必果，增强政府公信力。

各位代表，我们坚信，通过全州各族人民今后5年的共同奋斗，西双版纳一定会成为经济更加发展、文化更加繁荣、生态更加良好、社会更加和谐、人民生活更加幸福的社会主义新边疆！

三、今年的主要工作

今年是全面贯彻落实省第九次党代会、州第七次党代会精神的第一年，是实施"十二五"规划承上启下的一年，也是推进桥头堡建设的关键一年。我们要把稳增长、控物价、调结构、惠民生、抓改革、促和谐更好地结合起来，抢抓机遇、坚定信心、乘势而上，坚持稳中求进、好中求快、变中求新，认定目标不改变、推进工作不懈怠、狠抓落实不落空，不断开创各项工作的新局面，以优异的成绩迎接党的十八大胜利召开。

今年经济社会发展的主要预期目标建议为：全州生产总值增长12%，财政收支三项指标增长20%，固定资产投资增长20%，城镇居民人均可支配收入、农民人均纯收入和农场承包户人均收入增长10%，城镇登记失业率控制在3%，人口自然增长率控制在6‰，居民消费价格涨幅控制在4%，单位生产总值能源消耗降低3%。

今年要突出抓好以下工作：

(一)扎实抓好"三农"工作

稳定农业生产。今年要力争农业增加值达到64亿元，增长7%。加快发展现代农业。实施"米袋子"工程，建设22万亩高产粮田，实施55万亩粮食作物间套种，推广超级杂交稻12万亩，确保粮食播种面积不低于130万亩，总产量稳定在38万吨；推进“菜篮子”工程，发展蔬菜瓜果25万亩，完成冬季农业开发50万亩，推广全雄性罗非鱼标准化养殖1万亩，肉蛋和水产品产量增长5%以上。促进产业优化升级，实施3万亩低产低质胶园改造、2万亩橡胶速生高产优质示范园建设，完成2万亩低产茶园改造、6000亩生态茶园建设，抓好3万亩汉麻和星油藤种植，新增咖啡1万亩、石斛1300亩、澳洲坚果5000亩，新建竹原料基地2万亩。培育农业产业化龙头企业，大力发展农村合作经济组织，农业产业化龙头企业达到75个，农民专业合作组织达到185个。推进农业科技进步，培训胶农、茶农和特色种养殖能手各1万名，完成农民实用技术培训33万人次。加强农产品质量监管，抓好州级和勐腊2个部级检测中心和5个快速检测站建设。加强动植物疫病防控，提升农业机械化水平。强力推进农民增收6个“千元项目”，引导农民发展增收产业，农民人均纯收入净增500元以上，达到5860元，农场承包户人均收入达到16600元。

改善农村生产生活条件。州级财政安排1000万元，引导农村群众建设100个新农村示范村。加大土地开发整理复垦力度，大规模建设旱涝保收高标准基本农田。改造中低产田地10万亩，实施260公里行政村道路硬化，推广太阳能热水器1500套，建设农村沼气池1000个，节柴改灶500户。推进扶贫攻坚，抓好布朗山整乡推进扶贫综合开发，启动实施勐海、勐腊集中连片特困地区扶贫攻坚规划，扶持人口较少民族、特困民族和库区移民发展，减少贫困人口1.5万。州级财政继续投入1000万元，实施3个乡（镇）的山区综合开发。

（二）扎实抓好产业发展

推动工业提质增效。以更大的力度推进新型工业化，壮大工业整体实力，规模以上工业增加值达到37亿元，利税总额达到20.6亿元。启动实施工业总量、工业投资倍增计划，除电力外的全部工业投资达到12亿元，增长31%。提升工业园区发展水平，做好景洪景哈片区、勐腊勐满片区规划建设，工业园区新建标准厂房7.5万平方米，新增入园企业16户，完成固定资产投资18亿元，实现工业增加值4.5亿元。推进央企、民企入州，抓好5万吨燃料乙醇和中粮集团、云冶集团、云天化集团、云南林投等项目的实施。加快发展生物产业，州级财政安排1000万元生物产业发展资金，支持生物产业开发和龙头企业发展，生物产业总产值达到130亿元，增长15%。支持红木产业发展，加快景洪红木一条街建设。认真落实扶持非公有制经济和中小微型企业发展的政策措施，实施中小企业“专新特精”行动计划，加快中小企业公共服务示范平台建设，努力破解融资、准入、用地、用工等难题。非公有制经济增加值达到92亿元，从业人员达到11万人，在生产总值中的比重达到41%。

进一步扩大消费。认真落实“家电下乡”、“以旧换新”等促进消费政策，积极发展餐饮、文化体育、休闲旅游、物业管理等服务业，加快发展现代物流业，引导和促进住房、汽车等大宗商品消费，实现社会消费品零售总额73亿元，增长20%。推进“万村千乡市场工程”和“乡村流通工程”建设，新建、改扩建15个乡村农产品交易市场，发展、规范50个综合服务社和便民店。稳步发展村镇银行、小额贷款公司，支持微型金融机构发展。加强食品药品监督，实施质量兴州战略。强化物价监测预警和监督检查，防止物价过快上涨。

深入推进旅游二次创业。加快旅游度假区、曼兴湖度假基地、望天树景区、曼旦度假村、6个旅游小镇建设，促使避寒山庄、安纳塔度假酒店、豪廷大酒店、安厦大酒店等高星级酒店投入使用，力推国际旅游度假区和嘎洒旅游小镇部分项目动工，旅游重大项目投资达到30亿元以上。开通西双版纳至老挝琅勃拉邦边境旅游环线，恢复打洛口岸边境旅游。加快野象谷、傣族园创建5A级景区步伐，推进航空航线拓展工作。加强旅游宣传营销，有计划地在旅游主要客源地建立营销中心和旅游形象店。深入开展旅游市场整治，加强旅游从业人员培训，完成旅游汽车、旅游购物、旅行社等标准化建设。接待国内外游客1200万人次，接待海外游客33万人次，实现旅游总收入120亿元。

（三）扎实抓好项目建设

加快基础设施建设。建立州级领导干部牵头负责抓项目的责任制，集中力量抓项目，千方百计增投资，力争固定资产投资达到166亿元。加大项目前期工作力度，做好项目储备、申报、审批和推介工作。推进银政银企合作，抓好地方融资平台建设，金融机构新增贷款24亿元以上。完成西双版纳机场改扩建、澜沧江观光步行道、勐罕货运码头土建工程和勐罕至关累公路路基建设，推进景洪绕城高速和澜沧江航道建设，开工建设景洪至勐宽二级公路和澜沧江景哈大桥，抓好玉溪至磨憨铁路、江城至勐腊至岔河二级公路、国道213线普文至磨憨二级公路前期准备工作，完成交通投资6亿元以上。加快黄草岭、曼满、勐仑水库建设,新建35公里防渗沟渠;对打洛界河治理工程进行续建,开工建设南凹河嘎洒段、补远江勐仑段治理工程;完成38座小(一)型和小(二)型病险水库除险加固,开工建设35座小(二)型病险水库除险加固工程;抓好那达勐水库小流域治理,力争景洪市曼点水库、凉水菁水库和勐海县勐满水库开工建设;完成水利投资4亿元以上。加快小黑江流域水电资源综合开发,积极促成橄榄坝电站早日开工建设,做好勐松电站前期工作;加快城乡电网建设改造,提高电网安全保障能力。

加快城镇化进程。充分运用土地利用、林地保护、城镇近期建设3个规划,加快山地特色城镇建设步伐。加大景洪、勐海、勐腊、三区和6个中心镇特色园林化建设力度,继续推进城镇特色化改造。开工建设州政务中心和景洪市、勐海县行政中心,推进乡(镇)教师周转房工程,全面完成村庄规划工作。创建30个省级园林单位,力争景洪成功申报"国家节水型城市"。开工建设景洪市区北环路和南环路,加快引水入城、沙河新区和沧江新区的项目建设。推进城乡污水处理和垃圾处理项目建设,积极改善城乡基础设施条件。完成城镇基础设施投资10亿元以上,城镇化率达到41%。加强住房公积金归集和使用管理。规范房地产市场秩序,促进房地产业持续健康发展。

(四)扎实抓好改革开放

统筹推进各项改革。全面实施村级公益事业建设"一事一议"财政奖补,健全乡(镇)农技推广、动植物疫病防控和农产品质量安全监管等公共服务机构,推进农垦、供销社、农村信用社和农村小型水利工程管理体制改革,抓好集体林权制度配套改革。推动"三农"金融服务改革创新,充分发挥农村信用社支农主力军作用。继续抓好医药卫生体制改革。做好工商、质监部门管理体制调整工作。

加快桥头堡主阵地建设。抓好磨憨货运通道、进出口植物种苗专业隔离检疫圃建设,加快推进景洪港联检楼改造、关累查验货场、西双版纳机场国际查验设施建设,办好第十五届西双版纳边境贸易旅游交易会。积极发展友城关系,推动外国领事、商务机构在我州设立办事处。支持企业"走出去"开展经济技术合作与替代合作发展,加强与老挝的生物产业合作。用好桥头堡差别化产业政策,探索发展"三头在外"的企业和产业。积极引进带动力强的加工贸易项目,抓好农产品出口基地建设。加快口岸信息化建设,发挥口岸联席会议的作用,促进通关便利化。加强对外教育、文化交流。加大招商引资力度,完善招商引资工作机制和激励机制,加强已签项目协议的跟踪,务实推进与上海浦东新区合作框架协议的落实。完成对外经济贸易总额13.5亿美元,增长16.5%,实际利用外资650万美元,引进州外到位资金82亿元。

(五)扎实抓好生态保护

加大生态建设力度。抓好天然林保护和退耕还林工程,完成封山育林5.5万亩,改造中低产林20万亩。推进保护区三期工程和示范保护区建设,启动亚行西双版纳生物多样性保护廊道二期项目。继续实施野生动物公众责任保险,做好公益林生态效益补偿工作。加强森林防火,实现纳板河国家级自然保护区和勐腊县创建"平安林区"。扩大跨境联合保护范围,划定磨憨—磨丁联合保护区域。开展农村连片环境综合整治,完成16个国家级生态乡(镇)和5个国家级生态村的申报工作,实现所有乡(镇)都成为省级生态乡(镇)的目标。实施公路沿线、荒山荒坡珍贵林木种植工程,抓好河流两侧、水库周围、城镇周边与农村水源林恢复。全面开展永久基本农田划定工作,将坝区80%以上的耕地和山区集中连片优质耕地划为永久基本农田,实行特殊保护。全面推进水资源保护和节水型社会建设。整顿和规范矿产资源开发秩序。加强地质灾害防治。

推进节能减排。突出抓好重点领域。大力推进企业节能环保技术改造,全面启动万吨以上橡胶加工废水达标排放及废水回收利用工程;实施机动车尾气检测及污染防治,完成第5批强制性清洁生产企业的审核工作。加快重点工程建设。加强公路沿线、乡镇、村寨垃圾处理,开工建设景洪江北污水处理厂,力争勐海、勐腊污水处理厂建成投入使用;大力发展循环经济,推进废弃物利用,实施全社会低碳行动,全面推进建筑、交通、公共机构等重点领域节能和全民节能行动。严格落实目标责任。推进节能减排绩效管理,完善评价考核机制和奖惩制度。

(六)扎实抓好民生改善

推进科教兴州战略。深入实施"科普惠农兴村"计划,加快在285个边境沿线村寨建设科技活动室。完善农业技术补贴制度,促进先进适用农业技术到田到户。加强知识产权保护。推进石斛、罗非鱼、小耳朵猪、汉麻、星油藤产业化开发科技项目的实施,启动景洪市"科普惠民兴边"示范试点工作。加大学科带头人培养力度,完善人才培养、任用、评价、激励机制。坚持教育优先发展,加大经费投入,今年安排教育支出15亿元,比上年增长27%,确保地方财政性教育支出占全州公共财政支出的14%；州级财政切块安排2500万元，用于教育基础设施建设。开展中小学校标准化建设，完成26万平方米校舍规划重建。推进西双版纳职业技术学院新校区建设，确保创建省级示范性高职院校通过验收。加快县（市）一中和州一中、州二中、州民中基础设施建设，高中阶段毛入学率达到60%。突出抓好幼儿教育，完成允景洪幼儿园改扩建和12所乡（镇）公办幼儿园建设，适龄幼儿入园率达到80%。继续推进"无青壮年文盲乡（镇）"创建工作，推动景洪市率先实现"教育初步均衡发展县"目标。完善中小学区域布局调整后学校管理模式，均衡合理配置教育资源。实施好农村义务教育学生营养改善计划。加强教师队伍建设，提升教育质量和办学水平。支持民办教育发展。重视校园治安和安全管理，确保孩子们的人身安全。

大力发展医疗卫生事业。巩固提升新型农村合作医疗，参合标准提高到290元，提高住院报销补偿比例。加快州医院外科住院综合楼、勐海县医院住院综合楼、勐腊县医院医技楼、州精神卫生防治中心建设，做好州妇幼保健院项目前期工作，开工建设州医院新门诊楼。推进公立医院改革，落实国家基本药物制度，控制医疗费用不合理上涨。提升乡（镇）卫生院和村卫生室医疗服务水平，做好城市医疗卫生支援农村工作。加强傣医药研究，加快发展傣药南药产业。继续推进人口和计划生育服务体系建设，开展农村妇女宫颈癌、乳腺癌免费检查工作，推进免费孕前优生健康检查，提高农村妇女住院分娩率。今年安排医疗卫生支出8.2亿元，比上年增长25.4%，促进城乡居民逐步享有均等化的公共卫生服务。

加快民族文化名州建设。大力发展公益性文化事业。深入推进文化惠民工程，启动第四批"文化惠民示范村"创建工作，新建100块农村篮球场，加快勐海、勐腊民族文化体育广场建设。启动州、县（市）级标志性文化工程，开工建设州文化馆、禁毒教育馆、州老年人文化体育活动中心、青少年科技文体活动中心、农垦博物馆，加快东盟大剧院、低海拔体育训练中心建设。推进勐泐故宫项目，完成《傣汉大辞典》编撰工作。挖掘和弘扬少数民族优秀传统文化，做好非物质文化遗产申报。抓好农村电影放映，推进广播电视村村通。支持党校、社科院、民研所开展哲学社会科学、民族历史文化研究，继续做好统计、侨务、史志、档案、保密、新闻出版等工作。加快培育文化产业，促进文化产业与其他产业融合发展。推进楠景新城—中国奥委会西双版纳冬训基地、勐海云茶源—中国小球训练基地建设，支持楠景新城承办国内外赛事，筹办好建州60周年庆祝活动、澜沧江·湄公河流域国家文化艺术节和中国西双版纳澜沧江国际公开水域游泳抢渡赛。为实施民族文化名州建设计划，从今年开始，州级财政每年安排1700万元，推动文化事业和文化产业繁荣发展。

大力促进就业。抓好就业培训，落实自主创业扶持政策，统筹做好高校毕业生、农民工和城镇就业困难人员的就业创业服务工作。城镇新增就业7000人，下岗失业人员再就业4000人，公益性岗位安排就业2100人，农村劳动力转移1500人，发放小额担保贷款1.3亿元，扶持2000人创业，帮助有就业能力家庭至少有1人实现就业。加强劳动合同、劳动人事争议调解和仲裁制度建设，构建和谐劳动关系。

完善社会保障体系。扩大养老、医疗、工伤、失业、生育保险参保范围，稳步提高保障标准，参加各类社会保险人数稳定在100万人次以上。推动城乡居民特别是中低收入群体收入较快增长，今年力争企业职工基本养老金、城乡低保标准、重点优抚对象抚恤标准、最低工资标准、失业金增长15%以上，城镇居民人均可支配收入达到16000元以上。抓好医疗救助、临时救助、流浪乞讨人员和残疾人救助工作，进一步做好残联、红十字会工作。今年安排社会保障和就业支出13.3亿元，比上年增长25.8%，加快建立更加完善的社会保障和就业体系。

集中财力办一批惠民实事、好事。（1）全面实施"农村中小学生营养改善计划"，让所有农村义务教育阶段中小学生都能享受健康营养餐。（2）实施"农村中小学寄宿制学生生活补助覆盖计划"，为农村中小学寄宿制学生提供生活补助，并把补助标准提高到小学生每年1000元、初中生1250元。（3）全面完成中小学校安工程，让孩子们在安全的校园环境中安心学习。（4）实施"光明工程"，为1000例白内障患者免费实施复明手术。（5）实施"妇幼健康计划"，提高农村孕产妇住院分娩补助标准，扩大农村妇女"两癌"普查试点范围，开展出生缺陷三级综合防治，降低孕产妇死亡率、婴儿死亡率和新生儿出生缺陷率。（6）加强民生水利建设，解决7万农村人口饮水困难和饮水安全问题。（7）做好防灾减灾工作，为31个乡（镇）各配备一辆救灾车辆。（8）新建1个农村敬老院、1个社区日间照料中心、30个老年活动场所。（9）改扩建3个乡（镇）文化站、3个乡（镇）卫生院、3个乡（镇）计生服务所。（10）全面完成2011年开工建设的保障性住房，新开工建设1万套城镇保障性住房，完成5000户农村民居地震安全工程和危旧房改造。

（七）扎实抓好团结稳定

加强民主法治建设。自觉接受州人大及其常委会的法律监督、工作监督和州政协的民主监督，认真执行州人大及其常委会的决定、决议，定期向州人大及其常委会报告工作，向州政协通报情况，进一步提高人大代表建议、政协提案办理水平。推进“六五”普法，抓好人民调解、法律服务、法律援助、社区矫正和安置帮教工作。加强基层民主建设，做好第四届城市社区居委会换届选举工作。

创新社会管理。抓好和谐社区建设，推进“农村社区建设实验全覆盖”创建活动。坚持以群众工作统揽信访工作，健全党和政府主导的群众利益维护机制，有效化解各种矛盾。抓好安全生产，加强交通安全监管，做好消防工作，坚决防范和遏制重特大事故的发生。加强社会治安综合治理，完善社会治安防控体系，坚决打击各类刑事犯罪。扎实推进第三轮禁毒防艾人民战争，深入开展涉毒重点地区专项整治，坚决打击毒品犯罪。广泛开展“十星级文明户”、“兴边富民示范村”、“民族团结示范村”、“民族团结和谐村”等创建活动，巩固和发展各民族和睦相处、和衷共济、和谐发展的良好局面。全面贯彻党的宗教工作基本方针，维护宗教团体、宗教界人士和信教群众的合法权益，充分发挥他们在促进经济发展、文化繁荣、社会和谐稳定中的积极作用。认真贯彻党的侨务政策，支持他们积极参与现代化建设。加强国防教育，进一步做好国防动员、军警民联防、国防后备力量建设、人民防空和复员转业军人安置工作，大力推进双拥共建活动，巩固和发展军政军民团结。

（八）扎实抓好政府自身建设

转变政府职能。进一步完善政府经济调节、市场监管职能，强化社会管理、公共服务职能，推进基本公共服务均等化。继续推进法治政府、责任政府、阳光政府、效能政府建设，提升行政效能。深化行政审批制度改革，进一步减少行政审批事项。推进政务信息公开，加快电子政务网络平台和监管监测平台建设，实现各级行政机关互联互通。开工建设州公共资源交易中心，完成县级公共资源交易中心建设，加快乡（镇）为民服务中心建设。

坚持依法行政。坚持科学决策、民主决策、依法决策，建立完善重大项目和重大决策社会稳定风险评估机制，严格责任追究制度。规范行政执法行为，切实维护人民群众特别是困难群众和弱势群体的合法权益。加强行政复议工作，化解行政争议。重视司法监督、审计监督和社会公众监督。

加强作风建设。深入开展群众观点、群众路线、群众利益、群众工作“四群教育”，组织各级干部开展深入基层、深入群众、深入实际“三深入”活动，真正做到问政于民、问需于民、问计于民，尽心竭力为群众解难事、办实事、做好事。坚持求真务实，改进会风和文风，精简会议和文件，规范检查评比，简化办事程序，减少各类接待。发挥政务服务中心和投诉监督中心的作用，继续办好“西双版纳热线”。

推进反腐倡廉。认真落实党风廉政建设“一岗双责”责任制，深入推进惩治和预防腐败体系建设。加强廉洁从政教育，以领导机关、领导干部为重点，加强重点领域和关键环节的监督。严格依法设定、实施、清理、规范行政审批事项，解决好征地拆迁、住房保障、土地管理、食品药品安全、环境保护、安全生产等群众反映的突出问题。加强行政监督、民主监督、舆论监督，坚决查处各类违纪违法案件，严惩腐败分子。政府工作人员特别是领导干部要时刻牢记“两个务必”，带头落实廉政准则，不插手政府采购、工程招标、土地矿业权拍卖等经济活动，勤勉尽责，清正廉洁，艰苦奋斗，厉行节约，树立为民、务实、清廉的良好形象。

各位代表，推动跨越发展、实现富民强州是全州各族人民的共同愿望，开创全州各族人民更加幸福美好的生活是我们共同肩负的崇高使命。让我们更加紧密地团结在以胡锦涛同志为总书记的党中央周围，在州委的坚强领导下，解放思想、锐意进取、真抓实干，凝聚全州各族人民的智慧和力量，奋力开创科学发展、和谐发展、跨越发展的新局面，为建设富裕民主文明和谐的西双版纳而努力奋斗！

西双版纳傣族自治州退役士兵安置管理暂行办法

第一条 为保障退役士兵的安置,促进国防建设、经济发展和社会稳定,根据《中华人民共和国兵役法》、国务院《关于加强退役士兵职业教育和技能培训工作的通知》和《云南省退役士兵安置管理规定》、《云南省城镇退役士兵自谋职业促进办法》等法律、法规,结合本州实际,制定本办法。

第二条 本办法所称退役士兵,是指从中国人民解放军、中国人民武装警察部队退出现役后,到本州安置的义务兵和士官。

第三条 县(市)级以上人民政府安置机构(以下简称安置机构),负责本行政区域内退役士兵接收安置工作的组织实施。

退役士兵回到征集地30日内,必须持《退伍证》和部队介绍信到县(市)人武部和安置机构报到登记。

第四条 退役士兵的安置坚持从哪里来、回哪里去;以实行货币补助自谋职业、自主创业为主,以文化考试和服役期间的档案实绩考核(以下称双考)就业安置为辅的安置原则。

第五条 机关、团体、企事业单位,不分所有制性质和组织形式,都有按规定接收安置退役士兵的义务。

第六条 未毕业应征入伍的在校普通本科、高职、高专生退役后,由入学前户口所在地按照城镇退役士兵的有关政策规定予以安置;退役后自愿完成学业的,由安置地教育部门负责复学。普通高中、普通中专、职业高中、技工学校应届毕业生入伍退役后,仍按照城乡有别的相应政策回原户口所在地安置。

第七条 符合下列情形之一的退役士兵给予安置。

(一)服役期满正常退出现役的城镇士兵;

(二)服役期未满因部队建设需要或家庭原因,经军以上机关批准提前退出现役的城镇士兵;

(三)服役期间家庭户籍因经济发展建设需要由农业转为非农户口,并且未领取失地补助或其他特殊情况的;

(四)本州以外入伍,符合《中华人民共和国士官管理规定》,经省安置机构批准的转业士官;

荣立二等功以上的退伍士兵和五级(含五级)以上伤残军人优先安置。

第八条 有下列情形之一的退役士兵,不予安置。

(一)服役期未满因违法、违纪被部队退回原籍的城镇士兵;

(二)城镇退役士兵无正当理由,3个月不到被安置单位办理报到手续的;

(三)经考试自愿选取岗位,安置机构开出安置介绍信后逾期30日不到人事人才机构办理相关手续,或不到接收单位报到的;

(四)弄虚作假,骗取或伪造伤残、文凭、立功荣誉证明的;

(五)待安置期间有严重违反治安管理行为或受到刑事处罚的;

(六)征兵时占用农村入伍指标,没有《非农优待安置证》的城镇退役士兵;

(七)服役期间家庭户籍因政策性由农业转为非农户口,并已领取失地补偿费的城镇退役士兵;

(八)法律法规规定其他不予安置的。

第九条 本州辖区内入伍并持有《非农优待安置证》的城镇退役士兵,以双考的分数为依据,从高到低,公开、公正、公平、择优选岗安置。参加双考录用后不愿意选岗就业的,按政策规定以自谋职业安置,对不愿意自谋职业安置的不再保留安置资格。

第十条 各级机关、事业单位在招录公务员和招聘工作人员时,应当设置一定比例的退役士兵名额。

第十一条 城镇退役士兵以自谋职业补助方式领取一次性补助安置的,按照《云南省城镇退役士兵自谋职业促进办法》规定标准发放:义务兵以安置地上年度在职职工年人均工资的两倍为基数计发;士官以此为基数,每增加一年军龄按照上年度在职职工年人均工资的40%增发。

第十二条 县(市)人民政府应当妥善安排农村、农场退役士兵的生产、生活,并以安置地上年度农民、农场年人均纯收入的一年标准发给农村、农场退役义务兵一次性安家补助费;士官每增加一年军龄按照上年度农民、农场年人均纯收入的20%增发。

自2008年11月1日起,从农垦系统占非农指标应征入伍的士兵,退出现役后,自谋职业的安置补助按照第十一条执行;占农业指标应征入伍的退役士兵,按照前款执行。

第十三条 各级安置机构和人才服务、劳动就业机构应当定期举办退役士兵供需见面会,实行双向选择,促进就业和自主择业。

第十四条 城乡退役士兵的安置工作经费和自谋职业补助金及安家补助费,由县级以上民政部门按当年退出现役士兵总数列出预算,报本级政府批准后,纳入同级财政年度预算。

第十五条 城乡退役士兵自主创业、从事个体私营及第三产业的,持安置机构颁发的《自谋职业证书》或《退伍证》,可享受国家、省、本州对下岗、失业人员再就业的同等扶持、减免等优惠政策。

第十六条 城镇退役士兵已确定安置单位的,因接收单位未按规定时间办理接收手续或者接收后未能安排上岗的,由该单位按照本单位同工龄在岗职工当年月平均工资标准逐月发放生活费。

第十七条 退役士兵被用人单位接收安置后,其军龄和待安置期间应计算为连续工龄,享受所在单位同工种、同工龄职工的同等福利待遇。用人单位应按照国家和当地有关规定为退役士兵支付失业、养老、医疗等各项社会保险费用。

第十八条 城镇退役士兵在双考安置中未被录用的,转为货币补助自谋职业安置;凡被转为货币补助自谋职业安置的,在接到安置机构通知之日起3个月内不领取货币补助金的视为自动放弃。

第十九条 退役士兵安置期只限当年有效。

第二十条 各级安置、教育和劳动职业培训机构,应本着退役士兵自愿参加、自主选择、免费培训的原则,引导退役士兵在退出现役1年内,积极参加2年以内的职业教育和技能培训,培训期限最短不少于3个月,并颁发相应的职业资格证书。培训经费纳入县(市)财政预算。

第二十一条 县(市)人才服务机构应当建立退役士兵人才库,实行人事代理,免费管理自谋职业的城乡退役士兵个人档案;党团组织关系由所在乡(镇)、街道办事处村(居)委会基层组织接收管理。

第二十二条 对拒绝接收、安置退役士兵的单位,依照《云南省退役士兵安置管理规定》给予处理。

第二十三条 工作人员在安置工作中玩忽职守、滥用职权、徇私舞弊,视情节给予行政问责,并按有关规定进行处理;情节严重,构成犯罪的,依法追究刑事责任。

第二十四条 本办法具体应用问题由州人民政府退伍军人安置机构负责解释。

第二十五条 本办法自2011年6月4日起施行。2002年5月29日州人民政府颁布的《西双版纳傣族自治州退役士兵安置管理暂行办法》(2002年西双版纳州人民政府第4号令)同时废止。

云南省西双版纳傣族自治州天然橡胶管理条例

（1992年5月25日云南省西双版纳傣族自治州第八届人民代表大会常务委员会第一次会议通过 1992年7月28日云南省第七届人民代表大会常务委员会第二十五次会议批准 2011年2月25日云南省西双版纳傣族自治州第十一届人民代表大会常务委员会第六次会议修订 2011年5月26日云南省第十一届人民代表大会常务委员会第二十三次会议批准 2011年6月30日云南省西双版纳傣族自治州第十一届人民代表大会常务委员会公告第11号公布 自2011年8月1日起施行）

第一条 为加强天然橡胶资源的保护管理和合理开发利用，改善生态环境，促进经济社会可持续发展，根据《中华人民共和国民族区域自治法》等有关法律、法规，结合自治州实际，制定本条例。

第二条 在自治州行政区域内从事天然橡胶种植、加工、经营、管理等活动的单位和个人，必须遵守本条例。

第三条 本条例所称的天然橡胶资源包括天然橡胶林地、林木和天然橡胶产品。

天然橡胶产品包括原产品、初产品和相关产品。原产品是指橡胶树直接产出的胶乳、胶线和胶块；初产品是指对原产品进行加工制成的各种干胶和浓缩胶乳；相关产品是指对橡胶原木、橡胶籽（壳）、橡胶加工废弃物进行加工制成的半成品或者成品。

第四条 自治州行政区域内国家、集体、个人的天然橡胶资源受法律保护，任何单位和个人不得侵犯。

第五条 自治州天然橡胶产业发展坚持科学规划、统一管理、合理开发、永续利用的原则，实现生态效益与经济效益、社会效益协调发展。

第六条 自治州人民政府组织编制天然橡胶产业发展总体规划。

县（市）人民政府根据自治州天然橡胶产业发展总体规划，编制本行政区域内的天然橡胶产业发展规划。

第七条 州、县（市）人民政府天然橡胶管理机构负责本行政区域内天然橡胶产业的保护管理和服务工作。

发展和改革、农业、林业、工业和信息化、农垦、财政、环境保护、国土资源、质量技术监督、公安等相关部门按照各自的职责，做好天然橡胶产业的保护管理工作。

乡（镇）人民政府负责做好本行政区域内天然橡胶产业的相关工作。

第八条 自治州各级人民政府鼓励单位和个人投资开发利用天然橡胶资源，谁投资、谁受益，保护投资经营者的合法权益。

第九条 自治州人民政府依法建立生态资源补偿机制，促进生态建设和环境保护。

第十条 州、县（市）人民政府设立天然橡胶产业发展专项资金，列入同级财政预算，专项用于：

（一）天然橡胶产业的科学研究；

（二）天然橡胶技术人才的培训；

（三）新技术引进和推广；

（四）天然橡胶病虫害和其他灾害的防治。

第十一条 州、县（市）人民政府天然橡胶管理机构应当建立健全天然橡胶资源综合信息服务体系，提供技术指导和信息服务。

第十二条 农村集体经济组织将集体土地承包给单位或者个人种植橡胶的，应当召开村民会议，经三分之二以上村民同意，报乡（镇）人民政府批准。

农村集体经济组织橡胶林地的经营权可以采取转包、出租、互换等方式流转，当事人双方应当签订合同，并办理相关手续。

第十三条 县（市）人民政府林业行政主管部门应当向依法取得橡胶林地使用权、林木所有权的单位和个人核发林权证。

第十四条 橡胶林地、林木权属发生争议的，由争议双方协商解决。协商不成的，由天然橡胶管理机构协调处理。当事人对处理决定不服的，可以依法申请行政复议或者提起行政诉讼。

橡胶林地、林木权属争议未解决之前，任何一方不得改变现状，不得砍伐有争议的橡胶林木，不得哄抢、毁坏生产设施。

第十五条 禁止在下列区域开发种植橡胶：

（一）国有林、集体林中的自然保护区和水源林、国防林、风景林地；

（二）基本农田地；

（三）旅游景区、景点；

（四）海拔950米以上和坡度大于25度的地带。

第十六条 需要更新的橡胶林，橡胶林所有者应当提前一年向天然橡胶管理机构提出更新计划，经批准后方可实施。

第十七条 州、县（市）人民政府对坡度大于25度的分水岭、沟谷坡面的橡胶林地，应当逐步退胶还林。退胶还林验收合格的，享受公益林的有关政策。

第十八条 州、县（市）人民政府应当制定橡胶林灾情防范措施，做好防病、防虫、防寒和防火等工作。

第十九条 州、县（市）人民政府应当科学规划，合理布局天然橡胶产品加工企业。

新建和扩建的天然橡胶初产品加工企业应当按照日生产干胶不低于50吨的标准设计，并按规定办理相关报批手续。

第二十条 新建和扩建天然橡胶初产品加工企业应当进行环境影响评价，未通过环境影响评价的，不得开工建设。

不符合环保要求的原有天然橡胶初产品加工企业，应当限期进行治理，经治理仍未达标的，由州、县（市）人民政府强制关闭。

第二十一条 天然橡胶管理机构应当加强种苗管理，建设良种基地，规范市场秩序。

第二十二条 天然橡胶种苗销售、原产品收购实行许可证制度，经营单位和个人必须持证经营。禁止销售假冒伪劣种苗。

第二十三条 经营天然橡胶产品的单位和个人，不得销售假冒伪劣产品和压低干胶含量收购原产品。

第二十四条 企业生产的天然橡胶产品应当按照国家标准和企业标准注明产品名称、等级、规格等，经检验合格后方可销售。

第二十五条 州、县（市）人民政府应当对从事天然橡胶采割和加工的人员进行专业培训，实行持证上岗。

第二十六条 违反本条例有关规定的，由天然橡胶管理机构责令停止违法行为，并按照下列规定给予处罚；构成犯罪的，依法追究刑事责任。

（一）违反第十四条第二款规定的，没收违法所得或者赔偿损失，并处200元以上2000元以下罚款；

（二）违反第十五条第（一）至（四）项规定之一的，处500元以上5000元以下罚款；情节严重的，处5000元以上5万元以下罚款；

（三）违反第二十二条、第二十三条规定，销售假冒伪劣种苗和产品或者压低干胶含量收购原产品的，没收违法所得，并处3000元以上3万元以下罚款。

第二十七条 当事人对行政处罚决定不服的，依照《中华人民共和国行政复议法》和《中华人民共和国行政诉讼法》的规定办理。

第二十八条 天然橡胶行政主管部门和其他有关部门的工作人员，在天然橡胶管理工作中玩忽职守、滥用职权、徇私舞弊的，由其所在单位或者上级行政主管部门给予行政处分；构成犯罪的，依法追究刑事责任。

第二十九条 本条例经自治州人民代表大会审议通过，报云南省人民代表大会常务委员会审议批准，由自治州人民代表大会常务委员会公布施行。

自治州人民政府可以根据本条例制定实施办法。

西双版纳傣族自治州古茶树保护条例

2011年6月,云南省第十一届人民代表大会常务委员会第二十三次会议审议了《云南省西双版纳傣族自治州古茶树保护条例》,同意省人大民族委员会的审议结果报告,决定批准这个条例,由西双版纳傣族自治州人民代表大会常务委员会公布施行。

第一条 为保护和合理开发利用古茶树资源,根据《中华人民共和国野生植物保护条例》、《云南省珍贵树种保护条例》等法律法规,结合自治州实际,制定本条例。

第二条 本条例所称古茶树,是指在自治州行政区域内树龄在100年以上的野生型茶树、栽培型茶树、过渡型茶树、野生近缘型茶树的茶树群落、茶园和单株。

第三条 自治州行政区域内的任何组织和个人都应当遵守本条例。

第四条 自治州对古茶树资源坚持强化保护、合理开发利用的方针,实现生态效益、经济效益和社会效益协调发展。

第五条 自治州、县(市)林业行政主管部门负责本行政区域内古茶树资源的保护管理工作;农业行政主管部门应当协助同级林业行政主管部门做好本行政区域内农业用地古茶树资源的保护管理,并配合开展农地转林地工作;相关部门应当按照各自的职责,做好古茶树资源的保护管理工作。

古茶树所在地的乡(镇)人民政府、村民委员会、村民小组应当协同林业、农业等有关部门做好古茶树资源的保护管理工作。

茶叶协会、茶叶专业合作社等组织应当坚持保护为先,合理开发利用的原则。

第六条 自治州林业行政主管部门应当会同农业行政主管门编制全州古茶树资源保护和合理开发利用总体规划,并报州人民政府批准组织实施。

县(市)人民政府编制本行政区域的古茶树资源保护和合理开发利用规划,并报州林业和农业行政主管部门备案。

第七条 自治州、县(市)人民政府设立古茶树资源保护专项资金,用于古茶树资源的科研和管护等方面工作。

第八条 自治州、县(市)人民政府应当开展保护古茶树资源的宣传教育工作,鼓励、支持科研院所、教学单位和有条件的企业、事业单位和个人开展对古茶树的科学研究和管护工作。

第九条 自治州人民政府应当制定《古茶树资源技术标准管理规范》,建立健全古茶树病虫害防治长效机制,并为古茶树经营管理者提供防治古茶树病虫害技术指导和相关服务工作。

第十条 自治州人民政府设立古茶树资源保护专家委员会,参与对古茶树资源的管护、开发利用、科学研究等重大事项进行决策咨询、论证、评估等活动。

古茶树的鉴定工作由林业行政主管部门负责组织专家和有关部门的人员开展。

第十一条 对古茶树资源实行统一管理,分别管护。县(市)人民政府应当在古茶树集中分布区域和濒危古茶树分布点建立保护区或保护点,划定保护区域,设立保护标志;国有林区和集体林内生长的零散野生古茶树和过渡型古茶树,由县(市)林业行政主管部门设立保护标志牌。

县(市)林业行政主管部门应当定期组织对古茶树资源调查,建立资源档案,掌握资源消长情况,并组织开展古茶树资源保护与利用的科学研究。

第十二条 因科研、教学、人工培育种植、国家建设和文化交流等特殊需要移植或者采伐古茶树的,由县(市)林业行政主管部门审查同意后报经州林业行政主管部门批准。

经批准移植或者采伐古茶树的单位和个人,必须按照限定的数量、时间、地点和方式进行移植或者采伐。

第十三条 在农业用地古茶树资源保护范围内,原建的影响古茶树生长环境的建筑物,由乡(镇)人民政府责令限期拆除,或者有关部门依法拆除。

第十四条 在保护与开发利用古茶树资源中,禁止有下列行为:

破坏古茶树资源保护设施和保护标志。

采伐古茶树,挖取古茶树根,剔剥树皮,攀折树枝。

在古茶树资源保护范围内排放废水、废气,倾倒废渣,或者从事伐木、烧荒、取土、建筑等活动。

水泥、石灰等碱性物质进入古茶树的土壤。

对古茶树施用化肥和农药以及在古茶树保护范围内种植影响古茶树品质的树种。

在古茶树资源保护区周边100米内开设含有对大气、水流、土壤造成污染的工厂。

第十五条 古茶树生长环境受到威胁的，管护单位应当采取措施，恢复其生长环境。

第十六条 建设项目对古茶树资源生长环境有影响的，环境保护部门在审批环境影响报告书时，应当征求林业行政主管部门的意见。

开发与古茶树资源有关的产品和旅游产业等项目的，须经州林业行政主管部门组织专家论证，并报州人民政府批准后方可开发。

第十七条 古茶园需要改造的，须经县(市)林业行政主管部门会同农业行政主管部门组织论证，并报经州林业行政主管部门批准后方可实施。

第十八条 古茶树资源保护区，由县(市)人民政府及其林业行政主管部门纳入生态公益林，并按照有关政策给予补助。

第十九条 自治州、县(市)人民政府对古茶树资源管护、科研和开发利用工作中作出显著成绩的单位和个人，给予表彰奖励。

第二十条 违反本条例规定，有下列行为之一的，由林业行政主管部门给予处罚；或者林业行政主管部门会同环保、国土资源等部门，责令停止破坏活动，限期采取补救，并依照有关法律法规给予处罚；构成犯罪的，依法追究刑事责任：

(一)违反第十二条第二款规定的，没收其实物和违法所得，并处1000元以上1万元以下罚款；

(二)违反第十四条第一款规定的，照价赔偿损失，并处500元以下罚款；

(三)违反第十四条第二款规定的，未经批准采伐古茶树的，责令停止违法行为，没收采伐工具、实物和违法所得，并处2000元以上2万元以下罚款；擅自挖取古茶树根、砍伐枝条、剔剥活树皮的，责令停止违法行为，没收实物和违法所得，并处500元以上5000元以下罚款；

(四)违反第十四条第三、四款规定的，责令停止违法行为，处200元以上2000元以下的罚款；情节严重的，处2000元以上3万元以下罚款；

(五)违反第十四条第五、六款规定的，责令改正，并处5万元以下罚款。

第二十一条 当事人对行政处罚决定不服的，按照《中华人民共和国行政复议法》和《中华人民共和国行政诉讼法》的规定办理。

第二十二条 林业行政主管部门和有关部门及其工作人员越权审批、滥用职权、徇私舞弊、玩忽职守的，或者不履行保护古茶树资源职责，致使古茶树受到损害的，由所在单位或者上级主管部门给予行政处分；构成犯罪的，依法追究刑事责任。

第二十三条 本条例经自治州人民代表大会通过，并报经云南省人民代表大会常务委员会批准。由自治州人民代表大会常务委员会公布实施。

自治州人民政府应当根据本条例制定实施细则。

第二十四条 本条例由自治州人民代表大会常务委员会负责解释。

西双版纳傣族自治州 2011 年国民经济和社会发展统计公报西双版纳州统计局

2012 年 3 月

2011 年，西双版纳州委、州政府带领全州各族人民，坚持以科学发展为主题、以加快转变经济发展方式为主线，全面贯彻落实中央、省加强和改善宏观调控的各项政策措施，全州经济保持平稳较快发展，各项社会事业取得新的进步，实现了“十二五”时期良好开局。

一、综合

初步核算，全年全州生产总值 1976842 万元，比上年增长 13.6%。分产业看，第一产业增加值 569527 万元，增长 7.5%；第二产业增加值 598050 万元，增长 20.5%；第三产业增加值 809265 万元，增长 12.7%。第一产业增加值占全州生产总值的比重为 28.8%，比上年上升 1.5 个百分点；第二产业增加值比重为 30.3%，上升 0.5 个百分点；第三产业增加值比重为 40.9%，下降 2 个百分点。

全年非公有制经济增加值 719188 万元，比上年增长 22.2%，占全州生产总值的比重为 36.4%，提高 1.9 个百分点。

年末全社会从业人员 61.5 万人，比上年末增长 0.5%。城镇登记失业率为 2.2%，下降 0.8 个百分点。

年末人口城镇化率为 40%，比上年末提高 1 个百分点。

图 1　2007 ~2011 年生产总值与增长速度

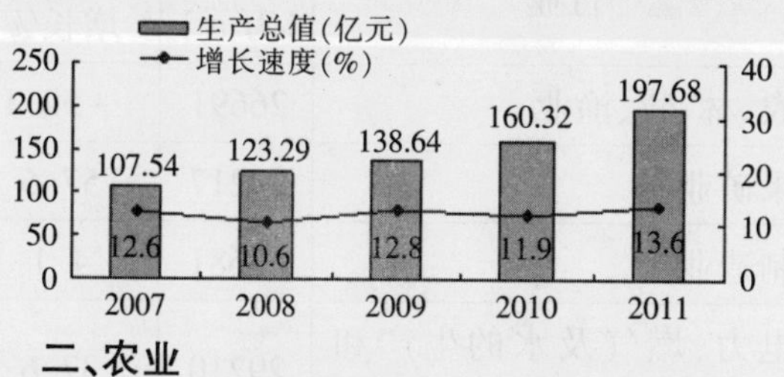

二、农业

全年农、林、牧、渔业总产值 964696 万元，比上年增长 7.9%。其中，农业总产值 339144 万元，增长 9.1%；林业总产值 526418 万元，增长 9.3%；畜牧业总产值 69103 万元，增长 4.4%。

图 2　2007 ~2011 年农业总产值与增长速度

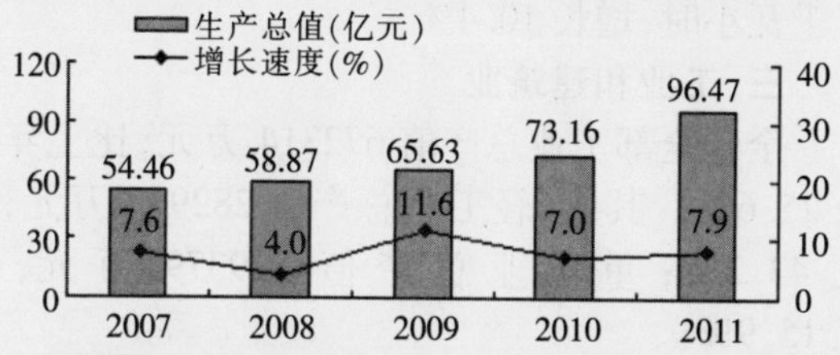

全年粮食种植面积 136.96 万亩，比上年增长 2.6%，其中稻谷面积 64.17 万亩，下降 4.2%；油料种植面积 2.67 万亩，下降 7%；蔬菜种植面积 19.34 万亩，增长 2.6%；甘蔗种植面积 19.92 万亩，下降 0.6%。年末茶叶面积 75.54 万亩，比上年末增长 3.3%；水果面积 34.19 万亩，增长 43.5%。

主要农产品中，粮食、甘蔗、茶叶、水果、蔬菜产量保持增长。

表 1　2011 年主要农产品产量

产品名称	单位	产量	比上年增长%
粮食产量	万吨	39.38	6.1
其中：稻谷	万 吨	24.41	2.0
甘蔗产量	万吨	97.18	7.9
茶叶产量	吨	29984	7.7
水果产量	万吨	55.17	28.7
油料产量	万吨	0.23	6.7
蔬菜产量	万吨	12.62	2.8

年末橡胶面积 431.06 万亩，比上年末增长 5.9%。全年干胶总产量 28.12 万吨，增长 10.2%。

图 3　2007 ~2011 年干胶产量与增长速度

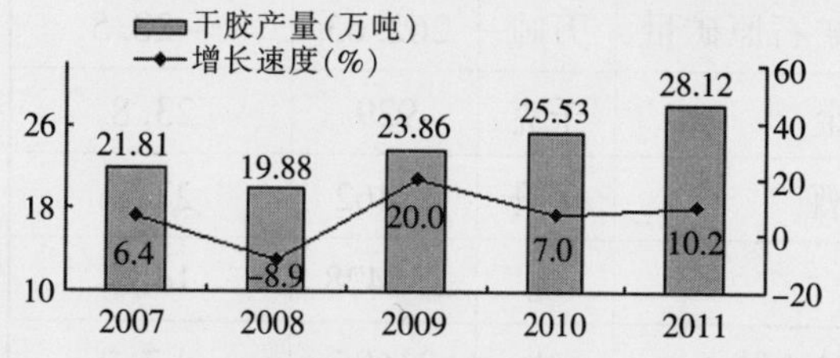

年末生猪存栏 50.91 万头，比上年末下降

0.2%；大牲畜存栏9.07万头，下降12.7%。全年肉类总产量32489吨，比上年增长3.5%。其中，猪肉产量24604吨，增长7.4%；牛肉产量4265吨，下降1.8%；羊肉产量85吨，增长30.8%。

年末渔业养殖面积8.8万亩，比上年末下降2.4%。全年水产品产量2.6万吨，增长18%。

年末农村拥有农业机械总动力100361万瓦特，比上年末增长4.8%。全年农村化肥施用量(折纯)4.66万吨，增长8.3%。农村用电量9315万千瓦小时，增长10.4%。

三、工业和建筑业

全年全部工业总产值672314万元，比上年增长25.6%。其中，轻工业总产值282935万元，增长43.2%；重工业总产值389379万元，增长15.9%。

图4　2007～2011年工业总产值与增长速度

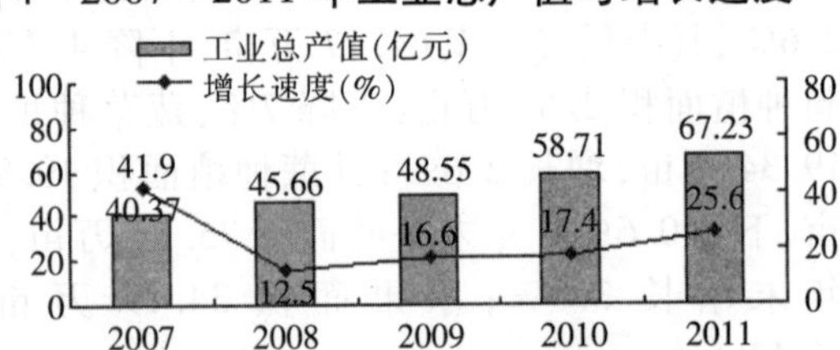

全年规模以上工业总产值527884万元，比上年增长18.4%。规模以上工业增加值322543万元，增长18.8%。其中，铁矿采选业增加值40772万元，下降21.1%；精制茶加工业增加值52921万元，增长21.3%；制糖业增加值37401万元，增长49.1%；电力生产业增加值106183万元，增长12.2%；电力供应业增加值45096万元，增长59.8%。

全年规模以上工业主营业务收入533259万元，比上年增长18.6%。实现利税182393万元，增长31.5%。实现利润126080万元，增长45.3%。

主要工业产品中，发电量、糖、啤酒、水泥、黄金产量保持增长。

表2　2011年主要工业产品产量

产品名称	单位	产量	比上年增长(%)
铁矿石原矿量	万吨	262.63	-28.5
黄金	千克	929	23.8
啤酒	千升	18462	27.8
糖	吨	152428	14.4
精伟I膝	吨	21695	-7.2
中成药	吨	154	-29.8
水泥	万吨	35.24	8.5
铁合金	吨	8133	-27.1
发电量	万千瓦小时	541075	11.8
自来水生产量	万吨	2638	8.7

全年全社会建筑业增加值200081万元，比上年增长20.2%。全州具有资质等级的总承包和专业承包建筑企业实现利润2475万元，增长18%。

四、固定资产投资

全年全社会固定资产投资1384737万元，比上年增长24.6%。分城乡看，城镇投资(含房地产开发)1210173万元，增长26.6%；农村投资174564万元，增长12.2%。

图5　2007～2011年固定资产投资与增长速度

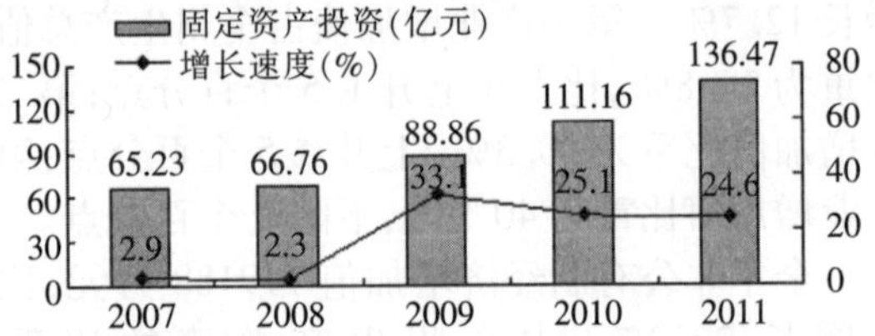

在城镇投资中，第一产业投资26691万元，比上年下降52.1%；第二产业投资129281万元，增长19.5%；第三产业投资1054201万元，增长33.1%；

表3　2011年分行业城镇固定资产投资及增长速度

行业	投资(万元)	比上年增长%
农、林、牧、渔业	26691	-52.1
采矿业	29217	57.6
制造业	63681	4.1
电力、燃气及水的生产和供应业	29210	37.6
建筑业	7173	-0.7
交通运输、仓储和邮政业	70117	-31.5
信息传输、计算机服务和软件业	3799	—
批发和零售业	31638	89.1

行业	投资（万元）	比上年增长%
住宿和餐饮业	56110	49.7
房地产业	307967	33.4
租赁和商务活动	35430	3.5
科学研究、技术服务和地质勘察业	14738	108.0
水利、环境和公共设施管理业	130852	25.4
居民服务和其他服务业	7659	-7.0
教育	36322	-5.0
卫生、社会保障和社会福利业	7770	34.1
文化、体育和娱乐业	281267	89.3
公共管理和社会组织	70532	21.6

全年房地产开发投资304990万元，比上年增长40.7%。其中，商品住宅投资205599万元，增长74.7%；商业营业用房投资59215万元，增长63.9%。全年商品房屋销售面积102.02万平方米，增长5.7%；销售额334646万元，增长11.4%。

五、国内贸易和市场物价

全年社会消费品零售总额607030万元，比上年增长20%。分城乡看，城镇消费品零售额437349万元，增长21%；农村消费品零售额169681万元，增长17.4%。分经济类型看，公有制经济零售额119473万元，增长26.7%；非公经济零售额487557万元，增长18.4%。分行业看，批发和零售业零售额525303万元，增长21%；住宿和餐饮业零售额81727万元，增长13.9%。

图6　2007～2011年社会消费品零售总额与增长速度

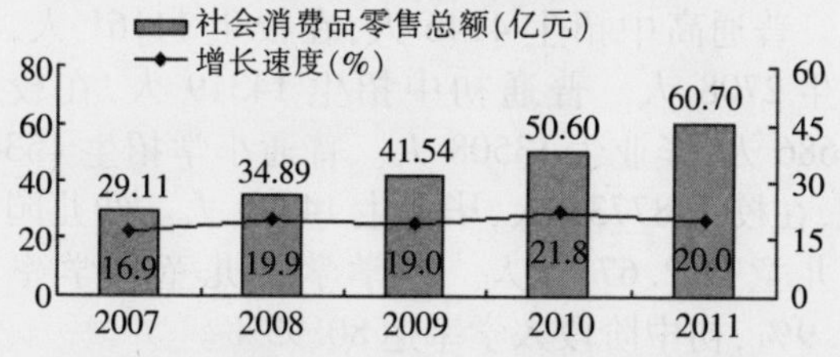

在限额以上批发零售业零售额中，粮油食品饮料烟酒类增长39.7%，石油及制品类增长34.9%，家用电器和音像器材类增长9.3%，汽车类零售额比上年增长8.9%。

全年居民消费价格比上年上涨4.8%，商品零售价格上涨4.8%，农业生产资料价格上涨2.5%。

六、交通和邮电

年末民用汽车保有量83324辆，增长26.9%。其中，载客汽车54336辆，增长32%；载货汽车27808辆，增长20%。摩托车27.62万辆，增长10.1%。全年货物运输周转量94775万吨公里，比上年增长15.5%；旅客运输周转量166026万人公里，增长13.6%。

表4　2011年各类运输工具完成运输量及增长速度

指标	单位	绝对值	比上年增长%
货运总量	万吨	1362	14.9
公路	万吨	1251	12.0
客运总量	万人	2715	12.0
公路	万人	2517	11.0
货运周转量	万吨公里	94775	15.5
公路	万吨公里	85183	15.9
客运周转量	万人公里	166026	13.6
公路	万人公里	164783	13.2

全年完成邮电通信业务总量96605万元，比上年增长19.9%。年末固定电话用户数20.9万部，比上年末下降8.3%；移动电话用户数84.15万户，增长2.3%；互联网用户数13.01万户，增长26.2%。固定电话普及率18.3部/百人，移动电话普及率73.7部/百人。全年报纸杂志期发份数9.03万份，下降3.3%。

图7　2007～2011年年末电话用户数

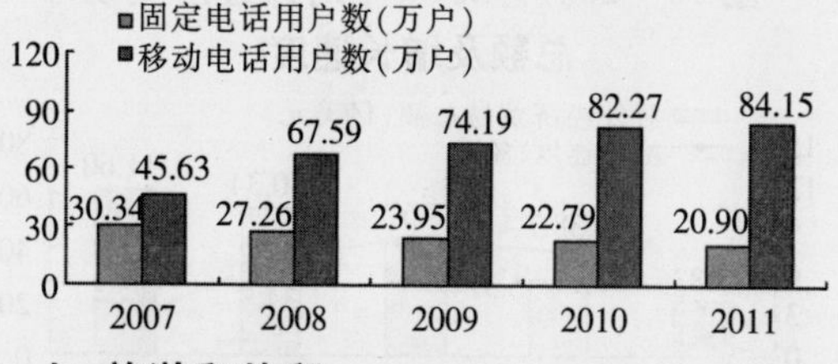

七、旅游和外贸

全年接待国内外游客1012.65万人次，比上年增长18.7%。其中，海外游客29.44万人次，增长35.9%；国内旅客935.98万人次，增长17.6%；口岸入境一日游游客47.23万人次，增长31.7%。全年旅游综合总收入100.24亿元，增长24.8%。其中，旅游外汇收入12551万美元，增长

45.7%；国内旅游收入92.08亿元，增长23.6%。

图8 2007～2011年旅游人数及增长速度

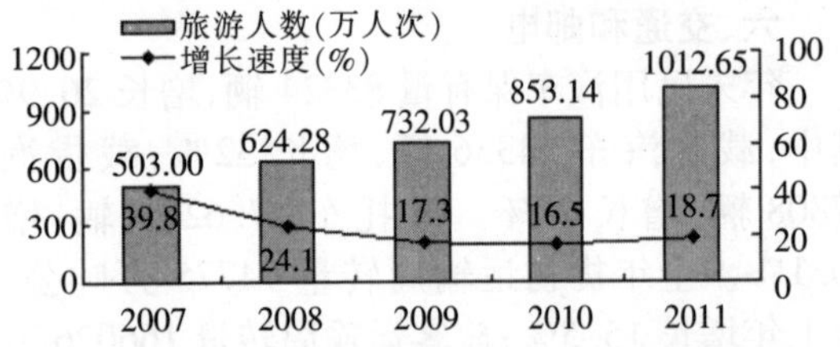

图9 2007～2011年旅游总收入及增长速度

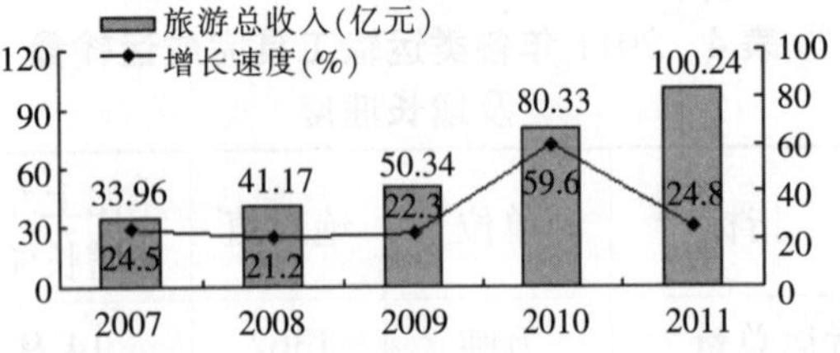

全年对外经济贸易总额116019万美元，比上年增长12.2%。其中，进出口贸易97960万美元，增长5.9%。

全年实施招商引资项目80项，实际利用州外资金68.88亿元，比上年增长34.6%。全年实际利用外商直接投资543万美元，增长55.1%。

表5 2011年对外经济贸易及增长速度

指标	单位	绝对值	比上年增长
对外经济贸易总额	万美元	116019	12.2
进出口贸易	万美元	97960	5.9
进口	万美元	29715	17.8
出口	万美元	68245	1.4
边民互市	万美元	12449	113.1
经济技术合作	万美元	5610	11.8

图10 2007～2011年对外经济贸易总额及增长速度

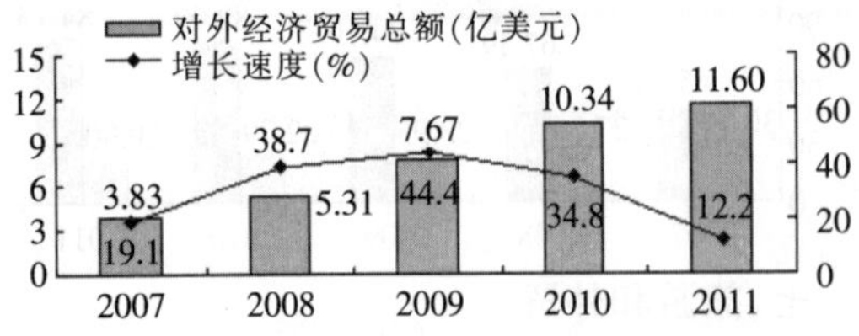

八、财政、金融和保险

全年财政总收入283112万元，比上年增长47.5%。一般预算收入175998万元，增长56.3%。其中，营业税收入75897万元，增长67.6%；增值税收入16303万元，增长29.5%；企业所得税收入7296万元，增长63.3%。全年一般预算支出671304万元，比上年增长58.2%。其中，一般公共服务支出47873万元，增长22.4%；教育支出118376万元，增长48.6%；医疗卫生支出65136万元，增长91.7%；社会保障与就业支出105699万元，增长87.5%。

图11 2007～2011年一般预算收入与支出

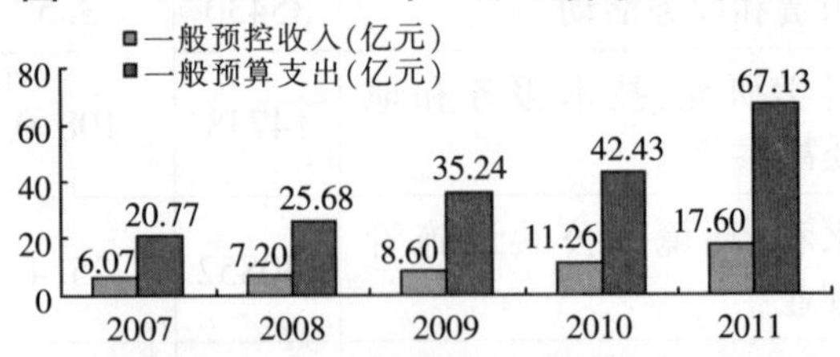

年末金融机构各项存款余额320.34亿元，比上年末增长24.7%。其中，单位存款128.04亿元，增长25.2%；居民储蓄存款187.69亿元，增长25.4%。年末金融机构各项贷款余额167.7亿元，比上年末增长15.4%。其中，短期贷款30.41亿元，增长12.7%；中长期贷款136.9亿元，增长15.7%。

图12 2007～2011年居民储蓄存款余额与增长速度

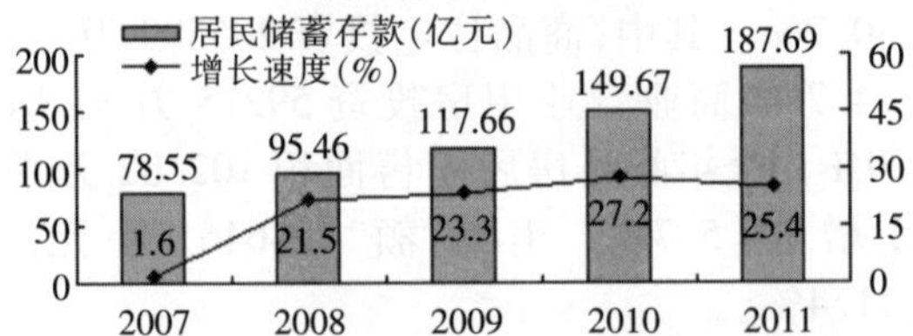

全年保险公司保费收入43716万元，比上年增长17.3%。其中，寿险保费收入27669万元，增长16.3%；财产险保费收入16047万元，增长19%。支付各类赔款及给付12576万元，比上年增长64.9%。其中，寿险赔付额6847万元，增长65.1%；财产险赔付额5729万元，增长64.7%。

九、教育和科学技术

全年高等教育(含大专)招生992人，在校生3016人，毕业生934人。普通中等专业教育招生1048人，在校生3055人，毕业生813人。职业初、高中招生1436人，在校生8091人，毕业生1366人。普通高中招生4146人，在校生11161人，毕业生2708人。普通初中招生14319人，在校生41686人，毕业生13508人。普通小学招生15345人，在校生87733人，毕业生14979人。幼儿园在园儿童数2.67万人。小学学龄儿童入学率达99.9%，初中阶段入学率达80.93%。

全年州本级财政投入科技经费550万元，其中，科技三项费150万元，科学普及经费60万元，科技专项经费90万元。全年专利申请数66件，其中发明专利申请数29件；授权专利数42件，其中发明专利授权数 13 件。本年西双版纳州科技进步奖奖励项目 33 项,其中:一等奖 5 项,二等奖 11 项,三等奖 17 项。

十、文化、卫生和体育

年末全州共有各类文化事业机构 45 个,其中,艺术表演团体 4 个,公共图书馆 4 个,文化馆 4 个,乡镇文化站 31 个。艺术团体全年组织国内演出 592 场,观众 69.9 万人次。公共图书馆总藏书量 25.46 万册,借阅者 41.46 万人次。年末广播人口综合覆盖率为 99%,电视人口综合覆盖率为 99%。

年末全州共有卫生机构 760 个,其中,医院 29 个,卫生院 34 个,诊所、卫生所、医务室 391 个,村卫生室 269 个,疾病预防控制中心 4 个,妇幼保健院(所、站)4 个。卫生技术人员 6436 人,其中,执业医师和执业助理医师 2087 人,注册护士 1803 人。各类卫生机构共有床位 5340 张。全年传染病发病率 266.87/10 万。

全年我州参加云南省各项体育竞赛获得金牌 11 枚、银牌 26 枚、铜牌 37 枚。参加云南省青少年各项体育竞赛获得第一名 24 项、第二名 13 项、第三名 6 项。

十一、人口、人民生活、社会保障和环境保护

年末全州常住人口 114.2 万人,比上年末增加 0.73 万人。全年人口出生率 11.85‰,死亡率 5.53‰,自然增长率 6.32‰。年末全州户籍人口 95.18 万人,其中,农业人口 66.75 万人,占总户籍人口的 70.1%;少数民族人口 73.87 万人,占总户籍人口的 77.6%。

全年城镇居民人均可支配收入 14815 元,比上年增长 10.7%;人均消费支出 13030 元,增长 19.6%。城镇居民家庭恩格尔系数为 40.9%,人均住房面积为 32.1 平方米,每百户拥有摩托车、洗衣机、电冰箱、电视机、移动电话、空调、家用汽车分别为 69.3 辆、86.9 台、90.6 台、125.1 台、286.7 部、30.7 台、12.4 辆。全年农村居民人均纯收入 5327 元,比上年增长 22.4%;人均生活消费支出 4821 元,增长 28.5%。农村居民家庭恩格尔系数为 49.3%,人均居住面积为 31.9 平方米,每百户拥有摩托车、电冰箱、电视机、生活用汽车、洗衣机、移动电话数分别为 145.8 辆、72.7 台、101.5 台、10.3 辆、43.4 台、249.5 部。全年单位在岗职工人均工资 28680 元。

图 13 2007 ~2011 年城镇居民人均可支配收入与增长速度

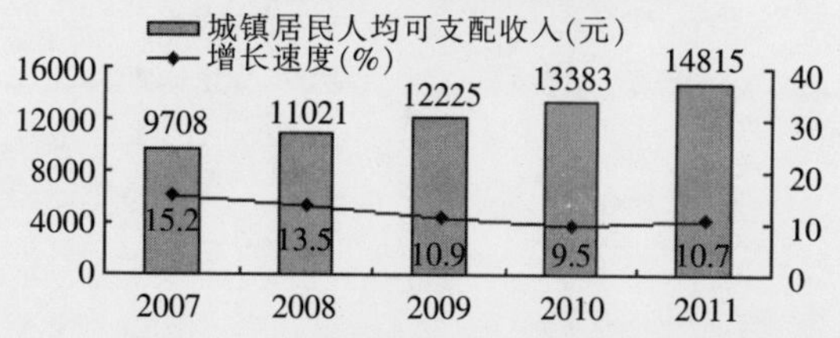

图 14 2007 ~2011 年农民人均纯收入与增长速度

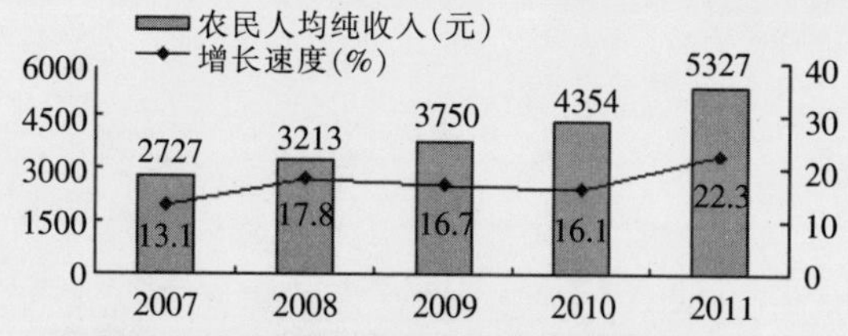

年末全州参加城镇失业保险人数 7.1 万人,比上年末增长 0.5%。参加城镇基本养老保险人数 12.78 万人,增长 152.3%,其中,参保的职工人数 9.02 万人,增长 110.3%。参加城镇职工基本医疗保险人数 15.64 万人,增长 2.1%,其中,参保的职工人数 10.69 万人,增长 0.2%。参加城镇居民基本医疗保险人数 10.35 万人。参加新型农村合作医疗人数 63.12 万人,参合率 97.82%。全年享受城市最低生活保障居民人数 2.63 万人,低保资金支出 5482 万元,增长 5.3%;享受农村最低生活保障居民人数 9.3 万人,低保资金支出 9259 万元,增长 32.3%。

全年全州单位生产总值(GDP)能耗比上年下降 4.2%,规模以上工业单位增加值能耗下降 5.1%。工业废水排放达标率为 89.3%,工业固体废物综合利用率为 67.5%。

注:

1. 本公报中数据均为初步统计数。
2. 部分数据因四舍五入的原因,存在着分项与合计不等的情况。
3. 生产总值、各产业增加值、农业总产值、工业总产值绝对数按现价计算,增长速度按可比价格计算。
4. 因景洪电站数据返还比例调整,所涉及汇总指标增长速度均按同口径计算。
5. 财政总收入未含地方政府性基金预算收入。
6. 卫生机构口径调整,2011 数据年含社区卫生服务中心(站)、诊所. 卫生所. 医务室、村卫生室、门诊部。